Daniela Schetar, Friedrich Köthe

Toskana

„Der lustigste Gottesdienst ist, den Teufel in die Hölle zu schicken."

Giovanni Boccaccio (1313–1375, florentinischer Dichter)

Impressum

Daniela Schetar, Friedrich Köthe
REISE KNOW-HOW Toskana

erschienen im
REISE KNOW-HOW Verlag Peter Rump GmbH
Osnabrücker Str. 79, 33649 Bielefeld

© REISE KNOW-HOW Verlag Peter Rump GmbH
1. Auflage 2016

Alle Rechte vorbehalten.

Gestaltung
Umschlag: G. Pawlak, P. Rump (Layout);
   A. Hesse (Realisierung)
Inhalt: G. Pawlak (Layout); A. Hesse (Realisierung)
Fotonachweis: Daniela Schetar und Friedrich Köthe (sk)
Titelfoto: Daniela Schetar und Friedrich Köthe
   (Motiv: Villa des Weingutes San Fabiano bei Arezzo)
Karten: GeoKarta, Dipl.-Geogr. Heiner Newe, Altensteig-
   Wart, Thomas Buri, der Verlag

Lektorat: Andrea Hesse

Druck und Bindung: Media-Print, Paderborn

ISBN 978-3-8317-2704-9
Printed in Germany

Dieses Buch ist erhältlich in jeder Buchhandlung
Deutschlands, der Schweiz, Österreichs, Belgiens
und der Niederlande. Bitte informieren Sie Ihren
Buchhändler über folgende Bezugsadressen:
Deutschland
   Prolit GmbH, Postfach 9, D-35461 Fernwald (Annerod)
   sowie alle Barsortimente
Schweiz
   AVA Verlagsauslieferung AG,
   Postfach 27, CH-8910 Affoltern
Österreich
   Mohr Morawa Buchvertrieb GmbH
   Sulzengasse 2, A-1230 Wien
Niederlande, Belgien
   Willems Adventure, www.willemsadventure.nl

Wer im Buchhandel trotzdem kein Glück hat,
bekommt unsere Bücher auch über unseren
Büchershop im Internet: www.reise-know-how.de

Wir freuen uns über Kritik, Kommentare und Verbesserungsvorschläge, gern auch per E-Mail an info@reise-know-how.de.

Alle Informationen in diesem Buch sind von den Autoren mit größter Sorgfalt gesammelt und vom Lektorat des Verlages gewissenhaft bearbeitet und überprüft worden.

Da inhaltliche und sachliche Fehler nicht ausgeschlossen werden können, erklärt der Verlag, dass alle Angaben im Sinne der Produkthaftung ohne Garantie erfolgen und dass Verlag wie Autoren keinerlei Verantwortung und Haftung für inhaltliche und sachliche Fehler übernehmen.

Die Nennung von Firmen und ihren Produkten und ihre Reihenfolge sind als Beispiel ohne Wertung gegenüber anderen anzusehen. Qualitäts- und Quantitätsangaben sind rein subjektive Einschätzungen der Autoren und dienen keinesfalls der Bewerbung von Firmen oder Produkten.

Daniela Schetar, Friedrich Köthe

TOSKANA

Vorwort

Auf der Reise zu Hause
www.reise-know-how.de

- Ergänzungen nach Redaktionsschluss
- kostenlose Zusatzinformationen und Downloads
- das komplette Verlagsprogramm
- aktuelle Erscheinungstermine
- Newsletter abonnieren

Bequem einkaufen im Verlagsshop

Oder Freund auf Facebook werden

Warum wir die Toskana lieben? Weil es nirgends sonst auf der Welt so viele Möglichkeiten gibt, seinen Urlaub so vielfältig zu gestalten. An einem Tag im Meer schwimmen und an den weißen, unverschämt weiten und langen Sandstränden entspannen und bei Sonnenuntergang mit einem Eis am Ufer entlang promenieren. Am nächsten Tag von einem Weltkulturerbe zum nächsten springen und in den Gassen der Städte, Dörfer und Weiler in Romanik, Gotik und Renaissance schwelgen. Am dritten Tag eine Fahrt zu den auf Hügeln wachenden, von Weinreben umgebenen Schlössern, Burgen und Villen unternehmen und die weltbesten Tropfen verkosten, grüne Hügel, blauen Himmel

und die Spaliere spitzer Zypressen vor Augen. Am vierten Tag der Hitze entfliehen und durch die kühlen Wälder hoch zu einer Einsiedelei wandern und in einer einfachen Landkneipe mit Pasta und offenem Wein den Tag beschließen. Am fünften Tag auf Spurensuche die Zeugen der etruskischen Vergangenheit entdecken und später in freier Natur in einem weißen Sinterbecken liegen, sich Thermalwasser über die Schultern prasseln lassen und auf den Sternenhimmel warten. Am sechsten Tag in die Geschichte eintauchen und die Familie *Medici* bewundern dafür, dass sie der Nachwelt so viel Bedeutendes hinterlassen hat, aber sie verurteilen für ihr machiavellisches Machtstreben – und den Abend in Gesellschaft von Monsieur *Puccini* und „Madame Butterfly" beenden. Und am siebten Tag von Kloster zu Kloster reisen, auf krummen Wegen durch dichte Wälder zu den Abteien pilgern, in denen Ordensväter wie der heilige *Franziskus*, *Gualberto* von den Vallombrosanern oder *Romualdo* von den Kamaldulensern wirkten. Kurz, wenn wir Ruhe brauchen, aber auf Anregungen nicht verzichten möchten, wenn wir ausgezeichnet essen und trinken (und dabei nicht verarmen) wollen, wünschen, Kunst und Kultur (ohne Druck und Zeigefinger) zu erleben, Entspannung suchen für Körper und Geist – dann, ja dann kommt für uns eigentlich nur die Toskana in Frage. Möge es Ihnen wie uns ergehen.

Ihre Daniela Schetar
und Friedrich Köthe

⌄ Prachtvolles Prato!

Inhalt

Vorwort	4
Kartenverzeichnis	8
Exkurse und Infokästen	10
Hinweise zur Benutzung	14
Steckbrief Toskana	15
Die Regionen im Überblick	16
Zehn Orte zum Staunen	18
Fünf Orte zum Träumen	20
Fünf Orte zum Schlemmen	21

1 Florenz und Umgebung 22

Florenz	27
Florenz: Zugabe!	57
Ausflüge in die Umgebung	68
Galluzzo	68
Convento dell'Incontro	69
Medici-Villen	69
Ausflüge in die Umgebung: Zugabe!	72
Fiesole	74
Villa Peyron	78
Fiesole: Zugabe!	78
Prato	80
Prato: Zugabe!	85
Pistoia	87
Passo della Collina	94
Passo di Oppio	94
Pistoia: Zugabe!	95
Borgo San Lorenzo	98
Der Mugello	100
Grezzano	102
San Piero a Sieve	102
Die Medici-Villen	102
Convento del Bosco ai Frati	104
Santuario di Montesenario	104
Barberino di Mugello	104
Lago di Bilancino	105
Castello di Villanova/Villa Le Maschere	106
Scarperia	106
Autodromo del Mugello	107
Sant'Agata	107
Ponzalla	109
Firenzuola	109
Passo della Futa	109
Vicchio	110
San Godenzo	111
Parco Nazionale delle Foreste Casentinesi/Wanderungen	111
Mugello: Zugabe!	112

2 Chianti, Val di Pesa, Val d'Elsa, Valdarno 118

Impruneta	123
San Casciano Val di Pesa	125
Mercatale Val di Pesa	125
Tavarnelle Val di Pesa	126
Barberino Val d'Elsa	127
Pieve di Sant'Appiano	127
Impruneta: Zugabe!	128
Certaldo	131
Castelfiorentino	132
Gambassi Terme	133
Convento San Vivaldo	133
Certaldo: Zugabe!	134
Greve in Chianti	138
Schlösserbesuch	139
Badia a Passignano	140
Panzano in Chianti	141
San Donato in Poggio	141
Greve in Chianti: Zugabe!	142
Castellina in Chianti	146
Radda in Chianti	146
Volpaia	147
Badia a Coltibuono	148

Inhalt

Castello di Meleto	148
Castello di Brolio	148
Lecchi in Chianti	149
Chianti-Skulpturenpark	149
Castelnuovo Berardegna	150
Castellina in Chianti: Zugabe!	150
San Giovanni Valdarno	154
Cavriglia	157
Montevarchi	157
Loro Ciuffenna	158
Cascia	159
Abbazia di Vallombrosa	160
San Giovanni Valdarno: Zugabe!	162

3 Arezzo, Casentino, Pratomagno, Valdichiana, Valtiberina 164

Arezzo	169
Arezzo: Zugabe!	181
Sansepolcro/Valtiberina	187
Eremo di Montecasale	189
Alpe della Luna	190
Lago di Montedoglio	190
Anghiari	190
Monterchi	191
Monte Santa Maria Tiberina	192
San Sepolcro: Zugabe!	193
Bibbiena/Casentino	195
Caprese Michelangelo	197
Poppi	197
Castel San Niccolò/ Strada in Casentino	198
Pratovecchio/Stia	199
Camaldoli	200
Badia Prataglia/ Foreste Casentinesi	202
Santuario della Verna	203
Bibbiena: Zugabe!	204

Cortona	208
Valdichiana	213
Abbazia di Farneta	214
Castiglion Fiorentino	214
Lucignano	215
Monte San Savino	216
Cortona: Zugabe!	217

4 Lucca, Garfagnana, Alpi Apuane, Svizzera Pesciatina 222

Lucca	228
Die Luccheser Villen	241
Lucca: Zugabe!	244
Montecatini Terme	250
Monsummano Terme	253
Pescia	253
Collodi	254
Svizzera Pesciatina	255
Montecarlo	257
Montecatini Terme: Zugabe!	258
San Miniato	263
Empoli	266
Montelupo Fiorentino	267
Vinci	268
Pontedera	269
San Miniato: Zugabe!	269
Barga	273
Coreglia Antelminelli	275
Bagni di Lucca	276
Eremo di Calòmini/ Grotta del Vento	278
Castelnuovo di Garfagnana	279
Castiglione di Garfagnana/ Parco dell'Orecchiella	280
Lago di Vagli	282
Lago di Gramolazzo	282
Campocatino	282
Barga: Zugabe!	282

Kartenverzeichnis

Toskana, nördlicher Teil	**Umschlag vorn**
Toskana, südlicher Teil	**Umschlag hinten**
Die Regionen im Überblick	**16**

Übersichtskarten

Die Provinzen der Toskana	12
Florenz und Umgebung	24
Chianti, Val di Pesa, Val d'Elsa, Valdarno	120
Arezzo, Casentino, Pratomagno, Valdichiana, Valtiberina	166
Lucca, Garfagnana, Alpi Apuane, Svizzera Pesciatina	226
Pisa, Riviera della Versilia/Apuana	290
Livorno, Riviera degli Etruschi	342
Siena, San Gimignano, Volterra, Crete, Colline Metallifere	388
Grosseto, Maremma	450, 452
Montepulciano, Val d'Orcia, Monte Amiata	528

Ortspläne

Arezzo	174
Cortona	208
Florenz – Centro und Oltrarno	36
Grosseto	458
Livorno	346
Lucca	232
Montepulciano	533
Pisa	296
Pistoia	88
Prato	80
San Gimignano	426
Siena	392
Viareggio	324
Volterra	436

Inhalt

5 Pisa, Riviera della Versilia/Apuana — 288

Pisa	293
Pisa: Zugabe!	308
Certosa di Pisa/Calci	309
Parco Regionale Migliarino – San Rossore – Massaciùccoli	310
San Piero a Grado	310
Marina di Pisa/Tirrenia	311
Pisa Umgebung: Zugabe!	312
Viareggio	319
Badeorte der Riviera della Versilia	320
Torre del Lago Puccini	322
Camaiore	322
Pietrasanta	325
Viareggio: Zugabe!	326
Sant'Anna di Stazzema	327
Carrara	331
Cave di Marmo	334
Massa	335
Forte dei Marmi	336
Seravezza	336
Passo di Vestitio	337

6 Livorno, Riviera degli Etruschi — 340

Livorno	344
Der Lungomare von Ardenza	350
Santuario di Montenero	351
Lari	351
Livorno: Zugabe!	351
Parco Preistorico/Peccioli	352
Cècina	359
Das Hinterland von Cècina	359
San Vincenzo	365
Parco Archeominerario San Silvestro	366
Campìglia Marìttima	367
Venturina	368
Suvereto/Belvedere	369
Sassetta	369
Castagneto Carducci/Donoratico	370
Die Riviera degli Etruschi	374
Piombino	378
Die Halbinsel Populònia/Baratti	381

7 Siena, San Gimignano, Volterra, Crete, Colline Metallifere — 386

Siena	391
Chiesa dell'Osservanza	406
Monteriggioni	406
Montaperti	407
Abbazia di Torri	407
Steinskulpturenpark Traumwald	408
Asciano und die Crete Senesi	409
Rapolano Terme/ Serre di Rapolano	410
Abbazia di Monte Oliveto Maggiore	411
Val di Merse	412
San Giovanni d'Asso	413
Buonconvento	414
Murlo	414
Siena: Zugabe!	415
San Gimignano	424
Colle di Val d'Elsa	429
Monastero di Bose	431
San Gimignano: Zugabe!	432
Volterra	435
Montecatini Val di Cècina	443
Colline Metallifere	444
Larderello	445
Volterra: Zugabe!	445

Exkurse und Info-Kästen

Florenz und Umgebung
Alle Macht dem Volke! 29
Scheiterhaufen der Eitelkeiten 32
Calcio 65
Mugello per Bike 101

Chianti, Val di Pesa, Val d'Elsa, Valdarno
Cipolla di Certaldo 136
Eine Radtour für Heroen 154
Le Balze del Valdarno 156
Die Vallombrosaner 160

Arezzo, Casentino, Pratomagno, Valdichiana, Valtiberina
Giostra del Saracino 184
Wein aus Arezzo 186
Das Massaker von Civitella 213

Lucca, Garfagnana, Alpi Apuane, Svizzera Pesciatina
Buccellato 248
Fagiolo di Sorana 261
Trüffel 266
Heinrich Heine in Bagni di Lucca 278

Pisa, Riviera della Versilia/Apuana
Romanik à la Pisa 294
Die Badeorte der Riviera della Versilia 320
Art déco, Liberty, Jugendstil 323
Torta di Ceci 329
Lardo 338

Livorno, Rivieradegli Etruschi
Pasta pur 355
Il Ponce 356
Windsurfen/Surfen 358
Per Rad im Hinterland Cècinas 361
Acqua di Bolgheri 364

Siena, San Gimignano, Volterra, Crete, Colline Metallifere
Der Palio und die Contrada 402
Radfahren im Val di Merse 412
Panforte di Siena 420
Die Alabasterstadt 442
Radtour durch die Metallhügel 444

Grosseto, Maremma
Rochaden – die
Spanier in der Toskana 465
Piraten 476
Badeplätze am Monte Argentàrio 479
Die Badeorte der Südtoskana 504
Bergdörfer mit
Aussicht: Roccatederighi,
Roccastrada, Montemassi 514

Montepulciano, Val d'Orcia, Monte Amiata
Biscotto Salato – Brez'n am Berg 576

Praktische Reisetipps von A bis Z
Trüffel satt 584
Pecorino 585
Chiana – ein Tal, ein Rind, ein Steak 588
Die Weine der Toskana 592

Land und Leute
Botanische Gärten 629
Bedeutende Medici 636

Anhang
Die klassische Säulenordnung 655

Inhalt

8 Grosseto, Maremma — 448

Grosseto	454
Marina di Grosseto/Principina a Mare	459
Castiglione della Pescaia	460
Roselle	461
Naturpark Maremma/Alberese	461
Marina di Alberese	464
Talamone	464
Scansano	466
Magliano in Toscana	467
Grosseto: Zugabe!	468
Porto Santo Stefano/M. Argentàrio	475
Monte Argentàrio	477
Porto Ercole	478
Orbetello	479
Ansedònia	480
Capalbio	481
Giardino dei Tarocchi	482
Isola del Giglio	486
Giannutri	489
Montecristo	489
Pitigliano	492
Sovana	494
Die etruskischen Gräber von Sovana	496
Sorano	497
San Quirico	498
Montemerano	498
Satùrnia	499
Pitigliano: Zugabe!	500
Die Badeorte der Südtoskana	504
Massa Marìttima	507
Chiusdino/Abbazia di San Galgano	511
Parco Roberto Ciulli	513
Valpiana	513
Roccatederighi	514
Roccastrada	514
Montemassi	514
Follònica	516
Punta Ala	516
Scarlino und Gavorrano	517
Vetulònia	518
Monastero di Siloe	519
Massa Marìttima: Zugabe!	520

9 Montepulciano, Val d'Orcia, Monte Amiata — 526

Montepulciano	530
Chianciano/Chianciano Terme	538
La Foce	538
Monticchiello	539
Montepulciano: Zugabe!	539
Pienza	544
Abbadia Sant'Anna in Camprena	547
San Quirico d'Orcia	547
Bagno Vignoni	549
Rocca d'Orcia/Castiglione d'Orcia	549
Montalcino	550
Castelnuovo dell'Abate	552
Abbazia Sant'Antimo	552
Pienza: Zugabe!	553
Chiusi	557
Tombe Etrusche di Chiusi	559
Sarteano	560
Cetona	561
Radicòfani	561
San Casciano dei Bagni	562
Chiusi: Zugabe!	563
Arcidosso/Monte Amiata	566
Parco Faunistico del Monte Amiata	568
Monte Amiata	568
Giardino di Daniel Spoerri	569
Abbadia San Salvatore	570
Bagni San Filippo	571
Santa Fiora	572
Roccalbegna	573

Provinzen der Toskana

10 Praktische Reisetipps von A bis Z — 578

Anreise	580
Diplomatische Vertretungen	582
Einkaufen	582
Elektrizität	583
Essen und Trinken	583
Feiertage/Feste	604
Finanzen	605
Gesundheit	607
Haustiere	607
Informationen	608
Internet	608
Museen	608
Notrufe	609
Öffnungszeiten	610
Post	611
Rauchen	611
Reisedokumente	612
Reisen im Land	612
Reisezeit	614
Sicherheit	615
Schwule/Lesben	615
Sport und Spaß	616
Sprache	617
Strände	617
Telefonieren	618
Unterkunft	618
Verhalten	620
Zeit	621
Zoll	621

11 Land und Leute — 622

Geografie	624
Wirtschaft und Politik	625
Menschen	626
Flora und Fauna	628
Klima	631
Geschichte	633
Kunstgeschichte	639

12 Anhang — 648

Lesetipps	650
Sprachhilfe	651
Glossar	655
Register	658
Hilfe!	671
Die Autoren	672

> Souvenirs

Hinweise zur Benutzung

Touristische Highlights

Zu Beginn jedes Kapitels findet sich ein **Kasten mit dem Titel „Nicht verpassen!"**, in dem einige besondere touristische Highlights der Region genannt werden. Diese Sehenswürdigkeiten sind im Text der dann folgenden Ortsbeschreibungen gelb unterlegt.

Autorentipps

Unser Tipp: Mit diesem Kasten sind unsere ganz **subjektiven Empfehlungen** jenseits der „offiziellen" Sehenswürdigkeiten gekennzeichnet. Dies kann beispielsweise ein besonders empfehlenswertes Restaurant sein oder eine Unterkunft mit außergewöhnlichem Flair.

Öko-Tipp/Nachhaltigkeit

Das Schmetterlingssymbol steht für **Nachhaltigkeit:** Hotels, Gaststätten und Geschäfte, die sich durch besonders verantwortungsvollen Umgang mit natürlichen Ressourcen auszeichnen oder die z.B. nur Bio-Produkte verwenden/verkaufen, sind damit gekennzeichnet.

Kinder-Tipps

Das Symbol kennzeichnet Sehenswürdigkeiten, Unterkünfte und Aktivitäten, an denen auch kleine Toskana-Urlauber ihre Freude haben werden. Eine Auflistung dieser Kinder-Freuden findet sich zu Beginn jedes Großkapitels in einem Kasten.

„Zugabe!"-Kästen

Die Toskana ist natürlich extrem reich an Sehenswürdigkeiten, doch die meisten Besucher müssen aus Gründen der Zeit oder Ausdauer eine engeAuswahl treffen. Für all diejenigen, die besonders aufnahmefähig und gut zu Fuß sind oder die vielleicht eine Stadt/Region und ihre bekanntesten Attraktionen schon sehr gut kennen, haben wir noch einige **zusätzliche interessante Sehenswürdigkeiten** zusammengetragen.

Web-Adressen

Soweit vorhanden, sind für die Unterkünfte, Restaurants und anderen Einrichtungen auch die Webadressen zum Internetauftritt verzeichnet. Dort sind in der Regel ausführlichere Informationen über Angebote und Rabatte einsehbar.

Hinweis: Die Internet- und E-Mail-Adressen in diesem Buch sind stets so notiert, dass **Trennstriche** nur dort erscheinen, wo sie zur Adresse gehören.

Restaurants, Geschäfte, Unterkünfte etc., die bislang nur auf **Facebook** eine Internetpräsenz unterhalten, haben wir, wenn möglich, mit der vollständigen Webadresse aufgeführt. Ist die URL zu lang oder unübersichtlich, haben wir nur den Verweis aufgeführt, dass das Unternehmen auf www.facebook.com zu finden ist.

Steckbrief Toskana

- **Name:** Regione Toscana
- **Hauptstadt:** Firenze (Florenz)
- **Höchster Berg:** Monte Amiata (1738 m üNN)
- **Längster Fluss:** Arno (241 km)
- **Fläche:** 22.990 km² (Italien 301.000 km²)
- **Bevölkerung:** 3,75 Mio. (Italien 60,8 Mio.)
- **Bevölkerungsdichte:** 163 Einw./km² (Italien 200 Einw./km²)
- **Präsident:** *Enrico Rossi*
- **Website:** www.regione.toscana.it
- **Wappen:** Pegasus auf rotem Grund
- **Landesvorwahl:** 0039
- **Währung:** Euro
- **Zeitzone:** Mitteleuropäische Zeit
- **Arbeitslosigkeit:** 10,1 % (Italien 12,7 %)
- **Tourismus:** 12,5 Mio. Ankünfte (2014)

Preiskategorien der Hotels und Restaurants

Beherbergungen aller Art sind in diesem Buch **mit Ziffern klassifiziert,** was aber nicht mit dem offiziellen Sterne-System identisch ist, sondern lediglich die Preisklasse kennzeichnet. Die Angaben beziehen sich dabei stets auf die Unterbringung für **zwei Personen** in einem **Doppelzimmer** in der **Hauptsaison** inklusive **Frühstück**.

① bis 50 Euro
② 51–100 Euro
③ 101–150 Euro
④ über 150 Euro

Für Restaurants unter **„Essen und Trinken"** gelten folgende Kategorien (Mahlzeit mit mindestens zwei Gängen pro Person bzw. in einer Pizzeria eine Pizza jeweils ohne Getränke):

① bis 10 Euro
② 11–25 Euro
③ 26–50 Euro
④ über 50 Euro

Verlockende Aussicht

Die Regionen im Überblick

1. Florenz und Umgebung | 22

Das Flaggschiff der Toskana mit Mäzenen wie den *Medici* und Meistern wie *Michelangelo;* Berge, Villen und Wälder im Hinterland und die sehenswerten Städte **Prato (S. 80)** und **Pistoia (S. 87).**

2. Chianti, Val di Pesa, Val d'Elsa, Valdarno | 118

Sehnsuchtslandschaft mit sanften Hügeln, herrischen Burgen und Zypressen am Horizont – und natürlich das Wichtigste: Wein, so weit die Füße tragen.

3. Arezzo, Casentino, Pratomagno, Valdichiana, Valtiberina | 164

Lange Täler, dicht bewaldete Bergrücken und **Arezzo (S. 169),** Kleinod der Osttoskana, mit charmanter Altstadt und atemraubender Kunst.

4. Lucca, Garfagnana, Alpi Apuane, Svizzera Pesciatina | 222

Hundert Kirchen, enge Gassen, weite Plätze und hohe Bergen im Rücken – für Kulturliebhaber mit Bewegungsdrang und Ruhigere, die lieber in Thermen wie **Montecatini (S. 250)** kuren.

5. Pisa, Riviera della Versilia/Apuana | 288

Ein schiefer Turm und noch sooo Vieles mehr, eine Universitätsstadt mit Riviera-Anschluss, ideal für Fans von Strand und Kunst; dazu noch eine Menge Marmor in den Bergen.

Die Regionen im Überblick

 Livorno, Riviera degli Etruschi | 340

Hafenstadt mit ganz eigener Ausstrahlung und Tor zur **Etruskischen Riviera (S. 374)** mit Traumstränden, sommerlichem Abfeiern, kleinen, feinen Weingütern und viel Antike.

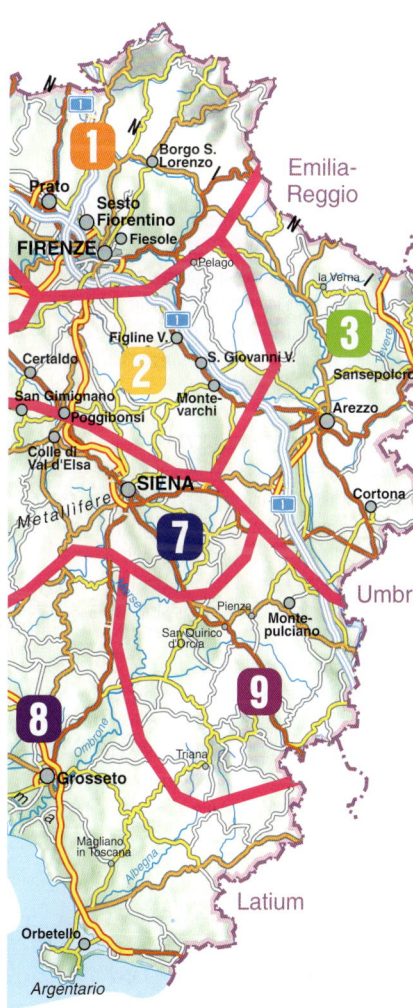

Siena, San Gimignano, Volterra, Crete, Colline Metallifere | 386

Das Triumvirat mittelalterlichen Städtebaus mit Tälern und Bergen, eine Landschaft für Menschen die weit blicken wollen, etwas herb, aber voller Stimmung.

Grosseto, Maremma | 448

Die vielleicht attraktivste Küste der Toskana, Cowboys der Maremma im Hinterland und im Landesinneren wehrhafte Burgstädte, Thermalquellen und die schönsten etruskischen Gräber.

Montepulciano, Val d'Orcia, Monte Amiata | 526

Montepulciano und Montalcino, die starke Konkurrenz des Chianti-Weins, der höchste Berg der Toskana und die „ideale" Renaissance-Stadt **Pienza (S. 544)** – Weinverkostung mit Kultur.

ZEHN ORTE ZUM STAUNEN

Das Vespa-Museum in Pontedera | 269
Rennvespa? Unglaublich, aber wahr! Im Piaggio-Museum gibt's noch viel mehr zu sehen: die erste Vespa von 1943, Vespa mit Beiwagen, die „Monthlery" mit Stromlinienverkleidung von 1950 (137 km/h schnell) und ihr Nachfolger „Siluro" (1951, 171 km/h), Vespa mit Raketenwerfer für die Fremdenlegion ... bis zum Jubiläumsmodell von 2015, designed by *Giorgio Armani*.

Masaccios „Madonna mit Kind" in Cascia Regello | 159
Das „Trittico di San Giovenale" wurde erst 1961 als *Masaccios* Arbeit entdeckt. Seitdem ranken sich Legenden um das Bild und seine Symbolik, Sachverständige überschlagen sich in Interpretationen: Kinderhand als Pentagram, kufische Schriftzeichen im Heiligenschein (die „Es gibt keinen Gott neben Allah" bedeuten sollen). Ein neben dem Triptychon aufgestellter Touchscreen führt in die Mysterien des Bildes ein.

Montecatinis freizügige Jugendstil-Therme | 252
Nackt und schön, der Jugendstil kennt keine Grenzen. Überlebensgroß zeigen sich Allegorien wie „Schönheit", „Quelle" oder „Kraft" – die Fliesenkunst der Terme Tettuccio in Montecatini Terme beglückt über den Hähnen, aus denen die Gesundung versprechenden Wässer für die Bresthaften fließen. Ist das Glas vollgezapft, geht es nippend die Kolonnaden entlang, unter der Rotunde durch und an Springbrunnen vorbei.

Der wunderschöne Kreuzgang von Torri | 407
Nicht zu erkennen von außen, was sich hinter den abweisenden Mauern verbirgt. Tor, Glocke – unmissverständliche und sehr beschränkte Öffnungszeiten, die Dame, die das ehemalige Kloster des Weilers Torri heute bewohnt, benötigt ihre Ruhe. Zur rechten Zeit aber, am rechten Ort! Keinen schöneren Kreuzgang gibt es in der Toskana, dreistöckig, intim, kunstvoll, ein Ort der Ruhe und Kontemplation.

Die Schlucht quer durch Loro Ciuffenna | 158
Wie ein riesiger Schnitt teilt die Klamm des Wildbaches Ciuffenna den Ort Loro an der Flanke des Pratomagno. Der Bach ist zahm und plätschert ruhig am Talgrund vor sich hin bergab und treibt die Mühlenräder. Doch wenn er reißend wird, hält man sich besser von ihm fern. Pittoreske Römerbrücke, Mühle, Naturstein, Treppen und Gassen – so schön kann die Toskana abseits sanfter Hügel sein.

Zehn Orte zum Staunen

Die vergessene Krypta von Giugnano | 515
Nahe Roccastrada: Kein Schild deutet auf eine Kirche oder Sehenswürdigkeit hin, ein Sträßlein zweigt ab, führt zu einem Agriturismo. Dort nachgefragt, führt der Besitzer den Gast zu einem Loch im Wald. Eisenleiter, Halbdunkel – die Kirchenruine ist fast vergessen, kein Archäologe kümmert sich, kein Ministerium. Vielleicht ist es deswegen so aufregend, in die romanische Krypta hinabzusteigen!

An Marmorbrüchen vorbei zum Passo di Vestitio | 336, 337
Die nah der Stadt liegenden Marmorbrüche von Carrara sind immer gern besucht, rauf ins Gebirge in die Alpi Apuane und rüber in das Tal von Garfagnana fahren Touristen seltener. Doch gerade bei den Marmorbrüchen hoch oben in den Bergen taumelt die Fantasie. Was mussten die Menschen der Antike leisten, um den kostbaren Stein ans Meer zu schaffen, damit er, auf Schiffe verladen, die unersättlichen Baustellen Roms speisen konnte?

Abbazia di San Galgano | 511
Mit San Galgano kam die Gotik nach Italien. Frühmorgens sollte man hierher kommen, am besten im beginnenden Herbst, wenn Nebelfetzen durchs Tal ziehen und die Kirchenmauern ins Unwirkliche rücken. Seitenwälle, Pfeiler, Kapitelle, der Baukörper ist bis aufs Dach intakt. Mächtig ragen die Mauern hoch und künden von Reichtum in Glauben und weltlichem Besitz.

Die Gräber von Chiusi | 559
Zur Einstimmung auf einen Besuch der Grabstellen rund um Chiusi ganz im Osten sollte man das Nationalmuseum in Chiusi besuchen und einen ersten Eindruck etruskischer Hochkultur sammeln. Dann geht es unter fachkundiger Führung zu den gut gesicherten Gräbern. Skulpturen und Malereien künden von einer Zeit voll Kunstverständnis, zu der die Römer noch in Hütten hausten.

Giardino di Daniel Spoerri | 569
Ein weißer Mann schwebt an einer Fassade, Büsten aus Gold im Wald, Vulkanschlote auf einer Wiese ... Kunst international in einem Landschaftspark von 16 ha Größe. Seit den 1990er Jahren haben über 50 Künstler über 100 Installationen in die Natur hineingepasst – und es hat kein Ende. „NEE, DIE IDEEN"

FÜNF ORTE ZUM TRÄUMEN

Über den Dächern von Roccatederighi | 514
Enge und krumme Gassen, in Durchgängen geduckt unter Häusern entlang – wenige Orte sind so sehr Mittelalter. Weit oben auf einem Felskamm zieht sich das Dorf in die Länge und am Ende, vor dem Abgrund bei der Kirche, türmt sich der Stein ein weiteres Mal hinauf. Dort hochgeklettert und der Welt entrückt, ist „Unten" nicht mehr wichtig, lässt sich von alten Zeiten träumen.

Eine Bank tief in den Bergen | 162
Die endlose Kurverei durch den dichten Wald des Pratomagno entlang eines Tales endet auf über 1000 m Höhe in dem winzigen Weiler Rocca Ricciarda, dem man nur allzu deutlich ansieht, dass hier dem Winter zu trotzen eine wirkliche Herausforderung war. Heute sind die Häuschen entlang der einzigen Gasse nur im Sommer oder am Wochenende bewohnt. Hindurchspaziert, wartet am Ende eine Holzbank mit Ausblick – für den ganz eigenen Moment.

Park der Villa Reale di Marlia | 242
Hohe Bäume, wilde Büsche, gestutzte Hecken, die Sichtachsen sind grandios, die intimen Plätze aber nicht minder. Zitrusbäumchen rahmen ein Becken, die Götter Roms in Stein wachen auf Sockeln, hier eine Grotte für Pan, dort ein Theater aus Pflanzen gebaut, die Bühne eine Wiese, an anderer Stelle bilden Wasserspiele ein Theater. Die Schwester *Napoleons* hat hier gelebt, auf ihren Spuren denkt man sich ins 19. Jh.

Das Kloster von Bose bei San Gimignano | 431
Ganz unerwartet öffnet sich der Wald zur Lichtung, eigentlich eher ein Garten, die Klosterbauten strahlen hell im Sonnenlicht. Dass die Gärtner ihr Herzblut für den Park geben, sieht man ihm an. Im kleinen Laden verkaufen die Mönche von ihnen getöpferte (ästhetisch überaus gelungene) Keramiken. Und laden Gäste zum gemeinsamen Gebet in ihre kleine Kirche – ganz früh am Morgen, mittags und am Abend.

Freies Baden in den Becken San Cascianos | 562
Heiße Quellen hat die Toskana genug, zahlreiche Thermen sind in der Region verteilt, als Badeparadies oder auch Teil eines Hotels. Ebenso besitzt San Casciano dei Bagni seine großzügige Thermenlandschaft mit allen Annehmlichkeiten. Doch unterhalb des Ortes sind *die* Becken aufgemauert, in denen unter freiem Himmel jedem und zu jeder Stunde Wasser und die Gedanken fließen.

Fünf Orte zum Schlemmen

Cacciucco in Livorno | 344
Vor allem: Wenn Sie Fischeintopf bestellen – dann nur mit Rotwein. Mit Weißem beginnen Sie ein Sakrileg. Das Fischgericht war früher keine teure Mahlzeit, hinein kommt nämlich nicht der Edelfisch, sondern Getier der zweiten Wahl. Fünf Arten Fisch und Krebs sind nötig (denn schließlich kommt im Wort das „c" auch fünfmal vor). Man kocht sie mit Tomaten und gießt den Eintopf dann in eine Schale mit einer Schicht von abgeflammtem Brot.

Pecorino in Pienza | 544
Pecorino ist nichts Besonderes? Doch, der aus Pienza schon. Der Käse aus Milch einer sardischen Schafsrasse reift nämlich für mindestens 90 Tage im Barrique-Fass, erst dann dürfen die 1–1,5 kg schweren, runden Käselaibe das Gütesiegel DOP tragen. Gegessen wird er mit Brot und Öl. Seinen kräftigen Geschmack begleitet auch ausgezeichnet die Zwiebelmarmelade aus Certaldo.

Salumi di Cinghiale in Scansano | 466
Für Wurst vom Wildschwein gibt es vielerlei Rezepte, auch die Salami taucht in unterschiedlichen Gewändern auf, mit Fenchel, Paprika und Rotwein, mit Trüffel, Knoblauch oder Nüssen. Man hat die Qual der Wahl, die Tische der Maremma sind sehr reich gedeckt. Und wer verarbeitetes Fleisch weit von sich weist, kauft an den Theken einfach Käse – auch er ist köstlich.

Marmellata di Cipolle aus Certaldo | 136
Die roten Zwiebeln aus Certaldo sind unabdinglich, um diese „Konfitüre" herzustellen. Nur sie besitzen diese ganz gewisse Süße, die für das Chutney nötig ist. Die Zwiebeln kochen mit Rosinen und Balsamico, mit Lorbeer, Zucker, weißem Wein und einem Gläschen Cognac, bis die Masse eindickt. Die Zwiebel-Marmelade wird zu Käse oder Schinken und zu kaltem Fleisch gereicht.

Prosciutto Crudo in Greve di Chianti | 138
Warum gerade Greve so berühmt ist für seine Schinken? Weil hier die Tradition so weit zurückreicht und weil man sich Zeit für sie nimmt. Bevor man sie zerteilt und auf die Teller bringt, reifen die Schinken bis zu eineinhalb Jahren. Die Scheiben sollten nicht zu dünn geschnitten sein und ihr Geschmack ist kräftiger als der der Konkurrenz (aus Parma oder San Daniele); mit weißem Brot und rotem Wein sind sie ein Hochgenuss.

Autodromo del Mugello | 107
Barberino di Mugello | 104
Borgo San Lorenzo | 98
Castello di Villanova | 106
Convento del Bosco ai Frati | 104
Convento dell'Incontro | 69
Fiesole | 74
Firenzuola | 109
Florenz | 27
Galluzzo | 68
Grezzano | 102
Lago di Bilancino | 105
Medici-Villen | 69, 102
Mugello | 100
Parco Nazionale delle
  Foreste Casentinesi | 111
Passo della Collina | 94
Passo della Futa | 109
Passo di Oppio | 94
Pistoia | 87
Ponzalla | 109
Prato | 80
San Godenzo | 111
San Piero a Sieve | 102
Sant'Agata | 107
Santuario di Montesenario | 104
Scarperia | 106
Vicchio | 110
Villa Le Maschere | 106
Villa Peyron | 78

1 Florenz und Umgebung

Keine Stadt der Welt ist so sehr Renaissance wie das „Athen der Neuzeit" – Kunst und Kultur begegnen Besuchern auf Schritt und Tritt.

◁ Die Fontana del Nettuno, der Neptunbrunnen, auf der Piazza della Signoria in Florenz

FLORENZ UND UMGEBUNG

Wer Florenz nicht gesehen hat, wird die Toskana nicht verstehen. Der Kulminations- und Ausgangspunkt der Hochkultur der **Renaissance** ist umgeben von schroffen Gebirgen im Norden und lieblichen Hügelwelten des Chi-

Florenz und Umgebung

Florenz und Umgebung

anti im Süden. Museen, Galerien und herrliche Villen beschäftigen Touristen und Einheimische gleichermaßen. Die **Hauptstadt der Region Toskana** ist Pflichtprogramm bei einer Fahrt in die Sehnsuchtslandschaften des nördlichen Mittelitalien. Florenz liegt in dem breiten und fruchtbaren Tal, das der Arno über die Zeit geschaffen hat. An seinem silbernen Band versammeln sich die schönsten **Museen** der Welt mit Renaissancekunst von Meistern wie *Leonardo*

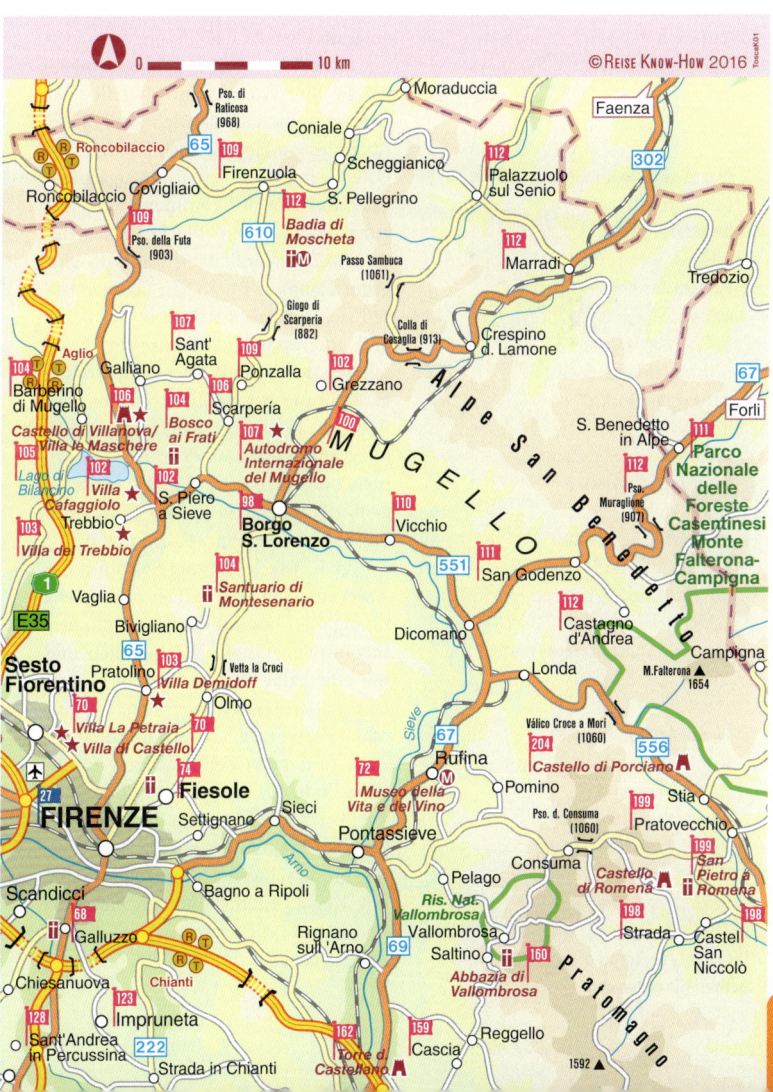

da Vinci, *Michelangelo* oder *Donatello*. Die größten Baumeister ihrer Zeit schufen bahnbrechende **Architektur,** und dennoch ist Florenz eine ganz normale Stadt, in der man lebt und sein Arrangement mit den Touristenströmen gefunden hat – und in der man stolz ist darauf, dass jedes Gemäuer vor Geschichte trieft.

Wem es in der Stadt zu heiß wird (sei es wegen sommerlicher Temperaturen oder dem Gedränge in den Gassen), der fährt nach Norden hinauf in die kühleren Hügel in das nicht so bedrängte **Fiesole.** Oder er besucht eine der zahlreichen Villen, die sich die Familie *Medici* über die Jahrhunderte an den Flanken des Apennin errichten ließ – auch die *Medici* waren der Stadtflucht nicht abgeneigt und liebten das (luxuriöse) Leben mit Blick auf die Natur. Schließlich hatten sie ihre Wurzeln im **Mugello,** der Gebirgslandschaft, die sich als Teil des Apennin von Florenz nach Norden und Osten zieht, lange Zeit als unzugänglich galt, und eine willkommene Verteidigungssperre gegen Machtgelüste der Stadtstaaten Norditaliens war. Von Mugellos Hauptort Borgo San Lorenzo lassen sich weitere Ausflüge in die Berge und interessante, kurvenreiche **Passfahrten** durch die Wälder nach Norden in Richtung der Emilia-Romagna und Bologna, Imola und Faenza unternehmen: über den Passo della Futa (903 m üNN), Giogo di Scarperia (882 m üNN), Colla di Casaglia (913 m üNN) oder den Passo del Muraglione (907 m üNN).

Wer Klöster bevorzugt, wird mit der **Abtei von Galluzzo** südlich von Florenz fündig oder besucht den Convento dell' Incontro im Osten. Nordwestlich und nur eine halbe Stunde Auto- oder Zugfahrt entfernt liegen zwei weitere städtische Leckerbissen – **Prato** und **Pistoia.** Zwar sind die beiden – sich am nördlichen Ende der breiten Arno-Ebene an die Flanken des Apennin drängenden – Orte bei Weitem nicht so prächtig wie ihre große Schwester, doch auch sie sind mit Kunst, Kultur und angenehmem städtischen Leben gesegnet und nicht zu unterschätzen.

NICHT VERPASSEN!

- **Piazza del Duomo, Florenz:** Dom, Kuppel, Campanile und Baptisterium bilden ein herrliches Ensemble | 42
- **Palazzo Vecchio, Florenz:** *Michelangelos* „David" weist den Eingang zum Museum | 47
- **Uffizien, Florenz:** Kunstorgie im berühmtesten Museum Italiens | 48
- **Brancacci-Kapelle, Florenz:** beeindruckende Fresken des 15. Jh. | 55
- **Medici-Villa La Petraia, Località Castello/Florenz:** zur Villa gewordene beste Renaissance | 70
- **Duomo di Santo Stefano, Prato:** Frührenaissance in Stein und Malerei | 84
- **Piazza del Duomo, Pistoia:** weltliche und kirchliche Macht an einem Platz | 88
- **Garten der Medici-Villa Demidoff, Pratolino:** Park aus der Spät-Renaissance | 103

Diese Tipps erkennt man an der gelben Hinterlegung.

Florenz

■ 50 m üNN, 377.000 Einw.

Die **Diva der toskanischen Städte** spielt ihre Rolle zu Recht. Nirgends sonst ist die Dichte an Kunstwerken, an historisch bedeutenden Gebäuden und die der Menschen in den Gassen so dicht. Dennoch hat sich Florenz seinen Charme bewahrt.

Wer Florenz nicht gesehen hat, wird die **Geschichte** der Toskana nicht begreifen. Die Stadt der *Medici* beherrschte schließlich die gesamte Region, nachdem sie Jahrhunderte um die Vorherrschaft kämpfen musste. Die Steuern, die der Handel brachte, machten sie zu einer der reichsten Städte der Renaissance überhaupt. Und so präsentiert sie sich dem heutigen Betrachter als elegante, lebendige und liebenswerte Residenz für die Einheimischen ebenso wie für die Touristen.

> ### ⚡ Die Highlights für Kinder
>
> ■ Die **Kaiserburg** in **Prato** | 81
> ■ Die **Hängebrücke** von **Mammiano** nördlich von **Pistoia** | 95
> ■ Der **Zoologische Garten** in **Pistoia** | 98
> ■ Bewegtes **Dorfleben in Miniformat** im Mugello (**Sant'Agata**) | 108
> ■ Wie die **Steinzeitmenschen** lebten: im Mugello (**Sant'Agata**) | 108
> ■ Der **Abenteuerpark** im **Mugello** (bei der Villa Demidoff) | 117
> ■ Spannende **Ferien auf dem Bauernhof** im **Agriturismo La Ripa** unweit von Borgo San Lorenzo | 117

Geschichte

Römische Veteranensiedlung

Die Geschichte der strahlenden Kunstmetropole begann 59 v. Chr. ganz banal mit der Gründung eines römischen *castrum* am Ufer des Arno auf Veranlassung *Julius Cäsars*. „Ager florentinus – Blühender Ort" war eine von unzähligen **Veteranensiedlungen,** die *Caesar* anordnete, denn jedem verdienten Soldaten stand im Alter ein eigenes Stück Land zu. Die Mauern der Siedlung lagen im Bereich der jetzigen Altstadt, die Äcker zogen sich streng parzelliert bis zum heutigen Prato hin. Die **verkehrsgünstige Lage** an Via Cassia/Clodia (von Rom nach Genua), Via Volterrana (von Fiesole nach Volterra) und Via Pisana (von Spina nach Pisa) sorgte für **Aufschwung.** Im schachbrettartig angelegten *castrum* kreuzten sich *decumanus* (Via Strozzi/Corso) und *cardo* (Via Calimala/Roma) am Forum, der heutigen Piazza Repubblica. **Florentia,** so der damalige Name, wuchs schnell und überflügelte sowohl die etruskischen Nachbarstädte Fiesole und Volterra als auch benachbarte *castri* wie Lucca an Größe und Bedeutung. Unter Kaiser *Diokletian* wurde sie im 3. Jh. **Verwaltungszentrum der Provinz Tuscia et Umbria.** Das **Christentum,** das *Diokletian* noch heftig bekämpfte, fand Ende des 4. Jh. Eingang in Florenz; auf Initiative des heiligen *Ambrosius von Mailand* nahm

Kaiser *Gratian* den neuen Glauben an und erklärte Florenz zum Bischofssitz. *Ambrosius* persönlich weihte die Chiesa San Lorenzo zur Kathedrale.

Völkerwanderungen

Florenz' Lage in einer Ebene war einerseits Garant für Wohlstand dank florierender Landwirtschaft und Handel, andererseits war die Stadt relativ schutzlos Überschwemmungen des Arno und feindlichen Einfällen ausgeliefert. Nachdem im 5./6. Jh. die Völkerwanderung über die Stadt hinweggefegt war, blieben **Ostgoten** als neue Herrscher über die verbliebenen 1000 Einwohner. Florenz versank in Bedeutungslosigkeit und gewann wenig hinzu, als die **Langobarden,** ursprünglich aus dem Raum des heutigen Mecklenburg stammend und zwischenzeitlich im Donauraum als Vasallen Ostroms siedelnd, Italien 568 eroberten. Deren König *Alboin* (526–572) wählte Pavia zu seinem Sitz, seine Nachfolger schenkten Florenz zehn neue Kirchen. Auch die Markgrafen von Tuszien als Stellvertreter der Karolinger – *Karl der Große* hatte die Langobarden 774 besiegt – ließen Florenz links liegen und residierten in Lucca. Erst unter *Hugo von Andenburg* (945–1001) wurde Florenz um das Jahr 1000 **Residenzstadt.** 1055 erhielt sie Reichsunmittelbarkeit.

Geschlechterkriege

Diese erste wirtschaftliche und kulturelle Blüte der Stadt, die sogenannte **Protorenaissance** im 11./12. Jh., fand ihren Ausdruck im Bau des Baptisteriums, der Kirche Santi Apostoli und des Klosters San Miniato al Monte, das dem um 250 in Florenz gefolterten und ermordeten heiligen *Minias* gewidmet war. Wie stark Markgrafen, Papst oder Kaiser in Florenz waren, blieb Schwankungen unterworfen. 1138 wurde erstmals ein Konsul benannt, der erste Podestà (eine Art Bürgermeister) ist für 1158 verbürgt. Noch regierten die Markgrafen mit, aber der Weg war frei für die mächtigen Geschlechter, für die Entstehung der Handelshäuser und Banken und für die Machtübernahme durch die *Medici*. Man baute Brücken über den Arno, verstärkte die Stadtmauer, die nun erstmals auch Santo Spirito jenseits des Flusses Arno umschloss, und unterteilte das Stadtgebiet in sechs *sestieri* (Sechstel), eine Struktur, die bis heute Bestand hat. Nach und nach eroberten die Florentiner benachbarte Siedlungen und Kastelle und erweiterten so ihr Einflussgebiet. Reiche Familien legten sich Geschlechtertürme zu. Über 160 bis zu 70 m hohe Wohnburgen zählte die Stadt. Fehden untereinander trugen die Adeligen buchstäblich von Turm zu Turm über den Köpfen der Bürger aus. Und Anfang des 13. Jh. gründeten sich die ersten *arti*, **Gilden,** als Interessenvertretungen von Kaufleuten und Bankiers.

Kaiser und Papst

Das gesamte 13. Jh. markierte ein tief gehender **Konflikt** zwischen **weltlichem und kirchlichem Machtanspruch** im Heiligen Römischen Reich, der die Florentiner und von dort ausgehend die gesamte Toskana in zwei Lager spaltete. Die **Guelfen** standen auf Seite des Papstes und des von ihm unterstützten Welfenkaisers **Otto IV.**, während die **Ghibellinen** – Anhänger der Wiblinger (nach der Stauferburg Waiblingen bei Stuttgart) – die Partei des Stauferkaisers *Friedrich II.* vertraten. Florenz rechnete sich traditionell zur Guelfen-Partei, was 1300 sogar einen seiner prominentesten Bürger, den Ghibellinen *Dante Alighieri*, ins Exil nach Verona zwang. Von der Unterstützung des Papstes versprachen sich besonders Kaufleute Vorteile, eröffnete sein Wohlwollen ihnen doch die Möglichkeit, im Fernhandel von den internationalen Beziehungen des Kirchenstaats zu profitieren. Anhänger des Kaisers war traditionell der Adel. Im Laufe dieses Konfliktes gingen die ursprünglichen Loyalitäten allerdings fast gänzlich verloren. Schlachten, Eroberungen und Zerstörungen feindlicher Kastelle wurden nur zum Zweck des Einfluss- und Landgewinns ausgetragen. In Florenz mündeten diese Auseinandersetzungen in der **Machtübernahme durch das Volk**, in diesem Fall wohlhabende Kaufleute und Handwerker.

Wirtschaftsblüte und Kultur

So kriegerisch das 13. Jh. auch war – es sah zugleich den Aufstieg zu Wohlstand und eine Blüte der Kunst. Das Duecento prägten ambitionierte **Bauprojekte** – Palazzo del Podestà (Bargello), Dom, Campanile, Santa Croce und Santa Maria Novella wurden errichtet. Über 100.000 Menschen lebten zu dieser Zeit in der Stadt, und Künstler wie *Cimabue* (etwa 1240–1300) und *Arnolfo di Cambio* (um 1245–um 1310) entwarfen die **Grundlinien der Renaissance** als Ge-

Alle Macht dem Volke!

Zwei Familien standen in ständigem Streit und wollten ihn 1216 mit der **Heirat** je eines ihrer Mitglieder beilegen. Der Bräutigam entschied sich aber beim Polterabend anders. Die Brauteltern ließen den Erwählten meucheln, die Fehde entbrannte aufs Neue und riss die ganze Führungsschicht, die Magnaten, in wechselnde Koalitionen. Man beschoss sich von Wohnturm zu Wohnturm, unten standen die leidtragenden Bürger. 1245 kam es zur **„Schlacht am Dom"** zwischen Guelfen und Ghibellinen, 1248 wurden die Guelfen aus der Stadt getrieben, und 1250 sagte das Volk: „Es reicht!" Die inzwischen zu Wohlstand gekommenen **Handwerker und Händler rebellierten,** Florenz erhielt eine **neue Verfassung:** Neben die Magnaten trat ein Stadtkommandant (Capitano del Popolo) mit zwölf Weisen und einem Rat aus 36 Bürgern. Zur Sicherung schuf dieser Rat 20 Volkskompanien, das **Primo Popolo** war geboren. Nun konnten die Magnaten nicht mehr über die Köpfe der Einwohner hinweg schalten und walten. Sie mussten sogar auf ihr wichtiges Statussymbol, die Geschlechtertürme, verzichten – der Rat verfügte, sie alle in rund 30 m Höhe zu kappen.

In dieser Zeit wurde der Herrschaftsbereich von Florenz ausgedehnt, aber als es 1260 gegen Siena ging, schlugen die Magnaten zurück, sie verrieten das eigene Heer und übernahmen wieder die Macht. Das Primo Popolo konnten sie aber nicht vollständig rückgängig machen. In den Gremien saßen nun Guelfen, Ghibellinen und Neutrale. Ab 1282 entstand ein Rat mit 14 Mitgliedern, die sich Beistand auch bei den Stadtzünften holten. Aus diesem Rat ging die **Signoria** hervor, die Stadtregierung, die schließlich nur noch aus Zunftvorstehern (Prioren) und einem Vertreter des Volkes bestand.

genbewegung zur als fremd und dumpf empfundenen Gotik aus dem Norden.

Wirtschaftlich ging es weiterhin aufwärts: 1252 prägte der Stadtstaat den ersten **Florin** der Welt, eine Feingoldmünze mit 3,65 g. 1289 beendete eine **neue Verfassung** endgültig den Einfluss des Adels auf die Stadtpolitik. Sie sah einen aus Zunftmitgliedern bestehenden „Rat der Hundert" vor, der Gesetzesvorlagen genehmigen musste, bevor diese von vier weiteren – vom Volk gewählten – Räten abgesegnet werden konnten. Damit waren die **Zünfte** bestimmende Macht in der Stadt. Die Leibeigenschaft wurde abgeschafft, Amtszeiten auf wenige Monate beschränkt, mehrere Ämter in Personalunion waren verboten, ebenso wie die Wiederwahl. Die Amtsinhaber bestimmte man durch ein Losverfahren. Von 1299 bis 1330 dauerte der Bau einer neuen Stadtmauer, die mit 8,5 km Länge, 73 Türmen und 15 Toren eine Fläche von über 5 km² umschloss.

Bankrott und Pest

Licht und Schatten prägen auch das 14. Jh., das Trecento. Als Vorläufer der Universität wurde im Jahre 1321 das Studium Generale ins Leben gerufen, zugleich aber verschärften sich die Spannungen zwischen Guelfen und Ghibellinen bzw. Weißen und Schwarzen, wie sich die Gruppierungen inzwischen nannten. Zwei wichtige Bankhäuser verspekulierten sich mit Krediten und gingen bankrott, der Arno trat über die Ufer, und gleich zweimal wütete der Schwarze Tod in Florenz. Mitte des 14. Jh. hatte die Stadt nur noch 40.000 Einwohner.

Auf zu neuen Ufern!

Obwohl die **Medici** ihren Aufstieg erst Ende des 14. Jh. begannen, gehörten sie schon bald zu den vermögendsten Häusern des Kontinents. Als Bankiers und Händler suchten sie immer neue Einnahmequellen, und ihr Blick schweifte auch in die Ferne. Sie beauftragten 1499 den Florentiner Seefahrer und Navigator **Amerigo Vespucci**, sich in der Welt umzuschauen. Er kam weit übers Meer, und sein Name stand Pate für einen neuen Kontinent: Amerika.

1378 lehnten sich die Wollarbeiter gegen die Arbeitsbedingungen auf und eroberten sechs Wochen lang die Macht in der Stadt. Einer der Führer dieses Aufstands, *Salvestro* aus der Sippe der **Medici** (1331–1388), verriet schließlich seine Gefolgsleute und bereitete damit den Weg für den Aufstieg seiner Familie. Vor diesem Hintergrund von Katastrophen und Aufständen entstanden in Florenz die größten **Kunstwerke:** *Donatello, Brunelleschi, Botticelli,* Fra *Angelico, Giotto,* später auch *Leonardo da Vinci, Michelangelo* und viele andere schmückten die Stadt mit all ihrem Talent.

▷ Der Ponte Vecchio, eine der ältesten Segmentbogenbrücken der Welt

Die Oligarchen

Nach der Revolte der Wollarbeiter löste die **Oligarchie weniger Familien** die demokratischen Strukturen im Stadtstaat ab. Der bereits Ende des 14. Jh. mit einem beträchtlichen Reichtum ausgestatteten Familie **Medici** sollte dabei eine herausragende Rolle zukommen: Sie erhielten vom Papst das Recht, alle Gelder des Heiligen Stuhls zu verwalten. Als der *Medici Giovanni* (1360–1429) starb, erbte *Cosimo „der Ältere"* (1389–1464) das Vermögen seines Vaters. Sein sagenhafter Reichtum und sein Ansehen in der Stadt zog ihm die Missgunst anderer Adelsfamilien zu – besonders aber die der *Albizi*. Schließlich wurde *Cosimo*, der bereits weitsichtig sein Geld in Sicherheit gebracht hatte, 1433 aus der Stadt vertrieben. Ein Jahr später kehrte er wieder heim und schlug zurück.

Familienbesitz

Cosimo nahm dabei die Position eines nahezu unsichtbaren Strippenziehers ein. Bis auf wenige Ausnahmen, die ihm die Bürgerpflicht auferlegte, hatte er nie einen offiziellen Verwaltungsposten inne. Äußerlich war er Kaufmann und Bankier, im Hintergrund lavierte er jedoch so geschickt, dass binnen kürzester Zeit die meisten wichtigen Positionen im Stadtstaat durch seine Parteigänger besetzt waren und die großen Konkurrenten der *Albizi* aus der Stadt verbannt wurden. Sein immenses Vermögen erlaubte es *Cosimo*, zahlreiche Bauvorhaben aus der Privatschatulle zu finanzieren, so die Errichtung oder Erweiterungen von San Lorenzo, Santa Croce, San Marco und *Brunelleschis* Domkuppel. Nach *Cosimos* Tod 1464 übernahm sein Sohn *Piero „Il Gottoso"* („Der Gichtige")

für fünf Jahre die Geschäfte. Auf ihn folgte 1469 dessen Sohn **Lorenzo „Il Magnifico"** („Der Prächtige", 1449–1492), dessen Portefeuille allerdings bei Weitem nicht mehr so gut gefüllt war wie das des Großvaters. *Lorenzo* verzichtete auf Zurückhaltung und bediente sich kurzerhand aus dem Stadtsäckel, um seine Geschäfte zu stützen. Trotzdem musste er mehrere Filialen in Europa schließen. Stark an Philosophie interessiert, begründete er die Platonische Akademie, eine Gruppe von Humanisten, die sich mit neuplatonischen Ideen und Konzepten beschäftigte. Als Mäzen unter Künstlern wie *Michelozzo* und *Michelangelo* porträtierte ihn *Ottavio Vannini* im 17. Jh. auf einem Fresko, das heute im Palazzo Pitti zu sehen ist.

Kurze Auszeit

Doch die offenere Herrschaftsausübung sorgte für Unmut und mündete in einem **Anschlag** auf *Lorenzo* und seinen Bruder *Giuliano* im April 1478. *Giuliano* starb, *Lorenzo* konnte fliehen und überlebte. In Florenz schlug die Stimmung wieder zugunsten der *Medici* um. Die Verschwörer, darunter der Erzbischof von Pisa, wurden an den Fenstern des Palazzo Vecchio aufgeknüpft. *Lorenzos* Sohn **Piero** (1472–1503), ab 1492 an der Macht, ging als „Lo Sfortunato" („Der Glücklose") in die Geschichte ein. Er verantwortete die erste, 18 Jahre dauernde Unterbrechung der Medici-Herrschaft. Als der französische König 1494 gegen Neapel marschierte, überließ ihm

Scheiterhaufen der Eitelkeiten

Girolamo Savonarola (1452–1498) widmete sein Leben als Bußprediger dem Kampf gegen Luxus und Verkommenheit der Reichen, und das einfache Volk bejubelte ihn. Als Prior des Klosters San Marco nach Florenz gerufen, betrat er eine Bühne, die ihm so gerade recht kam. Die Verschwendungssucht in der Stadt war auf ihrem Höhepunkt angekommen, und wenn er predigte, füllten die einfachen Menschen die Kirchen. Schließlich wurde sein Kreuzzug in die Straßen getragen, alles eingesammelt, was als Symbol der Verkommenheit gelten konnte: jegliche Luxusgegenstände, Musikinstrumente, die nicht der kirchlichen Erbauung dienten, weltliche Kunst, Spiele, sogar Spiegel, die doch nur der Pflege der Eitelkeit dienten. Am 7. Februar 1497 auf der Piazza delle Signoria zu einem riesigen Haufen getürmt und angezündet, verbrannte alles. Und ein Jahr später noch einmal, am 17. Februar 1498. In der Stadt herrschte Angst; um der Erstürmung der Häuser durch radikale Jugendliche zuvorzukommen, gaben die Bürger freiwillig weg, was den Ruch des Luxus hatte. Die Stimmung wendete sich aber bald gegen *Savonarola*. Schon 1497 exkommunizierte ihn der Papst, Teile des Klerus von Florenz traten in Opposition zu *Savonarola*. Als er dann 1498 die Mehrheit im Rat verlor und der Papst androhte, jegliche kirchliche Handlung in Florenz zu untersagen, nähme man *Savonarola* nicht gefangen, drang der Pöbel ins Kloster San Marco ein, *Savonarola* kam in den Kerker. Mit Folterung presste man ihm das Geständnis ab, dass er des Teufels sei. Das Urteil lautete auf Erhängen und anschließend Scheiterhaufen. Am 23. Mai 1498 vollstreckte man das Urteil auf der Piazza della Signoria, die Asche *Savonarolas* trug der Arno davon.

Piero ohne Rücksprache mit dem Rat von Florenz kampflos die Küste. Der Rat vertrieb ihn aus der Stadt, organisierte sich unter Mitwirkung des Dominikaners **Girolamo Savonarola** neu und bestand nun aus 3000 Mitgliedern. Diese fast basisdemokratische Institution verlor jedoch bald an Einfluss, und *Savonarola* fand ein grausames Ende (s. Kasten). Neuer starker Mann wurde 1498 **Piero Soderini,** der den Machtbereich von Florenz 1509 auf Pisa ausdehnte und den Kaufleuten der Stadt damit den direkten Meerzugang sicherte.

Rückkehr in die Heimat

Die **Rückkehr der Medici an die Macht** hatte *Lorenzo* – ohne es zu ahnen – vorbereitet, als er seinen Sohn *Giovanni* (1475–1521) für eine kirchliche Laufbahn vorsah und ihn mit 13 Jahren 1489 zum Kardinal erheben ließ. In dieser Funktion und ab 1513 als **Papst Leo X.** tat *Giovanni* alles, um seiner Familie die Rückkehr nach Florenz und an die Macht zu ermöglichen. Um den Florentinern klarzumachen, mit wem sie sich auf Händel eingelassen hatten, ließ er die Stadt Prato niederbrennen und plündern. Florenz gab auf, trennte sich von *Soderini,* und die *Medici* kehrten heim – unter der Auflage, keine öffentlichen Ämter anzustreben. Es dauerte gerade mal 16 Tage, dann war der Große Rat aufgelöst. Die Herrschaft übernahm der *Medici* Kardinal *Giulio* (1478–1534), der 1523 als **Papst Clemens VII.** den Heiligen Stuhl bestieg. Seine Macht über Florenz behielt er; als Vertreter vor Ort ernannte er den der Familie verbundenen Kardinal *Passerini*.

Die absolute Macht

Bis 1537 erlebte Florenz Belagerungen, Machtwechsel, Intrigen und politische Morde, die sich alle im Umkreis des Medici-Klans abspielten. Schließlich übernahm **Cosimo I.** (1519–1574) aus einer Nebenlinie die Stadtgeschäfte, eroberte die ewige Konkurrentin Siena und errichtete einen straff organisierten absolutistischen Staat, dessen neuralgische Punkte er durch Festungsbauten sicherte. 1569 krönte ihn der Papst zum **Großherzog der Toskana.** Als harter, grausamer Herrscher gefürchtet, tat *Cosimo I.* zugleich viel für die **Kunst:** In seine Regierungszeit fiel der Bau der Uffizien durch *Giorgio Vasari*. Seine Nachfolger aber erlebten den Niedergang der Stadt und konnten ihn nicht aufhalten: Die Tuch- und Wollwirtschaft litt immer heftiger unter der Konkurrenz aus England. Erneut dezimierte die Pest die städtische Bevölkerung.

Österreicher und Franzosen

Als der letzte Großherzog *Gian Gastone* 1737 ohne Nachkommen starb, fiel Florenz zusammen mit dem Großherzogtum Toskana an die **Habsburger.** Unter Großherzog *Leopold I.* erlebte die Toskana ab 1765 **Reformen** wie die Abschaffung der Todesstrafe, die Teilsäkularisierung des Großherzogtums und eine Landreform, die Kleingrundbesitzer bevorzugte. Florenz erhielt eine Stadtbeleuchtung und Straßenschilder.

Oppositionelle Florentiner begrüßten 1799 den Einmarsch französischer Truppen, erhofften sie sich doch von **Napoleon** eine Belebung des republikanischen

Gedankens. Das französische Intermezzo war 1815 beendet, die Habsburger wieder eingesetzt.

Endlich Italien

1859 trat das Großherzogtum dem **Königreich Italien** bei, und Florenz fungierte von 1865 bis 1871 als Hauptstadt. Eines der malerischsten Altstadtviertel mit dem Alten Markt und dem jüdischen Ghetto wich dem Neubauprojekt der klassizistisch-herrschaftlichen Piazza Repubblica. Obwohl Florenz und die Toskana traditionell linksorientiert und weltoffen waren und die Sozialisten die Mehrheit besaßen, entwickelte sich die Stadt zu einem **Zentrum des Mussolini-Faschismus** mit einem besonders engmaschigen Organisationsnetz und den meisten Parteimitgliedern in ganz Italien. Florenz erhielt diverse „repräsentative" Neubauten, darunter den Bahnhof Santa Maria Novella (Firenze SMN) und das große Stadion, in dem die „Schwarzhemden" ihre Veranstaltungen zelebrierten. Nachdem die Italiener im Jahre 1943 *Mussolini* schließlich gestürzt und die Waffenbrüderschaft mit Deutschland aufgekündigt hatten, besetzten deutsche Truppen am 11. September Florenz. Mit Ausnahme des Ponte Vecchio zerstörten die **Deutschen** alle Brücken ihrer letzten Verteidigungslinie, die amerikanische Luftwaffe bombardierte die Stadt. Am 4. August 1944 marschierten die **Alliierten** ein.

Nach dem Krieg

Seit 1946 ist Florenz **Hauptstadt der Provinz Toskana.** Die Nachkriegspolitik prägten nach einem kurzen sozialistisch-kommunistischen Beginn vorrangig christsoziale Bürgermeister.

Auch im 20. Jh. suchte eine **Naturkatastrophe** die Stadt heim: Am 4. November 1966 ertränkte der Arno mit einer Fließgeschwindigkeit von 60 km/h das ganze Stadtgebiet. Das Wasser stand mehrere Meter hoch in den Vierteln, 34 Menschen starben in den Fluten, zahlreiche Kunstwerke wurden zerstört oder schwer beschädigt. Ein gutes Vierteljahrhundert später, 1982, erhielt Florenz den Titel eines **UNESCO-Weltkulturerbes.**

Heute

2014 machte ein Florentiner in der Politik landesweit Furore: Der 1975 geborene **Matteo Renzi,** 2004–2009 Präsident der Provinz Florenz und 2009–2014 Bürgermeister der Renaissancestadt, stieg als Vorsitzender des Partito Democratico zum **Ministerpräsidenten Italiens** auf. Sein Nachfolger in Florenz ist sein Parteifreund **Dario Nardella,** der bei den Kommunalwahlen 2014 knapp 60 % der Stimmen erhielt.

Chiesa di San Frediano am „anderen Arno-Ufer"

Sehenswertes

Die Altstadt von Florenz ist **verkehrsberuhigt,** die Einfahrt verboten (Hotelgäste dürfen nur nach Voranmeldung und unter Angabe des Nummernschildes ihres Fahrzeugs zur Gepäckabgabe einfahren). Da die Entfernungen überschaubar sind, kann man alle Sehenswürdigkeiten ganz gut zu Fuß erreichen.

Vom Bahnhof zur Piazza del Duomo

Ausgangspunkt des ersten Innenstadtrundgangs ist der zwischen 1932 und 1934 errichtete **Hauptbahnhof Santa Maria Novella.** 60 Mio. Reisende im Jahr machen Firenze SMN zu einem der belebtesten stadteingebundenen Bahnhöfe Europas. Aus der Vogelperspektive wirkt der Komplex wie ein Rutenbündel mit eingebundenem Beil – die Machtinsignie altrömischer Konsuln wurde zur Bauzeit des Bahnhofs von den italienischen Faschisten als Symbol missbraucht.

Unweit des Bahnhofs beherrscht die zugleich mächtig und elegant wirkende Fassade der **Kirche Santa Maria Novella** den gleichnamigen Platz. Das Gotteshaus dokumentiert den Übergang von Gotik zur Renaissance im Duecento/Trecento, dem 13./14. Jh. 1246 wurde der Grundstein gelegt, 1300 war das Innere fertig, doch die dunkelgrün-weiße Fassade wurde erst im 15. Jh. durch *Giovanni Bertini* nach Plänen von *Leon Battista Alberti* vollendet. Gesimse gliedern den Baukörper horizontal; Voluten, geschwungene Schnecken, nehmen beidseits der Attika die Kreisform auf. Im Kircheninneren überwältigen die gewal-

Florenz – Centro und Oltrarno

■ Übernachtung
- 3 Hostel Plus Florence
- 4 Hotel Genesio
- 8 Residenza Johlea
- 10 Ostello Gallo d'Oro
- 14 Hotel Collodi
- 19 Hotel San Lorenzo
- 28 Martin Dago
- 32 Best Western River
- 37 Old Bridge
- 43 Olga's House
- 46 Albergo Firenze
- 47 Relais del Duomo
- 53 Golden Tower Hotel & Spa
- 58 Relais Il Cestello
- 61 Ostello Santa Monaca
- 65 Palazzo Guadagni
- 67 Tasso Hostel
- 60 Camping Internazionale
- 69 Camping Firenze

■ Essen und Trinken
- 1 Spera i Spera
- 5 Le Fate e le Stelle
- 6 Il Vegetariano
- 7 Focacceria Pugi
- 9 Dolce Vegan
- 11 Boutique della Pasta Fresca
- 13 Guelfa
- 16 La Burrasca
- 17 Palle d'Oro
- 18 Gozzi Sergio
- 20 Carabé
- 23 Il Sedano Allegro
- 24 Ruth's
- 25 Teatro del Sale
- 27 Cibreo
- 29 Da Rocco
- 30 Le Murate – Caffè Letterario
- 31 Le Carceri
- 33 Boccadama
- 34 Brac
- 35 Le Volpi e l'Uva
- 36 Golden View
- 38 'Ino
- 40 Rivoire
- 42 Gucci Caffè
- 44 I Due Fratellini
- 51 Caffè Giacosa
- 55 Mariano
- 57 IO Osteria Personale
- 62 Gusta Pizza
- 64 Tamerò
- 66 I Raddi

■ Nachtleben
- 2 Café de Paris
- 52 Yab Glamour Club
- 60 Dolce Vita
- 63 Volume
- 70 Pinocchio Jazz

■ Einkaufen
- 12 Antiquariat Gozzini
- 15 Perini
- 21 Conad Supermercato
- 22 Mrs. Macis
- 26 Lisa Corti

- 39 Bottega dell'Olio
- 41 Pusateri
- 45 Taddei
- 48 Officina Profumo-Farmaceutica di Santa Maria Novella
- 49 Dolce forte
- 50 Coltelleria Galli
- 54 Letizia Fiorini
- 56 Antica Farmacia Münstermann
- 59 La Cite Libreriacafé

tigen Deckengewölbe und die schlanken Säulen der Basilika, deren Bögen freien Blick auf die Seitenschiffe gewähren. Vom Hauptportal bis zum Chor misst der Baukörper 99 m. Ausgestattet ist der Kirchenraum mit einer Fülle an **Kunstschätzen:** So dem 2 x 2,50 m messenden, bemalten Kruzifix mit seiner körperlich-menschlichen Darstellung Jesu aus der Hand des jungen *Giotto* (um 1290) im Mittelschiff. Geradezu revolutionär präsentiert das Fresko an der Wand des Seitenschiffes die „Dreifaltigkeit" mit Jesus am Kreuz, dem Heiligen Geist als Taube darüber und Gottvater im Hintergrund, dazu Maria und Josef und das kniende Stifterehepaar in der neuen Technik der perspektivischen Darstellung – die Florentiner seien damals in langen Schlangen angestanden, so heißt es, um dieses Meisterwerk von *Masaccio* (1427) zu bestaunen. In der Hauptchorkapelle hat *Ghirlandaio* Szenen aus den Leben Marias und *Johannes des Täufers* verewigt und auch zahlreiche Florentiner Bürger in zeitgenössischer Kleidung hineingemalt; in der Cappella Strozzi di Mantova linker Hand des Hauptchors am Beginn des rückwärtigen Hauptschiffes verewigte *Nardo di Cione* 1357 Szenen aus *Dantes* „Göttlicher Komödie". Einen weiteren Höhepunkt stellt in der Kapelle unmittelbar links vom Hauptchor das Kruzifix von *Brunelleschi* (1420) dar. Er bildet Jesus feingliedrig, mit edlen Gesichtszügen und gänzlich nackt ab. Der Eingang zum **Museum** befindet sich linker Hand der Hauptfassade. Geradezu idyllisch wirkt der Grüne Kreuzgang (Chiostro Verde), den ein von Weiden umstandener, zierlicher Springbrunnen schmückt. Fresken wie „Die Erschaffung Adams und der Tiere" und „Die Erschaffung Evas und Sündenfall" von *Paolo Uccello* (1397–1475) schmücken die der Kirche zugewandten Mauern.

UNSER TIPP: An der Nordseite schließt die Cappella degli Spagnoli an, die Spanische Kapelle – der ehemalige Kapitelsaal. *Andrea Bonaiuto* stattete sie 1367 mit prächtigen Fresken zum Thema der Heilswerdung des Menschen aus, darunter das Gemälde der **Streitenden Kirche,** in dem der Florentiner Dom so abgebildet ist, wie ihn sich der Maler damals vorstellte, denn der Bau war zu jenem Zeitpunkt noch nicht vollendet.

■ **Chiesa e Museo di Santa Maria Novella,** Piazza Santa Maria Novella, Tel. 055 219257, www.chiesasantamarianovella.it; Museum und Kirche Mo–Do 9–17.30, Fr 11–17.30, Sa 9–17, So 12–17, im Winter 13–17 Uhr, Kombiticket für Kirche und Museum 5 €; **Messen** Mo–Sa 7.30 und 18, So 10.30, 12 und 18 Uhr.

Einen Besuch lohnt auch die **Klosterapotheke** (Eingang südwestlich der Kirche an der Via della Scala). Die 1612 gegründete Institution besitzt einen eigenen Kräutergarten; ihre elegante Inneneinrichtung stammt von 1848.

UNSER TIPP: Im Angebot findet sich neben kosmetischen Cremes und Salben auch Duftkreationen, darunter die berühmte **Carta d'Armeria.** Verbrennt man ein Blättchen dieses mit orientalischen Essenzen getränkten Papiers, verschluckt dessen Duft alle unangenehmen Gerüche im Raum.

▷ Die Kirche Santa Maria Novella empfängt die Bahnreisenden als Erstes

■ **Officina Profumo-Farmaceutica di Santa Maria Novella,** Via della Scala 16/R, Tel. 055 216 276, www.smnovella.it, Mo–Sa 9–19 Uhr.

An der Piazza Santa Maria Novella hinter der Kirche hat das **Museo Novecento** die Räume des ehemaligen Complesso dello Spedale delle Leopoldine bezogen. Gezeigt werden Werke italienischer Künstler des 20. Jh., aus den Bereichen Malerei, Skulpturenkunst, Installation, Video und Film. Die rund 300 nach modernen museumsdidaktischen Prinzipien vorgestellten Exponate werden in regelmäßigem Turnus ausgetauscht, sodass sich der Besuch dieser Sammlung immer wieder lohnt. Wer keine Zeit hat, das Museo Marino Marini zu besichtigen (siehe Kasten „Florenz: Zugabe"), findet hier mehrere Werke des toskanischen Malers und Bildhauers.

■ **Museo Novecento,** Piazza Santa Maria Novella 10, Complesso dello Spedale delle Leopoldine, www.museonovecento.it, Tel. 055 286132, Sa–Mi 10–21, Do 10–14, Fr 10–23 Uhr, 8,50 €.

Die Via del Giglio führt auf den Renaissancekomplex von **Kirche San Lorenzo** und **Biblioteca Laurenziana** zu, dessen gänzlich unverputzte Ostfassade ungewöhnlich anmutet. Es gab Pläne *Michelangelos*, diesen Mangel zu beheben, doch wurden sie nicht ausgeführt. Die Marktstände des **Mercato San Lorenzo** rahmen den mächtigen Bau ein und nehmen ihm die Strenge. San Lorenzo ist aufs Engste mit der Familie *Medici* verknüpft. Ab 1421, im ruhmvollen Quattrocento, ließ *Cosimo I.* den verfallenen Bau einer Vorgängerkirche durch *Brunelleschi* im Renaissancestil umgestalten. Das Ergebnis war eine dreischiffige Säu-

lenbasilika mit etwas düsterem Innenraum. In ihr verwirklichte *Brunelleschi* seine Vision einer Synthese frühchristlicher und mittelalterlicher Architektur, die als „Renaissance" einen Siegeszug von Florenz aus durch Italien und die Nachbarländer antreten sollte. Noch war diese Synthese aber nicht vollkommen – die Fundamente des Vorgängerbaus verhinderten perfekte Proportionen.

Das fast kalt wirkende Gotteshaus schmückt sich mit einigen Preziosen, so den berühmten Kanzeln mit Bronzereliefs der Leidensgeschichte Jesu aus der Werkstatt *Donatellos*. Direkt vor dem Hauptchor markiert die im Boden eingelassene, runde Grabplatte für *Cosimo I.* den Standort der Medici-Gruft, in der auch *Donatello* beigesetzt wurde. Die Alte Sakristei (Sagrestia Vecchia) gilt als eines der stimmigsten Werke *Brunelleschis*; Stuck und die mit bewegten Heiligen geschmückten Bronzetüren stammen von *Donatello*. Das Deckenfresko zeigt einen Sternenhimmel, wie er am 5. Juli 1422 über Florenz zu sehen war.

Im **Museo del Tesoro** in der Krypta sind sakrale Objekte aus dem 14. bis zum 19. Jh. versammelt. Wertvollster Teil der Ausstellung: ein Christus aus Silber (1444) von *Michelozzo*, Teil eines für *Cosimo I.* geschaffenen Kruzifixes.

Das Gebäude der **Biblioteca Laurenziana** errichtete *Michelangelo* ab 1524 für die Büchersammlung des *Medici Giulio* bzw. Papst *Clemens VII.* Kostbarkeiten der Buchkunst wurden so der Öffentlichkeit zugänglich, darunter der „Codex Vergilius Mediceus" aus dem 5. Jh. sowie Handschriften von *Dante*, *Boccaccio* und *Petrarca*. Die Glasfenster des Lesesaals sind mit den heraldischen Symbolen der *Medici* geschmückt.

■ **Chiesa San Lorenzo, Museo del Tesoro, Biblioteca Laurenziana,** Piazza San Lorenzo, Tel. 055 2645184, www.operamedicealaurenziana.it; Kirche Mo–Sa 10–17, So 13.30–17 Uhr, im Winter So geschl., Bibliothek Mo/Mi/Fr 8–14, Di/Do 8–17.30 Uhr, Kassenschluss jeweils 30 Min. vor Ende, Kirche mit Museo del Tesoro 4,50 €, Bibliothek 4 €, Kombiticket 7 €; **Messen** Mo–Fr 9.30/11/18, Sa 18, So 9.30/18 Uhr.

Vor dem Besuch des nächsten architektonischen Highlights lohnt ein Bummel über den Mercato San Lorenzo auf der Piazza San Lorenzo und in der Via dell' Ariento. Über die westlich anschließende Piazza Madonna degli Aldobrandini ist das **Museo delle Cappelle Medicee** zugänglich, das eigentlich zum Komplex von San Lorenzo gehört, aber als eigenständiges Museum geführt wird. Der Zugang zu den beiden prunkvoll ausgestatteten Kapellen, die von den *Medici* nach Erlangung des Herzogtitels 1605 in Auftrag gegeben wurden, erfolgt durch eine Krypta, in der 50 Familienmitglieder bürgerlicher Herkunft ihre letzte Ruhe gefunden haben. Eine Treppe führt hinauf in die ungemein prunkvolle Cappella dei Principi, die Fürstenkapelle. 350 Jahre sollte es dauern, bis das Bauwerk nach einem Entwurf von *Don Giovanni* (1567–1621) fertiggestellt werden konnte. Dem unehelichen Sohn von *Cosimo I.* stand bei Planung und Ausführung der erfahrene Architekt *Bernardo Buontalenti* (1531–1608) zur Seite. Den ursprünglichen Plan, die Fürstenkapelle direkt an den Hauptchor von San Lorenzo anzuschließen und durch die Kirche zugänglich zu machen, mussten die beiden allerdings fallen lassen. Dennoch konnten sie ungeniert in kostbarster Ausstattung schwelgen: Altar und Wände sind in aufwendiger Pietra-dura-Technik (Mosaike aus Halbedelsteinen) verkleidet und wurden erst 1939 fertiggestellt. Sechs Granitsarkophage stehen in den Nischen unter der 59 m hohen Kuppel, die *Pietro Benvenuti* 1828–38 klassizistisch in leuchtenden Farben ausmalte. Über zweien der Särge wachen Bronzestatuen von *Cosimo II.* und *Ferdinando I.* Im Sockelbereich sind 16 toskanische Städtewappen angebracht, angefertigt aus Halbedelsteinen.

Unser Tipp: In scharfem Kontrast zum überbordenden Prunk und zur Farbigkeit steht die **Neue Sakristei** (Sagrestia Nuova), die *Michelangelo* zwischen 1520 und 1534 nach dem Vorbild von *Brunelleschis* Alten Sakristei in San Lorenzo als zweite Grabkapelle der *Medici* schuf. Papst *Leo X.* hatte den Auftrag für die Grabstelle von *Lorenzo II.* und die Gräber für dessen Sohn *Giuliano*, Enkel *Lorenzo* und Bruder *Giuliano* erteilt. *Michelangelo* schuf zwei fürstenherrliche Grabstätten mit beispielhafter plastischer Gestaltung (für Sohn *Giuliano* und Enkel *Lorenzo*). Auf den Sarkophagen lagern Allegorien der Tageszeiten, in den Nischen darüber thronen die idealisierten Gestalten der Begrabenen in römischen Rüstungen. Sakraler Mittelpunkt des Mausoleums ist die bewegende Skulptur der *Madonna lactans,* der stillenden Madonna, ein Motiv, das *Michelangelo* mehrmals künstlerisch umsetzte. Die Neue Sakristei stellt den Endpunkt einer Kunstepoche dar, die mit der Alten ihren Ausgang genommen hatte. Hier vollzieht *Michelangelo* den Übergang von Renaissance zu Barock.

■ **Museo delle Cappelle Medicee,** Piazza Madonna degli Aldobrandini, Tel. 055 2388602, tgl. 8.15–13.50, bei Ausstellungen im Sommer 8.15–16.50 Uhr, geschl. am 2. u. 4. So u. 1., 3. u. 5. Mo im Monat, 6 €, Ticketvorbestellung auf www.firenze musei.it (3 € Reservierungsgebühr).

Nach so viel Kultur entführt der **Mercato Centrale** in den prallen Alltag der Florentiner. Farben, Düfte, Aromen, Stimmengewirr – man könnte sich hier ewig aufhalten und mit allen Sinnen genießen. Zwei Etagen mit einer Fläche von über 6000 m² befriedigen alle nur vorstellbaren kulinarischen Bedürfnisse. Dies auch ganz konkret, denn eine Fülle von Imbissständen lockt zur Verkostung, darunter Nerbone, dessen Panini, u.a. gefüllt mit *trippa* (Kutteln) oder *lampredotto* (Labmagen), zwei typisch florentinischen Speisen, legendär sind. Vorbild

> Tuttifrutti auf dem Mercato Centrale

für den zwischen 1869 und 1873 durch *Giuseppe Mengoni* errichteten Mercato waren die Pariser Markthallen, die das Florentiner Pendant nach Fertigstellung überrundete. Sie war damals die größte Markthalle für Lebensmittel in Europa.

■ **Mercato Centrale,** Piazza del Mercato Centrale, www.mercatocentrale.it, Mo–Fr 7–14, Sa 7–17 Uhr, Imbissstände der 1. Etage tgl. 10–24 Uhr.

Mittelpunkt des historischen wie auch des heutigen Florenz ist die **Piazza del Duomo,** beherrscht von den Renaissancefassaden des Doms, seines **Campanile** und des **Battistero** und gesäumt von historischen Bauten zwischen Gotik und Renaissance. Vor dem Besuch des Doms sei die Besichtigung des achteckigen **Baptisteriums** empfohlen, dessen Fassade *Brunelleschi* zwar mit Marmorintarsien ein klassisches Renaissanceaussehen gab, dessen Wurzeln aber weitaus tiefer, ins 11. Jh., zurückreichen. Das bronzene Südportal modellierte *Andrea Pisano* 1336. In 28 Feldern erzählt er die Lebensgeschichte *Johannes des Täufers,* dem das Gotteshaus geweiht ist. Am Nordportal goss rund 70 Jahre später *Lorenzo Ghiberti* Leben und Wirken Jesu in Bronze. Auch die alles überstrahlende Porta del Paradiso (Paradiespforte) nach Osten gestaltete *Ghibertis* Werkstatt zwischen 1426 und 1452. Wie Gemälde, mit tiefer Perspektive und Naturtreue, wirken die zehn Platten mit Motiven aus dem Alten Testament auf den Betrachter. *Ghiberti,* der sich anfangs schwer tat mit dem Bronzeguss, schwingt sich hier zu wahrer Meisterschaft auf. Übrigens sind dies nur Kopien; die Originale werden im Dommuseum gezeigt. Im Inneren beeindruckt das Kuppelmosaik in 26 m Höhe, ein Werk des *Andrea Tafi* (um 1320). Die Apsis schmückt das von *Donatello* und *Michelozzo* 1428 angefertigte Grabmal für Papst *Johannes XXIII*. Der auf dem Konstanzer Konzil abgesetzte und inhaftierte Gegenpapst bestellte einst die *Medici* als Bankiers der Kurie und sorgte für deren Reichtum. Die bedankten sich, indem sie ihn durch eine hohe Geldzahlung auslösten.

■ **Battistero di San Giovanni,** Piazza di San Giovanni, Tel. 055 2302885, www.operaduomofirenze.it, Mo–Sa 11.15–18.30, So und 1. Sa im Monat 8.30–13.30 Uhr, Kombiticket mit Dommuseum, Krypta, Kuppel und Turm 15 €; **Messen** Mo–Sa 10.30 Uhr.

Je nachdem, welche Warteschlange das schnellere Vorankommen verspricht, stehen Dom oder Campanile als nächstes an. Der **Duomo Santa Maria del Fiore** – seit 1412 nach der Lilie *(fiore)* auf dem Wappen der Republik benannt – entstand auf Fundamenten der Vorgängerkirche Santa Reparata von 406. 1296 erhielt *Arnolfo di Colle di Val d'Elsa* den Bauauftrag. Nach seinem Tod 1302 dauerte es 50 Jahre, bis *Francesco Talenti* übernahm, und schließlich betrat 1420 *Brunelleschi* die Bühne mit einem nie gesehenen Projekt, einer gigantischen, 90 m hohen Kuppel, die er in 14 Jahren Bauzeit ohne ein am Boden verankertes Lehrgerüst aufmauern ließ. Im Jahre 1436 erfolgte die Kuppelweihe; 1467, nach dem Tod *Brunelleschis,* wurde die Laterne aufgesetzt.

Mit 169,50 m Länge und 104 m Breite ist Santa Maria eines der größten Gotteshäuser der Welt, wirkt aber trotz ihrer gewaltigen Maße fast zierlich. Das ist ein Verdienst der strukturell stark gegliederten Außenwände, die durch Farbsetzung unterschiedlichen Marmors (rotem aus der Maremma, weißem aus Carrara und grünem aus Prato) verstärkt wird. Der Fassadenschmuck stammt allerdings hauptsächlich aus dem 19. Jh. Hauptattraktion des Außenbaus ist das östliche Nordportal Porta della Mandorla, 1408 von *Niccolò Piero d'Arezzo* geschaffen (Ornamente der Pfosten und Architrav), während *Nanni di Bianco* und *Donatello* für das Madonnen-Relief verantwortlich zeichneten (1414). *Ghirlandaio* schließlich setzte das Lünettenmosaik (Bogenfeld) ein.

Der äußerlich so verheißungsvolle Dom wirkt mit seiner Kargheit im Inneren auf viele enttäuschend. Zahlreiche Kunstwerke der ursprünglichen Kirchenausstattung sind im Museo dell' Opera del Duomo zu besichtigen. Beachtenswert sind die drei Glasfenster an der Westwand von *Niccolò di Piero*. Im Zentralraum beeindrucken die bemalten Rundfenster an der Kuppelbasis und das Fresko des Jüngsten Gerichts von *Giorgio Vasari* und *Federico Zuccari* (1572–79). Mit dem Reiterbild im linken Seitenschiff verewigte *Paolo Uccelli* 1436 den englischen Feldhauptmann *John Hawkwood,* der im Sold des florentinischen Heeres diente; gleich daneben ein weiterer Reiter – *Niccola da Tolentino* – von *Andrea del Castagno* (1456). In Höhe der vierten Säule des linken Schiffes ehrte *Domenico di Michellino* 1465 *Dante Alighieri* mit einem Gemälde. Man sieht den Dichter mit seiner „Göttlichen Komödie" in Händen, um ihn herum Motive des Werks und eine Stadtansicht. Im rechten Seitenschiff am ersten Pfeiler geht es gegen Eintritt hinunter zur Krypta der Vorgängerkirche Santa Reparata, wo 1972 das marmorne Grabmal *Brunelleschis* aufgefunden wurde.

Unser Tipp: Unverzichtbar ist der Aufstieg zur **Kuppellaterne** (Aufgang im rechten Seitenschiff kurz vor dem Querhaus). 463 Stufen schrauben sich zwischen den beiden Kuppelschalen nach oben, einmal betreten, gibt es kein Zurück – Einbahnstraße. Die parabelförmige Konstruktion der Kuppel ist der Bauweise geschuldet: Jeder gemauerte Ring hatte den nächsten zu tragen. Von oben eröffnet sich ein **Traumblick** über Kuppel, Dom und Piazza.

◁ Die Domkuppel: schöner An- und Ausblick

Wer noch nicht genug hat, erklimmt die 466 Stufen des frei stehenden **Campanile** an der Südwestecke der Kirche. *Giotto*, der die Arbeiten am Dom zu Beginn des 14. Jh. übernommen hatte, vernachlässigte das Gotteshaus und baute ab 1334 stattdessen lieber am Turm, *Andrea Pisano* und *Taddeo Gaddi* setzten das Projekt nach seinen Plänen fort. 1358 war der Campanile im Stil der italienischen Gotik vollendet.

● **Duomo Santa Maria del Fiore,** Piazza del Duomo, Tel. 055 2302885, www.duomofirenze.it, http://operaduomo.firenze.it, Mo–Mi u. Fr 10–17, Do 10–16/17, Sa 10–16.45, So 13.30–16.45 Uhr; **Krypta** Santa Reparata wie Dom, aber So geschl.; **Kuppel** Mo–Fr 8.30–18.20, Sa 8.30–17 Uhr; **Campanile** 8.30–18.50 Uhr. Mehrere **Messen** täglich ab 7.30 Uhr; Kombiticket 15 € (Gruft Santa Reparata, Kuppel, Campanile, Dommuseum, Battistero di San Giovanni).

Die Kunstwerke, die man im Duomo vermisst, sind im hypermodern gestalteten **Dommuseum (Opera dell'Duomo)** in der ehemaligen Dombauhütte und im früheren Teatro degli Intrepidi versammelt: auf drei Ebenen und in 20 Räumen nach dreijähriger Bauzeit und 50 Mio. ausgegebenen Euro. Zu den bedeutendsten Stücken gehören die Originalbronzen von *Ghibertis* Paradiespforte am Baptisterium, eine anrührende Pietà, ausgewiesen als Alterswerk *Michelangelos* (das er selbst wegen eines Fehlers im Marmor zerschlug und das später wieder zusammengefügt wurde), Renaissancekanzeln von *Donatello* und *Luca della Robbia* oder *Donatellos* grandiose „Maddalena penitente", eine verhärmte, in Lumpen gekleidete *Magdalena* aus Holz. Interessant ist auch die detailgetreue Nachbildung der alten Domfassade von *Arnolfo di Cambio,* die 1587 zerstört wurde – ein gigantisches Ausstellungsstück, für das eigens ein Saal von 40 m Länge, 15 m Breite und 20 m Höhe geschaffen werden musste. Zum Abschluss kann man auf der Dachterrasse das Panorama mit Domkuppel bestaunen.

● **Opera dell'Duomo,** Piazza del Duomo 9, Tel. 055 2302885, http://operaduomo.firenze.it, tgl. 9–19 Uhr, Kombiticket 15 € (Battistero di San Giovanni, Krypta, Kuppel, Campanile).

Vom Domplatz an den Arno

Ein Bummel durch die von Filialisten gesäumte Fußgängerzone Via dei Calzaiuoli nach Süden führt zur malerisch im Gassengewirr verborgenen **Casa di Dante,** in der der große Dichter 1265 angeblich geboren wurde. Sein heutiges Aussehen verdankt das Haus umfänglichen Renovierungen im 19. Jh. Die Ausstellung zu *Dantes* Leben und Wirken ist durchaus sehenswert. Gleich daneben erhebt sich der **Torre della Castagna,** in dem sich 1282 erstmals die Zunftvorsteher der Stadt (Priori delle Arte) versammelten.

● **Casa di Dante,** Via Santa Margharita 1, Tel. 055 219416, www.museocasadidante.it, tgl. 10–18, Okt.–März Di–So 10–17 Uhr, 4 €.

UNSER TIPP: Macht sich Müdigkeit bemerkbar? Dann versprechen **I Due Fratellini** in der Via dei Cimatori 38 (siehe „Essen und Trinken") Linderung. Die „Brüderchen" sind eine Florentiner Institution, und ihre Panini mit allen nur vorstellbaren Füllungen preiswert.

Meisterwerke florentinischen Kunstschaffens zeigt das **Nationalmuseum Bargello** im zinnengeschmückten *palazzo* aus der Mitte des 13. Jh. Seit 1865 beherbergt der Palast auf drei Etagen das Nationalmuseum. Gleich zu Beginn begrüßen Skulpturen aus dem 16. Jh. die Besucher, darunter *Michelangelos* Marmor-„Bacchus" (1496/97), „David-Apoll" (1532) und „Brutus" (1540). Über die ehemaligen Gefängniszellen der Loggia Verone in der ersten Etage geht es in den Donatello-Saal mit Werken aus dem frühen 15. Jh. (u.a. *Donatello, Michelozzo, Luca della Robbia*). Den bronzenen „David" in der Gestalt des Merkur ließ *Donatello* 1430 im Auftrag von *Cosimo* gießen, der „David" aus Marmor entstand 1409 für den Dom. Die Bewerbungsarbeiten von *Ghiberti* und *Brunelleschi* für das Portal am Battistero di San Giovanni sind ebenfalls ausgestellt. Eindrucksvoll ist die Sammlung der *Medici* aus dem Nahen Osten im anschließenden „Islamischen Saal". Die Fresken in der Cappella di Maria Maddalena (13./14.Jh.) werden von einigen Kunsthistorikern *Giotto* zugeschrieben. Elfenbeinschnitzereien vom 5. bis zum 17. Jh. folgen im anschließenden Ausstellungsraum. Barockskulpturen, Bronzen und Waffen werden im zweiten Stock präsentiert.

■ **Museo Nazionale del Bargello,** Via del Proconsolo 4, Tel. 055 2388606, www.polomuseale.firenze.it, tgl. 8.15–13.50 Uhr, jeden 2. u. 4. So u. 1., 3., 5. Mo im Monat geschl., 4 €, bei Sonderausstellungen 6 €.

Unser Tipp: Wer einen Höhepunkt der Florentiner Renaissancemalerei auf sich wirken lassen möchte, kommt an einem Besuch der **Badia Fiorentina** gegenüber dem Bargello nicht vorbei. Die im 10. Jh. gegründete Benediktinerabtei gehörte einmal zu den reichsten Klöstern Italiens. Charakteristisch ist der 70 m hohe, sechseckige Spitzturm der 1285 errichteten Kirche, in der die **„Marienerscheinung des heiligen Bernhard"** von *Filippino Lippi* (1486) in unglaublicher Plastizität die Nordwand schmückt. Sehenswert ist auch der doppelstöckige „Kreuzgang der Orangenbäume" (Chiostro degli Aranci, Zugang über den Chor) mit Fresken zum Leben des heiligen *Benedikt*.

■ **Badia Fiorentina,** Via Dante Alighieri 1, Tel. 055 264403, nur Mo 15–18 Uhr; **Messen** So 9 und 11 Uhr.

Und schon folgt das nächste, vielleicht größte Highlight der Florenz-Besichtigung, die **Piazza della Signoria,** das weltliche Herz der Stadt, gesäumt von Loggia della Signoria (Loggia dei Lanzi) und Palazzo della Signoria (Palazzo Vecchio), geschmückt mit *Michelangelos* „David" und *Donatellos* „Judith mit Holofernes" sowie *Ammanatis* Neptunbrunnen. Wo anfangen? Vielleicht mit dem Rahmen, den die Fassaden an Ost- und Nordseite bilden. Im Osten der im 14. Jh. für die städtischen Gilden errichtete Tribunale di Mercatanzia und der Palazzo della Condotta (13.–14. Jh.), im Norden, östlich der Via de' Cerchi, Palazzo Uguccioni (1559, heute Hotel) und die Casa del Garbo (12. Jh., im 19. Jh. umgebaut). Westlich der Via de' Cerchi reihen sich Palazzo und Casa Guidacci (13. Jh.) sowie der Palazzo Bombicci (18. Jh.) ein, davor *Cosimo I.* als Reiter (1595) von *Giambologna*.

Weitere **weltberühmte Skulpturen** schmücken dieses Piazza-Gesamtkunst-

werk: **„Herkules und Cacus"** rechts des Eingangs zum Palazzo Vecchio wurden von *Baccio Bandinelli* 1534 in Marmor gehauen. Links davon steht in unsterblicher Schönheit und mit einer Körperhöhe von 5,17 m **Michelangelos „David"** (natürlich in Kopie, Original in der Accademia, s. dort), den der Meister 1501–04 im Auftrag der Wollweber formte. Der **„Neptunbrunnen"** von *Bartolomeo Ammannati* wurde anlässlich der Hochzeit des *Medici Francesco* mit *Johanna von Österreich* 1565 in Auftrag gegeben. Eine runde, in das Pflaster eingelassene Sandsteinplatte davor bezeichnet die Stelle, an der *Savonarola* hingerichtet wurde. Und zu guter Letzt findet sich hier auch eine Kopie von *Donatellos* steinernem **„Marzocco"** (1420, Original im Bargello-Museum). Der 1,35 m hohe, heraldische Löwe ist das Symbol der bürgerlichen Macht der Florentiner Republik.

Mit ihren eleganten Arkadenbögen beherrscht die 1382 erbaute **Loggia dei Lanzi** die Südseite. Sie diente als Empfangsraum der Signoria. *Simone Talenti* und *Benci di Cione* entwarfen eine antiken Vorbildern nachempfundene Festhalle mit drei mächtigen Rundbögen auf hohen, stark gegliederten Pfeilern. Unter den Medici-Herzögen wandelte sich die Loggia zur Präsentationshalle bildhauerischer Werke. Zwei Löwen flankieren den Treppenaufgang. Unter dem linken Bogen triumphiert der in Bronze gegossene *Perseus* über die *Medusa* (*Benvenuto Cellini,* 1554). Der rechte Bogen schützt die Marmorgruppe „Raub der Sabinerinnen" von *Giambologna* (1583).

Das Bildprogramm der Piazza della Signoria ist gewaltig – links Michelangelos „David"

Wer sich eine kleine Atempause im schwindelerregenden Renaissanceparcours gönnen möchte, der nun mit Palazzo Vecchio und Uffizien bevorsteht, findet im Tribunale di Mercatanzia das sehenswerte **Museo Gucci**. Hier dreht sich alles um die Geschichte des Modehauses; wunderbare Gepäckstücke, mit denen der Aufstieg des Doppel-C-Labels begann, sind ausgestellt, sogar einen Cadillac hat man ausgestattet, und natürlich geht die Erfolgsstory bis heute weiter, wie die modischen Exponate von Robe bis Slipper beweisen. Angeschlossen sind ein Buchladen und ein schickes Café mit Tischen auch im Freien.

■ **Gucci Museo & Caffè,** Piazza della Signoria 10, Tel. 055 75923302, www.guccimuseo.com, Fr–Mi 10–20, Do bis 23 Uhr, 7 €.

Den mit gotischen Zwillingsfenstern und zinnengekröntem Wehrgang geschmückten Palazzo Vecchio entwarf *Arnolfo di Cambio* zwischen 1299 und 1314 als Sitz der *signori*, der jeweils für zwei Monate berufenen Amtsträger der Stadtrepublik. *Michelozzo* baute ihn 1454 im Stil der Frührenaissance um. 1532, die Republik war untergegangen, zogen die Herzöge der *Medici* ein, allerdings wechselten sie schon kurze Zeit später in den Palazzo Pitti – daher der Name „Alter Palast". Wahrzeichen ist der 94 m hohe **Turm.** Unterhalb des Wehrgangs heben sich die farbenfroh freskierten Wappen der Toskana vom Braun der Mauern ab. Im Inneren sind die Prachträume, **Quartieri Monumentali,** zu besichtigen. Einziger aus dem 14. Jh. erhaltener Raum ist der Waffensaal. Der Salone dei Cinquecento (Saal der 500) in der ersten Etage diente mit über 1000 m² Fläche als Versammlungsort für den Rat der Stadt. Von *Michelangelo* stammt die Skulptur „Genius des Sieges" (1534) gegenüber dem Eingang. Im angrenzenden **Quartiere di Eleonora di Toledo** lebte die erste Frau von *Cosimo I.* in einer Zimmerflucht mit u.a. Schreib- und Speisezimmer, Grünem Salon und intimer Kapelle (1540 ausgemalt von *Bronzino*). Das **Studiolo di Francesco I.** haben über 30 Künstler nach Plänen *Vasaris* im Stil des Manierismus ausgestattet (1574). Von *Vasari* stammen auch die meisten Gemälde der anschließenden Zimmer. Jeder Raum ist einem Mitglied der Familie *Medici* zugeordnet, besonders prunkvoll wirkt der Saal für Papst *Leo X.*

Vasari schuf auch das Gemälde „Allegorie der Erde" (1557) im Hauptsaal des **Quartiere degli Elementi** in der zweiten Etage. Von der Saturn-Loggia eröffnet sich ein herrlicher Blick über den Arno zum Piazzale Michelangelo. Ein weiterer bemerkenswerter Raum ist die **Sala dell' Udienza** mit dekorativer Kassettendecke (*Giuliano da Mariano*, 1476) und Fresken von *Checchino Salviati* (1548).

UNSER TIPP: Die **Sala dei Gigli,** der Liliensaal, ist voller Lilienmotive und zeigt ein eindrucksvolles Renaissancefresko von *Ghirlandaio*, der nicht nur die Heiligen *Zenobio, Stefano* und *Lorenzo* auf die Wand bannte, sondern die Fläche mit illusionistischen Pfeilern und Bögen strukturierte.

■ **Palazzo Vecchio mit Quartieri Monumentali,** Piazza della Signoria, Tel. 055 2768325, April–Sept. 9–24 Uhr, sonst 9–19, Do 9–14 Uhr, 10 €; Turmbesteigung tgl. 9–21, Winter bis 17, Do immer bis 14 Uhr, **Turmbesteigung** 10 €; Kombiticket Museum u. Turm 14 €.

Florenz, Sehenswertes

Der schmale Durchgang zwischen Palazzo Vecchio und Loggia dei Lanzi gibt den Weg frei zur **Galleria degli Uffizi**. „Frühling" von *Botticelli*, die „Verkündigung" von *Leonardo da Vinci*, weiter *Michelangelos* „Heilige Familie", *Raffaellos* „Maria mit dem Stieglitz" und *Tizians* „Venus von Urbino" sind nur einige der Kostbarkeiten dieser Ausstellung. Schon das Gemälde „Frühling" verlangt, bei angemessener Würdigung, viel Zeit, denn es soll als Allegorie im Sinne einer neoplatonischen Philosophie verstanden werden. *Botticelli* fertigte das Gemälde anlässlich der Hochzeit des *Medici Lorenzo* mit *Semiramide Appiano* 1482 an. Es sollte *Lorenzo* daran erinnern, nicht nur Handelnder zu sein, sondern auch Erkenntnis zu suchen. Das Museum ist ein Konglomerat von Meisterwerken der Bildenden Kunst, das in seiner Fülle zu erschlagen droht – deshalb ist es sinnvoll, sich auf einzelne Epochen zu beschränken und eventuell einen zweiten Besuch vorzusehen. Empfehlenswert ist auch die Ticket-Reservierung, die lange Wartezeiten erspart.

Unser Tipp: Eine gute Investition ist der **Audioguide,** der entspannt und kundig durch die Ausstellung führt. Der Eingang befindet sich im Ostflügel nahe dem Palazzo Vecchio.

Nachdem die *Medici* 1532 den Palazzo Vecchio bezogen hatten, gaben sie 1560 *Vasari* den Auftrag zum Bau des Verwaltungskomplexes, der 1580 abgeschlossen und durch einen Wandelgang über den Ponte Vecchio mit dem Palazzo Pitti, dem neuen Wohnsitz der *Medici*, verbunden wurde (s. Vasari-Korridor). Schon zu dieser Zeit kam in den Uffizien auch die Kunstsammlung der *Medici* unter. Bereits der lange schmale Platz der Uffizien wirkt wie ein Saal – das Skulpturenwerk in den Nischen der beiden Arkadengänge ist eine gewaltige Ouvertüre für die Reise in die Vergangenheit und zu ihren Protagonisten aus Kunst und Wissenschaft. Am Arno schließt der Komplex mit einer die beiden Flügel verbindenden Loggia ab.

Dreißig Säle fordern die Aufmerksamkeit der Besucher. Hier nur einige Beispiele: Drei Madonnenbilder aus dem 13. Jh. von *Giotto* und *Cimabue* zählen zu den Höhepunkten in Saal 2; die Säle 5 und 6 widmen sich gotischer Kunst, Saal 7 und 8 huldigen Meistern der Renaissance, *Filippino Lippi* begegnet Besuchern im Saal 8 des Quattrocento. Die Säle 10 bis 14 dienten einst als Theater, heute sind in ihnen vornehmlich Werke von *Botticelli* und *Ghirlandaio* ausgestellt. In Saal 15 begegnet man *Leonardo da Vincis* **„Verkündigung",** Saal 16 zeigt Landkarten des 16. Jh. ... In Saal 25 hängt u.a. die „Heilige Familie" von *Michelangelo*, in Saal 26 Gemälde von *Raffael* und *Andrea del Sarto*. Und so geht es über *Tizian, El Greco, Rubens* und *Canaletto* weiter zu den „neuen Sälen", den ab Beginn des 21. Jh. eingerichteten „Blauen" (ausländische Maler des 16. bis 18. Jh.), „Roten" (*Maniera moderna*, vor allem *Michelangelo*) und „Gelben" (Florentiner Gemälde des 18. Jh.). Da im Zuge von Renovierungs- und Restaurierungsarbeiten immer wieder Säle geschlossen und Kunstwerke verlegt werden, empfiehlt es sich, vor dem Besuch die aktuellen Meldungen auf der Webseite zu konsultieren.

■ **Galleria degli Uffizi,** Piazzale degli Uffizi 6, www.polomuseale.firenze.it, Tel. 055 2388651, Di–So 8.15–18.50, Juli–Sept. Di u. Mi bis 22 Uhr, 8 €, mit Sonderausstellungen 12,50 €, Audioführer in deutscher Sprache 7,50 €, Online-Reservierung angeraten (4 € Reservierungsgebühr).

Nächstes Ziel ist der **Ponte Vecchio**, der seit mehr als 750 Jahren den Arno überspannt und nach einer Flut, die 1333 die alte Holzbrücke hinweggerissen hatte, stabil in Stein entstand. Beim Neubau wurden auch die Häuschen für Handwerker und Läden vorgesehen, die das Geländer ersetzen und bis auf einen kurzen mittleren Abschnitt den Blick auf Fluss und Stadt versperren. Dafür gibt's viel Geglitzer zu bewundern – hier stellen traditionell Goldschmiede ihre Ware aus. Die Brücke verbindet das Zentrum mit Oltrarno, dem Stadtteil „jenseits des Arno", in den die Adelsfamilien im 16. Jh. aus der beengten Innenstadt umsiedelten. Damit die *Medici* ungesehen und trockenen Fußes vom Palazzo Pitti an ihre wirtschaftlichen und politischen Wirkungsstätten rund um die Piazza della Signoria gelangen konnten, wurde der gedeckte **Vasari-Korridor** über den Ponto Vecchio zu den Uffizien angelegt und mit Kunstwerken geschmückt – *Velazquez* und *Rembrandt* sind vertreten, außerdem eine Galerie von Selbstporträts bekannter Künstler wie *Bernini*, *Rubens* und *Delacroix*.

■ **Corridoio Vasariano,** Piazzale degli Uffizi 6, segreteria@polomuseale.firenze.it, Tel. 055 23886 21625, www.polomuseale.firenze.it, Besuch nur auf Antrag möglich; mindestens 14 Tage im Voraus schriftlich, auch Agenturen wie Discover Tuscany (www.discovertuscany.com) bieten Gruppenführungen durch den Korridor an.

Östlich der Piazza del Duomo

Nun geht es weg vom Trubel und hinein in die gemächlichere Atmosphäre der Viertel östlich und nordöstlich des Doms. Ganz schnell ist man im Alltag der Florentiner angekommen, passiert einfache Cafés und Lebensmittelgeschäfte. Da hier auch die Universität angesiedelt ist, sind viele junge Leute unterwegs.

Mit der **Galleria dell'Accademia** besitzt dieser Teil der Innenstadt ebenfalls eines der großen Highlights, und das nicht nur, weil **Michelangelos** makelloser „**David**" im Original zu besichtigen ist. Dieser verdankt seine Existenz der Tatsache, dass *Leonardo da Vinci* 1501 den Auftrag ablehnte, eine Skulptur aus einem von der Signoria erworbenen Marmorblock zu modellieren – die Chance für den 26-jährigen *Michelange-*

> Vergängliche Kunstwerke

lo, dessen „David", 1504 vollendet, eigentlich beim Dom aufgestellt werden sollte. Stattdessen landete er für die nächsten knapp 400 Jahre auf der Piazza della Signoria, bis er in der Galleria dell'Accademia seinen geschützten Platz fand. Die Sala di Giotto seitlich der Tribune del David präsentiert Gemälde des 15. Jh. aus *Giottos* Werkstatt, die Sala del Duecento ist dem 13. und 14. Jh. vorbehalten. Eindrucksvoll der „Baum des Lebens" von *Pacino di Bonaguida* aus dem Jahr 1310. Eine umfangreiche Sammlung historischer Instrumente komplettiert das Museum.

■ **Galleria dell'Accademia,** Via Ricasoli 58–60, Tel. 055 2388609, www.polomuseale.firenze.it, Di–So 8.15–18.50 Uhr, 8 € mit Sonderausstellung 11 €, Online-Reservierung 4 € zusätzlich.

Wenige Schritte weiter schmücken die eleganten Renaissancearkaden der **Wallfahrtskirche Santissima Annunziata** den gleichnamigen, ruhigen Platz. *Michelozzo* gestaltete die Vorhalle, als er im 15. Jh. an Stelle einer älteren Wallfahrtskirche den heutigen Bau errichtete. Im 16. Jh. wurde das Gotteshaus fertiggestellt und der **Chiostrino dei Voti,** ein kleiner Vorhof, mit spektakulären Fresken ausgemalt, darunter der „Himmelfahrt Mariens" von *Rosso Fiorentino* (1513/14) und *Andrea del Sartos* „Geburt Mariens" (1515). Das wundertätige Marienbild, Auslöser der Wallfahrt, wird in einem eigens von *Michelozzo* angefertigten Marmortabernakel in der Seitenkapelle gleich links vom Eingang zum Langhaus aufbewahrt. Ungewöhnlich ist der kreisförmige, mit barocken Gemälden geschmückte Chor, der die reich mit Grabmälern ausgestattete Kirche abschließt. Im Kreuzgang **Chiostro dei Morti** befinden sich zahlreiche Grabstätten prominenter Bürger und ein weiteres Meisterwerk von *Sarto*, die „Madonna del Sacco" (1525) – die Heilige Familie auf der Flucht im Moment der Ruhe.

■ **Chiesa Santissima Annunziata,** Piazza SS. Annunziata, Tel. 055 266181, tgl. 7.30–12.30, 16–18.30 Uhr; **Messen** Mo–Sa 7, 8, 9, 10, 11, 12 u. 18 Uhr, So 7.30, 8.30, 10, 11.30, 13, 18 und 21 Uhr.

Auch den um 1620 erbauten Palast der Großherzogin Maria Magdalena von Österreich schräg gegenüber charakterisieren elegante Arkaden. Das darin untergebrachte **Archäologische Museum** birgt seit 1880 eine der weltweit bedeutendsten Sammlungen etruskischer Exponate, zusammengestellt aus den Kollektionen der *Medici* und der Lothringer Fürsten. Darunter befindet sich die 80 cm hohe, bronzene „Chimäre von Arezzo" aus dem 5. Jh. v. Chr. Die 1845 bei Chiusi entdeckte „Françoisvase" (benannt nach ihrem Finder) in der Vasenabteilung gilt als eines der schönsten Werke attischer Keramik. Die Ägyptische Abteilung zeigt Papyrusrollen, Sarkophage und natürlich Mumien.

■ **Museo Archeologico,** Piazza Santissima Annunziata 9b, Tel. 055 23575, Di–Fr 8.30–19 Uhr, Mo/Sa/So 8.30–14 Uhr, Juli/Aug. 2. und 4. So im Monat geschl., 4 €.

▷ Brunnen auf der Piazza della Santissima Annunziata

Unser Tipp: Einer der ältesten Botanischen Gärten Europas verbirgt sich hinter hohen Mauern. Den **Orto Botanico** gründete *Cosimo I.* 1545 als **Giardino dei Semplici** („Garten der Heilkräuter"). Mit über 5000 Pflanzenspezies, darunter eine im 18. Jh. gepflanzte Eibe, bietet er Naturkundlern interessantes Anschauungsmaterial. Ein Besuch lohnt, auch wenn man sich nicht für Botanik interessiert, denn besonders an heißen Sommertagen bietet der Garten **Ruhe und Schatten** im hektischen Getriebe.

● **Orto Botanico,** Via P. A. Micheli 3, Tel. 055 275 7402, www.msn.unifi.it, Do–Di 10–19 Uhr, Nov.–Feb. Sa–Mo 9.30-16.30 Uhr, 3 €.

Zurück am Arno, begeistert östlich der Uffizien und des Ponte Vecchio die vielfarbige, allerdings erst im 19. Jh. so gestaltete Fassade von **Santa Croce.** Das Gotteshaus des Franziskanerklosters wurde Ende des 14. Jh. erbaut und glänzt sowohl durch den Besitz exquisiter Kunstwerke als auch als Ruhestätte prominenter Florentiner. Gleich am Eingang beim Grabmal für den Staatskanzler *Carlo Marsuppini* (15. Jh., von *Settignano*) sieht man im Boden die Grabplatte für *Lorenzo Ghiberti.* Am westlichen Ende des linken Seitenschiffs befindet sich das **Grabmal von Galileo Galilei** (1737), und ihm gegenüber wurde im rechten Seitenschiff **Michelangelo** beigesetzt. Die von *Vasari* für *Michelangelo* 1564 entworfene Kapelle feiert mit drei Allegorien die Talente des Verstorbenen, Architektur, Bildhauerei und Malerei. *Dantes* Grab daneben ist nur Schein (1829), doch **Niccolò Machiavelli** (1469–1527), der als Staatsphilosoph die Politiker von Moral und Sitte freistellte, ruht tatsächlich hier. Ebenso wie der Komponist **Gioacchino Rossini** (1792–1868). Den Abschluss des linken Seitenschiffes bildet die **Cappella Castellani** mit Fresken von *Agnolo Gaddi* (1380) und einer Statue aus der Werkstatt der Familie *della Robbia*. Weitere Fresken in den Seitenkapellen stammen u.a. von *Taddeo Gaddi* („Das Leben Marias", 1338), und *Giotto* (Cappella Peruzzi, Johannes der Täufer und Evangelist; Cappella Bardi, Leben des heiligen *Franziskus* von 1320). Sehenswert ist auch die **Cappella Medici** von *Michelozzo* mit Werken von *Andrea della Robbia* (1480). Am Ende des linken Seitenschiffes ist in der **Cappella Bardi** ein Kruzifix von *Donatello* zu sehen, das *Brunelleschi* wegen der bäuerlichen Züge des Heilands für nicht allzu gelungen hielt. Der Kreuzgang rechts der Hauptfassade führt zum **Museum** und der von *Brunelleschi*

1430–64 errichteten **Pazzi-Kapelle.** Das Abendmahlfresko von *Taddeo Gaddi* (1340) im ehemaligen Refektorium war jahrhundertelang unter Putz versteckt. Spektakulär ist das 3,90 mal 4,30 m große, bemalte Kreuz von *Cimabue*.

■ **Chiesa und Museo dell'Opera di Santa Croce,** Piazza Santa Croce 16, Tel. 055 2466105, Onlinebuchung unter www.santacroceopera.it, Mo–Sa 9.30–17.30 Uhr, So 14–17 Uhr, Kirche u. Museum 6 €, mit Casa Michelangelo Buonarroti (s. Kasten „Florenz: Zugabe") 8,50 €; **Messen** Mo–Sa 9 u. 18 Uhr, So 9.30, 11, 12 u. 18 Uhr.

Die **Scuola del Cuoio,** die nach dem Zweiten Weltkrieg für Waisen gegründete Schule des Lederhandwerks, residiert in einem Flügel des Franziskanerklosters. Die Besichtigung (die in jedem Fall per E-Mail oder telefonisch angekündigt werden muss) gibt einen Überblick über die komplexen Techniken der traditionellen Lederverarbeitung, und man kommt dabei in den Genuss, den von *Michelozzo* erbauten und mit Fresken aus der Schule von *Domenico Ghirlandaio* dekorierten Kreuzgang zu besichtigen.

■ **Scuola del Cuoio,** Piazza Santa Croce 16, Zugang durch die Basilika Santa Croce oder durch den Garten an der Via San Giuseppe 5r, Tel. 055 244533, Anmeldung unter info@scuoladelcuoio.com.

Oltrarno – jenseits des Arno

Den Ponte Vecchio überquerend und geradeaus der Via de Giucciardini folgend, ist der **Palazzo Pitti** das nächste Ziel. Der 1457 für einen Geldhändler errichtete Palast diente ab 1549 als Wohnsitz der *Medici* und später als Residenz der italienischen Könige. Zwischen 1865 und 1871 lebte König *Viktor Emanuele II. von Savoyen* in der Anlage. Der Palazzo und der angeschlossenen **Boboli-Garten (UNESCO-Welterbe)** beherbergen mehrere Museen sowie die Galleria Palatina, eine der weltweit schönsten Gemäldesammlungen.

Brunelleschi war Architekt des Palastes, der als Inbegriff des Renaissancestils gilt. Die *Medici* beauftragten dann 1560 *Ammanati*, das Gebäude zu erweitern und den Park anzulegen. Er entwickelte den ursprünglich nur aus dem Mittelbau bestehenden Palast zur Dreiflügelanlage, die mit ihrer Fassade aus roh behauenem Stein massig und unnahbar wirkt.1620 und 1640 kamen weitere Anbauten hinzu, 1783 entstanden die beiden der Straße zugewandten Seitenflügel. Seit 1828 ist die Kunstsammlung öffentlich zugänglich.

Der im Stil des Manierismus geschmückte Innenhof erlaubt den Zugang zu Museen und Garten. Die 26 Säle der **Galleria Palatina** befinden sich im linken Flügel der ersten Etage des Palastes. Hier sind die Wände mit Werken von *Raffael, Tiziano, Correggio, Rubens, van Dyck, Pietro da Cortona* und weiteren Meistern der Renaissance und des Barock geradezu tapeziert. Die Gemälde sind nicht chronologisch arrangiert, hängen entsprechend ihrer Wirkung im Raum oder sind thematisch zusammengefasst. Zudem sind die Säle reich mit Fresken ausgestattet. Wie in den anderen großen Kunstmuseen, empfiehlt sich auch hier ein Audioguide, der Besucher durch diese Schatzkammer der Bildenden Kunst begleitet und Details erläutert. Im Folgenden einige der wichtigsten Werke und ihre Standorte.

◁ Die Fassade der Chiesa Santa Croce zeigt den typischen Wechsel des Baumaterials

> **Palazzo Pitti: Tickets**
>
> Für den Palazzo Pitti gelten **zwei Ticketarten:** für die Hauptmuseen (Galleria Palatina mit den Königlichen Gemächern, Galleria d'Arte Moderna) und für den Giardino di Boboli mit den Museen Galleria del Costume, Museo degli Argenti und Museo delle Porcellane (das auch für den Giardino Bardini gilt). Eine Reservierung besonders für die Galleria Palatina ist angeraten, um Wartezeiten zu vermeiden.

■ **Unser Tipp: Raffael: Donna Velata** (1514, Sala di Giove), die angeblich *Raffaels* Geliebte, eine Bäckerstochter aus Siena, zeigt. Madonna del Granduca (1506, Sala Saturno), Porträts von *Agnolo* und *Maddalena Doni* (1507, Sala Saturno), Porträt von *Tommaso Inghirami* (1510, Sala Saturno), Madonna della Seggiola (1514, Sala Saturno), Erscheinung des Ezechiel (1518, Sala Saturno), Madonna dell'Impanata (1514, Sala di Ulisse).

■ **Rubens:** Die vier Philosophen (1612, Sala di Marte), Auferstehung (1616), Die drei Grazien (1622, Sala dei Putti), Bildnis der *Isabella Clara Eugenia* (1625, Sala di Apollo).

● **Tiziano:** Bildnis des *Piero Aretino* (1545, Sala di Venere), die berühmte und häufig kopierte Maria Magdalena (1548, Sala di Apollo), Bildnis des *Medici Ippoliti* (1532, Sala di Marte) sowie das rätselhafte Porträt „Der junge Engländer" (1540, Sala di Apollo).

Die **Königlichen Gemächer** (Apartamenti Monumentali/Reali) im rechten Flügel des Palastes bestehen aus 14 prunkvoll mit Fresken bemalten Räumen und Zimmerfluchten, in denen die Mitglieder des Hauses *Savoyen* lebten. In den kostbaren Möbeln, Vorhängen, Seidentapeten sowie Wandteppichen spiegeln sich Kunstströmungen von Renaissance bis Biedermeier.

Die **Galerie der Modernen Kunst** (Galleria d'Arte Moderna) zeigt in der zweiten Etage Werke aus dem späten 18. Jh. bis zum Beginn des Ersten Weltkriegs. In den prächtigen Räumlichkeiten lebten einst die Großherzöge. Die Galerie legt ihr Schwergewicht auf Neoklassik, Romantik und Werke der „Macchiaioli" genannten, impressionistisch beeinflussten Bewegung, die sich 1855–65 speziell in Florenz entwickelte und auf Freilichtmalerei beschränkte. Der Name leitet sich von der Malweise mit fleckenartigen Farbflächen (*macchia* = „Fleck") ab.

● **Galleria Palatina, Appartamenti Monumentali, Galleria d'Arte Moderna,** Piazza Pitti, Tel. 055 2388614, Di–So 8.15–18.50 Uhr (Appartamenti Monumentali im Jan. geschl.), 8,50 €, mit Sonderausstellung 13 €.

Die **Schatzkammer** der *Medici* (Museo degli Argenti) befindet sich im Parterre der Sommerwohnung (linker Seitentrakt). In ihr zu sehen sind u.a. Vasen von *Lorenzo dem Prächtigen* aus Halbedelsteinen, Steinschnitte (Kameen mit erhabenem und Gemmen mit vertieftem Relief) aus der Sammlung *Cosimos I.*, Bergkristall- und Elfenbeinarbeiten (wie eine Vase des *Medici Mattias*), die Juwelen von *Anna Maria Luisa* und Bernstein von *Maria Magdalena von Österreich*, Waffen und Uhren. Eine Abteilung widmet sich der zeitgenössischen Schmuckkunst. Des Weiteren hat japanisches und chinesisches Porzellan aus der Medici-Sammlung ihren Platz gefunden. Der Fundus der **Kostümgalerie** (Galleria del Costume) im rechten, parkseitigen Anbau, dem Palazzina Meridiana, besteht aus über 6000 historischen und Theaterkostümen und Accessoires aus fünf Jahrhunderten.

Den **Boboli-Garten** (Giardino di Boboli) ließ die Frau von *Cosimo I., Leonora von Toledo,* auf dem Gelände eines ehemaligen Steinbruchs anlegen. Antike Skulpturen, Renaissancefiguren, Springbrunnen, Grotten und Themengärten verstecken sich unter den Bäumen und zwischen den Hecken. Parkbänke wird man allerdings vergeblich suchen. Vom Palast nach links gelangt man zum Bacchusbrunnen, an dem der Hofzwerg *Cosimos I.* auf einer Schildkröte reitend verewigt ist, und weiter zum Eingang der bemerkenswerten **Buontalenti-Grotte,** den links Apollo und rechts Ceres flankieren. Die Sklavenfiguren von *Michelangelo* in der Grotte sind Kopien, die Venus schuf *Giambologna*. Nach Süden gehend, passiert man die Ziegengrotte und gelangt am Kaffeehaus (1776) und der Forte di Belvedere vorbei zur Palazzina del Cavaliere aus dem 18. Jh., in der die europäische **Porzellansammlung** (Museo delle Porcellane) der *Medici* ausge-

☐ Übersichtskarte S. 24, Stadtplan S. 36 **Florenz, Sehenswertes**

stellt ist. Zu sehen ist Porzellan aus Meißen und Sèvres sowie von der 1737 gegründeten toskanischen Manufaktur Doccia.

Über die Treppenanlagen, vorbei am Neptunbrunnen und zahlreichen Figuren, gelangt man wieder hinunter zum Palast mit dem Artischockenbrunnen (1641) unterhalb des ehemals für Hoffeste genutzten (ungeschlossenen) Amphitheaters. Im Westteil des Parks klettert die steile, „Viottolone" genannte Zypressenallee zum Isolotto hinauf. Ein Schwanenteich mit Inselchen, auf dem der Ozeanbrunnen steht, belohnt die Mühe des Aufstiegs. Zu Füßen des „Oceanus" von *Giambologna* (1576) räkeln sich die Allegorien der Flüsse Nil, Ganges und Euphrat.

■ **Galleria del Costume, Museo delle Porcellane, Museo degli Argenti, Giardino di Boboli,** Piazza Pitti, Tel. 055 2388713, Juni–Aug. 8.15–18.50, Nov.–Feb. bis 16.30, März bis 17.30, April/Mai u. Sept./Okt. bis 18.30 Uhr, jeden 1. u. letzten Mo im Monat geschlossen, Einlass bis eine Stunde vor Kassenschluss, Kombiticket mit Giardino Bardini (s.u.) 7 €, mit Sonderausstellung 10 € (drei Tage gültig).

UNSER TIPP: Vom Palazzo Pitti nach Westen gelangt man zur charmanten **Piazza Santo Spirito** mit schattigen Ruheplätzen und einladenden Cafés.

An der Piazza del Carmine liegt die **Kirche Santa Maria del Carmine.** Hier verdient die spektakuläre **Cappella Brancacci,** die mehrere Künstler im Auftrag eines wohlhabenden Seidenhändlers im 15. Jh. mit überaus farbintensiven und realistischen Fresken ausmalten, besondere Aufmerksamkeit. Während das Gotteshaus im 18. Jh. ein Raub der Flammen und danach barock/frühklassizistisch neu errichtet wurde, entkam der Freskenschatz wie durch ein Wunder der Zerstörung. *Masolino, Masaccio* und *Filippino Lippi* zeichnen für die Wandbilder verantwortlich. Selten ist die große Erkenntnis der Renaissance, die Entdeckung der Perspektive, so deutlich zu bewundern wie an diesen Fresken, beispielsweise am Bild „Tempelsteuer" von *Masaccio*, hinter dessen zentraler Szene – der Menschengruppe um Jesus – der Blick in eine weite Gebirgslandschaft schweifen kann. Wegen der empfindlichen Fresken dürfen jeweils nur wenige Besucher gleichzeitig in die Kapelle; eine Reservierung ist also unbedingt zu empfehlen.

■ **Cappella Brancacci,** Piazza del Carmine, Tel. 055 2382195, Mo/Mi–Sa 10–17, So 13–17 Uhr, 6 €, in der Hochsaison telefonische Reservierung obligatorisch; **Santa Maria del Carmine** Mo/Di/Do/Fr 9–12, Mi/Sa 10–12, So 9–9.45, 11–11.45 Uhr.

Aussichtspunkte im Osten

Einige nicht ganz so bedeutende Sehenswürdigkeiten an den Hügeln östlich des Palazzo Pitti seien besonders passionierten Fotografen empfohlen, denn sie geben wunderbare Aussichtspunkte ab. Allen voran der monumentale Piazzale Michelangelo. Auf dem Weg dahin passiert man den **Forte di Belvedere,** der die schöne Aussicht, die er verspricht, meist nicht halten kann, denn er ist nur zu besonderen Veranstaltungen zugänglich.

UNSER TIPP: Eine elegante Alternative – zu erklimmen über eine stilvolle, von Rosen und Iris gerahmte Barocktreppe – bietet die **Aussichtsloggia des Giardino**

Bardini, dessen Anlage auf das 15. Jh. zurückgeht und der, nach langem Erbstreit nun der Stadt Florenz gehörend, 2007 wiedereröffnet werden konnte. In den Sommermonaten lädt ein Café in der Loggia zur Pause mit Aussicht und einem kleinen Snack. Das dem Garten angeschlossene **Museum** zeigt eine interessante Sammlung von Antiquitäten.

■ **Giardino Bardini,** Via dei Bardi 1r (wer bereits ein Ticket vom Giardino di Boboli hat, kann den Eingang an der Via Costa San Giorgio 4 benutzen), Tel. 055 2638599, www.bardinipeyron.it, Juni–Aug. 8.15–19.30, Nov./Feb. bis 16.30, März bis 17.30, April/Mai u. Sept./Okt. bis 18.30 Uhr, jeden 1. u. letzten Mo des Monats geschl. Einlass bis 1 Std. vor Kassenschluss, Kombiticket mit Galleria del Costume, Museo delle Porcellane, Museo degli Argenti, Giardino di Boboli 7 € (1 Tag gültig).

1873 begann man mit der Gestaltung des **Piazzale Michelangelo** und schloss die Arbeiten zwei Jahre später mit der Aufstellung einer bronzenen Kopie des „David" und der Medici-Gräber auf dem Sockel ab. Die monumentale Anlage wirkt nicht gerade anheimelnd, doch der Blick reicht weit über Arno und Altstadt. Noch ein Stück weiter (und höher) bietet sich **San Miniato al Monte** als weitere Panoramastation und zugleich sehr sehenswertes Gotteshaus an, denn es stammt im Kern aus dem 11. Jh. Die Fassade aus weißem und grünem Marmor entstand um 1100. In der Krypta unter dem Chor befindet sich die Grabstelle des heiligen *Minias.* Bemerkenswert sind die im 13. und 14. Jh. aufgetragenen Fresken im Kirchenschiff und der Intarsienboden aus dem Jahr 1207. Er zeigt ornamentale Muster und ein Tierkreiszeichen.

■ **San Miniato al Monte,** Via Monte alle Croci, Tel. 055 2342731, Mo–Sa 9.30–19 Uhr, So 8.15–9.45 u. 12.30–17 Uhr; **Messen** Mo–Sa 7.15, 17.30, So 8.30, 10, 11.30 u. 17.30 Uhr.

◁ Statuette im Garten von Boboli

Florenz: Zugabe!

■ **Museo Marino Marini** in der säkularisierten Kirche San Pancrazio (14. Jh.) – über 170 Werke des toskanischen Bildhauers und Malers *Marino Marini* (1901–1980); Piazza San Pancrazio, Tel. 055 219 432, www.museomarinomarini.it, Mo/Mi–Sa 10–17 Uhr (Aug. geschl.), 6 €.

■ **Palazzo Medici-Riccardi mit Cappella dei Magi** – anschauliches Beispiel für die Profanarchitektur der Renaissance, errichtet Mitte des 15. Jh. für *Cosimo I.*, sehenswert die Kapelle mit vielfarbigem Marmorfußboden und kostbaren Fresken; Via Cavour 3, Tel. 055 2760340, www.palazzo-medici.it, Do–Di 9–19 Uhr (letzter Einlass 18.30 Uhr), 7 € (telefonische Ticketreservierung empfohlen).

■ **Orsanmichele** – ab 1336 über viele Jahrhunderte Getreidespeicher und Wallfahrtsort, heute sind die Arkaden im Erdgeschoss vermauert und bergen eine gotische Kapelle für das wundertätige Marienbild sowie Statuen der Allegorien der Zünfte; Via Arte della Lana, Tel. 055 284944, tgl. 10–17 Uhr.

■ **Museo Galileo**, Pilgerort für Galileo-Bewunderer im Palazzo Castellani (14. Jh.) am Arno-Ufer unweit der Uffizien – Originalinstrumente des Meisters, aber auch eine Instrumentensammlung der *Medici*; Piazza dei Giudici 1, Tel. 055 265311, www.museogalileo.it, Mi–Mo 9.30–18 Uhr, Di 9.30–13 Uhr, 9 €.

■ **Chiesa und Museo di San Marco** für Freunde von Renaissancefresken – Fra *Angelico* hat im 14./15. Jh. seine Kreativität in den Dienst der Kirche gestellt (ein begnadeter und sehr inniger Maler, dessen tiefer Glaube aus den Bildern spricht). Piazza San Marco 3, Tel. 055 2388608, www.polomuseale.firenze.it, **Kirche** Mo–Sa 9.30–12, 16–17.30, **Museum** Mo–Fr 8.15–13.50, Sa/So 8.15–16.50, 1./3./ 5. Mo im Monat 8.15–13, 2./4. So 8.15–16.50 Uhr, 4 €, bei Sonderausstellungen 7 € (Vorausbuchungsgebühr 3 €); **Messen** Mo–Sa 7.30 u. 18, So 10.30, 11.30, 12.30 u. 18.30 Uhr.

■ **Casa Michelangelo Buonarroti**, auch wenn *Michelangelo* höchstselbst hier nie gelebt hat, seine Verwandten taten es ab dem 16. Jh. bis 1858 – im Erdgeschoss die Kunstsammlung der Familie *Buonarroti*, neben Werken des großen Meisters archäologische Fundstücke; Via Ghibellina 70, Tel. 055 241 752, www.casabuonarroti.it, Mi–Mo 10–17 Uhr, 6,50 €, Eintritt mit Santa Croce (Kirche und Museum) 8,50 €.

■ **Sinagoga/Museo Ebraico**, 1874–82 nach dem Vorbild der Hagia Sophia in Istanbul erbaut – das neomaurische Gotteshaus ist Mittelpunkt der etwa tausend Mitglieder zählenden jüdischen Gemeinde (Museum mit historischen liturgischen Objekten); Via Farini 6, Tel. 055 2346654, www.firenzebraica.it, So–Do 10–17.30, Winter bis 15, Fr 10–15 Uhr, 6,50 €.

■ **Istituto Geografico Militare**, Via Cesare Battisti 10/12, Tel. 055 27321, www.igmi.org, Mo–Fr 8.30–13 Uhr. Wer sich für historische Kartenwerke und Globen interessiert, ist hier richtig. Im Lesesaal des militärgeografischen Instituts sind wunderbare Werke ausgestellt, darunter kostbare Atlanten (aus einer Sammlung von 700 Exemplaren ab dem Ende des 16. Jh.) und das „l'Isolario" von *Benedetto Bordone*, der darin alle 1547 bekannten Inseln der Welt auflistete.

■ **Villa Careggi (UNESCO-Welterbe)**, eine der ältesten Medici-Villen (um 1420) am Stadtrand von Florenz, sie markiert den Übergang vom befestigten Landhaus hin zum der Natur sich öffnenden Bauwerk, Viale Gaetano Pieraccini 17, am nordöstlichen Stadtrand, heute Teil des Careggi-Hospitals.

■ **Villa Poggio Imperiale (UNESCO-Welterbe)**, 1565 in den Besitz der *Medici* gelangte, schlossartige Prachtvilla, ab 1618 in Besitz der Kaiserschwester *Maria Magdalena von Österreich*, heute eine Schule; Piazzale del Poggio Imperiale 1 (3 km südlich des Zentrums in den Hügeln).

Praktische Informationen

Touristeninformation

- **Ufficio Turismo Via Cavour,** Via Cavour 1/R, Tel. 055 290832 oder 055 290833, Mo–Sa 8.30–18.30 Uhr.
- **Ufficio Turismo Bigallo,** Piazza San Giovanni 1, Tel. 055 288496, Mo–Sa 9–19, So 9–14 Uhr.
- **Ufficio Turismo Flughafen,** Peretola Via del Termine 1, Ankunftshalle, Tel. 055 315874, Mo–Sa 9–19, So 9–14 Uhr.
- **Ufficio Turismo Borgo Santa Croce,** Borgo Santa Croce 29/R, Tel. 055 2340444, Sommer Mo–Sa 9–19 Uhr, So 9–14.30 Uhr.
- **Ufficio Turismo Bahnhof,** Piazza Stazione 4/a, Tel. 055 212245, Mo–Sa 9–19, So 9–14 Uhr.

Führungen

- **City Sightseeing,** Abfahrt Bahnhof, Piazza Stazione 1, Tel. 055 290451, www.firenze.city-sightseeing.it, Linie A: alle 15 Min. 9 bis 19, im Sommer bis 23 Uhr, 1 Std. Fahrtzeit mit 18 Haltestellen; Linie B: jede volle Stunde 10 bis 19, im Sommer bis 20 Uhr: 2 Std. Fahrtzeit mit 24 Haltestellen. Ticket 20/25/30 € (24/48/72 Std.) Kinder 5–15 Jahre: 10/12,50/15 €, Familie (2 Erw. u. 3 Kinder) 60/75/90 €.
- **Mit dem Fahrrad,** Tel. 055 0123994, www.ibikeflorence.com.
- **Durch die Handwerkerateliers von Oltrarno,** Tel. 055 2654587, www.firenzebotteghe.it.
- **Im Untergrund zu antiken Fundamenten,** Tel. 055 2768224.
- **Mit dem Boot auf dem Arno,** Tel. 347 798 2356, www.renaioli.it.
- **Florenz kulinarisch,** Florence Food Tour, Tel. 055 2398855, www.florencefoodtour.com.

Unterkunft

Hotels

- **Golden Tower Hotel & Spa**④, Piazza Strozzi 11/R, Tel. 055 287860, www.goldentowerhotel.it. Wenn Luxus, dann richtig. Das todschicke, zentral gelegene Boutiquehotel verwöhnt mit exquisiter Einrichtung und einem wunderschönen Spa.
- **Best Western River**③, Lungarno della Zecca Vecchia 18, Tel. 055 2343529, www.hotelriverfirenze.it. Das aufmerksam geführte Hotel unweit von Santa Croce besticht durch seine Lage am Arno und für Standard und Lage günstige Preise.
- **Hotel Collodi**③, Via Taddea 6, www.relaishotel.com, Tel. 055 291317. Nahe dem Mercato Centrale besitzt das nach Pinocchios Erfinder benannte Hotel helle, geschmackvoll möblierte Zimmer mit Bad, TV, Klimaanlage und Minibar.
- **UNSER TIPP:** **Palazzo Guadagni**③, Piazza di Santo Spirito 9, Tel. 055 2658376, www.palazzoguadagni.com. Unvergleichliche Lage mit Traum-Loggia über dem Platz in einem Renaissancepalast. Elegante, teils mit Fresken dekorierte Zimmer, die mit Antiquitäten eingerichtet sind. Ideal für ein romantisches Wochenende!
- **Relais Il Cestello**②-③, Piazza di Cestello 9, Tel. 055 280632, www.hotelrelaisilcestello.com. Neun Zimmer in Oltrarno bei der Porta San Frediano in einem ehemaligen Pferdepostgebäude mit netter Atmosphäre. Gemütlich eingerichtete Zimmer und angenehmes Restaurant.
- **Hotel Genesio**②, Via XXVII Aprile 9, Tel. 055 496208, www.hotelgenesio.it. Zentral gelegen (zu Fuß vom Bahnhof 10 Min.), mit WLAN und Klimaanlage. Helle, freundliche Einrichtung. Ideal für die Anreise mit dem Auto, das Hotel besitzt eine Garage.
- **Albergo Firenze**②, Piazza de Donati 4, Tel. 055 214203, www.albergofirenze.org. 57 zweckmäßig eingerichtete, saubere Zimmer mit Bad, Klimaanlage und TV zwischen Dom und Palazzo Vecchio. Die Zimmer nach vorne haben Schallschutz!
- **Hotel San Lorenzo**②, Via Rosina 4, Tel. 055 284925, www.sanlorenzohotel.it. Nahe dem Mer-

cato Centrale sind die acht einfach und freundlich eingerichteten Zimmer in einem Palast aus dem 15. Jh. untergebracht.

Bed & Breakfast
■ **Residenza Johlea**②-③, Via San Gallo 72/80, Tel. 055 4633292, www.johanna.it. Das charmante, mit historischen Möbeln eingerichtete B&B ist Teil eines kleinen „Imperiums", das *Lea* und *Johann Vitta* in Florenz rund um die Via San Gallo aufgebaut haben. Gäste können unter sehr elegant bis eher einfach möblierten B&Bs wählen oder aber gleich ganz autonom in unabhängigen Apartments nächtigen.

■ **Olga's House**②-③, Via Calimaruzza 4, Tel. 330 883421, www.olgashouse.com. Genug von Seide, Rüschen, Brokat, Schleifchen und Nippes – bei *Olga* geht es ganz kühl zu. Die Zimmer sind modern eingerichtet, manche würden sagen, bar jeglicher Atmosphäre, aber das hat seinen Reiz – und die Gastgeber sind überaus charmant!

■ **Martin Dago**②, Corso dei Tintori 6, Tel. 055 2341216 www.martindago.com. In der Nähe von Santa Croce liegt dieses B&B mit vier äußerst liebevoll und geschmackssicher eingerichteten Zimmern (zwei mit eigenem Bad und zwei, die sich ein Bad teilen). Nur wenige Minuten sind es zur Piazza della Signoria.

■ **Old Bridge**②, Via Guicciardini 22 nero, Tel. 055 2654262, www.florenceoldbridge.com. Tolle Lage im Geschehen zwischen Ponte Vecchio und Palazzo Pitti, zwei Zimmer und eine Suite in der 2. Etage, jeweils mit Bad, das Frühstück wird gegenüber in einer Bar eingenommen (5 €/Person extra), sauber und zweckmäßig-elegant eingerichtet.

■ **Relais del Duomo**②, Piazza dell'Olio, Tel. 055 210147, www.relaisdelduomo.it. Nur Schritte vom Dom entfernt, in der 1. Etage eines Palastes aus dem 17. Jh., befinden sich vier ruhige Zimmer mit Bad, Klimaanlage und TV (Mindestaufenthalt zwei Nächte).

Hostels
■ **Ostello Gallo d'Oro**②, Via Camillo Cavour 104, Tel. 055 5522964, www.ostellogallodoro.it. Im Norden der Altstadt liegt diese Mischung aus Hostel und Hotel in einem Neubau. Sehr sauber und angenehm, Zimmer mit TV und Bad, Aufenthaltsraum, kostenloses WLAN.

■ **Ostello Santa Monaca**①-②, Via Santa Monaca 6, Tel. 055 268338, www.ostello.it. Privates Ostello mit Küchenbenutzung, Aufenthaltsraum, Waschmaschinen und TV, einfach, aber sauber und nahe der Piazza Santo Spirito gut gelegen. Vier-Bett-Zimmer und Schlafsaal.

■ **Tasso Hostel**①-②, Via Villani 15, Tel. 055 060 2087, www.tassohostelflorence.com. Hier trifft Hostel auf Theater und Musik. Das Haus in Oltrarno besitzt nicht nur 12 Zimmer (Einzel, Doppel und Mehrbett, teils mit eigenem Bad), sondern auch einen hübschen Garten, eine große Lounge und eine Bühne, auf der von Do bis Sa lokale Größen mit Mu-

▷ Am Domplatz von Florenz

sik oder Schauspiel auftreten. Die Zimmer sind eher schlicht eingerichtet, in den Gemeinschaftsbereichen herrscht Shabby Chick, doch aller Komfort (Schließfächer, Waschraum, Haartrockner etc.) ist vorhanden.

■ **Hostel Plus Florence**①-②, Via di Santa Caterina d'Alessandria 15, Tel. 055 4628934, www.plusflorence.com. Modernes Hostel mit Hotelkomfort und allen Annehmlichkeiten, heiß begehrt, deshalb unbedingt reservieren! Der Clou sind ein Indoor- und ein Outdoor-Pool. Mit Cafeteria, Bar und Terrasse sowie WLAN. Doppelzimmer und Schlafsäle.

Camping

■ **Camping Firenze,** Viale Generale Dalla Chiesa 1–3, Tel. 055 4698300, www.ecvacanze.it, ganzjährig geöffnet. 4 km vom Zentrum im Grünen und in Nähe des Arno 2014 eröffneter Platz. In die Stadt kommt man toll mit dem Rad am Flussufer entlang.

■ **Camping Internazionale,** Via San Cristofano 2, Bottai-Impruneta, Tel. 055 2374704, www.internazionalefirenze.florencevillage.com, ganzjährig geöffnet. 6 km außerhalb in Richtung Süden gelegen, verbinden die Buslinien 37 (tagsüber) und 68 (21–24 Uhr) den Platz mit der Stadt (Haltestelle 500 m vom Eingang). Schattiger Platz mit Schwimmbad, es werden auch Bungalows vermietet.

Nachdem der Geist gesättigt ist, kommt nun der Bauch

Essen und Trinken

Ristoranti & Co.

■ **IO Osteria Personale**④, Borgo San Frediano 167/R, Tel. 055 9331341, www.io-osteriapersonale.it, Mo–Sa 19.30–22 Uhr. Todschick und kulinarisch richtig aufregend, *das* Lokal für eine gepflegten Abend, an dem man die kreative Küche (etwa Perlhuhnravioli mit Broccolicreme oder *quinoa risotto* mit *burrata*) mit ausgesuchten Weinen junger Wilder genießt. Empfehlenswertes Menü!

■ **Cibreo**③-④, Via del Verrocchio 8/R, Tel. 055 23 41100, www.edizioniteatrodelsalecibreofirenze.it. Das Ristorante ist *die* Adresse, um teuer und elegant zu speisen (wenn man vorbestellt hat). Pasta findet man nicht auf der Karte der Vorspeisen, dafür Suppen und Polenta (z.B. mit frischen Kräutern). Weniger formell geht es in der **Trattoria Il Cibreino** gegenüber zu, doch sind die Preise immer noch gepflegt. Drittes Standbein des Cibreo-Clans ist das gleichnamige **Café** um die Ecke. Ebenfalls dazu gehört das Teatro del Sale (s. unten), eine wirklich empfehlenswerte Adresse.

■ **Tamerò**③, Piazza Santo Spirito 11/R, Tel. 055 282596, www.tamero.it, Mo geschl. Das Szenelokal macht mit *open kitchen* und Industrieambiente so richtig auf Lifestyle. Aber wer Rummel mag (und DJ-Sessions ab 22 Uhr), ist hier richtig, und das Essen – von Pasta über Kebab bis Burger – ist gut.

■ **Golden View**③, Via de' Bardi 58/R, Tel. 055 214 502, www.goldenviewopenbar.com. Von außen realisiert man die sich am Arno-Ufer mit Blick auf den Ponte Vecchio hinziehende Großanlage gar nicht, die Bar, Café, Restaurant, Pizzeria, Weinkeller und Kunstgalerie umfasst. Leicht unterkühlt eingerichtet, bezaubert das Panorama in exklusiver Lage, was besonders – aber nicht nur – die Touristen aus Übersee anzieht, die nicht aufs Geld schauen.

■ **Teatro del Sale**②-③, Via dei Macci 111/R, Tel. 055 2001492, www.edizioniteatrodelsalecibreofirenze.it, So mittags, Mo und im August geschl. 7 € kostet die Mitgliedschaft, dann darf man ein Jahr lang hinein ins Salztheater und sich abends am Buffet für 30 € den Bauch vollschlagen. Aber auch zum Frühstück und Mittagessen kann man sich hier niederlassen. Im Eingangsbereich wird natürlich Salz verkauft, vom Himalaya, aus Bolivien, Madagaskar, Peru, Persien und Italien: rein oder mit Aromen, aber auch Marmeladen, Gewürze und Eingelegtes füllen die Regale. In der Lounge Area stehen breite Fauteuils, Bücher, Zeitungen und Magazine bereit, beim Diner spielt die Musik auf, oder es wird ein Varieté gegeben. Ein rundum gelungener Abend sollte garantiert sein.

UNSER TIPP: **La Burrasca**②, Via Panicale 6/R, Tel. 055 215827, Do geschl. Kleine Tageskarte, kein Fisch, kein Freisitz, unauffällig, billig, aber einer der charmantesten Orte der Stadt mit schnörkellosem, schmackhaftem Essen. Das florentinisch-sizilianische Besitzerpaar steht für bodenständige und doch raffinierte Küche. Die Fotos an den Wänden feiern die große Leidenschaft *Simones*, den Calcio.

■ **Guelfa**②, Via Guelfa 103/R, Tel. 055 2133066, www.trattoriaguelfa.it. Die rustikale, kleine Trattoria setzt auf ländliche Küche und toskanische Standards wie *bistecca*, Wildschwein und *ribollita*. Fisch gibt es nur freitags.

■ **I Raddi**②-③, Via d'Ardiglione 47/R, Tel. 055 211072, www.trattoriairaddi.it. Seit ein junges Team das Traditionslokal übernommen hat, zieht es die Florentiner wieder in Scharen in das kleine Restaurant. Die typischen Speisen bekommen unter den kundigen Händen des Küchenchefs *Alfonso di Noia* einen aufregenden Pfiff – so das Rindertartar, das sich mit frischem Fenchel und Balsamicoreduktion in ein erstaunliches Geschmackserlebnis verwandelt. Die Karte ist klein und wechselt monatlich; unbedingt reservieren.

■ **Palle d'Oro**②, Via S. Antonino 43–45/R, Tel. 055 288383, www.trattoriapalledorofirenze.com, So geschl. Man geht nach hinten durch und speist an kleinen Tischen zwischen Einheimischen. Norditalienische Spezialitäten wie *bollito misto* (Fleischeintopf) oder Florentinisches wie *trippa* (Kutteln). Das Antipasto und Primo kosten um 4 € und Secondo nicht viel mehr als 10 €.

Florenz, Praktische Informationen

■ **Ruth's**②, Via I. C. Farini 2/A, Tel. 055 2480888, www.kosheruth.com, So–Do durchgehend, Fr nur mittags, Sa nur abends geöffnet. Unter den wachen Fotoaugen von *Kafka* und *Groucho Marx* wird leckeres koscheres Essen bereitet, das man an Holztischen im Hochparterre neben der Synagoge einnimmt.

Unser Tipp: Boutique della Pasta Fresca ①-②, Via Cirillo Domenico 2, Tel. 055 578087, www.laboutiquedellapastafresca.it, nur tagsüber geöffnet. Das kleine Lokal begann seine Karriere als Verkaufsstelle für hausgemachte Pasta. Die bildet auch heute noch die Basis aller Speisen, für die ganz Florenz dem jungen Team die Türen einrennt – es muss deshalb stets schnell gehen, ist aber nicht weniger schmackhaft.

Unser Tipp: Mariano①-②, Via del Parione 19/R, Tel. 055 214067, Mo–Fr 8–15, 17–19.30, Sa 8–15 Uhr. *Cibo di strada – street food* ist ja in. Bei *Mariano Orizi* gibt's das allerdings schon seit den 1970er Jahren, in gleichbleibender Qualität zu günstigen Preisen. Deshalb brummt das Geschäft, und es ist oft schwierig, einen Platz zu finden.

■ **Da Rocco**①, Piazza Ghiberti/Mercato di Sant' Ambrogio, Tel. 339 8384555, www.trattoriadaroc co.it, Mo–Sa 12–14.30 Uhr. Fertige Gerichte von *Donatella*, schnell und günstig. Es hat seinen Grund, dass sich im Da Rocco Arbeiter und Beamte zum Mittagessen treffen. Typische Florentiner Küche, schmackhaft und in Markthallenatmosphäre.

■ **Gozzi Sergio**①, Piazza S. Lorenzo 8/R, Tel. 055 281941, nur Mittagstisch, So geschl. Seit 100 Jahren wird hier hinter den Marktständen versteckt zu Mittag gegessen. Die Einrichtung ist schlicht, dafür illuminieren riesige Leuchten den Gastraum, in dem einfache, leckere Küche wie Spaghetti alle Sarde für 7 € oder Roastbeef für 10 € serviert wird. Ist und isst man zu mehreren, bestelle man das *bistecca fiorentina* (40 €/kg), authentisch und köstlich.

Pizza & Co.

■ **Le Carceri**②, Piazza Madonna della Neve 3, Tel. 055 2479327, www.ristorantelecarceri.it. Hierher kommt man in erster Linie wegen des Ambientes – wo kann man sonst in ehemaligen Gefängniszellen essen? Vorrangig werden Pizze, Focacce und Calzoni serviert.

Unser Tipp: Gusta Pizza①, Via Maggio 46/R, Tel. 055 285068. Nahe der Piazza Pitti gibt es den Fans des Lokals zufolge die beste Pizza der Toskana – und tatsächlich, sie kommt aus dem Steinofen, ihr Rand wirft dunkle Blasen, und sie ist soooo lecker; effizientes Personal, überschaubare Varianten, klein und proppenvoll.

■ **Focacceria Pugi**①, Piazza San Marco, Tel. 055 669666, www.focacceria-pugi.it. Hier gibt es die wohl beste *schiacciata* der Stadt. Diese Spezialität aus Mehl, Olivenöl, Schmalz und Eiern wird auf dem Blech gebacken. Über den Tresen gereicht, isst man sie direkt aus dem Papier.

■ **Spera i Spera**①, Via Cernaia 9/R, Tel. 055 495 286, Mo geschl. Nach Meinung vieler eine der besten Pizzerie der Stadt (neapolitanischer Stil), und das zu günstigen Preisen. Wenn der Andrang groß ist, leidet der Service aber etwas.

Vegetarisch/Vegan

Unser Tipp: Le Fate e le Stelle③, Via San Zanobi 126/R, Tel. 055 3841998, www.ristoranteveganolefate.it, So geschl. Hochklassige vegetarische und vegane Küche in elegantem Ambiente. *Le fate*, die Feen, verstehen es buchstäblich, ihre Gäste zu verzaubern.

■ **Brac**②, Via dei Vagellai 18/R, Tel. 055 0944877, www.libreriabrac.net. Eine Kombination aus Kunstbuchhandlung, Galerie und vegetarischem Restaurant. Auf dem Menü stehen auch zahlreiche vegane Gerichte, die Atmosphäre ist lässig und entspannt. Beliebt auch zum Brunch.

■ **Il Sedano Allegro**②, Via Luigi Carlo Farini 1–3/R (Ecke Via Pilastri), www.ilsedanoallegro.com, Tel. 055 2344020, So geschl. Seit 1990 wird in diesem sympathischen Familienbetrieb vegetarisch gekocht. Große Auswahl an leckeren Gerichten.

■ **Dolce Vegan**①, Via San Gallo 92/R, www.dolcevegan.it, Tel. 055 0195437. Eine Art Bistro mit

Selbstbedienung und delikater veganer Küche. Der Clou hier sind die vielen Süßspeisen – ein Paradies für Leckermäuler. Take-away für all diejenigen, die ihre Snacks lieber auf einer Piazza genießen.

🦋 **Il Vegetariano**①, Via delle Ruote 30/R, Tel. 055 475030, www.il-vegetariano.it, Sa und So nur mittags, Mo geschl. Bestellt wird am Küchenfenster, z.B. Standards der vegetarischen Küche und Ausgefalleneres wie Couscous, vorzügliche Nachspeisen und Getränke (auch Bier und Wein) aus organischem Anbau, informelle Atmosphäre.

Enoteche/Cantine

■ **Boccadama**②, Piazza S. Croce 25–26/R, Tel. 055 243640, www.boccadama.com, Mo geschl. Weinbar mit Schleckereien wie Salami und Käse auf bunten Tellern und auch normaler Mittags- und Abendkarte. In zwei gemütlichen Gastzimmern kann man sich an den Holztischen durch fast 400 Weine probieren und sich wie auf dem Lande fühlen. Im Sommer besteht zudem die Möglichkeit, draußen zu sitzen.

■ **I Due Fratellini**②, Via dei Cimatori 38/R, Tel. 055 2396096, www.iduefratellini.com, So geschl. Die beiden Brüder sind schon immer da und die Gäste auch. Ein Glas Wein im Stehen und dazu ein belegtes Brötchen – typischer geht's nicht.

■ **Le Volpi e l'Uva**②, Piazza del Rossi 1/R, Tel. 055 2398132, www.levolpieluva.com, Mo–Sa 11–21 Uhr. Wer auf der Terrasse sitzen will, muss mit Sicherheit warten, drinnen kommt man schneller an ein Glas, in das vornehmlich Weine von unbekannteren kleinen Produzenten gegossen werden. Dazu werden Crostoni, Käse oder eine Wurstplatte gereicht.

UNSER TIPP: 'Ino①-②, Via dei Georgofili 3–7/R, Tel. 055 219208, www.inofirenze.com, tgl. 11.30–16.30 Uhr. *Alessandro Frassicas* große Leidenschaft gilt selbst kreierten Panini, für die tout Florenz zu seiner Bottega di Alimentari e Vini unweit der Uffizien pilgert. Außerdem gibt's Weine, Lebensmittel, Kochbücher und, wenn der Chef Zeit hat, einen netten Schwatz.

Süßes

■ **Caffè Giacosa,** Via della Spada 10/R, Tel. 055 2776328, www.caffegiacosa.it. Das Café des Modehauses Roberto Cavalli gefällt sich im Raubtier-Print. Fotos an den Wänden beschwören die genialsten Modelle des Meisters. Die Preise für das gastronomische Angebot sind natürlich nicht gerade günstig.

■ **Carabé,** Via Ricasoli 60/R, Tel. 055 942478, www.parcocarabe.it, tgl. 10–24 Uhr. Der Sizilianer *Antonio Lisciandro* hat sich mit seiner *fattoria del gelato* einen Jugendtraum erfüllt – aber auch ohne das Spektakel eines „Vergnügungsparks" schmecken seine *gelati* und *granite* unschlagbar gut.

■ **Gucci Museo & Caffè,** Piazza della Signoria 10, Tel. 055 75923302. Das Café des Modehauses Gucci besitzt einen Logenplatz – mit besserer Aussicht kann man seinen Espresso nur an wenigen Orten schlürfen – natürlich zu entsprechend exklusiven Tarifen.

■ **Le Murate – Caffè Letterario,** Piazza delle Murate, Tel. 055 2346872, www.lemurate.it, tgl. 9–1 Uhr. Das schicke Literaturcafé residiert im Kulturkomplex Le Murate, dem ehemaligen Florentiner Gefängnis. Es fungiert als Tagescafé, kleines Restaurant, Bar und Veranstaltungsort für Lesungen und literarische Runden.

🦋 **Rivoire,** Piazza della Signoria 5/R, Tel. 055 2214412, www.rivoire.it. Konkurrenz für Gucci auf der Piazza della Signoria, allerdings mit Tradition. Hier gilt es, die köstliche hausgemachte Trinkschokolade zu verkosten.

Nachtleben

■ **Café de Paris,** Piazza Dalmazia 7/R, Tel. 055 422 0505, www.cafedeparis.it. Kubische Einrichtung, schicke Menschen, Cocktails mit Livemusik oder DJ, getanzt wird nur Sa. Die meisten sitzen lieber auf der Terrasse und gucken oder werden beguckt.

■ **Dolce Vita,** Piazza del Carmine, Tel. 055 284595, www.dolcevitaflorence.com. Cocktailbar, Weinbar, mittags Bistro, immer Kunstgalerie, perfekt gestylt. Wenn Partys stattfinden, ist der Einlass heftig umkämpft; ansonsten steht man friedlich auf der Piazza und schnappt Luft.

■ **Pinocchio Jazz,** Viale D. Giannotti 13, Tel. 055 683388, www.pinocchiojazz.it, Eintritt bis 10 €, hinzu kommt die obligatorische Mitgliedskarte (um 12 €). Im Pinocchio treten die Bekannten und Unbekannteren vor vornehmlich studentisch-intellektuellem Publikum auf. Die Drinks sind günstig und die Atmosphäre entspannt.

UNSER TIPP: Volume, Piazza Santo Spirito 3/R, Tel. 055 2381460, www.volumefirenze.com, tgl. 9–1.30 Uhr. Vintage-Nachtleben in einem ehemaligen Hutmacherladen, mit Live-Auftritten italienischer Chansonniers und feinen Cocktails.

■ **Yab Glamour Club,** Via Sassetta 5/R, Tel. 055 215160, www.yab.it, Mo, Mi–Sa ab 21 Uhr, Mindestkonsum oder Eintritt. Bis 23 Uhr kann man im Restaurant essen, danach geht's los, wenn die Livemusik oder die DJs den Schönen einheizen. Ab und an kommt auch Prominenz (nicht nur) aus Italien.

Veranstaltungen

Kulturveranstaltungen

■ **Nuovo Teatro del'Opera,** Viale Fratelli Rosselli 15, Tel. 055 2779350, www.operadifirenze.it. Florenz' neues, futuristisches Opernhaus ist ein multifunktionaler Veranstaltungsort für Oper, Ballett und Konzerte mit einem einzigartigen Freiluft-Auditorium auf dem Dach. Zu den weiteren Spielstätten der Oper zählt das klassizistische Schmuckstück **Teatro Goldoni.**

■ **Teatro della Pergola,** Via della Pergola 18–32, Tel. 055 2264353, www.fondazioneteatrodellapergola.it. Sehenswertes Logentheater von 1657 mit zwei Sälen (1500 und 300 Plätze). Im Pergola wurden die Opern von *Mozart* in Italien uraufgeführt. Es werden Theaterstücke und Konzerte gegeben.

■ **Teatro del Sale.** Erst im Restaurant essen, dann Kulturgenuss bei Theater, Konzert oder Varieté (siehe „Essen und Trinken").

■ **Teatro Verdi,** Via Ghibellina 91/R, www.teatroverdionline.it, Tel. 055 212320. Theaterstücke, Konzerte und Tanzaufführungen im Logentheater von 1901 mit 1500 Plätzen. Das Äußere mag abschrecken, innen ist das Theater mehr als akzeptabel.

Feste

■ **Scoppio del Carro:** An Ostersonntag zieht ein Paar weißer Ochsen einen Karren vor den Dom, dessen Ladung aus Feuerwerkskörpern durch eine vom Hochaltar des Doms abgeschossene, mit einem Führungsseil zum Karren geleitete Rakete entzündet wird. Klappt's nicht, droht Bauern und Händlern ein schlimmes Jahr.

■ Der musikalische Mai **Maggio Musicale Fiorentino** reicht bis in den Juni. Zehn Wochen lang werden Konzerte und Theateraufführungen gegeben – z.B. *Wagners* „Götterdämmerung" oder *Shakespeares* „Macbeth". Berühmte Künstler wie *Lang Lang* treten auf, und zum Schluss gibt's ein Konzert auf der Piazza della Signoria (www.operadifirenze.it)

■ Christi Himmelfahrt (Mai, Juni) pilgern Familien zur **Festa del Grillo** in den Parco delle Cascine, ursprünglich, um für die Kinder Grillen als Boten des Frühlings zu fangen. Doch als die Grillen knapp wurden, musste man sie kaufen. Heute ist dies von der Kommune verboten, und man behilft sich mit Bildern und Gezirpe vom Band. Dennoch ist der Tag immer noch ein Volksfest mit Verkaufsständen und Fahrgeschäften für die Kleinen.

■ Am Tag des **Stadtpatrons San Giovanni** (Johannes der Täufer), dem 24. Juni, findet der berühmte **Calcio in Costume** (siehe Kasten) auf der Piazza S. Croce statt. Weitere Spiele werden davor und danach ausgetragen (www.calciostoricofiorentino.it). Den Abend beschließt ein Feuerwerk auf dem Piazzale Michelangelo.

UNSER TIPP: Wer sich an die **Ponte Santa Trinità** begibt, sieht die **Fuochi di San Giovanni** stilvoll mit dem Ponte Vecchio im Vordergrund.

■ Am 7. September begehen die Florentiner mit ihren Kindern auf der Piazza SS. Annunziata das Laternenfest **Festa della Rificolona**. Angeblich geht es auf den Einzug der siegreichen Soldaten der Stadtrepublik in Siena am 2. August 1555 zurück, bei dem die Krieger ihre Lanzen mit Lampions schmückten. Das Laternenfest endet am Arno, der mit schwimmenden Laternen illuminiert wird.

■ Ende November läuft Florenz den **Firenze Marathon**. Bis zu 10.000 Läufer aus ganz Europa starten am Piazzale Michelangelo um 9 Uhr und kommen nach einer Distanz von 42,195 km an der Piazza S. Croce ins Ziel (www.firenzemarathon.it).

Verkehr

■ **Flughafen:** Der Flughafen „Amerigo Vespucci/Peretola" liegt 5 km außerhalb und bietet Verbindungen nach Frankfurt, München und Zürich. Wesentlich mehr Flüge verzeichnet der Flughafen von Pisa „Galileo Galilei" (s. dort), Züge nach Florenz vom Flughafen Pisa im Stundentakt, vom Hauptbahnhof Pisa (Busverbindung in die Stadt) häufiger (etwa 8 € einfach, Fahrzeit 1 Std.).

Aeroporto di Firenze, Tel. 055 3061399, www.aeroporto.firenze.it; **Volainbus,** www.ataf.net, 6–24 Uhr etwa halbstündlich vom und zum Hauptbahnhof, 6 € einfach, 10 € hin und retour.

■ **Bahn:** Stazione Firenze Santa Maria Novella/SMN, Piazza della Stazione in Zentrumsnähe; an der Hauptstrecke von Norditalien nach Rom mit zahlreichen Fernzugverbindungen, Vorortzüge nach Prato Centrale und Lucca.

■ **ZTL (Zona a Traffico Limitato):** Der Innenstadtbereich ist in weiten Teilen für den motorisierten Individualverkehr gesperrt, die Einfahrt ohne Genehmigung wird mit drastischen Geldstrafen geahndet. Die Hotelvorfahrt ist nach Voranmeldung (Nummernschild und ungefähre Ankunftszeit dem Hotel mitteilen) möglich. Das Fahrzeug ist nach Gepäckabgabe schnellstens wieder aus der ZTL-Zone zu entfernen!

■ **Stadtbus:** Das Busnetz der ATAF (Azienda Trasporti Area Fiorentina) ist dicht geknüpft; Tickets an Parkuhren (Einzelfahrt 1,20 €, für 90 Min. gültig, Vier-Fahrten-Karte 4,70 €), Kiosk der ATAF am Bahnhof (dort Linienplan und Tickets), Bustickets auch in allen Tabakläden (mit einem „T" für *tabacchi*). Löst man die Fahrkarte im Bus, kostet sie 2 € (der Busfahrer ist nicht verpflichtet, Wechselgeld herauszugeben). Fahrkarten müssen entwertet werden, das elektronische Ticket (zehn Fahrten, 10 €) hält man dazu an den Entwerter. Tages- und Drei-Tageskarten kosten 5 bzw. 12 €; Tel. 80042 4500, www.ataf.net.

■ **Parken:** Parkplätze am Straßenrand sind in Florenz nicht nur Mangelware, sondern inexistent. Man muss auf die großen Parkhäuser ausweichen

Calcio

Das ziemlich **heftige Ballspiel** geht auf das 16. Jh. zurück und war damals den Adligen vorbehalten. Sein Name „Giuoco del Calcio Fiorentino" wurde auf *„calcio* – Tritt", verkürzt, was den kampfbetonten Charakter dieser florentinischen Fußballvariante gut zum Ausdruck bringt. In mehreren Spielen treten jeweils zwei der insgesamt vier Mannschaften aus den vier Stadtteilen gegeneinander an: die Grünen von S. Giovanni, die Blauen von S. Croce, die Roten von S. Maria Novella und die Weißen von S. Spirito. Sie tragen eine Art Landsknecht-Beinkleid in ihren jeweiligen Farben. Traditionell gibt es genau 33 Regeln, in denen auch festgelegt ist, was nicht erlaubt ist: hinterhältige Schläge und Tritte gegen den Kopf. Ansonsten darf man Kopfstöße aus- und Faustschläge verteilen, den Ellbogen gegen Nasen trümmern und seine Gegner ungestraft würgen. Immerhin prügeln sich auf jeder Seite des mit Sand aufgeschütteten Platzes 27, mithin insgesamt 54 Mann um den Ball. Immer wieder müssen Blessierte das Feld räumen. Bei einem der vier Clubs mitspielen zu dürfen, ist der ganze Stolz traditionsbewusster Florentiner.

oder auf die kleinen privaten Garagen. Die meisten Hotels arbeiten mit einer zusammen, bei der man einen Sonderpreis erhält (um 20 € für 24 Stunden muss man dennoch rechnen); www.firenzeparcheggi.it.

Parterre, Via Madonna della Tosse 9, 1000 Plätze, 2 €/Std., 1. Tag 10 €, 2. Tag 15 €, folgende Tage 20 €; **Fortezza Fiera**, Piazzale Caduti nei Lager, 520 Plätze, 1,60 €/Std., 20 €/Tag; **Sant'Ambrogio**, Piazza Lorenzo Ghiberti, 380 Plätze, Mo–Sa 7–14 Uhr 1. Std 1 €, 2. Std. 2 €, folgende Std. 3 €, ab 14 Uhr 2 €/Std.; **Mercato Centrale**, Via San Antonio, 180 Plätze, Mo–Sa 7–14 Uhr 1. Std 2 €, 2. Std. 3 €, folgende Stunden 8 €, ab 14 Uhr 2 €/Std.; **Stazione Santa Maria Novella**, Piazza della Stazione, 900 Plätze, 3 €/Std.

■ **Taxi:** Florenz wird von Radiotaxis 24 Stunden lang am Tag versorgt. Für alle Fahrten sollte das Taxameter eingeschaltet sein. Für eine kurze Fahrt im Zentrum muss man mit 6–10 € rechnen, nachts und an Sonn-/Feiertagen kommen Aufschläge hinzu. Taxi-Standplätze gibt es u.a. am Bahnhof, Piazza della Repubblica, Piazza Duomo, Piazza Santa Maria Novella, Piazza Santa Croce und Piazza Santa Trinità; CO.TA.FI, www.4390.it, Tel. 0554390; SOCOTA, Tel. 0554242.

Firenze Card

Mit der ab der ersten Nutzung **drei Tage gültigen Karte für 72 €** hat man freien Eintritt in vielen Museen und anderen Sehenswürdigkeiten. Zudem erspart man sich mit ihr oft lange Wartezeiten an den Zugangsschaltern. Die Firenze Card gilt auch als Ticket für Busse und Straßenbahnen im Stadtgebiet.

Erhältlich ist die Karte vor Ort bei den Touristeninformationen, teilnehmenden Museen und über das Internet.

■ www.firenzecard.it

Einkaufen

Märkte

■ Hauptmarkt ist der **Mercato Centrale** (Marktstände Mo–Fr 7–14, Sa 7–17 Uhr, Lokale in der ersten Etage tgl. 10–24 Uhr, www.mercatocentrale.it) mit zahlreichen Ständen für Fisch, Fleisch, Obst und Gemüse, Wurst und Käse, Brot und Gewürze.

■ Vornehmlich von Einheimischen besucht wird der Lebensmittelmarkt **Mercato di Sant'Ambrogio** (Mo–Sa 7–14 Uhr) im Osten der Altstadt.

■ Nur noch Touristen besuchen den Straßenmarkt **Mercato San Lorenzo** rund um die Chiesa San Lorenzo in der Via dell'Ariento/Piazza San Lorenzo (Di–Sa 8–19 Uhr). Taschen und Tücher, Leder und Lack, Hemden und Hosen sind hier im Angebot.

■ Unter den hohen Arkaden der Loggia del **Mercato Nuovo** (auch Mercato del Porcellino, Via Porta Rossa, Di–Sa 8–19 Uhr) aus dem Jahr 1551 werden Geflochtenes aus Stroh und Souvenirs verkauft.

■ Im **Parco delle Cascine** findet jeden Di (7–14 Uhr) der größte **Flohmarkt** statt, doch es gibt auch Lebensmittel, Haushaltswaren etc.

■ Weitere **Lebensmittelmärkte** sind auf der Piazza Santo Spirito und der Piazza delle Cure nordöstlich der Piazza della Libertà zu finden (jeweils Mo–Sa 7–14 Uhr).

🦋 Ein **Bio-Lebensmittelmarkt** wird jeden dritten So des Monats auf der Piazza Santo Spirito abgehalten (www.lafierucola.org).

■ Blumen bekommt man jeden Do auf dem städtischen **Blumenmarkt** in der Via Pellicceria an der Piazza della Repubblica (10–19 Uhr).

■ Wer gerne in **Antiquitäten** stöbert, ist jeden zweiten So (9–19 Uhr, außer Juli/Aug.) des Monats auf der Piazza Santo Spirito gut aufgehoben.

Supermarkt

■ **Conad**, Via dei Servi 56/R, Mo–Sa 8.30–20, So 10.30–20 Uhr. In der Altstadt zwischen Piazza Duomo und Piazza SS. Annunziata verkauft der Laden der Supermarktkette alles, was man fürs Kochen und die Haushaltsführung benötigt.

Bücher

■ **Antiquariat Gozzini,** Via Ricasoli 103/R, Tel. 055 212433. www.gozzini.com. Bietet mit 150.000 Büchern in 23 Räumen auf drei Etagen seit 150 Jahren alles, was das Herz eines Bibliophilen höher schlagen lässt – nicht nur auf Italienisch.

■ **La Cite Libreriacafé,** Borgo San Frediano 20/R, Tel. 055 210387, www.lacitelibreria.info. Buchhandlung und Kaffeehaus, das mit Veranstaltungen das Kulturleben der Stadt bereichert.

Spezialitäten

■ **Perini,** Mercato Centrale, Tel. 055 2398306, http://perinigastronomia.it. Bei Perini liegen in der überbordenden Auslage unter gigantischen hängenden Schinken Köstlichkeiten wie Pecorino al Tartufo, Parmigiano mit Balsamico, zahlreiche Salamiarten, eingelegte Kapern und natürlich Vin Santo.

■ **Bottega dell'Olio,** Piazza del Limbo 2/R, Tel. 055 2670468. Olivenöl aus der Region und alles, was mit dem Ölbaum zu tun hat: Eingelegtes, Seifen, Kerzen und Boxen aus Olivenholz.

■ **Dolce forte,** Via della Scala 21, Tel. 055 219116, www.dolceforte.it. Die hohe Kunst der Schokoladenherstellung – mit kreativen Resultaten.

Allerlei

■ **Coltelleria Galli,** Via della Spada 26/R, Tel. 055 282410. In dem Messergeschäft gibt es alles, was schneidet, auch Scheren usw.

■ **Letizia Fiorini,** Via di Parione 60/R, Tel. 055 216504. Eine der letzten Puppenmacherinnen der Stadt versieht unweit der Ponte Carraia ihr Handwerk. Allerdings sind ihre Geschöpfe keine zuckersüßen Prinzessinnen, sondern kunterbunte, freche Handpuppen, die ein bisschen an die Muppets erinnern. In ihrem winzigen Laden zeigt Letizia gerne, wie ihre „Kinder" entstehen.

■ **Lisa Corti,** Piazza Ghiberti 33/R, Tel. 055 2001 860, www.lisacorti.com. Farbenfrohe Stoffe, geschmackvolle Keramik, auch Möbel und Kinderkleidung sind im Angebot – ein buntes Kontrastprogramm zum grau-beige-schwarzen Einerlei.

■ **Mrs. Macis,** Borgo Pinti 38, Tel. 055 2476700, auch auf www.facebook.com. Schmuck und Kleidung wie aus den 1940er bis 60er Jahren – farbenfroh, verspielt, ein buntes Puppenstubenambiente.

🌿 **Officina Profumo-Farmaceutica di Santa Maria Novella,** Via della Scala 16/R, Tel. 055 216 276, www.smnovella.it, Mo–Sa 9–19 Uhr. Ein Zauberreich historischer Düfte und Kräuter.

■ **Pusateri,** Via Calzaiuoli 25/R, Tel. 055 214192. Feine Handschuhe der gehobenen Preiskategorie aus Stoff und Leder in allen erdenklichen Farben.

■ **Taddei,** Via S. Margherita 11, Tel. 055 2398 960. Lederartikel wie Schatullen, Bucheinbände, Geldbeutel und Brieftaschen stellt der Familienbetrieb seit über 70 Jahren her, eine kleine Manufaktur wie aus einer anderen Zeit.

■ **Antica Farmacia Münstermann,** Piazza Carlo Goldoni 2/R, Tel. 055 210660, www.munstermann.it. Seit 1897 versorgt die Apotheke die Florentiner mit homöopathischen Heilmitteln und allem, was der Schönheit zuträglich ist, also Crèmes und Parfums. Alleine die historische Einrichtung ist eine Schau, und das berühmte Münstermanner Eau de Toilette gibt es in 43 verschiedenen Duftrichtungen.

Gesundheit

■ **Medizinischer Service für Touristen/Medical Service,** Via Roma 4 (bei der Piazza Duomo), Tel. 055 475411, www.medicalservice.firenze.it, Mo–Fr 11–12, 13–15, 17–18, Sa 11–12, 13–15 Uhr, Hausbesuche rund um die Uhr, Konsultationen und Behandlungen werden direkt gezahlt.

■ **Uniklinik/Ospedale Careggi,** Largo Brambilla 3, Tel. 055 794111, Notruf 118, www.aou-careggi.toscana.it, Notdienst rund um die Uhr.

■ **Zahnarzt Notdienst/Urgenze Dentali,** Via del Ponte Rosso 1, Tel. 800 586977, www.dentista7 su7.it, 24 Std. geöffnet.

■ **Apotheke/Farmacia Comunale,** am Bahnhof Santa Maria Novella, Tel. 055 216761, www.afar 24 Std. geöffnet.

Ausflüge in die Umgebung

Für die Ausflüge sollte man ausreichend Zeit einplanen, der Verkehr rund um die Stadt und auch auf den Schnellstraßen kommt mehrmals am Tag zum Erliegen (meist zwischen 8 und 10, zwischen 12 und 15 und zwischen 17 und 19 Uhr).

Galluzzo

Die **Kartause von Galluzzo** auf dem Monte Acuto 6 km südlich von Florenz am Zusammenfluss von Emo und Greve und über der Autobahn nach Siena wirkt wie eine Festung, nicht wie ein Kartäuserkloster, das es einmal war. Seine respektable Größe erhielt es über die Jahrhunderte mit steten Erweiterungen. 1341 wurde die Anlage begonnen, der Platz war bewusst gewählt, die Höhe und der Schutz der beiden Flüsse versprach die Abgeschiedenheit, die die Ordensregeln auferlegten. Auch untereinander durften die zwölf Brüder, die zu Beginn hier oben lebten, nicht miteinander sprechen – nur zum Gebet traf man sich. Die Mönchszellen sind entsprechend angelegt. Das Kloster galt in der Renaissance als eines der schönsten und reichsten der Toskana, die Kunstsammlung war legendär. Bis ins 19. Jh. hinein pflegte man mit ihr die Tradition der Kunst-Erziehung der Florentiner. *Napoleons* Truppen setzten dem mit der Plünderung der Kartause ein Ende.

In der **Pinakothek** im ehemaligen Palast des Klosterstifters *Niccolò Acciaiuoli* sind Lünettenfresken von *Jacopo da Pontormo* aus dem Jahr 1525 zu sehen, die ursprünglich den Kreuzgang schmückten. Der Vertreter des Florentiner Manierismus hatte u.a. für die *Medici* in der Villa Poggio gearbeitet. In die Kartause flüchtete er vor der Pest und änderte hier nicht nur seinen Lebensstil, sondern auch seine malerischen Themen – weg von Mystik und Idylle hin zur religiösen Dramatik. Weitere Kunstwerke entstammen dem 14.–18. Jh.

Vor allem die Kreuzgänge des Klosters sollte man nicht versäumen. In den intimen, doppelstöckigen, 10 x 19 m messenden Kreuzgang der Laienbrüder gelangten diese direkt vom Speisesaal aus, von der oberen Galerie gingen ihre Zimmer ab. Vom **großen Kreuzgang** (60 x 70 m), den 66 Majolika-Medaillons aus der Werkstatt *della Robbia* schmücken, erreichten die Mönche ihre Zellen – jeweils ein Bet- und ein Schlafraum sowie ein vom Nachbarn nicht einsehbarer Garten für die Nutzpflanzen. Das Essen nahmen sie an einer Durchreiche entgegen. Der Kreuzgang des Kolloquiums ist wieder privater, er misst 16,50 x 19 m. Heute bewohnen Zisterzienser das Kloster, die sich ihren Lebensunterhalt teils mit der Restaurierung von Büchern, teils mit dem Brennen geistiger Getränke verdienen.

In der **Apoteca** werden auf Holzfeuer vergorene Blüten, Kräuter und Wurzeln destilliert und verkauft – natürlich auch Grappa aus Trester vom Chianti.

> Die Kartause von Galluzzo

■ **Certosa del Galluzzo,** Via della Certosa 1, Tel. 055 2049226, www.cistercensi.info, Führungen (Minimum 6 Pers.) Di–Sa 9, 10,11, 15,16,17 Uhr (So nur vormittags, Winter 9, 10, 11, 14, 16 Uhr), Spende erwünscht; **Messen** So 10 u. 11 Uhr; **Anfahrt:** Mit Bus Nr. 37 von Stazione SMN nach Tavarnuzze, Haltestelle Certosa.

Convento dell'Incontro

UNSER TIPP: Wer Entspannung von der Hektik in Florenz sucht, findet sie beim **Incontro-Konvent** 13 km östlich von Florenz. In exklusiver Höhe von 557 m genießt man einen unvergleichlichen **Blick.** Im 8. Jh. war hier oben eine Kapelle, für das 12. Jh. ist ein Oratorium nachgewiesen. Zu Beginn des 18. Jh. entstand dann der Konvent. 1944 sah das Kloster heftige Kämpfe zwischen deutschen Panzergrenadieren und englischer Infanterie, bei denen der Glockenturm stark beschädigt wurde.

■ **Convento dell'Incontro,** Via dell'Incontro 1 (Località Villamagna/Bagno a Ripoli), Tel. 055 6519 122, www.obiettivofrancesco.org, Führungen für Gruppen nach tel. Anmeldung unter 333 5258616.

Die Medici-Villen

Viele Landhäuser der *Medici* sind seit 2013 **UNESCO-Welterbe.** Die Villen Demidoff, Il Trebbio und Cafaggiolo liegen im Mugello im Norden (siehe dort), wo die Familie *Medici* ursprünglich herkommt. Die Besichtigungen der Villen La Petraia, Castello, Poggio und Ferdinanda – alle im Westen/Nordwesten – lassen sich gut bei einem Tagesausflug zusammenfassen (wenn man früh aufbricht). Weitere Villen sind in der ganzen Toskana verteilt. Sie dienten nicht nur als idyllische Landsitze und der Erholung, sondern waren auch Fluchtburgen in unsicheren Zeiten, weswegen sich einige recht wehrhaft geben.

Ursprünglich war die **Villa La Petraia** (UNESCO-Welterbe) 7 km nordwestlich des Zentrums eine Burg, deren Turm aus dem 14. Jh. noch erhalten ist. Sie gelangte 1531 durch Enteignung in den Besitz der *Medici* und wurde von *Fernandino* 1591 seinen Bedürfnissen entsprechend durch *Bernardo Buontalenti* umgestaltet. Der Wehrturm wandelte sich zum Belvedere, das fast quadratische Gebäude umschließt einen Innenhof, den 1648 *Volterrano* mit Szenen aus dem Leben der *Medici* großflächig freskierte. Um das sehenswerte Ensemble zu schützen (und einen Ballsaal zu erhalten), errichtete man Mitte des 19. Jh. – die Villa war nun in Besitz des Hauses von *Savoyen* – das Glasdach. In der Villa beeindruckt die Originalskulptur der Venus Fiorenza von *Giovanni di Bologna*, die einmal den Brunnen vor der Villa schmückte (heute ist er mit einer Kopie versehen) – eine Badende, die sich graziös wendend, Wasser aus ihrem Haar wringt. Sehenswert sind auch die Gemälde von Medici-Anwesen aus der Vogelperspektive sowie die üppig dekorierten Repräsentationsräume von *Vittorio Emanuele*. Anmutige Fresken aus dem 17. Jh. schmücken die Hauskapelle. *Niccolò Tribolo* schuf die südlich der Villa auf drei Etagen gelegene Hanggartenanlage im streng geometrischen Gartenideal der Renaissance – *giardino all'italiana*. Hinter der Villa entstand zu Beginn des 18. Jh. nach Plänen des böhmischen Landschaftsarchitekten *Joseph Frietsch* als Kontrapunkt ein Englischer Park.

■ **Villa Medicea La Petraia,** Via della Petraia 40, Località Castello, Tel. 055 452691, www.polomuseale.firenze.it, Führungen stündlich, tgl. Juni–Aug. 8.15–19.30, April/Mai/Sept. bis 18.30, März/Okt. bis 17.30, Nov.–Feb. bis 16.30 Uhr, 2./3. Mo/Monat geschl.; Anfahrt von Stazione SMN mit Bus Nr. 2 nach Calenzano, mit Bus Nr. 29 nach Volpaia, jeweils Haltestelle Sestese 03.

Die **Villa di Castello** (UNESCO-Welterbe) fünf Gehminuten von La Petraia, einst der bevorzugte Landsitz von *Cosimo I.*, ist nicht frei zugänglich, wohl aber ihr **Garten,** der weitgehend in der Originalkonzeption erhalten ist. Die Anlage gelangte 1480 in den Besitz der *Medici*, 1538 beauftragte *Cosimo Giorgio Vasari* mit dem Umbau des Gebäudes und *Niccolò Tribolo* mit der Gartengestaltung. Wie bei der Nachbarvilla entstand auch hier eine geometrisch konzipierte Anlage auf drei Etagen. Hecken, Beeteinfas-

◁ Kunstvoll bedacht:
die Fresken in der Villa La Petraia

sungen, Baumreihen und Pflanzkübel schaffen das Tableau für zahlreiche Einbauten wie Wasserspiele, Grotten, Labyrinthe und Figuren (an denen *Giovanni di Bologna* beteiligt war). Der Hauptbrunnen zeigt den Kampf zwischen Herkules und dem Riesen Antäus (*Bartolomeo Ammanati*). Auf der zweiten Terrasse wachsen 500 Zitruspflanzen, von denen drei aus dem 17. Jh. stammen sollen.

UNSER TIPP: Die **Tiergrotte** ist ein ausgezeichnetes Beispiel für den Manierismus in der Renaissance. Die ursprünglich für die Villa entstandenen Gemälde von *Botticelli* („Geburt der Venus", „Frühling") sind in den Uffizien zu sehen. In der Villa residiert die 1582 gegründete Accademia della Crusca, heute die wichtigste Institution für Erforschung, Pflege und Erhalt der italienischen Sprache.

■ **Giardino della Villa Medicea di Castello,** Via di Castello 47, Località Castello, Kontakt, Besichtigung nach Voranmeldung, Garten 2015 unregelmäßig geöffnet.

8 km südlich von Prato, 20 km westlich vom Zentrum und 18 km von der Villa La Petraia entfernt entstand die **Villa Poggio a Caiano** für *Lorenzo* („Il Magnifico"), der 1485 *Giuliano di Sangallo* beauftragte. Sie wurde zum wegweisenden Bauwerk der Frührenaissance und zu einer der schönsten Medici-Villen. Die von Arkadenbögen getragene Vorhalle der ersten Etage mit ihren Säulen und dem Majolika-Fries zitiert die Antike aufs Beste. Die das Gebäude umlaufende Parterreloggia steht für die Verbindung der Bewohner mit der Landschaft – Gebäude sollen sich der Natur nicht verschließen. *Lorenzo* erlebte die Fertigstellung nicht mehr. Sein Sohn, Papst *Leo X.*, ließ die Villa innen mit Freskenzyklen schmücken, die die Meister seiner Zeit ausführten: *Pontormo, Andrea del Sarto* und *Franciabigio*. Ihren Beinamen „Villa Ambra" erhielt die Anlage, weil *Poliziano*, ein Zeitgenosse *Lorenzos*, Professor und Erzieher seiner Kinder, hier eine seiner Homer-Schriften, die „Ambra", zu Papier brachte.

Das **Museum für Stillleben** *(natura morta)* in der obersten Etage der Villa, das einzige seiner Art in Italien, zeigt über 200 Werke aus dem 16. bis 18. Jh. Die Ausstellung erlaubt die Entwicklung der Sammlung über die Generationen. Ein Schwergewicht liegt auf den Bildern des auf Stillleben spezialisierten *Bartolomeo Bimbi* (1648–1729), darunter ein Gemälde mit 17 Zitrussorten. Unweit der Villa lockt die Fiaschetteria l'Mulino zur Rast (s. „Praktische Informationen").

■ **Villa Medicea di Poggio a Caiano,** Piazza dei Medici 14, Tel. 055 877012, Öffnungszeiten Garten wie Villa La Petraia, Villa nur mit Führung (stündlich ab 8.30 Uhr, letzte Führung 1 Std. vor Gartenschließung), **Museo Natura Morta** nur nach tel. Voranmeldung; **Anfahrt** von Stazione SMN mit CAP-Bus nach Signa (nicht So), Haltestelle Poggio a Caiano.

Die **Villa La Ferdinanda (UNESCO-Welterbe)** in Artimino 8 km südlich von Poggio a Caiano, in unvergleichlicher Panoramalage über klassischer Toskana-Landschaft errichtet, geht auf *Ferdinando I.* zurück. Der Medici-Fürst holte für den Neubau 1594 *Bernardo Buontalenti*. 100 Jahre nach der Entstehung der Villa von Poggio a Caiano hatte sich die Renaissance gewandelt und mühte sich nicht mehr mit puristischen Zitaten der Antike. Zwar gibt es auch hier eine Vorhalle, doch ist sie in das Bauwerk inte-

Ausflüge in die Umgebung: Zugabe!

■ In Artimino das modern konzipierte **Museo Archeologico „Francesco Nicosia"** mit Funden aus etruskischen Grabungsstätten der Umgebung; Piazza San Carlo 3, Tel. 055 8718124, ww.parcoarcheologicocarmignano.it, Do–Di 9.30–13.30, Sa/So auch 15–18, Winter 14–16 Uhr, 4 €.

■ In der **Kirche San Michele** in Carmignano das Gemälde „Visitazione – Heimsuchung" (um 1530) von *Pontormo*; Piazza SS. Francesco e Michele 1, tgl. 7.30–18, Winter bis 17 Uhr.

■ Das Weinmuseum mit Enoteca **Museo della Vita e del Vino** in der Renaissance-Villa Poggio Reale auf einem Hügel bei Rufina 25 km nordöstlich von Florenz; Via Duca della Vittoria 7, Rufina, Tel. 055 8396533, www.museorufina.blogspot.it, Do/Fr 15–19, Sa/So 9–13 Uhr, 3 €, Führungen auf Englisch mit Weinverkostung 14 €.

■ In Pontassieve 12 km östlich von Florenz die von *Cosimo I.* 1555 in Auftrag gegebene **Ponte Medíceo** über den Sieve, eine zweibogige Ziegelbrücke.

■ **Villa Medicea La Màgia (UNESCO-Welterbe),** im 14. Jh. errichtete, 1583 in Medici-Besitz gelangte Villa mit Park, die u.a. zur Jagd genutzt wurde, heute als Veranstaltungsort für Festivitäten genutzt; Via Vecchia Fiorentina I Tronco 63, Quarrata, Tel. 0573 774500, www.villalamagia.com, 15 km südwestlich von Prato, Führungen nach Voranmeldung Juni–Sept. So, sonst jeden 3. So, 8 €.

■ **Villa Bellosguardo Caruso/Museo Caruso** in Lastra a Signa (12 km westlich von Florenz) – ob man nun im Museum auf den Spuren des großen Tenors *Enrico Caruso* wandeln möchte, der die Renaissancevilla von 1906–21 besaß, oder einfach nur den eleganten Palazzo, die schönen Gärten und die berühmte Aussicht genießt, der Abstecher lohnt sich; Via Bellosguardo 32, Tel. 055 8721783, www.villacaruso.it, März–Okt. Mi–So 9–13, März–Mai, Sept./Okt. auch 15–18, Juni–Aug. 16–19, Winter Sa/So 9–13, 14–17 Uhr, 5 €.

■ **Oratorio di Santa Caterina delle Ruote** in Bagno a Ripoli – im 14. Jh. erbautes, äußerlich strenges und schlichtes Gotteshaus, das im Inneren ein Feuerwerk restaurierter Fresken aus dem 14. Jh. entfacht, die um das grausame Martyrium der heiligen *Katharina von Alexandria* kreisen, angefertigt von *Pietro Nelli* und *Spinello Aretino*; heute wird das Oratorio an Hochzeitsgesellschaften vermietet und kann nur anlässlich solcher Events oder nach tel. Absprache besichtigt werden, Via del Carota 31, Tel. 335 5428515.

griert und zur Loggia geworden. Den wuchtigen Baukörper mit seinen angedeuteten Ecktürmen lockern keine Arkaden, nur die Freitreppe schwingt weit hinaus in die Natur. Wegen ihrer zahlreichen Schornsteine trägt die Anlage auch den Namen „Villa dei Cento Camini". Die Villa steht in Privatbesitz und wird für Hochzeiten etc. vermietet. Gleich nebenan befinden sich das Hotel Paggeria Medicea und die Restaurants Biagio Pignatta und Da Delfina (s. „Praktische Informationen").

■ **Villa La Ferdinanda,** Via Papa Giovanni XXIII, Tel. 055 875141, www.artimino.com, Besichtigung nach Voranmeldung per E-Mail unter villa@artimino.com; **Anfahrt** von Stazione SMN mit CAP-Bus mit zwei- bis dreimaligem Umsteigen über Prato.

> Von der Freitreppe der Villa La Ferdinanda schwebt so manche Braut herab

☐ Übersichtskarte S. 24

Praktische Informationen

Unterkunft

■ **Paggeria Medicea**④, bei der Villa La Ferdinanda in Artimino/Camignano, Viale Papa Giovanni XXIII 1, Tel. 055 875141, www.artimino.com. Die Unterkunftseinheiten des Komforthotels verteilen sich auf das Hauptgebäude sowie mehrere umgebaute und renovierte Altstadthäuser von Artimino. Alle Gäste haben Zugang zu den Einrichtungen wie Pool, Restaurant und Weinkeller.

■ **B&B I Parigi Corbinelli**③ – bei der Certosa von Galluzzo, Via Luigiana 12, Tel. 055 2048483, www.iparigi.com. In ländlicher Umgebung und unweit der Kartause gelegen, verspricht die Unterkunft Entspannung nach einem anstrengenden Tag in Florenz.

UNSER TIPP: **Ostello Antico Spedale**①-③, Via del Bigallo e Apparita 14, Bagno a Ripoli, Tel. 055 630907, www.anticospedalebigallo.it. Einstmals Pilgerherberge, Hospiz, Kloster, heute ein ebenso originelles wie angenehmes Hostel mit zehn „Boxen" (durch Holzwände und Vorhänge abgetrennte Zweibettzimmer), mehreren *camerate* genannten Schlafsälen mit fünf bzw. acht Betten auf hölzernen Podesten, die Renaissancevorbildern nachempfunden sind, und sechs Doppelzimmern mit Bad. Klösterlich-schlichte Einrichtung, üppiges Frühstück, WiFi, Fahrradverleih und Blick auf Florenz inklusive.

Essen und Trinken

■ **Biaggio Pignatta**④, Viale Papa Giovanni XXIII 1, bei der Villa La Ferdinanda in Artimino/Carmignano, Tel. 055 8751406, www.artimino.com. Spezialitäten wie *ribollita alla carmignanese* serviert das edle Restaurant neben der Villa im entsprechend vornehmen Ambiente.

🌿 **U'Soue**③, Via Senesi 144/R, in Galluzzo, Tel. 055 2322952, www.usoue.it, Mo–Do 9–15, 18–20.30, Fr/Sa bis 22 Uhr. Regionale Produkte, möglichst aus Bio-Anbau, verarbeiten die Köche in diesem lässigen Lokal, und die Pasta ist natürlich hausgemacht. Die süditalienisch geprägte Küche ist ein Erlebnis!

■ **Da Delfina**③, Via della Chiesa 1, bei der Villa La Ferdinanda in Artimino/Carmignano, Tel. 055 871 8074, www.dadelfina.it. Gute toskanische Küche, viele Gerichte vom Grill, dazu von der Terrasse eine wunderbare Fernsicht.

■ **Ikke c'e c'e**②, Via Arrendevole, Locàlita Elzana bei Carmignano, Tel. 055 8718303, Sommer tgl. ab 18.30 Uhr, sonst Do–So. Einfache, rustikale Toskana-Küche und gute Pizza am künstlich angelegten Lago Lilo, 8 km nördlich von Artimino.

■ **Fiaschetteria l'Mulino**②, Via Cancellieri 29, bei der Villa Poggio a Caiano, Tel. 055 8779541, http://fiaschetteriaimulino.com. Das nur wenige Schritte von der Villa entfernte Lokal ist zugleich Enoteca und Ristorante. Zu den Spezialitäten zählen Pasta mit Wildschweinragout, *trippa*, *baccalà* und verschiedene Steaks, z.B. in Balsamico.

Fiesole

- 295 m üNN, 14.000 Einw., Florenz 8 km

Wegen der fantastischen Sicht auf das sich am glitzernden Band des Arno 250 m unterhalb ausbreitende Florenz, wegen der auch im Hochsommer erträglichen Temperaturen, wegen der Kunstschätze und nicht zuletzt wegen der Zeugnisse seiner langen Vergangenheit – Fiesole lohnt einen Ausflug.

Vorbei an herrschaftlichen Villen in prächtigen Parkanlagen und im Schatten mächtiger Bäume führt die Via San Domenico hoch zum Sattel auf einem Bergrücken und zum großzügigen Hauptplatz Piazza Mino da Fiesole, einst das altrömische Forum. Die Historie des Ortes reicht wesentlich weiter in die Vergangenheit als die von Florenz.

Geschichte

Fiesole war eine der wichtigsten Siedlungen der **Etrusker** und die Stadtmauer von 3 km Länge für die damalige Zeit gewaltig. Als so mächtig galt die Stadt, dass sie von **Rom** als gleichwertiger Partner gesehen wurde, mit dem man gemeinsam gegen die Gallier kämpfte. Erst 90 v. Chr., als Fiesole am Aufstand der Italiker gegen Rom teilgenommen hatte, erklärte es der römische Senat nach Niederschlagung der Revolte zur Kolonie. Im frühen **Mittelalter** erlebte Fiesole diverse **Zerstörungen.** Während Florenz in der fruchtbaren Ebene und an den Handelswegen wirtschaftlich immer mehr erstarkte, blieb der Bergstadt dies versagt. Schließlich schickte Florenz 1125 Soldaten nach Fiesole, die bis auf Dom und Bischofssitz alles dem Erdboden gleichmachten. Damit waren die Würfel im Machtpoker endgültig gefallen, und im 15. Jh. übernahm Fiesole seine neue Rolle: als Villenvorort von Florenz.

Sehenswertes

Im Fußgängerbereich des nach dem Bildhauer *Mino da Fiesole* benannten Hauptplatzes steht ein bronzenes **Reiterdenkmal,** das die Begegnung von *Vittorio Emanuele II.* mit *Garibaldi* am Fluss Teano 1860 zeigt, bei der *Garibaldi* seinen Machtanspruch auf Süditalien an den König abtrat. Das elegante Rathaus östlich und erhöht hinter dem 1906 aufgestellten Standbild, den **Palazzo Pretorio** aus dem 14. Jh., hat man um 1450 mit einer zweistöckigen Loggia und über die Jahre mit zahlreichen Familienwappen versehen. Das Gebäude rechts daneben, das **Oratorium Santa Maria Primerana,** entstand im 10. Jh. auf den Fundamenten einer frühchristlichen Basilika. Die Fassade wurde im 16. Jh. neu gestaltet, der Portikus mit seinen ionischen Säulen im 19. Jh. angefügt. Sehenswert sind im schlichten Inneren die Terrakotta-Skulptur aus der Werkstatt *Andrea della Robbias* und zwei Marmorreliefs von *Francesco da Sangallo*.

- **Oratorio Santa Maria Primerana,** Piazza Mino da Fiesole, tgl. 10–19 Uhr, Winter bis 17 Uhr.

Das **Seminario Vescovile,** das Bischofsseminar, schließt die Piazza Mino da Fiesole an der Westseite ab. Als Folge des

Konzils von Trient und dessen Reformbeschlüssen errichtet und 1637 eingeweiht, erweiterte man den Bau 1697 und 1726 zur heutigen imposanten Größe. Nur eine Gasse trennt ihm vom fast zierlich wirkenden Bischofspalast, der mit dem Dom entstand, aber mehrmals erneuert wurde. Seine Fassade stammt aus dem Jahr 1675.

Ihm gegenüber bringt die **Kathedrale des heiligen Romulus** mit ihrem Naturstein einen Hauch Mittelalter über den Platz, auch wenn ihr heutiges äußeres Erscheinungsbild zu einem nicht geringen Teil der Neugotik des 19. Jh. zu danken ist. Die dem Bischofspalast zugewandte Fassade zeigt dennoch ihren Ursprung – eine dreischiffige romanische Basilika. Auf das Jahr 1028 geht sie zurück, im 13. Jh. fanden Erweiterungen statt. Geweiht ist sie dem Märtyrer *Romulus*, Bischof von Fiesole. Wie der Gründer Roms soll auch er unter Wölfen aufgewachsen sein. Die Veränderungen über die Jahrhunderte fanden ihren Höhepunkt 1887, als man im Geschmack der Zeit umfangreiche Umbauten vornahm. Der 42 m hohe, schlanke und zinnenbekrönte Glockenturm geht auf das beginnende 13. Jh. zurück, im 17. und 18. Jh. änderte man sein Aussehen. Das schlichte Innere des Doms zeigt sich mit romanischen Rundbögen, die als geometrisch exakte Halbkreise zwischen den Säulen spannen, fortgeführt im Durchbruch zur Apsis mit dem erhöht angelegten Chor. Die dreischiffige Krypta unterhalb mit dem Grabmal von *Romulus* ist mit einem Kreuzgratgewölbe versehen, das ein Sternenhimmel schmückt. 1990 fand man hier die Fundamente des altrömischen Kapitols. Das Absperrgitter der Krypta ist von 1349, die Ausmalung aus dem 15. Jh. Beachtenswert sind auch die Geometrie des offenen hölzernen Dachstuhls, das Triptychon am Hauptaltar von *Bicci di Lorenzo* von 1450 (mit einem Abbild von *Romulus*) und die Fresken der Apsis mit Szenen aus dem Leben des Bischofs. Die reiche Ausmalung der Cappella Salutati im Presbyterium rechts stammt von *Cosimo Rosselli*, der künstlerisch ebenso wertvolle Marmorsarkophag von *Mino da Fiesole*, beides aus dem 15. Jh.

■ **Cattedrale di San Romolo,** Piazzetta della Cattedrale 1, Tel. 055–599566, www.diocesifiesole.it, tgl. 8–12, 15–18 Uhr, Winter bis 17 Uhr.

An den Dom direkt anschließend, zeigt das **Bandini-Museum** seit 1913 Sakralkunst, die einer der Wissenschaftler der Florentiner Biblioteca Medicea Laurenziana – der Kanoniker *Angiolo Maria Bandini* – im 18. Jh. gesammelt hatte. Darunter befinden sich frühbyzantinische Exponate und polychrome Majoliken aus dem 13. bis 15. Jh. Eindrucksvoll sind das Tafelkreuz in der Mittelalterabteilung (1. Etage) und die Keramiken aus der Werkstatt der *della Robbia*. Das Gebäude im Liberty-Stil wurde eigens für die Sammlung errichtet.

■ **Museo Bandini,** Via Giovanni Dupré 1, Tel. 055 5961293, www.museidifiesole.it, Ticketverkauf Via Portigiani 3 (Tourismus-Info), Fr–So April–Sept. 10–19, März/Okt. bis 18, Jan./Feb. bis 14 Uhr, 5 € (Firenze Card gültig).

Das **Museum in der Jakobs-Kapelle,** dem im 11. Jh. erbauten und mehrfach umgestalteten Oratorium des Bischofspalastes (Zugang westlich der Kathedrale in der steilen Gasse), zeigt liturgische

Gegenstände des Bistums und spannt den Bogen von der Spätgotik über Renaissance, Barock bis hin zum Klassizismus. Zu den wertvollsten Exponaten gehören die Mitra des Bischofs *Salutati* von 1460 und ein Kelch aus demselben Jahrhundert.

■ **Museo della Cappella di San Jacopo,** Via San Francesco 4, Tel. 055 5961093, nur für Gruppen und nach Voranmeldung.

Geht man weiter bergan, gelangt man zur **Aussichtsterrasse Sant'Alessandro** mit einer kleinen Grünanlage und einem herrlichen Panoramablick auf Florenz. Neben dem Denkmal für die Gefallenen des Ersten Weltkrieges befindet sich auch ein Mahnmal für von der SS im Zweiten Weltkrieg getötete Carabinieri. Die **Basilica Sant'Alessandro** geht auf das 3. Jh. zurück, davor stand hier ein etruskischer, dann ein Bacchus geweihter römischer Tempel. Die Kirche ist säkularisiert und wird für Sonderausstellungen und Konzerte genutzt.

Von der Basilika sind es nur noch wenige Schritte zum **Konvent San Francesco** und den Giardini Pubblici am höchsten Punkt Fiesoles, einst Standort der etruskischen Akropolis. 1210 gab es hier eine Kapelle, 1330 gründeten Augustiner das Kloster, das 1407 die Franziskaner übernahmen. Zum Verweilen lädt nicht nur der üppig mit Blumen bepflanzte Kreuzgang (15. Jh.) ein. Die ganze Anlage strahlt Ruhe und Frieden aus. Das **Missionsmuseum** zeigt neben liturgischen Geräten Sammlungsstücke aus aller Welt (vornehmlich aber aus China und Ägypten). Die erste linke Seitenkapelle der mit einer gotischen Fassade erhaltenen Kirche schmückt das Gemälde „Mariä Verkündigung" von *Raffaelino*

del Garbo; am Hauptaltar prunkt eine „Kreuzigung" von *Nero di Bicci* (beide aus dem 15. Jh.).
Unser Tipp: Für den Rückweg bietet sich der **Stadtpark** an.

■ **Convento di San Francesco/Museo Missionario,** Via San Francesco 13, Tel. 055 59175, www.fratifiesole.it, Mo–Sa 9–12, 15–19, Winter bis 18, So 9–12, 15–18 Uhr (Museum Mo geschl.).

Über 3,5 ha erstreckt sich das **archäologische Grabungsgelände** hinter Dom und Bandini-Museum. Die ersten Grabungen in der Zone nahm der preußische Freiherr *Friedemann von Schellersheim* zwischen 1809 und 1814 vor. Seine Arbeit setzte man erst 1870 fort, 1873 kaufte die Kommune das Land, und eine erste Ausstellung der Funde fand 1878 im Rathaus statt. Die Sicht auf die Hügellandschaft vom Halbrund des **Teatro Romano** ist fantastisch. Bis zu 3000 Menschen haben einst dem Bühnenspektakel des im 1. Jh. v. Chr. nach griechischen Vorbildern erbauten Theaters beigewohnt (heute sind es bei den Veranstaltungen des **Estate Fiesole,** des Musiksommers, nicht weniger). 34 m misst die Basis des Theaters. Die Bühnenanlage selbst ist nur noch in ihren Fundamenten zu erahnen. Westlich markieren drei Rundbögen die Ruinen der Thermen, ebenfalls aus dem 1. Jh. v. Chr. Von der **etruskisch-römischen Tempelanlage** östlich des Theaters aus dem 4. Jh. v. Chr. sind nur rudimentäre Fundamente vorhanden. Geweiht war sie wohl Jupiter, Juno und Minerva. Das **Archäologische Museum** beim Eingang

◁ Kreuzgang des Konvents San Francesco

(1914 erbaut) gleicht einem ionischen Tempel und bewahrt die Funde aus der Region, darunter Bronzen, Reste eines Marmorfrieses von der Bühne des Theaters und im Antiquarium die Sammlung Crostini.
Unser Tipp: Das kleine **Café** bietet von seiner Terrasse einen hübschen Blick auf das Grabungsgelände.

■ **Area Archeologica/Museo Civico,** Via Portigiani 3, Museum Via Portigiani 1, Tel. 055 5961293, www.museidifiesole.it, tgl. April–Sept. 10–19, März/Okt. 10–18, Nov.–Feb. Mi–Mo 10–14 Uhr, 10 € (Firenze Card gültig).

1,5 km südwestlich von Fiesole liegt das **Kloster San Domenico,** dessen Kirche ein Gemälde Fra *Angelicos* birgt. Er lebte hier ab 1420 fast 20 Jahre, bevor er hinunter nach Florenz und ins Kloster San Marco wechselte, um es auszumalen. Das Gemälde von 1425 hängt in der ersten Kapelle links, war einst Teil eines den Hauptaltar schmückenden Triptychons und zeigt die Mutter mit dem Kind im Kreise der Heiligen *Thomas von Aquin, Barnabas, Domenikus* und *Petrus von Verona.* Der Hintergrund wurde 1501 von *Lorenzo di Credi* erneuert. Drei der vier Heiligen sind Franziskaner, *Barnabas* wurde als Namensvetter eines reichen Gönners des Klosters – *Barnaba degli Agli* – abgebildet. Ein weiteres Gemälde *Angelicos* verkauften die klamm gewordenen Brüder 1611, ein drittes ließ *Napoleon* requirieren.

■ **Convento San Domenico di Fiesole,** Piazza San Domenico 4 (Bushaltestelle der Linie 7), Tel. 055 598837, http://sandomenicodifiesole.op.org, Mo–Sa 8–12, 16–18 Uhr, **Messen** Mo–Sa 7.30, So 10.30, 12 Uhr.

Unser Tipp: Die **Badia Fiesolana** an der von San Domenico nach Westen abzweigenden Straße ist nur 200 m entfernt (gegenläufige Einbahnstraße!). Die **Fassade** der auf das Jahr 1028 zurückgehenden Abteikirche blieb weitestgehend unvollendet und ist unbedingt einen Blick wert. Nur der Mittelteil der Verblendung aus weißem und grünem Marmor wurde ausgeführt, umgeben ist er von graubraunem Ziegelwerk. Das Innere des in Kreuzform errichteten Gotteshauses wurde in der Renaissance neu gestaltet, mehrere Medici-Wappen sind zu sehen, beispielsweise im Schnittpunkt, am Langschiff und am Gewölbe der Apsis. 1778 wurde die Abtei aufgelöst, heute ist das Gebäude einer der Sitze der Europäischen Universität.

■ **Badia Fiesolana,** Via della Badia dei Rocettini 9, Tel. 055 4685 407, www.eui.eu, Mo–Fr 9–18, Winter 17 Uhr.

Villa Peyron

Die Villa und ihr Garten 4 km südlich von Fiesole sind noch recht jung (ab 1914). Der aus einer Tuchhändlerfamilie stammende *Angelo Peyron* beauftragte den Florentiner Architekten *Giovannozzi* mit dem Umbau des Landgutes. Heraus kam ein stark vom Historismus beeinflusstes Bauwerk und eine sehenswerte Monumentalanlage (auf mehreren, nach Florenz hin absteigenden Terrassen), die sich aus einem streng formalen Garten und einem Park zusammensetzt.

■ **Villa Peyron,** Via Vincigliata 2, Tel. 055 2006 6206, www.bardinipeyron.it, April–Okt. Sa/So 10–18 Uhr (Aug. geschl.), 10 €.

Fiesole: Zugabe!

■ **Tabernacolo del Poggerello:** Tabernakel mit Steinwerk und Fresken vom Ende des 15. Jh. aus der Schule *Ghirlandaios;* an der Piazzetta del Ghirlandaio (über die Via Antonio Gramsci vom Hauptplatz nach Osten).

■ **Museo Fondazione Primo Conti:** Ausstellung mit Werken des Florentiner Avantgardemalers *Primo Conti* (1900–1988); Villa le Coste, Via Dupré 18, Tel. 055 597095, www.fondazioneprimoconti.org, Mo–Fr 9–14 Uhr, Eintritt 3 €.

■ Der am besten erhaltene **Stadtmauerabschnitt** aus etruskischer Zeit – in der Via delle Mura Etrusche (nördlich der Archäologischen Zone).

■ **Villa Palmieri:** eingegangen in die Literaturgeschichte als der paradiesische Ort des dritten Tages in *Boccaccios* deftigem Roman „Decamerone", mehrmaliger Urlaubsort von Queen *Victoria von England*; Via Boccaccio, nicht zu besuchen.

■ **Villa Medicea Belcanto (UNESCO-Welterbe):** 1461 von *Michelozzo* für *Giovanni di Medici*, Sohn *Cosimos d. Ä.*, an einem Steilhang errichtet, Prototyp einer Renaissance-Villa mit Garten, Sitz der Platonischen Akademie, einem von *Lorenzo di Medici* unterstützten Gelehrtenkreis; Via Beato Angelico 2, www.villamedicifiesole.it, nur für Gruppen und nach Voranmeldung per Fax 055 2398994, Mo–Fr 9–13 Uhr, 6 €/Person.

■ **Parco Montececeri:** ein 44 ha großes Schutzgebiet mit mittelalterlichen Steinbrüchen, wo *Leonardo da Vinci* 1505 seine glücklosen Flugexperimente durchführte; Via Cave Maiano (2 km nördlich).

Praktische Informationen

Touristeninformation

■ **Ufficio Turismo Fiesole,** Via Portigiani 3, Tel. 055 5961323, www.comune.fiesole.fi.it, www.fiesoleforyou.it, April–Sept. 10–18.30, März/Okt. bis 17.30, Nov.–Feb. bis 13.30 Uhr.

Unterkunft

UNSER TIPP: Fattoria die Maiano④, Via Cave di Maiano 2, Tel. 055 599600, www.fattoriadimaiano.com, Restaurant nur Do–Sa mittags und abends, So nur mittags. Das Weingut mit großem Obstgarten und Olivenhainen vermietet hübsch eingerichtete Apartments in restaurierten historischen Häusern. Es ist wochenends ein beliebtes Ausflugsziel italienischer Familien, die zum Picknick oder zum Essen kommen. **Unter der Woche** ist der Gast aber ganz allein mit dem ländlichen Ambiente und dem grandiosen Blick auf Florenz.

■ **Ostello della Gioventu Villa Camerata**①, Viale Augusto Righi 4, Tel. 055 601451, www.ostellodifirenze.it. In Fiesole, 5 km vom Bahnhof (Bus Nr. 17) entfernt, liegt die größte Jugendherberge von Florenz mit 350 Betten (auch Familienzimmer) in einem Gebäude des 15. Jh. mit Park, Cafeteria, Filmvorführungen.

■ **Villa Bonellli**③, Via F. Poeti 1/3, Tel. 055 59513, www.hotelvillabonelli.com. Das Mittelklassehotel 500 m vom Zentrum ist nicht der große Hit, aber gemessen an den Preisen in Fiesole günstig und durchaus ausreichend für einen Aufenthalt von wenigen Tagen.

Essen und Trinken

■ **CaveMare**④, Via Cave di Maiano 18/20, Tel. 055 599963, www.cavemare.it, Di–Sa 19.30–23, So 12–14.30 Uhr. Für Liebhaber von Fischen und Meeresfrüchten der Himmel auf Erden; zu dem ausschließlich aus dem Meer stammenden und monatlich wechselnden Speiseangebot gesellt sich ein fantastischer Blick über die toskanischen Hügel.

■ **La Reggia degli Etruschi**③, Via S. Francesco 18, Tel. 3333556126, www.lareggiadeglietruschi.com. Egal ob mit seiner Küche oder dem Panoramablick über Florenz oder mit beidem – das Ausflugslokal in konkurrenzloser Lage enttäuscht keinen Gast. Große Auswahl an typischen Pastagerichten und *bistecce* in verschiedenster Zubereitung.

■ **Vinandro**②, Piazza Mino da Fiesole 33, Tel. 055 59121, www.vinandrofiesole.com. Toskanische Gerichte wie *ribollita* und natürlich *trippa* und *bistecca* in rustikal-gemütlichem Ambiente am Hauptplatz.

Süßes

Gelateria Ferro Battuto①, Piazza Mino da Fiesole 8, Tel. 320 1173935. Eis satt (24 Sorten), und alles Bio, dazu Eistee und andere Bio-Drinks.

Verkehr

■ **Bus:** Buslinie Nr. 7 von Haltestelle Firenze/La Pira (beim Botanischen Garten), ca. 20 Min.
■ **Parken:** gebührenpflichtig Via Gramsci, Piazza Garibaldi, frei Via Dupré, Via delle Mura Etrusche.

Feste

■ **Estate Fiesolana,** zahlreiche Veranstaltungen von Lesungen über Theater und Freiluftkino bis zu klassischer und Jazz-Musik an verschiedenen Orten wie in den Kirchen und im Teatro Romano in der Archäologischen Zone, www.estatefiesolana.it.

Einkaufen

■ **Antiquitätenmarkt,** jeden ersten So im Monat auf der Piazza Mino di Fiesole.

Prato

■ 61 m üNN, 191.000 Einw., Florenz 20 km

Prato stand immer im Schatten der großen Schwester Florenz. Auch politisch konnte sich die **zweitgrößte Stadt der Toskana** erst 1992 lösen, als man sie aus der Florentiner Provinzverwaltung entließ und zur Hauptstadt einer neu geschaffenen Provinz erklärte (auch wenn es „nur" die zweitkleinste Italiens ist).

Dabei hat die Stadt am Bisenzio an Kunst und Kulturhistorie einiges zu bieten.

Wie ein unregelmäßiges Sechseck ist das **Zentrum** Pratos geformt, sein Herz ist die Piazza del Comune mit dem Palazzo Pretorio. Die Sehenswürdigkeiten innerhalb der Stadtmauern westlich des Flusses sind ohne lange Märsche zu Fuß zu entdecken. Der Bahnhof befindet sich in der Neustadt am östlichen Ufer. Das chinesische Viertel (s.u.) erstreckt sich nördlich der Altstadt entlang der Via Pistoiese mit ihren zahlreichen Schuh- und Bekleidungsgeschäften.

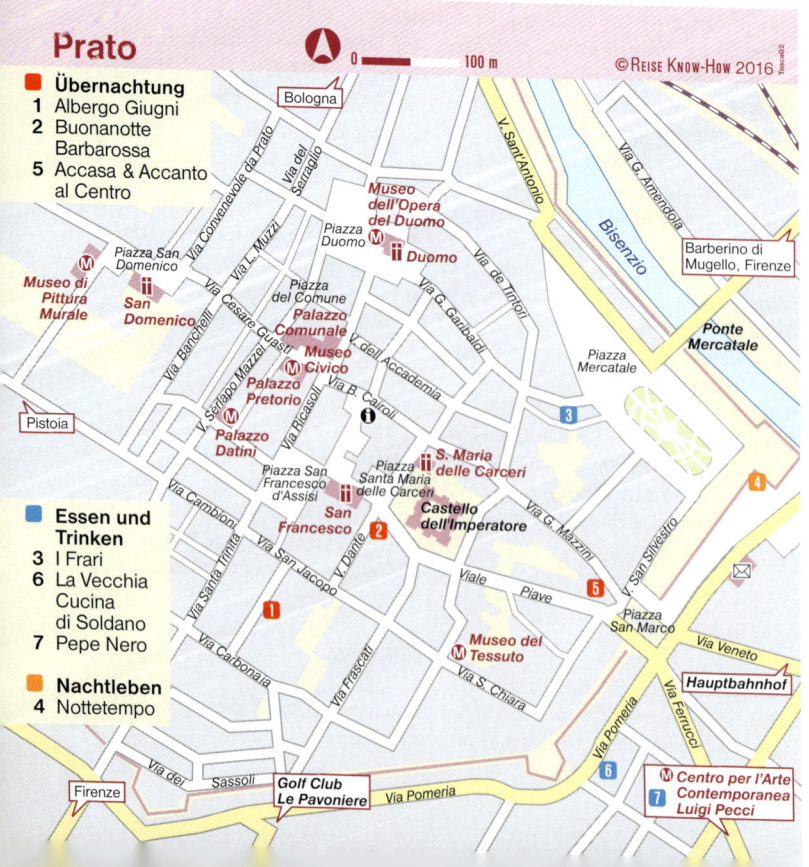

Card 72

An den Kassen des Palazzo Pretorio und des Museo del Tessuto erhält man für 11 € die Card 72 mit freiem Zugang zu Palazzo Pretorio, Museo del Tessuto und Cappella Maggiore.

Geschichte

Vor 800 Jahren und heute, Prato ist *die* italienische Stadt für **Textilien.** Bereits im 12. Jh. sorgten die Wollspinnereien für immensen Reichtum, mit dem die Kaufleute den Florentinern durchaus Paroli bieten konnten. 1187 freie Kommune geworden und 1248 als kaiserlicher Stützpunkt des Staufers *Friedrichs II.* geadelt, holte sich Prato die besten Künstler, errichtete prächtige Kirchen und Paläste und sorgte für Sicherheit vor dem missgünstigen Nachbarn, indem es unter die Fittiche des Neapel der *Anjou* flüchtete. Die zeigten allerdings wenig Interesse an den Machtspielen im Norden und verkauften Prato 1351 an Florenz. Wenigstens konnte Prato eine Teilautonomie aushandeln. Tuchproduktion und -absatz prosperierten weiterhin – bis heute. Nur sind es jetzt Tausende von Chinesen, die völlig unterbezahlt und zu unmenschlichen Bedingungen in den Fabrikhallen schuften und für den wohlgefüllten Stadtsäckel sorgen (bei einem nicht unüblichen Stundenlohn von 1 € für die Arbeiter/innen). Prato hat die **größte Chinatown Europas.** In der überschaubar großen Stadt sollen bis zu 30.000 Chinesen leben, ein beträchtlicher Teil von ihnen illegal beschäftigt. Hebt die Polizei eine Fabrik aus, fangen die Arbeiter umgehend in der Nachbarschaft wieder an. Kaum vorstellbar, dass dies ohne mafiöse Strukturen der Administration möglich sein soll.

Sehenswertes

Ältestes Großbauwerk ist die **Kaiserburg,** auf Geheiß *Friedrichs II.* 1242 bis 1248 von *Riccardo da Lentini* errichtet, erste Besichtigungsstation 300 m südwestlich des Parkplatzes auf der Piazza Mercatale. Sie gilt als eine der besterhaltenen Burgen Italiens. Die Ecktürme sind den vier Himmelsrichtungen zugewandt und waren ursprünglich wesentlich höher (1768 zurückgebaut). Der Tod des Staufers 1250 ließ die Burg im Inneren unvollendet. Im Sommer finden auf dem Castello Freiluftaufführungen statt.

■ **Castello dell'Imperatore,** Piazza Santa Maria delle Carceri, Tel. 0574 38207, Mo/Mi/Do/Fr 16–19, Sa/So 10–13, 16–19, Winter Fr 10–13, Sa/So 10.30–13, 14–16 Uhr.

An der Piazza stand früher im Mittelalter ein Gefängnis, das außen ein Bild der Madonna mit dem Kinde zwischen den Heiligen *Leonhard* und *Stefan* schmückte. Da dieses Bild Wunder vollbracht haben soll, erbaute *Giuliano di Sangallo* im Auftrag von *Lorenzo* Ende des 15. Jh. die **Basilica Santa Maria delle Carceri** mit dem Grundriss eines mit einer Zentralkuppel ausgestatteten griechischen Kreuzes. Der blau-weiße Majolika-Fries entlang der Vierung unter der Kuppel stammt von *Andrea della Robbia,* ebenso die vier Tondi mit den Evangelisten in den Eckzwickeln der Kuppel. Die Bunt-

glasfenster entwarf *Domenico Ghirlandaio*. Das wundertätige Bild ist in den Hauptaltar integriert.

■ **Santa Maria delle Carceri,** Piazza Santa Maria delle Carceri 21, Tel. 0574 27933, tgl. 7–19 Uhr.

Entlang der **Franziskanerkirche** gelangt man zur Piazza San Francesco d'Assisi. Der Backsteinbau ist das älteste Gotteshaus der Stadt (1281). Die in ihrer Einfachheit eindrückliche Fassade zeigt die typische Verwendung zweier Baumaterialien zur farblichen Gliederung, in diesem Fall heller Kalkstein und grüner Serpentin.

■ **Chiesa San Francesco,** Piazza San Francesco 10, Tel. 0574 31555, tgl. 8–12, 16–18.30 Uhr.

Einige Schritte weiter in die Via Rinaldesca führen zum **Palazzo Datini** – einem spätgotischen Profanbau, in dem der sagenhaft reiche Kaufmann und Tuchhändler *Francesco Datini* lebte (1335–1410; sein Grabstein liegt vor dem Hauptaltar der Franziskanerkirche). Er handelte mit über 200 Städten in ganz Europa, in Afrika und Arabien und gilt als Erfinder der kaufmännischen Buchführung und der unbedingten Zahlungsanweisung – des Wechsels. Sein Motto „Im Namen Gottes und des Geschäftes" stand auf all seinen Kontenbüchern. An der Fassade sind noch Teile der in seinem Todesjahr entstandenen Fresken zu seinem Leben erhalten. In besserem Erhaltungszustand ist der Wandschmuck im Inneren aus den Händen des *Niccolò di Pietro Gerini* (um 1390) – beachtenswert der *San Cristoforo* und der Zyklus im Innenhof. 1870 hat man bei einer Sanierung des Gebäudes in einer vermauerten Kammer Zehntausende Handelsunterlagen, Verträge und Kontenbücher des Hauses *Datini* gefunden. Einige der für die Forschung äußerst wertvollen Schriftstücke sind im Museum ausgestellt, alle anderen befinden sich im angeschlossenen Archiv.

■ **Museo Casa Francesco Datini,** Via Ser Lapo Mazzei 43, Tel. 0574 604187, www.museocasadatini.it, tgl. 10–13, 16–19 Winter 10–13, 15–18 Uhr.

Nach Norden gehend, gelangt man zur Piazza del Comune mit dem Denkmal für den Handelsherren *Datini*. Der **Palazzo Pretorio**, ursprünglich ein guelfischer Geschlechterturm, war ab 1284 der Amtssitz des Capitano del Popolo. Unterschiedliche Baumaterialien, kriegerische Zinnen, Glockenturm, weltoffene Freitreppe, gotische Biforienfenster, kleine quadratische Wandöffnungen – am wuchtig wirkenden Palast haben Jahrhunderte hingewirkt. Ins **Stadtmuseum** gelangt man über die Freitreppe. Es hat nach 20-jährigen Renovierungsarbeiten 2014 wiedereröffnet und ist eines der schönsten und lehrreichsten der Toskana. Über 3000 Exponate aus den Bereichen der Kunst und des städtischen Lebens lassen vergangene Zeiten auferstehen. Werke u.a. von *Bernardo Daddi, Donatello, Filippino Lippi* und *Franceso Botticini*, aber auch moderne Arbeiten wie von *Arrigo del Rigo* oder *Jacques Lipchitz* sind ausgestellt.

◁ Mit der Außenkanzel des Doms zu Prato hat es seine ganz eigene Bewandtnis

■ **Museo Civico,** Piazza del Comune, Tel. 0574 1934996, www.palazzopretorio.prato.it, Mo/Mi–Fr 10.30–13.30, 16–20, Sa/So 10–20, Juni–Sept. Do bis 24 Uhr, 8 €.

Über die Via Cesare Guasti nach Westen erreicht man die Piazza San Domenico mit dem **Museum der Wandmalerei** im 1238 gegründeten und 1322 erweiterten Kloster San Domenico. Das Museum, das man über den eleganten Kreuzgang aus dem 15. Jh. betritt, widmet sich der Freskenkunst und zeigt Werke (die in Prato und Umgebung aus konservatorischen Gründen abgenommen werden mussten), aber auch die Techniken, die notwendig sind, um Fresken zu entfernen, an einen anderen Ort zu verbringen und zu restaurieren. Auch die Vorskizzen für einige berühmte Fresken sind ausgestellt, darunter die des Tabernakels Sant'Anna von *Agnolo Gaddi* (1395) und die von *Paolo Uccello* für Pratos Kathedrale.

■ **Museo di Pittura Murale,** Piazza San Domenico 8, Tel. 0574 440501, Mo/Mi–Fr 9–13, Sa/So 10–13, Mo/Do–Sa auch 14.30–18.30 Uhr, 5 € (mit Museo dell'Opera del Duomo 8 €).

In einem Bogen geht es jetzt wieder nach Osten zur Piazza Duomo mit der **Kathedrale di Santo Stefano** und dem **Dommuseum.** Die unübliche Außenkanzel ist der Blickfang der Fassade. 998 taucht eine Kirche an dieser Stelle erstmals in den Schriften auf, 1211 begann *Guidetto da Como* mit dem Bau des heutigen Gotteshauses, der mehrere Jahrhunderte andauerte. 1317 fanden Erweiterungen statt, 1340 kam der Campanile hinzu, und 1457 war die vorgeblendete Fassade angebracht, im Stil der Zeit mit weißen und grünen Steinen in Wechsellage. Bereits im 13. Jh. war an der rechten Frontecke ein hölzerner Balkon zu sehen. Auf ihm wurde an bestimmten Feiertagen der „Sacro Cingole" gezeigt, der **„Heilige Gürtel",** der Sage nach einstmals die Gewänder Marias schnürend und von einen Kaufmann im 12. Jh. nach Prato gebracht. 1428 war der hölzerne Balkon nicht mehr repräsentativ genug, und man holte *Donatello* und *Michelozzo*, die in zehn Jahren die **steinerne Kanzel,** eines ihrer Meisterwerke, schufen. Eine zentrale Säule trägt den Baldachin, ein Bronzesockel den Kanzelkorb. Die perfekten Proportionen stammen von *Michelozzo*, *Donatello* meißelte aus dem Stein die Relieffelder mit tanzenden Putten (Kopie, Original im Dommuseum). Im Inneren setzt sich die Farbgestaltung der Wechsellagen an den Tragebögen fort. Hier kommt der dunkelgrüne Serpentin besonders gut zur Geltung und verleiht dem Gotteshaus ein nahezu maurisches Gepräge. Gleich links des Eingangs befindet sich die 1385 zur Aufbewahrung des Heiligen Gürtels eingefügte Kapelle. Fresken, u.a. von *G. Pisano* und *A. Gaddi*, schildern die Gürtellegende.

Unser Tipp: Die **Cappella Maggiore** malte *Filippo Lippi* aus, das Highlight im Inneren der Kathedrale und eines der wichtigsten Werke der Frührenaissance. Besonders in dem ab 1452 – mit Unterbrechungen – in 16 Jahren geschaffenen Freskenzyklus zum Leben *Johannes des Täufers* gilt das **„Gastmahl des Herodes"** als wegweisend. Die zentralperspektivische Gestaltung mit weiten Räumen und Durchblick auf die Landschaft nimmt die Ideen der Renaissance in die Bildgestaltung auf. Auch mit der Ausführung des Tanzes der grazil schwebenden *Salome* hat *Lippi* nachfolgende Künstlergenerationen geprägt (und wohl seine Geliebte, die Nonne *Lucrezia Buti*, verewigt). Auch die Seitenkapellen verdienen Beachtung: Rechts anschließend feiern Fresken von *Paolo Uccello* die Auferstehung Mariens (1435/36), schräg gegenüber thront die „Madonna dell'Ulivio", von den Brüdern *da Maiano* 1480 angefertigt.

■ **Duomo,** Piazza Duomo, Mo–Sa 7–19, So 7–12, 13–20 Uhr, Eintritt frei; **Cappella Maggiore** Mo–Sa 10–17, So 13–17 Uhr, 3 €; **Ostensione della Sacra Cintola/Präsentation des Heiligen Gürtels** auf der Außenkanzel Ostern, 1. Mai, 15. Aug., 8. Sept., Weihnachten.

Das **Museum der Dombauhütte** neben der Kathedrale im Bischofspalast zeigt den Kirchenschatz Pratos, Gemälde aus dem Dom, darunter das „Begräbnis des San Girolamo" von *Filippo Lippi* (1453), und die Originalreliefs der Außenkanzel. Auch das Antiquarium im Kreuzgang ist sehenswert.

■ **Museo dell'Opera del Duomo,** Piazza del Duomo 49, Tel. 0574 29339, Mo/Mi/Do 9–13, Fr/Sa 10–13, 15–18, So 10–13 Uhr, 5 € (mit Museo Pittura Murale 8 €).

Praktische Informationen

Touristeninformation

■ **Ufficio Turismo Prato,** Piazza Buonamici 7, Tel. 0574 24112, www.pratoturismo.it, Mo–Fr 9–13, Mo–Do auch 15–18, Sa/So 10–13 Uhr.

Unterkunft

■ **Albergo Giugni**③, Piazza degli Innocenti 3, Tel. 0574 21286, www.albergogiugni.it. Ein sympathisches Mittelklassehotel in einem historischen Palazzo; die Zimmer wurden erst kürzlich neu gestaltet. Das Frühstück entspricht italienischem Standard.
■ **Buonanotte Barbarossa**②-③, Piazza delle Carceri 1, Tel. 335 5430082, www.buonanottebarbarossa.it. Das kleine Bed & Breakfast im Zentrum wird von der charmanten *Claudia* aufmerksam geführt, die vier Zimmer sind hübsch eingerichtet und gepflegt.
■ **Accasa & Accanto al Centro**②, Viale Piave 37, Tel. 329 1581789, www.accasaprato.com. Das zentral gelegene B&B belegt zwei Etagen eines Stadthauses, die Zimmer sind hell und freundlich eingerichtet. Das Gastgeberpaar *Sonia* und *Alessandro* empfängt Gäste mit großer Herzlichkeit.

Prato: Zugabe!

■ **Kreuzigungsgemälde** (1395) von *Niccolò di Pietro Gerini* in der Cappella Migliorati der Franziskanerkirche; s. oben.
■ Im **Museo del Tessuto** Stoffe aus 15 Jahrhunderten und von allen Kontinenten, Exponate zur Textilproduktion; Via Puccetti 3, Tel. 0574 611 503, www.museodeltessuto.it, Di–Do 10–15, Fr/Sa 10–19, So 15–19 Uhr, 6 €.
■ **Centro per l'Arte Contemporanea Luigi Pecci,** zeitgenössischer Kunst gewidmetes Zentrum mit ständiger und wechselnder Ausstellung, interdisziplinäres Forum für Kunst und Didaktik, großer Skulpturenpark; Viale della Repubblica 277, Tel. 0574 5317, www.centropecci.it, Mi–Mo 10–19 Uhr, 4 €.
■ **Medici-Villen** im Süden Pratos; siehe „Florenz, Ausflüge in die Umgebung".

Essen und Trinken

Unser Tipp: I Frari②, Via Garibaldi 120, Tel. 333 7286788, tgl. 18–2 Uhr. Was kommt heraus, wenn sich ein Regisseur, ein Maler und ein Archäologe zusammentun? Ein bisschen toskanische *fiaschetteria* und ein Schuss venezianisches *cicchetti e ombra* – kurzum, ein sehr sympathisches, daher auch sehr gut besuchtes, winziges Lokal im Stadtzentrum, in dem es köstliche Appetithappen, einfache Mahlzeiten und gute Weine zu verkosten gilt, zu sehr komfortablen Preisen.

■ **La Vecchia Cucina di Soldano**③, Via Pomeria 23, Tel. 0574 34665, www.trattoriasoldano.it, So geschl. Seit 1918 eine kulinarische Institution in Prato mit typischen Gerichten der Region – Mortadella di Prato, *sedani ripieni* (gefüllter Sellerie) und zum Abschluss Biscotti di Prato mit Vino Santo – hochdelikat!

■ **Pepe Nero**③, Via Adriano Zarini 289, Tel. 339 3400460, www.ristorantepeneroprato.it. Das Restaurant am Rande der Innenstadt vereint solide, traditionelle Küche mit freundlichem Service und gemessen an der Qualität günstigen Preisen.

Nachtleben

■ **Nottetempo,** Piazza Mercatale 122, Tel. 335 6094583, Mi–So ab 19.30 Uhr, www.facebook.com/nottetempoprato. Drinks, Pizze und an den Wochenenden Livemusik.
■ **Open-Air-Veranstaltungen** des **Prato Estate** im Castello dell'Imperatore und an anderen Veranstaltungsorten in der Altstadt, www.pratoestate.it.

Verkehr

■ **Bahn:** Bahnhof Prato Centrale (an der Hauptlinie Brenner–Rom), Vorortzüge nach Florenz Stazione SMN und Lucca auch von Stazione Porta al Serraglio.
■ **Parken:** An der Piazza Mercatale (1./2. Std. je 1 €, dann 2 €/Std.) östlich der Altstadt am Fluss.

Feste

■ **Corteggio Storico/Stadtfest,** 7./8. Sept., Jahrmarkt, Konzerte und als Höhepunkt am späten Abend die Präsentation des Heiligen Gürtels am Dom.

Aktivitäten

■ **Golf Club Le Pavoniere,** Via Traversa del Crocifisso, Tel. 0574 620855, www.golfclublepavoniere.com. 18-Loch-Platz, Par 72, 5323–6137 m, 63–97 €.

◁ Der Palazzo Pretorio in Prato zeigt seine Bauphasen sehr deutlich

Pistoia

■ 65 m üNN, 90.000 Einw., Florenz 35 km

Am nur 42 km langen Arnozufluss Torrente Ombrone liegt die Provinzhauptstadt zu Füßen der Pistoieser Berge und am Beginn zweier Passstraßen über den Apennin nach Bologna. Ein intakter mittelalterlicher Stadtkern mit Marktviertel, Museen und wertvoll ausgestattete Kirchen lohnen den Besuch.

Am **Straßenverlauf** Pistoias lässt sich die geschichtliche Entwicklung gut ablesen. Das mittelalterliche Zentrum mit der Piazza del Duomo umgibt ein Straßenring, welcher der ursprünglichen römischen Befestigungsmauer folgt. Der zweite Straßenring mit Corso Gramsci, Corso San Fedi, Via dei Baroni und Via delle Pappe verläuft entlang des (von Florenz geschleiften) Befestigungswalles des 12. Jh., der äußere Ring parallel zu den Festungswällen des 14. Jh. mit drei Eckbastionen und der Fortezza di Santa Barbara im Südosten.

Geschichte

Die **Römer** gründeten Pistoia als **Versorgungslager** für ihre in Kämpfe mit den Liguren verwickelten Truppen im 2. Jh. v. Chr. (das im Mittelalter gezeichnete Stadtwappen Pistoias zeigt ein rot-weißes Schachbrett – Erinnerung an die regelmäßige Straßenanlage der Römerstadt). Unter den Langobarden durfte Pistoia sich „freie Stadt" nennen, und die Bürger häuften mit Stoffproduktion, Tuchhandel und Metallverarbeitung

Reichtum an. Doch dann brach eine **Familienfehde** aus. Auslöser soll ein Streit zwischen Schwiegermutter und Schwiegertochter gewesen sein, eine den Guelfen, die andere den Ghibellinen zugehörig. Die zum Krieg ausgeuferte Fehde schwächte Pistoia so, dass es sich 1315 erst Lucca, neun Jahre später **Florenz unterwerfen** musste. Die Florentiner veranlassten den Abbruch der Stadtmauer mit ihren 60 Wachttürmen. Wirtschaftlich erfolgreich war Pistoia aber weiterhin, Florenz gewährte eine Teilautonomie, und im 14. Jh. entstand der äußere Befestigungsring. Die Fehde zwischen Guelfen und Ghibellinen war jedoch nicht vergessen; nach Florenz geschwappt, beeinflusste sie die Geschicke der Toskana noch lange Jahre.

Ansonsten war Pistoia bekannt für die Produktion **chirurgischer Instrumente,** für **Messer** (kleine Dolche, genannt „Pistoyers" – ideal fürs Meucheln) und während des Faschismus für die **Munitionsherstellung** (weswegen die Alliierten die Stadt massiv bombardierten).

Sehenswertes

An der südöstlichen Seite der Piazza del Duomo zeigt sich die Fassade der **Kathedrale San Zeno e San Jacopo** fein gegliedert und fast zart. Erdrückend wirkt im Vergleich der 67 m hohe, wuchtige, 1199 als Amtssitz des Capitano del Popolo begonnene Campanile. Erst um das Jahr 1300 durch drei Etagen mit Zwerggalerien (offenen Arkadengängen) aufgestockt, übernahm er die Funktion des Kirchturms. Im 16. Jh. kamen Glockengeschoss und Turmspitze hinzu. Den Dombau begann man 1108 an der Stelle einer abgebrannten frühchristlichen Basilika. Die Zwerggalerien der Firstbereiche sind zusätzlich mit Streifendekor strukturiert, auf dem Giebel des Mittelschiffes stehen die Kirchenpatrone in Marmor, ansonsten hält sich der Fassadenschmuck in Grenzen. Der Arkadengang der Vorhalle wurde 1311 angefügt. Sein Tonnengewölbe am Eingang schmückt Majolika, das Bogenfeld des Portals ein Madonnenrelief, beide von *Andrea della Robbia* (1505). Das Innere

der Kirche zeigt sich in strenger Form durch die niedrigen romanischen Säulen und die von ihnen getragenen hohen Seitenwände, die das Mittelschiff mit seinem offenen Dachstuhl massiv von den Seitenschiffen trennen. Gleich links des Haupteingangs liegt das Scheingrab des Kardinals *Fortguerri* (um 1500, aus der Werkstatt von *Andrea del Verocchio*, im 18. Jh. verändert). Ihm gegenüber im rechten Seitenschiff sieht man das spätgotische Grabmal für den Juristen und Dichter *Cino de Sinibuldi*, geschaffen 1337 von *Agostino di Giovanni*. In der linken Seitenkapelle des Chors hängt das Gemälde „Madonna di Piazza", von *Verocchio* begonnen und von seinem Schüler *Lorenzo di Credi* 1486 vollendet.

Links vom Altar markiert das gemalte Tafelkreuz mit Szenen aus der Leidensgeschichte Christi von *Coppo di Marcovaldo* (1275) die **Cappella di San Jacopo,** das Glanzstück des Doms. Fast 200 Jahre dauerte es, bis ihr Silberaltar des

Pistoia

heiligen *Jakob* fertig war (1287–1456). Die Größen ihrer Zeit (darunter *Brunelleschi*) haben daran gearbeitet. Die vordere Verkleidung des Altarunterbaus zeigt die Christusgeschichte, die seitlichen Schürzen Szenen aus der Schöpfungsgeschichte (rechts) und aus dem Leben des San *Jacopo* (links). Die Nischenfiguren des Altaraufsatzes, stolze 628 an der Zahl, weisen Stilelemente von der Gotik bis zur Frührenaissance auf, teils sind sie im Wachsschmelzverfahren massiv gegossen, teils aus Silberblech getrieben und vergoldet. Der Altar bewahrt eine Reliquie des heiligen *Jakob*, die der Erzbischof von Santiago de Compostela dem Bistum Pistoia, einem bedeutenden Etappenziel auf dem Jakobsweg, 1144 geschenkt hatte.

■ **Cattedrale di San Zeno e San Jacopo,** Piazza del Duomo, tgl. 8.30–12.30, 16–19, Winter bis 18 Uhr, Eintritt frei, Cappella San Jacopo 2 €; **Messen** Sa 18, So 10.30, 18 Uhr; **Campanile-Besteigung,** Piazza del Duomo, Tel 329 9881385 (nur nach Voranmeldung), Di–So 12, 15.30 Uhr, 7 €.

Im vom Ende des 11. Jh. stammenden romanischen **Palazzo dei Vescovi** sind mehrere Museen untergebracht. Sie zeigen Sakralgegenstände und beleuchten die Stadtgeschichte aus verschiedenen Blickwinkeln bzw. machen sie mit Modellen auch Blinden zugänglich, die sie mit den Händen erspüren dürfen (für „Sehende" eine ganz neue Erfahrung). Eine weitere Abteilung ist der Archäologie gewidmet und führt in die Fundamente mit altrömischen Zeugnissen. Außerdem sind moderne Fresken von *Giovanni Boldoni* (1842–1931) und die Gemäldesammlung Bigongiari mit Werken des 17. Jh. ausgestellt.

■ **Museo dell'Antico Palazzo dei Vescovi,** Piazza del Duomo 3, Tel. 0573 369275, nur geführt Di, Do, Fr 10.15, 11.45, 13.15, 14.45, Sa/So 10.15, 11.45, 13.15, 15, 16.30 Uhr; 5 €.

Andrea Pisano entwarf um 1330 das heute säkularisierte achteckige **Baptisterium** gegenüber dem Dom, *Cellino di Nese* errichtete es bis 1359 in gotischem Stil mit grün-weißer Streifenverblendung aus Marmor. Das Stufenportal des Haupteingangs bedacht Maria mit dem Kinde, *Petrus* und *Johannes den Täufer*, den Türsturz schmücken Reliefs mit Szenen aus dem Leben des *Johannes*. An besonderen Feiertagen fanden auf der kleinen Außenkanzel Predigten statt. Im Inneren steht das Taufbecken aus mehrfarbigem Marmor im Zentrum (1226 von *Lanfranco di Como*). Das Baptisterium war die letzte große Taufkapelle des Mittelalters.

■ **Battistero di San Giovanni in Corte,** Piazza del Duomo, Di–So, Winter Fr–So 10–13, 15–18 Uhr.

Nördlich an die Taufkirche steht der **Palazzo Pretorio** von 1367, früher der Ort, an dem der Podestà für Recht sorgte, heute als Amtsgericht genutzt. Die im Original erhaltenen Gewölbe um den Innenhof sind großflächig freskiert, zu

> Die filigrane Fassade der Kathedrale San Zeno e San Jacopo

sehen sind auch noch Richtertisch und Bänke aus Stein sowie zahlreiche Wappen. Die Nordostseite der Piazza del Duomo beherrscht der hohe **Palazzo del Comune** mit schönen Zwillings- (Biforien) und Drillingsfenstern (Triforien), dreifachem Medici-Wappen und einem Arkadengang. Die erste Bauphase ist für 1294 bis 1385 dokumentiert. Der Übergang zum Dom entstand 1637. Neben dem Eingang ist die toskanische Maßeinheit Doppio Braccio im Verhältnis zum Meter gesetzt. Das 1922 gegründete **Stadtmuseum** im Inneren zeigt Gemälde, Fresken, Skulpturen und Kunsthandwerk vom 13. bis zum 19. Jh. Der Geschlechterturm **Torre di Catilina** verdankt seinen Namen dem Umstand, dass hier 62 v. Chr. der römische Umstürzler und Feldherr *Catilina* bei der Schlacht von Pistoia gegen Truppen des Senats gefallen sein soll.

■ **Museo Civico,** Piazza del Duomo 1, Tel. 0573 371296, Do–So 10–18 Uhr, 3,50 €, 5 €/zwei Museen, 6,50 €/drei Museen (mit Museo Marini u. Palazzo Rospigliosi).

Wenige Schritte südwestlich des Baptisteriums ist die **Piazza della Sala** ein unspektakulärer, aber dennoch schöner Stadtplatz mit einem löwenbekrönten Ziehbrunnen. Hier kann man noch mittelalterliche Atmosphäre atmen, nicht die des Adels, die der einfacheren Leute. Umrandet ist der Platz mit Häusern, in denen einst Handwerker ihrer Arbeit nachgingen. Vormittags findet ein Gemüsemarkt statt, und abends kommen die Jugend und die Familien, um sich in einem der Lokale zu treffen.

Zwischen Dom und dem Palazzo del Comune sind im **Palazzo Rospigliosi** drei kleinere Museen untergebracht. Das **Rospigliosi-Museum** zeigt die prächtige Wohnung eines Kardinals mit original erhaltener Einrichtung und Gemälden des 16. und 17. Jh. Das **Diözesanmuseum** widmet sich der Geschichte des Bistums und stellt Teile des Kirchenschatzes aus (darunter ein in Limoges im 12. Jh. hergestelltes Bronzekreuz). Im **Stickereimuseum** erfährt man alles über die Tradition der Brokatherstellung in Pistoia und sieht zahlreiche Beispiele.

■ **Museo del Ricamo,** Via Ripa del Sale 3, Tel. 0573 358016, Di–Do 10–13, Fr/Sa auch 15–18, jeden 2. So/Monat 10–13, 15–18 Uhr, 3,50 €, 5 €/zwei Museen, 6,50 €/drei Museen (mit Museo Marini u. Museo Civico); **Museo Rospigliosi/Diocesano,** Via Ripa del Sale 3, Tel. 0573 358016, bis auf Weiteres wg. Restaurierung geschlossen.

100 m nordöstlich steht die romanische **Säulenbasilika San Bartolomeo in Pantano** aus dem 12. Jh. an Stelle einer Vorgängerkirche aus dem 8. Jh., die ursprünglich außerhalb der Stadtgrenzen lag (*pantano* = Sumpf). Für den Zeitgeschmack typisch ist die Schaufassade, mit fünf Bögen strukturiert. Das Relief (1167, Christus unter seinen Aposteln) am Hauptbalken des Mittelportals wird dem Bildhauer *Gruamonte* zugeschrieben. Bei der Restaurierung Mitte des 20. Jh. hat man die Änderungen an der Innenausstattung zurückgebaut und versucht, den romanischen Originalzustand wieder herzustellen. Die Kanzel aus der Mitte des 13. Jh. stammt von *Guido da Como*, die Reliefs zeigen Szenen aus dem Leben Jesu (einige sind abgenommen und an der Kirchenwand neben der Kanzel ausgestellt). Das Kreuz in der Apsis (um 1278) kommt wahrscheinlich aus der Werkstatt von *Giovanni Pisano*.

■ **Basilica San Bartolomeo in Pantano,** Piazza San Bartolomeo 11, Tel. 0573 24297, www.parrocchiasanbartolomeo.it, tgl. 9–19 Uhr.

UNSER TIPP: Das **Ospedale del Ceppo** im Nordwesten von San Bartolomeo ist ein ehemaliges, 1287 gegründetes Hospiz. Die Vorhalle in Gebäudebreite wurde im 15. Jh. angebaut und erhielt 1535 als Brüstungsschmuck den **Majolika-Fries** von *Santi di Michele*, einem Gegenspieler der Werkstatt *della Robbia*. Das rechte Paneel ersetzte man 1586 durch eine Arbeit des *Filippo di Lorenzo Paladini* (ohne Glasur, da das Geheimwissen um die Glasierung verloren gegangen war). Die Fliesen erzählen detailliert, perfekt gestaltet und überaus farbenfroh vom Leben und Arbeiten in dem Armenhaus, von der Krankenpflege, der Sterbehilfe und der Speisung.

Auf der Führung durch die Renaissance-Gewölbe des unterirdischen Pistoia – **Pistoia Sottoterranea** – gelangt man auch in das **Museum für chirurgische Instrumente** mit dem Anatomiesaal. Im Buchladen kann man vertiefende Literatur und Souvenirs erstehen.

■ **Ospedale del Ceppo, Pistoia Sottoterranea, Museo dei Ferri Chirurgici,** Via Matteotti 9/D, Tel. 0573 368023, www.irsapt.it, tgl. 10.30–19, Winter bis 18 Uhr, Führungen (1 Std.) 10.30, 11.30, 12.30, 14, 15, 16, 17 Uhr, 9 €.

Folgt man nun der Via delle Pappe nach Westen, gelangt man zur romanischen **Basilika Sant'Andrea.** Wie bei San Bartolomeo sind es fünf Blendbögen, die die Fassade bestimmen, und die Hauptportal-Friese stammen ebenfalls von *Gruamonte* (1166): Zug der heiligen drei Könige, Begegnung mit *Herodes*, Anbetung des Kindes. Die Art der Verwendung

von grünem und weißem Marmor, weit über das Streifendesign hinausgehend auch in den Bögen, wirkt fast maurisch. Die gotische Kanzel von *Giovanni Pisano* im Inneren gilt als eines seiner Hauptwerke (1298–1301). Drei der sechs korinthischen Säulen tragen Figuren, zweimal ein Löwe und einmal ein Atlant. Die Mittelsäule hat Adler, Greif und Löwe als Basis. Die Steinpaneele der Brüstung sind schon fast keine Reliefs mehr, ihr Figurenschmuck ist beinahe vollständig vom Untergrund herausgearbeitet.

■ **Basilica Sant'Andrea,** Via Sant'Andrea 21, Tel. 0573 21912, tgl. 8.30–13, 15–18 Uhr.

Gleich nebenan ist das im **Palazzo Fabroni** untergebrachte **Zentrum für zeitgenössische bildende Kunst** ein Muss für Besucher, die sich mit moderner Kunst auseinandersetzen: abstrakte Malerei, Pop-Art, Konzept- und Minimalkunst und Arte Povera, Ende der 1960er Jahre in Genua entstandene Installationskunst unter Verwendung alltäglicher Materialien.

■ **Centro di Arti Visive Contemporanee,** Via Sant'Andrea 18, Palazzo Fabroni, Tel. 0573 371817, Do–So 10–18 Uhr, 3,50 €.

Vom Domplatz nach Süden gehend, erreicht man die einschiffige **Kirche San Giovanni Fuorcivitas** (= „außerhalb der Stadt") mit ihren Blendbögen/-arkaden und durchgängig grün-weißen Wechsellagen an der nördlichen Seitenfassade – die Schokoladenseite des Gotteshauses. Grundsteinlegung war 1150, Fertigstellung etwa 200 Jahre später. Das Hauptportal der Längsseite schmückt ein Fries von *Gruamonte* (1160, Abendmahl), eines seiner Hauptwerke. Die mit Reliefs geschmückte Kanzel im Inneren dem Eingang direkt gegenüber stammt von Fra *Guglielmo da Pisa* (1270), das sechseckige Weihwasserbecken mit Allegorien der Kardinaltugenden in der Mitte der Kirche von *Giovanni Pisano* (um 1300), direkt links vom Eingang ist an der Wand eine anrührende Figurenarbeit aus glasierter Terrakotta von *Luca della Robbia* zu sehen (um 1445, Mariä Heimsuchung). Das Polyptychon (Madonna auf dem Thron von Engeln umgeben als Zentralbild, 1353) links neben dem Hauptaltar hat *Taddeo Gaddi* geschaffen.

■ **Chiesa San Giovanni Fuorcivitas,** Via Francesco Crispi 2, Tel. 0573 24784, tgl. 9.30–11, 17.30–18.30 Uhr.

Noch ein Stück weiter südlich stehen an der Piazza Garibaldi die **Cappella del Tau** (um 1340), das Marini-Museum und die Kirche San Domenico (siehe Kasten „Pistoia: Zugabe!"). Die einschiffige Kapelle mit Kreuzgewölbe – ursprünglich ein Bethaus des im 18. Jh. vom Malteserorden inkorporierten Antoniterordens (sein Erkennungszeichen war das T-Kreuz) – wurde Ende des 14., Anfang des 15. Jh. vollständig mit gotischen Fresken ausgemalt, eine Gemeinschaftsarbeit anonymer Künstler, die u.a. Szenen aus der Schöpfungsgeschichte und das Leben des heiligen *Antonius* abbildeten.

■ **Cappella del Tau,** Corso Silvano Fedi 28, Tel. 0573 32204, Mo–Sa 8.15–13.30 Uhr.

Die Chiesa San Bartolomeo in Pantano

Passo della Collina

Die direkte Route nach Norden und Bologna verläuft auf der SS64 über den knapp 20 km von Pistoia entfernten Passo della Collina auf 932 m Höhe (4 km vor dem Pass von der SS64, die den Pass durch ein Tunnel unterquert, auf die Nebenstraße abbiegen) – eine schöne Berglandschaft mit Laubwald lohnt die Fahrt hinauf.

Unser Tipp: Spektakulär ist die **Fahrt mit der Eisenbahn nach Porretta** (tgl. mehrere Fahrten, einfache Strecke 60–70 Min.). Die Strecke Porrettana wurde unter vielen Mühen mit 47 Tunneln und 35 Viadukten auf 99 km Länge ausgestattet und 1864 eingeweiht – eine Meisterleistung des Eisenbahnbaus mit wegweisenden Lösungen wie dem Kreiskehrtunnel zwischen Pistoia und Pracchia, der die Strecke auf 14 km verlängerte und so die 500 m Höhenunterschied ermöglichte (eine Technik, die man später auch bei der Gotthardbahn anwandte). Es war die **erste Eisenbahnlinie über den Apennin** und bis 1934 (Eröffnung der Linie Bologna–Florenz) eine der wichtigsten Verbindungen Italiens. Lokale Bedeutung hatte sie für den Transport des im Winter in den Bergen geschnittenen und gelagerten Eises, mit dem man Bologna und Florenz versorgte.

Passo di Oppio

Kurz hinter Pistoia zweigt die SS66 von der SS64 hoch zum Passo della Collina ab, führt hinüber zum Passo di Oppio (821 m) und dann weiter nach Norden ebenfalls Richtung Bologna. Die Bahnlinie Porrettana, erst dem Verlauf der SS64 folgend, wendet sich nach Westen und trifft bei Pracchia auf die SS66. Das Ecomuseo della Montagna Pistoiese hat einige Installationen der Eiserzeugung und -lagerung bewahrt, die man auf dem **Itinerario del Ghiaccio** im Dorf Le Piastre mit Führer besichtigt. Auf dem **Itinerario del Ferro** im Dorf Pontepetri erfährt man im Giardino Didattico alles zur Eisenbearbeitung in der Region.

◁ Die Hängebrücke von Mammiano in der Gemeinde San Marcello Pistoiese

Ein Highlight für Schwindelfreie ist die (öffentliche) **Hängebrücke** von **Mammiano** in der Gemeinde San Marcello Pistoiese, die auf 212 m Länge und in 35 m Höhe eine Schlucht quert, eine der längsten Fußgängerhängebrücken der Welt, 1922 gebaut, um den Anmarsch der Arbeiter zu den Minen abzukürzen.

Der **Laghetto del Ponte Sospeso**, ein künstlich aufgestauter Fischweiher, ist mit seinen Picknickplätzen, einem als Wildwest-Saloon getarnten Restaurant mit Bier vom Hofbräuhaus Traunstein und einer Fischerei an den Wochenenden ein beliebtes Ausflugsziel.

■ **Itinerario del Ghiaccio,** www.provincia.pistoia.it/ecomuseo, Treffpunkt Parkplatz an der Busstation, Juli/Aug. Sa/So 16,30 u. 17.45 Uhr, 2 €; **Itinerario del Ferro,** Polo del Ferro, Pontepetri, Juli Sa/So, Aug. Do–So 16 u. 19 Uhr, 2 €.

Pistoia: Zugabe!

■ Die 1930 bei einer Restaurierung entdeckten, teils dem Giotto-Schüler *Puccio Capanna* zugeschriebenen Fresken der im 13. Jh. errichteten **Kirche San Francesco**; Piazza San Francesco 1, Tel. 0573 368096, tgl. 10–12, 16–18 Uhr.

■ Die von *Giorgio Vasari* 1561 fertiggestellte **Basilica Madonna dell'Umiltà**, ein achteckiger Zentralbau wie der Dom von Florenz – darin ein wundertätiges Marienbild; Via della Madonna, Tel. 0573 22045, www.basilicadellamadonna.it, 9–12, 16–19 Uhr, Di/Do/Sa keine Mittagspause.

■ Im **Museo Marino Marini** eine Ausstellung zum Schaffen des Künstlers mit Skulpturen, Aquarellen, Ölbildern und Grafiken; Corso Silvano Fedi 30, Tel. 0573 30285, www.fondazionemarinomarini.it, Mo–Sa 10–18, Winter bis 17 Uhr, 3,50 €, 5 €/zwei Museen, 6,50 €/drei Museen (mit Palazzo Rospigliosi u. Museo Civico).

■ Die gotische **Ordenskirche San Domenico** (Beginn des 14. Jh.) mit teilweise erhaltenen Fresken aus der Bauzeit; Piazza San Domenico 1, Tel. 0573 28158, www.domenicanipistoia.it, tgl. 10–12, 16–18.

■ Das **Museo Fondazione Vivarelli** mit Werken des Bildhauers und Stadtarchitekten *Jorio Vivarelli* (1922–2008) in seiner Villa; Via Felceti 11, Tel. 0573 477423, www.fondazionevivarelli.it, Mo–Sa 9–13, 15–17.30, Winter 9–13 Uhr.

■ **Park der Villa Puccini** bei Scornio 3 km nördlich des Domplatzes – der Freiheitsdenker, Patriot und Mäzen *Niccolò Puccini* schuf sich in der ersten Hälfte des 18. Jh. ein romantisches Paradies; Via Dalmazia (Via del Lago), Bus Nr. 5 vom Bahnhof, Haltestelle Villaggio Scornio, teils privat, teils öffentlicher Park (8–20 Uhr).

■ **Fattoria di Celle,** Freiluftmuseum des Industriellen *Giuliano Gori* mit moderner Skulpturenkunst in weitläufigem Privatpark 8 km östlich von Pistoia, Voranmeldung (vier Wochen) zwingend mit zwei Alternativdaten, allen persönlichen Details und Erklärung, warum Interesse an der Sammlung besteht, nur Mai–Sept. Mo–Sa, 4–5 Std. Fußmarsch, keine Möglichkeit, abzubrechen (mitgegangen – mitgehangen!); www.goricolli.it.

■ Der **Ponte di Castruccio,** von Mammiano Basso (s.o.) 6 km auf der SS12 nach Süden und Westen, überquert in einem einzigen, kühne zehn Meter hohen Bogen den Lima und wurde im 14. Jh. wahrscheinlich anstelle einer ehemaligen römischen Brücke erbaut.

Praktische Informationen

Touristeninformation

■ **Ufficio Turismo Pistoia,** Antico Palazzo dei Vescovi, Piazza del Duomo 4, Tel. 0573 21622, http://turismoprovincia.pistoia.it, www.comune.pistoia.it, tgl. 9–13, 15–18 Uhr.

Unterkunft

■ **B&B La Locanda dei Fiori**③, Via Porta San Marco 16, Tel. 0573 358211, www.locandadeifiori.it. Blumen sind *das* Thema im Dekor dieses zentrumsnahen B&B, das in warmen, toskanischen Farben eingerichtet ist. Das italienische Frühstück ist was für Schleckermäuler.

■ **B&B Lo Studio** ②–③, Via Giuseppe Verdi 56, Tel. 0573 1941666, www.lostudiobb.it. Bezauberndes B&B im Zentrum, ein romantisches Zimmer mit freskierter Decke, die übrigen modern und sehr geschmackvoll gehalten. Und *Cristina* ist eine sehr aufmerksame Gastgeberin.

Außerhalb

■ **Agriturismo Le Dogane**②, Località Lambure 1, Pitèglio, Tel. 0573 69179, www.agriturismoledogane.it. Schlemmen und Übernachten im Schatten einer mittelalterlichen Brücke – von einigen Zimmern des Agriturismo am Ufer der Lima blickt man hinauf zu dem 10 m über dem Fluss schwebenden Bogen des im 14. Jh. errichteten Ponte di Castruccio. Die Einrichtung ist angenehm unfolkloristisch, ja fast klösterlich, und dabei sehr geschmackvoll. Zu den im Rahmen eines festen Menüs gereichten Spezialitäten zählt *cardi cotti*, ein Gemüsegericht aus Disteln.

Essen und Trinken

■ **Trattoria La Botte Gaia**③, Via del Lastrone 17, Tel. 0573 365602, www.labottegaia.it, Mo geschl. Ein bisschen Slow Food und etwas Tradition – die Karte liest sich interessant, und oft schmeckt es auch so; doch manchmal steigt der Erfolg zu Kopf, und man fühlt sich abgefertigt wie in einem Touristenschuppen – ausprobieren!

■ **Bisteccatoskana**③, Via Sant'Andrea 30, Tel. 0573 1780175, www.bisteccatoskana.it, Do–Mo ab 19.30 Uhr. Hier huldigen Köche wie Gäste dem *bistecca* in all seinen verführerischen Facetten, doch wehe, der Gast bestellt es „well done". Eine solche Ignoranz wird mit Verachtung bestraft. Wer sein Steak also gerne zumindest medium mag, wird hier das köstlichste Fleisch vorgesetzt bekommen, das er je gegessen hat. Großer Hunger ist allerdings vonnöten – pro Person gibt's 600 g und auch darüber keine Diskussion.

✿ **Ristorante La Mela di Grimilde**②, Piazza Papa Giovanni XXIII 4, Tel. 0573 994186, http://lamela-di-grimilde.oneminutesite.it, Di geschl. In dem sympathischen vegetarischen Restaurant sorgen *Alessandro* und *Gianna* für das Wohlbefinden ihrer Gäste, teils auch mit veganen Gerichten, die selbst Fleischesser begeistern.

■ **Trattoria dell'Abbondanza**②, Via dell'Abbondanza 10/14, Tel. 0573 368037, Fr–Di Mittags- und Abendtisch, Do nur abends. Die Trattoria serviert bodenständige und gute toskanische Küche zu günstigen Preisen. Beliebt vor allem bei den Einheimischen.

■ **La Vineria No 4**②, Via del Lastrone 4, Tel. 0573 977338, www.vinerian4.it, So mittags geschl. Auch wenn man als Burgerrestaurant und Weinbar firmiert, man ist auch Treffpunkt der In-Scene Pistoias. Gute Ciabattas.

Außerhalb

■ **Osteria La Cugna**③, Via Bolognese 236, La Cugna, Tel. 0573 475000, www.lacugna.it, Mi Ruhetag. Toskanische Spezialitäten wie *lampredotto* (Labmagen) mit Salsa Verde werden hier nach Originalrezepten zubereitet. Wer keine Innereien mag, findet aber auch eine breite Auswahl an Pasta, Fisch und Fleisch.

Süßes

■ **Caffè Retrò,** Via del Lastrone 18, Tel. 334 349 3673, Mo–Sa 6.30–19 Uhr. Süßes und Salziges in einem der besten Cafés der Stadt mit täglich wechselndem Sinnspruch von *Woody Allen* bis *Shakespeare* und gut gelauntem Personal.

Nachtleben

■ **Open-Air-Kino** im Sommer in der Festung Santa Barbara, Piazza della Resistenza, Tel. 0573 371 690, www.commune.pistoia.it

■ **Titingo Winebar,** Via IV Novembre 40, Tel. 0573 1942571, www.titingowinebar.com, Mo–Fr 11–14.30, 18–24, Sa 17–1 Uhr. Das kleine Lokal ist ein beliebter Treff zur Weinverkostung und auf ein paar leckere Häppchen.

■ **Vecchia Praga,** Piazza della Sala 6, Tel. 0573 31155, ab 17 Uhr, www.facebook.com/vecchia.praga. Ein Bierchen oder Cocktails nach Büroschluss und zu späterer Stunde am Gemüsemarkt.

■ **Magno Gaudio,** Via Curtatone e Montanara 12, Tel. 0573 26905, 7–19 Uhr. Ob Frühstück, mittags ein Snack oder abends Bier, Wein, Cocktails und Kleinigkeiten zu essen – im Magno Gaudio treffen sich die jüngeren Pistoieser zum Schwätzen und Feiern, drinnen und draußen.

Verkehr

■ **Bahn:** Der Bahnhof Pistoia liegt an der Strecke Florenz–Lucca, halbstündlich Verbindungen nach Florenz Stazione SMN (30–40 Min.) und Lucca (45–60 Min.); halbstündlich ab Lucca nach Pisa (30 Min.).

■ **Parken:** Kostenloses Parken an der Piazza Oplà (Via Marino Marini beim Fußballstadion) und in der Via Cellini (bei der Festung Santa Barbara); Shuttle-Bus M ins Zentrum (1 € hin und her). Sonntag ist das Parken auf allen Parkplätzen kostenlos (gelb markierte Zonen sind Einheimischen vorbehalten).

◁ Mittagspause in Pistoia

Feste

■ **Giostra dell'Orso** am Patronatstag von San Jacopo, 25. Juli. Mittelalterliche Reiterspiele auf der Piazza del Duomo.
■ **Pistoia Blues Festival** im Juli, http://pistoiablues.com, hier spielen die Großen wie *Sting, Robert Plant* oder *Mumford & Sons* in einem erstaunlich entspannten, intimen Rahmen.

Aktivitäten

Giardino Zoologico, Via Pieve a Celle 160A, Tel. 0573 911219, www.zoodipistoia.it, Mo–Fr 9.30–17, Sa/So bis 17.30 Uhr, letzter Einlass 1 Std. früher, Erw. 15 €, Kinder (3–10 Jahre) 11 €. Der Zoo verspricht Abwechslung im Besichtigungsalltag, von Braunbären bis zu Elefanten, von Krokodilen bis Erdmännchen ist eine Vielzahl von Tieren zu sehen – jedoch leider nicht immer artgerecht gehalten.

Borgo San Lorenzo/Mugello

■ 193 m üNN, 18.000 Einw., Florenz 35 km

Die verkehrsgünstige Lage reizte schon die Römer zur Ansiedlung, heute ist der Hauptort des Mugello ein hübsches Städtchen, das sich teilweise noch in mittelalterlichem Gewand zeigt.

Geschichte

An Stelle der römischen Siedlung Annejanum lag im Hochmittelalter der Besitz der ghibellinischen **Familie Ubaldini,** die sich als Gefolgsleute von *Friedrich II.* recht lange der Vorherrschaft der Florentiner erwehren und relativ unabhängig bleiben konnten. Florenz kaufte 1290 schließlich den Mugello für 3000 Gold-Florin (heute etwa 1,5 Mio. €). Die *Ubaldini* mussten sich in den Norden zurückziehen. Von dort bekämpften sie Florenz weiterhin, bis 1373 mit *Maghinardo* der letzte Aufsässige der Sippe gefangen, in Ketten nach Florenz gebracht und vor dem Palazzo del Bargello enthauptet wurde. Als Mahnung wusch man sein Blut nicht vom Pflaster. Die *Ubaldini* flüchteten und spielten danach keine Rolle mehr, die letzte Gräfin starb 1750.

1341 erhielt Borgo San Lorenzo eine **Stadtmauer,** von der die Tore Porta Orologio (Uhrenturm, Corso Matteotti) und die Porta Fiorentina (Via Mazzini) noch erhalten sind (beide östlich der Kirche San Lorenzo). Bekannt war Borgo San Lorenzo um 1900 für die feinen

Keramikarbeiten im Liberty-Stil der von den Chini-Brüdern gegründeten **Manufaktur Fornaci San Lorenzo,** die ganz Italien begeisterten.

Sehenswertes

Herz des Städtchens ist die mit hohen Bäumen bestandene **Piazza Dante.** Das kleine bronzene **Hundedenkmal** beim Palazzo Municipale (Südostseite) erinnert an den treuen Fido, der 14 Jahre lang jeden Tag an der Bushaltestelle auf sein – 1943 bei einem Bombardement der Alliierten ums Leben gekommenes – Herrchen wartete.

Wenige Schritte entlang der Via Bandini/Via Francesco führen zur Hauptsehenswürdigkeit **San Lorenzo,** der größten romanischen Basilika der Region. Bereits für 941 ist die Existenz verbürgt, Umbauten fanden im 12. Jh. statt, der sechseckige, frühgotische Glockenturm neben der Apsis stammt von 1263. Weitere Veränderungen fanden im 16. und 20. Jh. statt. 1906 wurde die Kirche mit Arbeiten aus der Chini-Manufaktur ausgestattet, so das Fresko in der Apsis. Die rechte Chorkapelle zeigt eine schwarze Madonna mit dem Kinde (1290), die aus der Hand *Giottos* stammen soll, *Agnolo Gaddi* malte die Madonna auf dem Thron. Im rechten Seitenschiff findet sich ein weiteres Werk von *Galileo Chini* (1950, Johannes der Täufer).

■ **Chiesa San Lorenzo,** Via San Francesco, Tel. 055 8459295, Mo–Fr 7.30–12, 16–19, Sa/So bis 17.30 Uhr.

Der **Palazzo Pretorio** aus dem 13. Jh. nördlich der Kirche fiel dem Erbeben von 1919 zu Opfer, 1935 hat man ihn rekonstruiert und ihm wieder die geretteten Familienwappen verpasst. Er beherbergt heute die Stadtbibliothek.

Das **Oratorium des heiligen Wunderkreuzes** beim Uhrenturm errichtete man 1714–43 in der Form eines griechischen Kreuzes (1919 rekonstruiert) und als Hort des wundertätigen Holzkruzifixes, das um 1400 deutsche Pilger auf der Flucht vor der Pest dem Ort schenkten. Es befindet sich in einer Nische des Hauptaltars und ist mit einem mechanischen Vorhang geschützt, der es nur an besonderen Feiertagen freigibt.

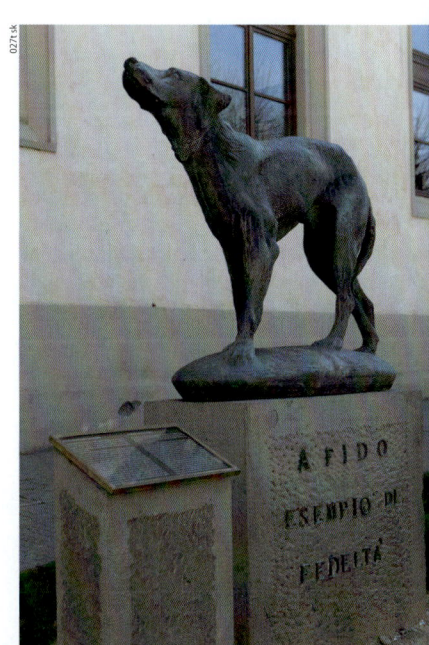

▷ Guter Junge: Fidos Treue zu seinem Herrchen wurde in Bronze verewigt

◁ Jugendstil bestimmt das Straßenbild

■ **Oratorio del Santissimo Crocifisso dei Miracoli,** Corso Matteotti, Tel. 055 8459088, tgl. 7.30–12, 16–19 Uhr.

> **Unser Tipp:** Das **Chini-Museum** stellt in der von der Chini-Familie mitausgestatteten Villa Pecori Giraldi die Erzeugnisse der einstigen Keramik-Manufaktur aus und gibt einen Überblick über die Produktionsvielfalt und die künstlerische Entwicklung der Chini-Brüder. Einer war für das Kaufmännische zuständig, der andere für die Gestaltung. Majoliken mit religiösen und weltlichen Sujets sind zu sehen, Gebrauchskeramik, Fliesen mit gegenständlichen und floralen Mustern, eben Liberty – schönster Jugendstil.

■ **Museo Civico della Manifattura Chini,** Piazzale Lavacchini 1, Tel. 055 8456230, www.museochini.it, April–Okt. Do–So 9–13, 15–19, Winter 10–13, 15–19 Uhr, 3 €.

Der Mugello

Die Schneise der italienischen Hauptautobahn A1 von Nord nach Süd durchschneidet den Apennin und bildet mit den Monti della Calvana die Westgrenze des Mugello, im Osten grenzt der Nationalpark Foreste Casentinesi an. Die grüne Hügellandschaft rund um das Tal des Arnozuflusses Sieve wartet mit mittelalterlichen Dörfern und abgelegenen Höfen auf, dazwischen geschichtsträchtige Klöster und einige der schönsten Medici-Villen. Wanderern und Radlern bieten sich zahlreiche Möglichkeiten für den aktiven Urlaub.

In der teils lieblichen, teils unwirtlichen Hügelwelt des Mugello haben nicht nur die *Medici* ihre Wurzeln, sondern auch Familien berühmter Künstler wie *Giotto* und Fra *Angelico*.

Sanfte Hügel bestimmen die Landschaft, und die Natur ist fruchtbar –

Bauernland, nicht reich, aber den Menschen ihr Auskommen gebend. Der **Name** soll von einer einst hier lebenden Volksgruppe der Liguren kommen, den Magelli. Schöner ist die Legende des 17. Jh., dass im 8. Jh. ein Riese namens Mugello sein Unwesen trieb, den dann einer der Urväter der *Medici* und Kommandeur *Karls des Großen* tötete.

Am 29. Juni 1919 um 16.06 Uhr traf ein **Erdbeben** der Stärke 6,2 (Richter-Skala) den Mugello, tötete 100 Menschen, verletzte 400 und zerstörte über 800 Gebäude vollständig. In Florenz realisierte man die Schwere der Katastrophe zunächst nicht, sodass Hilfe erst am nächsten Tag eintraf.

Die Bewirtschaftung, die relativ niedrige Höhe der Berge und die kurze Distanz zu den Städten im Norden machte den Mugello zu einem bevorzugten Platz für die Passverbindungen; einer der ersten **Handelswege** verlief über den Passo del Giogo (882 m) nördlich von Borgo San Lorenzo nach Imola im Nordosten. Um diesen Weg abzusichern, gründete Florenz 1306 eigens die Orte Scarperia vor und Firenzuola hinter dem Passo del Giogo. Direkt nach Norden und Bologna entstand 1762 eine Straße über den Passo della Futa (903 m). Um nach Faenza zu gelangen, folgt man der Straße über den Passo Colla di Casaglia (913 m), nach Forli fährt man über den Passo del Muraglione (907 m).

Im Mugello herrscht Naturstein vor

Mugello per Bike

Eine extrem herausfordernde Radtour ist die **Gran Tour di Mugello,** 214 km lang und mit über 3700 Höhenmetern. Auch wenn man es forciert angeht – zwei Tage Fahrzeit sollte man mindestens einrechnen; wer es „gemütlicher" bevorzugt, nimmt sich drei bis fünf Tage Zeit. Die reine Fahrzeit beträgt zwischen 10–20 Stunden, maximale Steigung ist 12 %. Die Strecke kann man in Borgo San Lorenzo beginnen, die Route führt dann über Vetta Le Croci, San Piero a Sieve, Scarperia, am Lago di Bilancino vorbei nach Barberino di Mugello, über den Passo della Futa und den Passo della Raticosa nach Firenzuola, und weiter über Valico del Paretaio, Palazzuolo sul Senio, Marradi, Dicomano bis nach Ponte a Vicchio; die letzte Etappe endet wieder in Borgo San Lorenzo.

■ **Info:** www.mugelloinbike.it.

Alle vier Strecken sind schön für **Tagesausflüge,** wenn auch sehr kurvenreich. Belohnt wird man mit Ausblicken und auf den Passhöhen mit guter und handfester Gastronomie. Passionierte Radler scheuen sich auch nicht, die Steigungen mit dem Drahtesel zu erklimmen (Höhenunterschied 600–700 m auf 10–15 km). Die Pässe lassen sich per Auto gut auf einer eintägigen **Rundtour** miteinander verbinden. Von Borgo San Lorenzo über Scarperia und den Pass Giogo di Scarperia gelangt man, den Mäandern eines schmalen Tals durch dicht bewaldete Landschaft folgend, nach Firenzuola (Abstecher zum Passo della Futa). Alternativ startet man in Borgo San Lorenzo und nimmt die SS65 durch ein breites, fruchtbares Tal mit Weiden und Pferdekoppeln zum Passo della Futa und dann weiter nach Firenzuola. Beide Strecken sind gleichermaßen landschaftlich reizvoll. Von Firenzuola geht es auf der SS610 bis Coniale und dort auf Nebenstraßen Richtung Südosten nach Palazzuolo sul Senio und Marradi. Über den Colla di Castaglia kehrt man nach Borgo San Lorenzo zurück.

Grezzano

8 km nördlich von Borgo San Lorenzo in Grezzano (250 m üNN, 320 Einw.) zeigt das charmant geführte **Bauernhofmuseum** das Leben auf einem Gutshof des 18./19. Jh. Das Haupthaus und die Nebengebäude sind liebevoll eingerichtet und lassen nicht nur vor dem inneren Auge die Vergangenheit auferstehen. Die **Mühle** in der Nachbarschaft ist schon für das 14. Jh. dokumentiert, die heutige Anlage steht seit 1780 in Familienbesitz. Auf dem 1,5 km langen **Naturlehrpfad** (ca. 1 Std.) kann man über 130 für die Region typische Pflanzenarten kennenlernen (frei, aber auch mit Führung zugänglich).

■ **Museo della Civiltà Contadina di Casa d'Erci,** Grezzano, Tel. 055 8492519, www.casaderci.it, Sa/So 15–19, Winter So 14.30–18 Uhr, 3 €, geführter **Mühlenbesuch** 1 €, geführter Spaziergang auf dem **Naturlehrpfad** 2 €.

San Piero a Sieve

Im 5 km westlich von Borgo San Lorenzo liegenden San Piero a Sieve (212 m üNN, 4200 Einw.) gibt es Mittelalteratmosphäre und in der **Pfarrkirche San Pietro** ein sehenswertes polychromes, glasiertes Terrakotta-Taufbecken aus der Werkstatt der *della Robbia*. Ein Medici-Wappen demonstriert in der Kirche die Herrschaftsverhältnisse. Hoch über San Piero thront die von *Baldassare Lanci* entworfene, von *Simone Genga* und *Bernardo Buontalenti* fertiggestellte **Medici-Burg San Martino** (1569–1608), die größte des Mugello. Sie war rein zur Verteidigung des Tales als Festungswerk mit neun Bastionen und allem Notwendigen geplant, um auch einer Belagerung standzuhalten (ein geheimer Gang erlaubte sogar das Tränken der Pferde am Fluss). Kämpfe hat sie allerdings nie gesehen. 1784 hat man die Festung aufgegeben und die umgebenden Verteidigungswerke teilweise zurückgebaut. Die Zitadelle befindet sich in Privatbesitz, doch kann man an ihren Wällen entlangspazieren.

Die Medici-Villen

Abseits der Legenden sind die *Medici* für das 13. Jh. im Mugello erstmals dokumentiert, als sie im großen Stil Landkäufe tätigten. *Giovanni di Bicci* (1360–1429) war dann der erste *Medici*, der in Florenz historische Bedeutung erlangte. Er gründete die Medici-Bank und legte den Grundstein für den sagenhaften Reichtum des Geschlechts. Trotzdem die Folgegenerationen der *Medici* in der Arno-Stadt lebten, hatten sie sich ihre Sympathie für den Mugello bewahrt und dort Villen als Landsitze errichtet.

Der Grund, auf dem die **Villa Cafaggiolo (UNESCO-Welterbe)** steht, gehörte bereits im 14. Jh. dem *Medici Averardo*, dem Vater von *Giovanni di Bicci*.

*Giovanni*s Sohn *Cosimo il Vecchio* ließ die Villa 10 km westlich von Borgo San Lorenzo zwischen San Piero a Sieve und Barberino di Mugello und direkt an der SS65 von *Michelozzo* 1451 als festungsartigen Landsitz ausbauen (weshalb sie auch den Namen „Castello Mediceo" trägt). Ein großer Park und ein Wildreservat kamen hinzu, und der Besitz wurde zu einem der Lieblingssommersitze der *Medici* und zu ihrem Jagdschloss. Der spätere Papst *Leo X.* verbrachte hier seine Jugend, 1576 soll *Pietro* auf dem Schloss seine Frau *Eleanora di Toledo* wegen ihres Seitensprungs mit einem jungen Adligen erstochen haben. 1737 fiel die Villa Cafaggiolo an das Haus Lothringen. Architektonisch steht die Villa zwischen Gotik und Renaissance.

■ **Villa Medicea di Cafaggiolo,** Via Nazionale 16, Barberino di Mugello, bis auf Weiteres wg. Restaurierung geschlossen.

Die **Villa del Trebbio (UNESCO-Welterbe)** 4 km südwestlich von San Piero a Sieve zeigt sich schon aus der Ferne auf einem Hügel und mit Turm wie ihre Schwester in Barberino recht wehrhaft. *Giovanni di Bicci* ließ mit ihr eine der ersten Medici-Villen außerhalb von Florenz errichten. *Cosimo il Vecchio* hatte hier erstmals *Michelozzo* mit der Umgestaltung (1427-33) betraut – es kam dabei ein befestigtes Schloss heraus, mit einem Innenhof mit Brunnen und Wehrgang. Damit sich *Cosimo* nicht ganz so kriegerisch fühlen musste, gab es aber auch einen Terrassengarten mit Laubengängen. In der Casa Amerigo Vespucci, einem Nebengebäude aus dem 12. Jh., soll der berühmte Seefahrer gewohnt haben, als er als Gast der *Medici* in Trebbio weilte. Im Schloss waren im Ersten Weltkrieg österreichische Kriegsgefangene untergebracht, im Zweiten Weltkrieg nutzte es die Wehrmacht als Hauptquartier (die Gotenstellung bzw. Grüne Linie – ein Verteidigungsbollwerk der Deutschen – verlief direkt durch Trebbio). Seit 2013 gehört die Villa zum Weltkulturerbe.

■ **Villa Medicea del Trebbio,** Località Trebbio 11, Tel. 055 848088, www.castelloiltrebbio.it, Besichtigung nur für Gruppen nach Voranmeldung.

Die **Villa Demidoff** bei Pratolino 15 km nördlich von Florenz und 20 km südlich von Borgo San Lorenzo errichtete *Bernardo Buontalenti* im Auftrag von *Francesco I.* 1569-81 und für dessen Geliebte *Bianca Cappello* mit prächtigen Gebäuden und einem für seine Wasserspiele in seiner Zeit hochberühmten Garten (**UNESCO-Welterbe**). Nach Erlöschen des Medici-Geschlechtes ging der Besitz an das Haus Lothringen, das ihn verfallen ließ, da die Kosten für den Unterhalt zu hoch waren. 1821 riss man die Villa ab, der ursprüngliche Garten wurde teilweise in einen englischen Landschaftspark verwandelt. 1872 kaufte der russische Gesandte *Demidoff* das Grundstück und ließ das noch erhaltene Pagenhaus für sich herrichten, im Jahr 1871 übernahm die Stadt Florenz Villa und Park mit uralten Kastanien, Zedern und Eichen. Heute kann man noch Teile der ursprünglich manieristischen Gartenausstattung bewundern – Grotten, Figuren und Brunnen, besonders aber den 10 m hohen, monumentalen Koloss des Apennin, 1580 von *Giambologna* aus einem Felsblock gehauen und ehemals innen mit Schaugrotten versehen.

■ **Parco Mediceo di Pratolino,** Via Fiorentina 276, Pratolino, Tel. 055 4080752, Fr 10–17, Sa/So Juni–Aug. 10–20, Mai/Sept./Okt. bis 19 Uhr, Nov.–April geschl.

Convento del Bosco ai Frati

Den heute noch von Brüdern bewirtschaftete **Konvent** 9 km nordwestlich von Borgo San Lorenzo (3 km nördlich von San Piero a Sieve) in einem Wald soll im 6. Jh. der Orden der Basilianer gegründet haben – damit ist er einer der ältesten Konvente der Toskana. 1212 übernahmen ihn die Franziskaner. Zu jener Zeit wirkte im Kloster u.a. der Zeitgenosse des heiligen *Franz von Assisi*, der Generalvikar der Franziskaner *Giovanni da Perugia*. Um 1350 – Pestzeit – wurde der Konvent verlassen; *Cosimo Il Vecchio* hauchte ihm aber 1420 neues Leben ein, ließ ihn vergrößern, mit einem Glockenturm ausstatten und einen Kreuzgang und eine Loggia errichten, Letztere von *Michelozzo* entworfen. An der Fassade und am holzgeschnitzten, vergoldeten Hauptaltar (1626) der außen schlichten Klosterkirche San Bonaventura kann man noch das Wappen der *Medici* erkennen. Im **Museo di Arte Sacra** im Kreuzgang ist ein 1959 wiederentdecktes **hölzernes Kruzifix** (um 1460), mutmaßlich von *Donatello*, ausgestellt.

■ **Convento del Bosco ai Frati,** Località Lucigliano 1, San Piero a Sieve, Tel. 055 848111, Mo–Sa 10–12, 8–19, So 9–10, 18–19 Uhr.

> Der Lago di Bilancino ist der größte künstliche See der Toskana

Santuario di Montesenario

Das **Heiligtum von Montesenario** ist eine der wichtigsten religiösen Stätten der Toskana, 14 km südlich von San Piero a Sieve und 2 km östlich des Luftkurortes Bivigliano auf einer dicht bewaldeten Kuppe (schöner Spaziergang unter Nadelbäumen, zuletzt entlang des Kreuzweges, 200 Höhenmeter, 30 Min.). Sieben Florentiner Adelige stifteten es im 13. Jh. – damit wurden sie zu Gründern des Servitenordens (und 1888 heiliggesprochen). Verwunschen zeigt sich das Kloster heute, mit bemoosten Mauern und im Wald verborgenen Grotten (in denen die Gründerväter gelebt haben sollen). Der Kreuzgang zeigt Lünetten aus dem 15. Jh. Von der Aussichtsterrasse geht der Blick über den Apennin.

❀ Eine Bar verkauft Erfrischungen und den im Kloster hergestellten **Likör Gemma d'Abeto.**

■ **Santuario di Montesenario,** Via Montesenario 3474a, Bivigliano, Tel. 055 496441, http://servidimaria.net, tgl. 7.30–12.30, 15–19.30 Uhr, Spende erbeten.

Barberino di Mugello

Gegründet wurde Barberino di Mugello (270 m üNN, 10.800 Einw.) – an der Autobahn von Florenz nach Bologna gelegen – im 11. Jh. bei der Burg einer der Vasallen der *Ubaldini*, den *Cattani di Combiate*. Ihr Wappen, ein Kopf mit drei Bärten, ist am **Castello di Barberino** zu sehen. Die heutige Burg auf dem Hügel im Nordosten besitzt allerdings keine Bausubstanz mehr aus dem Mittelalter. Sie wurde im 17. Jh. vollständig neu aufgebaut und steht in Privatbesitz (nicht zu besuchen). Das älteste erhaltene Gebäude ist der leider ziemlich überrenovierte Palazzo Pretorio aus dem 13. Jh., der sich mit seinem Wappenschmuck an der Südseite der großzügigen Piazza Cavour in die Fassadenflucht einfügt. Das Portal stammt aus dem 16. Jh.

Im Ortsteil Scopicci lockt ein großes **Outlet** Schnäppchenjäger an. Es ist aufgebaut wie ein Städtchen und liegt gar nicht so hässlich in der Landschaft.

Anfang Mai wird das sehenswerte **Stadtfest** ausgetragen.

Lago di Bilancino

Mit 5 km² ist der Lago di Bilancino zwischen San Piero a Sieve und Barberino di Mugello der **größte künstliche See der Toskana** und ein Paradies für Aktive. Segeln, Rudern oder Windsurfen sind angesagt, man kann den See umwandern oder umradeln, im **Bahia Caffè** (siehe „Praktische Informationen, Nachtleben") einen Aperitif nehmen (und auch essen) oder einfach nur an seinem Sandstrand ausruhen (Liegestuhl- und Schirmverleih). Die Idee eines Dammes am Sieve geht auf die 1950er Jahre zurück, realisiert wurde er aber erst ab 1984, Einweihung war 1999. Der bis zu 31 m tiefe Stausee stellt seitdem die Wasserversorgung von Florenz sicher. Aber nicht nur der See ist künstlich! Während der Arbeiten nutzten Vögel die Baustelle für eine Rast auf ihren Zügen. Deshalb erklärte man 25 ha angrenzendes Land zum **Schutzgebiet,** flutete davon 8 ha und schuf so die WWF-Naturoase **Gabbianello** (www.gabbianello.it).

Castello di Villanova/ Villa le Maschere

Das **Schloss von Villanova** auf einem zypressenbestandenen Hügel 6 km südöstlich zwischen zwei Armen des Lago di Bilancino entstand im 13. Jh. als Besitz der *Ubaldini*. Heute sind nur noch Reste aus dieser Zeit erhalten: Turm, zwei Tore, die Haupttreppe und einige Wallabschnitte. Es steht in Privatbesitz und wird für Veranstaltungen (Hochzeiten etc.) vermietet.

■ **Castello di Villanova,** Località le Maschere, www.castellodivillanova.it.

Die **Villa le Maschere** in unmittelbarer Nachbarschaft wurde inmitten eines großzügigen Parks in der zweiten Hälfte des 16. Jh. für die Familie *Bettini* errichtet und gehört zu den größten Gebäudekomplexen des Mugello. Ende des 17. Jh. nahm der Architekt *Battista Foggini* im Auftrag von *Cosimo III.* Umbauten vor. Im 18. und 19. Jh. sah sie illustre Gäste vom Papst bis zum königlichen Haupt. Anfang des 20. Jh. wurde das Haus mit Bädern versehen, für die Einrichtung griff man auf den Jugendstil der Chini-Familie zurück. In den 1960ern verfiel die Villa. Heute ist sie, aufs Feinste renoviert, ein Fünf-Sterne-Luxushotel.

■ **Villa le Maschere,** www.villalemaschere.it.

Scarperia

10 km nordwestlich von Borgo San Lorenzo ist Scarperia (290 m üNN, 7300 Einw.) ein atmosphärisch angenehmes Städtchen mit schachbrettartiger Anlage und romantisch-stimmigem Ortskern. Den Hauptplatz dominiert der wie eine Burg wirkende **Palazzo dei Vicari** mit seinem hohen, den Campanile der Kirche weit überragenden Turm, kriegerischen Zinnen und typischem Wappenschmuck der Fassade (eine verkleinerte Kopie des Palazzo del Popolo in Florenz). In ihm sind die Museen des Ortes, die Touristeninformation und ein Café untergebracht.

Scarperia gründete Florenz als Schutz für den Passweg nach Bologna, 1306 baute man dafür die wehrhafte Burg. 1415 wurde sie Sitz des Landvogts, des Vertreters von Florenz. Bei einem Besuch des **Stadtmuseums** taucht man in die Geschichte des Ortes ein. Da Scarperia für die Produktion von Besteck und Messern berühmt war und ist – 2015 stellten die besten Meister des Ortes auf der Mailänder Expo aus –, zeigt das **Museum für Schneidwerkzeug** im Palast, wie die handwerkliche Fertigung von Messern funktioniert und wie sie in Scarperia geschichtlich verankert ist. In einer Schauwerkstatt nahebei kann man sogar bei der Messerfertigung zusehen (Via Solferino, nur nach Voranmeldung in der Touristeninfo).

■ **Palazzo dei Vicari/Museo Ferri Taglienti,** Piazza de'Vicari, Tel. 055 8468165, Mi–So 10–13, 15–19, Winter Mi–Fr 10–13, Sa/So 10–13, 14.30– 18 Uhr, 4 €, **Turmbesteigung** bei gutem Wetter So 10.30 Uhr, 6 €; **Scarperia Museicard** 10 € (mit den Museen von Sant'Agata und Ponzalla).

Dem Palazzo gegenüber steht die einschiffige Pfarr- und ehemalige **Propsteikirche SS. Jacopo e Filippo,** bis 1808 Kirche des auf *Napoleons* Geheiß aufgelösten Augustinerklosters, zu dem sie seit dem 14. Jh. gehört hatte. Das runde Flachrelief aus Marmor im Inneren (Madonna mit dem Kinde) stammt von *Benedetto da Maiano*.

■ **Prepositura dei Santi Jacopo e Filippo,** Via San Martino 28, Tel. 055 8430099, Mo–Sa 8–12, 15–18, So 8–10 15–28 Uhr.

Mehrere **Messerwerkstätten** sind in Scarperia noch aktiv und empfangen gerne Besucher, so die Coltellerie Berti (mit Messern vornehmlich für den Haushalt) oder die Coltellerie Giglio, die besonders für ihre Rasiermesser und die eleganten Reisenecessaires für den Herren bekannt ist. Die Coltellerie Saladini verkauft u.a. „historische" Messer wie das Vendetta Corsa, die „Korsische Rache", oder das Coltello del Passatore, Lieblingsinstrument des Räubers *Stefano Pelloni*, der in der Macchia des Apennin Geld von den Reichen an die Armen verteilt haben soll.

■ **Coltellerie L'Artigiano Scarperia,** Via Giacomo Matteotti, 84, Tel. 055 8468268, www.coltellidellartigiano.it; **Coltellerie Berti,** Via della Resistenza 12, Tel. 055 8469903, www.coltellerieberti.it; **Coltellerie Giglio,** Via dell'Oche 48, Tel. 055 8469 936, www.coltelleriegiglio.it; **Coltellerie Saladini,** Via Solferino 19/2, Tel. 055 8431010, www.coltelleriasaladini.it.

Autodromo del Mugello

Östlich von Scarperia liegt die **Rennstrecke Autodromo Internazionale del Mugello.** Einmal im Jahr kämpfen auf ihr Ende Mai/Anfang Juni die Motorradrennfahrer um den „Grand Prix d'Italia". Ansonsten kreischen schwere Maschinen oder rote Ferraris auf Testfahrt über den 5,4 km langen und vor Neugierigen gut abgeschirmten Rundkurs durch die Landschaft.

■ **Autodromo,** www.mugellocircuit.it.

Sant'Agata

4 km nordwestlich von Scarperia steht im Dorf eine der schönsten romanischen Kirche des Mugello, die **Pieve Sant'Agata,** im 12. Jh. (das Taufbecken trägt die Jahreszahl 1175) an Stelle einer wesentlich kleineren Vorgängerkirche aus dem 5. Jh. errichtet. Der Glockenturm kollabierte beim Erdbeben von 1542 und wurde danach neu (und niedriger) gemauert. Über dem Portal ist ein in Serpentin eingelegtes griechisches Kreuz aus Kalkstein angebracht. Den eigentlichen Hallenbau teilt die das Dachgebälk tragende Säulendoppelreihe in drei Schiffe. Die drei Apsiden sind nicht original, ursprünglich war nur eine Apside vorhanden. Das achteckige massive Taufbecken aus Sandstein entstand 1513. Das hölzerne Kruzifix am Hauptaltar stammt aus der Schule von *Giambologna* (16. Jh.).

■ **Pieve di Sant'Agata,** Piazza della Libertà 1, Sant'Agata, Tel. 055 8406716, tgl. 8–13, 16–18 Uhr (falls geschl., tel. Termin vereinbaren).

Im **Museum kirchlicher Kunst** sind die Kirchenschätze der Region zusammengetragen, von Marmorarbeiten bis zu Gemälden vom 16. bis 18. Jh.

■ **Raccolta di Arte Sacra,** Via della Pieve 3, Sant'Agata, Tel. 055 8406853, www.museisantagata.it,

So 16–19, Winter 15–18 Uhr (Dez./Jan. nur nach Voranmeldung), 4 €; **Scarperia Museicard** 10 € (mit dem Museen von Scarperia und Ponzalla).

Das **Kunsthandwerkmuseum Leprino** im Dorf geht auf einen der Bewohner zurück, der irgendwann anfing, aus Pappmaschee, Holz und ausgedienten Elektromotoren Dorfleben in bewegten Szenerien im Puppenstubenformat zu basteln – für Kinder ein Highlight.

■ **Artigiana e Contadino di Leprino,** Centro Polivalente, Sant'Agata, Tel. 055 8406850, So 15.30–18.30, Winter 15–18 Uhr.

Ein weiteres Museum, das auch Kinder begeistert, ist das **Centro Documentazione Archeologica** bzw. dessen nachgebautes **Villagio Preistorico.** Drei Behausungen prähistorischer Bewohner der Mugello-Region wurden hier rekonstruiert, ein Unterstand altsteinzeitlicher Jäger sowie zwei Hütten von Bauern der Bronze- und der Eisenzeit. Werkzeuge, Kleidung und Einrichtung vermitteln einen Eindruck vom Alltag vor 2000 Jahren. Begleitend breitet das Museum Fundstücke aus und erläutert anhand von Dioramen das Leben in prähistorischen Zeiten.

■ **Centro Dokumentazione Archeologica** und **Villagio Preistorico,** Via delle Pieve 3, Sant'Agata, Tel. 055 8406853, www.museisantagata.it, So 16–19, Winter 15–18 Uhr (Dez./Jan. nur nach Voranmeldung), 4 €; Scarperia Museicard 10 € (mit dem Museen von Scarperia und Ponzalla).

Deutscher Soldatenfriedhof am Passo della Futa

Ponzalla

5 km von Scarperia Richtung Firenzuola wartet im Dorf Ponzalla das **Gotische Museum** auf Besucher. Mit Baustilen hat es nichts zu tun. Es erinnert an die ab Mitte 1943 nach der Alliierten-Landung auf Sizilien geschanzte Gotenstellung (in der deutschen Wehrmacht ab Mai 1944 als „Grüne Linie" bezeichnet), die letzte mit Bunkern stark befestigte Verteidigungslinie der deutschen Wehrmacht auf italienischem Boden, die den Vormarsch der Alliierten aufhalten sollte. Da das Museum auch Sitz des „Italian History & Military Vehicles Club" ist, gibt es allerlei zu sehen.

■ **Centro Documentazione, Richerche, Storiche di Gotica Toskana,** Strada Provinciale 503, www.museogotica.it, Sa/So 9.30–12.30, 15–18.30 Uhr, 3 €, Führung über das Schlachtfeld 5–10 €.

Firenzuola

Jenseits des Passes Giogo di Scarperia liegt Firenzuola (420 m üNN, 4900 Einw.), das „Kleine Florenz", eine Gründung der Florentiner (1332), um den Weg nach Norden zu schützen. Die Anlage geschah auf dem Reißbrett und sollte der idealen Stadt nahekommen. Jede der regelmäßig angeordneten Hauptachsen besaß beidseitig Arkadengänge. Ein Bombardement der Alliierten am 12. Sept. 1944 zerstörte die Stadt zu 98 %. Nach dem Krieg rekonstruierte man die Gebäude nicht, versuchte aber, die einstige Anlage der Stadt zu bewahren.

Der in der Umgebung gebrochene helle Sandstein dominiert als Material, die Bauwerke haben meist modernen Charakter, wenn man auch die Stadttore – Porta Fiorentina mit kurzem Glockenturm, Porta Bolognese an der Strada del Passo del Giogo – und das **Rathaus La Rocca** historisierend wiedererrichtete, Letzteres im typischen Stil der Medici-Zeit mit Zinnen und Turm. In seinen Gewölben zeigt das **Museum des Sandsteins** Ausstellungen zur Arbeit in den Steinbrüchen, zur handwerklichen Steinmetzerei und zur Geologie, zudem zahlreiche Exponate aus den Bereichen Gebrauchsgegenstände und Kunst.

■ **Museo della Pietra Serena,** Piazza Don S. Casini 4, Tel. 055 8199477, Mo 15.30–17.30, Do 9.30–12.30, Sa/So 10.30–12.30 Uhr, 3 €.

Passo della Futa

14 km sind es von Firenzuola hinüber und hoch nach Covigliaio an der SS65 und serpentinenreich durch Mischwälder wieder nach Süden zum Nebenpass Passo della Futa (903 m). Hier oben befand sich im Zweiten Weltkrieg eines der bestbefestigten Verteidigungswerke der Gotenstellung/Grünen Linie, die nach dem Durchbruch der Alliierten am Pass Giogo di Scarperia und deren Vormarsch auf Bologna Mitte April geräumt werden musste. Wenige Tage später war der Krieg zu Ende. In den 1950er Jahren hat die Kriegsgräberfürsorge die auf Friedhöfen in ganz Mittelitalien beerdigten Gefallenen geborgen und auf der Kuppe über dem Futa-Pass in 952 m Höhe mit 30.683 Toten den **größten deutschen Soldatenfriedhof Italiens** angelegt. Ein spiralförmiger Fußweg führt an den Gräbern vorbei hinauf zur Gedenkstätte.

■ **Cimitero di Guerra Tedesco,** Via S. Iacopo a Castro 59/A, Passo della Futa, www.volksbund.de/kriegsgraeberstaette/futa-pass.

Vicchio

Vicchio (200 m üNN, 8300 Einw.), 7 km südöstlich von Borgo San Lorenzo, darf sich rühmen, Geburtsstadt zweier der berühmtesten Wegbereiter der Renaissance zu sein: **Giotto di Bondone** (1266–1337) und *Beato Angelico,* genannt **Fra Angelico** (1386–1455). 1295 an einer Furt mit Brücke gegründet, erhielt Vicchio schon 30 Jahre später eine Stadtmauer. Ein Podestà zog 1413 ein. Um diese Zeit entstand auch der donnerstägliche Wochenmarkt, eine Tradition, die sich bis heute gehalten hat. Am 6. März 1944 gaben Partisanen die Befreiung Vicchios von der deutschen Besatzung durch (was sogar Radio London vermeldete). Die Reaktion von Wehrmacht und SS war brutal und tödlich: Sie erschossen am 22. März erst fünf, im Juli dann weitere 15 Zivilisten.

Wichtigste Sehenswürdigkeit ist das **Casa Giotto,** das mutmaßliche Geburtshaus des Künstlers im Ortsteil Vespignano unterhalb der Kirche San Martino, das Leben und Werk multimedial auffächert. Das Gebäude wurde beim Erdbeben 1919 stark zerstört und 1967 rekonstruiert. Am Hauptplatz von Vicchio steht ein 1901 eingeweihtes Denkmal, *Giotto* in Bronze und 3,20 m groß.

Außerhalb an der **Ponte alla Ragnaia** (2,5 km südlich des Casa Giotto, Località Gracchia 53, ausgeschildert als „Ponte Cimabue", GPS 43.940825, 11.428346) soll der zu jener Zeit schon berühmte Maler *Cimabue* (1240–1302) einen Schäferjungen gesehen haben, der gerade eines seiner Tiere auf einen Felsen malte. Hochbeeindruckt nahm *Cimabue* ihn zur Ausbildung mit nach Florenz – es war *Giotto*.

■ **Casa Giotto,** Vespignano, Tel. 055 8439225, www.comune.vicchio.fi.it Sa/So 10–13, 15–19 Uhr, Winter nur So, 4 € (mit Museo Beato Angelico).

Das **Museum für Kirchenkunst Beato Angelico** hat weniger mit dem Maler zu tun (und ist auch nicht in seinem Geburtshaus untergebracht). Seine Sammlung stammt aus den im ganzen Mugello verstreuten Kirchen und Kapellen und zeigt die Verflechtung weltlichen und religiösen Lebens in den Bergen.

■ **Museo di Arte Sacra Beato Angelico,** Piazza Don Milani 7, Viccio, Tel. 055 8497082, Sa/So 10–13, 15–19 Uhr, Winter nur So, 4 € (mit Casa Giotto).

Dritte „Celebrity" der Stadt ist **Benvenuto Cellini** (1500–1571), der Erschaffer der Bronze „Perseus" auf der Piazza della Signoria in Florenz, berühmter Goldschmied, Schriftsteller, Musiker – und extrem jähzornig. Drei Morde soll er begangen, mehrfach andere schwer verletzt haben, und einmal hatte man ihn zum Tode verurteilt. In Vicchio lebte er von 1559 bis zu seinem Sterbejahr. In der **Casa Cellini** finden Ausstellungen statt.

Badespaß im Sommer sowie Spazier- und Joggingwege das ganze Jahr über verspricht der hübsche, von einem Park umstandene Weiher **Lago di Parco di Montelleri** am nordöstlichen Ortsrand. Auch ein kleiner Abenteuerspielplatz ist vorhanden.

San Godenzo

Schon inmitten der Alpe San Benedetto liegt das Bergdorf San Godenzo (400 m üNN, 1200 Einw.), einstmals hatte es 5000 Bewohner. Als Teil der Gotenstellung/Grünen Linie zerstörten die Deutschen den Ort bei ihrem Rückzug fast vollständig, nicht aber das Kloster mit der sehenswerten, 1070 geweihten romanischen **Basilica San Gaudenzo** in der Ortsmitte – von Benediktinern über dem Grab des im 6. Jh. hier lebenden Eremiten San *Gaudenzio* errichtet. Sein Körper ruht in der romanischen Krypta, die Säulen mit vegetabilen Kapitellen stützen. Grobes, unverputztes Mauerwerk, ein offener Dachstuhl und die sehr zurückhaltende Innenausstattung beeindrucken. Der großartige Flügelaltar stammt ursprünglich aus einer Florentiner Kirche, sein Polyptychon (1333) soll von *Bernardo Daddi* stammen. Augenfällig ist das moderne Mosaik (1929) in der Konche von *Giuseppe Cassioli* – Krönung der Jungfrau mit allerlei Beiwerk (kniender *Dante Alighieri*, seine Liebste *Beatrice* und der Dichterkollege *Petrarca*). *Dante* hielt sich übrigens auf seiner Flucht aus Florenz in San Godenzo auf und suchte hier bei einem Treffen mit führenden Repräsentanten des Mugello am 8. Juni 1302 nach einer Möglichkeit, Florenz die Stirn zu bieten. Der Versuch scheiterte, und *Dante* machte sich endgültig auf den beschwerlichen Weg in die Emilia-Romagna und ins Exil. Eine Gedenktafel erinnert an dieses Ereignis.

■ **Pieve di San Gaudenzo,** Piazza Dante 5, Tel. 055 9374061, 8–13, 16–19 Uhr.

Parco Nazionale delle Foreste Casentinesi/Wanderungen

Ab Castagno d'Andrea (800 m üNN, 7 km südlich von San Godenzo) gibt es zahlreiche Wandermöglichkeiten in den Edelkastanienwäldern des Nationalparks. Der **Monte Falterona** ist dabei ein besonders beliebtes Ziel, da an seiner Flanke der Arno entspringt – sagenumwobene Quellen. Einer der Wege hoch beginnt bei der Pfarrkiche San Martino in Castagno d'Andrea und führt über den Fonte del Borbotto zum Monte Falterona (1654 m); An-/Abstieg 1050 m, 15 km, 5–6 Std.

Ein Weitwanderweg quert den Nationalpark (sieben Etappen, je 3–7 Std.) von Lago di Ponte im Norden bis zum Kloster La Verna an der Südspitze. Der 1993 erklärte Park bedeckt mit seinem dichten Mischwald 370 km² entlang des Gebirgskammes (Wasserscheide) an der Grenze Toskana – Emilia-Romagna. Im Herzen befindet sich das **Vollschutzgebiet Sasso Fratino,** zu dem Touristen der Zugang verwehrt ist, um den in Jahrhunderten gewachsenen Baumbestand zu schützen – aufgrund der Abgeschiedenheit wurde dort praktisch nie Holz geschlagen. Als besonders wertvoll gelten auch die Reinbestände der Edelkastanien. Neben Rot-, Reh-, Schwarz- und Damwild leben in diesen Bergen auch Wölfe.

■ **Centro Visita,** Via del Borgo 12, Castagno d'Andrea, Tel. 055 8375125, www.parks.it/parco.nazionale.for.casentinesi, Juli Do–So 9–12, Sa/So auch 16–18, Aug. Mi–So 9–12, Sa/So auch 16–18, Juni/Sept./Okt. Sa/So 9–12 Uhr.

Borgo San Lorenzo/Mugello

Praktische Informationen

Touristeninformation

- **Ufficio Turismo Borgo San Lorenzo,** Piazzale Lavacchini (im Museo Chini, ein Umzug in die Altstadt ist geplant), Tel. 055 84527185, www.mugellotoskana.it, April–Okt. Do–So 9–13, 15–19, Winter 10–13, 15–19 Uhr.
- **Ufficio Turismo Scarperia,** Piazza de'Vicari, Tel. 055 8468165, www.prolocoscarperia.it, Mo–Fr 9–13, Mi–Fr auch 15–19, Sa/So 10–13, 15–19 Uhr, Winter Mo–Fr 9–13, Sa/So 10–13, 14.30–18 Uhr.
- **Ufficio Turismo Firenzuola,** Piazza Don S. Casini 4, Tel. 055 8199477, Mo/Do/Sa/So 10–12, 15–17, Winter 10–12, 14.30–16.30 Uhr.

Unterkunft

- **Agriturismo La Ripa**②, Via Ripa, Tel. 055 849 5440, www.laripaagrituris mo.it. Drei Doppel- und zwei Dreibettzimmer erwarten Gäste in dem historischen Bauernhaus am Pieve, nur ein paar Minuten von Borgo San Lorenzo entfernt. Vor allem Familien finden hier reizvolle Freizeit- und viele Ausflugs-

Mugello: Zugabe!

- In der in einem idyllischen Talgrund verborgenen Abtei **Badia di Moscheta** (von Firenzuola aus 3,5 km vor der Passhöhe Giogo di Scarperia 3 km nach Osten) beschreibt das **Museo del Paesaggio Storico dell'Appennino** (Landschaftsmuseum des Apennin) Besiedelung und Leben in den Bergen. Badia di Moscheta, Tel. 055 5535003, 10–13, 14–18 Uhr, Juli/Aug. Di–So, Juni/Sept./Okt. Fr–So, Mai Sa–So, April So, 3 €.
- In **Palazzuolo sul Senio** (26 km von Firenzuola, 33 km von Borgo San Lorenzo über den 1061 m hohen Passo Sambuca) in der Kastanienwelt des Alto Mugello das **Museo delle Genti di Montagna** (Museum der Bergbewohner) und das **Museo Archeologico** (Archäologisches Museum), beide im Palazzo dei Capitani von 1373 (in dem Papst *Julius II.* und *Machiavelli* im Oktober 1506 nächtigten); Tel. 055 8046008, Juli/Aug. tgl. 10–12, 16–19, ansonsten 10–12, 15–18, Mai/Okt. Sa/So, Juni/Sept. Fr–So, April/Nov./Dez. So 15–18 Uhr, 2,50 €.
- **Marradi** 10 km südöstlich von Palazzuolo sul Senio teilte sich das Capitanato mit Palazzuolo (der Capitano blieb jeweils sechs Monate); die Edelkastanie steht hier im Mittelpunkt, im Oktober wird die Ernte gefeiert.
- Die spektakulär durch Tunnel und Galerien ins Gebirge führende, 1893 eröffnete, 32 km lange **Eisenbahnstrecke** zwischen Borgo San Lorenzo und Marradi (Teilstrecke der Ferrovia Faentina Florenz–Faenza); zwischen 6 und 20 Uhr im Zweistundentakt, 35 Min.
- Im Geburtsort des Renaissance-Künstlers *Andrea del Castagno* (1423–1457) **Castagno d'Andrea** 7 km südlich San Godenzo: **Museo Virtuale** (Multimediapräsentation der Hauptwerke) im Besucherzentrum des Parco Nazionale delle Cantinesi (Monte Falterona); Vila della Rota 8, Tel. 055 8375125, Juli Do–So 9–12, Sa/So auch 16–18, Aug. Mi–So 9–12, Sa/So auch 16–18, Juni/Sept./Okt. Sa/So 9–12 Uhr.
- Die **Chiesa San Martino** in Castagno d'Andrea mit einem hochgelobten – und auch viel kritisierten –, auf jeden Fall eindrücklichen, an der Apsis arrangierten dreiteiligen Fresko „Johannes und Maria bei der Kreuzigung" (1958) von *Pietro Annigoni* (1910–1988).
- Der Name des Mauerpasses – des **Passo del Muraglione** – auf dem Weg von Vicchio nach Forli und weiter zu Adria geht tatsächlich auf eine Mauer zurück, die man 1836 auf der Passhöhe als Windschutz für die Kutschen in der Wegmitte errichtet hatte. Die reizvolle Strecke ist kurvenreich und deshalb bei Motorradfahrern ausgesprochen beliebt.

möglichkeiten, und das deutsch-italienische Besitzerpaar tut alles, damit sie sich wohlfühlen.

Außerhalb

■ **Villa Le Maschere Resort**④, Via Nazionale 75, Barberino di Mugello, Tel. 055 847432, www.villalemaschere.it. Das im 16./17. Jh. errichtete Anwesen mit seinem wunderschönen italienischen Garten verspricht Luxus pur zu entsprechend luxuriösen Preisen. Für ein besonderes Wochenende, an dem man sich fühlen könnte wie die *Medici*.

■ **Il Cavallo**③, Viale della Repubblica, 7, Barberino di Mugello, Tel. 055 8417899, www.hotelilcavallo.it. Das familiengeführte Hotel im Stadtzentrum lässt in vielen Details sein Alter durchscheinen, empfiehlt sich aber wegen seiner Autobahn- (und Outlet-) Nähe als Übernachtungsstopp. Service und Empfang sind aufmerksam und freundlich; das Frühstück können die Gäste auch auf einer kleinen Terrasse hinter dem Haus einnehmen.

■ **La Chiusuraccia**②, Via Le Croci, 3, Galliano/Barberino del Mugello, Tel. 055 8428672, www.lachiusuraccia.it. Der nette Agriturismo 11 km außerhalb von Barberino del Mugello besitzt in freundlichen Farben eingerichtete, einfache Zimmer, einen kleinen Pool im Garten und eine ebenso herzliche wie resolute Chefin, *Stafania*. Auch die bodenständige toskanische Küche ist sehr zu empfehlen.

■ **B&B Il Casale Santamettole**③, Via di Castello 9a, Barberino di Mugello, Tel. 333 5894671, www.casalesantamettole.com. Mit vier Zimmern und einer Suite, individuell und geschmackvoll eingerichtet, bietet dieses umgebaute toskanische Bauernhaus eine wunderbare Unterkunft in ländlicher Umgebung. Das Frühstück, das die beiden Gastgeberinnen servieren, ist üppig, und nach einem langen Tag lockt ein kleiner Pool zur Entspannung.

Corzano③, Via di Maniera, 4, Barberino di Mugello, Tel. 055 841403, www.agriturismocorzano.com. Dieses bezaubernde Bio-Landgut ist sowohl ideal als Standort für die Erkundung der nördlichen Toskana als auch als ländlich-ruhige und erholsame Bleibe.

■ **Badia di Moscheta**②, Via die Moscheta 98, Firenzuola, Tel. 055 8144015, www.badiadimoscheta.it, Mitte Nov. bis Mitte März geschl. Das Apartment und die sechs Doppelzimmer sind nicht gerade todschick, aber die Ruhe neben dem gleichnamigen Kloster im Wald ist fantastisch. Wer gern reitet, findet im Hof nebenan gut ausgebildete Pferde.

■ **Gli Orzali**②, Via Contessalina 991, Firenzuola, Tel. 055 819761, www.gliorzali.it. Zimmer, eine Suite und Wohnungen in renovierten historischen Bauernhäusern 2 km südöstlich von Firenzuola. Zum Anwesen, dessen Räume teils mit antiken Möbeln ausgestattet sind, gehört das ebenfalls empfehlenswerte **Restaurant Il Sagramoso,** einige Hundert Meter entfernt.

■ **La Rocca**②, Piazza Agnolo 3/4/5, Firenzuola, Tel. 055 8109009, www.laroccaristorante.net. Drei freundlich eingerichtete Gästezimmer und ein Apartment im Herzen Firenzuolas, dazu ein Restaurant, in dem vor allem die Kunst der *tagliate* gepflegt wird.

■ **B&B Mamma Serena**②, Via Cavour 25, Vicchio, Tel. 347 6265106, www.bbmammaserena.it. Drei zauberhaft nostalgisch eingerichtete Zimmer (ein Einzel, zwei Doppel, zwei Bäder) und die aufmerksamen Gastgeber sorgen in diesem Altstadt-B&B für entspannte Atmosphäre.

■ **Villa Campestri**④, Via di Campestri 19/22, Vicchio, Tel. 055 8490107, www.villacampestri.com. Dieses „Olive Oil Resort", wie sich das Luxushotel in einer ehemaligen Medici-Villa nennt, ist ein eleganter, wenn auch teurer Rückzugsort, in dessen 25 antik möblierten Zimmern die Zeit stillsteht. An Aktivitäten gibt's Olivenölverkostung, Mountainbike-Touren, Trüffeljagd und Massagen unter der weit ausladenden Eiche – natürlich mit Olivenöl.

■ **Locanda Senio**③, Borgo delle Ore 1, Palazzuolo Sul Senio, Tel. 055 8046019, http://www.locandasenio.com. Das Albergho Diffuso in dem mittelalterlichen Ort Palazzuolo bietet Unterkunft in Zimmern und Apartments in mehreren Altstadthäusern sowie exzellente regionale Küche im rustikalen **Restaurant.**

Camping

- **Campeggio Il Sergente,** Via S. Lucia 24, Barberino di Mugello, bei Km 42 an der SS64 zum Passo della Futa, Tel. 055 8423127, www.campingilsergente.it. Grüner, 3 ha großer Platz kurz vor dem Pass in 800 m Höhe. Auch Apartments in Bungalows und Unterkunft in Mobilheimen. Ein Restaurant sorgt für das leibliche Wohl.
- **Campeggio Vecchio Ponte,** Via Costoli, 16, Vicchio, Tel. 055 8448306, www.campingvecchioponte.it, Mitte Mai bis Mitte Sept. Auf dem rund 7 ha großen Platz befinden sich rund 80 Stellplätze. Es gibt einen großen Swimmingpool und diverse Sportangebote.

Essen und Trinken

- **Osteria Tirabaralla**③, Viale IV Novembre 16/20, Borgo San Lorenzo, Tel. 055 8459055, tgl. mittags und abends. Einfache Küche, uriges Ambiente und riesige, perfekt auf den Punkt gegrillte Steaks.
- **Gli Artisti**③, Piazza Angelo Romagnoli 1, Borgo San Lorenzo, Tel. 055 8457707, tgl. 12–15, 19–22 Uhr. Hier sind wahre Kochkünstler am Werk, die traditionelle Spezialitäten in kulinarische Erlebnisse verwandeln.
- **Il Golosone**③, Piazza Cavour, 15, Borgo San Lorenzo, Tel. 055 8458400, tgl. mittags und abends. In der eher fleischlastigen Region erfreut dieses Ristorante mit einer guten Auswahl frischer Fischgerichte, so Baccala oder eine Fischplatte vom Grill. Aber auch Fleischesser kommen auf ihre Kosten, und die Pasta ist selbstverständlich hausgemacht.
- **Passaguai**②, Piazza Garibaldi 2, Borgo San Lorenzo, Tel. 055 8402137, www.passaguaiborgo.it, Mo–Do 10–24, Fr, Sa bis 2, So 10–13, 15–24 Uhr. Bruschette, Schinken- und Käseplatten, einige warme Tagesgerichte und eine exzellente Weinauswahl gegenüber dem Palazzo Pretorio.
- **Vino in Tavola**①, Piazza Dante 22, Borgo San Lorenzo, Tel. 055 8455212, Di–Sa 9.30–14, 16.30–20 Uhr. Schinken hängen von der Decke, der Wein wartet in großen Korbflaschen auf Kunden, und an ein paar Stehtischchen im Freien kann man Crostini, Salate und andere Kleinigkeiten verzehren.
- **Locanda della Colla**②, Via Faentina 69, Borgo San Lorenzo, Tel. 055 8405013, http://locandadellacolla.it, Do–Di 9–18 Uhr, Sommer 8.30–22 Uhr. Fleisch steht ganz oben auf der Speisekarte, und das in üppigen Portionen, denn im Sommer kehren hier zahllose hungrige Biker ein.

Außerhalb

- **Antica Osteria di Montecarelli**①, Via Montecarelli 13, Barberino di Mugello, Tel. 055 8423166, Mittagessen 12–14.30 Uhr. Ein Pranzo in dieser urigen Osteria deckt alle Genüsse des Mugello ab: *ribollita*, Polenta mit Pilzen, *crostini con fegato, focaccia* ... und die Preise sind phänomenal.
- **Pasticceria Martinucci**①, Piazza Cavour, Barberino di Mugello, Tel. 055 8416690, tgl. 6–0 Uhr. Die Pasticceria und Bar unter den Loggia-Arkaden besitzt ein verführerisches Sortiment an Kuchen und Dolci.
- **Il Torrione**②, Via Roma 78, Scarperia, Tel. 055 8468217, tgl. mittags und abends. Korrekte Pizza und einige Pastagerichte sowie Tagliata zu günstigen Preisen. Das Mittagsmenü kostet um 10 €.
- 🌸 **Le Belle Idee**②, Via Filippo Lippi 3, Scarperia, Tel. 055 8430341, auch auf www.facebook.com, tgl. 9.30–15.30 Uhr. Vegetarische und vegane Küche gegenüber dem idyllischen Stadtpark von Scarperia. Hier wird mit sehr viel Kreativität und Liebe gekocht, so etwa Spaghetti mit Rote-Bete-Ragout oder Fusilli mit Gorgonzola und Kakao.
- **Badia di Moscheta**②, siehe „Unterkunft", Mi–So mittags und abends. Die kulinarischen Traditionen im Grenzgebiet von Toskana und Emilia-Romagna bescheren der Speisekarte eine große Auswahl an Fleisch und Wild, dazu auch Trüffel und Pilze. Und das *bisteccha fiorentina* wird nicht durchgebraten, darauf weist ein Schild am Eingang hin.
- **Lido Serena**③, Via Montanara 318, Firenzuola, Tel. 348 4924313, Sommer tgl. mittags und abends.

Das idyllisch 10 km außerhalb Firenzuolas am Fluss bei Scheggianico gelegene Ausflugslokal wird mit viel Enthusiasmus nach den Prinzipien der Slow-Food-Bewegung geführt. Spezialität ist die *ficattolla*, eine Art Focaccia, die hier mit Pancetta angereichert und zu *carne salada* oder einer Käseplatte gereicht wird.

■ **Passo della Futa**②, Passo della Futa, www.passodellafuta.it, Fr–Mi mittags und abends. Die Spezialität, Brathähnchen mit Bratkartoffeln, mag nicht unbedingt toskanisch klingen, aber sie schmeckt in 900 m Höhe richtig lecker!

■ **Albergo Ristorante Il Giogo**②, Passo del Giogo, Tel. 055 848320, www.passodelgiogo.it, Sommer tgl. mittags und abends, Winter Fr–So. Der Wirt widmet sich mit großer Leidenschaft den Wildgerichten, die teils auf Holzkohlen der Vollendung entgegengrillen. Es gibt auch elf einfache, freundliche Gästezimmer.

■ **La Badia di Susinana**③, Palazzuolo sul Senio, Tel. 055 8046630, www.badiadisusinana.it, tgl. mittags und abends. Das große Landgut vermietet Zimmer und Apartments verschiedener Kategorien. Lohnenswert ist auf jeden Fall ein Besuch im Restaurant, in dem bäuerlich-regionale Küche mit Schwerpunkt Wild den Ton angibt.

■ **Osteria il Rifugio**②, Via del Borgo 7, Castagno d'Andrea, San Godenzo, Tel. 055 8375055, tgl. mittags und abends. Das rustikale Restaurant ist vor allem wegen seiner großzügigen Portionen beliebt. Manchmal gibt es *ravioli di castagne* (Kastanienravioli), eine lokale Spezialität.

Chiesa di San Martino in Vicchio

Nachtleben

■ **L'Orologio,** Piazza Cavour 9, Borgo San Lorenzo, Tel. 055 8457942, www.orologiocaffe.com. Tagsüber ein gemütliches Café, Freitag- und Samstagabend heizen DJs mit House und Alternative bis 2 Uhr morgens ein.

■ **Bahia Caffè,** Barberino di Mugello/Lago di Bilancino, Tel. 338 3927974, www.bahiacafe.com. Tagsüber Beachbar mit Tretboot- und Kanuverleih, abends und nachts Partystrand mit DJs, Drinks und Themenpartys.

Verkehr

■ **Autobus:** Die Gesellschaft Autolinee Mugello Valdisieve (AMS, www.amvbus.it) verbindet die Ortschaften in einem dichten Netz untereinander und mit Florenz (Bahnhof SMN). Man beachte den stark eingeschränkten Verkehr am Wochenende; die Fahrkartenpreise sind in 10-km-Schritten gestaffelt (bis 10 km 1,30 €, bis 20 km 2,30 €, bis 30 km 2,80 €, bis 40 km 3,30 €, jeweils einfache Fahrt, an Bord gekaufte Billets 0,70 € teurer).

Feste

■ **Cantà Maggio,** in der ersten Maiwoche in Barberino di Mugello; ein knallbuntes, lustiges Maifest mit Folkloreveranstaltungen, Imbissständen und dem Palio, den Wettkämpfen zwischen einzelnen Ortsteilen mit Fassrollen, Sackhüpfen, Bogenschießen und Pferderennen (www.cantamaggiobarberino.it).

■ **Sagra delle Castagne,** an den Oktobersonntagen in Marradi und San Godenzo mit Verkaufsständen, an denen man Maronenspezialitäten verkosten kann, Volksmusik und Kinderprogramm.

Einkaufen

■ **Barberino Designers Outlet,** Via Meucci, Barberino di Mugello, Tel. 055 842161, www.mcarthurglen.com, Mo–Fr 10–20, Sa/So 10–21 Uhr. Von Adidas über Cavalli und Dolce bis hin zu Yamamay sind hier die meisten großen Modemarken mit Schnäppchenangeboten vertreten.

Aktivitäten

■ Im Sommer finden regelmäßig **Führungen zum Thema Liberty-Stil** in Borgo San Lorenzo statt: der **Itinerario Liberty.** Dabei besucht man u.a. Kirchen, das Museum, die Carabinieri-Kaserne (einst das Haus der Faschisten), das Rathaus (das *Tito Chini* 1931 ausstattete) und den Chini-Familiensitz Villino Chini; www.itinerarioliberty.it, Infos über die Touristeninformation.

Parco Aventura Gigante, Via Fiorentina, 276, Vaglia, Tel. 320 3261243, www.parcoavventurailgigante.it, März/April Sa/So 10–19, Mai–Sept. tgl. 10–Sonnenuntergang, Okt./Nov. Sa/So 10–19.30 Uhr, Kinder 10 € (3–5 Jahre), 12 € (6–7 Jahre) 15 € (8–13 Jahre), ab 14 Jahre/Erw. 18 €. Der Hochseilpark gegenüber dem Eingang zur Villa Demidoff hält Parcours mit allen Schwierigkeitsgraden bereit.

Im **Agriturismo La Ripa** (siehe „Unterkunft") haben Kinder jede Menge Unterhaltung beim Keschern oder Angeln im Pieve, beim Esel-Trekking über Wiesen und Felder oder auch beim Traktorfahren mit dem Bauern. Da deutsch gesprochen wird, macht die Verständigung keine Probleme.

■ **Centro Equestre Badia di Moscheta,** siehe „Unterkunft", Tel. 055 8144122. Der Pferdehof hat sich auf die Zucht von Haflingern, *cavalli avelignesi*, spezialisiert. Rund 80 der ebenso robusten wie geduldigen Tiere stehen in den Ställen und können nach Voranmeldung geritten werden. Auch Trekkingtouren in die waldreiche Umgebung werden organisiert.

■ **Mugello in Bike:** Die Mugello-Gemeinden haben verschiedene Radtouren und eine große Mugello-Rundfahrt zusammengestellt und empfehlen auf ihrer Webseite radfreundliche Unterkünfte und Haltepunkte, an denen man sich erfrischen kann. Wer „Punkte" sammeln oder seine Fahrleistung überprüfen möchte, kann dies durch Einloggen an „Totems", elektronischen Messstationen entlang der Strecken, tun (s. Kasten weiter oben); www.mugelloinbike.it.

■ **Golf & Country Club Poggio dei Medici,** Via San Gavino 27, Località Cignano, Tel. 055 84350, www.golfpoggiodeimedici.com. 18-Loch-Platz, 5339–6342 m, Par 72, Greenfee 80 €.

Einsame Landschaften bei Firenzuola – das Mugello fordert seine Bewohner

Abbazia di Vallombrosa | 160	Impruneta | 123
Badia a Coltibuono | 148	Lecchi in Chianti | 149
Badia a Passignano | 140	Loro Ciuffenna | 158
Barberino Val d'Elsa | 127	Mercatale Val di Pesa | 125
Cascia | 159	Montaione | 134
Castelfiorentino | 132	Montevarchi | 157
Castelalfi | 134	Panzano in Chianti | 141
Castellina in Chianti | 146	Parco Nat. Atrezzato di Cavriglia | 162
Castello di Brolio | 148	Pieve di Sant'Appiano | 127
Castello di Meleto | 148	Radda in Chianti | 146
Castelnuovo Berardegna | 150	Rocca Ricciarda | 162
Cavriglia | 157	San Casciano Val di Pesa | 125
Certaldo | 131	San Donato in Poggio | 141
Chianti-Skulpturenpark | 149	San Giovanni Valdarno | 154
Convento San Vivaldo | 133	San Gusmè | 150
Gambassi Terme | 133	Tavarnelle Val di Pesa | 126
Greve in Chianti | 138	Volpaia | 147

2 Chianti, Val di Pesa, Val d'Elsa, Valdarno

Eine Bilderbuchlandschaft mit grünen Hügeln und Klöstern, Villen und Burgen, Weinspalieren und Zypressen

◁ Das Castello di Sonnino bei Montespertoli

CHIANTI, VAL DI PESA, VAL D'ELSA, VALDARNO

W ohl kein italienischer Begriff hat im Deutschland der 1950er Jahre

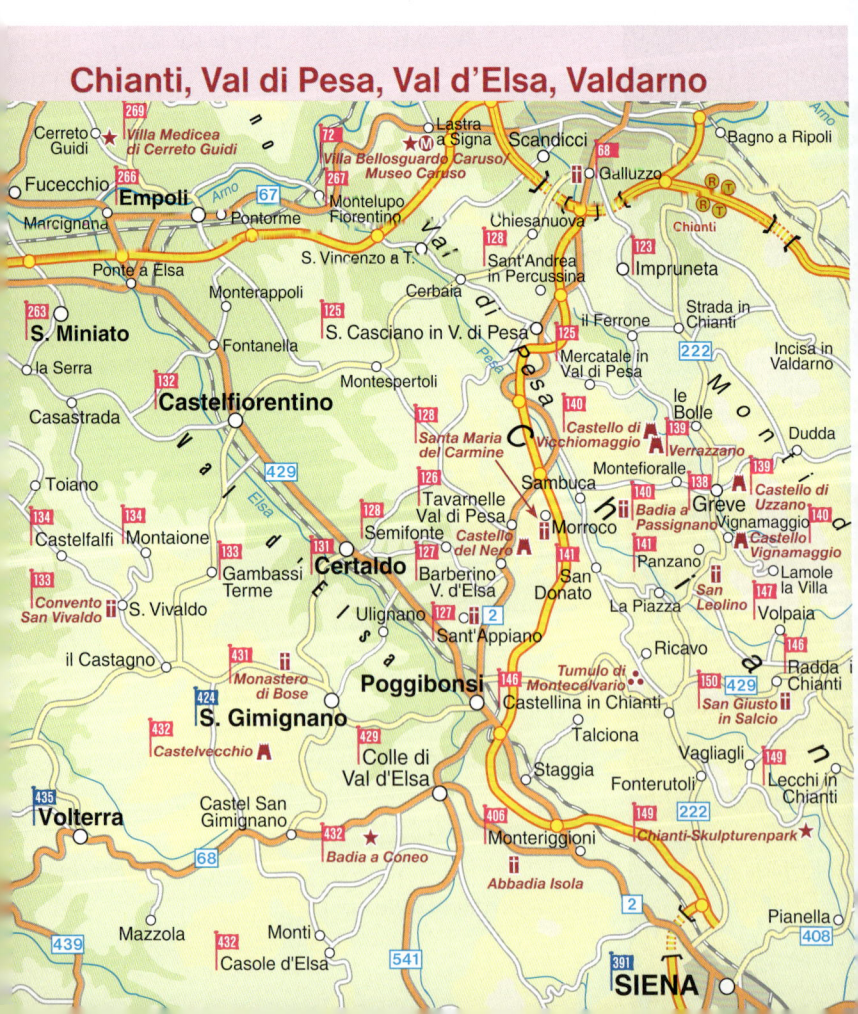

Chianti, Val di Pesa, Val d'Elsa, Valdarno

so sehnsuchtsvolle Urlaubsfantasien geweckt wie „Chianti" (außer vielleicht „Capri" mit seiner blutroten Sonne): Weinberankte Terrasse, bauchige Bastflasche, eine Gitarre, weite Landschaftswellen mit Rebspalieren, Zypressenfinger, die in den blauen Himmel stechen, goldgelb und ocker leuchtende Dörfer, Abteien und Burgen.

Der Chianti erstreckt sich südlich und westlich von Florenz, ist allerdings eine nicht klar geografisch abgrenzbare Region. Fast ein Drittel der Toskana kann als „Chianti" bezeichnet werden, wo eben auch der dort angebaute Wein die Bezeichnung verdient. Dabei ist das Gebiet wie zerfasert, teilweise wie Inseln um den Kernchianti herum angeordnet, den man bereits 1716 als Anbaugebiet definiert hatte. 1932 kamen dann die Unterzonen hinzu, die Kernzone wurde um den Chianti Classico und drumherum um die Gebiete von Arezzo, Pisa, Siena, Florenz, Rufina und Montalbano erweitert. Letzter „Gebietserwerb" war 1996 die Gegend um Montespertoli.

Die Täler um die Flüsse Pesa und Elsa – **Val di Pesa** und **Val d'Elsa** zwischen Siena und Florenz – waren wichtige

NICHT VERPASSEN!

- **Certaldo:** *Boccaccios* Geburtsstadt | 131
- **Convento San Vivaldo:** Nachbau des heiligen Berges mit tollen Terrakotte | 133
- **Greve in Chianti:** Schinkenverkostung mit Wein | 138
- **Chianti-Skulpturenpark:** Kunst in der Landschaft | 149
- **Abbazia di Vallombrosa:** Mutterkloster im Wald | 160

Diese Tipps erkennt man an der gelben Hinterlegung.

Handelswege von Süden nach Norden und mit Burgen hoch gesichert, um bei den Händeln zwischen den beiden Städten die jeweilige Konkurrenz auszuschalten und um Raubrittertum und Bandenüberfällen entgegenzuwirken. Nach Osten begrenzt jenseits der Monti del Chianti (Chianti-Berge) der Fluss Arno den Chianti. Am Monte Falterona nördlich von Stia im Casentino entspringend, fließt er zunächst nach Südosten, um noch nördlich von Arezzo nach Westen abzubiegen und sich schließlich entlang des **Valdarno,** des oberen Arno-Tales, Richtung Nordwesten auf Florenz zuzubewegen. Er umrundet damit fast vollständig den Gebirgsrücken des Pratomagno mit seiner unverfälschten Natur. Breit ist das Valdarno, mit der inmitten des Tales verlaufenden Autobahn A1 perfekt an den Norden und Süden Italiens angebunden und eines der wichtigsten Industriegebiete der Toskana mit Stahlwerken und Tagebau für Mineralien und Kohle. Die in die Landschaft gerissenen Wunden (besonders um Santa Barbara herum) sind ein wahrer Kontrapunkt zur sonst, auch in der unmittelbaren Umgebung, sich lieblich gebenden Toskana.

Ursprünglich waren die Hügel des Chianti mit dichtem **Wald** bestanden. Nur vereinzelt hatten die Etrusker ihn gerodet, um Getreide oder Wein zu ziehen. Im frühen Mittelalter war der Weinanbau dann wohl mehr oder weniger vergessen, und erst um das Jahr 1000 mit der Gründung zahlreicher Klöster und ihren sinnenfrohen Mönchen begannen die vehemente Kultivierung der Landschaft und der **Weinanbau** im großen Stil.

Die Herren aus Florenz übernahmen schließlich die Organisation in der Region zwischen ihrer Stadt und dem Dauerrivalen im Süden – Siena. Um diesem Paroli zu bieten, schuf Florenz die **„Lega del Chianti"**, die nicht nur landwirtschaftliche Aufgaben zu erfüllen hatte. Mit Waffen aus der Arno-Stadt gerüstet, sorgte sie für die Verteidigung der angestammten Gebiete. Auf ihrem Banner trug die Liga den schwarzen Hahn auf goldenem Grund vor sich her, den **„Gallo Nero"**, seit 1924 das rechtlich geschützte Symbol, das nur Weinen aus dem Chianti Classico zusteht. Weinproduktion und -vertrieb waren in der Toskana ja schon immer Big Business und streng reglementiert. So kamen die Florentiner Wirtschaftsweisen an einem 20. Juli mit dem Capitano del Popolo und der Priorità zusammen und bestimmten den Preis für ein Achtel Wein auf 8 Denare kurz nach der Ernte und auf 10 Denare für den Rest des Jahres – *anno domini* 1285.

Die Überlandstraße SR222 von Florenz direkt in den Süden und mitten durch den Chianti Classico ist die bekannteste **Weinstraße** der Toskana, die **Chiantigiana**. Sie endet nach 65 km in Siena. Ansonsten ist es müßig, Empfehlungen für außerordentlich szenenreiche Straßenabschnitte auszusprechen. Die Routen im gesamten Kernchianti sind durchweg mit herrlichen Ausblicken auf die Hügellandschaft und die Weinberge gesegnet. Und die touristische Infrastruktur mit Hotels, Pensionen, B&Bs, Restaurants, Weinlokalen und Dorfkneipen ist überall ausgezeichnet.

Abseits der Hauptrouten verbindet die **landschaftlich schöne Strecke SP85** den Valdarno – bei San Giovanni Valdarno beginnend und über Reggello, Vallombrosano und den Passo della Consuma – mit Bibbiena im Casentino. Dichte Wälder, das Kloster Vallombrosa und tolle Sicht belohnen die kurvenreiche Fahrt.

◁ Der Klassiker der italienischen Mobilisierung: Fiat 500 (das Original)

Impruneta

■ 275 m üNN, 14.500 Einw., Florenz 10 km

Wer Häuschen und Gärtchen hochwertig ausstatten will, der kommt um Impruneta nicht herum. Die Kunst des **Töpferns** ist hier eine Jahrhunderte währende Tradition, und besonders die Bodenfliesen genießen Weltruhm. Dass es außerdem reizvoll in der Hügellandschaft liegt, tut dem Tourismus keinen Abbruch.

Am großzügigen Hauptplatz Piazza Buondelmonti steht die wichtigste Sehenswürdigkeit, das Heiligtum **Santa Maria all'Impruneta**. Die Gründungslegende besagt, man habe im Mittelalter mehrfach versucht, in der Umgebung eine Kirche zu errichten, doch was tagsüber gebaut wurde, verfiel über Nacht.

✿ Die Highlights für Kinder

- Aussichtsturm **Torre del Chianti** bei **San Casciano** in Val di Pesa | 125
- **Fiera di San Luca** – Fest des Stadtheiligen mit vielen kindgerechten Attraktionen im September in **Impruneta** | 131
- **Convento San Vivaldo** – Ölbergszenen plastisch dargestellt (für Kinder, deren Eltern passende Geschichten erzählen können) in **Certaldo** | 133
- Badegumpen **Pozze di Lecchi** – im Wald bei **Lecchi** nahe Castellina di Chianti | 149
- **Paläontologisches Museum** mit Skeletten aus der Urzeit in **Montevarchi** | 158

Schließlich lud man das Baumaterial auf einen Ochsenkarren und suchte eine neue Stelle, da fingen die Tiere plötzlich zu scharren an und legten ein Marienbild frei. Es soll aus den Händen des Evangelisten *Lukas* stammen. Ursprünglich stand hier ein 1060 geweihter, romanischer Vorgängerbau (und zu etruskischen Zeiten ein Wasserheiligtum). Über die Jahrhunderte wurden zahlreiche Veränderungen vorgenommen. Der hohe rechte Turm kam im 13. Jh. hinzu, das fünfbogige Portal hat man dem Heiligtum 1634 vorgebaut, um sich bei der wunderwirkenden Madonna für den Schutz vor einer Pestepidemie zu bedanken. Der kurze Uhrenturm ist ein Ergebnis des Umbaus im 18. Jh. 1944 fiel die ganze Anlage Bomben zum Opfer und wurde nach Ende des Krieges rekonstruiert. Innen birgt das im Stil der Renaissance wiederaufgebaute einschiffige Gotteshaus mit offenem Dachgestühl eine Orgel aus dem 16. Jh. Der zweite Seitenaltar rechts zeigt ein Werk von *Passignano* (Mariä Geburt, 1602). Der Tempelaltar linker Hand birgt das wundertätige Marienbild.

■ **Basilica di Santa Maria all'Impruneta,** Piazza Buondelmonti 28, Tel. 055 2011072, www.basilicaimpruneta.org, 7.30–11.30, 16.30–19, Winter 7.30–11.30, 16–18 Uhr (bei Messen keine Besichtigung).

In der **Schatzkammer** ist der Kirchenschatz ausgestellt, darunter Manuskripte aus dem 14. Jh. und zahlreiche Votivtafeln aus Terrakotta.

■ **Museo del Tesoro,** Piazza Buondelmonti 28, Tel. 055 2036408, Sa/So 9–13, 16–19, Winter 9–13, 15–18 Uhr.

Zahlreiche Firmen im und um das Städtchen stellen **Keramik** her – als Manufakturen, aber durchaus auch in industriellem Rahmen. Dass die Terrakotta-Produkte einen so guten Ruf genießen, liegt an dem speziellen Ton, den man hier abbaut. Der hohe Oxidgehalt macht ihn besonders frostfest, was ihn zum bevorzugten Baumaterial für z.B. Terrassen werden ließ. Bekanntester Auftraggeber war wohl *Brunelleschi,* der bei den Imprunetini die Dachziegel für seine Florentiner Domkuppel bestellte. Heute sind es eher Werke der Gartengestaltung, die ihre Käufer finden, vom überdimensionalen Pflanzkübel bis zur lasziv sich auf dem Rasen räkelnden Venus. Nicht nur erwerben, sondern auch bei der Herstellung zuschauen kann man z.B. bei **Fornace Masini,** die vornehmlich Nützliches für den Garten herstellen: Dekorative, bauchige Ölkrüge, Vasen, Blumentöpfe, ohne oder mit aufgesetzter dekorativer Ornamentik oder eingeschnittenen Mustern. **M.I.T.A.L.** ist besonders für seine Figuren bekannt, die Gärten den klassischen Kick geben sollen – vom römischen Senator über die Aphrodite bis zur Sphinx. Handgeformte Bodenfliesen bei **Poggi Ugo** sind unverschämt schwer, unverschämt schön und … teuer. Sie wiegen bis zu 60 kg pro m^2.

■ **Fornace Masini,** Via delle Fornaci 57/59, Tel. 055 2011683, www.fornacemasini.it; **M.I.T.A.L.,** Via di Cappello 31, 055 2011414, www.terrecottemital.it; **Poggi Ugo,** Via Imprunetana per Tavarnuzze 16, Tel. 055 2011077, www.poggiugo.it.

▷ Florentiner zieht es nach San Casciano

■ **Chianti Village Morrocco**②-③, Strada 36, Tavarnelle (4 km außerhalb im Osten), Tel. 055 805 9418, www.chiantivillage.com. Neue, modern gestaltete Apartmentanlage (56 Einheiten) mit gepflegtem Garten und Terrassenrestaurant, eigenes Kfz notwendig.

🌿 **Agriturismo Villa Spoiano**③, Strada Spoiano 2, Tavarnelle, Tel. 055 8077313, www.toskanaholidays.com. Eine Medici-Villa und die umliegenden Bauernhäuser als komfortabler, mit historischem Mobiliar ausgestatteter Agriturismo mit Doppelzimmern und Apartments. Das etwa 2 km südlich von Tavarnelle gelegene Anwesen ist ein idealer Standort für Touren durch das Chianti und bietet mit Pool und Restaurant allen Komfort. In der Küche finden fast ausschließlich Bio-Produkte aus eigenem Anbau Verwendung.

■ **Ostello del Chianti**①, Via Roma 137, Tavarnelle, Tel. 055 8050265, www.ostellodelchianti.it, März–Okt. 82 Schlafplätze in Doppel-, Vier- und Sechsbettzimmern, teils mit eigenem Bad. Erreichbar mit SITA-Bus ab Florenz. Das Haus wirkt nicht gerade anheimelnd, ist aber funktional und sauber und ein guter Ausgangspunkt für Touren sowohl nach Florenz wie auch nach Siena.

■ **Castello di Gabbiano**④, Via di Gabbiano 22, Mercatale Val di Pesa, Tel. 055 821053, www.castellodigabbiano.com. Elf Zimmer und fünf Apartments mit langer Geschichte – in hochherrschaftlichem Ambiente kann der Gast sich hier fühlen wie ein Medici-Fürst. Zum Freizeitangebot gehören Weintouren durch den Chianti und Kochkurse im schlosseigenen Restaurant.

■ **Villa S. Andrea**③, Via Fabbrica 63, 11 km südlich von San Casciano, Tel. 055-8244254, www.villasandrea.com. Das Weingut thront dramatisch auf einer Hügelkuppe und eröffnet faszinierende Panoramablicke über das Badia-Tal. Zwei der drei historischen Villen, die vermietet werden, sind in Apartments aufgeteilt. Ein Pool steht zur Verfügung.

■ **B&B La Fonte del Machiavelli**②, Via Scopeti 54, San Casciano in Val di Pesa, Tel. 055 8249598, www.lafontedelmachiavelli.com. Die sechs Doppelzimmer in einem Landgut, das *Machiavelli* gehört haben soll, sind nicht sehr groß, aber freundlich eingerichtet. Auf der Terrasse wird ein für italienische Verhältnisse üppiges Frühstück serviert. Ein Pool komplettiert das Angebot.

Camping

■ **Camping Semifonte**①, Via Ugo Foscolo 4, Barberino Val d'Elsa, Tel. 055 8075454, www.semifonte.it, April–Sept. Der Platz rund 4 km südlich von Tavarnelle eignet sich wegen der steilen Terrassen weniger für Campmobilfahrer. Wer aber sein Zelt auf einem der 75 Stellplätze mit Blick über das Val d'Elsa aufbaut, wird das schöne Panorama zu schätzen wissen. Zur Anlage gehören Spielplatz, Pool und ein Laden mit Lebensmitteln.

Essen und Trinken

Außerhalb

■ **Osteria l'Antica Quercia**②, Via S. Appiano 33, Localita S. Appiano, Barberino Val d'Elsa, Tel. 055 8075281, www.osteriaanticaquercia.it, Mi–Mo mittags und abends. Pizza und toskanische Spezialitäten mit Fernsicht – die Terrasse der Osteria blickt von einem Hügel weit übers Land. Vor allem *affettato misto*, die gemischten Vorspeisen, sind zu empfehlen.

■ **Il Campanellino**③, Via Vittorio Veneto 36, Barberino Val d'Elsa, Tel. 055 8075770, http://osteriailcampanellino.it, mittags und abends. Allem voran zählt hier das fantastische Landschaftspanorama – so wie man sich die Toskana vorstellt. Auf der Speisekarte finden sich auch speziellere Gerichte wie Carpaccio von der Kalbszunge oder toskanische *bicci* mit einem Ragout vom Chianina-Rind sowie verschiedene Zubereitungen der beliebten *tagliata*.

■ **Antica Fiaschetteria del Chianti**③, Piazza Pierozzi 24, San Casciano in Val di Pesa, Tel. 055 820 314, www.anticafiaschetteriadelchianti.it, tgl. mit-

tags und abends. Eine große Auswahl an Crostini, einige Pasta- und Fleischgerichte, natürlich alles hausgemacht und von sehr guter Qualität. Mittags wird ein preisgünstiges Menü angeboten.

■ **Trattoria Pontenuovo**②-③, Località Pontenuovo, Tavarnelle, Tel. 055 8070148, www.ristorantepontenuovo.com, tgl. mittags und abends. Auf Fisch und Wild spezialisiertes Lokal mit Freisitz und abends auch Pizza aus dem Holzofen.

■ **Trattoria Da Pordo**②, Via Valigondoli 50, San Casciano in Val di Pesa, Tel. 055 821038, www.trattoriadapordo.com, Mi, Do mittags, Fr–So mittags und abends. Gemütliche Trattoria mit schnörkelloser Küche; Huhn und Kaninchen vom Grill zählen zu den Spezialitäten, ebenso Gerichte mit Steinpilzen und toskanische Vorspeisen.

■ **La Barracchina**②, Via degli Scopeti 199, Sant' Andrea in Percussina, Tel. 055 8229600, www.trattorialabaracchina.it, Di–So mittags und abends. Die rustikale Ausflugsgaststätte blickt auf eine lange Geschichte zurück. Angefangen hat sie als kleiner Schuppen, in dem es ein paar Gerichte für Florentiner Ausflügler gab. Heute stehen *pappardelle al cinghiale* und *tortelli di patate* auf der Karte, und natürlich mehrere Varianten des *bistecca fiorentina*.

■ **L'Albergaccio**③, Via degli Scopeti 64, Sant'Andrea in Percussina, Tel. 055 828471, www.villamachiavelli.it, Di–So 19–23, So auch 12–15 Uhr. Feine toskanische Küche in einem eleganten Rahmen, der nicht steif wirkt – Machiavelli soll hier schon Stammgast gewesen sein. Ob er sich damals auch an feinsten *crostini al fegato* oder *salsiccia e fagioli* delektiert hat? Die Speisenauswahl ist klein, und was serviert wird, schmeckt wirklich vorzüglich. Die Weine kommen vom hauseigenen Gut.

Verkehr

■ **Bus:** Busse der Autolinee Chianti Valdarno verbinden die größeren Orte wie Impruneta oder San Casciano untereinander und mit Florenz. Von Florenz über Galluzzo und San Casciano nach Tavarnelle werktäglich im Stundentakt mit Buslinie 368 (Galluzzo 15 Min., Casciano 35 Min., Tavarnelle 55 Min., etwa 2,30/2,80/3,30 €), von Florenz über Galluzzo nach Impruneta werktags stündlich mit Buslinie 366 (40 Min., um 2,80 €), von Florenz über Casciano und Tavarnelle nach Barberino mit Buslinie 370 (1 Std., um 3,30 €); www.acvbus.it.

Feste

■ **Weinfest** mit Tradition (seit 1926, La Festa dell' Uva) am letzten Sonntag im Sept. in Impruneta, www.lafestadelluva.it.

🦋 **Fiera di San Luca** in Impruneta, eine lange Woche Mitte Okt. zu Ehren des Stadtheiligen mit Jahrmarkt, Luna Park, Umzügen und viel Musik.

Einkaufen

🦋 **La Spinosa,** Piazza Barberini 3, Barberino Val d'Elsa, Tel. 055 8075413, www.laspinosa.it, Sommer tgl. 9–19 Uhr. Im Laden der Kellerei La Spinosa werden Bio-Weine verkostet und verkauft. Nach Voranmeldung können Besucher auch die Kellerei in der Via Le Masse 15 besichtigen.

■ Do vormittags erlebenswerter **Markt in Tavarnelle** auf der Piazza Matteotti.

■ **Forno Giotto,** Via Volterrana 275, Chiesanuova (10 km nordwestlich von Impruneta), Tel. 055 824 2220. Wer in dieses verschlafene Nest kommt, will nur eines: eine ofenwarme *schiacciata,* von *Piero Poggiantis* flinken Händen nach Kundenwunsch mit Schinken, Salami oder Pancetta belegt. Denn in dessen unscheinbarem Forno gibt es die vermutlich beste *schiacciata* rund um Florenz.

Aktivitäten

■ **Golfclub Ugolino,** Via Chiantigiana p. Strada 3, Impruneta, Tel. 055 2301009, www.golfugolino.it. 18-Loch-Platz, Par 72, 4994–5676 m, Greenfee 80–95 €.

« Im Museum Palazzo Pretorio von Certaldo

‹ Blick vom Turm über die mittelalterlichen Gassen Certaldos

Certaldo

■ 70 m üNN, 16.000 Einw., Florenz 46 km

Die anmutigen Landschaften des Val d'Elsa im westlichen Chianti sind nicht alleine den Weinreben vorbehalten, hier kultivieren die Bauern auch Getreide und Oliven. Schönster Ort ist Certaldo Alto, das oberhalb bewaldeter Hügelflanken über seiner modernen Neustadt thront. Hinter roten Ziegelmauern hat *Boccaccio* das Licht der Welt erblickt.

Die Unterstadt ist über eine Standseilbahn (50 Höhenmeter) mit der überschaubaren Oberstadt verbunden. Von der oberen Station bei der Porta Alberti ist es dann auch nur ein Katzensprung zur **Casa Boccaccio,** dem nach Zerstörungen im Zweiten Weltkrieg rekonstruierten Geburtshaus des Dichters. Die italienisch beschrifteten Exponate illustrieren das Leben seiner Zeit, Manuskripte sind ausgestellt, eine Bibliothek und die nationale Forschungsstelle zu seinem Werk angeschlossen.

UNSER TIPP: Den **Turm** darf man besteigen und die Aussicht über die Toskana genießen.

■ **Casa Boccaccio,** Via Giovanni Boccaccio 2, Tel. 0571 656721, www.comune.certaldo.fi.it, 9.30–13.30, 14.30–16.30 Uhr, Winter Di geschl., 4 € mit Palazzo Pretorio, 6 € mit Palazzo Pretorio und Museo d'Arte Sacra.

Die Via Boccaccio nach Osten gehend, passiert man linker Hand die **Kirche Santi Jacopo e Filippo,** in der eine marmorne Grabplatte in der Mitte des Kirchenschiffs auf die Gebeine *Boccaccios* verweist – ein Zenotaph, denn die sterblichen Überreste sollen unter der weißen Fliese daneben ruhen. Direkt benachbart ist das **Museum für Sakralkunst** im ehemaligen Augustinerkloster aus dem 15. Jh. untergebracht. Neben Gemälden vom 12. bis zum 16. Jh. sind Skulpturen, kostbare Brokate und wertvolles liturgisches Gerät aus den Kirchen der Umgebung zu sehen. Man beachte u.a. das hölzerne Kruzifix (erste Hälfte 13. Jh.) aus der Kirche San Petro in Petrognano und das Triptychon „Madonna mit dem Kind, Petrus und Romulus" (1320) von *Ugolino di Nerio*.

■ **Museo d'Arte Sacra,** Piazza dei Santi Jacopo e Filippo 2, Tel. 0571 688054, April–Okt. 9.30–13.30, 14.30–16.30 Uhr, 3 €, 6 € mit Casa Boccaccio und Palazzo Pretorio.

Am Ende der Via Boccaccio steht der – ursprünglich zwischen 1117 und 1164 für die *Conti di Alberti* errichtete – ehrwürdige **Palazzo Pretorio** mit dem Stadtmuseum. Seine Fassade, den Tordurchgang und den Innenhof schmücken Familienwappen, darunter viele farbig und glasiert aus der Werkstatt der *della Robbia*. Auch das in Blau, Gelb und Grün gehaltene Herrschaftszeichen der *Medici* ist darunter. Durch den eindrucksvoll freskierten Innenhof mit Ziehbrunnen gelangt man in die ehemaligen Amtsräume der Florentiner Statthalter, die ebenfalls Fresken verzieren, darunter die detailliert gearbeitete und gut erhaltene „Ungläubigkeit des heiligen Thomas", wahrscheinlich von *Pier Francesco Fiorentino* (1490). Die Ausstellung umfasst auch die Wohnräume der Statthalter, die Kapelle San Tommaso mit Fresken aus dem 15. Jh. von *Benozzo Gozzoli* und einen idyllischen Garten, in dem ein japanisches Teehaus steht. 1993 hat es die japanische Schwestergemeinde Nagasawa gestiftet. Abschließend sollte man zu den Aussichtsterrassen der beiden Türme, Torre Grande und Orologio, aufsteigen.

■ **Museo Palazzo Pretorio,** Piazzetta del Vicariato 3, Tel. 0571 661219, www.comune.certaldo.fi.it, 9.30–13.30, 14.30–16.30 Uhr, Winter Di geschl., 4 € mit Casa Boccaccio, 6 € mit Casa Boccaccio und Museo d'Arte Sacra.

Castelfiorentino

Castelfiorentino (50 m üNN, 17.800 Einw.), 9 km nordwestlich von Certaldo, blickt ebenfalls auf eine lange Vergangenheit zurück. An der Furt über die Elsa stieß die Handelsstraße, von Volterra kommend, auf die Pilger- und Handelsstraße Via Francigena – den Frankenweg von Canterbury/England nach Rom. Als Florenz gegen die Sieneser bei Montaperti 1260 seine vernichtende Niederlage erlitt, wurde nach Verhandlungen in Empoli in Castelfiorentino der Friedensvertrag geschlossen.

Westlich der Elsa liegt die gänzlich uninteressante Neustadt, aber auch die Altstadt am östlichen Ufer ist eher enttäuschend. Gäbe es nicht zwei Museen und die romanische Pieve dei Santi Ippolito e Biagio, die den Ort malerisch auf ihrem Hügel überragt, könnte man auf einen Besuch verzichten. Das **Museum Benozzo Gozzoli** 50 m vom Bahnhof (Parkmöglichkeit) widmet sich einzig dem gleichnamigen Renaissancemaler. Die ausgestellten Fresken wurden in Kirchen, Kapellen und Oratorien der Umgebung abgenommen und konserviert. Ein Tabernakel stammt aus der Kapelle Madonna della Tosse auf dem Weg nach Castelnuovo d'Elsa, zu dem die Menschen wallfahrten, wenn ein Familienmitglied an Keuchhusten erkrankt war (*tosse* = Husten). Das Tabernakel der Heimsuchung aus dem Bischofspalast von Volterra zeigt Szenen aus dem Leben Marias.

■ **Museo BEGO – Benozzo Gozzoli,** Via Agostino Testaferrata 31/33, Tel. 0571 64448, www.museo benozzogozzoli.it, Mo/Fr 9–13, Di/Do 16–19, Sa/So 10–12, 16–19 Uhr, 3 €, mit dem Museo d'Arte Sacra Santa Verdiana 4 €.

UNSER TIPP: Die Künstlerliste der ausgestellten Werke im kleinen, feinen **Museum für Sakralkunst** im Santuario Santa Verdiana 500 m südöstlich des Bahnhofs liest sich wie ein Who's who der Renaissance: *Giotto, Taddeo Gaddi, Taddeo di Bartolo, Cimabue, Neri di Bicci* ... Die barocke Basilika des Heiligtums mit dem Grab der heiligen *Verdiana* stammt aus dem 18. Jh., der Glockenturm von 1805. *Verdiana*, um 1178 in Castelfiorentino geboren, pilgerte durch die Welt, kehrte heim, wurde auf eigenen Wunsch in eine Zelle gemauert und starb dort 1242 nach 34 Jahren.

■ **Museo d'Arte Sacra,** Piazza Santa Verdiana, Tel. 0571 64096, Sa 16–19, So 10–12, 16–19 Uhr, 3 €, mit Museo BEGO 4 €.

Die **Pfarrkirche Pieve dei Santi Ippolito e Biagio** wurde 1195 als einschiffiger Sakralbau mit frei stehendem Turm errichtet, im Barock üppig ausgestattet und 1936 in die ursprüngliche Form zurückgebaut. An der Fassade springen – unter dem Giebel eingemauert – sechs mit orientalischen Motiven geschmückte Keramikteller ins Auge. Im Inneren sind Fresken eines unbekannten Meisters der Florentiner Schule erhalten; vor allem der aus seinem Grab auferstehende Christus (1429) an der linken Seitenwand wirkt ungemein intensiv.

■ **Pieve dei Santi Ippolito e Biagio,** 2016 wegen Renovierung geschlossen.

Gambassi Terme

9 km westlich von Certaldo wartet das auf einem Hügel gelegene Gambassi (330 m üNN, 4900 Einw.) mit einer **Heilquelle** und angenehm unaufgeregten Thermaleinrichtungen abseits von Spa, Wellness und Co. Wo Wasser aus dem Boden sprudelte, waren auch Römer, also reicht die Siedlungsgeschichte weit zurück. Die Thermalquellen werden seit dem 14. Jh. wieder genutzt. Mit einer Temperatur von 15 °C gehört die *sorgente minerale di acqua salsa di Pillo* zu den kalten Mineralwässern – es wird getrunken und äußerlich gegen Hautkrankheiten angewandt. Der Kurpark mit dem Thermalgebäude befindet sich im Stadtzentrum.

Convento San Vivaldo

Den heutigen **Konvent** 17 km westlich von Certaldo gründete im Jahr 1300 der den Franziskanern zugehörige heilige *Vivaldo*, der sich hier, wo sich ein verlassenes Kloster befand, in die Einsamkeit zurückzog. Er starb, und sein Körper wurde angeblich in einem hohlen

Kastanienstamm gefunden, was man als Wunder und zum Anlass nahm, das Kloster wieder zu beleben. Der Komplex liegt auf einem Hügel und ist von dichtem Wald umgeben.

Zwischen 1500 und 1515 entstand um den Konvent ein Heiliger Berg (Sacro Monte), die Reproduktion Jerusalems zu Zeiten Christi. Kapellen bezeichnen die einzelnen Stationen der Passion. Von den ursprünglich 34 Kapellen sind heute noch 17 erhalten. Eine jede ist einer bestimmten Begebenheit der Leidensgeschichte gewidmet, die polychrome **Terrakotta-Reliefs** nacherzählen, angefangen beim Sionberg über das Gefängnis, die Kreuzigung bis zum Schweißtuch usw. Man nehme sich Zeit, die Reliefs sind detailreich, ausdrucksstark und können älteren Kindern einen bildhaften Eindruck von diesem zentralen Aspekt christlichen Religionsverständnisses vermitteln. Mehrere stammen übrigens aus der Werkstatt *della Robbia*. Unter den vielen in dieser Zeit erbauten Heiligen Bergen ist San Vivaldo der einzige, dessen Topografie der tatsächlichen Landschaftsformation des damaligen Jerusalem entsprechen soll.

■ **Convento di San Vivaldo,** Via San Vivaldo 11, Tel. 0571 680114, www.sanvivaldointoscana.com, www.comune.montaione.fi.it, Führungen (jede volle Stunde) Mo–Sa 15–19, So 10–19, Winter tgl. 14–17 Uhr, 3,50 €, Einfahrtverbot für Pkw 15–18.30 Uhr.

Certaldo: Zugabe!

■ Das **Museo del Chiodo** in Certaldo, eine Privatsammlung rund um den Nagel und die Holzverarbeitung mit allerlei Beiwerk wie Karikaturen, Bildern und seltsamen Gerätschaften – eine kurzweilige Ausstellung und mit Augenzwinkern zu genießen; Via Boccaccio 35, Palazzo Giannozzi, 9.30–13.30, 14.30–16.30 Uhr, Winter Di geschl., 1 €.
■ **Castelfalfi,** ehemaliges Bauerndorf, umgebaut zur Ferienanlage mit Hotel und einer Menge an Immobilien für Golfer und die, die es werden wollen; Landleben im Süden, wie es sich minderbegabte Architekten und Inneneinrichter vorstellen – ein toskanisches Simulakrum.
■ **Montaione,** Städtchen (350 m üNN, 3700 Einw.) 15 km westlich von Certaldo in leichter Höhenlage, nette Altstadt und Stadtmuseum im Palazzo Pretorio (14. Jh.) mit Ausstellung zur Archäologie und Mineralogie in der Umgebung; Via Cresci 17/19, Tel. 0571 699255, www.visit montaione.com, April–Okt. Mo–Sa 9.30–12.30, Juli/Aug. auch 16–19 Uhr, 1,50 €.

Praktische Informationen

Tourismusinformation

■ **Ufficio Turismo Certaldo,** Certaldo Alto, Via Giovanni Boccaccio 2 (Casa Boccaccio), Tel. 0571 656721, www.comune.certaldo.fi.it, 9.30–13.30, 14.30–16.30 Uhr, Winter Di geschl.; Talstation Seilbahn Juni–Aug. tgl. 10–13, 14.30–18.30 Uhr.
■ **Ufficio Turismo Castelfiorentino,** Via Ridolfi 1 (Bahnhof), Tel. 0571 629049, www.comune.cas telfiorentino.fi.it, tgl. 9–12.30, 15.30–18.30, Winter tgl. 10–12 Uhr.

> In den Häuschen des Konvents San Vivaldo erzählen schönste Terrakotta-Reliefs die Leidensgeschichte Jesu

Unterkunft

■ **Il Castello**③, Via della Rena 6, Certaldo Alto, Tel. 0571 668250, www.albergoilcastello.it. Alle Zimmer des Hotels in Certaldo Alto haben Blick über die Unterstadt und die hügelige Landschaft. Das Haus wird sehr engagiert und familiär geführt, hat aber einen Nachteil – häufig finden hier Workshops und Hochzeiten statt, und dann kann's etwas laut werden. Besser, man stellt bei der Reservierung sicher, dass für den Zeitraum kein Event geplant ist. Dann kann man die wunderbare Aussicht und das hervorragende Essen im Restaurant entspannt genießen.

■ **Camping Panorama del Chianti**①, Via Marcialla 349, Certaldo, Tel. 0571 669334, www.panoramadelchianti.it. Der 2 ha große, terrassierte Platz in aussichtsreicher Hanglage verfügt über 65 Stellplätze. Pool, WLAN und ein kleiner Laden gehören zur Ausstattung.

Außerhalb

■ **Albergo La Pieve**②, Via Orazio Bacci 2, Castelfiorentino, Tel. 0571 546945, www.albergolapieve.it. Das angenehme Mittelklassehotel am Ortsrand von Castelfiorentino bietet seinen Gästen Stadtnähe und ländliche Ruhe. Im Restaurant wird gutbürgerlich gekocht.

■ **Agriturismo Sorbigliana**②, Via Orazio Bacci 55, Castelfiorentino, Tel. 0571 629951, www.aracne.com/sorbigliana. Die sieben Apartments auf dem seit dem 11. Jh. bezeugten Landgut zwischen Castelfiorentino und Montespertoli werden nur wochenweise vermietet und sind eher einfach eingerichtet. Ein kleiner Swimmingpool sorgt für Erfrischung.

■ **La Casa di Cecchina**②, Via dei Praticelli 6, Castelfiorentino, Tel. 0571 633408, lacasadicecchina@katamail.com. Zwei romantisch eingerichtete Doppelzimmer mit eigenem Bad und Gartenzugang am westlichen Ortsrand von Castelfiorentino.

Cipolla di Certaldo

Zwiebeln spielen in der Landwirtschaft des Städtchens eine überragende Rolle. So wichtig ist das Liliengewächs, dass es eine Zwiebel sogar auf das Stadtwappen geschafft hat. Die Rote Zwiebel Certaldos wird in zwei Untersorten geteilt, die eher runde und lilafarbene Sommerzwiebel „Statina" und die eher längliche hellrote Winterzwiebel „Vernina". Beide Sorten haben ein intensives, leicht süßliches Aroma. Neben der Zugabe zu Salaten und der üblichen Verwendung in der Küche ist eine weitere Möglichkeit die Verarbeitung zu Marmelade – eine Art Chutney *(marmellata di cipolle)*, das hervorragend Schinken oder Käse begleitet. Aber auch Salami wird die „Rote Certaldo" beigefügt. Von ihrem Wohlgeschmack berichtete bereits *Boccaccio* (am sechsten Tag in der zehnten Novelle über Fra Cipolla – „Bruder Zwiebel").

■ **Agriturismo Santa Christina**③, Via Volterrana 56, Gambassi Terme, Tel. 0571 638913, www.santachristina.it. Die 13 Apartments dieses 160 ha großen, teils bewaldeteten und teils landwirtschaftlich genutzten Landgutes befinden sich in den Häusern eines ehemaligen Dorfes, sind unterschiedlich groß und komfortabel im italienischen Geschmack ausgestattet. Sie werden nur wochenweise, von Sa auf Sa, vermietet.

■ **Ostello Sigerico**①, Pieve die Santa Maria, Gambassi Terme, Tel. 0571 638242, www.ostellosigerico.it. In der traditionsreichen Pilgerherberge kommen Gäste in Doppel- oder Mehrbettzimmern unter, jeweils mit eigenem Bad. Bettwäsche und Handtücher können gestellt werden. Wer mag, kann im Ostello auch ein einfaches Abendessen einnehmen. Und WiFi gibt es natürlich auch.

■ **Vecchio Mulino**②, Viale Italia 10, Montaione, Tel. 0571 697966, www.hotelvecchiomulino.it. 15 Zimmer in einem einfachen Mittelklassehotel im Zentrum Montaiones, zweckmäßig eingerichtet, etwas Auffrischung könnten sie vertragen. Damit versöhnen aber der fantastische Blick, der freundliche Empfang und die günstigen Preise.

Essen und Trinken

■ **Il Castello**③, Certaldo Alto, tgl. mittags und abends, siehe „Unterkunft".

■ **A Casa Tua**②, Via Boccaccio 24, Certaldo Alto, Tel. 0571 668229, www.ristoranteacasatua.it, Di–So mittags und abends. Ein Restaurant abseits der üblichen Toskana-Klischees: bunt zusammengewürfelte Tische und Stühle in der Gasse, Graffiti an den Wänden und eine kleine, übersichtliche Speisekarte mit verschiedenen Vorspeisenvariationen, hausgemachter Pasta und einigen wenigen Fleischgerichten, darunter feine *bocconcini di pollo frito*. Und alles in frischer und bester Qualität

Außerhalb

■ **Antico Borgo**③, Via Iano 5/9, Montaione, Tel. 0571 698030, www.anticoborgoiano.it, tgl. mittags und abends, im Winter eingeschränkt. Das 3 km südwestlich von San Vivaldo gelegene Restaurant pflegt die Köstlichkeiten toskanischer Kulinarik und besonders Gerichte vom Wildschwein und Pasta mit Trüffel oder Steinpilzen. Im Sommer wird auch Pizza serviert.

■ **I Ciampa**②, Via Chiarenti, 43, Montaione, Tel. 0571 69552, www.iciampa.com, tgl. 11–24 Uhr. Pizzeria und Restaurant in der Altstadt, etwas touristisch, aber die Pizze sind hauchdünn und knusprig, und auch das Angebot an toskanischen Gerichten lässt nichts zu wünschen übrig. Man bemüht sich allerdings kaum um saisonale oder irgendwie originelle Küche.

■ **Il Focolare**②, Via San Vivaldo 7, San Vivaldo, Tel. 0571 69498, http://ristoranteilfocolare.me,

Sommer tgl. 18.30–22, Sa/So auch 11.30–14.30 Uhr, Winter nur Sa/So 11.30–14.30, 18.30–22 Uhr. Ein Familienbetrieb par excellence, inzwischen geführt von Sohn *Daniele,* der die toskanischen Traditionsrezepte seiner Eltern behutsam, aber nicht aufdringlich modernisiert. Sowohl seinem *bistecca fiorentina* als auch der feinen *ribollita* bekommt das gut. Köstlich die saisonalen Speisen wie hausgemachte Tagliatelle mit Brennnesselpesto und Nüssen oder *frittelle di fiori d'acacia,* ausgebackene Akazienblüten.

Verkehr

■ **Bahn:** Bahnhof Certaldo, Piazza Masini, an der Strecke Florenz–Siena, halbstündlich Verbindungen nach Florenz Stazione SMN (um 60 Min., um 6 €) und Siena (um 40 Min., um 4,50 €).
■ **Bus:** Piubus Nr. 33/34 mehrmals täglich von Castelfiorentio nach Montaione, Gambassi Terme, Certaldo und Empoli (Montaione–Castelfiorentino 30 Min., Castelfiorentino–Certaldo 15 Min., Castelfiorentino–Gambassi 20 Min., Billets 2,50–3 €); www.piubus.it.
■ **Parken:** Die Altstadt ist verkehrsberuhigt, Touristenfahrzeugen ist die Auffahrt verboten; Piazza Macelli (600 m südwestlich der Talstation), kostenfrei; Via della Mura, zwei Gehminuten von der Altstadt entfernt(Anfahrt über die Strada Panoramica, 1 €/Std.).
■ **Standseilbahn Funicolare di Certaldo,** Piazza Boccaccio, alle 15 Min. Juni–Aug. tgl. 7.30–1, Mai/Sept. Mo–Mi 7.30–19.30, Do–So 7.30–1, Winter tgl. 7.30–19.30 Uhr, hin und her 1,50 €.

Feste

■ **Mercantia:** Certaldo Alto ist fünf Tage Mitte Juli Schauplatz eines Mittelaltermarkts mit Straßentheater- und Showaufführungen (www.mercantia certaldo.com)

■ **Boccaccesca:** Certaldo präsentiert am ersten Oktoberwochenende seine kulinarischen Besonderheiten wie die *cipolla di Certaldo* mit Verkostungen lokaler Agrarprodukte und Weine in der Oberstadt (www.boccaccesca.it).

Einkaufen

■ **Artesia Ceramica,** Via G. Boccaccio 35, Certaldo Alto, Tel. 0571 663244, www.artesiaceramica.it. *Monica Lazzerini* und *Cinzia Orsi* fertigen in ihrem Atelier Keramiken nach traditioneller toskanischer Methode und althergebrachten Motiven an. Besucher können bei der Arbeit zusehen, die verschiedenen Schritte des Produktionsprozesses nachvollziehen und die wunderschönen Stücke natürlich auch käuflich erwerben.

Aktivitäten

■ **Golfclub Castelalfi,** Tenuta Castelalfi, Montaione, Tel. 0571 890200, www.castelfalfi.it. 18-Loch- und 9-Loch-Platz, 18-Loch-Platz Par 73, 5378–6197 m, Greenfee 70 €.

Greve in Chianti

- 235 m üNN, 14.000 Einw., Florenz 30 km

Sind im Chianti allgemein viele Schlösser und Burgen zu sehen, die Gegend um Greve ist geradezu gesegnet damit. Das Zentrum des Kern-Chianti hat sich seine beschauliche, kleinstädtische Atmosphäre bewahrt – Wein ist der Dreh- und Angelpunkt, und im September wird alljährlich bei der besuchenswerten Weinmesse am Hauptplatz von Greve der neue Wein präsentiert.

Als eine der flächenmäßig ausgedehntesten Gemeinden Italiens verlieren sich die einzelnen Ortsteile fast zwischen den Weinbergen. Die Winzerschaft Greves gehört zu den größten des Chianti Classico, weshalb an allen Ecken Weintheken und Läden die teils überaus kostbaren Tropfen kredenzen und verkaufen. Die weite, dreieckige, arkadengesäumte Piazza Matteotti ist das Herz der Stadt. Mit Hotels, Restaurants, Souvenirläden und Enoteche macht sie ihre heutige wie gestrige Bestimmung klar: Marktplatz. Geschichtlich ist Greve nicht aufregend, ordnungspolitisch hatte es keine Bedeutung. So kann auch das **Denkmal** in der Platzmitte keinen Sohn der Stadt zeigen, sondern den in der Nähe auf dem Familiensitz aufgewachsenen Seefahrer und Entdecker *Giovanni da Verrazzano* (1485–1528). Einen Besuch wert ist die **Pfarrkirche Santa Croce,** die von außen mit ihrer Ende des 19. Jh. entstandenen Fassade nicht erahnen lässt, dass das Innere einige Kostbarkeiten birgt: So ein Triptychon von *Bicci di Lorenzo* und ein Majolika-Tabernakel von *Andrea della Robbia* (beide 15./16. Jh.). Die Glasfenster fertigte um 1910 die Chini-Werkstatt an (s. Borgo San Lorenzo). Anrührend ist die Tafel der Jungfrau mit Kind aus dem 14. Jh. (die man einem *Maestro da Greve* zuschreibt).

- **Pieve Santa Croce,** Piazzetta Santa Croce 1, Tel. 055 853085, 8–13, 16–19 Uhr.

Wer in Greve ein Zimmer nimmt, kann sich in einem der ausgezeichneten Weinlokale durch die einzelnen Chianti-Lagen probieren, begleitet von auf höchstem Niveau zubereiteten Gerichten. Der stetige Touristenstrom sorgt auch für das reichhaltige Angebot in den mit Wurst und Käse üppig gestalteten Spezialitätengeschäften: Schinken und Salami in allen nur erdenklichen Formen und Längen hängen von Decken und Wänden und sind schon eine Sehenswürdigkeit an sich.

Im **Museum für Sakralkunst** im ehemaligen Oratorio di San Francesco (aus dem beginnenden 16. Jh.) und in dessen Sakristei werden die Kostbarkeiten der Gemeinde präsentiert: Sakralgewänder, Gemälde und Skulpturen; beachtenswert sind auch die kostbaren Gefäße für die Reliquien, die Monstranzen und Ziborien aus dem 14. bis 19. Jh. in der ersten Etage.

- **Museo d'Arte Sacra di San Francesco,** Via San Francesco 4, Tel. 055 8544685, Di/Do/Fr 16–19, Sa/So 10–13, 16–19, im Winter So 10–13, 15–18 Uhr, 3 €.

▷ Castello di Verazzano, heute ein Bio-Weingut

Schlösserbesuch

1,5 km nördlich von Greve steht das **Castello di Uzzano** in exponierter Lage. Die wehrhaften Zeiten liegen aber schon länger zurück, im 16. Jh. wurde die Burg zur eleganten Villa und im 20. Jh. zum weinlandwirtschaftlichen Betrieb mit einem immer noch recht hübschen kleinen Park und dichtem Bewuchs mit Zypressen und Pinien. Auf Uzzano soll *Giacomo Puccini* den zweiten und dritten Aufzug der Oper „La Bohème" komponiert haben.

■ **Castello di Uzzano,** Località Uzzano 23, Tel. 055 8544851, www.agricolauzzano.com, Besichtigung nur nach Voranmeldung.

Das **Castello di Verrazzano,** seit dem 7. Jh. Stammsitz der Familie, liegt 5 km nordwestlich von Greve inmitten der eigenen, auf Terrassen gepflanzten Weinberge und Olivenbaumhaine in erhöhter Lage. Ab dem 12. Jh. kultivierte die Familie Reben, im 19. Jh. starben die *Verrazzani* aus. Bei den Renovierungsarbeiten im 20. Jh. versuchte man, dem Komplex ein Antlitz des 11. Jh. zurückzugeben. Heute besitzt das Weingut 52 ha Rebfläche und einen ausgezeichneten Ruf; nur organischer Dünger wird verwendet, und die Lese geschieht traditionell per Hand. Auf den Führungen besucht man den Weinkeller aus dem 16. Jh. und die Gärten des Schlosses. Auf der Burg wurde der Seefahrer und Entdecker *Giovanni da Verrazzano* geboren.

■ **Castello di Verazzano,** Via Castello di Verrazzano 1, Tel. 055 854243, www.verrazzano.com, Mo–Fr Führung mit Weinprobe mehrmals am Tag (1½ Std., 16 €), mit Weinprobe und Imbiss (11 Uhr, 2½ Std., 34 €), mit Weinprobe und Mittagessen (12 Uhr, 3 Std., 58 €), Fr mit Weinprobe und Abendessen (ab 19 Uhr, ab 58 €).

Nur gut 500 m Luftlinie nördlich des Verrazzano-Schlosses steht das **Castello di Vicchiomaggio** (6 km von Greve), ursprünglich eine Langobardenburg aus dem 10. Jh., wehrhaft auf einem Hügel, im 13. Jh. von den Florentinern im Renaissance-Stil umgebaut und bei den Händeln mit Siena genutzt. Die Anlage, Zentrum des gleichnamigen Weingutes, beherbergt heute luxuriöse Ferienapartments und ein Restaurant. Angeblich hat *Leonardo da Vinci* im Schloss seine „Mona Lisa" gemalt.

■ **Castello di Vicchiomaggio,** Via Vicchiomaggio 4, Tel. 055 854079, www.vicchiomaggio.it, Di–Fr 15, Sa/So 11.30 Uhr, 12 €.

Das **Castello Vignamaggio** liegt 5 km südlich von Greve in einem eleganten italienischen Garten. Heute darf man hier nach einem gediegenen Diner in der Villa zwischen Antiquitäten nächtigen, im Morgentau durch den Park flanieren und sich Wein und Olivenöl aus eigener Produktion kaufen. Entstanden ist die Villa auf den Ruinen einer Langobardenburg und mit fantastischem Rundumblick im 14. Jh. als eine der ersten, die alleine der Vergnügung dienen sollten (und der Landwirtschaft) – in Auftrag gegeben von den *Gherardini*, die ihr Vermögen mit Raubritterei erworben hatten, von ihrem Stammsitz aber vertrieben wurden. Ein Mädchen aus ihrer Nachkommenschaft erblickte 1479 das Licht der Welt – *Mona Lisa* genannt.

■ **Castello Vignamaggio,** Via Petriolo 5, Tel. 055 854661, www.vignamaggio.it.

Das Dorf **Montefioralle** (350 m üNN, 80 Einw.) 1,5 km westlich und hoch über Greve, gibt sich nicht nur mit einer Burg ab, es ist eine. 1085 wurde der Ort erstmals schriftlich erwähnt und gehört so zu den ältesten Siedlungen der postantiken Toskana. Zwei achteckige Mauerringe mit je vier Toren umschlossen konzentrisch den zentralen Verteidigungsbereich, in dem heute noch die 1260 errichtete und mehrfach umgebaute **Kirche Santo Stefano** steht. In ihr wird eine bedeutende „Madonna mit dem Kinde" aus der Hand eines unbekannten Meisters aufbewahrt (13. Jh.). Als man die Festung nicht mehr benötigte, schleifte man die Wälle endgültig und nutzte den Bereich zwischen den beiden Wallkreisen als Gasse, an der man aus durch den Abriss gewonnenen Steinen die heutigen Häuser errichtete. Malerische Winkel und seine Überschaubarkeit machen Montefioralle zu einem beliebten Touristenziel. Geboren wurde hier, so heißt es, *Amerigo Vespucci* (um 1450–1512), Navigator in den Diensten der *Medici* und Namensgeber der beiden Amerikas.

■ **Chiesa di Santo Stefano,** Via Montefioralle Centro 28, 8–12, 16–18 Uhr.

Badia a Passignano

Unser Tipp: Schöner kann eine **Abtei** gar nicht liegen, an einem Hügel, in einem Zypressen-Wäldchen, umgeben von Weinreben. Die Badia a Passignano 8 km westlich von Greve begründete *Giovanni Gualberto* 1049, Vater des Ordens der Vallombrosaner. In der Renaissance galt das Kloster als eines der einflussreichsten Italiens – zum Unwillen der *Medici. Lorenzo* erwirkte beim Papst die Vertreibung der Mönche und die

Übernahme der Abtei durch seine Familie. Die Vallombrosaner durften schließlich zurückkehren, waren den *Medici* künftighin aber tributpflichtig. Unter *Napoleon* nochmals rausgeworfen, bezogen sie 1986 das Kloster erneut. Die außerordentlich gut erhaltene Abtei mit ihrem – einem Wehrturm gleichenden – Campanile besitzt künstlerische Kostbarkeiten wie das „Abendmahl" (1476) von *Domenico Ghirlandaio* und seinem Bruder *David* im Refektorium (wegen Restaurierung bis voraussichtlich Mitte 2016 nicht zugänglich). Am Kloster gibt es mehrere Einkehrmöglichkeiten (s.u.).

■ **Badia di San Michele Arcangelo a Passignano,** Via di Passignano, Tel. 055 8071171, Mo–Sa 10–12, 15.30–17.30, So 16–18 Uhr.

Panzano in Chianti

Panzano (500 m üNN, 1000 Einw.), zur Gemeinde Greve gehörig (6 km südlich), ist eines der als Festung entstandenen pittoresken Dörfer, die die Handelswege schützten. Das die Umgebung dominierende Kastell aus dem 12. Jh. steht in Privatbesitz (nicht besuchbar); zusammen mit dem mittelalterlichen Dorf bildet es Panzano Alto. Im Süden liegen mit der Conca d'Oro, der Goldgrube, die Südhänge mit den besten Reblagen. Zentraler Punkt ist die **Kirche Santa Maria,** die entgegen des flüchtigen ersten Eindrucks 1903 im Neoklassizismus errichtet wurde. Auf der Piazza etwas unterhalb findet Sonntagvormittag der Wochenmarkt statt. Die **Kirche San Leolino** etwas außerhalb im gleichnamigen Weiler inmitten von Olivenhainen (über die SR222 1,5 km südlich, GPS 43.533039, 11.1311661) gilt hingegen als eines der bedeutendsten romanischen Gotteshäuser der Toskana (wenn dies seine Fassade auch gut zu verhüllen weiß). 982 erbaut, im 13. Jh. erweitert und im 15. Jh. mit fünfbogigem Portikus, Apsis und Glockenturm versehen, zeigt es sich innen mit wuchtigen Bogenpfeilern und offenem Dachstuhl weitestgehend der Romanik zugehörig. Das Glanzlicht der Kirche, das Tafelbild „Madonna auf dem Thron mit Petrus und Paulus" im linken Schiff schuf *Meliore di Jacopo* 1270. Rechts daneben ist eine Terrakotta-Büste des heiligen *Eufrosino* zu sehen, dem Schutzherren des Chianti. Angeblich wurde er in Kappadokien geboren und war Schüler der Apostel *Simon* und *Judas Thaddäus,* tatsächlich hat er wohl im 7. Jh. gewirkt. Gegenüber hängt im rechten Seitenschiff das Triptychon „Madonna mit dem Kind und Petrus und Paulus" von einem ungenannten Meister (Meister von Panzano, 14. Jh.). Die beiden glasierten Terrakotta-Tabernakel am Altar stammen aus der Werkstatt *della Robbia.* Keinesfalls versäumen sollte man den schönen Kreuzgang.

■ **Pieve di San Leolino,** Località San Leolino 1, tgl. 10–13, 16–19 Uhr.

San Donato in Poggio

Das mittelalterliche Dorf auf einem Hügel besitzt noch Reste der Stadtmauer, die den Ort vor den Florentiner Rivalen Siena und Arezzo schützen sollte. 989 wurde San Donato aktenkundig, bis ins 13. Jh. war es immer wieder umkämpft, im ausgehenden 14. Jh. war seine Glanzzeit zu

Ende. Der Warenhandel verlief plötzlich nicht mehr durch Donato, sondern westlicher über Tavarnelle, um auch die Orte im Val d'Elsa bedienen zu können.

Die verkehrsberuhigte Altstadtzone betritt man entweder über das Tor an der Via Giotto im Westen oder durch die Befestigung an der Via del Giglio im Osten. An der kleinen, streng gestalteten Piazza Malaspina steht der gleichnamige Renaissancepalast (heute ein B&B, s.u.), ihm gegenüber der Palazzo Pretorio.

Die dreischiffige romanische **Kirche San Donato** außerhalb, nördlich der Altstadt (250 m) an der SP101, entstand im 12. Jh. mit einem wuchtigen Turm. So einfach und schmucklos das Äußere, so schlicht und schön das Innere, das von zwei massiven Bogenreihen in drei Schiffe geteilt ist. Das Tafelkreuz in der Hauptapsis wird der Giotto-Schule zugeschrieben (14. Jh.), im rechten Schiff stammen das prächtige, farbige und glasierte Taufbecken von *Giovanni della Robbia* (1513) und das Triptychon von *Giovanni del Biondo* (1375).

■ **Pieve di San Donato,** Via La Pieve 25, 9–12, 15.30–18.30 Uhr, **Messe** 9 und 18 Uhr.

Im überschaubaren **Museum für Landkultur** in der Touristeninformation sieht man in einer Abteilung Werkzeuge der Handwerker wie Schmiede und Schuster, in der zweiten Gegenstände des Landlebens.

■ **Museo Emilio Ferrari della Cultura Contadina,** Via del Giglio 47, Mo–Sa 9–12.30, 16–19, So 9.30–12.30, Winter Fr–So 16–19 Uhr, bis auf Weiteres geschlossen.

Greve in Chianti: Zugabe!

■ Die moderne **Statue des San Francesco della Vigna** mitten in den Weinbergen, aus Bronze und über 5 m hoch, in der einen Hand die Sonne, in der anderen den Mond; Tenuta il Molino di Grace/Località Il Volano (GPS-Daten 43.524258, 11.309741).
■ Bei Pieve di Panzano das **Oratorio di Sant' Eufròsino** über dem angeblichen Grab des Schutzherren des Chianti, etwa in Höhe der Chiesa San Leolino von der SR222 auf eine Schotterstraße (GPS 43.531903, 11.304761).
■ 6 km südwestlich von Greve im Dorf La Piazza das bemerkenswerte romanische **Kirchlein San Giorgio a Piazza** von 1084. Im einschiffigen Inneren achte man auch die Schreine beidseits des Altars (16. Jh.) und auf das Gemälde „Maria mit dem Kinde und die Heiligen Franziskus und Georg" (*Cosimo Rosselli*, um 1480), heute eine Kopie (Original in Siena) – danach gibt's ein Mittagessen in der **Osteria alla Piazza** – eine Institution (siehe S. 153).

Praktische Informationen

Touristeninformation

■ **Ufficio Turismo Greve in Chianti,** Piazza Matteotti 10, Tel. 055 8546299, www.comune.greve-in-chianti.fi.it, März–Okt. tgl. 10–19, Winter Mo–Fr 9–13, 15–19, Sa 10–17, So 10–13 Uhr.
■ **Ufficio Turismo San Donato in Poggio,** Via del Giglio 47 (Piazza Malaspina), Tel. 055 8072338, www.sandonatoinpoggio.it, Mo–Sa 9–12.30, 16–19, So 9.30–12.30, Winter Fr–So 16–19 Uhr.

▷ Der Hauptplatz von Greve in Chianti

Unterkunft

■ **Castello di Vicchiomaggio**④, Via Vicchiomaggio 4, Tel. 055 854079, www.vicchiomaggio.it. Sieben Suiten und ein Apartment, stilvoll eingerichtet und mit allem Komfort – hier im historischen Schloss und zugleich aktiv tätigen Weingut erleben die Gäste Historie wie den Alltag von Winzern hautnah, ein Infinity-Pool sorgt im Sommer für Erfrischung.

■ **Castello Vignamaggio**④, Via Petriolo, 5, Tel. 055 854661, www.vignamaggio.it. Wer in einem Zimmer nächtigen möchte, in dem womöglich Mona Lisa geboren wurde, ist hier an der richtigen Adresse. Die Villa aus dem 14. Jh. beherbergt ansprechend und hell ausgestattete Zimmer, Suiten und Apartments; einige befinden sich etwas abgelegen vom Haupthaus auf dem Weingut. Zwei Pools garantieren Entspannung. Das WLAN funktioniert nicht überall.

■ **Casa al Sole**②, Via Veneto 82, Tel. 055 8546 429, www.casaalsole.net. Wenige Schritte vom Hauptplatz zentral gelegen, bietet das familiäre Hotel Unterkunft in neun einfach, aber geschmackvoll eingerichteten Zimmern.

Außerhalb

■ **Villa Le Barone**④, Via San Leolino, 19, Panzano in Chianti, Tel. 055 852621, www.villalebarone.com. 28 Zimmer auf einem perfekt renovierten Landgut mit Tennisplätzen und Pool, 8 km südlich von Greve. Wer auf historisierende Einrichtung und Blümchengardinen steht, wird sich in dem sehr eleganten Rahmen dieser Unterkunft wohlfühlen. Das Restaurant serviert ein leichtes Lunch und ein Abendessen mit toskanischen Spezialitäten.

UNSER TIPP: **B&B Fagiolari**③, Via Case Sparse, Panzano, Tel. 055 852351, www.fagiolari.it. Fünf mit viel Liebe und Geschmack eingerichtete Zimmer und die ebenso herzliche wie temperamentvolle *Giuliana* zeichnen dieses zauberhafte B&B am Ortsrand von Panzano aus. Wer lieber abseits des Trubels wohnt, kann das ruhige Gartencottage mieten. Pool und WLAN stehen zur Verfügung. *Giuliana* bereitet auf Wunsch auch Mittagessen zu und gibt Kochkurse.

■ **Fattoria Montagliari**②, Via Montagliari 29, Montagliari/Panzano, Tel. 055 852014, www.fattoriamontagliari.com. Acht rustikal eingerichtete Zimmer auf dem Weingut Montagliari, rund 4 km östlich von Panzano.

■ **Del Giglio**②, Via del Giglio, 78, San Donato in Poggio, Tel. 055 8072894, www.delgiglio.it. Das freundlich eingerichtete, aus zwei Zimmern mit jeweils eigenem Bad bestehende B&B logiert überaus romantisch in der Stadtmauer. Ein kleiner Garten davor eröffnet einen schönen Panoramablick über die Landschaft.

Essen und Trinken

■ **Bottega del Moro**③, Piazza Trieste 14, Tel. 055 853753, www.labottegadelmoro.it, Mi–Mo mittags und abends. Abseits des Rummels auf dem Hauptplatz überrascht dieses Restaurant mit sehr kreativer Küche auf der Grundlage alter toskanischer Rezepte. Zum Beispiel die *panzarella*, ein delikater Brotsalat mit Tomaten, Zwiebeln, Basilikum und Olivenöl. Oder „aromatisierte" *spiadine,* denen feine Kräuter eine besondere Würze verleihen. Manchmal gibt es auch Schnecken, ebenfalls eine traditionelle toskanische Speise.

■ **Cantinetta di Rignana**③, Via di Rignana 13, Tel. 055 852601, www.lacantinettadirignana.com, tgl. mittags und abends. Auf dem Weg von Greve zur Badia a Passignano lohnt ein Abstecher zu diesem Ausflugsrestaurant, das in dritter Generation von Familie *Abbarchini* geführt wird. Auch hier werden traditionelle Rezepte von Vater auf Sohn weitergegeben, und man rühmt sich, eines der besten *bistecce fiorentine* zubereiten zu können.

■ **Enoteca Gallo Nero**③, Via Battisti 9, Tel. 055 853734, tgl. mittags und abends. Die Küche legt ihren Schwerpunkt auf hausgemachte Pasta mit frischen Soßen aus regionalen Produkten wie Steinpilzen sowie auf Fleisch vom Holzkohlengrill, das frischen Kräutern seinen aromatischen Geschmack verdankt. Sehr eleganter Rahmen.

■ **Enoteca Falorni**②, Piazza Matteotti 71, Tel. 055 853029, www.falorni.it, tgl. 9–19 Uhr. Eine Institution und Tipp in jedem Reiseführer: Speisen in der Metzgerei. Es gibt Panini, *fettunte* (eine Art Crostini), Suppen, Pasta- und Fleischgerichte, auch zum Mitnehmen, dazu offenen Wein. Die Metzgerei wird schon in der achten Generation geführt; ihre Wurstwaren sind weit über die Toskana hinaus berühmt – kein Grund allerdings, das Bistro wie ein toskanisches McDonald's zu betreiben.

■ **Storica Marcelleria Ceccatelli**②, Piazza Matteotti 45, Tel. 055 853062, tgl. 9–19 Uhr. Auch diese Metzgerei ist ein seit Generationen vererbter Familienbetrieb, und seine jetzige Inhaberin ein richtiges Original. Neben Fleisch und Wurstwaren produziert das Unternehmen auch Bio-Wein. Und selbstverständlich kann man auch hier, wie bei Falorni, in der Metzgerei essen.

Außerhalb

■ **Taverna del Guerrino**③, Via Montefioralle 39, Montefioralle/Greve in Chianti, Tel. 055 853106, www.tavernadelguerrino.it. Was *Marco Nicolai* samt Mamma und Gattin auf den Tisch bringt, duftet und schmeckt nach Toskana, so auch das *bistecca chianina* von den heimischen weißen Rindern. Allerdings haben die Speisen schwere Konkurrenz, denn der Blick von der Terrasse über die Chianti Hügel lenkt ganz schön vom Essen ab.

■ **Ristoro di Lamole**③, Lamole/Greve in Chianti, Tel. 055 8547034, www.ristorodilamole.it, mittags und abends, im Winter Mi geschl. Alleine die Anfahrt durch die Zypressenallee von Vignamaggio macht Freude. Das auf 600 m Höhe in Panoramalage über Weingärten thronende Restaurant wird sehr aufmerksam von *Filippo* und *Paolo* geführt. Schwarze, hausgemachte Fusilli mit Weißem Trüffel, die toskanische Fenchelsalami *sbriciolona* und viele andere Köstlichkeiten harmonieren mit den ausgeschenkten Chianti-Weinen und dem Blick über die Landschaft.

UNSER TIPP: **L'Officina della Bistecca**③, Via XX Luglio 11, Panzano, Tel. 055 852176, www.dariocecchini.com, mittags und abends. Metzger scheinen in der Toskana besonders geschäftstüchtig zu sein. *Dario Cecchini* jedenfalls hat seine Fleischerei in ein kleines Imperium mit mehreren Restaurants verwandelt. In diesem optimiert er die Kunst des perfekten *bistecca*. Vorbestellung unabdingbar, das Menü mit vier Gängen kostet 50 €. Wer nicht nur Filet oder Rib-Eye, sondern vom ganzen Tier kosten möchte, bestelle einen Platz im **Solocciccia** (Via Chiantigiana 5, Tel. 055 852727, Menüs zu 25, 30 und 50 €, Mo–Sa mittags), wo von der Schnauze bis zum Schwanz (fast) alles verwertet wird. Selbst an seine vegetarischen Gäste denkt *Dario* und komponierte eigens ein fleischloses Menü (25 €).

■ **Osteria di Passignano**④, Via Passignano 33, Passignano, Tel. 055 8071278, www.osteriadipassignano.com, Mo–Sa mittags und abends. Das direkt neben dem Kloster gelegene, feine Restaurant hat sich mit kreativen Rezepten und tadellos frischen, regionalen Zutaten einen Michelin-Stern erkocht, weshalb eine Reservierung zu empfehlen ist. Geboten wird toskanische Küche auf hohem Niveau und im romantischen Ambiente des Weinkellers des Weinguts Antinori.

■ **Taverna di Ciccino**②, Via del Giglio 19, San Donato in Poggio, Tel. 055 8072307, tgl. abends. In dieser urigen Pizzeria geht's immer hoch her, denn *Ciccino*, der Besitzer, ist ein echter Entertainer. Daneben versteht er sich auch noch bestens aufs Pizzabacken.

■ **Antica Trattoria La Toppa**③, Via del Giglio 43, San Donato in Poggio, Tel. 055 8072900, www.anticatrattorialatoppa.com, Di–So mittags und abends. Familie *Francini* pflegt seit vielen Jahren die traditionelle Küche, zu der *pici all' aglione*, Zwiebelsuppe, *ragu toskano* und natürlich Fleisch vom Grill in unterschiedlichsten Variationen gehören.

Verkehr

■ **Bus:** SITA Buslinie 365 etwa halbstündlich/stündlich von Florenz über Greve in Chianti (55 Min., ca. 3,30 €) nach Panzano (65 Min., um 3,80 €); www.acvbus.it.

■ **Parken:** Kostenfreie Parkplätze in Greve ca. 5 Min. Fußweg nördlich der Altstadt. Altstadtnahes Parken ist kostenpflichtig (0,50–1 €/Std.).

■ **Rad- und Vespaverleih:** Officina Ramuzzi, Via Italo Stecchi 23, Greve in Chianti, Tel. 055 853037, www.ramuzzi.com, Räder um 20 €/Tag, Scooter 55 €.

Feste

■ **Rassegna del Chianti Classico:** Am zweiten Septemberwochenende und Do, Fr davor feiert Greve ein Weinfest, bei dem Besucher die verschiedensten Chianti-Weine verkosten können.

Einkaufen

■ **Marcellerie Falorni** und **Ceccatelli,** Greve in Chianti, siehe „Essen und Trinken". Schinken, Speck und Wurstwaren von bester Qualität. Wem Falorni zu geschäftstüchtig ist, der braucht nur schräg über den Platz zu der sehr kontaktfreudigen Signora *Gabriella* in der Marcelleria Ceccatelli zu wechseln.

■ **Bottega dell'Artigianato,** Piazza Matteotti 56, Greve in Chianti, Tel. 055 8544551. Hübsches Kunsthandwerk, teils aus eigener Produktion.

Aktivitäten

■ **Kochkurse Pasta al Pesto,** *Stefania Balducci,* Montefioralle, Greve in Chianti, Tel. 340 4899486, www.pastaalpesto.com. *Stefania,* Mitglied der Slow-Food-Bewegung, veranstaltet Kochkurse zur toskanischen *cucina rustica.*

Castellina in Chianti

■ 580 m üNN, 2900 Einw., Florenz 40 km, Siena 25 km

Ein schöner mittelalterlicher Dorfplatz mit Gebäuden aus gelbem und grauem Naturstein und einer Burg. Besonderer Leckerbissen: eine vollständig überbaute Gasse mit Souvenirläden und Restaurants. Die Umgebung zeigt die typischen Schlösser, Kirchen und Dörfer auf Hügeln und Wein, Wein, Wein.

Zentraler Platz der verkehrsberuhigten Altstadt ist die Piazza della Comune mit der Burg, dem heutigen Rathaus, in dem auch das **Archäologische Museum** untergebracht ist. Die Idee für ein Museum in Castellina liegt bereits über 100 Jahre zurück, als man eine etruskische Nekropole unmittelbar beim Ort entdeckte (s.u.). Das Schachtgrab war zwar bereits vorher schon mehrfach aufgefallen (so im 16. Jh.), geriet aber immer wieder in Vergessenheit, sodass die Grabbeigaben zumindest teilweise von Plünderungen verschont blieben. Sie bilden den Grundstock der Museumssammlung. In mehreren Abteilungen wird man über die unterschiedlichen Epochen des etruskischen Lebens belehrt. Ältestes Artefakt des ortseigenen Hügelgrabs ist ein fratzenhafter Katzenkopf aus Sandstein, vermutlich aus dem 7. Jh. v. Chr., der die Bestatteten schützen sollte.

Unser Tipp: Von der **Aussichtsplattform** des Turmes hat man einen schönen Blick über die Umgebung.

■ **Museo Archeologico del Chianti Senese,** Piazza delle Comune, Tel. 0577 742090, www.museoarcheologicochianti.it, Juni–Aug. 11–19, April/Mai/Sept./Okt. 10–18, sonst Sa/So 10–17 Uhr, 5 €.

Unser Tipp: Glanzlicht eines Castellina-Besuches ist der Bummel durch die **Gewölbe der Via delle Volte** östlich des Hauptplatzes und parallel zur Hauptgasse, die entstanden, als man die unnötig gewordenen Aufmarschräume an den Wehranlagen der östlichen Stadtaußenseite mit Wohnraum überbaute. Heute passiert man in der Gasse Läden und Restaurants, die ihre Tische ins „Freie" gestellt haben.

Die **Nekropole Tumulo di Montecalvario** liegt etwas oberhalb der SR222 (Abzweigung „Tombe Etrusche" beim Hotel Colombaio), eine kreisförmige Hügelgrabanlage (53 m Durchmesser), die auf das 7. Jh. v. Chr. datiert und aus vier Einzelgräbern mit Natursteinwanden und Kraggewölben besteht. Die Grabstätte ist nur zu Fuß zugänglich; der Parkplatz liegt neben dem Hotel.

Radda in Chianti

Wie seine Nachbarn ist auch Radda (530 m üNN, 1700 Einw.), 11 km durch karstähnliche Landschaft östlich von Castellina, als **Wehrsiedlung** entstanden. Es wurde im 10. Jh. auf einem Hügel gegründet, 1002 auf einem ottonischen Dokument erwähnt und 1041 in den Unterlagen der Badia a Coltibuono (s.u.) bereits als Florentiner Besitz bezeichnet. Die Ursprünge reichen aber weiter zurück, bereits vor den Etruskern haben um 2000 v. Chr. Menschen hier gesiedelt. Florenz teilte 1250 den Chianti

in drei Bereiche: Radda, Castellina und Gaiole. Zusammen bildeten sie die Lega del Chianti, Radda bestimmte man zu ihrem Verwaltungszentrum. Ende des 13. Jh. erhielt Radda einen Podestà, und 1415 bestätigte Florenz den Status als Hauptstadt der Lega del Chianti.

Die fast kreisrunde Siedlung hat einen Durchmesser von rund 200 m. Der äußere Straßenring passiert im Norden die dicken Stadtmauern, im Süden zeigt sich der Ort mit Terrassen und Lokalen wesentlich zugänglicher. Innen stehen die Häuser dicht gedrängt an engen Gassen, wie es sich gehört. Der recht bescheidene **Palazzo del Podestà** am kleinen trapezförmigen Hauptplatz Piazza del Castello wurde zu Beginn des 15. Jh. erstmals errichtet (und 1478 zerstört). Das heutige Bauwerk sah mehrfache Veränderungen und Umbauten (das verunglückte Türmchen kam im 17. Jh. hinzu, im 18. Jh. baute man die zweite Etage zum Gefängnis aus). 400 Jahre lang war der Palast Sitz des Florentiner Vertreters, wie die Familienwappen an der Fassade dokumentierten (drei stammen aus dem 15. Jh.).

Volpaia

Unser Tipp: 5 km nördlich von Radda besitzt das tiefenentspannte Volpaia in Hügellage eine Burg und heute fast mehr Häuser als Bewohner. Gegründet wurde Volpaia wohl im 12. Jh. durch den Bau der Burg, die erste schriftliche Erwähnung war 1172. Von Anfang an gehörte der Ort zu Florenz, und im 15. Jh. sah er sich mehrfach inmitten kriegerischer Auseinandersetzungen.

Die Via delle Volte in Castellina ist ein Tunnel

Die Anlage Volpaias ist typisch für ein Festungsdorf jener Tage, elliptische Form mit starken Mauern und Türmen, ein Hauptturm in der Mitte und eine Gasse, die quer durchläuft. Heute ist das Dorf mehr oder weniger in Besitz einer Familie, die Häuser (vorzüglich renoviert) an Urlauber vermietet und Wein und Oliven anbaut. Die unscheinbare, 1932 säkularisierte **Kirche La Commenda** (San Eufrosino) am südwestlichen Rand von Volpaia und außerhalb des ehemaligen Schutzwalles entstand 1443–60. Mehrfache Umbauten (so die Frontgestaltung) fanden im 18. Jh. statt. Die Kirche war Teil eines landwirtschaftlichen Lehens in Volpaia, dessen Ertrag ein Florentiner Hospital und eine hiesige Herberge finanzierte.

Badia a Coltibuono

Die 8 km östlich von Radda im Wald versteckte ehemalige „Abtei der guten Ernte" (über die SR429) ist heute Weingut und edler **Agriturismusbetrieb** mit Unterkunftsmöglichkeit und einem Restaurant mit ausgezeichneter Landküche. Gegründet wurde das Kloster 1051 von den Vallombrosanern, die hier auch die ersten Weinstöcke des oberen Chianti pflanzten. Mit der napoleonischen Säkularisierung gelangte das Kloster in Privathände.

Die Anlage besitzt einen schönen, gepflegten italienischen Garten, der zusammen mit Kreuzgang und der romanischen Kirche San Lorenzo mit ihrem massigen Turm besucht werden kann. In der Sakristei residiert ein Souvenirshop. **Wein und Olivenöl** werden nach Bio-Prinzipien angebaut.

■ **Badia a Coltibuono,** Tel. 0577 74481, www.coltibuono.com, April–Okt. Mo–Fr Führung (50 Min.) 14.30, 15.30, 16.30 Uhr 6 €, 17.30, 18.30 Uhr 9 € (mit Weinverkostung).

Castello di Meleto

10 km südöstlich von Radda grüßen seit dem 11. Jh. die beiden Rundtürme der Florentiner Burg in die Ferne. Anfangs stand sie in Besitz der Abtei von Coltibuono, gelangte dann aber an Feudalherren. Die Nähe der Sieneser Grenze machte Meleto zu einer der wichtigsten **Befestigungen,** die man entsprechend wehrhaft gestaltete. Nur einmal, 1478, gelang Siena die Einnahme.

Im 18. Jh. baute man die Burg zur **Villa** um und stattete sie sogar mit einem kleinen Theater aus, das man mit dem freskierten Piano Nobile und den Weinkellern auf der Führung bewundern darf. Als **Agriturismusbetrieb** vermieten die Besitzer Zimmer und Apartments (auch direkt im Schloss) und betreiben an der Zufahrt das Restaurant Fornace di Meleto. Die Hügellage zwischen den Weinbergen und Olivenplantagen ist besonders schön.

■ **Castello di Meleto,** Tel. 0577 749129, www.castellomeleto.it, nach Voranmeldung Führungen (30 Min.) mit Weinprobe Mo 15, 16.30, Di–Sa 11.30, 15, 16.30, So 11.30, 16, 17 Uhr, 10 €.

Castello di Brolio

9 km südöstlich der Meleto-Burg zeigt sich das Castello di Brolio hoch oben als riesiger Wehrkomplex mit massivem Festungsfundament und einem prächti-

gen Schlossbau mit Burgfried. Natürlich ist auch diese Burg Zentrum eines **Weingutes,** das direkt von 230 ha Rebfläche umgeben ist (weitere 1200 ha Wälder und Olivenhaine gehören zum Besitz und machen ihn zum größten des Chianti Classico). Die Familie *Ricasoli* eignet es seit 1141, und Brolio ist damit die älteste Kellerei des Landes und die zweitälteste der Welt in durchgängigem Familienbesitz (nach dem französischen Château de Goulaine).

Immer wieder haben Brolio Angriffe, Belagerungen und **Zerstörungen** ereilt, im 15. wie im 17. Jh. Im Zweiten Weltkrieg fielen Bomben und Granaten.

In der Osteria del Castello speist man auf höchstem Niveau (s.u.). Auf der Führung Classic Tour besucht man die Gärten, die Familienkapelle, das Privatmuseum mit der Kunstsammlung und die Weinproduktion (mit Verkostung).

■ **Castello di Brolio,** Località Madonna a Brolio, Tel. 0577 7301, www.baronericasoli.com, Classic Tour (120 Min.) tgl. 10.30, März–Juni auch Mo, Mi, Fr 15 Uhr, 20 €; weitere Führungen wie die Tour Grand Cru mit Essen und Weinen höchster Qualität (nach Voranmeldung, 95 €).

Lecchi in Chianti

Der Weiler 9 km südlich von Radda und 7 km südwestlich von Meleto glänzt mit einem kleinen, aber feinen Naturerlebnis: den **Pozze di Lecchi,** einem wilden Sommerbad mitten im Wald an einem Flüsschen mit Gumpen und glasklarem Wasser, das die Sonnenstrahlen durch das Blätterdach zum Glitzern bringen. Einfach am Dorfrand nach Nordwesten auf den Pfaden ins Tal absteigen, bis man am Bach ist, und dort die schönsten Stellen aufsuchen (ca. 15 Min. Fußmarsch). Um mit dem Auto näher heranzukommen, fährt man von Lecchi erst südlich und dann in einem großen Bogen östlich die 4 km bis zum Abzweig von der SP408 (Wegweiser) – dort auf dem Schotterweg nach links und Nordwesten (1,5 km). Von diesem Weg ca. 400 m vor dem Hotel Pozze di Lecchi gegenüber einem Findling links nach unten zu den Gumpen (GPS 43.435241, 11.409505) absteigen (ca. 250 m).

Chianti-Skulpturenpark

Die überaus sehenswerte **Freiluftausstellung** zeitgenössischer Skulpturen und Installationen 16 km südlich von Radda (über SP102/SP9) verteilt sich über 13 ha Wald mit Eichenbäumen und Stechpalmen und ist augenblicklich dabei, sich auch über die eigentlichen Grenzen des Geländes auszudehnen. Die Besitzer angrenzender Güter wurden dafür gewonnen, die Künstler zu sponsern. Auf private Initiative haben sich Künstler aus aller Welt mit dem Ziel zusammengefunden, Kunst in die Natur zu integrieren, sie als Träger unterschiedlichster Kulturen zu zeigen und Kunst sich in allen erdenklichen Materialien manifestieren zu lassen. Jeder teilnehmende Künstler durfte sich seinen eigenen Fleck suchen und die Idee, zu der ihn der Platz inspirierte, umsetzen. So entstand beispielsweise *Kei Nakamuras* „La Casa nel Bosco" gleich am Eingang. Oder *Jeff Sawards* gläsernes Labyrinth. Aus Deutschland kamen *Johannes Pfeiffer* („Limes") und *Christoph Spath* („Balance"), aus der Schweiz die in den USA geborene *Jaya Schuerch* („Harmonic Divergence"). Eine kostenlos herunterladbare App führt durch den Park und erläutert die Skulpturen. Alternativ können Besuchern einen iPod ausleihen. Unter den neuen Objekten außerhalb des Skulpturenparks überraschen „I colori del Chianti" (Glas, *Antonella Farsetti*, an der SP9 Richtung Pianella) und „Struzzi Metropolitani" (*Yu Zhaoyang*, an der Straße nach Ponte a Bozzone) durch ihre Farbigkeit und Originalität. Dienstags am früheren Abend finden von Juni bis August im intimen Open-Air-Theater hörenswerte Konzerte aus den Bereichen Jazz/Tango und Oper/Klassik statt.

■ **Parco Sculture del Chianti,** Pievasciata, Tel. 0577 357151, www.chiantisculpturepark.it, tgl. 10 Uhr bis Sonnenuntergang (Nov.–März nach Voranmeldung), 10 €, Konzertaufführungen 10 €, Kombiticket 15 €.

Castelnuovo Berardenga

Das unauffällige Castelnuovo (350 m üNN, 9000 Einw.) 33 km südöstlich von Castellina (12 km südlich des Castello di Brolio) zeigt sich für den Chianti recht unüblich – die Landschaft ist mehr oder weniger flach. Siena hat den Ort 1366 als Befestigung gegen Florenz gegründet.

Castellina in Chianti: Zugabe!

■ In Castellina in der **Kirche San Salvatore** das konservierte Freskofragment „Stillende Madonna mit Engeln und Heiligen" vom Meister aus Signa aus der Werkstatt des *Bicci di Lorenzo* (um 1390, am Altar des linken Seitenschiffes) – die Kirche selbst wurde nach Kriegszerstörungen 1945 in neoromanischem Stil vollständig neu gebaut; Piazza del Comune 4, 8–13, 16–19 Uhr.

■ Die im Wald verborgene romanische **Kirche San Giusto** in Salcio 3,5 km südlich von Radda (zu erreichen über die SP102 Richtung Lecchi) zeigt aufs Schönste die typischen Stilmerkmale des 11. Jh. mit niedrigem Turm, drei schmalen Schiffen (jeweils mit einer Apside), offenem Dachstuhl und auf ein Minimum beschränkter Dekoration. Anfang des 20. Jh. wurde die Kirche vollständig restauriert; 8–12, 16–18 Uhr.

■ Die um 1100 errichtete romanische **Kirche Santa Maria di Spaltenna** beim Castello di Spaltenna nahe Gaiole in Chianti 3 km nördlich des Castello di Meleto; ein zum Luxushotel umgebautes ehemaliges Festungskloster, Via Spaltenna 13, Località Pieve di Spaltenna, www.spaltenna.it.

■ Das **Castello di Cacchiano,** die Nachbarburg von Brolio (4 km westlich), seit fast 1000 Jahren in Besitz der Ricasoli-Familie und häufig Schauplatz von blutigen Kämpfen in den Konflikten Florenz gegen Siena und gegen die Spanier. In den Weinkellern gibt es heute Laden und Probierstube, im Schloss werden zwei hochluxuriöse Ferienwohnungen vermietet; Località Cacchiano, Tel. 0577 747 018, www.castellodicacchiano.it.

■ Die Ruine des **Castello Montegrosso** (700 m südlich des Parkplatzes der Badia a Coltibuono – über die SR409 anzufahren), Fußweg durch den Wald hoch zu den Steinresten auf 700 m Höhe; mehrfach geschleifte und wieder aufgebaute Burg, ab 1530 in Verfall – schöne Sicht über die Umgebung und auf die Badia a Coltibuono.

■ **San Gusmè,** winziger, malerischer Ort 5 km nördlich von Castelnuovo Berardenga, 867 gegründet, mehrfach zerstört und neu gebaut – in den letzten Jahren wurde ein beträchtlicher Teil des Ortes zu Ferienhäusern umgewidmet.

1554 war Sienas Herrlichkeit am Ende, Castelnuovo gelangte an die *Medici*. Geschichtsträchtig ist die **Villa Chigi** aus dem frühen 19. Jh. Den ausgedehnten Park plante *Agostino Fantastici* 1834. Eines der Mitglieder der Familie *Saracini* gründete zu Beginn des 20. Jh. die renommierte **Akademie für klassische Musik** Accademia Musicale Chigiana. Die Villa ist in Privatbesitz, der dicht bepflanzte Park an den Wochenenden geöffnet.

■ **Parco della Villa Chigi Saracini,** Via Berardenga, Juni–Okt. Sa 16–19, So 9.30–12.30 und 16–19 Uhr.

Im kleinen **Stadtmuseum** wird anhand der archäologischen Fundstücke die Besiedelungsgeschichte in der Umgebung dargestellt. Die umtriebigen Mitarbeiter schießen ein ganzes Feuerwerk an zusätzlichen Veranstaltungen und Sonderausstellungen ab.

■ **Museo del Paesaggio,** Via Chianti 61, Tel. 0577 351337, www.museisenesi.org, Di–So 9.30–12.30, Fr/Sa zusätzlich 15–18, im Winter Fr/Sa 9.30–12.30 Uhr, 3 €.

Praktische Informationen

Touristeninformation

■ **Ufficio Turismo Castellina in Chianti,** Via Ferruccio 40, Tel. 0577 741392, www.comune.castellina.si.it, April–Nov. Mo–Sa 10–13, 14–19, So 10.30–12.30, 15–18 Uhr.
■ **Ufficio Turismo Radda in Chianti,** Piazza del Castello 6, Tel. 0577 738494, www.comune.radda-in-chianti.si.it, Mo–Sa 10–13 und 15–18.30, So 10.30–12.30, Winter 10.30–13 Uhr.

■ **Ufficio Turismo Castelnuovo Berardenga,** Im Museo del Paesaggio (s.o.).

Unterkunft

■ **Villa Casalta**③, Località Casalta, 2 km außerhalb von Castellina, Tel. 0577 740444, www.villacasalta.com. Die 18 Zimmer dieses alten Landsitzes (dieselbe Besitzerin wie Il Colombaio, siehe unten) verfügen über alle Annehmlichkeiten; im Garten bietet ein Pool Erfrischung, es gibt auch einen Fahrradverleih. Dazu umfängt die Gäste himmlische ländliche Ruhe.
■ **Albergo Il Colombaio**②–③, Via Chiantigiana 29, Tel. 0577 740444, www.albergoilcolombaio.it. 13 rustikal und geschmackvoll eingerichtete Zimmer in einem ehemaligen Gutshof, der von Signora *Roberta* mit viel Charme geführt wird.
■ **B&B Mariani**②, Viale della Rimembranza 70, Tel. 0577 740897, www.bbmariani.it. Sechs einfach, aber freundlich eingerichtete Zimmer, nur wenige Minuten vom Stadtzentrum. Die Zimmer nach hinten haben einen wunderbaren Panoramablick, der an klaren Tagen bis San Gimigniano reicht.
■ **Villa Christina**②, Via Fiorentina 34, Tel. 0577 741410, www.villachristinachianti.it. Sechs hell und freundlich mit Stilmöbeln eingerichtete Zimmer, ein Garten mit Pool und der stets freundliche und hilfsbereite *Francesco* tragen zu der angenehmen Stimmung in diesem B&B bei. Das Stadtzentrum ist nur fünf Min. zu Fuß entfernt.

Außerhalb
■ **Badia a Coltibuono**④, Località Badia a Coltibuono, Gaiole in Chianti, Tel. 0577 74481, www.coltibuono.com. Wohnen in acht luxuriösen Zimmern oder Apartments im ehemaligen Kloster mit Barockgarten, Weinkeller und Restaurant hat seinen Preis. Aber die Atmosphäre ist fantastisch – eine Unterkunft für eine besondere Gelegenheit.
■ **Capanna und Loggia**②, La Dudda 61, Gaiole in Chianti, Tel. 0577 747854, www.chianti-te

laio.eu. Häuschen/Apt. neben der Handweberei La Dudda, nahe dem Schloss Brolio. Die beiden Ferienwohnungen bei ihrer Handweberei im Wald hat *Stefanie Düx* größtenteils nach Öko-Prinzipien ausgebaut, wunderbar gestaltet und eingerichtet – 0815-Toskana-Rustikalarchitektur und -möbel haben hier nichts verloren, dafür herrscht bis ins letzte Detail Sinn für Ästhetik und Funktionalität. Vermietet werden ein Häuschen für zwei Personen sowie eine Wohnung für vier mit zwei Schlafzimmern.

■ **Castello Albola**④, Via Pian d'Albola 31, Radda in Chianti, Tel. 0577 738019, www.albola.it. Die Trauben für preisgekrönte Weine wachsen rund um das Schlösschen, und wer hier länger verweilen möchte, kann sich in der Villa Crognole aus dem 15. Jh. für sechs Personen einmieten und den privaten Pool nutzen.

■ **Relais Vignale**④, Via Pianigiani 9, Radda in Chianti, Tel. 0577 738300, www.vignale.it. Das luxuriöse Hotel am Ortsrand von Radda bietet aus den Deluxe-Zimmern einen wunderbaren Panoramablick über klassische Chianti-Landschaft. Die 42 Zimmer, davon fünf Suiten, sind der Preisklasse entsprechend geschmackvoll und komfortabel eingerichtet; das Personal ist aufmerksam und hilfsbereit. Auch das Restaurant (s. unten) ist zu empfehlen.

■ **Palazzo del Niccolò**③, Via Roma 16, Radda in Chianti, Tel. 0577 735666, www.rosshotels.it. Das Hotel im Ortszentrum umweht ein Hauch von Modernität – die Einrichtung ist nicht ganz so historisierend wie bei den meisten anderen Hotels in dieser Region. Das Haus gehört zu einer kleinen Hotelkette und wirkt deshalb etwas unpersönlich, doch die Atmosphäre im Herzen Raddas entschädigt.

■ **Volpaia**③–④, Volpaia-Coltassala, Tel. 0577 738 066, www.castellodivolpaia.com. Apartments und Häuser im historischen Städtchen Volpaia, die meisten mit Garten oder Terrasse und hübsch und komfortabel eingerichtet. Allerdings muss man es mögen, in einem trotz der historischen Substanz irgendwie künstlichen Ort zu wohnen.

■ **Castello di Montalto**③–④, Strada di Montalto 16, Castelnuovo Berardenga, Tel. 0577 1912126, www.montalto.it. Knappen und Ritterfräulein haben ihre Freude an den Zwei- bis Acht-Personen-Villen dieser mittelalterlichen Burganlage, die vollständig zur Ferienunterkunft umgebaut wurde. Romantiker mieten sich im zweistöckigen Torturm ein; wer abseits wohnen möchte, wählt das „Schulhaus" außerhalb der Burgmauern. Pool, Tennisplätze, Wäscheservice etc. stehen allen Gästen zur Verfügung.

Essen und Trinken

■ **Albergaccio di Castellina**④, Via Fiorentina 63, Tel. 0577 741042, www.albergacciocast.com, Mo–Sa mittags und abends. (Fast) alles zum Einheitspreis gibt es in diesem eleganten Restaurant, dessen Köche gerne kunstvoll kreieren und arrangieren. Antipasti und Primi kosten pauschal jeweils 18 €, Secondi 26 €, das Degustationsmenü übersteigt die 50-€-Grenze, und es gibt sogar ein wirklich einfallsreiches **Menü für Vegetarier.** Die Qualität des Gebotenen ist hoch, alle Pastasorten werden im Haus hergestellt.

■ **Antica Trattoria La Torre**③, Piazza del Comune 15, Tel. 0577 740236, www.anticatrattorialatorre.com, Sa–Do mittags und abends. *Pappardelle sul cinghiale* (Wildschwein) oder *coniglio ripieno* (Kaninchen) werden Fleischesser begeistern, doch in dieser sympathischen Traditions-Trattoria, in der seit 1860 gekocht wird, bekommen auch Vegetarier mehr als nur „Verlegenheitsgerichte".

UNSER TIPP: **Il Re Gallo**②–③, Via Toscana 1, Tel. 0577 742000. Eine gute alte Rosticceria, die auch bei Einheimischen beliebt ist: Wenige Tische, übersichtliche Karte, große Weinauswahl, auf der Karte stehen *ribollita, zuppa porcini e castagne, filetto al lardo* und andere ländlich-deftige Gerichte.

■ **Sotto le Volte**③, Via delle Volte 14/16, Tel. 0577 741299, www.ristorantesottolevolte.it, Do–Di mittags und abends. Feine Küche mit fantasievollen Kreationen wie Auberginen-Involtini mit Mozzarella oder Tagliata vom Thunfisch auf Grünem Spargel, serviert in den Gewölben.

Außerhalb

■ **Osteria alla Piazza**③, Località La Piazza, Castellina in Chianti, Tel. 331 9267403, www.osteriaalapiazza.com, tgl. mittags und abends, im Winter nur an den Wochenenden. Ein toskanisches Idyll erwartet Gäste, die den Weg von Castellina in den 10 km nördlich gelegenen Weiler La Piazza finden: altes Steinhaus, Olivenhaine, Weinreben. Auf der Speisekarte tummeln sich auch Gerichte, die man nicht so häufig findet, wie Hirsch mit Kastanienpüree oder *fritto misto* von Hähnchen und Kaninchen mit frischem Gemüse. Außerdem eine kleine Auswahl an Fisch und Meeresfrüchten!

■ **La Cantoniera**②, Località Vescine, Radda in Chianti, Tel. 0577 735627, Do–Di mittags und abends. Ristorante und Pizzeria mit relativ günstigen Preisen auf halbem Weg zwischen Castellina und Radda. Pizza gibt es wie üblich nur abends.

■ **Caffè San Niccolò**①-②, Radda in Chianti, siehe „Unterkunft". Das Café des Hotels Palazzo del Niccolò profitiert von der einmaligen Lage auf der Piazza, neben Kaffee und Konsorten gibt es auch *taglieri*, Crostini und kleine Pasta-Gerichte.

■ **La Terrazza**④, im Relais Vignale, siehe „Unterkunft". Elegantes Restaurant, von dessen Terrasse sich der Blick in Weinreben-Hügeln verliert. Der Schwerpunkt der Küche liegt auf der Zubereitung von Fleischgerichten, bevorzugt vom Grill.

■ **UNSER TIPP: Bar Ucci**①, Piazza della Torre 9, Volpaia, Tel. 0577 738042, www.bar-ucci.it, Di–So 8–21 Uhr. Die Besitzerin *Paola Barucci* empfand ihren Nachnamen als so zwingend, dass sie die Bar Ucci einfach aufmachen musste. Im Ausschank sind natürlich Chianti-Weine, zu denen sie Crostini oder Panzanelle serviert. Eine Institution!

■ **La Bottega di Volpaia**②, Piazza della Torre 1, Volpaia, Tel. 0577 735602, www.labottegadivolpaia.it, Mi–Mo mittags und abends. Küchenchefin *Clara* beherrscht die traditionelle, bäuerliche Küche aus dem Effeff und tischt hausgemachte Ravioli mit Trüffel, Schweinerücken oder Hühnchen mit Zwiebeln auf, gewürzt mit Kräutern aus dem eigenen Garten. Der Blick von der Terrasse ist grandios.

■ **Osteria Volpaia**④, Vicolo della Torre, Volpaia, Tel. 0577 738066, www.bioenotecavolpaia.it, Do–Di mittags und abends. Bio-Weine, Olivenöl und Essig aus eigener Produktion verleihen den Speisen eine besondere, authentische Note. Eine Spezialität des Hauses ist der Stockfisch *baccalà*.

■ **Osteria del Castello Brolio**④, Madonna a Brolio, Gaiole in Chianti, Tel. 0577 730290, www.ricasoli.it, März–Nov., tgl. mittags und abends. Das Restaurant neben dem Schloss ist beliebt bei Gruppen und offeriert nur eine relativ kleine, dafür aber sehr feine Auswahl an Speisen, zu denen auch *lampredotto* (Labmagen) und *trippa* (Pansen) gehören.

■ **Osteria Il Papavero**③, Barbischio, Gaiole in Chianti, Tel. 0577 749063, http://osteriailpapavero.it, Di–So mittags/abends. *Pici*, die typisch toskanische Pasta, gibt es hier in mehreren Variationen; bei den Secondi beschränkt man sich auf *bistecce* in verschiedenen Zubereitungsarten. Leckermäuler werden die Auswahl an Dolci zu schätzen wissen.

■ **Sira e Remino**②, Via della Porta 13, San Gusmè, Tel. 0577 358043, www.siraeremino.it, Winter nur an den Wochenenden, sonst tgl. mittags und abends. Die Trattoria im Ortskern überrascht mit bodenständiger Küche zu günstigen Preisen und einer großen Auswahl an Fleischgerichten.

Süßes

■ **Gelateria l'Antica Delizia,** Via Fiorentina 4, Castellina in Chianti, Tel. 0577 741337. *Chiara* und *Simone* legen größten Wert auf ausgesuchte, frische Zutaten und beste Verarbeitung, das Ergebnis ist hausgemachtes Eis von höchster Qualität und mit viel Originalität – man koste das Oregano-Eis.

Verkehr

■ **Bahn:** Regionalzug von Siena nach Castellina etwa stündlich (ca. 15 Min., um 2,50 €).
■ **Bus:** Linie 125 der Siena Mobilità verbindet mehrmals täglich Castellina mit Radda (ca. 20 Min., um 2,50 €); www.sienamobilita.it.

Eine Radtour für Heroen

Durch die Region verläuft ein Teil der bei Rennradlern beliebten, aber sehr anspruchsvollen, 200 km langen Fahrradrundtour **L'Eroica** von Gaiole über Montalcino zurück zum Ausgangspunkt (Höhenunterschied gesamt 3500 m); www.turismo.intoskana.it. Die Strecke verläuft auf der Trasse des gleichnamigen Radrennens für historische Rennräder (kein Bike nach 1987), das jedes Jahr im Oktober stattfindet und mit maximal 3000 Teilnehmern stets sehr schnell ausgebucht ist; www.eroicagaiole.com. Auf der Strecke passiert man die Orte Briolo, Siena, Murlo, Castiglion del Bosco, Montalcino, Lucignano d'Asso und Asciano. Die Straße ist meist asphaltiert, aber es gibt auch einige ungeteerte Abschnitte; die Steigungen sind mit teilweise bis zu 15 % Anstieg (bei Castiglion del Bosco) herausfordernd.

Einkaufen

■ **Tessitura a Mano/Handweberei,** La Dudda 61, Gaiole in Chianti, Tel. 0577 747854, www.chianti-telaio.eu. *Stefanie Düx* hat sich in den Wäldern nahe des Castello di Brolio ein kleines Weber-Reich geschaffen. Aus Naturmaterialien entstehen seit 35 Jahren an Handwebstühlen samtweiche Schals, Pullover, Blusen, Decken und diverse Accessoires. Zwei in ebenso kreativer wie mühevoller Eigenarbeit ausgebaute Apartments laden zum längeren Verweilen ein (siehe „Unterkunft").

Der Palazzo d'Arnolfo in San Giovanni Valdarno

San Giovanni Valdarno

■ 135 m üNN, 17.000 Einw., Arezzo 37 km

Der **hübscheste Ort des Valdarno** zeigt sich mit weiten Gassen, gefälligen Häusern und seiner geometrischen Stadtanlage aus dem 14. Jh. ganz weltoffen und überaus angenehm. Die Lage am hier schon recht breit und behäbig fließenden Arno mit grünen baumbeschatteten Ufern tut das Ihrige.

Wie ein Schachbrett wurde San Giovanni ab 1296 von den *Medici* geplant – als befestigte Stadt, die die Grenze der Florentiner Republik sichern sollte. Die Anlage erwies sich als so effektiv, dass vier weitere Festungsstädte entstanden: im Valdarno Terranuova Bracciolini und Castelfranco di Sopra, im Mugello Scarperia und Firenzuola. Die rechteckig bzw. quadratisch verlaufenden Stadtmauern dieser Gründungen sicherten Wacht- und Tortürme (die meist nicht mehr erhalten sind, in San Giovanni waren es einst 24 Stück). Herz der Stadt sind die Piazza Masaccio westlich und die Piazza Cavour östlich des mit einer offenen Rundumarkade versehenen **Palazzo Pretorio** aus dem 12. Jh. (nach seinem Baumeister *Arnolfo di Cambio,* der auch den Palazzo Vecchio in Florenz entwarf, **„Palazzo d'Arnolfo"** genannt). Seine Schaufassade mit zahlreichen Wappen weist zur Piazza Cavour, davor symbolisiert der steinerne Löwe mit Schild die Florentiner Herrschaft. Im Palast beschäftigt sich ein interessantes **Museum** mit dem Bau und der Archi-

San Giovanni Valdarno

tektur des Gebäudes selbst und der Stadtplanung des 14. Jh. bzw. mit der Entstehung von San Giovanni und den damit verwirklichten Ideen.

■ **Museo delle Terre Nuove,** Piazza Cavour 1, Tel. 055 9126213, www.museoterrenuove.it, Di–Fr 10– 13, Sa/So 10–13, 15–19 Uhr, 5 €.

Die Namensgebung der Piazza Masaccio erinnert an den berühmtesten Sohn der Stadt, einen der wichtigsten **Maler** der Frührenaissance: **Tommaso di Ser Giovanni** (1401–28), der sich in Anspielung auf seine Statur den Namen „Masaccio = Koloss" gab. Er führte die Perspektive in die Malerei ein und ist für die plastische Darstellung seiner Figuren berühmt. Das Geburtshaus **Casa Masaccio** wird heute für Sonderausstellungen zur zeitgenössischen Kunst genutzt, ein Reliefmedaillon weist auf den Künstler hin.

■ **Casa Masaccio,** Corso Italia 83/85, www.casamasaccio.it.

An der Piazza Masaccio, dem Palazzo Pretorio gegenüber, nimmt die **Kirche Santa Maria delle Grazie** die ganze Schmalseite ein. Der klassizistische Vorbau wurde 1840 angefügt, die Kirche selbst, die über zwei Treppen links und rechts zugänglich ist, stammt aus dem 15. Jh. und ist mit einem hübschen Medaillon von *Giovanni della Robbia,* der Madonna della Cintola über dem Hauptportal, geschmückt. Anlass für den Bau war der Pesttod der Eltern des drei Monate alten *Lorenzo* 1478. Seiner 70-jährigen Großmutter widerfuhr das Wunder, dass ihre Brüste plötzlich (und über viele Monate) Milch gaben und sie so ihren Enkel retten konnte. Das Wunder wurde mit dem Gemälde einer Madonna mit dem Kinde aus dem 14. Jh. in Verbindung gebracht, für das man erst eine Kapelle, dann ein Heiligtum errichtete. Das Gnadenbild schmückt heute den Altar, flankiert von Fresken, die das Wunder in drastischer Darstellung beschreiben. Pilgerziel ist auch die unter der Basilika im

Le Balze del Valdarno

Wer, statt auf der Autobahn A1 von Florenz gen Arezzo zu sausen, die mäandernde und wesentlich beschaulichere SP1 wählt (die in einigem Abstand östlich dem Lauf des Arno durch das Valdarno folgt), wird mit einer geradezu erstaunlichen **Landschaft** konfrontiert. Sie hat weder mit dem industrielastigen Arno-Tal noch mit der typischen Toskana-Szenerie etwas zu tun. Sie wirkt, als habe man nach Star-Wars-Dreharbeiten vergessen, die Kulissen zu entfernen. Die Rede ist von den Balze del Valdarno, den ockerfarbenen, kahlen **Steilwänden**, die zwischen Reggello und Gropina unvermutet aus der Talebene emporwachsen und der Landschaft ein geradezu unwirkliches Aussehen verleihen. Der Faszination dieser Formationen aus Sand und Lehm konnte sich selbst der große *Leonardo da Vinci* nicht entziehen – er malte sie in den Hintergrund seiner „Mona Lisa".

Entstanden sind die „Balze" als **Erosionsprodukt** eines über Millionen von Jahren währenden Prozesses. Ein ca. 20 km langer See, der im Pliozän/Pleistozän vor rund 2 Mio. Jahren das Arno-Tal an dieser Stelle bedeckte, hinterließ Ton- und Kiessedimente, denen sich nach seiner Austrocknung Wind und Wetter widmeten. Die im Wechsel übereinander gelegenen Schichten harten, stabilen Kieses und weichen Lehms sind heute noch an den Wänden der Balze abzulesen. Das Gestein ist einerseits stabil, andererseits aber auch sehr erosionsanfällig, wie es die tiefen Schluchten zwischen den Balze belegen, die Flüsse ausgewaschen haben.

Die lokale Bevölkerung nutzte die Balze als **Unterschlupf** in kriegerischen Zeiten sowie als **Lagerräume**. In vielen Wänden sind bis heute durch Holzpfosten gestützte Türen erhalten, die in ausgeschachtete Hohlräume führen.

Seit 1998 steht das Kerngebiet der Balze-Region als **Naturpark** unter Schutz. Faszinierend sind nicht nur die vielfältigen Formationen, sondern auch der Farbkontrast zwischen den grau- und ockergelben Wänden und den umliegenden grünen Feldern und Steineichenwäldern.

Erdgeschoss des Baus gelegene Cappella del Miracolo, die „Wunderkapelle".

■ **Basilica di Maria Santissima delle Grazie,** Piazza Masaccio, 7–13, 15–19 Uhr.

Eine Fülle von Fresken schmückt die ebenfalls am Platz befindliche, zu Beginn des 14. Jh. erbaute Kirche **Chiesa di San Lorenzo.** Vertreten sind Künstler wie *Giovanni di Ser Giovanni* und *Lotto di Nardio*. Das Polyptychon wird *Giovanni del Biondo* zugeschrieben.

■ **Chiesa di San Lorenzo,** Piazza Masaccio, 10–12, 16–18 Uhr.

Das **Museo della Basilica,** 1864 gegründet, zeigt Gemälde aus den Kirchen und Klöstern der Umgebung, darunter Werke des Bruders von *Masaccio, Giovanni di Ser Giovanni,* und von *Giovanni di Piamonte,* einem Schüler von *Piero della Francesca*. Glanzstück ist die „Verkündigung" (1430–1432) von Fra *Angelico*, gemalt für den von *Bernardo von Siena* 1424 gegründeten Konvent San Francesco a Montecarlo 2 km südlich.

■ **Museo della Basilica,** Piazza Masaccio 7, Tel. www.basilicadellegrazie.it, Mi–So Sommer 10–13, 14.30–18.30, Winter 10–13, 15.30–18.30 Uhr, 3,50 €.

Cavriglia

Auf der Strecke zwischen San Giovanni und Cavriglia (310 m üNN, 9600 Einw.), 10 km südwestlich, sind die Spuren des früheren Tagebaus und der heutigen Industrialisierung des Arno-Tals unübersehbar, nicht zuletzt dank des Thermoelektrizitätswerks, das die ENEL im Ortsteil Santa Barbara betreibt. Steil wachsen die Hügel aus dem Tal und lassen kaum Raum für Landwirtschaft. Cavriglia ist recht jungen Datums. 1809 als Zusammenschluss mehrerer Weiler für Minenarbeiter gegründet, hat es nichts an historischer Architektur zu bieten und gibt sich als aufgeräumtes Städtchen.

Das moderne **Bergwerksmuseum** im Gemeindeteil Castelnuovo dei Sabbioni erläutert die Bedeutung des Bergbaus für die Region, über Jahrhunderte Arbeitgeber und Wirtschaftsmotor. Man erfährt alles zur Geschichte und zu den sozialen Folgen, die die knochenharte Arbeit mit sich brachte, und auch Ökologie und Probleme bei der Renaturierung des Tagebaus kommen nicht zu kurz.

■ **Museo delle Miniere e del Territorio MINE,** Vecchio Borgo di Castelnuovo dei Sabbioni, Tel. 055 3985046, www.minecavriglia.it, April–Okt. Di–Do 10–13, Fr–So 10–13, 16–19 Uhr, Winter Fr nur vormittags, 5 €.

Gut 1 km außerhalb (über die SP12) gelangt man zum **Rosengarten Carla Fineschi** zwischen Olivenhainen. 1967 gegründet, wachsen in ihm Rosen aus aller Welt, über 6000 Sorten und Varietäten insgesamt – ein Muss für Rhodologen. Aber auch einfache Gartenliebhaber werden im Sommer den Aufenthalt zwischen den bunten Blüten und inmitten der Duftwolken genießen.

■ **Roseto Botanico Carla Fineschi,** Località Casalone 76, Tel. 055 966638, www.rosetofineschi.it, erster So im Mai bis letzter So im Juni tgl. 9–19 Uhr, 6 €, Führung 2,50 € zusätzlich.

Montevarchi

5 km südwestlich von San Giovanni ist in Montevarchi (145 m üNN, 24.500 Einw.) mittelalterlicher Baubestand erhalten, der den zentralen Platz, die Piazza Varchi, ellipsenförmig umgibt. An ihr steht der wappenverzierte, ansonsten aber eher dezente Palazzo del Podestà direkt neben der Kirche San Lorenzo (in der sich bis 1973 der Tempietto Robbiano befand). Ansonsten laden die Gassen und Durchgänge des herausgeputzten Städtchens zu einem Bummel ein.

Im **Museum für Sakrale Kunst** ist der Tempietto Robbiano (15. Jh.), ein Tempel aus der Werkstatt *della Robbia* mit großflächigem Schmuck aus glasierter Keramik, das wichtigste Exponat der Sammlung. Es wurde geschaffen, um einen ganz besonderen Schatz zu schützen: Il Reliquiario „del Sacro Latte della Madonna" (die Reliquie „der Heiligen Milch der Madonna"). Das Basrelief neben dem Tempel zeigt die Übergabe der Reliquie, ein Geschenk von *Karl von Anjou* an den Lehnsherren von Montevarchi für geleistete Militärdienste. Des Weiteren sind Fresken aus dem 14./15. Jh. und kostbare Inkunabeln ausgestellt.

■ **Museo di Arte Sacra San Lorenzo,** Via Isidoro del Lungo 4, Tel. 055 980468, Do 10–12, Sa/So 10–12, 16–18 Uhr, 3 €.

Das **Paläontologische Museum** (eines der ältesten Italiens) präsentiert Fossilienfunde aus dem Arno-Tal, darunter Schädel und Knochen von Mammuts, Bisons und Säbelzahntigern aus dem Pleistozän vor 2,5 Mio. Jahren. Jüngster Fund war 2001: das versteinerte Skelett eines europäischen Waldelefanten.

■ **Museo Paleontologico,** Via Poggio Bracciolini 36–40, Tel. 055 981227, www.museopaleontologicomontevarchi.it, Di–Fr 10–13, 15–19, Sa/So 10–13, 15–18 Uhr, 6 €.

Im **Haus der Skulpturen** in der Festung am nördlichen Ende der Altstadt sind Bildhauerarbeiten des 18. und 19. Jh. ausgestellt: Gipsabdrücke von Originalen und Originale aus Terrakotta, Bronze, Holz und Stein, alles geschickt arrangiert. Dazu gibt es Skizzen und Vorstudien der Künstler – insgesamt über 1500 Exponate.

■ **Cassero per la Scultura Italiana dell'Ottocento e del Novecento,** Via Trieste 1, Tel. 055 910 7282, www.ilcasseroperlascultura.it, Do–So 10–13, 15–18 Uhr, 3 €.

Loro Ciuffenna

10 km östlich von San Giovanni liegt an den Flanken des Pratomagno das Bergdorf Loro Ciuffenna (330 m üNN, 5800 Einw.). Die dicht gedrängt stehenden, schmalen und hohen Häuser im Altstadtkern an der tief eingeschnittenen Schlucht lassen noch das ehemalige Bergdorf erkennen. Bekannt ist Loro für seine romanische Brücke, die die pittoreske Schlucht des Sturzbaches Ciuffenna überquert, und eine **Mühle** aus dem 12. Jh. direkt darunter, in der ganz traditionell auch heute noch Kastanien vermahlen werden – die älteste noch funktionierende Wassermühle der Toskana.

■ **L'Antico Mulino,** Via del Mulino 2, Tel. 055 9172319, Sommer nach Anmeldung am Vortag 9–12.30, 15–19 Uhr, Spende erwünscht.

UNSER TIPP: Wichtigste Sehenswürdigkeit ist aber die **Kirche San Pietro** im Weiler Gropina 1,5 km oberhalb im Süden (von der Ortsmitte über die schmale Viale Michelangelo), eines der großartigsten Gotteshäuser aus der Romanik in der Toskana. Wohl schon im 4. Jh. stand hier eine frühchristliche Kirche, die erste schriftliche Erwähnung als Schenkung von *Karl dem Großen* an das mächtige Kloster Nonantola erfolgte im Jahr 780. 1191 geriet der Sprengel an die Herren von *Guidi,* die ihn bis zum 14. Jh. hielten. Als sie die Herrschaft übernahmen, stand die Kirche bereits, die Fundamente des gedrungenen Kirchturms wurden allerdings erst 1233 gelegt. In jener Zeit waren die Klostergemeinschaften mächtig und hatten wichtige Funktionen zu erfüllen, sie übernahmen öffentliche Aufgaben wie den Bau und den Betrieb von Herbergen, Hospizen und Hospitälern. Die Kirche von Gropina hatte in der Region Vorbildfunktion, und weitere fünf Gotteshäuser entstanden zwischen Arezzo und Florenz entlang der historischen Strada dei Setteponti an den Hängen des Pratomagno.

Die Vorderfassade ist, abgesehen von einem Medici-Wappen, ganz schlicht, im Gegensatz zur Rückseite, wo die Apsis mit Blendarkaden gegliedert wurde. Die drei Schiffe mit offenem Dachstuhl sind durch auf Säulen gelagerte Rundbö-

San Giovanni Valdarno

■ **Pieve di San Pietro a Gropina,** Località Gropina, www.gropina.it, tgl. 9–19, Winter bis 17 Uhr.

Cascia

Unser Tipp: 14 km von San Giovanni, auf dem Weg nach Vallombrosa, passiert man das zur Gemeinde Regello gehörende Örtchen Cascia. In dessen Museum für religiöse Kunst ist das **Triptychon „Madonna auf dem Thron mit Kind und Heiligen"** (1422) zu sehen – es wurde erst 1961 in der ländlichen Kirche San Giovale, 2 km von Regello, als *Masaccios* Arbeit entdeckt (er malte es mit 21 Jahren). Ausführlich widmet sich die Ausstellung den vielen Aspekten dieses Kunstwerks, aus dem einige Interpreten eine tiefe symbolische Aussage herauslesen. Im Heiligenschein der Madonna seien kufische (arabische) Schriftzüge verborgen, und die Hand, die das Jesuskind in den Mund steckt, symbolisiere

gen getrennt. Der grobe, graue Stein setzt die Einfachheit im Inneren fort. Hingegen sind die Kapitelle des Hauptschiffes und die des doppelstöckigen offenen Arkadengangs der Apsis mit **figürlichem und floralem Schmuck** versehen. Sie verdienen es, genauer bestaunt zu werden. Chimären, Blattmaske („Grüner Mann"), kämpfende Löwen, Adler, Ritter, Wolf und eine säugende Sau sind aus dem Stein gehauen. Auch die von einem verknoteten Säulenpaar getragene Kanzel ist mit ihren figürlichen und geometrischen Verzierungen ein Meisterwerk romanischer Bildhauer. Auf www.gropina.it sind Architektur und Symbolik des Gotteshauses ausführlich in englischer Sprache erläutert.

Die Chiesa San Pietro in Gropina: schönste Romanik

Gasse im Herzen von Loro Ciuffenna

Die Vallombrosaner

Im Jahr 1008 begaben sich Mönche des **Benediktinerklosters Settimo** auf die Suche nach einem Standort für eine neue Einsiedelei. Sie wurden bei **Aquabella** (wo das heutige Kloster steht) fündig. Ihnen schloss sich 1028 der Florentiner Adlige *Giovanni Gualberto* an, der – vom damals üblichen Handel mit Ablässen und geistlichen Würden angewidert – ebenfalls die Einsamkeit suchte. Das eigentliche Gründungsdatum des Klosters liegt im Jahr 1036; die Abtei entwickelte sich schnell, die Mönche gaben sich eigene Ordensregeln, und es entstanden die reformatorisch gesinnten Vallombrosaner. *Gualberto* sprach der Papst 1193 heilig (er ist heute der Schutzpatron der Forst- und Waldarbeiter). Die Vallombrosaner gingen 1966 als Kongregation im Benediktinerorden auf.

Die Klostergebäude wirken wie eine **Burg** – nicht ohne Grund. Im 15. Jh. waren sie als wehrhafte Festung geplant worden (was sie 1526 nicht vor einer Plünderung bewahrte). Die Umbauten des 16. und 17. Jh. „befriedeten" die Architektur etwas. Die Kirche wurde im 18. Jh. vollständig barockisiert und mit düster wirkenden, illusionistischen Deckenfresken geschmückt, ebenso die Cappella Giovanni Gualberto in der Kirche, die *Carlo Marcellini* 1695–1707 stuckierte und *Alessandro Gherardini* mit einem Gewölbefresko (Madonna mit dem Ordensgründer) ausstattete.

Das **Museo d'Arte Sacra** zeigt Dokumente zur Geschichte der Abtei, wertvolle Codices, liturgische Objekte sowie einige Kunstwerke aus der Sammlung des Klosters. Herausragend ist hierbei **Domenico Ghirlandaios** Altarretabel „Madonna col Bambino e Santi" (15. Jh.).

■ **Museo d'Arte Sacra**, Via San Benedetto 115, tgl. 10–12, 15–18 Uhr, Eintritt 3 €.

ein Pentagramm. Die romanische Kirche San Pietro vor dem Museum ist wegen der für eine Landkirche unüblichen Vorhalle bemerkenswert.

■ **Museo Masaccio d'Arte Sacra**, Via Casaromolo 2a, Cascia/Regello, Tel. 055 868129, www.museomasaccio.it, Di/Do 15–19.30, Sa/So 9.30–12.30, 15–19.30 Uhr, Juni–Sept. jeden 1. und 3. Sa auch 21–23 Uhr, 3 €.

Abbazia di Vallombrosa

Das Mutterkloster des Vallombrosaner-Ordens liegt inmitten dichter Laubwälder an den westlichen Hängen des Pratomagno, 30 km nördlich von San Giovanni an der Straße SP85 vom Valdarno über den Passo della Consuma (1060 m) – ein Touristenziel par excellence. Allzu ruhig ist es hier also nicht. Der Wald rund um die riesige Anlage wirkt wie ein Park, ein beliebtes Ziel ist das **Paradisino**, eine zum Kloster gehörige Einsiedelei in Panoramalage. Dort soll 1638 der englische Dichter *John Milton* eine Zeitlang residiert und die Einsiedelei später in seinem Gedichtepos „Paradise Lost" verewigt haben. Ein kurzer Fußweg führt vom Kloster hinauf. Um die Abtei stehen an den Plätzen, die im Leben *Gualbertos* eine Rolle spielten, Kapellen.

■ **Abbazia di Vallombrosa**, Via San Benedetto 2, www.monaci.org, Kirche tgl. 6–12, 15–19, Winter 9–12, 15–18 Uhr, Klosterführungen ohne Voranmeldung Juli/Aug., nicht unbedingt täglich.

Im Sommer sind viele Wanderer auf den Waldwegen im 1200 ha großen **Riserva Naturale di Vallombrosa** unterwegs und genießen Schatten und Natur.

San Giovanni Valdarno

◼ **Corpo Forestale/Centro Visita,** Via San Benedetto, 1, Tel. 055-862020, www.corpoforestale.it, unregelmäßige Öffnungszeiten. Wenn geöffnet, können Besucher hier kostenlos Audioguides ausleihen, die in vier Sprachen (auch Deutsch) in einem 90-minütigen Rundgang durch Schutzgebiet und Klosteranlage führen.

Ein Bereich des Naturschutzgebiets direkt am Kloster ist als **Botanischer Garten** mit über 250 verschiedenen, charakteristischen Pflanzenspezies gestaltet.

◼ **Orto Botanico,** theoretisch immer zugänglich. Sonst im Besucherzentrum Centro Visita des Corpo Forestale nachfragen.

Die **Klosterapotheke** verkauft Genießbares wie Schokolade, Honig, Öl, Essig und insbesondere Liköre (bis auf den Alkohol nicht unbedingt aus eigener Herstellung). Im **Albergo La Foresta** direkt neben dem Kloster kann man nächtigen (siehe unten).

◼ **Antica Farmacia dei Monaci Vallombrosani,** Tel. 055 862251, tgl. 10–12, 15–18 Uhr.

Praktische Informationen

Touristeninformation

◼ **Ufficio Turismo San Giovanni Valdarno,** Piazza Cavour 3, Tel. 055 943748, www.prolocosangiovannivaldarno.it, Di–Fr 10–13, Sa 10–13, 15–19 Uhr.

Unterkunft

Außerhalb

◼ **Hotel del Lago**②, Via Diga 45, San Cipriano/Cavriglia, Tel. 055 961596, www.hoteldellago.info. Das schöne Haus am Stausee Lago di San Cipriano hat definitiv schon bessere Zeiten gesehen; vor allem Bad/WC hätten ein Lifting verdient. Dennoch eine angenehme Unterkunft mit morgendlichem Blick auf See und Vogelschwärme.

◼ **Podere Villole**③, Via di Villole 80, Montevarchi, Tel. 329 6125767, www.podere-villole.de. Das an einem bewaldeten Hang gelegene Anwesen aus dem 17. Jh. gewährt fantastische Ausblicke auf Arno-Tal und Pratomagno. Die fünf Apartments sind sehr individuell und geschmackvoll-modern eingerichtet und verzichten bewusst auf TV – dafür gibt es in jedem eine Musikanlage und tolle CDs. Pool und Garten bieten Entspannung.

◼ **Albergo La Foresta**②, Via San Giovanni Gualberto 2, Vallombrosa, Tel. 055 862034, www.albergolaforesta.it. Das einfach eingerichtete Haus mit

▷ Die Einsiedelei Paradisino, vom Vallombrosaner-Kloster aus gesehen

63 Zimmern und einem Restaurant unweit der Abtei eignet sich als Standort für Wandertouren durch das Naturschutzgebiet.

■ **Agriturismo Torre del Castellano**②, Località Lecco, Torre del Castellano, Tel. 055 863300, www.fattoriatorredelcastellano.it. Zwei Landhäuser (drei bzw. fünf Zimmer) und eine Suite sind in unmittelbarer Nachbarschaft der gleichnamigen Burg auf dem Gutsgelände verteilt. Hier ist absolute Ruhe garantiert.

■ **Il Borro**④, Località Borro 1, San Giustino Valdarno, Tel. 055 977053, www.ilborro.it. Das Anwesen samt Schloss und Dorf gehört Familie *Ferragamo* und wird seit 2013 von Relais & Châteaux vermarktet. Den Gast erwartet folglich Luxus in höchster Vollendung. 17 Suiten und mehrere Villen sowie ein todschickes Spa sorgen für Wohlbefinden.

■ **Podere Casarotta**③, Località Millepini/Loro Ciuffenna, Tel. 347 6084901, www.poderecasarotta.com. Die charmante Anlage besteht aus sechs Apartments (zwei bis sechs Pers.) in mehreren Häuschen mit schönem Blick über das Arno-Tal. Auf dem Gut wird Olivenöl produziert.

Essen und Trinken

■ **Osteria dell'Angelo**②, Via della Madonna 5, Tel. 055 943799, Di–Sa mittags und abends, So nur *pranzo*. Das kleine, sehr hübsch mit rustikalem Touch eingerichtete Lokal widmet sich mit großem Aufwand traditionellen Rezepten. So stehen natürlich *ribollita, trippa* und *lampredotto* auf der Karte. Delikat sind auch die *mezze maniche radicchio e pancetta* (Nudeln mit Schinken und Radicchio) und die Spezialität *stufato alla sangiovannese,* eine Art Schmortopf aus Kalbsfleisch.

■ **Caffè Fiorenza**②, Piazza Camillo Benso Conte di Cavour 2, Tel. 055 945214. Ein angenehmer Treffpunkt für einen Kaffee oder einen Aperitif.

San Giovanni Valdarno: Zugabe!

■ **Museo di Arte Sacra della Pieve di San Giovanni Battista** in Cavriglia – überschaubares Museum im Oratorium neben der Kirche, u.a. glasierte Terrakottafigur des Johannes (Ende des 15. Jh.) und Prozessionskreuz (12. Jh.); Piazza Umberto I 4, Tel. 055 9166528, Sommer Sa/So 9–12, 15–18 Uhr, Winter nach Voranmeldung.

■ **Torre del Castellano,** 15 km nördlich von San Giovanni, beeindruckende, mit ihrer Wuchtigkeit die Umgebung dominierende Burganlage in Privatbesitz – auf das 10. Jh. zurückgehend, wurde die Burg im 18. Jh. zur Villa gewandelt und wird heute als Agriturismo (siehe „Unterkunft") geführt.

■ 7 km westlich von Castelnuovo dei Sabboni wächst im **Parco Naturale Atrezzato di Cavriglia** auf 600 ha Kastanien- und Buchenwald, in dem Mufflons, Hirsche und Rehe äsen. Wanderwege sind ausgewiesen, und es gibt auch einige MTB-Tracks; Località Cafaggiolo 169.

■ **Museo Venturino Venturi** in Loro Ciuffenna – Skulpturen und Zeichnungen des hier geborenen *Venturi* (1918–2002), der neben zahlreichen Denkmälern auch Skulpturen und Bilder von Pinocchio anfertigte; Piazza Matteotti 5 (Rathaus), Tel. 055 9170153, Mi–Mo 10.30–12.30, 16–19, Winter Sa/So 16–19 Uhr, 3 €.

■ **Rocca Ricciarda** 10 km nördlich von Loro Ciuffenna mitten im Pratomagno auf 950 m Höhe – malerisches Bergdorf, in eine Senke unterhalb eines Felsens geduckt, urige Häuser aus grob behauenem Stein und Platten auf den Dächern, damit die Schindeln nicht wegfliegen; im Sommer ist die Bodega Rocca Ricciarda bewirtschaftet. Vom Felsgipfel oberhalb des Dorfes schöne Fernsicht auf die mit Gehöften, Mischwäldern und winzigen Dörfern gesprenkelte Berglandschaft.

San Giovanni Valdarno

Außerhalb

■ **Il Canniccio**③, Via Cetina 68, Torre del Castellano, Tel. 055 863274, www.ristoranteilcanniccio.com. Das Restaurant unweit der Burganlage ist ein beliebtes Ausflugsziel der Florentiner, die hier besonders die verschiedenen Vorspeisenteller und das perfekt zubereitete *bistecca fiorentina* schätzen. Schöner Blick von der Terrasse.

■ **Giacomo**③, Località Saltino, Vallombrosa, Tel. 055 862185, www.ristorantegiacomo.it. In der kühlen Waldluft schmecken Wildgerichte wie Rehrücken mit Steinpilzen nochmal so gut.

■ **Osteria Masocchio**②-③, Piazza San Pietro 13, Cascia/Reggello, Tel. 055 8667407, Di–Do abends, Fr–So mittags und abends. Im Masocchio legt der Koch besonderes Gewicht auf Fisch und Meeresfrüchte. Abends wird der Pizzaofen beheizt. Es ist immer viel los, und die Speisen sind lecker.

■ **Pizzeria Va'Pensiero**②, Via Nannini 2, Loro Ciuffenna, Tel. 055 9172211, Do–Di abends. Neben guten, krossen Pizze bekommen Gäste hier auch eine große Auswahl toskanischer Spezialitäten.

■ **Ristorante/Enoteca La Torre**③, Via Dante Alighieri, Loro Ciuffenna, Tel. 055 9172032, www.il ristorantelatorre.it, Mo–Sa mittags und abends. Das bezaubernde Lokal in der ersten Etage eines historischen Hauses überrascht mit sehr anspruchsvoller, kreativer Küche und großer Neigung zu maritimen Zutaten. Orecchiette mit *gamberi*, gegrillter Tintenfisch, aber auch die ebenso simplen wie überzeugenden Gnocchi mit Trüffel und Taleggio schmecken richtig delikat.

■ **Gelateria Cassia Vetus**②, Via Settteponti Levante 18C, Loro Ciuffenna, Tel. 055 9172116, www.osteriacassiavetus.com, Do–Di 10.30–24 Uhr. Spezialität der Gelateria ist das fabelhafte Maroneneis aus Kastanien des Pratomagno, es gibt aber auch gute toskanische Gerichte aus regionalen Produkten, schließlich ist man Mitglied von Slow Food.

■ **La Bodega**②, am Ortseingang, Rocca Ricciarda. Das kleine Bar-Ristorante serviert im Sommer die berühmten Kastanienkrapfen, *frittelle di castagne* – eine absolute Köstlichkeit.

Nachtleben

■ **Abbazia Vallombrosa:** Im Sommer finden samstagabends in der Abtei stimmungsvolle Konzerte mit klassischer Musik statt (Infos: www.monaci.org).

Verkehr

■ **Bahn:** Stazione di San Giovanni Valdarno, Piazza Matteotti Giacomo, halbstündlich Direktzüge nach Florenz (50 Min., um 5,30 €) und Arezzo (30–40 Min., um 4,30 €).

■ **Bus:** Verbindungen mehrmals täglich von Arezzo mit Buslinie SI330 von Etruria Mobilità über Montevarchi (50 Min., um 4 €) nach San Giovanni Valdarno (70 Min., um 5 €), mit Buslinie LAP109 mehrmals täglich von Arezzo nach Loro Ciuffenna (60 Min., um 5 €); www.etruriamobilita.it.

■ **Parken:** gebührenpflichtiger Parkplatz (0,50 €/Std.) in San Giovanni Valdarno an der Via di Vittorio südwestlich der Altstadt.

Einkaufen

❀ **La Ghiotta,** Via del Molino, Loro Ciuffenna, Tel. 328 4114271. Wein und Öko-Lebensmittel aus dem Pratomagno.

■ **Outlet The Mall,** Via Europa 8, Leccio Reggello, Tel. 055 8657775, www.themall.it, tgl. 10–19, Sommer bis 20 Uhr. Von Alexander McQueen bis hin zu Valentino sind hier alle großen Luxusmarken vertreten.

■ **Outlet Cuoieria Fiorentina,** Via dei Ciliegi 25, Regello, Tel. 055 8662191, www.cuoieriafiorentina.it, tgl. 10–19 Uhr. Feinste Lederwaren für Damen und Herren.

- Abbazia di Farneta | 214
- Alpe della Luna | 190
- Anghiari | 190
- Arezzo | 169
- Badia Prataglia | 202
- Bibbiena | 195
- Camaldoli | 200
- Caprese Michelangelo | 197
- Casentino | 195
- Castel San Niccolò | 198
- Castiglion Fiorentino | 214
- Cortona | 208
- Eremo di Montecasale | 189
- Foreste Casentinesi | 202
- Lago di Montedoglio | 190
- Lucignano | 215
- Monterchi | 191
- Monte San Savino | 216
- Monte Santa Maria Tiberina | 192
- Ponte Buriano | 181
- Poppi | 197
- Pratovecchio | 199
- Sansepolcro | 187
- Santuario della Verna | 203
- Stia | 199
- Strada in Casentino | 198
- Valdichiana | 213
- Valtiberina | 187

3 Arezzo, Casentino, Pratomagno, Valdichiana, Valtiberina

Stadt der Kunst zwischen sanften Hügeln und dunklen Wäldern

◁ Die Abbazia di Farneta birgt eine sehr sehenswerte Krypta

AREZZO, CASENTINO, PRATOMAGNO, VALDICHIANA, VALTIBERINA

Lange Jahre hatte Arezzo gleichberechtigt mit Florenz agiert, bis der Gegner übermächtig wurde. Dennoch

Arezzo, Casentino, Pratomagno, ...

ist Arezzo eine Stadt der Kunst geblieben. Ihre **Umgebung** könnte vielfältiger nicht sein: Sanfte Hügelwelten, dunkle Wälder und Wildnis, aber auch eine Jahrtausende alte Kulturlandschaft warten auf Besucher. Im Norden Arezzos zieht sich das **Casentino** entlang des Arno und trennt die Gebirgszüge des Pratomagno im Westen und der Alpe di Serra sowie der Alpe di Catenaia im Osten. Das nördliche Casentino grenzt an den **Parco Nazionale delle Foreste Casentinesi** mit zahlreichen kürzeren (u.a. zu den Quellen des Arno) und mehrtägigen Wanderungen, wie die sieben Tage dauernde Durchquerung von Süd nach Nord, vom Kloster La Verna bis zum Lago di Ponte. Die Verwaltung des Nationalparks hat ihren Hauptsitz in Pratovecchio.

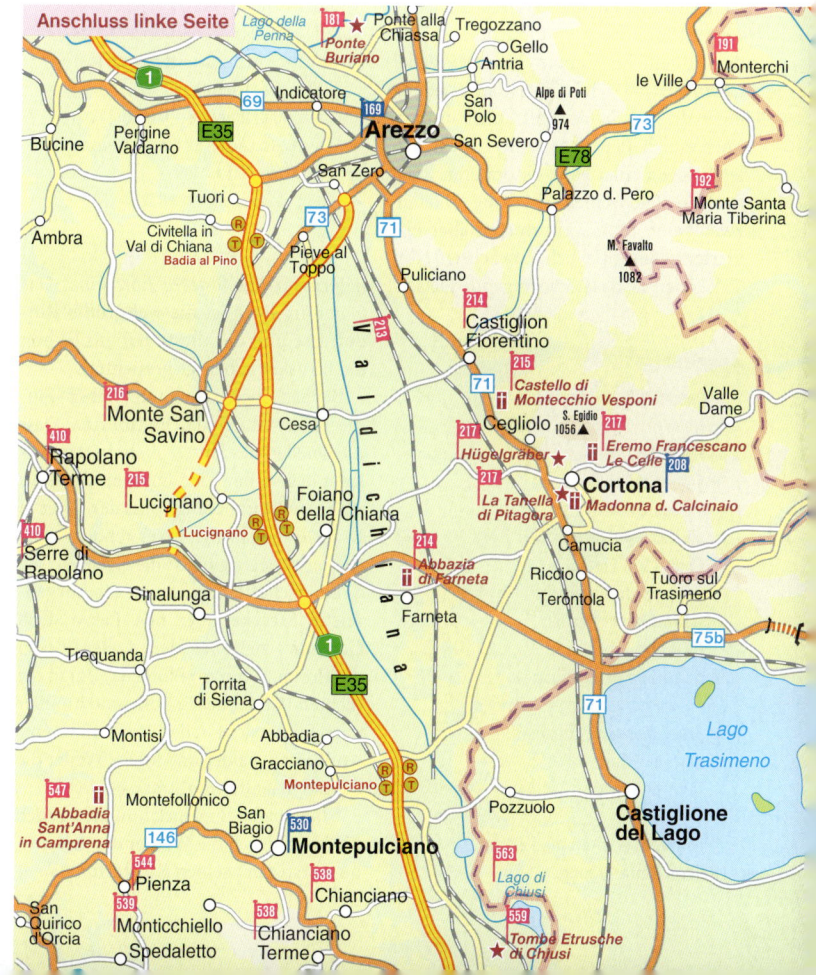

Arezzo, Casentino, Pratomagno, Valdichiana, Valtiberina

Die Natur des **Pratomagno** verlockt zu Wander- und Mountainbike-Touren, Klöster, Kirchen und malerische Bergdörfer liegen am Wegesrand. Dominieren an seinen Flanken Weinreben und Olivenpflanzungen, werden diese weiter oben immer spärlicher, bis man schließlich nur noch stille Wälder um sich hat.

Südlich von Arezzo beginnt das **Valdichiana,** durch das vor Urzeiten der Arno nach Süden floss, bis er seinen Lauf Richtung Florenz veränderte. Heute verläuft im breiten und fruchtbaren Tal der künstliche Canale Maestro della Chiana. Es hat sich Industrie angesiedelt, doch die Landwirtschaft spielt immer noch eine bedeutende Rolle – nicht zuletzt wegen einer ganz besonderen Rinderrasse. Die weißen **Chianine** erhalten zwar keine Massagen, dürfen aber erklärtermaßen glücklich aufwachsen. Nur so können sie das hervorragende Fleisch liefern für das *bistecca fiorentina.* Das Chianina-Rind ist die weltgrößte Rinderrasse und die älteste Italiens (schon die Etrusker haben sie gezüchtet).

Bei Sansepolcro fließt der **Tiber** (Fiume Tevere) durch das **Valtiberina.** Dass die Quellen des Flusses nicht in der Toskana liegen, bewirkte übrigens *Mussolini*. Er wollte unbedingt, dass der Tiber in Umbrien entspringt, wo er geboren wurde – er verlegte einfach die Grenzen.

Landschaftlich schön ist die kurvenreiche **Strecke** über den Passo della Consuma zwischen dem Casentino in der Provinz Arezzo (Bibbiena) durch die dichten Wälder des Pratomagno hinüber nach Pontassieve in der Provinz Florenz, wo Wiesen, Felder und kleine Weiler die bergab mäandernde Straße begleiten.

Einen tiefen Eindruck hinterlässt auch die Fahrt durch die **Wälder** des Casentino-Forstes mit seinen **Klöstern.**

> ### 🌟 Die Highlights für Kinder
>
> - Nur Kinder- und Narrenhände ... Stimmt für das **Vasari-Haus** in **Arezzo** natürlich nicht – Fresken an Decken und Wänden, fein gemalt und richtig bunt | 179
> - Hochluxuriöses Campen in einem Tipi, einer Jurte oder in einem Blockhaus – **Dodo Village** in **Arezzo** | 182
> - Schlachtendiorama mit über 2000 Zinnsoldaten im Museum **Palazzo della Battaglia** in **Anghiari** | 191
> - **Castello di Romena** – Ritterburg zum Anschauen und für Kinderträumereien in **Pratovecchio** | 199

NICHT VERPASSEN!

- **Cappella Bacci, Arezzo:** Freskenzyklus von *Piero della Francesca* | 175
- **Caprese Michelangelo:** auf Spurensuche in *Michelangelos* Geburtsstadt | 197
- **Chiesa San Pietro, Pratovecchio:** eines der schönsten romanischen Bauwerke | 199
- **Santuario della Verna:** wo der heilige *Franziskus* lebte | 203
- **MAEC-Museum, Cortona:** eines der lehrreichsten Etrusker-Museen | 210

Diese Tipps erkennt man an der gelben Hinterlegung.

Arezzo

■ 300 m üNN, 103.000 Einw., Florenz 75 km, Siena 70 km

Die Lage an der Rennstrecke für Bahn und Auto zwischen Florenz und Rom macht Arezzo leicht erreichbar – das sollte aber nicht der einzige Grund für einen Besuch sein. Mit etruskischem Ursprung, an der römischen Via Cassia und als reiche und freie Stadt des ghibellinischen Verbundes blickt man auf eine lange Geschichte zurück – entsprechend sind die **Kunstschätze.** Die reizvolle **Altstadt** ist vorzüglich restauriert und zeigt, dass die Aretini nicht zu den Armen gehören.

Die fruchtbaren Ebenen des Valdichiana im Süden, die Wälder in den nahen Bergen und die günstige Lage an den Handelswegen früherer Zeiten sorgten immer für einen vollen Stadtsäckel. Doch verließ man sich in Arezzo nicht alleine auf den **Handel,** beizeiten schufen Handwerker weitere Standbeine, die bis heute tragen. Die Produktionsindustrie ist auch heute stark, und besonders die **Goldschmiede-Branche** prosperiert seit Jahrhunderten. Arezzo ist trotz starker wirtschaftlicher Bremsspuren der letzten Jahre (besonders auch im Inlandsmarkt) heute immer noch eines der internationalen Zentren der Schmuckindustrie, und die alljährliche Fachmesse „Oroarezzo" zieht Aussteller und Besucher aus aller Welt an. Bis zu 2 t Gold verarbeiten Arezzos Schmiede im Monat, davon fast die Hälfte Altgold. Günstiger ist der Schmuck in den Geschäften Arezzos deshalb aber nicht.

Petrarca-Denkmal im Parco Passeggio del Prato

Drehorte

Besonders stolz ist man in Arezzo auf die Rolle als Drehort zahlreicher Szenen in *Roberto Benignis* Oscar-prämiertem Spielfilm **„Das Leben ist schön = La vita e bella"** (1997). An einigen Stellen weisen Schilder auf die jeweiligen Filmszenen hin. Ein Stadtplan mit auf den Film bezogenen Erläuterungen findet sich auf der Website www.visitarezzo.com/film-la-vita-e-bella-benigni-itinerario-arezzo.

Die Stadt rühmt sich, Geburts- bzw. Wirkungsort mehrerer **bedeutender Persönlichkeiten** zu sein, allen voran der Poet *Francesco Petrarca,* der 1304 in der Via dell'Orto 28 geboren wurde. Einige Häuser weiter, Via dell'Orto 24 (nicht zu besichtigen), lebte *Francesco Severi* (1879–1961), der als Mathematiker im Bereich der algebraischen Geometrie bahnbrechende Forschung leistete, allerdings wegen seiner Nähe zu den italienischen Faschisten umstritten war und ist. *Guido Monaco* (992–1050), dessen Geburts- und Wohnhaus in der Via Casalpino 47 steht (nicht zu besichtigen), erfand die Notenschrift. *Giorgio Vasari* (1511–1574) war ein führender Vertreter des Manierismus in Architektur und Malerei (Vasari-Haus s. unten).

Geschichte

1863 fanden Arbeiter beim Bau eines Eisenbahntunnels im heutigen Stadtteil Olmo Schädelfragmente eines Menschen, der als **„Homo dell'Olmo"** berühmt wurde – ein Homo sapiens, der in der Altsteinzeit als Zeitgenosse der Neandertaler lebte.

Danach setzt die Geschichtsschreibung erst bei den **Etruskern** wieder ein, die genau dort, wo heute die Altstadt steht, siedelten. Das damalige Aritim gehörte dem 600 v. Chr. gegründeten Bund zwölf etruskischer Stadtstaaten an und war bereits für Metallverarbeitung bekannt. 295 v. Chr. nach der **Schlacht von Roselle** von Rom vereinnahmt und zur **Garnisonsstadt** geworden, stellten die Aretini Waffen und Rüstungen für den römischen Feldzug gegen die Punier her. In Arretium lebte man nicht schlecht, Forum, ein großzügiges Amphitheater und Thermen sorgten für Kurzweil. Sich beim römischen Bürgerkrieg des 1. Jh. v. Chr. gegen Konsul *Sulla* zu stellen, erwies sich hingegen als Fehler. 50 Jahre dauerte es, bis Arretium sich von diesem Fauxpas wirtschaftlich erholt hatte. 270, die **Christianisierung** schritt voran, erhielt die Stadt einen Bischof.

Der **Niedergang des Römischen Reiches** riss Arretium schließlich mit sich, die **Völkerwanderung** ließ es zerstört zurück. Arezzo tauchte aber um das Jahr 1000 wieder auf, als freier und mächtiger **Stadtstaat,** und man errichtete eine für die damalige Zeit gewaltige Stadtmauer von 2500 m Länge. Die Universität der Rechtswissenschaften und Medizin war weithin bekannt. Der Mönch und Musiktheoretiker *Guido Monaco* (um 922– um 1050) entwickelte die Notenschrift,

> Der Palazzo dei Priori

die erstmals in der Lage war, Tonhöhe und -länge festzuschreiben – davor konnten Melodien nur über Zuhören weitergegeben werden (eine Neuerung, die bei seinen Äbten wenig Gegenliebe fand, fürchteten sie doch um ihr „Exklusivwissen").

Im Jahre 1285 läutete Florenz das Ende der Unabhängigkeit Arezzos ein, bei der **Schlacht von Campaldino** unterlagen die Ghibellinen den florentinischen Guelfen. 1384 kaufte Florenz die Stadt für 40.000 Goldflorin. Im 16. Jh. wurde sie stark befestigt und erhielt einen Mauerring mit Bastionen und die Fortezza Medicea als Hauptfort.

Im **Zweiten Weltkrieg** erlebte Arezzo mehrfach Bombardierungen, die die Altstadt beschädigten. Die wichtigsten Bauwerke blieben aber erhalten.

Sehenswertes

Um Arezzo genießen zu können, muss man erst den Speckgürtel der modernen Viertel hinter sich bringen. Keinesfalls sollte man versuchen, mit dem Wagen in die Altstadt zu kommen – Zona Trafico Limitato. Die **Orientierung** ist einfach. Im Südwesten wird die Altstadt innerhalb der Festungsmauern des 16. Jh. von den Eisenbahn begrenzt, im Nordosten vom Parco della Fortezza Medicea. Vom Bahnhof kommend und das Amphitheater rechts liegen lassend, spaziert man auf dem Corso Italia in die Altstadt hinein. Das eigentliche mittelalterliche Zentrum beginnt an der Via Garibaldi, die dieses in einem Halbbogen – an Stelle der verschwundenen Befestigungen aus dem 12. Jh. – südlich umschließt.

Kombiticket

Das **Biglietto Cumulativo** für die Museen Arezzos kostet 12 € (inkl. 2 € Voranmeldungsgebühr) und gewährt Zutritt zur Basilica di San Francesco und Casa Vasari, zum Museo Statale d'Arte Medievale e Moderna und Museo Archeologico. Der Eintritt in das Casa Museo di Ivan Bruschi ist mit ihm auf 1 € reduziert; Reservierung unter Tel. 0575 299071, www.pierodellafrancesca-ticketoffice.it.

Vor dem Bahnhof erlaubt die **Chimera di Arezzo** einen ersten Blick auf die reiche Vergangenheit Arezzos. Die Chimäre – Löwe, Schlange und Ziege in einem – suchte als Sagengestalt Lykien heim und schmückt in doppelter Ausfertigung die Brunnen an der Viale Piero della Francesca. Die Originalbronze aus dem 5. Jh. v. Chr. ist 65 cm hoch. Gefunden wurde sie 1553 beim Festungsbau, und die *Medici* reklamierten sie umgehend für sich (jetzt im Archäologischen Museum in Florenz).

Nächste Station ist das 1823 gegründete **Archäologische Museum** beim ehemals 10.000 Zuschauer fassenden Amphitheater (1. Jh.), heute Austragungsort sommerlicher Freiluftkonzerte. Es befindet sich seit 1937 in den Räumlichkeiten eines Klosters des Benediktiner-Zweigordens der Olivetaner, das 1323 auf den Ruinen des Amphitheaters gebaut wurde. In der Sammlung zu sehen sind u.a. der zieseliert bemalte Volutenkrater (Weinmischgefäß) des atti-

schen Meisters *Euphronius* aus dem 6. Jh. v. Chr. und eine bemalte Amphore aus der Schule des *Dinos* vom Ende des 5. Jh. v. Chr. Dass die Stadt in römischer Zeit eines der Zentren für Keramik war, belegen die zahlreichen Vasen, korallenrot und mit typischem Reliefschmuck in Raum 8; einige Gefäße sind mit filigranen Halbreliefs geschmückt. Eindrucksvoll ist auch die Ausstellung historischer Glaswaren, vor allem das in Chrysografie angefertigtes Porträt eines Römers aus dem 3./4. Jh., das wirkt wie eine moderne Fotografie. Auch die Sammlung etruskischer Kanopen ist sehenswert.

■ **Museo Archeologico Statale Gaio Cilno Mecenate,** Via Margaritone 10, Tel. 0575 20882, tgl. 8.30–19.30 Uhr, 6 €.

Nach Norden gehend, kommt man zur im 13. Jh. geweihten und im 18. Jh. vollständig umgebauten Kirche Sant'Agostino und zur Via Garibaldi, an der entlang einst der mittelalterliche Stadtwall verlief. Hier links bis zur Via della Madonna del Prato und dort rechts abbiegend, erreicht man das künstlerisch bedeutendste Ziel Arezzos. Die **Kirche San Francesco** entstand zwischen 1290 und 1377 als typische, simpel konzipierte Bettelordenkirche, einschiffig, mit offenem Dachstuhl und drei Chorkapellen. Die

◁ Arezzos Piazza Grande: die Gute Stube der Stadt

▽ Die Chimäre, ein Wahrzeichen Arezzos

Arezzo

■ Übernachtung	12 La Locanda di	18 Stefano
1 Dodo Village	San Pier Piccolo	19 Antica Osteria l'Agania
2 Camping	17 Graziella Patio Hotel	21 La Tua Piadina
Le Ginestre		22 Il Gelato
4 Tenuta Il Palazzo	■ Essen und Trinken	23 B17
5 B&B Casa Mia Suite	3 Crem Caramel	24 Paradiso
6 Parcheggio Tarlati	9 Trattoria Mazzoni	25 Vineria Ciao
(Camper)	11 Tortello Divino	26 Ristoburger by Crispi's
7 Tenute San Fabiano	13 Osteria Mest	27 Trattoria La Vigna
8 B&B Dimora San	14 San Filippo	
Domenico	15 Borgo San Piero	■ Einkaufen
10 B&B Antiche Mura	16 Caffè dei Costanti	20 Sotto la Pieve

Fassade blieb unvollendet. Die Seitenkapellen fügte man im 15., den Campanile Anfang des 17. Jh. hinzu. Bei der Barockisierung im 17. Jh. übermalte man alle Fresken (erst 1911 wieder freigelegt). Ausgenommen davon war nur die Bemalung der **Cappella Bacci,** der Hauptchorkapelle. In ihr hatte *Piero della Francesca* 1452–66 sein Meisterwerk geschaffen, den Freskenzyklus der „Legende vom Wahren Kreuz – Storia della Vera Croce" –, eine der Hauptarbeiten der Frührenaissance mit wegweisenden Perspektiven und Lichtkompositionen unter einem intensiv leuchtenden Sternenhimmel. In Auftrag gegeben wurden die Fresken als Hintergrund für das eigentliche Kultobjekt, das um 1260 entstandene Tafelkreuz „Christus Patiens – Leidender Christus" eines unbekannten „Meisters des heiligen Franziskus". *Piero* sprang dabei als Lückenbüßer ein. Ursprünglich war *Bicci di Lorenzo* verpflichtet worden, der aber nur die Deckenmalereien anfertigte und 1452 verstarb. Von 1992 bis 2007 restaurierte man den Zyklus für über 5 Mio. €. Die Legende in zwölf Bildern bedeckt 300 m² und erzählt die Geschichte des Kreuzes Christi, teils vor toskanischer Kulisse. Als Vorlage diente die „Legenda Aurea" des Dominikaners *Jacobus de Voragine,* eine Sammlung der Lebensgeschichten Heiliger aus dem 13. Jh. *Piero* ordnete die Szenen der Legende nicht chronologisch, sondern thematisch an, so sind die Schlachten unten, die höfischen Szenen oben zusammengefasst. Die Geschichte beginnt oben an der rechten Seitenwand mit dem Tod *Adams* und der Baumpflanzung in seinem Mund durch seinen Sohn *Seth.* Darunter betet die Königin von Saba das heilige Holz an und prophezeit *Salomon* die Kreuzigung Christi. An der Rückwand rechts unten träumt Kaiser *Konstantin* von seinem Sieg, den er an der rechten Seitenwand unten erringt. Auf der Rückwand Mitte links verrät *Judas* die Stelle, wo das Kreuz vergraben liegt, das an der linken Seitenwand in der Mitte schließlich entdeckt wird. Darunter besiegt 300 Jahre später Kaiser *Heraklaios* den Perserkönig *Chosrau II.,* der das Kreuz geraubt hatte. Schließlich zieht *Herakleios* an der linken Seitenwand oben mit dem Kreuz im Triumph nach Jerusalem. Die ganze Pracht der Fresken sollte nicht von einigen weiteren kunsthistorischen Highlights ablenken: etwa dem grandio-

In der Cappella Bacci schuf Piero della Francesca 1452–66 den Freskenzyklus „Legende vom Wahren Kreuz"

sen Tafelbild „Verkündigung" von *Neri di Bicci* (1419–1491), *Lorenzos* Sohn, in der dritten Chorkapelle, oder dem Keramik-Grabmal *Francesco Rossellis* in der ersten Kapelle des Kirchenschiffes, einem Meisterwerk von *Michele da Firenze* von 1439. Interessant ist auch der Vergleich zwischen den Fresken *Piero della Francescas* und jenen von *Spinello Arentino* (1350–1410) in der ersten Chorkapelle, die noch ganz im Geist der Gotik verharren.

Unser Tipp: Übrigens war die Kirche einer der **Drehorte** für den Film „Der Englische Patient": *Juliette Binoche* (Hanna) studiert in einer Szene die Fresken der Bacci-Kapelle.

■ **Kirche San Francesco/Cappella Bacci,** Piazza San Francesco, Tel. 0575 352727, April–Okt. Mo–Fr 9–18.30, Sa 9–17.30, So 13–17.30, Winter Mo–Fr 9–17.30, Sa 9–17, So 13–17 Uhr, 6 €. Da alle 30 Min. immer nur max. 25 Personen in Kirche und Kapelle gelassen werden, ist es sinnvoll, sich zeitig um einen Termin zu bemühen. Diesen vergibt die Kasse an der Kirche San Francesco oder auch jene im Archäologischen Museum.

Wenige Schritte nach Osten zum Corso Italia und dort nach links und Norden führen zum „Turm der 100 Löcher" (tatsächlich sind es 40 Biforien), dem 60 m hohen Campanile der **Kirche Santa Maria delle Pieve.** Sie zählt zu den schönsten romanischen Bauwerken der Toskana. Der Bau dauerte fast 200 Jahre zwischen Mitte des 12. Jh. und Mitte des 14. Jh., da das stark abschüssige Gelände und die Bauwerkslänge von mehr als 50 m immer neue Problem aufwarf. Ihre Apsis weist ganz unüblich zum städtischen Hauptplatz, der Piazza Grande, während die Schaufassade mit Blendarkaden im unteren und drei offenen Galeriegängen im oberen Bereich dem schmalen Corso Italia zugewendet ist.

Unser Tipp: Interessant ist ein **Dekor-Detail** an der Apsis, eine geknickte Säule; ähnliche Säulenausführungen – geknickt oder verknotet – finden sich an vielen romanischen Gotteshäusern, u.a. auch an der Pieve di San Pietro in Gropina; sie sollen das Böse abwehren und stehen auch für die Unvollkommenheit des Menschen. Die Fassade ist geschmückt mit Steinmetzarbeiten und Skulpturen: Flechtbandornamente, Fabelwesen und Szenen aus dem Alten und Neuen Testament sind filigran in Stein gehauen, far-

🔼 Mut zur Lücke: der Campanile der Kirche Santa Maria delle Pieve

big gestaltet die zwölf Allegorien der Monate. Der in seiner Schlichtheit und seiner kühnen Höhe beeindruckende Kirchenraum mit drei Schiffen und Tragsäulen (man beachte den Kapitellschmuck aus tierischen und menschlichen Köpfen) war im 16. Jh. im Stil des Manierismus von *Giorgio Vasari* verändert worden, der Rückbau fand im 19. Jh. statt. Bedeutendstes Kunstwerk der Innenausstattung ist das vergoldete Polyptychon „Maria mit dem Kind und Heilige" (1320) von *Pietro Lorenzetti* am Hauptaltar. In der Krypta wird eine Reliquienbüste des heiligen *Donatus* von 1346 aufbewahrt.

■ **Chiesa Santa Maria della Pieve,** Corso Italia 7, Tel. 0575 22629, 8–13, 15–18.30 Uhr.

An der Piazza Grande steht weitere sehenswerte Architektur. Direkt neben der Kirche erhebt sich der **Palazzetto della Fraternità dei Laici,** der Palast der barmherzigen Laienbruderschaft Santa Maria della Misericordia. An der Fassade lässt sich die Baugeschichte ablesen. Das Untergeschoss entstand in der Gotik (1377), die oberen Etagen in der Renaissance (um 1450). Der Turm mit der Uhr kam um 1550 hinzu. Im Inneren zeigt ein Museum Kunstwerke und Mobiliar aus verschiedenen Epochen. Der Aufstieg zur Terrasse unterhalb des Uhrturms wird mit einem schönen Blick über die Piazza belohnt.

■ **Palazzetto della Fraternità dei Laici,** Piazza Grande, Tel. 0575 24694, www.fraternitadeilaici.it, tgl. 10.30–18 Uhr, Eintritt 3 €, mit Führung 4 €.

Der Renaissancepalast **Palazzo delle Logge** (1573–81), von *Giorgio Vasari* geplant, finanziert von der Laienbruderschaft der Barmherzigkeit, nimmt die ganze nördliche Breitseite des Platzes ein. Da in der Loggia auch das Schwurgericht untergebracht war, hat man in neuerer Zeit davor einen Schandpfahl aufgestellt. Die Häuser und Turmreste an den beiden südlich ausgerichteten Seiten stammen aus dem 13. und 14. Jh. Jeden ersten Sonntag im Monat und am Samstag davor findet auf der Piazza und in den Gassen ringsum der größte **Antiquitätenmarkt** der Toskana statt. Zweimal im Jahr (Juni, Sept.) treten auf dem Platz Vertreter der vier Stadtviertel Arezzos an: Lanzenreiter bekämpfen beim **Giostra del Saracino** einen hölzernen, mit einem Morgenstern bewaffneten, drehbar gelagerten Sarazenen – ein Fest für Katholiken.

Folgt man dem Corso Italia einige Meter weiter nach Norden, steht linker Hand der **Palazzo Pretorio** vom beginnenden 13. Jh. mit wappengeschmückter Fassade, heute Sitz der Stadtbibliothek, von 1404 bis 1926 Gefängnis.

Biegt man links um die nächste Ecke, verweist das **Petrarca-Haus** auf einen der berühmtesten Stadtsöhne, den Dichter *Francesco Petrarca* (1304–1374), der hier geboren wurde und Arezzo als Kleinkind verließ. Im Parco Passeggio del Prato gegenüber erinnert das 1907 von *Alessandro Lazzerini* entworfene und 1928 aufgestellte, gleißend weiße Marmordenkmal ebenfalls an *Petrarca*. Im Haus sind eine Bibliothek, ein Museum mit Erinnerungsstücken an *Petrarca* und einer numismatischen Sammlung sowie die Accademia Petrarca di Lettere untergebracht, die alljährlich einen der renommiertesten italienischen Literaturpreise vergibt.

Den **Brunnen** vor dem Tore bzw. Hause – Pozzo di Tofano – besingt *Boccaccio* am 7. Tag im Dekameron (4. Novelle). Kurz: Tofano treibt mit krankhafter Eifersucht seine Frau in die Untreue – er sperrt sie aus – sie ertränkt sich vermeintlich im Brunnen und lockt Tofano so heraus – Tofano wird von ihr nun seinerseits ausgesperrt – von der Nachbarschaft vermöbelt, bereut er – „Der dumme Bauersmann nimmt erst die Prügel und verträgt sich dann!".

■ **Casa del Petrarca,** Via dell'Orto 28, Tel. 0575 24700, www.accademiapetrarca.it, Mo/Fr 11.30–17, Sa/So 10.30–17 Uhr, Mai–Aug. tgl., 4 €.

Die **Fortezza Medicea** im Nordosten der Piazza Grande am Platz der ursprünglichen Zitadelle des 9. Jh. war Teil der Stadtbefestigung des 16. Jh. und von *Cosimo I.* in Auftrag gegeben. Um Platz für die Anlage zu schaffen, riss man zahlreiche Gebäude und 17 Kirchen ab. Die Festung war nicht alleine Trutzburg gegen die äußeren Feinde von Florenz, sie war nicht zuletzt Zwingburg für ab und an aufmüpfig handelnde Aretini.

Nächstes Ziel ist die dreischiffige **Kathedrale** westlich der Casa del Petrarca an höchster Stelle der Stadt und mit einer Auftreppung nochmals erhöht. 1278 begannen die Bauarbeiten. Die Kirchenplanung war für eine Stadtrepublik des 13. Jh. mit über 15.000 Bewohnern eher genügsam ausgefallen, es gab kein Querschiff, keine Kuppel, keine Marmorverkleidungen. Die Arbeiten erfolgten in mehreren Etappen und waren erst 1511 abgeschlossen, wenn man den Campanile hinzurechnet sogar erst im 20. Jh. (Bau 1858, die Spitze wurde 1935 aufgesetzt). In der linken Chorkapelle befindet sich das Grabmal von Papst *Gregor X.*, der auf dem Heimweg vom Lyoner Konzil in Arezzo 1276 starb (nicht ohne vorher mit einer beträchtlichen Summe seine Beerdigung im Dom sichergestellt zu haben). Den Hauptaltar schmückt ein detailreicher gotischer Marmoraufsatz mit Szenen aus dem Leben des Kirchenpatrons *Donato* (304 als Märtyrer gestorben), ein Gemeinschaftswerk mehrerer Künstler des 14. Jh. *Giorgio Vasari* zeichnete für das Chorgestühl verantwortlich (1554). Die bunten Glasfenster stammen von *Guillaume de Marcillat*, einem französischen Dominikanermönch, der sie 1516–24 (mit Unterbrechungen) herstellte. Auch *Piero della Francesca* war an der Innenausstattung beteiligt. Er freskierte „La Maddalena" (um 1468) in Lebensgröße im linken Seitenschiff beim Durchgang zur Sakristei. Dort befindet sich auch das künstlerisch wertvolle Marmorgrabmal für den im Jahre 1328 gestorbenen Bischof *Guido Tarlati* von *Agostino di Giovanni* und *Agnolo di Ventura*. 16 Marmortafeln zeigen Szenen aus dem Leben *Tarlatis*, der auch erfolgreicher Militärführer war. An der nördlichen Längsseite hat man 1796–1817 die überdimensionale Seitenkapelle Cappella della Madonna del Conforto mit klassizistischen Stilelementen angefügt. Der Anbau nahm ein wundertätiges Marienbild auf, das am 15. Februar 1796 ein Erdbeben vorausgesagt haben soll. Das glasierte Terrakotta-Kruzifix auf dem rechten Altar stammt aus der berühmten Werkstatt der *della Robbia* (1485/86).

■ **Cattedrale dei Santi Pietro e Donato,** Piazza della Libertà, Tel. 0575 23991, 6.30–12.30 und 15–18 Uhr.

Unser Tipp: Kostbarster Besitz des **Diözesanmuseums** gegenüber der Kathedrale im Anbau (Bischofspalast) sind drei hölzerne Kruzifixe aus dem 12. und 13. Jh. Einer der fünf Säle ist *Giorgio Vasari* gewidmet. Interessant ist der **Themensaal**, der drei verschiedene Darstellungen der Annunciazione (Mariä Verkündigung) gegenüberstellt: Ein Tafelbild von *Andrea di Nerio* (erste Hälfte des 14. Jh.), ein Fresko von *Spirello Aretino* (1380) und ein Keramiktabernakel von *Bernardo Rosselino* (1434). Deutlich ist zu erkennen, wie die Künstler sich in der Darstellung auf die Arbeit des Vorgängers bezogen, sie aber auch weiterentwickelten. Das Museum befindet sich im Aufbau und soll nach Abschluss der Erweiterung sakrale Kunst auf drei Etagen zeigen. Auch ein Café ist vorgesehen.

■ **Museo Diocesano d'Arte Sacra MUDAS,** Piazzetta dietro il Duomo, Tel. 0575 4027268, www.rinascimentointerradarezzo.it, tgl. 10–18, Uhr, 3 € (jeden So 11.30 Uhr kostenlose Führung).

Am Hauptportal des Domes vorbei und dann nach Westen, gelangt man zur **Basilika San Domenico** aus dem 13. Jh. mit Freskenfragmenten aus dem 14. und 15. Jh. Die gotische Bettelordenskirche beschränkt sich ganz typisch auf ein Schiff ohne Gewölbe, stattdessen mit offenem Dachgebälk. Die Erhöhung eines Teils der Frontmauer bildet den Glockenstuhl – einfach und elegant. Das vorgebaute Portal ist neugotisch, der Rest der Fassade original. Glanzlichter sind das Tafelkreuz am Hauptaltar mit einem überlebensgroßen Jesus von *Cimabue* (um 1265) sowie ein San *Pietro* von *Giovanni della Robbia* (1520). Schwarz-weiß abgesetzte Bögen um Fenster und Apsiden verleihen dem Kirchenraum ein maurisches Gepräge.

■ **Basilica San Domenico,** Via di Sasso Verde 59, Tel. 0575 22906, tgl. 10–19 Uhr, Beleuchtung des Tafelkreuzes 1 €/2 Min.

Wenige Schritte weiter nach Westen und in die zweite Straße nach links, steht das **Vasari-Haus,** ein Palazzo, den *Giorgio Vasari* (1511–1574) in seiner Geburtsstadt 1540 kaufte und dessen Zimmern er über und über und bunt ausmalte – ein ausgezeichnetes Beispiel für den manieristischen Stil des Künstlers, Architekten und Biografen. Die Fresken im Kaminzimmer zeigen ihn – von allegorischen Figuren geleitet – auf seinem Lebensweg. Im Ruhmessaal sind Bildnisse von Künstlern aus Arezzo und Umgebung zu sehen, darunter *Andrea del Sarto, Michelangelo* und natürlich wieder ein Selbstporträt. Das Deckenfresko der Brautkammer zeigt *Abraham* inmitten der Allegorien für Frieden, Eintracht, Tugend und Bescheidenheit.

Unser Tipp: Der kleine **Garten** des Hauses eignet sich gut für ein Päuschen.

■ **Casa Vasari,** Via XX Settembre 51, Tel. 0575 409 050, Mo, Mi–Sa 8.30–19, So 8.30–13 Uhr, 4 €.

Der Via XX Settembre folgend, erreicht man das **Museum für mittelalterliche und moderne Kunst** im Palazzo Bruni Chiocchi detto della Dogana, einem der schönsten Renaissance-Gebäude der Stadt. Die wertvolle Sammlung besteht größtenteils aus den Stücken, die die Laienbrüder der Fraternità dei Laici während der aufreibenden Mühsal ihrer Samaritearbeit so zusammengetragen haben. Wie im Parterre, sind in der ersten Etage

Arezzo

Buch-Tipp

Wer tiefer einsteigen will in die **Biografien der Renaissance-Künstler** (und viel Zeit mitbringt), kann sich das epochale Werk von *Giorgio Vasari* besorgen, der jeden einzelnen der weniger bekannten, der erfolgreichen und der allerberühmtesten Maler, Bildhauer und Architekten porträtierte. Eine Sammlung voller lesenswerter Lebensbeschreibungen, angereichert mit zahlreichen Anekdoten: 160 Biografien in 45 Bänden, in neuer Übersetzung vom Verlag Klaus Wagenbach 2004–2014 aufgelegt – die **Edition Giorgio Vasari** (www.wagenbach.de).

Werke aus dem Mittelalter und der Renaissance ausgestellt. Das Gemälde „Gastmahl des Ahasver" stellte *Vasari* im Sommer 1548 für die Badia delle Sante Flora e Lucilla her. Mit den Maßen 2,49 x 7,45 m ist es eines der größten Bilder der Renaissance – in nur 42 Tagen direkt im Refektorium der Abtei in Öl auf die Holztafeln gemalt. Die bemalten und glasierten Terrakotta-Stücke bilden eine der bedeutendsten Majolika-Sammlungen der Welt. In der zweiten Etage gibt es Gemälde, Korallenschmuck, Glasarbeiten und Feuerwaffen aus dem 16.–20. Jh. zu sehen.

■ **Museo Nazionale d'Arte Medievale e Moderna,** Via San Lorentino 8, Tel. 0575 409050, www.museistataliarezzo.it, Di–So 8.30–19.30 Uhr.

Praktische Informationen

Touristeninformation

■ **Ufficio Turismo Arezzo,** Piazza della Libertà 2 (gegenüber der Kathedrale), Tel. 0575 401945, www.comune.arezzo.it, www.arezzoturismoit, www.benvenutiadarezzo.it, März–Sept. tgl. 10–13, 14–16, Winter tgl. 14–16 Uhr (jeden 1. So/Monat bei der Antiquitätenmesse 10–18 Uhr); Piazza della Repubblica 22/23, Tel. 0575 401945, März–Sept. tgl. 10–13, 14–16, Winter tgl. 10.30–12.30 Uhr. Zum Zeitpunkt der Recherche Ende 2015 öffnete das Büro an der Piazza della Repubblica wegen Umstrukturierungen vormittags, das an der Libertà am Nachmittag.

■ **Una Vetrina per Arezzo e le sue Vallate:** Emiciclo Giovanni Paolo II, Tel. 0575 1822770, www.arezzoturismo.it, Mo–Fr 9–18, Sa/So bis 19 Uhr. Das private Informationsbüro an den Rolltreppen hat gute Broschüren und einen Stadtplan im Verkauf.

Unterkunft

■ **Graziella Patio Hotel**③-④, Via Cavour 23, Tel. 0575 401962, www.patiohotel.it. Die Zimmer sind thematisch eingerichtet und benannt – *Bruce Chatwins* Reiseessays stehen hier Pate. Das elegante und zentral gelegene Haus bietet allen Komfort (bis auf einen Aufzug, Treppensteigen ist angesagt) und vermietet auf Anfrage auch Fahrräder.

■ **B&B Casa Mia Suite**②, Via San Clemente 46, Tel. 333 8208558, www.casamiasuite.it, eine Dependance in der Via San Lorentino 31 ist im Aufbau. Drei in modernem Design gestaltete helle Zimmer am nördlichen Rand der Altstadt, zwei mit Verbindungstüre für Familien. Wegen des Straßenlärms Ohrenstöpsel empfohlen.

■ **B&B Dimora San Domenico**②, Via San Clemente 2, Tel. 347 9457181, www.dimorasandomenico.it. Klassisches Bed & Breakfast mit drei Zimmern (eigenes Bad), die von einem zentralen Salon abgehen und historisierend eingerichtet sind. Die Pension liegt unweit der Chiesa di San Domenico in einem Palazzo aus dem 15. Jh.; freundlicher und aufmerksamer Service.

■ **B&B Antiche Mura**②, Piaggia di Murello 35, Tel. 0575 20410, www.antichemura.info. Sechs individuell und zum jeweiligen Namen passend mit antiken und modernen Möbeln eingerichtete Zimmer (Thema sind Filmdiven) in einem Haus aus dem 13. Jh. Die Zimmer im Erdgeschoss sind etwas düster, besser im ersten Stock reservieren. *Barbara* und ihre Familie sind sehr herzliche Gastgeber. Das Frühstück gibt's nicht im Haus – man bekommt einen Gutschein und frühstückt in einem Café ganz in der Nähe.

Unser Tipp: **La Locanda di San Pier Piccolo**①-②, Via Bicchieraia 32, Tel. 0575 20792, www.locandasanpierpiccolo.it. Das Hotel logiert in einem ehemaligen Benediktinerkloster; in den schlicht, aber geschmackvoll gestalteten Zimmern (einige ohne Bad, einige recht klein) sind teils noch historische Wandfresken erhalten. Im idyllischen Kreuzgang kann gespeist werden. Das **Restaurant**② (Do–Di mittags und abends) ist der Slow-Food-Bewegung angeschlossen und gemessen an der Qualität erstaunlich günstig.

Außerhalb
Unser Tipp: **Tenute San Fabiano**④, Via San Fabiano 33, Tel. 0575 24566, www.fattoriasanfabiano.it. Das große Weingut am Stadtrand von Arezzo

Arezzo: Zugabe!

■ **Museo di Ivan Bruschi** – Privatsammlung im ehemaligen Palazzo del Capitano del Popolo (14. Jh.) mit Exponaten aus allen erdenklichen Bereichen – ein Rundumschlag: Archäologie, Kunst, Waffen, Africana, Ethnografie; Corso Italia 14, Tel. 0575 354126, www.fonazionebruschi.it, Di–So 10–18, Winter 10–13, 14–18 Uhr, 5 €.

■ Das **Museo dei Mezzi di Communicazione** (Museum der Kommunikationsmittel) gibt einen Überblick über die Audio- und Videogerätschaften von deren Aufkommen bis (fast) zur Gegenwart; Via Ricasoli 22 (Palazzo Comunale), Tel. 0575 377662, www.museocomunicazione.it, Di, Do, Sa (So nur bei Antiquitätenmesse), 9.30–17.30 Uhr, 3 € (Führung unabhängig von Personenzahl 30 €).

■ **Kirche Santissima Annunziata** (1517 fertiggestellt) mit dem Fresko „Verkündigung" von *Spinello Aretino* (1370, aus der Vorgängerkirche inkorporiert), Glasfenstern von *Guillaume de Marcillat* (um 1520), Terrakotta-Madonna am Altar von *Michele da Firenze* (1438); Via Giuseppe Garibaldi 185, Tel. 0575 26774, 8–13, 16–19 Uhr.

■ Gefällige Renaissance-Loggia (1482) und prächtiger Altar von *Andrea della Robbia* (1493) aus Marmor und Terrakotta der **Kirche Santa Maria della Grazie** (um 1450); Via Santa Maria della Grazie 1 (2 km vom Bahnhof über den Viale Mecenta), Tel. 0575 323140, 7–20 Uhr (bei Messen geschlossen).

■ **Museo UnoAErre** – Museum für Goldschmiedekunst des Marktführers in der Schmuckherstellung mit Werkzeugen und Beispielen aus fast einem Jahrhundert (u.a. aus Belle Epoque und Art déco); Località San Zeno, Strada E, No. 5, 7 km südwestlich von Arezzo über die SS73, Tel. 0575 9251, www.unoaerre.it, Mo 14–18, Di–Fr 9–18, Sa 9–13 Uhr.

■ **Ponte Buriano** – 8 km auf der SP1 nach Nordwesten in Richtung Setteponti überspannt die berühmte, 1277 erbaute Brücke den Arno und bildet den Hintergrund auf *Leonardo da Vincis* Gemälde „Mona Lisa" – die Brücke ist auch heute noch eindeutig zu erkennen. Ebenso deutlich ist, dass *Leonardo* die Landschaft gewandelt hat – nicht die Sandsteinzacken der Balze del Valdarno (wie auf dem Gemälde), sondern flache Flusslandschaft rahmt Brücke und Ort. Mit öffentlichen Verkehrsmitteln ab Arezzo Bus Nr. 21, Haltestelle Ponte.

gehört Nachkommen jener Familie, die im 15. Jh. die Ausmalung der Bacci-Kapelle in der Kirche San Francesco finanzierte – man wohnt in den mit antikem Mobiliar ausgestatteten Zimmern der Villen Palazaccio (13 Zimmer) und Villalta (neun Zimmer) also buchstäblich auf historischem Boden. Beide Villen sind von wunderbaren Parkanlagen umgeben und werden normalerweise nur gesamt vermietet – ideal also für eine kleine Gruppe. Es kann sich aber durchaus lohnen, einfach nur nach einem Zimmer zu fragen.

UNSER TIPP: Tenuta Il Palazzo②-③, Località Antria di Tregozzano, Tel. 0575 315016, www.tenutailpalazzo.it. Unterkunft auf einem klassischen Chianti-Weingut in stadtnaher, doch zugleich absolut ländlicher Umgebung in 23 Apartments unterschiedlicher Größe, die sich auf mehrere in einem üppigen Garten arrangierte Häuschen verteilen. Die Wohnungen sind komplett und sehr komfortabel ausgestattet (auch WiFi), ein Pool bietet Erfrischung mit Blick auf Arezzos Kathedrale an heißen Sommertagen. Die Eigentümer vermieten die Apartments lieber wochenweise, aber wenn es freie Plätze gibt, können Gäste auch für ein, zwei Übernachtungen einchecken. Sehr herzliche Atmosphäre und Möglichkeit, den Weinkeller zu besichtigen. In Arezzos Zentrum sind's mit dem Auto 5 Min.; es gibt auch eine Busverbindung.

■ **Dodo Village**②, Via Costa Vecchia, Tuori/Civitella in Valdichiana/Arezzo, Tel. 335 6259965, www.dodovillage.it. 12 km westlich von Arezzo, auf einem Hügel am Eingang zum Valdichiana, liegt dieses eigenwillige Campingdorf, in dem Gäste in voll eingerichteten, schicken Cottages, Jurten, Indianer-Tipis oder Berberzelten übernachten. Pool und Restaurant gehören ebenfalls zur Ausstattung.

Camping

■ **Camping Le Ginestre,** Località Rucello 100, Arezzo, Tel. 0575 363566, www.campingleginestre.it, März–Dez. 40 Stellplätze und acht Bungalows, nur 6 km von Arezzo entfernt; Pool, Tennis, Volleyball und Restaurant; Busverbindung vom Hauptbahnhof.

Essen und Trinken

■ **Antica Osteria l'Agania**③, Via Mazzini 10, Tel. 0575 295381, www.agania.it, Mo geschl. Feine Aretiner Küche mit frischen Zutaten aus der Region. Bekannt ist das Restaurant allerdings auch für Spezialitäten wie Schweineschnauze oder Hirn – für die ganz Wagemutigen!

◁ Für ein schnelles (und gutes) Mittagessen

■ **B17**②, Via di Tolletta 17, Tel. 0575 21628, www.facebook.com/B17birreria, Mi–Mo 18–1 Uhr. Wer genug hat vom Wein, schwelgt hier in unzähligen Sorten von *birra artigianale* und verzehrt dazu Hamburger und Hotdogs.

■ **Borgo San Piero**①, Via Andrea Cesalpino 18, Tel. 0575 330115, Mo–Sa 7–19.30 Uhr. Delikatessenladen mit Tischen im hinteren Bereich. Pasta, Panini, Lasagne für ein preiswertes Mittagessen.

■ **Caffè dei Costanti**③, Piazza San Francesco 19, Tel. 0575 182 4075, www.caffedeicostanti.it, tgl. 7.30–2 Uhr. Arezzo ist eine Stadt der Kaffeehäuser, und dieses ist eines der beliebtesten, auf jeden Fall aber am schönsten gelegenen, nämlich direkt gegenüber der Kirche San Francesco. Die kleine Speisekarte hält sich an Bewährtes, die Preise orientieren sich an der Lage.

UNSER TIPP: **La Tua Piadina**①, Via de'Cenci 18, Tel. 0575 23240, Mo–Sa 8–21.30 Uhr. Piadine satt, süß, salzig, mild, scharf, mit Fleisch oder vegetarisch. Für den schnellen Mittagssnack.

■ **Osteria Mest**③, Via Giorgio Vasari 11, Tel. 0575 080861, www.osteriamest.it, Mi nur abends, Do–So mittags und abends. In dieser kleinen, modernen Osteria betreibt *Francesco Mastronardi* Küche als hohe Kunst. Die kleine Karte mit kreativen Variationen toskanischer Rezepte macht schon beim Lesen Spaß. Etwa die *pappardelle con sugo di capriolo, castagne ed emulsione di alloro* – ein Gedicht!

■ **Ristoburger by Crispi's** ②, Via Crispi 10/12, Tel. 0575 22873, www.ristoburger.com, Mo–Fr mittags und abends, Sa/So durchgängig. Hamburger und anderes *streetfood* vom Chianina-Rind. Kleine Auswahl an Veggie-Burgern.

■ **San Filippo**③, Corso Italia 7, Tel. 0575 1481 622, Mi–So mittags und abends, Di nur abends. Das kleine Restaurant neben der Kirche Santa Maria besitzt nur wenige Tische im Freien auf zwei „Balkons", die auf den Corso Italia gehen. Aber man sitzt auch drinnen gemütlich und hat hier auch einen Blick in die Küche, in der toskanische Spezialitäten mit kreativem Gout entstehen. Unter den Dolci sind besonders die *meringhe ai mirtilli* hervorzuheben.

■ **Tortello Divino**①-②, Via Cavour 70, Tel. 0575 300045. Tortellini in allen Variationen, aber auch die üblichen Antipasti, Primi und Secondi.

■ **Trattoria Mazzoni**②, Via Canto alla Croce 1, Tel. 0575 26857, www.facebook.com/trattoriamazzoni. Die einfache Trattoria serviert die üblichen toskanischen Gerichte, von *crostini* über *pici* bis *tagliata*, zu günstigen Preisen. Von den Pizze lässt man besser die Finger.

■ **Trattoria La Vigna**②, Via Spinello 27, Tel. 0575 351994, www.trattorialavigna.it, Mo geschl. Das familiäre Restaurant gegenüber dem Bahnhof kocht bodenständig und serviert abends auch Pizza. Wenn sie auf der Karte steht, unbedingt die *polenta al cinghiale* probieren! Dazu Chianti von der Tenuta Il Palazzo.

■ **Vineria Ciao**②, Via Garibaldi 16, Tel. 575 1822 174, Di–So 10–23.30 Uhr. Hinter dem Herd steht Mamma *Simonetta*, und was sie zubereitet, kommt tief aus Arezzos kulinarischer Tradition: *bollito misto* beispielsweise mit *salsa verde,* die es donnerstags gibt. Es herrscht eine einfache, ungezwungene Atmosphäre, und viele Aretiner Stammgäste wissen dies zu würdigen!

Süßes

■ **Stefano** (ex Svizzeri), Corso Italia 61, Tel. 0575 24337, www.barpasticceriastefano.it, tgl. 6–20 Uhr. Bekannt ist das Lokal, das ursprünglich eine Apotheke war, unter seinem früheren Namen Svizzeri. Als Café-Konditorei und Bar in einem eignet es sich sowohl für den Kaffeeklatsch als auch für einen Aperitif oder ein schnelles Tramezzino.

■ **Crem Caramel,** Via Fiorentina 21, Tel. 0575 24186, tgl. ab 11 Uhr. Die Eisfraktionen in Arezzo verteilen sich auf drei Gelaterie, von denen jede ihren Anhängern jeweils als die beste gilt. Diese ist eine davon. Kein Geschmacks-Chichi, sondern klare Ansagen und intensives Aroma.

■ **Il Gelato,** Via de'Cenci 24, Tel. 0575 300069, tgl. ab 12 Uhr. Die Nummer Zwei: Kleine Auswahl, aber großer Geschmack! Die Gelateria ist ein Fixpunkt in dem angesagten Viertel um die Via de'Cenci.

■ **Paradiso,** Via Guido Monaco 58, Tel. 0575 27048, http://gelateriaparadiso.it, tgl. 12–23 Uhr. Die dritte unter den beliebtesten Gelaterie. Neben Eis in Riesenauswahl und ausgefallenen Geschmäckern auch Joghurt und Crêpes.

Verkehr

■ **Bahn/Bus:** Bahnhof Arezzo, Piazzale della Repubblica, an der Strecke Florenz–Rom, halbstündlich Verbindungen nach Florenz Stazione SMN (60–90 Min., ab 8 €) und alle 1–2 Std. nach Roma Termini (ab 135 Min., ab 14 €); Autobus-Terminal beim Bahnhof.
■ **Parken:** Die Altstadt ist verkehrsberuhigt, Touristenfahrzeugen ist die Auffahrt verboten. Kostenfreie Parkplätze: die weiter von den Rolltreppen entfernten Plätze auf dem Parcheggio Pietri (Via Pietri, unterhalb des Doms im Norden, Rolltreppen hoch), Parcheggio Tarlati (300 m nördlich vom Parcheggio Pietri in der Via Tarlati, auch für Camper), Parcheggio Cimitero Urbano (beim städt. Friedhof in der Via Gamurrini, 500 m nordöstlich der Fortezza Medicea). Kostenpflichtig ist der unmittelbar an die Altstadt grenzende Parcheggio Fortezza Medicea (an der Festung) sowie die nahe an der Rolltreppe gelegenen Plätze am Parcheggio Petri (5 €/Tag).
■ **Radverleih: Cicli e Moto Vagheggi/Noleggio Bici,** Via S. Lorentino 93, Tel. 0575 22651, Citybike 13 €/Tag, auch Kinderfahrräder; **AR Bike,** das Bikesharing-Projekt der Kommune Arezzo, ist nur sinnvoll, wenn man länger in der Stadt bleibt; man muss sich elektronisch registrieren etc. Informationen auf www.commune.arezzo.it, Stationen u.a. am Bahnhof, am Busbahnhof und an den großen Parkplätzen.
■ **Rolltreppe:** Den bequemsten Zugang zur Altstadt bieten die Rolltreppen vom Parcheggio Petri hinauf zum Domplatz, Fahrtzeiten tgl. Nov.–März 6–22, April/Mai/Okt. bis 24, Juni–Sept. bis 1 Uhr.

Feste

■ **Antiquitätenmesse** am ersten So im Monat und dem Sa davor auf der Piazza Grande.
■ **Giostra del Saracino,** siehe Kasten.

Giostra del Saracino

Das **Reiterturnier** geht auf die Jahrhunderte der Kreuzzüge und der Türkengefahr zurück; die edlen Ritter preschen gegen eine hölzerne Sarazenenfigur an, den „Buratto". Termine: Am vorletzten Samstag im Juni abends, am ersten Sonntag im September nachmittags. Den beiden Wettbewerben gehen zwei vorbereitende Veranstaltungen voraus: Am ersten Samstag im Februar werden im Rathaus die siegreichen Turnierreiter der Giostre der letzten beiden Jahre ausgezeichnet. Und im April wird in einem international ausgeschriebenen Wettbewerb entschieden, wie der neue Handgriff der „Goldenen Lanze" aussehen soll.

■ **www.giostradelsaracinoarezzo.it.**

▷ Hauptaltar im Dom von Arezzo

Einkaufen

■ **Sotto la Pieve,** Via di Seteria 1, Tel. 366 1867 686, www.sottolapieve.it. Toskanische Lebensmittel und Produkte unterhalb der Kirche Santa Maria della Pieve.

■ **Wochenmarkt** Sa vormittags in der Via Giotto von Arezzo; **Bauernmarkt** Mi vormittags an der Piazza Giotto.

Gesundheit

■ **Krankenhaus/Ospedale San Donato,** Via Pietro Nenni, Tel 0575 2551, Notruf 118, www.usl8.toscana.it, das Hospital ist rund um die Uhr in Bereitschaft.

■ **Apotheke/Farmacia Comunale,** Campo di Marte 7, in der Nähe des Krankenhauses, Tel. 0575 902466, www.farmaciecomunaliarezzo.it.

Wein aus Arezzo

Weitaus weniger bekannt als die Weine aus den zentralen Chianti-Lagen sind die edlen Tropfen, die die Winzer von Arezzo seit Jahrhunderten kultivieren. In erster Linie werden hier **Sangiovese-Trauben** gepflanzt; auch sind Rote, wie im übrigen Chianti, weitaus stärker vertreten als Weiße. Neben Weinen mit dem Prädikat **Chianti DOCg** gedeihen rund um Arezzo auch **Chianti Colli Aretini DOCg.** Einige Winzer sind nach Jahren der „reinen Lehre" wieder dazu übergegangen, einen Teil ihres Sangiovese mit anderen Sorten, meist Merlot und Cabernet, zu verschneiden, wie es in der Region früher üblich war. Und auch **alte Sorten** sind zurückgekehrt: Canaiolo, Malvasia, Foglia Tonda und Colorino.

Selbst Kenner der Chianti-Region können bei den Winzern rund um Arezzo noch interessante Entdeckungen machen: So beispielsweise auf der **Tenuta Il Palazzo,** die seit Mitte des 19. Jh. vorrangig Weine für den lokalen Bedarf pflanzte und sich nun mit ihren Chianti Colli Aretini DOCg auch auf dem internationalen Markt positioniert hat. Allen voran gedeiht auf ihren 40 ha mit Blick auf die Altstadt von Arezzo Sangiovese, aber auch Shiraz, Merlot und Trebbiano. Die Böden sind schwer und lehmhaltig, ideal also für den Sangiovese, den Winzer *Primo Banelli* gerne auch in Barrique-Fässern zum Flagschiff der Kellerei, dem **Morro Rosso,** ausbaut.

Mehr Hobby als Geschäft sind die 6000 Olivenbäume, die, nach streng ökologischen Prinzipien gepflegt, im Jahr etwa 5000 Flaschen **Olivenöl** feinster Qualität abwerfen – oder auch nicht, denn wer auf Pestizide verzichtet, bekommt es schnell mit Schädlingen zu tun, die die gesamte Ernte vernichten können.

Gleich nebenan ist Conte *Borghini Baldovinetti de' Bacci* Herr über die **Tenuta San Fabiano** mit insgesamt drei Kellereien und dem stolzen Ausstoß von einer Million Flaschen im Jahr. Die Familie ist historisch tief verwurzelt in Arezzo und finanzierte im 15. Jh. die Ausmalung der Cappella Bacci durch *Piero della Francesca*. Das historische Bacci-Schloss bildet den Mittelpunkt der Weinlagen. Auch San Fabiano kultiviert Sangiovese, der im Zusammenspiel mit Cabernet Sauvignon und Petit Verdot den wunderbaren **Armaiolo,** San Fabianos Spitzenwein, ergibt, in dem sich Gewürze, rauchige Töne und Kirscharoma zu einem vollmundigen Bouquet vereinen. Unter dem Label Chianti Etichetta Nera DOCg verbinden sich Sangiovese und Syrah zu einem Prädikatswein mit frischem Aroma. Oliven, vorrangig Frattolaio, Lecchino und Moraiolo, werden ebenfalls kultiviert. Auf ökologischen Anbau verzichtet man allerdings.

Auch junge Wilde gibt es im Weinbaugebiet Terre di Arezzo, so die beiden Brüder *Marco* und *Iacopo Rossi,* die ihr Gut **Podere di Pomaio** komplett unter das Motto „Think Green" gestellt haben. Bio-Anbau und Öko-Architektur gehen in der modernen Kellerei Hand in Hand. Erst 2004 pflanzten die beiden jungen Männer auf ihren 23 ha Grund, die seit den 1950er Jahren

nicht mehr bewirtschaftet worden waren, die ersten Reben. 2009 fuhren sie die erste Ernte ein, und 2012 kamen sie mit ihrem **BIO Chianti Pomaio** – 90 % Sangiovese, 10 % Merlot – auf den Markt. Um Verunreinigungen zu verhindern, besitzen sie trotz der augenblicklich geringen Produktion von 15.000 Flaschen sogar eine eigene Abfüllanlage. Spitzenwein bei Pomaio ist der zu 100 % aus Sangiovese-Trauben bestehende IGT Toscano Rosso **Porsenna,** der seiner Vollendung in Fässern aus Kastanienholz entgegenreift. Auf Pomaio ist nicht nur alles (auch das in geringen Mengen gewonnene Olivenöl) bio, das Gut ist auch todschick. Nicht von ungefähr wurde die Kellerei unter die 25 schönsten der Toskana gewählt, und auch das Design von Flaschen und Etiketten spricht für den starken Gestaltungswillen der Brüder. Als Think-Green-Repräsentant war Pomaio auch auf der EXPO 2015 in Mailand vertreten.

Siehe auch Kasten „Die Weine der Toskana" im Kapitel „Praktische Reisetipps von A bis Z".

● **Tenuta Il Palazzo,** Località Antria, Arezzo, Tel. 0575 361338, www.tenutailpalazzo.it. Besichtigung der Kellerei und Weinverkostung nach Voranmeldung.
● **Tenuta San Fabiano,** Via di San Fabiano 33, Località San Fabiano, Arezzo, Tel. 0575 24566, www.fattoriasanfabiano.it, Weinladen Mo–Fr 9–13, 14–18.30 Uhr, Sa 8–12 Uhr, Besichtigung und Weinverkostung Mo–Fr nach Voranmeldung.
● **Podere di Pomaio,** Località Pomaio 19, Arezzo, Tel. 0575 371400, www.pomaio.it. Besichtigung der Kellerei und Weinverkostung nach Voranmeldung.

◁ Im Weinkeller des Podere di Pomaio

Sansepolcro/ Valtiberina

● 330 m üNN, 16.000 Einw., Arezzo 40 km

Nur kurz streift der **Tiber,** der „heilige Ursprung Roms", toskanisches Gebiet. In seinem Tal zwischen den dicht bewaldeten Gebirgszügen zeigt sich Sansepolcro, die Geburtsstadt von *Piero della Francesca*, als perfekte **geometrische Anlage** mit 90-Grad-Winkeln. Die als Naturreservat geschützte Bergwelt der **Alpe della Luna** gleich nördlich ist ein beliebtes Wanderziel mit guter Infrastruktur.

Der **Name** von Sansepolcro („Heiliges Grab") im breiten und fruchtbaren oberen Tiber-Tal (Alta Valtiberina) leitet sich der Legende nach von einem Oratorium ab, das im Jahr 934 Kreuzfahrer errichtet haben sollen – für aus dem Morgenland vom Heiligen Grab mitgebrachte Reliquien. Sansepolcro hat mittelalterliche Wurzeln und eine echte und sehenswerte Altstadt – trotz oder gerade wegen des Schachbrettmusters. Es entstand bereits im 14. Jh., als die Renaissance sich schon ankündigte. Den häufigen Wechsel der Herrscher vom 11. bis zum 13. Jh. (u.a. gehörte man zu Perugia und Mailand) beendeten die *Medici* 1440 mit der Schlacht von Anghiari, bei der Sansepolcro auf der Verliererseite stand und schließlich für 25.000 Goldflorin an Florenz ging.

Den **Dom San Giovanni** errichteten Kamaldulenser-Mönche 1012–49 für ihr Kloster. Als Papst *Leo X.* Sansepolcro 1515 zum Bischofssitz machte, zogen die Mönche in ein neues Kloster, und die

Kirche erhob man zur Kathedrale. In den 1930er Jahren baute man die Barockisierung des 17. Jh. gezielt zurück und legte dabei Fresken des 14. Jh. frei. Das Gotteshaus fügt sich ganz untypisch in die Häuserflucht ein, und auf den ersten Blick mangelt es ihm an einem Kirchturm. Erst wenn man auf die Piazza Torre di Berta hinaustritt, sieht man ihn auf der Rückseite der Kirche aus dem Häuserkarree aufragen. Die Basilika zwischen Romanik (Rundbögen, Säulenkapitelle) und Gotik (Fassade mit Fensterdurchbruch) zeigt sich mit Gewölben in den Seitenschiffen und einem offenen Dachstuhl im Hauptschiff. Im linken Seitenschiff hängt die „Pala di Sansepolcro", die „Himmelfahrt Christi" (um 1510) aus der Hand von *Pietro Perugino*. Jesus ist von Engeln umgeben, Maria und die Apostel beten darunter in einer umbrischen Landschaft. Das Polyptychon „Auferstehung" am Hauptaltar (um 1348) schuf *Niccolò di Segna*.

■ **Duomo di San Giovanni Evangelista,** Via Giacomo Matteotti 1, Tel. 0575 7321, 8.30–18.30 Uhr.

Nördlich des Doms erreicht man über den Durchgang an der Piazza Giuseppe Garibaldi neben dem Palazzo Pretorio die Via Aggiunti. Im zweiten Gebäude links, dem Palazzo della Residenza (14. Jh., Änderungen im 16. Jh.), ist das **Stadtmuseum** mit einer bemerkenswerten Sammlung untergebracht. In den 1920ern als Pinakothek gegründet, hat es seine Ausstellung wesentlich erweitert und zeigt auch prächtige liturgische Gegenstände und Gewänder. Herzstück ist allerdings die Sammlung zu *Piero della Francesca*. Das 225 auf 260 cm messende Fresko „Ressurezione – Auferstehung" (1458) gilt als eines seiner schönsten und interessantesten Werke, gemalt für den Ratssaal. Christus ist hier nicht entrückt, mehr dem Himmel als der Erde zugetan. Stark und selbstbewusst blickt er stattdessen auf den Betrachter, in der Hand die Siegesfahne – Weltenherrscher. Übrigens hat *Piero della Francesca* sein Selbstbildnis hinzugefügt (zweiter Soldat von links). Das Polyptychon der Barmherzigkeit (Öl auf Holz, 273 x 330 cm, für die Bruderschaft Santa Maria della Misericordia) schlägt einen weiten Bogen über *Pieros* Schaffen. Die ersten Paneele entstanden 1445 (*Sebastian* und *Johannes der Täufer*, links). Als letztes malte er die barmherzige Maria (1462) in der Mitte. Weitere Werke stammen von Künstlern wie *Santi di Tito* (1536–1603, ebenfalls in Sansepolco geboren) oder vom aus Cortona stammenden *Luca Signorelli* (um 1450–1523), vertreten sind das 14. bis 16. Jh. Auch Terrakotten aus der Werkstatt *della Robbia* stehen in Besitz des Museums.

■ **Museo Civico,** Via Niccolò Aggiunti 65, Tel. 0575 732218, www.museocivicosansepolcro.it, 15. Juni–15. Sept. 10–13.30 und 14.30–19, sonst 10–13 und 14.30–18 Uhr, 8 €.

▷ Für Kräuterhexen ein Muss: Museo Aboca

Unser Tipp: Hält man sich an der Via Aggiunti rechts, gelangt man zum **Aboca-Museum.** Es hat sich im Palazzo Bourbon del Monte (aus dem 18. Jh.) der Welt der **Kräuter** verschrieben. Das Museum versteht sich als Projekt mit dem Ziel, das Wissen über Kräuter als Medizin nicht in Vergessenheit geraten zu lassen. Destillationsapparate, Mörser, Keramiken und Laborgeräte in didaktischem Arrangement und aus mehreren Epochen geben einen guten Überblick über die Bedeutung der Kräutermedizin. Angeschlossen ist eine Bibliothek mit Werken vom 16. bis 20. Jh. zum Thema. Das Museum verlegt auch Reprints und kommentierte Neufassungen uralter Werke zu Botanik und Medizin.

Nach Verlassen kann man in der angeschlossenen **Erboristeria** Kräuter und Tees erwerben oder direkt nebenan noch einen Blick auf den Holzaltar (17. Jh.) der **Chiesa di San Rocco** (Mitte 16. Jh.) mit einer Schnitzfigur aus dem 13. Jh. werfen.

■ **Museo Aboca,** Via Niccolò Aggiunti 75, Tel. 0575 733589, www.abocamuseum.it, April–Sept. 10–13, 15–19 , Winter 10–13, 14.30–18 Uhr, 8 €.

Eremo di Montecasale

Nordöstlich von Sansepolcro (7 km) liegt pittoresk zwischen den Hügeln die **Einsiedelei von Montecasale.** Auf einem schmalen Asphaltsträßchen geht es durch den von Eichen beherrschten Mischwald kurvenreich hinauf ins Nirgendwo auf 700 m Höhe (ab Sansepolcro gibt es einen schönen **Fußweg,** auf dem man die Einsiedelei in 2 Std. erreicht). 1192 gründeten Kamaldulenser das Kloster mit einem Pilgerhospiz und einem Hospital für Aussätzige, ihnen folgten 1213 die Franziskaner in Person des **heiligen Franziskus** höchstselbst. Der Legende nach sollen einmal zwei Burschen *Franziskus* um Aufnahme in das Kloster gebeten haben. Um ihre Willfährigkeit zu prüfen, nahm er sie mit in den Garten und bat sie, Kohl zu pflanzen, so wie er es ihnen zeigte. Er aber steckte die Blätter der Setzlinge in die Erde, sodass die Wurzeln in die Luft ragten. Der eine Bursche tat wie ihm geheißen, der andere weigerte sich beharrlich. Da schickte *Franziskus* diesen mit den Worten fort, dass er wohl ein Wissender sei und sein Glück sicherlich auch woanders machen könne. Den Folgsamen aber behielt er.

Seit dem 16. Jh. sind es **Kapuziner,** die in der Abgeschiedenheit leben. Erhalten geblieben ist die für Bettelorden typische Klosteranlage, errichtet mit Materialien aus der unmittelbaren Umgebung, einem der kleinsten und intimsten Kreuzgänge Italiens als Mittelpunkt, und einfachsten Mönchszellen – man

war und ist genügsam. Die Madonna mit Kind am Hochaltar der Kirche stammt aus dem 13. Jh. Gruppen (manchmal auch Einzelreisende) werden für einen geringen Betrag im Pilgerhaus oder im Pilgersaal im Kloster aufgenommen.

■ **Eremo di Montecasale,** Frazione Basilica (von Sansepolcro über die Strada Comunale della Montagna für knappe 2 km, dann rechts dem Schild folgen), Tel. 0575 742648, 7–12, 15.30–19 Uhr.

Alpe della Luna

Die Mondalpen, ein Massiv des Apennin, erstrecken sich nordöstlich von Sansepolcro entlang der Grenze zu Umbrien, höchste Erhebung ist der **Monte dei Frati** mit 1454 m üNN. Das geschützte Gebiet umfasst 1540 ha dichten Wald aus Eichen und Buchen. Mehrere vom italienischen Alpenverein unterhaltene Wanderwege führen hindurch.

■ www.parks.it/riserva.alpe.luna.

Lago di Montedoglio

7 km nordwestlich von Sansepolcro entstand zwischen 1977 und 1993 durch Aufstauung des jungen Tiber 30 km hinter seinem Ursprung ein See, der die Trinkwasserversorgung der Region sicherstellt. Er ist bei Fischern beliebt, und die Jugend nutzt die Winde zum Surfen. Die Ufer eignen sich zur Vogelbeobachtung, am besten mit einem geliehenen Kanu/Kajak (Mietboote im Weiler Madonnucia am Südosufer).

■ www.digadimontedoglio.it.

Anghiari

Schnurgerade verläuft die Straße über 9 km von Sansepolcro Richtung Südwesten, das Tiber-Tal – die Piana della Battaglia – querend, nach Anghiari (430 m üNN, 5600 Einw.), und teilt es in die nördliche Neustadt und die südliche, erhöht auf einer steilen Kuppe liegende, hübsche Altstadt. Vom Parkplatz an der Stradone Giacomo Matteotti führen zwei Aufzüge hinauf. Zahllose Kunstgalerien und Ateliers machen Anghiari zu einem echten **Künstlerstädtchen;** kein Zufall, denn seit Jahrhunderten wird hier Handwerk wie Intarsienlegen oder Keramik gepflegt. Schmuck, Tonwaren, Grafiken oder Gemälde gilt es zu entdecken – man lasse sich einfach durch die schmalen und teils sehr steilen Gassen des Städtchens treiben. Auch ein Blick in die **Kirche Santa Maria delle Grazie** ist lohnenswert. Hinter dem Altar ist eine Terrakotta von *Andrea della Robbia* zu bestaunen, die „Madonna della Misericordia".

Bekannt ist der Ort aber auch für die Schlacht vom 29. Juni 1440 zwischen dem Mailand der *Visconti* und dem Florenz der *Medici*. Obwohl die Florentiner und ihre papistischen Verbündeten in der Minderzahl waren, blieben sie siegreich, was die *Medici* mit einem grandiosen Schlachtengemälde im Palazzo Vecchio in Florenz dokumentiert wissen wollten. Für die Ausführung verpflichteten sie *Leonardo da Vinci*, der 1503 begann, das Werk aber nie vollendete. *Giorgio Vasari* übermalte es bei einer Neugestaltung des Palastes 1563. Geblieben von dem geplanten Meisterwerk sind lediglich Vorbereitungsskizzen, die das **Museo delle Memorie** im Palazzo

Blick auf Anghiari, ein echtes Künstlerstädtchen

della Battaglia ausstellt. Dazu gibt es Kopien weiterer Gemälde zur Schlacht bei Anghiari (z.B. von *Rubens* und *Michelangelo*), prähistorische Funde, archäologische Entdeckungen aus der Römerzeit und mittelalterliche Waffen.

Ein die Schlacht nachstellendes, beeindruckendes **Diorama** mit 2200 handbemalten Zinnsoldaten dürfte nicht nur kleine Besucher faszinieren.

Palazzo della Battaglia, Piazza Mameli 1, Tel. 0575 787023, April–Okt. 9.30–13, 14.30–18.30, sonst bis 17.30 Uhr, 3,50 €.

Monterchi

Monterchi (360 m üNN, 1800 Einw.), 15 km südlich von Sansepolcro, ist ein weiteres Bergstädtchen, nicht ganz so stimmig und schön wie Anghiari, dafür mit einer ellenlangen **Vergangenheit.** Sie reicht zu den Etruskern zurück, die auf dem Hügel eine Kultstätte zur Verehrung des bei ihnen beliebten Herakles unterhielten. Die Römer übernahmen diese und nannten sie „Mons Erculis – Berg des Herkules", woraus schließlich Monterchi wurde.

Im 19. Jh. entdeckte man bei der Renovierung der Friedhofskapelle Santa Maria di Momentana ein Fresko, das von *Piero della Francesca* stammt. Aus konservatorischen Gründen befindet es sich heute im eigens für das Bild eröffneten

Sansepolcro

Museum Madonna del Parto in der ehemaligen Dorfschule. *Piero* soll 1459 – um seine Mutter zu ehren, die aus Monterchi stammte – diese als Vorbild für das Gemälde genommen haben. Tatsächlich zeigt es für ein Madonnenbild höchst verwunderliche Eigenheiten. Man sieht ein schönes Bauernmädchen, hochschwanger, sodass die Schnürung ihres Kleides gelockert ist. Zwei Engel, auch diese eher erdverbunden als himmlischen Sphären zugehörig, halten den kostbaren Fellvorhang offen.

■ **Museo Madonna del Parto,** Via della Reglia 1, Tel. 0575 70713, www.madonnadelparto.it, April–Okt. tgl. 9–13, 14–19 Uhr, Winter bis 17 Uhr, Di geschl., 5,50 € (inkl. Waagenmuseum, siehe Kasten „Sansepolcro: Zugabe!")

⌃ Ein Museum nur für ein Meisterwerk: die Madonna von Piero della Francesca

Monte Santa Maria Tiberina

Schon nicht mehr Toskana ist das 13 km südöstlich von Monterchi liegende Bergstädtchen Monte Santa Maria Tiberina (690 m üNN, 1200 Einw.). Es ist jedoch auf alle Fälle einen kleinen Ausflug wert, alleine schon wegen des herrlichen Ausblicks in die Umgebung. Das Wehrdorf stand einst in Besitz der Markgrafen *Bourbon del Monte* (1250–1815). Man schlendert durch die Gassen an den Palästen vorbei, schaut sich in der Kirche Santa Maria al Monte (Schnitzmadonna am Hochaltar, 14. Jh.) die Grabstellen des Adelsgeschlechtes an und genießt die Aussicht. Das **Stadtmuseum** im Palazzo Bourbon del Monte ist der Familiengeschichte gewidmet, es zeigt aber auch archäologische Funde aus der Umgebung.

■ **Palazzo Museo del Marchesato Imperiale,** Piazza Castello 1, Tel. 0758 571003, www.montesantamariatiberina.org, Juli–Sept. 10.30–13 und 16.30–18.30 Uhr, sonst nach Voranmeldung.

Praktische Informationen

Touristeninformation

■ **Ufficio Turismo Sansepolcro,** Via Giacomo Matteotti 8, Tel. 0575 740536, www.comune.sansepolcro.ar.it, www.valtiberinaintoskana.it, April–Okt. 10–13, 14.30–18.30, sonst tgl. 10–13, Fr–So 10–13, 15–17 Uhr.
■ **Ufficio Turismo Anghiari,** Corso Giacomo Matteotti 103, Tel. 0575 749279, www.anghiari.it, 9.30–12.30, 16.30–18.30 Uhr.

Sansepolcro: Zugabe!

- **Casa di Piero della Francesca** aus dem 14. Jh., dies ist aber nicht das Geburtshaus des Künstlers, sondern Sitz einer Stiftung, die über die Renaissance forscht; Via Niccolò Aggiunti 71, Tel. 0575 740411, www.fondazionepierodellafrancesca.it.
- **Fortezza Medicea,** massives und kompaktes Verteidigungswerk, ehemals mit Wassergraben, 1538–60 in Auftrag von *Cosimo I.* errichtet, von den Franzosen im 19. Jh. teilzerstört, ab 1868 saniert, heute in Privatbesitz und nur von außen zu besichtigen; Via della Fortezza.
- **Museo Bernardini Fatti della Vetrata Antica** – Museum für Buntglasfenster und Glasmalerei in der säkularisierten Kirche San Giovanni; Via Giovanni Buitoni 9, Tel. 0575 740 536, derzeit wg. Restrukturierung geschl.
- **Museo di Palazzo Taglieschi/Anghiari** – Museum in einem Palast aus dem 15. Jh. mit einer Sammlung aus Skulpturen (darunter mehrere wertvolle Madonnen aus dem 14./15. Jh.), einer Majolika von *Andrea della Robbia* (Ende 15. Jh.) und Haushaltsgegenständen unterschiedlicher Epochen in 20 Räumen; Piazza Mameli 16, Tel. 0575 788001, Di–Do 9–18, Fr–So 10–19 Uhr, 2 €.
- **Museo della Misericordia/Anghiari** – kleines Geschichtsmuseum der auf das 14. Jh. zurückgehenden Barmherzigen Bruderschaft von Anghiari; Via Francesco Nenci 13, Tel. 0575 787023, www.misericordiadianghiari.org, Sa 15–18, So 9.30–13.30, 15–18 Uhr.
- **Museo delle Bilance** in Monterchi – der Welt der Waagen verschrieben, vom groben Balkengerät aus der Landwirtschaft bis zur Goldwaage; Via XX Settembre 22, Tel. 0575 70713, April–Okt. tgl. 9–13, 14–17 Uhr, Winter Di geschl., 5,50 € (inklusive Museo Madonna del Parto, s.o.).

Unterkunft

- **La Paladina**③, Via S. Giuseppe 10, Tel. 335 614 4228, www.lapaladina.com. Drei romantisch und dabei geschmackvoll eingerichtete Zimmer in historischem Gemäuer. Die Gäste wohnen, wie es bei einem B&B eigentlich immer sein sollte, im Haus der Gastgeber und werden sehr herzlich und familiär aufgenommen.

Außerhalb

- **Agriturismo Le Ceregne**③, Località Le Ceregne 74, Pieve Santo Stefano, Tel. 0575 791088, www.leceregne.it. Der Bio-Betrieb unweit des Lago di Montedoglio baut Oliven und Obst an, betreibt ein Bio-Restaurant und vermietet sieben freundlich eingerichtete Zimmer und Apartments, die weitestgehend nach dem Prinzip der Nachhaltigkeit gestaltet sind.
- **Casa Vacanze Baldaccio** und **Annalena**②, Piazza Baldaccio 28, Anghiari, Tel. 333 3581791, auch auf www.facebook.com. Zwei Apartments mit insgesamt sechs Doppelzimmern am Hauptplatz von Anghiaris Altstadt in einem eleganten Palazzo. Angenehme, funktionale Einrichtung.
- **Nero Gioconda**①-②, Via del Castello Antico 14/16, Anghiari, Tel. 333 3731595, www.nerogioconda.weebly.com. Vier einfach eingerichtete Zimmer, zwei davon mit eigenem Bad, im historischen Zentrum. Die Pension befindet sich fast am höchsten Punkt des Ortes.

Essen und Trinken

- **Al Coccio**③, Via N. Aggiunti 83, Tel. 0575 741468, www.alcoccio.com, Mi–Mo mittags und abends. Der Kult um das beste Stück vom Rind ist hier so dominant, dass es eine eigene Filet-Speisekarte gibt. Bemerkenswert ist auch die Auswahl an Antipasti, wo neben Standards wie Crostini oder *affetato misto* auch *parmigiana di melanzane* oder *flan di porcini e taleggio* ungeahnte Genüsse eröffnen.

dieses Gebäudes. Die nach Zerstörung 1474 neu errichtete **Klosterkirche San Lorenzo** kündet nach außen (wenn man den Kopf in den Nacken legt) von ihren drei Schiffen, die in die Häuserflucht eingepasste Fassade aus Bruchstein ist bis auf ein Rosettenfenster gänzlich ungeschmückt. Das Innere mit seinen weiten Rundbögen zwischen den Schiffen, zum Altarraum und zur Apsis ist im Kontrast von weißem Putz und Sandstein schlicht und elegant. Zwei Nebenaltäre in den Seitenschiffen tragen jeweils eine Majolika aus der Werkstatt der *della Robbia*, rechts die Geburt Christi, links die Kreuzabnahme. Der Kreuzgang des Franziskanerklosters wurde 1955 mit Szenen aus dem Leben des heiligen *Franziskus* von *Ruggero Biggeri* neu ausgemalt (ist derzeit wegen bautechnischer Mängel geschlossen).

Die **Wallfahrtskirche Santa Maria del Sasso** liegt gut 1 km nordöstlich des Zentrums inmitten der Felder (über die Via Santa Maria del Sasso anzufahren). Das Gotteshaus wurde über einem Felsen (= *sasso*) errichtet, auf dem Maria 1347 erschienen sein soll und der heute noch als Ort der Verehrung hinter dem Altar aus dem Boden ragt. Im Detail: Eine weiße Dame erschien der siebenjährigen *Katharina*, reichte ihr Bohnen, die mit Blut gefüllt waren, und warnte so die Menschen vor der Pestepidemie im Folgejahr. Die Bewohner Bibbienas errichteten eine erste Kapelle, 1486 schickte *Girolamo Savonarola* dann 22 Mönche, die Kirche, Kloster und Hospiz erbauten. Den Altar in Tempelform schmückt das Fresko „Madonna mit dem Kind" (um 1435) von *Bicci di Lorenzo*, die Majolika

■ **Chiesa di San Lorenzo Martire,** Via Bernardo Dovizi, 8–13, 16–18 Uhr.

△ Die Wallfahrtskirche Santa Maria del Sasso

an der rechten Seitenwand („Jesus mit Johannes dem Täufer") stammt von *Giovanni della Robbia*. Sehenswert ist auch die darunter liegende „untere" Kirche, ein weiterer Kultort mit einer hölzernen Madonna aus dem 16. Jh. (wahrscheinlich aus der Schule *Donatellos*) und vor allem der großzügige Kreuzgang mit seinen Fresken zum Thema der Madonna del Sasso. Seit 1927 leben im Kloster Dominikanerinnen.

■ **Il Santuario di Santa Maria del Sasso,** Viale Santa Maria 1, Tel. 0575 593266, http://santuario.santamariadelsasso.it, tgl. 7–12, 15.30–20, Winter bis 18 Uhr.

Caprese Michelangelo

Ziemlich genau in der Mitte zwischen Sansepolcro und Bibbiena liegt die Ortschaft Caprese Michelangelo (650 m üNN, 1500 Einw.), der Geburtsort des für viele bedeutendsten Renaissance-Künstlers: *Michelangelo Buonarroti*. Das **Museo Michelangiolesco** ist im ehemaligen Festungsbereich des Ortes auf dem Hügel untergebracht und besteht aus drei Gebäuden. Im Palazzo Podestà (Anfang des 15. Jh. errichtet) erblickte *Michelangelo* als Sohn des von Florenz eingesetzten Sachwalters am 6. März 1475 das Licht der Welt. Seit 1875 ist der Palazzo ein Museum. Der Palazzo Clusini entstand Ende des 15. Jh. als Erweiterung des Palazzo Podestà. Den Gerichtshof rekonstruierte man 1964, er wird für eine moderne Skulpturensammlung und temporäre Ausstellungen genutzt. Das Museum ist in fünf Bereiche geteilt: Die Geschichte der Festung, *Michelangelo, Giovanni Santini* (ein in Caprese geborener Astronom 18./19. Jh.), Kleinskulpturen des 19. Jh., Skulpturenkunst des 20. Jh. Von *Michelangelo* sind Kopien von 15 Bildhauerwerke zu sehen – vom „David" bis zur „Zentaurenschlacht".

■ **Museo Michelangiolesco,** Via Capoluogo 1, Tel. 0575 793776, www.capresemichelangelo.net, 15. Juni–15. Sept. Mo–Fr 10.30–18.30, Sa/So 9.30–19.30, April–15. Juni Mo–Fr 11–18, Sa/So 10.30–18.30, 15. Sept.–Okt. Mo–Fr 10.30–18.30, Sa/So 10–19, Nov.–März Fr–So 11–17 Uhr, 4 €.

Poppi

Poppi (440 m üNN, 6300 Einw.), 7,5 km nordwestlich von Bibbiena hoch über dem Arno gelegen, ist ein sehenswertes mittelalterliches Wehrdorf mit weithin sichtbaren Festungsmauern und hübschen Villen rundherum an den Flanken. Berühmtester Sohn ist der Architekt und Bildhauer *Mino da Fiesole* (1430–1484), der in Fiesole seine Ausbildung (und seinen Namen) erhielt.

Die markante und malerische Burg **Castello di Poppi** mit Graben, Brücke und hohem Turm an höchster Stelle des Ortes und abseits der Bürgerhäuser stand in Besitz der Grafen *Guidi*, der Herrscher über den Casentino (bis Florenz 1441, durch einen Verrat unterstützt, endgültig siegte und die *Guidi* vertrieb). Schon der (heute glasbedachte) Wappenhof mit geschwungener Außentreppe und die hölzernen Laufgänge lassen Rittergefühle aufkommen. In den Wohnräumen der Grafen im Palas kann man den Lebensstil ihrer Zeit erspüren. Die **Biblioteca Rilliana** mit über 25.000 Bänden besitzt außerordentliche wertvolle Bücher und Schriften, darunter 700

Inkunabeln aus dem 15. und 800 Manuskripte aus dem 11. Jh.

Unser Tipp: Die kleine, aber feine **Burgkapelle** hat *Taddeo Gaddi* fast vollständig mit Fresken ausgemalt, darunter Zyklen zu den Leben *Johannes des Täufers* und *Johannes des Evangelisten*. Den Turm darf man besteigen und die Aussicht genießen.

■ **Castello dei Conti Guidi,** Piazza della Repubblica 1, Tel. 0575 520516, www.castellodipoppi.it, Mitte März–Okt. tgl. 10–18, Juli/Aug. bis 19, Winter Do–So 10–17 Uhr, 5 €.

Von der Burg stilecht auf Kopfsteinpflaster in die Altstadt gelangt, sollte man noch durch die Via Cavour mit ihren beidseitigen Arkadengängen schlendern. Sie wird von zwei Kirchen begrenzt; im Süden vom Kuppelbau des sechseckigen, 1657 geweihten **Oratoriums Madonna del Morbo** mit einer „Madonna mit dem Kind und Johannes" aus der Werkstatt von *Filippo Lippi*.

■ **Oratorio della Madonna del Morbo,** Piazza Amerighi, 7.30–12.30, 16–19 Uhr.

Im Norden steht die raue romanische Fassade der einschiffigen **Kirche San Fedele** aus dem 12. Jh., die einst zum Orden der Vallombrosaner gehörte. In der Krypta ruhen die Gebeine des Stadtpatrons *Torello*.

■ **Chiesa di San Fedele,** Via Cavour, 8–12 und 15–18 Uhr.

> Die Chiesa San Pietro a Romena in Pratovecchio

Castel San Niccolò/ Strada in Casentino

Castel San Niccolò (380 m üNN, 2800 Einw.) 7 km westlich von Poppi hat seinen Namen vom Castello dei Conti Guidi, das die Grafen um das Jahr 1000 auf dem Felsen Ghiazzuolo direkt über dem Arno-Zufluss Solano errichten ließen. Heute besteht die in Privatbesitz befindliche **Burg** aus der Festungsanlage, Palas, Hauptturm und dem Wehrtor (Uhrenturm mit riesiger Uhr), die sich am bewaldeten Hang dicht zusammendrängen. Nachdem die Burg ihre Bedeutung verloren hatte, gründete man am Ufer gegenüber einen Markt – den Borgo della Strada, den heutigen Gemeindeteil Strada in Casentino, mit seiner malerischen Brücke, über die man hoch zur Burg gelangt.

■ **Castel San Niccolò,** Via del Castello, Tel. 0575 572961, www.comune.castel-san-niccolo.ar.it, Besichtigung nur nach tel. Voranmeldung (Sig. *Giovanni Biondi*).

Die romanische **Kirche San Martino a Vado** (beginnendes 11. Jh.) an der Durchgangsstraße von **Strada** verdient ebenfalls einen Blick. Sie ist dreischiffig und mit schönen Säulenkapitellen ausgestattet; außerdem sind Freskenfragmente aus dem 14. Jh. erhalten, die sich an der rechten Seitenwand besonders plastisch abzeichnen.

■ **Pieve di San Martino a Vado,** Viale Rimembrenza, Tel. 0575 572602, So 8–12.30 Uhr.

Pratovecchio/Stia

Wie Poppi besitzt auch das 9 km nördlich liegende Pratovecchio (420 m üNN, 3100 Einw.) eine hübsche Altstadt mit der Via Arno als arkadengesäumter Zentralachse, die zur begrünten Piazza Paolo Uccello führt. Sie ehrt mit der Namensgebung ihren berühmtesten Sohn, den Renaissance-Künstler *Paolo Uccello* (1387–1475), der die Perspektive in der Malerei zu seinem Lebensinhalt machte. Die eigentlichen Sehenswürdigkeiten liegen aber etwas außerhalb.

Das **Castello di Romena** ist insbesondere wegen seiner Lage eine der schönsten Guidi-Burgen. Man erreicht sie über die Arno-Brücke und die mäandernde Via Scarpaccia (3 km), auf dem letzten Abschnitt entlang einer beeindruckenden Zypressenallee. Ursprünglich besaß die Wehranlage aus dem 11. Jh. 14 Türme, bis auf einen sind heute alle in mehr oder weniger zerfallenem Zustand.

1281 lebte auf der Burg *Adamo di Brescia,* der auf Geheiß des Guidi-Grafen Florentiner Goldmünzen fälschte. Die *Medici* ließen *Adamo* festsetzen und hinrichten. *Dante* – während seines Exils kurz Gast auf der Burg – berichtete darüber (30. Gesang): Im achten Höllenkreis leiden die Fälscher unter ekelhaften Krankheiten. 1901 kam der Dichter *Gabriele d'Annunzio* her und arbeitete am dritten Buch seines Werkes „Laudi del Cielo ...".

Gegen Ende des Zweiten Weltkrieges wurde die Anlage als Feindstellung heftig von den Alliierten bombardiert.

In der Burg ist ein **Museum für Archäologie und Waffen** untergebracht. Die Fundstücke stammen aus etruskischer Zeit, die Waffen reichen von der Pfeilspitze aus der Jungsteinzeit bis zur Ritterrüstung. Ein Modell zeigt die ganze Größe der ursprünglichen Festungsanlage mit ihren drei Ringwällen.

■ **Castello di Romena,** Via Romena, Tel. 0575-583762, Mitte März–Juni, Sept. Do–So 10–13.30, 14.30–18, Juli/Aug. tgl. 10–13.30, 14.30–19, Okt. Do–So 10-13.30, 14.30–17 Uhr, 3 €; das in einem Nebengebäude untergebrachte Museo Archeologico e Arma ist bis auf Weiteres geschlossen.

Die **Kirche San Pietro a Romena** südlich unterhalb des Burgbergs an der SP73 ist eines der bedeutendsten romanischen Sakralbauwerke im Casentino, 1152 auf den Fundamenten eines Vorgängerbaus aus dem 8. oder 9. Jh. errichtet. Die östliche Seite ist die Prachtseite der Kirche, ihre Halbkreisapsis wurde mit Blendarkaden architektonisch reizvoll und in stimmigen Dimensionen gegliedert. Die Front der Basilika hingegen gibt sich abweisend und flächig – was einen Grund hat: Sie wurde nach dem Erdbeben von 1729 um zwei Bögen verkürzt, die Fassade stammt also aus dem 18. Jh. Die verbliebenen Kapitelle der die

Schiffe trennenden Rundbögen sind mit floralen und figürlichen Steinmetzarbeiten reich geschmückt. Unüblich sind die schmalen, hohen Fenster in den Apsiden, die den Chor mit Tageslicht erhellen.

■ **Pieve di San Pietro a Romena,** Località Romena, Tel. 0575 582060, tgl. 9–19 Uhr.

Im Ortsteil Stia, der ohne Übergang im Norden an Pratovecchio anschließt, ist das arkadengesäumte Herz die bergan führende Straße Via Bernardo Tanucci, im Gegensatz zum Pendant Pratovecchios breit und geräumig, mehr Platz denn Straße. Stia war in der ersten Hälfte des 20. Jh. ein Zentrum der Textilindustrie. Im **Museum der Kunst und Wolle** in einer ehemaligen Tuchfabrik wird mit gewaltigen Webmaschinen, Fotografien und Stoffmustern an diese Zeit erinnert.

■ **Museo dell'Arte della Lana,** Via G. Sartori 2, Tel. 0575 582216, Di–Fr/So 10–13, Do/So auch 16–19, Sa 16–19, Winter nachm. 15–18 Uhr, 3 €.

Ebenfalls in Stia birgt die sich in die Häuserfront einfügende **Kirche Santa Maria Assunta** einige wahre Schätze der Sakralkunst. Sie stammt aus dem 12. Jh. (und zeigt ähnliche Steinmetzwerke wie die Pieve San Pietro a Romena). Allerdings fand im 18. Jh. eine tiefgreifende Barockisierung der Innenausstattung statt – außerdem kürzte man das Gebäude, um die Straße zu verbreitern, riss die Apsis ab und fügte stattdessen einen Chor an. Von *Bicci di Lorenzo* stammt das Triptychon „Verkündigung mit Heiligen" (1414) in der ersten rechten Kapelle, eine „Madonna auf dem Thron mit Kind" (um 1295) in der linken Seitenapsis wird der Schule *Cimabues* zugeschrieben – vielleicht ist es sogar ein Frühwerk von *Giotto*. Die weiß glasierte Terrakottamadonna (Ende 15. Jh.) in der linken Chorkapelle schuf *Andrea della Robbia* persönlich, die bunten Fayencen des Ziboriums in der rechten Chorkapelle sind aus seiner Werkstatt (Anfang 16. Jh.). Hier sieht man auch das „Gastmahl im Haus des Pharisäers" (1596) von *Simone Ferri* (1564–1600).

■ **Pieve di Santa Maria Assunta,** Via Bernardo Tanucci 11 (unteres Ende der Straße), www.parrocchiastia.com, 8–12, 15–19 Uhr.

Camaldoli

Der **Stammsitz des Kamaldulenser-Ordens** 20 km nördlich von Bibbiena liegt inmitten der wilden Natur des Nationalparks der Casentino-Wälder auf 830 m üNN. Gegründet hat das Kloster Camaldoli 1012 der Benediktiner-Mönch *Romualdo* (952–1027) mit dem Segen des Aretiner Bischofs und mit Geld des Grafen *Maldolo d'Arezzo*, zu dessen Ehren das Kloster auch den Namen „Ca'Maldolo" trägt. *Romualdos* Konzept als Erweiterung der Regeln der Benediktiner war ein Ordensleben auch in geografischer Zurückgezogenheit, abseits von allen weltlichen Dingen. Um sich ausschließlich Gebeten hingeben zu können, zogen *Romualdo* und einige Mönche 1027 noch weiter hinauf (auf 1100 m üNN) und bauten sich den Eremo di Camaldoli – die Einsiedelei, anfangs mit einer Kapelle und nur fünf Zellen. *Romualdo* starb kurz darauf. Später kamen noch 15 Zellen hinzu.

Heute ist das **untere Kloster** eine Großanlage mit mehreren Nebengebäuden, *alberghi* und Restaurants im ehemaligen Wirtschaftstrakt. Zu besichtigen sind die Kirche, die Kreuzgänge und die **Klosterapotheke** aus dem Jahr 1543 mit einer Einrichtung aus Walnussholz, eine Sehenswürdigkeit an sich. In ihr gibt es Selbsthergestelltes aus Kamaldulenser-Klöstern und von anderen Orden aus aller Welt: Liköre, Biere, Süßigkeiten, Duftöle, Seifen und Kunsthandwerk (speziell auch um die Weihnachtszeit).

Die im ersten Viertel des 16. Jh. errichtete **Kirche San Donato e San Ilariano** steht am Platz von zwei zerstörten (1203/1361) Vorgängerbauten. Die Barockisierung fand bis 1775 statt und hinterließ die Kirche verkürzt, mit einem Gewölbe (statt einer Kassettendecke) und Seitenkapellen versehen. Sieben auf Holz gemalte Ölbilder stammen von *Giorgio Vasari* (zu finden am Hauptaltar, im Chor und in den Kapellen beim Presbyterium).

Unser Tipp: Der große Hauptkreuzgang im Zentrum des Klosters ist an seinen beiden sonnenabgewandten Seiten mit verglasten Durchbrüchen versehen, während die Südseiten offene Arkadengänge besitzen – schließlich ist es im Winter kalt. Wesentlich intimer ist der wunderschöne **Chiostro di Maldolo** um den kleinen steinernen Innenhof.

Die **Einsiedelei** 3 km vom Mutterkloster (1100 m üNN) besteht heute aus dem nur den Mönchen vorbehaltenen und nicht einsehbaren Bereich, in dem jedes der 20 Häuschen ein eigenes und durch eine 2 m hohe Mauer von den anderen separiertes Gärtchen, ein Arbeitszimmer, einen Schlafraum und eine Kapelle besitzt. Für Pilger gibt es ein Gästehaus, Besucher dürfen sich die ursprüngliche Zelle von *Romualdo* anschauen, die Kirche besichtigen (neapolitanisches Rokoko und eine Madonna aus der Werkstatt der *della Robbia* in der linken Seitenkapelle), sich im Café erfrischen und im Ableger der Klosterapotheke einkaufen.

Unser Tipp: Beachtung verdient auch das **Eingangsportal** zur Einsiedelei, die **Porta Speciosa**. Außen mit verwirrenden Symbolen wie Totenkopf, Eule, Olivenbaum und Glocke versehen, die auf die Einsamkeit des Eremitenlebens verweisen, ist das massive Bronzeportal innen mit goldenen Zitaten zu den Themen Leben und Tod aus dem Buch über die Ordensregeln geschmückt, das der Prior der Einsiedelei, *Rodolfo*, im 12. Jh. verfasste. Die Installation stammt von dem 1943 geborenen Bildhauer und Maler *Claudio Parmiggiani*.

Symbole, Symbole: die Porta Speciosa

Zahlreiche **Wanderwege** sind in der unmittelbaren Umgebung des Klosters ausgewiesen. Informationen zu Wanderungen, Kartenmaterial und Buchungsformulare für Exkursionen erhält man im Centro Visita des Nationalparks vor dem Kloster. Eine kleine Ausstellung zur Vogelkunde und zur allgemeinen Fauna und Flora im Park ist angeschlossen.

■ **Antica Farmacia,** Tel. 0575 556143, www.botegadelmonastero.it, tgl. 9–12.30, 14.30–18 Uhr; **Chiesa San Donato e San Ilariano,** tgl. 8–12, 14.30–18 Uhr; **Monastero di Camaldoli,** Località Camaldoli 14, Tel. 0575 556012, www.camaldoli.it, Mo–Sa 9–13, 14.30–19 Uhr; **Eremo di Camaldoli,** SP124 dell'Eremo, Führungen im Juli/Aug. tgl., April–Juni u. Sept./Okt. nur an den Wochenenden von 10–12.30 und 14–17.30 Uhr, alle 30 Min.; **Punto Informazioni del Parco Nazionale delle Foreste Casentinesi,** Località Camaldoli, Tel. 0575 556130, saison- und wetterabhängig geöffnet.

Badia Prataglia/ Foreste Casentinesi

10 km sind es vom Eremo di Camaldoli zur **Abtei Prataglia** (844 m üNN) in der gleichnamigen Ortschaft – eine kurvenreiche Fahrt auf nicht durchgängig asphaltiertem Sträßlein durch die dichten Nadel- und Mischwälder des Casentino über den Passo Fangacci (1228 m üNN, unbewirtschaftete Schutzhütte des italienischen Alpenvereines direkt auf der Grenze zur Emilia-Romagna). Das Kloster gründeten Benediktiner im Jahr 986. Obwohl zuerst in den Wäldern tätig und in den ersten 100 Jahren schnell gewachsen, machten die Kamaldulenser den Benediktinern schließlich die Vormacht streitig, Prataglia schrumpfte und wurde im 14. Jh. zu einem Annex von Camaldoli. Sehenswert ist die einfache, romanische **Hallenkirche** (10. Jh.).

Badia Prataglia bietet sich als Ausgangspunkt für **Exkursionen in den Nationalpark** an, im Besucherzentrum der Verwaltung an der Durchgangsstraße erhält man Informationen, das angeschlossene **Forstmuseum** in der ehemaligen Abtei vertieft das Wissen über die Flora, Fauna und Geologie des Waldes, den die Mönche schon vor 1000 Jahren gehegt und gepflegt haben. Eichen, Buchen, Eschen, Kastanien, Walnuss, Ahorn und Tannengehölz – die Flora ist extrem artenreich, nicht nur bei den Bäumen, auch bei Büschen, Farnen und Blumen – sogar zwei Orchideenarten gibt es. Ein Glanzlicht des Parks ist der **Foresta del Lama,** eine bewaldete Ebene zwischen tiefen Schluchten und steilen Klippen, zu der im Sommer einmal die Woche eine geführte Tour angeboten wird (Start beim Besucherzentrum, Voranmeldung obligatorisch).

■ **Centro Visita del Parco Nazionale delle Foreste Casentinesi,** Via Nazionale 14/B, Tel. 0575 559155, www.parcoforestecasentinesi.it, saison- und wetterabhängig geöffnet; **Museo Forestale Carlo Siemoni,** in der Badia, Via Nazionale 14/A, Tel. 0575 559447, nach Voranmeldung.

◰ Santuario della Verna: hinab zum Sasso Spicco

◲ Tägliche Prozession in La Verna

☐ Übersichtskarte S. 166

Santuario della Verna

Eine knappe Stunde Fahrzeit sollte man von Badia Prataglia für die 27 km auf der direkten, aber schmalen Asphaltstraße zum Santuario della Verna (1150 m üNN) rechnen (nicht viel schneller geht es auf der Hauptstraße über Soci). Die Straße führt kurvenreich durch liebliche Mittelgebirgslandschaft mit Wäldern, Wiesen und kleinen Weilern. Von Bibbiena aus sind es 25 km/40 Min.

In und auf den Felsen eines vom Monte Penna (auch Monte Laverna, 1283 m üNN) sich nach Westen ersteckenden Grates und inmitten dichten Mischwaldes gründete 1214 *Franz von Assisi* in Person eine Einsiedelei, die er mehrfach besuchte und die eng mit bedeutenden Stationen seines Lebens verbunden ist. Das Kloster war nicht dem Reglement der Franziskaner unterstellt, sondern wurde direkt von der päpstlichen Verwaltung beaufsichtigt. Mitte des 19. Jh. löste man das Kloster zwangsweise auf. 1933 gelangte der Komplex schließlich erstmalig an den Franziskanerorden, nachdem der Papst sich mit *Mussolini* geeinigt hatte – der Vatikan anerkannte u.a. Rom als Regierungssitz Italiens, das faschistische Italien garantierte seinerseits die Souveränität des Vatikans und zahlte Entschädigung für die Enteignung der Kirche im 19. Jh.

Heute ist das Kloster **eines der bedeutendsten Wallfahrtsziele der Toskana.** In der Kirche werden regelmäßig Messen zelebriert; nach der Andacht um 15 Uhr ziehen Priester und Gemeinde zur Stigmata-Kapelle, wo sie erneut beten. Die Messen werden per Lautsprecher nach draußen übertragen. Viele Pilger kommen zu Fuß auf dem 240 km langen **Franziskusweg** von Assisi (ca. 14 Tage). Ein rund halbstündiger Aufstieg führt auf dem letzten Stück des Franziskusweges vom Weiler Chiusi della Verna (Beginn hinter Hotel Da Giovanna) zum Kloster. Vom Parkplatz unterhalb des Klosters sind es noch etwa 5 Min. Fußweg bergauf bis zum Santuario.

Durch einen Torbogen betritt man das Klosterareal mit dem Hauptplatz und der **Cappella Santa Maria degli Angeli**. Errichten ließ das heute älteste Heiligtum des Klosters (in den Jahren 1216–18, auf persönlichen Wunsch von *Franziskus*) Graf *Orlando von Chiusi*, der schon das Land für die Einsiedelei gestiftet hatte. Vor dem Altar markiert eine Steintafel das Grab des Grafen. Die Kreuzbasilika **Chiesa Maggiore** mit ihrem Arkadenumgang (eine Stiftung der Chiusi-Grafen im Pestjahr 1348) wurde 1509 fertiggestellt. An Kunstschätzen birgt sie vornehmlich Terrakotta-Arbeiten der Werkstatt der *della Robbia*. *Andrea* schuf die „Verkündigung" (1476) und die „Geburt Christi" (1479), *Giovanni* die monumentale „Himmelfahrt" in der ersten linken Seitenkapelle (um 1490). Etwas unterhalb markieren **Cappella della Maddalena** und **Cappella di San Pietro d'Alcantara** den Platz der ersten Zelle, die *Franziskus* einst bewohnte. Weiter hinuntersteigend, gelangt man zum **Sasso Spicco**, einem gewaltigen Felsen, *Franziskus'* Garten Gethsemane, wo er Angst und Blutschweiß nachvollzog. Wieder oben, spaziert man durch den verglasten Korridor **Corridoio delle Stimmate** – an 22 mehr den Inhalten als der künstlerischen Qualität verpflichteten Fresken zum Leben des *Franziskus* vorbei (vornehmlich aus den Jahren 1929–62, aber auch vier aus dem 17. Jh.). Auf halbem Weg geht es durch eine Türe zum **Letto di Francesco**, zu einer „Bett" genannten Grotte mit einem flachen Stein, auf dem er sich nach den mentalen Anstrengungen unter dem Sasso Spicco erholt haben soll. Über paar Stufen hinunter erreicht man die **Cappella della Croce**. Sie steht an

Bibbiena: Zugabe!

■ Von der Arno-Brücke bei Poppi 1 km auf der SS70/Consuma nach Nordwesten steht die **Chiesa di Certomondo** aus dem 13. Jh., Grabstelle des im Kampf gegen die Florentiner am 11. Juni 1289 gefallenen Bischofs von Arezzo, *Guglielmo degli Ubertini*.

■ **Collezione Ornitologica Carlo Beni** in Stia – 520 Vogelbälger von 176 im 19. Jh. im Casentino noch vorkommenden Arten; Vicolo de'Berignoli, Tel. 0575 582163, Sa 17–19, So 10–12, 16–19 Uhr.

■ **Palagio Fiorentino** in Stia – Parkanlage im Ort östlich der Via Tanucci mit verwunschenem Schlösschen (Anfang 20. Jh. im Guidi-Stil ähnlich der Poppi-Burg, Sonderausstellungen) und Springbrunnen – perfekt für eine kurze Entspannung.

■ **Castello di Porciano** 2 km nördlich von Stia – Turmburg aus dem 10. Jh., in der man *Dante* nach der Schlacht von Campaldino gefangen gehalten haben soll, kleines Museo Contadino nel Casentino zur bäuerlichen Kultur der Region mit allerlei Werkzeugen und tolle Ferienwohnungen (s.u.); Località Porciano, www.castellodiporciano.com, Mai–Okt. So 10–12, 16–19 Uhr.

■ **Museo della Pietra Lavorata** in Strada in Casentino – der Abbau von Stein und seine Bearbeitung haben eine lange Tradition im Casentino, und das Museum in einem ehemaligen Salesianerkolleg nähert sich diesem Thema in didaktisch vorbildlicher Weise; Tel. 0575 571025, Juli/Aug., Sa, So 16–19 Uhr, 2,50 €.

■ **Parco Zoo della Fauna Europea** bei Poppi – wegen nicht artgerechter Unterbringung der Tiere und schlechtem Erhaltungszustand sehr umstrittener Privatzoo (den wir hier gewissermaßen nur zu Abschreckungszwecken aufnehmen – er wird überall in der Umgebung groß beworben, und man sollte wissen, was einen dort erwartet).

der Stelle, an der *Franziskus* fastete, zu seiner Zeit nur über einen schmalen Holzbalken von den Hauptgebäuden aus erreichbar. Eine Glastür trennt sie von der **Cappella delle Stimmate**, der „Kapelle der Wundmale". Im September 1224 soll *Franziskus* an diesem Platz die Wundmale empfangen haben (ein Stein markiert die Stelle). Beide Kapellen entstanden knapp 40 Jahre später. Die Altarwand der „Kapelle der Wundmale" ist mit einer beeindruckenden glasierten Terrakotta-Arbeit von *Andrea della Robbia* verziert, „Kreuzigung" (um 1480). Zwischen zwei weiteren Kapellen (ursprünglich Mönchszellen, in denen der heilige *Bonaventura* und der heilige *Antonio* nächtigten) kommt man schließlich zu einem Austritt und blickt von der Höhe einer Felswand weit in die Landschaft. Hier am **Precipizio**, dem Abgrund, soll der Teufel versucht haben, *Franziskus* in die Tiefe zu stürzen.

Das kleine **Museum** des Klosters stellt liturgische Geräte, Gemälde und allgemeine, einst im Klosterhaushalt verwendete Gegenstände aus. Eine Mahlzeit im 600 Hungrige fassenden Refektorium sollte man nicht verpassen, das Essen ist reichlich und schmackhaft. Im Gästehaus Pastor Angelicus kann man im Einzelzimmer mit Vollpension nächtigen; Pilger dürfen im 15 Betten fassenden Schlafsaal des Klosters sogar einmal umsonst übernachten. Beim Informationspunkt des Nationalparks erhält man Karten und Wandervorschläge.

■ **Santuario della Verna,** Via del Santuario 45, Chiusi della Verna, Tel. 0575 5341, www.laverna.it, 6.30–Sonnenuntergang; **Cappella delle Stimmate,** So 10–12, 14–17 Uhr; **Museo,** So 10–12, 14–17 Uhr; **Reffetorio del Pellegrino,** Tel. 0575 5341, Bar 8–20.30, Mittagessen 12.30–14, Abendessen 19 Uhr, unter 20 €, inklusive eigenem Quellwasser oder einem Viertel Wein; **Pastor Angelicus,** Tel. 0575 599025, 90 Zimmer, Einzelzimmer inklusive Vollpension unter 60 €; **Punto Informazioni del Parco Nazionale delle Foreste Casentinesi,** Parco Martiri della Libertà 21, Tel. 0575 520511, Öffnungszeiten wetter- und saisonabhängig.

Praktische Informationen

Touristeninformation

■ **Ufficio Turismo Bibbiena,** Via Francesco Berni 21, Tel. 0575 595486, www.comunedibibbiena.gov.it, Di–So 10.30–13, Do–Sa auch 16–19, So auch 15.30–18, Winter Mi–So 9.30–12.30, Sa/So auch 15.30–18 Uhr.
■ **Ufficio Turismo Pratovecchio,** Piazza Marconi 1, Tel. 0575 504877, www.comune.pratovecchiostia.ar.it, Mo–Fr 9–13, Di auch 15–18.15, Sa 9–12 Uhr.
■ **Ufficio Parco Nazionale delle Foreste Casentinesi Pratovecchio,** Via G. Brocchi 7, Tel. 0575 50301, www.parcoforestecasentinesi.it.

Unterkunft

■ **Borgo Antico**②, Via Cappucci 2, Tel. 0575 536 445, www.borgoantico-bibbiena.com. Die 14 Zimmer mit Bad in einem historischen Palazzo im Zentrum von Bibbiena sind in Pastelltönen einfach und charmant eingerichtet.

Außerhalb

Terra di Michelangelo③, Località San Polo 70, Caprese Michelangelo, Tel. 0575 791055, www.terradimichelangelo.com. Sechs Apartments auf großem Gutshof, modern und hell gestaltet, es gibt einen Pool. An den Wochenenden ein beliebtes Ausflugsrestaurant. Der Hof züchtet eine besondere Schweinesorte, die Cinta Senese, und stellt aromatischen **Schinken und Würste** ohne chemische Zusatzstoffe her. Auch Öl kommt aus eigener Produktion, ebenso wie Pasta. Gekocht wird nach alten toskanischen Rezepten.

■ **Castello di Porciano**②-③, Porciano/Stia, Tel. 0575 582635, www.castellodiporciano.com. Apartments und Häuschen rund um die Ruine des mittelalterlichen Castello di Porciano. Die Unterkünfte wurden von ihren jeweiligen Besitzern individuell eingerichtet und ausgestattet. Wohnungen für zwei bis sechs Personen sind im Angebot – romantisch!

■ **Albergo Falterona**②, Piazza Bernardo Tanucci 9, Stia, Tel. 0575 581212, www.albergofalterona.it. Das Hotel besteht aus einem historischen und einem modernen Bau. Die 23 Zimmer, Suiten und Apartments sind in rustikal-toskanischem Stil eingerichtet, aber nicht sehr groß; einige Räume sind mit historischen Fresken geschmückt. Das Hotelrestaurant verbindet traditionelle Rezepte mit modernen Ideen, was meist gut gelingt. Gekocht wird mit regionalen Produkten.

■ **Locanda dei Baroni**②, Via di Camaldoli 5, Camaldoli, Tel. 0575 556015, www.alberghicamaldoli.it. Die zwölf Zimmer der Pension unweit des Klosters sind nicht sehr groß und besitzen weder WiFi noch TV. Aber sie sind hübsch und funktional eingerichtet, und hier geht es ja eher ums Pilgern oder Wandern als um Fernsehunterhaltung. An der Rezeption gibt's Tipps für Wandertouren.

UNSER TIPP: **Da Giovanna**②, Via S. Francesco 33, Chiusi della Verna, Tel. 0575 599275, www.dagiovannahotel.com. Das sehr angenehme und mit viel persönlichem Engagement geführte Haus hat 14 freundlich-elegant eingerichtete Zimmer mit Blick auf die bewaldeten Hänge des Nationalparks, eine herrliche Sonnenterrasse mit Pool und ein exzellentes Restaurant mit Spezialitäten aus dem Casentino. Das größte Plus aber ist der Eigentümer, der perfekt Deutsch spricht und stets mit Rat, Tat und vor allem Tipps, z.B. für schöne Wanderungen, zur Stelle ist. Und in der kühlen Waldluft schmecken die Wurst- und Käsespezialitäten aus dem Casentino, darunter feine Wildschweinsalami, nochmal so gut.

Camping

■ **Camping Michelangelo**①, Via Zenzano, Caprese Michelangelo, Tel. 0575 793886, www.campingmichelangelo.it, April–Okt. Der kleine Platz am Rande von *Michelangelos* Geburtsort bietet 50 angenehme Stellplätze in einem Eichenwäldchen.

Essen und Trinken

■ **Il Tirabuscio**③, Via R. Scoti 12, Tel. 0575 595 474, www.turabuscio.it, Mi–So mittags und abends, Mo nur abends. Das elegante, moderne Restaurant ist weit über die Grenzen der Stadt bekannt für seine anspruchsvolle Küche aus regionalen Zutaten wie *patata rossa di Cetica* aus dem Casentino oder hausgemachte *pici* aus Einkornmehl. Unter den Secondi finden sich auch selten angebotene Speisen wie Forelle oder Täubchen.

■ **La Tavernetta**②, Via 28 Agosto 15, Tel. 0575 593627, Di geschl. Bei *Michele* und *Marica* wird nach Hausfrauenart und mit einem Schuss Anarchie gekocht. So kommen Köstlichkeiten wie *tagliatelle alla boscaiola* (mit Steinpilzen, Salsiccia und Oliven) zustande, eine ebenso ungewöhnliche wie harmonische Kombination. In den beiden kleinen Gasträumen fühlt man sich sofort wohl.

UNSER TIPP: **La Vite**②, Via del Lanificio 2/4, Soci/Bibbiena, Tel. 0575 560962, www.ristorantelavite.net, Di geschl. *Cesare di Ghelli* kocht in seinem kleinen Restaurant im Weiler Soci, 5 km nördlich von Bibbiena, Arme-Leute-Gerichte des Casentino auf höchstem Niveau. Frische und Regionalität der Zutaten gehen über alles, und daraus wird mit so viel Liebe komponiert, dass es ein Genuss ist. Am besten man lässt sich in Bezug auf Essen und Wein beraten.

Außerhalb

■ **Capanno**②, Via Fangacci 1, Badia Prataglia/Poppi, Tel. 0575 559437, Juni–Sept. tgl. 9–1 Uhr, Okt.–Mai nur Fr, Sa, So. Beliebtes Ausflugslokal, 2 km vor Badia Prataglia, in dem vor allem die mit

Trüffel aromatisierten Gerichte wie *tagliatta* hervorzuheben sind. *Pici al ragu* werden hier mit Hirsch zubereitet. Abends auch Pizzeria.

■ **Locanda Fonte allo Spino**②, Strada Regionale della Consuma SR70, Castel San Niccolò, Tel. 0575 581528, www.locandafonteallospino.it. Das beliebte Ausflugslokal befindet sich in waldreicher Landschaft kurz vor dem Passo della Consuma auf dem Weg von Castel San Niccolò in Richtung Florenz. Bodenständige Küche und freundliche Einrichtung machen es zu einer angenehmen Etappenstation in friedvoller Umgebung.

■ **Café del Parco**①, Via di Camaldoli 7, Camaldoli, Tel. 0575 556015, www.albergicamaldoli.it. Ebenso beliebt wie berühmt für seine kleinen Köstlichkeiten wie Hamburger aus Chianina-Rind oder *schiacciata* mit verschiedenen Füllungen.

■ **Ristorante Camaldoli**②, Via di Camaldoli 13, Camaldoli, Tel. 0575 556019, www.albergoristorantecamaldoli.it. Der Komplex in einem Annex des Klosters besteht aus einer Pension, dem Restaurant, einem Delikatessenladen und einer Pasticceria. Im Restaurant stehen mehrere preiswerte Menüs zur Auswahl. A la carte haben Gäste die Wahl zwischen toskanischen Traditionsgerichten und Kreationen wie *ravioli all'ortica* (Brennnesselravioli), die man selten auf Speisekarten findet. Als *streetfood* ist die *schiacciata* mit Wildschweinsalami aus der *salumeria* zu empfehlen.

■ **La Rana da Filetto**③, Via del Campo Sportivo 10, Stia, Tel. 0575 504505, tgl. mittags und abends. Das Restaurant liegt im Grünen am Ufer des Wildbaches, der später zum Arno wird, und serviert entsprechend der rustikalen Umgebung und Einrichtung Deftiges wie Aufschnitt von lokalen Würsten, *ribollita* und viel Wild. Abends gibt's auch Pizza.

Süßes

■ **L'Ospitale dei Brilli**①, Via Adamo Ricci 1, Stia, Tel. 0575 583108, auch auf www.facebook.com, Mi geschl. Kuchen, Torten, Gebäck in allen erdenklichen Geschmacksrichtungen, Farben und Formen in einer putzigen Pasticceria an der Brücke.

Verkehr

■ **Bahn**: mit der Privatbahn Trasporto Ferroviario Toscano stündlich von Arezzo über Bibbiena (55 Min., um 4 €) und Poppi (65 Min., um 4 €) nach Pratovecchio/Stia (75 Min., um 5 €); www.trasportoferroviariotoscano.it.

■ **Bus**: mit Etruria Mobilità ab Florenz (Buslinie SI90) über Passo della Consuma und Poppi nach Bibbiena (150 Min., um 10 €), von Bibbiena Verbindungen nach Badia Prataglia mit Buslinie LFH2 (40 Min., um 4 €), mit LFH3 nach Camaldoli (40 Min., um 4 €) und mit LFH11 nach Chiusi della Verna (45 Min., um 5 €); www.etruriamobilita.it.

■ **Parken**: kostenfreier Parkplatz in Bibbiena an der Via delle Monache (Piazza della Resistenza) am südlichen Ende der Altstadt.

Aktivitäten

Castello di Romena in Pratovecchio, siehe S. 199. Ritterfreuden zwischen echten mittelalterlichen Mauern – die Burganlage ist sehr eindrucksvoll und lässt (nicht nur) das Herz von Kindern höher schlagen.

■ **Wandern/Mountainbike:** Wanderwege und MTB-Routen unterschiedlicher Schwierigkeitsgrade und Dauer durch den Parco Nazionale beschreibt die Website www.parks.it/parco.nazionale.for.casentinesi/iti.php. Hier kann man online ein Buch mit Wanderrouten und eines mit MTB-Tracks erwerben, beide allerdings nur in Italienisch. Mountainbikes werden bei den Centri Visita des Nationalparks in Badia Prataglia, Chiusi della Verna und Camaldoli verliehen (6 € halber, 10 € ganzer Tag).

■ **Golf Club Casentino**, Via Fronzola 6, Poppi, Tel. 0575 529810, www.golfclubcasentino.it. Auf dem Platz spielt man mit herrlichem Panorama, umgeben vom Pratomagno, der Hügelwelt des Casentino und der dominanten Silhouette des Castello di Poppi; 9-Loch-Platz, 2453–2775 m, Par 36, Greenfee 30 €.

Cortona

■ 500 m üNN, 22.600 Einw., Arezzo 30 km

Hoch über dem Valdichiana, an dessen östlichem Rand und an der Flanke des Monte San Egidio, in einer typischen Toskana-Landschaft mit sanften Hügeln und Zypressen, zählt der **Hauptort des Tales** entlang des Canale Maestro della Chiana und des Flusses Chiani zu den schönsten Bergorten der Provinz. In der Ebene erstrecken sich Felder und Weiden, an den Hängen gedeihen Trauben.

150 Höhenmeter muss man von der Piazza Garibaldi bis zur Burg ganz oben bewältigen, an heißen Tagen eine Herausforderung. Enge Gassen schlängeln sich an den Häusern vorbei, die einen voller Charakter aus Naturstein, die anderen fein verputzt, Renaissancepaläste und schmale Bürgerhäuser, prächtige Portale und schmale Durchgänge bestimmen das **Stadtbild.** Wie es sich gehört, hat man auch zwei **berühmte Söhne** zu vermelden: *Pietro da Corona* (1596–1669), Baumeister und Barockmaler, der die Trompe-l'œil-Technik mitentwickelte, und *Luca Signorelli* (um 1450–1523), ein Vertreter der Florentiner Malschule.

Doch Cortona prägt nicht nur Geschichte. Das Städtchen ist seit 1970 Sitz eines Ablegers der **University of Georgia** und der **Faculty of Arts der Univer-**

■ **Übernachtung**
1 Relais Borgo San Lorenzo
2 Sabrina
4 La Corte di Ambra
10 Ostella San Marco
11 Badiaccia Camping Village

■ **Essen und Trinken**
3 Nessun Dorma
6 Pane e Vino
8 Fufluns
9 La Grotta

■ **Nachtleben**
7 The Lion's Well Pub

■ **Einkaufen**
5 L'Antico Cocciaio

sity of Alberta. Die Zahl der hier studierenden US-Amerikaner (und der sie besuchenden Familien und Freunde) ist enorm hoch, was sich im Stadtbild bemerkbar macht. Zu allem Überfluss ist Cortona auch noch Schauplatz des melodramatischen Liebesromans „Under Tuscany's Sun – Unter der Sonne der Toskana" von *Frances Mayes,* der nach seinem Erscheinen 2002 jahrelang die Bestsellerlisten anführte und auch verfilmt wurde, was weitere amerikanische Pilger nach Cortona bringt (zudem lebt *Mayes* auch einige Monate im Jahr in ihrem Haus bei Cortona). Kurzum, man hat gelegentlich das Gefühl, sich in einem nachgebauten toskanischen Ort irgendwo in den USA zu befinden.

Geschichte

Die **Legende** sagt, dass 108 Jahre nach der Sintflut *Noah* von der Tiber-Mündung über den Paglia in das Valdichiana schiffte und ihm das Tal so gut gefiel und es ihm so fruchtbar dünkte, dass er beschloss, sich hier niederzulassen. Einer seiner Nachkommen *(Crano)* gründete – die Sintflut lag damals 273 Jahre zurück – Cortona.

Als Teil des 600 v. Chr. geschaffenen Zwölfstädtebundes der Etrusker war das wohl im 8. Jh. gegründete **Curtuns** von überregionaler Bedeutung. Im 4. Jh. v. Chr. stand man auf Augenhöhe in einer Allianz mit **Rom,** das aber immer mehr erstarkte, schließlich übermächtig wurde und Cortona zu seiner Kolonie machte (310 v. Chr.). 130 v. Chr. erhielt Cortona römischen Stadtstatus. Wie Arezzo nahm man im 1. Jh. v. Chr. auf der falschen Seite am römischen **Bürgerkrieg** teil, und Feldherr *Sulla* nahm Rache. Die ersten zwei Jahrhunderte sah Cortona als eine von 38 Gemeinden der Region **Etrurien**. Ab da ist wenig überliefert. Um das Jahr 250 soll die Stadt Bischofssitz geworden sein (was nicht gesichert ist), im 5. Jh. hinterließen die durch das Tal ziehenden **Goten** eine Spur der Verwüstung. In der Folge verschwand Cortona von der Bildfläche und tauchte erst im 13. Jh. wieder auf – als freie Stadt innerhalb des Bistums Arezzo. 1325 erhielt Cortona seinen eigenen **Bischof,** und die Familie der *Casali* gelangte an die Macht. 1409 übernahm der König von Neapel die Stadt, versilberte seinen Besitz aber schon zwei Jahre später: 1411 zahlte Florenz dem König für Cortona 60.000 Goldflorin.

Sehenswertes

Die **Via Nazionale** zwischen der Piazza della Repubblica – dem Herzen der Stadt – und der Piazza Garibaldi oberhalb des Parkplatzes (von dem Rolltreppen heraufführen) ist die **Flaniermeile** Cortonas mit Geschäften, Lokalen und zahlreichen Spaziergängern. Die übersichtliche und lebhafte **Piazza della Repubblica** dominieren der Palazzo Comunale und seine breite Freitreppe. Der Palast stammt aus dem 12. Jh. und steht an der Stelle des ehemaligen römischen Forums, sein heutiges Aussehen erhielt er vornehmlich im 16. Jh. (Treppe und Glockenturm) und 1896, als die Fassade in eher willkürlichem Stil restauriert wurde. Gegenüber kann der Palazzo del Popolo aus dem 13. Jh. nicht von glorreichen Zeiten künden – von ihm ist fast nichts mehr original erhalten, er verschwindet gnädig im Fassadenmischmasch der Ostseite des Platzes.

Nimmt man von der Piazza della Repubblica den Durchgang in die Gasse Via Santucci und nach Osten, gelangt man zur zweitältesten Franziskanerkirche der Toskana (nach Assisi): die **Chiesa San Francesco**. Baubeginn der Hallenkirche mit Apsis war 1245, die Barockisierung fand im 16. Jh. statt. Der Ordensgeneral Fra *Elia* brachte 1247 aus Konstantinopel eine Kreuzreliquie mit, die seitdem am Altar aufbewahrt wird. Er verstarb 1253 und fand in der Kirche seine letzte Ruhe.

An der Piazza Signorelli, von der Piazza della Repubblica wenige Schritte nach Nordosten, steht der **Palazzo Pretorio** vom 13. Jh., der Familiensitz der *Casali*, dann Residenz des Florentiner Statthalters, schließlich Atelier von *Luca Signorelli* und heute Sitz der „Accademia Etrusca", einem Zusammenschluss Gelehrter zur Erforschung der etruskischen Vergangenheit. Die dem Platz zugewandte Fassade wirkt bedrohlich, die Nordseite an der Via Casali zeigt sich hingegen fast freundlich mit zahlreichen in das Mauerwerk eingelassenen, steinernen Familienwappen der Präfekten. Im Gebäude ist das wohlgeordnete, moderne **Etrusker-Museum** untergebracht und stellt qualitäts- und wertvolle Funde aus etruskischer und römischer Zeit aus. Herausragend ist der in einem Stück gegossene etruskische Kronleuchter aus Bronze (5. Jh. v. Chr.) mit 58 cm Durchmesser und 57,7 kg Gewicht, geschaffen mittels der „Technik der verlorenen Form" (ein Wachsmodell wird mit Ton ummantelt, das Wachs ausgeschmolzen, die Form mit flüssigem Metall verfüllt,

abschließend die Hülle zerschlagen). Er besteht aus einer Hauptschale, in die Olivenöl gekippt wurde, das sich über ein Röhrensystem auf die im Rund angebrachten kleineren Schalen verteilte, wo es Licht spendend verbrannte. Die Lichtschalen und die Unterseite sind mit figürlichem Schmuck versehen. Das zentrale Gorgonenhaupt umgeben Schlangen, Löwen, Chimären, Delfine und weitere Wesen. Am Rand wechseln sich nackte Silene (halb Pferd, halb Mensch) mit feingekleideten Sirenen (halb Fisch, halb Mensch) ab.

■ **Museo dell'Accademia Etrusca e della Città di Cortona** (MAEC), Piazza Signorelli 9, Tel. 0575 637235, www.cortonamaec.org, April–Okt. 10–19, sonst Di–So 10–17 Uhr, 12 € (mit Diözesanmuseum 13 €).

Geht man von der Piazza Signorelli nach Norden, stößt man am Palazzo Pontelli-Mancini an der Via Dardano 15 auf eine Besonderheit Cortonas: Gebäude Begüterter besaßen eine eigene **Türe für die Toten** – die Porta del Morto. Es ist die schmale Pforte links des Haupteinganges, nur benutzt, um einen Verstorbenen herauszutragen.

100 m nordwestlich der Piazza entlang der Via Casali gegangen, erhebt sich an der Piazza del Duomo die **Kathedrale Santa Maria.** Der dreischiffige, asymmetrische Renaissancebau entstand im 15. Jh. als Ersatz einer romanischen Vor-

Die lebendige Piazza della Repubblica

gängerkirche aus dem 11. Jh. (rechts vom Eingangsportal sind mit einem halben Rundbogen und Tragsäule mit Kapitell noch Elemente von ihr erkennbar). 1566 baute man den Turm an. Die Innenausstattung stammt vornehmlich aus der Barockzeit, das Gewölbe des Mittelschiffes aus dem beginnenden 18. Jh. (dessen Bemalung aus dem 19. Jh.).

Das **Diözesanmuseum** in der säkularisierten, 1498–1505 errichteten, doppelstöckigen Jesuskirche dem Dom direkt gegenüber ist ein weiteres Glanzlicht der Stadt. Besonders sehenswert sind die Exponate in der ehemaligen Oberkirche: Fra *Angelicos* „Verkündigung" (um 1430) und sein „Triptychon von Cortona" (1437), das „Polittico di San Domenico" (um 1434, ein Polyptychon von *Sassetta*), das berühmte als Figurentafel gestaltete Kruzifix (um 1320) von *Pietro Lorenzetti* und die „Verkündigung" (um 1480) von *Bartolomeo della Gatta*. In Saal 4 widmet man sich hauptsächlich *Luca Signorelli* dem Sohn der Stadt. An den Wänden hängen seine Bilder, aber auch Werke von Schülern aus seiner Werkstatt: Unter den berühmtesten sind „Die Kommunion der Apostel" (1512) und die „Beweinung Christi" (1502). Für letzteres Tafelbild ließ er seinen soeben verstorbenen Sohn entkleiden und benutzte dessen Leichnam als Vorlage – voller Trauer, aber dennoch gefasst, wie die Chronisten vermerkten.

■ **Museo Diocesano/Chiesa del Gesù,** Piazza del Duomo, Tel. 0575 62830, April–Okt. 10–19, sonst Di–So 10–17 Uhr, 5 € (zus. mit Etrusker-Museum 13 €).

Hinter dem Diözesanmuseum kann man im Vicolo Iannelli kurz ins Mittelalter abtauchen. Die ersten Etagen der Häuser kragen bedenklich weit aus und verschmälern die Sicht auf den Himmel beträchtlich. Zurück an der Piazza della Repubblica, nimmt man die Via Santucci nach Osten. Sie geht in die Via Berrettini über (in Nr. 33 das Geburtshaus von *Pietro da Cortona,* heute als Ferienvilla zu mieten) und führt zur Porta Montanina mit einem herrlichen Ausblick über das weite Tal.

Kurz vor dem Tor zweigt die Via San Niccolò scharf rechts ab. Auf ihr gelangt man zum **Kirchlein San Niccolò** aus dem 15. Jh., das sich mit einer kleinen Vorhalle ganz elegant präsentiert. Im Inneren ist eine früher bei Prozessionen benutzte Standarte aus der Hand von *Luca Signorelli* zu sehen (am Altar). Die Vorderseite hat er mit der „Beweinung Christi", die Rückseite mit einer „Madonna mit dem Kind" in Gesellschaft von Petrus und Paulus bemalt (1510).

■ **Chiesa di San Niccolò,** Via San Niccolò, 10–12, 15–18 Uhr, Spende erwünscht.

Auf dem Weg zurück zweigt rechts die Via Santa Margherita ab und führt bergan zu dem weiten Platz vor der **Wallfahrtskirche Santa Margherita,** 1897 in kunterbuntem neoromanischen Stil als Grabstätte der Stadtpatronin auf den Resten mehrerer Vorgängerkirchen gebaut. Ihre sterblichen Überreste (und das ist nicht wenig) ruhen in einem Schrein am Hauptaltar, während sich ihr Grabmal in der Kapelle des linken Querschiffes befindet.

■ **Santuario di Santa Margherita,** Piazzale di Santa Margherita 1, April–Okt. 8–12, 15–19, Winter bis 18 Uhr.

250 m Asphaltstraße vom Santuario entfernt thront die **Medici-Burg** an höchster Stelle und eröffnet ein weites Panorama, das bis zum Lago Trasimeno reicht. Vier gewaltige Bastionen und hohe (begehbare) Mauern bilden ein irreguläres Viereck und schützen den Bergfried. Erbauen ließ die Anlage *Cosimo I.* auf den Fundamenten einer mittelalterlichen Festung 1549–56. Im Sommer ist die Burg wegen ihrer Lage Beobachtungsposten für die Früherkennung von Waldbränden und ein beliebter Treff für junge Liebespärchen. In der Fortezza finden auch des Öfteren Wechselausstellungen statt.

■ **Fortezza di Girifalco,** Via di Fortezza, Tel. 0575 637235, Mai–Okt 10–19 Uhr, 4 €.

Valdichiana

Das Valdichiana war nicht immer Bauernland. Vor Millionen Jahren floss der Arno nicht in einer Schleife nach Westen, sondern entlang des Tales nach Süden, bis er sich durch weicheres Gestein einen neuen Weg Richtung des heutigen Florenz bahnte. Das Niederschlagswasser im Tal hatte nun keine Möglichkeit mehr abzulaufen, es entstanden **Sümpfe.** Schon die **Etrusker** mühten sich, die weite Ebene landwirtschaftlich nutzbar zu machen und waren mit ihrem **Dränagesystem** so erfolgreich, dass die eingefahrenen Ernten das Tal zum Erblühen brachte. Die **Römer** setzten die Entwässerung fort und bauten weitere Kanäle. Mit dem Zusammenbruch des Römischen Reiches verfiel das System, der Sumpf kehrte zurück. Erst als die Renaissance das Ende des dumpfen Mittelalters einläutete, begann Arezzo mit einer erneuten (aber nur teilweise erfolgreichen) Trockenlegung. Als die Toskana unter habsburgischer Herrschaft stand, wurde mit der systematischen Entwässerung begonnen: Man schaufelte den 62 km langen Canale Maestro della Chiana, der zum Arno hin ableitet.

Das Massaker von Civitella

20 km südwestlich von Arezzo, im Herzen des Valdichiana, kam es am Sonntag, den **29. Juni 1944,** zu einem **Massenmord.** Nachdem elf Tage zuvor Partisanen drei Wehrmachtsangehörige erschossen hatten und ein Ultimatum zur Auslieferung der Untergrundkämpfer unbeachtet verstrichen war, marschierten Truppen der **Division „Hermann Göring"** auf, töteten Frauen, Kinder und Alte und machten auch vor der Kirche nicht halt. Die Gottesdienstbesucher wurden mit Genickschuss hingerichtet. Am Ende waren weit über 200 Tote zu beklagen. Die SZ-Korrespondentin *Christiane Kohl* hat die Ereignisse in ihrem Buch „Villa Paradiso: Als der Krieg in die Toskana kam" beschrieben (Goldmann Verlag, München 2004, nur antiquarisch). Erst 2011 kam es in Italien zu einem **Urteil** gegen sieben ehemalige Soldaten der Division (die auch an zahlreichen weiteren Massakern in Italien und in Polen beteiligt war). Da Deutschland eigene Staatsangehörige nicht ausliefert, mussten die Sieben ihre lebenslangen Freiheitsstrafen nicht antreten.

Abbazia di Farneta

14 km südwestlich von Cortona stehen die rustikalen Gemäuer der **Abtei von Farneta** mitten im Tal von Valdichiana. Ihre romanische Kirche Santa Maria Assunta ist einen eigenen Ausflug wert. Gegründet von den Benediktinern im 8./ 9. Jh., wurde das Kloster 1014 erstmals aktenkundig. Einmal ganz anders, ist die Kirche mit Längs- und Querschiff nicht kreuz-, sondern T-förmig. Auch die drei Apsiden wölben sich ganz ungewöhnlich aus dem Baukörper. Bis ins 15. Jh. war das Kloster das größte im Tal, reich und mächtig.

Unser Tipp: Ergreifend ist die intime Krypta aus dem 9. Jh. mit ihrem uralten Gewölbe und den Tragsäulen aus römischer Zeit. Dass sie zu sehen ist, muss Don *Sante Felici* gedankt werden, der durch Zufall auf die verfüllten Fundamente stieß und sie in langen Jahren selbst freilegte. Ein kleines Museum erinnert an den 2002 verstorbenen Priester.

■ **Abbazia di Farneta,** an der SP31 in der Ortschaft Farneta, Kirche tgl. 8–18 Uhr, Museum nur nach Voranmeldung beim MAEC in Cortona.

Castiglion Fiorentino

Castiglion (340 m üNN, 13.400 Einw.) erstreckt sich über einen steilen Hügel 15 km nördlich von Cortona auf halber Strecke nach Arezzo. Es besitzt eine fast noch vollständig erhaltene Stadtmauer mit historischen Toren und eine Altstadt mit engen, verwinkelten und schattigen Gassen.

Die Siedlungskarriere ist typisch für die Toskana: Im 6. Jh. v. Chr. etruskisch, taucht der Ort 202 v. Chr. in römischen Schriften als Getreidelieferant auf, im 10. Jh. herrschte die Sippschaft der Marchesi *del Monte Santa Maria,* und ab 1289 Florenz.

Parkplätze finden sich an der Piazza Risorgimento (hier auch Info-Stelle) im Norden bei der Porta Fiorentina. Durch sie hindurch gelangt man auf dem Corso Italia zum repräsentativen Herz Castiglions, der Piazza del Municipio. Gegenüber dem Rathaus ist die Wandelhalle der Loggia Vasariano (16. Jh.) mit Wappen der Podestà geschmückt, drei Bogendurchbrüche erlauben den Blick übers Tal.

Unser Tipp: Die Gasse rechts vom Rathaus führt hinauf zum 35 m hohen **Cassero,** dem Burgareal mit einem schlanken einsamen Turm (12. Jh.) und weiten Flächen (Besteigung möglich, 180 Stufen, herrliche Sicht).

■ **Torre del Cassero,** Via del Cassero, Mai–Sept. Sa/So 10–12.30, 16–19 Uhr, 1,50 €

Daneben stehen Palazzo Pretorio und die **Pinakothek** in der säkularisierten Kirche Sant'Angelo mit dem Chor des Klosters San Geronimo. Sie beherbergt eine auserlesene, 1899 erstmals der Öffentlichkeit zugänglich gemachte Sammlung an Gemälden von Meistern mehrerer Stilepochen. 1990 bezog sie die heutigen Räumlichkeiten. Zu den herausragenden Werken gehören die „Stigmatisierung des Franziskus" (1487) und „Erzengel Michael" (1480) von *Bartolomeo della Gatta,* „Franziskus" (um 1260) von *Margarito d'Arezzo* und ein Tafelkreuz mit einem überlebensgroßen Christus aus dem beginnenden 13. Jh. von einem unbekannten Meister.

■ **Pinacoteca,** Via del Cassero 6, Tel. 0575 657 466, Di–So April–Okt. 10–12.30, 16–18.30, sonst 10–12.30, 15–18 Uhr, 3 € (mit Arch. Museum 5 €).

Im Palazzo Pretorio präsentiert das **Archäologische Museum** Funde aus dem Neolithikum, zur etruskischen Siedlungsgeschichte mit ihren Tempeln, Zeugnisse aus römischer Zeit und leitet schließlich über zum Mittelalter – schön und engagiert gemacht.

■ **Museo Archeologico,** Via del Tribunale 8, Tel. 0575 659457, Di–So April–Okt. 10–12.30, 16–18.30, sonst 10–12.30, 15–18 Uhr, 3 € (mit Pinakothek 5 €).

◿ Herausgeputztes Örtchen: Lucignano im Valdichiana

3 km südlich ist das **Castello di Montecchio Vesponi** unübersehbar. Mit hohem schlanken Turm und Zinnenmauer kann es seine frühere Funktion nicht leugnen – Abschreckung. Es war das Lehen von *John Hawkwood* (1320–1394), einem Londoner Schneider, der als Söldnerführer in den Diensten von Pisa, Mailand, den Papisten und schließlich Florenz Furore gemacht hatte. Das Schloss ist nicht zu besichtigen.

Lucignano

Wer von krummen Gassen zwischen mittelalterlichen Fassaden, von Stadtmauern und wehrhaften Burgen immer noch nicht genug hat, fährt durch die Ebene nach Lucignano (400 m üNN, 3600 Einw.) 20 km südwestlich von Castiglion Fiorentino am westlichen Rand des Valdichiana. Von Etruskern gegründet, eroberten es die Römer es im 1. Jh., machten ein ständig mit Militär besetztes *castrum* (Kastell) daraus und gaben ihm den Namen Lucinianum.

Hat man sich durch das tief gestaffelte Stadttor Porta San Giusto und die Gassen nach oben in das perfekte Oval aus Häusern hineingekämpft, warten kleine, intime Plätze, Fassaden aus Bruchstein, Rittertürme und elegant gestreifte Renaissancefassaden – ein herausgeputztes Städtchen mit einer überaus angenehmen Atmosphäre. Schönste Kirche (zumindest von außen) ist die **Franziskaner-Kirche** aus dem 13. Jh. an der Piazza del Francesco, die an die Piazza del Tribunale anschließt: ein kleines, aber sehenswertes Portal und eine Fassade in Wechsellagen aus grünem und weißem Marmor. Im Inneren ist das Fresko „Triumph des Todes" (14. Jh.) von *Bartolo di Fredi* zu sehen. Auch der Kreuzgang mit seiner Zentralzisterne links der Kirche verdient einen Blick.

■ **Chiesa di San Francesco,** Piazza di San Francesco, 8–12, 16–19 Uhr, Kreuzgang wegen Renovierung geschl.

Südlich schließt die Piazza della Collegiata an, und dazwischen steht die hochbarocke Stiftskirche **San Michele Arcangelo** (1592–1621). In der Form eines lateinischen Kreuzes und mit riesiger Laterne über der Vierung markiert sie den höchsten Punkt des Ortes. Ihrer Hauptfront gegenüber verweisen ein wuchtiger und ein graziler Turm auf die Festung und eine nette Loggia mit Lokal davor.

Die Hauptattraktion des Ortes befindet sich aber im **Museum im Palazzo Comunale** an der Nordseite der Piazza del Tribunale (hier auch Touristeninformation). Wertvollster Besitz ist der in einer Vitrine geschützte **„Albero della Vita"** – der 2 m hohe „Baum des Lebens" aus vergoldetem Silber und Kupfer. 120 Jahre haben zahlreiche Künstler an dem Reliquienschrein in Baumform gearbeitet (wenn auch nicht durchgängig). Die abschließenden Aufgaben übernahm der berühmte Goldschmied *Gabriello d'Antonio* aus Siena 1471. Aus Korallen, Emaille und Bergkristall entstand ein Meisterwerk mit Medaillons und winzigen Schreinen. Die Fresken im Saal stammen aus dem 15. Jh. *Luca Signorelli* hat die „Stigmatisierung von Franziskus" und eine „Madonna mit dem Kinde" gemalt, *Bartolo di Fredi* die „Madonna mit den beiden Johannes".

■ **Museo Comunale,** Piazza del Tribunale 22, Tel. 0575 838001, www.visitlucignano.it, Fr–So April–Okt. 10.30–13, 14.30–18, sonst 10–13, 14.30–17.30 Uhr, 5 €.

Monte San Savino

Das mittelalterliche Monte San Savino 20 km westlich von Castiglion Fiorentino hat sich innerhalb seiner Mauern ein unaufgeregtes, historisches Stadtbild bewahrt. Uralte Holzportale führen in die graubraunen Steinhäuser, und die Vielzahl von Keramikateliers und -galerien spricht für die Bedeutung, die der Töpferkunst hier beigemessen wird. Die Gemeinde leistet sich sogar ein eigenes **Keramikmuseum,** das in den Räumen des Cassero aus dem 14. Jh. untergebracht ist. Es zeigt vor allem volkstümliche Keramik aus dem Valdichiana, bäuerlich bemalte Alltagsgegenstände wie Geschirr, Krüge oder Schalen.

☐ Übersichtskarte S. 167 **Cortona** 217

■ **Museo Comunale del Cassero,** Piazza Gamurini, Tel. 0575 843098, Nov.–März Mi–Fr 9–13, Sa/So auch 16–19, Sommer Di 9–13, Mi–Fr 9–13, 16–19, Sa/So 9–13, 14.30–19.30 Uhr, 2 €.

Sehenswert ist auch der **hängende Garten des Palazzo di Monte,** errichtet Anfang des 16. Jh. für Kardinal *Antonio di Monte* und heute Sitz der Stadtverwaltung. Unter der Gartenanlage verbirgt sich eine Zisterne.

■ **Palazzo di Monte,** Corso Sangallo 28, Mo–Fr 8–19 Uhr.

2 km in Richtung Castiglion Fiorentino erhebt sich das **Santuario di Santa Maria delle Vertighe** auf einer Hügelkuppe. Auf dessen Hauptaltar zeigt das Tafelwerk „Madonna mit dem Kinde" vier Szenen aus dem Marienleben. Angefertigt wurde das Meisterstück um 1280 von *Margaritone d'Arezzo*.

Praktische Informationen

Touristeninformation

■ **Ufficio Turismo Cortona,** Piazza Signorelli 9, Tel. 0575 637269, www.comunedicortona.it, www.cortonamia.com, Mo–Fr 9–12.30, Di/Do auch 15–17.30 Uhr.
■ **Ufficio Turismo Castiglion Fiorentino,** Piazza Risorgimento 19, Tel. 0575 658278, www.comune.castiglionfiorentino.ar.it, Mo–Sa 10–12, Fr/Di auch 16–18 Uhr.
■ **Ufficio Turismo Lucignano,** Piazza del Tribunale 22, Tel. 0575 838001, www.comune.lucignano.ar.it, Fr–So April–Okt. 10.30–13, 14.30–18, sonst 10–13, 14.30–17.30 Uhr.

Cortona: Zugabe!

■ **Etruskische Hügelgräber „Melone II"** 2 km nordwestlich von Cortona – 1928 und 1991 entdeckte Tumuli (6. Jh. v. Chr.), kreisförmige Anlage mit zwei Gräbern und Altarplattform mit figürlicher und ornamentaler Verzierung; der restaurierte Altar vermittelt eine lebhafte Vorstellung von der früheren Monumentalität der Anlage (die Grabanlage „Melone I" gegenüber nur nach Voranmeldung). In den nächsten Jahren soll hier ein archäologischer Park entstehen. Località Il Sodo, Strada Regionale 71, Tel. 0575 612565, Di–So 8.30–13.30 Uhr.
■ **Eremo Francescano Le Celle** 3 km nordöstlich von Cortona – schön und einsam gelegene ehemalige Franziskaner- und heutige Benediktiner-Einsiedelei (1211), mitgegründet vom heiligen *Franziskus* und von ihm verschiedentlich besucht (seine Zelle ist im Original erhalten); Strada dei Cappuccini 1, Tel. 0575 603362, www.lecelle.it, tgl. 7–19 Uhr.
■ **Santa Maria delle Grazie al Calcinaio** 1 km südlich von Cortona unterhalb der Piazza Garibaldi – bekuppelte Renaissance-Kirche (1485–1513) von *Francesco di Giorgio Martini,* auch wegen des steilen Geländes ein architektonisches Meisterstück; am Hauptaltar ein wundertätiges Marienbild von 1484 (seitlich des Tabernakels), das einst einen Bottich einer ehemals an dieser Stelle befindlichen Gerberei zierte; Strada Provinciale Umbro Cortenese, 8–12, 15–19 Uhr.
■ **La Tanella di Pitagora** 1 km südlich von Cortona – etruskischer Tumulus aus der hellenistischen Periode (2. Jh. v. Chr.); Località Cinque Vie 265 (GPS-Daten 43.2699037, 11.9818506).

Unterkunft

Unser Tipp: La Corte di Ambra④, Via Benedetti 23, Tel. 0575 1788266, www.cortonaluxuryrooms.com. Zwei Perfektionistinnen, Mutter *Ambra* und Tochter *Sara*, haben den historischen Palazzo Fierli in Cortonas Zentrum nach jahrelanger Renovierung in ein ebenso individuelles wie exquisites B&B mit fünf Zimmern und Suiten verwandelt, von denen jede(s) einen eigenen Stil hat. Ein Zimmer ist behindertengerecht ausgebaut, und es gibt, was in historischen Mauern selten ist, einen Aufzug. Dass die beiden mit Leidenschaft bei der Sache sind, merkt man in jedem Detail, bis hin zu dem üppigen und fantasievollen Frühstücksbuffet. Auch eine Ferienwohnung wird vermietet.

■ **Relais Borgo San Lorenzo**②-③, Località San Pietro e Ceglioli, Cortona, Tel. 0575 612402, www.borgosanpietro.com. Elegante Unterkunft 4 km außerhalb im Nordwesten in einem riesigen Park mit 20 Zimmern und Apartments, Schwimmbad, **Restaurant**②, absolute Ruhe garantiert, Radverleih kostenfrei.

■ **Sabrina**②, Via Roma 37, Tel. 0575 630397, www.hotelsabrinacortona.it. Sympathisches, einfaches Hotel mit nur acht sehr geschmackvoll eingerichteten Zimmern in einem Palast des 16. Jh. mitten in der Altstadt. Italienisches Frühstück, herzliche Gastgeber mit guten Tipps.

■ **Ostella San Marco**①, Via Maffei 57, Tel. 0575 601392, www.cortonahostelcom, Mitte März bis Mitte Okt. Jugendherberge in einem ehemaligen Konvent, Zwei- bis Acht-Bett-Zimmer, auch Familienzimmer, Restaurant mit Mittag- und Abendessen ②, Garten, Radvermietung.

Außerhalb

■ **Le Caselle**③, Località Casella 30, Lucignano, Tel. 0575 836264, www.lecaselle.net. Fünf rustikal eingerichtete Zimmer mit Bad auf einem hübschen Gutshof mit Pool, umgeben von Olivenhainen am südöstlichen Ortsrand von Lucignano. Schmackhafte ländliche Toskana-Küche im Lokal Locanda del Baraccotto② (Mo geschl.) mit netter, herzlicher Atmosphäre.

■ **Agriturismo Pepolino**②-③, Via del'Ancano 15, Lucignano, Tel. 338 6219922, www.pepolino.it. Die sechs Apartments und vier Zimmer in einem historischen Landgut 5 km nördlich von Lucignano sind rustikal-elegant eingerichtet. Den Gästen stehen ein Aufenthaltsraum und ein Pool zur Verfügung; bezaubernd ist der Garten mit duftenden Rosen und Kräutern.

■ **Logge dei Mercanti**②-③, Corso Sangallo 40, Monte San Savino, Tel. 0575 810710, www.loggedeimercanti.it. Luxuriöse Unterkunft in der Altstadt in einer ehemaligen Apotheke des 17. Jh. mit nur 12 sehr elegant eingerichteten Zimmern mit pointiert eingesetzten Antiquitäten.

■ **Baldovino di Monte**②, Corso Sangallo 15, Monte San Savino, Tel. 0575 810292, www.baldovinodimonte.it. Die vier romantisch eingerichteten Doppelzimmer mit Balkendecken befinden sich im ersten Stock eines historischen Palazzo im Ortszentrum; das Frühstück wird im nahen Hotel San Gallo serviert.

Camping

■ **Badiaccia Camping Village,** Via Pratovecchio 1, Castiglione del Lago, Tel. 0759 659097, www.badiaccia.com, April–Sept. Ausgezeichnet ausgestattetes Feriendorf 13 km südlich von Cortona am Ufer des Lago Trasimeno, mit allen Annehmlichkeiten, Schwimmbad, Animation.

> Souvenirs für den Übersee-Geschmack: Cortona ist „US-Kolonie"

Cortona

Essen und Trinken

■ **Fufluns**②, Via Ghibellina 3, Tel. 0575 604140, www.fuflunssnc.it. Laut und eng geht es zu in den Gewölben des beliebten und lässigen Restaurants. Die Qualität der Pizzen schwankt, aber Antipasti, Nudel- und Fleischgerichte sind in Ordnung.

■ **La Grotta**③, Piazza Baldelli 3, Tel. 0575 630 271, www.trattorialagrotta.it, Di geschl. Das Ambiente in den intimen Räumen und an warmen Abenden auf der hübschen Piazza ist sehr stimmungsvoll. Die Karte listet alle toskanischen Traditionsgerichte, von Pecorino über *tortelli di patate* bis zum *bistecca fiorentina,* die frisch und gut zubereitet auf den Tisch kommen.

■ **Nessun Dorma**③, Piazza Signorelli 24, Tel. 0575 62038. Wenn's Herbst wird in der Toskana, dann nichts wie hin zum Nessun Dorma, denn hier sind Spezialisten für Trüffel und Pilze am Werk. Aber auch außerhalb der Pilzsaison empfiehlt sich der Besuch unbedingt, denn hier wird weniger auf den eiligen Touristen als auf den Genießer geschielt, der seine Freude hat an Antipasti wie *batùffolo* (spezielle Gnocchi) mit Akazienhonig und Trüffel oder Secondi wie Zicklein mit Waldbeeren.

■ **Pane e Vino**②, Vicolo San Giovanni 10, Tel. 340 062 6806, www.pane-vino.it. Das gemütliche Restaurant glänzt mit einer großen Auswahl an Bruschette, die man einzeln bestellen kann. Unter den Primi sorgen die *tirabaci ai funghi porcini freschi e lardo affumicato* (Nudeln mit Steinpilzen und Räucherspeck) für ein intensives Geschmackserlebnis.

Außerhalb

■ **Regiro**②, Piazza del Municipio 6, Castiglion Fiorentino, Tel. 0575 659831, Mi–Mo abends. Pizzeria und Restaurant in der Loggia – nicht das komplexe kulinarische Erleben steht im Vordergrund, sondern der Spaß an der schönen Location und das Sehen und Gesehenwerden. Die Pizze sind dünn und sehr zu empfehlen.

■ **Da Muzzicone**②, Piazza S. Francesco 7, Castiglion Fiorentino, Tel. 0575 658403, www.ristorantedamuzzicone.it, Di geschl. Vegetarier sind in diesem ganz auf Fleisch eingestellten Restaurant auf verlorenem Posten. Die Küche des Valdichiana – hier besteht sie nur aus *tagliata, bistecca fiorentina, carpaccio* –, und das in vorbildlicher Qualität.

■ **Osteria Da Toto**②, Piazza del Tribunale 6, Lucignano, Tel. 0575 836763, www.trattoriatoto.it. Die

Trattoria neben der Franziskanerkirche besitzt einen schattigen Gastgarten, in dem man wunderbar in den toskanischen Köstlichkeiten, vieles aus Chianina-Rind, schwelgen kann.

■ **Antica Trattoria La Foce**③, Località La Foce 30, 6 km östlich von Castiglion Fiorentino, Tel. 0575 658187, www.la-foce.com, Mi–Mo abends, Sa/So auch mittags. Beliebtes Ausflugsrestaurant, erhöht über Olivenhainen gelegen, auf der Karte alle typischen toskanischen Spezialitäten mit besonderem Fokus auf Chianina-Fleisch.

■ **La Terrasse**③, Via G. di Vittorio 2/4, Monte San Savino, Tel. 0575 844111, www.ristorantelaterrasse.it. In elegantem Rahmen speisen die Gäste von der vielseitigen Speisekarte, an der vor allem die Fülle von *antipasti* und *primi* überrascht. Unbedingt probieren: *bresaola* vom Chianina-Rind oder *tagliata di tonno*.

Nachtleben

■ **The Lion's Well Pub,** Piazza Signorelli 28, Tel. 0575 604918, auch auf www.facebook.com. Im Pub am Hauptplatz wird rund um die Uhr gefeiert oder einfach nur ein Bierchen getrunken und dazu eine Tortilla verspeist. Hier wird man gesehen.

Außerhalb

■ **Antico Caffè la Posta,** Piazza del Municipio, Castiglion Fiorentino, Tel. 333 2964777, auch auf www.facebook.com, tgl. 7–23 Uhr. Die Jugend von Castiglion kommt gerne auf einen Espresso oder einen Aperitif hier herauf; gelegentlich auch DJs und Lounge-Musik.

◪ Santa Maria delle Grazie al Calcinaio

Verkehr

■ **Bahn/Bus:** Bahnhof Camucia/Cortona 3 km von der Altstadt (nach Arezzo halbstündlich/stündlich, 20 Min., ab 3,40 €), Busverbindung mit Linie LFS 6 mindestens stündlich in die Stadt (10 Min., 1,50 €) und über Castiglion (35 Min., um 4 €) weiter nach Arezzo (65 Min., um 5 €), www.etruriamobilita.it.
■ **Parken:** Parcheggio Spirito Santo an der Viale Battisti (Rolltreppen hoch zur Piazza Garibaldi) im Süden der Altstadt.

Feste

■ **Giostra dell'Archidado,** Cortona. An den ersten beiden Wochenenden im Juni erinnert das Städtchen mit einem Mittelalterfest an die prunkvolle Hochzeit von *Francesco Casali* und *Antonia Salimbeni* im Jahr 1397. Fünf Stadtteile wetteifern in ihren jeweiligen Farben im Armbrustschießen miteinander; www.giostraarchidado.com.
■ **Cortona Mix Festival,** Cortona. Ende Juli/Anfang August sind die Straßen und Plätze erfüllt mit Musik, Performances und Kunstinstallationen; www.mixfestival.it.
■ **Palio dei Rioni,** dritter Sonntag im Juni, Castiglion Fiorentino. Ein historisches Pferderennen vor mittelalterlicher Kulisse.
■ **Maggiolata,** letzter Maisonntag, Lucignano. Hier wetteifern vier städtische Fraktionen sehr friedlich und farbenfroh miteinander – wer bindet den schönsten Blumenschmuck?

Einkaufen

■ **L'Antico Cocciaio,** Via Benedetti 24, Tel. 0575 605294. Sehr schön gearbeitete und bemalte Keramiken mit den charakteristischen Mustern der Region.

Außerhalb
■ **Orietta Lapucci,** Corso Sangallo 6/10, Monte San Savino, Tel. 0575 844928. Wunderschöne Terrakotta-Arbeiten (Vasen, Platten, Krüge) mit bunten, floralen Mustern oder auch zurückhaltend weiß und durchbrochen.
■ **Un Monte di Sapori,** Via della Riconoscenza 1, Monte San Savino, Tel. 0575 844764. Ein Berg von Genüssen aus dem Valdichiana und kompetente Beratung erwarten den Besucher in diesem gut sortierten Laden.

Aktivitäten

■ **Golf Club Valdichiana,** Località Esse Secco, Tel. 0577 624439, www.golfclubvaldichiana.it. 18-Loch-Platz, 4570–5266 m, Par 68, Greenfee 36–39 €.

> Cortona hat viele Gesichter

Bagni di Lucca | 276
Barga | 273
Buggiano Castello | 258
Campocatino | 282
Castelnuovo di Garfagnana | 279
Castiglione di Garfagnana | 280
Collodi | 254
Coreglia Antelminelli | 275
Empoli | 266
Equi Terme | 282
Eremo di Calòmini | 278
Grotta del Vento | 278
Lago di Gramolazzo | 282
Lago di Vagli | 282
Lucca | 228
Luccheser Villen | 241
Monsummano Terme | 253
Montecarlo | 257
Montecatini Terme | 250
Montelupo Fiorentino | 267
Parco dell'Orecchiella | 280
Pescia | 253
Pontedera | 269
San Miniato | 263
Svizzera Pesciatina | 255
Villa Medicea di Cerreto Guidi | 269
Vinci | 268

4 Lucca, Garfagnana, Alpi Apuane, Svizzera Pesciatina

Zwischen Romanik und Jugendstil, zwischen Berg und Tal – Kunstsinn und Gesundheit kommen beide zu ihrem Recht

◁ Das Bergdörfchen Marliana

LUCCA, GARFAGNANA, ALPI APUANE, SVIZZERA PESCIATINA

Berge und Täler, ein nicht immer zahmer Gebirgsfluss und eine weite Ebene: Die Landschaften rund um Lucca sind vielfältig. Dass es auch sonst nicht langweilig wird, dafür sorgen die zahlreichen Museen und Kirchen. Und wer zwischen bestem Jugendstil kuren will, der wird in Montecatini fündig. Für Kinder ist der Pinocchio-Park von Collodi die Hauptattraktion.

Lucca hat seine eigene kleine Ebene, die der südlich gelegene Monte Pisano (mit dem dahinter verborgenen Pisa), der nördlich verlaufende Apennin mit seinem Gebirgszug Alpi Apuane und der östlich abriegelnde Monte Albano (zur Ebene von Florenz hin) begrenzen. Für den Handel bedeutend war Lucca u.a. wegen seiner Lage an der nördlichen, über Prato und Pistoia führenden Route von Florenz nach Viareggio am Meer.

Die **Apuanischen Alpen** mit ihren Wäldern und Felswänden, Schluchten und Bächen entdeckt man von Castelnuovo im Garfagnana-Tal aus bei der Fahrt entlang des Turrite Secca hoch zum Passo del Vestito (1151 m), den man in einem Tunnel absolviert; am Botanischen Garten der Alpi Apuane vorbei geht es hinunter nach Massa und ans Meer. Für die Rückfahrt könnte man von Forte dei Marmi wieder ins Gebirge fahren und träfe dann hinter dem über 1100 m langen Tunnel del Cipollaio bei Culàccio wieder auf das Tal des Turrite Secca (insgesamt 100 km).

Zahlreiche **Wanderwege** sind in den Alpi Apuane ausgewiesen. Bevor man sich auf den Weg macht, sollte man sich nach den Wetterverhältnissen erkundigen. Die Touristeninformationen halten Material mit genaueren Wegbeschreibungen für Wanderer bereit.

NICHT VERPASSEN!

- **Piazza Anfiteatro, Lucca:** vom Amphitheater zum städtischen Platz | 232
- **Duomo di San Martino, Lucca:** prächtiger geht Romanik nicht | 237
- **Villa Reale, Marlia:** *Napoleons* Schwester auf dem Land | 242
- **Terme Tettuccio, Montecatini Terme:** anzüglich-schöner Jugendstil | 252
- **Giardini Garzoni, Collodi:** Barockgärten am Hang | 257
- **San Miniato:** berühmte Stadt-Silhouette | 263
- **Vinci:** die Geburtsstadt des Universalgenies | 268
- **Barga:** Bergstadt mit Mittelalterflair | 273

Diese Tipps erkennt man an der gelben Hinterlegung.

Das **Garfagnana-Tal** mit dem Flüsschen Serchio verläuft von Lucca zwischen den Alpi Apuane und dem Hauptkamm des Apennin von Nordwesten nach Südosten, seine Hänge sind dichtbewaldet mit Kastanien, Buchen, Eichen und Nadelwald. Die Garfagnana ist eines der noch nicht allzu überlaufenen **Wanderparadiese**. Wer in seinen Wäldern unterwegs ist, hat immer beeindruckende Bergpanoramen vor Augen, die Natursteinhäuser kleben an den Hängen, und romanische Kirchtürme stechen in den Himmel. Geschichtlich war die Garfagnana eine Domäne norditalienischer Städte, die hier dem Florentiner Expansionsstreben Einhalt geboten.

Eine kurvige **Passstraße** in der Garfagnana führt von Castiglione auf der SS324 durch Mischwälder zum von einer grandiosen Hochgebirgskulisse eingerahmten Passo delle Radici (1529 m) und weiter nach Modena bzw. vom Pass aus über San Pellegrino in Alpi wieder zurück nach Castiglione.

Bagni di Lucca war in der Belle Epoque eines der berühmten Kurbäder, wo Adel und Handel logierten. Der einstige Glanz hat sich aber nur sehr limitiert erhalten. Kurtradition in voller Fahrt kann man allerdings noch in **Montecatini Terme** erleben. Wer hier die **Terme Tettuccio** nicht besucht hat, wird die italienische Jugendstilvariante des Liberty nicht verstehen. Der Kurgast wandelt und spaziert, trinkt Heilwasser, und um sich nicht zu überanstrengen, nimmt er nachmittags die Standseilbahn hoch nach Montecatini Alto zu Kaffee und Kuchen (und vom Kurpersonal ungesehen zu einem kleinen Aperitif).

Montecatini ist auch Ausgangspunkt zu einer Rundfahrt in die **Svizzera Pes-**

> ### Die Highlights für Kinder
>
> - **2Italia Apartments,** Unterkunft mit Spielraum in **Lucca** | 245
> - **Osteria del Manzo,** ein Lokal, das Kinder explizit gerne bewirtet, **Lucca** | 247
> - **Stadtwall als Spielplatz, Lucca** | 249
> - **Pinocchio, Pinocchio, Pinocchio** in **Collodi** | 254
> - **Tropfsteinhöhle Grotta Maona** bei Montecatini Terme | 258
> - **Leonardo da Vincis Maschinen** als Modelle in **Vinci** | 268
> - **Festa dell'Unicorno,** Fantasy-„Festival des Einhorns" mit u.a. Harry Potter und dem Auto aus „Zurück in die Zukunft", **Vinci** | 272
> - **Tropfsteinhöhle Grotta del Vento** bei Barga | 278
> - **Hochseilgarten** Parco Avventura Selva del Buffardello bei **Barga** | 286

ciatina (siehe Kasten bei Pescia): eine wildkurvige, schöne Fahrt entlang der Hänge des Apennin von einem kleinen Gebirgsort zum nächsten – Wehrdörfer, die alle um das Jahr 1000 entstanden sind und kriegerisch auf Hügelkuppen über die Landschaft wachen.

Nach Norden zur Region Ligurien vermitteln die Landschaften der **Lunigiana,** einer fast wilden Gebirgswelt mit dichten Wäldern und zahlreichen Burgen. Fast scheint hier die Welt stehengeblieben zu sein, der Tourismus gleitet auf der Autobahn hindurch Richtung Süden und lässt die ursprüngliche Gegend links und rechts liegen.

Lucca, Garfagnana, Alpi Apuane, Svizzera

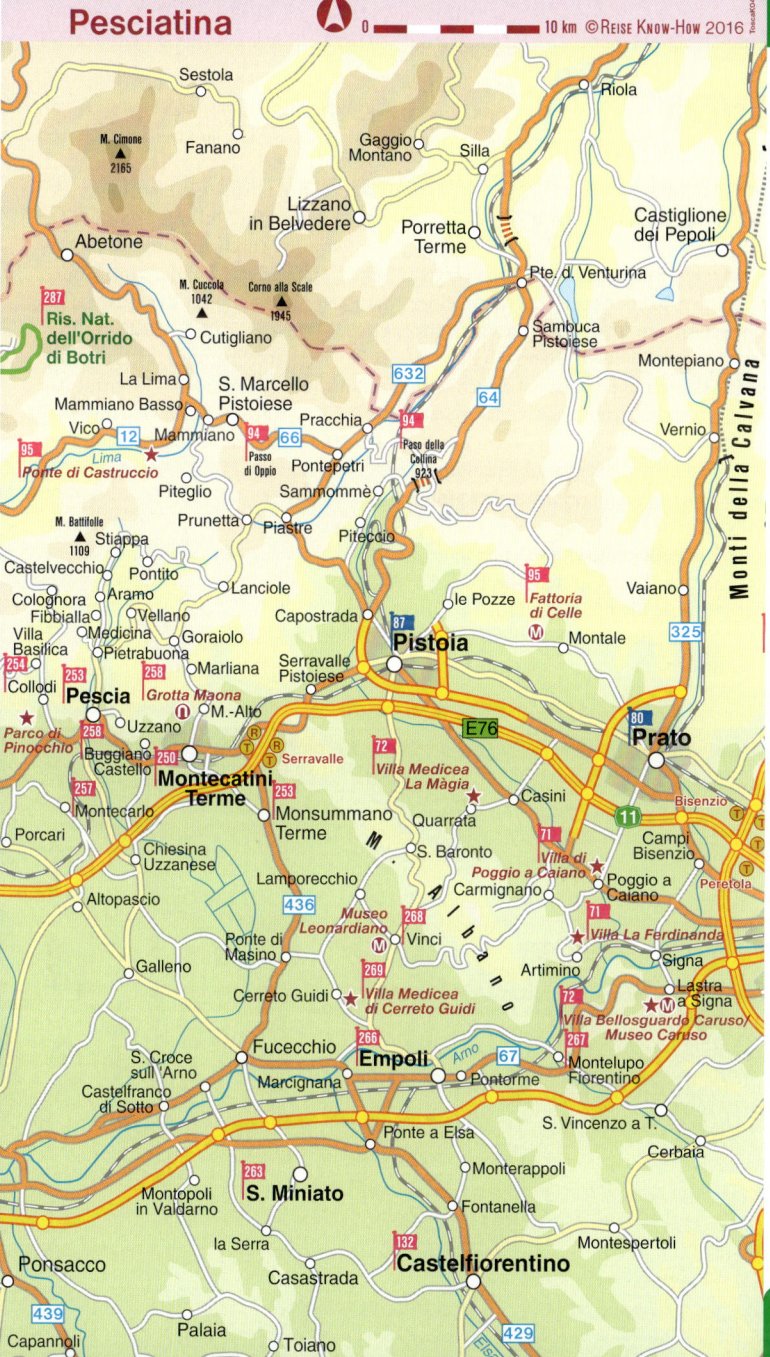

Lucca

■ 20 m üNN, 90.000 Einw., Florenz 75 km

Trotz der zahlreichen und schwergewichtigen Konkurrenz, Lucca ist **eine der schönsten Städte der Toskana**. Im fruchtbaren Tal des drittlängsten Flusses der Toskana, des Serchio, hat es sich sein luftig elegantes Antlitz aus vergangenen Tagen fast perfekt bewahrt – mit allem, was dazugehört: Stadtwall, Bastionen, weite Plätze, prächtige Paläste und großartige Kirchen.

„**Città delle cento chiese**", nennt man Lucca, „Stadt der hundert Kirchen". Es besitzt tatsächlich eine Unzahl an Kirchen, Oratorien und Kapellen. Hinzu kommt der mit 4 km zweitlängste **Befestigungswall** Europas (nur Ston in Kroatien ist mit 5,5 km länger). Ein weiterer städtebaulicher Leckerbissen ist die **Piazza Anfiteatro** – ein Platz in perfekter Ovalform (im Mittelalter wurden die Gewölbe der Zuschauerränge des römischen Amphitheaters einfach mit Wohnhäusern überbaut). Zu Recht ist Lucca ein bei Touristen immer beliebteres Reiseziel. Die verkehrsgünstige Lage an der Autobahn von Florenz ans Meer tut das ihrige. Und sonst? *Giacomo Puccini* wurde 1858 in Lucca geboren.

An der Piazza Anfiteatro kann man nicht in der Ecke stehen ...

Geschichte

Das fruchtbare Marschland entlang des Serchio war schon früh Ziel der **Besiedelung** durch Ligurer und Etrusker – bekannt ist eine Siedlung aus dem 3. Jh. v. Chr. mit dem Namen „*luk* – Sumpf". Das Wort lebt weiter im Namen „Lucca", den die Römer nach der Eroberung 180 v. Chr. ihrer Kolonie verliehen, die am Kreuzungspunkt wichtiger Fernstraßen (Via Clodia/Via Aurelia) für das Römische Reich schnell strategische Bedeutung erlangte. Prominentester Besucher in der Antike war *Julius Caesar,* der in Lucca auf *Pompeius* und *Crassus* traf. Die drei fanden sich 56 v. Chr. zusammen, um das vier Jahre zuvor begründete **Triumvirat** zu erneuern – das Drei-Männer-Bündnis war eine der machtvollsten Institutionen der römischen Geschichte.

Als nach dem Zusammenbruch Roms die **Langobarden** auf der Bildfläche erschienen, wählten sie Lucca 571 zum Herzogssitz. Daran änderten auch die nachfolgenden **Franken** nichts.

Die Nähe zum Meer, die Lage am Frankenweg, der Pilgerweg von Norden zum Vatikan und der Handel mit Seide und Brokat sorgten für Wohlstand. Im 11. Jh. besaß Lucca die einzige **königliche Münzstätte Mittelitaliens,** und im 12./13. Jh. mauserte es sich zu einem der ersten Bankenzentren. Das viele Geld erlaubte entsprechende Kirchenbauten, und man leistete sich sogar eine Variation des romanischen Baustils, in dem man die Ornamentierung stärker betonte. Bereits 1080 hatte man Stadtkonsuln gewählt, Kaiser *Barbarossa* bestätigte 1162 die **Unabhängigkeit** Luccas als Stadtstaat. Im 14. Jh. geriet man in die Gewalt von Söldnerführern und schließlich 1328 an Pisa. 1369 erhielt Lucca die Unabhängigkeit aber wieder und behielt sie bis 1799, als **Napoleon** die Stadt eroberte. Fünf Jahre später, mit Ausrufung des französischen Kaiserreiches, überließ er die Stadt als Herzogtum seiner Lieblingsschwester *Elisa Baciocchi* (im Übrigen eine der wenigen Frauen, die es bis zum Brigadegeneral gebracht haben).

Orientierung

Aus allen Himmelsrichtungen laufen die Straßen bei Lucca zusammen und enden an der das Zentrum umschließenden Stadtmauer. Die Entfernungen innerhalb des Walls sind überschaubar. Die Altstadt ist teilweise verkehrsberuhigt, Parkplätze sind rar und meist für Anwohner reserviert, sodass das eigene Fahrzeug besser draußen bleibt.

Sechs Stadttore (und für Fußgänger weitere Übergänge) besitzt Lucca heute (sieht man von drei mittelalterlichen Toren ab, die sich heute innerhalb des Walles befinden). Die Porta Elisa ließ *Napoleons* Schwester in den Wall brechen, zwei weitere entstanden im 20. Jh. Vom Bahnhof kommend, betritt man die Stadt durch die Porta San Pietro, von Westen über die Porta Vittorio Emanuele, wer im Norden geparkt hat, nimmt die Porta Santa Maria und hält sich an der Piazza Santa Maria rechts.

Sehenswertes

Der **Stadtwall** entstand in Jahrhunderten und in mehreren Bauphasen. Heute zeigt er sich als grüner Park mit hohen Bäumen, ein Lieblingsort der Lucchesi, auf dem man die Stadt schön umwandern und umradeln kann. Als Erste hatten die Römer ihr Municipium mit einer Mauer geschützt, ihnen taten es die Langobarden gleich. Auch die Stadtrepublik Lucca des 11./13. Jh. sah die Notwendigkeit einer Befestigung. Die moderne Kriegstechnik (die Renaissance hatte eben auch ihre Schattenseiten) machte allerdings im 15. Jh. eine Nachbesserung notwendig. Man begann, Bastionen zu errichten, um Kanonen in vorgerückter Stellung postieren und gegnerische Aufmarschflächen bestreichen zu können. Im 16. Jh. entschloss man sich dann, eine vollständig neue Mauer zu bauen. Dazu holte man die besten Militärarchitekten, deren man habhaft werden konnte (u.a. aus Flandern). 1650 hatte man auf 4,2 km Länge mit – auch für das reiche Lucca – immensen Kosten elf enorme, an der Basis 30 m breite Erdwälle aufgeschüttet und mit 6 Mio. Ziegeln bis in eine Höhe von 12 m verkleidet. Sie verbanden die im 15. Jh. entstandenen elf Bastionen, auf denen 126 Kanonen standen und die mit Kavernen für Kriegsmaterial und Verbindungsgängen unterhöhlt und mit Ausfallpforten für Handstreiche versehen waren. Davor befand sich ein 35 m breiter Graben, den man bei Gefahr fluten wollte. Dieser war auch noch mit einem weiteren äußeren Erdwall, auf dem gegebenenfalls Schützen postiert werden konnten, abgesichert. Nur drei Stadttore gestatteten Einlass. Allerdings musste die Stadtbefestigung Lucca nur ein einziges Mal retten – und auch nicht vor militärischen Feinden, sondern vor einem Hochwasser des Serchio im Jahr 1812.

Über die Via della Cavallerizza gelangt man zum ältesten Gotteshaus der Stadt, der **Basilica di San Frediano** mit ihrem 52 m hohen Turm. Der heilige *Fredianus*, ein irischer Mönch und späterer Bischof, soll hier im 6. Jh. die erste Kirche errichtet haben. Nach *San Paolino* gilt er als zweiter Stadtpatron. Im 12. Jh. baute man die Kirche im romanischen Stil um, änderte aber ganz unüblich die Ausrichtung des Presbyteriums nach Westen (traditionell waren die Kirchen östlich orientiert, in Richtung des Sonnenaufgangs als Symbol der Auferstehung), damit die Eingangsfassade nicht mit der neu errichteten Stadtmauer kollidierte. Die im 13. Jh. entstandene Schauseite ist überaus prächtig, der Mittelflügel erhöht und mit einem an Ikonenwände erinnernden Goldmosaik („Himmelfahrt Christi") geschmückt. Tatsächlich hatte das Werk die Luccheser Werkstatt Berlinghieri durch Meister zusammensetzen lassen, die diese in den Ostkirchen verbreitete Technik in Konstantinopel erlernt hatten. Die Säulen und Kapitele stammen vom Abbruch des Amphiteaters, der großartige Taufbrunnen am Beginn des rechten Seitenschiffs ist ein Werk um 1150. Der Basisbrunnen zeigt ein Relief mit Geschichten aus dem Leben des Moses, die Mittelsäule im Be-

▷ Basilica San Frediano

cken trägt ein kleineres mit Masken verziertes Becken, darüber auf zierlichen Säulen ein Baldachin mit Abbildern von Aposteln und Monatsallegorien. Dass eine nicht zur Kathedrale geweihte Kirche in jener Zeit taufen durfte, gilt als außerordentliches Privileg. In der letzten Kapelle links hat das gotische Antependium – ein Marmorrelief mit der Madonna und Heiligen – und die beiden Bodenplatten für die Gräber von *Lorenzo Trenta* und seiner Frau der Meister *Jacopo della Quercia* 1416 gemeißelt. Die Cappella della Croce ist mit Fresken von *Amico Aspertini* ausgestattet (1509).

■ **Basilica San Frediano,** Piazza San Frediano, Mo–Sa 8.30–12, 15–17, So 10.30–17 Uhr.

Nach wenigen Schritten gen Süden gelangt man zur **Via Fillungo,** der Haupteinkaufsstraße der Stadt mit mittelalterlichen Fassaden, malerisch und geschäftig. Immer noch gibt es Geschäfte, die sich ihre Fassade oder Einrichtung vom Ende des 19. oder den Anfängen des 20. Jh. bewahrt haben (Fin de Siècle, Liberty-Stil, Golden Twenties): Die Juweliere Pellegrini (Nr. 111), Carli (Nr. 95, seit 1655 am Platz) und Chiocchetti (Nr. 20–24). In der ehemaligen Parfümerie Venus (Nr. 65) ist heute ein Schuhgeschäft, *Puccinis* Lieblings-Caffè di Simo (Nr. 58) ist geschlossen, die Weiternutzung ungewiss. Eine komplette Jugendstil-Passage befindet sich zwischen Nr. 102 und 104.

Im Palazzo ist das **Stadtgeschichtliche Museum MUST** untergebracht, das den Bogen von den frühen Anfängen bis ins 21. Jh. schlägt.

■ **Museo Urbano Storia e Territorio MUST,** Via Guinigi, derzeit geschlossen.

Ebenfalls im Palastkomplex befindet sich das **Museum der Befreiung,** das sich mit der Geschichte 1943 bis 1945 auseinandersetzt. Italiens König ließ *Hitlers* Verbündeten *Mussolini* verhaften und erklärte dem Deutschen Reich am 13. Okt. 1943 den Krieg, Deutschland besetzte daraufhin Italien (de facto waren deutsche Truppen bereits vor Ort stationiert). 1944 gelang es den Alliierten, bis nach Mittelitalien vorzudringen, 1945 war schließlich auch der Norden befreit.

■ **Museo Storico della Liberazione,** Via S. Andrea 43, www.museodellaliberazionelucca.it, Di/Mi 10–13, 14.30–17.30 Uhr.

Zurück an der Via Fillungo, erreicht man über den Chiasso Barletti das ehemalige römische Forum, die heutige lebhafte **Piazza San Michele** mit Bars, Eisdielen und Souvenirständen. Das Gebäude mit der Erdgeschoss-Loggia an der Südseite der Piazza ist der **Palazzo Pretorio,** das erste Rathaus der Stadt aus dem Jahr 1492, geplant von *Matteo Civitali* (1436–1501), dem bedeutendsten Baumeister Luccas. Aus Bronze und vor Regen geschützt, wacht er seit 1893 über die Piazza.

Die **Kirche San Michele** ist eines der schönsten in dem an schönen Gotteshäusern reichen Lucca. Über 200 Jahre wurde daran gebaut (1143 begonnen), und dennoch – ihre geplante Höhe erreichte die romanische Basilika nicht. Aus diesem Grund überragen die vier Arkadengange der Schaufassade mit einem abschließenden, den Drachen tötenden Erzengel Michael den Baukörper so beträchtlich. Um den ganzen Ornament- und Bildreichtum der Säulen, Kapitelle und Friese aus der Werkstatt des Meisters *Guidetto* zu erfassen, benötigt man einen Feldstecher. Das Innere in der Form eines lateinischen Kreuzes wurde Mitte des 19. Jh. vom Barock befreit und zeigt sich mehr oder weniger im romanischen Originalzustand. Über dem Altar in der Apsis schwebt ein Tafelkreuz vom Ende des 12. Jh. mit der

◁ Torre Guinigi mit „Frisur" aus zähen Steineichen

Jungfrau und *Johannes dem Täufer*. Den ersten Altar des südlichen Querschiffs schmückt eine Terrakotta-Arbeit der *della Robbia*, an der Ostwand hängt das Tafelbild mit den Heiligen *Rochus, Sebastian, Hieronymus* und *Helena* (um 1490, *Filippino Lippi*) und an der Rückseite ist die Statue der Strahlenkranzmadonna (1480) von *Matteo Civitali* das Original, draußen an der rechten Fassadenecke befindet sich aus konservatorischen Gründen eine Kopie. Über den Campanile geht die Legende, die Pisaner hätten im 14. Jh. verlangt, ihn zu kürzen, damit die Glocken nicht bis in ihre Stadt tönten (was als Überlegenheit Luccas hätte gedeutet werden können).

⌃ Hier hat man schon von außen viel zu gucken: Chiesa San Michele in Foro

■ **Chiesa San Michele in Foro,** Piazza San Michele, tgl. 8–12, 15–18 Uhr.

Geht man die Via San Paolino nach Westen, gelangt man zur gemütlichen Piazza Cittadella. Hier wurde *Giacomo Puccini* (1858–1924), der berühmteste Sohn der Stadt, geboren. Er sitzt in Bronze seelenruhig mitten auf der Piazzetta. Seine „Madame Butterfly" und „La Bohème" haben die Opernbühnen der Welt erobert. Das **Puccini-Museum** zeigt Gemälde seiner Vorfahren (seit Jahrhunderten eine Musikerfamilie), Fotos, Handschriften, Ausstattungsteile seiner Opern und einen von ihm für Kompositionen benutzten Flügel.

UNSER TIPP: Beliebt sind die konzertanten **Sommeraufführungen** seiner Opern – äußerst stimmungsvoll und ganz intim auf der Piazzetta vor dem Haus.

■ **Museo Puccini,** Corte San Lorenzo 9, Tel. 0583 584028, www.puccinimuseum.org, Mai–Okt. tgl. 10–19, April Mi–Mo 10–18, Nov.–März Mo, Mi, Do 10–13, Fr 10–16, Sa/So 10–18 Uhr, 7 €.

Wenige Schritte nach Südwesten, erhebt sich die **Basilika Sant'Alessandro** inmitten eines ruhigen Wohnkarrees nicht nur als die älteste Kirche der Stadt, sondern auch als gutes Beispiel für eine romanische Basilika der Jahrtausendwende, als die Lucchesi die Fassaden ihrer Bethäuser noch nicht mit unzähligen und kleinsten Details gestalten ließen. Glatte Quader, zwar in Wechsellagen, aber einfarbig hell, und auf ein Minimum reduzierte gliedernde Bauteile – streng und doch gefällig und in perfekter Geometrie. Das Innere ist unaufgeregt schlicht und fast ohne Ausstattung.

■ **Chiesa Sant'Alessandro,** Piazza Sant'Alessandro, 8–12, 15–18 Uhr.

200 m westlich (über die Via del Toro) im Palazzo Mansi ist das **Nationalmuseum** untergebracht. In der prachtvoll eingerichteten Beletage lebte einst die Lucchese Kaufmannsfamilie *Mansi*. Die Sommerwohnung im Parterre ist mit Fresken des 17. Jh. verziert, die Gemälde stammen von Künstlern aus Lucca und Umgebung (16./18. Jh.). Ab und an finden hier Konzerte statt. Das erste Obergeschoss betrat man ursprünglich über die Außentreppe. Hier liegen die Empfangsräume und weitere Privatgemächer. Die Fresken zeigen vornehmlich mythologische und epische Themen wie „Aeneas' Flucht aus Troja" oder das „Urteil des Paris". In der Hauskapelle hängt eine „Madonna mit Kirschen" (um 1520) des Flamen *Jan Gossaert* (1478–1532). Die anlässlich der Überführung Luccas in das Großherzogtum Toskana 1847 von *Leopold II.* gestifteten 83 Gemälde (15.–18. Jh.) sind in der Pinakothek ausgestellt. In der zweiten Etage sind die Bilder Lucchese Künstler chronologisch geordnet (18.–20. Jh.). Eine eigene Abteilung ist in Lucca hergestellten Textilien gewidmet – vom 15. bis zum 20. Jh.

■ **Museo Nazionale di Palazzo Mansi,** Via Galli Tassi 43, Tel. 0583 55570, www.luccamuseinazionali.it, Di–Sa 8.30–19.30 Uhr, 4 €, mit Museo Nazionale di Villa Guinigi 6,50 €.

⌃ Teatro del Giglio

Zurück an der Basilika Sant'Alessandro, spaziert man südlich zum Komplex des Palazzo Ducale an der **Piazza Napoleone.** Im (im 16. Jh. errichteten und mehrfach umgebauten) Palast ist heute die Provinzregierung tätig. Ursprünglich stand an seiner Stelle eine Zwingburg, die bei Wiedererlangung der Unabhängigkeit 1369 geschleift wurde. Der großzügige Platz, auch „Piazza Grande" genannt, entstand 1806 im Auftrag von *Napoleons* Schwester, die im Palazzo Ducale residierte. Dafür riss man eine Kirche, die Stadtarchive und mehrere Wohnhäuser ab. Da die verbliebenen Fassaden im Rund ihrem Auge missfielen, pflanzte man Platanen als Sichtschutz. Eigentlich sollte in der Mitte des Platzes ein Denkmal *Napoleon Bonapartes* stehen, doch im 19. Jh. wollte man den Kaiser nicht mehr feiern. Stattdessen kam *Maria Luisa von Spanien,* 1815–24 Herzogin von Lucca, in Marmor (1843, von *Lorenzo Bartolini*) auf den Sockel.

Mitten auf der an die Piazza Grande anschließende Piazza del Giglio steht ein Denkmal für *Garibaldi,* die Südseite begrenzt das erstmals 1675 errichtete **Teatro del Giglio,** das 1817 unter der Regentschaft von *Maria Luisa* der heutige Bau ersetzte (weswegen eine Lilie der Bourbonen die Fassade schmückt). Am 17. September 1831 fand im Theater die italienische Uraufführung von *Gioachino Rossinis* „Wilhelm Tell" statt, ein großer Erfolg – *Niccolò Paganini* dirigierte. Lucca war die einzige italienische Stadt, in der die Oper unter ihrem Originaltitel spielte. Die Zensur Mailands (neben der von Rom, London und Petersburg) erzwang Änderungen am Libretto und einen neuen Titel (Tell wurde zu Vallace), zu aufrührerisch waren Inhalt und Text.

■ **Teatro del Giglio,** Piazza del Giglio, Tel. 0583 46531, www.teatrodelgiglio.it.

Östlich der Piazza gibt sich die säkularisierte **Kirche Santi Giovanni e Reparata** mit ihrem geschwungenen Giebel barock. Doch das Innere ist gänzlich anders. Tatsächlich wurde sie um 1250 erbaut. Und die Geschichte des Bauwerks reicht noch weiter zurück. Um diese der Öffentlichkeit zugänglich zu machen, haben die Archäologen ein Zwischengeschoss eingerichtet, sodass man die Grabungen besichtigen kann. Die älteste Schicht mit Hausfundamenten und Resten einer Therme stammt aus römischer Zeit (um 150 v. Chr.), ihnen folgten Sakralbauten der Christen des frühen Mittelalters (um 450) und um 600 eine Basilika der Langobarden (die bereits der heiligen *Reparata* geweiht war, die als 12-Jährige ein scheußliches Martyrium in Palästina erlitten haben soll). Diese Kirche war die erste Kathedrale der Stadt und besaß das Taufrecht. Im 8. Jh. verlor sie den Domstatus an San Martino schräg gegenüber. Das *Johannes dem Täufer* geweihte Baptisterium zeigt in seinen Fundamenten, dass es eine mittelalterliche Taufkirche ersetzt hat. Im Komplex finden Konzerte mit meist von *Puccini* komponierter Musik statt. Den Glockenturm darf man besteigen.

■ **Chiesa e Battistero dei Santi Giovanni e Reparata,** Piazza San Giovanni, Sommer 10–18, im Winter bis 17 Uhr, 4 €, mit Dommuseum und Sakristei 7 €.

Ein Katzensprung ist es zur ==Kathedrale San Martino== im prächtigen, von den Lucchesen abgewandelten romanischen Baustil. Die dreistöckigen Arkaden sind

Die Kathedrale Luccas

reich mit ornamentalem und figürlichem Bildwerk versehen. Hinzu kommt ein dreibogiger, asymmetrischer Portikus, dessen Verschmälerung rechts Platz für den älteren Campanile schuf. Der erste, St. Martin geweihte Vorgängerbau stammte aus dem 6. Jh., ein zweiter wohl aus dem 8. Jh., der dann auch Santa Reparata als Kathedrale ablöste. Den heutigen Bau hat man 1060 begonnen und 1070 geweiht. Die Fassade schuf *Guidetto* 1204. 1261 wurde der Glockenturm auf 59 m erhöht und die Aufstockung mit Travertin verkleidet. Die Reiterfigur zwischen dem rechten und mittleren Bogen ist eine Kopie (s. u.).

Unser Tipp: Die in Marmor gehauenen **Reliefs** im Portikus (ab 1233) verdienen Aufmerksamkeit. Zwei Lünetten („Enthauptung des San Regolo" am rechten, „Kreuzabnahme" am linken Portal) und ein Türsturzrelief (links „Verkündigung, Geburt Christi, Anbetung der Könige") stammen wohl von *Niccolò Pisano* (um

1265). Der rechte Türsturz hat den Kampf gegen arianische Ketzer zum Thema. Auf den Reliefs zwischen den Portalen sind im unteren Bereich die Allegorien der zwölf Monate zu sehen, darüber Szenen aus dem Leben des heiligen *Martin*. Die Allegorien: Januar Feuerbewahrung, Februar Angeln, März Rebenpflege, April Säen, Mai Brautwerbung, Juni Getreideernte, Juli Dreschen, August Obsternte, September Keltern, Oktober Weinlagerung, November Feldarbeit, Dezember Schlachtung. Im Türsturz des Hauptportales steht Maria zwischen den Aposteln, darüber in der Lünette sitzt Christus als Weltenrichter. Eine unübersehbare Inschrift weist Geldwechsler an, ihre Kunden nicht zu betrügen, Letztere sollen dem Schutz des Klerus vertrauen. Man mag sich gar nicht vorstellen, wie es in der Vorhalle zuging. Von Tempelreinigung war zumindest nicht die Rede.

Die Ausstattung des dreischiffigen Inneren geht auf das 14./15. Jh. zurück. An der Rückwand neben dem Mittelportal ist die **Skulptur des heiligen Martin zu Pferde** zu sehen, der seinen Mantel mit einem Bettler teilt – das Original und eine der ersten vollplastischen Reiterfiguren des italienischen Mittelalters (um 1240, unbekannter lombardischer Meister). In der Mitte des linken Seitenschiffes schützt ein runder, von einer Kuppel bekrönter Marmortempel (1484, von *Matteo Civitali*) ein ganz besonderes Kreuz – das **Volto Santo**, das heilige Antlitz. Es stammt aus den Jahren um 1200, wurde aus Nussholz geschnitzt und gehört zu einer ganzen Reihe ähnlicher Werke, die zwischen 1170 und 1220 entstanden. Alle diese Kreuze hatten als Vorlage ein verloren gegangenes, legendenumranktes Kreuz aus dem frühen Mittelalter, angefertigt im Orient vom heiligen *Nikodemus*. Es landete – so die Geschichte – im Jahr 782 auf einem führerlosen Schiff an und gelangte auf einem führerlosen Ochsenkarren bis Lucca. Die Legende fand ihren Weg durch ganz Europa (und in *Dantes* „Göttliche Komödie" – im 21. Gesang der Hölle). Einmal im Jahr, am 13. September, wird das Kreuz – mit kostbaren Tüchern geschmückt – durch die Stadt getragen, dann leuchten an jedem Fenster der Stadt kleine Windlichter. In der vom rechten Seitenschiff kurz vor dem Quer-

Gütige Geste, festgehalten in Stein: Sankt Martin teilt seinen Mantel

schiff abgehenden Sakristei steht das **Grabmal der Ilaria del Carretto** (um 1407). *Jacopo della Quercia* hat eines der schönsten Gräber des 15. Jh. aus Marmor gehauen, ein wegweisendes Werk der Frührenaissance. Die 19-Jährige starb im Kindbett bei ihrer zweiten Niederkunft. Ein Hauch von Gewand umhüllt ihre Formen, ihr Kopf ruht auf federweichen Kissen, das Gesicht voller Jugend und wie in leichtem Schlaf, ein junger Hund wacht zu ihren Füßen – das Symbol ehelicher Treue. Ebenfalls in der Sakristei ist das Gemälde „**Madonna auf dem Thron mit den Heiligen Petrus, Clemens, Sebastian und Paulus**" (um 1489) von *Domenico Ghirlandaio* zu sehen. Eine Vielzahl von Votivgaben ist Zeugnis der tiefen Verehrung des Volto Santo.

● **Duomo di San Martino,** Piazza San Martino, Tel. 0583 490530, www.museocattedralelucca.it, 15. März–Okt, Mo–Fr 9.30–17.45, Sa 9.30–18.45, So 9–10.15, 11.30–18, sonst Mo–Fr 9.30–16.45, Sa 9.30–18.45, So 9.30–10.15, 11.30–17 Uhr, 3 € mit Dommuseum und Santa Reparata 7 €.

Das **Dommuseum** nördlich der Kathedrale stellt den kostbaren Domschatz chronologisch geordnet aus: liturgisches Gerät, prachtvolle Gewänder, Altäre, Gemälde, Skulpturen, Bücher und Handschriften. In einem speziellen Raum sind die Preziosen zu sehen, mit denen das heilige Antlitz jeden 4. Mai und 14. September (nach der Prozession) geschmückt wird (u.a. Robe, Krone und Collier).

● **Museo della Cattedrale,** Piazza Antelminelli, 15. März–Okt. 10–18, sonst Mo–Fr 10–14, Sa/So 10–18 Uhr, 4 €, m. S.Giovanni e Reparata u. Dom 7 €.

Nun steht ein 10-minütiger Fußmarsch in den Osten der Altstadt an, dabei ist eine Pause im öffentlichen **Park der Villa Bottini** (wo im Sommer spätabends ein Freiluftkino Filmfans anlockt) oder im schönen **Botanischen Garten** möglich. Über die Gassen und mehrfach in Richtung Westen abbiegend, passiert man den Stadtkanal in der Via del Fosso und steht am Eingangstor des 1820 von *Mara Luisa* gegründeten Gartens. Er besitzt alles, was sich gehört: ein Arboretum, einen Heilpflanzengarten, einen Lehrgarten, ein kleines Gebirge, einen See, einen Tastgarten, eine 1821 gepflanzte Libanon-Zeder und eine mächtige Zypresse aus Florida. Als stille und schattige Oase in der Stadt lädt er zu einer ausgedehnten Rast ein.

● **Orto Botanico,** Via del Giardino Botanico, Tel. 0583 442160, Juli–Sept. 10–19, Mai/Juni 10–18, Okt., Mitte März–April 10–17, Nov.–Mitte März Mo–Fr 9.30–12.30 Uhr, 3 €, Mit Torre delle Ore und Torre Guinigi 6 €.

Anschließend spaziert man die Via del Fosso mit ihrem Kanal entlang (ein Überbleibsel des mittelalterlichen Stadtgrabens) nach Norden. An der auf eine römische Säule gesetzten Madonna (Madonna del Stellario, 1687) erstreckt sich das **Museum für zeitgenössische Kunst** über die Etagen des Palazzo Boccella. Im ersten und zweiten Obergeschoss wird die ständige Ausstellung präsentiert, die restlichen Räume sind interessanten Wechselausstellungen vorbehalten (im Halbjahresrhythmus).

● **Lucca Center of Contemporary Art Lu.C.C.A.,** Via della Fratta 36, Tel. 0583 492180, www.luccamuseum.com, Di–So 10–19 Uhr, 9 €.

Östlich sieht man die fast weiße Streifenfassade der **Kirche San Francesco** an der gleichnamigen Piazza, eine für die Bettelordenklöster typische Saalkirche, 1228 zwei Jahre nach dem Tod des heiligen *Franziskus* begonnen. Die Fresken im Inneren stammen aus dem 14./15. Jh.

Direkt gegenüber beherbergt die **Villa Guinigi** das zweite **Nationalmuseum** Luccas. Den spätgotischen Palast (1413–1420) mit seiner eleganten Fassade ließ *Paolo Guinigi* (1372–1432), Herrscher über Lucca, errichten. Im Erdgeschoss ist die Ausstellung vergangener Zivilisationen zu sehen: Exponate aus etruskischer, römischer und frühmittelalterlicher Zeit. Die erste Etage beleuchtet das Frühmittelalter bis zur Romanik (so Freskofragmente von Santa Reparata aus dem 5. Jh. und Steinmetzarbeiten der Langobarden). Weitere Abteilungen widmen sich der Gotik, der Renaissance, Gegenreformation und dem Neoklassizismus. Glanzlichter der Sammlung sind die Tafelkreuze aus dem 12. und 13. Jh.: von *Berlinghiero Berlinghieri* (175 cm hoch, um 1220), *Deodato Orlandi* (270 cm hoch, aus dem Kloster San Cerbone, 1288) und einem unbekannten Luccheser Meister (220 cm hoch, um 1150).

■ **Museo Nazionale di Villa Guinigi,** Via della Quarquonia, Tel. 0583 496033, www.luccamusei nazionali.it, Di–Sa 8.30–19.30 Uhr, 4 €, mit Museo Nazionale di Palazzo Mansi 6,50 €.

Die Luccheser Villen

Die großen (und reichen) Kaufmannsfamilien von Lucca legten sich – den *Medici* ähnlich – im 16. Jh. Villen und Landsitze zu, die sie zur Erholung aufsuchten und wo sie sich in Einklang mit der Natur zu finden hofften. Über 300 Güter soll es schließlich gegeben haben, und ein nicht geringer Teil existiert heute noch. Die meisten sind in Privathand, doch einige kann man unkompliziert besuchen.

Die **Villa Mansi** 10 km nordöstlich von Lucca entstand im späten 16. Jh. für die Familie *Benedetti*, Umbauten fanden in der ersten Hälfte des 18. Jh. statt. Ursprünglich befand sich rundherum ein Barockgarten, den der sizilianische Architekt *Filippo Juvarra* (1678–1736) um 1725 plante (u.a. entwarf er auch den Palacio Real in Madrid).

Im 19. Jh. transformierte man den Garten in einen romantischen **Park** mit Wasserflächen, Bächlein, Statuen und einer Diana-Grotte. Das Innere der Villa mit kostbarem Mobiliar, großflächigen Fresken und venezianischen Gemälden lässt vergangene Herrlichkeit auferstehen. Den Salone Centrale hat *Stefano Toffanelli* (1750–1812) mit mythologischen Themen freskiert.

■ **Villa Mansi,** Via delle Selvette 257/259, Segromigno, Tel. 0583 920234, www.villeepalazziluccche si.it, April–Okt. Mo–Fr 9–16.30, Sa/So 10–13, 14–18, sonst 10–13, 14–17 Uhr, Park und Villa 5 €.

2 km südlich der Villa Mansi in Camigliano diente die **Villa Torrigiani,** eine der größten Villen in der Region, zunächst als Sommersitz der Familie *Buonvisi*. 1636 verkaufte sie die Villa an *Nicolao Santini*, den Luccheser Botschafter am Hofe *Ludwigs XIV. von Frankreich*, der sie im manieristischen Stil umgestaltete. Seine letzte Nachfahrin heiratete 1816 in die Familie *Torrigiani* ein. Durch eine 700 m lange Zypressen-Allee ge-

langt man zu dem eindrucksvollen Bauwerk, das sich in drei Stufen nach oben verjüngt, eine jede mit Terrasse und Balustrade ausgestattet, von denen eine ganze Skulpturenkompanie in den Garten blickt. Die Innenausstattung stammt aus dem 18. Jh.

Der streng geometrische **Barockgarten** rund um das Haus ist für seine Wasserspiele bekannt, die ursprünglich zur Ergötzung des Gastgebers dienten. Er genoss es, damit seine Besucher zu erschrecken. Im weiteren Bereich hat man den Garten im 19. Jh. in einen Landschaftspark englischen Typs gewandelt. Die vielen Kamelien erinnern an die Wappenblume der *Torrigiani*. Der Giardino di Flora mit seinem Nymphäum wurde als geheimer Garten konzipiert.

■ **Villa Torrigiani,** Via Gomberaio 3, Camigliano, Tel. 0583 928041, März–Okt. 10–13, 15–18 Uhr, sonst nach Voranmeldung unter 349 6206847, Park 7 € Park, Park und Villa 12 €.

In Marlia, 7 km nördlich von Lucca, steht die **Villa Reale,** von den *Orsetti* im beginnenden 18. Jh. errichtet und 1806 von *Napoleons* Schwester als Landsitz umgestaltet. Nach dem Niedergang der *Bonapartes* fiel der Besitz an den Großherzog der Toskana und schließlich an die italienische Krone (*reale* = königlich), die die Villa dem Prinzen *Carlo* als Wohnsitz überließ. Da dieser eine Bürgerliche geheiratet hatte (die Engländerin *Penelope Smythe*), konnte er nicht an der Erbfolge teilnehmen und fand hier seinen Ruhesitz. Schließlich musste aber die Villa verkauft werden. *Carlos* Sohn, hochgradig exzentrisch, hatte zu viele Schulden, die die Eltern begleichen mussten (sie fanden in der Parkkapelle ihre letzte Ruhe). Der Besitz ging an die Familie *Pecci-Blunt*, die das Gebäude heute noch bewohnt (es ist nicht zu be-

Skulpturen, Skulpturen, Skulpturen bevölkern die Villa Torrigiani

sichtigen) und den **Park** aus dem 18. Jh. vor der Abholzung rettete. *Napoleons* Schwester hatte ihn weitgehend belassen, und die neuen Besitzer beauftragten den weltweit tätigen Gartenarchitekten *Jaques Greber* (1882–1962) mit der Restaurierung – das perfekte Ergebnis bietet sich heute dem Auge dar. So sind das **Teatro di Verzura** („Grünes Theater") und das **Teatro d'Acqua**, in die Natur integrierte Theater, erhalten, ebenso wie die Allee der Kamelien (die allerdings im 19. Jh. um weitere seltene Pflanzen bereichert wurde) oder die Grotte des Gottes Pan. Im noch aus der Barockzeit erhaltenen Giardino dei Limoni wachsen über 200 Zitronenbäumchen.

■ **Villa Reale di Marlia,** Via Fraga Alta 2, Marlia, Tel. 0583 30108, www.parcovillareale.it, März–Nov. Di–So geführte Besichtigungen 10–13, 14–18 Uhr, Park März–Okt. tgl. 10–18, im Winter So 10–16 Uhr, 7 €.

Einen knappen Kilometer nördlich der Villa Reale entstand die **Villa Grabau** an Stelle eines Vorgängerbaus von 1412 im 16. Jh. für die Lucchesi Kaufmannsfamilie *Diodati*. In den folgenden Jahrhunderten wechselte die Renaissance-Villa mehrfach die Besitzer, bis sie 1868 *Rudolf Schwartze* erwarb, ein mit *Caroline Grabau* verheirateter deutscher Bankier. Beste Beziehungen zum botanischen Garten in Lucca gestatteten der Dame des Hauses Zugriff auf **seltene Pflanzen.** Aus einer reichen Hamburger Reeder-Familie stammend, hatte sie wohl auch das nötige Kleingeld. Das Haus erhielt im 19. Jh. ein neoklassisches Antlitz, die Loggia Glasfenster und eine Fresko-Bemalung (darunter die für ihre Realitätsnähe berühmten „falschen Vorhänge"). Die feine Möblierung entspricht dem Stil der damaligen Zeit.

Der 9 ha große **Park** teilt sich in mehrere Bereiche und ist einen längeren Spaziergang wert. Der Englische Garten mit einem **Bambuswald** stammt aus dem 19. Jh.; der Italienische Garten auf zwei Ebenen gibt sich streng symmetrisch. Auch hier hat es ein „Grünes Theater", außerdem eine **Limonaia** (Orangerie). Villa und Park sind bei Hochzeiten sehr beliebt, die – in einem der drei luxuriösen Nebengebäude eingemietet – auch gleich ihren ehelichen Pflichten nachkommen können.

■ **Villa Grabau,** Via di Matraia 269, San Pancrazio, Tel. 0583 406098, www.villagrabau.it, Juli/Aug. 10–13, 15–19, Ostern–Juni, Sept./Okt 11–13, 15–18, sonst So 11–13, 14.30–17.30 Uhr, Mo Vormittag generell geschl., Park 5 €, Park und Villa 7 €.

Die **Villa Oliva** in unmittelbarer Nähe (westlich) der Villa Grabau war wie die Villa Torrigiani in Besitz der Familie *Buonvisi* (um 1590). Gebaut haben soll sie *Matteo Civitali*. Ein Mitglied des polnischen Adelsgeschlechts *Poniatowski* ließ den Park im 19. Jh. in einen englischen Garten umpflanzen. Später gelangte die Villa an ein Hospiz für Schwerstbehinderte und -kranke. Während des Zweiten Weltkrieges beschädigten Bomben Villa und Park, die heutigen Besitzer veranlassten die Renovierung. Die Villa beeindruckt vor allem durch ihre monumentale, zweistöckige Loggia. Eine Legende berichtet von der Wette zwischen Kardinal *Buonvisi* und *Ludwig XIV*. *Buonvisi* behauptete, sein Stall sei schöner als des Königs Räume in Versailles. Daraufhin ließ *Ludwig* seinen Lucchesi Gesandten den Stall besichtigen, den der

Kardinal aber komplett mit Goldmünzen mit dem Konterfei *Ludwigs* hatte auslegen lassen. *Buonvisi* gewann.

Die Hauptachse des 5 ha großen **Parks** bildet eine nord-südlich ausgerichtete Zypressenallee quer zum Hang und südlich der Villa (der Eingang liegt allerdings östlich). Im Bereich nördlich der Villa ergötzen die Fontana dell'Abbondanza (am Brunnen über der Nischenfigur ist das Wappen der *Buonvisi* angebracht) und eine romantische Grotte mit einem auf einem Felsen gelagerten Putto. Seepferdchen, antike Helden und Götter, die Terrakottafigur eines Alten, der Streichhölzer andient – das Figurenprogramm des Parks ist vielfältig, ebenso wie seine Pflanzenwelt.

■ **Villa Oliva,** Via di Villa Oliva, San Pancrazio, Tel. 0583 406462, www.villaoliva.it, 15. März–5. Nov. 9.30–12.30, 14.30–18 Uhr (klingeln), Park 6 €.

Im Süden von Lucca (5 km) zeigt sich die **Villa Bernardini,** seit 1615 der Sommersitz einer uralten Lucchesar Familie (die 1378 den ersten Sachwalter der Republik stellte), mit fast kubischer Gestalt, einem Portikus und drei Hauptfenstern. Die Villa ist im Stil des 18./19. Jh. eingerichtet und wird als Museum geführt.

Im 8 ha großen **Park** des 18. Jh. wachsen 350 Pflanzenarten. Er ist in mehrere Bereiche geteilt. Der romantische Garten hat Herzform, das „Grüne Theater" besteht vornehmlich aus Buchsbaumgewächsen und war tatsächlich Austragungsort von Spielen und Konzerten. In den „Geheimen Garten" zogen sich die Damen für einen Plausch zurück. Die bevorzugten Gartengewächse der Renaissance und auch des Barock waren Zitruspflanzen, die in der kalten Jahreszeit in der Limonaia – dem Gewächshaus – Schutz fanden.

■ **Villa Bernardini,** Via di Vicopelago 573a, Vicopelago, Tel. 0583 1646057, ww.villabernardini.it, Park Mo–Fr 9–13, 14–18, Sa/So nach Voranmeldung, Villa nur nach Voranmeldung tgl. 9–13, 14–18, Park 6 €, Park und Villa 10 €.

Lucca: Zugabe!

■ **Museo Nazionale del Fumetto e dell'Immagine** in der Caserma Lorenzini hinter dem Palazzo Ducale – Comic-Museum mit Exponaten aus den Anfängen der Bildgeschichten bis in die heutige Zeit; Piazza San Romano 4, Tel. 0583 56326, Di–So 10–18 Uhr, 4 € (Wiedereröffnung für 2016 geplant).

■ **Museo del Risorgimento** im Palazzo Ducale – interaktives Museum zur Gründung Italiens im 19. Jh.; Piazza Napoleone, Cortile degli Svizzeri, Tel. 0583 417894, www.facebook.com/MuseoDelRisorgimentoLuccaMur, Di–So 9.30–12.30, Fr–So auch 15.30–17.30 Uhr.

■ **Museo del Antico Ufficio della Zecca di Lucca** – Museum zum Münzwesen der Stadt mit Laden, in dem man Faksimiles zahlreicher antiker Münzen erhält; Casermetta San Donato, Tel. 0583 582320, www.zeccadilucca.it, 10–12.30, 15–18 Uhr, 5 €.

> Hatte einst einen schöneren Stall als Ludwig XIV.: die Villa Oliva

Praktische Informationen

Touristeninformation

■ **Ufficio Turismo Lucca,** Piazzale Verdi 1, Tel. 0583 583150, www.comune.lucca.it, tgl. April–Okt. 9–19, sonst 9–17 Uhr.

Unterkunft

■ **Hotel Alla Corte degli Angeli**④, Via degli Angeli 23, Tel. 0583 1880084, www.allacortedegliangeli.com. Im Herzen der Altstadt verströmen die 21 Zimmer dieses Boutique-Hotels dank der in zarten Tönen freskierten Wände einen ganz besonderen Charme. Dazu gesellen sich ein Super-Frühstück und aufmerksamer Service.

■ **2Italia Apartments**③, Via dell'Anfiteatro, Tel. 392 996 0271, www.2italia.com. Der Clou an den hübsch möblierten Apartments direkt am Amphitheater ist der Spielraum in der oberen Etage, in dem Kinder toben, Spiele ausprobieren oder DVDs angucken können. Und auch vor dem Haus sind sie behütet, denn die Piazza dell'Anfiteatro ist Fußgängerzone (Mindestaufenthalt 2 Nächte).

■ **Albergo San Martino**③, Via della Dogana 9, Tel. 0583 1880091, www.albergosanmartino.it. Das einfach, aber freundlich eingerichtete Mittelklassehotel im Zentrum verfügt nicht unbedingt über die größten Zimmer, macht den etwas beengten Raum aber mit Charme wett.

■ **B&B L'Antica Bifore**③, Via Fillungo 5, Tel. 0583 188 0054, www.anticabifore.com. Das B&B im Herzen der Stadt bietet ein ebenso romantisches wie schickes Ambiente in vier ausgesucht eingerichteten Zimmern. Allerdings wegen der Lage an der Via Fillungo besser Ohrstöpsel einpacken.

Unser Tipp: **Best Western Grand Hotel Guinigi** ②-③, Via Romana 1247, Tel. 0583 4991, www.grandhotelguinigi.it. Das 2 km östlich gelegene Hotel zeichnen komfortable, elegante und großzügig bemessene Zimmer und ein kleines Spa mit Fitnessraum aus. Man wohnt zentrumsnah und zugleich ruhig. Bushaltestelle (Ospitale) etwas entfernt (im 5-Min.-Takt ins Zentrum).

■ **Hotel Ai Cipressi**②, Via di Tiglio 126, Tel. 0583 496571, www.aicipressi.it. Zentrumsnah an der Stadtmauer gelegen und mit kostenfreien Parkplätzen ausgestattet, ein guter Standort für die Erkundung von Lucca. Die Zimmer sind hell und freundlich, das Personal hilfsbereit.

Essen und Trinken

UNSER TIPP: Galleria 38③ ④, Via del Battistero 38, Tel. 0583 491104, www.gallerianumero38.com, tgl. abends. Die Kunstgalerie zählt sicherlich zu den ungewöhnlichsten Speiseadressen. Zwischen all den Kunstwerken drinnen und im Innenhof bewirtet sie Gäste auf höchstem Niveau, z.B. mit Tartar von Thunfisch, Schwertfisch und Lachs oder einer Caprese, die mit dem gummiartigen Vorbild überhaupt nichts gemein hat. Ein Erlebnis für die Augen wie für den Gaumen.

■ **All'Olivo**③, Piazza San Quirico 1, Tel. 0583 496264, www.ristoranteolivo.it, im Winter Mi geschl. Eine Empfehlung für Fischfreunde, die sonst in Lucca nicht gerade verwöhnt werden. Das Restaurant bekommt seine Gaben des Meeres täglich frisch geliefert, und so schmeckt es auch.

■ **Cantine Bernardini**③, Via del Suffragio 7, Tel. 0583 494336, www.cantinebernardini.com, tgl. mittags und abends. Restaurant und Weinbar in stimmungsvollen Kellergewölben. Die Speisekarte listet Traditionelles wie etwa *baccalà* oder *trippe*, aber auch ungewöhnlichere Gerichte wie Ravioli in Fischragout oder vegetarisches Gulasch.

■ **Da Giulio**③, Via delle Conce 45, Tel. 0583 55 948, So geschl. Dinkelsuppe *zuppa di farro*, Stockfisch *baccalà con pomodori* oder gar der aus Kalbsinnereien gekochte Eintopf *cioncia* – bei *Giulio* schwelgen die Gäste in den unverfälschten ländlichen Genüssen der Toskana. Und da Spezialitäten wie Pferde-Tartar nicht jedermanns Sache sind, stehen auch ganz „normale" Gerichte auf der Karte.

■ **Gli Orti di Via Elisa**③, Via Elisa 17, Tel. 0583 491241, Mi und So geschl. Sollte man sich von der stolzen Ankündigung abschrecken lassen, dass hier die Größen der Sportszene verkehren? Aber nein, denn obwohl man einige Prominente zu den Gästen zählt und trotz der umfangreichen Karte ist das Essen fein komponiert und Traditionelles um einen modischen Kick bereichert. Besonders empfohlen werden das Zicklein mit Spinat und das Risotto mit Zucchiniblüten.

■ **L'Amico Fritz**③, Via Romana 1992, Tel. 0583 495582, www.lamicofritzbistrot.it. Freund Fritz hat nichts Deutsches, dafür umso mehr Toskanisches an sich, denn eigentlich heißt er *Massimo*. In dem mit hellen Möbeln eingerichteten Bistro kommen die Köstlichkeiten aus der Region – verschiedene Speck- und Schinkensorten, Pilze, *risotti* und Steaks – in traditioneller, aber auch leicht modernisierter Zubereitung auf den Tisch. Der Weinkeller hütet beste Tropfen, auch von weniger bekannten *cantine*. Unbedingt reservieren!

UNSER TIPP: Osteria San Giorgio③, Via San Giorgio 26, Tel. 0583 953233, www.osteriasangiorgio lucca.it, tgl. mittags und abends ab 19 Uhr. Die flotte, von einem jungen Team geführte Osteria in einer Seitengasse versteht sich auf eigenwillige, sehr schmackhafte Kreationen wie Risotto mit Kiwi und *gamberi* oder *tagliata* mit Honig und Ricotta. Wer nicht so experimentierfreudig ist, findet aber auch eine gute Auswahl traditioneller Gerichte aus der Region. Ungewöhnlich auch das Angebot an Fisch und Meeresfrüchten in dieser sonst eher fleischlastigen Gegend der Toskana.

■ **L'Isola che non c'era**②-③, Via degli Angeli 7, Tel. 0583 492633, tgl. mittags und abends. *Roberto Isola* ist ein alter kulinarischer Hase in Lucca (siehe „Einkaufen"), und mit diesem kleinen Lokal hat er sich einen Herzenswunsch erfüllt: ein Restaurant mit Küche wie bei Muttern, ohne Chichi oder modische Spielereien. Ein gelungenes Projekt. Es schmeckt ebenso, und Weinauswahl wie Atmosphäre sind stimmig.

■ **Il Geco**②, Via M. Rosi 34, Tel. 0583 494538. Das winzige Lokal überzeugt mit *cucina casalinga* – Pasta, Dolci und Brot sind hausgemacht, der Service sehr bemüht und das Essen einfach delikat.

▷ Jugendstil und Süßes

Osteria del Manzo②, Via Cesare Battisti 28, Tel. 0583 490649, So geschl. Ein sehr geschäftiges, uriges Lokal, in dem man bei der Zubereitung hausgemachter Pasta zusehen kann. Kinder werden besonders herzlich willkommen geheißen und auch Sonderwünsche gerne erfüllt.

La Tana del Boia①, San Michele in Foro, Tel. 333 5353540, tgl. ab 10.30 Uhr. Panini, Crostini, Würste, *lardo, prosciutto* und Käse aus der Region – für den schnellen, kleinen Hunger bei höchstem Genussfaktor.

Forno a Vapore①, Via S. Lucia 18/20, Tel. 0583 496285, 7–13, 16.30–19.45 Uhr, Mi und Juni–Aug. Sa/So nachmittags geschl. Die Traditionsbäckerei verkauft neben Brot auch *buccellati* und den *valdostana,* einen mit Tomaten, Schinken und Käse belegten Blätterteigkuchen.

Pizzeria

Pizzeria Mara Meo②, Piazza S. Francesco 17, Tel. 0583 467084, www.mara-meo.it. Mara Meo ist eine Pizzeria-Kette aus der Region, die mit erstaunlich guter Qualität und günstigen Preisen überzeugt. Die Pizze sind kross und werden auch stückweise zum Mitnehmen verkauft.

Dal Ciaccia①, Via Guidiccioni 174, Tel. 0583 419461, nur abends, Mo geschl. Pizza aus dem Holzofen, auf die die Luccheser schwören – besser geht nicht. Kleiner Gastraum, eher als Schnellimbiss konzipiert, und viele Leute, die sich die Pizze für zu Hause holen.

Vegetarisch/Vegan

Nanda's②, Via Fillungo 247, Tel. 0583 1973 760, www.nandas.it. Zwar nur die Filiale einer Kette, aber mit hundertprozentig veganem und vegetarischem Angebot, das nicht nur gut aussieht, sondern auch so schmeckt.

Außerhalb

Da Giomo②-③, Via di Mezzo 3, Valgiano, Tel. 0583 402241. Ein idyllisches Lokal für einen Ausflug ins Hügelland mit Fernblick, 15 km nordöstlich von Lucca; Hausmannskost im besten Sinne erwartet den Gast. *Zuppetta di faro* (Dinkelsuppe), verschiedene, mit regionalen Produkten belegte *crostini,* deftige Pasta ... ein typisch ländliches Essen mit grandiosem Fernblick auf das Tal von Lucca.

Süßes

Pasticceria Taddeuci, Piazza San Michele 34, Tel. 0583 494933, www.buccellatotaddeucci.com. Hier, so sagen die Einheimischen, gibt es seit Jahr und Tag die besten *buccellati,* Luccas typische Aniskränze, die schon ihre Urgroßmütter bei Taddeuci eingekauft haben (s. Kasten „Buccellato"); außerdem *panforte* (mit Honig, Trockenfrüchten und Gewürzen), Mandelplätzchen, weißen Nugat ...

Bar San Michele, Piazza S. Michele 1, Tel. 0583 55387, bis 20 Uhr. Ein Logenplatz auf der schönen Piazza, neben Kaffee und Getränken gibt's auch Panini und Kuchen.

Caffè da Fede, Via Santa Giustina 7, Tel. 345 6287292. Modernes Café, das vor allem mittags die Angestellten der umliegenden Büros aufsuchen, um dort Salat zu essen.

Ciclo di Vino, Via Michele Rosi 7, Tel. 0583 471 869, www.facebook.com/ciclo.divino. Der Platz für

Buccellato

Mehl, Zucker und Hefe werden mit Milch, Ei, Wasser, Rosinen und Anissamen zum Teig verrührt, aus dem man traditionell einen Kranz formt. Er wird oben mehrfach leicht angeschnitten (damit beim Backen der Dampf entweichen kann), außerdem bestreicht man ihn außen mit einem Ei-Zucker-Gemisch, das ihm im Ofen die charakteristische dunkle Färbung gibt. Das weiche **Kranzgebäck** verkauft in Lucca jede Pasticceria, die etwas auf sich hält. Früher wurde es besonders in der Zeit des Palio und der Erhöhung des Kreuzes gegessen, heute kommt es ganzjährig sonntags auf den Frühstückstisch, zu Scheiben geschnitten und mit Butter und Marmelade bestrichen. Außerdem gibt es die Buccellati (wegen der leichteren Transportierbarkeit) auch in gerader Form als Laib.

einen Aperitif, zu dem es venezianische *cicchetti* (Snacks) gibt und wo alles ein bisschen chaotisch, aber sehr sympathisch wirkt.

De'Coltelli, Via San Paolino 10, Tel. 0583 050 667, www.decoltelli.com. *Gelato artigianale e naturale*, also fast Bio, ohne Geschmacksverstärker, Kunstfarben, Zusatzstoffe.

■ **Gelatarium,** Via Veneto 36–38, Tel. 0348 433 8321, www.facebook.com/gelatarium. Blauer Wolkenhimmel an den Wänden, weiße Schaukeln von der Decke und dazwischen eine Eistheke, an der man sich sein Wunscheis zusammenstellen kann – sehr schick!

Grom, Via Fillungo 56, Tel. 0583 436455, www.grom.it. Kettenladen, dessen Früchte von der firmeneigenen Bio-Farm kommen; es werden keine künstlichen Farben verwendet – lecker!

Nachtleben

■ **Caffè Ristretto,** Via San Giorgio 8/10, 15 km nordöstlich von Lucca, Tel. 0583 955652, tgl. 7.30–2 Uhr. Tagsüber entspanntes Café, abends beliebte Bar, in der man Do Austern zu Martini schlürft.

Verkehr

■ **Bahn:** Direkte bzw. Umsteigeverbindungen mindestens halbstündlich ab Florenz (80 Min., ab 7,30 €).
■ **Stadtbus:** VaiBus verbindet das Zentrum (Piazza Verdi) mit den Außenbezirken und umliegenden Gemeinden, einfaches Ticket (70 Min. gültig) 1,20 €; www.lucca.cttnord.it.
■ **Fernbus:** Mit Bussen der CTT Nord/VaiBus stündlich von/nach Florenz (Buslinie R002, 80 Min., um 6 €), www.lucca.cttnord.it.
■ **Parken:** Parcheggio Piazzale Franco Baroni (kostenfrei) 500 m von der Porta Santa Maria, dem nördlichen Stadteingang. Parkhaus an der Piazza Mazzini in der Altstadt (360 Plätze, 8–20 Uhr 1 €/Std., 20–8 Uhr 1 €); gebührenpflichtige Parkplätze vor dem Bahnhof (8–20 Uhr 1 €/Std., 24 Std max. 10 €); Parcheggio Luporini für Camper (10 €/24 Std., Sa/So 14 €) westlich der Via San Donato 800 m von der Porta Vittorio Emanuele, dem westlichen Stadteingang.
■ **Fahrrad:** Leihräder gibt es bei **Biciclette Poli,** Piazza S. Maria 42, Tel. 0583 493787, www.biciclettepoli.com, die auch eine große Auswahl an Kinderfahrrädern, Kindersitzen und Anhängern haben; Fahrrad 15 €/Tag, MTB 20 €/Tag, und bei **Noleggio Bici,** Stazione Ferroviaria, www.touristcenterlucca.com, 3 Std. 8 €, Tag 12 €.

> Mit Pauken und Trompeten in den Gassen Luccas

Feste und Events

- **La Luminara di Santa Croce:** Am Abend des 13. Sept. wird in Lucca das Volto Santo, das mittelalterliche, lebensgroße Kruzifix aus der Kathedrale, in einer feierlichen Prozession durch die Straßen getragen.
- **Cartoline Pucciniane** auf der Piazza Cittadella in Lucca: Berühmte Arien und Duette aus Puccini-Opern, dargeboten im Juli, Aug. und Sept. von bekannten Sängern auf der Piazza vor dem Geburtshaus, www.puccini.it.
- **Puccini e la sua Lucca:** Luccas Sommerfestival mit Puccini-Konzerten, zwischen April und Okt. fast täglich in der Kirche San Giovanni, www.pucciniela sualucca.com.
- **Puccini Festival:** Ende Juli bis Ende August in Torre del Lago, siehe „Viareggio/Torre del Lago".
- **Lucca Summer Festival:** Im Juli geben sich die ganz Großen der Musikszene, von *Elton John* bis *Bob Dylan*, die Klinke auf der Freiluftbühne an der Piazza Napoleone in die Hand, Infos: www.summer-festival.com.
- **Estate Cinema:** Kino Open Air in Lucca im Juli/Aug. im Park der Villa Bottini, www.comune.lucca.it.

Einkaufen

- **Delicatezze,** Via San Giorgio 5, Tel. 0583 492 633. Ein toskanischer Delikatessenladen, wie er sein sollte. Schinken hängt von der Decke, und in der Auslage stapeln sich die feinsten regionalen Lebensmittel.
- **Il Panda Premium,** Via Fillungo 119, Tel. 0583 491469, www.facebook.com/ilpandalucca. Accessoires, Kleidung, Schuhe von il panda, Paul Smith, Converse u.v.a. – eine anregende, hippe Mischung.

Aktivitäten

 Lucca zählt zu den kinderfreundlichen italienischen Städten – der **Stadtwall** ist eine einzige grüne Spielwiese, zahlreiche gut ausgestattete Spielplätze laden zum Toben ein, und nahezu die gesamte Altstadt ist Fußgängerzone.

Gesundheit

- **Krankenhaus/Nuovo Ospedale di Lucca,** Via Guglielmo Lippi Francesconi, Tel. 0583 9701, Notruf 118, www.usl2.toscana.it, rund um die Uhr geöffnet.
- **Apotheke/Farmacia Comunale,** Piazza Curtatone 7, Lucca, Tel. 0583 491398, rund um die Uhr geöffnet.

Montecatini Terme

■ 30 m üNN, 20.000 Einw., Lucca 30 km, Florenz 50 km

Fast 200 Hotels, großzügige Thermalanlagen, weitläufige Parks und etwa 1 Mio. Besucher im Jahr, die in der Stadt Gesundheit und Erholung suchen: Montecatini ist das **berühmteste Heilbad der Toskana** und hatte in seiner Glanzzeit im ersten Drittel des 20. Jh. die Schönen und Reichen Europas zu Gast. Heute geht es nicht mehr ganz so mondän zu, doch das Rahmenprogramm für die Kurenden ist mit Konzerten, Theater und Ausstellungen immer noch vielfältig.

Wer Renaissance oder Barock sucht, ist in Montecatini fehl am Platz, doch wer sich für den **Liberty-Stil** begeistern kann, ist genau richtig. In der Hochzeit des Kurtourismus zu Beginn des 20. Jh. floss viel Geld in die Stadt, ihre Kuranlagen und in Hotelbauten – und Jugendstil war angesagt.

Später ließ sich gerne **Prominenz** blicken – goldene in der Via Verdi eingelassene Pflastersteine erinnern an die Besuche von *Vittorio de Sica* (1937), *Sophia Loren* (1955), *Audrey Hepburn* (1954) und *Coco Chanel* (1958).

Geschichte

Funde belegen eine Besiedelung in der **Mittelsteinzeit** um 7000 v. Chr., und auch die **Römer** wussten die artesischen Brunnen der Gegend zu schätzen. 1315 – der Machtkampf zwischen Pisa, Lucca und Florenz/Arezzo war auf seinem Höhepunkt – standen die **Pisaner und Lucchesen** unter *Uguccione* vor Montecatini (das mit Florenz alliiert war) und versuchten, die Burg einzunehmen, was erst einmal misslang. Vor den Toren der Stadt fand am 29. August die entscheidende Schlacht statt: die **Battaglia di Montecatini.** Die Florentiner und ihre Verbündeten verloren und mussten fliehen, die Burg fiel. Ab 1523 begann **Florenz** dann langsam aber stetig seine ursprüngliche Stärke wiederzuerlangen und gewann erneut die Herrschaft über Montecatini. 1554 allerdings marschierten die Truppen des Erzfeindes **Siena** in die Stadt, ohne auf großen Widerstand zu stoßen. *Cosimo I.* war darüber so erbost, dass er nach der Rückeroberung Montecatini plündern ließ – sogar die Türen und Fenster wurden gestohlen, wie die Chronisten vermerkten.

Den eigentlichen Grundstein für das **Kurbad** legte Großherzog *Leopold I.*, der das in Becken faulende Thermalwasser durch eigens gegrabene Kanäle ableiten ließ und den Bau von Thermalanlagen befahl: Tettuccio 1779, Bagno Regio 1773 und Terme Leopoldine 1775. 1905 gab man sich den Namen „Bagni di Montecatini".

▷ Wässerchen schlucken, Jugendstil gucken in Montecatini Terme

Sehenswertes

Der Rundgang beginnt an der Piazza Massimo d'Azeglio an der Via Verdi, die am Rand des Kurparks nach Nordosten verläuft. Hier steht das **Rathaus** aus dem Jahr 1920 mit dem **Museum zeitgenössischer Kunst.** Das Innere hat einer der Granden des Liberty-Stils gestaltet: *Galileo Chini* und seine Werkstatt in Borgo San Lorenzo (siehe dort). Co-Ausstatter war *Luigi Arcangeli.* Insbesondere sehenswert ist der Saal in der ersten Etage. Bedeutende Exponate sind u.a. von *Joan Miró* die viel Fantasie erfordernde „Donna avvolta in un Volo d'Uccello – Verhüllte Frau in einem Vogelflug" oder „Vita" von *Pietro Annigoni* (zu ihm siehe auch die Kirche San Martino in Castagno d'Andrea).

■ **Montecatini Contemporary Art MoCA,** Via Verdi 46, Tel. 0572 918299, www.mocamontecatini.it, Di–Fr 10–12, Sa/So 10.30–12.30, 16–19 Uhr.

Das **Cinema Excelsior** an der nächsten Ecke der Via Verdi entstand 1922, Architekt war *Ugo Giovannozzi,* der eine eigenwillige, auskragende Eisen-/Glaskonstruktion als Bedachung des Fußweges vor der runden Loggia plante. Gegenüber war der 1903 gebaute **Pavillon Tamerici** einst Verkaufsstelle u.a. für Keramik aus *Chinis* Werkstatt „L'Arte della Ceramica", die Reliefs an den angedeuteten Tragsäulen zeigen die Phasen der Keramikherstellung. Nächste Station ist der **Stabilimento Excelsior** mit dreibogiger Vorhalle und einem Runderker zur Straße, 1915 von einem Kaffeehaus zur Thermalanlage umgebaut. Der moderne Annex mit dem Centro Benessere ist aus dem Jahr 1968. Die **Terme Leopoldine** an der Ecke der Via delle Palme wurde zwischen 1922 und 1926 im klassizistischen Stil umgebaut und 2014/15 zu einem eleganten Wellnesscenter mit kreisrundem Pool im Innenhof modernisiert. Das Center lockt mit römischer Therme

Montecatini Terme

(Calidarium und Frigidarium), Schwebe-Tanks und mehreren Thermalschwimmbädern mit Wassertemperaturen zwischen 32 und 40 °C.

Das Ende der Via Verdi markiert das schönste Thermalbad der ganzen Stadt, die **Terme Tettuccio,** mehr eine großzügige Parkanlage mit Geschäften, Wandelhalle und Café, viel Marmor, Fresken, bemalten Kacheln, römischen Säulen und Stuck – ein Feuerwerk aus Termenarchitektur des beginnenden 20. Jh. und bis zur Schmerzgrenze schönen allegorischen Großmalereien auf den Kacheln am Ausschank des Heilwassers.

■ **Terme Tettuccio,** Piazza Domenico Giusti, Tel. 0572 7781, Besichtigung möglich (vor 11 Uhr), 6 €.

Wer mehr Jugendstil sehen will, kann auch noch die Hotels aufsuchen, z.B. die **Locanda Maggiore,** das heutige Grand Hotel Plaza. In ihr haben sich *Giuseppe Verdi* und *Gioachino Rossini* über leere Notenblätter gebeugt und Ouvertüren verfasst. Von 1870 stammt das **Grand Hotel & La Pace.** Illustre Gäste waren hier u.a. *Douglas Fairbanks, Grace Kelly* mit Prinz oder *Audrey Hepburn*.

084t sk

Montecatini Alto nordwestlich am Berg ist eine Gründung aus dem 10. Jh., der Siedlungskern auch für die Unterstadt und Standort der heute nicht mehr bestehenden, umkämpften Burg. Die **Standseilbahn** fährt seit 1898 und überwindet auf einer Strecke von einem Kilometer 206 Höhenmeter. Der Aufbau ihrer Waggons ist mehr oder weniger original, die Technik (ursprünglich mit Dampfmaschine betrieben, ab 1921 elektrisch) hat man allerdings modernisiert. Wer die Gefahr scheut, kann sich mit dem Auto oder zu Fuß nach oben begeben (der Fußweg verläuft fast parallel zur Bahn). Das Bergstädtchen ist überaus überschaubar, nach einem kurzen Bummel lässt man sich am Hauptplatz in einem der Lokale nieder – man ist auf Touristen und Ablenkung suchende Kurgäste aus der Unterstadt eingerichtet.

Die Wässer

Für **Trinkkuren** verwendet man Wässer unterschiedlichen Salzgehaltes, die entsprechend der ärztlichen Verordnungen zu konsumieren sind. Das stärkste Wasser – Leopoldina – hat einen Gehalt von 21 g/l, das mittelstarke – Regina – 17,5 g/l und die schwächeren – Rinfresco und Tettuccio – 4,9/7,5 g/l. Für **Bäder, Moorbäder** und **Duschen** nutzt man meist die Wässer Leopoldina und Rinfresco – je nach Beschwerde.

Monsummano Terme

Monsummano (20 m üNN, 21 500 Einw.) 4 km südöstlich von Montecatini jenseits der Autobahn steht trotz seiner Größe im Schatten des weltbekannten Nachbarn. Da nützt auch der Zusatz „Terme" nichts. Oder dass am 13. Oktober 1921 *Ivo Livi* hier geboren wurde (erfolgreich wurde er unter dem Künstlernamen *Yves Montand*). Am Südende der weitläufigen Piazza Giuseppe Giusti steht mit einer U-förmigen Umlaufarkade das **Santuario di Santa Maria della Fontenuova** als markantestes Bauwerk (1602–05). Die Fresken in den Bogenfeldern entstanden um 1630.

Auf der anderen Seite des Platzes stellt das **Stadt- und Regionalmuseum** in der ehemaligen Pilgerherberge (1616) für die gegenüberliegende Wallfahrtskirche archäologische Fundstücke aus, dokumentiert die Stadtentwicklung mit Fotografien und will die Abhängigkeit des Menschen von der Natur aufzeigen.

■ **Museo della Città e del Territorio,** Piazza Ferdinando Martini 1, Tel. 0572 9544 63, www.museoterritorio.it, Mo 9–12, Mi–Fr 16–19, Sa/So 9–12, 16–19, Winter nachmittags immer 15.30–18.30 Uhr, 3 €.

Nachdem man auf der Piazza schon die Statue des *Giuseppe Giusti* gesehen hat, kann man noch sein Haus aufsuchen. Das **Nationalmuseum Casa Giusti** beschäftigt sich mit dem 1806 hier geborenen Satiriker, Dichter und – als glühender Verfechter der Unabhängigkeit eines einigen Italien – auch Politiker.

◁ Terme Tettuccio

■ **Museo Nazionale Casa Giusti,** Via Vincenzo Martini 18, Tel. 0572 950960, Mi–Mo Mai–Okt. 8–14, 16–19, sonst 8–14, 15–18 Uhr.

Unser Tipp: Die **Grotta Giusti** mit ihrer unterirdischen Thermalquelle wurde 1849 entdeckt. Drei miteinander verbundene Höhlen (traditionell *„paradiso – purgatorio – inferno* = Paradies – Fegefeuer – Hölle" genannt) betritt man nacheinander, die Lufttemperatur steigt dabei leicht von 31 °C auf 34 °C an. Da das Wasser in dem kleinen See 36 °C hat, verdunstet davon viel und sorgt so für eine – bei Atemwegserkrankungen Linderung versprechende – sehr feuchte, mit Salzaerosolen durchsetzte Luft.

■ **Grotta Giusti Resort, Golf & Spa,** Via Grottagiusti 1411, Tel. 0572 90771, www.grottagiustispa.com, Höhle tgl. 10–18 Uhr, 40 € für 60 Min. (Mindestalter 12 Jahre).

Pescia

10 km westlich von Montecatini liegt Pescia – umgeben von toskanischer Hügelwelt – im Tal des gleichnamigen Flusses, der die Stadt in zwei historische Siedlungsbereiche teilt. Das westliche Ufer gehörte der weltlichen Verwaltung mit der langen und schmalen Piazza Giuseppe Mazzini (hier ist die Stadt sauber entlang der Nord-Süd-Achsen angelegt), das östliche der religiösen Verwaltung mit dem Dom, dessen Häuser sich ursprünglich kreisförmig um die Kathedrale herum gruppierten – mit krummen Gassen und Sträßlein. Pescia machte sein Geld früher mit Landwirtschaft (vornehmlich Oliven und Spargel) und mit Gerbereien und Papiermühlen, bei-

des wasserintensive Handwerke, die der Fluss speiste. Geblieben ist die (heute industrielle) Papierherstellung. Und die Landwirte haben ein neues Betätigungsfeld gefunden: Sie kultivieren Blumen. Die Gegend um Pescia ist gegenwärtig einer der größten **Blumenlieferanten** in Europa und das **Centro di Commercializzazione dei Fiori** beim Bahnhof verhandelt auf Zehntausenden Quadratmetern Hallen- und Freiflächen jedes Jahr 100 Mio. Nelken, 50 Mio. Gladiolen, 40 Mio. Chrysanthemen, 17 Mio. Rosen, 5 Mio. Tulpen ...

Die „Südseite" der **Piazza Mazzini** – auch Piazza Grande, die Flaniermeile der Stadt – schließt das 1454 gebaute Oratorium Peter und Paul ab, auch **Cappella Madonna di Pié di Piazza** genannt. Die feingeschnitzte und vergoldete Holzdecke zeigt im Zentralfeld die Madonna, zu ihren Seiten in den Nebenfeldern die Heiligen *Peter* und *Paul*. Das Marmorkreuz beim Altar stammt von 1650. Ganz am anderen Ende der Piazza ist im wappenverzierten **Palazzo del Vicario** (13./14. Jh.) mit der fast zierlich wirkenden Freitreppe das Rathaus untergebracht. Auf der anderen Flussseite (über den Ponte del Duomo in Höhe des Oratoriums nach Osten) wurde die **Kathedrale** ab Ende des 17. Jh. an Stelle eines romanischen Vorgängerbaus errichtet. Von diesem ist noch der zinnenbekrönte, im romanisch-gotischen Stil erbaute Campanile erhalten, der in einem seltsamen Kontrast zum barocken Gotteshaus steht. Ihre heutige Fassade erhielt die Kathedrale im 19. Jh.

Auf halbem Weg nach Norden zur Kirche San Francesco entlang der Via Cesare Battisti passiert man rechter Hand die **Kirche Sant'Antonio Abate.** Presbyterium und Triumphbogen des im 14. Jh. errichteten und 1775 zur Spitalskirche erklärten Oratoriums (mit Querschiff) sind mit Fresken (1421–36) von *Bicci di Lorenzo* bemalt.

■ **Chiesa di Sant'Antonio Abate,** Via Cesare Battisti 39, 9–12, 16–18 Uhr.

500 m nördlich des Doms ist in der **Kirche San Francesco** ein Altarbild (1235) von *Buonaventura Berlinghieri* zu sehen. Interessant ist die Tafel, weil sie den heiligen *Franziskus* (neun Jahre nach seinem Tod, sieben Jahre nach seiner Heiligsprechung) als übergroße Zentralgestalt in den Mittelpunkt stellt und die sechs Szenen aus seinem Leben als Miniaturen um ihn herum anordnet. Bis dahin war so ein Bildaufbau nur bei Christus und der Muttergottes üblich. Die Kirche selbst wurde ab 1241 erbaut und 1720 mit barocker Ausstattung versehen, die man 1919/36 zurückbaute.

■ **Chiesa di San Francesco,** Piazza San Francesco, 8.30–12, 16–18 Uhr.

Collodi

Das in den Hügeln gelegene Collodi, 12 km von Montecatini und 15 km von Lucca, hat den Weg in die Weltliteratur gefunden, nicht als Ort, sondern als Namensleiher für *Carlo Lorenzini* (1826–1890), der als **Carlo Collodi** die Abenteuer **Pinocchios** veröffentlichte.

Der Ort selbst hat außer seinem, hinter den Giardini Garzoni die Bergflanke emporkletternden, malerischen Ortsbild wenig zu bieten, doch der **Parco di Pinocchio,** am Straßenrand ange-

Rundfahrt durch die Svizzera Pesciatina

"**Die Schweiz von Pescia**" heißt die Gegend nördlich der Orte Montecatini Terme und Pescia, die die beiden Quellflüsse des Pescia di Pescia durchfließen und dabei zwei Gebirgstäler bilden, das westliche Val di Torbola und das östliche Val di Forfora. Der ältere Name für die Region lautet "Vallerama", und ihre zehn befestigten Orte werden die "Dieci Castella" genannt. Als "Pescianer Schweiz" bezeichnete der in Genf geborene Ökonom und Historiker *Simondo Sismondi* die Landschaft im frühen 19. Jh., weil sie ihn an die Berge seiner Heimat erinnerte.

Die beiden Täler kann man auf einer Tour (rund 100 km) mit dem Auto oder Motorrad erfahren. Das eine oder andere der strategisch platzierten Wehrdörfer mag man zu Fuß erkunden, doch eigentlich gibt es dort nicht viel zu entdecken. Die Fahrt ist ein Panoramakurs, den man wegen der immer neuen spektakulären Aussichten unternimmt.

Über **Montecatini Alto** erreicht man **Marliana**, hält sich dort Richtung Westen und fährt durch Olivenhaine, die in größeren Höhen Kiefern- und Mischwäldern mit Eichen und Kastanien weichen, über **Goraiolo** und **Vellano** bis **Pietrabuona**, wo das westliche der beiden Flusstäler, Val di Torbola, nach Norden abzweigt. Über **San Quirico** und **Castelvecchio** mäandert die Straße an steilen, von Bergdörfern bekrönten Hängen entlang, die für die Olivenpflanzungen zum Teil terrassiert sind. Kurze Abstecher führen nach **Medicina, Fibbialla** (4 km bzw. 2 km nach Westen) und **Aramo** (1 km nach Osten). Schon bald fällt die fast ausschließlich nach Süden gewandte Ausrichtung der Bergdörfer auf. Die meisten sind noch von einem kompletten Mauerring umgeben und werden von einem Wachtturm überragt, von dem aus potenzielle Angreifer frühzeitig erkannt werden konnten. In Castelvecchio steht die bedeutendste Kirche der Region. Die romanische **Pieve di SS. Tommaso e Ansano** mit ihrem separaten Turm erhebt sich vor dem Ort in Alleinlage; sie geht auf das Jahr 879 zurück, wurde aber im 19. Jh. verändert. Erhalten ist außen unter anderem das Bildwerk an den Kapitellen der Blendarkaden. Vor der Kirche liegen, auf der Wiese verteilt, moderne Steinmetzwerke.

■ **Pieve SS. Tommaso e Ansano,** Castelvecchio Valleriana, www.gpcastelvecchio.com, Voranmeldung unter Tel. 0572 400115, 10–12, 16–19 Uhr.

Ebenfalls in Castelvecchio wartet das **Oratorium SS. Rosario** mit Fresken des 16. Jh. auf, die das gesamte Innere bedecken und das Leben der Muttergottes und Jesu zum Thema haben.

■ **Oratorio SS. Rosario,** Castelvecchio Valleriana, www.gpcastelvecchio.com, Besichtigung nach Voranmeldung, Tel. 0572 400115, 10–12, 16–19 Uhr.

Über die hintereinander gestaffelten Orte **Stiappa** und **Pontito** ist der nördlichste Punkt und der Übergang ins Val die Forfora erreicht. Die Stadtanlage von Pontito ist einzigartig: Es breitet sich wie ein Dreieck auf dem ebenso geformten Hang von der schmalen Spitze mit zinnenbewehrtem Kirchturm bis zur mauergeschützen Basis aus. Über **Lanciole** und **Ponte di Sorana** kehrt man schließlich nach Montecatini zurück.

kündigt von einem 16 m hohen, spindeldürren Holzpinocchio, ist der Kristallisationspunkt aller Kinderwünsche.

Carlo Lorenzini wurde zwar nicht in Collodi geboren, doch die Familie seiner Mutter kam von hier. Eigentlich war er Journalist, aber von Geldsorgen geplagt, entschloss er sich, Kurzgeschichten unter Pseudonym zu verfassen. Es entstand eine Fortsetzungsreihe für Zeitungsleser: „Le Avventure di Pinocchio: Storia di un Burattino – Die Abenteuer von Pinocchio: die Geschichte eines Hampelmannes". In Buchform gelangten seine Erlebnisse schließlich in alle Welt. 1905 erschienen sie unter dem Titel „Hippeltitsch's Abenteuer – Geschichte eines Holzbuben" erstmals in Deutsch.

Die **Geschichte:** Ein Tischler will einen Holzscheit bearbeiten, der aber plötzlich spricht. Um ihn loszuwerden, gibt er ihn Meister Geppetto, einem Schnitzer, der Pinocchio aus dem Scheit herausformt. Die Holzfigur erwacht zum Leben und muss nun allerlei Abenteuer bestehen, bis sie am Ende zum Menschen werden darf.

Die **Figuren im Park:** Die Fee mit den blauen Haaren, die P. rettet; die sprechende Grille, die wegen P. sterben muss und ihn als Geist berät; der im Aussehen grimmige (doch herzensgute) Feuerfresser; der immer nette Kutscher (der die Kinder als Esel in die Bergwerke verkauft); der Wal, in dessen Bauch P. sein letztes Abenteuer erlebt (und dann Mensch werden darf) ...

Im Park verkauft ein Kiosk Kleinigkeiten, wer ausgiebiger essen will, geht in die Osteria Gambero Rosso (im „Wirtshaus zum Roten Krebs" haben Kater und Fuchs Pinocchio übers Ohr gehauen, richtig?). Wie es sich gehört, speisen die Kleinen in einem eigenen Bereich passendes Essen – das, was eben Kindermündern saugut schmeckt! Dass es heu-

te auch einen Laden gibt mit Allerlei rund um die Holzfigur (wobei beileibe nicht alles aus nachwachsenden Rohstoffen besteht) – wen kümmert es, wenn Kinderaugen glänzen?

Der Park ist übrigens keine Erfindung geschäftstüchtiger Tourismusexperten, sondern war ein lang gehegter Wunsch der Gemeinde, die Anfang der 1950er Jahren Künstler und Architekten zu einem Wettbewerb für einen Park einlud, in dem Kunst, Natur und Pinocchio eins werden sollten. 84 Personen und Gruppen nahmen schließlich daran teil, 1956 konnte die Anlage ihre Tore öffnen.

■ **Parco di Pinocchio,** Via di San Gennaro 3, Tel. 0572 4293 42, www.pinocchio.it, März–Okt. tgl. 8.30 Uhr bis Sonnenuntergang, sonst Sa/So 10 Uhr bis Sonnenuntergang, 12 €, mit Giardino Garzoni und Schmetterlingshaus 21 €, Kinder (3–14 Jahre) 9/17 €.

Die **historischen Gärten Garzoni** mit ihrem **Schmetterlingshaus** direkt gegenüber dem Pinocchio-Park sind wiederum der Wirklichkeit gewordene Traum jedes Gartenarchitekten. An der Hügelflanke liegt der Park unterhalb des Haupthauses; eine monumentale Treppenanlage führt hoch zu den oberen Terrassen, wo sich zwei Damen gegenüberstehen: Lucca und Firenze, die immer wieder um Pescia stritten. Die barocke Anlage (mit Erinnerungen an die Renaissance) entstand im 17. Jh. und wurde im 18. Jh. erweitert. Strenge Symmetrie, Hecken und Beete, Kieselwege und zahlreiche Statuen und Einbauten wie Wasserspiele, Brunnen, Grünes Theater, Bambuswald und ein Labyrinth machen den Aufenthalt im Garten kurzweilig. Schwarze Schwäne schwimmen im Teich, Pfauen stolzieren herum, und im Schmetterlingshaus tanzen tropische Falter von Blüte zu Blüte. Die seitlich versetzt zum Park am Hang liegende **Villa** entstand aus dem Umbau der hiesigen Burg um 1620 für die Familie *Garzoni* (die 1959 ausstarb) und ist die größte der Villen um Lucca.

■ **Storico Giardini Garzoni/Collodi Butterfly House,** Piazza della Vittoria 3, Tel. 0572 427314, www.pinocchio.it, März–Okt. tgl. 8.30 Uhr bis Sonnenuntergang, sonst Sa/So 10 Uhr bis Sonnenuntergang, 12 €, mit Parco di Pinocchio 21 €, Kinder (3–14 Jahre) 9/17 €.

Montecarlo

Das unaufgeregte und überaus angenehme Örtchen Montecarlo (160 m üNN, 4500 Einw.) in Hügellage und von Weinbergen umgeben, 15 km westlich von Montecatini, besticht durch sein mittelalterliches **Centro Storico,** Gassen mit Restaurants, die ihre Tische herausgestellt haben, kleine Plätze mit Fernsicht und entspannte Bewohner, die Zimmer vermieten.

Auf dem **Rocca del Cerruglio** stand – vermutlich seit dem 12. Jh. – ein **Befestigungswerk,** von dem aus 1325 der Lucchese *Castruccio Castracani* seine Truppen befehligte und bei der Schlacht von Altopascio die Florentiner Feinde

Das Wahrzeichen des Parco di Pinocchio

Die Giardini Garzoni

Montecatini Terme: Zugabe!

- **Grotta Maona** auf dem Weg nach Montecatini Alto – Höhlenerlebnis in einer verwunschenen Welt mit Tropfsteinen (15 °C, Pullover mitnehmen!); Viale Fedeli, Tel. 0572 030104, www.grottamaona.it, April–Sept. Führungen (auch englisch) 9–12, 15–18 Uhr (April Mo, Mai–Sept. So geschl.), 6 €, Kind 4 €.
- **Buggiano Castello** 5 km westlich von Montecatini – Bergdorf mit Palazzo Pretorio aus dem 13. Jh., einer Kirche aus dem 11. Jh. und zahlreichen Gärten; www.buggianocastello.it.
- **Gipsoteca** im Palazzo della Podestà (13. Jh.) in Pescia – 230 Gipskopien gegenständlicher Werke des in Pescia geborenen *Libero Andreotti* (1875–1933); Piazza del Palagio 7, Tel. 0572 490057, Di/Do 15–18, Mi/Fr/So 9–12, 16–19, Sa 16–19 Uhr.
- **Museo della Carta** im Ortsteil Pietrabuona (5 km nördl. von Pescia) – über die handwerkliche Herstellung von Papier; Piazza della Croce 1, Tel. 0572 408020, www.museodellacarta.org, Mo–Fr 9–13 Uhr, Führungen Mo–Sa 9.30–12.30, 2 € (geführt 3 €).
- **Museo del Bonsai** in Ponte all'Abate (4 km südwestlich von Pescia) – Olivenbäume, Zypressen, Feigenbäume und Ahorne, mehr als 100 aus allen Erdteilen und alle *en miniature;* Via Lucchese 159, Tel. 0572 429262, www.franchibonsai.it, Mo–Sa 8.30–12.30, 14.30–19 Uhr.
- **Giardino degli Agrumi** im Ortsteil Castellare (4 km südlich von Pescia) – privater Botanischer Garten in einem Gewächshaus (2000 m²) mit über 200 Zitruspflanzen, darunter seltene Sorten, Slow-Food-Ecke mit ausgesuchten Köstlichkeiten und Pflanzenprodukten. Via del Tiro a Segno 55, Tel. 0572 429191, www.giardinodegliagrumi.it; Mo–Fr 8–12.30, 14–17/19, Sa 9–12.30/13, 15–17.30/19 (Jan./Juli/Aug./Sept. Sa geschl.), So März–Mai 9–13, 15–19 Uhr, 4.50 €.

schlug. 1333 erhielt Montecarlo dann seinen heutigen Namen. *Karl IV. von Böhmen* ließ eine neue Burg errichten – Mons Carolis. Trotz zahlreicher Versuche, Montecarlo einzunehmen, gelang dies erst 1437 *Francesco Sforza* nach langer Belagerung. 1555 entstand die von *Cosimo I.* in Auftrag gegebene (teilweise noch intakte) Burg, heute in Privatbesitz und für Events anzumieten.

- **Fortezza di Montecarlo,** Via Fortezza 4, Tel. 0583 22401, Mai–Okt. Sa/So 15–19 Uhr.

Die **Stiftskirche Sant'Andrea** in der Altstadt entstand im 14. Jh. zeitgleich mit der Burg. Ende des 18. Jh. wurde die Kirche erneuert. In der Cappella della Madonna del Rosario steht mit der Statue des Sant'Antonio Abate von *Francesco di Valdambrino* (um 1405) der wertvollste Besitz der Kirche.

- **Collegiata Sant'Andrea,** Via Roma 20, 8–12, 16–18 Uhr.

Und das Städtchen hat sogar ein eigenes Theater mit Parkett und zweistöckiger Logenreihe, perfekt restauriert. Anfang des 18. Jh. ließ sich eine vermögende Bürgervereinigung Montecarlos das **Teatro dei Rassicurati** errichten. Zwei- bis dreimal im Monat kommen hier Dramen, Tragödien und Komödien auf die Bühne.

- **Teatro dei Rassicurati,** Via Carmignani 14, Tel. 0583 22517, www.comune.montecarlo.lu.it.

> „Die Schönheit"

Praktische Informationen

Touristeninformation

■ **Ufficio Turismo Montecatini,** Viale Verdi 66/68, Tel. 0572 772244, www.montecatiniturismo.it, Mo–Sa 9–13 Uhr, ob nachmittags (15–18 Uhr) geöffnet ist, wird jeden Morgen neu entschieden.
■ **Ufficio Turismo Thermalgesellschaft Montecatini,** Viale Verdi 41, Tel. 0572 7781, www.termemontecatini.it, Mo–Sa 8.30–13, 15.30–18.30, So 9–13 Uhr.
■ **Ufficio Turismo Pescia,** Via Fratelli Rosselli 2 (Alter Blumenmarkt), Tel. 0572 490919, www.comune.pescia.pt.it, Mo–Fr 9–13, Di/Do a. 14–17 Uhr.

Unterkunft

■ **Grand Hotel Plaza & Locanda Maggiore**③-④, Piazza del Popolo 7, Tel. 0572 75831, www.hotelplaza.it. Das Hotel in Montecatini mit langer Tradition (*Giuseppe Verdi* und *Gioachino Rossini* komponierten hier) in zentraler Lage, ausgesucht elegant-antiker Einrichtung, allerbestem Service und allen Angeboten eines Hauses, das einen Ruf zu verlieren hat.
■ **Savoia e Campana**②, Via Cavallotti 10/20, Tel. 0572 772670, www.hotelsavoiaecampana.com. Drei-Sterne-Haus mit 30 Zimmern in einem Palazzo aus dem 19. Jh., zentral gelegen, mit allem Komfort und einer kleinen Terrasse für das Frühstück.
■ **Natucci**①-②, Via Cavallotti 102, Tel. 0572 703 80, www.albergonatucci.it. Familienhotel mit 27 praktisch eingerichteten, sehr sauberen Zimmern mit Bad in einem Gebäude des 19. Jh., etwas angeältet, aber ausgezeichnetes Preis-Leistungs-Verhältnis, gute Lage bei den Thermen.
■ **Stiffany**②, Via Giorgio e Luciano Guermani 3, Montecatini Alto, Tel. 0572 767275, www.facebook.com/stiffanybeb. B&B 5 km außerhalb in den Bergen in Panoramalage, Villa mit herrlichem Garten und sieben Zimmer, die in der Saison immer schnell ausbucht sind; sehr freundliche und hilfsbereite Gastgeber, ausgezeichnetes Frühstück.

Außerhalb

UNSER TIPP: Antica Casa dei Rassicurati②, Via della Collegiata 2, Montecarlo, Tel. 0572 228901, www.anticacasadeirassicurati.it. B&B in ehemaligen Klostergebäuden aus dem 16. Jh. im Herzen der Altstadt, angenehm und unaufdringlich eingerichtete sechs Zimmer mit Bad, Restaurierung unter weitgehender Beachtung der ursprünglichen Bausubstanz, sehr hilfsbereite Rezeption.
UNSER TIPP: Antica Dimora Patrizia②, Piazza Carmignani 12, Montecarlo, Tel. 0583 1797017, www.anticadimorapatrizia.it. Das zweite der wunderschönen B&B-Betriebe in der Altstadt, Gebäude aus dem 16. Jh., sechs Zimmer, elegante Einrichtung und zuvorkommendes Personal.
■ **Locanda Zacco B&B**②, Via Mammianese 49, Località Goraiolo, Marliana, Tel. 0572 698028, www.locandazacco.com. Auf der Rundfahrt durch die Svizzera Pesciatina ist diese hübsche Locanda ein willkommener Etappenpunkt – ob nur für ein

deftiges Mittagessen oder aber zur Übernachtung in einem der pieksauberen und freundlich eingerichteten acht Zimmer. Der Empfang ist immer herzlich, und wer hier ein paar kleinere (oder größere) Wanderungen unternehmen möchte, bekommt wertvolle Tipps.

Camping

■ **Campeggio Belsito,** Via delle Vigne 1, Località Vico, Montecatini Terme, Tel. 0572 67373, www.campingbelsito.it, April–Sept. Zwischen Montecatini Terme und Montecatini Alto, Stellplätze unterschiedlicher Größe, darunter über 60 mit privater Sanitäranlage, zwei Schwimmbäder.

Essen und Trinken

■ **La Pecora Nera**③, Via San Martino 18, Tel. 0572 70331, www.ercoliniesavi.it. Das Edelrestaurant des Hotels Ercoli e Savi mit einer aufgepeppten Traditionsküche in bestem Sinne, sehr angenehmes und privates Sitzen auf der Sommerterrasse.

■ **Le Maschere**②-③, Piazza Giusti 21, Montecatini Alto, Tel. 0572 770085, www.lemaschere.eu, Mo geschl. Jugendstil ist es nicht, gotisch auch nicht, eben ein Theater aus dem Jahr 1900. Das Essen und die Pizze aber sind relativ in Ordnung, und auf dem Platz ist immer was los. Sind die Tische draußen besetzt, gibt es rundherum mehrere Alternativen.

Unser Tipp: **Ginger Bistrot Vegano Vegetariano**②, Via Marruota 59A, Tel. 0572 1900583, ab 19.30 Uhr. Fleischlos-Küche mit hohem Anspruch abseits von alternativbäuerlichem Gehabe, saubere, klare Einrichtung und gut umgesetzte Kochideen.

■ **Da Sandra**①-②, Via Pistoiese 34, Tel. 0572 766 182. Pizzeria/Ristorante, in das die Einheimischen besonders wegen der ausgezeichneten Pizze kommen, günstige Mittagsmenüs, effizienter und freundlicher Service.

Außerhalb

■ **La Buca Gasthaus**①-②, Piazza Mazzini 4, Pescia, Tel. 0572 477339, www.labucagasthaus.it. Werden Heimwehschluchzer übermächtig: Augustiner, Tegernseer und Andechser mit Bockwurst – *würstel maxi bock* – und *crauti* bzw. *purè tedesco* oder *patate bratkartoffeln*. Natürlich gibt es noch eine Menge anderer Dinge (englisches oder belgisches Bier, Kotelett, Burger ...).

■ **Osteria del Vento**③-④, Piazza Francesco Carrara 1, Montecarlo, Tel. 0583 229600, www.osteriadelvento.it, mittags (außer So) und Mo geschl. Moderne Osteria mit guter Küche (kreative junge Rezepte, elegante Anrichtung) und toller Aussicht von der Terrasse, ratsam das Degustationsmenü mit fünf Gängen, sehr gute Weinauswahl.

■ **Trattoria di Montecarlo**②, Via Roma 30, Montecarlo, Tel. 0583 228937, www.trattoriamontecarlo.com. Schmackhafte Landküche, faire Preise, nettes Personal und in der Saison Trüffel und Wildgerichte, gute *risotti*.

■ **Agriturismo il Mulino di Ciapo**②, Località Renaggio 13, Svizzera Pesciatina, Tel. 0572 67225. 7 km nördlich von Montecatini gibt es an den Wochenenden (reservieren!) beste Landküche mit hausgemachter Pasta mit Wildsoße und gegrilltem Fleisch, auch je zwei hübsche **Zimmer und Apartments**② sind zu vermieten.

■ **Manero**②, Borgo Matteotti 17, Vellano, Tel. 347 1738259. Toskanische Bergküche mit Fleisch und Hühnchen vom Grill, herzhafte Crostini und in der Saison viele Pilzgerichte, Panoramalage mit Terrasse und fantastischem Blick – Fisch, Fleisch und Pasta sind ausgezeichnet, die Menüvorschläge sollte man befolgen.

Unser Tipp: **Da Carla**①-②, Località Ponte di Castelvecchio, Svizzera Pesciatina, Tel. 0572 400080, www.ristorantedacarla.it. Rustikale Küche im Herzen der Pescia-Schweiz mit der Möglichkeit, sich im kleinen See seine Forelle selbst zu fangen, abends auch sehr gute Pizza. Hier wird auch die weiße Bohne *fagiolo di Sorana*, eine geschützte Spezialität der Region, verarbeitet (siehe Kasten).

Fagiolo di Sorana

Die **Bohne** aus der Svizzera Pesciatina ist IGP-geschützt *(indicazione geografica tipica)* und wird von nur 15 zertifizierten Betrieben kultiviert, die zusammen 60 t im Jahr von Hand ernten und die weiße Bohne anschließend in der Sonne trocknen lassen. Das weiche Fruchtfleisch und ihr typischer kräftiger, eleganter Geschmack sind sehr beliebt. Er wird sowohl mit einfachen als auch mit hochkomplizierten Rezepten herausgekitzelt, wobei die Bohne – auch dem Preis geschuldet – immer Hauptingredienz bleibt und nie Beilage ist (so ist die Pasta eher der Begleiter und die Bohne der Hauptakteur bei den zahllosen Nudelrezepten).

■ **Bicocchi**②, Via Casa di Monte 29, Piteglio, Svizzera Pesciatina, Tel. 0573 628119, www.ristorante bicocchi.it. Landküche, die die alten Rezepte pflegt. Die Zutaten kommen aus den Bergen: Wildschwein, Lamm, Pilze. Die Pasta ist handgemacht, und zum Nachtisch gibt es Kastanienkreationen. Große Terrasse mit Blick auf die „Schweiz".
■ **La Taverna dei Miracoli da Mangiafuoco**②, Piazza Carlo Collodi 2, Collodi, Tel. 0572 428631, www.facebook.com/latavernadeimiracoli.damangiafuoco. Hostaria/Pizzeria, ob Pizza, Fisch (Fischsuppe, Gnocchi mit Scampi!) oder Fleisch *(bistecca fiorentina)*, die Qualität ist hervorragend, das Ambiente charmant-einfach-gemütlich, und die Preise halten sich im Rahmen.

Süßes

■ **Gelateria Supercrema**, Via Don Minzoni 27A, Montecatini Terme, Tel. 0572 75663. Natürlich auch hier das beste Eis der Stadt – in traditionellen Geschmacksrichtungen (besonders lecker das Frutti eis), aber auch zeitgeistig mit Käsekuchen-, Nutella-, Kinderschokoladen- oder Rochergeschmack.
■ **Gelateria Chiardicrema**, Via Roma 36, Montecarlo. Klassische Eissorten und die eine oder andere (wechselnde) Kreation wie „Grüner Apfel", *die* Eisdiele der Stadt (auch vegan).
■ **Cialde/Süße Waffeln** siehe „Einkaufen".

Verkehr

■ **Bahn:** Hauptbahnhof Montecatini Terme (mit Busbahnhof), Piazza Italia, und Montecatini Centro (700 m westlich), Via Daniele Manin, an der Hauptstrecke Firenze (Prato, Pistoia) – Lucca gelegen; nach Lucca halbstündlich/stündlich (Dauer 30 Min., um 4,50 €), nach Firenze halbstündlich/stündlich (Dauer 50 Min, um 5,50 €).
■ **Stadtbus:** Karte Einzelfahrt 1,15 € (60 Min. Gültigkeit), 1,50 € im Bus.
■ **Fernbus:** Haltestelle beim Hauptbahnhof; Touristenbus nach Collodi über Pescia dreimal am Tag, 30 Min., 4 € hin und her; in die Svizzera Pesciatina gelangt man mit der BluBus-Linie P804 von Pescia aus (nur werktags), von Montecatini nach Monsummano mehrmals täglich mit Linie 60 (10 Min., um 1,50 €); www.blubus.it.
■ **Parken:** in Montecatini Terme zahlreiche Parkmöglichkeiten (Parkautomaten), in Montecatini Alto beschränkte Zahl von Parkplätzen bei der Bergstation der Seilbahn, Einfahrt in den Ort verboten.
■ **Standseilbahn:** Viale Diaz 22, Tel. 0572 766 862, www.funicolare-montecatini.it, April–Okt. 9.30–24 Uhr (halbstündlich, 13–14.30 Uhr Pause), hin 4 €, hin und her 7 €.

Feste

■ **Estate Regina Festival Classica,** April–Okt. in Montecatini Terme, buntes Opern- und Konzertprogramm in den Thermen, www.estateregina.it.

Einkaufen

■ Montecatini ist für seine süßen **Waffeln** bekannt – die **Cialde.** Ähnlich den Karlsbader Oblaten sind sie nach einem entbehrungsreichen und entschlackenden Kuraufenthalt genau das Richtige. Gut verpackt (Metalldose) bleiben die dünnen, nichtsdestotrotz äußerst energiereichen Blätter lange knusprig-zart: **Bargilli,** Viale Grocco 2, Tel. 0572 79459, www.cialdemontecatini.com; **Gelateria Desideri,** Viale Verdi 84, Tel. 0572 71103, www.cialdedesideri.it.

Aktivitäten

■ **Thermaltourismus: Terme di Montecatini,** Viale Verdi 41, Tel. 0572 7781, www.termemontecatini.it; **Terme Excelsior,** Viale Verdi 61, Mo–Sa 10–19, So 10–14 Uhr; **Terme Tettucio,** Viale Verdi 71, tgl. 8–12, 16–19 Uhr; **Terme Redi/Piscina Termale,** Via Marconi 2, Mo–Fr 8–20, Sa 9–19, So 9–13 Uhr.

■ **Tanztee,** Terme Tettuccio, Montecatini, tgl. 17–19 (Winter 16–18) Uhr, Eintritt 6 €. Hier kann man an der historischen Bar ein Gläschen kippen, während das Orchester unter der Kuppel zum Tanz aufspielt.

■ **Golfclub Montecatini,** Via del Brogi 14, Località Pievaccia, Montecatini, Tel. 0572 62218, www.montecatinigolf.com. 18-Loch-Platz, Par 72, 5127–5857 m, Greenfee 65 €.

▽ Montecatini Alto

San Miniato

■ 140 m üNN, 28.000 Einw., Lucca 40 km, Florenz 40 km

Mittelalter, Renaissance und Barock – wer durch die Gassen von San Miniato schlendert, findet für jeden Geschmack etwas. Weswegen es bei den Touristen auch überaus beliebt ist. Dass die **Weißen Trüffel** aus den Wäldern der Umgebung ihren Weg auf die Teller der Restaurants finden, befördert zusätzlich.

Gibt es eine deutschere Stadt in Italien? Sogar im Namen wurde die **deutsche Vergangenheit** bewahrt: „San Miniato al Tedesco" – den Zusatz legte man erst im Zweiten Weltkrieg ab. Allerdings liegt der Grund für die Deutschtümelei auch schon weit zurück: San Miniato war Kaiserburg des Heiligen Römischen Reiches Deutscher Nation (vom 10. bis zum 12. Jh.). Wohl haben die Militärs des Mittelalters San Miniato nicht nur wegen der günstigen Lage an der Kreuzung zweier bedeutender Straßen gewählt (Frankenweg der Pilger nach Rom und Achse Florenz–Pisa/Ligurisches Meer), auch die Höhenlage spielte eine Rolle. Dass *Napoleon* einige Male die Stadt besuchte, lag aber nicht an ihrer militärischen Bedeutung, sondern einfach daran, dass ein Familienzweig der *Bonapartes* hier lebte. Außerdem war er da noch im zarten Knabenalter.

Geschichte

Kaiser *Otto I.* veranlasste den Bau der **Burg** im Jahr 963. Sie sollte die Rechte seines Reiches in der Toskana garantieren. An seiner statt nahmen die Markgrafen von Tuscien in dem Kastell Sitz und sorgten für Recht, Ordnung und Sicherheit.

Auf der Burg erblickte u.a. *Mathilde* des lombardischen Adelsgeschlechts **Canossa** 1046 das Licht der Welt, vor deren Burg in der Emilia-Romagna und dem Papst sich König *Heinrich IV.* 1077 büßend auf den Boden warf, um vom Kirchenbann befreit zu werden. Ein **Aufstand** 1172 hinterließ die Burg und alle Häuser im Rund zerstört.

1217 gab *Friedrich II.* eine neue Burg in Auftrag, verlieh San Miniato zahlreiche Privilegien und setzte es als **Residenz des kaiserlichen Vikars** – *Friedrichs* Vertreter für die Toskana – fest. Nach dem Ende der Stauferherrschaft begab sich San Miniato beizeiten unter die Fittiche von Florenz und wurde **Sitz der Florentiner Statthalter für den Valdarno.**

Am 22. Juli 1944 kam der **Krieg** nach San Miniato – mit katastrophalen Folgen. Während eines Artillerieduells versammelten sich die Bewohner auf Verlangen des deutschen Kommandeurs vor der Kathedrale auf der Domwiese. Auf die Bitte des Bischofs hin durften sie in der Kathedrale Schutz suchen. Eine fehlgeschossene US-amerikanische Granate traf in die Rosettenöffnung der Kirche, explodierte im Innenraum, verletzte 100 und tötete 55 Zivilisten – Frauen, Kinder, Alte. Fünf Tage später, die deutschen Truppen zogen sich zurück, sprengten Pioniere den Turm, der als einziges von der Stauferburg verblieben war. Er wurde nach dem Krieg rekonstruiert.

Sehenswertes

Vom Parkplatz an der Via Fonte alle Fati geht es mit dem Aufzug hoch zum Corso und von dort zu Fuß weiter in die überschaubare Altstadt rund um die bewaldete Kuppe mit der Rocca Federico II. – dem einzig verbliebenen Turm der Kaiserburg. Erste Station vom Lift aus ist die Piazza del Duomo (auch Prato del Duomo – „Domwiese"), Schauplatz der Katastrophe von 1944. Der **Dom San Genasio** entstand ab 1220 in 30-jähriger Bauzeit auf den Fundamenten einer Vorgängerkirche aus dem 8. Jh. Der unverputzte Ziegelbau der romanischen Basilika (mit auffällig schmalen Schiffen) erhielt seine Renaissance-Portale erst später. Auch der Torre di Matilda – ursprünglich ein Verteidigungsturm – wurde erst später durch Aufstockung prominent und durch Verlängerung des Kirchenschiffes 1489 zum **Campanile** (den man besteigen darf). 1622, das Innere war inzwischen barockisiert, erhielt die Kirche Kathedralenstatus. 1860 fand eine grundlegende Restaurierung statt.

■ **Campanile,** Piazza del Duomo, Sa 10–13, 14–17, So 14–17 Uhr, 3 € (nicht im Sammelticket des Sistema Museale/Museumssystems enthalten).

Der Kirchenschatz des **Diözesanmuseums** ist – wie es sich für einen Bischofssitz gehört – sehr wertvoll, darunter islamische Keramik aus dem Tunesien des 11./12. Jh., die einmal die Fassade des Doms geschmückt hat. Auch die Gemäl-

⌃ Der Dom von San Miniato

desammlung kann sich sehen lassen, u.a. Werke von *Lorenzo Lippi* („Opferung Isaaks", um 1650) und *Neri di Bicci* („Thronende Madonna mit Kind und Heiligen", 1452).

■ **Museo Diocesano d'Arte Sacra,** Piazza del Duomo, Tel. 342 6860873, April–Sept. 10–13, 14–16, Fr bis 17, Sa/So bis 18, Winter Fr 10–13, 14–17, Sa/So 10–13 Uhr, 2,50 €, Sistema Museale 5 €.

Über einen der beiden Durchgänge mit holprigen Treppen geht es zur etwas tiefer liegenden, langgestreckten Piazza della Repubblica mit der bemalten Fassade des **Bischofsseminars** (Seminario Vescovile). Ein erstes Gebäude entstand ab Mitte des 17. Jh., durch Eingliederung bereits bestehender Bauten wurde die einheitliche Front des Komplexes mit Tordurchfahrten an den beiden Enden geschaffen. Die Inschriften an der Seminarfassade sind auf einer Tafel übersetzt.

Östlich ist die Via Vittime del Duomo („Straße der Domopfer") die Verlängerung der Piazza. Eine barocke Monumentaltreppe verbindet die oberhalb errichtete Heiligkreuzkirche mit dem Palazzo Comunale unten. In ihm sind die **Archäologische Sammlung** der Stadt und das **Oratorio del Lorentino** mit untergebracht. Das Oratorium wurde im 13. Jh. als Privatkapelle der Statthalter gebaut, ist heute in das Rathaus integriert und reich mit Szenen aus dem Leben Christi freskiert. Der geschnitzte Holzaltar stammt von 1527. Die archäologische Sammlung zeigt u.a. etruskische Funde aus einer Grabung in der Nachbarschaft (Nekropole von Fontevivo).

■ **Raccolta Archeologica/Oratorio del Loretino,** Via Vittime del Duomo 8, Tel. 0571 406700, April–Okt. Sa 15–18, So 11–18, sonst Sa 14–16, So 11–16 Uhr, Raccolta Archeologica nur So, 2,50 €, Sistema Museale 5 €.

Das **Santuario del Santissimo Crocifisso** baute man zwischen 1705 und 1718 für ein wundertätiges Holzkreuz aus dem 11. Jh., das von Pilgern in Kriegszeiten mitgeführt wurde, um Frieden zu stiften (und das bis zum Bau der neuen Wallfahrtskirche im Oratorio di Lorentino seine Heimat hatte).

Nun steigt man hoch zur **Rocca Federiciana,** dem 1958 wiedererrichteten Turm aus der Zeit *Friedrichs II.* Die Aussicht ist, wie sollte es anders sein, natürlich von der Aussichtsplattform am schönsten.

■ **Torre di Federico II,** Rocca, April–Sept. Di–So 11–18, sonst Sa/So 11–16 Uhr, 2,50 €, Sistema Museale 5 €.

Die **Kirche San Domenico** steht westlich der Piazza della Repubblica an der Piazza del Popolo direkt gegenüber der Touristeninformation. Die unverputzte, vom Zahn der Zeit benagte Ziegelfassade kündet von einem würdigen Alter. 1330 hatte man den Bau begonnen, die Fassade wurde aber nie vollendet. Die Kapellen der einschiffigen Kirche schloss man im 18. Jh. bis auf die im Presbyterium. Die Fresken mit Szenen zum Leben des Kirchenpatrons stammen aus dem 17. Jh. Der dreistöckige Kreuzgang des ehemaligen Dominikanerklosters rechts neben der Kirche ist zur Straße hin offen und heute Sitz der Stadtbibliothek.

■ **Chiesa San Domenico,** Piazza del Popolo, 9–12, 15–18 Uhr.

Empoli

10 km nordöstlich von San Miniato ist Empoli (30 m üNN, 48.000 Einw.) eine für ihre **Textil-** und **Glasproduktion** bekannte Industriestadt, die sich beidseits des Arno erstreckt. Die Flussufer mit ihren fruchtbaren Flächen waren bereits in der Steinzeit besiedelt, auch die Etrusker und Römer wussten sie zu nutzen. In Empoli entwickelte sich sogar für den hier gekelterten Wein eine eigene Amphorenform. Auf Karten aus dem 4. Jh. taucht Empoli als Flusshafen mit dem Namen „In Portu" auf. Im 8. Jh. soll es dann eine Burg namens Empolis gegeben haben. 1119 stand der Ort in Besitz der Grafen *von Guidi,* ab 1182 gehörte man zu Florenz. 1260, die Schlacht bei Montaperti war geschlagen und Florenz am Boden, fand in Empoli der Kongress statt, der zum Friedensvertrag von Castelfiorentino führte. Im 13. Jh. wurde die Stadt stark befestigt und widerstand diversen Belagerungen. Auch 1530, die kaiserlichen Truppen zogen durch das Land, konnte zumindest die Burg den Angriff abwehren, doch die Spanier plünderten dafür das gesamte Umland. Im Zweiten Weltkrieg fanden auch in Empoli Geiselerschießungen durch die Wehrmacht statt.

Die kleine Altstadt befindet sich rund um die weiträumig verkehrsberuhigte, intime Piazza Farinata degli Umberti südlich des Arno zwischen Ufer und Bahnhof (dort Parkmöglichkeit). Die Mitte der angenehmen, arkadengesäumten Piazza Farinata ziert seit 1828 eine weißmarmorne **Brunnenanlage** mit Najaden (Nymphen, Wächterinnen über Quellen, Flüsse und Seen) von *Luigi Pampaloni.* Die Löwen am Beckenrand gaben der Piazza auch ihren volkstümlichen Namen: Piazza dei Leoni.

Die **Stiftskirche Sant'Andrea** an der Ostseite, obwohl bündig mit den Nachbargebäuden, sticht wegen ihrer Fassade sofort ins Auge. 1093 im Stil der Florentiner Romanik mit grün-weißer Marmorfassade errichtet, wurde sie im 18. Jh. umgebaut. Die fünf Arkadenbö-

---

Trüffel

Tuber magnatum Pico – die Weiße Trüffel – gibt es nur an wenigen Plätzen in Europa, z.B. auf Istrien, in Frankreich im Perigord, in Italien bei Alba und eben bei San Miniato. Die Weiße Trüffel gilt als die **edelste Trüffelsorte,** die Preise variieren sehr stark, je nach Jahreszeit, Qualität, Angebotsmenge und vor allem der Größe des einzelnen Pilzes: von um die 2 € bis zu 200 € pro Gramm. Nur geringe Mengen genügen aber, um Speisen die charakteristische Würze zu verleihen, weswegen die Trüffel häufig mit einem feinen Hobel über das Essen verteilt wird, bei guten Gästen länger, bei Durchreisenden kürzer.

Da die Trüffel einen ihrer Duftstoffe mit rauschigen Ebern teilt, wurden früher Sauen zur Suche im Wald herangezogen. Heute sind **Trüffelschweine** verboten, da sie beim vorfreudigen Graben den Pilz zerstören; stattdessen nimmt man Hunde, denen die Trüffel leicht zu entwinden ist.

400 eingeschriebene Trüffelsucher gibt es in und um San Miniato, und sie beliefern 25 % des italienischen Marktes. Jeder hat sein ganz eigenes Gebiet, in das er sich zwischen Oktober und Dezember noch zu nachtschlafender Zeit aufmacht und dessen Lage er als Familiengeheimnis nur an seine Verwandten verrät.

gen des Sockelbereiches sind im Original erhalten, der obere Bereich ist das Ergebnis des Umbaus. Den Glockenturm hat man – nach Zerstörung im Zweiten Weltkrieg – rekonstruiert. Das Innere zeigt sich üppig barock, die illusionistischen Deckenfresken sind verblasst.

Rechts der Kirche führt die Gasse zu einem kleinen Platz mit dem **Museum des Sant'Andrea-Stiftes** in den Räumen des ehemaligen Klosters, eines der ältesten Kirchenmuseen des Landes (1859 gegründet). Die Statuen und Gemälde überspannen einen Zeitraum vom 13. bis zum 17. Jh., darunter sind Werke von *Masolini* (Pietà, 1424), *Filippo Lippi* (Maestà, um 1430) oder *Lorenzo di Bicci* (Kreuzigung, 1399).

■ **Museo della Collegiata di Sant'Andrea,** Piazzetta della Propositura 3, Tel. 0571 76284, www.piccoligrandimusei.it, Di–So 9–12, 16–19 Uhr, 3,10 € (auch Glasmuseum).

Auf der anderen Platzseite ist die **Paläontologische Sammlung** im Palazzo Ghibellino untergebracht (in dem einst beim Kongress von Empoli das Schicksal von Florenz entschieden wurde). Besonders interessant sind die im Arno-Tal gefundenen Fossilien von Weichtieren aus dem Pliozän.

■ **Museo Civico di Paleontologia,** Piazza Farinata degli Uberti 7, Tel. 0571 537038, Mai/Juni Sa/So 16.30–19.30, Juli Di/Do 21–23.30, Sept.–April Sa/So 16–19 Uhr, Aug. geschl.

Das **Glasmuseum** (auch Touristeninformation) im alten Salzlager an der östlich der Piazza verlaufenden Via Ridolfi dokumentiert die handwerkliche und industrielle Glasproduktion in der Region, seit dem beginnenden 19. Jh. für Empoli von großer wirtschaftlicher Bedeutung.

■ **Museo del Vetro MUVE,** Via Cosimo Ridolfi 70, Tel. 0571 76714, www.museodelvetrodiempoli.it, Di–So 10–19 Uhr, 3,10 € (auch Stiftsmuseum).

Montelupo Fiorentino

6 km östlich von Empoli und ebenfalls am Arno liegt Montelupo (35 m üNN, 14.000 Einw.), eine eher eigenschaftslos wirkende Stadt, die allerdings mit zwei bedeutenden Museen aufwarten kann.

Das **Archäologische Museum** bringt Besuchern die uralte Siedlungsgeschichte im Arno-Tal nahe – von der Stein-/Bronzezeit über die Villanova-(Eisenzeit-)Kultur, von den Etruskern bis zu den Römern. Die Grabungsfunde sind in der ehemaligen Kirche San Quirico e Santa Lucia vorzüglich präsentiert, in größeren geschichtlichen Zusammenhang gestellt und lassen so die Entwicklung der einzelnen Kulturen und die Übergänge zwischen ihnen erkennen.

■ **Museo Archeologico,** Via Santa Lucia 1, Tel. 057 541547, www.museomontelupo.it, Di–So 10–17 Uhr, 5 € (mit Keramikmuseum).

Das **Keramikmuseum,** unschwer an den davor aufgestellten Keramikfiguren zu erkennen, widmet sich der wichtigsten Industrie der Stadt. Montelupo ist bekannt für seine Keramikerzeugnisse – seit dem 13. Jh. Schon in der Renaissance waren die Fliesen so begehrt, dass sie nicht nur ihren Weg nach Florenz fanden, sondern von der ligurischen Küste in den ganzen Mittelmeerraum,

San Miniato

Vinci

Leonardo – aus der Gemeinde Vinci (100 m üNN, 15.000 Einw.) 15 km nordöstlich von San Miniato – war das erste Universalgenie der Neuzeit. Wen es hierher verschlägt, will mehr über den vielleicht visionärsten Sohn Italiens wissen. Die Geschichte des Ortes ist hingegen schnell erzählt: den Grafen Guidi gehörend, fiel es 1254 an Florenz.

Das **Leonardo-Museum** ist in zwei unabhängigen Gebäuden untergebracht. Die Palazzina Uzielle befindet sich an der Durchgangsstraße SP9, das Castello direkt dahinter. In die Palazzina gelangt man über die vom Objektkünstler *Mimmo Paladino* (*1948) modern gestaltete Piazza Conti dei Guidi. Die Ausstellung beschäftigt sich mit *Leonardos* Ideen und Entwürfen zu Baumaschinen, zur Technik der Textilherstellung und mit seinen Uhrwerken. Hier liegen auch die Buchhandlung und die Räumlichkeiten für die temporären Ausstellungen.

Im **Castello** sind über 60 nach seinen Skizzen maßstäblich nachgebaute Modelle zu sehen: aus den Bereichen Architektur (u.a. Brücken) und Bauwesen, Fortbewegung (Rad, Flugmaschinen, Wagen) und Kriegswesen (Kanonen, Belagerungsgerät, Panzer). Von der Aussichtsterrasse ganz oben hat man einen herrlichen Ausblick.

sogar bis Holland und England und schließlich auch in die Neue Welt geliefert wurden. Heute gibt es noch rund 50 Werkstätten, die über 400 Mitarbeiter beschäftigen. Jedes Jahr im Juni findet eine bedeutende Keramikmesse statt (siehe „Praktische Informationen"). Zu sehen sind im Museum auch Erzeugnisse aus der Frühzeit der Majolika-Produktion, gefunden in den alten Brennöfen der Stadt, und Beispiele der modernen Industrie- und Kunstkeramik.

■ **Museo della Ceramica,** Piazza Vittorio Veneto 8–10, Tel. 0571 51352, www.museomontelupo.it, Di–So 10–19, Mi/Do auch 21–23.30 Uhr, 5 € (mit Archäologischem Museum).

■ **Museo Leonardiano,** Palazzina Uzielle (Via Giuseppe Rossi), Castello Guidi (Via del Castello), Tel. 0571 933251, www.museoleonardiano.it, März–Okt. 9.30–19, Winter bis 18 Uhr, 7 € (Tickets im Palazzina, mit Casa Natale 8 €).

In Montelupo Fiorentino ist Keramik allgegenwärtig

Die dem Museum benachbarte **Leonardo-Bibliothek** hat in ihrem Archiv sämtliche Manuskripte und Skizzen des Genies als Faksimile und besitzt (fast) jedes seit 1651 gedruckte Buch über ihn.

■ **Biblioteca Leonardiana,** Via Renato Fucini 11/13, Tel. 0571 933263, www.bibliotecaleonardiana.it, 15. Juni–15. Sept.Moi–Fr 15–19, sonst Mo/Mi/Do 15–19, Di/Fr 9–13 Uhr.

Das **Geburtshaus Leonardos** steht im Ortsteil Anchiano knapp 3 km nördlich der Museen (von ihnen 30 Gehminuten auf schönem Weg durch die Olivenhaine) mitten auf dem Land. Zeigen die Museen in der Stadt *Leonardo* als Erfinder, setzt man hier den Akzent auf den Maler. Mit interaktiven Multimedia-Einrichtungen geht man auf Entdeckungsreise durch sein bildnerisches Werk.

■ **Casa Natale di Leonardo,** Via Anchiano, Tel. 0571 933248, www.casanataledileonardo.it, März–Okt. 10–19, Winter bis 17 Uhr, 3 € (mit Museo Leonardiano 8 €).

Pontedera

Um in das 20 km westlich von San Miniato liegende Pontedera (14 m üNN, 29.000 Einw.) zu fahren, gibt es nur einen einzigen Grund – aber es ist ein sehr guter. In der Kleinstadt wird ein in der ganzen Welt heißgeliebtes Fahrzeug montiert, die **Vespa**. Eigentlich ist es ja gar kein Fahrzeug, es ist ein Lebensgefühl, in dem eine ganze Weltanschauung kondensiert, und das sogar die Beziehung italienischer Männer zu ihren Frauen auf den Punkt gebracht hat: „Io Vespa – tu Jane". Im **Piaggio-Museum** wird die Geschichte der Vespa (= „Wespe") aufgerollt, von den Anfängen 1943, als ein Flugzeugkonstrukteur das Gerät entwickelte, über die Rennmaschinen Vespa Monthlery und Vespa Siluro, die Vergrößerung auf drei Räder zum Lastesel Ape („Biene") bis zur heutigen Zeit. Vespa und Ape waren neben dem Fiat 500 die Fahrzeuge, die ganz Italien mobilisiert haben.

■ **Museo Piaggio,** Via Rinaldo Piaggio 7, Tel. 0587 27171, www.museopiaggio.it, Di–Fr 10–18, Sa 10–13, 14–18 Uhr.

San Miniato: Zugabe!

■ **Casa del Pontormo** in Empoli (östlicher Stadtrand) – Geburtshaus des *Jacopo Carucci*, genannt *Pontormo* (1494–1556), Maler der Hochrenaissance, mit einer Ausstellung zu seinem Leben und Werk. Nahebei die **Chiesa di San Michele** mit zweien seiner Frühwerke („Erzengel Michael" und „Johannes Evangelist", um 1515); Via Pontormo 97 (Kirche Via Pontorme 41), Tel. 0571 993652, Do/Fr 10–13, Sa/So 16–19 Uhr (Kirche Mo–Sa 9–12, 15.30–18.30, So 7–12 Uhr).
■ **Casa Natale di Busoni** in Empoli – Geburtshaus des deutsch-italienischen Opernkomponisten *Ferruccio Busoni* (1866–1924) mit Studienzentrum, Archiv und kleinem Museum zu seinem Leben; Piazza della Vittoria 16, Tel. 0571 711122, www.centrobusoni.org, Mo–Fr 10–13, 15–18 Uhr (nach Voranmeldung).
■ **Villa Medicea di Cerreto Guidi** – als **UNESCO-Weltkulturerbe** geschützte Medici-Villa mit einem Jagdmuseum und Möbeln aus mehreren Epochen sowie Jagdwaffen des 17.–19. Jh. in der ersten Etage; Via Ponti Medicei 12, Cerreto Guidi, Tel. 0571 55707, April–Sept. 9–18, sonst 10–18, So immer 10–19, 2./3. So/Monat geschl.

Praktische Informationen

Touristeninformation

■ **Ufficio Turismo San Miniato,** Piazza del Popolo 1, Tel. 0571 42745, www.sanminiatopromozione.it, Mo 9–13, Di–So 9–17 Uhr.
■ **Ufficio Turismo Empoli,** Via Cosimo Ridolfi 70, Tel. 0571 76714, www.inempoli.it, Di–So 10–19 Uhr.
■ **Ufficio Turismo Vinci,** Via della Torre 11, Tel. 0571 568012, März–Okt. tgl. 10–19, sonst Mo–Fr 10–15, Sa/So 11–16 Uhr.

Unterkunft

■ **San Miniato**②-④, Via Aldo Moro 2, Tel. 0571 418904, www.hotelsanminiato.com. Luxushaus in der nördlichen Altstadt in den Gewölben eines ehemaligen Klosters mit Spa und jeglichem Komfort, Designeinrichtung und herausragendem **Restaurant** (Halbpension ②) in der Klosterkapelle – Speisen mit Kunst.
■ **Dimora del Grifo**②, Via Cesare Battisti 31, Tel. 347 5369930. Drei sehr saubere und angenehm eingerichtete Zimmer (Gemeinschaftsbad) in einem historischen Gebäude in Domnähe, sehr sympathische und hilfsbereite Besitzerin.
■ **Convento San Francesco**①, Piazza San Francesco 1, Tel. 0571 42159, www.monasterystays.com. Hier nächtigt man nicht wegen der Annehmlichkeiten, sondern, um sich an den uralten Gemäuern zu erfreuen – eine ganz spezielle Erfahrung, die man nicht unbedingt im Winter suchen sollte, die im Sommer aber schon fast authentisches „Im Namen der Rose"-Feeling vermittelt, insbesondere, wenn man mit den Mönchen frühstückt.

Außerhalb

■ **Quattro Gigli**②, Piazza Michele da Montopoli, Montopoli, Tel. 0571 466878, www.quattrogigli.it. 9 km westlich von San Miniato am Hauptplatz des sich auf einem Hügelkamm entlangziehenden Städtchens erwartet das charmante Familienhotel seit vielen Jahren seine Gäste im ehemaligen Rathaus mit verwinkelten Gängen und von geschickter Hand geschmackvoll und individuell eingerichteten Zimmern (viele mit Fernsicht), gutes **Restaurant** ②-③ mit u.a. hausgemachter Pasta.
■ **Orchidea**②, Via La Palazzina 37, Palaia, Tel. 345 3349162, www.lapalazzina.net. 18 km südlich von San Miniato in der Hügelwelt, B&B in einer 200 Jahre alten, vorzüglich restaurierten Villa mit angeschlossenem ausgezeichneten **Agriturismo-Restaurant La Palazzina**②, vier Zimmer und neun Apartments; Schwimmbad, Olivenöl aus eigener Herstellung.
■ **Empoli**②, Via di Brusciana 4, Empoli, Tel. 0571 930136, www.empolihotels.com. Modernes und gepflegtes Haus der Drei-Sterne-Klasse mit 22 Zimmern im Zentrum beim Bahnhof, viele Geschäftsreisende.
■ **Ostello Ponte de'Medici**①, Viale Cristoforo Colombo 237, Ponte Cappiano, Tel. 0571 297831, www.facebook.com/pontedemedici. Eine ehemalige Festung zur Bewachung eines Kanalübergangs (Canale Usciano) bei Fucecchio, 17 km westlich von Empoli, beherbergt das einfache Hostel/Pilgerstätte mit Schlafsälen.
■ **Monna Lisa**②, Via Lamporecchiana 27/29, Vinci, Tel. 0571 56266, www.hotelmonnalisavinci.it. Angenehmes, kleines Hotel mit 30 Zimmern direkt in Vinci, nette Einrichtung, freundliches Personal.
■ **Il Pastrino**②, Via Mazzantino 11, Vinci, Tel. 0571 56148, www.ilpiastrino.it. Agriturismo mit Apartments und B&B-Zimmer, die auf drei in nächster Umgebung liegende Häuser verteilt sind (Il Casolare, Leonardo, Ermellino), großes Schwimmbad, 1,5 km außerhalb von Vinci auf dem Land.
■ **Armonia**③, Piazza Caduti Divisione Aqui Cefalonia e Corfù 11, Pontedera, Tel. 0587 278540, www.hotelarmonia.it. Man muss sich an den Cremebarock der Einrichtung erst gewöhnen, aber wer in Pontedera hängen bleibt, ist hier am besten aufgehoben, 35 Zimmer, **Restaurant**②.

Essen und Trinken

■ **Pepenero**③, Via IV Novembre 13, Tel. 0571 419 523, www.pepenerocucina.it, Di und Sa mittags geschl. Ein Küchenchef, der im TV auftritt, hypermoderne Einrichtung und Anspruchsküche mit vielen Trüffelgerichten, darunter der Klassiker mit pochierten Eiern. Mit Terrasse.

■ **La Cantina del Fondo**②-③, Via Auguste Conti 27, Tel. 388 7941639. Café-Bar und Restaurant mit guter Slow-Food-Regionalküche und aussichtsreicher Terrasse über dem Tal, super Carpaccio und Trüffelgerichte.

Unser Tipp: **Piazza del Popolo**②-③, Piazza del Popolo 10, Tel. 0571 42548, www.piazzadelpopolo.eu, im Aug. So geschl. *Enoteca con cucina* mit Menüangebot inkl. Getränken, köstlichen Antipasti, Spezialitäten wie Kaninchen oder Perlhuhn-Ragout, Slow Food auf hohem Niveau und mit bestens gelauntem Service; Freisitz.

■ **Rosso Antico**①-②, Via IV Novembre 2, Tel. 0571 419759, www.rossoanticosteriamoderna.it, Mo geschl. Kleines, minimal-modernes Lokal, junge Küche, ein bisschen Crossover mit Hamburger vom Chianina-Rind bis zu Tapas und natürlich Trüffelgerichten. Unbedingt am Ende versuchen: getrüffelten Schokoladenkuchen; schnelle Mittagsgerichte, kleiner Freisitz.

■ **Il Convio**②, Via San Maiano 2, Tel. 0571 408 113, www.ristoranteilconvio.com. Nur 2 km südlich der Altstadt, aber schon mitten auf dem Land gibt es Regionalküche mit Grillfleisch als Spezialität auf einem Gutshof, hausgemache Nudeln, auch Pizza, gemütliche Atmosphäre drinnen, großer, schattiger Freisitz im schönen Garten.

Unser Tipp: **Birra & Acciughe**①, Via Auguste Conti 29, Tel. 329 0026905. Bier & Sardellen und noch viel mehr; die Panini sind schmackhaft und günstig (mit Trüffelcrème zum Vergehen, oder puristisch mit Butter und Sardellen, exotisch mit Paprikapaste und Brie-Käse ...), das Bier von der Stange und aus handwerklichen Brauereien, alles im Stehen und aus der Hand; abends Szene-Treff.

Außerhalb

■ **Il Canto Ghibellino**②, Piazza Farinata degli Uberti 6, Empoli, Tel. 0571 78866, Mo geschl. Ob unter den Ziegelgewölben oder draußen auf der wunderbaren Piazza – im Canto gibt es geradlinige, toskanische Spezialitäten und krosse Pizza.

■ **Il Rifugio**①-②, Via Salaiola 305, Monterappoli, Tel. 0571 589451, www.facebook.com/ilrifugio.monterappoli. 5 km südlich von Empoli, das Ristorante/Pizzeria ist (fast) immer brechend voll, die Pizza ist dünn, knusprig und superlecker.

■ **Bonanni**②, Via Turbone 9, Montelupo Fiorentino, Tel. 0571 913477, www.osteriabonanni.it. Seit fast 100 Jahren gibt es die gemütliche Familienosteria schon, da braucht's kein Chichi, die bodenständige Küche genügt, Einheimische und Durchreisende anzulocken.

■ **I Borghi**②-③, Via Leonardo da Vinci 5, Vinci, Tel. 0571 509536, Fr geschl. Der Wirt des Borghi gehört zur Slow-Food-Bewegung und setzt deren Prinzipien und Ideale sorgfältig um – auf der kleinen, häufig wechselnden Karte stehen Hamburger aus Chianina-Rind, *baccalà alla livornese* oder leckere *bruschette;* etwas Geduld mitbringen!

■ **Leonardo**①-②, Via Montalbano Nord 16, Vinci, Tel. 0571 567916, www.ristoranteleonardo.com. Restaurant mit rustikaler toskanischer Küche (günstiges Mittagsmenü) und Pizze an der Umgehungsstraße etwas nördlich der Museen.

■ **Cammillo Botrini**②, Corso Matteotti 155, Pontedera, Tel. 0587 59813. Kleine Pizzeria mit beständig guter Qualität, die sich auf das Wesentliche konzentriert – Pizza und *cecine,* warm aus der Hand gegessene Fladen aus Kichererbsenmehl.

Süßes

■ **Caffè Marlene e Roberto (Bar Cantini),** Via Augusto Conti 1, Tel. 0571 43030. Gutes Gebäck, ausgezeichneter Kaffee und eine Aussichtsterrasse nach hinten hinaus, auch Pasta (in der Saison mit Steinpilzen, lecker!).

■ **Gelateria La Vendetta,** Via Giovanni XXIII 8, Vinci, Tel. 329 7409414. Eis aus besten Zutaten in

Zölle auf die Seidenstoffe, und immer wieder kam es zu Aufständen. 1341 begab sich Barga, nach langen Jahren des Streits und diversen Belagerungen, unter den Schutz von Florenz und verblieb dort treu und prosperierend. Im Gegenzug erhielt man Steuererleichterungen und weitere Privilegien.

Mit der Neuordnung der Provinzen durch das Königreich Italien im 19. Jh. **verarmte** Barga zusehends, da es administrativ und entwicklungspolitisch plötzlich in Randlage geraten war. Viele seiner Bewohner wanderten nach Nord- und Südamerika aus.

Sehenswertes

Unterhalb der autogesperrten Altstadt kann man an der Via Hayange parken. Wenige Meter oberhalb zweigen von der Via Guglielmo hinter dem Stadttor die beiden Hauptgassen Via di Mezzo und Via del Pretorio ab und schlängeln sich steil, schief und krumm an den Häusern des Centro Storico vorbei. Im **Gassengewirr** und auf den abzweigenden Treppen ist es ganz leicht, sich zu „verirren", letztlich gibt es aber immer ein Oben und Unten, und man kann sich ein wenig treiben lassen und die eine oder andere Bar oder Enoteca entdecken. Immer wieder stößt man auch auf kleine Galerien mit Bildern und Skulpturen – in Barga hat sich eine **Künstlerkolonie** angesiedelt.

Eine Institution ist das **Caffè Capretz** in der Loggia an der Piazza Salvi. Man beachte die Portal- und Fensterumrandungen des Rathauses am Platz mit Diamantquadern, eine architektonische Errungenschaft der Renaissance.

Am Vicolo Teatro an der Via di Mezzi steht seit 1688 das **Teatro dei Differenti** mit seinen drei Logenreihen. Vor ihm hat im November 1911 der Dichter und Sozialist *Giovanni Pascoli* seine berühmte, flammende Rede „Der Prolet hat sich bewegt" gehalten, mit der er den Feldzug Italiens in Libyen pries und sich als nationalistischer Kolonialist und Vertreter einer „Volk ohne Raum"-Politik outete.

■ **Teatro dei Differenti,** Vicolo Teatro, Tel. 0583 724505, www.toscanaspettacolo.it, Spielzeit Nov.–März, 13–20 €.

Die Via del Pretorio führt hinauf zum romanischen **Dom San Cristoforo** auf einer – „Arringo" genannten – Terrasse mit schönem Blick über das Tal und auf den Pania della Croce (1858 m üNN) mit seinem stumpfen Doppelgipfel. Wie ein Kegel wirkt hingegen der Monte Sumbra (1765 m), und der spitze Monte Pisanino ist mit 1945 m der höchste Berg der Apuanischen Alpen. Im 10. Jh. hatte man auf der Terrasse eine kleine Saalkirche errichtet, die sich im 14. Jh. beim Bau des heutigen Doms zur Vorhalle wandelte. Dem von Löwen flankierten Türsturz des zentralen, um 1200 eingefügten Portals der Hauptfassade ist ein Relief zur Weinlese vorgeblendet. Die zwei Bogenfriese im oberen Bereich sind an den Konsolen mit menschlichen und Fabelfiguren in lombardischem Stil versehen. Hauptwerk der Innenausstattung ist die herrlich gearbeitete **Marmorkanzel** im Mittelschiff an den Chorschranken. Ein unbekannter Meister aus Lucca hat sie um 1250 geschaffen. Drei der vier roten Tragesäulen entwachsen Basisfiguren (ein bärtiger Atlant und zwei Löwen) und enden in detailliert gearbeiteten Kapitellen (eines mit Adlern, die anderen als Akanthuskapitelle). Das Evangelienpult an der Hauptfront trägt ein Adler, das Symboltier *Johannes'*, darunter sieht man *Matthäus* als Engelsgestalt. Die Symbole für *Lukas* und *Markus* – Stier und Löwe – komplettieren die vier Evangelisten. Unterhalb des Epistelpultes links steht der Kirchenpatron *Christophorus* wie unter einem Baldachin. Die dem Mittelschiff zugewandte Seite zeigt Szenen aus dem Leben Jesu (Verkündigung, Geburt, Waschung), erläutert durch kurze lateinische Texte an den die Geschichte gliedernden Reliefbögen. Die Kanzel gilt als eines der wenigen Beispiele Italiens für noch im Originalkontext am ursprünglichen Platz erhaltenen Predigtpulte. Von modernen Orgelpfeifen gerahmt, steht in der Nische der Apsis die 3,50 m hohe und **bunte Holzfigur des Kirchenpatrons**, die aus den Jahren um 1000 stammen soll.

■ **Duomo di San Cristoforo,** Via del Pretorio, Tel. 0583 723031, 7.30–12.30, 16–19 Uhr.

Der **Palazzo Pretorio** – auch Loggetta del Podestà – gleich neben dem Dom war ab 1341 bis 1859 Sitz des Statthalters von Florenz. In ihm ist das **Stadtmuseum** mit seiner paläontologischen und archäologischen Sammlung untergebracht, auch einige Teile aus dem Domschatz werden ausgestellt.

■ **Museo Civico del Territorio di Barga Antonio Mordini,** Via del Pretorio, Tel. 0583 711100, Juni–Sept. 10.30–12.30, 14.30–17.45 Uhr (sonst nach Voranmeldung), 3 €.

Im 1456 für den Dritten Orden gegründeten **Conservatorio Santa Elisabetta** südlich des Doms finden sich glasierte Terrakotta-Arbeiten. Die „Madonna mit dem Gürtel", ein 2,44 auf 3,48 m großes Keramik-Altarbild, hat *Benedetto Buglioni* um 1510 geschaffen, das kleine Medaillon „Madonna mit dem Kind" an der südlichen Apsiswand stammt von *Giovanni della Robbia* (um 1502).

■ **Chiesa di Sant'Elisabetta d'Ungheria,** Via del Pretorio, 8–12, 16–18 Uhr.

Die **Kirche San Francesco** außerhalb der Altstadt, 300 m südlich des Parkplatzes beim Hospital, stammt aus dem ausgehenden 15. Jh. In ihrem Inneren sind acht wunderschöne Werke der *della Robbia* zu sehen. Am Altar berücken das detailreiche polychrome Terrakotta-Relief „Himmelfahrt Marias" (1490) und Statuen der Heiligen *Andreas* und *Antonius* von *Andrea della Robbia*. Die anderen Werke (u.a. „Stimatisierung des heiligen Franziskus" von *Girolamo della Robbia*) entstanden zwischen 1500 und 1515.

■ **Chiesa di San Francesco,** Via dei Frati 28, 8–12, 16–18 Uhr.

Coreglia Antelminelli

14 km Fahrweg sind es von Barga ins nur 2,5 km Luftlinie entfernte Coreglia (600 m üNN, 5000 Einw.). Entweder geht es hinunter ins Tal und wieder hoch oder hinauf durch die Wälder über Tiglio und wieder ein Stück hinunter. Der Mangel an Anbauflächen zwang die Bewohner schon beizeiten, einen Erwerbszweig zu „erfinden". Im Nachbarort Barga hatte man die Seidenproduktion, die Coreglianesi verlegten sich auf die Her-

stellung von **Gipsfiguren,** die sie dann als fahrende Händler auf Jahrmärkten verkauften. Katzen und Hunde, Heilige und Herrscher, Dichter und Maler, Büsten und ganze Ensembles verließen die Werkstätten der *figuristi* (auch *figurinai*) und fanden ihren Weg auf die Anrichten und in die Vitrinen der Bürgerhäuser. Da der Verkauf letztlich aber nicht mehr als ein Zubrot einbrachte, mussten sich die Männer auch als Wanderarbeiter verdingen. Daran gewöhnt, dauernd unterwegs zu sein, war es dann nicht mehr weit, größere Schritte zu wagen. Viele der Dorfbewohner verließen Italien in Richtung Neue Welt. Das **Museum der Gipsfiguren und der Emigration** im Palazzo Vanni handelt die Ortsgeschichte mit mehr als 1000 Exponaten ab.

■ **Museo della Figurina di Gesso e dell'Emigrazione,** Via del Mangano 17. Tel. 0583 78082, Jui–Sept. 9–13, Sa/So 10–13, 16–19, sonst Mo–Fr 9–13 Uhr, 2 €.

Bagni di Lucca

Bei der Anfahrt von Lucca auf der SS12 kommend, passiert man bei Borgo a Mozzano 7 km vor Bagni di Lucca (150 m, 6300 Einw.) die aus Naturstein waghalsig konstruierte **Teufelsbrücke** (Ponte della Maddalena/Ponte del Diavolo), die mit drei kleineren und einem großen Bogen den Serchio überquert. Der Schlussstein des perfekten Gewölbes des Hauptbogens schwebt seit dem 13. Jh. 19 m über dem Wasser (eine Vorgängerbrücke soll es bereits im beginnenden 12. Jh. gegeben haben). 2,5 km weiter gilt es bei **Fornoli** ein weiteres Brückenbauwerk zu bewundern. Die **Kettenbrücke** (Ponte delle Catene) über die Lima, einen Zufluss des Serchio, entstand 1844–60 (gleichzeitig mit der Kettenbrücke Budapests). Für ihre Zeit war sie geradezu futuristisch. Für die Planung begaben sich die Baumeister denn auch vorher nach England, um ähnliche Konstruktionen zu begutachten und Erfahrungen zu sammeln. Die beiden Brückenpylone gestaltete man als klassizistische Triumphbögen.

Bagni di Lucca ist schon seit der Römerzeit das Ziel für **Kuraufenthalte.** Erster namentlich bekannter Gast war *Matilde di Canossa* Ende des 11. Jh. In die Berge der toskanischen Schweiz, der Svizzera Pesciatina, kamen (nachdem *Napoleons* Schwestern *Pauline* und *Elise* hier ihre Sommerfrische verbracht hatten) Prominente aus Politik und Kultur wie Lord *Byron* und *Alexandre Dumas, Franz Liszt* und *Giacomo Puccini,* und das eine oder andere adelige Haupt, wie auch der eine oder andere Papst. *Heinrich Heine* hat seinen Besuch im Jahr 1829 in „Die Bäder von Lucca" zu Papier gebracht (siehe auch Kasten). Das Sagen aber hatten die Angelsachsen, die sich hier eine Exklave voller Snobismus und pünktlichem Fünf-Uhr-Tee schufen.

Mitverantwortlich für den Aufmarsch der Reichen und Schönen in der Hoch-

▷ Ob der Leibhaftige bei der Konstruktion der Teufelsbrücke seine Finger im Spiel hatte?

zeit der Belle Epoque war die **Thermalquelle Sorgente Doccione,** deren 54 °C heißes Wasser auch heute noch die Luft in den zwei Höhlen Grotta Grande und Grotta Paolina auf 40–47 °C aufheizt. Die Dämpfe und das Wasser versprechen Linderung bei Gicht und Rheuma, Arthritis und erektiler Dysfunktion. Die illustren Gäste fehlen heute allerdings, exaltierte Engländer rümpfen nicht mehr Nasen, Adel und Industrielle feiern an anderen Plätzen.

Geblieben sind **Villen** und **Thermalanlagen.** Die Villa Ada aus dem 16. Jh. mit Garten aus dem 19. Jh. (in der Via Evangelina Wipple) verfällt langsam aber stetig. In der Villa Webb, ebenfalls aus dem 16. Jh., wohnte 1822 Lord *Byron*. Der Circolo dei Forestieri war das 1924 eröffnete (und 1954 geschlossene) Kasino. Das Demidoff-Tempelchen im Ortsteil Serraglio/Bagni Caldi erinnert an den russischen Prinzen *Nicolaj*, der hier Ende des 17. Jh. seine Gicht kurieren wollte und gleich ein ganzes Krankenhaus stiftete (die davor liegende heutige Villa Demidoff). Die Villa Fiori in Serraglio (über die Hängebrücke auf der anderen Seite) stammt aus dem beginnenden 19. Jh. Ihr miserabler Zustand kümmert keinen. Der Villa Fiori gegenüber steht das Casinò Municipale (Regio Casinò). Man hatte es als erstes Kasino Italiens (nach dem Glücksspielverbot *Napoleons*) 1837 eröffnet. Es steht heute leer, und keiner weiß mit ihm etwas anzufangen. Das zuckersüß hergerichtete Bagno Bernabò war einst das weniger einladende „Bad der Krätze" (das ist aber schon ein paar Jahrhunderte her).

Heinrich Heine in Bagni di Lucca

Scharfzüngig, intelligent und kurzweilig beschreibt *Heine* seine Aufenthalte in Bagni di Lucca und Lucca – eigentlich aber nimmt er mit den beiden Schriften **„Die Bäder von Lucca"** und **„Die Stadt Lucca"** das Deutschland seiner Zeit auf's Korn. Zu einem regelrechten **Skandal** wuchs sich das Erscheinen von „Die Bäder von Lucca" aus, da er – etwas rachsüchtig – in den letzten beiden Kapiteln das Coming Out seines adeligen Dichterkollegen *August von Platen* vorantrieb und dessen Homosexualität öffentlich machte. *Von Platen* hatte zuvor *Heine* wegen dessen jüdischer Herkunft geschmäht. Erschienen bei Reclam, Stuttgart 2007.

Eremo di Calòmini/ Grotta del Vento

Die Lage der **Einsiedelei von Calòmini** (10 km westlich von Barga) in blendendem Weiß vor einer hohen Felswand in der Bergeinsamkeit ist unvergleichlich. Zu erreichen ist sie über einen Abstecher (1200 m) von der Straße zur Grotta del Vento. Das enge Sträßlein endet kurz vor dem Gebäudekomplex. Vor dem Hauptgebäude mit seiner zweistöckigen Loggia wacht ein steinerner Mönch – einer der wenigen verbliebenen Kapuzinerbrüder. Die Anlage geht auf das 14. Jh. zurück und bestand in den Anfangsjahren aus nicht viel mehr als den bis 15 m tief in den Fels gehauenen Zellen und Gemeinschaftsräumen. Beim Blick in die Kirche breitet sich vor dem Auge schönster jubilierender Barock aus, in der Sakristei stehen wertvolle Intarsienschränke.

■ **Eremo di Calòmini,** SP39, Tel. 0583 767003, www.eremocalomini.com, 9–12, 15–19 Uhr.

Die Entdeckung der **Grotta del Vento** 17 km westlich von Barga ist ein kleines Abenteuer. Sie ist eine der größten **Tropfsteinhöhlen** Europas, mit Bächen, Seen und Wasserfällen. Damit die ganze Familie etwas davon hat, gibt es drei unterschiedlich lange Touren. Auch wenn die Höhlenpfade befestigt sind, mit vielen Stufen muss man rechnen, dafür darf man sich wie ein richtiger Höhlenforscher fühlen, wenn man bei der längsten Route (Nr. 3, Dauer 3 Std.) 90 m in einem Schacht hochsteigt. Am kinderfreundlichsten ist die Route 1 (1 Std.) fast ohne Steigungen, dafür aber mit Stalagtiten und Stalagmiten in allen Farbnuancen. Die Temperatur beträgt ganzjährig knapp 11 °C und die Luftfeuchtigkeit 99 % (was die gefühlte Temperatur absenkt). Pullover und Schuhe mit Gummisohle anziehen und für die Tour 3 eine Regenjacke mitnehmen!

■ **Grotta del Vento,** Località Grotta del Vento, Fornovolasco, Tel. 0583 722024, www.grottadelvento.com, April–Okt. Tour 1 10–12 und 14–18 Uhr stündlich, Tour 2 11 und 15–17 Uhr stündlich, Tour 3 10 und 14 Uhr, sonst Mo–Sa nur Tour 1 (zu Zeiten wie vorstehend), Tour 1 9 € (Kind bis 10 Jahre 7 €), Tour 2 14/11 €, Tour 3 20/16 €, Audioguides in zahlreichen Sprachen.

> Calòmini: Einsiedelei in schönster Lage

>> Castelnuovo di Garfagnana

Castelnuovo di Garfagnana

Castelnuovo (270 m üNN, 6000 Einw.) 13 km nordwestlich von Barga ist historisch gesehen die Hauptstadt der Garfagnana. Bereits von Etruskern und Römern besiedelt, gibt es erste schriftliche Kunde aus der langobardischen Zeit im 8. Jh. Ende des 8. Jh. ist eine Kirche dokumentiert. 1234 gehörte Castelnuovo zu Lucca, ab 1320 sagte man sich unter der Herrschaft *Castruccio Castracanis* von Lucca los. Er ließ die Befestigungen am Flussufer zur Burg ausbauen und Brücken errichten, doch 1327 war man schon wieder unter der Fuchtel der Lucchesen. Ab 1429 orientierte sich Castelnuovo aber nach Norden und begab sich unter den Schutz der Herzöge von Este in Ferrara (bei denen es bis zur Entstehung des Königreiches Italien verblieb). Ihr prominentester Statthalter vor Ort war *Ludovico Ariosto* (1474–1533), einer der Hauptdichter der Renaissance, dessen Epos „Orlando Furioso" („Rasender Roland") in ganz Europa die Dichtkunst beeinflusste (auch *Shakespeares* „Der Widerspenstigen Zähmung"). Allerdings übernahm er die Statthalterfunktion nur für drei Jahre.

Im Zweiten Weltkrieg wurde die in der Renaissance umgebaute Burg schwer beschädigt, in den Folgejahren aber rekonstruiert – als **Rocca Ariostesca** bewachte sie die vom Serchio und seinem Zufluss Turrite Secca gebildete Flussschleife, ein Bild, das sich heute durch die Lage mitten im Ort und zahlreiche Brücken nicht mehr richtig nachvollziehen lässt. In ihr liegt die überschaubare Altstadt mit dem Hauptplatz Piazza delle Erbe. In der Rocca ist neben dem Gemeindeamt und dem Stadtarchiv das **Archäologische Museum** untergebracht, das die Besiedlungsgeschichte der Garfagnana mit Schwerpunkt auf den Ligurern dokumentiert. Zu den spektakulärsten Ausstellungsstücken gehört ein perfekt gearbeiteter etruskischer Bronzehelm aus dem 2. Jh. v. Chr.

■ **Museo Archeologico del Territorio della Garfagnana,** Piazzetta Ariosto, Tel. 0583 6448315, Do/Sa/So 10–12.30, 16–19 Uhr.

Nimmt man hinter der Burg die rechte Gasse, gelangt man zur **Kathedrale Santo Pietro e Paolo.** Sie wurde als Renaissancebasilika in der zweiten Hälfte des 15. Jh. auf den Fundamenten einer romanischen Vorgängerkirche errichtet. Die Terrakotta-Arbeit „San Giuseppe" (um 1515) an der linken Seitenwand stammt aus der Werkstatt *della Robbia*.

■ **Duomo dei Santi Pietro e Paolo,** Piazza Duomo, 8–12, 16–19 Uhr.

Hoch über dem Ort thront die im 16. Jh. erbaute **Fortezza di Mont'Alfonso,** die mit EU-Geldern nach und nach restauriert wird. In ihr soll ein Umweltzentrum für ökologisch korrektes Handeln werben; ein Restaurant richtet sich vorrangig an Hochzeits- oder andere Feiergesellschaften. Als Terrasse mit Weitblick ist die Hügelkuppe der Fortezza unbedingt zu empfehlen – sie ist eingerahmt vom toskanischen Apennin und den Alpi Apuane.

Castiglione di Garfagnana / Parco dell'Orecchiella

Castiglione (550 m üNN, 1850 Einw.) mitten in den Bergen an einem Südhang (7 km nördlich von Castelnuovo) gibt sich mit wehrhaften Mauern aus Bruchstein und Rundtürmen an der vollständig erhaltenen Stadtmauer nach außen abweisend, tatsächlich ist es ein beschauliches Örtchen. Obwohl nördlicher als das den *Este* aus Ferrara gehörende Castelnuovo, blieb man Lucca treu. Fährt man 15 km weiter gen Norden und Corfino/Orecchiella, gelangt man zum Besucherzentrum des **Parco Naturale dell'Orecchiella,** einem staatlichen Forstschutzgebiet inmitten von Kastanien- und Buchenwäldern. Es bedeckt eine Fläche von 215 ha in einer Höhenlage von 600 bis 2040 m. Mit den angrenzenden Schutzgebieten Lamarossa und Pania di Corfino erstreckt sich das Reservat über 500 ha. In die Umgebung führen zahlreiche Wander- und Bergsteigerwege. Wer es gemütlicher mag, besucht die Freigehege (ca. 2 Std.) mit Bären, Auerhähnen und Rotwild, oder den didaktischen **Sentiero del Struscio,** auf dem man die Zeichen der Tierwelt lesen lernt (Pfotenabdrücke, Kotformen, Lebensräume, gute 2 Std.). Ein kleines **Museum** zeigt die Greifvögel, die in den Bergen leben (darunter mehrere Falkenarten und der Königsadler). Der **Giardino di Montagna** gibt einen Überblick über die in der Bergwelt wachsenden Pflanzen.

■ **Centri Visitatori dell'Orecchiella,** Tel. 0583 619098, 15. Juni–15. Sept. 9–19, sonst nur an Wochenenden und wetterabhängig, Winter geschl., Museo dei Rapaci 2 €.

Folgt man hinter Castiglione nicht dem Weg hoch zu den Naturschutzgebieten, sondern bleibt auf der SS324, gelangt man auf schöner, aber kurviger Passstraße zum **Passo delle Radici** (1529 m). Von hier geht es weiter nach Modena bzw. man fährt über San Pellegrino auf den Spuren des alten (zwischen Modena und Massa) verlaufenden Pilgerwegs Via Vandelli wieder hinunter nach Castiglione (Rundtour insgesamt etwa 45 km).

■ **Hotel/Ristorante Lunardi,** Passo delle Radici, siehe unten.

San Pellegrino in Alpe 2,5 km südlich des Passo delle Radici ist mit 1523 m Höhe der höchste bewohnte Weiler des Apennin. Eine Handvoll *alberghi* mit Bars – das wars? Nicht ganz! *Pellegrino,* der Namensgeber und der Legende nach Sohn eines irischen Königs, starb hier oben im Jahr 643 (er fand in der Wallfahrtskirche die letzte Ruhe). Und das **Ethnografische Museum** widmet sich in der ehemaligen Pilgerunterkunft an der Via Vandelli – in toller Lage und mit Fernsicht – den Bewohnern auf dem Apennin. Trachten, Möbel, Webstühle, Werkzeug und Haushaltsgegenstände sind Zeugen des einfachen Lebens in den Bergen.

◰ Castiglione di Garfagnana gibt sich trutzig

■ **Museo Etnografico Don L. Pellegrini,** Tel. 0583 649072, www.sanpellegrinoinalpe.it, April/Mai 10–13, 14–16 Juni–Sept. 10–13, 14–18.30, Okt–März Di–Fr 9.30–13, Sa/So 10–13, 14–16.30 Uhr, 2,50 €.

Unser Tipp: Ein aussichtsreicher Rundweg, **Il Giro del Diavolo** (Markierung CAI No 50), führt in etwa 1½ Std. auf nahezu gleichem Höhenniveau an der Bergflanke entlang von San Pellegrino nach Nordosten, vorbei an der Fonte del Santo zum Giro del Diavolo (ca. 40 Min.). Dieser Platz verdankt seinen Namen der Legende, die von den Versuchungen des Teufels berichtet, denen San *Pellegrino* eben hier widerstand. Wanderer erliegen eher der Versuchung, angesichts des grandiosen Apennin-Panoramas gar nicht mehr umkehren zu wollen. Der Rückweg nach San Pellegrino verläuft etwa parallel, aber weiter nördlich.

Lago di Vagli und Lago di Gramolazzo

Der 40 km² große **Stausee Lago di Vagli** 15 km westlich von Castelnuovo schon fast im Hochgebirge wandelt sich (nach sehr guten Regenjahren) für die Einheimischen im Hochsommer zur Alternative für einen Aufenthalt am Meer. Dann kann man baden und mit dem Kajak die letzten Winkel der ausfransenden Wasserfläche erforschen. Ansonsten ist der See nicht unbedingt einen Besuch wert.

Aber ab und an muss aus technischen Gründen der See vollständig geleert werden (dies geschah 1958, 1974, 1983 und 1994). Wenn es wieder so weit ist (ein Termin ist noch nicht bekannt), macht sich das halbe Tal auf den Weg hoch, um ein ganz eigenes Spektakel zu erleben. Das 1948 vom aufgestauten Wasser verschlungene **Dorf Fabbrica di Careggine** taucht dann aus den Fluten auf, als Erstes der Campanile der 1590 gebauten Chiesa di San Teodoro, dann das, was der Zahn der Zeit und das Wasser von den Häusern übrig gelassen haben.

10 km nördlich des Lago di Vagli besitzt der **Lago di Gramolazzo** eine wesentlich idyllischere Lage und eine recht gute Infrastruktur mit Bootsverleih, Camping, Pension, Liegewiesen am Wasser, Bars und Restaurants. Auch er ist künstlich aufgestaut, hat allerdings nur 1 km² Wasserfläche – und auch wenn sich darunter kein Dorf verbirgt, er ist die bessere Wahl für einen Aufenthalt.

Barga: Zugabe!

- **Fortezza di Verrucole** bei San Romano di Garfagnana 13 km nordwestlich von Barga – ausgedehnte langobardische Festung aus dem 10. Jh. hoch über dem Bergdorf Verrucole, als Archäologischer Park zugänglich (im Sommer Veranstaltungen, u.a. Mittelaltertage). Località Verrucole, Tel. 340 3586862, www.fortezzaverrucolearcheopark.it, Juli/Aug. Di–Do 10–19, Fr–So 10–21, Mai/Okt. Fr–So, Juni/Sept. Do–So 10–19 Uhr, 5 €.
- **Equi Terme** – in großem Bogen führt die Straße vom Lago di Gramolazzo nach Osten und wieder nach Westen zu dem eher unattraktiven Ort (20 km vom See, 55 km nordwestlich von Barga) inmitten der Apuanischen Alpen. Einzige Attraktion ist das **Thermalfreibad** mit 27 °C warmem Wasser (40-m-Becken). Piazza delle Terme 1, Tel. 0585 949300, www.termediequi.it, Mai–Okt. 10–20 Uhr, 7 €, Kind 3 €, ab 16.30 Uhr 3,50/2 €.
- **Grotte di Equi Terme** – Tropfsteinhöhle in Equi Terme mit 1000 m in drei Abschnitten (einem trockenen inaktiven, einem feuchten, in dem die Tropfsteine noch wachsen, und einem Speläologen vorbehaltenen Bereich); Besucher entdecken die 13 °C kalte Höhle geführt auf 500 m Länge (50 Min.). Via Buca 9, Tel. 338 5814482, www.grottediequi.it, ganzjährig nach Voranmeldung, 8,50 €, Kind 4,50 €. Der **Geoarchäologische Park** bei der Grotte (4 € Eintritt) erlaubt Einblicke in den Karst der Apuanischen Alpen.

Campocatino

Unser Tipp: Eine 7 km lange **Fahrt** von Vagli Sotto an der Westseite des Lago di Vagli nach Westen bringt einen über Vagli Sopra auf abenteuerlich schmaler Straße durch Wälder hoch zum Weiler Campocatino auf 1000 m üNN. Die grandiose Gebirgskulisse des Monte Roccandagia mit seinem nackten, in den Himmel steigenden Fels lohnt allemal. Die drei Dutzend Naturstein-Häuschen von Campocatino sind charmant und renoviert, auch der ordentliche Pflasterweg zeigt, dass man hier oben in aufgeräumter Atmosphäre bestens seine Ferien verbringt.

Eine 45-minütige Wanderung (Sentiero No 147) führt in die Berge zum **Eremo di San Viano**, das über einer wunderschönen Almlandschaft steht. Vom „Hauptplatz" geht es erst auf einem kurzen, gepflasterten Abschnitt, dann unbefestigt 20 Min. unter Kastanien und Birken hindurch und schließlich ungefähr 25 Min. auf schmalem Pfad und etwas ausgesetzt hoch zur Einsiedelei, die regelrecht am Fuß des Roccandagia auf 1090 m üNN im Fels hängt. Hier hat im 16. Jh. *Beato Viano* seine Ruhe gefunden, von Kräutern und Kohl gelebt und in der Einsamkeit gebetet. Dass er eigentlich gar kein Heiliger ist – zumindest Rom ihn nicht dazu erklärt hat –, kümmert die Menschen nicht. Für sie ist er San *Viano*.

■ **Eremo di San Viano,** Campocatino, Schlüssel für die Einsiedelei bei Il Rifugio im Weiler.

Praktische Informationen

Touristeninformation

■ **Ufficio Turismo Barga,** Via di Mezzo 47 (Piazza Garibaldi), Tel. 0583 72473, www.comune.barga.lu.it, Mo–Sa 9–13 Uhr.
■ **Ufficio Turismo Castelnuovo,** Piazza delle Erbe, Tel. 0583 641007, www.castelnuovodigarfagnana.info, tgl. 9.30–13, 15.30–19 Uhr.

> San Romano di Garfagnana

Unterkunft

■ **Acchiappasogni**③, Via di Mezzo 21, Tel. 0583 710010, www.acchiappasognibarga.com. Edles Design-B&B mit drei Zimmern und viel zeitgenössischer Kunst.
■ **La Pergola**②, Via Sant'Antonio 1, Tel. 0583 711239, http://hotel-lapergola.com. Nettes kleines Stadthotel in ruhiger Lage 5 Gehminuten von der Altstadt mit 23 komfortablen Zimmern und freundlichem Service.

UNSER TIPP: Casa Fontana②, Via di Mezzo 77, Tel. 349 6842721, www.casa-fontana.com. Sechs Zimmer in Familienpension in einer (unter Wahrung historischer Materialien) ausgezeichnet renovierten Stadtvilla aus dem 18. Jh. (die schottischen Besitzer sind Architekten) am Nordende der Altstadt mit einem kleinen ummauerten Garten. Herzliche Gastgeber, liebevoll hergerichtetes Frühstück.

Außerhalb

■ **Il Casale degli Ulivi**②, Via Colle dei Ronchi 1, Catagnana, Tel. 328 3439860, www.ilcasaledegliulivi.net. Zwei rustikal gestaltete Apartments in ei-

nem Gutshof 2,5 km nordöstlich der Altstadt in ruhiger Alleinlage, großer Garten, kleiner Pool.

🦋 **Agriturismo Antica Trattoria dell'Ermita** ②, Eremo di Calòmini 1, Vergemoli, Tel. 0583 767 020, www.eremocalomini.it. Bauernhof an der Stichstraße hoch zum Kloster Calòmini in absoluter Ruhe und mit tollem Ausblick, sechs freundlich-rustikal eingerichtete, helle Zimmer, Schwimmbad und gutes **Restaurant**② (im Winter Mo/Di geschl.) mit Speisesaal und Veranda, ländliche Küche (Räucherforellen!) – der Agriturismo wird wegen seines ökologischen Engagements offiziell vom Parco Apuane empfohlen.

■ **Agriturismo Summer**②-③, Località Piazza, Verni/Gallicano, Tel. 0583 76/098, www.agriturismosummer.it. 10 km südwestlich von Barga in Höhe des Abzweiges zum Calòmini-Kloster nach Süden, Bauernhof mit drei großzügigen Apartments und Schwimmbad in einem kleinen Weiler.

■ **Regina**②, Viale Umberto I 157, Bagni di Lucca, Tel. 0583 805151, www.coronaregina.it. Wer verbleichendem Charme auch etwas abgewinnen kann: Die Kureinrichtungen in den Termen sind gut, die Zimmer sauber, die Atmosphäre ein bisschen *fin de siècle*, der Pool groß und das Ganze billig.

UNSER TIPP: **Villa Rosalena**②, Camaione di Sotte 21A, Ponte a Serraglio, Bagni di Lucca, Tel. 346 721 1741, www.villarosalena.com, Juli/Aug. geschl. B&B mit vier schönen, großzügigen Zimmern mit Blick von oben auf Bagni, kleiner Pool, Garten, angenehme Gastgeber.

■ **Locanda L'Aquila d'Oro** ②, Via Vicolo al Serchio 6, Castelnuovo di Garfagnana, Tel. 0583 62654, www.locandaaquiladoro.it. *Albergo* mit acht zweckmäßig eingerichteten Zimmern in der Altstadt bei der Festung, auch **Restaurant**②.

■ **Lunardi**②, Passo delle Radici, Tel. 0583 649071, www.albergolunardi.com. Berggasthof direkt auf der Passhöhe mit guter ländlicher Küche zu fairen Preisen, einfach eingerichtete Zimmer mit Bad (auch Familienzimmer).

■ **Riva del Lago**①-②, Via Rimessa di Agliano, Lago di Gramolazzo/Minucciano, Tel. 0583 610086, www.rivadellago.it. Hier nächtigt man wegen der Lage am Seeufer, zweckmäßige Zimmer mit Bad, Restaurant mit durchschnittlicher Küche – alles sehr, sehr günstig.

Camping

■ **Agricampeggio La Piella,** Località La Piella, Castelnuovo di Garfagnana, Tel. 0583 62916, Mai–Sept. Einfacher Landcampingplatz 6 km nördlich (1200 m Luftlinie) von Castelnuovo mit dem Notwendigsten, dafür Rasen, Schatten, Ruhe und schöne Aussicht.

△ Panorama in San Pellegrino

Essen und Trinken

■ **Scacciaguai**②-③, Via di Mezzo 23, Tel. 0583 711368, www.scacciaguai.it. Moderne Einrichtung mit zurückhaltenden Rustikaldetails, leichte Küche mit hohem Anspruch, vornehmlich fleischlastig, Trüffelpasta, ausgesuchte (nicht billige) Weine.

■ **Caffè Capretz**②, Piazza Salvo Salvi 1, Tel. 0583 724567. Elegantes, modernes Café-Restaurant/Pizzeria in der Stadtloggia, seit Ende des 19. Jh. eine Institution, allerdings mit Essen in nicht immer gleich bleibender Qualität; die Lage entschädigt!

Unser Tipp: **Borgo 1**②, Via di Borgo 1, Tel. 333 372 0648, Winter nur Do–So. Kleines Lokal mit Design-Einrichtung bei der Brücke zwischen Alt- und Neustadt, mit engagiertem Service und junger Küche, die frischen Wind in die traditionellen Rezepte bringt, köstliche Ravioli aus Kastanienmehl mit Ricottafüllung und leckeres Thunfisch-Carpaccio, kleiner Freisitz, sehr gutes Preis-Leistungs-Verhältnis.

■ **Osteria di Ricardo**②, Piazza Angelio 13/14, Tel. 335 5387113, www.losteriabarga.com, März–Okt. Trattoria in der Altstadt, die die Einheimischen wegen ihres (relativ) günstigen *bistecca fiorentina* aufsuchen, probieren sollte man das Schweinefilet in Balsamico. Freisitz auf der Piazzetta.

Außerhalb

Unser Tipp: **Vecchio Mulino**②, Via Vittorio Emanuele 12, Castelnuovo di Garfagnana, Tel. 0583 62192, www.vecchiomulino.info. Rustikaler Laden mit Osteria mit Garfagnana-Spezialitäten wie *linchetto ai funghi porcini* (in Salz und getrockneten Steinpilzen eingelegtes Roastbeef, tiefrot und mit schwarzer Kruste), Kastanienbrotmehl oder Pecorino aus der Garfagnana; man sitzt gemütlich an langen Tischen in urigem Ambiente zwischen Riesenmortadella, Käselaiben und Weinflaschen und kommt ins Gespräch.

■ **Lo Sfizio Garfagnino**②, Via Roma 5, Castiglione di Garfagnana, Tel. 0583 689926. Die winzige Osteria – je nach Aufteilung mit einem großen oder zwei kleinen Tischen – entführt ihre Gäste in ein kulinarisches Abenteuer. Alles wird frisch zubereitet, und es gibt nur Gerichte (natürlich Traditionelles aus der Garfagnana), die der Markt gerade anbietet; anstelle einer Karte empfiehl der Chef wort- und gestenreich, was seine Damen in der Küche gerade zubereiten.

■ **Il Rondone di Bertozzi Nilo**②, Località Grotta del Vento, Vergemoli, Tel. 0583 722018, Mo geschl. Großes Ausflugsrestaurant mit Wildschwein und Forelle; direkt an der Höhle ist man manchmal ein wenig zu sehr auf Gästedurchsatz bedacht, worunter das *menu turistico* leidet. Mit Terrasse.

■ **L'Alpino**②-③, Frazione S. Pellegrino 10, San Pellegrino in Alpe, Tel. 0583 649068. Ristorante und Bar in toller Lage mit einer eher einfachen Küche, die aus den üblichen Traditionsgerichten wie Steinpilzen, *bistecca* oder Wildschwein besteht – aber was sollte man im höchstgelegenen Dorf der Alpi Apuane auch anderes essen? Zum Nachtisch das Heidelbeereis versuchen!

■ **L'Appennino**②, Piazza del Santuario 5, San Pellegrino in Alpe, Tel. 0583 649069. Auch hier steht traditionelle Kost im Vordergrund, darunter *funghi fritti* oder *cinghiale con polenta*.

■ **Il Rifugio di Baisi**②, Via Campocatino 1, Campocatino, Tel. 0583 664020, Mo geschl., im Winter nur am Wochenende (Anmeldung empfohlen). Beste Landküche auf 1000 m Höhe, Spezialitäten aus Dinkelmehl, Salami und Käse aus der Region – unter der Woche à la carte, am Wochenende, wenn die Tagesausflügler hoch kommen, festes Menü.

Süßes

■ **La Gelateria di Barga,** Via Mezzo 1, Tel. 347 9427384, www.facebook.com/lagelateria.barga. Eis in allen vorstellbaren Geschmacksrichtungen, Gebäck, Cappuccino und Aperitifs (Sprizz, Negroni!); Tische auf der Straße, im Sommer an den Wochenenden am frühen Abend manchmal Livemusik.

Nachtleben

■ **Da Aristo,** Piazza Salvo Salvi 6, Tel. 0583 723 062. Bar und Vinothek, in und vor der sich abends die Einheimischen auf ein Gläschen treffen, ebenso gut für eine kleine Mahlzeit mittags, an den Wochenenden auch öfters Livemusik.

■ **Barga Jazz Club,** Via del Pretorio 23, Tel. 0583 723860, www.facebook.com/bargajazzclub, nur an den Wochenenden. Club mit hohem Bekanntheitsgrad und ausgezeichneten Jam-Sessions.

Verkehr

■ **Bahn:** Bahnhof Stazione Mologno 4 km südwestlich von Barga, Verbindungen nach Lucca werktags etwa stündlich (40 Min., um 4,50 €); mehrere Buslinien (u.a. Nr. 466) zur Altstadt in kurzen Abständen (um 15 Min.), VaiBus; www.lucca.ctt nord.it.

■ **Bus:** von Barga mit VaiBus mehrmals täglich nach Coreglia mit Linie 457 (30 Min., um 2,40 €), nach Castelnuovo mit Linie 463 (40 Min., um 3 €), nach Castiglione mit Linie 418 (20 Min., um 1,60 €) und von Lucca nach Bagni di Lucca werktäglich etwa im Ein- bis Zweistundentakt mit Bus Nr. 538 (40 Min., um 3 €); ww.lucca.cttnord.it.

■ **Parken:** Via Guglielmo Marconi, Via Hayange.

▷ Bei Sassorosso auf dem Weg zum Passo delle Radici

Feste

■ **BargaJazz,** in den letzten zwei Augustwochen Jazzfestival in Barga und Umgebung mit internationalen Teilnehmern (u.a. im schönen und intimen Teatro dei Differenti), www.barganews.com.

■ **Opera Barga,** drei Wochen in Juni/Juli gibt es etwa 15 konzertante Aufführungen (z.B. Barockarien) in stimmungsvollen Spielstätten wie dem Teatro dei Differenti, in einem Oratorium und in den Kreuzgängen von Santa Elisabetta und San Francesco, www.operabarga.it.

■ **Barga Ciccolata,** drei Tage im Dezember stehen in Barga alle Zeichen auf Schokolade, eine Art Weihnachtsmarkt.

Einkaufen

■ **Wochenmarkt** in Barga Sa 8–14 Uhr.

■ **Mercatino sotto le Stelle,** Markt mit viel Kunsthandwerk unter Sternen in Barga im Juli jeden Mittwochabend.

■ **Antiquitäten- und Kunstmarkt** in Castelnuovo di Garfagnana jedes erste Wochenende im Monat, in Barga jeden zweiten So des Monats, jeweils in der Altstadt.

■ **Utilizzamo il Sottobosco,** Via Centrale 16, San Pellegrino in Alpe, Tel. 0583 649082. Die kleine Enoteca führt Honig, Konfitüren, Käse, getrocknete Pilze und andere Spezialitäten der Garfagnana.

■ **La Sorgente,** Via Centrale 10, San Pellegrino in Alpe, Tel. 0583 649074. Spezialität des Ladens ist der feine *lardo di colonnata*. Außerdem gibt es auch verschiedene Pecorino-Sorten, Pilze etc.

Aktivitäten

Parco Avventura Selva del Buffardello bei San Romano di Garfagnana, 12 km nordwestlich von Barga – Hochseilgarten mit drei Routen für Kinder und sechs für Erwachsene, Mai–Sept. Tel. 320

2469 330 (Voranmeldung angeraten), www.selva delbuffardello.it, 18 €, Kind 12 €. Hier auch ein **Archeopark** mit der Fortezza delle Verucole (Mittelalter) und einem prähistorischen Dorf mit jeweils einem Lehrpfad (6 €/3 € für die geführte Tour).

■ **Orrido di Botri,** 22 km östlich von Barga in den Bergen (Anfahrt über Salita und Tereglio) – eindrückliche und schöne, 4-stündige geführte Tour durch die vom Rio Pelago gegrabene, bis zu 200 m tiefe Klamm (Schutzgebiet); Kleider zum Wechseln mitnehmen (man watet – je nach Jahreszeit – durch tiefes Wasser), feste Wanderstiefel obligatorisch, Stöcke hinderlich. Località Ponte a Gaio 11 (GPS 44.083346, 10.602608), Ufficio Guide, Tel. 0583 800022, www.orridodibotri.toskana.it, Juni– Sept., 14 € (mit Helm).

■ **Wanderung auf alten Maultierpfaden** nördlich von Barga (Plan erhältlich bei der Touristeninformation), Rundtour, knappe 10 km, 3 Std., Höhendifferenz 450 m; vom Largo Roma erst entlang des Viale Biondi nach Nordosten, am Ende auf Pfad weiter.

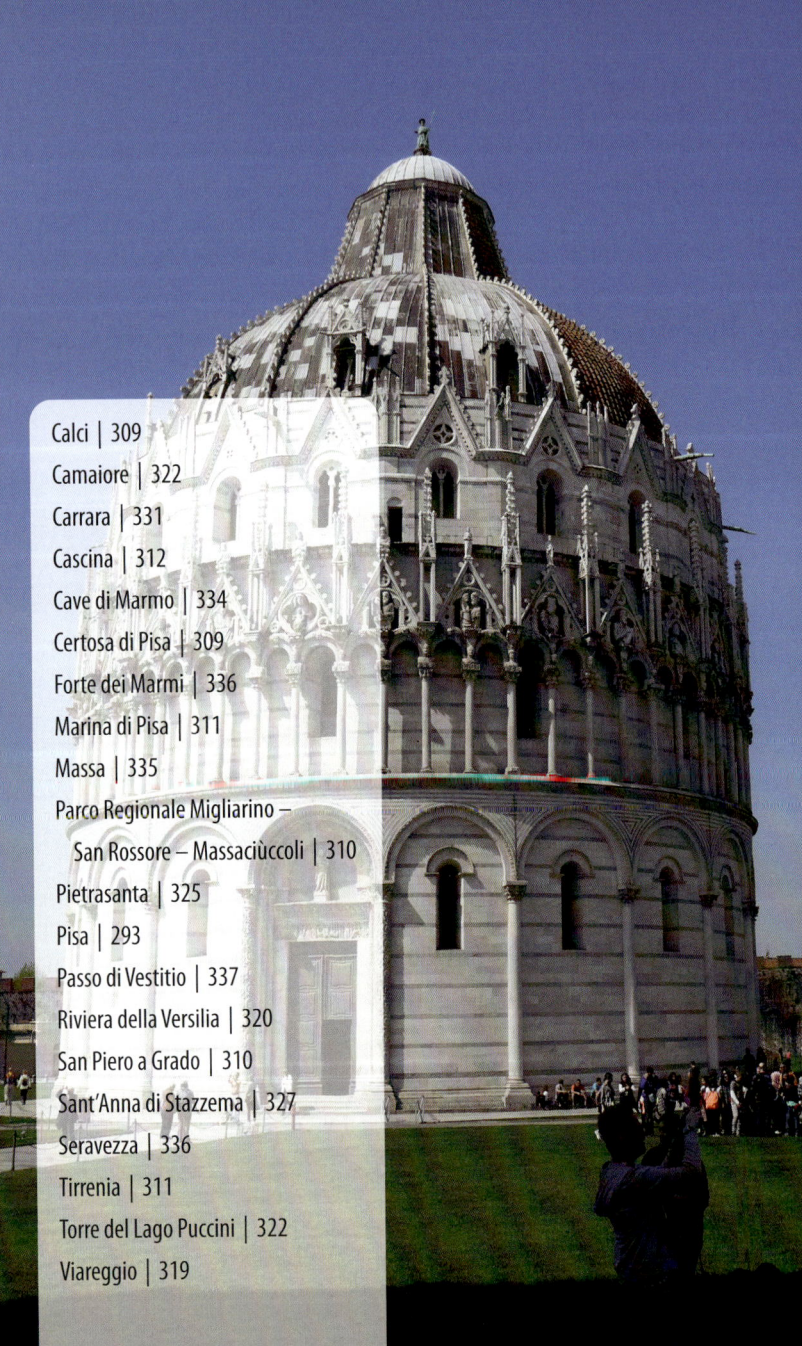

Calci | 309

Camaiore | 322

Carrara | 331

Cascina | 312

Cave di Marmo | 334

Certosa di Pisa | 309

Forte dei Marmi | 336

Marina di Pisa | 311

Massa | 335

Parco Regionale Migliarino –
  San Rossore – Massaciùccoli | 310

Pietrasanta | 325

Pisa | 293

Passo di Vestitio | 337

Riviera della Versilia | 320

San Piero a Grado | 310

Sant'Anna di Stazzema | 327

Seravezza | 336

Tirrenia | 311

Torre del Lago Puccini | 322

Viareggio | 319

5 Pisa, Riviera della Versilia/ Apuana

Geballte, steingewordene Vergangenheit und praller Sonnenschein-Strand-Tourismus ganz nahe beieinander

◁ Das Baptisterium am Platz der Wunder in Pisa

PISA, RIVIERA DELLA VERSILIA/ APUANA

Eigentlich wäre die Region zwischen Montecatini, San Miniato, Viareggio und Livorno mit Pisa in der Mitte des Rechteckes bretteben, wenn es nicht einen Spielverderber gäbe – den **Monte Pisano.** 917 m üNN misst seine höchste Stelle, und da das Land um ihn herum fast auf Meereshöhe liegt, wirkt der Gebirgsstock recht wuchtig. Er teilt das Schwemmland des Arno in einen nördlichen und einen südlichen Teil. An seinem Westhang sprudeln Thermalquellen wie bei **San Giuliano Terme,** liegen Festungsdörfer wie **Vicopisano** und Konvente wie das **Kartäuserkloster Certosa di Pisa.** Der Berg ist ein Dorado für Drachenflieger, die von der in der Ebene aufgeheizten und an den Hängen nach oben steigenden Luft profitieren.

Pisa ist eines der **absolut notwendigen Ziele bei einer Italienreise,** eine Einstellung, die auch die Kreuzfahrer teilen, die, in Livorno angelegt und in Reisebussen angekarrt, jeden Tag in einer Phalanx einfallen und den „Platz der Wunder" aufrollen. Früh am Morgen und am späteren Nachmittag ist er aber immer noch herrlich zu genießen.

Mit **Viareggio** beginnt der unendlich lange und breite Strand der **Riviera della**

Pisa, Riviera della Versilia/Apuana

Versilia bzw. weiter nördlich der **Riviera Apuana**, der sich bis Carrara hinzieht, Sonnenschirm an Sonnenschirm, Liege an Liege – vor einer Front von Bars, Hotels, Cafés, Modegeschäften und Restaurants. Im Hinterland türmt sich der Gebirgskamm der **Alpi Apuane** in den Himmel, in dessen Flanken der Mensch riesige, weiß blutende Wunden geschlagen hat. Etrusker wie Römer, *da Vinci* und die Architekten *Mussolinis,* alle haben sie den kostbaren **Marmor** aus den Bergen gebrochen, fast unten am Meer und in 1000 m Höhe, in riesigen Quadern für übermenschliche Skulpturen und für monumentale Bauten. **Carrara**, **Massa** und die Künstlerstadt **Pietrasanta** sind noch heute Synonyme für den Kalkstein, der in zahllosen Farbnuancen und Marmorierungen in die ganze Welt geliefert wird.

Wer der Sommerhitze und des Badelärms der Küste überdrüssig geworden ist, fährt einfach hoch in die Kühle der Berge und in die Einsamkeit der Wälder im nächsten Tal – die Garfagnana mit Wanderwegen, netten Hotels und guten Restaurants (siehe vorheriges Kapitel).

NICHT VERPASSEN!

- **Platz der Wunder, Pisa:** Dom, Taufkirche, Schiefer Turm, Museen | 295
- **Piazza dei Cavalieri, Pisa:** weltliches Zentrum der Stadt | 304
- **Arno-Ufer, Pisa:** Palazzi in erster Reihe | 307
- **Oratorio Santa Maria della Spina, Pisa:** ein Feuerwerk der Gotik | 307
- **San Piero a Grado, Grado:** Romanik pur | 310
- **Viareggio:** Strandleben auf die feine Art | 319
- **Festival Pucciniano,** Lago di Massaciùccoli: Oper, wo sie *Puccini* komponiert hat | 330
- **Marmorbrüche von Carrara:** weißer Stein an steilen Hängen | 331

Diese Tipps erkennt man an der gelben Hinterlegung.

Die Highlights für Kinder

- **Giardino Scotto, Pisa:** Spielplatz in einem Park als Kontrastprogramm zu Kirchen und Kunst | 307
- **Museo Nazionale, Certosa di Pisa:** Dinos und andere wilde Tiere im Naturkundemuseum | 309
- **Parco Avventura Il Pineto, Marina di Pisa:** familienfreundlicher Hochseilgarten | 319
- **Città di Carnevale, Viareggio:** Karnevalsmuseum (vorher Mittagsschlaf, im Sommer macht das Museum erst um 21 Uhr auf | 326
- Dampfer- oder Tretbootfahrt auf dem **Lago Massaciùccoli,** Viareggio | 331
- **Tropfsteinhöhle** und **Quecksilbermine** bei **Levigliani**/Pietrasanta | 331
- Mit dem Geländewagen durch die Marmorbrüche: **Cave di Marmo** bei **Carrara** | 334

Pisa

■ 5 m üNN, 89.000 Einw., Lucca 20 km, Livorno 25 km, Florenz 85 km

Warum nach Pisa? Die Frage wird keiner ernsthaft stellen! Wenn es ein Stereotyp für Italien gibt, dann ist es der Schiefe Turm. Doch täte man der Stadt unrecht, würde man sie auf ihn reduzieren. Als einer der großen Rivalen von Florenz und erste Stadtrepublik der Toskana hat sie eine ganze Menge an Kultur zu bieten und ist nicht nur als **UNESCO-Welterbe** ein Muss in der Reiseplanung – trotz der Unzahl Touristen.

Die riesigen Parkplätze in unmittelbarer Nähe der Piazza dei Miracoli, des „Platzes der Wunder", einzurichten, war die beste Entscheidung des modernen Pisa. So sind die Wege derjenigen, die sich für nichts als den „Hängenden Turm" interessieren, vom Bus zum Campo und zurück schmerzlos und kurz.

Die wichtigsten Sehenswürdigkeiten befinden sich in den Vierteln **San Francesco** und **Santa Maria** nördlich des Arno, der die Stadt in der Mitte teilt. Südlich des Arno liegen die **Geschäftsviertel** und der **Bahnhof**. Wer shoppen will, ist hier richtig, und auch das eine oder andere historische Bauwerk wartet in den Vierteln **San Martino** und **Sant'Antonio**. Die Stadtbefestigung ist in Teilen erhalten und umgreift ein Areal von etwa 1,5 km Durchmesser. Sie zeugt von der Bedeutung der Stadt bereits im Mittelalter, als sie noch an einer Lagune lag und die Handelsschiffe bis an den Stadtwall gelangten. Doch bereits im 13. Jh. ließ das Schwemmmaterial des Arno die Lagune versanden, Pisa verlor seinen Hauptvorteil gegenüber den rivalisierenden Stadtstaaten und musste sich schließlich Florenz unterordnen. Heute liegt die Stadt mit ihrer 1343 gegründeten Universität 10 km abseits des Mittelmeeres.

Berühmteste Söhne sind **Galileo Galilei** (der die Erde aus dem Zentrum des Universums hob und um die Sonne kreisen ließ) und der Mathematiker **Fibonacci** (dessen Zahlenfolge gerne mit dem Modell sich vermehrender Kaninchen erläutert wird).

Geschichte

Ob Pisa etruskischen oder griechischen Ursprungs ist, da streiten sich die Gelehrten. Einer der Gründungslegenden nach wurde es von dem griechischen Helden *Pelops* gegründet (der später dem Peloponnes – „Pelops Insel" – seinen Namen gab). Wahrscheinlicher ist die Gründung im 9. Jh. v. Chr. durch die **Etrusker** nahe der Mündung des Arno. Schiffsbau und Handel machten die Stadt vermögend. Beizeiten schloss sie sich den **Römern** an und bekämpfte an deren Seite Karthago. 180 v. Chr. erhielt man den Status einer römischen Kolonie und von Kaiser *Augustus* aus dem Geschlecht der *Julier* den Ehrennamen „Colonia Julia Pisana".

Im **Mittelalter** prosperierte Pisa und sah sich als gleichberechtigte Handelsstadt neben Amalfi, Genua und Venedig. Im 12. Jh. überflügelte Pisa in der Bedeutung sogar Venedig und stand an erster Stelle. 1113 besaß Pisa 300 Schiffe, auf denen 45.000 Matrosen arbeiteten. Der Machtbereich wuchs, man herrschte

Romanik à la Pisa

Die Pisaner Romanik entstand in der **Hochzeit** des Stadtstaates Pisa im **11.–13. Jh.** Seine Schiffe beherrschten das Mittelmeer, seine Soldaten beteiligten sich an Kreuzzügen und verschafften der Stadt beim Kampf mit den Sarazenen den Reichtum, der für die Kirchenbauten notwendig war. Schließlich dehnte sich das Herrschaftsgebiet über Sardinien und Korsika, über die Balearen bis nach Tunis aus.

Die **engen Beziehungen zum Osten** durch Kriege und den Seehandel sorgten für die Einflüsse, die die pisanische **Sonderform der Romanik** erst möglich machten. Die Kunstfertigkeiten und -programme von Byzanz und Orient fanden maßgeblichen Niederschlag in der Architektur des Stadtstaates. Ornamente, Mosaike, figürlicher Schmuck und Verspieltheit gingen an den Fassaden der Sakralgebäude eine perfekte Verbindung ein. Herausragendes Charakteristikum des neuen Baustils ist aber die **Vorkleidung des** aus Backstein errichteten **Baukörpers** mit hellem **Marmor,** häufig im Wechsel mit dunklem Stein in zweifarbigen Streifen gelegt. Mit Rhomben und Kreisen verzierte Blendbögen, teils reich mit vielfarbigen Marmorintarsien ausgestaltet, umrahmen Eingangsportale, ein ganz neues architektonisches Element, die Byzanz entlehnte **Kuppel**, wölbt sich über der Vierung. Während diese Elemente deutlich byzantinische, oft auch islamische Einflüsse erkennen lassen, sind die über den Portalen übereinander gestaffelten Loggien lombardischen Ursprungs.

Der Pisaner Stil **verbreitete sich** bald in der ganzen Toskana und wurde auch in Lucca und sogar auf Elba, Korsika und Sardinien umgesetzt.

über Sardinien und Korsika, nahm die Balearen und Tunis ein und beteiligte sich erfolgreich an **Kreuzzügen,** ja initiierte selbst Kriegszüge in die muslimischen Machtbereiche. Lucca, aber auch und besonders Genua versuchten immer wieder, Pisa militärisch beizukommen, was dieses lange Jahre mit Bravour zu verhindern wusste. Dann trat allerdings das reiche **Florenz** der **Guelfen** auf den Spielplan. Pisa, traditionell ghibellinisch und kaisertreu, sah sich nun einer guelfischen, papistischen Allianz gegenüber. Zudem schnitt die zunehmende Versandung der Lagune die Stadt vom Meer ab. In dieser Zeit erneuerte sich Pisa zwar von innen und legte sich statt der Regierung der Adligen eine volksnähere Vertretung zu (die Position des Capitano war geschaffen), doch dann starb 1250 Kaiser *Friedrich II.* Das Kriegsglück neigte sich nun zunehmend zu Ungunsten von Pisa. Im Jahre 1284 erlitt es schließlich vor Livorno bei der **Seeschlacht von Meloria** eine erste vernichtende Niederlage.

Zu Beginn des 14. Jh. erstarkte Pisa erneut (zumindest auf dem Land, seine Seeherrschaft war für immer dahin), eroberte Lucca und schlug die Florentiner bei der **Schlacht von Montecatini** 1315. 1399 überließen die Fürsten von Appiano, die zu jener Zeit Pisa beherrschten, für 200.000 Goldflorin den Stadtstaat den Mailänder **Visconti** und behielten nur Piombino und Elba für sich. 1406 setzte sich dann Florenz (fast) endgültig in Pisa fest. Von einer anfänglichen Auskehrung der Gegner abgesehen, sorgten die **Medici** bald dafür, dass Pisa wieder auf die Beine kam, nicht militärisch, sondern wirtschaftlich und kulturell. Die Universität wurde neu gegründet, Professoren aus Florenz geschickt und Florentiner Studenten zum Studium in Pisa zwangsverpflichtet.

100 Jahre herrschte Ruhe, dann regte sich wieder Pisanisches Unabhängigkeitsstreben. 1499 begann der erste **Aufstand,** und die Florentiner Truppen wurden zurückgeschlagen. Bis 1505 gelang dies zwei weitere Male, doch jedesmal hinterließ Florenz verbrannte Erde, sodass sich die Versorgung immer schwieriger gestaltete. Die vierte Belagerung 1509 endete am 9. Juni mit der **Kapitulation** Pisas. Aus war's.

Pisa hatte seine Eigenständigkeit für immer verloren und versank mehr oder weniger in Bedeutungslosigkeit; bis, ja bis der **Tourismus** die Stadt entdeckte, wofür seine Vorreiter im ersten Viertel des 19. Jh. die Saat legten – hauptsächlich Engländer, die wegen des feinen Klimas hier Erholung suchten und Quartier in Herbergen wie „Tre Donzelle" oder „La Croce di Malta" nahmen.

re hat es gedauert, bis die Bebauung des Platzes abgeschlossen war. Begonnen hatte man mit dem **Dom** 1063, 100 Jahre später kamen Turm und Baptisterium hinzu, und 1278 war der Friedhof Camposanto fertig. Dass man so weit abseits eines Machtzentrums – in Pisa die Piazza dei Cavalieri – einen Dom errichtete, war gänzlich unüblich. Doch die Pisaner wollten etwas Neues und Großes erschaffen und errichteten ihren Tempelbezirk außerhalb der Stadtmauern auf einem Gräberfeld – tatsächlich antiken Vorbildern von Tempelanlagen folgend. Weitere Stilelemente entlehnte man den frühchristlichen römischen Kirchen und lombardischer Architektur. Verarbeitet wurden außerdem orientalische Stilmittel, die man auf den Kreuzzügen für sich entdeckt hatte. Trotz der langen Bauzeit und der unterschiedlichen Einflüsse zeigt sich der Platz stimmig und einheitlich und im Sinne einer Pisaner Romanik programmatisch.

Rund um den Platz der Wunder ...

Einer der Piazza del Duomo/Piazza dei Miracoli nächstliegenden Parkplätze findet sich an der Via Piave. Auf einem Fußweg nach Süden gelangt man zum Durchgang an der Stadtmauer und steht direkt am **Schiefen Turm.** Gleißend hell ist der Marmor der Bauwerke und stäche im Sonnenlicht schmerzhaft in die Augen – wären da nicht die weiten, wohltuend grünen Rasenflächen. Über 200 Jah-

▷ Die Kapitolinische Wölfin mit ihren (hoffentlich schwindelfreien) Ziehkindern Romulus und Remus

Pisa

Übernachtung
1. Rosso di Sera
2. Camping Torre Pendente
3. Residence Antiche Navi Pisane
4. Tower's Garden
5. Novecento
8. Hostel Pisa Tower
17. Leonardo
30. Royal Victoria Hotel
36. Bologna
40. La Dimora
42. San Michele B&B
49. Dei Cavalieri B&B
50. Hostel Pisa
51. Le Piagge

Essen und Trinken
6. Da Cassio
7. Pizzeria la Torre
9. Café dei Cavalieri
10. Il Montino
11. Pasticceria Salza
14. biOsteria 050
16. Osteria di Culegna
18. Il Campano
19. Osteria La Mescita
20. Orzo Bruno
23. Osteria Bernardo
26. Il Nuraghe
27. Panineria Il Crudo
28. Il Bilancino
29. La Bottega del Gelato
32. Caffè dell'Ussero
33. Gelateria De'Coltelli
35. Osteria San Paolo
37. Vegusto
45. Ancora Capodimonte
46. Little Star Café
47. Caffè Drago
48. Keith Café

Nachtleben
13. Mimi Café
22. Sottobosco
34. Cinema Lumière
41. Argini e Margini
43. Arnovivo
44. Akuaketa Club

Im Norden schließt der Camposanto den Platz ab, im Süden das Sinopienmuseum. Der Dom nimmt die Mitte ein, im Westen flankiert von der Taufkapelle, im Osten vom Schiefen Turm. Nördlich von diesem steht die **Lupa Capitolina,** die *Romulus* und *Remus* säugende römische Wölfin, auf einer Säule. Die Stadt ließ sie 1926 anlässlich eines Besuches des Duce aufstellen. Südlich vom Turm schmücken die **Fontana dei Putti,** einen im 17. Jh. gebauten einfachen Brunnen, seit dem 18. Jh. Marmorengel.

1063 errang Pisa vor Palermo einen grandiosen Seesieg über die Sarazenen, welcher der Stadt für ein Jahrhundert die Vorherrschaft im Mittelmeer sicherte. Von der Seeschlacht brachte Pisa sechs Schiffe voller Schätze als Beute nach Hause (wie die Inschrift an der Fassade rechts oberhalb des mittleren Blendbogens der Nachwelt stolz berichtet). Mit diesem Geld begann man noch im selben Jahr den Bau der **Kathedrale Mariä Himmelfahrt,** der heute größten romanischen Kirche der Toskana. Fünf Längsschiffe, drei Querschiffe, eine massige, achteckige Kuppel über der Vierung und je eine Apside am Chor und an den Enden der beiden Querhäuser stellen klar, dass Pisa seine Macht und seine Bedeutung präsentiert sehen wollte. Baumeister war *Buschetus,* noch im 11. Jh. die Weihe. 1118 verlängerte *Rainaldus* das Langschiff um drei Joche nach Westen und plante die heutige Fassade, die 1160 *Guglielmo* vollendete. Über den Blendbögen des Eingangsbereiches staffeln sich, nach oben verjüngend, vier Zwerggalerien, die antike Säulenreihen zum Vorbild haben. Allgegenwärtig ist die Wechsellage verschiedenfarbigen Marmors. Das Bogenfeld des mittleren Blendbogens schmückt ein Mosaik byzantinischen Charakters. Auffällig sind die Verkleidungen an den Giebeln der Zwerggalerien und den Gesimsen: orientalische Ornamente. Die ursprüngli-

Besucherstress und Tickets

Um des Ansturms Herr zu werden, ist der Besuch der Sehenswürdigkeiten der Piazza dei Miracoli **streng reglementiert.**

Insbesondere die Besteigung des **Schiefen Turms** wird exakt terminiert, wer nicht zur rechten Zeit da ist, dessen Karte ist verfallen. Rucksäcke und große Umhängetaschen dürfen nicht mit auf den Turm (kostenfreie Schließfächer beim Kartenverkauf gleich nördlich). **Kindern** unter 8 Jahren ist der Zutritt aus Sicherheitsgründen verboten, bis 12 Jahre nur an der Hand eines Erwachsenen und bis 18 Jahre nur in Begleitung eines Erwachsenen. Kassenschluss ist 30 Min. vor Schließung. Der Eintritt in die **Kathedrale** ist frei, allerdings muss an der Zentralkasse eine Eintrittskarte geholt werden. Die Besteigung des Schiefen Turms kostet 18 €, das Ticket mit genauer Eintrittszeit kann 20–1 Tag(e) im Voraus online erworben werden (keine telefonische Reservierung möglich). Für alle anderen Monumente/Museen zahlt man 5 € für eins, 7 € für zwei, 8 € für drei und 9 € für vier. Außerdem: Das Betreten des Platzes abseits der südlich entlang des Sinopienmuseums verlaufenden „Transit"-Straße ist zwischen 1 Uhr nachts und 7 Uhr morgens verboten!

■ **Infos** auf www.opapisa.it, Öffnungszeiten Ticketoffice Dez./Jan. 9.30–16.30, Nov./Feb. 9.15–17.15, März 8.30–17.30, April–Sept. 8.30–19.30, Okt. 8.30–18.30 Uhr.

Platz der Wunder

Seinen Beinamen verdankt Pisas erstes Aushängeschild dem Schriftsteller **Gabriele D'Annunzio** (1863–1938), der die Piazza Duomo 1910 als *„prato dei miraculi"* – als „Wunderwiese" – pries.

chen drei Bronzetore der Hauptfassade (1179) von *Bonanno Pisano* schmolzen 1595 bei einem Brand und wurden durch neue aus der Werkstatt von *Giambologna* ersetzt. Das einzig erhaltene Tor *Bonannos* ist sein viertes, die Porta di San Ranieri von 1186 an der Ostseite des südlichen Querschiffes, der ursprüngliche Haupteingang des Doms (da er stadtnäher lag als das Hauptportal). Vier große abschließende und 20 kleinere auf Holz montierte Bronzetafeln haben Szenen aus den Leben Christi und Mariä zum Thema, Arbeitsvorlagen für sie waren vermutlich die *confanetti* genannten, fein gearbeiteten Kästchen, in denen Reliquien aus dem Orient nach Italien transportiert wurden. Die Technik des Wachsausschmelzverfahrens („Verlorene Form") hatte *Bonanno* von byzantinischen Handwerkern erlernt.

Im Inneren beachte man das – byzantinischen Vorbildern folgende – **Goldmosaik der Apsiskalotte,** ein thronender Christus zwischen Maria und *Johannes dem Evangelisten,* das 1302 unter Mitwirkung *Giovanni Cimabues* entstand. Das **Grabmal Heinrichs VII.,** 1313 in Buonconvento an Malaria verstorben, vielleicht aber auch von einem Mönch vergiftet, ist für Pisa von besonderer Bedeutung, hatte es doch vom Kaiser Unterstützung im Kampf gegen die papistischen Guelfen in Florenz erwartet. *Tino di Camaino,* ein Schüler *Giovanni Pisanos,* erhielt den Auftrag für das Grab. Der Sarkophag befindet sich im rechten Querschiff gleich beim Eingang, zeigt eine Verblendung mit einem Apostelrelief und oben liegend *Heinrich.* Das Hauptaugenmerk sollte aber auf die **Kanzel** (1302–11) linker Hand vor der Vierung gerichtet sein, ein Meisterwerk von *Giovanni Pisano.* Acht äußere Säulen tragen den Korb, vier von ihnen glatt (zwei davon mit einem Löwen als Basis), vier als Figuren gearbeitet. Jede der Säulen trägt auf ihrem korinthischen Kapitell nochmals eine Konsole mit figürlichem Schmuck. Die Brüstung des Kanzelkorbes sind Reliefszenen aus dem Neuen Testament, das Lesepult trägt eine Adlerskulptur. Die mittlere Tragesäule besteht aus drei Frauenfiguren: Allegorien von Glaube, Liebe und Hoffnung. Besonders die Brüstungsreliefs bestechen mit ihrer plastischen Tiefe, die sie fast zu Vollskulpturen werden lassen, mit ihrem Detailreichtum, dem Faltenwurf der Gewänder, den ausdrucksstarken und würdevollen Gesichtern und dem Spiel zwischen Licht und Schatten. Dass die Kanzeln aus der Werkstatt von Vater und Sohn *Pisano* so einzigartig sind, hat mehrere Gründe (der Vater *Giovannis* – *Nicola* – schuf die Kanzel im Baptisterium und die im Dom von Siena, *Giovanni* schuf nach seinem Pisaner Werk eine weitere Kanzel für Pistoia). Zum einen nahmen sie als Erste Anleihen in der Antike, die sie vom Bildwerk griechischer und römischer Sarkophage erhielten, die auf den christlichen Friedhöfen zunehmend Wiederverwendung fanden. Zum zweiten schufen sie einen völlig neuen Typ von Kanzel, frei stehend, von allen Seiten zu betrachten, mit einem Bildwerk, das den (des Lateinischen nicht mächtigen) Kirchgängern die Glaubensgeschichte begreifbar machen sollte. Zum dritten entwickelten sie eine völlig neue Technik. Sie arbeiteten eine erste Figurenreihe an der linken Seite des Steins heraus und begannen dann die nächste Reihe. Dabei musste akribisch auf die Verteilung von Licht und Schatten geachtet, die Relieftiefe der nächsten Figurenreihe geschätzt werden. Bei planen Kanzelbrüstungen mag dies vielleicht noch zu bewältigen sein, bei konvexen Brüstungen wie in der Kathedrale benötigt man Genie.

■ **Cattedrale Santa Maria Assunta,** Nov.–Feb. 10–12.45, 14–17, So 13–17, März/Okt. 10–18, So ab 13, April–Sept. 10–20, So ab 13 Uhr, Eintritt frei, kostenloses Ticket an der Zentralkasse, Gläubige, die nur beten wollen, betreten den Dom durch die Cappella del SS. Sacramento; **Messen** Mo–Sa 8, 9.30, So 8, 9.30, 11 Uhr.

Das **Baptisterium** der Hauptfassade des Doms gegenüber entwarf der Baumeister *Diotosalvi* 1152 als romanische Taufkirche mit rundem Grundriss und typischen Blendbögen im unteren Bereich. 1260 führten Vater und Sohn *Pisano* das Werk fort, setzten nun aber gotische Akzente mit spitzen Bekrönungen der romanischen Bögen der ersten und der Biforien der zweiten oberen Fassadenebene. Hinzu kamen noch Schmuckfialen, gotische, spitz zulaufende Türmchen ohne statische Funktion. Die ursprünglich kegelförmige Kuppel wurde 1358 in Form einer Rundkuppel mit aufgesetzter Laternenkuppel ummauert. Der Sturz des Portals zeigt im oberen Bereich ein Relief mit Christus zwischen Maria und *Johannes dem Täufer,* zu den Seiten hin Engel. Darunter sind Szenen aus dem Leben *Johannes des Täufers* in den Stein gemeißelt. An den Säulen Monatsallegorien. Betritt man die Taufkirche, ist die Wirkung der schieren Maße der 55 m hohen Rundhalle atemraubend. Am bes-

ten empfindet man die Gewaltigkeit und Eleganz der größten Taufkirche Italiens vom oberen Umgang aus. Das achteckige **Taufbecken** mittig unter der Kuppel aus dem Jahr 1246 stammt von *Guido di Bonagiunta Bigarelli* aus Como. Wertvollster Besitz ist die sechseckige **Kanzel** (1255–60) von *Nicola Pisano*. Auch hier tauchen Löwen als Säulenbasis auf, Symbole für die Stärke der Religion. Sechs Außensäulen und eine Mittelsäule tragen den Korb der ersten frei stehenden Kanzel überhaupt. Eine der Figuren zwischen Kapitell und Korb gilt als die erste nachantike Aktfigur – *Herkules* als weiteres Symbol der Stärke. Das Bildprogramm der Kanzelbrüstung besteht aus den Reliefs „Geburt Jesu", „Anbetung der Könige", „Darbringung im Tempel", „Kreuzigung" und „Jüngstes Gericht".

So menschenleer ist es hier nur selten: Taufkirche, Dom und Schiefer Turm

■ **Battistero**, Okt.–Feb. 9–18, März 9–19, April–Sept. 8–20 Uhr, 5 €, zwei Sehenswürdigkeiten 7 €, drei 8 €, vier 9 €.

Nun ist es so weit. Die Uhrzeit ist exakt vorgegeben, zu der man eingelassen wird. Allerdings sollten die Besteigung des **Schiefen Turms** – des **Torre Pendente** – Menschen mit nicht sonderlich ausgeprägtem Gleichgewichtssinn nicht unternehmen. Auch Trittsichere sind irritiert, wenn sie einen halben Wendel lang in Turmneigung aufsteigend (wie auf einer Escher'schen Zeichnung) den Eindruck haben, bergab zu gehen, und im nächsten Halbwendel (der Neigung entgegen) gefühlsmäßig steil aufsteigen. Als Gruppe mit maximal 40 Personen eingelassen, sammelt man sich unten für die Einführung und stellt fest, dass der Turm ein hohler Zylinder ist, in dem allerlei Hightech-Gerät die Neigung auf den Tausendstel Millimeter misst. Dann beginnt der Aufstieg über insgesamt 296 Stufen. 30 Min. stehen jedem Besucher

Der Turm in Zahlen

4 Grad Neigung – 8 Etagen – 3,90 m Auslenkung – 58,36 m Höhe – 207 Säulen – 296 Stufen – 14453 t Gewicht – 7 Glocken.

im Turm zu. Die Wendeltreppe in der doppelschaligen Mauer ist mit 1 m breit genug, dass sich der Gegenverkehr vorbeidrücken kann. Selbstredend, dass die Aussicht auf die Anlage der Piazza dei Miracoli fantastisch ist.

1173 begann *Bonanni Pisano* mit dem Bau des Glockenturms der Kathedrale, der 100 Pisanische Ellen hoch werden sollte. Doch beim Mauern der dritten Etage hing der Turm bereits schief, die Arbeiten wurden erst einmal eingestellt. Für 100 Jahre. Den Baumeistern war eigentlich schon von Anfang an klar, dass das Schwemmland der Gegend statisch ein etwas unsicherer Kantonist war. Deshalb hatten sie großen Aufwand betrieben, um den Boden zu befestigen, eine 3 m tiefe und 20 m weite Grube ausgehoben, mit einer 30 cm dicken Steinlage ausgekleidet und mit einer 3 m mächtigen Schicht aus einer Stein-/Mörtelmischung verfüllt. Darauf stand der Sockel. Es half nicht. Doch dann meinte man eine Lösung gefunden zu haben. Man nahm die Neigung des Stumpfes hin und begann ab 1275 die folgenden Etagen in der Lotrechten zu mauern, das heißt mit einem Knick zum unteren Teil. Der Trick: Man machte die Säulen auf einer Seite länger, sodass es nicht auffiel. Der Turm neigte sich dennoch weiter, 1275 maß man eine einseitige Absenkung des Fundamentes von inzwischen 17 cm.

Der damalige Baumeister *Giovanni di Simone* fiel zu allem Überfluss auch noch bei der Seeschlacht von Meloria. Es wurde erneut pausierte. Erst 1350 konnte die siebte Ebene (die parallel zur Horizontlinie und relativ zum Turm als schiefe Ebene eingezogen wurde) und schließlich das Glockengeschoss fertiggestellt werden. Man war bei 58,36 m angekommen – und der Turm wurde immer schiefer. Nur einen soll es gefreut haben: *Galileo Galilei* nutzte die bedenkliche Neigung angeblich für seine Fallversuche (eine Legende, denn die damaligen Zeitmessungen waren zu ungenau). 1990 war es dann so weit. Gewichte einseitig am Boden gelagert, Betoninjektionen im Untergrund, alles war für die Katz. Die Auslenkung, die Abweichung vom Lot, betrug nun 4,54 m, jedes Jahr kam ein knapper Zentimeter hinzu, der Umsturz war absehbar. Der Turm musste für die Öffentlichkeit gesperrt werden. Stahlseile sicherten ihn nun, und man verfestigte den Untergrund auf der einen, trug ihn auf der anderen Seite ab. Die Auslenkung verringerte sich um über 60 cm. Heute gilt der Untergrund als beruhigt, weswegen aber nicht vergessen wird, akribisch zu protokollieren.

■ **Torre Pendente,** Dez./Jan. 10–17 (22. Dez.–6. Jan. 9–19), Nov./Feb. 9.40–17.40, März 9–18, April–Sept. 9–20 (17. Juni–31. Aug 8.30–22), Okt. 9–19 Uhr, 18 €, Kinder unter 8 Jahren dürfen den Turm nicht besteigen.

▷ Das Heilige Feld, ehemals der bevorzugte Begräbnisplatz der Vermögenden

Der **Friedhof** am nordwestlichen Rand der Piazza del Duomo ist das Ergebnis einer spätmittelalterlichen Erdbewegungsmaßnahme. Der Erzbischof *Ubaldo dei Lanfranchi* machte sich 1202 von seinem Kreuzzug auf den Heimweg – nicht ohne zu veranlassen, dass 50 Schiffe ihre Laderäume mit **Erde vom Berg Golgatha** füllten. Nun wollte plötzlich jeder (der es sich leisten konnte) in heiliger Erde seine letzte Ruhe finden. Die Krume wurde auf dem Friedhof verteilt, Pisa hat seitdem ein Campo Santo, ein „Heiliges Feld".

Um diesem Feld einen würdigen Rahmen zu geben, begann man im Jahre 1278 mit dem Bau der **Arkaden.** Es entstand eine Art Kreuzgang von 126 m Länge und 52 m Breite. Den anfänglich leeren romanischen Bögen verpasste man im 14. Jh. die gotische Bauornamentik. Ebenfalls im 14. und in den folgenden Jahrhundert ließ man die Rückwände freskieren. Bei einem Bombenangriff der Alliierten 1944 brannte der Dachstuhl des Arkadenganges, die Bleiabdeckung schmolz und lief, schweren Schaden anrichtend, die Wände hinunter. Von dem großartigen 23-teiligen Zyklus aus dem Alten Testament von *Gozzoli* blieben nur die bei Restaurierungsversuchen gefundenen Sinopien erhalten, die mit Rötel ausgeführten Entwurfszeichnungen (heute im Sinopienmuseum ausgestellt). Restauriert werden konnten *Buonamico Buffalmaccos* kolossale, 15 m lange und um 6 m hohe **Gemälde** „Triumph des Todes", „Jüngstes Gericht", „Inferno" und „Tebaide"(1336–41) – wobei neuere Untersuchungen dessen Urheberschaft anzweifeln und sie stattdessen *Francesco Traini* zuschreiben. Unter den zahlreichen Grabmälern befinden sich nicht wenige mit wiederverwendeten Sarkophagen aus römischer Zeit. Traditionell erhält der Erzbischof von Pisa noch heute in den Arkaden seine letzte Ruhestätte.

■ **Camposanto,** Nov.–Feb. 10–17, März 9–18, April–Sept. 8–20, Okt. 9–19 Uhr, 5 €, zwei Sehenswürdigkeiten 7 €, drei 8 €, vier 9 €.

Das **Sinopienmuseum** in den ehemaligen Gebäuden des Klosters Santa Chiara zeigt die geretteten Rötel-Entwurfszeichnungen aus dem Arkadengang des Camposanto. Da vor der Freskierung die Entwurfsebene noch eine Putzschicht erhält (die dann die Farbe aufnimmt), blieben sie vor dem herablaufenden Blei geschützt und erhalten.

■ **Museo delle Sinopie,** Okt.–Feb. 9–18, März 9–19, April–Sept. 8–20 Uhr, 5 €, zwei Sehenswürdigkeiten 7 €, drei 8 €, vier 9 €.

Im ehemaligen Bischofsseminar an der Südostecke zur Piazza Arcivescovado hin bewahrt das **Dommuseum** als Dombauhütte aus konservatorischen Gründen die wertvollsten Architekturteile und Figuren auf. An den Bauwerken der Piazza del Duomo wurden statt ihrer für das Auge nicht unterscheidbare Kopien angebracht. Weiter ist der wertvolle Domschatz zu sehen, darunter eine Madonna mit Kind (1299) aus Elfenbein von *Giovanni Pisano* (die in ihrem später hinzugefügten Ebenholzfuß eine Reliquie Marias enthalten soll). Auch Beutekunst ist ausgestellt. Aus den Jahren um 1000 stammt ein bronzener Greif aus einer Werkstatt des islamischen Spanien, bei einer Seeschlacht vor den Balearen um 1114 eingesackt.

■ **Museo dell'Opera del Duomo,** Okt.–Feb. 9–18, März 9–19, April–Sept. 8–20 Uhr, 5 €, zwei Sehenswürdigkeiten 7 €, drei 8 €, vier 9 €.

▷ Pause auf der Piazza dei Cavalieri

... und der Rest der Stadt

Unser Tipp: Nach so viel Kunst, Kultur und Menschentrubel kann man auf einer Bank im **Botanischen Garten** einige Momente des Friedens finden. Der Zugang liegt in einer Nebenstraße der nach Süden führenden Via Santa Maria. 1543 gegründet, ist er der erste Lehrgarten einer Universität in Europa. Ursprünglich am Arno gepflanzt, verlegte man ihn 1591 an die heutige Position. Auf 3 ha wachsen Pflanzen aus allen Kontinenten, Sümpfe und Seen sind angelegt, Bambuswald wiegt sich, Kräuter sprießen und hohe Bäume werfen Schatten. Alternativ kann man sich an den Tischen eines der preisgünstigen Cafés rund um die Piazza Cavallotti niederlassen.

■ **Orto Botanico,** Via Luca Ghini 5, Tel. 050 221 1310, www.sma.unipi.it, tgl. 9–19, Winter bis 18 Uhr, 2,50 €.

Die **Altstadt** erstreckt sich zwischen der Piazza del Duomo im Norden, dem Arno im Süden, dem Botanischen Garten im Westen und der Achse Via Oberdan/Borgo Stretto im Osten. 300 m gen Osten sind es vom Botanischen Garten zum zweiten berühmten Platz. Im Herzen der Altstadt liegt die ==Piazza dei Cavalieri,== wo sich ehemals auch das antike Forum befand. Ist die Piazza del Duomo das spirituelle Zentrum Pisas, der „Platz der Ritter" ist das weltliche. Auf ihm mussten die Herren 1406 die Stadtschlüssel an die *Medici* übergeben. Auch wenn es hier kein Museum gibt, die schiere Eleganz der Architektur der Gebäude im Rund macht den Platz zum Erlebnis. Am prächtigsten und Blickfang ist der Renaissancepalast **Palazzo della Cavorana**

(1562–64) mit seiner (1821 barock überarbeiteten) doppelläufigen Freitreppe. Ihn hatte *Giorgio Vasari* auf Befehl *Cosimos I.* durch Umbau des Palazzo degli Anziani geschaffen. Prominent in der Fassadenmitte ist das Medici-Wappen in Stein gehauen. Vor dem Palast steht seit 1596 *Cosimo I.* auf dem Sockel (skulptiert von *Pietro Francavilla*), einen Fuß auf einem Delfin, Symbol für die Seemacht der *Medici*. Im Palast studieren in der von *Napoleon* 1810 gegründeten Scuola Normale Superiore – also schon immer eine Eliteschule – Hoffnungsträger des Landes. Als ehemaliger Sitz der Ritter von Santo Stefano trägt der Palast auch den Namen „Palazzo dei Cavalieri". Der von *Cosimo I.* 1554 gestiftete Ritterorden sollte die Küste gegen Angriffe der Sarazenen schützen und war den *Medici* als Polizeitruppe willkommene Hilfe bei der Aufrechterhaltung der Ordnung in der Stadt. Passenderweise war der jeweilige Medici-Herzog auch Großmeister der Ritter.

Die **Kirche Santo Stefano dei Cavalieri** rechts neben dem Palast war ihre Ordenskirche, ebenfalls von *Vasari* gebaut (1565–69). Die Fassade soll allerdings *Giovanni*, der Sohn *Cosimos I.*, entworfen haben. Im Inneren wird u.a. eine von den Rittern bei der Seeschlacht von Lepanto (1571) eroberte türkische Standarte bewahrt.

■ **Chiesa di Santo Stefano dei Cavalieri,** Piazza dei Cavalieri, http://chiesadeicavalieri.blogspot.it, wegen Personalmangels dauerhaft geschlossen; an einigen Sonntagen finden Orgelkonzerte statt, Infos im Internet.

Links vom Ritterpalast steht der **Palazzo dell'Orologio** als Zusammenfügung zweier mittelalterlicher Turmhäuser. *Vasari* verband die beiden Baukörper durch den Uhrenturm, der einen Durchgang freiließ. An der linken Fassade sind noch die Umrisse des mittelalterlichen **Gefängnisses** zu sehen, des **Torre della Fame** („Hungerturm", auch Torre della Muda, Torre dei Gualandi). In ihm verhungerte *Ugolino della Gherardesca,* der bei der Seeschlacht von Meloria erfolglose pisanische Admiral, auf Befehl Bischof *Ruggieros* wegen Verrates und versuchter Tyrannei verurteilt. *Dante* schildert es etwas unappetitlich im 32. und 33. Gesang, in denen beide – Bischof und Admiral – nicht gut wegkommen.

500 m nordöstlich, an der Parkanlage der Piazza Martiri della Libertà, zeigt sich die **Kirche Santa Caterina** im Ge-

wand pisanischer Romanik mit drei Blendbögen im Eingangsbereich und zwei Zwerggalerien darüber. Das Innere der einfachen Hallenkirche ist nicht nennenswert, allerdings hängt linker Hand eine Tafel, die man *Francesco Traini* zuschreibt („Glorie des heiligen Thomas von Aquin", um 1340).

● **Chiesa Santa Caterina d'Alessandria,** Piazza Santa Caterina 4/6, Tel. 050 552883, tgl. 9–19 Uhr.

Die **Franziskanerkirche** fünf Gehminuten südlich ist wegen ihrer Fresken besuchenswert. Das dazugehörige Kloster gründete der Bettelorden noch zu Lebzeiten *Franziskus'* um 1211. Die Kirchenweihe fand 1270 statt, die Marmorfassade wurde 1603 vorgeblendet. Die Hallenkirche mit Querschiff in T-Form besitzt mehrere Chorkapellen. Man richte sein Augenmerk auf diese. Im Hauptchor steht auf dem Altar eine Marmorarbeit von *Tommaso Pisano:* Madonna mit dem Kind zwischen Heiligen (1340). In der ersten Kapelle rechts sieht man Freskenreste von *Taddeo Gaddi*, auf dem Altar ein Triptychon eines unbekannten Meisters aus dem 14. Jh. Die zweite Kapelle rechts birgt eine Maestà von *Cimabue* – allerdings als Kopie, das Original hat *Napoleon* mitgenommen und im Louvre aufgehängt. Die dritte Kapelle rechts enthält Freskenreste (um 1350) im Stil *Giottos*. In der zweiten Kapelle links hat *Ugolino* nach seinem Tod im Hungerturm die letzte Ruhe gefunden.

● **Chiesa di San Francesco,** Piazza San Francesco, www.sanfrancescopisa.it, Mo–Sa 7.30–12, 16–19, So 9–13, 15.30–19 Uhr.

Weiter fünf Gehminuten nach Süden sind es zum Arno-Ufer und zum **Nationalmuseum San Matteo.** An der Präfektur im Palazzo Medici (im 13. Jh. gebaut,

im 14. Jh. umgestaltet) vorbei, erreicht man am Lungarno Mediceo das weitläufige einstige Benediktinerkloster, in dem eine der bedeutendsten Sammlungen toskanischer Kunst ausgestellt ist. Der Bogen spannt sich von bemalten Tafelkreuzen des Frühmittelalters über die Pisanische Romanik bis zu Gemälden und Skulpturen der Gotik und hinein in die Renaissance und den Barock. In fast keinem anderen Museum ist die Entwicklung der Kunst so vielfältig dokumentiert. Prunkstück ist Simone Martinis aus 43 Bildern bestehendes, blattgoldbelegtes Polyptychon „Madonna mit dem Kind zwischen Heiligen" (1319–21). Einen ganz eigenwilligen, fast verschlagen wirkenden Gesichtsausdruck hat die gotische Frauenfigur mit Kind in lockerer Umarmung (erste Hälfte 14. Jh.), von *Lupo di Francesco* für das Grab der Familie des *Ugolino* geschaffen.

■ **Museo Nazionale di San Matteo,** Lungarno Mediceo, Tel. 050 541865, Di–Sa 8.30–19, So 8.30–13.30 Uhr, 5 €, mit Palazzo Reale 8 €.

Nach dem Museumsbesuch führt ein Abstecher ans andere Arno-Ufer zur ehemaligen Zitadelle Fortezza di San Gallo, im 15. Jh. von *Vasari* errichtet und im 16. Jh. von *Antonio da Sangallo* erweitert. Heute ist es als **Giardino Scotto** eine großzügige Parkanlage mit modern ausgestattetem **Spielplatz** und einem sommerlichen Freiluftkino.

■ **Giardino Scotto,** 8–24, Winter bis 20 Uhr.

◁ Simone Martinis Polyptychon „Madonna mit dem Kind zwischen Heiligen"

Nun geht es entlang des Ufers, vorbei an kleinen Plätzen, jeweils mit einer Denkmalfigur geschmückt: Mazzini, Cairoli, Garibaldi. Die **Paläste am Ufer,** von jeher bevorzugte Wohnlage, künden vom Reichtum der Stadt. Je näher man der Piazza Garibaldi kommt, der Schnittstelle zwischen Alt- und Neustadt, desto lebhafter, je weiter man sich von ihr Richtung Osten wieder entfernt, desto ruhiger wird es. Im königlichen Palast ist das **zweite Nationalmuseum** Pisas untergebracht, ursprüngliche einer der Sitze der Könige aus dem Haus *Savoyen*. Zu sehen sind die Gemächer der Familie mit ihrer Originaleinrichtung aus dem 19. Jh. und die Kunstsammlung. Außerdem finden hier temporäre Ausstellungen statt.

■ **Museo Nazionale di Palazzo Reale,** Lungarno Pacinotti, Tel. 050 926539, Mo–Sa 9–14 Uhr, 5 €, mit San Matteo 8 €.

Gegenüber steht wie verloren als einzige Bebauung diesseits der Uferstraße das gotische **Oratorium Santa Maria della Spina** (1230–1325), die Dornenkirche, und schießt ein Feuerwerk aus spitzen Giebeln gen Himmel. Am Bau beteiligt war die Crème de la Crème der pisanischen Skulpteure jener Zeit: u.a. *Lupo di Francesco, Giovanni di Balduccio* und *Giovanni Pisano* (der die Madonna mit Kind an der Hauptfassade schuf). An ihrem ursprünglichen Standort im Kiesbett des Arno häufig überschwemmt, trug man die Kirche 1871 ab und baute sie am heutigen Platz wieder auf. Das einschiffige Innere birgt im Presbyterium eine der bedeutendsten Steinfiguren der Gotik, die Rosenmadonna von *Nino* und *Andrea Pisano*.

Pisa: Zugabe!

- **Casa Natale di Galileo Galilei** – *Galileos* Geburtshaus ist schmal wie ein Handtuch und nur von außen zu besichtigen, Via Giuseppe Giusti 24/26.
- **Chiesa San Frediano** – urromanische, unverkleidete Fassade aus dem 11. Jh., die Innenausstattung entstammt dem 17. Jh.; Piazza San Frediano 5, 8–12, 16–18 Uhr.
- **Palazzo Blu** – Kunstpalast mit Wechselausstellungen und einer ständigen Ausstellung mit Grafiken, Münzen, Gemälden und Skulpturen; Lungarno Gambacorti 9, Tel. 050 2204650, www.palazzoblu.org, Di–Fr 10–19, Sa/So bis 20 Uhr.
- **Chiesa di San Paolo a Ripa d'Arno** – 300 m westlich der Kirche Santa Maria della Spina kann sie ihren Bauherrn nicht verleugnen, die Dombauhütte stattete die Fassade mit vollem Programm aus (Blendbögen, Zwerggalerien und Inkrustationen), nur eben alles kleiner; Lungarno Sonnino Sidney.
- **Chiesa di San Nicola** – der zweite „hängende" Turm der Stadt, angeblich vom selben Baumeister begonnen, im 14. Jh. nach Erhöhung in Schieflage geraten, in der Kirche eine Madonna mit Kind (um 1350) von *Francesco Traini*; an der Via Santa Maria (Hausnr. 2) nahe dem Arno-Ufer, Tel. 050 24677, www.sannicolapisa.it, 8–13, 16–19 Uhr.
- **Chiesa San Michele degli Scalzi** – dritte Kirche mit Turm in Schieflage, diesmal rechteckigen Grundrisses und mit recht heftiger Neigung (5 Grad); Viala delle Piagge, am Arno-Ufer 2 km westlich des Ponte di Mezzo.
- **Museo delle Navi Romane** – im Arsenal entsteht ein Museum für die 30 in Pisa entdeckten antiken Schiffe, derzeit eine Baustelle (neun Schiffe sind aber schon zu sehen), die besichtigt werden kann; Via Ranuccio Bianchi Bandinelli, Tel. 055 3215446, www.navipisa.it, Führungen Fr–So 10, 11, 12, 14.30, 15.30 Uhr, nur nach Voranmeldung, 6 €.
- **Oratorio di Santa Maria della Spina,** Lungarno Gambacorti, wegen Restaurierung bis voraussichtlich Anfang 2017 geschlossen.

Zurück an der Piazza Garibaldi, sollte man – bevor man in die Altstadt Richtung Norden eintaucht – über den Ponte di Mezzo gehend, die südlich des Arno gelegenen Viertel entdecken. An der Piazza XX Settembre erstreckt sich rechter Hand der **Palazzo Gambacorti.** **UNSER TIPP:** Die Logge dei Banchi in der Mitte des Platzes, der Tuchmarkt von 1605, bergen im Untergeschoss das **schönste Klo Italiens.** Ursprünglich waren hier unten nicht nur Toiletten, sondern auch Bademöglichkeiten, einen Barbier und einen Friseur – Jugendstil vom Feinsten, der leider zusehends verblasst.

Rechts neben den Logge beginnt die Fußgängerzone des **Corso Italia,** der zur monumentalen Piazza Vittorio Emanuele II führt und als Viale Gramsci schließlich nach einem knappen Kilometer am Bahnhof endet. Auf dem Corso herrscht Tag und Nacht Betrieb, zahlreiche Geschäfte verkaufen Mode, aber auch Dinge des täglichen Bedarfs, an den Tischen im Freien wird diskutiert, Kaffee getrunken und hemmungslos geraucht.

An der Nordwestecke der Piazza Vittorio Emanuele hat sich der US-amerikanische Künstler **Keith Haring** (1958–1990) auf der Giebelwand des Convento di Sant'Antonio Abate mit seinem größten Gemälde auf europäischem Boden verewigt: „Tuttomondo" (1989) mit 30 bonbonbunten, stilisierten Männchen und Weibchen. Das Café der Wand direkt gegenüber ist angesagter Treffpunkt von tout Pisa.

Zurück an der Piazza Garibaldi, führt ein kurzer Abstecher am Ufer entlang zum **Palazzo Agostini** (Lungarno Pacinotti 26) mit Biforien, Triforien und dem ältesten Kaffeehaus der Stadt, dem **Caffè dell'Ussero**. Gleich daneben geht es durch einen Gang zum ehemaligen Jugendstilkino **Cinema Lumière** – eine *der* Adressen für Nachtschwärmer mit Kino, Disko und Konzerten.

Nun kann man in den krummen Gassen der Altstadt ein Lokal für das Abendessen suchen. Sogar rund um die Piazza dei Cavalieri findet man günstige Adressen, schließlich ist Pisa Studentenstadt. Oder man shoppt noch in den Arkaden des Borgo Stretto und begibt sich dann ins Straßengewirr rund um die **Piazza delle Vettovaglie,** deren Arkadenviert tagsüber Stadtteilmarkt ist und abends zum Hotspot für die Jugend mutiert.

Certosa di Pisa/Calci

In leicht erhöhter Lage, 10 km östlich von Pisa am sanft ansteigenden Hang und unweit des zu Füßen des Monte Pisano liegenden Dorfes Calci, gründeten die Kartäuser 1366 ein Kloster, das sich über die Jahrhunderte zu einem der größten und vermögendsten der Toskana entwickeln sollte. Die heutigen Gebäude stammen vornehmlich aus der Barockzeit. 1972 haben die Mönche das Kloster aufgegeben, und der Staat hat zwei Museen daraus gemacht.

In den Wirtschaftsgebäuden und den ehemaligen Wohngebäuden der Laienbrüder ist das **Naturgeschichtliche Museum** der Universität Pisa untergebracht. Dinos tummeln sich in den verwinkelten Ausstellungsräumen, Wale und Haie betrachten glubschäugig die Besucher, und in den Aquarien schwimmen exotische Fische. Die Sammlungen an Amphibien, Reptilien, Vögeln, Pflanzen und Mineralien zählen in ihrer Vielfalt zu den ersten Italiens.

■ **Museo di Storia Naturale,** Via Roma 79, Calci, Tel. 050 2212970, www.msn.unipi.it, tgl. 10–20, im Winter bis 9–19 Uhr, 7 €, Kinder 3,50 €, Familienticket 14 €.

Die einst den Mönchen vorbehaltenen Bereiche des **Klosters** sind auf einer Führung zugänglich. Erste Station ist die kleine Kirche in den Eingangsarkaden. Als reines Männerkloster durften Frauen die Kartause nicht betreten. Um ihnen dennoch die Sakramente verabreichen zu können, entstand die Cappella di San Sebastiano. Die im Barock völlig neu gestaltete **Klosterkirche** teilt die Chorschranke in einen kleinen Eingangsbereich und einen mit Holzgestühl versehen Chor für die Mönche. Jeden Quadratzentimeter bedecken Fresken, jede Gewölberippe verzieren Stuckbänder. Dahinter schließt der große Kreuzgang aus dem 17. Jh. an. Um ihn herum gruppieren sich die 15 großzügig dimensionierten „Zellen" der Mönche, Häuschen, jeweils mit uneinsehbarem Garten ausgestattet. Der kleine Kreuzgang mit seinem steinernen Ziehbrunnen entstand 1470–75. Im 16. Jh. beauftragte der Prior den Maler *Bernardino Porcetti* mit der Freskierung der Kirche und des Refektoriums, die meisten seiner Gemälde fielen der Barockisierung zum Opfer, nur im Kapitelsaal ist das Fresko „Letztes Abendmahl" (1597) von ihm erhalten. Abschließend sollte man noch die Apotheke mit ihren Einbauten aus dem 18. Jh. besichtigen.

■ **Museo Nazionale della Certosa Monumentale di Calci**, Via Roma 79, Calci, Tel. 050 938430, Mo–Sa 8.30–18.30, So bis 12.30, 5 €.

Unser Tipp: Im Sommer finden im Kloster zu späterer Stunde regelmäßig **Konzert- und Opernaufführungen** unter freiem Himmel statt, zu erschwinglichen Preisen und in sehr stimmungsvoller Atmosphäre.

Parco Regionale Migliarino – San Rossore – Massaciùccoli

Der **Regionalpark** erstreckt sich entlang der gesamten Küste zwischen Viareggio und Livorno und schützt einen bis zu 10 km breiten Streifen. Hier wachsen Steineichen und Pinien, Wildschweine wühlen sich durch den Boden, und Rotwild springt über die Lichtungen. Ab und an heult auch ein Panzermotor auf. Das 2000 ha große Militärlager Camp Darby, eine US-amerikanische Exklave und eigene Welt, befindet sich zwischen Pisa und Livorno an der Küste und rühmte sich bis 2014 des einzigen US-Strandes in Europa (dann wurde er an die Kommune von Pisa zurückgegeben). In den Wäldern verstecken sich Munitionsbunker (und angeblich auch Atomwaffen), in den Irakkriegen erhielten die US-Truppen von hier einen nicht unbeträchtlichen Teil ihres Nachschubs.

Es gibt mehrere Möglichkeiten, das die fragile Natur der Küste mit Dünen, Bodendeckern, Bäumen und einer reichen Vogelwelt schützende Gebiet zu entdecken (nur zu Fuß, keine Fahrräder). Den Sa/So (8–19, Winter bis 17.30 Uhr) frei zugänglichen **Wanderweg Sabrina Bulleri** (10 km) erreicht man auf der Via del Gombo, die vom Besucherzentrum zum Meer führt. Der **Wanderweg Lecciona** westlich des Lago Massaciùccoli führt durch die typische Dünen-Macchia (Zugang frei, Anfahrt in Torre del Lago über die Viale dei Tigli in Höhe der Villa Borbone). Weitere Wandermöglichkeiten gibt es bei San Piero a Grado (Sentiero Tre Pini auf dem Gebiet der Tenuta Tombola) und im Reservat Chiarone am östlichen Ufer des Lago Massaciùccoli.

■ **Centro Visite San Rossore,** Località Cascine Vecchie, Tenuta di San Rossore, Tel. 050 530101, www.parcosanrossore.org.

San Piero a Grado

Der Besuch der **frühromanischen Kirche San Piero a Grado** 6 km südwestlich von Pisa beim gleichnamigen Weiler ist ein Muss. Sie steht dort, wo einst der Arno mündete, bevor seine Schwemmstoffe das Ufer nach Westen verlegten. Praktisch jeder Pilger machte hier Station, wo der Apostel *Petrus* auf seiner Romreise der Legende nach erstmals italienischen Boden betrat. Auf den Fundamenten frühchristlicher Vorgängerbauten (die im Inneren teilweise freigelegt sind) errichtete man den dreischiffigen Baukörper aus grob in Form gebrachten Tuff-

▷ Das Ziborium in San Piero a Grado

steinen. Jedes Schiff erhielt eine stark ausbauchende Apsis an der Ostseite, der Dachstuhl war, wie üblich bei den frühen Basiliken, offen. Dem Hauptschiff fügte man im Westen, anlässlich einer Kürzung der Kirche um 12 m, eine weitere Apsis an. Wahrscheinlich war vom ghibellinischen Pisa vorgesehen, den Kaiser mit einer Statue in dieser Apsis zu ehren. Der Schmuck der Außenwände ist minimal, schmale und nur wenig erhabene senkrecht verlaufende Vorsprünge gliedern die Flächen, die Gesimse zeigen zierliche Bogenfriese. Gänzlich anders das Innere: Die von korinthischen und dorischen Säulen getragenen Bögen schmücken marmorne Wechsellagen, die Innenseiten des Mittelschiffs Fresken. Im unteren Bereich reihen sich Papstporträts auf, vom heiligen *Petrus* bis hin zum 1003 gewählten und verstorbenen *Johannes XVII*. Im oberen Bereich blicken Engel aus gemalten Fensteröffnungen, die den Blick auf das Neue Jerusalem freigeben. Dazwischen sind Szenen aus dem Leben von *Petrus* und *Paulus* festgehalten. Ausgeführt hat die Arbeit *Deodato Orlandi* aus Lucca im frühen 14. Jh. Die Grabungen in der Kirche datieren auf die Jahre 1955–65. Gefunden wurden Fundamente einer altrömischen Hafenanlage, einer Kirche aus dem 4. Jh. und einer aus dem 7. Jh., über die sich der Baldachin des Ziboriums spannt.

■ **Basilica di San Piero a Grado,** Via Vecchia di Marina 5, Tel. 055 960065, www.sanpieroagrado.it, tgl. 9–18.30, Winter bis 17 Uhr; **Messen** Mo–Sa 18, So 11 Uhr.

Marina di Pisa/Tirrenia

Bis auf eine Biegung fließt der Arno von Pisa wie ein Kanal fast schnurgerade zum Meer. An seinem südlichen Ufer zieht sich die Straße Lungarno Gabriele d'Annunzio entlang, reihen sich die Werften aneinander, ab und an zeigen vollgestellte Parkplätze, dass ein Fischrestaurant am Ufer wohl gute Geschäfte macht. Auf der anderen Seite breiten sich Wald und Felder aus. Marina di Pisa hat kulturhistorisch nichts zu bieten, die ortsnahen Ufer laden eher nicht zum Baden ein. Einen kleinen Sandstrand direkt an der Mündung schützt eine parallel zum Ufer verlaufende Mole vor Abtragung (und wohl auch vor dem, was der Arno so alles mit sich trägt). Ansonsten sind die **Strände** kiesig und steinig und werden erst zu Tirrenia und Livorno hin breit und feinsandig. Dort reiht sich ein *stabilimento balneare* an das andere, sichelförmige künstliche Buchten sind von Molen gerahmt, Restaurants, Cafés und Piano-Bars haben in der Saison ihre Tore geöffnet, im Hinterland liegen in den Pinienwäldern Wochenendsiedlungen und riesige Campingplätze. Nur ab und an findet sich ein nicht bewirtschafteter, freier Strandabschnitt. Ansonsten muss man sich eben zwischen zwei *stabilimenti* durchmogeln und sein Handtuch direkt am Wasser ausbreiten. Im Juli und August ist am Wochenende die Hölle los. Da schrecken auch Mietpreise für Schirm und zwei Liegen von 30 € am Tag nicht ab. Außerhalb dieser Zeit kann es aber auch hier sehr angenehm sein. Zu Livorno hin riegeln dann ehemalige Betriebsheime die bewirtschafteten Strände zur Straße hin ab, Spekulationsobjekte für den Wohnungsbau.

Pisa Umgebung: Zugabe!

■ **Cascina** – auf eine römische Stadtanlage zurückgehendes, verschlafenes Städtchen 12 km südöstlich von Pisa mit rechtwinkligen Gassen und einem schönen Kirchplatz, an dem sich drei Gotteshäuser ein Stelldichein geben. Das Oratorio San Giovanni Battista ließen die Malteserritter Ende des 14. Jh. errichten und von *Martino di Bartolomeo* 1398 mit Szenen aus dem Alten Testament, zum Leben *Johannes des Täufers* und Allegorien freskieren; in der Fußgängerzone Corso Matteotti Ecke Via Palmieri, www.comune.cascina.pi.it/oratoriosangiovanni/home, Fr 8–13 Uhr.

■ **Rocca di Vicopisano** – 20 km östlich von Pisa, 1434 von *Brunelleschi* neu gebaute, bereits 934 erwähnte Festung. Innovationen waren ein System von Zugbrücken (das einzelne Festungsbereiche abkoppeln konnte) und der Torre del Soccorso zu Füßen der Rocca, den ein uneinnehmbarer Wall mit dem Hauptturm verband. Der Palazzo Pretorio mit dem Gefängnis bewahrt Hunderte von Inschriften, die Gefangene an den Zellenwänden hinterlassen haben. Via del Pretorio 1, Tel. 050 796511, www.viconet.it, April–Nov. Sa 15.30–19, So 10–12.30, 15.30–19, Winter jeden 2. So im Monat 10–12.30, 15.30–19 Uhr, 5 € (mit Palazzo Pretorio 7 €).

Praktische Informationen

Touristeninformation

■ **Ufficio Turismo Pisa Centro,** Piazza del Duomo, Tel. 050 550100, www.pisaunicaterra.it, tgl. 9.30–17.30 Uhr.
■ **Ufficio Turismo Pisa Stazione,** Piazza Vittorio Emanuele II 16, Tel. 050 42291, www.pisaunicaterra.it, tgl. 10–13, 14–16 Uhr.

Sightseeing

■ **City Sightseeing Pisa,** Tel. 328 8090205, www.pisa.city-sightseeing.it. „Hop on hop off"-Touren mit offenen Doppeldeckerbussen zwischen April und Sept. Zwei Linien, jeweils 45 Min. Rundfahrt, Startpunkt ist der Hauptbahnhof, 15 €.
■ **City Grand Tour,** Via S. Giovanni Bosco 46, Tel. 320 9154975, www.citygrandtour.it. Gruppenführungen für bis zu zehn Personen mit unterschiedlichen Themen, um 130 €/halber Tag.
■ **Segway-Touren,** Di, Do und Sa um 10 Uhr an der Via Pietrasantina, nach 30 Min. Einweisung geht's auf einen zweistündigen Rundkurs durch Altstadt und zur Piazza dei Miracoli (max. 6 Teilnehmer, 90 €/Person).

Unterkunft

■ **Bologna**④, Via Giuseppe Mazzini 57, Tel. 050 502120, www.hotelbologna.pisa.it. Aufmerksam geführtes Haus mit 64 schönen, geräumigen Zimmern und Parkmöglichkeit im Hof, zentral auf der südlichen Arnoseite aber zugleich ruhig; der Corso d'Italia liegt gleich um die Ecke, zur Piazza dei Miracoli spaziert man 15 Min., exzellentes Frühstück.

■ **Novecento**③, Via Roma 37, Tel. 050 500323, www.hotelnovecento.pisa.it. Unweit der Piazza dei Miracoli, von außen unscheinbar und leicht zu übersehen, innen eine angenehme Überraschung mit 13 klassisch-modernen Zimmern und eher historisch gehaltenen Aufenthaltsräumen, kleiner Garten!

■ **Rosso di Sera**③, Via Mino Rosi 12, Tel. 050 555 260, http://rossodiseratuscany.com. Zwölf modern designte, helle und luftige Zimmer, ein kleiner Garten mit Pool, üppiges Frühstück, freies WiFi und sehr aufmerksame Gastgeber sind das Plus dieses schicken B&B.

■ **Leonardo**③, Via Tavoleria 17, Tel. 050 579946, www.hotelleonardopisa.it. Ein historisches Haus, 27 Zimmer mit Fresken, kostenloses WiFi und ruhige Umgebung ergeben zusammen nichts Sensationelles, aber eine angenehme, solide Unterkunft im Herzen der Altstadt.

■ **Residence Antiche Navi Pisane**③, Via Ranuccio Bianchi Bandinelli 6, Tel. 050 563117, www.residenceantichenavipisane.it. Unter den elf Apartments dieser von Grün umgebenen, modernen Anlage am Rand der Altstadt sind mehrere Familiensuiten; kostenloser Parkplatz und unkomplizierte Anfahrt sind weitere Pluspunkte.

■ **Royal Victoria Hotel**②-③, Lungarno Pacinotti 12, Tel. 050 940111, www.royalvictoriahotel.it. Ein Haus mit 48 Zimmern für Nostalgiker, die in Kauf nehmen, dass nicht alles up to date ist. Dafür gibt's Stuck an den Decken, antike Möbel, Blick auf den Arno und eine Dachterrasse zum Schwelgen.

■ **Dei Cavalieri B&B**②, Piazza Sant'Antonio 4, Tel. 050 9910597, www.deicavalieri.pisa.it. Design meint hier nicht modern und todschick, sondern ungemein romantisch, verspielt und geschmackvoll, vier Zimmer. Das Gastgeberpaar *Maria* und *Emi* ist einfach bezaubernd, die Lage zentral und das Frühstück die Wucht!

■ **Le Piagge**②, Via di Vietta 41, Tel. 347 8891586, www.lepiagge.it. Das B&B liegt östlich des Zentrums in einem Wohngebiet und besitzt ein Apartment, drei Zimmer und einen kleinen Garten mit Klettergerüst – deshalb auch für Familien interessant. Die Zimmer sind schmucklos und funktional, umso temperamentvoller und herzlicher fällt die Begrüßung durch *Giorgio* aus. Auch Vierbeiner sind willkommen.

■ **San Michele B&B**②, Via C. Ridolfi 24, Tel. 050 570267, www.bedandbreakfastsanmichele.com. Vier Zimmer, ein Apartment und ein kleiner, üppiger Garten, eingerichtet mit sehr viel Liebe zum nostalgisch-verspielten Detail. Alleine das Frühstück macht Freude auf den Tag, und da das B&B recht zentrumsnah (und dabei ruhig) liegt, ist alles gut zu Fuß erreichbar.

■ **Tower's Garden**②, Via Pietro da Pisa 6, Tel. 320 1538598, www.towersgarden.com. Fünf Zimmer in der ersten Etage einer Jugendstilvilla, unweit der Piazza dei Miracoli. Die Zimmer sind nicht unbedingt mit viel Liebe eingerichtet, aber hell und bequem; es gibt WiFi und einen netten Gemeinschaftsraum.

■ **La Dimora**②, Via San Bernardo 22, Tel. 342 055 6811. Vier freundliche Zimmer mit Gemeinschaftsbad und einem Aufenthaltsraum. Für Familien ideal, sie können sich die Räume gut aufteilen. Hübsch ist der Innenhof mit einem Stückchen Rasen und Korbmöbeln – nach einem anstrengenden Sightseeingtag findet man hier Entspannung.

■ **Hostel Pisa**①-②, Via Filippo Corridoni 29, Tel. 050 5201841, www.hostelpisa.it. Das 2014 renovierte Hostel mit 30 Zimmern unweit des Bahnhofs empfängt seine Gäste in psychedelischen Farben und Design, mehreren Gemeinschaftsräumen und einem winzigen Hinterhof. Es gibt Doppel- und Mehrbettzimmer – die Übernachtung im DZ ist etwas teurer.

■ **Hostel Pisa Tower**①, Via Piave 4, Tel. 050 520 2454, www.hostelpisatower.it. Fünf fröhlich und farbenfroh eingerichtete Mehrbettzimmer, zwei davon für Frauen, und eine Terrasse machen das Plus dieses Hostels nördlich der Piazza dei Miracoli aus. Und natürlich die Nähe zum Schiefen Turm.

Außerhalb
■ **La Fattoria di Tirrenia**③, Via Porcari 14, Calambrone, Tirrenia, Tel. 050 30098, www.lafattoriaditirrenia.it. Agriturismo 2 km außerhalb des Badeorts Tirrenia, ideal als ruhiger Standort für Familien mit Kindern, die nach dem Sightseeing Auslauf haben oder in den Pool springen wollen; man kann selbst kochen oder im Bistrot essen, die Atmosphäre ist herzlich und herrlich ruhig (20 Apartments und kleine Bungalows).
■ **Manzi**②, Via della Repubblica Pisana 25, Marina di Pisa, Tel. 050 36593, www.hotelmanzi.it. Auch wenn der „Strand" von Marina di Pisa definitiv nicht zu den schönsten gehört, die 26 Zimmer sind das ganze Jahr über günstig, sauber und gar nicht mal so schlecht eingerichtet, am Lungomare.

■ **Bristol**②-③, Via delle Felci 38, Tirrenia, Tel. 050 37161, www.bristol.it. In ruhiger Lage 500 m vom Strand, Ferienhotel mit Schwimmbad und 44 komfortablen Zimmern der Drei-Sterne-Klasse, Tennisanlage.

Camping
■ **Area Sosta Camper,** Via di Pratale 109, Tel. 050 555678, www.commune.pisa.it. Stellfläche im Nordosten der Stadt auf einem Parkplatz, 3 km ins Zentrum, Wasseranschluss, Entsorgungsmöglichkeit, kein Strom, kein WiFi.
■ **Camping Torre Pendente,** Via delle Cascine 86, Tel. 050 561704, www.campingtorrependente.it. Unweit der Piazza dei Miracoli und des Bahnhofs Rossore an einer lauten Schnellstraße, schattige Anlage mit Pool, Spielplatz und Fahrradverleih.

⌄ Paläste am Arno-Ufer Pisas

Außerhalb

■ **Camping Mare e Sole,** Viale del Tirreno, Tirrenia-Calambrone, Tel. 050 32757, www.mareesole.it. Camping am Strand mit Pool, Spielplatz, Animation, Restaurant und Snack-Bar, wenig Schatten (von Pisa auch per Bus zu erreichen, Linie nach Calambrone, Haltestelle Via Tirrenia).

Essen und Trinken

Ristoranti & Co.

■ **Osteria San Paolo**④, Via San Paolo 16, Tel. 050 501194, www.osteriasanpaolo.com, So geschl. Sehr elegantes Ambiente und eine Küche, die hohen Ansprüchen genügt, mit Schwerpunkt auf Fisch; wer lieber zu Fleisch greift, findet aber ebenfalls eine ansprechende Auswahl – bei den Antipasti sollte man unbedingt den wunderbaren *flan ai funghi porcini* versuchen!

■ **Il Campano**③, Via Domenico Cavalca 19, Tel. 050 580585, www.ilcampano.com, Mi ganztags, Do mittags geschl. Traditionsgerichte wie *trippa alla pisana* oder *cinghiale alla maremmana*, Fisch und Meeresfrüchte, gespeist wird in einem rustikalen Raum mit Weinregalen oder auf der Piazzetta.

UNSER TIPP: **Il Nuraghe**③, Via Mazzini 58, Tel. 050 443 68, Mo geschl. Altertümlich wirkendes Lokal mit ausgesprochen guter sardischer Küche, unbedingt empfehlenswert!

■ **Osteria Bernardo**③, Piazza S. Paolo All'Orto 1, Tel. 050 575216, www.osteriabernardo.it, Do Ruhetag. Schicke Osteria unweit des Theaters mit einer kleinen Karte ausgesuchter Gerichte, darunter Spezialitäten aus anderen Regionen wie Sizilien oder Kalabrien.

■ **Osteria di Culegna**③, Via Mercanti 25, Tel. 050 576426, So geschl. Mini-Osteria mit sehr kreativem Koch, der gerne auch Ungewöhnliches wie Stockfisch zubereitet, z.B. in einer salzigen Variante der Crema Catalana mit Kürbis, auch die „alltäglicheren" Gerichte sind von bester Qualität und aus frischen, regionalen Produkten zubereitet.

■ **Osteria La Mescita**③, Via Domenico Cavalca 2, Tel. 050 957019, www.osterialamescitapisa.com, Mo geschl. Traditionslokal, urig mit Weinregalen und Bildern an den Wänden, der Koch verzichtet auf mancherlei Belastendes zugunsten einer leichten toskanischen Küche, die von regionalen Produkten lebt – der Markt ist schließlich gleich vor der Tür.

■ **Orzo Bruno**②, Via delle Case Dipinte 6, Tel. 050 578802, www.orzobruno.it. Bio-Restaurant und Mini-Brauerei in einem, die meisten Produkte stammen von einer Bio-Azienda Agricola; daraus entstehen feine Panini, Bruschette, *piadine* und *insalate*, dazu gibt's wunderbares Bier.

Pizza & Co.

■ **Pizzeria la Torre**②, Piazza Duomo 4, Tel. 050 560157. Dass die Preise etwas höher sind als für eine Pizzeria üblich, ist der prominenten Lage mit unverstelltem Blick auf den Schiefen Turm geschuldet; der Service ist aber trotz des Ansturms freundlich, und es schmeckt.

■ **Ancora Capodimonte**①-②, Via del Carmine 14, Tel. 050 870690, www.ancoracapodimonte.it, Mo abends geschl. In diesem Familienbetrieb hat die *nonna*, die Großmutter, das Sagen am Herd, sie kocht traditionell und üppig, die Pizza ist kross und die Atmosphäre herzlich und familiär.

■ **Da Cassio**①, Piazza Felice Cavallotti 14, Tel. 050 562764. Einfache, sympathische Pizzeria auf dem Weg vom Orto Botanico zur Piazza dei Cavalieri; solide Küche, *pizza a taglio* und auch einige Spezialitäten wie mit Speck und Rucola gefüllte Foccacia.

■ **Il Montino**①, Vicolo del Monte 1, Tel. 050 598 695, www.pizzeriailmontino.it, So geschl. Recht versteckt liegende Pizzeria, angeblich die älteste Pisas und stolz auf eine Spezialität, die *cecina* aus Kichererbsenmehl; Pizze und Focacce sind kross und lecker belegt bzw. gefüllt, der Ansturm vor allem der Studenten ist groß.

Vegetarisch

■ **biOsteria 050**②, Via San Francesco 36, Tel. 050 543106, www.biosteria050.it, So/Mo abends geschl. Das Bio-Restaurant kocht vegetarisch und vegan; allerdings gibt es auch einige Gerichte mit Fisch oder Meeresfrüchten; Die Produkte kommen von Aziende im Umkreis Pisas, und diese Frische schmeckt man bei jedem Bissen.

■ **Vegusto**②, Piazza dei Facchini 13, Tel. 050 520 0667, www.ilvegustoristorante.it. Unweit vom Corso Italia gelegen, überzeugt das Restaurant mit einer großen Auswahl vegetarischer und veganer Gerichte; angenehmer Freisitz auf einer Piazzetta.

Snacks

■ **Café dei Cavalieri**②, Via Corsica 8. Café, Bistro, Aperitif-Bar, ein bisschen auch Restaurant und vor allem sehr entspannt – egal ob für einen leckeren Salat zu Mittag, einen Cappuccino am Nachmittag oder zu *stuzzichini* und Sprizz am frühen Abend, in dem beliebten Lokal ist immer viel los.

■ **Panineria Il Crudo**①-②, Piazza Cairoli 8, Tel. 349 1630438, www.ilcrudopisa.it. Viel mehr als „nur" eine Panineria: Erstens kann man sich die Füllungen der Panini selbst zusammenstellen (auch online), zweitens gibt's verschiedene Antipasti und feine Weine, sodass dem Vergnügen bis zum frühen Morgen nichts im Wege steht.

■ **Il Bilancino**①, Piazza del Pozzetto, Tel. 050 991 4672, Mo/Di abends geschl. Self-Service-Betrieb, in dem das Essen nach Gewicht berechnet wird – 100 g kosten 2 €, für ein schnelles, informelles Essen genau das Richtige.

Außerhalb

■ **I Sette Nani**④, Lungarno G. d'Annunzio 130, Marina di Pisa, Tel. 050 960091, www.isettenani.pisa.it. Feine Fischküche mit Tradition (seit 1962), elegantes Restaurant mit frisch gefangenem Fisch und Meeresfrüchten – zum exzellenten Essen versinkt die Sonne blutrot im Arno (sehr gute Weinkarte).

■ **Retone 136**③, Lungarno G. d'Annunzio 136, Marina di Pisa, Tel. 050 8667066, www.retone136.com, Mo ganztags, Di–Do,So abends geschl. Das Fischlokal liegt idyllisch am Arno, etwa auf halber Strecke in Richtung Marina di Pisa, es serviert Meeresgetier, das direkt vom Boot kommt – in der hübschen, blau-weiß gehaltenen Gaststube oder auf der Terrasse sitzt man ungemein romantisch.

■ **Molo 17**③, Via Litoranea 42, Marina di Pisa, Tel. 331 2527122, April–Sept. Fischrestaurant im Aurora-Strandbad, gute Küche, angenehmes Sitzen in entspannter Atmosphäre mit Blick auf Strand und Sonnenuntergang.

✿ **Il Colibri**②, Via Eugeni III 8, Località Montemagno/Calci, Tel. 050 936158, www.agriturismoilcolibri.it, nur abends, So geschl. Vegetarisches Agriturismo-Restaurant mit Öko-Anspruch in den Gassen eines Dorfes 1,5 km östlich des Klosters, das aus Kräutern Unglaubliches an Geschmack herauszuholen vermag; auf alle Fälle reservieren!

Süßes

■ **Caffè dell'Ussero,** Lungarno Pacinotti 27, Tel. 050 581100, tgl. 9–19 Uhr. Historisches Café im Palazzo Agostini (seit dem 18. Jh.), im 19. Jh. trafen sich hier die revolutionären Studenten zur gemeinsamen Lektüre und Diskussion, das Café der Wahl für ein Frühstück.

■ **Caffè Drago,** Corso Italia 87, Tel. 050 6130572. Café in historischen Kaffeehausräumen und mit Tischen an einer kleinen Piazza, neben Kuchen und Gebäck auch Panini und Focacce.

■ **Keith Café,** Via Zandonai 4, www.keithcafe.com/60_art.html. Als Logenplatz gegenüber „Tuttomondo" von *Keith Haring* ungeschlagen, aber auch ohne den Kunstgenuss ein angenehmes, sympathisches Lokal, in dem es gutes Frühstück, diverse leichte und einige vegetarische Gerichte zum Mittagessen und abends einen Aperitif mit kleinem Snack-Buffet gibt.

■ **Little Star Café,** Corso Italia 77. Das Café gehört zu den beliebten Treffpunkten am Corso, und obwohl es winzig ist und stets Gedränge herrscht, strömen immer noch mehr Leute hinein.

■ **Pasticceria Salza,** Borgo Stretto 46, Tel. 050 580144. Seit 1898 versorgt diese fantastische und ungemein nostalgische Pasticceria Leckermäuler, die den Shoppingbummel über den Borgo Stretto

nur zu gerne für eine Pause in diesem Märchenreich der Konditorenkunst unterbrechen.
● **Gelateria De'Coltelli,** Lungarno Pacinotti 23, Tel. 345 4811903, www.decoltelli.it. In Pisa kann man sich gut streiten, wo es das beste Eis gibt. Hier, meinen viele, und stellen sich in die Schlange!
● **La Bottega del Gelato,** Piazza Garibaldi, Tel. 050 575467. Angeblich gibt es auch hier das beste Eis Pisas – die langen Reihen der Wartenden scheinen dies zu bestätigen.

Nachtleben

● **Akuaketa Club,** Via Simone Sancasciani 8, Tel. 373 7152308, http://akuaketaclub.it, Do–Sa ab 21 Uhr. Im Zentrum gelegene Disco mit Themenpartys und prominenten DJs.
● **Argini e Margini,** Spiaggetta dello Scalo dei Renaioli, Lungarno Galilei, www.arginiemargini.com, Juni–Sept. ab 18 Uhr. American Bar und Beach-Club für einen Aperitif und nächtliches Abfeiern im Fackelschein vor der Kulisse der Palazzi am Arno-Ufer.
● **Arnovivo,** Spiaggetta di Lungarno Buozzi, www.arnovivo.it, Juni–Sept. ab 18 Uhr. Dem Argini e Margini gegenüber gelegen (unterhalb des Ponte della Vittoria); Aperitif-Buffet, Billard, Rauchsalon mit Wasserpfeifen, dazu Reggae und Funk.
● **Mimi Café,** Via Case Dipinte 15, Tel. 333 5894 453, auch auf www.facebook.com, ab 18 Uhr. Das Café an einer kleinen Piazza in San Francesco ist berühmt für sein üppiges Aperitif-Buffet, das fast schon ein kleines Abendessen ersetzen könnte.
● **Sottobosco,** Piazza San Paolo all'Orto, Tel. 050 9912364, www.sottoboscocafe.it, Mo geschl. Ein verzauberter Ort mit Büchern, mittags gibt es kleine Snacks und abends zum Aperitif Blue Notes live oder vom DJ – perfekt, um den Urlaubstag zu beschließen.
● **Freiluftkino** im Sommer (Juli/Aug.) im Giardino Scotto, Cineclub Arsenale, Tel. 050 502640, www.arsenalecinema.it, ab 21.30 Uhr, 5 €.
● **Cinema Lumière,** Vicolo del Tidi 6, www.lumierepisa.com, Tel. 389 6225612, Kino, Disco, Jazz, Mi–Sa ab spät.

Außerhalb
● **Pia Para Ti,** Via Litoranea 16, Marina di Pisa, Tel. 050 36491, https://it-it.facebook.com/piamarinadipisa. Der Disco-Club des gleichnamigen *stabilimento* macht Do–So die Nacht zum Tage.
● **Il Pappafico,** Via Litoranea 14, Marina di Pisa, Tel. 335 631 0713, www.facebook.com/ilpappafico marinadipisa, Sommer tgl. 24 Std. geöffnet. Tagsüber *stabilimento*, Restaurant, Café, abends Beach-Club, Bar und Disco mit DJs und Themenpartys.

Verkehr

● **Flughafen Galileo Galilei,** 3 km südlich des Bahnhofs mit Verbindungen in zahlreiche Städte (u.a. Lufthansa, Alitalia, Air Dolomiti, easyJet, Ryanair, Germanwings, Vueling). PisaMover Bus in die Stadt 6–24 Uhr alle 10 Min. (einfache Fahrt 1,30 €, Dauer 8 Min.), ab Mitte 2016 schienengebundenes System zwischen Flughafen und Bahnhof (1,2 km, 8 Min.). Aeroporto Galileo Galilei, Piazzale D'Ascanio, 1, Tel. 050 849111, www.pisa-airport.com.
● **Bahn:** Pisa Centrale, Piazza della Stazione, an der Hauptstrecke Firenze–Livorno, Verbindungen nach Florenz halbstündlich (Dauer 75 Min., 8,10 €), nach Livorno viertelstündlich (15 Min., 2,50 €), nach Viareggio viertelstündlich (15 Min., 3,40 €).
● **Parken:** Die Parkgebühren betragen zwischen 60 Cent (Parcheggio Via Piave) und 2 € die Stunde. Der Parkplatz Via di Pratale (3 km östlich der Piazza dei Miracoli) ist für Camper reserviert (jeweils 1 €/Std., 12/15 €/Nacht); www.pisamo.it.
● **Stadtbus:** LAM Rossa vom Flughafen über den Bahnhof und die Piazza Miracoli zum Parkplatz Pietrasantina, LAM Verde vom Bahnhof nach Pratale und LAM Blu vom Bahnhof zum Ospedale Cisanello (jeweils bis 20 Uhr). Nachts verkehren Night LAM Rossa zwischen Lungarno Pacinotti und Parkplatz

Die Badeorte der Riviera della Versilia

Verlässt man Livorno nach Norden, gelangt man hinter den Hafen- und Industrieanlagen und jenseits der Mündung des Fosso Scomatore dell'Arno zum ersten Strandabschnitt der Versilia-Riviera: **Tirrenia** (den Fosso grub man übrigens erst 1954, um bei Fluten Wasser des Arno ableiten zu können). Man passiert einige Campingplätze und Hotels, bevor man an einen ersten kurzen, freien Abschnitt gelangt. Ab hier ist die Randbebauung monumental, eine ganze Kette ehemaliger Ferienheime, die zu Apartments gewandelt wurden und werden. Zwischen ihnen befinden sich Zufahrten zu bewirtschafteten Abschnitten, deren Abstand zueinander meist die Aufstellung eines eigenen Schirms erlaubt. Feinsandig und bis zu 100 m breit ist der Strand. Auf 6 km ändert sich nicht viel, außer dass die Bebauung mit Großgebäuden endet. Badeanstalt reiht sich an Badeanstalt, der Strand bleibt gleichmäßig breit. Erst etwa in Höhe des Lido del Carabiniere (der wirklich exklusiv von der Polizeitruppe genutzt wird) ändert sich das Strandbild.

Fast schon in **Marina di Pisa** angelangt, wird der Strand über eine Strecke von 2 km immer schmaler, und um ihn vor weiterer Abtragung zu schützen, sind Molen im Wasser verbaut und bilden Becken (in denen schon im Frühsommer von Familien mit kleineren Kindern geschätzte angenehme Temperaturen herrschen). Auch hier reihen sich die *stabilimenti* aneinander. 2 km ist der Lungomare von Marina di Pisa lang, in weiten Bereichen nicht bewirtschaftet, großteils allerdings mit weißen Wackersteinen belegt. Auch die Bebauung der Uferstraße entspricht nicht den gängigen Vorstellungen von sommerlichem Urlaubsort: Niedrige Wohnhäuser bilden eine einheitliche Front. Am kleinen Hafen endet der Küstenabschnitt.

Jenseits der Mündung des Arno beginnt die geschützt Zone des **Parco Naturale Migliarino – San Rossore – Massaciùccoli,** in den nur an einer Stelle von der 2 km küstenabseits verlaufenden Via Aurelia eine Stichstraße hineinführt. Auf ihr gelangt man via Migliarino zu einem der schönste Strände, der **Marina di Vecchiano** an der Mündung des Serchio mit der Osteria del Parco. Hier finden sich zwar auch einige *stabilimenti,* doch nach Norden hin geht es zu Fuß in die Einsamkeit. Der Marsch in Richtung Süden endet an der Flussmündung.

3 km nördlich der Marina di Vecchiano kündigt sich das finale Badeerlebnis der Versilia mit der **Marina di Torre del Lago** an. Hier gibt es noch einmal längere freie Strandabschnitte. 3 km nördlich beginnt aber die durchgängige – und nur selten durch frei zugängliche Strände unterbrochene – Bewirtschaftung, die von Viareggio bis Marina die Carrara reicht: Zehntausende Schirme und Liegen in Reih und Glied. Ein nennenswert großer freier Abschnitt findet sich hier nur noch etwas südlich der Einmündung des Fiume Versilia bei Marina di Montignoso. Ab hier werden die Strände Richtung Norden, bislang 100–250 m breit, immer schmaler, Molen schützen den Sand vor Abtragung, nicht aber vor *stabilimenti balneari*. Unbewirtschaftet ist vor der Grenze zu Ligurien nur noch der steinige, Abschnitt am Lungomare di Ponente in Marina di Carrara.

in den Süden bevorzugten) Route an, die bei Viareggio ufernah verlief. Erst mit dem Bau einer stärkeren Befestigungsanlage 1543 entwickelte sich das Fort zu einem kleinen Ort mit Kirche.

In der ersten Hälfte des 18. Jh. begann die **Trockenlegung** der Sümpfe mit dem Bau von Entwässerungskanälen, die 1741 fertiggestellt waren. 1820 erlangte Viareggio **Stadtrecht.**

Paolina Bonaparte, die Schwester *Napoleons,* läutete mit der Wahl des Lebensmittelpunktes für ihre letzten Jahre auch den **Tourismus** ein. Sie ließ sich in Viareggio eine Villa errichten. Drei Jahre nach ihrem Tod entstanden die ersten beiden Badeanstalten, und nach und nach verbrachten hier immer mehr Adelige aus ganz Europa ihre Sommerfrische. Viareggio wurde im frühen 20. Jh. zur „Perle des Tyrrhenischen Meeres". Entlang der Uferpromenade entstanden Gebäude mit Restaurants, Cafés und mit Badeanstalten, züchtig nur Männer oder nur Frauen einlassend. 1917 brannte die gesamte aus Holz errichtete Strandzeile ab. Der **Jugendstil** hielt Einzug, und mit ihm eine massivere Bauweise.

Konnte Viareggio noch zwischen den Kriegen an eine glänzende Zeit anknüpfen, nach 1945 war das internationale Flair verloren. **Mondän** präsentiert es sich aber immer noch mit Restaurants, Cafés und Bars entlang der Strandpromenade und natürlich mit jeder Menge Edelboutiquen, damit sich die Feriengäste nach dem Sonnenbad die Zeit mit Shopping vertreiben können.

Am 29. Juni 2009 geriet Viareggio in die Schlagzeilen, als im Bahnhof ein **Zug mit Flüssiggas explodierte,** 32 Menschen in den Tod riss und 25 weitere verwundete.

Sehenswertes

Der **Hafen** an der Mündung des Kanals Burlamacca ist von den gewaltigen Hallen der Werften umstanden. In den Becken strahlen die weißen Aufbauten der mehrstöckigen **Luxusjachten,** die Masten der eleganten Rennsegler stechen ins Himmelblau. Jachtbau ist keine schmutzige Angelegenheit. So sauber die Decks, so sauber scheinen auch die Fertigungshallen. Presslufthämmer und kreischende Metallsägen sind offensichtlich verpönt. Namen wie der im Jahr 1600 gegründete, heute zur Perini-Gruppe gehörende Schiffsbauer *Picchiotti, Codecasa, Benetti* oder *Sanlorenzo* klingen in den Ohren arabischer Potentaten und italienischer Industrieller. Besonders Letztere aber kaufen nicht mehr so häufig Jachten. Nicht weil ihnen das Geld ausgegangen wäre: Die Steuerfahndung durchkämmt seit der Finanzkrise auch die Eignerlisten nach Besitzern von Luxusschiffen – und gleicht sie mit deren Steuererklärung ab. Wer da nur vier Euro Verdienst im Jahr angegeben hat, besitzt heutzutage schlechte Karten.

Entlang der Promenade verläuft ein breiter Radweg, das **Fahrrad** ist das Verkehrsmittel der Wahl in Viareggio.

Das kleine **Seewesenmuseum** widmet sich der Geschichte der Seefahrt in Viareggio, der Werfttechnik, der Ausrüstung und wirft ein Licht auf das Leben der Seeleute, der Werftarbeiter und Zimmerleute.

■ **Museo della Marineria Alberto Gianni,** Via Pescheria 9, Tel. 0584 371413, Di–So 18–23, Winter 15.30–19 Uhr, 3 €.

In der Villa Paolina Bonaparte teilt sich das **Stadtmuseum** in drei Abteilungen. Das **Musikinstrumentenmuseum** hat 400 Instrumente im Fundus, von denen etwa 200 ausgestellt werden, darunter eine putzige Taschenvioline aus dem 17. Jh. und Instrumente aus napoleonischer Zeit, die der mit *Paola Bonaparte* bekannte Komponist *Giovanni Pacini* (1796–1867) gesammelt hatte. Das **Archäologische Museum** zeigt Funde aus der Umgebung und konzentriert sich auf Schulklassen. Die **Wohnräume** von *Napoleons* Schwester geben sich in einem eher bürgerlichen denn kaiserlichen Stil und sind mit neoklassischer und orientalischer Einrichtung hell und nicht übertrieben elegant gehalten.

■ **Museo degli Strumenti Musicali/Museo Archeologico e dell'Uomo/Appartamenti Monumentali,** Via Machiavelli 2, Tel. 0584 966346, Di–So 16. Juni–15. Sept. 18–23, sonst 15.30–19.30 Uhr, 3 €.

Torre del Lago Puccini

Puccini hat sich ja an den verschiedensten Orten aufgehalten und dort angeblich die wichtigsten Passagen der wichtigsten Werke komponiert, der Lago di Massaciùccoli aber ist eine verbindliche Adresse: Hier steht die zweite **Puccini-Villa,** die seine Enkelin gewinnbringend als Museum verwaltet. Alle 40 Minuten öffnet sich das Gartentor, und ein Pulk Musikliebhaber wird eingelassen. Das Piano, auf dem er so viele seiner Melodien entwickelt hat, ist zu sehen, ebenso wie seine Gewehre, die Trophäen des passionierten Jägers und sein Schlafzimmer. Beigesetzt ist er in einer Kapelle neben seinem Arbeitszimmer, die deshalb als einziger Raum nicht so wie zu seinen Lebzeiten belassen werden konnte. Vor der Villa steht *Puccini* in Bronze, und es ist fast Pflicht, dass die Damen ihm ein Küsschen auf die Wange drücken.

■ **Villa Museo Puccini,** Viale Giacomo Puccini 266, Tel. 0584 341445, www.giacomopuccini.it, April–Okt. 10–12, 15–17.40, Feb.–März 10–12, 14.30–17.10, Nov.–Jan. 10–12, 14–16.40 Uhr, bei Puccini-Aufführungen 10–12, 16–20.40 Uhr, 7 €.

Im Juli und August gibt es auf der am Ufer des 700 ha großen Sees liegenden und wie ein Schrottplatz wirkenden **Bühne** der Fondazione Festival Puccininiano abendliche Aufführungen von Puccini-Opern.

■ **Biglietteria,** Via delle Torbiere, Tel. 0584 427 201, www.puccinifestival.it, Tickets je nach Sitzplatz 20–160 €.

Camaiore

Sympathisch gibt sich das Örtchen abseits der Küste schon fast in den Bergen, 11 km nordöstlich von Viareggio. Die kleine Fußgängerzone rund um den Hauptplatz mit dem Uhrenturm und dem Stadttor (mit Freskenresten aus dem 17. Jh.) ist wie eh und je, wenn die Gassen schattiger werden, die Flaniermeile der Einheimischen, auf der sich Jung und Alt trifft. Mit dem Rummel an der Küste hat man nichts zu tun. Die **Kollegiatskirche** aus dem 13. Jh. auf der Piazza birgt links neben dem Eingang ein gotisches Taufbecken aus dem Jahr 1387 mit Relieffiguren, die in ihrer fast abstrakten Einfachheit eine kraftvolle

Art déco, Liberty, Jugendstil

Das Gebäude **Emporio Duilio 48** (1927–30) zeigt sich mit der „48" an der beschwingten Fassade und entstand als Filiale des Florentiner Geschäftes des in Österreich geborenen und 1944 in Auschwitz ermordeten *Joseph Siebzehner*. Wunderschön ist an der Promenade auch das **Chalet Martini** (Viale Margherita 2) von 1899 (an dessen Bau *Tito Chini* mitgewirkt hat), das als einzige Strandbebauung das Feuer von 1917 überlebt hat. Auch die Jugendstilfassade des **Hotel Liberty** (Viale Daniele Manin 18) kann sich sehen lassen, und im **Grand Caffè Margherita** (mit der Buchhandlung Mondadori, Viale Margherita 30), heute ein Restaurant, ist sogar die Inneneinrichtung noch erhalten. Geschaffen haben es *Galileo Chini* (siehe Borgo San Lorenzo) und *Alfredo Belluomini*, der auch für das **Bagno Balena** (Viale Margherita 42) verantwortlich zeichnete. Mit ihm hat sich eine historische Badeanstalt in unsere Zeit hinübergerettet. Vom einstigen Glanz zeugen die prachtvollen Fassaden der **Hotels Principe di Piemonte** (1922) und **Excelsior** (1925) am Lungomare. In der Via Michelangelo Buonarroti 209 (Ecke Piazza Puccini) steht Viareggios **Villa Puccini**, 1921 fertiggestellt und von *Puccini* bezogen, da das Klima von Torre del Lago seiner Gesundheit zu abträglich war und weil man dort seine Aussicht verbaut hatte. 2014 in Besitz der Puccini-Stiftung gelangt, wird die Villa wohl in den nächsten Jahren als Museum eröffnet.

Perle des Art déco: das Gebäude Emporio Duilio 48

Wirkung entfalten. Das Becken dahinter stammt aus derselben Zeit. Der Rest der Kirche ist barockisiert.

■ **Collegiata Santa Maria Assunta,** Piazza San Bernardino di Siena, 7–12, 16–19 Uhr.

200 m südlich des Hauptplatzes steht das im 11. Jh. gebaute einräumige romanische **Kirchlein San Michele** mit offenem Dachstuhl und Apsis. Gegenüber im ehemaligen Pilgerhospiz zeigt das kleine, aber feine **Museum für Sakralkunst** Sakralgegenstände und -kleidung und durchaus wertvolle Objekte wie eine aus Holz geschnitzte Madonna mit dem Kind vom Ende des 13. Jh oder einen auf das Jahr 1517 datierten Wandteppich mit dem Letzten Abendmahl. Glanzstück: das Polyptychon aus der Badia di San Pietro (s.u.).

■ **Museo d'Arte Sacra,** Via IV Novembre 71, Tel. 0584 984182, www.museoartesacracamaiore.it, Juni–Sept. Di/Do/Sa 16.30–19.30, So 10–19, sonst Di/Do/Sa 15.30–18, So 10–12 Uhr.

Bedeutendstes Gebäude ist aber die **Basilika San Pietro** der gleichnamigen, im 8. Jh. an der Frankenstraße gegründeten Benediktinerabtei am östlichen Stadtrand neben dem Friedhof. Das Kirchengebäude aus behauenem Naturstein stammt aus dem 12. Jh. Der moderne Altar mit dem kleinen, darüber hängenden Tafelkreuz steht fast verloren in dem klaren und strengen Inneren mit den kantigen Tragsäulen. Wertvollster Besitz war das heute im Museum aufbewahrte Altar-Polyptychon von *Francesco d'Andrea Anguilla* aus dem 15. Jh. In der Kirche befindet sich eine Kopie an der Seitenwand vorne im linken Seitenschiff.

Der versetzte Barockaltar trägt ein Gnadenbild: Madonna della Pietà. Die beiden ersten Säulen links zeigen Fresken aus dem 14. Jh. Die bunte Verglasung der Schlitzfenster ist neuesten Datums.

■ **Badia di San Pietro,** Via Badia, Tel. 0584 989210, 8–19 Uhr.

Pietrasanta

Ganz anders als Camaiore zeigt sich Pietrasanta 12 km nördlich von Viareggio, obwohl es ebenso abseits der Küste liegt. Hier ist man ganz auf **Tourismus** eingestellt. **Kunst** im öffentlichen Raum gibt den Rahmen für Kulturinteressierte, zahlreiche Cafés und Restaurants haben ihre Tische in die Gassen gestellt. Wie in Carrara, so hat auch in Pietrasanta der **Marmor** das Sagen, doch in Carrara läuft alles industriell und im großen Stil ab, in Pietrasanta herrschen die Handwerksbetriebe, die Unternehmer mit künstlerischem Anspruch, die Familienwerkstätten vor. Außerdem ist Pietrasanta für seine kunsthandwerklichen Bronzegüsse bekannt. Das **Skizzenmuseum** beim Hauptplatz stellt Modelle von Kunstwerken (19./20. Jh.) aus den verschiedensten Materialien aus, die gefertigt wurden, bevor die Künstler den Marmor bearbeiteten oder den Bronzeguss begannen.

■ **Museo dei Bozzetti,** Via Sant'Agostino, Tel. 0584 795500, www.museodeibozzetti.it, 15. Juni– 15. Sept. Mo 9–13, Di–Sa 9–13, 19–24, So 19–24, sonst Di–Fr 9–13, 14–19, Sa 14–19, So 16–19 Uhr.

Direkt am Domplatz zeigt das **Archäologische Museum** die Funde aus der

Versilia und beleuchtet die Prähistorie mit Keramikscherben, die etruskische Zeit und das Mittelalter und endet erst bei der Renaissance.

- **Museo Archeologico Versiliese,** Piazza Duomo, Tel. 0584 795500, derzeit wegen Restrukturierung geschlossen.

Viareggio: Zugabe!

- **Città di Carnevale** – im Karnevalsmuseum erfährt man alles über die Geschichte der Umzüge und sieht in den Hallen die von wahren Künstlern aus Pappmaschee hergestellten Figuren; Cittadella del Carnevale di Viareggio, Via Santa Maria Goretti, Tel. 0584 53048, http://viareggio.ilcarnevale.com, Juni–Sept. Fr–So 21–23, Winter Do–So 16–19 Uhr.
- **Galleria d'Arte Moderna e Contemporanea** – umfassende Werkschau des als Sohn der Stadt geborenen Malers und Schriftstellers *Lorenzo Viani* (1882–1936) und international gewürdigte Grafiksammlung; Piazza Mazzini (Palazzo delle Muse), Tel. 0584 581118, www.gamc.it, Juli/Aug. Di–So 18–23, sonst 15.30–19.30 Uhr, 8 €.
- **Villa Borbone** – 3 km südlich des Zentrums von Viareggio gelegene einstige Jagdvilla und späterer Palast der Herzogin von Lucca, *Maria Luisa von Spanien* aus dem Hause *Bourbon*, mit dem Mausoleum der Familie und einer schönen Gartenanlage; Località Leggiona, Via dei Tigli, Tel. 0584 359950, Villa Di/Do/Sa 9–12, Garten Mo–Sa 8.30–14 Uhr.
- **Casa Natale Giosuè Carducci** – eher für Eingeweihte ist in Pietrasanta das Geburtshaus des Poeten (1835–1907) von Bedeutung, die Ausstellung widmet sich Leben und Werk; Via Valdicastello 185, Pietrasanta, Tel. 0584 7951, Juli/Aug. Di–So 17–20 Uhr.

Die **Kathedrale San Martino** trägt natürlich eine Marmorverkleidung, verwunderlich nur, dass man den 36 m hohen Campanile ausgespart und im Ziegel-Look belassen hat. Eine Wendeltreppe, die möglicherweise unter Mitarbeit *Michelangelos* entstand, führt in 100 Stufen auf die Spitze. Der dreischiffige Dom wurde als Pfarrkirche zu Beginn des 14. Jh. errichtet und 1387 zur Kollegiatskirche erhoben. Im Inneren hat sich vornehmlich das barocke 17. Jh. verewigt. Die Kanzel haben drei Künstler gestaltet. Der sechseckige, reliefgeschmückte Korb stammt von *Donato Benti* (1508), der Fuß (1504) von *Lorenzo Stagi*, die gewendelte Treppe hat *Andrea Baratta* 1696 beigesteuert. Im Baptisterium aus dem 17. Jh. in der Via Garibaldi um die Ecke steht das oktogonale Taufbecken von *Bonuccio Pardini* (14. Jh.). Am zweiten, wie eine Bonbonniere gestalteten Becken haben ebenfalls mehrere Künstler gearbeitet, darunter *Donato Benti* und *Fabrizio Pelliccia*, der es 1612 vollendete.

In der Fußgängerzone der von Kunstgalerien gesäumten Via Stagio Stagi unterzeichnete im Haus Nr. 1 am 10. März 1518 **Michelangelo Buonarroti** den Kontrakt für die Fassadengestaltung der Kirche San Lorenzo in Florenz.

Nun kann man sich auf Entdeckungstour durch die Werkstätten und Läden von Pietrasanta begeben. Die **Ateliers** sind zahlreich (fast 25!), und die Bandbreite reicht vom Kitsch für Kreuzfahrttouristen bis zu ernsthaften Ergebnissen künstlerischen Schaffens. Hinzu kommen um die 15 Marmorbetriebe und fast zehn Gießereien, unter denen die **Fonderia Artistica Versiliese** zu den renommiertesten zählt und für die Kopien der Paradiespforte am Florentiner Baptisterium erwählt wurde.

■ **Fonderia Artistica Versiliese,** Via del Castagno 23, www.fonderiaversiliese.it.

Kopien klassischer Skulpturenkunst und Auftragsarbeiten für bekannte Künstler fertigt der **Marmorbetrieb Massimo Galleni** in höchster Qualität an.

■ **Massimo Galleni,** Via Torraccia 5, www.gallenimassimo.it

Sant'Anna di Stazzema

12 nordöstlich von Pietrasanta auf 650 m üNN zwischen den dichten Kastanienwäldern gelegen, war Sant'Anna eines der Dörfer in den Bergen, die 1944 ins Visier der **deutschen Partisanenbekämpfung** gerieten. Am 12. August 1944 umzingelten Truppen der Division „Reichsführer SS" das Dorf, trieben über 120 Frauen, Kinder und Alte zusammen (die jungen Männer konnten sich vorher absetzen) und erschossen sie. In weiteren Weilern der Umgebung starben nochmals fast 300 Menschen, die man zusammentrieb, mit Handgranaten in die Luft sprengte oder erschoss. Anschließend wurden die Leichen verbrannt, die Häuser vollständig zerstört. Erst 2004 klagte Italien die noch lebenden Soldaten an und verurteilte sie in Abwesenheit. In Deutschland ermittelte die Staatsanwaltschaft ab 2012, das letzte Verfahren stellte sie aber im Mai 2015 ein. Der wohl zu Recht des Mordes an 342 Menschen zu Beschuldigende war inzwischen wegen seiner schweren Demenz dauerhaft verhandlungsunfähig geworden. Ein **Museum** erinnert an die Geschehnisse, oberhalb von ihm markiert im **Parco della Pace** („Friedenspark") ein Turmbau (Monumento Ossario) die Begräbnisstätte der Opfer, 10 Min. sind es zu Fuß hinauf auf der Via Crucis, vorbei an den Stationen zur Geschichte des Massakers.

■ **Museo Storico della Resistenza Sant'Anna di Stazzema,** Tel. 0584 772025, www.santannadistazzema.org, Di/Mi 9–14, Do–Sa 9.30–18, So 15–18.30, Winter bis 17.30/18 Uhr.

Praktische Informationen

Touristeninformation

■ **Ufficio Turismo Viareggio,** Viale Carducci 10 (am Lungomare dem Uhrenturm gegenüber), Tel. 0584 962233, Mo–Sa 9–13, 15–18 Uhr.
■ **Ufficio Turismo Camaiore,** Viale Cristoforo Colombo 127, Lido di Camaiore, Tel. 0584 617766, www.versiliainfo.com, Sommer Mo–Sa 9.30–12.45, 16–19, So 10–13 Uhr
■ **Ufficio Turismo Pietrasanta,** Piazza Statuto, Tel. 0584 283375, www.comune.pietrasanta.lu.it, Sommer Di–So 10–12.15, 17–19.15 Uhr.

Unterkunft

■ **Plaza e de Russie**②-④, Piazza d'Azeglio 1, Tel. 0584 44449, www.plazaederussie.com. Luxushotel in der ersten Reihe und eines der ältesten; spektakuläre Aussicht beim Frühstück auf der Dachterrasse, zuvorkommendes Personal und 50 etwas angeältelte Zimmer.
■ **Liberty**③, Lungomara Manin 18, Tel. 0584 46 247, www.rivieradellaversilia.com/liberty. Der Name verpflichtet – von außen zeigt sich das Drei-Sterne-Haus mit 40 Zimmern direkt an der Strand-

promenade in schönstem Jugendstil, das Innere ist elegant-modern auf der Höhe der Zeit.

■ **Tirrenia**②-③, Via San Martino 23, Tel. 0584 49641, de.tirreniahotel.it. Kleines, modernes Drei-Sterne-Haus in der zweiten Reihe mit vorzüglich renovierten Bädern und praktisch-komfortabel eingerichteten 15 Zimmern.

■ **Nice**①-②, Via IV Novembre 168, Tel. 0584 442 75, www.hotel-nice.it. Zwei-Sterne-Haus mit acht Zimmern in dritter Reihe, sauber und günstig.

Außerhalb

Unser Tipp: Bacco ③, Via Rosi 24, Lido di Camaiore, Tel. 0584 619540, http://bacco-hotel.com. Sehr angenehmes Haus der gehobenen Drei-Sterne-Klasse in einem kleinen Park mit Pool, ruhige Lage 150 m vom Strand, 28 komfortable, mit hellem Holz freundlich gestaltete Zimmer, große Fensterflächen, unter deutschsprachiger Leitung, in der Hochsaison nur mit Halbpension.

■ **Gigliola**②, Via del Secco 23, Lido di Camaiore, Tel. 0584 617151, www.hotelgigliola.it. Drei-Sterne-Hotel mit Restaurant in einer Jugendstilvilla 200 m vom Meer, 13 modern gestaltete Zimmer, Halbpension möglich.

Camping

■ **Camping Viareggio,** Via Comparini 1, Tel. 0584 391012, www.campingviareggio.it, April–Sept. Zwischen Torre del Lago und Viareggio (VaiBus Nr. 31/32), schöner, sauberer und überschaubarer Platz abseits des Meeres (1 km durch die Pineta ans Wasser) mit allen Annehmlichkeiten, auch Bungalows und Apartments, Restaurant, Bar, Laden, Pool.

Essen und Trinken

■ **La Darsena**③-④, Via Virgilio 150, Tel. 0584 392 785, www.trattorialadarsena.it, So abends geschl. Im Werftbereich, eines der Flaggschiffe der Gastronomie in der Stadt, beste Fischküche, die ihren Preis hat; wer sich dafür entscheidet und rohes Meeresgetier liebt: Die *crudita di mare* ist opulent und exzellent.

Kunst in der Stadt: Pietrasanta

■ **Grande Caffè Margherita**③, Viale Margherita 30, Tel. 0584 581143, www.ristorantemargherita.info. Als Café früher eine Institution, heute ein Muss für ein Abendessen in elegantem Jugendstilambiente, mit einfachen, guten Gerichten wie Spaghetti mit frischen Tomaten und Basilikum oder warmen Meeresfrüchten auf Salatbett, oder raffinierter mit viel Fisch; vornehmlich touristisches Publikum und gehobene Preise – noblesse oblige.

■ **Al Sarago**②-③, Piazza Campioni 7, Tel. 0584 581200. Blick auf die etwas heruntergekommen Liberty-Stil-Fassade gegenüber, Fischgerichte in verlässlicher Qualität und für die Kinder Burger auf dem Kinderteller, auch Pizza.

■ **Il Bar Sotto il Mare**②, Via Michele Coppino 307, Tel. 0584 388107. Bar (mit ab und an Livemusik) und Restaurant, dem man seine gute Küche nicht ansieht, günstige Wochenkarte, auch vegetarische Gerichte.

■ **Ngochi Beach Food**②, Bagno Allesandro Colombo, Tel. 340 2723255, im Sommer. Drinks, Gerichte wie Pasta, Burger und Fischsalat und dazu coole Musik am Strand – gut für einen Mittagssnack oder Aperitif.

■ **Teatro Eden**②, Viale Margherita 21, Tel. 0584 962069. Gutes Restaurant an der Strandpromenade, Pizza, viele Touristen.

Unser Tipp: **La Barchina Fish & Fried**①, Lungo Molo del Corrado Greco, Tel. 347 7212848, im Sommer 12–23 Uhr. Eine Mole, daran ein Boot, darauf ein Kiosk, darin eine kleine Küche, davor eine lange Schlange. Mehr als Fish'n'Chips – nicht alles ist unbedingt frittiert, köstlich die Sardinen, gut die Pommes, köstlich die *gamberi;* keine Tische, alles aus der Hand.

Außerhalb

■ **Le Monache**②-③, Piazza XXIX Maggio 36, Camaiore, Tel. 0584 989258, www.lemonache.com, Winter So geschl. Restaurant zwischen zwanglos elegant und leicht rustikal mit klassischer Spezialitätenküche nach in der Familie seit 100 Jahren vererbten Rezepten; auch **Zimmervermietung**②.

■ **La Cantina da Bruno**①-③, Via Italica 61, Lido di Camaiore, Tel. 0584 67624, www.lacantinadabruno.com, Do/Fr mittags geschl. 5 km nördlich von Viareggio speist man bei *Bruno* vorzügliche Fischgerichte in gemütlicher informeller Atmosphäre; auch hervorragend: Pizza aus dem Holzofen und die Nachtische.

🌿 **Le Bar à Vins**②, Via Barsanti 4, Pietrasanta, Tel. 0584 631120, www.facebook.com/LeBarAVins Pietrasanta, nur abends, Winter Mo geschl. Organisch angebauter Wein, handgemachtes Bier, ein paar Tische in der Gasse, kleiner Gastraum für die kalte Zeit, Tapas und Spezialitäten wie *trippe* (Pansen) und *lampredotto* (Labmagen); ab und an Veranstaltungen wie Bauchtanz mit Weinverkostung.

Unser Tipp: **Alimentari Nevia**①-②, Via Stagio Stagi 7, Pietrasanta, Tel. 0584 71157, www.facebook.com/neviaalimentari. Lebensmittelladen und Enoteca mit angeschlossener Küche, extrem lecker, super Qualität und von den Einheimischen überrannt – wer einen Tisch ergattert, schätzt sich glücklich und schwelgt in Bruschette, Aufschnittplatten, Eintöpfen und Braten, dazu gibt's besten

Torta di Ceci

An der ganzen toskanischen Küste ist der **Fladen aus Kichererbsenmehl, Olivenöl, Salz und Wasser** bekannt und beliebt. Wer als Pizzeria etwas auf sich hält, packt auch die Torta di Ceci (auch „Cecina" oder „Faïnà" genannt) in den Ofen. Im Gegensatz zur Pizza backt die Cecina in einer runden Metallform. Sie wird meist pur (höchstens mit etwas schwarzem Pfeffer gewürzt) und warm (da sie sonst hart wird) verspeist. Eine Ausnahme gibt es allerdings. Als *cinque e cinque* – „fünf und fünf" füllt sie eine Focaccia, den aus Hefeteig gebackenen Fladen, und zeigt so am besten ihre Herkunft als Arme-Leute-Essen: fünf Lire für die Torte und fünf Lire für das Brot.

Wein. Schlachtruf im Herbst: *„è arrivato il tartufo bianco"* – dann geht es erst richtig los.

■ **L'Antica Macelleria**③, Piazza Giordano Bruno 7, Pietrasanta, Tel. 0584 70105, www.anticamacelleria.net. Die ganze Liebe des Wirts gilt dem Fleisch – ob in Wurst- und Schinkenform als *tagliere di affettati*, roh als *tartare di chianina* oder, fast ebenso roh, als *fiorentina*. Der rustikale Gastraum fungiert zugleich als Enoteca.

Süßes

■ **Caffè 22,** Viale Giosùe Carducci, Tel. 324 0542 663. Kaffeehaus fürs Frühstück, Eisdiele und Treff der Nachtschwärmer vor weiteren Unternehmungen und danach zum Absacken.

Nachtleben

■ **Fanatiko,** Via Guglielmo Marconi 102, Tel. 0584 51610. Gute Cocktails in angesagter Lounge an der Strandpromenade, teilweise Livemusik.
■ **Bagno Balena,** Viale Margherita 42, Tel. 0584 44045. Im Sommer mutiert die Jugendstilbadeanstalt jeden Fr mit unterschiedlichen Themen zur Disco.

Außerhalb

■ **Mamamia,** Viale Europa 5, Torre del Lago, Tel. 345 1068618. Im Sommer jeden Tag Megaparty mit heißer Musik und Shows, viele Schwule.
■ **Ostras Beach,** Viale Roma 123, Marina di Pietrasanta, Tel. 0584 267170, www.ostrasbeach.com. Beach Club mit Lounge-Bereich und am Wochenende Freiluftdisco mit bekannten DJs.

Verkehr

■ **Bahn:** Stazione di Viareggio, Piazzale Dante Alighieri, an der Küstenstrecke Livorno–Pietrasanta–Carrara–La Spezia, Verbindungen nach Livorno halbstündlich bis stündlich (30–40 Min., ab 3,40 €), Carrara/Pietrasanta halbstündlich (20 Min./8 Min., ab 3,40 €/2,50 €), Florenz viertelstündlich bis halbstündlich (90 Min., ab 9,30 €).
■ **Bus:** nach Camaiore von der Piazza d'Azeglio mit VaiBus Linie E01 etwa stündlich (werktags), 2,40 €, nach Sant'Anna di Stazzema von Pietrasanta aus zweimal an Werktagen (Linie E42, 2,80 €).
■ **Parken:** Die Parksituation rund um das Zentrum ist desolat, Großparkplätze sind nicht vorhanden – man muss suchen, bis ein Platz frei wird.
■ **Radverleih:** Noleggio di Bici Patrizia No 2, Viale Capponi 2, Pineta di Ponente, Tel. 0584 944699, Sommer 8.30–23.30 Uhr. Räder, E-Bikes und Vierradungetüme für die Familie, Rad ab 10 €/Tag.

Feste

■ **Carnevale di Viareggio,** berühmtester Karnevalsumzug Italiens mit zahlreichen riesigen und knallbunten Themenwagen, tollen Masken und von bestgelaunten Besuchern proppenvollen Straßen; http://viareggio.ilcarnevale.com.
■ **Europacinema,** Festival des europäischen Films in Viareggio über vier Tage, neben Venedig *das* Ereignis der Filmbranche, wechselnde Austragungsmonate; www.europacinema.org.
■ **Festival Pucciniano** am Lago di Massaciùccoli, Freiluftoper Ende Juli bis Ende Aug. (mit „Madame Butterfly", „Tosca", „La Bohème", „Turandot" ...) in einer riesigen, futuristischen Beton-/Metallkonstruktion am Seeufer, Sitzplatz 20–160 €, Busshuttle von Viareggio 15 €, von Lucca/Porta San Pietro 23 € (jeweils hin und her); www.puccinifestival.it.
■ **Fuochi d'Artificio,** Feuerwerkfestival in Forte dei Marmi an vier Abenden (Beginn 20 Uhr, Eintritt frei, Mai, Juni und Juli), Großfeuerwerk als Wettbewerb mit internationaler Beteiligung; www.fortedeimarmifireworksfestival.it.
■ **Pietrasanta in Concerto,** eine Woche Ende Juli stimmungsvolle Sommerkonzerte im Kreuzgang des Kosters Sant'Agostino/Pietrasanta, http://pietrasantainconcerto.com.

Einkaufen

■ **Birrificio del Forte,** Via della Breccia Violetta 5A, Parco degli Artigiani del Portone, Pietrasanta, www.birrificiodelforte.it. Kleinbrauerei mit zahlreichen Preisen für ihre Bierspezialitäten, Besuch und Verkauf nach Voranmeldung.
■ **Cantine Basile,** Via Provinciale Vallecchia 260, Pietrasanta, Tel. 0584 752118, www.cantinebasile.com. Verkostung und Verkauf der Tropfen aus der Versilia, dazu Puccini-Musik und eine Bar.
■ **Galleria d'Arte Enrico Paoli,** Via Stagio Stagi 13, Pietrasanta, Tel. 388 166 3323, www.galleriapaoli.com. Die Galerie bietet einen Überblick über das Schaffen regionaler zeitgenössischer Künstler.
■ **Wochenmärkte** in Viareggio, größter Do Viale Marconi, Di Via Filzi, Sa Piazza Paolo VI.
■ **Antiquitäten-/Flohmarkt** letztes Wochenende im Monat auf der Piazza d'Azeglio (8.30–20, Juli/Aug. bis 24 Uhr).

Aktivitäten

■ **Antro del Corchia/Miniere dell'Argento Vivi,** Höhlen und Bergwerksbesuch 2 km außerhalb von Levigliani (17 km nordöstlich von Pietrasanta im Gebirge) auf 600 m üNN. Geführte Entdeckung der sehenswerten Tropfsteinhöhle (2 Std. auf Metalltreppen und Wegen) bei 7,5 °C (festes Schuhwerk, Jacke), 15 €, Kind 10 €; die Quecksilbermine (Dauer 1 Std.) ist die älteste der Nordtoskana; sie wurde bereits im Mittelalter betrieben, um den Künstlern das begehrte Zinnoberrot (Quecksilbersulfid) für ihre Gemälde zu liefern, 8 €, Kind 5 €.
■ **Bootsfahrt** mit dem Dampfer auf dem Lago di Massacciùccoli u.a. zur Vogelbeobachtung oder auch einfach nur mit dem angemieteten Tretboot, Navigazione Eco-Idea, Torre del Lago Puccini, Tel. 0584 350424, Dauer ca. 2 Std., 5 €, Kind 2 €.
■ **Golfclub Versilia,** Via della Sipe 100, Pietrasanta, Tel. 0584 881574, www.versiliagolf.it. 18-Loch-Platz, Par 71, 5302–5998 m, Greenfee 90 €.

Carrara

■ 100 m üNN, 65.000 Einw., Pisa 55 km

Wer Carrara sagt, meint **Marmor?** Ja! Und wer meint, sich mit diesem Stein und seinen Varietäten auszukennen, gehe ins hiesige Marmormuseum. Dort lernt er wirklich, was profunde Kenntnis von Qualitäten, Farben und Marmorierungen bedeutet. Carrara hat aber auch eine hübsche Altstadt, die zum Bummel einlädt.

Wer hierher kommt in den hohen Norden der Toskana, will vor allem die Marmorbrüche besichtigen, die Strände spielen beim ausländischen Tourismus nur eine geringe Rolle, obwohl auch sie weit und breit und feinsandig sind, ausgestattet mit endlosen Reihen an Sonnenschirmen und Liegen, und dahinter ein Lungomare mit Lokalen, Hotels und Modegeschäften. Einer Autobahn gleich, verbindet der Viale XX Settembre die Küste mit dem Hinterland und dem eigentlichen Zentrum. Mehr oder weniger zersiedelt ist die Landschaft an den Hängen der Apuanischen Alpen, man hat gebaut, wo es möglich war und wo die zahlreichen, wie riesige weiße Wände wirkenden Marmorbrüche und Verarbeitungsbetriebe es zuließen. Zwischen Viareggio und Carrara scheint der Küstenstreifen aus einem einzigen Ort zu bestehen, nur ab und an lockern landwirtschaftliche Flächen die Bebauung etwas auf.

Geschichte

Bereits in der Antike waren die Sklaven und Strafgefangenen der **Römer** zugange und haben in den Apuanischen Alpen den begehrten Stein gebohrt und mit Holzkeilen und Feuer abgesprengt. Auch im **Mittelalter** holte man den Stein aus den Bergen, und die Pisanische Romanik mit ihren verspielten Ornamenten an den Kirchenfassaden wäre ohne Marmor nicht möglich gewesen. Während der **Renaissance** stieg *Michelangelo* die Berge hoch und suchte sich ganz besondere Quader für seine Skulpturen. Abgelegen von den großen Brüchen, kannte er eine – bereits in der Antike für die Reinheit des Steins und sein makelloses Weiß bekannte – Stelle. Unvorstellbar, welche Mühen es erfordert haben muss, erst einmal die Wege zu bauen, um die Quader aus so großer Höhe ins Tal zu schaffen.

177 v. Chr. gründeten die Römer die **Kolonie Luna** nördlich von Carrara, die wegen des Marmors bald große wirtschaftliche Bedeutung für Rom erlangte. Eine richtige Blüte gab es, als Kaiser *Augustus* für die Stadterneuerung Roms riesige Marmormengen benötigte. Carrara selbst gründeten Bauern erst um das Jahr 1000 ein ganzes Stück im Landesinneren. Da der Hafen von Luna zusehends versandete, musste die Stadt im 11. Jh. aufgegeben werden, Carrara übernahm an ihrer Stelle die Funktion der Weiterverarbeitung der aus den Brüchen geholten Quader und entwickelte sich zum bedeutendsten Lieferanten für die Stadtstaaten der Toskana und Italiens Norden. Die Arbeiter in den Brüchen schlossen sich schon Mitte des 15. Jh. zu einer **Kooperative** zusammen, die zukünftig die Interessen der Steinmetze vertrat. Kurz darauf gelangte die **Markgrafenfamilie Malaspina** aus Massa an die Macht, behielt sie – geschickt taktierend und Lucca, Genua, Mailand, Pisa und Florenz gegeneinander ausspielend – über 300 Jahre. Die Arbeiter verdienten gut, Marmor war gesucht, und die Entstehung des Königreiches Italien im 19. Jh. brachte weiteren Schub. Innovationen waren die Folge. Ein Steinmetz hatte bereits 1815 die Gattersäge erfunden, eine durch Wasserkraft betriebene Sägenkonstruktion mit mehreren Blättern, die den Plattenschnitt effizienter machte. Wirklichen Umbruch brachte aber die 1895 von einem anderen Arbeiter entwickelte motorbetriebene Seilsäge, mit der noch in den Brüchen und ohne großen Aufwand die Rohblöcke zugeschnitten werden konnten. Ihre Stolz haben die Steinmetze nie verloren, und als die Zeiten mit dem Ersten Weltkrieg schlimmer wurden, standen sie an vorderster Front im Arbeitskampf, was sich bis heute nicht groß geändert hat. Die Carraresi sind für ihre **Streikwut** berühmt.

▷ Duomo di Sant'Andrea in Carrara

Sehenswertes

Der Dom versteckt sich in der Altstadt zwischen der Piazza Alberica und der Piazza Antonio Gramsci. Die **Piazza Alberica** ist bekannt für die heftigen politischen Auseinandersetzungen, die sich die Vertretungen von Arbeitnehmern und -gebern hier geliefert haben. Entstanden ist der Platz nach einem Stadtumbau und der Schleifung des Stadtwalles im 16. Jh. Heute ist er das repräsentative Zentrum Carraras, auf einer Seite von einem schönen Arkadengang flankiert. In der Mitte steht eine 1827 aufgestellte Statue von *Maria Beatrice d'Este*.

Wenige Schritte östlich ist der niedrige Baukörper des **Doms Sant'Andrea** mit seiner Hauptfassade an die Häuser gedrängt. Blendbögen, nur teils mit Säulen versehen, Wechsellagen und eine einzige Zwerggalerie (mit einer allerdings ausnehmend prächtigen und großen Rosette) zeigen, dass man zwar Geld hatte, damit aber nicht um sich warf. Im 11. Jh. begonnen, aber erst im 14. Jh. vollendet, steht die Basilika zwischen Romanik und Gotik (der Campanile war 1280 fertig). Das in Grau-Weiß gehaltene Hauptschiff hat einen offenen Dachstuhl, die Seitenschiffe Kreuzgewölbe. Im rechten und linken Seitenschiff sind Freskenfragmente aus dem 15./16. Jh. zu sehen. Die mit Intarsien gearbeitete Marmorkanzel von *Domenico del Sarto* und *Maestro Nicodemo* stammt aus dem 16. Jh. Die Treppe ist aus einem einzigen Marmorblock gehauen. Das Tafelkreuz über dem Hochaltar entstand im 14. Jh. Vor dem Dom befindet sich die (unvollendete) Skulptur des *Andrea Doria*, des genuesischen Admirals des 15./16. Jh., in Gestalt des Meeresgottes Neptun.

■ **Duomo di Sant'Andrea,** Piazza Duomo, 8–12, 16–20 Uhr.

An der Piazza Antonio Gramsci erheben sich die Natursteinwälle des **Palazzo Cybo-Malaspina,** die im 16. Jh. über die Fundamente einer langobardischen Burg gemauert wurden. Der mit hohen Bäumen bestandene Platz mit der neoklassischen Randbebauung ist die Prachtadresse der Stadt.

Das modern konzipierte, sehenswerte **Marmormuseum** an der schnurgeraden, zum Hafen führenden und mit Fächerpalmen gerahmten Schnellstraße lässt keine Wünsche offen, wenn man sich für die Geschichte des Marmorabbaus mit seinen sozialen Folgen, für die Abbaumethoden, die Verarbeitung und vor allem für die zahllosen Sorten interessiert. In der Ausstellung zählen die Marmorfliesen nach Tausenden, in allen Farben, Qualitäten und mit allen Sorten von Zeichnungen.

■ **Museo del Marmo,** Viale XX Settembre, Località Stadio, Tel. 0585 845746, tgl. 8.30–19 Uhr, 5 €.

Cave di Marmo

Zahlreiche Marmorbrüche sind in den Schluchten der Apuanischen Alpen versteckt oder, meeresgerichtet an den Hängen, schon aus großer Entfernung auszumachen. Wie weiße Wunden stechen sie aus dem Grün der Natur hervor. Hinweisschilder in Carrara weisen den Berg hoch zu den beiden bekanntesten Brüchen, den Cave di Fantiscritti und den Cave di Colonnata. Welchen der beiden man für den ersten Besuch wählt, spielt keine Rolle, sie sind mit einer auch durch Tunnels verlaufenden schmalen Straße verbunden, die der ehemaligen Trasse der Werkbahn folgt.

Egal, wie eng die Kurven der Straßen sind, die sich wie ein Spinnennetz über alle Hänge ziehen, überall sind Schwerlastwagen unterwegs, die gar nicht mal so große, aber eben höllisch schwere Marmorbrocken transportieren. In beiden Brüchen wird gearbeitet, feiner weißer Staub legt sich über alles hier oben. 5–6 km sind es aus dem Zentrum zu den **Cave di Colonnata,** je nach Strecke. Das **Steinbruchmuseum** Cava Museo mit Souvenirverkauf ist immer offen (Spende erwünscht) und zeigt Skulpturenkunst. Wer will, kann mit dem Kleinbus von Marmotour in den Stollen „Galleria Ravaccione No 84" zu riesigen Kavernen einfahren, aus denen der Stein einst herausgeholt wurde, oder man entscheidet sich für die oberirdische Land-Rover-Tour von Carrara 4x4 Adventure, vorbei an den waghalsig an Hängen operierenden Raupenschleppern und Baggern.

■ **Marmotour,** Tel. 339 7657470, www.marmotour.com, Juli–Aug. 10–18, Mai/Juni 11–18, April/Sept./Okt. 11–17 Uhr, Dauer 40 Min., 10 €;
■ **Carrara 4x4 Adventure,** Tel. 0585 779673, www.carraramarbletour.it, Mai–Aug. 10–18, März/April, Sept./Okt. bis 16 Uhr, Dauer 50 Min., 10 €.

6 km sind es vom Museum dann noch hoch zum namensgebenden Hochgebirgsdorf **Colonnata.** Da man sich bei der Knochenarbeit in den Brüchen viele Kalorien zuführen muss, hat man sich hier auf die Produktion geräucherten Specks – den *lardo* – konzentriert. Fast jeder hier oben verkauft oder serviert ihn. Bei der Abfahrt kurz vor dem Museum rechter Hand an einem Parkplatz liegt eine Osteria, an der sich die Lkw-Fahrer mittags auf eine Portion Speck treffen, eine gute Adresse für eine Rast.

Über die ehemalige Eisenbahntrasse geht es vom Museum auf 2 km etwa die Höhe haltend hinüber zu den **Cave di Fantiscritti** und dann wieder hinunter auf 6 km nach Carrara.

Massa

Massa (65 m üNN, 70 000 Einw.), 7 km südwestlich von Carrara, ist nicht unbedingt einen Besuch wert, seine drei Sehenswürdigkeiten sind im Weichbild verteilt. Die große, fast quadratische, nach einer Seite hin abfallende **Piazza Aranci** zeichnet sich durch eine namensgebende Bepflanzung aus Orangenbäumen an drei der Seiten aus, an der vierten steht der im 16. Jh. errichtete **Palazzo Ducale.** Die Fassade mit ihrem reichen Stuckwerk wurde im 18. Jh. neu gestaltet. Die Fenster des Piano Nobile schmücken Büsten. In ihm sind Präfektur und Provinzverwaltung untergebracht. Die **Kathedrale Santi Pietro e Francesco** nordöstlich der Piazza (über die Via Dante Alighieri) wurde als spätgotische Klosterkirche der Franziskaner 1389 geweiht. Da man den Dom San Pietro auf Geheiß von *Napoleons* Schwester zu Beginn des 19. Jh. abgerissen hatte, übertrug man dessen Patronatschaft mit auf die Klosterkirche und erhöhte diese zum neuen Dom. 1936 entwarf der in Massa und auch international tätige Architekt *Cesario Fellini* eine neue, neoklassische Fassade.

Marina di Massa ist schöner, freundlicher und wirkt aufgeräumter als Marina di Carrara, das sehr stark von seinem Hafen geprägt ist, in dem die Marmorblöcke am Kai auf den Abtransport warten. Marina di Massa ist hingegen ein richtiger Badeort mit Badeanstalten, Hotels und Villen in lockerer Bebauung.

Abenteuer Marmorbruch

Die **Rocca Malaspina,** 500 m südlich der Piazza hoch über der Stadt, erlaubt einen schönen Blick und ist am Wochenende als Museum besuchbar. Im 10. Jh. erstmals erwähnt, im 13. Jh. mit einem Mauerring versehen, bauten sich die *Malaspina* im 15. Jh. ein Renaissanceschloss auf den Berg. Ein Besuch zeigt die massiven Verteidigungsanlagen mit Wassergräben, Brücken und Artilleriestellungen. Im Innenhof des Palastes listet eine Tafel ehrwürdige Besucher: Kaiser und Papst. Drei Zimmer schmücken Fresken des 15. Jh.

■ **Rocca Malaspina,** Via Rocca 15, Tel. 327 0755 390, www.istitutovalorizzazionecastelli.it, Sa/So 16–20 Uhr, 5,50 €.

Forte dei Marmi

Zumindest was die Preise für Liegen und Schirme in den *stabilimenti* angeht, wird der früher so exklusive Badeort seinem Ruf gerecht. Schon bei der Anfahrt durch eine Lindenallee vermittelt er das Bild, etwas ganz Besonderes zu sein, was sich dann aber eigentlich nicht bestätigt. Wie in den benachbarten Marina di Massa und Marina di Pietrasanta ist das Ortsbild geprägt von den aneinandergereihten Hotels entlang der Strandpromenade und ihnen gegenüber den Zugängen zu den verschiedenen Badeanstalten – einige recht elegant, andere eher an Rummelplätze erinnernd. Dazwischen sorgen Keramik- und Skulpturenausstellungen für etwas Abwechslung. Besucher trösten sich mit dem einstigen Glanz des Seebads, das *Thomas Mann* als Vorbild für das literarische „Torre di Venere" (in „Mario und der Zauberer") diente, weil seine Tochter hier eine Villa besaß. Auch *Aldous Huxley* fand hier eine Zeitlang seine Wahlheimat. Bayerische Patrioten werden sich darüber freuen, dass Ex-Ministerpräsident *Edmund Stoiber* als Ehrenbürger gewonnen werden konnte.

Seravezza

Den **Medici-Palast von Seravezza (UNESCO-Welterbe),** 20 km südwestlich von Carrara, ließ *Cosimo I.* im 16. Jh. als Sommerresidenz der Familie am Ufer eines Gebirgsbaches im Talgrund bauen. Drei Flügel und die Portalmauer umschließen einen Innenhof, die Fassaden sind schmucklos-elegant. Eine dreibogige Loggia im Innenhof bot im Sommer einen kühlen Sitzplatz. Die erste Etage wird für Sonderausstellungen genutzt, in der zweiten Etage findet sich ein nettes und informatives Ethnografisches Museum, das sich auch dem Themenbereich „Arbeit" widmet.

■ **Palazzo Mediceo,** Via del Palazzo 358, Tel. 0584 757771, www.palazzomediceo.com, nur bei Ausstellungen Mo–Fr 17–24 Uhr, Sa/So 10.30–12.30, 17–24 Uhr, 5 € (Ausstellungen u. Museum).

Von Seravezza sind es auf dem schmalen Sträßlein SP9 8 km hoch ins Gebirge zum Weiler Azzano. 1,5 km nördlich des Dorfes an einer Abzweigung geht es zu Fuß durch ein Tor etwa 60 Min. und 300 Höhenmeter den Berg hoch auf den Spuren *Michelangelos* zu einem **antiken Steinbruch,** dem **Cave Mossa,** aus dem der Künstler sich die Quader geholt haben soll, die er schließlich in seiner Werkstatt bearbeitete. Zuvor musste er allerdings erst noch die Straße bauen lassen, die für den Abtransport notwendig war. Achtung, es gibt kaum Markierungen, man bewegt sich auf alten Bergwerkspfaden, es ist also kein Sonntagsspaziergang!

Passo di Vestitio

Die kurvenreiche, aber schöne Gebirgsstrecke auf der SP13 führt nach Osten hoch zum Passo di Vestitio und wieder hinunter in die Garfagnana nach Castelnuovo di Garfagnana und nach Barga. Wer diesseits der Apuanischen Alpen bleiben will, biegt hinter dem Pass auf 1151 m Höhe nach Süden ab, passiert den Tunnel von Culàccio und gelangt über Seravezza nach insgesamt 55 km wieder nach Massa zurück. Auf dem Hochweg von Massa mit immer wieder fantastischen Ausblicken gelangt man nach mehreren langgestreckten Serpentinen beim Rifugio Città di Massa zum **Botanischen Garten Pietro Pellegrini.** Zu sehen gibt es auf 3 ha vornehmlich Dolomitgestein alpine Pflanzen, die in der Region, wo mitteleuropäische Klimaeinflüsse mit mediterranen im Wettstreit liegen, besonders gut gedeihen, und solche, deren Bestand gefährdet ist und die hier gepflegt werden. Auch erfährt man z.B., dass die Kastanie, als Brotbaum in die Berge gepflanzt, das Naturgleichgewicht extrem verschoben und indigene Arten verdrängt hat. Heute, da die Kastanien wegen der Landflucht aus den Bergen nicht mehr gepflegt werden, kommt es immer häufiger zu Schädlingsplagen. Der Rifugio ist im Sommer bewirtschaftet und bietet Unterkunft und Zeltplatz. Außerdem gibt es in ihm einen Multimediaraum zu den Themen des Gartens. Hinter dem Garten geht es durch mehrere Tunnel und immer wieder an Steinbrüchen vorbei zum Pass.

■ **Orto Botanico Pietro Pellegrini,** Pian della Fioba, Tel. 340 4660271, im Sommer bei gutem Wetter tgl. 9–12, 15–18 Uhr, 3 €.

Praktische Informationen

Touristeninformation

■ **Ufficio Turismo Carrara,** Viale XX Settembre, Località Stadio, Tel. 0585 844316, www.aptmassacarrara.it, tgl. 8.30–16.30, Winter 10–14 Uhr.

Unterkunft

■ **Villa Belverde**③-④, Viale XX Settembre 73, Tel. 0585 845304, www.villabelverde.it. Luxuriöses B&B an der Straße von Carrara ans Meer in Höhe von Museum und Touristeninfo; sechs Suiten mit edler Einrichtung.

■ **Tenda Rossa**②-③, Viale Cristoforo Colombo 14, Marina di Carrara, Tel. 0585 787435, www.hoteltendarossa.com. Nettes Hotel wenige Schritte vom Lungomare von Carrara, 25 modern und komfortabel eingerichtete Zimmer.

Außerhalb

■ **Villa Lorena**②, Via Francesco Carrara 86, Forte dei Marmi, Tel. 0584 787278, www.albergolorena.it. Kleine, ältere Familienpension mit hilfsbereiten Gastgebern und ausreichend eingerichteten zehn Zimmern, gutes Preis-Leistungs-Verhältnis, mit Radverleih.

Unser Tipp: Ostello Apuano①, Via delle Pinete 237, Massa di Marina, Tel. 0585 780034, www.ostelloapuano.com, Mitte März bis Sept. Jugendherberge auch mit Familienzimmern in einer schön hergerichteten Villa mit großem Park und nur 10 m vom Strand, Radverleih, Restaurant; immer schnell ausgebucht!

● **Rifugio Città di Massa**①-②, Pian della Fioba, Passo di Vestito, Tel. 0585 819043, www.rifugiodimassa.it. Im Gebirge an der Straße von Massa nach Castelnuovo di Garfagnana (18 km), Berghütte auf 880 m üNN beim Botanischen Garten mit 13 einfachen Zimmern (Einzel, Doppel, Mehrbett) und Bad am Gang, Restaurant und Campingmöglichkeit (5 €/Person), Angebot von Halb- und Vollpension.

Lardo

Das Geheimnis des **Specks** aus den **Apuanischen Alpen** ist seine Reifung in einem Marmorkasten, dessen Material unbedingt aus den Brüchen von Canaloni stammen muss. Nur dort hat der Stein die bestimmte Porösität, die für das Behältnis *conca di marmo* notwendig ist. Es wird mit Knoblauch eingerieben, dann kommt auf den Boden eine Lage grobes Meersalz. Danach wird eine Lage Speckstücke (die keinesfalls dünner als 3 cm geschnitten sein dürfen) dicht an dicht hineingeschichtet und mit Knoblauch, Salz, Rosmarin, schwarzem Pfeffer und gegebenenfalls weiteren Gewürzen wie Salbei bedeckt. Dann folgt die nächste Lage. Am Ende verschließt eine Marmorplatte das Ganze, die nach frühestens sechs Monaten gelüftet werden darf. Trotz des vielen Salzes hat der weißrosa Speck nun ein fast süßliches und sehr intensives Aroma. Hat man ihn früher nur als Gewürz oder kräftige Beilage genossen, ist der Lardo heute als eigenständige Ingredienz der Haute Cuisine geadelt, die durchaus auch mit z.B. Muscheln kombiniert werden kann.

Camping

● **Camping Giardino,** Via delle Pinete 382, Partaccia/Marina di Massa, Tel. 0585 869291, http://campinggiardino.com, April–Sept. Großer Platz 100 m vom Meer in der Pineta mit drei Pools, Bar, Restaurant und Laden, auch Bungalowvermietung.

Essen und Trinken

UNSER TIPP: **Il Rebacco**②-③, Via Loris Giorgi 5, Tel. 0585 776778, www.ilrebacco.it. Sa mittags, So ganztags geschl. (nicht Juli/Aug.). Verfeinerte Landküche, als Vorspeise z.B. ein Pudding aus Taleggio mit Birnenmus oder Bruschette mit Speck aus den Bergen und Tomaten, oder Windschwein in Nebbiolo mit Polenta; drinnen und draußen angenehmes Sitzen.

● **Dalle Zie Cibo e Vino**②, Piazza Duomo, Tel. 0585 70728. Einfache, handfeste Küche mit Aussicht auf den Dom, auch Kleinigkeiten für ein schnelles Mittagessen.

● **Tognozzi**①-②, Via Santa Maria 12, Tel. 0585 71750. Traditionspizzeria von Carrara mit winzigem Gastraum und großem Andrang am Mittag, wenn die Schüler auflaufen.

● **Leon d'Oro**①, Piazza Alberica 8, So geschl. Caffè für eine kleine Pause mit Espresso, Panino und Blick auf den schönen Stadtplatz.

Außerhalb
UNSER TIPP: **Il Fatty**①, Via Ghirlanda 9, Massa, Tel. 328 0655067. Super für ein Mittagessen mit z.B. einem Panino mit Kutteln, einer *ribollita* oder einem Burger, simpel, schnell, lecker und bei den Einheimischen extrem beliebt.

▷ Wurst und Schinken auf dem Markt

Unser Tipp: La Stazione di Colonnata①-②, Località La Stazione di Colonnata, Tel. 0585 758027. Hoch oben bei den Marmorbrüchen kehren die Lkw-Fahrer für's Mittagessen ein; Speck aus eigener Produktion, auch Verkauf des *lardo* (und von Wurst und Schinken), kleiner Freisitz für eine deftige Mahlzeit.

■ **Michelangelo**②, Via San Michele 223, Azzano/Seravezza, Tel. 0584 773050, www.ristorantemichelangeloazzano.it. Beliebte Ausflugsgaststätte hoch oben im Gebirge (8 km nördlich von Seravezza) mit Fleisch vom Spieß und hausgemachter Pasta, Pilzgerichte.

Süßes

Unser Tipp: Gelateria/Pralineria Theobroma Nanus, Piazza Gino Menconi 3 und Via Rinchiosa 33, Marina di Carrara, Tel. 0585 045180, www.theobromananus.it. Nix is mit Industriekonfektion oder Milchpulver, alles frisch und fast wissenschaftlich verarbeitet – das wohl beste Eis der Versilia; außerdem sündige Pralinen aus eigener Produktion.

Verkehr

■ **Bahn:** Stazione di Carrara/Avenza und Stazione Massa liegen an der Hauptstrecke Livorno–La Spezia, halbstündliche Verbindungen von Carrara nach Livorno (60 Min., 6,60 €).

■ **Bus:** Zwischen Marina di Carrara, Bahnhof und Carrara-Zentrum mit Linie 52 halbstündlich (einfach 1,20 €, beim Fahrer 2 €); nach Colonnata werktags mehrmals am Tag (Linie 50, 2,80 €, beim Fahrer 4 €).

Einkaufen

■ **Lardo/Speck** siehe „Essen und Trinken/La Stazione di Colonnata".

■ **Wochenmarkt:** in Carrara Mo in der Altstadt, Massa Di auf der Piazza Arancia, Marina di Massa Fr auf der Via Mazzini.

■ **Azienda Agricola Felice Lorenzoni,** Località Colli di Nagni, Giustagnana/Seravezza, www.aziendalorenzoni.com. Die Azienda ist noch einer der wenigen Betriebe, die sich der Herstellung traditioneller Wurstspezialitäten wie *tizzone* („schwarze Salami", die über Monate in Asche heranreift), *arista al vermentino* (in Weißwein und Kräutern marinierte Schweinelende) und *prosciutto d'ognicò* (in Kräuter- und Heukruste geräucherter Schinken) verschrieben hat – in einem kleinen Laden kann man diese Köstlichkeiten kaufen.

Aktivitäten

■ Siehe bei Cave di Marmo oben.

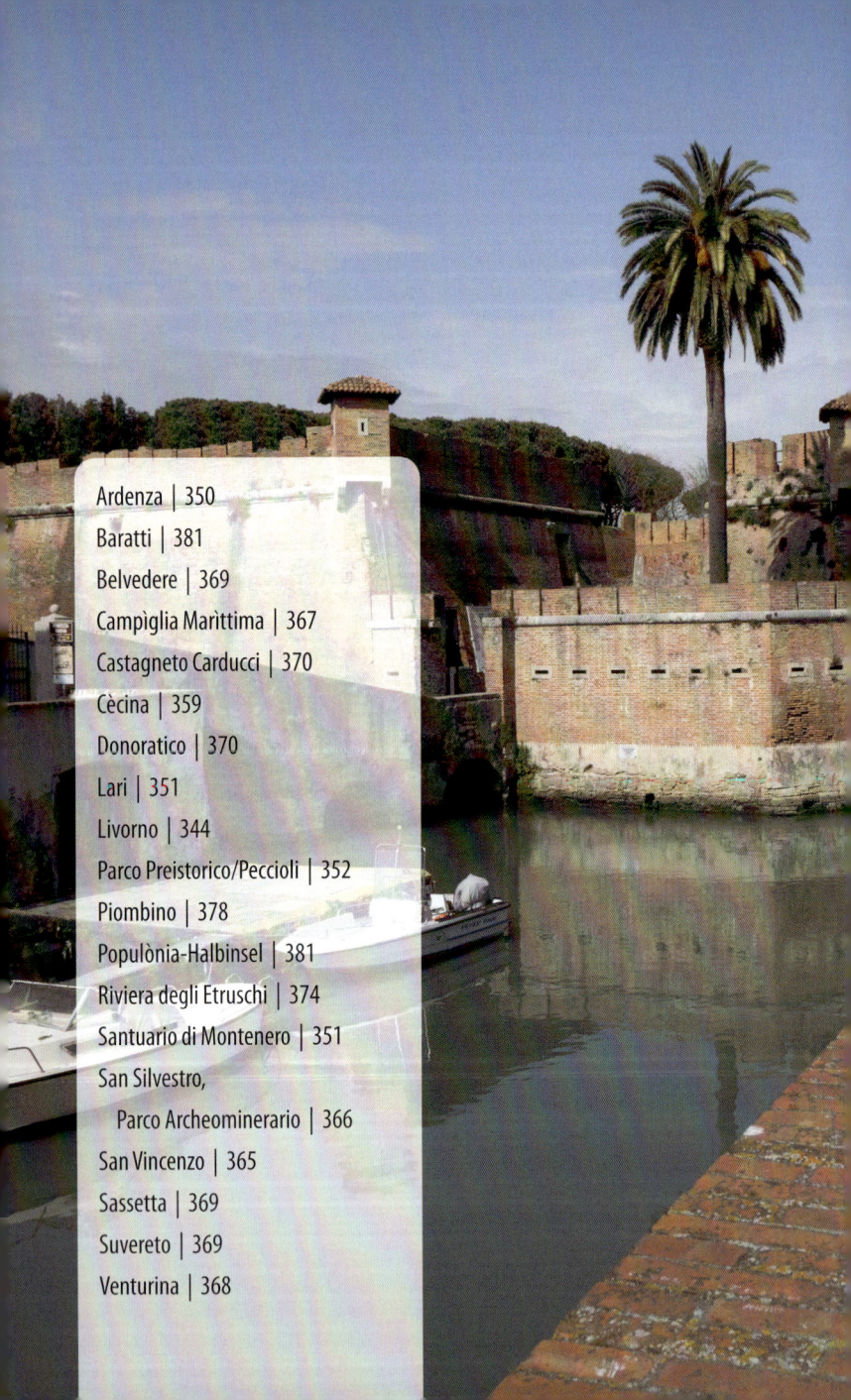

- Ardenza | 350
- Baratti | 381
- Belvedere | 369
- Campìglia Marìttima | 367
- Castagneto Carducci | 370
- Cècina | 359
- Donoratico | 370
- Lari | 351
- Livorno | 344
- Parco Preistorico/Peccioli | 352
- Piombino | 378
- Populònia-Halbinsel | 381
- Riviera degli Etruschi | 374
- Santuario di Montenero | 351
- San Silvestro, Parco Archeominerario | 366
- San Vincenzo | 365
- Sassetta | 369
- Suvereto | 369
- Venturina | 368

6 Livorno, Riviera degli Etruschi

Der größte Hafen der Toskana und ewig lange, breite und weiße Strände

◁ Hafenstadt mit Flair: Livorno

LIVORNO, RIVIERA DEGLI ETRUSCHI

Livorno hat fast großstädtisches Flair und punktet mit einem Altstadtviertel, das seiner Kanäle wegen als „Klein-Venedig" läuft. Museen, ein sehenswertes Aquarium und Befestigungswerke decken Kultur und Geschichte ab, und die Einkaufsstraßen profitieren vom Kreuzfahrttourismus. Wer baden möchte: Nach Süden ziehen sich die breiten Strände der **Etruskischen Riviera** mit gänzlich dem Urlaub verschriebenen Orten wie **Donoratico** und **Cècina.**

Wer meint, dass ihm an der etruskischen Küste als einzige Betätigung das Schwimmen im Meer und das Aalen an den unverschämt langen, breiten und feinsandigen Stränden bleibt, täuscht sich gewaltig. Nicht umsonst verweist der Name der Riviera auf die ursprünglichen Bewohner, die hier im 7. Jh. v. Chr. begannen, die Landschaften urbar zu machen bzw. die Sümpfe auszutrocknen. Zahlreich sind die Zeugen dieser Kultur, die der römischen über Jahrhunderte überlegen und dann zumindest ebenbürtig war – bis die **Etrusker** sich im römischen Volk verloren. Grabungsfelder mit ganzen Städten, Bergwerke und zahllose Artefakte erinnern an die Vergangenheit.

Gibt sich die Küste gleich südlich von Livorno noch steil und unnahbar, ändert sich das ab Rosignano. Wer nach Süden will, ist gut beraten, nicht die Autobahn, sondern die **Via Aurelia** zu nehmen – es dauert länger, aber man hat das Meer ganz nahe. Das Ufer ist jenseits des Sandstrandes mit Pinienwäldern dicht bewachsen, die eine wichtige Funktion für die Beschränkung der Bodenerosion einnehmen und – soweit die *pinete* als Reservate geschützt sind – auch Habitat zu Lande und in der Luft selten gewordener Tiere sind.

Wer im Hochsommer der dumpffeuchten Hitze am Meer entfliehen will:

NICHT VERPASSEN!

- **Venezianisches Viertel, Livorno:** Kanäle wie in der Lagunenstadt | 348
- **Mercato Centrale, Livorno:** nicht nur Lebensmittel | 349
- **Aquarium, Livorno:** die schönste Unterwasserwelt der Toskana | 350
- **Parco Archeominerario di San Silvestro, San Vincenzo:** Bergbau seit Jahrtausenden | 366
- **Campìglia Marìttima:** herausgeputztes Bergstädtchen | 367
- **Belvedere, Suvereto:** winziger Weiler hoch über der Landschaft | 369
- **Populònia, Golf von Baratti:** Strand und Archäologie | 381

Diese Tipps erkennt man an der gelben Hinterlegung.

Livorno

Ausflüge hoch in die kühleren Hügel sind allerorten möglich. Oliven wachsen dort, und die Reben werden zu besten Weinen gekeltert – berühmt wie die aus Bolgheri. Eine empfehlenswerte **Rundtour** beginnt in Cècina und führt hinauf auf der Strada del Vino Costa degli Etruschi nach Montescudaio und weiter über Casale Marittimo und Bibbona nach Bolgheri, und schließlich wieder hinunter ans Meer – zwischen den Bäumen einer berühmten, besungenen, endlos langen Zypressenallee.

Oder man macht sich bei Marina di Castagneto Carducci ins Landesinnere auf und besucht den **Parco Archeominerario di San Silvestro,** in dessen Bergwerken man auch etwas abkühlen kann. Die Colline Metallìfere wurden von jeher nach wertvollen Metallen durchgraben – bis in die Neuzeit. Ganz nah ist hier das Erdinnere, das sich auch mit heißen Quellen und Dampf zu Wort meldet, die perfekt geeignet sind für **Geothermiekraftwerke** und deren Erzeugung sauberer Energie – und als Thermalbäder auch heute noch Spaß für Jung und Älter versprechen.

Die Städtchen an den Bergflanken haben sich ihren mittelalterlichen Charme bewahrt: grob behauener Naturstein, romanische Kirchen, schlanke Wehrtürme und enge Gassen. **Suvereto** ist einen Besuch wert (und der darüber liegende Weiler Belvedere), auch in **Castagneto Carducci** kann man einen Spaziergang unternehmen und sieht dabei vielleicht englischen Adel oder einen Rocksänger.

Einer der Höhepunkte der Küste ist schließlich der herrliche Strand am **Golfo di Baratti** mit seinen Ausgrabungsstätten über dem azurfarbenen Meer unter einem tiefblauen Himmel.

Livorno

■ 5 m üNN, 160.000 Einw., Pisa 20 km, Florenz 90 km, Siena 140 km, Grosseto 150 km

Der Hafen im Herzen der Altstadt, Festungen, Denkmäler, prächtiger Jugendstil und breite Uferstraßen – der Cocktail Livornos aus **Fischerbootatmosphäre** und **Grandezza** ist einzigartig.

Das Gewirr von krummen Gassen, Kanälen und Brücken in der **Altstadt** mag ein wenig verwirren, aber genau das macht ihren Reiz aus. Hier sitzt man auf einem Ponton bei einem Glas Wein und blickt auf die Fischer, die ihre Boote fertig machen, man spaziert an Kanälen vorbei, ruht sich hinter wehrhaften Mauern in einem Park aus oder flaniert an Modeläden vorbei hinunter zum Hafen.

🌿 Die Highlights für Kinder

- **Aquarium und Naturkundemuseum** in **Livorno** machen die Welt der Tiere unter und über Wasser begreiflich | 350
- Der **Dinosaurierpark** in **Livorno/Pecciolo** holt die Urzeit mit riesigen Modellen zurück | 352
- Der **Wasserpark von Cècina** mit Rutschen, Pools und allem, was dazugehört | 365
- Warmbadetag in einer **etruskischen Therme** in **Venturia** | 368
- Der **Freizeitpark Cavallino Matto** in **Castagneto Carducci** | 378
- **Töpfern** wie die Etrusker im Archäologischen Labor von **Populònia,** Piombino | 381

Geschichte

Erst gehörte der kleine befestigte Hafen Portus Liburni zum Einflussgebiet der **Pisaner,** nach einer der Niederlagen Pisas gelangte Livorno im Jahre 1405 dann an **Genua. Florenz** gefiel das nicht, man war Großmacht auf dem Land, man wollte auch Herrscher über die Meere werden. 1421 verkaufte Genua schließlich Livorno für 100.000 Florin an die **Medici.**

Cosimo I. gab 1571 den Befehl, die Befestigungen der nunmehrigen Florentiner Hafenstadt auszubauen, und seine Söhne verpassten Livorno ein völlig **neues Stadtbild.** Auf fünfeckigem, vom Canale Fosso Reale umschlossenen Grundriss entstanden Stadt und Arsenal für die Kriegs- und Handelsflotte von Florenz – die heutige Altstadt. Mit der Piazza Grande als Zentrum liefen fünf Straßen von Nord nach Süd, fünf von Ost nach West, Kanäle durchzogen die Viertel. Die Fortezza Nuova entstand aus einer alten Bastion und sicherte mit ihrer Insellage in einem der Hafenbecken die Stadt effektiv landeinwärts. Die Alte Festung am Wasser erhielt Verstärkungen und wachte über die Hafenanlagen. Für den Erfolg mussten da lediglich noch die Händler angelockt werden. Der *Medici Ferdinando I.* verfügte zu diesem Behufe die **Constituzione Livornina,** das Grundgesetz Livornos, das jedem innerhalb der Stadtmauern das Recht auf freie Wahl seines Aufenthaltes, seiner Religion und seiner politischen Überzeugung gewährte – 1593!

Livorno wuchs, und die großen internationalen Handelshäuser von England bis zur Levante gründeten Niederlassungen. Livorno war bald zweitgrößte Stadt der Toskana und ihr **wichtigster Hafen,** was sie auch aktuell noch ist.

Im 19. Jh. kamen die modernen Viertel im Osten rund um die Piazza Matteotti hinzu, das Königreich Italien gründete 1881 die Akademie der Marina Militare, die bis heute alle Offiziere der Kriegsmarine ausbildet. Im Zweiten Weltkrieg erfuhr Livorno schwere Bombardements. Heute besitzt die Stadt einen modernen Container-Terminal und Raffinerien. Die Finanzkrise ist aber auch an einer der wichtigsten Hafenstädte Italiens nicht spurlos vorbeigegangen – der Stadtsäckel ist mehr oder weniger leer, Geld für kulturelle Projekte und Stadterneuerung gibt es nur in homöopathischen Dosen.

Orientierung

Die **Altstadt,** in der sich die meisten Sehenswürdigkeiten befinden, erstreckt sich rund um die Piazza Grande, im Norden und Westen begrenzt von den Hafenanlagen, im Osten von der Fortezza Nuova und der 250 m langen Piazza della Repubblica, im Süden von den Piazze entlang der Scali Manzoni. Die etwa von Ost nach West über die Piazza Grande verlaufende (nach den Kriegsschäden neu geplante) Via Grande ist die Prachtstraße der Altstadt mit zahlreichen Geschäften, das Kanalviertel – Venezia Nuova – mit seinen angesagten Kneipen und Restaurants liegt nördlich von ihr. Spaziert man von der Piazza Grande nach Süden über die Piazza Cavour, gelangt man ins Shoppingviertel der „Neustadt" rund um die Piazza Attias mit Via Ricasoli, Corso Amedeo und Via Roma.

34 La Fortezza di Jasy	
35 Vecchia Livorno	
36 Enoteca Forte San Pietro	
39 In Carne	
41 Osteria della Venezia	
42 Pizzeria Tramontana	
43 Ca'Moro	

Nachtleben
- 1 Ex-Cinema Aurora
- 5 Surfer Joe
- 9 Ostricaio
- 31 Frankie Pub
- 37 La Bodeguita Livornese
- 38 La Ponceria

Einkaufen
- 13 autres chauses
- 17 Dalla Botte alla Bocca
- 18 Cornici
- 20 VAD Formaggi
- 25 Libreria Belforte dal 1805
- 32 La Granaia
- 40 Studio Zero Vetro

Livorno Card

Die Karte gibt's bei der **Touristeninformation** für 3 € (1 Tag) und 5 € (3 Tage), für Kinder bis 12 Jahre ohne Gebühren. Damit nutzt man den öffentlichen **Nahverkehr** kostenlos, hat in **Museen** freien Eintritt und Ermäßigung bei der **Bootsfahrt** durch die Stadt, im **Aquarium** und in der **Casa Modigliani**, www.livornocard.com.

Sehenswertes

Den Bau des **Doms** in der Mitte der Altstadt an der Piazza Grande sollte ursprünglich *Bernardo Buontalenti* ausrichten, dazu kam es aber nicht, da die militärischen Einrichtungen Vorrang hatten. Man griff allerdings auf seine Pläne zurück, als der Kirchenbau 1594 begonnen wurde. Weihe war 1606, 1629 wurde er zur Kollegiatskirche erhoben und 1806 zur Kathedrale. 1817 fügte man den Campanile an. Alliierte Bomben legten den Dom am 19. Mai 1944 in Schutt und Asche, lediglich zwei Außenmauern blieben stehen. In den 1950er Jahren rekonstruierte man den Dom mehr oder weniger. Allerdings wurde die Uhr an der Schaufassade durch das steinerne Medici-Wappen ersetzt und die Portalbedachungen der drei Tore unter der Arkade variiert. Im Inneren ist in der Cappella Santissimo Sacramento zentral im Barockaltar ein dornenbekrönter Christus (um 1450) von *Beato Angelico* ausgestellt.

■ **Cattedrale San Francesco,** Piazza Grande, 8–12, 16–19.30 Uhr; **Messen** Mo–Fr 10/18 Uhr, Sa 18, So 10.30/ 18.30 Uhr.

Das ==Venezianische Viertel== mit seinen Kanälen hat bis auf zwei Gotteshäuser keine eigenen Sehenswürdigkeiten zu bieten, hier schlendert man durch die Gassen und über die Brücken. Die **Kirche San Ferdinando** (1707–16) im Westen des Viertels besitzt eine äußerst einfache Fassade, ihr einziger Schmuck sind die vorspringenden Ziegellagen, die der Befestigung der nie ausgeführten Marmorverkleidung dienen sollten. Das barocke Innere setzt den Gegenpunkt, insbesondere der wertvolle Marmorboden ist beachtenswert.

■ **Chiesa di San Ferdinando,** Piazza Anita Garibaldi 1, Tel. 0586 888541, 8–12, 16–19 Uhr.

Wenige Meter westlich der Fortezza Nuova entstand die **Kirche Santa Caterina** als Gotteshaus des Dominikanerkonventes. Die beeindruckende Kuppel des achteckigen Baukörpers von 1720 ist 63 m hoch. Außen unvollendet, ist das Innere reich mit Kapellen ausgestattet und mit Fresken versehen. Im Chor befindet sich die „Krönung der Jungfrau" (um 1571) von *Giorgio Vasari* – einst Kriegsbeute eines napoleonischen Soldaten, die eine Livorneser Familie zurückkaufte.

■ **Chiesa di Santa Caterina,** Via Fort San Pietro 3, Tel. 0586 894090, 8–12, 16–19 Uhr.

▷ Kahn und Koloss

Die vollständig von Wasser umgebene **Fortezza Nuova** von 1591 erreicht man über eine kurze Steinbrücke und durch die Katakomben. Das Befestigungswerk war einmal vollständig unterhöhlt und ist heute großteils verfüllt, die Bauten sind entfernt und durch einen Park mit hohen Bäumen ersetzt. Südöstlich erstreckt sich die 1838 geschaffene monumentale **Piazza della Repubblica**, wegen der beiden Denkmäler (nordwestlich *Leopold II.*, südöstlich *Ferdinand III. von Lothringen*) auch „Piazza dei Granducchi" („Platz der Großherzöge") genannt. Nordöstlich schließt die **Piazza Garibaldi** (mit dem obligatorischen Monument) an. Auf ihr sind einige Stände als Dauermarkt eingerichtet.

Nach Osten gehend, erreicht man von ihr aus den neoklassischen, 1842 fertiggestellten **Wasserspeicher Cisternone** mit seinem irritierenden, an eine Orchestermuschel erinnernden Aufbau, wohl Symbol für die Offenheit der für Besucher eigentlich verschlossenen Wasserzisterne und Zitat antiker Thermenarchitektur. Über den Corso Amedeo geht es nun in das Herz der „Neustadt" zur Einkaufszone rund um die Piazza Attias. Einige Schritte von ihr in die Via Enrico Mayer führen zum 1847 eröffneten **Teatro Goldoni,** dem bedeutendsten Theater der Stadt.

Die Via Goldoni nach Norden wieder Richtung Altstadt gehend, erreicht man auf der anderen Seite des Königlichen Kanals das Marktviertel mit zahlreichen Verkaufsständen rund um den **Mercato Centrale,** eine von Pariser Architektur inspirierte Konstruktion von 1894 mit riesigen Fensterflächen. So hektisch wie es draußen ist, ist es auch an den Ständen drinnen. Doch hier und da gibt es ein paar Tische und Stühle, Inseln der Ruhe inmitten des Feilschens, wo man seinen *espresso corretto* trinken und die Zeitung lesen kann.

Zurück geht es an die Via Grande und auf ihr nach Westen zum Hafen. Dort steht das spektakulärste Denkmal Livor-

nos, das **Monumento dei Quattro Mori**. Auf einen Sockel hat *Giovanni Bandini* die Marmorskulptur *Ferdinandos I.* gestellt. In siegreicher Pose festgehalten, erinnert er an seinen Sieg über die Seeräuber vor der toskanischen Küste, den die (im Oratorio di San Ranieri beerdigten) Ritter von Santo Stefano für ihn erfochten. 1595 begannen die Arbeiten in Carrara, 1601 brachte ein Schiff die Figur. Die heute politisch weniger korrekten bronzenen, mit Ketten an den Sockel gefesselten „Mohren"-Gestalten – Inbegriff der Barbaren – goss *Pietro Tacca* 1623–26. Die vier Figuren winden und verdrehen sich verzweifelt, ausdrucksstark und äußerst lebensecht.

Die **Fortezza Vecchia** nördlich des Denkmals ist nur auf kompliziertem Weg über den Hafeneingang erreichbar (hinter der Kirche San Ferdinando zu Fuß Richtung Fähranleger und kurz davor über die abgezäunten Parkplätze). Da sie die meiste Zeit verschlossen ist und die Aussicht über den Hafen versprechenden Türme nicht bestiegen werden dürfen, kann man sich den Weg sparen. Das weitläufige Festungswerk entstand über sechs Jahrhunderte, beginnend mit dem Torre Quadrata im 11. Jh., von dem noch Mauerreste erhalten sind.

Das **Naturkundemuseum** liegt etwas abseits im Süden der Neustadt, ein Besuch kann auch thematisch passend mit dem des Aquariums an der weiten Uferpromenade der Viale Italia – der Terrazza Mascagni – verbunden werden. Das moderne, didaktisch hervorragend konzipierte Museum gliedert sich in mehrere Bereiche: Meeresgetier, Botanischer Garten, Wirbellose, Paläontologie, Der Mensch sowie Vergleichende Anatomie.

■ **Museo di Storia Naturale e di Mediterraneo,** Viale Roma 234, Tel. 0586 266711, http://musmed.provincia.livorno.it, Di/Do/Sa 9–13, 15–19, Mi/Fr 9–13, So 15–19 Uhr, Eintritt in alle Sektoren 10 €, Kind 5 €, Familie 20 €.

Die **Terrazza Mascagni** entstand in den 1920er Jahren als Flaniermeile der Städter, unheimlich breit, unheimlich lang, schwarz-weiß gepflastert mit eleganter weißer Brüstung, blauem Meer und Dampfer am Horizont, mit Rasenflächen, Cafés und Restaurants. Wer hier abends nicht glücklich ist, dem kann man nicht helfen.

Das **Aquarium** gehört zu den besten des Landes. 2000 Tiere, 300 Spezies, 33 Tanks und ein Streichelbecken lassen Kinderherzen höher schlagen: Im Tunnel geht es unter den Haien durch, man bestaunt die Farbenpracht tropischer Fische, die majestätischen Schildkröten und den Tanz der Seepferdchen.

■ **Acquario,** Piazzale Mascagni, Tel. 0586 269111, www.acquariodilivorno.it, April–Juni/Sept. 10–19, Juli/Aug. 10–21, sonst nur an Wochenenden 10–18 Uhr, 13 €, Kind 8 € (unter 100 cm frei).

Lungomare von Ardenza

Fährt man von den Flanierterrassen noch ein wenig weiter nach Süden am Meer entlang, gelangt man hinter der Barriera Regina Margherita, zwei neoklassischen Loggien links und rechts der Straße (die einmal die Stadtgrenze markierten), zu einer spektakulären Kette prächtiger, fast uniform wirkender **Jugendstil-Villen** der Marineakademie gegenüber.

Santuario di Montenero

10 km sind es von der Terrazza Mascagni mit dem Auto hoch auf 193 m üNN zum Heiligtum am Schwarzen Berg, für sportliche Livornesen in früher Morgenstunde und am Wochenende eine auf dem Rad oder im Dauerlauf gern genutzte Bergstrecke. Oben warten der Devotionalienhandel mit Ständen sowie Bars und Restaurants.

Der Legende nach fand im Jahr 1345 ein hinkender Hirte am Fuß des Schwarzen Berges ein Madonnenbildnis. Eine Erscheinung riet ihm, das Bild auf den Berg zu tragen: gehört, getan, geheilt. Das Santuario – im Rang einer Basilika und von Vallombrosanern unterhalten – bestand ab dem Jahr der Legendenbildung aus einer Höhle, 1380 errichtete man eine Kapelle, 1774 eine große Kirche. 1956 baute man zur heutigen Anlage aus. Weder architektonisch noch der Innenausstattung wegen ist das Heiligtum interessant, allerdings hängen in den Gängen und Kammern unzählige Bildchen und Bilder, die eindringlich skizzieren, wie die Muttergottes persönliche Katastrophen abgewendet hat, beim Autounfall, der Kriegsverletzung und beim Balkonsturz.

■ **Santuario di Montenero,** Piazza di Montenero 9, Tel. 0586 579627, www.santuariomontenero.org, Mo–Sa 6.30–12.30, 14.30–18, So 6.30–13, 14.30–19 Uhr; **Messen** Mo–Sa 7.15, 9, 10, 11, 16/17, So 7.15, 8.30, 9.30, 10.30, 11.30, 16/17, 17/18 Uhr.

Livorno: Zugabe!

■ **Museo di Santa Giulia** – Museum in der 1602 gebauten Kirche mit einem Altarbild wahrscheinlich aus der Giotto-Schule (erste Hälfte des 14. Jh.), das die Stadtheilige *Julia* mit je vier Szenen zu ihrem Martyrium auf den Seiten zeigt, Durchgang zum Oratorio di San Ranieri mit Rittergräbern; Largo Duomo 1 (neben dem Dom), Tel. 0586 883598, www.santagiulia.org, nur nach Voranmeldung.
■ **Casa Natale di Amedeo Modigliani** – der Maler (1884–1920) starb 35-jährig an Tuberkulose, bekannt wurde sein Werk vornehmlich durch seine Aktgemälde, die zu jener Zeit äußerst skandalträchtig waren; Via Roma 38, Tel. 320 8887044, http://casanataleamedeomodigliani.com, April–Okt. tgl. 10.30–12.30 Uhr (nicht verlässlich), 5 €.
■ **Museo Civico Giovanni Fattori** – Museum, das sich auf die Künstler der Macchiaioli-Gruppe konzentriert, Freiluftmaler, deren Werke sich durch fleckenartige Farbflächen (*macchia* = Fleck), starke Kontraste und schematische Figurenwidergabe auszeichnet; Via San Jacopo in Acquaviva 65, Tel. 0586 804847, Di–So 10–13, 16–19 Uhr, 4 €.

Lari

Das Städtchen Lari (135 m üNN, 1100 Einw.) 30 km östlich von Livorno hat sich seine mittelalterliche Struktur bewahrt. Eine Ringstraße führt außen entlang der (nicht mehr vollständigen) Ringmauer, eine weitere im Inneren rund um die ausgezeichnet erhaltene **Rocca** – das Schloss der Landvögte. Erstmals 962 erwähnt, war Lari lange der Sitz der Familie *Upezzinghi*, die immer wieder gegen Pisa revoltierte. 1406 eroberten es die Florentiner und machten es zum Sitz einer Landvogtei. Westlich der Burg stehen die **Logge del Mercato** aus dem 16. Jh. Das Obergeschoss setzte die faschistische Partei auf und nutzte es als Ortszentrale. Im 15. Jh. auf den Fundamenten eines Vorgängerbaus aus dem 10. Jh. errichtet, wurde die **Kirche Santa Maria Assunta e San Leonardo** 1910 massiv ins Neugotische gewandelt. Im Inneren ist eine Della-Robbia-Terrakotta zu sehen: Madonna mit dem Kind (1524). Das **Schloss** hält seine Tore als Museum offen, wobei besonders die Verliese „l'Inferno" schaudern machen. Fresken sind im Gerichtssaal zu sehen und in der „Sala dei Tormenti", dem „Saal der Qualen".

■ **Castello dei Vicari,** Via del Castello, Tel. 0587 687116, www.castellodilari.it, 15. Juni–Sept. tgl. 10.15–12.45, April–14. Juni Mo–Fr 15.30–19, Sa/So 10.30–12.30, 15.30–19, Okt.–März Sa/So 10.30–12.30, 15–18, Okt. auch Mo–Fr 15–18 Uhr, Eintritt 4 €.

Parco Preistorico

Bei Peccioli, 15 km östlich von Lari, wartet der 13 Jahre vor *Michael Crichtons* Buch „Jurassic Park" eröffnete Prähistorische Park mit seinen riesigen **Dinosauriermodellen** zwischen den Bäumen auf Familien. Gut 15 Echsen, vom Velociraptor bis zum Brachiosaurus, lassen eine vergangene Welt auferstehen, dazu kommen Höhlenbären, der Homo erectus und ein Vulkan, der für den Tod der Dinos verantwortlich zeichnet. Vor dem Park gibt es Picknickplätze und einen Spielplatz.

■ **Parco Preistorico,** Peccioli, Via dei Cappuccini 72, Tel. 0587 636030, www.parcopreistorico.it, April–Aug. 9–19, sonst bis 18 Uhr, 5 €, Kind 4 € (bis 2 Jahre frei).

Praktische Informationen

Touristeninformation

■ **Ufficio Turismo Livorno,** Via Alessandro Pieroni 16, Tel. 0586 894236, www.costadeglietruschi.it, tgl. 8.30–16.30 Uhr.

Stadtbesichtigung

■ **Stadtrundfahrten** mit einem Hop-On-Hop-Off-Bus starten zwischen Mai und Okt. stündlich zwischen 10 und 15 Uhr an der Piazza dell'Unità d'Italia und fahren auch das Santuario di Montenero (siehe oben) an (www.city-sightseeing.it).
■ **Radtouren** durch Livorno (inkl. Fahrradverleih) organisiert Green Bike, Scali del Corso 7, Tel. 0586 015294, www.greenbikelivorno.it, Di–Do 11 Uhr, Dauer ca. 90 Min., mind. vier Pers., 15 €/Person.

Unterkunft

■ **Al'Teatro**③, Via Enrico Mayer 42, Tel. 0586 898 705, www.hotelalteatro.it. Acht exquisit eingerichtete Zimmer in einem Haus aus dem späten 19. Jh., der Clou ist der Garten, besser gesagt Hinterhof, mit Ruhemöbeln zum Entspannen.
■ **Gennarino**③, Viale Italia 301, Tel. 0586 8031 09, www.hotelgennarino.it. Eine Villa aus dem 19. Jh. mit 23 Zimmern an Livornos Meerespromenade – man sollte unbedingt um ein Zimmer mit Seeblick bitten, wenngleich das durch die viel befahrene Straße etwas laut ist.
■ **Navy**②-③, Viale Italia 231, Tel. 0586 802077, www.hotelnavy.com. Angenehmes und winziges Hotel mit nur neun – großzügigen – Zimmern südlich des Zentrums am Lungomare in Höhe der Marineakademie in einer hübschen Villa.

▷ Fisch satt in Livornos Markthalle

Livorno, Riviera degli Etruschi

■ **Giappone Inn**②, Via Grande 65, Tel. 0586 880 241, www.hotellivorno.com. Das Hotel 1000 m vom Bahnhof hat 76 einfacher eingerichtete Zimmer, einen Frühstücksraum und Privatgaragen für die Gäste, die Zimmer nach vorne sind eher laut.

Unser Tipp: Hotel Europa②, Via dell'Angiolo 23, Tel. 0586 888581, www.hoteleuropalivorno.it. In einer ruhigen Parallelstraße der Via Grande, 19 Zimmer und fast ein „Geheimtipp": Die top-moderne, geschmackvolle Ausstattung wäre allemal gut für vier Sterne, der Service ist sehr aufmerksam, das Frühstück individuell und sehr persönlich präsentiert, die Tipps und Empfehlungen (Restaurants) passen – und es gibt großzügige Familienzimmer.

Außerhalb

■ **Locanda Garzelli**②-③, Via Giovanni Pascoli 32, Quercianella, Tel. 0586 491027, www.locandagarzelli.it. Hotel mit sechs Zimmern (drei mit Terrasse zum Meer) direkt am Wasser (molengeschützter Küstenabschnitt), gutes Fischrestaurant.

■ **La Casa di Ulisse**②, Via Vitalba 3, Quercianella, Tel. 0586 492052, www.lacasadiulisse.eu. B&B 10 km südlich in den Hügeln 10 Gehminuten vom Meer, vier großzügige und liebevoll eingerichtete Zimmer jeweils mit eigenem Zugang vom Garten in einer hübschen Anlage in Panoramalage.

Unser Tipp: Agriturismo Campo al Sole②, Via delle Corti 50, Castell'Anselmo, Tel. 0586 969007, www.agriturismocampoalsole.it. Drei Zimmer mit jeweils eigenem Gartenbereich etwas abseits des Hauptgebäudes, auf einem Bauernhof 15 km östlich von Livorno in den Hügeln, auch Möglichkeit der Halbpension; schön, angenehm und ruhig – das Besondere: Die Gastgeber sind Musikprofis und spielen auf Wunsch für die Gäste.

Camping

■ **Campeggio Collina 1**, Via di Quercianella 377, Montenero, Tel. 0586 579573, www.collina1.it, ganzjährig offen. Ein etwas einfacher, schattiger Platz 10 km südlich Livorno in einem Pinienhain 3 km vom Meer im Hinterland, ruhige Lage in den Hügeln.

Essen und Trinken

Ristorante & Co.

■ **Il Tegolo**④, Piazza Giuseppe Garibaldi 10, Tel. 0586 219405, www.iltegolo.biz. Ein Königreich für Freunde von Meeresfrüchten und Luxus; allein sechs verschiedene Austernarten (natürlich mit Champagner), daneben perfekt komponierte Fischgerichte – ohne Reservierung hat man keine Chance.

■ **In Carne**③, Scali del Monte Pio 11, Tel. 0586 893227, www.incarne.it, Mo–Sa 12–14.30, 19.30–22.30 Uhr. Wer gutes Fleisch liebt (zum Restaurant gehört eine Metzgerei), wird hier vollauf zufrieden sein. Das *bistecca fiorentina* auf den Punkt, auch Rohes ist im Angebot oder alternativ Hamburger. Genau genommen sind die unverputzten Ziegelgewölbe und die kleine Terrasse eine einzige Hommage an *il manzo*, das Rind.

UNSER TIPP: **Vecchia Livorno**③, Scali delle Cantine 34, Tel. 0586 884048, Mo geschl. Im winzigen, mit Ramsch und Kitsch vollgestopften Lokal empfängt ein längst verrentetes Ehepaar den Gast etwas umständlich, und erst einmal neigt man zur Flucht – doch dann entpuppt es sich als wahre Gourmet-Oase mit feiner Livorneser Küche, frischestem Fisch, perfekt auf den Punkt gebratenem Fleisch und einer aufmerksamen Bedienung.

■ **Osteria della Venezia**③, Via Caprera 41, Tel. 0586 839543, nur abends. Im Stadtteil Nuova Venezia ist man spezialisiert auf Fischgerichte und sehr angesagt; möglichst früh kommen oder reservieren. Trotz des Zustroms hohe Qualität und ein faires Preis-Leistungs-Verhältnis.

■ **Osteria Modi**②-③, Via della Coroncina 13a, Tel. 393 0162348, www.osteriamodi.it, nur abends, So geschl. Kleine Osteria unweit der Markthalle, die sowohl mit dem Fisch- als auch mit dem Fleischangebot überzeugt, große Auswahl an Antipasti und Primi, wie *gnocchetti pesto e speck* oder *pennette agli scampi*, auch auf Sonderwünsche wird eingegangen.

■ **Cantina Senese**②, Borgo dei Cappuccini 95, Tel. 0586 890239, www.ristorantecantinasenese livorno.com, So geschl. Uriges Lokal mit bunt gemischtem Publikum, vom wohlhabenden Livorneser bis zum Hafenarbeiter; die Fischküche, besonders die Fischsuppe *cacciucco*, gilt als anerkannt gut, und die Preise bleiben am Boden.

UNSER TIPP: **Ca'Moro**②, Piazza del Pamiglione, Darsena Vecchia, Tel. 391 4333025, www.camoro.it, Di geschl. Originelles Bistro auf einem Schiff, Sozialprojekt, das Jugendliche mit Down-Syndrom beschäftigt – das Essen (vorrangig Fisch) ist gut und die Atmosphäre entspannt, nur manchmal dauert der Service etwas länger.

■ **Osteria La Barrocciaia**①-②, Piazza Cavallotti 13, Tel. 0586 882637, http://labarrocciaia.it, So geschl. Der Laden brummt, nach dem Einkauf in der Markthalle bestellen die Gäste krosse und fantasievoll belegte Panini, *baccalà fritto* oder ein Wildschweingulasch.

■ **Locanda Morgiano**①-②, Via Carraia 18, Tel. 338 1779640. Eher Kneipe als Restaurant, wenngleich es neben Sandwiches und Crostini viele Spezialitäten der toskanischen Küche gibt. Dennoch gehen die meisten hierher, weil die Cocktails so gut schmecken.

■ **Jhonny Paranza**①-②, Piazza Mazzini 73, Tel. 0586 1862888, www.facebook.com/jhonnyparanza. Gleich vorweg: So improvisiert, wie der Kiosk für Fish&Chips an der Piazza Mazzini wirkt, ist *Davide Baldis* (alias Jhonny Paranza) kleines Gastro-Imperium längst nicht mehr, denn er besitzt inzwischen sehr gesettelte Filialen in der Via dei Pelaghi 148 und in Pisa (Piazza Gambacorti 13) – aber alles fing mit einer Bretterbude, Campingstühlen und frittiertem Fisch an (angeblich dem besten in Livorno), und bis heute stehen die Leute Schlange.

■ **Pescheria il Porto**①, Via S. Giovanni 4, Tel. 0586 895424, Mo Ruhetag, Di/Mi abends geschl. Nirgends isst Fischers Fritz Fisch frischer als in der Fischhandlung, man wählt aus und lässt ihn zubereiten – dazu gibt's Brot und Salat, ein paar Tische drinnen und im Freien.

■ **Al Rifugio**①, Via Enrico Mayer 80/82, Tel. 0586 211942, www.ilrifugioristorante.it, Sa mittags geschl. Beliebtes Restaurant mit Mittagsbuffet, an dem man sich für 10 € an toskanischen Köstlichkeiten sattessen kann.

Pizza & Co.

■ **The Bad Elf**②, Via della Posta 40, Tel. 328 1251 458, www.badelfpub.it, Mo geschl. Birreria und Imbiss bis spät in die Nacht – beliebter Treffpunkt der Nachtschwärmer und englischsprachigen Livorno-Besucher, auf der Speisekarte stehen Hamburger und Pizza.

■ **Pizzeria Tramontana**①-②, Via S. Giovanni 24, Tel. 0586 893057, nur abends. Es ist fast immer voll, laut und hektisch, denn hier gibt es die wohl beste Pizza der Stadt – das ist natürlich eine Glaubensfrage, aber die vielen Einheimischen sprechen für sich! Gut ist sie wirklich (und man kann sie sogar *integrale* oder glutenfrei bestellen), wie auch die anderen Gerichte auf der Karte (*tagliata*, *bistecca* sowie Fische und Meeresfrüchte) – die Stimmung muss man aber mögen.

■ **La Fortezza di Jasy**①-②, Scali delle Cantine 14, Tel. 0586 407584. Beliebte Pizzeria und Panetteria an der Fortezza Nuova mit stets frischem Brot, guten Pizze und Focacce, auch Lieferservice.

■ **Torteria de Gagarin**①, Via del Cardinale 24, So geschl. Die Kichererbsen-„Pizza" *torta di ceci* wird hier in unzähligen Variationen, darunter auch als *cinque e cinque* (Füllung einer Focaccia), zubereitet.

Vegetarisch/Vegan

■ **La Casina di Alice**②, Via Leonardo Cambini 14, Tel. 329 7320679, www.lacasinadialice.it, Sa mittags geschl. Vegetarische und vegane Gerichte in einem hübschen, ruhigen Restaurant im ersten Stock eines klassizistischen Gebäudes (mit kleinem Geschäft).

■ **Pane e Tulipani**[2]②, Piazza Mazzini 9, Tel. 327 4571908, Di geschl. Ein junges und kreatives Team kocht nach Rezepten rund um den Globus und hat auch zahlreiche vegetarische und vegane Speisen im Angebot. Gelegentlich finden Konzerte und Lesungen statt.

■ **Zucchero Nero**②, Via dell'Angiolo 20, Tel. 0586 370800, So mittags, Mo/Di abends geschl. Lokal in Marktnähe, ein wenig unkonventionell, was aber Vergnügen und Qualität nicht schmälert, auch relativ große Auswahl vegetarischer Gerichte. Mi wird am Abend mit Musikbegleitung gespeist.

Entoteche & Co.

■ **Enoteca Forte San Pietro**③, Piazza dei Domenicani 2, Tel. 328 0835200, So geschl. Weinhandlung und Bistro in gemütlichen Ziegelgewölben gegenüber der Kirche Santa Caterina, in erster Linie geht es natürlich um Weinverkostung, aber auch die Gerichte auf der Tageskarte sind nicht schlecht (wenngleich in winzigen Portionen serviert).

Pasta pur

Laura, Lucia, Valeria, Luca, Mario, Lorenzo und *Dino* – die Familie *Martelli*! Sie, und nur sie, stellen in ihrer Manufaktur in Lari Nudeln her. Hartweizengrieß und Wasser, sonst nichts. Das **Geheimnis?** Um den Teig zu mischen, muss man sich **Zeit** nehmen, je langsamer, desto besser, der Grieß liebt es zu quellen. Und die **Formen** müssen aus **Bronze** bestehen, nur so erhält die Nudel die raue Oberfläche, die Porösität, die sie für die Aufnahme der Soßen benötigt. Und noch einmal nimmt man sich Zeit. Die **Trocknung** auf der Leine dauert bis zu 50 Stunden. Und man muss die Nudeln gegen Ende beobachten, schließlich beeinflussen Außentemperatur und Luftfeuchtigkeit den Prozess. Und was gehört noch zur besten Nudel der Welt? Viel Leidenschaft, eine über 80-jährige Erfahrung und die freiwillige Beschränkung! Nur 60 kg Spaghetti, Spaghettini, Maccheroni und Penne finden pro Tag ihren Weg in die gelben Martelli-Tüten und weiter in die Läden und Lokale.

Außerhalb

■ **I Burattinai**②, Via Pagolo da Lari 10, Lari, Tel. 0587 685453. Ehrliche Landküche zu fairen Preisen in unaufgeregt-minimalistischer, heller Atmosphäre mit 60er-Jahre Touch – klar, dass es hier die Pasta von Martelli gibt, der im Ort angesiedelten kleinsten Nudelmanufaktur Italiens. Serviert wird sie z.B. mit Tomaten und Knoblauch oder mit Tintenfisch.

Süßes

■ **Caffetteria da Lori**, Mercato Centrale. Am Tresen treffen sich Händler und Kunden, Lagerarbeiter und Fischer zu einem Plausch, neben Dolci gibt's auch Tramezzini.

■ **Gelateria Caprilli**, Via dei Funaioli 2, Tel. 0586 954993, www.livornostreet.it. Eis ganz ohne Geschmacksverstärker, *naturale artigianale*, an der *passegiata*, man schleckt aus der Tüte oder lässt sich im barocken Inneren nieder.

■ **Gelateria Dolcefreddo**, Corso Amedeo 40, Tel. 0586 889120. Neben köstlichem Eis (aus Bio-Zutaten und ohne Geschmacksverstärker) bestellt man auch süße Crêpes.

■ **Gelateria Fiori Rosa**, Piazza Mazzini 24/25, Tel. 0586 373554. Eine unglaubliche Auswahl an Eissorten, auch für Diabetiker!

Nachtleben

■ **La Ponceria**, Via Borra 40, Tel. 0586 373282, www.ponceria.it, tgl. ab 18.30 Uhr. Beliebte Bar für den Aperitif, der hier aus einem *ponce*, einem mit Rum verstärkten Caffè Crema, bestehen sollte (siehe Kasten „Il Ponce").

■ **Ex-Cinema Aurora**, Via Ippolito Nievo 28, Tel. 338 3764627, http://ex-cinemaaurora.blogspot.de, ab 17.30/19 Uhr. Konzerte, DJ-Abende, Theater, das Aurora ist der Tanz- und Kulturtempel Livornos.

■ **Frankie Pub**, Via de Lardelel 27. Ob und wann *Frankie* aufmacht, hängt von ihm ab und vom Ordnungsamt, denn die Kneipe wird auch immer wieder mal zwangsweise geschlossen – viel Bier, etwas Absturz, aber ohne Frage sehr authentisch.

■ **La Bodeguita Livornese**, Piazza dei Domenicani 20, Tel. 346 6100832, www.labodeguitalivornese.com, ab 12.30 Uhr. Mit seinem romantisch im Kanal verankerten Floß ist es weit mehr als nur ein Restaurant mit einfacher, guter Küche (und abends auch Pizza) – an den Wochenenden gibt's Livemusik und super Bar-Atmosphäre.

■ **Ostricaio**, Viale Italia 100, Tel. 0586 581345, auch auf www.facebook.com. Was versteht man unter einer *stuzzicheria di Mare*? Nun, eine entspannte Bar, vor der die Sonne im Meer versinkt, während man Austern schlürft und sie mit einem kühlen Weißen hinunterspült – möglichst mit ein paar Freunden oder dem/der Liebsten im Arm.

■ **Surfer Joe**, Piazzale Mascagni 1 (neben dem Aquarium), Szenelokal und ein Stück Kalifornien mit amerikanischer Speisekarte, Surfer-Lässigkeit und abendlicher Livemusik am Strand.

Il Ponce

Der Ponce tauchte das erste Mal in Livorno Ende des 17. Jh. bei den britischen Händlern auf und wurde rasch beliebt. Sein Name leitete sich aus dem Hindi-Wort für „fünf" – *pāñc* für die **Zahl der Zutaten** ab: **Tee, Rum, Zitrone, Zimt und Zucker,** ein Punsch. In Livorno machte man sich allerdings schon zu Beginn des 18. Jh. sein eigenes Rezept. Den Tee ersetzte man durch **Kaffee** und den im Geschmack zu kräftigen karibischen Rum durch einen milderen **Rum-Ersatz.** Heute muss für den richtigen Ponce auch das richtige Glas benutzt werden, der dickbödige **Gottino,** um das Getränk lange warm zu halten. In ihm wird Zucker, Zitronenschale und der Alkohol mit Dampf erhitzt, bis sich der Zucker aufgelöst hat, dann wird langsam der Kaffee hinzugefügt. Als Alkohol kann man – *mezzo e mezzo* – auch eine Mischung aus Rum-Ersatz und Cognac, oder aus Rum-Ersatz und Sassolino (ein Anislikör) nehmen.

Verkehr

■ **Bahn:** Livorno Centrale, Piazza Dante (1,5 km östlich der Altstadt), an der Hauptstrecke Rom – Grosseto – La Spezia, nach Piombino ein- bis zweistündlich (90 Min., ab 8,10 €), nach Grosseto halbstündlich (90 Min., ab 11,10 €), nach La Spezia halbstündlich (70 Min., ab 8,80 €), nach Florenz viertel- bis halbstündlich (90 Min., 9,30 €).

■ **Stadtbus:** einfache Fahrt 1,20 € (Gültigkeit 75 Min., Ticket entwerten, beim Fahrer 1,70 €), Heft mit 12 Fahrkarten 12 €, Tageskarte 4,20 €, www.livorno.cttnord.it, kostenlose Nutzung des Nahverkehrs für Besitzer der Livorno Card. Bus Linie 2 zum Santuario di Montenero (Stadtfahrt, 25 Min.)

■ **Fernbus:** Die meisten Busse halten an der Piazza Grande, die Busse nach Rosignano Solvay und Cècina (Nr. 102) fahren an der Via Orlando Salvatore ab, Zustieg am besten in Ardenza (dorthin mit Stadtbussen Nr. 1 und 9 und dann mit Buslinie 102 weiter, 60 Min., um 4 €), www.livorno.cttnord.it.

■ **Radfahren:** Bike-Sharing-System mit fünf Stationen in der Innenstadt, Anmeldung im Büro an der Piazza dell'Unita d'Italia, Mo–Sa 8–13, 15–20 Uhr; Formular ausfüllen, gegen Vorlage des Personalausweises und Zahlung von 2 € für die elektronische Geldkarte erhält man das Login-Passwort; erste halbe Stunde kostenlos, bis 2 Std. 1 €/Std., ab 2 bis 4 Std. 2 €/Std., mehr als 4 Std. 2,50 €/Std.

Feste

■ **Trofeo dell'Accademia Navale e Livorno,** zehn Tage Ende April stehen im Zeichen der renommierten Großregatta der Marineschule unter internationaler Beteiligung um den ersten Preis in einer der Bootsklassen (mehr als 300 Schiffe aus über 20 Nationen in 15 Klassen), mit Begleitprogramm; www.trofeoaccademianavale.eu.

■ **Effetto Venezia,** Kirmes in Livorno Ende Juli für fünf Tage im Venezianischen Viertel mit einem bunten Programm aus Konzerten, Schauspiel und Straßentheater, vollen Gassen, Feuertänzen und Feuerwerk; www.effettovenezia.com.

■ **Livorno Music Festival,** zwei Wochen Ende Aug. mit Konzerten, bei denen auch Studenten teilnehmen, die sich in Meisterklassen vorbereiten durften; www.livornomusicfestival.com.

Einkaufen

Bücher

■ **Libreria Belforte dal 1805,** Via della Madonna 31, Tel. 0586 887379, www.libreriabelforte.com. Eine der Traditionsbuchhandlungen Italiens, die auch seit Anfang des 19. Jh. jüdische Literatur druckt.

Lebensmittel

■ **Dalla Botte alla Bocca,** Corso Amedeo 48, Tel. 339 3773782. Wein, Käse, Würste und Prosciutto, dazu eingelegte Oliven und Kapern – die ganze Bandbreite toskanischer Delikatessen!

> Der Dom von Livorno

- **La Granaia,** Via del Pina d'Oro 14, Tel. 349 362 5048. Seit 1918 werden Mehl, Trocken- und Hülsenfrüchte verkauft, tolle Auswahl, günstige Preise.
- **VAD Formaggi,** Via di Franco 36–38, Tel. 0586 884106, www.vadformaggi.it. Legendäres Käsegeschäft: Die Laibe stapeln sich an den Wänden.

Allerlei

- **autres chauses,** Via Ricasoli 120, Tel. 0586 899 257. Schicker Concept Store mit frecher Mode, Design und Düften.
- **Cornici,** Corso Amedeo 185/A, Tel. 0586 883183. Das vielleicht ungewöhnlichste Geschäft in Livorno und Anlaufstelle für Fans von Monstern, Mythen und Samurai-Schwertern. Ganze Heere liebevoll ausgestalteter Fabelwesen stehen zum Verkauf.
- **Studio Zero Vetro,** Via Borra 33, Tel. 348 87387 17, www.studiozerovetro.it. *Caterina* fertigt wunderschönen Modeschmuck aus Muranoglas.

Märkte

- **Mercato Centrale,** Via Buontalenti, Lebensmittel und allerlei Praktisches in der Halle und unglaublich viel Nützliches und weniger Nützliches an den Ständen außen herum, Mo–Sa 7–14 Uhr.
- **New American Market/Mercatino Americano,** Piazzale del Portuale. Das traurige Ende einer Legende: Mit Eröffnung der amerikanischen Militärbasis Camp Darby zwischen Pisa und Livorno erblühte der Schwarzhandel mit abgezweigten Waren aus US-Militärbeständen auf der Piazza XX Settembre – im neuen Jahrtausend musste der Markt ins Hafengelände umziehen, wo er nun dahinkümmert.

Gesundheit

- **Krankenhaus/Ospedale di Livorno,** Viale Alfieri 36, Tel. 0586 223111, Notruf 118, www.usl6.toscana.it, rund um die Uhr.
- **Apotheke/Farmacia Comunale,** Piazza Grande 38, Tel. 0586 894490, www.farmaciecomunalilivorno.it, rund um die Uhr.

Aktivitäten

- **Giro in Battello,** Bootsfahrt auf den Kanälen des Venezianischen Viertels von Livorno, Mai–Okt., Abfahrten 11, 11.30, 12, 12.30, 15.30 Uhr, Infos unter Tel. 348 7382094, www.livornoinbattello.info, Treffpunkt an der Touristeninformation, Dauer 50 Min., 12 €, Kind 5 €.
- **Bagno le Forbici,** Via Aurelia 1097, Rosignano Marìttimo, Tel. 0586 751029, www.bagnoleforbici.it; 15 km südlich von Livorno liegt eine der schönsten Badeanstalten der Etruskischen Küste, ganz ohne Sandstrand, hoch über dem Meer, mit gutem Restaurant, gepflegtem Rasen und Schwimmbad. Wer herkommt, genießt die Exklusivität und Ruhe und zahlt dafür in der Hochsaison 60 € pro Tag für einen Schirm mit zwei Liegen und eine Kabine (teils mit Dusche und Toilette).

Windsurfen/Surfen

Die Etruskische Küste gilt wegen ihrer Wind- und Wellenverhältnisse als gut geeignet für Wellenreiten, Wind- und Kitesurfen. **Surfer** treffen sich an den Bagni Fiume und bei den Tre Ponti in Ardenza am südlichen Stadtausgang von Livorno, bei Il Sale in Höhe von Antignano, 3 km weiter südlich, bei Paolieri nahe Querciarella, Lillatro bei Rosignano Solvay und im Golf von Baratti am Anfang der Piombino-Halbinsel. **Windsurfer** sind bei Ardenza gut aufgehoben, ebenso bei Paolieri und Lillatro, bei Pietrabanca nahe Vada zwischen Rosignano und Cècina, Le Gorette bei Cècina Mare, in Marina di Castagneto und im Golf von Baratti. **Kitesurfen** kann man bei Lillatro, vor Marina di Castagneto und im Golf von Baratti.

Cècina

■ 5 m üNN, 28.000 Einw., Livorno 40 km, Piombino 50 km, Volterra 40 km

Modern und selbstbewusst ist Cècina, lebt man doch nicht, wie die meisten in der Umgebung, alleine vom Tourismus. Handel, Handwerk und Industrie sind der modernen Stadt weitere Stützen.

Auf halbem Weg von Livorno nach Piombino an der Mündung der Cècina ins Mittelmeer, nahm die Stadt schon immer eine besondere Rolle ein. Nicht nur, weil die **Via Aurelia** mitten durch ihr Herz führte (das antike Rom hatte hier eine Poststation eingerichtet). Die Mühsal der Reise ins Landesinnere nach Volterra und weiter nach Siena, das Auf und Ab in der Hügelwelt, war von hier aus entlang des Flusstales am geringsten. Doch das malariaverseuchte Hinterland hemmte die Entwicklung, und erst als im 19. Jh. die **Sümpfe** ausgetrocknet waren, konnte sich Cècina vergrößern. Ab 1830 wurden das gewonnene Land parzelliert und versteigert, womit sich auch die **schachbrettartige Anlage der Stadt** erklärt. 1925 – an den Stränden nördlich Livorno boomte der Tourismus bereits – entschied man, die Marina di Cècina zu bauen. Die Landwirtschaft, bislang vornehmlich auf den Anbau von Getreide setzend, änderte sich. Olivenbäume und Weinstöcke tauchten auf und verdrängten nach und nach die Getreidefelder.

Das informative **Archäologische Museum** im Viertel Cinquantina zwischen Zentrum und Meer zeigt Steinwerkzeug aus dem Paläolithikum, Grabbeilagen aus dem Neolithikum und beschreibt die Siedlungen der Bronzezeit. Ebenso werden die etruskische und die römische Zeit beleuchtet.

■ **Museo Civico Archeologico,** Via Francesco Domenico Guerazzi, Tel. 0586 680145, Juli/Aug. Di–Fr 17–21, Sa/So 9–12, 17–21.30, Juni/1.–15. Sept. abends bis 20, sonst Sa/So 15.30–19 Uhr, 4,50 € (mit Villa Romana 6 €).

Das Grabungsfeld der **Römischen Villa** San Vincenzino liegt an der Hauptverbindung zum Meer. Sie gehörte im 4. Jh. dem Präfekten *Decius Albino Cecina*. Zu sehen sind Fundamentreste.

■ **Parco Archeologico della Villa Romana di San Vincenzino,** Via C. Ginori 33, Tel. 0586 769255, Juni–15. Sept. Di–Fr 17–20/20.30, Sa/So 9–12, 17–20/20.30, sonst nur Wochenende 14–17.30 Uhr, 3,50 € (mit Arch. Museum 6 €).

Das Hinterland Cècinas

In die Ausläufer der Hügel der **Colline Metallifere** entführt eine 40 km lange **Rundtour** durch das Hinterland von Cècina. Einen halben Tag sollte man sich mindestens Zeit nehmen. Auf schmalen, kurvigen Straßen geht es von Dorf zu Dorf, das eine lieblos unterhalten, das andere überaus stimmig hergerichtet. Große Sehenswürdigkeiten darf man nicht erwarten, hier geht es um Landschaft, malerische Bergdörfer und ein gutes Mittagessen in einer Osteria am Wegesrand.

An der ersten Station kann man einen Bummel durch die wenig erhebenden Gassen von **Montescudàio** (240 m üNN, 1000 Einwohner) unternehmen. Der Ort hat dem umliegenden DOC-Weinbaugebiet (eines der ältesten Italiens) seinen Namen geliehen, ist nicht sonderlich attraktiv und scheint von den Badetouristen zu leben, die an einem Schlechtwettertag zum Mittagessen hochkommen. An höchster Stelle steht die Chiesa Santa Maria Assunta, von der pinienbestandenen Terrasse davor blickt man weit über die Küste. Der Uhrenturm aus dem 12. Jh. wird immer dann zwei Nächte lang beleuchtet, wenn ein Land auf der Welt sich dafür entschieden hat, die Todesstrafe abzuschaffen, oder wenn irgendwo eine Todesstrafe in eine Haftstrafe umgewandelt wurde.

Gänzlich unspektakulär sind auch die Gassen von **Guardistallo** (275 m üNN, 1200 Einw.). Einen gewissen Charme entwickelt die Piazza del Plebiscito, der kleine Hauptplatz mit Restaurant und Bar. Die beiden Kirchen sind neueren Datums und kunsthistorisch nicht von Belang. Das eigentlich durchaus sehenswerte restaurierte, mit 200 Plätzen sehr intime **Theater** von 1883 steht nur bei den (seltenen) Aufführungen offen.

■ **Teatro Virgilio Marchionneschi,** Via Palestro, teatromarchionneschi@libero.it.

Komplett anders wirkt das hervorragend herausgeputzte Örtchen **Casale Marittimo** (214 m üNN, 1100 Einw.) mit steilen Gassen und mittelalterlichen Natursteinhäusern. Hier sollte man unbedingt für einen Bummel aussteigen. An der Ortsauffahrt steht die kleine Natursteinkapelle Madonna della Grazie von 1713. Nur für Hochzeiten wird sie aufgesperrt. Am Parkplatz in der Oberstadt bei der nach einem Erdbeben 1873 neu erbauten Chiesa di Sant'Andrea kann man sein Fahrzeug abstellen. Beim Blick in die Kirche ist das Panoramafresko vom See Genezareth (1987/88) in der Apsis unübersehbar. Die Gassen und Treppen führen in die Unterstadt mit der feinen Piazza del Popolo, Bars und Restaurants. Alles ist perfekt hergerichtet.

5 km sind es zum im Tal gelegenen **Bibbona** (80 m üNN, 3000 Einw.). Die Rocca auf einer Kuppe besitzt noch Teile der mittelalterlichen Stadtbefestigung. In ihrem Zentrum steht das **Kirchlein Sant'Ilario** aus dem 12. Jh. Ursprünglich einschiffig, kam mit der Erhöhung zur Pfarrkiche im 16. Jh. ein Nebenschiff hinzu, allerdings baute man es dreieckig, sodass die Kirche einen gänzlich unüblichen, trapezförmigen Grundriss erhielt. Das kelchartige Weihwasserbecken im hinteren Bereich stammt aus dem 14. Jh. In den netten Gassen rund um die Kirche sind einige Restaurants und Unterkünfte zu finden.

■ **Chiesa di Sant'Ilarlo,** Piazza XX Settembre, 8–12, 16–19 Uhr.

Gänzlich dem Tourismus verschrieben ist **Bolgheri** (60 m üNN, 500 Einw.), Zentrum des Weinanbaus der „roten" Lagen Sassicaia und des Weißen Vermentino. Der Name des Ortes geht auf die langobardische Zeit zurück, als die Langbärte hier bulgarische Hilfstruppen zum Schutz der Küste stationierten. Neben dem Wein ist der Haupttrumpf des Weilers die wie mit dem Lineal gezogene 5 km lange **Zypressenallee,** die von San Guido am Meer hochführt und eines der beliebtesten Fotomotive der Etruskischen Riviera darstellt. Unter dem Schlossturm hindurchgegangen, empfangen einen Weingeschäfte, Souvenirläden, Bars, Restaurants und Verkaufsstände. Der in Pietrasanta geborene Dichter *Giosuè Carducci* hat in Bolgheri seine Jugend verbracht und schuf mit den 116 Verszeilen des berühmten Gedichts „Avanti San Guido" („Vor San Guido") dem Toskanabaum sein virtuelles Denkmal: „Von Bolgheri die beiden Reihn Zypressen, / Die grad und stattlich nach San Guido gehn, / Wie junge Riesen, die im Lauf sich messen, / So eilten sie heran, nach mir zu sehn …".

Zurück am Meer, ist die Pineta rund um **Marina di Bibbona** vornehmlich den Zelturlaubern vorbehalten. Große und schattige Plätze bieten Raum für Tausende Zelte und Campinganhänger. Fährt man weiter Richtung **Donoratico** und **Marina di Castagneto Carducci,** passiert man immer wieder Abzweigungen zu Weingütern, die die Hänge hochführen und meist mit Zypressen geschmückt sind. Hier ist eine der Kernregionen deutschen Standurlaubs in der Toskana mit Zeltplätzen und zahllosen Ferienhäusern und -apartmentanlagen.

Per Rad im Hinterland Cècinas

Das Hinterland lässt sich auch gut per Drahtesel entdecken. Gut 40 km lang ist die Strecke und verläuft auf Asphalt, ist aber wegen einiger Steigungen (insgesamt 450 Höhenmeter) auch ein wenig kräftezehrend (dafür gibt es am Wegesrand zahlreiche Einkehrmöglichkeiten). Man verlässt Cècina auf der alten Via Aurelia nach Süden, passiert den Ort **La California** und den Abzweig nach Marina di Bibbona. Dahinter geht es an Weiler und Kirchlein **San Guido** von der Küste weg durch die Zypressenallee hoch nach **Bolgheri,** im letzten Stück leicht ansteigend. In Bolgheri (15 km ab Cècina) dreht man nach einer Pause um, fährt 500 m bergab und biegt dann nach rechts Richtung Bibbona ab. Über die Hügel geht es nun auf 6 km nach **Bibbona.** Nun beginnt die eigentliche Anstrengung. Die Straße nach **Casale Marìttimo** steigt 4 km lang unentwegt an. Und nicht genug, die nächsten 3 km nach **Guardistallo** gehen ebenfalls merklich bergauf. Doch von nun an geht's bergab. Letztes Etappenziel ist **Montescudàio,** von dem aus man wieder in das Cècina-Tal abfährt.

Praktische Informationen

Touristeninformation

■ **Ufficio Turismo Cècina,** Piazza Sant'Andrea 6, Tel. 0586 620678, Sommer tgl. 10–13, 16–19 Uhr.

Unterkunft

■ **Il Settebello**②-③, Viale della Vittoria 91, Marina di Cècina, Tel. 0586 620039, www.hotelilsettebello.com. Sehr gutes Mittelklassehotel direkt am Lungomare mit viel Weiß, 39 eleganten Zimmern und einem guten **Restaurant**②-③.
■ **Sileoni**②-③, Via dei Marinai 19, Marina di Cècina, Tel. 0586 620791, www.hotelsileoni.it. Urlaubshotel mit 19 hell und komfortabel gestalteten Zimmern in der dritten Reihe 150 m vom Stadtstrand, Restaurant, Dependance 50 m weiter.

Außerhalb
■ **Le Volte**②, Via Roma 61, Casale Marìttimo, Tel. 0586 652018, www.locandalevolte.com. Zehn elegant eingerichtete Zimmer in einer ehemaligen Mühle aus dem 19. Jh. im unteren Ortsteil; gutes **Restaurant**② (Wildgerichte, Pilze, Fisch).

Cècina

■ **Agricampeggio Eucaliptus,** Via Bolgherese 275A, Località Magazzino, Bolgheri, Tel. 0565 763 511, www.agriturismoeucaliptus.com. 11 km vom Strand bei Marina di Castagneto Carducci in den Hügeln. Großzügige Stellflächen, mit Büschen voneinander abgegrenzt, jeweils mit Wasser-, Abwasser- und Stromanschluss, auch **Apartment- und Zimmervermietung**②-③; Verkauf von Obst, Gemüse, Käse, Wurst und Öl aus eigener Produktion.

Essen und Trinken

■ **Marina Vecchia**③-④, Via Ginori 51, Tel. 328 7334452. Auf halbem Weg zwischen Stadt und Marina, weiß-modern und etwas unterkühlt eingerichtet; der Küchenchef hat hohe Ansprüche, nicht nur an die Qualität der Zutaten und deren gewissenhafte Verarbeitung, er sieht auch das Auge mitessen, und so sind die Speisen bis ins kleinste Detail perfekt arrangiert, was den einen oder anderen vielleicht bei der damit verbundenen geringeren Portionsgröße stört – muss er eben einen Gang mehr bestellen, schließlich ist man keine Kantine, sondern der Platzhirsch.

■ **La Campannina**②-③, Località La Cecinella, Marina di Cècina, Tel. 0586 620151. Am Ende des Südstrandes sitzt man am Wasser, bestellt Meeresgetier aus der Fritteuse, Fisch vom Grill oder Pizza und blickt am Abend auf die spektakulär untergehende Sonne, Elba, Capraia und ganz in der Ferne Korsika, mittags hat man die Badenden im Blick.

■ **Oltrepizza**①, Via della Vittoria 5A, Marina di Cècina, Tel. 0568 1750867. Straßenverkauf mit Sitzgelegenheit am Lungomare, gute, frisch gemachte Pizze mit dem gewünschten Belag, Sandwiches.

Außerhalb

■ **Il Frantoio**③, Via della Madonna 9, Montescudàio, Tel. 0586 650381, www.ristorantefrantoio.com, nur abends, Di geschl. Gamberi-Carpaccio, schwarze Spaghetti vom Tintenfisch, Pasta mit Wildschweinragù oder Stockfisch – sehr gute (prä-

■ **Relais Felciaino**③, Località Felciaino 189, Bolgheri, Tel. 335 6767722, www.relaisfelciaino.com. Wunderschönes B&B in einem Garten mit sechs komfortablen Zimmern an der Weinstraße durch die Hügel zwischen Bolgheri und Castagneto Carducci, Schwimmbad, sehr gepflegte Anlage.

Camping

UNSER TIPP: Agricampeggio La Serra del Pino, Località La Ceciaia, Montescudàio, Tel. 0586 650437, www.laserradelpino.com, März–Okt. Camping auf einem sympathischen Bauernhof 2 km außerhalb von Montescudàio Richtung Cècina, schön hergerichtete Stellplätze mit schattigen Sitzmöglichkeiten, heißes Wasser, Waschmaschine, Möglichkeit, nach Vorbestellung zu Abend zu essen.

◿ Das hübsche Casale Marittimo

▷ Für ein belegtes Panino nur das Beste

mierte) Küche bei gehobenen (gerechtfertigten) Preisen, schöner Innenraum, kleine Terrasse.

■ **BardoVino**①-③, Strada Provinciale de Tre Comuni, Montescudàio, Tel. 0586 655123. Osteria/Pizzeria an der Ortseinfahrt am Hang mit Aussichtsterrasse und Fisch- und Fleischküche; auch wenn es am Wochenende hoch hergeht und die Touristen in der Überzahl sind, die Küche ist ausgezeichnet und verarbeitet frische Saisonware, und auch das Personal behält dann die Nerven und ist durchgängig freundlich-aufmerksam.

■ **Bottega del Popolo**①, Via Palestro 28, Guardistallo, Tel. 0586 655108. Lebensmittelgeschäft, bei dem es auch Panini gibt – schnell, einfach und ohne Touristen.

Unser Tipp: I Cavallieri②, Piazza del Popolo 4, Casale Marittimo, Tel. 0586 653015. Hostaria mit Spezialitätenküche auf der kleinen Terrasse auf dem Platz oder oben auf der Dachterrasse mit Blick über die Landschaft bis zum Meer, Aufschnittplatte als Vorspeise und danach eine *tagliata* oder z.B. Thunfisch in Balsamico.

■ **Brandibirra**②, Via San Rocco 4, Bibbona, Tel. 349 4042962. Selbstgebrautes und aus allen Teilen der Welt importiertes Bier und dazu z.B. eine Lasagne vom Chianina-Rind oder auch nur ein Sandwich – und dann einfach die „Herr der Ringe"-Atmosphäre genießen und endlich mal Wein Wein sein lassen.

🦋 **Pasta dirlo**①, Via delle Macine 7, Bibbona, Tel. 340 7234945, zu Ladenzeiten offen. Bäckerei und Nudelherstellung auf hohem Niveau und mit ökologisch korrekten Zutaten; super Pizze, und die Fisch-Ravioli (die es nicht immer gibt) sind ein Gedicht, außerdem ausgezeichnet: süß gefüllte Croissants und die pikant gefüllten Teigtaschen.

Unser Tipp: Merendaria da Paguro①-②, Strada Provinciale Tirli, am unteren Ende der Zypressenallee nach Bolgheri, Tel. 347 1847786. Enoteca, Trattoria und Schnellimbiss mit Panini, rustikaler kleiner Garten für die Aufschnitt- und Grillplatte, die Pasta oder die Crostini – günstig, schnell, effizient und doch sympathisch.

■ **Magona**③, Piazza Ugo 3, Bolgheri, Tel. 0565 762173, www.osteriamagona.com. Bolgheri ist mit Haut und Haaren dem Tourismus verschrieben, so sind die Preise hoch und das Essen nicht immer von gleichbleibend guter Qualität; Magona direkt im Ort ist da vielleicht die Ausnahme und der Service immer gut drauf – sehr gute Antipasti und hervorragendes Fleisch, Garten.

🦋 **Caccia al Piano**②, Via Bolgherese 281, Località Caccia al Piano, Tel. 0565 763203, www.aziendafuselli.com. Osteria 6 km südlich von Bolgheri, die dem Prinzip des lokalen Einkaufs verpflichtet ist (um Verpackung, Transport- und Kühlkosten zu minimieren); tolle Landküche, abends in romantisch-lockerer Stimmung unter Olivenbäumen, hausgemachte Pasta, Fleisch vom Grill, häufig wechselnde Karte, Wein und Öl aus eigener Produktion.

Süßes

■ **Il Gelataio Filippo,** Via Leonardo da Vinci 4, Tel. 0586 630531. Der Eismann wird im Sommer regelrecht belagert, wer Glück hat, ergattert einen Sitzplatz, die anderen stehen eben an; Klassiker aus Frucht und Milch, die glücklicherweise nicht übersüßt sind.

Nachtleben

- **Tini Soundgarden,** Via Curtatone Est 19, Tel. 393 3134332, www.tinisoundgarden.it, je später man kommt, desto cooler. Mit *Sonja Moonear, Sven Väth* und Co. wird in den Tag hinein gefeiert.
- **wimbi Beach Bar,** Viale della Vittoria, Marina di Cècina, Tel. 392 1038108, www.wimbibeachbar.com. Wenn die Sonne untergeht, gibt es am Südstrand den ersten Cocktail (die Surfer sind schon vorher dabei), junges Publikum, Snacks.

Außerhalb

- **Ozium,** Piazza della Chiesa 5, Guardistallo, Tel. 0586 650057, www.ristorantecocktailbarlocalewinebarenotecalivornocecina.com, nur abends, Mo geschl. Restaurant und Enoteca (und 1. Preis für die längste Web-Adresse) am Kirchplatz, bis in die frühen Morgenstunden offen und damit einer der Hotspots des Nachtlebens (auch für die Leute unten an der Küste); Küche nicht immer auf hohem Niveau.

Verkehr

- **Bahn:** Stazione di Cècina, Via della Stazione, an der Hauptstrecke zwischen Livorno und Grosseto, nach Livorno halbstündlich (20–30 Min., ab 4,30 €), nach Grosseto halbstündlich (60–80 Min., ab 8,80 €).
- **Bus:** Die Linie 110 der Gesellschaft CTT verbindet werktags mehrfach die Orte Bibbona, Casale Marittimo, Guardistallo und Montescudàio auf einem Rundkurs; www.livorno.cttnord.it. Mitte Juni bis Anfang Sept. fährt Fr/Sa eine Nachtlinie für Diskothekenbesucher zwischen Marina di Cècina, Marina di Bibbona und Marina di Castagneto Carducci (einfache Fahrt 2 €).

> Der Jachthafen von San Vincenzo

Acqua di Bolgheri

Mit Bolgheri hat die **Kosmetikserie** wenig zu tun, allerdings stammt ihr Erschaffer, der geschäftstüchtige Biologe Dr. *Taffi*, aus dem nahen Cècina. Die Serie wirbt mit der Verwendung nur biologisch einwandfreier Grundstoffe, die ständig geprüft würden und vornehmlich aus der Toskana stammten. Über 75 eigene Läden und zahllose Parfümerien vertreiben Acqua di Bolgheri und weitere Produkte des Dr. *Taffi*, darunter ein Stammzellen-Shampoo, das, so die Werbung, ideal ist bei Haarausfall – keine Angst, die Zellen stammen vom Apfel.

Feste

- **Maggiolino Show,** VW-Käfer versammeln sich an einem Maiwochenende in Cècina, www.clubvolkswagenitalia.it.
- **Cècina Boat Festival,** an zwei Wochenenden Ende April, Anfang Mai mit Gebrauchtbootbörse und kulinarischen Ständen – eine Marketing-Maßnahme für die Promotion des neu ausgebauten Jachthafens; www.cecinaboatfestival.it.
- **Bolgheri Jazz,** drei Tage im September in Bolgheri, nicht nur Musik, dann wird auch gegessen und natürlich der Wein aus dem Dorf verkostet, schließlich will man ja auch den Weinhandel voranbringen; www.bolgherijazz.it.
- **Sommerfeste,** an der ganzen Küste zwischen Cècina und San Vincenzo finden ab etwa Mitte Juni bis Ende Aug. zahlreiche Veranstaltungen mit Konzerten, Märkten, Theater und Feuerwerken statt.

Einkaufen

- **Markt,** in Cècina Mare Juli/Aug. tgl. in der Viale della Vittoria.
- **Flohmarkt** Cècina Antiqua, in Cècina Mare am letzten So im Monat.

■ Die **Weine** aus den Rebsorten Sassicaia und Vermentino (und meistens auch Souvenirs) bieten einige Enoteche in Bolgheri an, darunter **Tognoni** (auch Bar), Via Lauretta 5, Tel. 0565 762001, www.enotecatognoni.it, **Bottega di Elena** (mit Restaurant), Piazza Teresa 2, Tel. 0565 762141, und **Enoteca di Centro** (mit Restaurant), Via Giulia 3, Tel. 0565 762178. Man kann davon ausgehen, dass die Läden die Preise für den Wein einander angepasst haben.

Aktivitäten

Der **Acquapark** mit sechs Rutschen (von Kamikaze bis Twister), Pools, Wellenbad, Spielplatzpool für die Kleinen, die Versorgung mit Essen und Getränken lässt keine Wünschen offen und ist für die ganze Familie ein Erlebnis; Via Tevere 25, Cècina Mare, Tel. 0586 622539, www.acquavillage.it, 13. Juni–13. Sept. 10–18/18.30 Uhr, 23 €, 3–11 17 €, bis 2 Jahre frei, nur nachmittags 18/13 €.

119t sk

San Vincenzo

■ 5 m üNN, 7000 Einw., Livorno 80 km, Piombino 30 km, Grosseto 75 km

Eine **Badehochburg** an der südlichen etruskischen Riviera, mit sommerlichem Entertainment bis in die späte Nacht. Im Hinterland warten bedeutende archäologische Grabungsstätten und hübsche mittelalterliche Städtchen für die Tage mit Sonnenbrand.

Eisenbahnanschluss, breite Strände, Hotels und gute Restaurants haben den Erfolg von San Vincenzo über die Jahre sichergestellt. Ein wenig hat es sich aber auch daran verschluckt: Die Viertel mit den Ferienhäuser jenseits der Schienen geben sich teils erschütternd gleichförmig. Doch wen kümmert's, Juli/August ist man tagsüber am Strand und abends im Restaurant. Und nachts ist es dunkel.

Bereits für das Paläolithikum konnten hier an der Küste Siedlungen nachgewiesen werden. Auch die **Etrusker** nahmen ab dem 9. Jh. v. Chr. Land, vom Erzreichtum der Colline Metallifere angezogen. Bis ins 5. Jh. v. Chr. reichten ihre Aktivitäten, wie man anhand von Funden in den Minen nachweisen konnte.

Mit den **Römern** und der durch San Vincenzo führenden Via Aurelia begann eine neue Periode. Ein Dorf mit Hafen entstand. Erstmals aktenkundig wurde der Hafen als Torre di San Vincenzo 1285, als **Pisa** – im Dauerstreit mit Genua und die Küste ständig von Sarazenen bedroht – die Häfen mit Befestigungswerken ausstattete. Den Namen erhielt der Turm wohl von einer nahen Kirche.

Querschiff trägt außen den geheimnisvollen (vielleicht aber auch inhaltslosen) Satz „sator arepo tenet opera rotas", ein Palindrom, das nicht nur vorwärts und rückwärts, sondern – mit vier Zeilensprüngen in ein Quadrat geschrieben – auch von oben nach unten und umgekehrt lesbar ist. Erstmals dokumentiert wurde diese Wortfolge in Pompeji für das 1. Jh., im Mittelalter schrieb man ihr Zauberkraft zu.

■ **Pieve di San Giovanni,** Tel. 0565 838731, Di–Do, Sa/So 8–11.50, 14–17.50, Winter bis 16.50 Uhr.

Das Portal der Pieve di San Giovanni

Venturina

Im kleinen Venturina (15 m üNN, 9000 Einw.) 10 km südöstlich von San Vincenzo (5 km südlich von Campiglia) glänzt die Therme **Calidario Terme Etrusche** mit ihrer über die antike Römerzeit hinausreichenden Geschichte (bereits die Etrusker nutzten die Quelle) – und schön ist das Freibad auch noch. Der Komplex besteht aus Hotel, Restaurant, Freibecken und dem Thermarium, einem modernen Wellness- und Spa-Center, das sich mit Rundbögen aus Naturstein und Holzrippenbedachung historisch gibt. Die Quelle sprudelt pro Minute 12.000 l 36 °C heißes Wasser hervor, das direkt in das mit Kiesgrund versehene Freibad gelangt. Bei fast neutralem pH-Wert enthält das Wasser Sulfate, Chloride, Calcium und Magnesium.

■ **Calidario Terme Etrusche,** Via del Bottaccio 40, Tel. 0565 853411, **Freibad** Juli/Aug 8.30–24, Mai/Juni 9–21.30, März/April/Okt–Dez. 9–20.30 Uhr, 20 €, Kind 10 €, **Thermarium** Mo–Fr 13.30–19.30, Sa/So 9.30–12.30, 13–16, 16.30–19.30, Juli/Aug. Mo–Fr 16.30–19.30 Uhr, 50 € (Mindestalter: 18 Jahre).

Suvereto/Belvedere

Suvereto (90 m üNN, 1200 Einw.) 18 km östlich von San Vincenzo ist ein wahres Kleinod mittelalterlicher Stadtarchitektur und bestens erhalten bzw. restauriert. Naturstein und Ziegel sind unverputzt, Marmorsäulen tragen romanische Bögen, hier eine kleine Loggia, da ein Kirchlein, Frauen und Kinder in den Gassen, die alten Männer auf Bänken diskutieren – in Suvereto ist die Welt in Ordnung. Noch bevor man durch das gotische Stadttor tritt, sollte man auf die 983 begonnene und 1189 in heutiger Form fertiggestellte romanische **Kirche San Giusto** linker Hand achten. Einschiffig und mit Apsis und Querschiff errichtet, gehört sie zu den ältesten Gotteshäusern der Region. Das Portal besticht mit seinem einfachen, aber akzentuierenden Schmuckwerk, der simplen Rosette und zwei kleinen Löwenköpfen. Im Inneren hat Mauerwerk lange Jahre Wandmalerei verborgen. Teilweise sind die Nischen mit Freskenfragmenten (darunter eine „Thronende Madonna" (um 1390) geschmückt. Geschichtlich von Bedeutung ist die Kirche wegen des Kaisers *Heinrich VII.* Nach seinem Tod in Buonconvento brachte man den hochherrschaftlichen Leichnam zuerst nach Suvereto, wo er an einem Feuer getrocknet wurde, damit er nicht verwese, und bahrte ihn dann für zwei Jahre in San Giusto auf. Währenddessen stellte man seinen Sarkophag her. Erst dann kam der Leichnam nach Pisa.

■ **Pieve di San Giusto,** Piazza Vittorio Veneto, 8–12, 16–19 Uhr.

Durch die Porta alla Silico betritt man die Gassen und gelangt hoch zum **Palazzo Comunale,** der sich durch Turm, Blendgiebel mit Zinnen und eine Arkadentreppe auszeichnet. Der Durchgang führt zur hübschen, palmenbestandenen Piazza Gramsci. Steigt man weiter bergan, gelangt man zur Rocca Aldobrandesca auf der parkähnlich angelegten Kuppe, erstmals im 12. Jh. errichtet, von Pisa bis 1308 erweitert.

4 km sind es auf kurvigem Sträßlein hoch nach **Belvedere,** das seinen Namen völlig zu Recht trägt. Der Panoramablick vom Weiler auf 280 m üNN ist toll, und dass es bei den paar Häusern in absoluter Ruhe auch noch ein B&B und Restaurant gibt, ist geradezu einzigartig!

Sassetta

Sassetta (330 m üNN, 500 Einw.), 13 km endlose Kurverei nördlich von Suvereto (schneller geht es über die gerade S398), ist ein Straßendorf mit einer winzigen, wenngleich malerisch auf einer Kuppe liegenden Altstadt. Am Hauptplatz an der Durchgangsstraße gibt es ein Restaurant, an der östlichen Seite weist ein Pfeil zur Kirche Sant'Andrea. Folgt man ihm, landet man in einem dunklen Flur und unmittelbar neben dem Altar im Kirchenchor.

Castagneto Carducci/Donoratico

Das 7 km von Sassetta entfernte Castagneto (190 m üNN, 1500 Einw.) trägt den Beinamen „Carducci" zu Ehren des Dichters, der in dem Städtchen einige Zeit lebte. In den steilen Gassen und auf den Treppen sind zahlreiche Touristen unterwegs und verweisen auf die Strandnähe. 6 km sind es nur zum Meer bei Marina di Castagneto Carducci. Auf dem Weg dorthin passiert man Donoratico, Mitte des 19. Jh. direkt am Bahnhof von Castagneto gegründet, einer der eher uncharmanten Orte an der Küste mit zahlreichen Ferienwohnungen.

Mehrere Restaurants widmen sich in Castagneto dem Ausflugsverkehr (mit teilweise recht gesalzenen Preise). Bei einem Bummel durch die Altstadt entdeckt man auch das eine oder andere Künstleratelier und Souvenirgeschäft. Eine Büste von *Giosuè Carducci* (1835–1907) auf der Piazzetta dell'Arco erinnert an den großen italienischen Dichter, Fans besuchen das kleine Museum in seinem Wohnhaus, **Casa Carducci.**

■ **Casa Carducci,** Via Giosuè Carducci 1, Tel. 0565 765032, https://carducciecastagneto.wordpress.com, Di–So 10–13, 16.30–19.30, Winter Di–Fr 10–13, Sa/So 15–18 Uhr, 2 €.

Für mehr Zulauf sorgt aber die Liaison von *Sarah Ferguson* (ehemals Gattin des britischen „Randy Andy" Prince *Andrew*) mit einem Herrn der Adelsfamilie *Gherardesca*. Sie bewohnt den Palast hoch oben, weshalb der eine oder andere Semiprominente sich in das Städtchen eingekauft hat und ab und an auch ein Schwergewicht des Showbusiness in den Gassen, in den teureren Trattorie und unten am Strand gesichtet werden kann.

Das **Ölmuseum** von Castagneto widmet sich dem in der Region seit Jahrhunderten kultivierten Olivenbaum und zeigt Pressen und historische Bilder von der Ernte und Verarbeitung.

■ **Piccolo Museo dell'Olio,** Piazzetta della Gogna, Tel. 0565 765032, 15. Juni–15. Sept. Di–So 10.30–12.30, 15.30–19.30 Uhr.

Praktische Informationen

Touristeninformation

■ **Ufficio Turismo San Vincenzo,** Via della Stazione, Tel. 0565 701533, www.comune.san-vincenzo.li.it, März–7. Jan. Di–So 9.30–12.30, 15–18 Uhr.
■ **Ufficio Turismo Marina di Castagneto Carducci,** Via della Marina, Tel. 0565 744276, Mai–Sept. 9.30–12.30, 15–18 Uhr.

Unterkunft

■ **Tramonto**②-④, Via Sirena 16, Tel. 0565 701 858, http://villatramonto.com. Zwölf komfortable Zimmer in einer Traumlage am Nordstrand, für die, die morgens direkt auf den Strand fallen wollen, auch **Restaurant**② (Mo geschl.).
■ **Santa Cecilia**②-④, Via Vittorio Emanuele 2, Tel. 0565 705457, www.santa-cecilia.it. Hotel mit Ferienapartments direkt im Zentrum an der Fußgängerzone bei Stadtstrand und Marina, 15 Suiten und Wohnungen auf drei Etagen in einem dem Jugendstil nachempfundenen Neubau.

▷ Gasse in Castagneto Carducci

San Vincenzo

■ **Aurora**②-④, Via Abruzzo 2/4, Tel. 0565 704 465, www.hotel-aurora-mare.com. 1,5 km südlich der Marina fast am Wasser (50 m), im Zimmerpreis sind Liegen und Schirm am Strand enthalten, 15 saubere, zweckmäßige Zimmer, teils mit Balkon und Meersicht.

■ **Agriturismo Podere l'Agave**②-④, Via San Bartolo 19, Tel. 0565 703171, www.poderelagave. com. Biobauernhof 3 km südöstlich des Zentrums, ideal für Familien, da es für die Kinder neben Tieren viele Spielmöglichkeiten gibt, zwei Schwimmbäder, fünf Suiten und Wohnungen (bis zu drei Zimmer).

Außerhalb

UNSER TIPP: **Il Temperino**②, Via di San Vincenzo 34, an der Einfahrt zum Parkplatz des Parco San Silvestro, Tel. 393 9362391, www.iltemperino.com. Gutshof in unmittelbarer Nähe des Archäologischen Parks, vier nette, einfache Zimmer und hilfsbereite Gastgeber mit vielen Tipps.

■ **Hostel Gowett**①-②, Via di San Vincenzo 66, im Parco San Silvestro, Tel. 0565 838192, www.ostellogowett.it. In einem ehemaligen Gebäude der Minenverwaltung gibt's Doppel- und Mehrbettzimmer mit eigenem Bad, vornehmlich Gruppen- und Familienunterkunft.

■ **Calidario**③-④, Via del Bottacio 40, Venturina Terme, Tel. 0565 851504, www.calidario.it. Luxuriöse Unterkunft als Teil der Thermenanlage, im Zimmerpreis ist der Eintritt zur Therme nicht enthalten (Zubuchung notwendig!), 44 Zimmer, Restaurant mit durchschnittlicher Qualität.

■ **Le Luci**③, Via Umberto I 47, Castagneto Carducci, Tel. 0565 763601, www.villaleluci.it. Sechs luxuriöse Zimmer und eine Suite in einem eleganten Herrenhaus mit Garten, am westlichen Ende der Altstadt (400 m zum Hauptplatz).

Camping

■ **Agricampeggio Le Rondini di San Bartolo,** Strada San Bartolo 35, Tel. 0565 701463, www.lerondinidisanbartolo.com. 2 km von der Marina im Landesinneren jenseits der Via Aurelia, auch Zimmervermietung, Restaurant, Schwimmbad.

■ **Camping Continental,** Via I Maggio, Marina di Castagneto Carducci, Tel. 0565 744014, www.campingcontinental.it, April–Sept. Großplatz direkt am Strand und mit viel Schatten durch die Pineta, SB-Restaurant, Pizzeria, Bar, Minimarkt, Animation und Wassersport.

Essen und Trinken

■ **Il Bucaniere**④, Via Guglielmo Marconi, Tel. 335 8001695, www.ristoranteilbucaniere.com. Die Lage direkt über dem Strand entschädigt für die Preise, schließlich gibt's den Sonnenuntergang umsonst, und das Gebäude ist ein architektonisches Meisterstück; junge Fischküche mit Anspruch, probieren Sie das Sepia-Risotto.

■ **Il Sale**③, Via San Bartolo 100, Tel. 0565 798032, www.ristoranteilsale.com. Feine, innovative Küche auf einem traumhaft schön gelegenen Landgut in den Hügeln; wer hier mit dieser fantastischen Aussicht speist, genießt mit allen Sinnen, z.B. Safranrisotto mit Erbsen und *capesante*.

■ **Il Timone**②-③, Corso Italia 4, Tel. 0565 7014 96, www.ristoranteiltimone.eu. Die Pizza ist in Ordnung (die anderen Speisen sollte man eher meiden), und wenn man Glück hat, ist auch der Service ok; die Lage über dem Stadtstrand ist toll, und man kann sich später am Abend auch auf einen Cocktail beschränken.

■ **Baguetteria Baldi**①, Piazza Fratelli Serini 8, im Sommer bis in die frühen Morgenstunden. Panini, Burger und Bier auch noch für Nachtschwärmer direkt an der Marina.

Außerhalb

■ **Il Pozzo Lungo**①-②, Piazza Martiri, Campiglia Marìttima, Tel. 0565 838060. Trattoria und Pizzeria an einer Piazzetta in der Altstadt mit sehr guten und knusprigen Pizze und vornehmlich einheimischen Gästen, Tische auf dem Platz unter einem Baldachin.

■ **Dei Tre Briganti**②, Via Giacomo Matteotti 45, Suvereto, Tel. 0565 829116, www.anticaosteriadei trebriganti.it. Osteria mit trotz guter Qualität unüblich günstigen Preisen und aufmerksamem Service; gemütlicher Gastraum und beschatteter Freisitz.

Unser Tipp: Il Ciocio③-④, Piazza dei Guidici 1, Suvereto, Tel. 0565 829947, www.osteriadisuve reto.it, Mo geschl. Osteria mit Kellerfeeling, Schinken an den Wänden, sehr guten Weinen in den Regalen, langen Tischen, romantischen Ecken und einer Küche, die ihresgleichen sucht; wie wär's mit gepfeffertem Wildschwein, begleitet von gerösteten Mandeln, Rohmilch-Pecorino und Birne in Weißwein als Vorspeise und dann Lammkoteletts auf Röstbrot mit Myrte und einem Rosmarin-Kartoffelküchlein?

Unser Tipp: Belvedere di Suvereto②, Piazza San Tommaso 33, Località Belvedere, 4 km oberhalb von Suvereto, Tel. 0565 827061, www.belvederedisu vereto.it. Restaurant in einmaliger Lage in dem Weiler hoch oben auf dem Vorplatz oder in einem der kleinen Galerie, typische, einfache und ehrliche Küche mit guten Crostini und u.a. ricottagefüllten Teigtaschen und Spanferkel oder *bistecca*, auch **B&B**②.

■ **Osteria C'era una Volta**①-②, Via delle Conce 6, Sassetta, Tel. 0565 794102. Kleines, sympathisches Lokal mit Landküche und günstigen Preisen direkt an der Durchgangsstraße, abends auch Pizze. Freisitz und winziger Gastraum.

■ **Sapori Mediterranei**②-③, Via Guglielmo Marconi 28A, Castagneto Carducci, Tel. 0565 079 332. Ristorante und Pizzeria am Aufgang zur Altstadt, unter Gewölben oder im Freien auf der anderen Straßenseite mit Blick auf Tal und Sonnenuntergang (wenn einen die Touristenkarawanen nicht stören), Pizza und frisch zubereitete Fleisch- und Fischspeisen; gut die garnelengefüllten Ravioli oder Risotto von der Sepia.

■ **Belvedere**③, Piazza del Popolo 23, Castagneto Carducci, Tel. 0565 763677. Ein einfacher Gastraum mit einigen Fenstern mit Blick auf den kleinen Park unterhalb (was jedoch nicht unbedingt den Namen rechtfertigt), gute Küche (fragen Sie bloß nicht nach Pizza, die gibt es hier nicht!), etwas teuer, dafür aber reichliche Portionen und freundliches Personal.

Unser Tipp: Hannibal①-②, Via Conte di Cavour 1, Castagneto Carducci, Tel. 0565 763406. „Retten Sie eine Pflanze, essen Sie einen Veganer", damit sind die Pflöcke eingeschlagen – Ristomacelleria mit offenem Feuer, rustikal-gemütliches Lokal mit

☐ Übersichtskarte S. 342 **San Vincenzo**

Fleisch vom Grill satt, z.B. Burger; es gibt riesige Fleischplatten und außerdem immer ein günstiges Menü mit Tagliata, Beilage, Getränk, Dessert und Kaffee um 20 €.

Süßes

■ **Gelateria Petra,** Corso Italia 4. Leckeres Eis auch zu späterer Stunde direkt an der Promenade am Stadtstrand.

■ **Gelateria Casalina,** Via Vittorio Emanuele I 48, Castagneto Carducci. Eis und Hörnchen und auch herzhaft belegte Brötchen.

Nachtleben

■ **Molo 20,** Piazza Fratelli Serini 20, Tel. 0565 702094. Lounge-Restaurant an der Marina, man sollte bei den Cocktails bleiben, die Lage ist gut, im Sommer immer viel Betrieb.

■ **Zanzi-Bar,** Piazza Fratelli Serini 2, Tel. 0565 179 4353. Ausgezeichnete Cocktails und immer gut gelauntes Personal (die Gäste sind es sowieso) – auch hier gilt, die Mixgetränke sind den Speisen vorzuziehen.

■ **La Rinascita,** Corso Italia 94, auch auf www.facebook.com. Longdrinks, *birra artigianale,* Aperitifs, Snacks, viele junge Leute und gelegentlich Livemusik.

■ **La Zattera,** Via della Marina, Marina di Castagneto Carducci, Tel. 0565 745000, www.facebook.com/lazattera.discoclub, wochenends ab 23 Uhr, im Hochsommer täglich. Und ab geht die Post mit Zahnspangenträger(inne)n und Älteren (aber nicht über 25).

Verkehr

■ **Bahn:** Stazione di San Vincenzo, Via della Stazione, 2 Gehminuten vom Zentrum, an der Hauptstrecke Grosseto–Livorno, nach Livorno halbstündlich (45 Min., um 6 €), nach Grosseto halbstündlich (45–60 Min., um 6,50 €), nach Piombino 3–5 mal am Tag (20–40 Min., um 3,50 €).

■ **Bus:** Die Gesellschaft Tiemme verbindet an Werktagen jeweils mehrmals mit der Linie 01 den Bahnhof von Campìglia Marìttima mit San Vincenzo, Donoratico (Marina di Castagneto Carducci) und Cècina, mit der Linie 02 den Bahnhof von Campìglia Marìttima mit dem Ortszentrum und Venturina, und mit der Linie 03 den Bahnhof von Campìglia Marìttima mit Venturina und Suvereto; www.tiemme spa.it. Juli/Aug. verkehrt abends mit Borgo in Bus ein Saisonbus ab dem Touristenbüro in Marina di Castagneto Carducci über Castagneto Carducci nach Bolgheri (19, 20, 21, 22.15, 23.15 Uhr hin, immer 30 Min. später zurück, 1 €). Mitte Juni bis Anfang Sept. gibt es Fr/Sa eine Nachtlinie für Discobesucher zwischen Marina di Cècina, Marina di Bibbona und Marina di Castagneto Carducci (2 €).

Feste

■ **Reggae Festival del Lago Verde,** drei Tage im Juli gibt's in San Vincenzo Reggae zu hören; www.facebook.com/lago.verde.1.

■ **Festa della Cucina Toscana** an fünf Tagen Anfang Aug. in San Vincenzo mit Bauernmarkt für die Verkostung der Spezialitäten.

■ **Apriti Borgo,** Straßentheaterfestival in Campìglia Marìttima fünf Tage Mitte Aug.

■ **Sogambula,** das Straßentheater-Festival zieht für drei Tage Ende Aug. nach Castagneto Carducci.

Einkaufen

■ **Wochenmärkte:** in Campìglia Marìttima Fr, Via della Fiera; in Castagneto Carducci Mo, Piazza del Popolo; in Donoratico Do, Via Aurelia.

■ **Enoteca Domina Wine,** Via Giacomo Matteotti 27, Suvereto, Tel. 380 1372570, www.dominawine.com. Weinhandlung mit Produkten eines jungen, avantgardistischen Weingutes.

Die Riviera degli Etruschi

Endlos lange Strände und meistens auch noch unglaublich breit, zahlreiche Abschnitte bewirtschaftet, aber auch viele Stellen ohne Schirm- und Liegenvermieter frei benutzbar, besonders an den Stränden, deren Pinienwälder als Naturreservate besonders geschützt sind; dann gibt es nur wenig Zufahrtswege, und je weiter man sich den Strand entlang von ihnen entfernt, desto einsamer wird es.

Die Badeorte zwischen Marina di Bibbona und Livorno

Marina di Cècina, außerhalb der Saison eine Totenstadt, besitzt in den ersten Reihen am Meer einige Bars, Restaurants und Pensionen, doch gleich dahinter beginnen die niedrigen Wochenend- und Ferienhäuser der italienischen Mittelklassefamilien. Zwischen Hafen und südlicher Pineta ist der durch Molen geschützte Sandstrand durchgängig bewirtschaftet. Der südliche freie Strand beginnt an der Pineta und zieht sich über 5 km bis Marina di Bibbona hin. Mehrere Zufahrten führen von der parallel zur Küste verlaufenden SP39 bis an den, von Wanderwegen durchzogenen, Pinienwaldstreifen (das Riserva Naturale di Tombolo di Cècina). Dann sind es 400 m Fußweg durch die Pineta an den Strand.

Marina di Bibbona, Kunstort mit Ferienhäusern und zwischen den Pinien versteckten Ferienapartments und Campingplätzen, besitzt mehrere freie Strandabschnitte und ein historisches Gebäude: die Ende des 18. Jh. vom Großherzog der Toskana für den Küstenschutz bestellte Festung Forte di Marina di Bibbona.

Auch an der von Cècina nördlichen (ebenfalls als Riserva Naturale di Tombolo di Cècina geschützten) Pineta gibt es einen 2 km langen, bei **Mazzanta** endenden, freien Strand, einige Abschnitte sind aber auch hier, vornehmlich von den Campingplätzen jenseits der Pineta, bewirtschaftet. Mazzanta ist eine weitere typische Ferienhaussiedlung, allerdings etwas exklusiver. Die Häuser stehen nicht so dicht gedrängt wie in Marina di Cècina und besitzen größere Gärten, die Pineta trennt den Ort vom Strand.

Ab Mazzanta bis Vada ist die Pineta mehrfach für Campingplätze gerodet. Dennoch wird man an dem nun schmaler werdenden Strand immer einen freien Platz finden, notfalls einige Meter von den Zufahrtsstraßen weggehend. Der Ortsstrand von **Vada** ist wieder richtig breit, die Häuser sind bis an den Strand gebaut, zahlreiche Boote dümpeln vor ihm, von Wellenbrechern geschützt, im Wasser. Eine 1,5 km lange Mole verbindet eine Entladestelle im Meer mit einem Tanklager im Hinterland.

Nun beginnt bei **Rosignano Solvay** ein freier und baumloser Strandabschnitt mit viel Industrie im Hinterland rund um die Mündung des Flusses Fine. Hier ist der Sand besonders weiß, das Wasser flach und mit einem karibischen Türkis gesegnet. **Aber Achtung!** Über

▷ Man arrangiert sich mit der Industrie

Jahrzehnte soll die nur 1 km entfernte Fabrik des belgischen Chemieunternehmens Solvay über einen ebenfalls in die Bucht mündenden Kanal nicht nur für das Weiß verantwortliches Kalziumkarbonat, sondern auch quecksilber-, blei-, arsen- und chromverseuchte Abwässer eingeleitet haben. Heute werden die Abwässer wohl gereinigt, der natürliche Abbau der Schwermetalle im Sand zieht sich aber hin. Ach ja: Die Strände von Vada sind, ebenso wie die nördlich der Halbinsel von Castiglioncello, wegen ihrer Sauberkeit mit der Blauen Flagge ausgezeichnet – der *bandiera blu!* Wie weit der Belastungspilz von Rosignano Solvay die Küsten allerdings tatsächlich entlang spannt, ist ungewiss.

Castiglioncello war (und ist heute noch) einer der beliebtesten Ferienorte der Italiener, nicht zuletzt, weil sich hier Jetsetter wie *Marcello Mastroianni* oder *Alberto Sordi* Villen kauften. Tatsächlich entwickelt der Ort mit seinen kleinen Buchten, den Felsen, mit Anlegestellen und auf Betonmolen drapierten (sandfreien) Badeanstalten ein gewisses Flair. Die Hotels mit ihren Jugendstilfassaden sind edler, die Restaurants preislich gehobener und die quer durch den Ort (nicht aber über die exklusive Halbinsel mit ihren Villen) verlaufende Eisenbahn sorgt für gute Verkehrsanbindung. Mitten zwischen den Villen spielt das Castello Pasquino mit seinem massigen Türmchen Mittelalter – 1889 für einen Baron errichtet, heute ab und an für Kulturveranstaltungen genutzt. Im **Archäologischen Nationalmuseum** auf der Halbinsel sind Funde aus einer auf Stadtgebiet gefundenen großen Nekropole (4.–1. Jh. v. Chr.) ausgestellt.

■ **Museo Archeologico Nazionale,** Via del Museo 8, Castiglioncello, Tel. 0586 724288, Juli/Aug. Di–So 17.30–20 Uhr.

Ab Castiglioncello ist die Küste steiler und felsig, die Ausläufer des Hausberges von Livorno, des Monte Nero, treten ans Ufer. Auf halber Strecke Richtung Chioma gehört das **Bagno Le Forbici** zu den feinen Badeanstalten an der Küste. Auf Terrassen über dem Meer angelegt, stehen die Liegen und Schirme auf englischem Rasen, Zugang zum Meer gewähren Leitern, und oben lockt das zartblaue Wasser des Pools.

Chioma besteht mehr oder weniger nur aus einem kleinen, künstlich angelegten Hafen und einem ebensolchen Strand, für den der Sand aufgeschüttet und durch Betonkonstruktionen geschützt wird. In Chioma kann man entweder auf der jenseits der Schienen verlaufenden Via Aurelia weiterfahren oder die Uferstraße zwischen den Häusern durch bis nach Quercianella nehmen.

Quercianella, durch das die Eisenbahn nicht mehr wie einst keucht, sondern hurtig zischt, zieht sich den Hang hoch. Kleiner Hafen, kleiner Strand und einige *stabilimenti* bilden das Zentrum. Bei den Einheimischen beliebt sind die Kies- und Sandbuchten nördlich unterhalb von Straße und Schiene, die man auf teils abenteuerlichen Pfaden erreicht. Dem Ort gegenüber steht, besonders malerisch bei Sonnenuntergang, das **Castello Sonnino** auf einem Hügelrücken über dem Meer. Die Ende des 19. Jh. für den Baron *Sidney Sonnino* umgebaute Medici-Festung des 16. Jh., Rückzugsort des 1922 verstorbenen Politikers und Ministerpräsidenten, ist heute noch in Privatbesitz.

Die Badeorte zwischen Marina di Bibbona und Piombino

Über 5 km zieht sich die 400 m tiefe, als Oasi di Bolgheri geschützte Pineta von Marina di Bibbona nach Süden bis **Villa le Sabine** mit einigen im Wald versteckten Häusern an der Mündung eines kleinen Flüsschens. Auf der gesamten Strecke ist der Strand 80–100 m breit und feindsandig. Nur im Hochsommer am Wochenende wird er richtig voll, ansonsten findet man garantiert einen ruhigen Platz.

Jenseits der Mündung beginnt die Pineta von **Marina di Castagneto Carducci** bzw. **Donoratico** mit Zeltplätzen, Resorthotels und zahllosen Ferienhäusern und Ferienapartments im Hinterland. Auf 1,5 km ist der Strand hier bewirtschaftet, südlich beginnt ein 7,5 km langer, freier Abschnitt, unter den Pinien verstecken sich dort nur wenige Resorts und Zeltplätze, aber viele Privatgrundstücke. Die Zufahrt zum Strand von der Via Aurelia aus ist hier fast nirgends möglich.

Bei **Villa Margherita,** 1 km südlich von Marina di Castagneto, gibt es einen großen Parkplatz für Strandbesucher. Ansonsten muss man von Marina di Castagneto oder San Vincenzo zu Fuß den Strand entlang laufen.

San Vincenzo ist eine der Hochburgen des Badetourismus an der etruskischen Küste und dabei sogar ein recht angenehmer Ort mit einer großen Marina, einer netten Fußgängerzone, Hotels, Ferienwohnungen, guten Restaurants und Nachtleben. Der 3,5 km lange Strand ist auch hier feinsandig und breit und nur teilweise bewirtschaftet – und das Meer, für Familien mit kleinen Kin-

dern ideal, recht flach. Die zentralen Stadtstrände neben dem Hafen sind frei. Auch gibt es zwischen den *stabilimenti balneari* immer wieder großzügig bemessene freie Flächen. Südlich des Restaurants La Barracina beginnt ein 2 km langer Abschnitt mit bewirtschafteten Stränden und Hotels, Resorts und Zeltplätzen in oder hinter der Pineta.

Danach zeigt sich der Strand wieder frei – auf 6 km bis zur **Ultima Spiaggia** am Beginn des Golfo di Baratti, einer der schönsten Buchten der Toskana mit bemerkenswerten archäologischen Grabungsfeldern (siehe Populònia/Baratti im Abschnitt Piombino). Auf fast der gesamten Strecke von San Vincenzo sind an der parallel zur Küste verlaufenden Straße Parkplätze ausgewiesen (1 €/Std.), die den Zugang zum 200 m entfernten Meer auch mit schwerer Badeausrüstung bequem machen. Die Strände enden schließlich an dem kleinen Kanalhafen mit Mole bei der Località Sant'Albinia.

Das Dünensystem zwischen Sant'Albinia und San Vincenzo ist als **Parco Costiero di Rimigliano** geschützt, Camping und Feuer sind verboten, die Fußwege zu benutzen. An mehreren Stellen stehen Duschen und Toiletten zur Verfügung, in Höhe des Eingangs 9 ist ein FKK-Strand ausgewiesen, die Eingänge 4, 9 und 10 sind rollstuhlgeeignet.

■ **Hundestrände:** Spiaggia Felciaio (zwischen Livorno und Ardenza), Bau Beach (südlich von Rosignano Solvay), Bau Beach Le Gorette (nördlich von Cècina Mare), Bau Beach (südlich von Cècina Mare im Riserva dei Tomboli am südlichen Ende der Via della Pineta), Spiaggia Seggio (nördlich von Marina di Castagneto), Dog Beach San Vincenzo (500 m nördlich des Eingangs 1 des Parco Costiero di Rimigliano).

△ Baden in der Bucht von Baratti

■ **Mucci & Staccioli,** Piazza del Convento 8, Monteverdi Marittimo, Mi/So geschl. Lebensmittelladen 15 km östlich von Castagneto mit den besten Schinken, Würsten und Käsesorten der Toskana, eingelegten Artischockenböden, Öl, Bohnen ...; man glaubt gar nicht, wie viel man in einem kleinen Laden unterbringen kann.

Aktivitäten

Cavallino Matto, Via Po 1, Marina di Castagneto Carducci/Donoratico, Tel. 0565 745720, www.cavallinomatto.it, Juli–15. Sept. 10.30–18.30, 11.–20. Aug. 10.30–19, April–Juni an Wochenenden 10–18 Uhr, 22 €, bis 100 cm Körpergröße frei, bis 130 cm 17 €, ab 14.40 Uhr für alle 14 €. Spaßpark in einem 6 ha großen Kiefernwald mit Fahrgeschäften und Attraktionen für die ganze Familie, vom Piratenschiff bis zum afrikanischen Dorf, von der Goldmine bis zur Safari, mit Restaurants, Imbissbuden und Picknickplätzen.

■ **Bagno Venere,** Via Calabria 4, www.bagnovenereitaliani.it. Eines der ältesten Strandbäder im Ort, charmante blau-weiße Einrichtung am schmaleren Südstrand, Platz mit Schirm und Liegen in der ersten Reihe 30 €/Tag.

▷ Römisches Mosaik im Archäologischen Museum von Piombino

Piombino

■ 5 m üNN, 34.000 Einw., Grosseto 70 km, Livorno 100 km, Volterra 75 km

Erzwungener Zwischenstopp auf dem Weg nach Elba, den Fähren geschuldet? Grundfalsch! Piombino glänzt mit einer kleinen und feinen Altstadt, wichtigen Museen, und im Norden der Halbinsel rahmt den Golfo di Baratti einer der schönsten Strände des Landes.

12 km abseits der Via Aurelia auf der Südseite der Halbinsel des 286 m hohen Monte Massoncello, ist Piombino das Stiefkind des Erfolges der Ferieninsel Elba. Dabei gibt es in den Wäldern zwischen Piombino und Baratti zwei der wichtigsten Grabungsstätten aus etruskischer Zeit zu erkunden. Und selten ist das Meer unten so klar und der Himmel oben so blau wie im Bergdorf Populònia. Andererseits ist der Hafen ein wichtiger Arbeitgeber und füllt den Stadtsäckel recht gut.

Geschichte

Erste Siedlungen auf der Halbinsel sind für die etruskische Zeit nachgewiesen, und **Populònia,** wie Piombino damals hieß, war die wichtigste Hafenstadt des Zwölfstädtebundes. Römisch geworden, verlor Populònia (mit seinem in Schriften „Porto Falesia" genannten Hafen) nach fortdauernden Barbarenüberfällen im 4. Jh. an Bedeutung. Im 6. Jh. zerstörten **Langobarden** die Stadt, 809 kam es zu einem **Piratenüberfall,** der die Bewohner schließlich für lange Zeit vertrieb. Erst **Pisa** sorgte ab dem 12. Jh. mit der **Befestigung Piombinos** für dauerhafte Ruhe – um die Erzminen auf Elba ungestört betreiben zu können. 1399 endete die Herrschaft Pisas über Piombino. Die **Fürsten von Appiano,** damals Befehlshaber Pisas, verkauften Pisa für 200.000 Goldflorin an die *Visconti* aus Mailand und erbaten sich dafür die Herrschaft über Piombino und Elba, die sie bis 1634, als die Linie ausstarb, behielten.

Sehenswertes

Die Altstadt mit der Marina liegt an der südlichsten Stelle der Halbinsel, der Fährhafen 2 km außerhalb im Osten (etwa auf halbem Weg liegt der Bahnhof). Parkplätze findet man in den Straßen rund um den **Torrione Rivellino** (Corso Italia) oder westlich des *centro storico* in der Via Padre Giustino Semi. Der Torrione, 1212 gebaut, war Teil der militärischen Befestigung der Stadt und gilt als ihr ältester Teil. 1417 kam das nördliche Tor hinzu, und 1504 hatte man zum Schutz gegen Artilleriebeschuss die halbkreisförmige Bastion angefügt. Direkt hinter der Anlage führt der Corso Vittorio Emanuele II in das Herz der Altstadt. Nach 100 m markiert der Uhrenturm den **Palazzo del Comune** mit seinen gotischen Biforien. Im 13. Jh. stand hier der Palazzo dei Priori, von dem Teile beim Neubau des Rathauses 1444 übernommen wurden. 1598 kam der Turm hinzu. 1933–37 restaurierte und veränderte man das Gebäude und seine Fassade.

In der Via Feruccio Francesco steht an der nächsten Ecke das **Casa delle Bifore** (1289), ältestes Bürgerhaus der Stadt und heute deren Archiv. Die Gasse nach Norden führt zur Konkathedrale Sant' Antimo Martire mit dem **Diözesanmuseum** im ehemaligen Augustinerkloster

(Zugang über den 1470 gebauten intimen Renaissance-Kreuzgang mit wappengeschmückten Kapitellen). Die Sammlung besteht vornehmlich aus einem Kirchenschatz neueren Datums. Ältestes Exponat ist ein romanischer Löwenkopf, einige Fresken stammen aus dem 15. Jh., zwei Gemälde aus der Kirche von Populònia Alta (eines von ihnen auf das 14. Jh. datiert). Der **Dom** teilt sich seine Würde als Konkathedrale mit dem in Massa Marìttima. Die Ziegelfassade der ursprünglich einschiffigen Kirche ist sehr einfach, einziger Schmuck ist das 1937 angebrachte holzbedachte Lünettenmosaik mit dem Erzengel Michael. Papst *Alessandro VI.* weihte die 1377 gebaute Kirche 1502 zum Dom. Das Marmortaufbecken im Inneren schuf *Andrea Guardi* 1470.

■ **Museo Diocesano d'Arte Sacra Andrea Guardi,** Piazza Don Ivo Micheletti, Tel. 0565 32531, Di–Fr 17–19, Sa/So 10–12, 17–19 Uhr.

Nun geht es kurz unten am Meer entlang und wieder hoch zur **Fortezza Medicea.** Als „Cassero Pisano" schützte sie den Hafen, als Piombino noch zu Pisa gehörte. Unter Florentiner Herrschaft modernisierte *Leonardo da Vinci* die Anlage entsprechend den militärischen Anforderungen der Zeit und zum Schutz vor Artilleriebeschuss.
Unser Tipp: Als **Schloss- und Stadtmuseum** widmet sie sich in der modernen, ansprechenden und multimedial aufbereiteten, sich auf das Wesentliche konzentrierenden Ausstellung der Burggeschichte und mittelalterlicher Keramik.

■ **Museo del Castello e della Città,** Via delle Mura, Tel. 0565 49430, www.parchivaldicornia.it, Juni–Sept. 10–18, April/Mai/Okt. Sa/So 10–17 Uhr, sonst nach Anmeldung, 6 € (pArcheoCARD 50 %).

Unser Tipp: Um zum **Archäologischen Museum** zu gelangen, muss man die Altstadt von Ost nach West durchqueren. Das Museum ist in der Cittadella untergebracht. Für den Weg wählt man am besten die Uferstraße. Dabei passiert man die als Terrasse gepflasterte Landzunge Piazza Bivio, ein guter Aussichtspunkt für den Panoramablick auf das 10 km entfernte Elba, die Altstadt und das alte Hafenbecken; und sie ist die Flanierzone für die Einheimischen – wenn die Sonne bei Elba blutrot im Meer versinkt. Auch das Archäologische Museum zeigt seine Exponate vorzüglich aufbereitet, mit zahlreichen Schautafeln auch zur Geschichte der Stadt, zur Entwicklung des Handels und des Erzabbaus und der Verhüttung zu antiken Zeiten und im Mittelalter. Die von einem Fischer 1968 im Golf gefundene Anfora di Baratti ist der wertvollste Besitz, eine spätantike Silberamphore, die 127 ovale Plättchen mit Szenen des vorchristlichen Kults um die Göttermutter Kybele trägt.

■ **Museo Archeologico del Territorio di Populònia,** Piazza Cittadella 8, Tel. 0565 221646, www.parchivaldicornia.it, Juni–Sept. 10–18, April/Mai/Okt. Sa/So 10–17 Uhr, sonst nach Voranmeldung, 6 € (pArcheoCARD 50 %).

▷ Silberschatz aus der Antike

Die Halbinsel – Populònia/Baratti

Eine direkte Zufahrt zum Golfo di Baratti von Piombino aus entlang der Westküste gibt es nicht. Man muss gut 6 km auf der SP23 nach Norden fahren und dann nach Westen Richtung Populònia abbiegen. Die immensen ausgewiesenen Parkflächen mögen einem übertrieben erscheinen. Man täuscht sich. Am Wochenende bei Badewetter platzen sie aus allen Nähten, und blickt man über den Strand, versteht man auch, warum. Dichter Wald, der sich die Hänge hochzieht, im Rücken, zartblaues Meer vor einem, dazwischen ein Streifen feiner weißer Sand. Der Golf ist **eines der beliebtesten Badeziele,** aus der ganzen Toskana kommen die Ausflügler (und verstopfen am Wochenende morgens und abends die Straße nach Norden). Dennoch: Es lohnt sich! Die etruskische Nekropolis liegt unten am Golf, die etruskische Akropolis 2,5 km Bergstraße entfernt hoch über dem Meer bei Populònia Alta. Restaurants findet man im Weiler Baratti an der Nordseite des Golfs, an der Südseite am Hafen sowie in Populònia Alta.

■ **Parkgebühren,** Nekropolis 1–4 Std. 1,80 €/Std., dann 1,40 €/Std., Akropolis 2 €/Std.; **Busanfahrt,** Ecobaratti Bus (Linien 15E/F), von Piombino (Via Leonardo da Vinci) an den Strand und weiter hoch nach Populònia Alta (in der Saison bis zu 15mal/Tag, 1,20 € einfache Fahrt, im Bus 2 €), www.tiemmespa.it.

Im südlichen Bereich des Golfes weist ein Schild zum **Grabungsfeld Nekropolis.** Man parkt, zahlt Parkgebühr (die man bei Besuch der Grabung erstattet bekommt) und begibt sich auf Entdeckungstour (Durchgang zum Kassenhäuschen am Parkplatz).

Die **Necropoli di San Cerbone** beginnt direkt hinter dem Kassenhäuschen, auf einem kleinen Rundweg passiert man sieben teilweise ausgezeichnet erhaltene Hügelgräber, 20–30 Min. sollte man sich hierfür Zeit nehmen.

Die **Tomba dei Carri** beim Besucherzentrum ist das eindrucksvollste Grab, 10 m lang ist der Gang in die Kammer. Für den Rundgang auf der Via del Ferro vorbei an weiteren Gräbern und Einrichtungen der Eisenverarbeitung benötigt man eine gute Stunde.

Dabei passiert man das **Archäologische Labor,** in dem man sich unter Anleitung in antiker Töpferei und Steinarbeit üben kann.

Der längste Rundweg (mindestens 90 Min.) führt zum spektakulärsten Teil der Zone, den **Necropoli delle Grotte,** den Höhlengräbern.

Oben in Populònia Alta wandert man etwa 40 Min. auf einem Rundweg über das **Grabungsfeld Akropolis** durch die Macchia, die Grabungsergebnisse erfordern allerdings viel Fantasie, dafür sind die Ausblicke über Küste und Meer fantastisch. Auf einem teils der Straße folgenden Weg kann man von der Nekropolis aus die Akropolis auch in 30 Min. zu Fuß erreichen.

■ **Parco Archeologico Necropoli/Acropoli,** Golfo di Baratti, Tel. 0565 29002, www.parchivaldicornia.it, Juli/Aug. tgl. 9.30–20, Juni/1.–15. Sept. Di–So 10–19, 16. Sept.–15. Okt./16. März–Mai Di–So 10–18, Feb.–15. März Sa/So 10–17 Uhr, von den vier Sehenswürdigkeiten Nekropolis/San Cerbone – Höhlengräber – Akropolis – Arch. Museum in Piombino kann man sich für 16 € drei, für 14 € zwei aussuchen (pArcheoCARD 50 %), Töpferei/Steineklopfen im Labor je Tätigkeit 2 €.

180 m über dem Golf auf dem Hügel Poggio Castello wacht eine zinnenbekrönte Festung seit dem 15. Jh. über **Populònia Alta.** Die andauernden Piratenüberfälle veranlassten die Fürsten von *Appiani* zum Bau von Burg und Stadtwall. Die Kirche Santa Maria della Croce aus dem 15. Jh. birgt Freskenreste von 1516. Ein nettes kleines Privatmuseum zeigt eine Sammlung etruskischer Fundstücke, die Familie vermietet hier oben und unten am Meer auch Ferienwohnungen.

■ **Collezione Privata Gasparri,** Via San Giovanni 28, Tel. 0565 29666, www.castellodipopulonia.it, Sommer 10–13, 15–18 Uhr, 2 €.

Praktische Informationen

Touristeninformation

■ **Ufficio Turismo Piombino,** Palazzo Comunale, Via Ferruccio Francesco, Tel. 0565 43457, www.turismopiombino.it, Mai–Okt. Mo/Di 18–21, Mi–So 10–13, 17–22 Uhr.

Unterkunft

■ **Est**②-③, Via Piave 7, Tel. 0565 31352, www.hotelestpiombino.com. Stadthotel mit 24 hinreichend eingerichteten Zimmern mit allem notwendigen Komfort etwas nördlich der Altstadt (10 Gehminuten), sicheres Parken in der Tiefgarage (sodass Gepäck im Fahrzeug verbleiben kann, reservieren!).
■ **Roma**②, Via San Francesco Assisi 43, Tel. 0565 880369, www.hotelromapiombino.it. Gute Lage im Zentrum, zwölf Zimmer in Hotel der Zwei-Sterne-Klasse, das seine besten Jahre gesehen hat, dennoch sauber und gut für ein oder zwei Nächte, Parkmöglichkeit, keine Klimaanlage.

Außerhalb
✿ **Agriturismo Gli Etruschi**②, Località Bocca di Cornia 11, Baratti, Tel. 0565 276124, www.glietruschi.it. 10 km nördlich von Piombino (10 km von Golfo di Baratti) in sehr ruhiger Lage, 18 in Zweifamilienhäuschen zusammengefasste Apartments auf nettem, familiengeeigneten, nach biologischen Richtlinien arbeitenden Landgut mit Direktverkauf von Gemüse, Eiern, Schinken, Käse, Öl und Wein, einmal in der Woche Barbecue mit den Gästen, Schwimmbad.

▷ Populònia: Archäologie,
nur wenige Meter vom Strand

■ **La Baia del Soriso**②-③, Via Aurelia 1023, Castiglioncello, Tel. 0586 752570, www.baiadelsoriso.com. Das rot-weiße Schlösschen hat eine traumhafte Lage auf Felsen über dem Meer; die entschädigt für die etwas ältliche Einrichtung der 32 Zimmer und das nicht immer zuvorkommende Personal – zum Felsstrand mit Betonplattformen geht's per Aufzug oder über eine Treppe.

■ **Tirreno**②-③, Via Marconi 6, Castiglioncello, Tel. 0586 752026, www.hoteltirreno.info. Das Hotel in der dritten Reihe (dafür sehr ruhige Lage) verfügt über 22 elegant eingerichtete Zimmer und einen hübschen Garten.

Camping

■ **Campeggio Sant'Albinia,** Via della Principessa, Località Sant'Albinia, Tel. 0565 29599, www.santalbinia.it, April–Sept. 12 km nördlich von Piombino in Strandnähe (1 km), schattige Plätze mitten auf dem Land, Radverleih, Ristorante/Pizzeria, Einkaufsmöglichkeit, schöner Strand (Ultima Spiaggia).

■ **Camping Village Pappasole,** Via Carbonifera 14, Riotorto, Tel. 0565 20414, www.pappasole.it, Mitte April–Mitte Okt. 18 km östlich von Piombino am Strand des Golfo di Follònica. Großanlage mit allen nur vorstellbaren Einrichtungen 300 m vom Wasser, Schattenplätze, Animation, riesige Poolanlage, Einkaufszentrum.

Essen und Trinken

■ **Calamoresca Beach**③, Località Cala Moresca, Tel. 0565 42029, http://calamorescabeach.it, Winter nur Sa/So. Anspruchsvolles Fischrestaurant des gleichnamigen Strandbades in der kleinen Kiesbucht im Stadtteil Salivoli, hohe Qualität, die man am besten am Abend genießt, wenn sich die Sonne zur blutroten Ruhe begibt, dann hat es auch eine eher elegante Atmosphäre. Eine der Spezialitäten: Fisch in Salzkruste.

■ **Il Garibaldi Innamorato**③, Via Giuseppe Garibaldi 5, Tel. 0565 49410, www.ristoranteilgaribaldinnamorato.com. Unaufdringlich eingerichtetes, kleines Lokal in einem Gewölbe in der Altstadt mit

Schwergewicht auf Antipasti und Primi von Fisch und Meeresgetier; folgerichtig bestellt man sich eine Auswahl davon und verzichtet (unproblematisch) auf das Secondo.

■ **Il Boccondivino**②-③, Corso Vittorio Emanuele II 2, Tel. 0565 225114. Lokal in der Fußgängerzone, das die Standards zwar gut zubereitet (und sich mediterran-rustikal geriert), dafür aber auch stark gehobene Preise verlangt, die vornehmlich Touristen zu zahlen bereit sind; Fisch- und Fleischküche, auch Pizza.

Unser Tipp: **Al Baccanala**②-③, Piazzetta Sant' Antimo, Tel. 0565 222039, Mo geschl. Auf dem Domplatz sitzt man abends am schönsten (nur wenige Tische, reservieren!), innovative Küche wie Stockfisch mit Krokant-Artischocken oder mit Zwiebelmus und Parmesan, und davor vielleicht Jakobsmuscheln mit knusprigem Speck und Kürbismus.

■ **Volturno**②, Corso Vittorio Emanuele II 41, Tel. 0565 49081. Fischküche in der Fußgängerzone zu noch erträglichen Preisen und in guter Qualität *(calamari, fritto misto!)*, Tische in der Gasse, unaufdringlicher Osteria-Gastraum.

Unser Tipp: **Le Meraviglie di Alice**①-②, Via Ferrucio Francesco 1 (Ecke Corso Emanuele), Tel. 0565 880558. Bistro mit Aufschnittplatten, Crostini, Pasta, Pizza, Meeresfrüchten oder Sandwiches – kleines Lokal, fitter Service, gute Qualität, große Portionen, günstige Preise, ideal für ein Mittagessen oder ein schnelles Abendessen, manchmal gibt's sogar Austern, die gerne mit einem Manufakturbier heruntergespült werden.

Außerhalb

■ **Canessa**③, Porto di Baratti, Località Populònia, Tel. 320 9328353, www.ristorantecanessa.com, Winter nur an Wochenenden. Die Lage am Hafen von Baratti ist natürlich einmalig, aber wegen der fehlenden Konkurrenz ist man nicht gezwungen, immer gute Qualität zu servieren – so sind die Preise der Fischgerichte nicht gerechtfertigt, und man muss sich mit dem Küstenpanorama bescheiden.

■ **Il Porticciolo**③, Via Zandomeneghi, Castiglioncello, Tel. 0586 752788, www.ristoranteilporticciolo.net. Wer gerne Fisch isst, sollte einen Tisch auf der Terrasse dieses Restaurants über einer Sandbucht reservieren und die Livorneser Spezialität *cacciucco* bestellen, die Preise sind der Lage entsprechend gehoben, womit die 1950er-Jahre-Einrichtung nicht unbedingt mithalten kann – originell.

■ **Il Bacaro**②, Via Aurelia 408, Castiglioncello, Tel. 328 4524006. Mehr eine Enoteca denn ein Ristorante, aber mit empfehlenswerten kleinen Gerichten, Wurst- und Schinkenplatten, verschiedenen Snacks zum Aperitif und einer guten Weinauswahl.

■ **Da Maria & Massimo**②, Via Aurelia 855, Castiglioncello, Tel. 0586 753597. Ursprünglich eine Fischhandlung, in der die sympathischen Besitzer Fisch frisch zubereiteten und auf die Hand servierten, heute kann man etwas gemütlicher im angeschlossenen Speiseraum essen – gute Qualität, freundlicher Service.

Süßes

■ **Caffè Nanni,** Corso Vittorio Emanuele II. Eis, Kuchen und der Morgencappuccino in der Fußgängerzone – nichts Aufregendes, aber ganz in Ordnung, um eine Zeitung zu lesen.

Nachtleben

■ **Teatro del Mare,** an der Piazza Giovanni Bovio gibt es im Sommer unten am Wasser in der Badeanstalt abends Cocktails und Livemusik.

■ **Mastarna,** Via Cairoli 8, Tel. 056537199, ganzjährig an den Wochenenden ab 20 Uhr. Disco-Pub mit Musik vom Plattenteller und Liveacts, Kleinigkeiten zu essen und guten Bieren.

Verkehr

■ **Bahn:** Bahnhof (Viale Regina Margherita, 5 Gehminuten von der Altstadt), Verbindungen nach Grosseto (2–4 mal/Tag, um 90 Min.) und Livorno (2–4 mal/Tag, um 80 Min.)

■ **Bus:** Linie 1 verbindet Hafen und Bahnhof und passiert nach einer einstündigen Großrunde auf der Rückfahrt zum Hafen auch die Altstadt (einfache Fahrt beim Fahrer 1,50 €); www.tiemmespa.it.

■ **Parken:** Altstadt, Via Padre Giustino Semi; Dauerparken, Parcheggio di Alvin im Hafen 8 €/Tag, Langzeit 7 €/Tag, Camper 15/10 €.

Feste

■ **Festival Estivo** an mehreren Tagen (meist im Juli), das Finale eines national ausgetragenen Nachwuchskünstler-Wettbewerbes (weit über DSDS und Co. hinausgehend).

Piombinos Stadtstrand

Abbazia di Monte Oliveto Maggiore | 411
Abbazia di Torri | 407
Arte in Pietra Skulpturenwald | 408
Asciano | 409
Buonconvento | 414
Casole d'Elsa | 432
Chiesa dell'Osservanza | 406
Colle di Val d'Elsa | 429
Colline Metallìfere | 444
Crete Senesi | 409
Larderello | 445
Monastero di Bose | 431
Montaperti | 407
Montecatini Val di Cècina | 443
Monteriggioni | 406
Montieri | 445
Murlo | 414
Rapolano Terme | 410
San Gimignano | 424
San Giovanni d'Asso | 413
Serre di Rapolano | 410
Siena | 391
Traumwald Skulpturenpark | 408
Val di Merse | 412
Volterra | 435

7 Siena, San Gimignano, Volterra, Crete, Colline Metallìfere

Mittelalter, ein Klacks Renaissance, bewaldete Hügel, dunkle Täler, karge Landschaften, Wein, Getreide und heißer Dampf

◁ Duomo Santa Maria Assunta in Siena

SIENA, SAN GIMIGNANO, VOLTERRA, CRETE, COLLINE METALLÌFERE

Siena, San Gimignano, Volterra, Crete, Colline Metallifere

Siena, San Gimignano, Volterra, Crete, ...

Die Mitte der Toskana ist ausgesprochen vielfältig und blickt auf eine ebenso lange Geschichte zurück wie der Norden – schließlich war Siena einer der Hauptkontrahenten der *Medici*. Rund um Siena sieht die Toskana tatsächlich aus, wie man sie aus Bildbänden und Filmen kennt: Hügel folgt auf Hügel, jeweils gekrönt von einem Landgut, einer Cantina oder einem Kloster, zu dem eine akkurate Zypressenreihe hinaufführt. Besonders eindrucksvoll präsentiert sich diese Landschaft in den **Crete Senesi** südlich von Siena. Die stark tonhaltige Erde verwittert hier zu schroffen Hügeln mit an den Südflanken verlaufenden, weißen Erosionsrinnen und bildet eine Art Mondlandschaft. Auslöser dieses

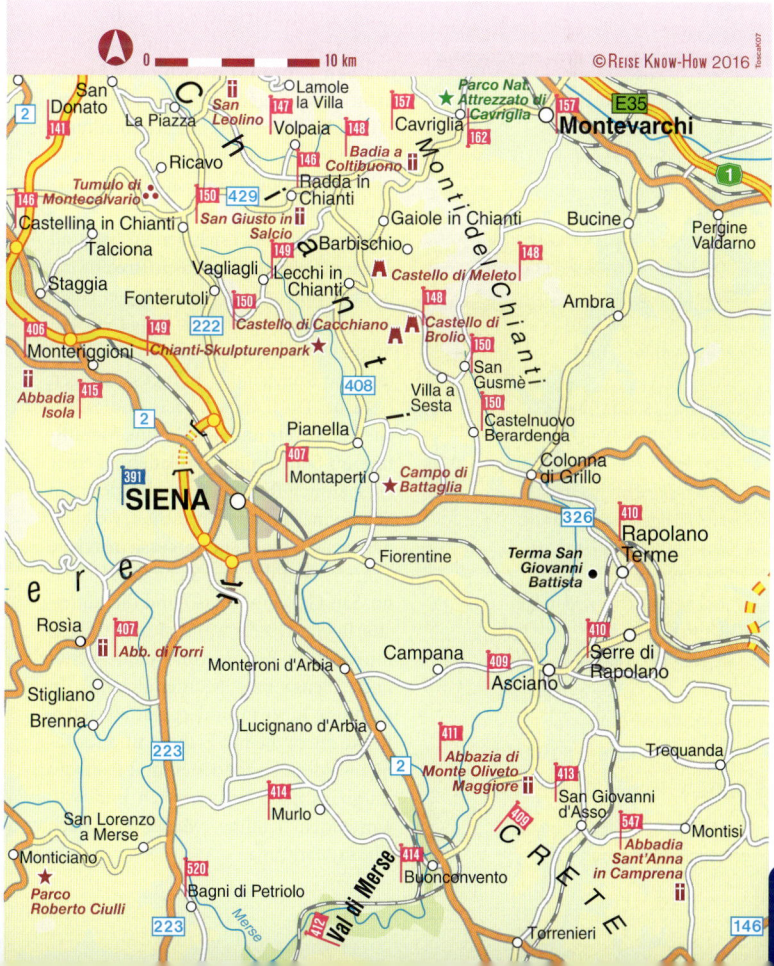

Prozesses ist die intensive landwirtschaftliche Nutzung der Böden, die, ihres natürlichen Pflanzenschutzes beraubt, Wind und Wetter ausgesetzt sind.

Chianti im Norden, Montepulciano und Montalcino im Osten und Süden, Bolgheri im Westen – die Mitteltoskana ist umzingelt von berühmten Weinnamen, ist selbst aber eher **Getreide- und Olivenland.** Das silbrige Grün der Ölbäume kontrastiert mit goldenen Weizenfeldern und schafft einen faszinierenden Farbteppich, der die alten Städtchen einrahmt. Überall hier, und nicht nur in San Gimignano oder Volterra, überragen stolze Geschlechtertürme die rostfarbenen Mauern der mittelalterlichen Ortschaften.

Siena, lange Zeit Beherrscherin der Region, ist bis heute unangefochtene Hauptattraktion der zentralen Toskana und UNESCO-Weltkulturerbe, gefolgt von **San Gimignano,** das ebenfalls Welterbestatus besitzt. Angesichts von so viel Prunkarchitektur und Kunst sollte man die kleineren, versteckteren Kleinode wie **San Giovanni d'Asso** oder **Murlo** nicht links liegen lassen – lebendiges Mittelalter, faszinierende Kirchenkunst und kulinarische Genüsse erwarten Besucher auch oder gerade abseits der ausgetretenen Pfade.

Wie nähert man sich den großen und kleinen Zielen der zentralen Toskana am besten? Indem man zum Beispiel einen Agriturismo im Dreieck Siena/San Gimignano/Volterra als Standort wählt und die Kunststädte in Tagesausflügen besucht. Die Landschaften und Städtchen der Crete und der **Colline Metallìfere** im Süden hingegen laden zu einer entspannten Rundreise ein, bei der man Station macht und übernachtet, wo es einem gefällt. Eine schöne, aussichtsreiche Fahrstrecke führt von Siena über Asciano, San Giovanni d'Asso und die mittelalterlichen Dörfer Montisi und Castelmuzio nach Petròio (und dann weiter nach Pienza bzw. Montepulciano). In Richtung Küste mäandert eine attraktive Route durch die mit Eichen- und Kastanienwäldern bestandenen und trotz des Bergbaus noch ursprünglich und wild wirkenden Colline Metallìfere nach Massa Marìttima.

NICHT VERPASSEN!

- **Piazza del Duomo, Siena:** Dom, Krypta, Dommuseum | 395
- **Museum Santa Maria della Scala, Siena:** Fresken und mehr | 398
- **Pinacoteca, Siena:** Komplettüberblick über die Kunst | 399
- **Museo Civico, Siena:** noch mehr Fresken | 403
- **Abbazia di Torri, Torri:** intimer geht Kreuzgang nicht | 407
- **Abbazia di Monte Oliveto:** Stammkloster der Olivetaner voller Kunst | 411
- **Türme, San Gimignano:** ein berühmtes Stadtbild | 424
- **Cappella di Santa Fina, San Gimignano:** *Ghirlandaios* Meisterwerk | 428
- **Volterra:** von Rom bis Renaissance | 435

Diese Tipps erkennt man an der gelben Hinterlegung.

Siena

■ 320 m üNN, 54.000 Einw., Florenz 75 km, Arezzo 70 km, Grosseto 70 km, Livorno 120 km

Siena ist im Kommen, schnell und stark. Obwohl eine der schönsten Städte der Toskana, war sie lange Stiefkind – bis man die perfekte Gotik ihrer Altstadt wiederentdeckte. Heute ist Siena **eines der Hauptreiseziele Mittelitaliens.** Und nicht nur am 2. Juli und am 16. August, wenn das welthärteste Pferderennen stattfindet, der Palio di Siena!

Im typischen Farbton des gelblichen Sienabrauns staffeln sich die Fassaden der Häuser und Paläste über drei Erhebungen. Die Kuppel des Doms bekrönt die Stadt, und der atemraubend hohe Torre del Mangia, der Rathausturm beim Palazzo Pubblico, ragt aus der Senke zwischen den Hügeln mit einem der schönsten Plätze Italiens – dem Campo.

Geschichte

Der ewige Widersacher der Florentiner besitzt eine überaus ehrenvolle **Gründungslegende.** Keine Geringeren als die Söhne des Rombegründers *Remus* – *Senio* und *Asciano* – sollen den Grundstein gelegt haben. Überall im Stadtbild ist deshalb die die Brüder *Remus* und *Romulus* säugende Kapitolinische Wölfin präsent. Die Realität ist simpler: 30 v. Chr. errichteten römische Soldaten einen Stützpunkt, der bald zum Handelsposten avancierte. Noch zu Zeiten des weströmischen Reiches soll Siena **Bischofsstadt** geworden sein, der Rest liegt im Dunkel, das sich erst im 8. Jh. aufhellt. Siena taucht als Sitz eines von den **Langobarden** berufenen Verwalters in den Urkunden auf. Die den Langobarden nachfolgenden **Karolinger** erhöhten die Verwalterposition zum Grafentum. Der erstarkende Einfluss des Grafen stand im Widerspruch zu den Machtansprüchen des **Seneser Bischofs,** sodass das 11. und das frühe 12. Jh. der Dauerstreit der beiden Autoritäten prägte. 1147 hatten die edlen Bürger genug, jagten den Bischof aus der Stadt, schufen sich eine eigene Regierung und konzentrierten sich mit Verve und unter Gründung von Handelsgesellschaften aufs Geschäft. Insbesondere der **Geldhandel** hatte es den Seneser Adeligen und Kaufleuten angetan, und das päpstliche Rom erkor sie zu seinen Hauptfinanziers. Die 1472 gegründete Monte dei Paschi di Siena gilt als die älteste durchgängig bestehende Bank der Welt. 2008 wäre sie

🌟 Die Highlights für Kinder

■ **Museo d'Arte per Bambini** im Complesso Museale di Santa Maria della Scala, **Siena** | 398
■ **Orto de'Pecci,** Stadtpark mit Picknickplätzen und Streichelzoo, **Siena** | 415
■ Tagesausflüge mit dem dampflokgezogenen **Treno Natura** durch die **Crete Senesi,** Siena | 423
■ *Stephenie Meyers* **Twilight Zone** bei einer Stadtführung hautnah für Mädchen am Beginn des zweiten Lebensjahrzehnts, **Volterra** | 438

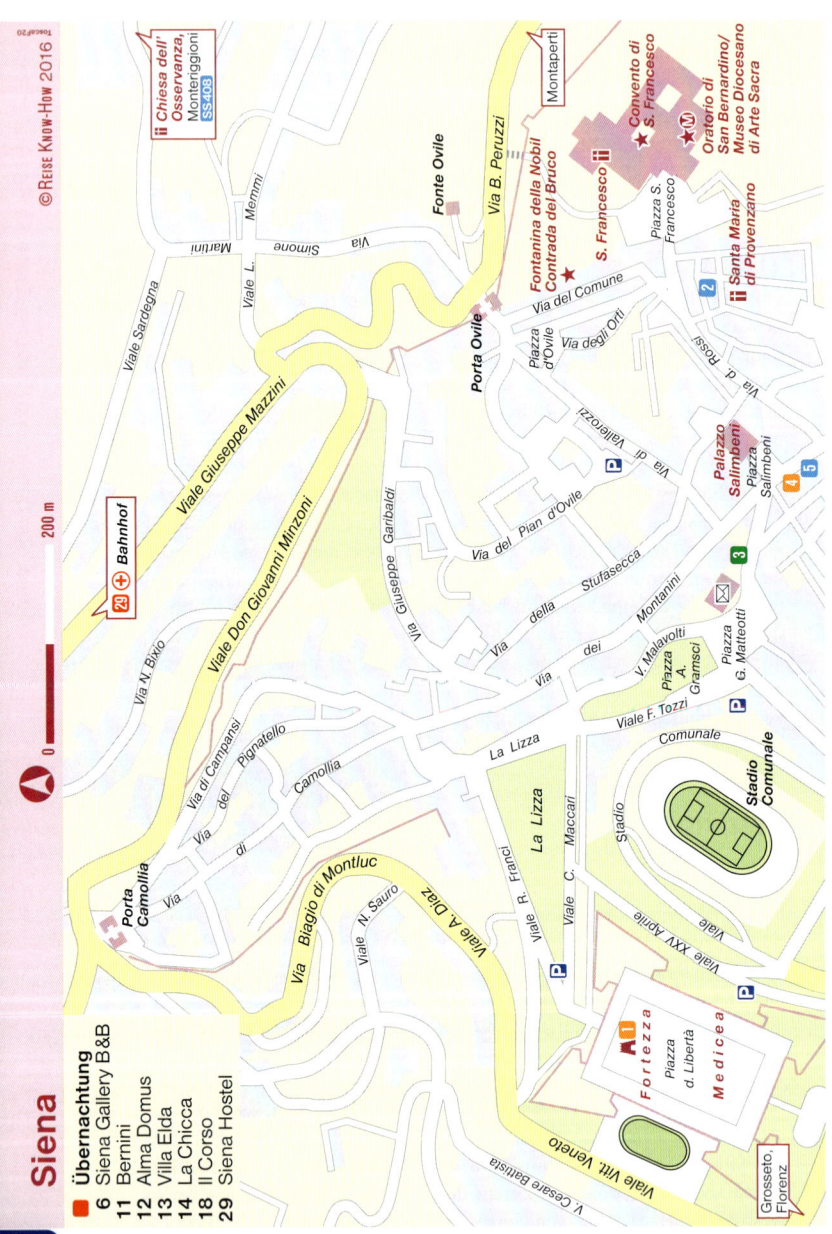

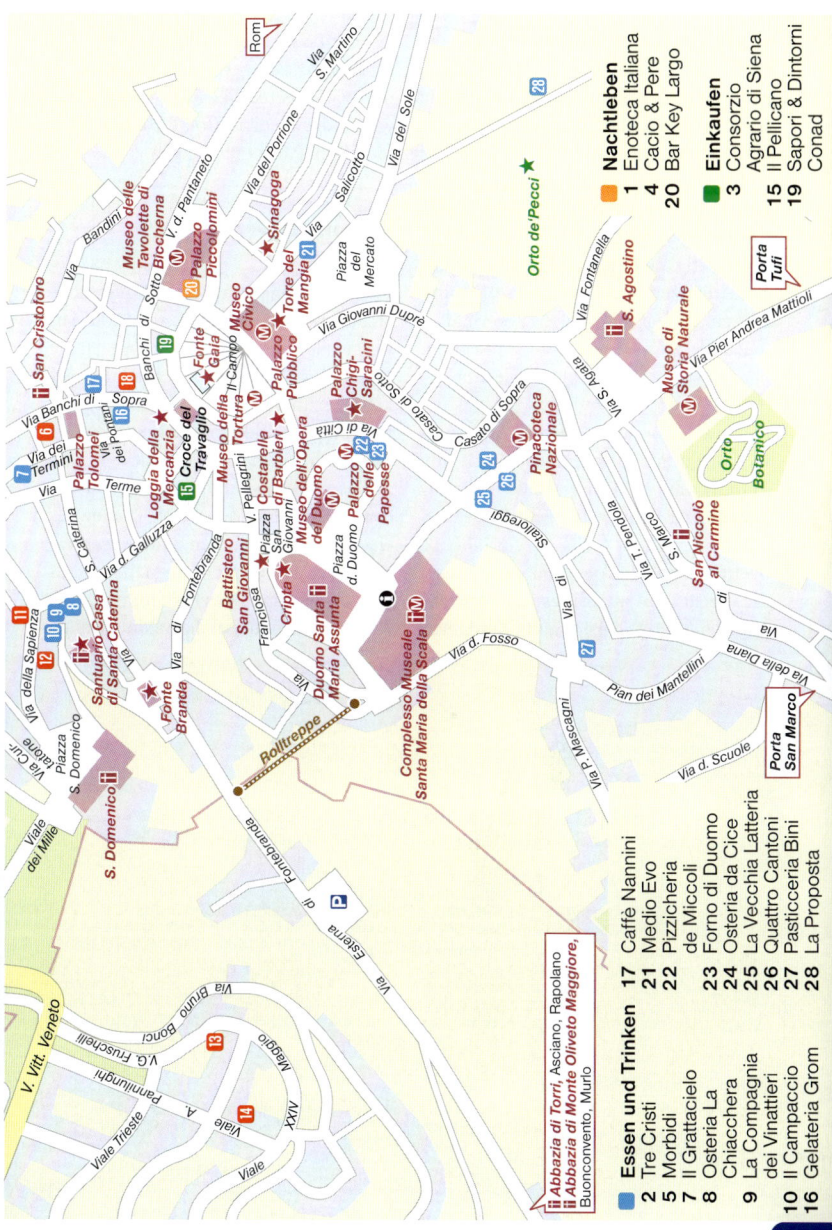

allerdings wegen fragwürdiger Risikobereitschaft beinahe in den von der Bankenkrise gerissenen Abgrund getorkelt (und musste mit Milliarden Steuergeldern gerettet werden).

Trotz immer wieder aufflammender Querelen zwischen den Patriziern Sienas und dem Bürgertum, die sich schon mal gegenseitig absetzten und unterschiedliche Allianzen auch mit anderen Stadtstaaten pflegten, prosperierte die Stadt.

Parallel zum wirtschaftlichen Erfolg – der Kunst und Architektur ungeahnt beflügelte – bestand bereits seit dem beginnenden 12. Jh. ein ständiger und über vier Jahrhunderte währender **Streit mit Florenz** um die Vorherrschaft, den man häufig genug mit Waffengewalt austrug. Manches Mal war Siena im Vorteil (z.B. nach der Schlacht von Montaperti 1260), die meiste Zeit allerdings Florenz, was 1555 endgültige Bestätigung fand. Am 17. April musste Siena nach einer mehrmonatigen Belagerung durch Florenz die Waffen strecken. Zwei Jahre später erhielt der Medici-Fürst *Cosimo I.* auch formal die Macht über Siena.

Sehenswertes

1956 hat Siena – als erste italienische Stadt – mit einer Fußgängerzone die Autos aus dem Zentrum verdrängt. Heute ist praktisch die gesamte **Altstadt verkehrsberuhigt**, und die Einfahrtsregeln werden mit drakonischen Strafen für Zuwiderhandelnde überwacht.

Das ursprüngliche Siena besteht aus **drei Stadtteilen,** den **Terzi,** die jeweils einen Hügel einnehmen und den zentralen Platz, den Campo, umstehen. Südlich des Campo überragt im Terzo di Città die Domkuppel die Stadt, nördlich

stehen im Terzo di Camollia die Paläste der Patrizier und der reichen Kaufleute (und die Medici-Festung), im Südosten grenzt der Terzo di San Martino an, ehemals der Stadtteil der einfacheren Händlern und der Pilger.

Vom Parkplatz Duomo geht es auf der Rolltreppenkaskade hoch zur **Piazza del Duomo** und zur **Kathedrale,** dem bedeutendsten Bauwerk der Stadt an ihrer höchsten Stelle. Der Dom wurde nie ganz so, wie es die Bürger wünschten. Im angehenden 13. Jh. begonnen, entschied man sich 100 Jahre später für eine Chorerweiterung und 1339 für einen kompletten Umbau. Das bestehende Langschiff sollte nun zum Querschiff eines 100 m langen Kirchenneubaus werden. 1348 gebot dem die – mehr als die Hälfte der Bewohner dahinraffende – Pest Einhalt. Das unvollendete (und nur teilweise bedachte) neue Langhaus beherbergt heute das Dommuseum.

Die ursprüngliche Fassade zeigt sich in aller nur vorstellbaren **gotischen Pracht.** Doch blieb mit den drei runden Portalbögen auch immer noch ein wenig **Romanik** des 1179 geweihten Vorgängerbaus erhalten. Doch darüber türmen sich die spitzen Giebel, Säulen und Figuren des neuen Baustils, für den der beauftragte Bildhauer und Architekt *Giovanni Pisano* Ideen der Hochgotik Frankreichs aufnahm. Das gotische Feuerwerk aus Stein überragt als Blendfassade den eigentlichen Baukörper ganz beträchtlich.

▷ Ganz neue Perspektiven beim Spaziergang durch die Eingeweide des Doms

◁ Der Dom vom Torre del Mangia aus gesehen

Im dreischiffigen (in den Ursprüngen romanischen) Langhaus mit ebenfalls dreischiffigem Querhaus und Zentralkuppel setzt sich die zweifarbige Streifengliederung des Äußeren fort. Neben dem überbordenden Ausstattungsschmuck sind am Gesims des Mittelschiffes die 172 Papstbüsten aus Terrakotta des 15. und 16. Jh., in den Bogenzwickeln die 36 Reliefmedaillons mit den Abbildern römischer Kaiser beachtenswert. In der Vierung sind die vergoldeten Stadtpatrone zu sehen. Dort steht auch die **Marmorkanzel** (1265–68) aus den Händen des *Nicola Pisano*. Acht Säulen aus Porphyr, Granit und Marmor tragen den achteckigen Kanzelkorb, den mittig eine neunte Säule stützt, deren Basis die Allegorien der sieben „Freien Künste" und der Philosophie schmücken. Jede zweite der äußeren Säulen lagert auf dem Rücken schreitender Löwinnen und Löwen. Auf den Kapitellen stehen Tugenden und Propheten, die äußerst detailreich ausgeführten Reliefs der Brüstung thematisieren Szenen aus dem Neuen Testament. Ein eingehenderes Studium der mit extremer Kunstfertigkeit geschaffenen Figuren ist angeraten. In der ersten Kapelle des linken Querschiffes hat *Donatello* ein grandioses Alterswerk hinterlassen. Die Bronze „Johannes der Täufer" (1457) trägt einen bis in die kleinste Falte ausgearbeiteten Umhang aus Ziegenfell. Im hinteren linken Seitenschiff hat der junge *Michelangelo* die Statuetten des Piccolomini-Altars (1503/4) wohl entworfen und zwei auch selbst ausgeführt (*Paulus* und *Petrus*). Neben diesen Kunstwerken ist die eigentliche Attraktion des Doms sein **Fußboden,** der ab 1369 entstand und erst im 15. Jh. abgeschlossen werden konnte. Praktisch jeder Quadratmeter Kirchenboden ist bis zur Vierung mit Gemälden gleichenden Mosaiken, Intarsien-Arbeiten und Ritzungen aus und in Marmor geschmückt. Die Bilder erzählen die Geschichte von der Antike über die Entstehung des Christentums bis zur Gründung Sienas in ganz unterschiedlichen Stilen. Die 56 Felder schufen ab 1369 über 200 Jahre die größten Künstler ihrer Zeit. Um die Kostbarkeit zu schützen, ist ein Großteil ständig verdeckt; einzelne Segmente werden abwechselnd und nur zu bestimmten Zeiten der Öffentlichkeit präsentiert.

Die **Piccolomini-Bücherei** (ab 1495) stiftete *Francesco Piccolomini* – der spätere Papst *Pius III.* – für die Büchersammlung seines Onkels *Enea Silvio* (Papst *Pius II.*). Der Renaissance-Maler *Pinturicchio* (der auch an der Sixtinischen Kapelle Roms mitarbeitete) schuf zehn Wandgemälde zum Leben des Papstes. *Pius II.* war hochgebildet und ließ Pienza planen – eine Stadtanlage, die humanistischen Idealen verpflichtet war (s. Ortskapitel). Die Figurengruppe „Drei Grazien" (Kopie aus dem 4. Jh. nach einer hellenistischen Vorlage) in der Mitte der Bibliothek verweist auf die klassische Bildung *Pius' II.*

Kombitickets rund um den Dom

Kathedrale und **Libreria Piccolomini** 4 € (bei offenem Fußboden Mitte Aug.–Ende Okt. 7 €), **Dommuseum** und **Facciatone-Panorama** 7 €, **Krypta** 6 € (bei besonderen Ereignissen 8 €), **Taufkirche** 4 €, **Opa-Si-Pass** (umfasst alle oben benannten Eintritte) März–Okt. 12 €, 26.12.–6.1. 10 €, sonst 8 €; Reservierung 1 €. **Dachbegehung** (Porta del Cielo) mit **Kathedrale** und **Libreria Piccolomini** 15 €, mit Opa-Si-Pass März–Okt. 20 €, 26.12.–6.1. 15 €; Reservierung 1 €. Info: www.operaduomo.siena.it.

■ **Duomo Santa Maria Assunta/Libreria Piccolomini,** Piazza del Duomo, www.operaduomo.siena.it, März–Okt. Mo–Sa 10.30–19, So 13.30–18, Nov.–Feb. Mo–Sa 10.30–17.30, So 13.30–17.30 Uhr, 4 €, bei offenem Boden Mitte Aug.–Ende Okt. 7 € (jeweils mit Libreria Piccolomini), 1.11.–24.12. und 7.1.–28.2. Eintritt frei (Libreria Piccolomini dann 2 €).

Der Längswand des Doms gegenüber steht der ehemalige Bischofspalast (Palazzo Arcivescovile, 1723), heute die Präfektur Sienas. An ihr entlang nach Norden gehend, gelangt man zum Durchgang in den Arkaden und nimmt die steile Marmortreppe hinunter zum reich geschmückten und vielfältig gegliederten Portal der **Taufkirche**. Sie verdankt ihre Entstehung der Verlängerung des Chors im Jahr 1316. Wegen des abschüssigen Geländes mussten die Fundamente unterfangen werden, und man machte aus dem gewonnenen Raum kurzerhand die Taufkirche. Wichtigstes Ausstattungsstück ist das sechseckige Marmortaufbecken mit einer von einer zierlichen Figur *Johannes des Täufers* bekrönten massigen Laterne. *Jacopo della Quercia* führte ab 1414 die Arbeiten aus, ihm gingen *Ghiberti*, die Seneser Künstler Vater und Sohn *Turino* und *Donatello* zur Seite. Es entstand ein beeindruckendes Werk aus Marmor mit sechs Bronzereliefs und -figuren.

■ **Battistero San Giovanni,** Piazza San Giovanni, März–Okt. tgl. 10.30–19, Nov.–Feb. tgl. 10.30–17.30, 4 €.

Auf dem Treppenweg hinunter zur Taufkirche passiert man den Eingang zur erst im Jahr 2000 wiederentdeckten **Krypta** – über 700 Jahre vermauert und vergessen. In ihr hat ein Freskenzyklus aus der zweiten Hälfte des 13. Jh. überlebt, dessen Farbfrische erstaunt. Tätig waren an ihm Maler der Seneser Schule, darunter *Guido da Siena* und *Guido di Graziano*. Zu sehen sind Szenen aus dem Alten und dem Neuen Testament. Die Passion ist mit drei Bildern vertreten (Kreuzigung, Kreuzabnahme, Grablegung). Imposant ist auch das lebensgroße Kruzifix von *Marco Romano* aus dem 13. Jh.

■ **Cripta,** März–Okt. tgl. 10.30–19, Nov.–Feb. tgl. 10.30–17.30, 6 € (bei Sonderausstellungen 8 €).

„**Himmelstüre**" heißt ein 30-minütiger Spaziergang durch die Eingeweide der Sterngewölbe und über die Dächer des Doms. Über die Spiralen enger Treppen hochsteigend und auf den schmalen Laufgängen bieten sich dem Auge ungeahnte Perspektiven auf Bauwerk und Siena.

■ **Porta del Cielo,** 9. März–31. Okt, Buchung unter Tel. 0577 286300, 15 € (mit Kathedrale und Libreria Piccolomini).

Das **Dommuseum** im nördlichen Seitenschiff des begonnenen, aber nie vollendeten Domneubaus rechts der Kathedrale in den ziegelvermauerten Arkaden ist ein weiteres Muss – seit 1869 besteht das Museum an der Stelle, an der einst die Steinmetze der Dombauhütte arbeiteten. Im Parterre sind u.a. die Originale der **Skulpturen** untergebracht, die aus konservatorischen Gründen an der Fassade durch Kopien ersetzt werden mussten. So kann man die überlebensgroßen Figuren der Philosophen, Sybillen und Propheten von *Giovanni Pisano* aus nächster Nähe bewundern, so die Gestalt der *Miriam* ihrem fein aus dem Stein gehauenen, faltenreichen Gewand und ihrem ausdrucksstarken Gesicht. Die ab 1311 200 Jahre lang den Hauptaltar des Doms schmückende **Maestà** in der ersten Etage gilt als das bedeutendste Werk der Seneser Malschule. Geschaffen hat sie *Duccio di Buonsegna* ab 1308 in fast vierjähriger Arbeit als beidseitig mit einzelnen Szenen aus dem Leben Christi und den letzten Lebensjahren Marias bemaltes Tafelwerk. Die einzelnen Holztafeln von Predella, Bekrönung und Rückseite sind heute der besseren Besichtigung wegen getrennt aufgehängt.

Das Hauptbild zeigt Maria und den Knaben überlebensgroß im Zentrum, umgeben von Engeln und Heiligen. Imposant sind auch die Glasfenster der Dom-Apsis aus der Hand desselben Künstlers in einem eigenen Ausstellungsraum. Das **Facciatone-Panorama** erreicht man von der dritten Etage über eine Treppe. „Facciatone" – eine Verballhornung des französischen „Grande Façade" – bezeichnet die unvollendet gebliebene Hauptfassade des Domneubaus, eine Ziegelkonstruktion. Der Blick über die Stadt von ihrer höchsten Stelle aus ist kamerawürdig.

■ **Museo dell'Opera del Duomo,** Piazza del Duomo, März–Okt. tgl. 10.30–19, Nov.–Feb. tgl. 10.30–17.30, 7 €.

Der **Museumskomplex Santa Maria della Scala** der Domfassade gegenüber befindet sich in dem ehemaligen gleichnamigen, im 9. Jh. gegründeten und im 13. Jh. neu gebauten Hospital. Es soll einmal eines der größten europäischen Kulturzentren werden. Bis es so weit ist, werden Teilbereiche bereits als Museen genutzt, und wichtige historische Säle sind ebenfalls zu besichtigen, darunter im oberen Niveau (Level 4) der **Pellegrinaio,** der Pilgersaal, den *Domenico di Bartolo* 1439–44 mit lehrreichen Szenen aus dem Hospitalalltag freskierte.

Mehrere Kapellen und Oratorien sind im Komplex verteilt, u.a. die Cappella del Manto mit Fresken aus dem 14.–16. Jh. Hier befindet sich auch das **Kindermuseum** mit kindgerechter Kunstdarstellung (Museo d'Arte per Bambini). Bilder, Skulpturen, Fotografien und Videoinstallationen in der Sala San Leopoldo mit kindernahen Themen wie Märchen werden durch einen eigenen Bereich für die „aktive künstlerische Betätigung" ergänzt.

Das **Archäologische Museum** im Fundamentbereich (Level 1) zeigt in der ersten Abteilung Funde aus dem Stadtgebiet, der Umgebung und dem Val d'Elsa aus hellenistischer und altrömischer Zeit, die zweite stellt Sammlungen aus, die dem Museum zugeeignet wurden, darunter Urnen und Grabbeigaben der Etrusker, Sarkophage, Bronzefiguren und Münzen.

Der **Ausstellung für zeitgenössische Kunst** sind keine eigenen Säle zugewiesen, sie verteilt sich im gesamten Komplex (nicht aber im untersten Level des Archäologischen Museums). Immer wieder finden viel beachtete temporäre Werkschauen statt, zum eigenen Fundus gehören u.a. Werke der Fotografen *Olivo Barbieri* und *Elger Esser* oder Installationen von *Dan Steinhilber*.

■ **Complesso Museale Santa Maria della Scala,** Piazza del Duomo, Tel. 0577 534511, www.santamariadellascala.com, Mo, Mo, Do 10.30–16.30, Fr–So 10.30–18.30 Uhr, 9 €, Schüler/Studenten 8 €, Kinder unter 11 Jahren frei (Kombiticket mit Museo Civico 13 €, mit Museo Civico und Torre del Mangia 20 €, Kombifamilienticket mit Turm 40 €).

Richtung Südosten erreicht man nach 250 m die Nationalpinakothek im düster-eleganten spätgotischen Palast Buonsignori (1440 für den Bankier *Bicchi di Guccio* errichtet). Etwa 1000 Arbeiten Seneser Maler vom 14. bis zum 17. Jh. fächern die ganze Kunst dieser berühmten Malschule auf. Über den Innenhof gelangt man in die erste Etage mit Arbeiten aus dem 14.–17. Jh. Aus der ersten Hälfte des 16. Jh. sind die Werke von *Domenico di Pace* gen. *Beccafumi* (u.a. eine bedächtige Madonna, die dem Kind das Lesen beibringt, im Hintergrund Siena) und von *Giovanni Antonio Bazzi* gen. *Il Sodoma* (Kreuzabnahme mit extrem lebhaft gemalten Gestalten, die fast dem Bild entwachsen) besonders hervorzuheben. Die zweite Etage zeigt Gemälde des 13., 14. und 15. Jh. In Saal 3 gehört die „Madonna der Franziskaner" von *Duccio di Buoninsegna* (1290er Jahre) zum wertvollsten Besitz der Pinakothek. Der Künstler begründete in Siena die gotische Malerei. In der dritten Etage hängt neben Werken flämischer und niederländischer Meister auch ein „Heiliger Hieronymus" von *Albrecht Dürer*.

■ **Pinacoteca Nazionale,** Via di San Pietro 29, www.pinacotecanazionale.siena.it, Tel. 0577 286 143, So/Mo 9–13, Di–Sa 8.15–19.15 Uhr, 4 €.

Weitere 150 m nach Südosten bringen einen zur gotischen **Kirche Sant'Agostino** aus dem Jahr 1258 (Zugang durch den Rundbogen des Collegio Tolomei), in deren Innerem einige wertvolle Werke zu sehen sind. Für den zweiten Altar rechts hat *Perugino* eine Kreuzigung (1506) gemalt. Von hier geht es in die Piccolomini-Kapelle mit dem Fresko „Madonna mit Kind, Engeln und Heiligen" von *Ambrogio Lorenzetti* (um 1345). *Il Sodoma* hat das Gemälde „Anbetung der Könige" am Arduini-Altar der Kapelle 1530 geschaffen.

■ **Chiesa Sant'Agostino,** Prato Sant'Agostino 1, Tel. 0577 282992, bis auf Weiteres der Öffentlichkeit nicht zugänglich.

Ob Contradasymbol oder Kunst: Siena ist voller Schätze

Gegenüber der Kirche gelangt man in den **Botanischen Garten.** 1588 als Heilpflanzengarten zeitgleich mit dem Lehrstuhl für Heilpflanzen des Hospitals Santa Maria della Scala gegründet, zog er 1856 an seinen heutigen Platz um. Im selben Jahr entstand das Herbarium Universitatis Senensis. Heute sind im Park Pflanzen aus der ganzen Welt zu sehen, aufgeteilt in drei Vegetationszonen: Küsten, Hügelwelt, Berge.

UNSER TIPP: In den Monaten Mai und Juni sollte man wegen der Orchideenblüte in den Garten kommen.

■ **Orto Botanico,** Via Pier Andrea Mattioli 4, Tel. 0577 235407, 9.30–18.30, Winter 9.30–16.30 Uhr, 8 € (Blütezeit 20. März–30. Juni 9,50 €).

Ebenfalls der Kirche gegenüber, aber etwas zurückversetzt an der Piazzetta Gigli, steht das **Museum für Naturgeschichte** mit geologischer, zoologischer, botanischer und anatomischer Abteilung. Versteinerungen, Muscheln, Käfer, Vogelbälger, Gerippe und zahllose anatomische Zeichnungen insbesondere vom Menschen sorgen für Kurzweil.

■ **Museo di Storia Naturale,** Piazzetta Silvio Gigli 2, Tel. 0577 47002, www.museofisiocritici.it, nur nach Voranmeldung unter prenota@fisiocritici.it sieben Tage im Voraus.

Richtung Dom zurückgehend, dann aber nach rechts in den sich schlängelnden Casato di Sopra und weiter auf dem nicht weniger krummen Casato di Sotto, gelangt man zum Hauptplatz der weltlichen Macht, dem **Campo.** An der niedrigsten Stelle der Stadt öffnet er sich wie das Halbrund eines antiken Theaters großzügig zwischen den Häusern, wobei der Palazzo Pubblico mit dem Torre del Mangia die Bühne gibt und die Zuschauerränge eben Zuschauerränge sind – an den Restaurant- und Cafétischen ist im Sommer fast kein Platz zu finden.

Im 13. Jh. angelegt, versah man den Platz im 14. Jh. mit einer geschlossenen

133t sk

Bebauung und ließ ihn pflastern (1347). Da die Stadt bereits 1297 strenge Bauauflagen eingeführt hatte, entstand einer der stimmigsten Plätze Mittelitaliens, der auch groß genug war, um auf ihm zweimal jährlich den Palio abzuhalten. Elf Gassen verbinden den Platz mit den Wohnvierteln.

Den mittleren der neun mit weißen Travertin-Streifen voneinander getrennten Halbkreissektoren aus rotem Ziegelpflaster schließt – dem Torre del Mangia gegenüber – das rechteckige Bassin der **Fonte Gaia** ab, des „Freudenbrunnens". An ihm endete über Jahrhunderte eine 30 km lange Tunnelleitung, die die Wasserversorgung Sienas sicherstellte. Den reichen Steinschmuck des Beckens meißelte die Werkstatt *Jacopo della Quercias* 1409–19 aus dem Marmor der Seneser Berge (am Brunnen Kopien aus Carrara-Marmor von 1869, Originale im Museo Santa Maria della Scala).

Die Teilung des Campo in neun Sektoren hatte seinen Ursprung in den neun **Zünften,** die 1287 die Patrizierregierung ab- und einen Rat aus neun Kaufleuten (Consiglio dei Noveschi) einsetzten, der die Geschicke Sienas bestimmte und für Wohlstand sorgte – bis 1348 die Pest über die Stadt kam.

Der Bau des **Palazzo Pubblico** begann 1297 für den Rat der Neun, der – durchaus selbstbewusst – noch zu Anfängen seiner Amtszeit ein würdiges Haus wünschte. Aus Backsteinen entstand eines der schönsten weltlichen Gebäude Italiens, dessen eigentlichen Blockcharakter geschickte gestalterische Elemente abfangen. Die Triforien der ersten und zweiten Etage lockern die Front auf, ein als Turm gefasstes viertes Geschoss und die Zinnen gliedern die obere Kante, vorgeblendeter Travertin im Erdgeschoss lässt den Baukörper fast schweben. Der **Torre del Mangia** war 1348 fertig und ragt mit seiner Spitze

⌄ Ganz großes Kino: der Campo

Der Palio und die Contrada

Zweimal im Jahr treten die Contrade, die Stadtteile Sienas, beim **härtesten Pferderennen der Welt** gegeneinander an. Der Sieger erhält ein an einer Hellebarde befestigtes Seidenbanner – den Palio – mit einem Madonnenbild und den Symbolen der teilnehmenden Contrade. Das Ereignis findet an Mariä Himmelfahrt und seit 1594 auch am 2. Juli statt, an dem Tag, an dem das Wunder der Maria von Provenzano stattfand (ein spanischer Soldat zerschoss mit seiner Büchse eine Terrakotta-Figurengruppe, die Büste der Maria aber blieb unversehrt). Der Palio ist zum einen hochtouristisch, andererseits auch ein von den siebzehn Stadtteilen überaus ernsthaft als eine Sache der Ehre betriebenes Spektakel. Traditionalisten und Tourismusmanager liegen seit Jahren wegen des Palio mit Tierschützern in Streit. Letztere verlangen den archaischen Wettkampf final zu beenden, erstere wollen ihn sogar noch um einen dritten Palio im September erweitern.

Eine Woche vor dem Termin schaufeln Bagger mit Sand einen Rundkurs auf den Campo, und die Stadt schmückt sich mit Girlanden und bunten Bannern. Drei Tage vor Termin wird über die Pferde entschieden. Um das Rennen nicht zu extrem werden zu lassen, dürfen nur **zehn Contrade mit je einem Tier** teilnehmen (sieben im Vorjahr ausgeschlossene und drei ausgeloste). Die Pferde *(berber)* und die Reiter *(fantini)* gehören übrigens nicht zu den Contrade. Welches Pferd welche Contrada vertritt, bestimmt eine Auslosung *(tratta)*, ebenso, welcher Reiter welches Pferd bekommt – er stammt traditionellerweise noch nicht einmal aus der Stadt. Abends gibt es dann ein erstes Proberennen, dem vier weitere folgen.

Fühlt man sich bei den Proben auf dem Campo schon beengt, sollte man keinesfalls am Renntag herkommen. **50.000 Schaulustige** drängen sich dann auf den Tribünen des Campo (und in den Gassen beim Versuch, auf den Platz zu kommen), die Giebel der Häuser sind voll, und in die Fensteröffnungen passt kein Kopf mehr. Am Nachmittag beginnt dann der eigentliche Palio mit einem **Umzug,** dem *corteo storico,* zum Dom und schließlich zum Wettkampfplatz: schrill, laut und mit knallbunten mittelalterlichen Kostümen. Um 20 Uhr ertönt das **Startsignal,** und die Reiter auf ihren ungesattelten Pferden jagen los. Dreimal geht es im Kreis, und nach 100 Sekunden ist alles vorbei. Aber was für 100 Sekunden! **Fast alles ist erlaubt,** der bedingungslose Einsatz des Ochsenziemers, das Drücken und Drängen, das Treten und Kneifen, Schubsen und Stoßen. Nur das Herunterziehen eines Gegners ist verboten. Kümmert's wen? Nein! Nützt es? Nicht unbedingt! Gewonnen hat das Pferd auch, wenn es ohne Reiter als Erstes die Ziellinie erreicht. Nur das Erkennungszeichen der Contrada, das Stirnband, darf es nicht verloren haben, sonst wird es disqualifiziert und der Zweite zum Sieger erklärt. Nach dem Rennen wird bis in den Morgen **gefeiert,** die siegreiche Contrada feiert noch einige Tage länger.

Ursprünglich gab es in Siena weit mehr als die heute verbliebenen siebzehn **Contrade.** Traditionellerweise tragen sie Tiernamen wie Contrada der Raupe, des Adlers, der Gans, der Schildkröte, aber es gibt auch einige Ausnahmen wie die Contrada der Welle oder des Schwertes. Wer in einem Stadtteil geboren wurde, bleibt auf Lebenszeit Mitglied von dessen Contrada. Jede hat ihre eigene Kirche, einen Schutzheiligen, ein Gemeindehaus und einen Brunnen (wo ein Neumitglied seine weltliche Taufe erfährt). Viele Stadtteile sind mit den Farben und Symboltieren ihrer jeweiligen Contrada markiert. Entlang der Via S. Caterina beispielsweise sind die Straßenlaternen in Grün, Weiß und Rot gehalten und mit dem Bild einer Gans geschmückt.

102 m in den Himmel, einer der höchsten mittelalterlichen Türme Europas. Bereits 1360 besaß er ein mechanisches Uhrwerk. Der Aufstieg über die 387 Stufen lohnt mit fantastischer Sicht, auch wenn das Bauwerk an der tiefsten Stelle Sienas steht (ein Grund für seine Höhe; es sollte alle anderen Türme überragen und mit seiner Glocke einen Notruf weit übers Land schallen lassen). Die Cappella di Piazza zu Füßen des Turms stifteten die Überlebenden der Pest von 1348 vier Jahre später. Als einziges Bauwerk ragt sie in den Platz (weshalb eigens die Bauregeln aufgehoben wurden).

■ **Torre del Mangia,** März–15. Okt. 10–19, Winter 10–16 Uhr, 10 € (mit Museo Civico und Complesso Museale Santa Maria della Scala 20 €, Familienticket 40 €).

Im Palazzo belegt das Stadtmuseum mit den ehemaligen Prunkräumen des Neunerrates den Stolz des regierenden Bürgertums. Im Kartensaal (Sala del Mappamondo) freskierte *Simone Martini* eine **Maestà** (1315) mit den gewaltigen Maßen von 7,63 auf 9,70 m. Maria ist seit dem Sieg bei Montaperti die wichtigste Stadtheilige, hatte man sie doch vor Schlachtbeginn um Hilfe angefleht (und war erhört worden). Um dem Gemälde rechten Prunk zu verleihen, verwendete *Martini* stark leuchtende Farben, arbeitete Pergament, Edelsteine und Glas ein und trug Blattgold auf. Im Friedenssaal (Sala della Pace) schuf *Ambrogio Lorenzetti* den allegorische **Freskenzyklus von der Guten und der Schlechten Regierung** – „Buon Governo/Mal Governo" (1340) – und stellte an der Nordwand Tugenden wie Eintracht, Weisheit, Glauben, Großmut und Gerechtigkeit in Gegensatz zum Bösen an der Westwand: Tyrannei, Misswirtschaft, Betrug, Neid, Eitelkeit ... An der östlichen Wand sieht man die Folgen der guten Regierung: das gedeihende Siena des 14. Jh. (auf diesem Bild ist auch die vermutlich erste Abbildung einer Sanduhr zu sehen – in der Hand der Allegorie „Zeit" rechts).

Unser Tipp: Im obersten Geschoss, zu dem 59 Stufen hinaufführen, eröffnet die **Loggia dei Nove** den Blick über die Südstadt. Hier suchte der Rat Erholung, denn nur feiertags war ihm erlaubt, das Gebäude zu verlassen. Dabei schauten die Neun auch auf die Piazza del Mercato, auf der noch heute im Schutz der ovalen Bedachung wochentags die Händler ihre Lebensmittel anbieten.

■ **Museo Civico,** Piazza del Campo 1, Tel. 0577 292232, Mitte März–Okt. 10–19, Winter 10–18 Uhr, 9 € (mit Vorbestellung 8 €, Kombiticket mit Complesso Museale Santa Maria della Scala 13 €).

Gleich westlich des Campo verläuft etwas erhöht die Via di Città, die Hauptstraße des Terzo di Città und die Einkaufsstraße. Folgt man ihr nach Süden, gelangt man zum – dem Schwung der Straße angepassten – **Chigi-Saracini-Palast** aus dem Jahr 1320, heute Sitz einer renommierten Musikschule. Im Laufe der Jahrhunderte hat sich im Gebäude eine ganze Menge kostbarer Kunst angesammelt: Gemälde, Marmor- und glasierte Terrakotta-Figuren, Chinoiserien und allerlei aus Elfenbein, Holz und Edelstein.

■ **Palazzo Chigi-Saracini,** Via di Città 89, Tel. 0577 22091, http://eng.chigiana.it, geführte Touren Mo–Fr 10.30 u. 12, Sa nur nach Voranmeldung 10.30 Uhr, Dauer 60 Min., 10 €.

1326) ist wegen der Fresken der Brüder *Ambrogio* und *Pietro Lorenzetti* (14. Jh.) angeraten, außerdem hängen an den Wänden die Standarten aller Contrade von Siena. Auch wenn jede Contrada ihre eigene Kirche hat, der Tag des jeweiligen Schutzpatrons wird, der Tradition folgend, in San Francesco gefeiert.

■ **Chiesa San Francesco,** Piazza San Francesco 1, Tel. 0577 289081, 7.30–12, 15.30–19 Uhr.

Chiesa dell'Osservanza

3 km nördlich der Kirche San Francesco liegt schon auf dem Lande die **Kirche** dell'Osservanza, 1474–90 an Stelle eines von *Bernardino di Siena* zu Beginn des 15. Jh. veranlassten Vorgängerbaus errichtet. Nach schweren Bombenschäden 1944 nutzte man die Originalbacksteine für den Wiederaufbau. In der dritten Seitenkapelle links (vom Hochaltar aus, Verkündigungskapelle) glänzt eine polychrome Terrakotta von *Andrea della Robbia* (Krönung Marias mit Heiligen); sie musste nach der Bombardierung restauriert werden. In der ersten Seitenkapelle rechts hängt das Polyptychon mit einer Thronenden Madonna und den Heiligen *Hieronymus* und *Ambrosius* (1436) aus unbekannter Hand. Die Nebenkapelle birgt ein Reliquiar des heiligen *Bernardino*, das Triptychon am Altar wird *Sano di Pietra* (15. Jh.) zugeschrieben: Thronende Madonna, San *Bernardino* und San *Girolamo*. An der linken Wand ist nochmals San *Bernardino* zu sehen, 1444 von *Pietro di Giovanni Ambrosio* gemalt. Zwei Medaillons der *della Robbia* finden sich rechts und des Ausgangs.

■ **Chiesa dell'Osservanza,** Strada dell'Osservanza (Strada di Scacciapensieri), Tel. 0577 332444, www.basilicaosservanza.it, 8.30–12.30, 15.30–19.30, Winter bis 18 Uhr.

Monteriggioni

Ein weiterer dieser tiefenentspannten Plätze im Herzen der Toskana. Nähert man sich Monteriggioni (200 m üNN, 50 Einw.), 15 km nordwestlich von Siena, sieht man erst einmal nicht viel, der Stadtwall auf dem Hügel Monte Ala umgreift das Dorf mit 570 m Länge, 2 m Dicke und 9 m Höhe. Elf der ehemals 14 Türme der Verteidigungsanlage, die sich Siena 1214–19 zulegte, sind noch intakt (an zwei Stellen kann man die nicht durchgängig begehbare Stadtmauer besteigen). Siena war die Loyalität der Monteriggionesi so wichtig, dass diese sich sogar Bürger von Siena nennen durften. Kurz hinter dem Stadttor öffnet sich der weite Platz des Wehrdorfes, Tische stehen vor den Lokalen, einige Läden verkaufen unaufgeregt Souvenirs, die Stimmung ist gemütlich. Im **Geschichtsmuseum** erfährt man alles über mittelalterliche Waffen, militärische Entwicklungen der Renaissance und Belagerungstechniken der damalige Zeit.

■ **Stadtwallbesteigung,** 10–19 Uhr, Winter nur Sa/So, 2 €, mit Museum 4 €; **Museo Monteriggioni in Arme,** Piazza Roma, Tel. 0577 304834, www.monteriggioniturismo.it, 9.30–13, 14–19.30, Winter Mi–Mo 10–13.30, 14–16 Uhr, 3 € (Audioguide deutsch 1 €), mit Mauerrundgang 4 €.

▷ Den allerschönsten Kreuzgang in der Toskana besitzt die Abbazia di Torri

Montaperti

Montaperti (250 m üNN, 500 Einw.), 10 km östlich von Siena, ist ein Straßendorf, dem es an jeglicher Ungewöhnlichkeit mangelt, und wäre einen Besuch nicht wert, wenn, ja wenn hier nicht eine der wichtigsten Schlachten Sienas geschlagen und von der Stadt auch gewonnen worden wäre – gegen den jahrhundertelangen Erzfeind Florenz. Noch am Vorabend des Kampfes beteten die Bewohner Sienas zur Jungfrau Maria und legten das Schicksal in die Hände der Gottesmutter. Nach dem Sieg überschlugen sich alle, die Reichen alleine, die Armen schlossen sich zusammen, und alle bestellten Gemälde von Maria, bei jedem, der auch nur irgendwie einen Pinsel schwingen konnte. Ein beispielloser **Marienkult** entstand (weswegen in Sienas Kirchen auch überdurchschnittlich viele Marienbilder existieren).

Am 4. September 1260 standen auf Seiten des guelfischen Florenz 33.000 Soldaten, davon 3000 Kavalleristen. Das Siena der Ghibellinen konnte nur 20.000 Kämpfer aufbieten, 1800 von ihnen waren beritten und 3000 deutsche Söldner (unsichere Kantonisten also, denen es nur ums Geld ging). Noch zwei Tage vorher hatte Florenz – siegesgewiss – ein Ultimatum gestellt, umgehend die Tore zu öffnen und sich zu ergeben. Der Rat Sienas, in der Kirche San Cristoforo an der Piazza Tolomei tagend, war davon tatsächlich wankelmütig geworden. Da stand *Salimbene de'Salimbeni* auf, der extra aus seinem Palast herbeigeeilt war, und bot dem Rat 18.000 Goldflorin zur Beförderung der Kampfmoral speziell der deutschen Söldner. Der Rat hielt die Hand auf, lehnte das Ultimatum ab und vernichtete so die Florentiner Armee (die *Salimbeni* wurden daraufhin mit dem Lehen der Rocca d'Orcia belohnt, s. dort). Es dauerte aber nur neun Jahre, dann war dieser Sieg wieder vertan, 1269 verlor Siena gegen Florenz die Schlacht von Colle.

An die **Schlacht von Montaperti** erinnert eine **Gedenkpyramide**. Erreichbar ist sie auf einem 1,2 km langen Feldweg vom südlichen Ortseingang nach Osten (Hinweisschild) bis zum Restaurant Le Pietre Vive, dort parken, 100 m zu Fuß weiter und durch ein Holzgatter auf den Hügel aufsteigen. Die Kuppe ist vollständig unterkellert, die Steinpyramide trägt Inschriften.

Abbazia di Torri

Einer der spektakulärsten Kreuzgänge der Toskana befindet sich in der **Abtei von Torri** 25 km südwestlich von Siena. Hinter den Mauern des kleinen Dorfes

verborgen, öffnet sich ein überaus prächtiger romanischer Wandelgang mit dreistöckigen Arkaden, die untere Reihe aus schwarz-weißem Stein im Wechsel, die zweite, im 14. Jh. hinzugekommene, aus blankem Ziegel und die dritte aus Holz (15. Jh.). Die Anlage steht heute in Privatbesitz und bietet nur sehr eingeschränkte Besuchszeiten. Das Kloster gründeten Mönche des Vallombrosanerordens an der Stelle eines Vorgängerbaus 1069. Durch den großen Landbesitz war die Abtei nicht unvermögend, weshalb die untere Loggia (13. Jh.) überhaupt erst errichtet werden konnte. Besonderes Augenmerk verdienen auch deren verzierte Kapitele in Schwarz, Weiß und Rosé.

■ **Monastero della Santissima Trinità e Santa Mustiola,** Piazza Vesovado 6, Torri/Sovicille, Mo und Fr 9–12 Uhr.

Steinskulpturenpark Traumwald

13 km westlich von Torri (30 km von Siena) arbeitet der deutsche Künstler *Manfred Flucke* (Künstlername *Deva Manfredo*) seit 1981 an seinem Skulpturenpark. Nichts als Steine finden sich hier, in allen Materialien, Größen, Formen und Schattierungen. „Steine sind solide, still, uralt, geduldig, passiv und ohne Verteidigung ... Sie sind die Knochen der Erde." **150 Steininstallationen** (die Steine sind nicht fest miteinander verbunden, sondern frei gelegt und balancierend) existieren bereits, und es werden immer mehr. Sie laden zu Spaziergängen und zur Meditation ein und zu Gedanken an die Vergänglichkeit. Für die im Meditieren Ungelenken gibt es Anleitungen für die Versenkung ins Ich.

135t sk

■ **Arte in Pietra,** Casole d'Elsa, 5 km v. Rosìa auf der SS73 n. Westen, dann 1,8 km n. Norden auf der SP541, dann 5 km Schotterstraße nach Westen (GPS 43.255223, 11.128180), Tel. 333 4330183, www.devamanfredo-stoneart.com, März–Nov. Di/Fr ab 14, Sa/So ab 10.30 bis Sonnenuntergang, 7/3 €.

Asciano und die Crete Senesi

Die Fahrt nach Asciano, 25 km südöstlich von Siena, führt durch die trotz ihrer Kargheit fotogene **Landschaft der Crete Senesi.** Der Blick reicht weit, Zypressen bilden Alleen zu den Gutshöfen oder stechen am Horizont, schmalen Fingern gleich, in den blauen Himmel. Ordentlich und durch die Spuren der Traktoren wie gekämmt wirken die Felder. Holz- und Viehwirtschaft haben im Lauf der Jahrhunderte der Natur ihren ursprünglichen Bewuchs geraubt, sodass der winterliche Regen die hier nie besonders mächtige Erdkrume nach und nach abgetragen und schließlich nur den graubraunen Lehmboden (*creta* = Ton) übrig gelassen hat. Die Hänge wurden so teilweise recht steil. Planierraupen haben den Boden zwischen den Hügeln nach dem Krieg für den industriellen Weizenanbau aufbereitet. Wo es zu zerklüftet ist, weiden große Schafherden ehemals sizilianischer und sardischer Hirtenfamilien, die in den 1950er Jahren eingewandert sind, und sorgen für das Ausgangsprodukt der schmackhaften Pecorinosorten der Crete Senesi.

◁ Karge Krume für den Bauern, Sehnsuchtslandschaft für den Gast

Asciano (200 m üNN, 7200 Einw.), der ruhige Hauptort der Crete mit etruskischen Wurzeln, kann mit zwei Museen aufwarten. Das **Archäologische Museum** im Palazzo Corboli (13. Jh., schöne allegorische Fresken aus dem 14. Jh.) zeigt die städtischen Sammlungen von Skulpturen, etruskischen Keramiken und Schmuckstücken vom 12. bis zum 18. Jh. Schwergewicht sind die Gemälde bekannter Künstler, darunter *Giovanni Pisano* und *Ambrogio Lorenzetti.* Der Barockmaler *Bernardino Mei* ist mit einem Kreuzigungsbild vertreten.

■ **Museo Civico Archeologico e d'Arte Sacra,** Corso Matteotti 122, Tel. 0577 719524, Mi/Do 10–13, Fr–So 10–13, 14–18, Winter Fr–So 10.30–13.30, 14.30–17.30 Uhr, 5 €.

Der **Palazzo Cassioli** (heute auch Grundschule) stellt die Bilder der Seneser Malerschule, Skulpturenkunst und Grafik des 19. Jh. aus (das einzige in der Provinz mit Schwergewicht auf diesem Jahrhundert). Eines der Hauptthemen der Künstler war das Risorgimento, sodass markige Großwerke die ebenfalls vertretenen zierlichen-romantischen, beinahe biedermeierlichen Bilder kontrastieren.

■ **Palazzo Cassioli,** Via Fiume 8, Tel. 0577 717 233, Mi/Do 10–13, Fr–So 10–13, 14–18, Winter Fr–So 10.30–13.30, 14.30–17.30 Uhr, 5 €.

Am südlichen Ende des Corso Matteotti steht die romanische ehemalige **Kollegiatskirche Sant'Agata.** So richtig mittelalterlich zeigt sie sich an ihrer Rückseite, mit aufeinander unklar bezogenen Erkern, Apsiden und dem zentralen Kuppelbau, dem ältesten Teil der Anlage, der ganz unüblich nicht auf den Eckpunkten der von Lang- und Querschiff gebildeten Vierung aufliegt, sondern von in den Raum gestellten Säulen getragen wird. Das Fresko „Madonna mit Kind und Erzengeln" in der Mitte der linken Wand des Langschiffes stammt von *Il Sodoma* und wurde erst 1955 entdeckt. Im Langschiff rechts fast bei der Vierung ist die „Kreuzabnahme" zu sehen, der verbliebene Rest eines größeren Werkes ebenfalls von *Il Sodoma*. Die linke Apside bewahrt Freskenreste (sie ist von außen nicht wahrzunehmen, da man sie überbaut hat).

■ **Chiesa San'Agata,** Piazza della Basilica 2, Mo–Fr 9–19, Sa/So 8–21 Uhr.

Rapolano Terme/ Serre di Rapolano

Die **heißen Quellen** der Gegend um Rapolano lassen sich auf zweierlei Art nutzen. Das an die Oberfläche dringende kalkhaltige Wasser verdunstet, und zurück bleiben die Festbestandteile. Über die Jahrtausende hat sich die Gegend deshalb besonders um das 6 km nordöstlich von Asciano gelegene Serre di Rapolano mit einer bis zu 40 m mächtigen Schicht aus **Travertin** überzogen, der als Baumaterial überaus begehrt ist. Das pittoreske Bergdorf umrahmen deshalb – riesigen Wunden gleich – Steinbrüche, die sich allerdings zunehmend erschöpfen. Nicht zuletzt hat man den Stein für einen Teil der Häuser verwandt, was dem Dorf eine helle, fast städtisch-elegante Atmosphäre verleiht. Den Hauptplatz schmückt die **Cappella di Piazza** mit Fresken des 14. Jh. Im **Olivenölmuseum** in einem Kornspeicher aus dem 13. Jh. (der auch als Festung diente) erfährt man alles zu Anbau und Gewinnung des Öls (zur Ausstellung gehört eine Ölmühle) und zur Geschichte des Gebäudes.

■ **Museo dell'Antica Grancia di Serra,** Serre di Rapolano, Tel. 0577 723210, derzeit geschlossen.

Rapolano Terme (330 m üNN, 5200 Einw.) 3 km nördlich setzt dagegen mehr auf den Thermaltourismus. Zwei Anlagen haben sich der Gesundheit der Gäste verschrieben. Die **Terme Antica Querciolaia** am nördlichen Stadtrand mit modernen Anbauten blickt tatsächlich auf die Antike zurück, wie Funde aus altrömischer Zeit belegen. Das Wasser in den Innen- und Außenpools hat je nach Becken eine Temperatur von 25–39 °C und soll bei Stresssymptomen lindernd wirken.

■ **Terme Antica Querciolaia,** Via Trieste 22, Tel. 0577 724021, Mo–Fr 9–19, Sa 9–1, So 9–12 Uhr, 13 €, Wochenende 16 €.

Die **Terme San Giovanni,** 2 km südwestlich neben einem tätigen Steinbruch, ist ein moderner Komplex mit Hotel, Restaurants, Hallenbad, Außenbecken und Wellnesseinrichtungen. Das schwefel- und kalziumbikarbonathaltige Wasser hat eine Temperatur von 39 °C und hilft besonders bei Hautproblemen.

■ **San Giovanni Terme Rapolano,** Via Terme San Giovanni 52, Tel. 0577 724030, www.termesangiovanni.it, tgl. 9–1 Uhr, 14 €, nach 19 Uhr 11 €.

Abbazia di Monte Oliveto Maggiore

Südlich von Asciano (9 km, SP451) liegt in der kahlen Landschaft, die ihren Namen „Deserto di Accona" („Accona-Wüste") wirklich verdient, das **Kloster Monte Oliveto Maggiore** wie eine grüne Oase im bewaldeten Tal. Auch wenn die Toskana an Klöstern nicht arm ist, die „Großabtei vom Ölberg" gehört zum Pflichtprogramm. Allein schon von der schieren Masse stellt der 1387 bis 1514 entstandene Komplex, Stammsitz der Olivetaner, alle anderen in den Schatten. Obwohl der Zweigorden der Benediktiner genügsam auftrat und sich dem Beten und Arbeiten verschrieben hatte, bietet das Kloster einiges an Kunst. Bereits am Turm über der Zugbrücke begrüßt den Gast ein Terrakotta-Relief von *Luca della Robbia* (auf der anderen Seite grüßt ein weiteres zum Abschied). Absoluter Höhepunkt sind aber die Fresken im großen zweigeschossigen **Kreuzgang** von *Il Sodoma* und *Luca Signorelli* aus der Wende vom 15. zum 16. Jh. Der Kreuzgang selbst entstand 1426–43. Die 35 großflächigen Szenen aus dem Leben des heiligen *Benedikt* bedecken drei Rückwände des Kreuzganges. Der Zyklus beginnt an der Ostseite neben dem Kircheneingang, als *Benedikt* sein Elternhaus verlässt und sich nach Rom zum Studium aufmacht, und endet mit einer seiner Wundertaten (er befreit einen gefesselten Bauern mit der Kraft seiner Augen). Die Fresken 1–19 und 29–35 stammen von *Il Sodoma*, 21–28 von *Signorelli*. Die Nr. 20 – *Benedikt* sendet die Klosterbrüder *Maurus* und *Placidius* nach Frankreich und Sizilien – ist das einzige Bild von *Bartolomeo Neroni*, genannt *Riccio*, und es entstand später (1540). Neben den Wundern *Benedikts* zeigen die Bilder auch Szenen aus dem Klosterleben und beschäftigen sich nicht zuletzt mit den fleischlichen Versuchungen: Zwei Mönche lassen sich verbotenerweise außerhalb des Klosters bewirten (Bild 25) – Zurechtweisung eines fastenbrechenden Pilgers (Bild 26) – Tanz von sieben Dirnen vor den Klostermauern (Bild 19). Auch das Refektorium, die Cantina Storica und die Klosterbibliothek sind zugänglich.

Zwei weitere Fresken von *Il Sodoma* befinden sich im Durchgang zur Kirche. Im barockisierten Gotteshaus ist das **Chorgestühl** von 1503/5 aus der Hand des Fra *Giovanni da Verona* eine ganz besondere Kostbarkeit und ein einzigartiges Meisterstück des Kunsthandwerks. Die Schnitzarbeiten und Intarsien aus allen erdenklichen Holzarten schaffen einen be- und verzaubernden Kosmos teils in Trompe-l'œil-Technik mit Fensterblicken, Schrankinhalten, Instrumenten, Tieren und Vasen – insgesamt 125 Tafeln in zwei Reihen. In der Krypta gibt es eine im 18. und 19. Jh. fein und detailreich gearbeitete **Krippe** zu sehen, der **Klosterladen** in der ehemaligen Apotheke verkauft u.a. Grappa, Öle und Kräuteressenzen aus eigener Produktion.

■ **Abbazia di Monte Oliveto Maggiore,** Chiusure, Tel. 0577 707611, www.monteolivetomaggiore.it, 9.15–12, 15.15–17, Sommer 9–12, 15–18 Uhr; **Foresteria** (Gästehaus des Klosters), Restaurant La Torre und Klosterladen La Bottega s.u.

Radfahren im Val di Merse

Mehrere Routen sind im Val di Merse ausgewiesen, eine 20 km lange ist für Familien mit Kindern ideal. Sie beginnt in Rosìa und führt über Torri (Besuch des Kreuzgangs!), Rància, Montestigliano, Orgia, Brenna und über Stigliano wieder zurück zum Ausgangspunkt (2 Std. reine Fahrzeit, 200 Höhenmeter, Asphalt/Feldweg).

Die sehr gut ausgeschilderte **Gran Tour della Val di Merse** ist eine herausfordernde Strecke über 147 km (davon 12 km unbefestigt) und 2500 Höhenmeter, mindestens 10 Std. reine Fahrzeit sollte man rechnen und die Tour am besten auf zwei Tage aufteilen. Sie beginnt an der Piazza Marconi in **Sovicille** auf der SP52 Richtung Ancaiano/Pievescola und führt über den **Passo dell'Incrociati**, die Wasserscheide zwischen Ombrone- and Arno-Tal. Weiter ansteigend, dann im Auf und Ab und schließlich abfahrend, erreicht man die SP101 (Blick auf das **Castello di Celsa**). Über **Càsole d'Elsa** geht es nun zum **Passo Celsa,** dann weiter mit Blick auf die Colline Metallifere bergab ins Alta Val d'Elsa und nach Scòrgiano. Kurz vorher biegt man Richtung **Pievescola** ab. Auf der SP541 und gleich in die SP3 (Galleraie) einbiegend, radelt man Richtung Mensano/Radicondoli. In **La Fornace** beim Castello di Montingegnoli biegt man auf die SP107 Richtung Chiusdino ein, das man hinter **Montalcinello** erreicht. Nun folgt man den Schildern zur Abtei San Galgano. Auf der SP 441 erreicht man hinter Palazzetto **San Galgano.** Über **Madonnino, Monticiano** und **Iesa** radelt man weiter Richtung Montepescini und schließlich ins Tal hinunter. Vom Fluss Merse auf 130 m üNN geht es über 8,5 km anstrengend nach **Montepescini** hoch. Die nächste Station ist **Casciano di Murlo** (460 m üNN). Auf der SP33 Richtung Vescovado di Murlo und über den Valico del Rospatoio (512 m üNN) gefahren, verlässt man die grünen Hügel und gelangt in die karge Landschaft der Crete Senesi. Von **Vescovado di Murlo** fährt man auf der SP34/C nach **Murlo** und weiter nach **Ville di Corsano.** Die SP46 führt nun Richtung Siena (dorthin wäre es ein ca. 10 km langer Abzweig). Schließlich fährt man über **Fogliano** und **San Rocco a Pilli** nach **Villa Cavaglioni.** Letzte Stationen sind **Orgia, Brenna, Stigliano** und **Torri.** Über Rosìa erreicht man den Ausgangspunkt.

■ www.grandtourvaldimerse.lt.

Abbazia di Galgano

San Giovanni d'Asso

Südöstlich vom Ölbergkloster (8 km über Nebenstraßen) kann man im wehrhaft auf einer Hügelkuppe thronenden San Giovanni d'Asso das **Trüffelmuseum** in der Burg aus dem 14. Jh. besuchen. Die Knolle, die fast mit Gold aufgewogen wird, umranken seit jeher wilde Geschichten, sei es, dass sie die Liebeskraft unerhört erhöhe, oder dass sie nur dort wachse, wo der Blitz mit lautem Getöse in den Boden fuhr. Das Museum fächert alles auf über die Legenden, die Suche mit Schweinen und Hunden und die nötige Kochkunst bei der Verarbeitung. San Giovanni ist mit dem benachbarten Montisi eine der Hochburgen für die Trüffelsuche. In den Hügeln wächst die weiße Sorte *tuber magnatum pico* an – von den Suchern streng gehüteten – Geheimplätzen. Jeder der in Konsorzien organisierten *tartufai* hat sein eigenes heimliches Areal, zu dem er sich in der Saison zwischen Oktober und Neujahr frühmorgens mit den Suchhunden aufmacht. Zwischen 1000 und 3000 € erzielt ein Kilogramm guter Qualität. Neben dem Museum bietet das Städtchen, das aus wenig mehr als einer (auf die Burg zulaufenden) Hauptgasse besteht, eine Reihe guter Restaurants.

■ **Museo del Tartufo,** Piazza Antonio Gramsci 1, Tel. 0577 803268, Fr–So 10–13, 15–18 Uhr, 4 €.

Nordöstlich der Altstadt ist ein Kleinod aus dem 11. Jh. zu entdecken, **San Pietro in Villore.** Die einschiffige Kirche mit zwei Jochen verfiel bereits ab dem 14. Jh., brannte schließlich nieder und wurde im 19. Jh. wiederaufgebaut. Dabei erhielt sie den nicht zur Epoche passenden, offenen Glockenturm. Bemerkenswert ist der Steinmetzschmuck an den beiden Säulen links und rechts vom Portal und in der Lünette darüber. Das Innere wird erhellt durch schießschartenartige Schlitze und die Rosette an der Fassade. Die Kirche ist heute weitestgehend ihres Schmucks beraubt: Ein kostbares Crocifisso aus dem 13. Jh. sowie ein Tafelbild von *Ugolino di Nerio* wurden in die Siener Pinakothek bzw. die Uffizien nach Florenz verbracht. Gelegentlich dient die Kirche als Ausstellungsraum für Kunstpräsentationen.

Der **Bosco della Ragnaia** am nördlichen Ortsausgang (Ortsschild an der SP60/A) ist ein Landschaftspark des US-amerikanischen Konzeptkünstlers *Sheppard Craige,* der seit 1996 den Garten entwickelt. Es entstanden aus dem Bestand ein in der Grundstruktur erhaltener Eichenwald und aus den Freiflächen eine vom Künstler gestaltete und neu bepflanzte Gartenanlage. Die im Park verteilten Objekte manifestieren seine Gedankenwelt. „Zeit" findet sich auf vier Tafeln beschrieben: *mai* – niemals, *sempre* – immer, *a volte* – manchmal, *spesso* – oft. Ein Sandkreis mit vier wachenden Säulen steht für das Universum. Verschließen sich Installationen wie „Pavillon des Nichts" und „Kleines Tabernakel der großen Gewissheiten" dem Interpretationswillen des Besuchers, findet er die Antworten beim „Orakel Seiner selbst" – oder auch nicht!

■ **Il Bosco della Ragnaia,** SP60/A, www.laragnaia.com, frühmorgens bis Dämmerungseinbruch.

Buonconvento

Hat man einmal die gesichtslosen Gebäude der umgebenden Viertel überwunden, gibt sich das mittelalterliche Städtchen Buonconvento (150 m üNN, 3200 Einw.) 18 km südwestlich von Asciano an der im breiten Tal der Arbia verlaufenden Via Francigena durchaus sympathisch. **Backstein** ist das vorherrschende Baumaterial, unverkleidet ehrlich zeigen sich die Fassaden auch der Kirchen und Paläste. Die schachbrettartige Anlage des 13. Jh. geht auf das römische Kastell Percenna zurück, an dessen Wegen man sich orientierte. Der Stadtwall schützt den Ort seit dem 14. Jh.

Auf der **Frankenstraße** waren alle unterwegs – Händler, Pilger und Soldaten, Arme und Reiche. Buonconvento entwickelte sich zur wichtigen Etappe auf dem Weg von Norden nach Süden, und *Heinrich VII.* nahm 1313, von Rom kommend, hier Station – und starb. Man gab der Malaria die Schuld, doch hielt sich hartnäckig das Gerücht, ein Dominikanermönch habe ihn vergiftet.

Die vermutlich zu Beginn des 12. Jh. gegründete **Chiesa dei Santi Pietro e Paolo** präsentiert sich nach Umbauten des 18. Jh. im Gewand des Barock und eklektizistisch. Die meisten Kunstwerke kamen in das Museo d'Arte Sacra. Sehenswert ist das Innere dennoch: Erhalten sind das Tafelbild „Madonna con Bambino" eines unbekannten Künstlers des 15. Jh., das Fresko „Inconorazione della Virgine" von *Sano di Pietro* sowie ein Tafelbild von *Piero di Francesco Orioli* (beide ebenfalls 15. Jh.). Das **Museum für Sakralkunst** im Palazzo Ricci Soccini zeigt die in den Kirchen der Umgebung eingesammelten Kostbarkeiten von der Gotik bis zum Barock und aus der Gegenreformation, darunter Werke von *Pietro Lorenzetti, Sano di Pietro, Francesco Vanni* und *Bernardino Mei*.

■ **Museo d'Arte Sacra della Val d'Arbia,** Via Soccini 18, Tel. 0577 807181, Di–So 10–13, 15–19, Winter Sa/So 10–13, 15–17 Uhr, 3 €.

Murlo

11 km nordwestlich von Buonconvento steht im Val di Merse das winzige Wehrdorf Murlo (290 m üNN, 40 Einw.) auf einer flachen Kuppe mit nicht viel mehr als einem Dutzend Gebäuden, deren Rückseiten den Wall bilden, die Fronten dem mit Geranien und Hortensien geschmückten Hauptplatz zugewandt. Im Bischofspalast ist das **Archäologische Museum** untergebracht. Hier, im Kernland der Etrusker, beschäftigt sich die Archäologie vornehmlich mit diesen Vorfahren der heutigen toskanischen Bevölkerung. Seit den 1970er Jahren wird die Grabungsstätte Poggio Civitate untersucht, eine etruskische Stadt aus dem 7./6. Jh. v. Chr. mit einem gigantischen Fürstenpalast, dessen Eindeckung aus 2800 m² Dachziegeln bestand und dessen Fassaden Terrakotta-Figuren und Friese schmückten – Indiz für die Bedeutung der etruskischen Siedlung, deren Bronzen fast ebenso berühmt waren wie die Terrakotta-Arbeiten. Ein nachgebauter etruskischer Schmelzofen auf dem Parkplatz unterstreicht die Wichtigkeit dieses Produktionszweigs.

■ **Antiquarium di Poggio Civitate,** Castello di Murlo, Tel. 0577 814205, Do–So 10.30–13.30, 15.30–19, Winter 14.30–17.30 Uhr, 5 €.

Praktische Informationen

Touristeninformation

■ **Ufficio Turismo Siena,** Complesso Santa Maria della Scala, Piazza Duomo 1, Tel. 0577 280551, www.terresiena.it, tgl. 9.30–18, Winter Mo–Sa 10–17, So 10–13 Uhr.
■ **Ufficio Turismo Asciano,** Corso Matteotti 122 (Palazzo Corboli) Asciano, Tel. 0577 718811, auch auf www.facebook.com, Do–So 10–13, 15–18 Uhr.

Stadtführung

■ **Siena Francigena,** auf den Spuren der Pilger bewegt man sich jeden Sonntag (Juni–Okt.) für drei Stunden durch Siena und sieht die Stadt aus der Perspektive eines mittelalterlichen Wallfahrers (und besucht dabei Santa Maria della Scala), zur Wegzehrung gibt es einen Proviantbeutel, Treffpunkt ist die Porta Camollia um 9 Uhr, Tel. 0577 530038 (Buchung spätestens Sa 17 Uhr), www.texi.travel, 20 €, Kind 10 €.

Siena: Zugabe!

Orto de'Pecci – der Park im Herzen der Altstadt gehörte ursprünglich als Grünanlage zur psychiatrischen Klinik. Nun wird er teils fürs Urban Gardening genutzt (siehe unten bei Restaurant La Proposta), teils als Ruheoase, in der Schüler, Studenten und Familien ihre Freizeit verbringen oder picknicken. Kinder haben an den Ziegen und Karnickeln des Restaurants (Streichelgehege) ihre Freude.
■ **Museo della Tortura** – für alle, die gerne Folterinstrumente schauen; Chiasso del Bargello 6 (beim Campo/Südseite), Tel. 0577 41999, www.torturemuseum.it, tgl. 10–19 Uhr (im Winter nur Sa/So), 10 €.
■ **Museo delle Tavolette di Biccherna** – Sammlung des Staatsarchivs mit 105 kunstvoll bemalten Holztafeln aus dem 13. bis 18. Jh., die als Aktendeckel und Registerreiter genutzt wurden (gestaltet u.a. von *Ambrogio Lorenzetti* oder *Taddeo di Bartolo*); Palazzo Piccolomini, Piazza Campo, http://archiviostato.si.it/assi, Führungen Mo–Sa 9.30, 10.30, 11.30 Uhr (Dauer etwa 30 Min.).
■ **Fortezza Medicea** – auch „Forte Santa Barbara" genannt, 1561–63 unter *Cosimo I.* nach der Übernahme Sienas errichtete Zwingburg der Florentiner, heute Teil des Stadtparks und sommerliche Freiluftarena hinter dem städtischen Stadion; Piazza della Libertà.
■ **Sinagoga** – Synagoge von 1786 im ehemaligen Ghetto, außen schmucklos, Innenverzierung zwischen Rokoko und Klassizismus angesiedelt; Vicolo delle Scotte 14, Tel. 0577 271345, www.coopculture.it, Mo–Fr 10.30–15, So 10.30–17 Uhr, Führung halbstündlich, 4 €.
■ **Parco Archeologico Campo Muri,** Rapolano Terme – die noch im Gange befindlichen Ausgrabungen westlich von Rapolano Terme fördern eine 8000 m² große, etruskisch-römische Thermenanlage zutage, die auf das 3. Jh. v. Chr. zurückgeht; das Ausgrabungsgelände ist nur unregelmäßig zugänglich, Anmeldung unter Tel. 0577 724079.
■ **Abbadia Isola** – schöne romanische Basilika 2 km westlich von Castello di Monteriggioni mit einem sehenswerten Altarpolyptychon von *Sano di Pietro* (15. Jh.) und einem Alabaster-Taufbecken von 1419 im 1001 gegründeten Kloster; Tel. 339 6653161, Sommer 9–12, 16–18 Uhr, sonst nur nach Voranmeldung.
■ **Ponte della Pia** – im 13. Jh. wurde die in der Römerzeit errichtete Bogenbrücke erneuert, malerisch im Flusstal der Rosia direkt an der SS73 zwischen Roccastrada und Siena 2,5 km westlich des Ortes Rosia.

Unterkunft

■ **Il Corso**③, Via Banchi di Sopra 6, Tel. 392 1045 505, www.ilcorsosiena.it. Das B&B in einem Haus aus dem 16. Jh. besitzt nicht unbedingt die größten, dafür aber mit die hübschesten Zimmer unter den Seneser Unterkünften – der Kontrast von heller Einrichtung und dunklen Balkendecken ist einfach grandios. Alle sechs Zimmer sind mit Klimaanlage, TV und WiFi ausgestattet.

■ **La Chicca**③, Viale Pannilunghi 9, Tel. 0577 280 215, www.lachiccasiena.com. Dieses bezaubernde B&B in einer Jugendstilvilla verwöhnt seine Gäste mit sechs sehr elegant gestalteten Zimmern, üppigem Frühstücksbuffet, einem kleinen Gärtchen und einer Terrasse mit Weitblick.

■ **Siena Gallery B&B**③, Via Banchi di Sopra 31, Tel. 334 9978694, www.sienagallery.it. Die vier modern eingerichteten Zimmer des B&B im obersten Stockwerk der Galleria Odeon im Stadtzentrum stehen unter dem Motto „Kino" mit Filmplakaten an den Wänden und großen Flatscreen-TVs.

■ **Villa Elda**③, Via XXIV Maggio 10, Tel. 0577 247 927, www.villaeldasiena.it. Am Stadtrand in einem ruhigen Wohngebiet gelegen, ist die Jugendstilvilla mit ihren elegant und romantisch eingerichteten Zimmern und dem kleinen Garten ein Ruhepol nach einem anstrengenden Besichtigungstag.

■ **Bernini**②, Via della Sapienza 15, Tel. 0577 289 047, www.albergobernini.com. Man sollte nicht lärmempfindlich sein, wenn man in diesem zentral gelegenen Albergo absteigt, deren Plus eine hübsche Aussichtsterrasse mit Altstadtblick ist. Die Einrichtung ist etwas antiquiert und verwohnt, Ventilatoren und Frühstück kosten extra. Dafür wohnt man preiswert im Herzen der Stadt.

■ **Alma Domus**②, Via Camporegio 37, Tel. 0577 44177, www.hotelalmadomus.it. Das Hotel befindet sich in einem Trakt des Santuario di Santa Caterina und ist ruhig gelegen. Zimmer verschiedener Kategorien, moderne Ausstattung und schöner Blick über die Dächer der Altstadt.

■ **Siena Hostel**①, Via Fiorentina 89, Tel. 0577 169 8177, www.sienahostel.it. Die Jugendherberge nördlich des Bahnhofs stammt aus den 1960er Jahren, wurde aber renoviert, modern eingerichtet und mit Solarheizung und diversen anderen Öko-Installationen aufgewertet. Zwei Acht-Betten-Schlafsäle

und mehrere DZ (mit/ohne Bad) sind im Angebot. Zum Hostel gehört ein Fahrradverleih (10 €/ Tag).

Außerhalb

■ **Castello delle Serre**④, Piazza XX Settembre 1, Serre di Rapolano, Tel. 0577 705018, https://castellodelleserre.com. Für das Vergnügen, in einem Schloss aus dem 15. Jh. zu logieren, müssen Gäste etwas tiefer in die Tasche greifen, aber dafür können sie sich in dem romantischen Anwesen am höchsten Punkt der Altstadt fühlen wie ein toskanischer Großherzog – luxuriöse Einrichtung, Pool und sehr aufmerksamer Service inklusive.

■ **La Locanda del Loggiato B&B**③-④, Piazza del Moretto 30, Bagno Vignoni, Tel. 335 430427, www.loggiato.it. Die sieben mit viel Liebe und ganz unterschiedlich eingerichteten Zimmer dieser Pension strahlen Wärme und Geborgenheit aus. Genau das ist das Anliegen der beiden Gastgeberinnen *Sabrina* und *Barbara*, die es mit diesem geschmackvollen B&B schon in viele Hochglanzmagazine geschafft haben.

■ **La Locanda di Castello**③, Piazza Vittorio Emanuele II 4, San Giovanni d'Asso, Tel. 0577 802939, www.lalocandadelcastello.com. Neun mit Stilmöbeln eingerichtete Zimmer und Suiten in einem historischen Stadthaus, von dessen Terrasse sich ein Weitblick über die Landschaft der Crete Senesi eröffnet. Das Besondere in diesem Haus ist die persönliche Fürsorge, die dem Gast zuteil wird. Das **Restaurant** (siehe Essen u. Trinken) ist hochgelobt.

■ **Agriturismo San Lorenzo**③, Località San Lorenzo, Serre di Rapolano, Tel. 331 3442978, www.agriturismosanlorenzo.eu. Je sechs Apartments und Doppelzimmer auf einem vorbildlich renovierten Gutshof mit Nebengebäuden und Kapelle und Blick über Weinhügel und die Crete Senesi. Ein großer Pool und diverse Spielgeräte unterhalten nicht nur Kinder. Vorbildlich gepflegt, allerdings auch etwas steril wirkend.

◁ Prost auf die Freundschaft! Auf Sienas Campo

■ **Monteriggioni**③, Via Primo Maggio 4, Monteriggioni, Tel. 0577 305009, http://hotelmonteriggioni.net. Romantisches Vier-Sterne-Hotel mit nur sieben Zimmern innerhalb des Mauerrings, teils mit Antiquitäten eingerichtet, Terrakottaböden, Holzgebälk und Naturstein, Garten mit kleinem Pool.

■ **Bosco della Spina**③, Via della Tinaia 13, Murlo, Tel. 0577 814605, www.boscodellaspina.com. Von den 14 Apartments dieses Anwesens außerhalb von Murlo blickt man sowohl auf die Landschaft der Crete Senesi als auch auf das mittelalterliche Örtchen. Jedes Detail ist hier durchdacht – die Eigentümer sind Architekten und haben das ehemalige Dorf selbst ausgebaut, Infinity-Pool inklusive. Auf Wunsch wird Frühstück serviert.

■ **Fattoria del Colle**③, Località Il Colle, Trequanda, Tel. 0577 662202, www.cinellicolombini.it. Auch diese Feriensiedlung in eindrucksvoller Crete-Landschaft entwickelte sich aus einem verlassenen Dorf, dessen Mittelpunkt, eine Villa und eine Kapelle, noch erhalten ist. Die Unterbringung variiert vom Doppelzimmer bis zum ganzen Haus; täglich werden Aktivitäten organisiert (Wanderungen, Kochkurse, Weinverkostung), und drei Pools stehen Sonnenhungrigen zur Verfügung.

■ **La Grancia**③, Via Umberto I 8, Montisi, Tel. 335 6609987, www.lagrancia.com. Vier Apartments in einem ehemaligen befestigten Gutsherrenhof nahe Montisi, dessen Wurzeln ins Mittelalter zurückreichen. Manches erscheint etwas improvisiert, was angesichts des Alters des Gemäuers nicht verwunderlich ist, aber Gastgeber und Unterkunft sind durchaus charmant.

■ **Albergo da Annita**②-③, Strada Comunale delle Terme San Giovanni 59, Rapolano Terme, Tel. 335 5891293, www.annita.it. Die Gastgeber *Roberta* und *Luca* haben die zehn Zimmer dieses schnuckeligen Kurhotels mit viel Sorgfalt und Freude an Blümchen und Pastellfarben eingerichtet. Zum Frühstück gibt's Selbstgebackenes.

■ **Antica Fattoria La Romita**②-③, Via Umberto I 144, Montisi, Tel. 0577 845186, www.laromita.it. Auf La Romita werden Wein und Olivenöl produziert; daneben führt der Betrieb im Zentrum von Montisi noch ein exzellentes Restaurant und vermietet Zimmer und Apartments, die freundlich und mit romantischem Touch eingerichtet sind.

■ **La Palazzina**②-③, Località Palazzina, Strada Provinciale di Murlo, Vescovado di Murlo, Tel. 0577 817776, www.lapalazzina.com. Mit fünf Wohnungen, einer Suite und zwei Villen haben *Alessio* und *Eloise* das Haus aus dem 17. Jh. zu einem Agriturismo ausgebaut, der als Standort für Ausflüge nach Siena gut gelegen ist. Die Räume sind geschmackvoll mit Stilmöbeln eingerichtet, die Küchen gut ausgestattet. Zudem helfen die Eigentümer, wo sie nur können.

■ **Cisterna nel Borgo**②, Rocca d'Orcia, siehe „Essen und Trinken".

■ **Agriturismo Il Poggiarello**②, Strada di Fogliano 35, Frazione di Chiusure, Asciano, Tel. 0577 707078, www.ilpoggiarelloagriturismo.com. Im Haupthaus und in den Dependancen dieses von Weinhügeln und Olivenhainen umschlossenen Agriturismo werden vier Zwei-Zimmer-Apartments vermietet, die auch als unabhängige Doppelzimmer gebucht werden können. Ein großer Pool und zahlreiche Freizeitaktivitäten runden das Angebot ab. Da das Gut auch Wein und Olivenöl produziert, ist es eine gute Einkaufsadresse.

■ **Vescovado B&B**②, Via Tinoni 36, Murlo, Tel. 329 0234613, http://bedandbreakfastsiena.biz. Die Suiten und Apartments des im 17. Jh. erbauten Stadthauses sind arg romantisch eingerichtet, auf den einen oder anderen Baldachin könnte man durchaus verzichten. Doch die Gastgeber sind ausgesprochen herzlich.

UNSER TIPP: **L'Antico Borgo di Torri**②, Vicolo delle Cantine 1, Località Torri/Sovicille, Tel. 0577 345 669, www.borgoditorri.it. Blumenmotive, wohin man blickt. Die Zimmer dieser lauschigen Pension wurden mit viel Sinn für Gestaltung und ebenso viel Liebe eingerichtet; im blumengeschmückten Innenhof könnte man den ganzen Tag verweilen. Zum Abendessen im **Restaurant**② große Auswahl toskanischer Spezialitäten.

■ **Foresteria Monastica di Monte Oliveto Maggiore**①, Asciano, Tel. 0577 707611, www.monteolivetomaggiore.it. Einfache, angenehme Unterkunft in 40 Einzel- und Doppelzimmern des Klosters, Möglichkeit der Teilnahme an den Eucharistiefeiern.

Camping

■ **Campeggio Le Soline,** Via delle Soline 51, Casciano di Murlo, Tel. 0577 817410, www.lesoline.it, ganzjährig offen. Der in Terrassen auf einem Hügel angelegte Platz bietet neben den üblichen (schattigen) Stellplätzen Unterkunft in Holzbungalows, Mobilehomes und Chalets. Der Clou der für italienische Verhältnisse übersichtlichen Anlage ist der fast schon olympische Pool. Eine Disco sorgt für Tanzfreude, Pizzeria und Gelateria fürs leibliche Wohl.

Essen und Trinken

■ **Tre Cristi**③ ①, Vicolo di Provenzano 1, Tel. 0577 280608, www.trecristisiena.com, So geschl. Unter den vielen der ländlichen Küche verschriebenen Lokalen in Siena sticht dieses mit einem mediterranen Menü hervor – Fisch wird hier ebenso geliebt (und ebenso gekonnt zubereitet) wie Fleisch. Man speist im eleganten Rahmen und entscheidet sich am besten für eine Degustationsmenü, das es mit Fisch *(mare)* oder Fleisch *(terra)* gibt.

UNSER TIPP: **Il Campaccio**③, Vicolo Campaccio 2, Tel. 0577 284678, Mo/Di mittags geschl. Das Lokal neben dem Santuario di Santa Caterina hat sich ambitionierter Küche wie etwa *ravioli di sepia* oder *piccione alla grappa* verschrieben. Besonders hübsch speist man in dem winzigen Innenhof.

■ **Quattro Cantoni**②-③, Piazza Postierla 5, Tel. 0577 601366, Do geschl. Einladende, helle Einrichtung und gute, toskanische Küche mit erstaunlich großer Fischauswahl. Abends wird der Pizzaofen angefeuert.

■ **La Compagnia dei Vinattieri**②-③, Via delle Terme 79, Tel. 0577 236568, www.vinattieri.net. In der Compagnia kann man auf einen Wein und eine Vorspeisenplatte einkehren oder aber ein richtiges Abendessen von der Tageskarte genießen – feine Küche, stilvolles Ambiente, auch selten angebotene Gerichte wie etwa Perlhuhn machen den Abend zu einem runden Vergnügen.

■ **Il Grattacielo**②, Via Pontani 8, Tel. 0577 289 326, So geschl. Die winzige Osteria mit nur wenigen, aber häufig wechselnden Gerichten ist oft bis auf den letzten Platz besetzt, denn die Preise sind günstig. Es lohnt sich, auf einen freien Tisch zu warten und sich das Menü von den sympathischen Eigentümern empfehlen zu lassen.

■ **Unser Tipp: La Proposta**②, Via Porta Giustizia 39, Tel. 0577 222201, Mo geschl. Das Restaurant im Park Orto de'Pecci wird von einer Kooperative betrieben, die viele der in der Küche verarbeiteten Gemüsesorten und Beeren im eigenen Garten gleich nebenan anbaut. Kleine, häufig wechselnde Karte, feine toskanische Küche, auch vegetarische Gerichte und Pizza, dazu der Blick ins Grüne – eine Oase!

■ **Medio Evo**②, Piazza del Mercato 34, Tel. 0577 280315, www.medioevosiena.it. Nur einige Schritte vom Campo überrascht das Restaurant in seinen Gewölbekellern mit authentischer, dabei aber fast preiswerter Küche. Unter den Vorspeisen sind vor allem *salumi di cinta senese,* Wurst und Schinken von den berühmten Seneser Schweinen, zu empfehlen.

■ **Morbidi**②, Via Banchi di Sopra 75, Tel. 0577 280268, www.morbidi.com, So geschl. Das Buffet-Restaurant im Untergeschoss des Delikatessenladens ist der Tipp für ein schnelles und günstiges Mittagessen: Für 12 € kann man essen, so viel man mag; das Wasser gibt's gratis dazu.

■ **Osteria da Cice**②, Via di San Pietro 32, Tel. 0577 288026, Mo–Sa mittags u. abends. Klein und gemütlich, mit urigen Gewölben und rustikaler, aber guter Küche ist die Osteria unweit des Santuario meist bis auf den letzten Platz besetzt – zeitig kommen!

■ **Osteria La Chiacchera**②, Costa di S. Antonio 4, Tel. 0577 280631, www.osterialachiacchera.it, Di geschl. In einer Seitengasse überrascht diese Osteria mit feiner toskanischer Landküche und bodenständigen Preisen. Es gibt beispielsweise den Brotsalat Panzanella und Pici mit Wildragout.

■ **Forno di Duomo**①, Via di Città 129, Tel. 0577 48970, www.sclavisiena.it. In der Bäckerei werden Panini und Piadine frisch zubereitet. Ein preiswerter Snack in der eher teuren Seneser Innenstadt.

■ **Unser Tipp: Pizzicheria de Miccoli**①, Via S. Pietro 84, Tel. 0577 284220, Do geschl. Im winzigen Feinkostgeschäft hängt der Himmel voller Schinken, aus den Boxen kommt Lounge-Musik. Für den Mittagsimbiss lässt man sich ein Panino belegen.

Außerhalb

■ **Ristorante l'Isola**③, Via Goffredo Mameli, Asciano, Tel. 0577 1742213. Fisch und nur Fisch in hoher Qualität zu ebensolchen Preisen – vom Antipasto über die Pasta bis zum Secondo, alles ist ausnehmend köstlich.

■ **La Torre**③, Località Monteoliveto Maggiore 2, Asciano, Tel. 0577 707022. Das Restaurant neben der Abbazia ist trotz der vielen Besucher ein sehr authentisches Lokal mit exzellenter toskanischer Landküche, so frischen Steinpilzen vom Grill oder Pici mit Wild. Auch ein preiswertes Touristenmenü sowie vegetarische Speisen werden angeboten.

■ **Locanda Amor Divino**②, Corso Matteotti 126, Asciano, Tel. 0577 1656607. Ausgezeichnete Küche im Palazzo Corboli vornehmlich mit Fleischgerichten (auf offenem Feuer zubereitet); großer Innenhof. Unbedingt einen Vorspeisenteller mit Schinken und Wurst bestellen und sich bei den Fleischgerichten beraten lassen – oder man nimmt gleich das *bistecca fiorentina* (Durchgebraten? Bloß nicht!).

■ **Pescheria Amodio**①, Corso Matteotti 92, Asciano, Tel. 0577 718985, Mo–Fr 8–13, 16–20, Sa 8–13 Uhr. Reingehen, Fisch aussuchen, zubereiten lassen und an den kleinen Tischchen verspeisen.

■ **Osteria delle Crete**③, Via XX Settembre 22, San Giovanni d'Asso, Tel. 0577 803076, www.oste

riadellecrete.com. Trüffel stehen im Städtchen San Giovanni natürlich über allem, vor allem im Herbst, wenn die kostbare weiße Knolle „gejagt" wird. Aber auch ohne die Wunderknolle stehen wunderbare Gerichte auf der Karte, so *pici con zucchine e mandorle* oder mit Stockfisch gefüllte Mais-Ravioli. Wer mag, genießt diese feine toskanische Küche auf mit bunten Kissen dekorierten Stühlen an Tischen an der Hauptgasse.

■ **La Locanda di Castello**③, San Giovanni d'Asso, siehe „Unterkunft". Verschiedene Gerichte aus Chianina-Rind, darunter auch Tartar, Pasta mit Trüffel und frischer Fisch bilden das Rückgrat der immer wieder wechselnden Karte in diesem ebenso gemütlichen wie eleganten Restaurant. Sollte es *fileto di cinta senese* in Mandelkruste geben, unbedingt probieren!

■ **Unser Tipp: Bar/Gelateria/Taverna Antico Travaglio**②, Piazza Roma, Monteriggioni, Tel. 0577 304718, www.anticotravaglio-monteriggioni.com, März–Okt. Terrasse vorne, Garten hinten und der Anspruch, toskanische Spezialitätenküche weitgehend selbstproduziert zu servieren: Brot, Pasta und auch das *gelato*. Das Fleisch kommt aus unmittelbarer Umgebung und brutzelt über Holzkohle.

■ **Ristorante/Pizzeria Il Feudo**①-②, Piazza Roma 16, Monteriggioni, Tel. 0577 304108, www.ilfeudoristorante.com, Winter Mo geschl. An den Tischen am Hauptplatz sitzen die Gäste am liebsten, solide Fleischküche zu nicht überhöhten Preisen.

■ **Unser Tipp: Il Libridinoso**②, Via delle Carceri 13, Murlo, Tel. 0577 046541, Mo geschl. Die ländliche Küche in dieser sympathischen Trattoria bringt Köstlichkeiten wie Pici aus Kastanienmehl mit Sugo aus Peperoncini, Salsiccia und Lauch hervor, abends gibt es auch Pizza; sehr sympathisch.

■ **La Via di Mezzo**②-③, Via Soccini 53, Buonconvento, Tel. 0577 806320, Mo geschl. Die rustikale Einrichtung passt zur bäuerlichen Küche mit regionalen und saisonalen Produkten. Dass die Pasta hausgemacht ist, versteht sich von selbst. Traditionalisten bestellen hier eine *ribollita* oder *cinghale* mit Polenta, für die das Lokal berühmt ist.

■ **Da Mario**②-③, Via Soccini 60, Buonconvento, Tel. 0577 806157, www.ristorantemario.it. Das Restaurant in der Hauptgasse von Buonconvento ist ein Familienbetrieb, wie er im Buche steht – von der Großtante bis zum Enkel arbeiten alle mit. *Cucina casalinga*, Hausmannskost, heißt das Motto, und *zuppa di farro* (Dinkelsuppe) oder *coniglio in bianco* (Kaninchen in Weißweinsoße) munden köstlich.

■ **Il Barrino di Montisi**②, Via Umberto I 147, Montisi, Tel. 0577 845190, www.ilbarrinodimontisi.it, Mo geschl. Die Einrichtung modern und schick, die Küche der Tradition verpflichtet, dabei aber sehr kreativ alles Schwere und Belastende vermeidend. Eine Entdeckung im Herzen des mittelalterlichen Montisi.

■ **Cisterna nel Borgo** ②, Borgo Maestro 37, Rocca d'Orcia, Tel. 0577 887280, www.cisternanelborgo.com. Wo früher die Kutschen der Reisenden auf der Via Francigena untergestellt wurden, erwartet heute ein exzellentes, sympathisches Restaurant seine Gäste mit toskanischen Spezialitäten und Raritäten wie *maltagliati al finocchio con ragu di coni-*

Panforte di Siena

Wieder so eine Sache, die sich im Nachgang bitter rächt – aber das fast zum Lebkuchen mutierte **Früchtebrot** ist eben allzu lecker. Ursprünglich ein Weihnachtsgebäck, ist es heute ganzjährig zu haben. Seine Inhaltsstoffe sind schwer und nahrhaft: der Teig aus karamellisiertem Zucker, Honig, Mandeln, Haselnüssen, Orangeat, Zitronat, kandierten Aprikosen und Ananas, getrockneten Feigen, Eiweiß und Mehl ist mit Kakaopulver, Zimt, Nelken, Koriander, Kardamom und Muskat gewürzt. Siebzehn Zutaten sollten es traditionellerweise sein, so viele, wie Siena Stadtteile besitzt. Und die Ingredienzen werden gerne variiert, z.B. mit Walnüssen oder Pistazien, mit Ingwer oder Rosinen.

glio oder *pappardelle al brunello con ragù di cinghiale* (Pasta mit Fenchel und Kaninchen-Ragout oder mit Wildschwein in Brunello-Soße). Drei hübsch und individuell eingerichtete **Doppelzimmer** sind ebenfalls vorhanden ②-③.

Süßes

■ **Caffè Nannini,** Via Banchi di Sopra 24, Tel. 0577 236009, www.grupponannini.it. Die Traditionsadresse für köstliche Stückchen, größere Kuchen und festliche Torten, natürlich *panforte,* auch pikant belegte Hörnchen fürs Frühstück – am schönsten am Morgen zwischen den Senesen an der Theke.

■ **Gelateria Grom,** Via Banchi di Sopra 11/13, Tel. 0577 289303, www.grom.it. Auch wenn diese Eisdiele zu einer Kette gehört – über die Qualität kann man nicht meckern!

■ **La Vecchia Latteria,** Via San Pietro 10, www.lavecchialatteria.net. Klein, aber fein ist die Auswahl an Eissorten in dieser winzigen, aber fast immer von Kunden belagerten Eisdiele. Man versuche „Tango", madegassischer Kakao mit Erdbeeren und Peperoncino!

■ **Pasticceria Bini,** Via di Stalloreggi 91/93, Tel. 0577 280207, Die Konditorei mit Café in einer schmalen Seitengasse der Piazzetta delle due Porte ist leicht zu übersehen. Dabei soll es hier die besten *ricciarelli* und *cantucci* (beides Mandelplätzchen) Sienas geben. Und man kann den Konditorenmeistern durch die Scheibe zusehen, wie sie z.B. *panforte* zubereiten.

Außerhalb

■ **Il Forno delle Crete,** Piazza Garibaldi 5, Asciano, Tel. 0577 718558, www.ilfornodellecrete.com. Herrliches Gebäck fürs Frühstück und das *pan pepato Giardi,* ähnlich dem senesischen *panforte,* aber würziger.

■ **Le Dolcezze,** Via Roma, 42, Buonconvento, Tel. 0577 809016. Brot wie auch alles Süße in dieser alteingesessenen Pasticceria sind von ganz besonderer Qualität.

△ Nur für Schwindelfreie

Nachtleben

■ **Bar Key Largo,** Via Rinaldini, Tel. 0577 236339. Der Clou an dieser angesagten Bar ist der Balkon im ersten Stock, der direkt auf den Campo blickt.
■ **Cacio & Pere,** Via dei Termini 70, tgl. ab 18 Uhr. Die Kneipe zum Abfeiern bei Livemusik, geführt von den sympathischen *Cacio* und *Pere*. Aperitif und Buffet kosten ab 5 €.
■ **Enoteca Italiana,** Fortezza Medicea, Piazza della Libertà 1, Tel. 0577 228811, www.enoteca-italiana.it. Abends fungiert der Weinladen als gesellige Bar.

Verkehr

■ **Bahn:** Bahnhof Siena, Piazza Carlo Rosselli (3 km nördlich des Campo), Verbindungen nach Florenz halbstündlich (90 Min.), nach Grosseto zweistündlich (100 Min.); Busterminal, Piazza Gramsci/Via Tozzi (östlich des Stadions), mehrmals täglich Verbindung u.a. nach San Gimignano (60 Min.)
■ **Fernbusse:** Die Busgesellschaft Tiemme bedient die Region mit Verbindungen nach Monteriggione (mit Umsteigen in Montarioso, Linie 004/130, 1 Std., um 2 €), nach Montaperti (Linie 005, 40 Min., um 3 €), nach Asciano (Linien 107 und 109, 45 Min., um 4 €), Rapolano (Linie 107, 35 Min., um 3 €) oder San Giovanni d'Asso (Linie 1099, 70 Min., um 5 €) und zur Abbazia di Monte Oliveto Maggiore (Linie 109, 70 Min., um 4 €); Haltestelle am Bahnhof, www.tiemmespa.it, www.pisa.ctt nord.it.
■ **Stadtbusse:** Einzelfahrt 1,20 € am Kiosk (beim Fahrer 2 €), 10 Fahrten 11 €, Tagesticket 3,80 €; in die Vororte Einzelfahrt ab 5 km 1,30 €, ab 9 km 1,40 €, ab 12 km 1,60 €.
■ **Parken:** Die Altstadt ist als ZTL verkehrsberuhigt, die Strafen für Zuwiderhandlungen sind drastisch; Hotelgäste dürfen zur Be- und Entladung nach Voranmeldung bestimmte Straße benutzen, dies ist mit der Hotelrezeption vorab zu klären; Siena besitzt mehrere Großparkhäuser im und am Zentrum. La Stazione (500 Plätze, beim Bahnhof), Il Campo (600 Plätze, zentral beim Hauptplatz), Santa Catarina (500 Plätze, Rolltreppen hoch zum Dom), San Francesco (300 Plätze, am nördlichen Altstadtrand) und Stadio-Fortezza (700 Plätze, bei der Medici-Festung). La Stazione erste Stunde 0,50 €, weitere 2 €, Stadio-Fortezza 2 €/Stunde, 26 €/Tag, alle anderen 2 €/Stunde, 35 €/Tag, mit Hotelübernachtung max. 25 €/Tag.
■ **Wohnmobile:** Palasport, Viale Achille Sclavo, hinter dem Palasport della Polisportiva Mens Sana (Ausschilderung ab Ausfahrt Siena Nord an der Autobahn Florenz–Siena), 35 Plätze, Stromanschlüsse, Ab- und Frischwasser, Verbindung ins Zentrum durch Busse 7 und 4, 9, 20 €/Tag; Fagiolone, Via Esterna Fontebranda (Ausfahrt Siena West an der Tangenziale), 60 Stellplätze, Stromanschlüsse, Ab- und Frischwasser, Verbindung ins Zentrum durch Shuttlebusse; zu Fuß ca. 15 Min., 20 €/Tag.
■ **Fahrrad:** Auf der Website http://sienaparcheggi.com ist das System „Si Pedala" beschrieben (nur ital.). Man muss die App „Bicincittà" herunterladen (für IPhone und Android), dann kann man mit einem täglichen Abonnement Räder an 13 Stationen auf Stadtgebiet abholen, für 5 Std. Nutzung zahlt man 10 €.

Feste

■ **Mostra Mercato Tartufo Bianco,** Trüffelmarkt mit Verkostung an zwei Wochenenden im Nov. in San Giovanni d'Asso.
■ **Bluetrusco,** Festival der etruskischen Kultur den gesamten Juli in Murlo mit Lesungen, Musik, Gastronomie, Exkursionen und Workshops rund um das Thema Etrusker; www.bluetrusco.land.
■ **Siena Jazz,** das prominent besetzte Jazzfestival lässt Ende Juli/Anfang Aug. Sienas Altstadt swingen; www.sienajazz.it.
■ **Altraterra,** Festival der Volksmusik in Asciano drei Tage Ende Aug. auf der Piazza del Grano.

■ **Solo Belcanto,** Festival des Belcanto mit bekannten Sängern an den letzten beiden Wochenenden im Aug. im Teatro della Grancia, Montisi; www.solobelcanto.it.

Einkaufen

■ **Consorzio Agrario di Siena,** Via Pianigiani 13, www.capsi.it. Eine Fundgrube mit typischen Produkten aus der Umgebung. Zum Laden gehört eine nette Bar, in der man sich auch mittags eine Pizza kaufen kann.
■ **Il Pellicano,** Via Diacceto 17a, Tel. 340 5974038, www.siena-ilpellicano.it. Unter den vielen Keramikateliers erscheint dieses als das künstlerischste, dabei sehr in den Traditionen verwurzelt. Die bunten Teller und Vasen sind ein ebenso wertvolles wie fröhliches Souvenir.
■ **Sapori & Dintorni Conad,** Piazza del Campo 80, Tel. 0577 275740, www.conad.it. Die italienische Supermarktkette versucht sich mit diesem Laden in Feinkost, hat aber auch ein allgemeines Supermarktsortiment, und das total zentral gelegen.

Außerhalb
■ **La Bottega,** Abbazia di Monte Oliveto Maggiore; die Mönche bauen Wein, Oliven und Dinkel an, neben weiteren Produkten wie Kräutertees, Seifen, Naturkosmetik und vielem anderen im Klosterladen zu kaufen.
Unser Tipp: **Consorzio Agrario/Enoteca,** Via di Percenna 23, Buonconvento, Tel. 0577 230511. Zugleich Lebensmittelgeschäft und Enoteca mit den Produkten der Betriebe, die diesem Consorzio angeschlossen sind, darunter eine große Weinauswahl. Hier gibt's mit Anis gewürzte **Brezeln,** eine Spezialität der Region.
■ **Librorcia,** Via delle Sorgenti 38, Bagno Vignoni, Tel. 0577 888996, www.librorcia.com. Auf die Idee, ausgerechnet hier eine Buchhandlung zu eröffnen, muss man erst einmal kommen. Nun – sie wird mit sehr viel Herzblut und Enthusiasmus geführt, und sie besitzt ein reiches Sortiment an Literatur zur Toskana und dem Val d'Orcia.

Aktivitäten

Mit der **Dampflok** und manchmal auch mit einem Dieseltriebwagen der 1950er Jahre geht es im Programm „Treno Natura" von Siena mehrmals im Monat durch die Crete Senesi zu unterschiedlichen Zielorten, wo eben gerade etwas los ist: Märkte, Feste, Messen – eine schöne, bequeme, spannende und familiengerechte Art zu reisen. Ganztagesausflüge, 29 €, Kind bis 10 Jahre frei, Buchungen über Agenzia Viaggi Visione Del Mondo, Via dei Termini 83, Tel. 0577 281834, www.terresiena.it/trenonatura.
■ **Golfclub Royal Golf La Bagnaia,** SS223 Siena–Grosseto, Località Bagnaia, Tel. 0577 8187741, www.labagnaiaresort.com. 18-Loch-Platz, Par 71, 4794–6101 m, Greenfee 80–120 €.

Gesundheit

■ **Krankenhaus/Ospedale Universitario Senese,** Viale Bracci 16, Tel. 0577 585111, Notruf 118, www.ao-siena.toscana.it, 24/24 Std.
■ **Apotheke/Farmacia Comunale,** wechselnde Notapotheken, Dienstplan auf www.ordinefarmacistisiena.it.

San Gimignano

■ 325 m üNN, 7800 Einw., Siena 40 km, Volterra 30 km, Florenz 50 km

Dem Symbolbaum der Toskana gleich stechen die schmalen Silhouetten der berühmten UNESCO-geschützten Türme San Gimignanos in den Himmel und künden von einer Zeit voll offener Händel, hinterhältiger Intrigen, von Siegen und Niederlagen.

Seit 1990 ist das „Manhattan des Mittelalters", die „Stadt der Türme" im Val d'Elsa **Weltkulturerbe,** als herausragender Zeuge des Mittelalters mit einer vollständig erhaltenen und stimmigen Altstadt, die das urbane Leben der damaligen Zeit spiegelt. Tatsächlich jagen wohlige Schauer den Rücken hinab, steht man in den Gassen und auf den Plätzen, den Kopf im Nacken, um die Fassaden aus Ziegelwerk und Bruchstein zu bewundern und die Höhe der schlanken Wohntürme zu ermessen. Ein Wermutstropfen: San Gimignano gehört zu den meistbesuchten Städten Italiens – in Augenhöhe mit Florenz und Pisa. 3 Mio. Touristen verstopfen übers Jahr gesehen die Gassen, 20.000 Busse und 1 Mio. Autos die Landstraßen. Die beste Besuchszeit im Sommer ist definitiv der frühe Morgen!

Geschichte

Am ehemaligen Platz einer etruskischen Siedlung im Val d'Elsa entstand im 8. Jh. San Gimignano als **Pilgerstation** am Frankenweg. Da jeder nach Rom wollte, entwickelten sich ein Dorf und schließlich eine Stadt. Ab dem Jahr 929 schützten die Bischöfe von Volterra San Gimignano und sorgten für die Errichtung eines ersten Befestigungswalls.

1199 revoltierten die Bewohner und schufen sich eine eigene **Stadtrepublik,** die mit Stoffweberei und Safrananbau für die Färbung der Tücher zu Wohlstand gelangte.

Im 13. Jh. entstand die 2 km lange Stadtmauer in ihrer heutigen Form, rege Bautätigkeit goss den Reichtum in Stein. Doch dem großen Rat der Stadt (dem immerhin ein Viertel der Bürger angehörte) misslang, die ansässigen Adligen zu versöhnen. **Guelfen** und **Ghibellinen** kämpften immer erbitterter. Um ihre jeweiligen Familien – ihr Geschlecht – zu schützen, errichteten sie die leicht zu verteidigenden **Geschlechtertürme.** 72 sollen es einmal gewesen sein.

Was der Rat nicht schaffte, der **Pest** gelang 1348 eine Art der Befriedung. Doch mehr oder weniger entvölkert, fand San Gimignano, ab 1353 Besitz des Florenz der *Medici,* nie mehr zum ursprünglichen Prunk zurück. Viele Generationen mögen darob verzweifelt sein, die heutige dankt es. Da keiner an der Stadt interessiert war, blieb sie so, wie sie einmal war – pures Mittelalter, heute Hotspot des internationalen Tourismus, auch wenn nur noch vierzehn Türme stehen (zuzüglich des Campanile der Siftskirche und der – als nicht-klassischer Geschlechtertum – meist nicht mitgezählten Casa-Torre Pesciolini).

▷ Türme allüberall – San Gimignano

Sehenswertes

Einen Stadtspaziergang könnte man am schönsten Stadttor San Gimignanos beginnen, der südlichen, 1262 errichteten **Porta San Giovanni.** Das aufgesetzte Torhaus mit seinen hängenden Renaissancebögen kragt waghalsig hervor, dahinter versteckt sich der Turm einer 1922 teilabgerissenen Kirche. Hier befindet sich als erste Station das **Foltermuseum,** ein Ableger der inflationär in der Toskana eröffneten Kette Musei della Tortura. Das **Museum der Todesstrafe** findet sich einige Häuser weiter. Instrumente der hochnotpeinlichen Befragung und des Todes sind ausgestellt.

■ **Museo Storico della Tortura/Museo della Pena di Morte,** Via San Giovanni 125 und 82, Tel. 0577 940151, www.torturemuseum.it, 10–19 Uhr, Eintritt 10 €.

Von der säkularisierten Kirche San Francesco (Nr. 37) sind noch die mit grün-weißem Lagewechsel gestalteten romanischen Rundbögen des Portals erhalten. In ihr wird heute Wein verkostet und verkauft (Azienda Agricola Tollena). Nun geht es geradeaus nach Norden auf den **Torre dei Cugnanesi** zu und an ihm rechts vorbei durch das Stadttor **Arco dei Becchi** (vom ersten Verteidigungswall aus dem 10. Jh.) mit dem sich darüber türmenden Torre dei Becchi zur **Piazza della Cisterna,** dem Zentrum. So herrlich schön in Gelb und Ocker, so sauber aufgeräumt war es im Mittelalter sicher nicht. Im Rund des im Fischgrätmuster gepflasterten Platzes überragen die Wohntürme die Bruchsteinfassaden der Randbebauung. Im Norden, am Durchgang zur Piazza Duomo, steht das Turmpaar der Familie *Ardinghelli.* Im Osten zeigt sich der **Torre del Diavolo**

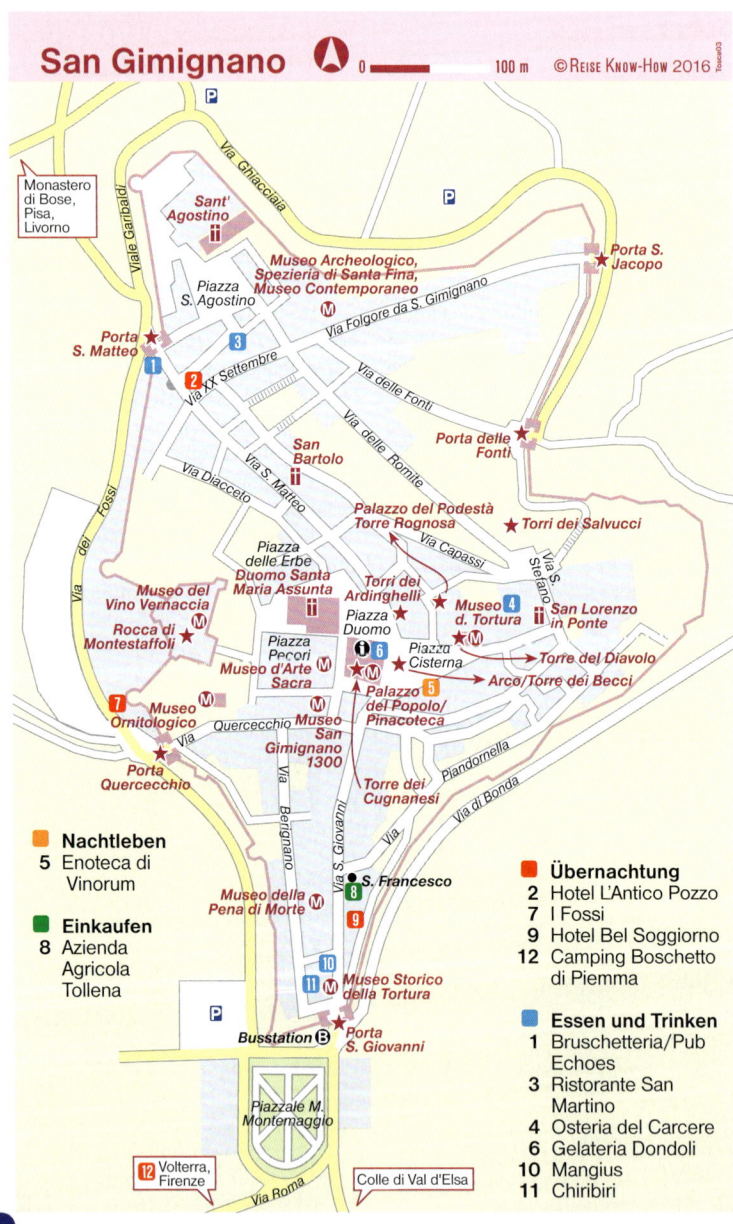

mit Resten steinerner Tragblöcke eines hölzernen Wehrganges. Sein Besitzer, nach einer langen Reise heimkehrend, glaubte den Turm höher als bei Abreise: Teufelswerk. In der Mitte des Platzes mauerte man 1273 die Zisterne, die Travertin-Verkleidung wurde 1346 angebracht. Das dritte (und älteste) **Foltermuseum** San Gimignanos befindet sich gleich am Anfang der von der Piazza nach Westen führenden Via del Castello und versteht sich auch als Kunstgalerie, weil es mit temporären Ausstellungen die Geschichte abrunden will (so z.B. mit einer Sonderschau zum Kriegsgerät *da Vincis*).

Passeggiate delle Mura Medioevali

Der **Spaziergang entlang der mittelalterlichen Mauern** ist genau 2176 m lang. Bei der Porta San Giovanni beginnend, passiert man im Uhrzeigersinn gehend Porta Quercecchio, Matteo, San Jacopo und schließlich die Porta delle Fonti, von der aus man die 100 m zum malerisch gelegenen historischen Waschplatz der Frauen San Gimignanos absteigen kann, die hier an den Fonti Pubbliche einst ihre Wäsche besorgten.

■ **Museo della Tortura Criminale Medioevale,** Via di Castello 1, Tel. 0577 942243, 10–19 Uhr, 8 €.

An der **Piazza Duomo** (fälschlich so genannt, denn San Gimignano war nie Bischofssitz und besitzt also keinen Dom) heißt es nun länger verweilen. An den Wappen erkennt man den **Palazzo del Popolo** (auch „Palazzo Nuovo del Podestà") mit seiner angebauten Doppelbogenloggia, die erste der Toskana und Vorbild für die Loggia dei Lanzi in Florenz. Sein Torre Grossa („Dicker Turm") war mit 54 m Höhe der Maßstab für alle anderen Bauten. Keiner durfte an ihn heranreichen. Weitere Wappen der Podestà und Fresken sind im eleganten Innenhof zu sehen. Über ihn und die teilbedachte Freitreppe gelangt man in die städtische **Pinakothek**. Im Ratssaal in der ersten Etage hatte *Dante Alighieri* im Mai 1300 als Gesandter der Guelfen vorgesprochen und (erfolgreich) die Gründung der guelfischen Liga betrieben. Die Fresken von 1290 würdigen *Karl von Anjou* und zeigen u.a. Ritter und Jagdsze-

nen. Die Maestà freskierte *Lippo Memmi* 1317 in Anlehnung an die von *Simone Martini* zwei Jahre zuvor gemalte Maestà in Siena. In der zweiten Etage schmückte die Camera del Podestà *Memmo di Filippuccio* Anfang des 14. Jh. mit pikanten Liebesszenen und Bildern, die den Podestà immer an die Folgen der Korruption erinnern sollten. 253 Stufen sind es hinauf zur **Aussichtsplattform** des Torre Grossa – die Aussicht lohnt die Mühe.

■ **Pinacoteca,** Palazzo del Popolo, Tel. 0577 990312, www.sangimignanomusei.it, 9.30–19, Nov.–Feb. 11–17.30, März 10–17.30 Uhr, 6 € (Sammelticket für die städt. Museen und Torre Grossa, zwei Tage gültig).

Der alte **Palazzo della Podestà** (ohne Wappenschmuck) mit riesenhaftem Torbogen entstand 1239. Der ihm entwachsende **Torre Rognosa** misst 51 m. Den Palast wandelte man 1537 in ein Theater um. An der Ostseite stehen hintereinander die beiden abweisenden **Torri dei**

Salvucci, als Ghibellinen erklärte Feinde der guelfischen *Ardinghelli*, deren Turmpaar am Nebenplatz gen Himmel ragt.

Die romanische **Basilika Santa Maria Assunta** (1148 durch Papst *Eugen III.* geweiht) gibt sich nach außen demütig einfach, das Innere hingegen ist ein gänzlich unerwartetes Feuerwerk aus großflächigen Fresken hoher Qualität. 1340 wurde das Mittelschiff erhöht und ein Kreuzrippengewölbe anstelle des bisherigen Flachdaches eingezogen. 1456 kamen das Querschiff und die Seitenkapellen hinzu, die Fassade wurde aber nie verblendet. Die Rückwand zieren zwei Fresken, das untere von *Benozzo Gozzoli* mit dem „Martyrium des heiligen Sebastian" (1465), darüber das „Jüngste Gericht" (1393) von *Taddeo di Bartolo*. Die linke Langschiffwand freskierte *Bartolo di Fredi* mit Szenen des Alten Testaments (1367), die rechte schmücken Szenen des Neuen Testaments (1333–41) von den Brüdern *Federico* und *Lippo Memmi*, Schüler *Simone Martinis*. Die ==Cappella di Santa Fina== malte *Domenico Ghirlandaio* mit Geschichten zum Leben der Stadtpatronin *Fina* (1473–75) aus. Der Bildhauer *Benedetto da Maiano* schuf den Sarkophag. Im Dormitorium des ehemaligen Kollegiatsstiftes (an der links der Basilika versteckten Piazza Pecori) ist das **Museum für Sakrale Kunst** untergebracht. Die Ausstellung besteht aus in den Kirchen der Umgebung gesammelten Werken, darunter eine wertvolle „Madonna im Rosenhag", geschaffen von *Bartolo di Fredi*.

■ **Duomo Santa Maria Assunta/Museo d'Arte Sacra,** Piazza Duomo 2, Tel. 0577 940316, www.duomosangimignano.it, Mo–Fr 10–19.30, Sa 10–17.30, So 12.30–17, Winter Mo–Sa 10–17, So 12.30–17 Uhr, Dom 4 €, Museum 3,50 €, Kombiticket 6 €.

Steigt man seitlich der Basilika hinter der Piazza delle Erbe bergan, kommt man zur von den *Medici* 1353 errichteten **Rocca di Montestaffoli,** die selbige 1555 wieder schleifen ließen. Ein Turm blieb erhalten und dient als Aussichtspunkt für weite Blicke über San Gimignano und in die Landschaft. Hier befindet sich auch das **Weinmuseum** in Panoramalage. Am frühen Abend auf der Brüstung der Terrasse sitzend, wird man zu einem Glas Wein als Aperitif regelrecht verführt.

■ **Museo del Vino Vernaccia,** Via della Rocca 1, Tel. 0577 941267, www.sangimignanomuseovernaccia.com, April–Okt. 11.30–18.30 Uhr.

‹ Zeitvertreib: Touristen gucken

Vorbei am Zwillingsturm der *Salvucci*, gelangt man über die Via Matteo zum nördlichen Stadttor Porta San Matteo und, sich davor rechts haltend, zur **Kirche Sant'Agostino**. Die Kirche der Augustiner-Chorherren entstand 1280–98 als einfache Saalkirche mit offenem Dachstuhl entsprechend den Vorgaben des Bettelordens. Bedeutendster Teil der Innenausstattung sind die **Fresken** (1464/65) von *Benozzo Gozzoli* in der Chorkapelle. Auf 17 Bildfeldern ist das Leben des heiligen *Augustinus* beschrieben, und auf weiteren vier Feldern im Kuppelgewölbe sind die Evangelisten dargestellt. Die kräftigen Farben, die individuell gestalteten Figuren und die geschickt und abwechslungsreich ausgeführten perspektivischen Hintergründe machen den Zyklus zu einem Meisterwerk. Der Kreuzgang (Zutritt links vom Chor) ist eine paradiesische Oase der Ruhe.

■ **Chiesa di Sant'Agostino,** Piazza Sant'Agostino, 10–12, 15–19, Nov./Dez. 10–12, 15–18, Jan.–März Mo 16–18, Di–So 10–12, 15–18 Uhr.

Durch die Gassen nach Südosten sind es wenige Meter zum ehemaligen, Mitte des 13. Jh. gegründeten Kloster von Santa Chiara, in dem der städtische Museumskomplex untergebracht ist. Das **Archäologische Museum** ist in zwei Abteilungen gegliedert. In der ersten sind die Funde aus der Region aus etruskischer und römischer Zeit (7.–1. Jh. v. Chr.) ausgestellt, die zweite zeigt Kunsthandwerk und Haushaltsgegenstände wie Keramik und Glaswaren aus dem Mittelalter. Die **Spezieria** beschäftigt sich mit dem Apothekenwesen des 15. bis 18. Jh. Destillationsgeräte, uralte Rezeptfolianten und schöne Keramikbehältnisse für die Arzneien sind zu sehen, ansonsten ist die Abteilung weniger bemerkenswert. Schwerpunkt des **Museums für zeitgenössische Kunst** sind die Werke von *Raffaele de Grada* (1885–1957), weitere Arbeiten stammen u.a. von *Cannicci und Guttuso.*

■ **Museo Archeologico, Spezieria di Santa Fina, Museo Contemporaneo,** Via Folgore 11, Tel. 0577 940008, www.sangimignanomusei.it, 9.30–19, Nov.–Feb. 11–17.30, März 10–17.30 Uhr, 6 € (Sammelticket für die städt. Museen und Torre Grossa, zwei Tage gültig).

Colle di Val d'Elsa

Obwohl Colle di Val d'Elsa (140 m üNN, 21.500 Einw.) das Hauptzentrum Italiens für industrielle **Kristallglasherstellung** ist (über 90 % der italienischen Produktion kommt aus Colle), hat es sich in der Altstadt seinen angenehmen und **ruhigen Charakter** wahren können.

Am zentralsten stellt man sein Fahrzeug am Parkplatz Ascensore in der Unterstadt ab (Achtung: hinteren Bereich nutzen, der vordere ist nur für Einheimische). Von hier ist es auch nicht weit zum Aufzug in der Via Vittorio Meoni hoch zur Bastion Il Baluardo in der oberen, autofreien Altstadt. Alternativ nimmt man die steile Via Pozzo Tondo, die in fünf Minuten hochführt. Auf der Nordseite der Oberstadt und etwas unterhalb parkt man an der Auffahrtsstraße SS68 auf der Fläche Di Bacio.

Die **Oberstadt** erstreckt sich mit ihren engen, malerischen, teils überwölbten Gassen entlang eines schmalen Bergrückens und teilt sich in den östlichen Teil

Das Kloster von Bose

Castello und das westliche **Borgo.** Zentraler Platz von Castello ist die überschaubar große Piazza Duomo mit der Konkathedrale Santi Alberto e Marziale. Nach langen Jahren der Unabhängigkeit dann schließlich doch noch ehrlicher und treuer Vasall der *Medici* geworden, hatten diese Colle 1592 den Bischofssitz zuerkannt. Gegenüber der Kirche legt das **Museum für Sakralkunst** im Palazzo dei Priori sein Schwergewicht auf Werke des 17.–19. Jh. Älteste Stücke sind allerdings die Eucharistiegefäße aus Silber, als „Tesoro di Galognano" bekannt. Sie stammen aus dem 6. Jh.

■ **Museo Civico e Diocesano d'Arte Sacra,** Via del Castello 33, Tel. 0577 923888, wegen Umzug in das Conservatorio di San Pietro, Via Don Giovanni Minzoni, derzeit geschlossen, 4 €, alle drei Museen (siehe unten) 6 €.

Einige Schritte die Via del Castello nach Osten führen zum **Teatro dei Varii** (Hausnr. 64), einem intimen, 1762 erstmals bespielten Schauspielhaus mit wenig Platz im Parkett (78 Sitze) und vielen Logen (122 Sitze) im Halbrund, sodass jede Adelsfamilie von Colle ihren eigenen Platz hatte. Das **Archäologische Museum** im Palazzo della Podestà am Domplatz schlägt mit Fundstücken aus dem Elsa-Tal den Bogen von der Frühzeit bis ins Mittelalter. Besonders reich ist die Sammlung an Artefakten aus den Nekropolen der Umgebung (u. a. Monteriggione), bekannt ist das Museum auch für seine Rekonstruktionsversuche der Gesichter von in den Nekropolen gefundenen Toten.

■ **Museo Archeologico Ranuccio Bianci Bardelli,** Piazza Duomo 42, Tel. 0577 922954, www.museocolle.it, Di–Fr 10.30–12.30 16.30–19.30, Sa/So 10.30–12.30, 15.30–19.30, Winter Di–Fr 15.30–17.30, Sa/So 10.30–12.30, 15–18.30 Uhr, 4 €, alle drei Museen 6 €.

Durch den Tunnelgang im Palazzo Campana (16. Jh.) und über die steinerne Bogenbrücke wechselt man hinüber in den Stadtteil Borgo. An dessen Ende bewachen zwei mächtige Renaissancetürme den Eingang zur Altstadt. Östlich von ihnen (über die Via dell Porta Vecchia) überspannen die Bögen einer aquäduktgleichen Brücke den Talboden und verbinden die Stadt mit dem ehemaligen **Franziskanerkonvent,** der wie eine Oase zypressenumstanden im Schatten der Altstadt vor sich hinträumt. Über Via Gracco del Secco, Via XX Settembre und Via Matteotti kehrt man nun – bergab gehend – zum Ausgangspunkt zurück.

Unten in der Neustadt sollte man noch das **Kristallmuseum** besuchen. Als Zentrum der Kristallproduktion lieβen sich die Firmen bei der Errichtung der modernen, in den Untergrund gebauten Ausstellungsräume nicht lumpen. Besucher werden in die Kristallherstellung eingeführt und dürfen die gewagten Installationen aus Glas und Farbe bewundern.

■ **Museo del Cristallo,** Via dei Fossi 8A, Tel. 0577 924135, www.cristallo.org, Sa/So 10.30–12.30, 15.30–19.30, Winter Di–Fr 15.30–17.30, Sa/So 10.30–12.30, 15–18.30 Uhr, 3 €, für alle drei Museen 6 €.

Monastero di Bose

Unser Tipp: Die sehenswerte **Pieve di Santa Maria Assunta a Cellole** ist eine romantisch-romanische Kirche (13. Jh.) im Basilikamuster (Apsis 10. Jh.), die *Puccini* zur Oper „Suor Angelica" inspirierte. Sie liegt 4 km nordwestlich von San Gimignano an der SP69 und ist heute die Klosterkirche des hervorragend sanierten **Klosterablegers von Bose,** dessen Gebäude inmitten des kleinen Parks in der Nachmittagssonne strahlen. Jeder ist herzlich willkommen, an den Gebeten der Brüder teilzunehmen: werktags 6, 12.30, 18.30, Sa auch 20.30, So 8, 11, 17 und 20 Uhr. Sie finden natürlich in der in ihrer Einfachheit eine unendliche Würde ausstrahlenden romanischen Kirche statt. Im Laden verkaufen die Brüder Marmelade, Pesto mit Kräutern aus dem eigenen Garten und wunderschöne Keramikarbeiten. Unterkünfte sind allerdings nicht im Angebot.

■ **Monastero di Bose,** www.monasterodibose.it, tgl. 8–12, 14–18, Kirche 5.30–20, Laden 8–12, 14.30–18 Uhr.

San Gimignano: Zugabe!

- **Museo San Gimignano 1300** – ein bis ins Detail durchgearbeitetes Modell der Stadt im Jahr 1300 mit 72 Türmen, Palästen und vielen Gebäuden, die heute gar nicht mehr existieren, ein Abbild aus Ton im Maßstab 1:100; Via Costarella 3, Tel. 327 4395165, www.sangimignano 1300.com, 9–19 Uhr, 5 €.
- **Museo Ornitologico** – 371 zwischen 1866 und 1911 hergestellte Vogelbälger; Via Quercecchio, im säkularisierten Oratorium San Francesco, April–Sept. tgl.11–17.30 Uhr.
- **Casole d'Elsa** – typische mittelalterliche befestigte Siedlung auf einem Hügelrücken mit kleinem Stadtmuseum (Werke von *Andrea di Niccolò*, *Lippo Vanni* und *Alessandeo Casolani*) und archäologischer Abteilung mit Exponaten u.a. zur Etruskerzeit; 14 km südwestlich von Colle di Val d'Elsa, Piazza della Libertà 5, tgl. (Winter nur Sa/So) 10–13.30, 15–17.30 Uhr.
- **Badia a Coneo** – verfallene, im 10. Jh. gegründete Abtei im Weiler Coneo, 2,2 km von der Verbindungsstraße Casole d'Elsa – Colle di Val d'Elsa; Dutzende Katzen, misstrauische Blicke aus einem Nebengebäude und ein malerisches romanisches Kirchlein (allerdings nur von außen zu besichtigen).
- **Castelvecchio in Val d'Elsa** – Umzäunte Burgruinen im dichten Wald mit Ursprung im 1. Jt., geheimnisvoller und einsamer Ort 5 km südwestlich von San Gimignano bei San Donato (von dort 2 km Richtung Riserva Naturale Castelvecchio nach Westen zum Wanderparkplatz); wegen unzureichender Markierungen sollte man sich den Weg für die Rückkehr merken oder ein GPS-Gerät mitnehmen.

Praktische Informationen

Touristeninformation

- **Ufficio Turismo San Gimignano,** Piazza Duomo 1, Tel. 0577 940008, www.sangimignano.com, tgl. 10–13, 15–19, Winter Do/So geschl.

Unterkunft

- **Hotel L'Antico Pozzo**③-④, Via San Matteo 87, Tel. 0577 942014, www.anticopozzo.com. Mit drei Sternen unterbewertetes, elegantes Boutiquehotel mit 18 Zimmern, mitten in der Altstadt in einem im 18. Jh. zum Palast umgebauten Konvent aus dem 15. Jh. (zum Be- und Entladen Autoanfahrt möglich; mit Hotel abstimmen).
- **Hotel Bel Soggiorno**②-③, Via San Giovanni 91, Tel. 0577 940375, www.hotelbelsoggiorno.it. 21 Zimmer in guter Position am südlichen Stadteingang in Panoramalage, Restaurant mit Terrasse.
- **I Fossi**②, Via dei Fossi 3, Tel. 0577 943076, www.fossiristobar.com. Zwei einfach und hell eingerichtete Pensionszimmer einer Trattoria/Pizzeria an der Durchgangsstraße gleich an der westlichen Stadtmauer.

Außerhalb

- **Hotel Vecchio Asilo**②, Via delle Torri 4, Ulignano, 5 km nordöstlich von San Gimignano, Tel. 0577 950032, www.vecchioasilo.it. Sehr angenehmes, familiär geführtes Hotel mit wenigen, großzügigen, einfach, aber geschmackvoll eingerichteten Zimmern, zuvorkommendem Service mit vielen Ausflugstipps und entwaffnend gutem Frühstück.
- **UNSER TIPP: Agriturismo Poggio Alloro**②-③, Via Sant'Andrea 23, Ulignano, 5 km nordöstlich von San Gimignano, Tel. 0577 950153, www.fattoriapoggio alloro.com. Trotz der großen Landwirtschaft (Wein, Oliven, Rinder, organischer Betrieb) und der vielen Gäste im Restaurant hat sich der Familienbetrieb seinen Charme bewahrt. Tolle Lage mit Blick auf die

Türme San Gimignanos, Schwimmbad, Terrassen und Garten. Sehr gute Salami und Schinken aus eigener Produktion (auch im Direktverkauf für zu Hause), ein Apartment und zehn Zimmer.

■ **Le Volpaie**②, Via Nuova 9, Castel San Gimignano, 10 km westlich von Colle di Val d'Elsa, Tel. 0577 953140, www.hotellevolpaie.it. Kleines Hotel im Dorf mit Garten, Pool, geschmackvoll eingerichtete Zimmer, kein Restaurant (mehrere Lokale im Ort).

Camping

■ **Camping Boschetto di Piemma,** Località Santa Lucia 38c, 2 km südlich von San Gimignano, Tel. 0577 907134, www.boschettodipiemma.it, April–Okt. Einziges Camping in der näheren Umgebung, schattige Stellplätze, Chalets (eher nicht zu empfehlen), kommunales Schwimmbad und Tennisplätze in nächster Nähe, Restaurant mit kleinem (übertevertem) Laden.

Essen und Trinken

■ **Ristorante San Martino**②-③, Via San Martino 26, Tel. 0577 940483, www.ristorantesanmartino26.it, Mo geschl. Elegante Atmosphäre und eine Küche, die höchsten Ansprüchen genügt und aus einfachen Ingredienzen das Beste hervorkitzelt; Kartoffelsuppe mit Ei und Trüffel, Kaninchen mit Wurst und Speck oder Makrelenpudding.

■ **Chiribiri**②, Piazza della Madonna 1, Tel. 0577 941948, www.ristorantechiribiri.it. Gleich nach der Porta San Giovanni links, Regionalküche mit Lieferanten aus der Umgebung, authentisch, sehr angenehm und nicht zu teuer. Tische auf der Piazzetta, drinnen ist es gemütlich eng.

■ **Osteria del Carcere**②, Via del Castello 13, Tel. 0577 941905, Mi und Do mittags geschl. Landküche mit Terrinen, *ribollita* und als Vor- oder auch Hauptspeise sehr gute Crostoni, die Atmosphäre ist nicht unbedingt gemütlich, das Essen entschädigt.

■ **Mangius**①-②, Via San Giovanni 113, Tel. 0577 1741369, www.mangius.it. Spezereiladen, der die toskanischen Köstlichkeiten aus Wurst, Käse und Brot auch auf Teller drapiert, die man in der Enge auf Barhockern oder im Stehen verspeist.

■ **Bruschetteria/Pub Echoes**①, Vicolo Mainardi 10, Tel. 0577 907057, Di geschl. Klein und intim mit Bruschette in allen nur vorstellbaren Variationen, kalt, warm und überbacken (über 60 Arten), dazu Bier oder Wein; zwar gibt es auch Suppen und Pasta, die Stärke aber sind die belegten Brote.

Außerhalb

■ **Osteria l'Angolo di Sapia**②, Via del Castello 14b, Colle di Val d'Elsa, Tel. 0577 921453. Ehrliche Küche ohne allzu großen Anspruch, gut für ein kleines Mittagessen (Panini!), schöne Terrasse auf der ehemaligen Bastion mit herrlichem Blick über das schmale Tal.

Süßes

■ **Gelateria Dondoli,** Piazza della Cisterna 4, Tel. 0577 942244, www.gelateriadipiazza.com. *Sergio* ist ein hoch innovativer und international gerühmter Meister des Eises mit Kreationen wie Crème mit Safran und Pinienkernen oder Grapefruit mit Spumante.

Nachtleben

■ **Enoteca di Vinorum,** Via degli Innocenti/Piazza della Cisterna, Tel. 0577 907192. Nur einige Zweiertische gibt es in der Gasse entlang der Brüstung auf der Stadtmauer, der Blick ist perfekt, die Weinkarte groß, und auch zu essen gibt es was; rechtzeitig Platz sichern, wer will schon drin sitzen?

Verkehr

■ **Fernbusse:** Busterminal, Piazza San Giovanni (südl. Stadteingang von San Gimignano), mehrmals täglich Verbindungen nach Florenz (90 Min. über Poggibonsi, Linien 130/1310, um 5 €) und Siena (90 Min. über Colle Val d'Elsa, Linien 130/010, um 4 €) mit Tiemme, www.pisa.cttnord.it.

■ **Stadtbusse:** Minibusse 0,75 €/Fahrt (Kiosk, 1,50 € im Bus), 1,50 €/Tagesticket.

■ **Parken:** Die Altstadt ist als ZTL verkehrsberuhigt, die Einfahrt verboten, Mitte April bis Mitte Okt. Shuttle-Bus/Linie Nr. 2 zu den Parkplätzen (Tickets an den Parkautomaten, 1 € hin und her). Plätze mit Automatenzahlung, nur bar):

Giubileo (südlich, 10 Gehminuten zum Zentrum, 315 Plätze, 1,50 €/Std., 6 €/Tag, 20–8 Uhr 1 €);

Montemaggio (südlicher Stadteingang, 155 Plätze, 2 €/Std., 20 €/Tag, 20–5 Uhr 1 €);

Bagnaia Superiore (nördlicher Stadteingang, 104 Plätze, 2 €/Std., 15 €/Tag, 20–8 Uhr 5 €);

Bagnaia Inferiore (nördlich, 5 Gehmin. zum Zentrum, 170 Plätze, 2 €/Std., 15 €/Tag, 20–8 Uhr 5 €);

Camper parken in Santa Lucia 3 km außerhalb im Südosten (1 €/ Std., Buslinie 1 zum Zentrum).

Feste

■ **Circomondo,** Zirkusfestival mit Nachwuchskünstlern aus aller Welt, Ende Juni, www.circomondofestival.it.

■ **Medioevo in Rocca,** Mittelalterfestival mit Umzügen und Vorstellungen der Contrade und Ess- und Verkaufsständen an einem Wochenende Anfang Sept., www.cavalieridisantafina.it.

Einkaufen

■ **Markt,** jeden Do im Zentrum rund um die Plätze Duomo, Cisterna, Erbe. **Gemüsemarkt** jeden Sa auf der Piazza Erbe.

■ **Azienda Agricola Tollena,** Via di Castello 37, Tel. 0577 907213, https://borgotollena.com. Weinverkostung- und verkauf in der säkularisierten Kirche San Francesco.

■ **Outlet RC Cristalleria Italiana,** Località Catarelli, Colle di Val d'Elsa (am östlichen Stadtrand), www.rccrystal.com. Wer Kristallgläser, -lüster, -vasen etc. mag – hier wird er fündig, und das zu günstigen Preisen.

Aktivitäten

■ **Reiten** in der **Fattoria Voltrona,** Località San Donato, San Gimignano, Tel. 0577 943152, www.voltrona.com; auf der Fattoria werden Islandpferde gezüchtet, robust und sehr geduldig, sind sie auch als Reittiere für Anfänger und Kinder geeignet – je nach Können und Kondition bietet die Schwedin *Johanna Bergman* Touren unterschiedlicher Länge an.

■ **Wanderung** zwischen Colle di Val d'Elsa und San Gimignano. Schöner Panoramawanderung auf dem gut markierten Frankenweg (Etappe 63), Dauer ca. 2 Std. (9 km).

Gesundheit

■ **Apotheke/Farmacia Comunale,** wechselnde Notapotheken, Dienstplan auf http://san-gimignano.virgilio.it.

> Volterra am späten Nachmittag

Volterra

■ 530 m üNN, 11.000 Einw., Siena 55 km, San Gimignano 30 km, Florenz 80 km

Hoch über den Tälern der Era und der Cècina thronen die Mauern der schönsten Renaissancefestung der Toskana, gradlinig und mit einen Umgang stützenden Konsolen gegliedert. Die stolze Altstadt Volterras ist unbedingt einen Besuch wert.

Die Bedeutung Volterras erschließt sich spätestens an der Piazza dei Priori mit ihren wuchtigen und doch eleganten Backsteinpalästen und an der Piazza San Giovanni mit Dom und Baptisterium. Volterra hat **alles, was eine Toskana-Stadt benötigt:** Höhenlage mit Weitsicht, imposante Stadtmauern, malerische Stadttore, antike Ruinen, bedeutende Museen, enge Gassen, weite Plätze und steile Wege.

Geschichte

Dort, wo heute die Rocca Nuova thront, stand einst die etruskische Akropolis. Die Römer retteten sich mit einem Theater in die Gegenwart, und die **Medici?** Die **Rocca Nuova** ist ihr Werk – Zwingburg und Verteidigungsanlage gegen Siena. Dass diese noch so gut in Schuss ist, liegt an ihrer Nutzung. Von der Renaissance bis in die Gegenwart diente sie als Gefängnis, heute als Haftanstalt mit maximalem Sicherheitslevel für die ganz Schlimmen.

Die **Etrusker** nannten ihre Stadt Velathri, sie gehörte dem Zwölfstädtebund an, besaß also hohe wirtschaftliche und politische Bedeutung. Ein 7 km langer Wall schützte die Stadt im 4. Jh. v. Chr., für die damalige Zeit eine ungeheure Anlage. 260 v. Chr. wurde Velathri römisch und zu Volaterrae. Seine Loyalität belohnte **Rom** 90 v. Chr. mit römischem Bürgerrecht für die Bewohner. Im Bürgerkrieg zwischen *Marius* und *Sulla* we-

Volterra

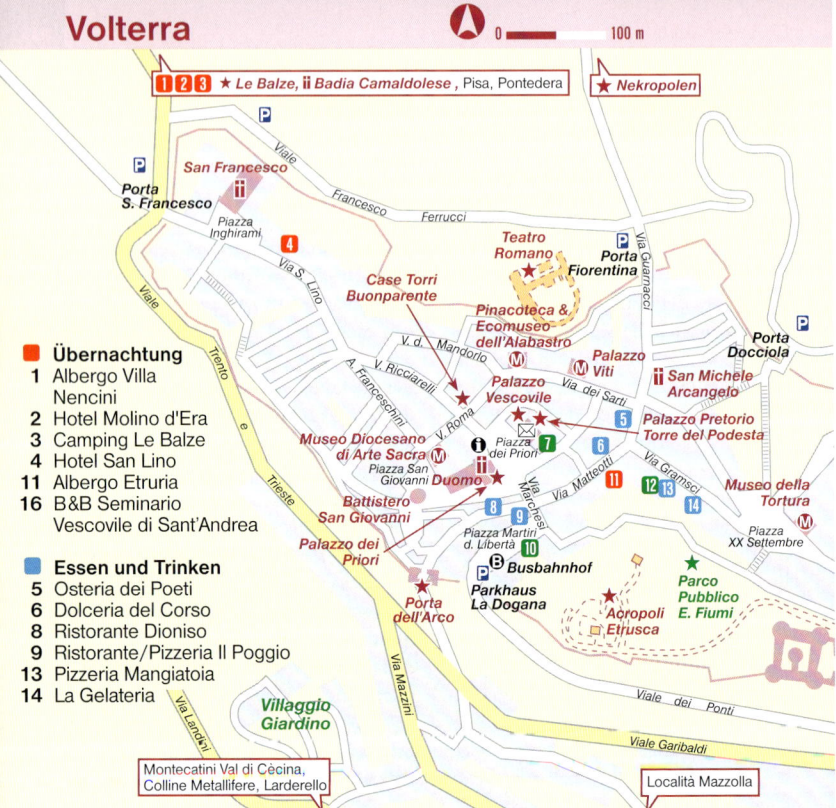

Übernachtung
1 Albergo Villa Nencini
2 Hotel Molino d'Era
3 Camping Le Balze
4 Hotel San Lino
11 Albergo Etruria
16 B&B Seminario Vescovile di Sant'Andrea

Essen und Trinken
5 Osteria dei Poeti
6 Dolceria del Corso
8 Ristorante Dioniso
9 Ristorante/Pizzeria Il Poggio
13 Pizzeria Mangiatoia
14 La Gelateria

nige Jahre danach stand man auf der falschen Seite und wurde 80 v. Chr. aller Privilegien beraubt. Nach dem Niedergang des Römischen Reiches erhielt Volterra im 6. Jh. einen Bischof. Unter den **Karolingern** gewann die Stadt im 9. Jh. zunehmend an Bedeutung, und die Bischöfe dehnten ihren Einfluss in die weitere Umgebung aus.

Doch im 12. Jh. erstarkte der **Adel** und versuchte der geistlichen Herrschaft entgegenzuwirken. Ende des 12. Jh. verbündeten sich die Noblen mit den Bürgern und schufen sich ihre **Stadtrepublik.** 1257 zog man in den 1208 begonnenen Palazzo dei Priori (der älteste erhaltene Kommunalpalast der Toskana).

Volterras Reichtum gründete auf dem Abbau von und **Handel** mit Salz, Schwefel und Alaun. Doch begannen sich die Händel mit den Konkurrenten Pisa, Siena und Florenz abzuzeichnen, in der Stadt bildeten sich die Fraktionen der **Guelfen** und **Ghibellinen** heraus, die auch hier mit Geschlechtertürmen ihre jeweilige Familie zu schützen suchten.

Volterra

Nachtleben
15 Enoteca La Vena di Vino

Einkaufen
7 Cooperativa Artieri Alabastro
10 Alabastri Lavorati Italiana
12 Oasi's

Sehenswertes

Wir beginnen den Stadtrundgang an der Piazza Martiri della Libertà, wo die ankommenden Busse halten und ein Parkhaus die Touristenfahrzeuge aufnimmt. Nur wenige Meter sind es auf der Via dei Marchesi zur „Guten Stube" Volterras, der Piazza dei Priori. Der **Palazzo dei Priori** nimmt – linker Hand – die südöstliche Ecke des Platzes ein. Zinnenbekrönte Traufe und Stadtturm sind Machtdemonstration, Wappen der Podestà und spärlich verteilte Biforien lockern die massige Fassade etwas auf. Um die Ratsversammlungen nicht mehr unter Beobachtung des Bischofs im Dom abhalten zu müssen, errichteten sich die Bürger ab 1208 das (heute) älteste Rathaus der Toskana – u.a. Vorbildbau für den Florentiner Palazzo Vecchio. Ursprünglich verliefen entlang der Etagen hölzerne Galerien (die Aufnahmen von deren Tragbalken sind noch zu sehen). In der ersten Etage ist der heute noch benutzte Saal des Großen Rates zu besichtigen, der im 19. Jh. neogotisch verändert wurde. Das Verkündigungsfresko (1383) stammt von *Jacopo di Cione* („Orcagna" genannt), die „Hochzeit zu Kana" (1595) von *Donato Mascagni*. Im angrenzenden Nebenraum **Sala del Consiglio** trat man in intimerer Runde zusammen. Platz genommen wurde auf dem Holzgestühl mit einem Band von Intarsienarbeiten senesischer Meister. An der Wand eine Skizze zum Verkündigungsfresko im Ratssaal. Den Turm (120 Stufen) darf man besteigen.

■ **Sala del Consiglio,** Piazza dei Priori 1, Tel. 0588 86050, tgl. 10.30–17.30, Winter 10–16.30 Uhr, 14 € (Kombiticket Stadtmuseen, drei Tage gültig).

Die internen Streitereien schwächten Volterra, und schließlich fiel es 1361 an **Florenz**. Auch wenn formal eine Teilunabhängigkeit gewährt wurde, de facto war man vollständig von den *Medici* abhängig. 1472 wurde die **Abhängigkeit** auch formal festgeschrieben, und die *Medici* ließen die Festung 1474 errichten. 1530 versuchte Volterra noch einmal die Autonomie zu erkämpfen, die Revolte endete erfolglos. Ende des 18. Jh. brachte die Alabasterindustrie neuen Wohlstand in die Stadt.

Twilight Zone

Die US-Amerikanerin *Stephenie Meyer* hat sie geschrieben, die Romane um die hübsche Bella Swan, die sich nicht für einen von zwei ebenso hübschen Untoten entscheiden kann. Die Verfilmung war weltweit ein großer Erfolg. Da einige Szenen in Volterra spielen (tatsächlich aber in Montepulciano abgedreht wurden), hat sich der Tourismusverband Volterras gekümmert und eine Stadtführung für die Traumreise von „Bis(s) zur Morgenstunde" angeknabberten weiblichen Teens organisiert.

■ **New Moon Tour,** www.newmoonofficialtour.com, April–Aug. 1–4 mal pro Monat immer Sa 17/18 Uhr (Anmeldung bis spätestens 13 Uhr), Dauer 90 Min., 30 €/Person (bzw. 200 € insgesamt bei weniger als sechs Teilnehmern).

Rechts neben dem Palast weist die Rückseite des Kathedralkomplexes (mit einem am Altar vorbeiführenden Nebeneingang) die typischen Wechsellagen auf. Dem Palast direkt gegenüber stehen der **Palazzo Pretorio** mit drei riesigen Torbögen und der Torre del Podestà. Wegen der Skulptur hoch oben heißt er im Volksmund auch „Torre del Porcellino – Schweinchenturm". Das links anschließende Gebäude wurde vom Rat der Stadt hinzugekauft und dem Palazzo angegliedert. Zwischen den beiden Palazzi zeigt sich der Palazzo Vescovile fast demütig, ursprünglich war er ein Kornspeicher. Beim Bau der Medici-Festung musste der alte Bischofssitz weichen, der Bischof an die Piazza und unter die Augen der Bürger ziehen. Die Nordseite des Platzes beschließt der Palazzo Incontri, einst Bischofsseminar, heute eine Bank.

Nächste Station ist die Piazza San Giovanni mit der nach außen sehr bescheiden wirkenden, 1120 geweihten **Kathedrale**. Mitte des 13. Jh. hat man die Basilika erweitert und die Fassade im Stil der pisanischen Romanik umgestaltet (wahrscheinlich durch *Nicola Pisano*). Das Marmorportal stammt von 1254, der Campanile ersetzte Ende des 15. Jh. den eingestürzten Vorgängerturm. Ursprünglich waren Längs- und Querschiffe mit Fresken geschmückt, im 19. Jh. hat man das Innere aber mit Streifen übermalt. Seit dem 16. Jh. deckte den Dachstuhl eine bemalte und vergoldete Holzkassettendecke ab. In die linke Säulenreihe eingerückt ist die Kanzel, ein Meisterwerk des 12. Jh. Vier Granitsäulen stehen auf den Rücken zweier (Mensch und Tier zerfleischenden) Löwen und zweier Fabelwesen. Die Brüstung der Kanzel mit ihrem quadratischen Grundriss thematisiert Szenen aus dem Alten und dem Neuen Testament. Heimsuchung, Opferung *Isaaks,* Verkündigung sind zu sehen, und ein herrliches Abendmahlrelief, auf dem *Judas* unter den Falten der Tischdecke – vom schlangengleichen Teufel beäugt – die Hand für die Silberlinge bereit hält, während *Johannes* entrückt an der Schulter Jesu ruht und die restlichen Jünger sich an Brot und Fisch gütlich tun. Überaus wertvoll, weil äußerst selten, ist die holzgeschnitzte Großfigurengruppe „Kreuzabnahme" (erste Hälfte des 13. Jh.) im rechten Querschiff. 1989 restauriert, zeigt sie sich heute frischfarbig bunt. Links und rechts des Kreuzes Maria und *Johannes der Evangelist,* links vorne, den Körper fangend, *Joseph von Arimathäa,* rechts *Nikodemus*, der mit der Zange die Eisennägel entfernt. Am zweiten Altar in der Mitte des linken Seitenschiffs beachte man die „Verkündigung" (um 1498) von *Mariotto Albertinelli*. Die wunderbare Ausführung der perspektivischen Komposition ist beinahe fotografisch exakt und eröffnet den Blick auf eine toskanische Wunschlandschaft. Ein *della Robbia* darf auch in Volterra nicht fehlen. Im Oratorio della Vergine Maria (Durchgang im hinteren linken Seitenschiff) schuf *Giovanni* die bemalten Terrakotta-Figuren in den gittergeschützten Nischen: Weihnachtsgeschichte und Dreikönigsfest.

■ **Cattedrale Santa Maria Assunta,** Piazza San Giovanni 1, Tel. 0588 88261, www.diocesivolterra.org, 8–12.30, 15–18.30, Fr ab 16 Uhr.

Dem Dom gegenüber entstand im 13. Jh. unter wahrscheinlicher Einbeziehung eines Vorgängerbaus das achteckige **Baptisterium**. Nur eine Seite wurde mit Marmor streifig verblendet. Die Kuppel verbirgt ein im 16. Jh. aufgebautes Gewölbe, das nicht bis zur Traufe reicht. Im Inneren sind die acht Mauersegmente mit Nischen und diese mit schmalen Fenstern versehen. Den runden zentralen Taufbrunnen stellte *Giovanni Vaccà* 1749 auf, die Figur *Johannes des Täufers* meißelte *Giovanni Antonio Cybei* 1771. Ungleich älter ist das auf die rechte Altarseite in eine Nische versetzte achteckige, reliefgeschmückte Taufbecken. *Andrea Sansovino* schuf es im Jahre 1502.

■ **Battistero di San Giovanni,** Piazza San Giovanni 2, Tel. 0588 86063, 8.30–12.30, 15–18.30, Fr ab 16 Uhr.

Das **Diözesanmuseum für Sakralkunst** an der Nordseite der Piazza San Giovanni zeigt vornehmlich Objekte aus der Kathedrale, die aus konservatorischen Gründen ins Museum gekommen sind. Wichtigstes Kunstwerk sind die sieben Marmorplatten des 14. Jh. mit Szenen aus dem Leben der Heiligen *Vittore* und *Ottaviano*. Ein römischer Sarkophag gilt als einer der ersten, die als Grabstätte eine Wiederverwendung fanden – in diesem Fall für Bischof *Goffredo*, der 1037 verstarb.

■ **Museo Diocesano di Arte Sacra,** Via Roma 13, Tel. 0588 86290, 9–13, 15–18, Nov.–Mitte März 9–13 Uhr, 10 € (mit Etruskermuseum und Pinakothek/Stadtmuseum).

Wenige Meter sind es vom Dom Richtung Norden zu den **Case Torri Buonparente,** Turmhäusern, von denen zwei mit einer Korridorbrücke verbunden sind. Unter ihr hindurch gelangt man zum **Museumskomplex** im eleganten Renaissance-Palazzo Minucci Solaini an der Via dei Sarti. Die **Pinakothek** zeigt Werke u.a. von *Francesco di Domenico di Valdambrino* (holzgeschnitzte Verkündigungsgruppe, um 1410), *Taddeo di Bartolo* (Triptychen, 1411), *Stefano d'Antonio di Vanni* („Madonna mit dem langen Hals", um 1460) und von *Rosso Fiorentino* eine großartige Kreuzabnahme (1521). Von *Domenico Ghirlandaio* stammt das Gemälde „Christus im Strahlenkranz" (1492). Als Zentrum der Alabasterindustrie würdigt die Stadt dem Stein mit dem **Alabastermuseum** eine eigene Ausstellung. Die meisten Exponate stammen aus jüngerer Zeit, doch sind auch etruskische Urnen und Säulenkapitelle aus dem Mittelalter zu sehen.

■ **Museo Civico, Pinacoteca, Ecomuseo dell' Alabastro,** Via dei Sarti 1, Tel. 0588 87580, tgl. 9–19, Winter 10–16.30 Uhr, 14 € (Kombiticket für die Stadtmuseen, drei Tage gültig).

Hinter den Museen blickt man von der Stadtmauer hinab auf das Halbrund des **Römischen Theaters** aus dem 1. Jh. mit den im 3 Jh. dahinter errichteten Thermen (für deren Bau man das Theater abriss und die so gewonnenen Steine verwendete). Die in den 1950er Jahren ausgegrabene Anlage stiftete die Volterraner Familie *Caecina*, die zwei Konsuln hervorbrachte. 2000 Zuschauer fanden im Theater Platz.

■ **Teatro Romano di Vallebuona,** Piazza Caduti Martiri dei Lager Nazisti, Tel. 328 0707834, 10.30–17.30, Winter 10–16.30 Uhr, 14 € (Kombiticket für die Stadtmuseen, drei Tage gültig).

Wieder zurück, steht im Ostbereich der Via dei Sarti der **Palazzo Viti** vom Ende des 16. Jh. Die Fassade ist ein gutes Beispiel für den Übergang von der Renaissance zum Barock. 1850 erwarb der Industrielle *Viti*, der sein Vermögen mit der Alabasterverarbeitung gemacht hatte, den Palast. Das Innere lässt mit Einrichtung und Ausschmückung das Leben einer mehr als reichen Familie des 19. Jh. erahnen, die sich auch als Kunstsammler einen Namen gemacht hatte.

■ **Palazzo Viti,** Via dei Sarti 41, Tel. 0588 84047, www.palazzoviti.it, tgl. 10–13, 14.30–18 Uhr, 5 €.

Wenige Meter weiter zeigt an der Piazza die **Kirche San Michele Arcangelo** (wie der Dom), was sich hinter den eleganten Marmorverblendungen der Gotteshausfassaden verbirgt: unansehnliche Ziegel.

Volterra

Im 13. Jh. auf einem Vorgängerbau des 10. Jh. errichtet, entstammt die Teilverkleidung dem Jahr 1285. In deren Bogen sind die heraldischen Zeichen der Familie *Farnese* verewigt. Das Original der Madonnenfigur bewahrt das Diözesanmuseum auf. Gegenüber steht die Casa Torre Toscano, der Palazzo Maffei-Guarnacci. 1250 als Turmhäuser entstanden, wurden sie im 17. Jh. zum Palast zusammengefasst.

Das **Etruskermuseum** im Palazzo Desideri Tangassi in der Via Don Minzoni gilt als eines der bedeutendsten Italiens und ist mit seinem Gründungsdatum 1761 eines der ältesten öffentlichen Museen Europas, gestiftet vom Schriftgelehrten und Archäologen *Mario Guarnacci* (1701–1785). Am bekanntesten ist die Urnenabdeckung (4. Jh. v. Chr.) eines adeligen Ehepaares mit den für die etruskische Kunst typischen Disproportionen der Figuren und Extremitäten. Schon zu jener Zeit war Volterra ein Zentrum der Steinverarbeitung und seine Urnen im ganzen etruskischen Machtbereich begehrt. Über 500 Urnen zählt die Sammlung.

■ **Museo Etrusco Guarnacci,** Via D. Minzoni 15, Tel. 0588 86347, tgl. 9–19, Winter 10–16.30 Uhr, 14 € (Kombiticket Stadtmuseen, drei Tage gültig).

Über die südliche Parallelgasse Via di Castello kehrt man nun entlang der **Fortezza Medicea** zurück, dem für Draußenstehende vielleicht weltschönsten Hochsicherheitsgefängnis. 1474 errichtet, sollte sie nach dem Sieg von Florenz die dauerhafte Unterwerfung Volterras und den Zugriff auf die nahen Minen sichern. Der dort abgebaute Alaunstein war für die Tuchproduktion jener Tage wichtig. In das Festungswerk eingebunden wurden ältere Bauteile, darunter der Cassero von 1292. Der Weg auf seinem Begrenzungswall ist durchgängig begehbar – von den bewaffneten Wachen, die ein Auge auf die Straftäter haben. Letzteren ist gemeinsam, dass sie mindestens sieben Jahre abreißen müssen. Zeitvertreib ist u.a. eine einzigartige Institution. Mehrmals im Jahr kochen die Delinquenten unter Anleitung eines berühmten Küchenchefs ein abendliches Gelage, zu dem Gäste von außerhalb hinzustoßen (zu nicht unerheblichen Preisen und nach intensiver Prüfung der Besucher durch die Behörden bereits im Vorfeld, weshalb man als Tourist chancenlos ist).

UNSER TIPP: Hinter der Festung führen mehrere Abzweige links hoch zum **Stadtpark E. Fiumi,** einer gänzlich unerwarteten Oase innerhalb der Stadtmauern, ausgedehnt, sattgrün, mit weiten Rasenflächen und hohen Bäumen. Hier wird Fußball gespielt, gepicknickt und im Schatten gedöst.

■ **Parco Pubblico E. Fiumi,** tg. 8.30–20, Winter 8.30–17 Uhr.

An höchster Stelle umschließt ein Zaun die ehemalige **etruskische Akropolis.** Die Fundamente zweier Tempel sind noch klar ersichtlich, mehrere Zisternen und die Reste von Häusern aus der hellenistischen Periode konnten bei den Grabungen ebenfalls lokalisiert werden.

■ **Acropoli Etrusca,** Parco E. Fiumi, Tel. 328 0708 155, tgl. 10.30–17.30, Winter 10–16.30 Uhr, 14 € (Kombiticket für die Stadtmuseen, drei Tage gültig).

◁ Römisches Theater in Volterra

Die Alabasterstadt

Alabaster entstand im Miozän 27–26 Mio. Jahre vor unserer Zeit aus nichts anderem als **Meerwasser.** Die Meere verdunsteten, wurden zu Seen, die schließlich auch verschwanden. Das im Wasser gelöste **Kalziumsulfat** blieb zurück – Alabaster. Kaum glaublich, aber seine feine, durchscheinende Struktur geht auf noch immer in ihm befindliches Kristallwasser zurück. So ist der Stein durchaus eine Diva. Wird es ihm zu heiß, verdunstet das Kristallwasser, und er bleibt dauerhaft undurchsichtig.

Alabaster gibt es in den **unterschiedlichsten Tönungen,** von reinem Weiß über rötlich und gelblich bis zu dunklem Grau. Maserungen und Wölkungen kommen ebenfalls vor. Da der Stein relativ weich ist, lässt er sich gut bearbeiten, bohren, raspeln und schleifen. In den Nebengassen Volterras arbeiten die Künstler bei offenen Türen und haben gegen Blicke in ihre **Werkstätten** nichts einzuwenden. In keiner Hauptgasse fehlt ein Laden, der Alabasterkunstwerke anbietet, vom wildesten Kitsch bis hin zu künstlerisch durchaus akzeptablen Skulpturen.

Schon immer galt Alabaster als **königlicher Stein,** als edle Ware, den Damen Alabasterhaut als höchst erstrebenswert, und bereits die Etrusker nutzten ihn ausgesprochen gern. Ihre Urnen und Särge waren nicht nur aus Marmor, sondern eben auch aus Alabaster. Im Mittelalter ging das Wissen und Wollen der Verarbeitung verloren, erst im 17. Jh. tauchte es wieder auf, wobei hauptsächlich klassische Skulpturen in Alabaster kopiert wurden. Gab es 1780 nur neun Werkstätten, waren es 1830 bereits 60. Die Arbeiten aus Volterra wurden, insbesondere auch wegen der hohen Qualität des abgebauten Steins, international verkauft, die Fachschule für Alabasterverarbeitung in Volterra zog Interessierte aus der ganzen Welt an.

▽ Alabasterkunst im Stadtmuseum

Abschließend könnte man noch ganz im Westen der Altstadt die einschiffige **Kirche San Francesco** besuchen. Im 13. Jh. errichtet, besitzt sie eine für die Franziskaner typische bescheidene Fassade, und auch das Portal begnügt sich mit dem Nötigsten. Nur im Tympanon ist eine Figur skulptiert. Prunkstück der Innenausstattung ist die 1315 angebaute Cappella della Croce mit dem von *Cenni di Francesco* 1410 gemalten Freskenzyklus mit Szenen zum Leben der Jungfrau und des Erlösers.

■ **Chiesa di San Francesco,** Piazza San Francesco, 8–12.30, 16–19 Uhr.

Auf dem Rückweg zur Piazza Martiri della Libertà sollte man vorher noch nach rechts in die Via Porta all'Arco einbiegen und kurz bergab gehen. Der Stadtausgang **Porta dell'Arco** ist das älteste Bauwerk Volterras, das einzig erhaltene Tor aus etruskischer Zeit.

Montecatini Val di Cècina

Hügellage, weithin sichtbarer Turm, ein adretter Stadtplatz mit Bäumen im Karree und eine ellenlange Geschichte, die im 10. Jh. beginnt – alles schon gesehen! Montecatini (416 m üNN, 1800 Einw.) hat aber mit einem **Schaubergwerk** Außergewöhnliches zu bieten. Zur Vorbereitung kann man im Ort das **Dokumentationszentrum** im eleganten Palazzo Pretorio mit seinem Arkadengang besuchen. Das Bergwerk Montecatinis – Caporciano – galt einst als die reichste Kupfermine Europas. Das Zentrum beleuchtet die Arbeit von 1827 bis 1907, als das Bergwerk aufgelassen wurde.

■ **Centro Documentazione,** Piazza Garibaldi 1, Tel. 0588 31026, 10–13, 16–20, Juli/Aug. nur So, 3 €, mit Schaubergwerk 8 €.

Anschließend geht es 2 km nach Osten durch den Wald zur **Miniera.** Hier haben schon die Etrusker Kupfer aus dem Berg geholt, heute vermitteln die verbliebenen Gebäude immer noch einen Eindruck der ehemals regen Tätigkeit. Auf 35 km Länge summieren sich die Stollen, die Führung dauert 90 Minuten, festes Schuhwerk und ein Pullover (um 12 °C) sind angeraten.

■ **Miniera/Area Archeologica,** Località Miniera, Tel. 0588 31026, Führungen Mai Mi–So 10, 11.30, 15, 16.30, 18, Juni–Sept. Do–So 10, 11.30, 16, 17.30, 19, Mi 21, 24 Uhr, 7 €, mit Dokumentationszentrum 8 €.

△ Das Bergwerk von Montecatini

Colline Metallifere

Der Bergzug erstreckt sich westöstlich zwischen Meer und Siena und trennt die Landschaften von Volterra mit dem Val di Cècina im Norden und Massa Maríttima im Süden. Dicht bewaldet sind die Hügel, Eichen herrschen vor, der höchste Berg ist der Cornate di Gerfalco mit 1060 m. Die Gegend trägt ihren Namen „**Erzhügel**" zu Recht. Bereits im Altertum hat man hier Eisen, Silber und Kupfer gewonnen, Salze wie Alaun und Steine wie Alabaster abgebaut. Fast jeder der zwischen den Hügeln versteckten Orte kann auf eine Bergbautradition zurückblicken. Heute spielen die Minen wirtschaftlich keine Rolle mehr, die meisten sind aufgelassen und verfüllt. Hingegen ist die **Geothermie** zu einer bedeutenden Industrie geworden. Heiße Schichten befinden sich (geologisch gesehen) recht nahe der Oberfläche, sodass sich Bohrungen zur Energiegewinnung mit relativ wenig Aufwand setzen lassen. Die gewonnene Wärme heizt Gewächshäuser oder wird vor Ort in Strom umgewandelt.

Radtour durch die Metallhügel

Eine anspruchsvolle (1750 Höhenmeter) und lange (142 km) Tour führt über die Colline Metallifere, für sie sollte man sich zwei bis drei Tage Zeit nehmen. Sie beginnt in Donoraticos Vorort **Il Bambolo**, von dem aus man die Via Aurelia Richtung Castagneto Carducci im Landesinneren verlässt. 3 km hinter Castagneto (etwa bei km 10) beginnt die 2 km lange Anfahrt hoch zum Pass **Bocca di Valle**. Dahinter folgt man den Schildern nach **Monteverdi Maríttimo**, ein erneuter Anstieg, dann geht es etwas unangestrengter nach Monteverdi hinüber und von dort etwas bergab nach Canneto (27 km ab Start). Direkt davor biegt man nach **Serrazzano** ab und radelt erneut bergan hoch zum Hügelkamm mit dem Lohn der Mühe: Sicht über das Tal der Cornia. Am Kamm entlang erreicht man schließlich den 3 km langen, schweißtreibenden Serpentinenanstieg nach Serrazzano. Nun geht es zügig bergab ins **Valle del Diavolo,** das seinen Namen der heißen Schwefelquellen wegen trägt. Im Tal (km 45) biegt man nach links Richtung Pomarance ab, fährt noch etwas bergab und dann wieder bergauf ins 2 km entfernte **Montecerboli**, die Geothermieanlagen vor Augen. Jetzt geht es knapp 10 km bergab nach **Pomarance** (km 57) im Cècina-Tal. 13 km weiter biegt man in **Saline di Volterra** nach Volterra ab. Nach 10 km auf der in den Stoßzeiten stark befahrenen Straße geht es teils in Serpentinen und an Hangabbrüchen vorbei steil nach **Volterra** hoch (km 80). Auf der SP9 ins Era-Tal abgefahren und auf der SP32 wieder bergan, heißt das nächste Etappenziel **Montecatini Val di Cècina** (km 95). Hinter dem Ort geht es links weg und teils bergab und an Weinbergen vorbei Richtung **Buriano** und **Ponteginori** (km 105), wo man die Hauptstraße nach links Richtung Querceto verlässt, die Cècina und den Torrente Sterza quert und wieder bergan Richtung Casale Maríttimo radelt, die letzten 1,5 km recht schweißtreibend, bevor man auf die SP19 nach **Bibbona** (km 123) abbiegt. Von dort geht es über **Bolgheri** (km 129) und die Zypressenallee bergab wieder ans Meer zur Via Aurelia. Der Ausgangspunkt der Tour ist dann schließlich nach weiteren 13 km erreicht.

Larderello

Die 30 km lange Fahrt von Volterra nach Larderello (390 m üNN, 850 Einw.) führt in das Herz der Erzhügel. Durch dichten Wald schlängeln sich die Fahrstraßen, bis man schließlich auf freie Hänge stößt, die ein dichtes Netz in der Sonne blinkender Metallrohre bedeckt. Dazwischen stehen bedrohlich wirkende Kühltürme, doch die Technik ist überaus naturfreundlich. Aus Tiefenbohrungen (4000 m) steigt bis zu 230 °C heißer Dampf nach oben und wird in elektrische Energie verwandelt. 1904 hatte man hier erstmals Strom erzeugt, heute leistet es 545 MW. In der lehrreichen multimedialen Ausstellung des **Museums der Elektrizitätsgesellschaft** ENEL erfährt man alles über die Geschichte und die Zukunft der Geothermie-Nutzung.

■ **Museo della Geotermia,** Piazza Leopolda, Tel. 0588 86099, http://sharing.enel.com/geomuseo, tgl. 9.30–18.30, Winter 10–17 Uhr.

Hautnah kann man Geothermie in dem **Freiluftmuseum** von Monterotondo Marittimo 20 km südlich von Larderello erleben. Schon die Fahrt durch den dichten Eichenwald ist ein Vergnügen. Angekommen, kann man sich beim Kiosk im Tal informieren und dann für einen Spaziergang zum Parkplatz oberhalb des Kühlturms begeben. Eine Schwefelquelle mit 40 °C, kochendes Wasser in der Lagune und die Sulfit-Wüstenei der Biancane geben einen Eindruck von der Unruhe des Erdinneren.

■ **Parco Geotermale di Monterotondo,** Mi–Mo Juni–Sept 10–12, 15–17, April/Mai 9.30–12.30, 14–16, Okt. nur Sa/So.

Volterra: Zugabe!

■ **Museo della Tortura** – das obligatorische Foltermuseum mit seinem Instrumentarium und detaillierten Erklärungen zu dessen Anwendung; Piazza XX Settembre 3, Tel. 0588 80501, 15. März–Okt. tgl. 10–19 Uhr, 8 €.

■ **Le Balze** – wie prekär die geologische Lage Volterras ist, sieht man bei der Abfahrt vom Berg auf der SP15 Richtung Pisa/Pontedera: fast senkrechte Hangabrutsche, die Narben hinterlassen, die kein Bewuchs je heilen könnte.

■ **Badia Camaldolese** – Kreuzgang eines 1034 gegründeten, später von den Kamaldulensern übernommenen und umgebauten Klosters 1,5 km nördlich der Kirche San Francesco an der SP15 oberhalb der Balze, wegen der Abrutschgefahr 1861 aufgegeben, im Sommer Fr 16–19, Sa/So 10–13, 16–19 Uhr.

■ **Torre di Montemiccioli** – geborstener Turm inmitten eines Weilers auf einer Hügelkuppe 14 km westlich von Volterra, ein Überbleibsel aus dem Mittelalter mit schöner Aussicht.

■ **Montieri** – Hauptort der Berggemeinden Gerfalco und Travale du Bocceggiano rund um den „Gipfel" Cornate in den Colline Metallifere, pittoreske mittelalterliche Dörfer mit Bergbautradition.

Praktische Informationen

Touristeninformation

■ **Ufficio Turismo Volterra,** Piazza dei Priori 20, Tel. 0588 87257, www.comune.volterra.pi.it, www.volterratur.it, tgl. 9–13, 14–18 Uhr

Unterkunft

■ **Hotel San Lino**②-③, Via San Lino 26, Tel. 0588 85250, www.hotelsanlino.net. Eines der besten Hotels am Platz (Vier-Sterne-Standard) in einem ehemaligen Kloster von 1480 in der Altstadt, Pool im Innenhof, Restaurant.

■ **Albergo Etruria**②, Via Matteotti 32, Tel. 0588 87377, www.albergoetruria.it. Hotel in der Altstadt in einem Palast des 18. Jh. mit 18 elegant eingerichteten Zimmern, familiengeführt und mit allem notwendigen Komfort.

■ **Albergo Villa Nencini**②, Borgo Santo Stefano 55, Tel. 0588 86386, www.villanencini.it. 300 m westlich der Kirche San Francesco steht die Villa in einem Garten in Hanglage mit Panoramablick; großer Pool, 35 praktisch eingerichtete Zimmer teils mit Terrasse, angeschlossenes Restaurant.

■ **B&B Seminario Vescovile di Sant'Andrea**①, Viale Vittorio Veneto 2, Tel. 0588 86028, semvescovile@diocesivolterra.it. Das Bischofsseminar vermietet in seinem historischen Gebäude 60 einfache, saubere Zimmer mit Bad en-suite zehn Gehminuten von der Piazza der Priori, kostenloses Parken.

Außerhalb

Unser Tipp: **Hotel Molino d'Era**①-②, SR439 dir km 6,4 (10 km nördlich von Volterra), Tel. 0588 33220, www.molinodera.com. Gutshof aus dem 18. Jh., dem man seine Vergangenheit nicht mehr ansieht. Schöner Garten im Tal der Era, angenehme, einfache Zimmer mit Bad, ausgezeichnetes Restaurant mit herzlichen Gastgeberinnen und großzügigen Portionen (nach Tagesgerichten fragen!).

■ **B&B La Miniera**②, Località Miniera, Montecatini, Tel. 0588 30026, www.vacanzelaminiera.it. Schöne, großzügige, saubere Zimmer in absolut ruhiger Lage neben dem Schaubergwerk. Gutes Restaurant mit bodenständiger Küche (vom Carpaccio bis zum Windschwein, auch Pizza, Halbpension möglich und keineswegs eine falsche Entscheidung), freundliches Personal, Schwimmbad.

Camping

■ **Camping le Balze,** Via di Mandrina (le Balze), Volterra, Tel. 0588 87880, www.campinglebalze.com, Mitte März–Mitte Okt. Schattiger, ruhiger Platz 1 km von der Altstadt, Supermarkt und Restaurant 300 m entfernt, Stellplätze mit Elektroanschluss, Mini-Market und Bar, Schwimmbad.

Essen und Trinken

■ **Osteria dei Poeti**③, Via Giacomo Matteotti 55, Tel. 0588 85100, https://osteriadeipoetivolterra.wordpress.com, Do geschl. Gehobene Küche, die über Tagliata weit hinausgeht, elegante Einrichtung in mittelalterlichem Palast und sehr zuvorkommendes Personal; man probiere die Trüffelgerichte.

■ **Ristorante/Pizzeria Il Poggio**①-③, Via Porta all'Arco 7, Tel. 0588 85257, www.ilpoggiovolterra.it. Bürgerliches Lokal mit Standards in guter Qualität und Tischen in der Gasse, Pizza meist nur abends.

■ **Ristorante Dioniso**②, Via Porta all'Arco 11/19, Tel. 0588 81531, www.ristorantedioniso.com. Keine Chemie, kein Fisch, kein Fleisch, dafür leckere vegetarische Gerichte in fast eleganter, extrem entschleunigter Atmosphäre und dazu guter Wein. Dass man sich auch in einem archäologischen Museum befindet, gibt es als Dreingabe.

■ **Pizzeria Mangiatoia**①, Via Gramsci 35, Tel. 0588 85695. Pizze, Kebab, Crêpes, abends trifft man sich hier zum Aperitif und auf ein Glas Wein an den langen Bänken in der Gasse.

Außerhalb

■ **Trattoria Albana**②, Via Comunale 69, Località Mazzolla (8 km südöstl. Volterra über die SR68), Tel. 0588 39001, www.trattoriaalbanamazzolla.com. Solide toskanische Landküche, vorwiegend mit Fleisch, hausgemachte Pasta, kleine Terrasse.

Süßes

■ **La Gelateria,** Via Gramsci 36, Tel. 0588 86724. Selbstgemachtes Eis in unüblicheren Geschmacksrichtungen, auch vegane Sorten.
■ **Dolceria del Corso,** Via Matteotti 29, Tel. 0588 86182. Köstliche Kleinigkeiten, die jede Sünde rechtfertigen: *connolo, cavallucci* oder *ricciarelli* – Probieren geht über Studieren.

Nachtleben

■ **Enoteca La Vena di Vino,** Via Don Minzoni 30, Tel. 0588 81491, www.lavenadivino.com. Di geschl. Bis 1 Uhr morgens wird Wein ausgeschenkt (dazu gibt's Slow Food), und zwar nicht vom Schlechtesten. Ein bisschen schräg sind die alten Gewölbe dekoriert, dafür ist die Stimmung gut – in der „fescion Bar" treffen sich Touristen und Einheimische.

Verkehr

■ **Bus:** Busterminal Piazza Martiri della Libertà/Volterra, mehrmals täglich Verbindungen mit CPT nach Pisa (2½ Std., umsteigen in Pontedera, Linien 500/190, um 6 €); mit Umsteigen in Colle di Val d'Elsa nach San Gimignano (80 Min., Linien 770/130, um 4 €), Siena (2 Std., Linien 130/010, um 5 €) und Florenz (3 Std., Linien 130/131R, um 7 €), www.pisa.cttnord.it.
■ **Parken:** Die Altstadt Volterras ist als ZTL verkehrsberuhigt, die Einfahrt verboten. Im Süden Parkhaus La Dogana beim Busterminal direkt am Stadteingang (1. halbe Stunde 1 €, jede weitere Stunde 1,80 €, 24 Std. 15 €); der Parkplatz Porta Fiorentina (2 €/Std., 12 €/Tag) liegt nördlich an der Stadtmauer neben dem Römischen Theater; weiterer Parkplatz an der Porta Docciola (2 €/Std.) etwas östlich, hier auch für Camper (10 €/Tag).

Feste

■ **Volterra Jazz Festival,** das renommierte Fest findet über eine Woche in der ersten Augusthälfte statt, www.volterrajazz.it.
■ **Volterra Anno Domini 1398,** Mittelalterfestival in der zweiten Augusthälfte mit Umzügen, Spielen, Theater, Verkaufsständen und Esstischen in den Gassen und auf den Piazze.

Einkaufen

■ **Oasi's,** Via Gramsci 20, Tel. 0588 84082, www.oasisalabastro.com. Ganz was anderes aus Alabaster, den Ideen sind keine Grenzen gesetzt: Bratpfännchen mit aufgeschlagenem Ei, Eisbecher mit Waffel. Es gibt aber auch Klassisches wie Denker mit Uhr, Pferdekopf und Pillendöschen.
■ **Cooperativa Artieri Alabastro,** Piazza dei Priori 5, Tel. 0588 87590, www.artierialabastro.it. Seit 1895 bestehende Kooperative, die vornehmlich klassische Gebrauchsgegenstände wie Leuchter, Schachspiele, Vasen und Lampen fertigt.
■ **Alabastri Lavorati Italiana,** Piazza Martiri delle Libertà 5/9, Tel. 0588 86078, www.alialabastro.it. Größte Auswahl sofort mitzunehmender Werke; am Stadtausgang gelegen.

Gesundheit

■ **Krankenhaus/Ospedale,** Borgo San Lazzero 5, Volterra, Tel. 0588 91911, Notruf 118, www.usl5.toscana.it, 24/24 Std.
■ **Apotheke/Farmacia Comunale,** wechselnde Notapotheken, www.comune.volterra.pi.it.

Abbazia di San Galgano | 511
Abbazia San Lorenzo al Lanzo | 520
Ansedònia | 480
Bagno di Petriolo | 520
Capalbio | 481
Castiglione della Pescaia | 460
Chiusdino | 511
Follònica | 516
Gavorrano | 517
Giannutri | 489
Giardino dei Tarocchi | 482
Grosseto | 454
Isola del Giglio | 486
Lago dell'Accesa | 520
Magliano in Toscana | 467
Manciano | 500
Marina di Alberese | 464
Marina di Grosseto | 459
Massa Marìttima | 507
Monastero di Siloe | 519
Monte Argentàrio | 477
Monte Argentàrio, Badeplätze | 479
Montecristo | 489
Montemassi | 514
Montemerano | 498

Naturpark Maremma/Alberese | 461
Orbetello | 479
Pagànico | 468
Parco Roberto Ciulli | 513
Pereta | 468
Pitigliano | 492
Porto Ercole | 478
Porto Santo Stefano | 475
Principina a Mare | 459
Punta Ala | 516
Roccastrada | 514
Roccatederighi | 514
Roselle | 461
San Quirico | 498
Satùrnia | 499
Scansano | 466
Scarlino | 517
Sorano | 497
Sovana | 494
Sovana, Etruskische Gräber | 496
Südtoskana, Badeorte | 504
Talamone | 464
Tirli | 520
Valpiana | 513
Vetulònia | 518

8 Grosseto, Maremma

Lange Strände, Hügel, Berge –

die Südtoskana bietet von allem etwas

◁ Früher Sumpf, jetzt Pferdweide – die Maremma

GROSSETO, MAREMMA

Die **südwestliche Toskana,** meist insgesamt als Maremma bezeichnet, geizt landschaftlich nicht mit Gegensätzen. Das Klischee von den sanften, mit Zypressenreihen geadelten Toskana-Hügeln darf der Reisende hier getrost vergessen. Im Westen bildet die Strandlinie zwischen **Follònica** und **Monte Argentàrio** eine Ferienlandschaft mit breiten, hellsandigen Stränden, die nach Süden in eine rauere, felsige Küste mit malerischen Buchten übergeht. Von der Küste landeinwärts prägen

Grosseto, Maremma

Getreidefelder das weitgehend flache Landschaftsbild und zunehmend auch **Weinpflanzungen,** denn die Böden der Maremma, des ehemaligen, im 19./20. Jh. trockengelegten, sumpfigen Küstenlandes, gelten seit einiger Zeit als exzellente Weinlagen. Das einzige renaturierte Stück Land in dieser Region, der **Naturpark Maremma** (Parco Regionale della Maremma), ist weit von den ursprünglichen Sümpfen entfernt, präsentiert aber immerhin mit Wildschweinen, Damwild und Wildkatzen eine erstaunliche Artenvielfalt für ein so kleines Gebiet. Neben Wildtieren werden hier auch die berühmten Maremma-Pferde und -Rinder gehalten.

Gebirgig wird die Südwesttoskana noch ein Stück weiter landeinwärts. Hügelketten rahmen Städtchen wie **Tirli,**

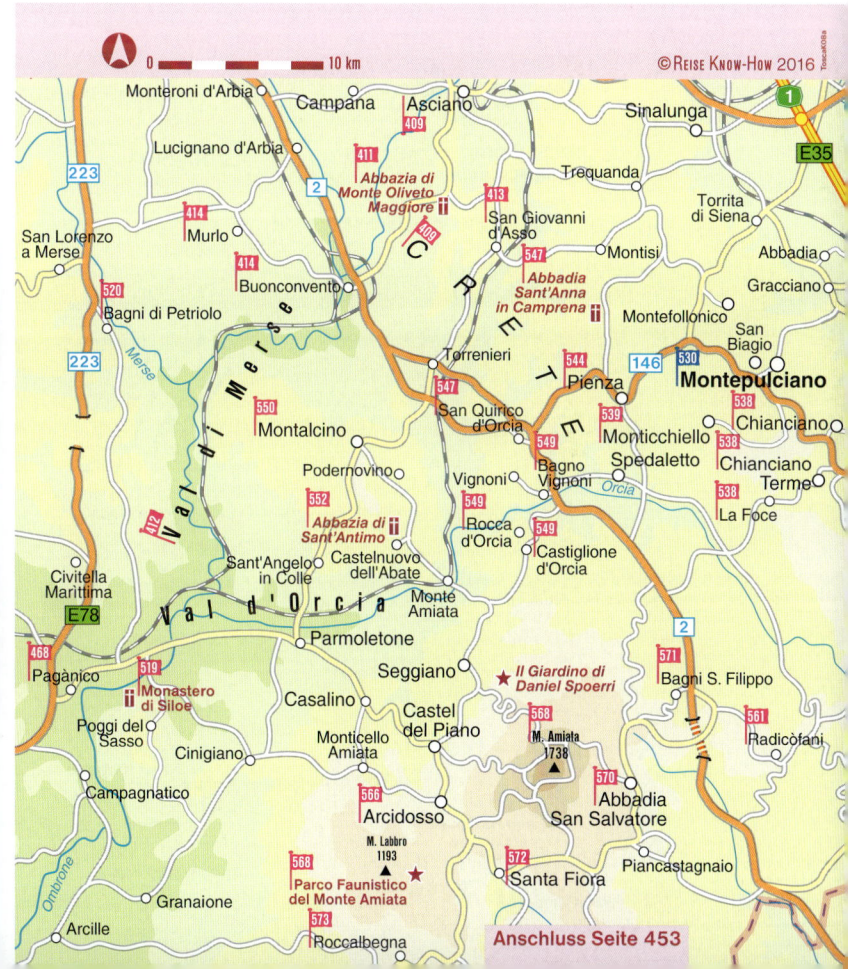

Vetulònia oder die südliche Toskana-Kapitale **Grosseto** ein, und weiter nach Südosten wirken Orte wie **Pitigliano, Sorano** und **Sovana,** als seien sie mit dem Tuffstein der umliegenden Berge verwachsen. Hier findet man auch die eindrucksvollsten Spuren der **etruskischen Besiedlung,** Grabtumuli, rätselhafte Hohlwege und Überreste von Thermenanlagen. Müde Glieder finden in den **Thermen,** z.B. von **Satùrnia,** Entspannung.

Grossetos Kunstschätze sind eindrucksvoll, können jedoch nicht mit jenen von Siena konkurrieren. Dafür aber begegnet Besuchern in der mauerumgürteten Stadt ein gutes Stück **italienischer Normalität und Alltag.** Das Mittelalter beschwören Städtchen wie **Scansano** oder **Massa Marìttima** nicht nur

architektonisch mit ihren intakten Altstadtkernen und Mauern; bei Jahrmärkten und Festen wird die Geschichte auch in Kostümen, Tänzen oder Wettkämpfen lebendig. Ein sehr mondänes Kontrastprogramm zum bäuerlichen Hinterland findet man am **Monte Argentàrio** vor: Luxushotels, Edelrestaurants und ein Wald schicker Jachten in den Marinas dieser von Meer und Sonne umschmeichelten Halbinsel ziehen Jahr für Jahr auch Halb- und Mega-Promis an diesen südlichsten Küstenzipfel der Toskana.

Wer gerne **aktiv** ist, kann in der Maremma wandern, radfahren und reiten. Gerade hier organisieren viele Agriturismi Ausflüge zu Pferde oder bieten Reitferien an. **Genießer** sollten sich auf kulinarische und önologische Entdeckungsreise machen – es gibt viel zu entdecken!

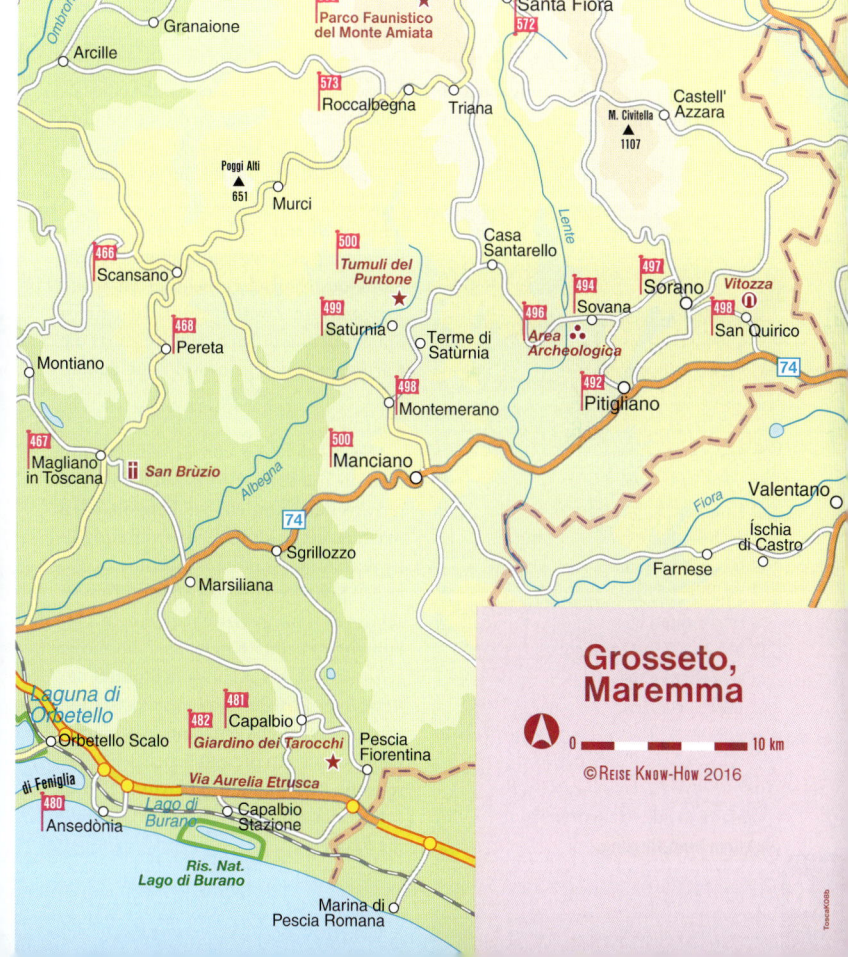

Grosseto

■ 10 m üNN, 81.500 Einw., Livorno 150 km, Siena 75 km, Montepulciano 90 km

Mitten in einer von Bergen umrahmten grünen Ebene ist Grosseto eine erst im letzten Jahrhundert rasant gewachsene Stadt mit einem sehenswerten, wehrmauerummantelten Zentrum.

In der weiten, vom Fluss Ombrone geschaffenen Ebene war das Leben im Hauptort der Maremma bis zur Mitte des 20. Jh. von den in den umgebenden **Sümpfen** prächtig gedeihenden Insekten wesentlich beeinträchtigt. Erst die habsburgischen Großherzöge, später dann *Mussolini* sorgten mit dem Einsatz von Zwangsarbeitern, die unzählige Kanäle schaufelten, für die Austrocknung des Schwemmlandes und für Wachstum. Heute ist Grosseto das **Handelszentrum** des toskanischen Südens.

Geschichte

Auf heutigem Stadtgebiet von Grosseto sind keine Siedlungsspuren bekannt, aber das wenige Kilometer nördlich liegende **Roselle** war in der Antike eine bedeutende etruskische Siedlung, die ihre Blütezeit im 6. Jh. v. Chr. hatte. 294 v. Chr. eroberten die **Römer** Roselle und machten es zur Kolonie (Rom ist schließlich nur 200 km entfernt). Die Bedeutung als Versorgungspunkt für die Flotte des römischen Feldherren *Scipio Africanus* im Zweiten Punischen Krieg brachte der Stadt nach dem Sieg über die Karthager Privilegien und neue Bauten wie Forum, Amphitheater und prächtige Thermen.

Der Niedergang von Roselle begann im 6. Jh. mit dem Vordringen der Barbaren aus dem Norden, die **Langobarden** machten der Stadt im 7. Jh. wohl endgültig den Garaus. Erstmals taucht Grosseto in den **Schriften** im Jahr 803 auf: Der Bischof von Lucca schreibt in einem Dokument von einer Kirche San Giorgio in „Grossito", das wohl als Fluchtpunkt der Bewohner Roselles bei einer Poststation an der Via Aurelia entstand. Als Machthaber werden in diesem Schriftstück bereits die *Aldobrandeschi* benannt. 973 ist schließlich von einer Burg in Grosseto die Rede.

NICHT VERPASSEN!

- **Naturpark Maremma:** Baden und Wandern | 461
- **Museo Archeologico, Orbetello:** Fries aus dem 2. Jh. v. Chr. | 480
- **Sovana:** etruskische Grabstätten | 494
- **Satùrnia:** Warmbadetag in der freien Natur | 499
- **Massa Maríttima:** Stadt zwischen Mittelalter und Renaissance | 507
- **Abbazia di San Galgano:** als die Gotik in die Toskana kam | 511

Diese Tipps erkennt man an der gelben Hinterlegung.

Das Jahr 1137 sah den Welfen-Herzog *Heinrich X. von Bayern* als Belagerer vor den Toren des guelfischen Grosseto. Er unterstützte Kaiser *Lothar III.* auf dessen Feldzug gegen die Staufer, und die Bewohner Grossetos hatten sich erdreistet, dem Kaiser Steuerzahlungen zu verweigern. Ein Jahr später belohnte der Papst Grosseto für seine Standhaftigkeit mit dem **Bischofssitz.** Das an der Küste gewonnene Salz sorgte für Reichtum, geschicktes Taktieren mit dem ghibellinischen Siena für Sicherheit und Stärkung der Position der *Aldobrandeschi.*

1336 fiel Grosseto dennoch an **Siena,** nach dessen Niederlage 1559 herrschten die **Medici** und befestigten die Stadt mit der heute noch intakten Mauer. Die Ebene um Grosseto wurde zur **Kornkammer** des Herzogtums. Trotz umfangreicher Trockenlegungsmaßnahmen blieb das Flachland aber sumpfig, und Grosseto galt bei Florentiner Beamten wegen der grassierenden **Malaria** als äußerst unbekömmlicher Einsatzort. Die Bevölkerung nahm ab, und schließlich war Grosseto nur noch eine Militärgarnison.

1766 teilte *Leopold II.* aus dem Hause *Habsburg-Lothringen* die Florentiner Provinz Siena in das heutige Siena und die Provincia Inferiore Senese, die heutige Provinz Grosseto. Reformen sorgten für **Bevölkerungszuwachs,** und eine effektive Dränage des Gebietes schuf Land. Eine weitere Blütezeit begann Ende des 19. Jh. – zahlreiche Gebäude im neoklassischen Stil veränderten das Stadtbild.

Mussolini ließ in den 1930er Jahren unter Einsatz von Häftlingen und verarmten Veteranen des Ersten Weltkriegs die **Sümpfe endgültige trockenlegen,** und der Einsatz von Insektengift nach dem Krieg merzte die Malaria aus.

Die Highlights für Kinder

- **Kanutour** auf dem **Ombrone,** Naturpark Maremma | 464
- **Tenuta dell'Uccellina,** familienfreundliche Anlage mit Reitmöglichkeit, **Maremma-Naturpark** | 469
- **Locanda Le Mandriane,** Ferienbauernhof mit Spielplatz und Streichelzoo bei **Orbetello** | 483
- **Archäologisches Freiluftmuseum** mit Nachbauten etruskischer Wohnformen, **Pitigliano** | 494
- **Thermalquellen** mit kleinen, natürlichen Badebecken unter freiem Himmel, **Satùrnia** | 500
- **Aquarium** mit einem kleinen **Dinosaurierpark, Valpiana** bei Massa | 513
- Der **Wasserpark** am Golf von **Follònica** mit Rutschen, Pools und allem, was dazugehört | 525

Orientierung

Den **Stadtwall** aus Backsteinen aus dem 16. Jh. sichern sechs massige, seit 1835 als Grünflächen gestaltete Bastionen. Ältester Bestandteil der Stadtbefestigung ist in der westlichen Bastione della Fortezza das auf die Seneser Herrschaft zurückgehende **Cassero Senese** von 1345, das die *Medici* in den Wehrwall integrieren ließen. Parkplätze sind am südlichen Altstadtrand in ausreichender Menge vorhanden, die Altstadt als ZTL nur für Einwohner befahrbar. Ein guter Startpunkt für die Besichtigung ist das Stadttor an der Viale L. Ximenes. Hindurchgehend gelangt man über die Via Manin schon nach 150 m zur Piazza Duomo und der anschließenden Piazza Dante, der „Guten Stube" der Stadt mit dem dominierenden Palazzo della Provincia. Von hier aus verläuft die **Haupt- und Einkaufsstraße Corso Giosuè Carducci** nach Norden.

Sehenswertes

Der Bau der **Kathedrale San Lorenzo** begann 1294 und war um 1340 abgeschlossen, 1420 kam der Campanile hinzu. Mehrfache massive Umbauten fanden statt, erstmalig 1540, als die Kirche einsturzgefährdet war und das Hauptschiff neue Pfeiler erhielt. Im 16. und 17. Jh. wurden neue Altäre eingebaut, und die Fassaden gestaltete man zwischen 1816 und 1845 vollständig um – Ziel war die Rückführung auf die reine Gotik des Ursprungsbaus, heraus kam die neugotische Fassade mit rot-weißen marmornen Wechsellagen und einer gewaltigen Rosette. 1860–65 gestaltete man das Innere um, 1897 restaurierte man das augenfällige südliche Seitenportal unter Verwendung von Originalteilen des 14. Jh. Das mit einer hohen Amphore gestaltete Weihwasserbecken im Inneren am linken Seitenschiff stammt in Teilen von 1460 und von 1506. In der Cappella della Madonna della Grazie im Seitenschiff ist ein wunderschönes, anrührendes Marienbildnis mit Engeln (1470) von *Matteo di Giovanni* zu sehen.

■ **Cattedrale di San Lorenzo,** Piazza Duomo, Tel. 0564 20143, www.diocesidigrosseto.it, 7.30–12, 15.30–19 Uhr.

Ringel in Vollendung, innen wie außen: die Kathedrale San Lorenzo

☐ Übersichtskarte S. 452, Stadtplan S. 458   **Grosseto**

Rechts neben dem Dom steht der **Palazzo della Provincia**, eine neogotische Burgsimulation mit Türmen und Zinnen (1903 fertiggestellt), auch „Palazzo Aldobrandeschi" genannt, da er am Platz des ehemaligen Herrschersitzes steht. Auf der Piazza davor umrunden Ketten, Poller und Sitzbänke das antikisierende **Denkmal für Leopold II. von Habsburg**, letzter Großherzog der Toskana, der das Sumpffieber in Gestalt einer Schlange in den Boden tritt, während er eine Mutter mit sterbenskrankem Kind im Arm stützt, Sinnbild der Maremma. Steht das sterbende Kind für die Vergangenheit, symbolisiert das Kind zur Rechten des Großherzogs die Zukunft, vertrauensvoll sich dem Herrscher anschmiegend. Geschaffen hat die Skulptur *Luigi Magi* 1846.

Über den Corso Carducci geht es nun nach Norden und an der Piazza Socci einige Schritte nach Osten zum 1860 gegründeten **Archäologischen Museum**. Es dokumentiert die Geschichte der Maremma mit Fundstücken aus der Prähistorie, der etruskischen über die römische Periode (hier besonders aus Roselle), dem Mittelalter bis in die heutige Zeit, und mit wertvollen Kunstgegenständen der Diözese Grosseto. Aus der Antike sind Keramikarbeiten der Etrusker und Griechen, Urnen und römische Skulpturen zu sehen. Von Stockwerk zu Stockwerk und in 40 Sälen durchwandert man die Geschichte. Bedeutendes Exponat ist die „Ciotola di Bucchero", eine Schale mit einem geritzten Alphabet aus dem 6. Jh. v. Chr. Eine schwere Goldkette stammt aus dem 5. Jh. v. Chr. In der dritten Etage brilliert die Diözesanabteilung mit Werken Seneser Maler des 13.–16. Jh., darunter das Tafelwerk „Jüngstes Gericht" (1280) aus der Werkstatt des *Guido da Siena* und eine „Kirschenmadonna" (um 1445) von *Giovanni di Sassetta*. Das Denkmal vor dem Museum zeigt *Andrea da Grosseto*, der im 13. Jh. als erster Autor in italienischer Sprache schrieb und Werke aus dem Lateinischen ins Italienische übersetzte. Der Bildhauer *Arnaldo Mazzanti* fertigte es 1973 an.

■ **Museo Archeologico e d'Arte della Maremma**, Piazza Baccarini 3, Tel. 0564 488752, www.museidimaremma.it, 1. Juni–15. Sept. Di–Fr 10.30–17.30, Sa/So 10–13, 17–20, April/Mai/16. Sept.–Okt. Di–Fr 10–17, Sa/So 10–13, 16–19, Nov.–März Di–Fr 9–15, Sa/So 10–13, 16–19 Uhr, 5 €.

Gleich östlich des Museums wirkt die **Franziskanerkirche** aus dem 13. Jh. mit dem typischen ärmlichen Äußeren. Einziger Fassadenschmuck ist ein holzdachgeschütztes Madonnenfresko in der Lünette des Eingangs. Das unverzierte Rundfenster darüber dient reinem Beleuchtungszweck. Die Hallenkirche hatten die Benediktiner 1230 errichtet, 1289 übernahm sie der Franziskanerorden. Im Inneren sind einige Fresken aus dem 13. Jh. erhalten (der heilige *Benedikt* rechts und ein *Christophorus* an der linken Seitenwand). Ebenfalls aus dem 13. Jh. stammt das über dem orgelgerahmten Altar hängende Tafelkreuz von *Guido di Graziano*. Ist die barocke rechte Seitenkapelle eher uninteressant, zeigt die linke beachtenswerte moderne Fresken (1988) von *Arnaldo Mazzanti* zum Leben des heiligen *Franziskus*. Der anschließende, von der Kirche zugängliche **Kreuzgang** umfängt den Brunnen Pozzo della Bufala, den die *Medici* 1590 dem Kloster stifteten und den vier Olivenbäume einrahmen. Darunter befindet sich eine 6 m tiefe Zisterne mit einem Durchmesser von 10 m, die das auf dem Innenhofpflaster abfließende Regenwasser sammelte.

■ **Chiesa di San Francesco,** Piazza Francesco d'Assisi 2, Tel. 0564 22282, 7–12, 16–19.30, Winter bis 18.30 Uhr.

Von der anschließenden, mit Linden bestandenen Piazza Indipendenza (mit dem Brunnen Pozzo di Santa Maria della Scala aus dem 16. Jh.) erreicht man über die Via Ginori Richtung Südosten die Piazza Pacciardi mit dem sehenswerten **Naturkundemuseum,** das multimedial und mit in Kontext gesetzten Exponaten kurzweiligen Zugang zur Wissenschaft erlaubt. Ein Lebensbaum beschreibt die Organismen der Erde in der Entwicklung ihrer Komplexität, vom Einzeller zu den Säugetieren. In anderen Sälen sind die Themen eher klassisch organisiert (Paläontologie, Mineralogie), weitere Abteilungen widmen sich den Lebensräumen der Maremma.

■ **Museo di Storia Naturale,** Strada Corsini 5, Tel. 0564 488571, www.museonaturalemaremma.it, 15. Juni–15. Sept. Di–Do 10–13, Fr–So 17.30–22.30, sonst Di–Fr 9–13, Sa 9–13, 16–20, So 16–20 Uhr, 5 €.

Die **Stadtbefestigung** der *Medici* lässt sich auf einem 5 km langen **Rundweg** auf den Mauern und über die Bastionen ergehen. Geplant hat die Verteidigungsanlage *Baldassarre Lanci* zweimal. Ein erster Wall war 1563 fertig, doch *Cosimo I.* wollte stärkere Mauern, die der sich entwickelnden Feuerkraft der Artillerie besser widerstehen konnten. Nach dem Tod *Lancis* 1571 führte sein Sohn *Marino* die Arbeit fort, vollendet hat sie dann *Simone Genga* 1593. Bereits ein Jahr später musste repariert werden: Der feuchte Untergrund hatte unter dem Gewicht der Mauern nachgegeben. Die Anlage mit sechseckigen Grundriss besitzt an jeder Ecke eine mächtige Bastion in Pfeilform mit seitlichen Einbuchtungen, sodass die Waffen nicht nur das offene Feld beschießen, sondern auch die Verbindungsmauern der Bastionen bestreichen konnten. Ein Wassergraben sorgte für zusätzlichen Schutz, seine Verbin-

■ **Übernachtung**
 1 Al Sognalibro
 9 Grand Hotel Bastiani

■ **Essen und Trinken**
 2 Gallery Café, Ristorantino
 4 La Bracca
 5 La Luna Ribelle
 6 Ex Restaurant & Winebar
 10 Osteria Dante
 11 Canapone
 12 Al Numero Nove
 13 Grantosco
 14 Gustangolo
 15 Black Wood
 16 Gelateria/Creperia Arlekkino
 17 Pasticceria Giannini
 18 Gelaterie Artigianale Papeete

■ **Nachtleben**
 7 Movida Lounge
 8 Bar La Palma

■ **Einkaufen**
 3 Dolci Tradizioni della Maremma Toscana
 14 Gustangolo

dungskanäle in das Umland erlaubten in Friedenszeiten den Transport von Waren bis vor die „Haustüre" – der Porta Cittadina, einziger Zugang zur Stadt in damaliger Zeit (an der Via de Barberi im Südosten). Die militärische Bedeutung der Festung nahm aber im Lauf der Zeit immer weiter ab, weitere Tore wurden in den Wall gebrochen, und schließlich gab *Leopold II.* den Befehl zur Demilitarisierung und zur Umwandlung der Mauern und Bastionen in Grünanlagen für die Bürger, die 1866 der Öffentlichkeit übergeben wurden.

Marina di Grosseto/ Principina a Mare

13 km von Grosseto, verdient die Marina ihren Namen. Zahlreiche Jachten und Motorboote liegen in den Hafenbecken und am weit ins Land reichenden Kanal vertäut. Moderne Ferienwohnungen und -häuser stehen auf den Parzellen der regelmäßig angelegten Straßen zwischen den Mündungen des Ombrone im Süden und der Bruna im Norden. Der Ort wirkt nicht wie gewachsen, sondern –

bar jeglichen Charmes – aus dem Boden gestampft. Doch die Pineta ist grün und tief, und der **Strand** weißsandig und breit. Man kann zwischen bewirtschafteten Strandabschnitten wie dem nostalgischen Bagno Giglio und dem todschicken Bagno Mio i Tuo (in Höhe des Ortes) oder freien Flächen wählen (wenn man bereit ist, ein Stückchen nach Norden oder Süden zu wandern).

Principina a Mare gleich südlich von Marina di Grosseto ist eine Hotel- und Aparthotelsiedlung mit mehreren Restaurants, die sich in der dichten Pineta verstecken. Auch hier sind die Strände herrlich und breit. Wer sich einquartiert, sollte ein Rad mieten (oder dabei haben), die Wege sind recht lang. Außerhalb der Saison sollte man diesen Küstenabschnitt meiden, man wäre auf weiter Flur der einzige Besucher und stünde allerorten vor verschlossenen Läden.

Castiglione della Pescaia

20 km westlich von Grosseto liegt Castiglione (5 m üNN, 6200 Einw.). Der Unterschied zu Marina di Grosseto könnte größer nicht sein. Die Hügel reichen hier an der Mündung der Bruna bis ans Wasser, Schirmpinien beschatten die Festungsmauern hoch oben, am Wasser reihen sich Hotels, Bars und Restaurants aneinander. Auch in Castiglione ist der Strand breit und fein, der Lungomare sorgt aber eben zusätzlich für Atmosphäre und Charme und macht das Fischerstädtchen zu **einem der schönsten Badeorte der Südtoskana**. In mehreren Hafenbecken liegen die Schiffe vertäut, eine lange Sandzunge schafft eine Art Lagune mit flachem und warmem Wasser. Die Qualität des Wassers gilt als *eccellente* – auch im Mündungsbereich. Wer längere unbewirtschaftete Strandabschnitte sucht, wird sowohl südöstlich als auch nordwestlich fündig.

Im Nordwesten endet der schnurgerade Strand beim beliebten **Le Rocchette**, wo die Hügel an das Wasser treten und für felsige Buchten sorgen (es gibt einige freie und mehrere bewirtschaftete Abschnitte).

Ein Spaziergang führt durch die **Porta Urbica** (1608) in die mittelalterlichen Gassen, vorbei an der gleich dahinter liegenden **Kirche Madonna del Giglio** (ein einstiges, im 18. Jh. umgewidmetes Militärgebäude und Teil des Wehrwalles) hoch zur **Rocca Aragonese**, der von Pisa errichteten Burg – heute in Privatbesitz. Ab dem 10. Jh. bis zu Eroberung durch Florenz 1406 schützte Pisa mit ihr seinen Hafen, die heutige Struktur entstand im 14. Jh. Das Panorama ist natürlich fantastisch. Auf dem Rückweg kann man noch in die **Kirche San Giovanni Battista** am nördlichen Stadttor schauen, in der Reliquien des *Wilhelm von Malavalle* bewahrt werden – er lebte im 12. Jh. als Eremit im Hinterland Castigliones und war Begründer des im 18. Jh. aufgelösten Ordens der Wilhelmiten.

Über die Brücke der Bruna und an deren Südufer ins Landesinnere spazierend, kommt man nach 1,5 km zum **Museum Casa Rossa** im Riserva Naturale Diaccia Botrona, dem geschützten Marschgebiet des Hinterlandes. Das „Rote Haus" mit seinen Schleusen war Teil der Entwässerungsanlagen des 18. Jh. und ist heute multimediales Zentrum, das sich der Geschichte der Dränage und der Tier- und Pflanzenwelt der Marschlandschaft widmet.

Die Welt der Kanäle lässt sich bei **Bootsausflügen** entdecken.

■ **Museo Multimediale Casa Rossa Ximenes,** Via Casa Rossa Ximenes, Tel. 0564 20298, www.maremma-online.it, 15. Juni–15. Sept. Di–So 16–20.30, April–14. Juni Do–So 15.30–19, 16. Sept.–März Do–So 15 Uhr bis Sonnenuntergang, 2,50 €, Bootsfahrt (90–120 Min.) nach Voranmeldung (mind. fünf Personen, Tel. 389 0031369) Sommer Di–So 17 und 18.30 Uhr, 12 €, Kind 6 €.

Roselle

Die Wiege Grossetos sind die **Ruinen von Roselle,** eine etruskische Siedlung und in römischer Zeit eine wichtige Stadt auf dem Weg in den Norden. Von Grosseto nimmt man die SS223 nach Norden, verlässt sie bei Roselle, folgt ihr aber parallel bis zum Beginn der Stichstraße zum Grabungsfeld (12 km von Grosseto). „Rusellae" in Hügellage am Poggio Moscona wurde inmitten der Lagune gegründet die im 7. Jh. v. Chr. die Ebene um Grosseto bedeckte. Innerhalb nur eines Jahrhunderts wuchs die Siedlung auf dem Hügel zu einer der bedeutendsten Städte der Etrusker und war Teil des Zwölferbundes. Nachweisen lassen sich u.a. ein Sanktuarium und – wichtiger – ein Haus aus dem 6. Jh. v. Chr., das mit einem Innenhof als Lebensraum und zur Sammlung von Regenwasser in einer Zisterne ausgestattet war. Diese Atriumbauweise sollte erst ab dem 3. Jh. v. Chr. auf dem Stiefel zum gängigen architektonischen Detail des Wohnbaus werden. 294 v. Chr. von den Römern erobert, prosperierte Roselle und erhielt Forum und Amphitheater. Auf dem Hochweg vom Kassenhaus zu den Ruinen läuft man parallel zur alten römischen Straße, deren Pflaster oben noch in Teilen erhalten ist. Wenn auch die Fundamente nicht spektakulär wirken, die Natur, die Ruhe, das Summen der Insekten und die Farbkleckser der Blumen zwischen den Steinen lohnen allemal.

■ **Area Archeologica di Roselle,** Via dei Ruderi, Località Roselle, Tel. 0564 402403, Mai–Okt. 10.15–18.45 (Südhügel schließt um 18 Uhr), sonst 8.15–16.45 Uhr (Südhügel bis 16 Uhr), 4 €, jeden ersten Sonntag/Monat Eintritt frei.

Naturpark Maremma/Alberese

Eine Sehnsuchtslandschaft ist die Maremma. Dass sie **Kulturlandschaft** ist, sieht man ihr – zumindest im Naturpark – nicht mehr an. Sumpfgebiet erstreckte sich hier einst zwischen dem Meer und den Hügeln, noch weiter zurück war hier eine einzige Wasserfläche – erst Golf, dann eine riesige Lagune, die das küstennähere Flachland zwischen Grosseto und der Provinzgrenze zu Latium bedeckte, und aus der nur einige Inseln herausschauten (die die Etrusker im 7. Jh. v. Chr. besiedelten).

Wenn auch im Sprachgebrauch heute die ganze Südtoskana mit Maremma gleichgesetzt wird, ist sie im eigentlichen Sinne der **flache Küstenstreifen** zwischen Castiglione della Pescaia südlich des Golfs von Follònica und Orbetello bei der Halbinsel Monte Argentàrio (und als Alta Maremma die Hügel im Osten). Dazwischen erstreckt sich der bis zu 400 m hohen Hügelrücken der

Monti dell'Uccellina parallel zur Küste. Seit 1975 ist der 89 km² große, 25 km lange und bis zu 5 km breite Bereich von Principina a Mare bis Talamone als Naturpark Maremma geschützt, weitere Reservate umfassen die Lagune von Orbetello und weiter südlich den Lago di Burano.

Bereits die **Etrusker** von Roselle und Vetulònia hatten die Maremma in Teilen trockengelegt, beim Niedergang des Römischen Reiches holte sich die Natur ihre Gebiete aber zurück. Die endgültige Urbarmachung der Sumpfgebiete ist den Habsburgern zu danken, die im 18. Jh. die **Entwässerung** im großen Maßstab angingen. *Ferdinand III.* hatte die Idee zu Papier gebracht, den Erfolg konnte er nicht erleben. Die Geißel der Maremma, die Malaria, hatte auch ihn erwischt. Als Folge der Maßnahmen seiner Nachfolger blieben nur einige Sumpfgebiete übrig, vorherrschend sind Steppe, Weide- und Anbauflächen.

Eine **einzigartige Stimmung** herrscht auf den weiten grünen, bis auf einige Alleen fast baumlosen Ebenen. Rinder grasen am Horizont, Wildpferde galoppieren über die Wiesen, Schweine grunzen am Wegesrand, Windräder pumpen Wasser, und ab und an ist tatsächlich noch einer der traditionellen Cowboys – der *butteri* – zu sehen, auf dem Pferd, das Gesicht im Schatten einer Strohhutkrempe. Der Küstenwald aus Pinien birgt Damwild, Wild- und Stachelschweine, durch die Macchia streifen Wildkatze und Dachs. An den Hängen der Monti dell'Uccellina heben sich

△ Treibgutkunst

Wachttürme aus dem Grün, errichtet von Siena, Florenz und den Spaniern, deren Besatzungen vor einem Angriff der Sarazenen warnen sollten.

Die gute Nachricht zuerst: die **Strände** der Maremma gehören zu den schönsten Italiens. Die schlechte: Der Zugang zum Naturschutzgebiet Parco Naturale di Maremma ist streng reglementiert (wer nicht kommt zur rechten Zeit ...). Im Sommer sind die Parkplätze des einzigen mit dem Auto erreichbaren Strandes im Schutzgebiet (Marina di Alberese) spätestens um neun Uhr voll, dann muss man mit dem Bus hinfahren (dessen Plätze auch beschränkt sind) oder von Alberese radeln. Weitere Aktivitäten sind Reiten, Kanufahren und Wandern.

Das **Besucherzentrum** des Naturparks befindet sich in **Alberese**. Über dem Ort thront auf einem Hügel die großherzogliche Villa der Habsburger, von der aus *Leopold II.* die Trockenlegung der Sümpfe beaufsichtigte. Heute ist sie ein Edel-Agriturismus. Im Besucherzentrum einer ehemaligen Pumpstation zur Entwässerung (die Pumpen sind erhalten) informiert ein kleines Museum über das Schutzgebiet.

■ **Centro Visite** mit Radverleih (um 10 €/Tag) und Parkmöglichkeit (auch Camper), s. unten.

Mehrere **Wanderwege** sind ausgewiesen, im Hochsommer darf aber wegen der Waldbrandgefahr nur einer ohne Führung begangen werden, der A7 zur Mündung des Ombrone, zu der man auch radeln kann. Die einzelnen Wanderungen finden nur an bestimmten (ständig wechselnden) Wochentagen statt (vorab informieren!).

■ Startpunkt des in längeren Abschnitten schattenlosen, einfachen **A7** ist die **Marina di Alberese** (siehe unten), er ist 5,6 km lang und dauert ca. 2 Std. (6 €, Ticket an der Marina).

■ Sechs weitere Wanderungen werden ab **Alberese** unternommen (je nach Waldbrandgefahr ab etwa 15. Juni geführt). Mit dem Shuttle geht es von dort nach Pratini.

A1/Abbazia di S. Rabano führt auf die Uccellina-Hügel zu den Ruinen des Klosters San Rabano (11. Jh.) und zum Wachtturm Uccellina (14. Jh.) – 8 km, 5 Std., mittelschwer, 10 €.

Auf dem etwas einfacheren **A2/Le Torri** (7 km, 3 Std., 10 €) gelangt man ebenfalls auf die Hügel und zu den Türmen Castelmarino (12. Jh.) und Collelungo (14. Jh.).

Der einfache **A3/Le Grotte** (10 km, 3 Std., 10 €) führt zu Höhlen, die in der Urzeit bewohnt waren.

Der **A4/Cala di Forno** (13 km, 6 Std., 10 €) ist etwas anstrengender (ca. 400 Höhenmeter), er bringt Besucher ans Meer zur Bucht von Forno.

Von der Kirche in Alberese bricht man zu den Touren **A5** und **A6** auf (je 6 €), beide einfach und etwa 5 km und 2 Std. lang (A6 ist auch für Rollstuhlfahrer geeignet).

■ In **Talamone** (s. unten) beginnen drei Wanderungen (Reservierung in Alberese, Treffpunkt vor dem Aquarium in Talamone).

Auf dem mittelschweren **T1/Punta del Corvo** (4 km 2,5 Std., 10 €) durch die Macchia gewinnt man atemraubende Ausblicke auf die Küste.

Der anstrengende **T2/Cannelle** führt zur Bucht von Cannelle (9 km, 5 Std., 10 €).

Der noch herausfordernde **T3/Poggio Raso** (16 km, 8. Std., 10 €) entführt ins Hinterland zu Höhlen, von denen aus sich einst die legendären Gesetzlosen der Maremma auf Beutezug begaben (derzeit geschlossen).

■ Zwei Wanderungen beginnen bei der **Tenuta Agricola dell'Uccellina** 8 km südlich von Alberese (Tickets in Alberese).

Der anstrengende **C1/Salto del Cervo** (11 km, 7 Std., 10 €) führt zu den Wachttürmen Bassa und

Bella Marsilia (12./13. Jh.). Gebadet werden darf dann am Strand Salto del Cervo.

C2/Poggio alle Sugherine verläuft wie C1, führt aber nicht zum Meer (7 km, 4 Std., 10 €).

UNSER TIPP: **C3/Cala di Forno** ist mit einem Strandaufenthalt an der sonst unzugänglichen Bucht das Highlight der Wanderungen. Mi, Fr, Sa, einfach, Dauer 9 Std. mit Strandaufenthalt, 30 €, Treffpunkt Alberese (von dort Anfahrt mit Shuttle nach Oliveto di Collelungo).

Weitere Aktivitäten sind die **geführten Radtouren** im Park (je 10 €, Buchungen über das Besucherzentrum) und die zweistündigen, auch für Kinder spannenden **Kanutouren** auf dem Ombrone. Wer die Maremma als **Reiter** erleben will, wende sich an die Tenuta Agricola dell'Uccellina, die auch Reitkurse anbietet. Die Ausflüge für erfahrene Reiter kosten 60–100 € (2–4 Std.).

■ **Canoe sul Fiume Ombrone,** Cooperativa Silva, Tel. 331 5264929, www.silvacoop.com, im Sommer tgl. 9.30 und 17 Uhr, 16 €, 6–14 Jahre 10 €, Vogelbeobachtung tgl. 7 Uhr, 20 € (inkl. Fernglas, Dauer 2 Std.).

■ **Tenuta Agricola dell'Uccellina,** Località Collecchio 38, Tel. 0564 597104, www.circoloippico uccellina.it.

Marina di Alberese

Der Zugang von Alberese zur Marina wird an der Zufahrtsstraße über ein Schrankensystem kontrolliert. Die Nummernschilder werden bei Einfahrt gescannt, gezahlt wird bei Ausfahrt. Da der Parkplatz am Strand nur eine begrenzte Kapazität besitzt (ca. 140 Plätze), sollte man im Sommer **sehr früh anreisen.** Alternativ radelt man die 9 km von Alberese oder nimmt den Bus. In der Pineta gibt es eine Bar mit Snacks. Weißer, feiner Sand, schattige Pineta, ein Meer so klar und blau, dass das Herz bebt – die Marina erfüllt Südseeträume, ist allerdings an einem Hochsommer-Wochenende auch brechend voll.

■ **Marina di Alberese,** Zufahrt April 6.30–21, Mai/Aug. 6–21.30, Juni/Juli 5.30–22, Sept. 6.30–20.30, Okt. 7.30–18 Uhr, Parken 2 €/Stunde, Busanfahrt von Alberese mit Tiemme Linie 17 (www.tiemmespa.it) Ende Juni–Mitte Sept. zwischen 8 und 19.30 Uhr alle 30–60 Min., letzte Rückfahrt 19.45 Uhr (Tageskarte 1,50 €).

Talamone

30 km südlich von Grosseto, am südlichen Ende der Monti dell'Uccellina und noch in Hügellage, wacht Talamone (32 m üNN, 300 Einw.) an der Mündung der Osa über den Golfo di Talamone.

Der Argonaut *Telamon*, König von Salamis und Vater des bei Troja kämpfenden *Ajax*, soll die Stadt gegründet haben, *Telamons* Gebeine, so die **Legende,** seien irgendwo auf dem Kap begraben. 225 v. Chr. besiegten hier beim etruskischen Tlamu die Römer bei der **Schlacht von Talamone** keltische Eindringlinge und machten sich damit den Weg frei für die Eroberung des nördlichen Italien. Aus dieser Zeit (150 v. Chr.) stammt auch ein in Talamone gefundener Tempelfries, der den Kampf zwischen *Eteokles* und *Polyneikes* beim „Zug der Sieben gegen Theben" darstellt (heute im Archäologischen Museum Orbetello, s. dort).

Mit dem Niedergang des Römischen Reiches wurde Talamone verlassen. Erst die **Aldobrandeschi** besiedelten den

Hügel wieder und errichteten eine erste Burg. 1303 übernahm **Siena** den Ort und baute ihn zu seinem Haupthafen aus, um Pisa und Genua Paroli bieten zu können. Auch **Florenz** nutzte nach der Niederlage Sienas die Anlagen als Ersatzhafen. 1544 fiel der Pirat *Khayr al-Barbarossa* – Herrscher Algiers – über Talamone her und zerstörte den Ort vollständig. 1557 gründeten die **Spanier** den Stato dei Presidi (s. Kasten).

In den Mittelpunkt italienischer Geschichte rückte Talamone, als die Schiffe **Garibaldis** (Begründer des Königreichs Italien) mit 1000 Mann auf dem Weg nach Sizilien vom 7. bis 9. Mai 1860 an-

Rochaden – die Spanier in der Toskana

Nach dem Sieg der mit den Habsburgern und damit auch mit Spanien verbündeten *Medici* über das mit Frankreich paktierende Siena 1555 teilten die Sieger das Gebiet der Republik Siena unter sich auf. Den Löwenanteil erhielt *Cosimo I.*, die Spanier behielten aber einige Küsten- und Festungsstädte als Basis für ihre Flotte und gründeten 1557 den **Stato dei Presidi,** den sie dem ebenfalls ihnen gehörenden Königreich Neapel unterstellten. Der Stato dei Presidi bestand aus Talamone in der Maremma, Orbetello, Porto Santo Stefano und Porto Ercole am Monte Argentàrio, Ansedònia an der Grenze zu Latium, der Insel Giglio und Porto Longone auf Elba.

Im **Spanischen Erbfolgekrieg** (die spanische Habsburg-Linie war ausgestorben) standen sich ab 1701 der von Frankreich als König Spaniens eingesetzte *Philipp V. von Anjou* und die österreichischen Habsburger gegenüber. Die Österreicher holten sich 1708 Porto Santo Stefano und Orbetello, 1712 Porto Ercole. 1714 erhielt Österreich bei einem Friedensschluss die Herrschaft über den gesamten Stato dei Presidi (und Neapel und Sizilien).

Beim **Polnischen Thronfolgekrieg** ab 1733 lagen sich eigentlich die Sachsen unter *Friedrich August II.* (der Polen für sich beanspruchte) und Franzosen (die den Polen *Stanislaus I. Leszczyński* einsetzen wollten) in den Haaren. Der Konflikt strahlte aber über ganz Europa aus, und die spanisch-österreichischen Händel lebten erneut auf. Frankreich erklärte den Habsburgern den Krieg und eroberte, zusammen mit den Spaniern, die italienischen Besitzungen Österreichs. Weniger glücklich waren sie in Polen, wo sie von den mit Russland verbündeten Sachsen geschlagen wurden.

Der **Friedensschluss** von 1735 (Wiener Vorfrieden) bestätigte *Friedrich August II.* als König *August III. von Polen* und verfügte die Rückgabe des Stato dei Presidi (mit Neapel und Sizilien) an Spanien. Weitere Rochaden anlässlich des Friedens: *Stanislaus I. Leszczyński* erhielt statt Polen als Trostpflaster das Herzogtum Lothringen, dessen eigentlichen designierten Herrscher *Franz Stephan von Lothringen* fand man mit dem Großherzogtum Toskana ab.

Die spanische Herrschaft dauerte bis 1797, als *Napoleon* seinen Siegeszug durch Italien antrat. Der Stato dei Presidi wurde französisch und 1801 Teil des Königreichs Etrurien unter *Ludwig von Etrurien*, in dessen Blut sich so ziemlich alles mischte, was von Adel war in Frankreich, Spanien und Österreich. Er lebte allerdings nur noch ein Jahr, und seine Witwe *Marie Luise* übernahm die Regentschaft. 1815 wurde der Stato dei Presidi anlässlich des **Wiener Kongresses** endgültig aufgelöst und dem Großherzogtum Toskana zugeschlagen.

legten, um sich mit Waffen und Proviant zu versorgen. 1944 sprengte die Wehrmacht beim Rückzug Teile der Stadt und den Hafen, nicht aber die Festung.

Nur 150 km von Rom an der Via Aurelia, mit Bahnhof und einer großen Marina, hält sich der Zustrom der **Touristen** dennoch in Grenzen – wohl auch, weil Talamone nicht unbedingt ein erstes Ziel für den Badetourismus ist. Nach Westen hin ist die Küste felsig und unzugänglich (und als Naturpark der Maremma geschützt), den Stränden in der Buchtmitte mangelt es an Breite und hellem, feinen Sand. Also sind die Italiener hier meist unter sich, was dem Charme des Städtchens nicht abträglich ist. Mehrere Restaurants mit großen Terrassen, einige Hotels und eine Handvoll Kitesurf-Zentren kümmern sich um Besucher. Ansonsten ist die Stimmung unaufgeregt und entspannt.

Das kleine **Aquarium** erlaubt den Unterwasserblick auf die Fauna und Flora der Lagune von Orbetello. Angeschlossen ist ein Forschungszentrum zum Schutz der Meeresschildkröte, außerdem fungiert das Aquarium als Besuchszentrum des Maremma-Schutzgebietes und als Treffpunkt für die in Talamone beginnenden Wanderungen ins Reservat (s. bei Naturpark Maremma).

■ **Acquario della Laguna di Orbetello/Centro Visite Parco Regionale della Maremma,** Tel. 0564 887173, Via Nizza 12, Ostern bis Ende Juni/Sept. Fr– So 9-12, 14-17, Juli–Sept. tgl. 9-12, 14-17 Uhr, Okt.–Ostern nach Voranmeldung, 3 €.

Scansano

30 km südöstlich von Grosseto liegt Scansano (500 m üNN, 4500 Einw.) an den mit Wein und Oliven bepflanzten Hügelausläufern zwischen dem Tal des Ombrone und dem der Albegna an den westlichen Flanken des Monte Amiata. Die kühleren Temperaturen und die Lage abseits der Sümpfe machten die Stadt durch eine Leopoldinische Verfügung („Estatatura") ab 1780 zum Sommersitz der Provinzregierung Grossetos, deren Beamte so der Mückenplage (und der Malaria) entgingen. Mehrere Enoteche sind in den Gassen verteilt und verkaufen den hier gekelterten roten Morellino, die Restaurants ziehen auch Einheimische aus der Umgebung an.

Vom Hauptplatz Piazza Garibaldi geht es durch das weiß gekalkten Stadttor Porta Grossetana in das historische Zentrum. Die erste Gasse links (Vicolo Sdrucciolo) führt bis zur wenig interessanten Fassade des Palazzo Pretorio.

> Nachempfindung einer etruskischen Grabstelle in Scansanos Museum

Dahinter verbirgt sich aber das sehenswerte **Archäologische Museum** mit einer perfekt präsentierten, wertvollen Sammlung aus der Vorgeschichte über die Etrusker bis zum antiken Rom. Zarte Bronzefiguren stehen in den Vitrinen, ein etruskisches Grab, eine Küche und ein Bad sind rekonstruiert. Außerdem zu sehen: die Keramikgefäße der Stadtapotheke des 19. Jh., in den Kellergewölben ein kleines Weinmuseum – und die Arrestzelle, in der 1871 *Davide Lazzaretti* einsaß, ein Prediger und Prophet, Kirchengründer und Ketzer, den Carabinieri bei einer Prozession 1878 unter ungeklärten Umständen erschossen (s. auch bei Arcidosso, seinem Geburtsort). Im Juli und August gibt es in den Gewölben, aus denen man auf eine Terrasse heraustreten kann, Weinverkostungen.

■ **Museo Archeologico,** Palazzo Pretorio, Piazza del Pretorio, Tel. 0564 509402, April–Okt. Sa/So, Juli/Aug. Di–So 10–13, 15–18 Uhr, 3 €.

Direkt gegenüber führt der steile Treppenaufgang Salta del Pretorio in die Dunkelheit und hoch zum **Corte,** einem intimen Innenhof mit Hauseingängen im Rund, wo die Menschen wie eh und je in naher Gemeinschaft leben. Stühle vor der Türe, die Frauen stricken, die Männer paffen, hier ein Schwätzchen, dort ein Gläschen Wein. Eine Terrasse erlaubt Panoramaausblicke.

Magliano in Toscana

Die hellen Stadtmauern von Magliano (130 m üNN, 900 Einw.) 25 km südöstlich von Grosseto (18 km südlich von Scansano) in der Maremma Alta, der oberen Maremma, sind fast perfekt erhalten. Nahebei fand man die Überreste der etruskischen Nekropole Heba. Einer der wichtigsten Funde zur etruskischen Zeit wurde 1883 in der Umgebung gemacht, die 8 cm große, beidseitig beschriebene **Bleischeibe von Magliano** (Disco di Magliano) aus dem 5.–4. Jh. v. Chr., die half, die etruskische Schrift zu entziffern (heute in Florenz). Die Befestigung der Stadt fand im 14. Jh. unter den Aldobrandeschi statt.

Durch die südliche Porta Nuova (16. Jh.) betritt man den beschaulichen Ort für einen kurzen Spaziergang. Am westlichen Beginn der Fußgängerzone Via Garibaldi steht die romanische **Kirche San Martino** aus dem 11. Jh. Ihr Grundriss gleicht einem lateinischen Kreuz, die Apsis wurde in der Gotik verändert. Die fragmentarisch erhaltenen Fresken der Seneser Schule entstanden im 14. Jh.

■ **Chiesa San Martino,** Corso Garibaldi, 8–12, 16–18 Uhr.

Einige Schritte weiter findet sich der kleine, mit seiner bedachten Außentreppe gleichwohl elegante **Palazzo del Podestà** aus dem 15. Jh. Einige Wappen aus Stein schmücken die Fassade. Weitergehend gelangt man zur **Pfarrkirche San Giovanni Battista.** Als romanische Kirche errichtet, wurde sie außen 1471 verändert. Das Taufbecken im Inneren gleich links vom Eingang aus Travertin stammt von 1493, einige Fresken wurden im 14. Jh. gemalt (beim Taufbecken und über dem Durchgang zur Sakristei).

■ **Pieve di San Giovanni Battista,** Via Guglielmo Oberdan, 7–12, 16–19 Uhr.

Grosseto: Zugabe!

- **Cassero del Sale** – Teil der Seneser Stadtbefestigung aus dem 13. Jh., dann Salzlager, mit das älteste Monument der Stadt; Piazza del Mercato Ecke Via Mazzini.
- **Casa Circondariale** – im bemerkenswerten Gebäude des Stadtgefängnisses mit bedachtem Innenhof von 1884 (an der westlichen Wehrmauer) bewachen 40 Mann Personal maximal 30 Häftlinge; Via Aurelio Saffi 23.
- **Pereta** – herausgeputzter, um 1030 gegründeter Ort zwischen Scansano und Magliano mit einem die Umgebung dominierenden, 29 m hohen, schlanken Torre dell'Orologio, Schauplatz einer heftigen Liebes- und Mordgeschichte im 13. Jh. *Margherita Aldobrandeschi* war mit *Guido di Montfort*, dem damaligen Anführer de Guelfen, verheiratet. Bei einem Kriegszug wurde er gefangen genommen und nach Sizilien gebracht. *Margherita* hielt ihn für tot, verliebte sich in *Nello Pannocchieschi* und war alsbald schwanger. Ihr erster Mann kam zurück, der Papst annullierte die zweite Ehe, das Kind wurde später ertränkt.
- **Kirche Santissima Annunziata** in Magliano – die Stillende Madonna (15. Jh.) am Altar von *Neroccio di Bartolomeo de'Landi* (1447–1500), Piazza Don Sturzo im Süden von Magliano; nur Sa während der Messen (11 und 18 Uhr).
- **Olivo della Strega** – der „Hexenbaum" zählt mit geschätzten 1000 Jahren zu den ältesten Bäumen Italiens. Verdreht, mit klaffender Rinde, bemoost und löchrig ist er kein Augenschmaus, soll dafür aber Zauberkraft besitzen; im Olivenhain hinter der Kirche Santissima Annunziata von Magliano.
- **Pagànico**, 24 km nordöstlich von Grosseto, im 13. Jh. von Siena als Markt gegründet und mit imposanten Wehrmauern versehen. Das Castello Senese und zwei Stadttore sind gut erhalten. In der Pfarrkirche Chiesa di San Michele Arcangelo Gemälde und Fresken aus dem 14. Jh. Abschließend kann man noch die **südlichen Stadtmauern** entdecken – sie sind begehbar.

Die malerische **Kirchenruine** des verschwundenen **Klosters San Brùzio** aus dem 11. Jh. steht inmitten eines Feldes 2,5 km außerhalb von Magliano (700 m auf der SS323 nach Süden, dann nach Manciano abbiegen). Erhalten sind die Vierung, die noch Reste der achteckigen Kuppel trägt, und die Apsis. Einige Kapitelle zeugen vom Skulpturenschmuck der Kirche.

Praktische Informationen

Touristeninformation

- **Ufficio Turismo Grosseto,** Cassero Senese, Via Aurelio Saffi 17c, Tel. 0564 488573, www.turismo grosseto.it, Juli/Aug. tgl. 10–13, 15–18, Mai/Juni/Sept. Fr–So 11–13, 15–17 Uhr.
- **Ente Parco Regionale della Maremma/Centro Visite di Alberese,** Via del Bersagliere 7/9, Alberese, Tel. 0564 407098, www.parco-maremma.it, Tickets/Reservierung für Wanderungen (A7-Ticket auch an der Marina erhältlich), Radverleih um 10 €/Tag, 15. März–Okt. tgl. 8.30–20 Uhr.
- **Ufficio Turismo Castiglione della Pescaia,** Piazza Garibaldi 6, Tel. 0564 933678, www.turismo castiglionedellapescaia.it, Juni–Sept. 9–13, 15–21, sonst Mi–So 10–16 Uhr.
- **Ufficio Turismo Scansano,** Piazza Pretorio, Tel. 0564 509402, www.comune.scansano.gr.it, Juli/Aug. 10–13, 15–18 Uhr, sonst nur Sa/So.
- **Ufficio Turismo Magliano,** Corso Garibaldi 12, Tel. 0564 592102, www.prolocomaglianointoska na.it, Juli/Aug. tgl 10–13, 20–24, Mai/Juni/Sept./Okt. 9–12, 18–22 Uhr.

▷ Ruine des Klosters San Brùzio

Unterkunft

■ **Grand Hotel Bastiani**②, Piazza Gioberti 64, Tel. 056 420047, www.hotelbastiani.com. Modernes, elegantes Geschäftshotel im Zentrum mit 48 Zimmern und für die Vier-Sterne-Kategorie sehr günstigen Preisen.

UNSER TIPP: Al Sognalibro②, Via Francesco Crispi 9, Tel. 339 7098558, www.alsognalibro.it. B&B in der Stadt mit drei individuell und liebevoll eingerichteten Zimmern, bei deren Gestaltung jeweils ein Roman Pate stand. Kleiner Garten, gutes Frühstück und ausgesprochen zuvorkommender Gastgeber.

Außerhalb

■ **Tenuta dei Principi**②-③, Strada Vicinale Squadre 1, Marina di Grosseto, Tel. 328 7142526, www.tenutadeiprincipi.com. Zehn sehr edel eingerichtete Apartments auf einem großen Landgut zwischen Marina di Grosseto und Castiglione di Pescaia. Zum Freizeitangebot gehören Pool, Sauna und Beauty-Center sowie Ausritte auf den hauseigenen Pferden.

■ **Agriturismo Redipuglia**②, Strada Vecchia Aurelia 31, Alberese, Tel. 0564 407041, www.agriturismoredipuglia.com. Der Agriturismo befindet sich am Rande, aber bereits innerhalb des Naturparks der Maremma und nur wenige Radminuten vom Meer entfernt (Fahrräder stehen zur Verfügung). Kinder können auf dem großen Areal gut spielen und toben. Die Zimmer sind eher einfach und spartanisch möbliert.

■ **Podere Isonzo**②, Strada Vecchia Aurelia 91, Alberese, Tel. 338 4562086, www.podereisonzo.it. Einfacher, aber empfehlenswerter Agriturismo am Rande des Naturparks; auf der großen Grünfläche ist genug Platz für Tischtennis, Federball und alle möglichen anderen Aktivitäten, Fahrradverleih.

Tenuta dell'Uccellina②-③, Località Collecchio 38, Magliano in Toscana, Tel. 0564 597104, www.tenutauccellina.it. Agriturismo am Rand des Maremma-Naturparks mit Zugangsmöglichkeit zum Schutzgebiet, großzügige Außenanlagen, eine Pferdekoppel, Spielgeräte und Picknickplätze, ideal für Familien; die Zimmer und Apartments sind modern und komfortabel, das Restaurant kocht typische Gerichte der Maremma, zum Ausflugspro-

oder aber beim Mittag- oder Abendessen über die Marina von Castiglione, die Küche variiert toskanische Basics mit modischen Zugaben.

■ **Trattoria Da Grazia**②-③, Località Pian di Rocca, Castiglione della Pescaia, Tel. 0564 947054, www.lasassicaiaagriturismo.it. Der Familienbetrieb, seit Jahren geführt von der resoluten *Angela*, ist ein beliebtes Wochenendziel von Feinschmeckern aus Grosseto, denn hier wird mit frischen Produkten von der eigenen Azienda und von befreundeten Fischern köstlich gekocht. Den toskanischen Brotsalat gibt's hier einmal anders, nämlich als *panzanella al mare* mit Meeresfrüchten.

■ **Merenderia Da Paguro**②, Via delle Collacchie 43, Località Pian d'Alma, Castiglione della Pescaia, Tel. 347 1847786. Das ländliche, mit Krimskrams vollgestopfte Lokal ist ideal für die Mittagspause mit Wurst, Schinken und Käse oder aber einer hochgelobten *griglata mista*, der Spezialität des Hauses.

■ **Il Grottone**②, Via degli Addobbi, Scansano, Tel. 0564 507641, www.ristoranteilgrottone.com. Die Traditionen und Gaben der Maremma verwandeln sich hier in feine, handgemachte Tortelli mit Ricotta und Spinat, in Wildschweinragout oder aber in *bistecca* vom Chianina-Rind. Abends werden auch Pizze in den Holzofen geschoben.

■ **L'Asino Vola**②, Murci, siehe „Unterkunft".

■ **La Bottega di Bacco**②, Via della Mura 7, Magliano, Tel. 0564 592777. Maglianos Adresse für den abendlichen Aperitif oder ein schnelles Mittagessen mit *affettati misti*; wie es sich für eine Bottega gehört, gibt es eine große Auswahl offener Weine im Glas.

■ **Locanda Morelliana**③, Scansano, siehe „Unterkunft", Mo geschl. Wie die Pension, ist auch das Restaurant eher der Moderne verpflichtet. Dies gilt auch für die Küche, die traditionelle Gerichte zeitgemäß interpretiert; und wer keine Lust oder Zeit hat, sich niederzulassen: Es gibt auch ein Takeaway!

△ Talamone ist ein beliebtes Ziel für Jachten

Süßes

■ **Gelateria/Creperia Arlekkino,** Viale L. Ximenes 27, Tel. 0564 417284. Sehr gutes Eis und leckere Crêpes. Gelegentlich werden auch *cannoli siciliani* zubereitet.

■ **Gelaterie Artigianale Papeete,** Via dei Mille 57/A. Nicht die große Auswahl an Geschmäckern, sondern die verlässliche Qualität und Frische machen diese Gelateria zu einer der beliebtesten.

■ **Pasticceria Giannini,** Via del Pinturicchio 16, Tel. 339 4290995. Torten, Gebäck, Hörnchen, aber auch Panini und salzige Snacks.

Außerhalb

■ **Bar di Porto,** Talamone, siehe „Nachtleben". Auch als Gelateria sehr zu empfehlen.

■ **Il Gelato que Mancava,** Via Porta Garibaldi 6, Talamone. Eis aus eigener Produktion in köstlichen Geschmacksrichtungen und ungemein cremig.

■ **Bar Gelateria Barcollo,** Via Garibaldi 31, Magliano. Eis-Liebhaber streiten, ob es hier nun das beste Eis Maglianos gibt oder nicht; uns hat es jedenfalls sehr gut geschmeckt – *ricotta-pera* ist wirklich delikat!

Nachtleben

Die Lokale in Grosseto rund um die **Piazza della Palma,** darunter Ex und La Luna Ribelle (siehe „Essen und Trinken") sind bei den Nachtschwärmern besonders beliebt; in den Sommermonaten verwandelt sich der **Cassero Senese** in ein Open-Air-Kino mit kleinem Restaurant- und Barbetrieb.

■ **Bar La Palma,** Via Garibaldi 42a, Tel. 0564 23 674. Die Bar ist vormittags für's Frühstück und ab 17 Uhr für den Aperitif und abendliche Cocktails geöffnet – viele Jungvolk, gelegentlich Motto-Partys.

■ **Movida Lounge,** Piazza Martiri d'Istia 2, Tel. 320 8827071, auch auf www.facebook.com. Eine entspannte Bar für einen Cocktail, gelegentlich legen DJs auf.

Außerhalb

■ **Fiumara Beach,** Località Fiumara, Marina di Grosseto, Tel. 0564 34040, www.fiumarabeach.it. Stabilimento, Beach-Bar und Restaurant. Wir empfehlen das Fiumara für den romantischen Drink am Strand, aber man kann hier auch gut (und ebenso romantisch) essen.

■ **La Maison Rouge,** Abendkonzerte (klassisch, Jazz und Weltmusik) im Casa Rossa Ximenes des Naturschutzgebietes Diaccia Botrona bei Castiglione della Pescaia, Tel. 389 0031369, www.maremmaonline.it.

■ **Bar di Porto,** Piazza del Porto, Talamone. Zu jeder Tageszeit ein angenehmer Ort mit Blick über den Hafen und das Treiben am Kai; beliebt für den Aperitif und den späten Absacker nach einem guten Abendessen.

Verkehr

■ **Bahn:** Stazione Centrale, Piazza Marconi, 1 km nördlich der Altstadt, an der Hauptstrecke Livorno–Rom, Verbindungen nach Follònica halbstündlich (30 Min., ab 5,30 €) und Orbetello/Monte Argentàrio halbstündlich (25 Min., ab 4,30 €), nach Rom etwa alle 90 Min. (um 2 Std., ab 13 €).

■ **Stadtbusse:** Einzelfahrt 1,20 €, 10er Block 9 €, Tagesticket 3,60 €.

■ **Fernbusse:** Abfahrt vor dem Bahnhof, Verbindungen mit Tiemme nach Marina di Grosseto und weiter nach Castiglione della Pescaia etwa stündlich (Linien Nr. 1/G und 1/FP, 15/35 Min., um 2/ 3,50 €), Bagno Roselle etwa halbstündlich (mehrere Linien, 15 Min., um 1,20 €, nicht zur Ausgrabungsstätte), nach Alberese etwa zweistündlich (Linie Nr. 15/A, 35 Min., um 1,80 €), nach Orbetello zwei- bis dreimal am Tag (Linie 39/O, 60 Min., um 5,20 €), nach Scansano mehrmals am Tag (Linie Nr. 9/G, 80 Min., um 4,20 €); www.tiemmespa.it.

■ **Parken:** Rund um die Altstadtmauer sind Parkplätze und -häuser angeordnet, Parcheggi Ximenes und Mercato am Südrand, kostenpflichtig Mo–Sa

9–13, 16–20 Uhr, 0,60 €/Std., Parkhaus Amiata 8–20 Uhr 0,70 €/Std., 20–8 Uhr 0,20 €/Std. (max. 2 €), So 0,20 €/Std. (max. 2 €); http://sistemagrosseto.com.

■ **Wohnmobilstellplatz** am Naturpark Maremma: Ein einfacher Camper-Stellplatz liegt gegenüber dem Centro Visite in Alberi (beleuchtet, Abwasser, eine Toilette befindet sich in der Bar-Pizzeria am Parkplatz). Mai–Ok. 8–20 Uhr, 10 €.

Feste

■ **Festa di San Guglielmo,** Vetulònia, 10. Februar, am Nachmittag feierliche Prozession, bei der die Reliquien und Waffen des Heiligen mitgeführt werden, zugleich wird die Sagra della Cialda abgehalten, bei der sich alles um die für Vetulònia typische Süßigkeit dreht.

UNSER TIPP: Festa di San Lorenzo, Grosseto, 9./10. August, Höhepunkt des Festes für den Stadtheiligen ist eine feierliche Prozession am Abend des 9. August, bei der die Statue des Heiligen auf einem von Maremma-Rindern gezogenen Karren durch die Altstadt geführt wird; *butteri* hoch zu Ross begleiten den Umzug.

■ **Festa del Mare,** Castiglione della Pescaia, 14./15. August, eine Marienstatue wird am Abend des 14. August von der Chiesa di Santa Maria Goretti zum Molo Levante getragen und von dort per Boot und begleitet von mit Lichtern und Fackeln beleuchteten Fischerbooten aufs Meer gefahren; am 15. folgt der Palio Marinaro, ein traditionelles Ruderbootrennen auf der Bruna – ein großes Feuerwerk beschließt am Abend die Festlichkeit.

■ **Orbetello Piano Festival,** August in Talamone und Orbetello, Piano-Konzerte aller Genres in besonders originellen Locations (http://orbetellopianofestival.it)

■ **Palio delle Contrade,** Velutònia, erster Septembersonntag, in Velutònia treten die vier Contrade bei dem Corsa dei Ciuchi bei einem Eselsrennen gegeneinander an.

Einkaufen

■ **Dolci Tradizioni della Maremma Toscana,** Via Garibaldi 60. Alles, was hier Augen und Magen verführt, wird nach traditionellen Rezepten von Hand gemacht.

■ **Gustangolo,** siehe „Essen und Trinken". Feinkostladen mit eindrucksvollem Sortiment lokaler Spezialitäten.

Außerhalb

■ **Il Tipico Maremmano,** Via IV Novembre 1b, Scansano, Tel. 347 9201113. In diesem ganz und gar untouristischen Laden verkauft ein Paar die Produkte von 16 Biobauern aus der Region – Wein, Oliven, Käse, Würste, aber auch Wollsocken, Schals, Birra Maremma und Safran.

■ **La Cantina di Simone,** Via Vittorio Emanuele II 16, Scansano, Tel. 0564 507400, www.simoneilsalumiere.it. Der Feinkostladen führt die tollsten Würste, Schinken und Käsesorten, Nudeln, Trüffel, *sughi* ... und man kann alles in den Kellergewölben auch verkosten.

Aktivitäten

■ **Centro Ippico La Bandita,** Località La Valle, Strada Provinciale del Padule, Castiglione della Pescaia, Tel. 347 8726588, www.centroippicolabandita.it; ein- bis mehrstündige Reitausflüge in die Maremma oder am Strand entlang.

■ **Kite's Angels Beach,** Via Costiera km 31, Marina di Grosseto, Tel. 334 3113584, www.kitesangelsbeach.it. Zum Kitesurf-Center gehören ein schöner, mit Holzliegen und Cabanas ausgestatteter Strandabschnitt und ein Restaurant; Kurse nach Voranmeldung.

■ **Maremma Soul,** Località Rochette, Castiglione della Pescaia, Tel. 331 9981531, auch auf www.facebook.com. SUP-, Surf- und Kiteschule an einem der schönsten Strandabschnitte der Küste.

■ **Talamone Windsurfing Kitesurfing Center,** Via Talamonese, c/o Spiaggia Talamone Camping Village, Tel. 329 2426342, www.twkc.it. Die Surfschule in der Bucht von Talamone gibt Kurse im Wind- und Kitesurfen sowie Wellenreiten.

■ **Golfclub Maremma,** Strada delle Vedove, Tel. 392 8959991, www.maremmagolfclub.it. 3-Loch-Übungsplatz, Par 3, 250 m, Greenfee 10 €.

Gesundheit

■ **Krankenhaus/Ospedale,** Via Cimabue 9, Tel. 0564 485111, Notruf 118, www.usl9.grosseto.it, rund um die Uhr.

■ **Apotheke/Farmacia,** wechselnde Notapotheken, Dienstplan auf www.ordinefarmacistigr.it.

Porto Santo Stefano/Monte Argentàrio

■ 5 m üNN, 9000 Einw., Grosseto 40 km

Über 600 m ragt Monte Argentàrio im Rücken von Porto Santo Stefano aus dem blauen Wasser in den noch blaueren Himmel, hoch oben Macchia und Wald, an den tieferen Flanken Olivenhaine und Rebenspaliere – die Insel ist ein Traum, den sich viele Prominente mit einer Villa über dem Meer erfüllt haben. Steil ziehen sich die Häuser von Porto Santo Stefano über dem fast rechteckigen Hafen die Hänge hinauf. An der Uferpromenade herrscht Hektik, Parkplätze sind Mangelware. Die einen kommen zum Einkaufen, um die Vorräte in

▷ Blick von der Fortezza Spagnola auf Porto Santo Stefano

◁ La Cantina di Simone in Scansano

ihren Villen aufzufüllen, die anderen wollen mit der Fähre nach Giglio, und die dritten einfach nur gucken. Nicht gerade die kleinsten Jachten liegen in den Hafenbecken, die Speisekarten der Restaurants richten sich an eine Klientel, die mehr als das Übliche erwartet, und PS-starke Karossen machen endgültig klar – hier ist man (reicher) Mensch, hier darf man's sein. In Porto Santo Stefano haben sich nicht wenige Prominente ein Häuschen zugelegt, und als die Stadt nicht mehr viel an Platz zu bieten hatte, begann man die Hänge rund um die Insel zu terrassieren und zu bebauen. Ein Fischerdorf wurde in dreißig Jahren umfunktioniert zum **Ferienparadies der Reichen und Schönen.**

Wer nicht hier wohnt und baden will, findet nur westlich von Porto Santo Stefano einige kleine Buchten mit bewirtschaftetem Strand. Wer auf sich hält, benutzt sein Boot, um eine der Felsbuchten rund um die Insel zu erreichen.

Piraten

Trotz jahrhundertelanger Bemühungen konnte kein Herrscher über die Küste je die Aktivitäten der „Barbaren" und Piraten so einschränken, dass Monte Argentario nicht immer wieder zum **Schauplatz von Angriffen** geworden wäre. Die Seeräuber ließen sich sogar auf dem Berg nieder und gingen von ihm aus auf Kaperfahrt. Die gefangenen Männer kamen in die Galeeren, die Frauen und Kinder auf die Märkte der Levante und Nordafrikas. Noch 1813 wusste man von Überfällen zu berichten, und erst 1830 – durch die französische Besetzung der nordafrikanischen Küste – endete dieses Kapitel, und Monte Argentario konnte nachhaltig besiedelt werden.

Geschichte

Den heutigen Namen erhielt die ursprünglich „Insula Matidiae" genannte Insel noch in der Antike durch eine vermögende Familie, die Geld gegen Zinsen verlieh, Konten verwaltete und Grundstücke vermittelte – aus der Linie *Ahenobarbus* vom Geschlecht *Domitius* (von denen auch *Nero* abstammte). Deren vom Senat überwachten Berufsstand nannte man zu seiner Zeit „Argentarii". Das **alte Rom** unterhielt auf der Insel drei Häfen (Traianus, ad Cetarias und Incitaria), deren genaue Lage heute nicht mehr zu verorten ist. Der Torre dell'Argentario, eine augenfällige Landmarke auf einem Hügel im Hinterland von Porto Santo Stefano 2 km vom Hafen, entstand im Mittelalter unter den *Aldobrandeschi* als Wachtturm. Santo Stefano tauchte in den Schriften erstmals als **Hafen Sienas** im 14. Jh. auf. Siena hatte dann nach Piratenangriffen 1442 die bestehenden Wehreinrichtungen verstärkt und weitere Küstentürme errichtet. Ab dem 16. Jh. wurde Monte Argentario Teil des **spanischen Stato dei Presidi** (siehe Kasten „Rochaden – die Spanier in der Toskana") und damit auch seiner Geschichte, die mit dem Wiener Kongress 1815 endete.

Sehenswertes

Hoch über der Hafenbucht steht inmitten des Häusermeers ein historisches Bauwerk wie ein Fremdkörper – die **Spanische Festung** aus dem auslaufenden 16. und beginnenden 17. Jh. als Ersatz eines Senesischen Wachturms. Ein einziges, früher mit einer Zugbrücke geschütztes Tor und ein rundum laufender Brüstungsgang, um Feinde mit Pech und Schwefelgüssen zu schrecken, sollten es den Angreifern schwer machen. Im Fundament sind Zisternen verborgen, um auch längere Belagerungen zu überstehen. Heute sind in der Festung zwei kleine **Dauerausstellungen** untergebracht, die einmal zu einem Museum des Meeres zusammengefasst werden sollen: Museum der Schiffsbauer und Museum für Unterwasserarchäologie.

■ **Fortezza Spagnola,** Piazzale Governatore (Via Panoramica Ecke Via Filippo Forte), Ostern–15. Juni Sa/So 10.30–13, 16–18.30, 15.–30. Juni tgl. 10.30–12.30, 17–20, Juli/Aug. tgl. 18.30–23.30 Uhr, 2 €.

Das **Aquarium** unten am Hafen zeigt in seinen Tanks die Flora und Fauna der Costa d'Argento, der „Silberküste", wie die Gewässer rund um die Insel auch heißen. In den 17 Aquarien schwimmen u.a. die Süßen (Seepferdchen), die Gefährlichen (Muränen) und die Leckeren (Hummer). Auch Katzenhaie wedeln sich elegant durchs Wasser.

■ **Acquario Mediterraneo dell'Argentario,** Lungomare dei Navigatori 45, Tel. 0564 815933, www.acquarioargentario.org, tgl. Juli/Aug. 10.30–12.30, 17–24, Juni/Sept. bis 20, sonst Di–So bis 19 Uhr, 5 €, Kind 2 €.

Zahlreiche weitere Türme und Festungsanlagen sind rund um die Insel von den Spaniern errichtet worden. Der Öffentlichkeit sind sie nicht zugänglich.

Monte Argentàrio

Geologisch war und ist Monte Argentàrio eine Insel, die zwei Nehrungen mit dem Festland verbinden und mit einem dritten Landfinger zwischen ihnen zwei **Lagunen** bilden. Durch Anschwemmungen zuerst entstanden ist die mittlere (und heute schmalste) Landverbindung. Später kamen die äußeren Nehrungen hinzu, die durch weitere Anspülungen des Meeres immer noch wachsen – weshalb ihre Außenseiten mit langen Stränden und feinem Sand beliebte **Badeziele** sind. Auf dem mittleren Finger siedelten sich im 15. Jh. die ersten Menschen an, im Lauf der Zeit und insbesondere unter den Spaniern entstand das mit allerlei Festungswerk bestens gesicherte Orbetello.

An der Nordostflanke des Inselgebirges liegt in 300 m Höhe das 1737 an Stelle einer Einsiedelei gebaute **Passionisten-Kloster San Paolo della Croce** (10 km von Porto Ercole). Ordensgründer war der als „Paul vom Kreuz" bekannte katholische Priester *Paolo Francesco Danei* (1696–1775), der nach Visionen und mehreren Anläufen in Rom schließlich die Genehmigung zu Ordensgründung und Klosterbau erhielt. Die Heiligsprechung fand 1867 statt. Hauptmerkmal der Glaubenskongregation ist die Verehrung der Leiden Christi. Die Kirche des Klosters kann man besichtigen, kunstgeschichtlich hat sie nichts zu bieten. Im Wald 200 m vor dem Kloster verbirgt sich das Restaurant Ristoro la Sorgente (Mai–Sept., nur mittags). 1 km nordwestlich des Komplexes steht der Novizen-Konvent.

Auf extrem holpriger Straße mit zahlreichen Schlaglöchern geht es 3 km weiter hoch zu Funkmasten unweit des Nebengipfels Poggio Tondo (532 m). Dahinter steht die stacheldrahtbewehrte und verfallene **Kapelle Madonna del Predicatore** von 1934, auf der eine Marmorplatte noch von der Herrlichkeit des weltlich-religiösen Dreigestirns aus Papst, König und Duce kündet. Über ihr ragt ein 19 m hohes **Monumentalkreuz** aus Gitterrohrwerk in den Himmel, im Jahre 1944 bombardiert und 1948 neu errichtet.

Höchster Gipfel ist der **Monte Telegrafo** mit 635 m. Mit Sendeanlagen zugestellt, ist er als Militärgebiet gesperrt.

Die **Rundfahrt** um die Insel beginnt in Porto Santo Stefano auf der Via Panoramica, die ihren Namen zu Recht trägt. In ihrem weiteren Verlauf bietet sie atemraubende Ausblicke über die Küste, verläuft aber leider fast durchweg hoch oben und vorbei an Privatgrundstücken, sodass das Meer bis auf wenige Stellen unerreichbar ist. Da die Straße extrem schmal ist, darf man die Rundfahrt keinesfalls mit einem Camper unternehmen. Auch mit einem kleineren Pkw gerät man bei Gegenverkehr ins Schwitzen und muss damit rechnen, längere Strecken im Rückwärtsgang zurückzulegen. Ein paar Kilometer an der Südseite der Insel zwischen Il Purgatorio und Il Carrubo sind unbefestigt und mit Wagen ohne große Bodenfreiheit nicht zu bewältigen.

Porto Ercole

In der schönen, weiten Bucht von Porto Ercole (5 m üNN, 2700 Einw.) an der Südostseite der Insel ankern Jachten, auf den macchiabedeckten Hügeln an den Seiten wachen die Festungsmauern des spanischen Stato dei Presidi. Das Städtchen zeigt den Charme, den Porto Santo Stefano vermissen lässt. Ansonsten gibt es hier aber nicht viel zu unternehmen.

In Porto Ercole starb am 18. Juli 1610 der **Maler Caravaggio** (1573–1610). Er war 1606 in Rom in einen Mord verwickelt und zum Tode verurteilt worden und floh quer durch Europa. 1610 begnadigt, nahm er ein Schiff von Neapel, um im spanischen Porto Ercole das Schriftstück seiner Begnadigung abzuholen. Dort ereilte ihn der Tod – wahrscheinlich starb er an Sumpffieber. Zur ewigen Ruhe gelegt wurde er in der Pfarrkirche Sant'Erasmo.

Orbetello

Orbetello (5 m üNN, 6500 Einw.) liegt auf einer 3,5 km langen und 500 m breiten, in die Lagune reichenden Landzunge, die im westlichen Bereich dicht bebaut und mit Monte Argentàrio nur durch einen schmalen, fast brückenartigen (1824 aufgeschütteten) Damm verbunden ist. Grabungen haben etruskische Hafenmauern freigelegt (die Lagune war der bedeutendste Hafen des etruskischen Zwölfstädtebundes).

Landseitig verlässt man die von Spanien 1557–1620 befestigte Altstadt, Hauptort und -hafen des spanischen Stato dei Presidi, durch die dreibogige **Porta Principale**.

Neben dem Stadttor trägt ein Bogen den Schriftzug **„Aeroporto Augustine Brunetta"**. Tatsächlich war dies in den

> Baden auf der Tombolo di Feniglia

Badeplätze am Monte Argentàrio

Verlässt man **Santo Stefanos Hafen** (dort parken!) nach Westen auf dem Gehsteig des 250 m langen Tunnels der aufgelassenen Bahnstrecke, gelangt man direkt zur **Spiaggia La Cantoniera** (bewirtschaftet und frei, Restaurant) und durch die beiden folgenden, je 150 m langen Tunnel zum kleinen, von einer kurzen Mole geschützten Felsstrand **Spiaggia La Bionda** (frei). Der nächste Strand in dieser Richtung (an dem vorbei auch die Hauptstraße führt) ist die 400 m lange Kiesbucht **Il Pozzarello** mit Hotel und mehreren *stabilimenti balneari*. Zwei weitere kleine Badebuchten folgen bis zum Beginn des Tòmbolo zum Festland: **La Soda** und **Bagni di Domiziano** (beim Hotel Domizia).

Im **Nordwesten** der Insel ist das Meer bei der unbewirtschafteten **Cala Grande** zugänglich. Man verlässt den Hafen auf der Via Panoramica nach Norden und parkt nach 5 km hinter einer rechts bergab führenden Sackgasse (GPS 42.428453, 11.098448) am Straßenrand. 20 Min. und 50 Höhenmeter sind es auf schattigem Weg ans Wasser mit Fels- und Kiesstrand.

Im **Süden** darf man zu Fuß auf der privaten Straße einer Resortgemeinschaft hinunter zum Strand von **Le Cannelle** gehen. Der Zugang liegt ebenfalls an der Via Panoramica 11,5 km hinter dem Zugangspunkt von Cala Grande an einem Tor mit seitlichem Durchgang (GPS-Daten 42.381137, 11.141054). 10 Min. sind es hinunter zum Kies- und Felsstrand, der an einigen Abschnitten ein wenig Sand aufweist.

Im **Osten** fährt man von Porto Ercole 2 km auf der Via Panoramica zum Beginn des Fußwegs (GPS 42.384443, 11.195699), der in gut 10 Min. zur sandigen **Spiaggia Lunga** führt. Bei Il Carrubo (1,7 km weiter) gibt es einen Parkplatz (GPS 42.375071, 11.186775), von dem aus es 10 Min. zu Fuß hinunter an den öffentlichen Sand- und Kiesstrand von **Acqua Dolce** sind.

Wer die Auf- und Abstiege zu den Felssträndern scheut und breite Strände mit feinem, hellem Sand bevorzugt, ist auf der Nehrung **Tòmbolo di Fenìglia** richtig. Zwar ist man auch hier in den stadtnahen Bereichen nicht ganz alleine, doch je weiter man entlang des 6 km langen Strandes Richtung Ansedònia marschiert, auf desto weniger Sonnenhungrige wird man treffen. Erst unterhalb von Ansedònia wird der Strand wieder bewirtschaftet.

1920/30er Jahren der Zugang nicht zum Flugfeld, sondern zur Lagune, von der aus Wasserflugzeuge starteten. 1928 verbanden einmotorige Doppeldecker-Flugboote des Typs Savoia-Marchetti S.59 per Liniendienst Orbetello mit Cartagena in Spanien, den Balearen, Cagliari auf Sardinien und Marseille. Am 17. Dezember 1930 starteten auf der Lagune zu Propagandazwecken zwölf Doppelrumpf-Flugboote Savoia-Marchetti S.55 (und 56 Mann) unter dem Kommando von *Italo Balbo* (1896–1940), Luftfahrtminister des faschistischen Italien (und Freund des Nazis *Göring*), zu einer Atlantiküberquerung nach Rio de Janeiro – der erste Südatlantiküberflug überhaupt.

Fast in der Mitte des von vier Straßen durchzogenen und zwei Uferstraßen begrenzten historischen Viertels steht der **Dom Santa Maria Assunta** von 1376. Er soll auf den Fundamenten eines etruskischen Tempels errichtet worden sein. Die elegante gotische Fassade aus Travertin mit einer Skulptur des heiligen *Benedikt* bedeckte einst die gesamte Kirchenfront, doch im 17. Jh. fügte man die Seitenschiffe an und erhöhte das ursprüngliche Schiff. Die spätbarock ausgestattete Kapelle San Biagio rechter Hand kam ebenfalls zu jener Zeit hinzu und bewahrt Reliquien des heiligen *Blasius*. Der neugotische Campanile ist ein Werk des ausgehenden 19. Jh.

■ **Concattedrale di Santa Maria Assunta,** Piazza della Repubblica, 8–12, 16–19 Uhr.

Das **Archäologische Museum** im ehemaligen Pulvermagazin stellt als wichtigstes Exponat im Erdgeschoss den fragmentarischen, hervorragend gearbeiteten (und präsentierten) Terrakotta-Fries von Telamon aus dem Jahr 150 v. Chr. mit dem Kampf zwischen *Eteokles* und *Polyneikes* beim „Zug der Sieben gegen Theben" aus, der einst einen Tempel bei Talamone schmückte. Funde aus den etruskischen Nekropolen der Umgebung, Waffen und landwirtschaftliche Gerätschaft sind in der ersten Etage zu sehen.

■ **Museo Archeologico,** Via Mura di Levante 7, Polveria Guzman, Tel. 0564 860378, Juli/Aug. Sa/So 18–22, April–Juni Sa 16–19, So 10–13, 16–19, Sept. Sa 16–20, So 9–13, 16–20, Okt.–März Sa 14.30–17,30, So 10–13 Uhr, Ausstellung des Frieses Okt.–Juni Fr/Sa 14.30–17.30, So 10–13, Juli/Aug. Fr–So 18–22, Sept. Fr–So 16–20 Uhr.

Das 1000 ha große **Naturreservat Laguna di Orbetello** gilt als bedeutendste Lagune des Tyrrhenischen Meeres und schützt eine typische Dünenvegetation, Riedflächen und Waldbereiche mit u.a. Korkeichen, Ulmen und Eukalyptus. Die Vogelwelt, die hier nistet und rastet, gilt als außerordentlich vielfältig: Kormorane, mehrere Reiherarten, Flamingos, Adler und mehr.

■ **L'Oasi di Orbetello,** Località Ceriolo III (Kilometer 148.300/Via Aurelia), Tel. 0564 898829, www.wwf.it, Sept.–April Sa/So 9.30–13.30 Uhr (für Fotografen und Vogelbeobachter auch zu anderen Jahreszeiten nach Voranmeldung).

Ansedònia

Die Streusiedlung Ansedònia mit ihren zahlreichen Ferienvillen erstreckt sich jenseits der Lagune über den Hügel am Festland. An dessen höchster Stelle haben Grabungen die Reste der 273 v. Chr.

als Bollwerk gegen die Etrusker gegründeten **römischen Kolonie Cosa** freigelegt. Cosa war mit einer fast 1,5 km langen Mauer und 18 Wachttürmen befestigt und bedeckte eine Fläche von etwa 500 m Durchmesser 100 m über Meeresniveau. Bereits im 1. Jh. n. Chr. verlassen, sind Stadtanlage und Architektur typisch für die republikanische Epoche Roms, was Cosa zu einer der wichtigen **Grabungsstätten** des Landes macht. Die antiken Mauern sind im Bereich des Eingangs zur Zone (die antike Porta Romana) noch vorzüglich erhalten.

Ein Spaziergang führt hoch zum **Museum** mit Funden aus Cosa, hinter dem sich das interessante Grabungsfeld erstreckt. Immer wieder sind hier archäologische Gruppen aus aller Herren Länder zugange und arbeiten sich mit Schäufelchen und Pinsel in den Boden hinein, kartografieren, verpacken, zeichnen und fotografieren. Unter anderem sind die Fundamente der vorchristlichen Basilika, ein öffentliches Gebäude für Märkte, Gerichtsverhandlungen etc. von Bedeutung.

■ **Museo Archeologico Nazionale di Città di Cosa,** Via delle Ginestre 35 (GPS-Daten 42.414053, 11.285516), Tel. 0564 881421, April–Okt. tgl. 10–19, sonst bis 17 Uhr, 2 €.

Unterhalb Cosas am östlichen Ende des Kaps von Ansedònia steht am netten Strand der von den Spaniern gebaute **Torre Tagliata,** der bereits im 19. Jh. zu Wohnzwecken umgebaut war. Hier nahm *Puccini* mehrfach Quartier und soll erste Ideen zu seiner Oper „Turandot" gehabt haben (weshalb der Turm auch „Torre Puccini" heißt). Ebenfalls zu sehen sind die **Reste des Hafens** des römischen Cosa: gemauerte Kaianlagen und ein in den Tuffstein gehauener Kanal zur Entwässerung des Hinterlandes und zur Regelung des Wasserpegels im Hafen. Unklar ist die Bedeutung des von etruskischen Arbeitern erweiterten und mit Tunnels versehenen, 300 m langen Felsspaltes **Spacco della Regina** am Strand (über die Brücke erreichbar).

Capalbio

20 km östlich von Orbetello liegt Capalbio (220 m üNN, 600 Einw.) an den Hängen der küstennahen Bergausläufer mit Blick über die Ebenen und das Meer. Die Häuschen der mittelalterlichen **Burgstadt** sind bei reichen Römern als

> Blick vom Palazzo Collacchioni auf Capalbio

Feriendomizil beliebt, weshalb der Ort außerhalb der Saison völlig verschlafen wirkt. Im 12. Jh. wurde die Gegend von Capalbio als Lehen von Papst *Alexander III.* an die Abtei Tre Fontane gegeben, und die *Aldobrandeschi* errichteten die Burg. Die kreisrunde Wehrmauer zeigt sich intakt und in weiten Bereichen begehbar. Einige Souvenirgeschäfte verkaufen mehr oder weniger Sinnvolles, und mehrere Restaurants (vornehmlich die am Mauerring) öffnen auch mittags für die Tagestouristen von der Küste.

An der höchsten Stelle der Altstadt ragt aus dem **Palazzo Collacchioni** die Rocca Aldobrandesca aus dem 13. Jh., der Stadtturm, empor. Einige Zimmer des Palastes sind als Museum elegant im Stil des Rinascimento eingerichtet, einige werden für Sonderausstellungen genutzt. *Giacomo Puccini* soll mehrmals im Palast untergekommen sein. Wer will, steigt auf die Terrasse des Turms (118 Stufen) und bestaunt die Fernsicht.

■ **Palazzo Collacchioni,** Via Collacchioni 2, Tel. 0564 896611, Sommer tgl. 10–12.30, 17.30–20 Uhr, 2 €.

Die einschiffige, mit Seitenkapellen versehene **Kirche San Nicola** aus dem 12. Jh. trägt an ihren Wänden einige Fresken aus dem 15. Jh., die man erst 1936 entdeckt und restauriert hat. Teils geben sich Inhalte und Ausführung ländlich einfach, doch zwei Gemälde verdienen durchaus Beachtung (in der ersten und zweiten Kapelle rechts).

Am Eingang zur Altstadt wirbt eine Brunnenskulptur von *Niki de Saint Phalle* für einen Besuch im Giardino dei Tarocchi (siehe unten). Wer in Capalbia etwas auf sich hält, badet an der **Spiaggia Macchiatonda** gleich westlich des Schutzgebietes rund um den **Lago di Burano.** Der 13 km entfernte Strand ist für seinen fast schwarzen Sand berühmt.

Giardino dei Tarocchi

8 km südöstlich von Capalbio wachsen im Tarot-Garten ganz eigenwillige **Skulpturen** in noch eigenwilligeren Farben zwischen den Bäumen hervor. Die französische Künstlerin **Niki de Saint Phalle** (1930–2002) sorgte vor allem mit ihren „Nanas" weltweit für Furore – Frauenfiguren mit weit mehr als nur betonter Figur und ausladenden Rundungen – letztlich abstrakt, knallbunt und aus Polyester für die Ewigkeit gemacht. Den Garten begann *Saint Phalle* 1979, der Öffentlichkeit zugänglich ist er seit 1998. In ihm verwendete sie für die 22 Tarotkarten nachempfundenen Skulpturen (zusammen mit ihrem Mann *Jean Tinguely*) nicht mehr Polyester, sondern einen Drahtunterbau, der – mit Zement verkleidet und mit Scherben aus Glas und Spiegeln und eigens gefertigten Kacheln bedeckt – zur Kunst geriet.

■ **Giardino dei Tarocchi,** Località Garaviccio, Tel. 0564 895122, www.giardinodeitarocchi.it, April–15. Okt. 14.30–19.30 Uhr, 10,50 €.

Praktische Informationen

Touristeninformation

■ **Ufficio Turismo Porto Santo Stefano,** Piazzale S. Andrea 1, Tel. 0564 814208, www.monteargentario.info, Juni–Sept. tgl., März–Mai/Okt. Fr–So 10–13, 16–19, Winter 15–17 Uhr.

Unterkunft

■ **Baia d'Argento**③, Località Pozzarello, S.P. 161, Porto Santo Stefano, Tel. 0564 812643, www.baiadargento-hotel.com. Eine Schönheit ist der Betonklotz nicht, aber seine 36 Zimmer und drei Suiten bieten angenehme Unterkunft direkt am Meer mit schmalem Sandstrand.

■ **Filippo II**③, Località Poggio Calvello 17, Porto Santo Stefano, Tel. 0564 811611, www.filipposecondo.it. Das Hotel thront auf einer Halbinsel über dem Felsstrand und eröffnet schöne Ausblicke aufs Meer. Die Einrichtung der 25 Apartments und neun Suiten ist freundlich, am Strand erleichtern hölzerne Plattformen den Weg ins Meer.

■ **Don Pedro**③, Via Panoramica 7, Porto Ercole, Tel. 0564 833914, www.hoteldonpedro.it. Die 60 Zimmer des Hotels sind etwas ältlich eingerichtet, doch der Ausblick und der hübsche Felsstrand entschädigen für den kleinen Mangel.

■ **Toni & Judi**②, Corso Italia 95, Orbetello, Tel. 0564 867591, www.pensionetoniejudi.it. Man muss Sinn für Farben haben bei *Toni* und *Judi*, die fünf Zimmer des B&B sind etwas lässig und sehr farbenfroh eingerichtet, aber diese Atmosphäre macht in der durchgestylten Umgebung des Monte Argentàrio auch den Charme aus. Das B&B liegt im Ortszentrum, mit hübscher Veranda fürs Frühstück.

Locanda Le Mandriane②-③, Strada Vicinale San Donato 36, Orbetello, Tel. 0564 878178, http://locandalemandriane.it. Ein richtiger landwirtschaftlicher Betrieb mit viel Charme, hübsch eingerichteten Zimmern, Gemeinschaftsküche, einer großen Wiese mit Spielgeräten zum Toben und ganz vielen Streicheltieren – das Ganze wenige Kilometer von den schönsten Stränden.

Camping

■ **Camping Feniglia**①, Località Feniglia, Porto Ercole, Tel. 0564 831090, www.campingfeniglia.it, ganzjährig. Der Platz liegt unweit der Feniglia-Dünen am Strand und ist eine kleine Stadt mit Holzbungalows, Mobilhomes, Dauercampern, schattigen Stellplätzen und leider sehr vernachlässigten Sanitäranlagen – der einzige am Monte Argentàrio.

Essen und Trinken

■ **Ristoro La Sorgente**②, Strada Provinciale del Convento, Monte Argentàrio, Tel. 0564 818770, www.ristorolasorgente.it, Sommer Fr–So, mittags und abends. In der kühlen Waldluft etwas unterhalb des Klosters sind Hitze und Hektik unten an den Stränden schnell vergessen. Im Lokal gilt Selbstbedienung – man bestellt und wird gerufen, wenn das Gericht fertig ist, die hier servierte Maremmaküche ist fleischlastig, Fisch gibt es selten. Unbedingt probieren: *polenta con i funghi*.

■ **I due Pini**③, Località La Soda, Porto Santo Stefano, Tel. 0564 814012 Mo geschl. Restaurants in Porto Santo Stefano gehören fast alle zur gehobenen Preiskategorie, ohne dass die Qualität des Angebots da mithalten kann. Für die „Zwei Pinien" spricht die Lage an einer kleinen Kiesbucht; nach dem Mittagsmahl leiht man ein Boot und rudert die Küste entlang.

■ **Il Moletto**③, Molo Della Sanita', Porto Santo Stefano, Tel. 0564 813636, www.moletto.it. Das Restaurant im ältesten Teil des Hafens ist ganz und gar auf Fisch eingestellt, den der Küchenchef frisch von den Fischern bezieht – man verlasse sich auf die Empfehlungen des Chefs.

Unser Tipp: A Casa di Paolo e Rosita②, Via dei Tre Ragazzi 46, Porto Santo Stefano, Tel. 0564 813 139, www.trattoriapaoloerosita.it, tgl. mittags, abends nur Fr u. Sa. In dieser Trattoria wird die Pasta noch selbst zubereitet, und weder Fisch noch Fleisch werden tiefgefroren gelagert – was die Tageskarte anpreist, ist frisch, dazu gehören *schiaccia* mit Zwiebeln und Oliven, Crostini mit Aal, Dorade oder Kalbsschnitzel.

■ **Alicina Hostaria**③, Via S. Sebastiano 54, Porto Ercole, Tel. 0564 832630. Fisch und Meeresfrüchte in allen Variationen und mit moderner Kreativität zubereitet – das kleine Restaurant in „zweiter Reihe" ist der heimliche Gourmettempel in Porto Ercole.

Unser Tipp: **I Pescatori**②-③, Via Giacomo Leopardi 9, Orbetello, Tel. 0564 860611. So was wie eine Institution in Orbetello und sehr rustikal, aber Fisch und Meeresfrüchte des zu einer Fischer-Kooperative gehörenden Lokals sind von tadelloser Frische und wunderbar zubereitet. Nur der Ablauf ist etwas gewöhnungsbedürftig: Zuerst bestellen, dann zahlen – und erst dann wird man mit dem Gewünschten an einem Tisch im großen Saal oder draußen an der Lagune platziert.

■ **L'Antico Botteghino**③, Strada Comunale della Feniglia 18, Ansedònia. Das Restaurant liegt idyllisch an einem Wasserarm am Eingang zur Riserva Naturale della Feniglia, Fisch und Meeresfrüchte dominieren die Speisekarte, darunter ein feines Risotto oder Thunfisch vom Grill – nur die zahlreichen Mücken könnten den Genuss schmälern.

■ **Trattoria Toscana**②-③, Via Vittorio Emanuele 2, Capalbio, Tel. 0564 896028. In dem einfachen, urigen Lokal stehen besonders viele Wildschweingerichte auf der Karte, und alle sind schmackhaft zubereitet. Wer Wildschwein nicht mag, findet auch *bistecca* oder *funghi porcini* sowie andere Gerichte der Maremma-Küche.

■ **Al Pozzo**②, Via Vittorio Emanuele II 17, Capalbio, Tel. 0564 896780, Do geschl. Die Trattoria im Ortszentrum ist alleine schon wegen ihrer romantischen Lage einen Besuch wert – am Wochenende unbedingt reservieren (!), die Küche hält sich an Toskana-Standards wie üppige Platten mit Schinken und Wurst, *pici* oder das übliche *bistecca*.

Süßes

■ **Alessandro Ferrini**, Lungomare Navigatori 59, Porto Santo Stefano, Tel. 0564 810494. Wer Signore *Ferrinis* Pasticceria meidet, ist selbst schuld, ihm entgeht ein ganzes Universum fantastischer, hausgemachter *dolci*.

Nachtleben

■ **Vecchio Bar del Ministro**, Via Barellai 8, Porto Santo Stefano, Tel. 0564 818048. Die Institution am Hafen gibt es schon seit 1922, für ein Gläschen Wein ist immer Zeit, allerdings nur im nostalgisch eingerichteten Barraum, es gibt keine Tische draußen.

■ **BiBar**, Lungomare Andrea Doria 30, Porto Ercole, Tel. 0564 833055, www.bi-hotel.it. Die Bar des gleichnamigen Hotels empfiehlt sich mit ihrer luftigen Meeresterrasse auf einen Aperitif oder Cocktail. Vom Essen sollte man besser absehen.

Verkehr

■ **Bahnhof/Bus:** Stazione Orbetello/Monte Argentàrio, Verbindungen nach Grosseto ein- bis zweistündlich (30 Min., ab 4,30 €), nach Porto Santo Stefano/Fähre Giglio ab Orbetello Bahnhof mit Buslinie Nr. 1 halbstündlich bis stündlich (20 Min., um 2,50 €); von Orbetello Bahnhof nach Capalbio Bahnhof drei- viermal am Tag (15 km außerhalb von Capalbio, 20 Min., 2,50 €), von dort dreimal nach Capalbio Ort (Linie Nr. 12/0, 15 Min., Achtung: zurück nur ein Bus morgens, 2,50 €).

■ **Parken:** in Porto Santo Stefano schwierige Parksituation, Besucher von Giglio parken am Hafen bei Parcheggio Fanciulli, Banchina Toscana, Tel. 0564 818699, www.parcheggiofanciulli.it, April–Sept. 7–19 Uhr (Juli/Aug bis 20 Uhr, Rest des Jahres reduzierte Öffnungszeit an Fährfahrplan angepasst), Auto/Motorrad 10 €/Tag, 8 €/Tag ab sieben Tage. Wer zu den Stränden an den Feniglia-Dünen möchte, findet dort Parkplätze (1,20 €/Std., 6 €/Tag) und ei-

> Porto Santo Stefano

nen Fahrradverleih, um die abgelegeneren Strandabschnitte zu erreichen.

■ **Fährverkehr nach Giglio:** Zwei Gesellschaften teilen sich das Fahrkartengebäude am Hafen von Porto Santo Stefano und ergänzen sich bei den Fahrplänen: Toremar (Tel. Porto Santo Stefano 0564 810803, Giglio 0564 809349, www.toremar.it) und Maregiglio (Tel. Porto Santo Stefano 0564 812920, Giglio 0564 809309, www.maregiglio.it). Abfahrten 6–20 Uhr alle 1–2 Std., Dauer 1 Std., einfache Fahrt 12,80–15,40 €, Kind 9,50–11 €, Auto bis 4,50 m einfach 40–47 €, bis 5 m 50–60 €.

Feste

■ **Concerti in Monte Argentàrio,** Ende Juli/Anfang August an verschiedenen Veranstaltungsorten in Porto Ercole. Das ambitionierte Musikfestival präsentiert aufstrebende Klassikstars.

Einkaufen

■ **Il Buttero,** Via IV Novembre, Capalbio, Tel. 0564 896494, Mo–Sa 10–19 Uhr. Rustikale Toskana-Mode mit einem Touch Vintage, viel Leder, Segeltuch und Leinen – ob als Mitbringsel oder für einen selbst, einen Hauch ungewöhnlicher als die üblichen Toskana-Souvenirs.

Aktivitäten

■ **Golfclub Monte Argentàrio,** Via Acquedotto Leopoldino, Porto Ercole, Tel. 0564 810292, www.argentariogolfresortspa.it. 18-Loch-Platz, 5003–6218 m, Par 71, Greenfee 70–90 €.
■ **Fahrrad:** Ein schön angelegter Radweg verbindet Porto San Stefano und Porto Ercole (ca. 15 km). Fahrradverleih Alfio Fanciulli, Via dei Molini 11, Porto Ercole, Tel. 0564 830260, ca 10 €/Tag.

Isola del Giglio

■ 1450 Einw., Porto S. Stefano 18 km (Luftlinie)

Natürlich hatten sich die Inseloberen weltweite Präsenz stets gewünscht – aber doch nicht so! Nachdem der 2012 monströs gestrandete Schiffskörper „Costa Concordia" nach drei Jahren endlich verschwunden war, konnte man sich aber wieder auf das eigentliche Leben konzentrieren: Gäste auf einer wunderschönen Urlaubsinsel empfangen.

Zweitgrößte Insel der Toskana, 8,5 km lang, bis zu 4 km breit, 27 km meist felsige Küstenlinie, 496 m hoch und eine überschaubare Anzahl an Bewohnern, verteilt auf drei Orte am Wasser und ein Bergstädtchen: Hier kennt jeder jeden! Und die Welt kennt Giglio! Am 13. Januar 2012, einem Freitag (!), rammte die Crew den Kreuzfahrtdampfer **„Costa Concordia"** auf einen (in den Karten verzeichneten) Unterwasserfelsen. Er kenterte wenige Meter von Giglio und riss 32 Menschen in den Tod. Der Kapitän hatte sich – noch vor vielen Passagieren und der Crew – rechtzeitig in Sicherheit gebracht und wurde 2015 zu 16 Jahren Haft verurteilt. Den Schiffskörper schleppte man nach einer über eine Milliarde Euro kostenden Bergungsaktion in den Hafen von Genua, um ihn abzuwracken.

Die **Etrusker** unterhielten auf Giglio einen Militärposten, und auch für das **antike Rom** hatte die Insel strategische Bedeutung. *Caesar* erwähnte sie in seinem Werk „Über den Bürgerkrieg". Im früheren **Mittelalter** war die Insel in Be-

> Blick auf die Insel von Monte Argentàrio

sitz unterschiedlicher Adelsfamilien, 1264 nahmen die *Aldobrandeschi* sie in Besitz. Ab 1406 hatte Florenz das Sagen. 1544, nachdem er Talamone überfallen hatte, wütete der Pirat *Khayr al-Barbarossa* auch auf Giglio. Wen er von den Inselbewohnern nicht tötete, den verschleppte und verkaufte er in Nordafrika als Sklave. Er hinterließ Giglio menschenleer. Die *Medici* mussten die Insel neu besiedeln und verstärkten die Burg. Dennoch hörten die Überfälle der Sarazenen auf Giglio erst 1799 auf, als die Bewohner einen Angriff der Seeräuber abschlugen.

Sehenswertes

An klassischen Sehenswürdigkeiten bietet Giglio praktisch nur wenig, seine Stärke sind die **ursprüngliche Natur**, das kristallklare Wasser, die Sporttauchgründe, die feinen, kleinen Strände und die Städtchen, die sich ihren Charme erhalten konnten, da die Fähre vom Festland als Nadelöhr funktioniert und die Anzahl der Touristen reguliert. Dennoch kann es im Hochsommer an den Stränden voll werden, und trotz der Krise sind im August auf Giglio keine Zimmer mehr frei.

Isola del Giglio

Am Hafen von **Giglio Porto** (5 m üNN, 600 Einw.) mit seinen bunten Kapitänshäuschen, Läden, Bars und Restaurants steht am Beginn der östlichen Mole der im 16. Jh. errichtete, kurze und wuchtige **Torre del Bagno** (auch Torre del Saraceno). 1,5 km nördlich des Hafens lag das Lazarett der Insel oberhalb zweier kleiner Landzungen. Von ihm hatte der dortige **Torre del Lazzaretto** seinen Namen (um 1620, heute in Privatbesitz).

In das auf einem Granitfelsen errichtete **Giglio Castello** (405 m, 560 Einw.) sind es 5 km, die letzte Strecke steil und in mehreren Serpentinen. Der intakte, 1 km lange, elliptische, von den *Aldobrandeschi* erbaute Stadtwall, die abweisenden Mauern der Burg auf der einen Seite des Wehrdorfs, die sich ins Häusermeer duckende Kirche auf der anderen, grauer Naturstein, himmelhohe Lage im blauen Rund des Meeres – der Hauptort der Insel zieht jeden Besucher in seinen Bann. Einmal auf der Via Circonvallazione umrundet, zählt man zehn Türme am Wall. Die mit viereckigem Grundriss stammen aus dem Mittelalter, die drei mit halbkreisförmiger Basis aus der Zeit der *Medici*. Parken kann man an der Piazza Gloriosa am Haupteingang. An den beiden zentralen, sich zu einem Kreis schließenden Straßen Via Roma und Via Vittorio Emanuele liegen die meisten Geschäfte und Bars/Restaurants. Unterkünfte gibt es hier oben fast keine (lediglich einige kleine B&B-Betriebe rund um die Piazza Gloriosa), alle Besucher Giglios wollen unten am Meer nächtigen, kommen aber gerne auf einen Espresso, ein Glas Wein oder ein Abendessen hoch. Die **Kirche San Pietro Apostolo** entstand im 15. Jh. und wurde im 17./18. Jh. massiv spätbarock verändert.

6 km von Giglio Castello (und 8 km vom Hafen) liegt an der Westküste das moderne **Giglio Campese** (5 m üNN, 250 Einw.) mit seinem 550 m langen und fast 50 m breiten, etwas grobkörnigen Sandstrand, Apartmentanlagen, Villen und Hotels und einem (bebauten) Felsen in der Mitte. Am Nordende des Strandes wacht über dem kleinen Sporthafen der **Torre del Campese** (heute in Privatbesitz). Als 1799 hier Piraten anlandeten, soll die Turmbesatzung deren Angriff heldenhaft abgewehrt und damit das Ende der Überfälle eingeleitet haben. Mit der Eröffnung des Pyritbergwerks von Campese 1938 entstand der Ort. Die Mine schloss 1962, und Campese konzentrierte sich künftig auf den Tourismus.

Etwa die Hälfte der Insel (der gesamte Süden und Bereiche im Westen, insbesondere um den Pioggio Giannetto) ist als Teil des insgesamt 746 km² Land- und Wasserfläche messenden **Meeresreservates Parco Nazionale Arcipelago Toscano** geschützt. An der Piazza Gloriosa im Hauptort Giglio Castello beginnt die zweistündige Panoramawanderung „Percorso del Bosco del Dolce" in das Schutzgebiet (4 km Länge, 400 Höhenmeter). Die **Macchia** Giglios, die sich die einst terrassierten Weinberge zurückerobert hat, duftet nach Myrte und Rosmarin, Ginster und Zistrosen blühen, und Insekten umschwirren die Pflanzen. Auf über 700 Arten summiert sich die Flora. Zwischendrin hoppeln Wildkaninchen und schleichen Schlangen durchs Gebüsch, darüber kreischen die Möwen.

Strände

Neben dem **längsten Sandstrand** der Insel (und dem einzigen an der Westküste) bei **Campese** gibt es nördlich vom Hafen die kleine Badebucht von **Arenella** mit Sandstrand. Südlich des Hafens (mit dem Auto knappe 2 km) findet sich der 100 m lange Sandstrand von **Canelle**, von ihm sind es gut 20 Min. Fußmarsch auf Pfaden weiter nach Süden zu der winzigen Sandbucht von **Caldane** (50 m lang). Alle weiteren Bademöglichkeiten (durchweg mit Fels) sind nur zu Fuß oder per Boot erreichbar. „Geheimtipps": die Felsbuchten bei **Cala del Cormo** (nur per Boot) und die Buchten beim Felsen **Isola della Cappa** (1,5 km Fußmarsch südlich von Campese), beides an der Westseite.

Giannutri

Die nur 2,6 km² große, wie ein Halbmond geformte Insel (höchste Erhebung 88 m) steht in **Privatbesitz** und ist eigentlich nur im Sommer bewohnt, wenn die Ferienvillen bezogen werden. Dennoch kann man Giannutri **besichtigen** (Ruinen einer römischen Villa), in den Felsbuchten baden, im Restaurant essen oder in der Bar einen Espresso trinken. Maregiglio (siehe „Praktische Informationen, Verkehr") schippert in der Saison von Giglio dreimal die Woche die 14 km hin und zurück (hin 10, zurück 16 Uhr, 22,50–26 €, Kind 16–18 €).

Montecristo

Felsig und kahl ragt das 10 km² große Eiland 20 km westlich von Giglio auf halbem Weg nach Korsika 645 m aus dem Wasser. Und um es gleich klarzustellen, der Besuch der als **Riserva Naturale della Isola di Montecristo** geschützten Insel ist eigentlich stark reglementiert (max. 1000 Besucher pro Jahr – wenn sie wissenschaftliches Interesse nachweisen können). Doch grau ist alle Theorie. Tatsächlich wird die Wildhüterstation, die die Einhaltung der Naturschutzregeln überwachen soll, regelrecht von Besuchern überrannt. Kein Boot dürfte sich mehr als 1000 m der Insel nähern. Inzwischen legen jeden Tag auch riesige Schiffe an, und die 1000er-Marke an Besuchern mit Sondergenehmigung wird bereits im Frühjahr weit überschritten. Wer ist schuld? Achselzucken!

Mit *Alexandre Dumas* ist Montecristo in die Literaturgeschichte eingegangen als Namensgeber des seinem Verlies auf Château d'If entkommenen Edmond Dantes, der in einer Höhle der Insel seinen sagenhaften Schatz findet. Er nutzt ihn als **„Graf von Montecristo"**, um seine Feinde zu vernichten. Ein Plot, der mehr als 50 Mal verfilmt wurde.

Auf der Insel sind – neben der Wildhüterstation – die einzigen anderen **Gebäude** die Ruinen eines 1553 von Piraten zerstörten Klosters (San Mamiliano) aus dem 13. Jh. und die ehemalige Villa des italienischen Königs. Die Insel war nach der Zerstörung des Klosters unbewohnt, bis der italienische Staat sie 1874 als Strafkolonie nutzte. Nach deren Auflösung verpachtete die Regierung die ganze Insel an den exzentrischen Marchese *Carlo Ginori Lisci*, der sich eine

Villa bauen ließ und auf der Insel jagte (und dazu u.a. *Giacomo Puccini* einlud). 1899 überließ der Marchese die Insel dem König. Erst 1971 stellte man die Jagd ein. Auf der Insel leben die **Montecristo-Ziegen** (eine spezielle Unterart, die sich aus Ziegen Kleinasiens entwickelt haben, die vor 3000 Jahren als Proviant an Bord von Schiffen auf die Insel gelangten) und die **Montecristo-Viper**, die angeblich giftigste Schlange Europas.

Praktische Informationen

Touristeninformation

■ **Ufficio Turismo Giglio Porto,** Via Provinciale 9, Giglio Porto, Tel. 0564 809400, www.isoladelgiglio.it, Sommer Di–Do 9–17, Fr–Mo 9–18 Uhr.

Unterkunft

■ **Campese**③-④, Via della Torre 18, Giglio Campese, Tel. 0564 804003, www.hotelcampese.com, April–Okt. Unmittelbar am Strand gelegen mit eigenem (auch für die Hotelgäste kostenpflichtigen) Abschnitt, familiengeführtes Haus mit 47 komfortablen Zimmern.

■ **Il Porticciolo**③, Via della Torre 3, Giglio Campese, Tel. 0564 804221, www.albergoilporticciolo.it, Juni–Sept. Nur Halbpension möglich, Ferienhotel mit sieben Zimmern in Strandnähe, sehr persönliche Führung und gute Hausmannskost.

■ **Il Saraceno**②-③, Via del Saraceno 69, Giglio Porto, Tel. 0564 809006, www.saracenohotel.it, April–Sept. In toller Lage auf einem Felsen über dem Meer, 49 gut eingerichtete Zimmer mit Klimaanlage, sehr zuvorkommendes Personal, zur Spiaggia Canelle 1000 m.

■ **Da Ruggero**②, Via del Saraceno 90, Giglio Porto, Tel. 0564 809121, daruggero@tin.it. Kleines Zwei-Sterne-Hotel mit zehn sauberen Zimmern mit Bad, fünf Gehminuten vom Hafen, 200 m zur Spiaggia Porto, 1000 m zur Spiaggia Canelle.

Camping

■ **Campeggio Baia del Sole,** Località Sparavieri (700 m nördlich von Giglio Campese), Tel. 346 7490 650, www.campingbaiadelsole.net, Mitte Mai–Sept. Einziger Platz der Insel in schöner Lage auf Terrassen über der Felsküste, 100 Stellflächen, Baumschatten, mit Bar, Restaurant, Laden, Bushaltestelle.

Essen und Trinken

■ **Vecchia Pergola**③, Via Thaon de Revel 31, Giglio Porto, Tel. 0564 809080. Mit schöner, schattiger Terrasse am Hafen und sehr guter Fischküche in lockerer Urlaubsatmosphäre, höhere, der Qualität entsprechende Preise; sehr lecker die Sepia-Spaghetti oder das Meeresfrüchte-Risotto.

■ **Porta Via**①-②, Via Umberto I 35, Giglio Porto, Tel. 0564 808006. Restaurant, Pizzeria, Focacceria und zum Mitnehmen: Pizza und gute Salate, Meeresfrüchte-Antipasti. Ausgezeichnet für ein schnelles und günstiges Mittagessen oder etwas aus der Hand, bevor es auf die Fähre geht (am Fähranleger).

Unser Tipp: **Giglio**①, Via Marconi 20, Giglio Castello, Tel. 0564 806331. Einfache Pizzeria in der Altstadt, Tische in der Gasse (und kleiner Gastraum), effizientes Personal, viele sagen, dies seien die besten Pizze der Insel, zahlreiche (auch eher unübliche) Variationen.

Süßes

Unser Tipp: **Gelateria da Nilo,** Via Diaz 3, Giglio Porto, Tel. 324 8396519, April–Okt. Handwerklich arbeitende (und nicht gerade günstige) Eisdiele mit Kreationen wie Zimt-Pfirsich, Sternbrot oder Eis aus Giglio-Feigen – mit zurückhaltender Süße für den perfekten Fruchtgeschmack; auch *granite*.

Verkehr

■ **Schiff:** Toremar (Tel. 0564 809349, www.toremar.it) und Maregiglio (Tel. 0564 809309, www.maregiglio.it); Abfahrten Porto Santo Stefano 6–20 Uhr alle 1–2 Std., Dauer 1 Std., einfache Fahrt 12,80–15,40 €, Kind 9,50–11 €, Auto bis 4,50 m einfach 40–47 €, bis 5 m 50–60 €.
■ **Bus:** In der Hochsaison zahlreiche Verbindungen zwischen Campese, Castello und Porto mit Tiemme, Tel. 0564 804063, www.tiemmespa.it, einfache Fahrt 2 €.
■ **Strandservice:** Mit dem Boot vom Hafen zum Strand (12 €/Kind 6 € hin und her), 8–19 Uhr halbstündliche Abfahrt und Abholung; Servizio Spiagge, Tel. 349 3508493, www.boatmen.it.

Feste

■ **Palio Marinaio,** am 10. Aug. (in der Nacht davor Prozession zu Ehren des Hafenpatrons *Lorenz*) kämpfen abends drei Teams (je 12 Ruderer und ein Steuermann aus den Vierteln von Giglio Porto) auf einem Kurs von 2 km um die Ehre.
■ **San Rocco,** am 16. August gedenkt Giglio Campese seines Stadtheiligen *Rocco* mit einem Fest am Stadtplatz und am Strand (mit Feuerwerk).

■ **Palio dei Somari,** in Giglio Castello erinnert man sich an den Piratenüberfall von 1799 (den man abwehren konnte) und feiert eine Woche um den 15. Sept. mit Eselrennen, Prozession, Musikveranstaltungen und Tanz den Ortsheiligen *San Mamiliano,* dessen Armreliquie nicht unwesentlich dazu beigetragen haben soll, die Piraten zu vertreiben.

Einkaufen

■ **Pasticceria da Fausto,** Via Umberto I, Giglio Porto, Tel. 339 4310678, www.faustopasticceria.it. Frische Hörnchen mit oder ohne Füllung am Hafen und Spezialitäten wie Biscuits mit Nüssen und Gewürzen – *rusticini, tozzetti* und *gnocchetti gigliesi*.

Aktivitäten

■ **Tauchen:** in Giglio Porto u.a. International Diving Center, Via del Saraceno, Tel. 333 1042242, www.internationaldiving.it, Diving Center Isola del Giglio, Via San Lorenzo, Tel. 328 3797038, www.divingisoladelgiglio.it. Im Campese bietet u.a. der Giglio Diving Club, Via della Torre, Tel. 348 582 8426, www.gigliodiving.it, Touren an.

Pitigliano

- 310 m üNN, 3850 Einw., Grosseto 80 km, Montepulciano 75 km, Porto Santo Stefano 60 km

Trotz seiner Größe **eine der malerischsten Bergstädte der Südtoskana.** Die ockerfarbenen Tuffsteinfassaden und die Bögen eines Aquäduktes ziehen sich einen Felsenkamm aus Tuffstein entlang, dahinter verbergen sich ein großzügiger Platz und enge Gassen.

Dass die Tuffsteinstadt Pitigliano auf dem Besuchszettel des inneritalienischen Tourismus steht, liegt nicht alleine am Ambiente einer ganz normalen Stadt, die den Weg aus dem Mittelalter ohne große Verrenkungen Richtung „Bilderbuchmittelalter" geschafft hat, oder an der Kultur. Nicht unwesentlich ist ebenso, dass in der Umgebung Trauben gedeihen, aus denen man den ausgezeichneten, trockenen **Bianco di Pitigliano** keltert (auch als Spumante erhältlich). Seine Qualität befördern insbesondere auch die Höhlen im Tuffstein, die die Etrusker als Grabstätten nutzten, und die seit den Römern als Weinkeller mit perfekter Lagertemperatur dienen.

Geschichte

Den Menschen der Bronzezeit, Etruskern und Römern war die Lage des durch steile Flanken geschützten Felsens auf dem Weg von den Häfen am Monte Argentàrio ins Landesinnere Richtung Lago di Bolsena ideal für eine Ansiedlung. Und das Mittelalter hielt es nicht anders. In einer ersten schriftlichen Erwähnung taucht Pitigliano als Besitz der *Aldobrandeschi* 1061 auf. 1293 heiratete *Anastasia*, Tochter von *Margherita Aldobrandeschi* (siehe Ortskapitel Pereta), den Grafen *Roman Orsini* und brachte die Grafschaft Sovana und Pitigliano als Mitgift in die Ehe ein. Die **Orsini** sollten länger als alle anderen den hegemonialen Bestrebungen von Siena und Florenz widerstehen. Erst 1574 brachten die **Medici** einen Fuß in die Türe: Sie übernahmen die Festung von Pitigliano. Der zweite Schritt folgte. Nach 30 Jahren hatte die Stadt so hohe Schulden angehäuft, dass die *Orsini* sie nicht mehr begleichen konnten. 1604 musste Graf *Giovanni Antonio di Orsini* sie deshalb an das **Großherzogtum Toskana** abtreten. Als Trostpflaster erhielt er von *Ferdinando I.* den Titel eines Marchese Monte di San Savino. 1640 erlosch diese Linie der *Orsini*.

Sehenswertes

Die SS74 führt mitten durch den Ort – genau an der Taille, die die westliche Altstadt von der östlichen Neustadt trennt (Parkplätze in der Via dell'Unità d'Italia, bei der Fußgängerbrücke die Straße hoch Richtung Süden und gleich rechts). Die Fußgängerbrücke über die SS74 ist eigentlich das Aquädukt, das sich nach Westen hinter der Häuserzeile mit seinem typischeren Erscheinungsbild fortsetzt und den Eingang zur Altstadt markiert. Das **Acquedotto Mediceo** plante *Antonio da Sangallo* im 16. Jh., aber erst im Jahre 1639 konnte der letzte Stein gesetzt werden.

Die **Porta della Cittadella** an der Piazza Petruccioli unter der Wasserleitung trägt – ganz außergewöhnlich – einmal nicht das Wappen der *Medici*, sondern das des Grafen *Giovanni Francesco Orsini* (1545).

Hindurchgetreten und an den Bögen des Aquäduktes entlang gegangen, steht an der gepflegten, baumgesäumten Piazza Fortezza der mittelalterliche zinnenbekrönte **Festungspalast der Orsini.** Ursprünglich im 12. Jh. als Festung errichtet, wurde er 1313 Wohnsitz der *Orsini*. 1465 erweitert und 1520 durch *Antonio da Sangallo* mit an die damalige Waffentechnik angepassten Verteidigungseinrichtungen versehen, bauten ihn die habsburgisch-lothringischen Großherzöge 1737 zu einem reinen Wohnschloss um. 1793 wurde der Komplex Bischofspalast. Das weitläufige und verwinkelte **Diözesanmuseum** in 21 Sälen besitzt u.a. eine Mariä Himmelfahrt (zweite Hälfte des 15. Jh.) von *Girolamo di Benvenuto* und die polychrome Holzskulptur „Madonna mit Kind" (15. Jh.) von *Jacopo della Quercia*. Auch die Einrichtung (Bibliothek) und die Säle, teils mit Renaissance-Fresken, sind an sich schon sehenswert.

■ **Museo Diocesano di Palazzo Orsini,** Piazza Fortezza 25, Tel. 347 7289656, www.palazzo-orsini-pitigliano.it, Di–So 10–13, 15–19, Winter bis 17 Uhr, 4,50 €.

Das **Archäologische Museum für etruskische Kultur** befindet sich ebenfalls im Orsini-Palast, hat aber einen eigenen Eingang. In drei Sälen sind Keramiken aus den Grabungen rund um die Stadt ausgestellt.

■ **Museo Archeologico della Civiltà Etrusca,** Piazza Fortezza 59/c, Tel. 0564 614067, Mo/Do/Fr 10–17, Sa/So bis 18 Uhr, 3 € (mit dem außerhalb gelegenen Museo Archeologico all'aperto Alberto Manzi 6 €).

Der **Dom** in der Mitte der Altstadt zeigt sich sowohl von außen als auch von innen im barocken Kleid des 18. Jh. Erstmals errichtet wurde die Kirche 1276, 1509 fügte man die Seitenkapellen an. Auf der linken Seite schmückt eine Rosenmadonna (1609) von *Francesco Vanni* einen Nebenaltar.

■ **Cattedrale dei Santi Pietro e Paolo,** Piazza San Gregorio VII., Tel. 0564 619127, 8–13, 16–19.30 Uhr.

Malerisches Pitigliano

Die jüdische Gemeinde von Pitigliano war eine der größten der Toskana und lebte rund um das **Piccola Gerusalemme** im Ghetto hinter dem Dom an der Via Zuccarelli. Das „Kleine Jerusalem" ist heute ein Museum mit der historischen Synagoge von 1598, Kammer für die rituellen Waschungen der Frauen, Keller für die Lagerung koscherer Speisen, Raum für Schächtungen und Matzeofen.

■ **Piccola Gerusalemme,** Vicolo Marghera, Tel. 0564 614230, April–Sept. So–Fr 10–13, 14.30–18, sonst 10–12, 15–17 Uhr, 5 €.

Das **Archäologische Freiluftmuseum** befindet sich 2,5 km vom Stadtzentrum im Tal. Auf dem Weg dorthin passiert man an einer Kehre die Kirche Madonna delle Grazie mit Parkplatz und dem besten Blick auf das mittelalterliche Pitigliano. Die Grabungsstätte macht die vergangene Zeit plastisch erlebbar. Die Beispiele der Wohnformen in echter Größe zeigen z.B. eine Rundhütte aus der Bronzezeit oder ein Stadthaus der Etrusker mit drei Räumen und einer Veranda. Ein Hohlweg führt zu einer in den Tuffstein gegrabenen Nekropole mit drei Kammern, wo man mehr über die Begräbnisszeremonien der Etrusker erfährt.

■ **Museo Archeologico all'aperto Alberto Manzi,** Strada Provinciale del Pantano (Via Cava del Gradone, GPS 42.628575, 11.669838), Mo/Do/Fr 10–17, Sa/So bis 18 Uhr, 4 € (mit dem Museo Archeologico in der Stadt 6 €).

Drei **etruskische Hohlwege** sind in der näheren Umgebung von Pitigliano ausgewiesen, markiert und begehbar. Nicht besonders lang, dafür aber bis zu 20 m tief sind sie in den Tuffstein gegraben, zwei bis drei Meter breit, schattig und kühl im Sommer, fast dunkel, wenn der obere Spalt von Blättern überdeckt ist. Die **Via Cava di Madonna delle Grazie** (45 Min. hinunter ins Tal) beginnt am Panoramapunkt beim gleichnamigen Sanktuarium, wenn man die Stadt Richtung Süden verlässt. Im Tal angekommen, kann man auf demselben Weg zurückwandern oder dem Rundweg (Via Panoramica dal Basso) um Pitigliano in die Stadt folgen. Die **Via Cava di Fratenuti** (ca. 70 Min. hin und her, bei Anmarsch über die Via Cava di Poggio Cane von der Piazza Garibaldi in der Stadt ca. 2 Std. hin und her) ist mit 20 m hohen Wänden sicherlich der spektakulärste der Hohlwege. Er beginnt vor der Brücke über den Lente (GPS 42.633592, 11.659489) an der Straße Richtung Sovana, 1,4 km vom Zentrum. Der Startpunkt der **Via Cava di San Giuseppe** (2 Std. bis Sovana) liegt 100 m weiter, jenseits der Brücke auf der linken Seite.

Sovana

Sovana (290 m üNN, 460 Einw.), die zweite Tuffsteinstadt, 7,5 km nördlich von Pitigliano, wirkt in ihren rotbraunen Farben aus der Ferne fast wie ein nordafrikanisches Ksar. Die wenigen Häuser drängen sich entlang der Via del Pretorio, die Parkplätze liegen schon außerhalb an der parallel dazu verlaufenden Via dell'Oratorio, wo auch die Ruinen der Rocca Aldobrandesca in den Himmel ragen. Sovana ist ganz auf **Fremdenverkehr** ausgerichtet. Bars, Cafés und Restaurants haben ihre Tische, Souvenirläden ihre Displays auf die Straße gestellt. Der poröse Tuffstein der niedrigen Fassaden taucht alles in ein ganz eigenes Licht. Man kann sich kaum vorstellen, dass von Sovana aus die *Aldobrandeschi* im 10. Jh. die gesamte Südtoskana regierten.

Hier ist alles kleiner und intimer als in Pitigliano, auch der ehemalige **Palazzo Pretorio** aus dem 12. Jh. besitzt lediglich ein Obergeschoss, die Wappen an der schmalen Schauseite summieren sich auf neun. In ihm finden heute Wechselausstellungen statt, außerdem ist ein Informationszentrum des Museumsverbundes der Tuffsteinstädte untergebracht (siehe „Praktische Informationen, Touristeninformationen"). Direkt links angebaut ist die noch bescheidenere **Loggia del Capitano,** ihre Seitenfassade trägt das im 16. Jh. angebrachte Medici-Wappen.

Die **Kirche Santa Maria** dem Palazzo Pretorio gegenüber stammt aus dem 12. Jh. Vor der Apsis steht ein vorromanisches Ziborium aus dem 9. Jh. Vier Säulen mit korinthischen Kapitellen tragen einen fein gearbeiteten Baldachin mit Tier- und Pflanzenmotiven und geometrischen Mustern – typisch für die langobardische Zeit. Das Nischenfresko der Madonna mit Kind zwischen den Heiligen *Barbara, Lucia, Mamiliano* und *Sebastiano* und das Fresko der Kreuzigung stammen aus dem frühen 16. Jh.

■ **Chiesa Santa Maria Maggiore,** Piazza Pretorio, 8–19 Uhr.

Die drei Arkadenbögen nebenan bilden das Untergeschoss des **Palazzo Bourbon del Monte** aus dem 17. Jh. Direkt links von ihm befindet sich der Eingang zum modernen **Museum San Mamiliano** mit einer archäologischen Sammlung zur Etruskerzeit. Die säkularisierte Kirche ist das älteste Gebäude der Stadt und ersetzte die erste Bischofskirche, die wiederum auf den Fundamenten eines etruskisch-römischen Tempels errichtet wurde. Grabbeigaben aus Terrakotta und ein Topf voller Goldmünzen sind zu sehen, Teil des 2004 im Gebäude gefundenen spätantiken Goldschatzes mit 498 Münzen. Zwei Bleifiguren, die „Statuette di Piombo" (3. Jh. v. Chr.), Mann und Frau mit nach hinten gebundenen Händen, waren Teil eines Rituals. Der Terrakottafries stammt vom Hildebrandgrab.

■ **Museo San Mamiliano,** Piazza Pretorio, Tel. 0564 614074, April–Sept. 10–13, 15–19, sonst bis 18 Uhr, 2 € (Kombiticket mit Parco Archeologico und Fortezza von Sorano 8 €).

Im schmalen, die Piazza Pretorio östlich abschließenden Gebäude mit Glockentürmchen, dem **Palazzetto dell'Archivio,** ist heute das Postamt untergebracht. Geht man links an ihm vorbei, kommt man nach 350 m am Ortsende zum **Dom Pietro e Paolo** aus dem 11. Jh. Über der Vierung der Basilika ragt eine achteckig geformte Kuppel aus dem Baukörper. Die Hauptfassade verdeckt der angefügte Bischofspalast. Das vom rotbraunen Tuffstein weiß abgesetzte Seitenportal mit zwei Säulen flankieren Steinplatten, deren frühromanische Ornamentierung auf den Vorgängerbau verweisen. Die fünfschiffige Krypta mit kurzen, wuchtigen Säulen und rustikalem Gewölbe aus grobem Tuffstein stammt ebenfalls von diesem.

Die etruskischen Gräber von Sovana

Das Grabungsfeld liegt westlich 2 km außerhalb von Sovana an der SP22 Richtung San Martino. Bedeutendste Grabstätte der Nekropole ist das **Hildebrandgrab** (3. Jh. v. Chr.) – benannt nach *Ildebrando Aldobrandeschi di Sovana* (der spätere Papst *Gregor VII.*). Es ist mit einem in den Tuffstein gegrabenen Überbau in Form eines etruskischen Tempels versehen, der rituell genutzt wurde. Ehemals trug eine Reihe von sechs Säulen vorne und je drei weiteren an den Seiten das friesverzierte Tympanon (nur eine Säule ist vollständig, die anderen sind als Stümpfe erhalten). Der Tuffstein war verputzt und bunt bemalt. Tatsächlich war der Tempel ein Potemkinsches Dorf: Die Cella war nicht ausgehöhlt, sondern massiver Stein mit einer illusionistischen Türe. Ein Gang führt an der Vorderfront hinunter in die kreuzförmige Grabkammer (sie ist stockdunkel und meist voller Pfützen!).

Wenige Meter nordöstlich des Hildebrandgrabes liegt im Wald die **Tomba del Tifone** (4. Jh. v. Chr.), deren noch erkennbare Treppe führte hoch zum Altar, eine Grabkammer konnte nicht entdeckt werden. Südwestlich des Hildebrandgrabs steht das interessantere **Tomba dei Demoni Alati** (zweite Hälfte des 3. Jh. v. Chr.), das von zwei Skulpturen flankiert wurde. Die rechte, ein Löwe, ist noch recht gut erhalten. Hinter Gittern ist als Relief eine Figur bei einem Bankett zu sehen, die eine Schale für ein Trankopfer in der rechten Hand hält. Seinen Namen erhielt das Grab von zwei geflügelten weiblichen Dämonengestalten mit Fackeln, die dem Toten den Weg in seine neue Welt weisen sollten. Oberhalb zeigt ein Relief einen geflügelten Meeresdämon mit Fischschwanz. Noch ein Stück weiter ist das **Tomba Pola** ein weiteres Grab vom Tempeltyp. Von den ursprünglich acht Säulen blieb eine erhalten und musste wegen ihres schlechten Zustandes gesichert werden.

Nimmt man vom Parkplatz den Fußweg entlang der Straße Richtung Sovana, kommt man nach 200 m zur Archäologischen Zone II (über die Holzbrücke) mit der Kirche San Sebastiano. In einen beeindruckenden in den Tuffstein gegrabenen Hohlweg (Via Cava di San Sebastiano) gelangt man, hält man sich an der folgenden Gabelung rechts, zum **Tomba della Sirena/La Fontana,** wenn man an der Gabelung links geht (10–15 Min. vom Parkplatz). Es gehört zu den beeindruckendsten Gräbern der Region. Über der Bogennische ist das Relief aus dem 3. Jh. vergleichsweise gut erhalten. Links und rechts der Nische ist je ein Figurenrest zu sehen. Ursprünglich setzte sich das Relief in der Nische fort. Heute ist die Figur des Verstorbenen auf einer von den Seitenpersonen getragenen Bahre kaum noch zu erkennen. Der Fries über der Nische zeigt das Meeresungeheuer Skylla mit zwei Eroten. Wer dem Waldweg weiter folgt, kann noch mehr Gräber entdecken.

■ **Area Archeologica di Sovana,** April–Sept. 10–19, Okt.–Allerheiligen 10–18, Mitte März–Ende März/Nov. Sa/So 10–18 Uhr, 5 € (Kombiticket mit den Museen von Sovana und Sorano 8 €).

▷ In Sovanas Museo San Mamiliano

Sorano

10 km Autofahrt sind es entlang glattgefräster Tuffsteinwände von Sovana Richtung Nordosten. Wie ein Riegel stehen die Festungswerke von Sorano (380 m üNN, 900 Einw.) hoch über dem Tal des Lente auf einem Tuffsteinfelsen. Sorano teilte als Besitz der *Orsini* die Geschicke Pitiglianos und kam 1604 zum Großherzogtum Toskana. Am südlichen Ende der Stadt wacht die Orsini-Burg, am nördlichen Ende der Masso Leopoldino, das von den Habsburg-Lothringern befestigte Felsplateau, über den Häusern mit einer großartigen Aussicht.

Ein Spaziergang durch die engen und steilen Gassen des fast archaischen historischen Zentrums ist unbedingt angeraten. Parkplätze findet man an der Piazza del Municipio oberhalb des Altstadteingangs **Arco del Ferrini**. Auf holprigem Pflaster geht es vorbei an wenigen Souvenirgeschäften hinüber und hinauf zum **Masso Leopoldino**. Er bestand bereits im Mittelalter als Zufluchtsstätte für die Bevölkerung bei einer Belagerung. Nachdem mehrere Erdrutsche zwischen 1801 und 1804 Teile der Stadt ins Tal gerissen hatten, begann man mit der neuerlichen Befestigung des Masso, die bis in die 1820er Jahre dauerte. Zu Ehren des Großherzogs, der die Baumaßnahmen finanzierte, erhielt der Masso seinen neuen Namen. Unten im Tal entlang des sich schlängelnden Flüsschens sind die Höhlen etruskischer Nekropolen zu sehen.

Über eine steile Rampe 100 m (auf der Via della Madonna) nördlich der Piazza Municipio geht es hoch zur **Orsini-Burg** aus dem 14. Jh. Auch sie wurde bei den Erdrutschen im beginnenden 19. Jh. in Mitleidenschaft gezogen. Heute werden Teile der Burg als Hotel genutzt, ein weiterer Bereich ist dem **Museum für Mittelalter und Renaissance** vorbehalten, mit Funden aus der Gemeinde, Kostümen und Möbeln. Im Turmzimmer tragen die Wände Freskenfragmente aus dem 15. Jh. Der Legende nach soll Graf *Niccolò IV. Orsini* hierher immer wieder junge Mädchen gebracht haben, die sich – von den grotesken Bildern ganz verstört – in seine Arme flüchteten. Die Grotesken sind nicht gut erhalten, stattdessen sind Szenen aus der griechischen Mythologie zu sehen. Außerdem: die Noten eines Madrigals. Der Museumsbesuch umfasst auch eine Führung durch die Burg (in den Katakomben ist es kühl, Jacke mitbringen!). Das Museum ist auch Besucherzentrum für die Tuffsteinstädte.

■ **Museo del Medioevo e del Rinascimento**, Piazza Cairoli 3, Tel. 0564 633424, April–Sept. 10–13, 15–19, sonst bis 18 Uhr, 4 € (Kombiticket mit Museum und Archäologischem Park in Sovana 8 €).

Die **Via Cava Sorano/Via Cava San Rocco** beginnt am nördlichen Stadttor Porta dei Merli und führt hinab zum Flüsschen Lente, das sich einmal um die Stadt schlängelt und an dessen Ufern bereits die Etrusker Höhlen in den Tuffstein gegraben haben (3./2. Jh. v. Chr.). Dem Masso Leopoldo direkt gegenüber geht es abenteuerlich und anstrengend durch einen Hohlweg hoch zur im Wald versteckten Kirche San Rocco (mit Aussicht auf Sorano vom Panoramabalkon), hinter der sich eine weitere Nekropole befindet. Man kehrt auf demselben Weg zurück oder marschiert 2 km entlang der Autostraße nach Sorano (Wegzeit insgesamt etwa 90 Min., ca. 150 Höhenmeter).

San Quirico

Beim Dorf San Quirico (485 m üNN., 450 Einw.), einer zu Sorano gehörenden Gemeinde 6 km östlich, gilt es einen 1000 Jahre v. Chr. erstmals besiedelten und im Mittelalter unter den *Aldobrandeschi* mit einer Burg hochgerüsteten Höhlenkomplex zu besichtigen: **Vitozza** knapp 2 km nördlich des Dorfes. Bis ins späte 18. Jh. bewohnten noch Menschen die Höhlenwohnungen, wenn auch ein Großteil schon in das ein Jahrhundert zuvor gegründete San Quirico umgezogen war. Die Habsburg-Lothringer ließen 1783 eine Volkszählung durchführen, die für Vitozza die Namen der Bewohner listete. Zwei Schluchten begrenzen den Tuffsteinkamm mitten im Wald, in den etwa 180 teils sogar zweistöckige Höhlen gegraben sind. Die Burg auf dem Plateau oben wurde wohl im 15. Jh. zerstört. Auch Fundamente zweier Kirchen sind zu sehen. Ab San Quirico sollte man für Marsch und „Erforschung" 2 Std. rechnen (hin und her 4 km), Parkplatz am Nordende von San Quirico beim Fußballplatz.

■ **Vitozza/Insediamento Rupestre,** San Quirico, Parkplatz GPS 42.670988, 11.764176.

Montemerano

Der Bergort Montemerano (286 m üNN, 490 Einw.) 22 km westlich von Pitigliano zeigt ganz deutlich: Hier möchte man unter sich bleiben. Für Tagestouristen typische Läden sind nicht vorhanden, stattdessen die Fassaden der Häuser in der Altstadt aus grobem, grauem Bruchstein aufwendig und stimmig restauriert und mit Rankgewächsen begrünt. Hier hängt eine Vorhangschleppe nachlässigelegant aus einer Loggia, da steht eine hübsche Schale, für die streunenden Katzen mit Milch gefüllt, dort wartet ein Teakholzmöbel auf die Abendstunde und seinen Besitzer. Reiche Römer haben sich in Montemerano eingekauft und verbringen die heißen Wochenenden lieber hier als in den Straßenschluchten der Hauptstadt. Enge, steile, teils nur meterbreite Gassen halten den Verkehr draußen und führen hoch zum schönsten Platz des Städtchens, der Piazza del Castello.

Die romanisch-gotische **Kirche San Giorgio,** am Nordende der Altstadt direkt an die Stadtmauer gebaut, wurde 1380 begonnen und 1430 fertiggestellt. Die Innenausstattung besteht u.a. aus dem Gemälde „Vergine Annunziata Madonna della Gattolaia" eines unbekannten Meisters. Ihre Berühmtheit hat die

Madonna einem Loch zu verdanken, das irgendjemand einmal im unteren Bereich hineingeschnitten hat, um das Bild als Türe mit Katzendurchschlupf zu nutzen. Weiter: Ländlich-ausdrucksvolle Fresken zum Leben des heiligen *Georg*, Gemälde aus der Renaissance (Seneser Schule) und das polychrome Schnitzrelief „Mariä Himmelfahrt" (um 1460) von *Lorenzo di Pietro* (1410–1480).

■ **Chiesa di San Giorgio,** Vicolo della Canonica, Tel. 0564 602736, Mo–Fr 9–19, Sa/So 8–21 Uhr.

◰ Freibad mit heißem Wasser

Satùrnia

Die Quellen haben bereits von Gicht und Rheuma geplagte Römer der Antike angelockt, die in den Thermen Linderung suchten. Der **Ort Satùrnia** (295 m üNN, 300 Einw.) 7 km nördlich von Montemerano war schon immer beliebt. Bereits voretruskisch im 9. Jh. v. Chr. besiedelt, nannten ihn die Etrusker „Aurinia".

Im Ort ist ein antikes römisches Stadttor erhalten, die **Porta Romana** an der ins Tal führenden ehemaligen Via Clodia mit „originalem" Pflaster. Ein winziges **Archäologisches Museum** in einem Raum über der Schule zeigt Funde aus den Nekropolen der Umgebung.

■ **Museo Archeologico,** Via Italia, Sa/So 10–13.30, 14.30–18 Uhr, 2,50 €.

Pitigliano: Zugabe!

- **Terme di Sorano** – moderne Anlage mit 37 °C warmem Wasser im Außenbecken, Villen- und Apartmentvermietung, Restaurant und Wellnesscenter; Santa Maria dell'Aquila, Tel. 0564 633306, www.termedisorano.it, 3 km außerhalb und südlich von Sorano, April–Okt. Mo–Fr 10–19 Uhr, mit Liege 15 €, Kind 8 €, Sa/So 17 €/9 €, ab 14 Uhr Mo–Fr 11 €/6 €, Sa/So 13 €/7 €.
- **Manciano** – verschlafenes Bergnest (440 m üNN, 1600 Einw.) 18 km südwestlich von Pitigliano mit einem imposanten Cassero Senese (1424, an der Stelle einer früheren Burg von 1188) und einem Museum für Prähistorie mit u.a. 500.000 Jahre altem Steinwerkzeug aus dem Flusstal der Fiora und Keramik aus Mykene; Museo di Preistoria e Protostoria delle Valle del Fiora und Touristeninformation, Via Corsini 5, Tel. 0564 620 532, Juli/Aug. tgl. 10–13, 16–19, April–Juni/Sept., Okt. nur Fr–So, 2,50 €.
- **Chiesa di San Lorenzo** in **Montemerano** – die im Jahre 1780 säkularisierte Kirche steht mindestens seit 1188, ihr Alter dokumentieren die eingemeißelten romanischen Kreuze am Türsturz, ihr Campanile ist der einzige Turm in der Stadt; Piazza del Campanile 1.
- **Tumuli del Puntone** – auf der Piàn di Palma 10 km nördlich von Satùrnia-Ort gelegene Nekropole mit einigen mehr oder weniger schlecht erhaltenen Grabstellen in einem Wald, ein Ausflug nur für eingefleischten Etrusker-Freunde; nördlich Satùrnia-Ort von der SP10 nach Westen abbiegen, für 3,6 km auf der SP112 Richtung Usi, dann nach Süden für 2 km auf einer Staubstraße zur Nekropole in einem Eichenwäldchen (GPS 42.673558, 11.489797).

Ein ganz besonderes Erlebnis für Jung und Alt bieten die Travertinbecken der **Thermalquelle von Satùrnia** (Le Cascate del Mulino) 2,5 km nordwestlich des Ortes. Den schönsten Blick auf die frei zugänglichen Terrassen hat man vom Aussichtspunkt über dem Tal südlich an der SP10. In den Becken tummeln sich das ganze Jahr über die Besucher, auch zur nächtlichen Stunde kommen die Menschen, um bei Sternenlicht entspannt in ihnen zu liegen und Wasser auf die Rücken prasseln zu lassen. Der höllische über der Landschaft liegende Geruch des Schwefelwasserstoffs hält niemanden ab. Das Wasser kommt von den Flanken des Monte Amiata und sprudelt mit 800 l pro Sekunde und einer Temperatur von 37,5 °C aus dem Boden. Es soll helfen bei Beschwerden des Verdauungsapparates, der Gelenke, der Muskulatur, des Herz-Kreislaufsystems, der Atemwege, und es wirkt angeblich entspannend, blutdrucksenkend und desodorierend – ist also mehr oder weniger omnipotent. In allererster Linie macht es aber Spaß (und um diesen nicht zu schmälern, sollte man seine Zeit pro Badegang auf max. 20 Min. beschränken – Thermalbaden belastet den Kreislauf!). Wer es luxuriös liebt: Natürlich gibt es auch ein Hotel der gehobenen Klasse in unmittelbarer Umgebung mit eigener Zuleitung, Schwimmbecken, großzügigem Spa und Golfplatz (Terme di Satùrnia, www.termedisaturnia.it).

- **Cascate del Mulino**, www.cascate-del-mulino.info.

Praktische Informationen

Touristeninformation

■ **Ufficio Turismo Pitigliano,** Piazza Garibaldi 12, Tel. 0564 617111, www.comune.pitigliano.gr.it, Di–So 9–13, 16–19 Uhr.
■ **Centro Visita Sovana,** Parco Archeologico Città del Tufo, Piazza Pretorio, Tel. 0564 614074, www.leviecave.it, Fr–Mi 10–18 Uhr (Aug. auch Do).

Unterkunft

■ **Hostaria del Ceccottino**③, Via Roma 159, Tel. 0564 614273, www.ceccottino.com. Fünf sehr elegant eingerichtete Zimmer in einem historischen Palazzo. Jedes Detail ist ausgesucht und geschmackvoll arrangiert. Toll ist auch die Dachterrasse mit Panoramablick.
■ **Villa Etruria B&B**②, Via Brodolini 115, Tel. 335 527 0432, www.villaetruria.it. Die fünf sehr angenehm in hellen Farben eingerichteten Zimmer verfügen über Bad, TV und WiFi. Das Haus selbst liegt in einer ruhigen Seitenstraße; die Gastgeber sind sehr bemüht und geben Tipps für Ausflüge in die Umgebung.
■ **Il Tufo Rosa**②, Piazza Petruccioli 97, Tel. 0564 617019, www.iltuforosa.com. Mehrere sehr hübsch eingerichtete Zimmer und ein etwas entfernt liegendes Apartment ganz nahe am historischen Zentrum; die Gastgeber besitzen eine eigene Ölproduktion und verkaufen dies und andere Souvenirs in einem Laden neben der Pension. Kein Frühstück.

Außerhalb

■ **Il Giardino del Centro Storico** ②, Piazza Canzanelli 10/a, Montemerano, Tel. 0564 602861, www.ilgiardinodelcentrostorico.it. Drei Apartments und ein kleines Altstadthaus im historischen Zentrum; einfach eingerichtet und freundlich geführt.
■ **Poggio del Drago B&B**②, Località Vignolo, Montemerano, Tel. 3393599021, www.poggiodeldrago.it. Vier farbenfroh gestaltete Zimmer mit jeweils kleinem Gartenanteil, Tisch und Liegestühlen zum Relaxen im Grünen. Das B&B liegt einen Kilometer südlich von Montemerano.
■ **Hotel della Fortezza**③, Via Cairoli 5, Sorano, Tel. 0564 633549, www.fortezzahotel.it. Wer schon immer in einer Burg wohnen wollte, ist hier am richtigen Platz. Die Zimmer sind geräumig und mit Stilmöbeln eingerichtet, haben ihre beste Zeit allerdings schon hinter sich. Die Atmosphäre entschädigt dafür.
■ **La Fratta**②, Località La Fratta, Sorano, Tel. 338 7018655, auch auf www.facebook.com. Das B&B mit nur einem Gästezimmer liegt angenehm im Grünen am Ortsrand von Sorano und gewinnt besonders durch die Herzlichkeit der Gastgeber (und die Backkünste der Dame des Hauses).
■ **PoggioBa B&B**②, Strada Provinciale Pian della Madonna 17a, Sovana, Tel. 0564 615737, www.poggioba.it. Das B&B an der Straße von Pitigliano nach Sorano liegt ruhig und idyllisch zwischen Feldern und verfügt über zwei Zimmer mit Dusche, WC und WiFi sowie einen großen Garten.
■ **Agriturismo Millefiori**②, Località Pianaccia 6, Manciano, Tel. 0564 609204, www.agriturismomillefiori.it. Vier geräumige, einfach eingerichtete Zimmer, ein Pool und ein honigsüßes Frühstück erfreuen die Gäste des Agriturismo 2 km westlich von Manciano.
■ **Podere 3 Querce**②, Località Il Poderino, Manciano, Tel. 0564 625031, www.3querce.it. Sechs freundlich und geschmackvoll eingerichtete Zimmer auf einem Landgut 1,5 km westlich von Manciano, zu dem auch ein beliebtes Restaurant gehört. Der Blick über die Maremma zum Meer reicht an klaren Tagen bis Korsika.
■ **Agriturismo La Pellegrina**②, Località Pian di Palma 36, Satùrnia, Tel. 0564 601161, www.agriturismo-italiano.com. Der Agriturismo nördlich von Satùrnia ist eine Oase des Friedens wie der Kulinarik, denn die Dame des Hauses kocht gerne, und das mit Produkten vom eigenen Hof. Kinder freuen sich über den großen Garten und die Spielgeräte.

■ **Villa Clodia**③, Via Italia 43, Satùrnia, Tel. 0564 601212, www.hotelvillaclodia.it. Blümchenstoffe regieren die romantische Welt in der Jugendstilvilla. Das mag nicht jedem gefallen, aber die Zimmer sind geräumig, und viele haben einen wunderbaren Ausblick über die Landschaft. Im Garten wartet ein Mini-Pool, und es gibt ein kleines Wellness-Center.

Camping

🦋 **AgroCamping Poggio del Castagno,** Località Poggio del Castagno, Tel. 0564 615545, www.poggiodelcastagno.net, ganzjährig. Auf dem Bio-Bauernhof stehen Übernachtungsgästen Zelt- und Wohnmobilplätze sowie einfache Zimmer in Steinhäuschen zur Verfügung.

■ **Parcheggio Camper La Quercia,** Via Aurinia, Satùrnia, www.sostacampersaturnia.it, April–Okt. Der Wohnmobilstellplatz ist mit Frisch-, Abwasser- und Elektroanschluss, WiFi, Duschen und WCs sowie einem Picknickbereich ausgestattet, kostenloser Shuttleservice zu den Thermen und in den Ort.

Essen und Trinken

■ **Hostaria del Ceccottino**③, Piazza S. Gregorio VII 64, Tel. 0564 614273. Die Hostaria auf der Piazza von Pitigliano zählt zu den am schönsten gelegenen und besten Restaurants der Region. Maremma-Spezialitäten mit Chianina-Rind, Wildschwein und Lamm, aber auch Fisch und Meeresfrüchte werden perfekt zubereitet.

■ **Enoteca PanCaciUa**②, Via Cavour 32, Tel. 0564 616002. Hinter dem seltsamen Namen verbergen sich *pane* (Brot), *cacio* (Käse) und *uva* (Trauben), die gemütliche Enoteca ist ein empfehlenswerter Ort für die Mittagsrast mit Bruschette oder Wurst- und Käseplatte aus der Maremma.

■ **Il Grottino**②, Via San Michele 138, Tel. 347 074 1628. Mit diesem einmaligen Blick auf Pitigliano muss es einfach schmecken, und da die Gastgeber neapolitanische Wurzeln haben, gibt es hier zur Abwechslung auch das eine oder andere nicht-toskanische Gericht.

Außerhalb

■ **Bar Il Glicine**②, Piazza Canzanelli 10/a, Montemerano, Tel. 0564 602861. Weit mehr als „nur" eine Bar, denn hier bekommt man auch bodenständiges Frühstück, Mittag- und Abendessen, und manchmal werden auch Musikabende veranstaltet. Die Lage an der Piazzetta ist ungemein romantisch, und die Bruschette sind eine Wucht.

UNSER TIPP: **Locanda da Caino**③-④, Via della Chiesa 4, Montemerano, Tel. 0564 602817, www.dacaino.it, Mi geschl. Ein Restaurant mit einer Karte, die auch seltene oder ungewöhnlich kombinierte Gerichte auflistet, so *trippa & lampredotto* (verschiedene Innereien) oder *cinghiale con finocchi, arance e olive,* Wildschwein mit Fenchel, Orange und Oliven. Die Küchenchefin ist eine wahrer Meisterin ihres Fachs und Mitglied der Jeunes Restaurateurs, die Weinempfehlungen harmonieren wunderbar mit den Speisen, und wenn der Kopf zu schwer ist, kann man in einem der drei eleganten Gästezimmer über dem Restaurant übernachten.

■ **Passaparola**②, Vicolo delle Mura 21, Montemerano, Tel. 0564 602835. Hier bietet sich die seltene Gelegenheit, Fohlensteaks zu versuchen, daneben wird viel mit saisonalem Gemüse gekocht. Empfehlenswert *affettato* mit Wurst und Käse der Region. Man sitzt angenehm im kleinen Garten.

■ **Locanda del Arco**②-③, Via Roma 22, Sorano, Tel. 0564 633608. Typische gutbürgerliche Trattoria mit allen toskanischen Standardgerichten und einer großen Auswahl offener Weine.

■ **Cantina Ottava Rima**②, Via del Borgo 25, Sorano, Tel. 0564 633584, www.cantinaottavarima.com. Angefangen hat die kleine, rustikale Osteria als Enoteca; heute wird ihr Essen weit über die Ortsgrenzen hinaus geschätzt, vor allem die wunderbare *caponata!*

■ **Fidalma**②, Piazza Busatti 5, Sorano, Tel. 0564 633056. Das familiäre Restaurant geizt nicht bei der

Größe der Portionen, also bestellt man besser zurückhaltend, besonders gelobt werden die hausgemachten *pici*, ganz gleich, in welcher Kombination; auch Wildschwein und Lamm sind zu empfehlen.

■ **La Torre ... in Cantina**②, Via del Ponticino, Manciano, Tel. 0564 629787. Das Restaurant unweit des Torre dell'Orologio besteht aus seiner Enoteca mit Feinkostladen, von der eine Treppe hinunter in die Gasträume mit Terrasse und Panoramablick führt. Gute Küche, üppige Aufschnittplatten, toskanische Standards als Hauptgerichte und zum Abschluss *cantucci* mit *vino santo*.

■ **Il Rifugio**②-③, Via Trieste 9, Manciano, Tel. 0564 620029. In dieser familiär geführten Trattoria lohnt es sich, Unbekanntes zu entdecken, so beispielsweise *lombatina di cinghiale con rucola e pomodori* oder eine *torta di funghi*. Und wie wäre es anstelle des immer gleichen *bistecca* einmal mit einem Brathühnchen?

■ **Il Melangolo**②, Piazza Vittorio Veneto 2, Satùrnia, Tel. 0564 601004, www.ilmelangolo.it, Mi geschl. In dem familiären Restaurant wird der Pizzaofen auch mittags angeschürt, neben Pizza gibt es auf den Punkt gegrillte *bistecce*, eine gute Auswahl an Pasta und im Herbst frische Steinpilze.

Süßes

■ **Forno del Ghetto di Francesca,** Via Zuccarelli 167, Tel. 0564 615303. In der Pasticceria neben Pitiglianos Synagoge bekommt man ein typisches Gebäck der jüdischen Maremma-Bewohner, den *sfratto*, eine Teigrolle mit einer fein mit Zimt gewürzten Füllung aus Honig und Nüssen.

Verkehr

■ **Bus:** Die Fa. Tiemme verbindet Pitigliano über Manciano mehrmals am Tag mit Grosseto (Buslinie 41/P, ca. 2 Std., um 8 €), Pitigliano mit Sorano/San Quirico (Linie 18/P, 10 Min., um 1,50 €) und Manciano mit Montemerano/Satùrnia (Linie 17/P, 10/15 Min., um 1,50 €).

Feste

■ **Satùrnia Festival,** Satùrnia und Umgebung, letzte August- und erste Septemberwoche. Jazz-, Tango- und Klassikkonzerte auf den Plätzen von Satùrnia, Montemerano und Umgebung (http://mancianopromozione.com)

■ **Explore Maremma Walking Festival,** Ende Mai/Anfang Juni und zweite Septemberhälfte. Kostenlose geführte Wanderungen zu den schönsten oder bislang noch wenig bekannten Natursehenswürdigkeiten der Maremma. Programm auf www.facebook.com/exploremaremmawalkingfestival.

Einkaufen

■ **Ceramiche Artistiche Bandarin,** Voia Roma 7, Sorano, 0564 633143. Hübsche Keramikarbeiten mit zarten Malereien – ein nettes Mitbringsel.

Aktivitäten

■ **Golfclub Terme di Satùrnia**, Satùrnia, Tel. 0564 600111, www.termedisaturnia.it. 18-Loch-Platz, 5038–6294 m, Par 72, Greenfee 60–80 €.

■ **Maneggio Belvedere,** Strada Sorano – Pitigliano km 4,5, Località Filetta, Tel. 338 8100496, www.maneggiobelvedere.it. Der Reitstall mit 20 Pferden ist ein idealer Standort für Reitausflüge zu den Tuffsteinstädten und in die Maremma, die das deutsch-italienische Besitzerpaar mit großem Enthusiasmus organisiert. Unterkunft in der Umgebung wird vermittelt.

Die Badeorte der Südtoskana

Östlich von **Piombino** ist die Küste erstmal den Hafenanlagen und der Industrie vorbehalten, auch die direkte Umgebung der Mündung der Cornia sollte nicht unbedingt zum Baden einladen (obwohl die Wasserqualität gut sein soll und die Strände feinsandig sind). Etwa 1,5 km westlich der Mündung gibt es dann wieder die ersten bewirtschafteten Strände (in Höhe der Località Vignarca) im Bereich des sich 8 km an der Küste entlang ziehenden Schutzgebietes **Parco della Sterpaia** mit mehreren Zufahrtsmöglichkeiten von der SP40. 20 m ist der Strand hier breit, weiß und feinsandig.

Richtig los geht es mit den *stabilimenti* rund um den als Marina genutzten Kanal bei **Carbonifera**. Östlich der Marina-Einfahrt gibt es freie Abschnitte, nur unterbrochen von den Badeeinrichtungen eines Campingplatzes. Der Wasserzugang ist meist flach und für Familien mit Kleinkindern geeignet.

1,5 km südöstlich kündigt sich der **Lido di Follònica** mit schmaleren Strandabschnitten, parallel zur Küste verlaufenden Schutzmolen und künstlichen Sandbuchten an. In mehreren Bereichen teilen sich hier Freunde von gemieteten Liegen und Liebhaber freier Strände das Ufer.

Zum Zentrum **Follònicas** hin wechseln die bewirtschafteten und freien Abschnitte, und der Strand wird wieder breiter, als Gäste kommen hier vornehmlich Einheimische aus der Stadt. Am südwestlichen Ende Follònicas haben mehrere Campingplätze den Strand de facto für sich reklamiert. Den Bereich davor, bei der mit Molen gefassten Mündung eines Kanals (am südlichen Ende des Lungomare Viale Carducci), sollte man meiden: Hier fließen Abwässer ins Meer.

Zwischen Follònica und **Portiglione** ist die Küste mit dem Pinienwald geschützt, wo Zufahrtswege sind, wird bewirtschaftet, lange Abschnitte sind frei. Die jenseits der Pineta parallel zum Ufer verlaufende Straße SP158 begleitet ein Radweg, der insbesondere an Hochsommerwochenenden trubeliges Baden am Strand garantiert. Leitplanken machen klar, dass die Nutzung der in größeren Abständen eingerichteten Großparkplätze unvermeidlich ist. An der Brücke über einen Kanal endet die Pineta, Portiglione beginnt. Wer sich hier über einen (fast) menschenleeren Strand freut und in Badeklamotten wirft, liegt falsch. Das Baden rund um die Mündung ist aus hygienischen Gründen verboten (was nicht jeden schert). Ab der Marina Portigliones sind die weißen, breiten, schnurgeraden Sandstrände erstmal zu Ende, die Küste macht einen Bogen und wendet sich nach Südwest. Die SP 158 verläuft nun abseits der Küste und führt direkt auf Castiglione della Pescaia zu.

Auf den Feldwegen (keine Autos, nur Räder) der die Küstenhügel bedeckenden Pineta kann man schöne kürzere und längere Strandabschnitte (teils mit Kies) erreichen, die alle nicht bewirtschaftet sind. **Cala Violina** ist ein 400 m langer Südseetraumstrand, 5 km von

> Der Strand von Le Rocchette

Portiglione und 2 km von der Zufahrtsmöglichkeit bei Pian d'Alma (6 km nördlich Punta Ala). Die Zufahrt mit dem Wagen endet bei der Kanalmündung bei Pian d'Alma. Nördlich davon schließt der breite, 400 m lange Sandstrand **Cala Civette** an, südlich erstreckt sich der ebenfalls größtenteils unbewirtschaftete Strand wie ein Lineal über 4 km Länge bis zur Halbinsel mit **Punta Ala**. Direkt südlich an die Marina anschließend, ist der durch eine Mole geschützte, bewirtschaftete Strand mit flachem Wasser besonders bei Familien beliebt.

Die Südseite der Halbinsel besteht aus Felsküste mit Wackerstein- und Kieselabschnitten und einigen Landhäusern an den Hängen. Sie endet erst nach 6 km an einem Felskap beim beliebten, bis zu 30 m breiten Sandstrand von **Le Rocchette**.

Bis zur 7 km entfernten Mündung der Bruna (auch hier gute Wasserqualität – bis zur Provinzgrenze nach Latium ändert sich daran nichts mehr) bei **Castiglione della Pescaia** bleibt der Strand, wie er ist, etwa die Hälfte ist bewirtschaftet, die freien Flächen im Sommer wegen der Campingplätze, Ferienwohnungen und Villen auch werktags gut besucht.

Die SP158 folgt nun wieder der Küstenlinie entlang der Pineta del Tòmbolo, vornehmlich vorbei an Privatgrundstücken und Zäunen bis **Marina di Grosseto/Principina a Mare** an der Mündung des Ombrone – 10 km Sandstrand, dessen wenige Zugangsstellen in Ermangelung von Parkmöglichkeiten nur per Bus oder Rad (separater Radweg) erreichbar sind. Dicht an dicht stehen hier die *stabilimenti balneari* am bis zu 130 m breitem Strand, Richtung Principina gibt es aber freie Flächen.

Ab Principina beginnt das Schutzgebiet des **Regionalparks der Maremma**. Einzig individuell zu besuchender Bereich ist dort der herrliche Strand von

Marina di Alberese (siehe „Grosseto").

In der Bucht von **Talamone** am Südende des Schutzgebietes sind die Strände im Vergleich eher dürftig und unattraktiv, in weiten Teilen steinig.

Am südlichen Ende der Bucht beginnt aber wieder ein 5 km langer, wenn auch recht schmaler (10–20 m) Sandstrand mit Pineta und einer ganzen Kette von Campingplätzen, der erst an der Mündung der Albegna bei **Albìnia** endet.

Ab hier führt die Straße über die 8 km lange Nehrung Tòmbolo della Giannella, die die **Lagune von Orbetello** vom Meer abschneidet und das Festland mit der Dreiviertelinsel Monte Argentàrio verbindet. Auf ganzer Länge verläuft noch einmal ein nur teilweise bewirtschafteter Sandstrand mit einigen Zugangsstellen und vielen Privatgrundstücken.

Der gebirgige **Monte Argentàrio** zeigt sich mit durchgängig felsiger Küste, Bade- und Liegemöglichkeiten gibt es nur auf ans Meer gebauten Plattformen bei den Orten. Da das Ufer der ganzen Insel außerhalb der Orte mehr oder weniger mit Privatgrundstücken (und einigen Ferienresorts) parzelliert ist, gibt es nur eine Handvoll Möglichkeiten, ans Meer zu gelangen – steil bergab, zu Fuß sich an Millionärsvillen vorbeimogelnd (siehe Kasten S. 479).

Die südliche Landverbindung der Insel zum Festland, die 6 km lange Nehrung **Tòmbolo di Fenìglia,** ist deshalb im Sommer an den Wochenenden ein absolutes Chaos. Besonders die Jugend zieht es hierher zum Baden an den schönen, 20 m breiten Strand, kein Parkplatz ist dann frei, und man hat Probleme, einen Platz für sein Handtuch zu finden.

Das Kap von **Ansedònia** ist so etwas wie eine Zäsur, westlich davon der Sand der Strände hell, östlich ab der (auch beliebten) Spiaggia Torre Puccini zunehmend dunkler. 14 km sind es zur Provinzgrenze nach Latium bei Chiarone Scalo, meist unbewirtschaftet und wenn man von den Zufahrtswegen ein wenig am Strand entlangmarschiert, findet man viele freie Plätze.

■ **Hundestrände:** Im Bereich Piombino der Strand Dei Macelli zwischen Altstadt und Hafen (gekennzeichneter Bereich im östlichen Bereich), Cala Moresca bei der Marina di Salavoli nördlich Piombino; bei der Cappella San Cerbone am Golfo di Barrati; Perelli 1 und Quagliodromo (gekennzeichneter Abschnitt) im Sterpaia-Gebiet, Mortelliccio nördlich von Follònica (bei Torre Mozza abbiegen); Castiglione della Pescaia in Richtung Marina di Grosseto nach dem Camping Etruria; bei Scarlino der Mamai Beach und nahe dem Camping Baia dei Gabbiani; Marina di Grosseto Bau Beach Fuori Rotta; Orbetello nahe dem Camping Village Bocce d'Albegna; Ansedònia Bau Beach östlich der Stadt.

◁ Bootstour mit Planschen am Monte Argentàrio

… Übersichtskarte S. 450

Massa Marìttima

■ 380 m üNN, 8900 Einw., Grosseto 50 km, Piombino 45 km, Siena 65 km

In dem Städtchen an den Südausläufern der Colline Metallìfere geben sich Mittelalter und Renaissance ein perfektes Stelldichein, Fernsicht ist garantiert, die Museen sind mit Kultur vollgepackt – und der Hauptplatz gehört zu den schönsten Italiens.

Bereits an der Piazza Garibaldi direkt hinter dem Stadteingang zeigt sich, dass Massa nicht zu den ärmlichen Städten des Mittelalters gehörte. Zu Beginn des 14. Jh. lebten in der Stadt 10.000 Seelen, und der Bergbau füllte den Stadtsäckel recht gut. Der Beiname „maritim" verweist darauf, dass die Ebene unterhalb Massas einmal eine große Lagune bedeckte, aus der Städte wie Vetulònia und Roselle in Insellage herausragten, und an deren Ufer Massa lag.

Geschichte

Gegründet wurde Massa als Fluchtpunkt der von Piraten 809 aus Populònia vertriebenen Menschen. Da sich unter ihnen der Bischof befand, war die Siedlung mit der Gründung auch **Diözese** geworden, die unter Einfluss der Familie *Aldobrandeschi* geriet. 1225 erklärte sich Massa in Widerstreit mit dem Bischof zur unabhängigen Kommune.

1311 nahm es Richtlinien in seine Statuten auf, den **Codice Mineraio,** der die Freiheit des **Bergbaus** garantierte – falls der Magistrat informiert und eingebunden war. Bis 1325 wurde das Gesetz mehrfach neu gefasst und regelte schließlich detailliert Schürfrechte und Gewinnverteilung. Obwohl bereits Codizes zum Bergbau in Europa existierten (1208 in Trento, 1227 im Languedoc und 1249 im böhmischen Iglau), gilt der Codex von Massa heute als Erster, der die Erschließung, Ausbeutung und Besteuerung in einem ganzen Bergbaugebiet regulierte.

1335 geriet man unter die Herrschaft **Sienas,** das den Bergbau nach und nach einstellte. Das Sumpffieber und Seuchen dezimierten die Einwohnerzahl, und unter der Herrschaft der **Medici** geriet Massa endgültig in Vergessenheit. Im 16. Jh. lebten nicht einmal mehr 500 Menschen in der Stadt. Erst die **Habsburger** reaktivierten 1830 den Bergbau, und langsam ging es wieder voran. Aber erst im Jahr 1900 hatte Massa wieder seine mittelalterliche Größe zurückgewonnen. Ab den 1980/90ern waren die Minen schließlich nicht mehr konkurrenzfähig, und die Bevölkerung verminderte sich wieder um etwa ein Drittel. Heute lebt Massa Marìttima hauptsächlich vom **Tourismus.**

Orientierung

Festes Schuhwerk ist nicht falsch in Massa, wenn man von der **Unterstadt** auch in die **Oberstadt** will. Steil ist der Weg und holprig, vorbei an Natursteineinfassaden hoch zur Festungsmauer. Die Unterstadt ist die ursprüngliche Altstadt, die Città Vecchia des unabhängigen Massa. Die südöstlich gelegene Oberstadt – Città Nuova – erhielt die meisten ihrer massigen Befestigungsanlagen unter Seneser

Massa Marìttima

Herrschaft ab Mitte des 14. Jh. Den dritten Stadtteil Borgo, nördlich der Città Vecchia, erreicht man über die Einkaufs- und Flanierstraße **Via della Libertà** (in der auch das Geburtshaus des heiligen *Bernardino* steht, Nr. 61). Borgo war ursprünglich das Quartier der Handwerker und Bergarbeiter. Beste Parkmöglichkeit ist am Stadteingang der Unterstadt an der Via Ximenes 50 m von der **Piazza Garibaldi,** an der sich kirchliche und weltliche Macht vereinen.

Sehenswertes

Auf dem Weg zur Kathedrale steht rechter Hand in der Via Ximenes der **Fonte dell'Abbondanza** mit seinen drei Arkadenbögen – einst das öffentliche Brunnenhaus der Stadt mit darüber liegendem Getreidespeicher. Hinter dem linken verglasten Bogen zeigt ein restauriertes Fresko von 1226 einen eigenwilligen Fruchtbarkeitsbaum, an dem Frauen – von schwarzen Krähen umschwirrt – Phalli in einen Sack pflücken. Unter dem Gebäude enden insgesamt 270 m lange, 1,90 m hohe Tunnel, in denen sich das aus dem porösen Travertin sickernde Wasser sammelte und in die Zisterne floss, Garant der Wasserversorgung bei Belagerungen. Rechts daneben steht die **ehemalige Parteizentrale der Faschisten,** ein Beispiel für den als „Razionalismo" bekannten Baustil der 1920/30er Jahre, entworfen von einem der Lieblingsarchitekten *Mussolinis* – *Enrico del Debbio,* der auch die monumentale Sportstätte Foro Italico in Rom plante.

Die erhöht errichtete **Kathedrale San Cerbone,** mit dem Titel „Basilica Minor" ausgezeichnet, ist die Hauptkirche der Diözese Massa Marìttima/Piombino (in Piombino steht die Konkathedrale des Bistums: Sant'Antimo Martire). Gebaut wurde der Dom auf den Fundamenten zweier Vorgängerkirchen (9. und 11. Jh.) zwischen 1228 und 1304 am Übergang von der Romanik zur Gotik. Im Stil pisanischer Romanik mit vorgeblendeten Rundbögen begonnen, markiert der Bereich der Zwerggalerie, an dem *Giovanni di Pisano* mitgewirkt hat, den Beginn der Gotik. Der Türsturz des Hauptportals von 1250 zeigt fünf Stationen aus dem Leben des San *Cerbone.*

Die Gebeine des Kirchenpatrons und ersten Bischofs von Populònia, **Cerbonius** (493–575), waren auf der Flucht vor den Piraten mitgenommen worden und fanden ihre Ruhestätte in dem Steinsarkophag hinter dem Hauptaltar, dessen 1324 geschaffene Reliefs sich ebenfalls seinem Leben widmen.

Im linken Seitenschiff steht ein monumentales **Taufbecken,** aus einem einzigen Travertinblock gehauen. Die Reliefs mit Szenen zum Leben Johannes des Täufers schuf *Giroldo di Como* 1380. Das Marmortabernakel setzte man 1447 auf.

Im rechten Seitenschiff zeigt ein gut erhaltenes Fresko aus dem späten 13. Jh. eine Madonna mit Kind zwischen dem heiligen *Franziskus* und der heiligen *Katharina,* darunter ist die Seitenplatte eines römischen Sarkophags angebracht (3. Jh.). In der Kapelle hängt ein **Madonnenbildnis** (1318) von *Duccio di Buoninsegna.*

▷ Massa Marìttimas Hauptplatz

■ **Duomo di San Cerbone,** Piazza Garibaldi, Tel. 0566 902039, www.diocesimassamarittima.it, Mo–Fr 9–19, Sa/So 8–21 Uhr.

Dem Dom gegenüber beherbergt der wappengeschmückte Palazzo Pretorio (um 1225) das **Archäologische Museum.** Es besitzt Exponate aus der Altsteinzeit bis zur etruskischen Epoche. Herausragend ist die prähistorische Sandsteinstele (besser Menhir) vom Fundort Vado all'Arancio, für die Maremma einmalig. Die Menschenfigur wird in die Kupferzeit (4.–3. Jt. v. Chr.) datiert, und ihr Ausdruck gleicht – trotz der nur minimalen, abstrakten Ausarbeitung – einem extrem höflichen Überbringer schlechter Nachrichten. Außerdem: Rekonstruktionen steinzeitlicher Szenen und die Kopie der bei Massa 1783 gefundenen, 27 cm hohen etruskischen Herakles-Figur aus Bronze (Original in Florenz) aus dem 3. Jh. v. Chr.

■ **Museo Archeologico,** Piazza Garibaldi, Tel. 0566 902289, Mitte Juni–Mitte Aug. 10–13, 16–22, April–Mitte Juni/Mitte Aug.–Okt. 10–12.30, 15.30–19, Nov.–März 10–12.30, 15–17 Uhr, 3 € (Kombiticket 10 €).

Der zinnenbekrönte Baukörper am Platz besteht eigentlich aus zwei unabhängigen Palästen, dem Turmpalast der Conti di Biserno links und dem **Palazzo Comunale** rechts. Die Grafen wollten sich 1250 in Massa einbürgern und mussten laut Gesetz ein eigenes Haus in der Stadt besitzen. Das davor (im frühen 13. Jh.) errichtete Rathaus stand etwas zurückgesetzt, im 14. Jh. schloss man die Fassade zur Piazza mit dem heutigen Gebäude und schuf so eine einheitliche Front.

Von der Piazza Garibaldi nach Osten gelangt man über eine Gasse zur **Alten Tischlerei.** Die Werkstatt aus dem späten 19. Jh. war bis 1990 aktiv, fünf Generationen haben in ihr Holz bearbeitet.

■ **Antica Falegnameria,** Vicolo Massaini, Tel. 0566 902289, Juni–Sept. 10–19 Uhr, sonst nach Voranmeldung (wenn geschlossen, Archäologisches Museum kontaktieren).

Wer jetzt schon eine Pause benötigt: Die Arkaden des Restaurants und Bar Le Logge direkt gegenüber dem Palazzo Comunale an der Piazza Garibaldi sind ein ausgezeichneter Platz für einen Cappuccino. Am nördlichen Ende der Piazza geht es nun die steile Gasse Via Moncini hinauf in die „Neustadt". An ihrem Ende wacht die Festung Sienas über die Stadt. Eine Gang führt durch die Stadtmauer, linker Hand steht der wuchtige, noch zu Zeiten des unabhängigen Massa errichtete **Torre del Candeliere** (1228). Ihn verbindet der Mauerbogen Arco dei Senesi (1337) mit dem Stadtwall. Die Sicht vom Turm (125 Stufen) reicht weit über die Metallhügel und die Ebene.

■ **Torre del Candeliere,** Piazza Matteotti, April–Okt. 10–13, 15–18, sonst 11–13, 14.30–16.30 Uhr, 3 € (Kombiticket 10 €).

Dem Turm gegenüber stellt das **Museum für Kunst und Bergbaugeschichte** im ehemaligen Seneser Zeughaus Palazzetto delle Armi (1422) neben einer großen Mineraliensammlung Werkzeug der Bergleute aus und dokumentiert anhand von Modellen deren Arbeit.

■ **Museo di Arte e Storia delle Miniere,** Piazza delle Armi, April–Okt. 15–17.30 Uhr, sonst nach Vereinbarung, 2 € (mit Minenmuseum 5 €, Kombiticket 10 €).

150 m auf dem Corso Armando Diaz nach Westen sind es zum Museumskomplex der Città Nuova in einem ehemaligen Augustinerkloster. Die **Kirche San Pietro all'Orto** entstand 1197 und war bis zum unteren Dombau Bischofskirche. 1910 wurde sie säkularisiert, man zog eine Zwischendecke in das Schiff ein und nutzte sie als Grundschule. Im Erdgeschoss befindet sich heute der Sitz des **Terziere Città Nuova.** Wenn man Glück hat, steht die Türe offen und man kann die Standarten, Kostüme und Armbrüste der Stadtviertelvereinigung betrachten. Absolut sehenswert sind aber die zwei freigelegten Fresken vom Beginn des 15. Jh. – auf der einen Seite der Augustinermönch St. *Nikolaus von Tolentino* (1245–1305), ihm gegenüber eine Madonna mit Kind und einem Heiligen. Rechts vom Eingang gelangt man in den großen, schindelgedeckten **Kreuzgang** des Klosters. An der Seitenfassade der Kirche führen hinter einer Türe Stufen hinauf in das **Orgelmuseum.** Im Unterschied zu den Orgeln nördlich der Alpen sind die italienischen Orgeln prinzipiell kleiner. Ausgestellt sind etwa 50 Instrumente aus dem 17.–19. Jh. Außerdem umfasst die Sammlung des perfekt deutsch parlierenden Dr. *Ronzoni* Klaviere und Cembali. Seit Jahren schwelt der Streit zwischen der Stadt und Herrn *Ronzoni* über die von ihm geforderte Restaurierung der Kirche und die Freilegung der sich noch unter Putz verbergenden Fresken – für ihn ein Grund, Politikern generell die rote Karte zu zeigen und ihnen einen erhöhten Eintritt von 10 € abzuverlangen.

■ **Museo degli Organi Santa Cecilia,** Corso Armando Diaz 28, Tel. 0566 940282, www.museodegliorgani.it, Juni–Sept. 10.30–13, 15.30–19, sonst 10.30–12.30, 15–18 Uhr (15. Jan.–Feb. geschl.), 4 € (nicht dem Museumsverbund angeschlossen).

Am Ende des Komplexes befindet sich der Eingang zum **Museum für Sakralkunst.** In fünf Räumen widmet es sich vornehmlich der Seneser Kirchenkunst des 14. und 15. Jh. Im Museum gesichert und durch Kopien ersetzt wurden Teile des Fassadenschmuckes des Doms, so Skulpturen von *Giovanni di Pisano* (ein Falke, der Argonaut *Telamon* und ein Pferd). Außerdem: eine Maestà (1335) von *Ambrogio Lorenzetti* (Farbe und Blattgold auf Holz) und Werke von *Sassetta* und *Sano di Pietro*. Angeschlossen ist die **Kunstgalerie** Angiolino Martini mit 750 Werken des 20. Jh.

■ **Museo di Arte Sacra,** Corso Armando Diaz 36, Tel. 0566 901954, www.museiartesacra.net, April–Okt. Di–So 10–13, 15–18, sonst 11–13, 15–17 Uhr, 5 € (Kombiticket 10 €).

Nach Rückkehr zur Piazza Garibaldi kann man noch in der südlich der Via Ximenes verlaufenden Parallelstraße das **Bergbaumuseum** besuchen. Auf der Führung geht es für ca. 30 Min. (12 °C, ein Pullover tut gute Dienste!) in den Berg. 700 m sind die Gänge lang, im Zweiten Weltkrieg als Bombenschutz in den Travertin eines alten Steinbruchs gehauen und dann als Museum mit altem Werkzeug und nicht mehr benötigter Technik wie einer kleinen Grubenbahn ausgestattet. Man erfährt alles über die unterschiedlichen Methoden der Stollensicherung und die Verfahren der Erzgewinnung.

■ **Museo della Miniera,** Via Corridoni, Tel. 0566 902289, Führungen April–Juni/Sept./Okt. tgl., sonst Di–So in der Zeit von ca. 10–17 Uhr (Mittagspause ca. 12–15 Uhr), 5 € (mit Museo di Arte e Storia della Miniera, Kombiticket 10 €).

Chiusdino/ Abbazia di San Galgano

27 km nordöstlich von Massa thront die eher verschlafene, aber hübsche Altstadt des ehemaligen Bergbaustädtchens Chiusdino (570 m üNN, 900 Einw.) hoch über der Umgebung. Alles scheint sich um **Galgano Guidotti** zu drehen, den 1148 dort geborenen Ritter, der zum Eremiten wurde und den der Papst bereits vier Jahre nach seinem Tod 1181 heilig sprach. Zu seinen Ehren wurde das Kloster San Galgano gegründet (siehe unten). In Chiusdino bewahrt die **Kirche San Michele Archangelo** seinen Schädel auf. Die Reliquie ist von einer silbernen, mit Fenstern versehenen Laterne umschlossen, aus der ein Schwert ragt. Die **Kirche San Sebastiano** war ursprünglich für die Reliquien vorgesehen und zeigt ein verwittertes Relief (1466) mit dem Ritter zu Pferde über dem Eingang. Sein Geburtshaus ist heute das **Oratorio della Compagnia di San Galgano.** In der linken Ecke neben dem Altar trägt ein Stein die Abdrücke der Knie von *Galganos* Pferd, das sich angeblich beugte, als der Ritter dem Erzengel Michael begegnete.

Die Legende: Als Tunichtgut weithin bekannt, erschien *Galgano* eines Tages der Erzengel Michael, um ihm den rechten Weg zu weisen. *Galgano* fuhr unbeeindruckt fort, seinen Mitmenschen hässliche Dinge anzutun. Doch der Engel mahnte immer wieder. Weichgekocht zog *Galgano* schließlich auf den Hügel **Monte Siepi** 10 km östlich von Chiusdino und wollte sein Schwert an einem Felsen zerbrechen – als Beweis für die Entsagung von weltlicher Macht und

Gewalt. Doch statt zu zersplittern, fuhr das Metall tief in den Stein und blieb stecken. Griff und Parierstange bildeten nun ein Kreuz über dem Fels. *Galgano* sah es als Zeichen, zu bleiben, er wurde Eremit und verließ den Hügel bis auf ein einziges Mal nicht mehr. Da pilgerte er nach Rom, um den Papst zu fragen, ob er mit seiner mittlerweile auf dem Hügel versammelten Gefolgschaft einen Orden gründen solle. Kurz darauf starb *Galgano*. Bei seiner Heiligsprechung befolgte die Kirche wohl erstmals verbindliche Kanonisationsvorschriften (Vorschlag durch einen Bischof, Genehmigung durch eine Kommission und abschließende Erklärung des Papstes).

Das Schwert existiert noch in der anlässlich des Klosterbaus 1182 über dem Felsen errichteten romanischen **Kirchenrotunde.** Die Kuppel der Rotunde mit ihren konzentrischen Ziegelkreisen ist als Kraggewölbe der Bauweise etruskischer Gräber nachempfunden.

Im 14. Jh. fügte man die **Cappella del Lorenzetti** an, die *Ambrogio Lorenzetti* 1334 mit einer Maestà und Szenen aus dem Leben *Galganos* ausmalte. Den Auftraggebern missfiel die Arbeit *Lorenzettis,* er musste nachbessern. Die Madonna, ursprünglich eine Schwangere mit Weltkugel in den Händen, übermalte er mit einer dem damaligen Auge gefälligeren Version (wie Röntgenuntersuchungen ergaben). Auch die Maria in der Verkündigungsszene (eine an einer Säule Halt suchende, fast entsetzte Frau) blieb vor Übermalung nicht verschont. 1966 entdeckte man in der Kapelle eine Skizze zu deren erster Version (rechts des Eingangs). Unterhalb der Madonna mit dem Kind zeigt die mit einem weißen Tuch verhüllte Gestalt der Eva die Symbole der Sünde (Feige und Ziegenfell) und hält eine Schriftrolle, die Maria zur Königin erklärt.

Bedeutendstes Bauwerk ist allerdings die **Klosterruine San Galgano,** der erste gotische Kirchenbau in der Toskana und der vielleicht bedeutsamste Italiens. Als die Einsiedelei oben am Monte Siepi 1224 zu klein geworden war, entschlossen sich die Zisterzienser zum Bau einer Abtei unterhalb des Hügels, der einzige Neubau der Zisterzienser in der Toskana. Ihre Ursprünge lagen in Frankreich, wo die Gotik schon ihren Siegeszug angetreten hatte, und die Mönche übernahmen für San Galgano die neuen Bauvorgaben und Stilmittel. Ende des 13. Jh. war die kolossale Kirche von 69 m Länge

◁ Der Schädel von Galgano Guidotti

und 21 m Breite aus Travertinstein mit einem kreuzförmigen Grundriss und drei Längsschiffen fertiggestellt. Reich geschmückte Kapitelle, Rosettendurchbrüche und hohe Spitzbogenfenster machten die Kirche für ihre Zeit einzigartig (und ließen sie zum Vorbild für den Seneser Dom werden). Die guten Beziehungen des schnell sehr vermögend gewordenen Klosters zu Siena bedeuteten aber auch seinen Niedergang. Florenz ließ es immer wieder überfallen, und im 15. Jh. verarmte das Kloster zusehends. 1550 lebten nur noch fünf Mönche hier, die jeglichen Besitz verscherbelten und schließlich auch vor dem bleigedeckten Dach nicht halt machten. Zu Beginn des 17. Jh. lebte noch ein Ordensbruder in den Klostergebäuden, 1789 brach der Campanile zusammen, und 1815 gab man das Kloster endgültig auf. Im 20. Jh. besann man sich auf das Erbe und begann umfangreiche Sicherungsmaßnahmen. 1966 revitalisierte der Olivetanerorden das Kloster. Heute sind die Ruinen häufiger Hintergrund in Filmen, und im Sommer finden im Hauptschiff unter Sternenhimmel Konzerte statt (Estate Chiusdinese, San Galgano Festival).

Zu besichtigen sind in der Einsiedelei die Rotunde und die Lorenzetti-Kapelle. Ein kleiner Laden verkauft Kräuter und Souvenirs. Im Kloster sind neben dem Zugang zu der Kirchenruine der Kapitelsaal, die Schreibstube (mit Kasse und Buchladen), Schlafzellen der Mönche und die Räume des Abtes offen.

■ **Eremo di Monte Siepi/Abbazia San Galgano,** www.comune.chiusdino.siena.it, Juli/Aug. 9–20, Juni/Sept. bis19, April/Mai/Okt. bis 18, Nov.–März bis 17.30 Uhr, 2 €.

Parco Roberto Ciulli

Den privaten **Skulpturenpark** gründete *Mario Ciulli* in Gedenken an seinen Vater, den Bildhauer *Roberto Ciulli* (1919–1997). Mehr als 20 Werke zeitgenössischer Künstler, darunter des Schweizers *Kurt Metzler*, akzentuieren die sanften Hügel der Toskana-Landschaft, 10 km südöstlich der Abbazia Galgano (4 km von Montalcino). Einige, die zur Sammlung des Vaters gehörten, ließ *Ciulli* hier aufstellen, andere entstanden vor Ort, inspiriert von der Umgebung.

■ **Parco Roberto Ciulli,** Tel. 348 8721881, www.ecomuseovaldimerse.org.

Valpiana

Das Dorf Valpiana (145 m üNN, 500 Einw.) 6 km südlich von Massa verdient einen Besuch wegen seines von einer engagierten Non-Profit-Organisation gegründeten **Aquariums.** In den Glastanks in der am Ortsrand stehenden Halle schwimmen Fische aus dem Mittelmeer und den Tropen. Verlässt man die Halle nach hinten, befindet man sich in einem kleinen Dinosauriergarten mit einigen Modellen der Urviecher. Angeschlossen an das Aquarium ist eine Forschungsstation für Weiße Haie. Die ganze Anlage ist überschaubar, doch für kleine Toskana-Urlauber sicherlich eine willkommene Abwechslung.

■ **Aquarium Mondo Marino,** Via della Cava, Valpiana, Tel. 0566 919529, www.aquariummondomarino.com, Juni–15. Okt. tgl. 10–19 Uhr, sonst Di–Fr 10–13, 15–18 Uhr, 7,50 €, Kind 5,90 €, Familienticket 23 €.

Bergdörfer mit Aussicht: Roccatederighi, Roccastrada, Montemassi

An den südlichen Hängen der Metallhügel, 30 km östlich von Massa Marìttima nahe der Schnellstraße zwischen Siena und Grosseto, reihen sich mehrere Bergstädtchen aneinander, deren Besuch eine abwechslungsreiche Autofahrt mit vielen Kurven, Auf und Ab, mit schönen Ausblicken über die Berge und die Ebene vor Grosseto garantiert. Enge Gassen, Häuser aus Naturstein auf den Kuppen zwischen die Felsen gebaut, grüne Hügel, dichte, fast urwaldartige und von Farn überwucherte Wälder und weite Felder, Rebenpflanzungen und Olivenhaine sind eine angenehme Abwechslung zu Sakralkultur und Sonnenbrand. Man darf nicht zu viel erwarten, ein bisschen moderne Kunst hier, ein kleines Museum dort – ein unaufgeregter Ausflug. Einen Tag sollte man kalkulieren, wenn man ein ausgedehnteres Mittagessen einplant.

Die Häuser von **Roccatederinghi** (540 m, 800 Einw.) sind überaus malerisch auf einem Felssporn zwischen und auf granitähnlichem vulkanischen Ryolith errichtet. Von Weitem sind alle Bergdörfer pittoresk, kommt man hinein, verlieren einige beträchtlich an Charme – nicht so Roccatederighi, die einstige Festung der Grafen *Tederighi*. Nachgerade urtümlich sind die Gassen entlang der grob behauenen Natursteine der Gebäude, dunkle Durchgänge mit Treppen führen zum nächsten Winkel, krumme Wege und holpriges Pflaster haben sich seit dem Mittelalter nur unwesentlich geändert. Und am südlichen Ende des Labyrinths, bei der romanischen Kirche San Martino Vescovo, tritt der blanke Fels hervor, lässt sich weit über die Häuser hinaus nach oben beklettern und sorgt für eine unvergleichliche Aussicht weit übers Meer. Da der alte Ortskern nicht unbedingt die heute erwartete Wohnqualität bietet, haben ihn viele Bewohner verlassen, entsprechend ist der Leerstand. Die Kommune sucht das Beste daraus zu machen und nutzt ihn für Kunstinstallationen und als Ateliers, die an Interessierte zu einer Symbolmiete abgegeben werden.

Roccastrada (475 m üNN, 1500 Einw.) 12 km östlich ist der Hauptort der Gemeinde, ebenfalls hoch oben auf Felsen errichtet. Er ist wesentlich größer als Roccatederighi und sein mit Petunien und Geranien geschmückter Altstadtkern von einer relativ ausgedehnten Neustadt umgeben, die sich die Hänge hinunterzieht. Seinen Ursprung hat er als etruskische Siedlung, im Mittelalter wurde Kupfer und Silber aus dem Berg geholt. Auf den ersten Blick mag Roccastrada nicht so attraktiv wirken; im Gegensatz zu vielen anderen Bergorten ist es noch ziemlich untouristisch. Auf der anderen Seite ist es ein belebtes Städtchen mit Restaurants, Supermarkt und sogar einem **Museum der Reben und des Weins** (das auch als Touristeninformation arbeitet). Die kleine Ausstellung befindet sich in einem in den Tuffstein gehauenen Gang, in dem früher Wein gelagert wurde. Er endet auf einer Terrasse, die von Juni bis August zum Schauplatz empfehlenswerter abendlicher Weinverkostungen wird. Der benachbarte Uhrenturm stammt aus dem 14. Jh. Die im 16. und 19. Jh. veränderte **Kirche San Nicola** (13. Jh.) am südlichen Ende der Stadt bewahrt ein Taufbecken von 1575 und zwei Fresken von *Giovanni Tolosani* – einem Schüler *Ghirlandaios:* eine sehr gut erhaltene „Verkündigung" und eine verblassende „Maria auf dem Thron mit dem Kind", beide aus der ersten Hälfte des 16. Jh.

■ **Museo della Vite e del Vino,** Piazza dell'Orologio 6, Tel. 0564 563376, www.comune.roccastrada.gr.it, Sommer Mi 10–12, Do 17–19, Fr 17–20, Sa 10–13, 17–20, So 10–13 Uhr, 2 €.

Die **Krypta von Giugnano** (5,6 km westlich von Roccastrada an der SP21, GPS 42.984568, 11.125552) verbirgt sich auf dem Gelände des Agriturismo San Guglielmo (siehe „Praktische Informationen, Unterkunft") zwischen Steineichen. Die Ruinen des im 11. Jh. gegründeten Klosters San Salvatore di Giugnano liegen größtenteils noch unerforscht unter der Erde, mit der nachfolgende Generationen die Bauten zugeschüttet haben; nur eine Mauer mit gotischen Fenstern aus dem Jahr 1200 ist oberirdisch zu sehen. In Begleitung des Agriturismo-Besitzers kann man ganz abenteuerlich als Entdecker in die unter einem Hügel begrabene, um 1140 von Benediktinern angelegte Krypta hinuntersteigen und deren Säulenkapitelle, die geheimnisvolle Tiersymbole schmücken, bestaunen.

■ **Cripta di Giugnano,** www.agrisanguglielmo.it, www.castellitoscani.com.

Vierte Station (19 km von Roccastrada entfernt) ist **Montemassi** (150 m üNN, 200 Einw.) mit seiner weithin sichtbaren Burgruine aus dem Jahr 1000, die auf die *Aldobrandeschi* zurückgeht. Mehrfach hatte Florenz in seinem Dauerkrieg gegen Siena Montemassi aufgewiegelt, sodass die Senesen immer wieder Truppen schicken mussten, um sich den Rücken freizuhalten. Auch 1328 revoltierte Montemassi, und Siena sendete seinen Söldnerführer *Guidoriccio da Fogliano* mit Truppen, die die unbotmäßige Festung eroberten. *Simone Martini* soll zwei Jahre später das 10 x 3,50 m messende Kolossalfresko „Fogliano bei der Belagerung Montemassis" gemalt haben, das heute im Palazzo Pubblico von Siena (Mappamondo-Saal) ausgestellt ist. Neuere wissenschaftliche Untersuchungen datieren das Bild aber auf das 15. Jh.

Das 1999 gegründete **Weingut Rocca di Montemassi** liegt 7,5 km südlich von Montemassi und ist mit 160 ha das größte Weingut der Maremma. Gepflanzt wird vorranging Sangiovese. Es besitzt ein **Ethnografisches Museum** mit unendlich vielen, ganz alten Exponaten aus dem ländlichen Leben: vom Leiterwagen über Nähmaschinen, Jagdwaffen und Werkstatteinrichtungen bis zur Buttertrommel. Anlässlich der Führung über das Weingut erfährt man auch viel Wissenswertes über Rebenpflege, Weinproduktion und -lagerung. Wer will, verkostet und kauft.

■ **Museo di Rocca di Montemassi,** Località Pian del Bichi (GPS 42.950702, 11.056810), Tel. 0564 579700, www.roccadimontemassi.it, Di–Sa Führung über das Weingut und durch das Museum (Dauer 1,5 Std.) um 10.30, 14 und 16 Uhr.

Wer abschließend nach Süden Richtung Grosseto fährt, kann die SP73 nehmen und bei Sticciano Scalo durch eine sehenswerte **Pinienallee** fahren – mit uralten, himmelhohen Bäumen.

In das Halbrund der Abraumhalde wurde ein Theater gebaut, das **Teatro delle Rocce**, das in der warmen Jahreszeit für Veranstaltungen und Konzerte genutzt wird und in dem im Juli und September das Festival von Gavorrano stattfindet (www.teatrodellerocce.it).

Vetulònia

Wie Roselle lag auch das etruskische, dem Zwölfstädtebund angehörige Vetluna im 7. Jh. v. Chr. auf einer Insel in der die Ebene bedeckenden Lagune – dem *lacus prilius*. Als einzige der Siedlungen des Zwölferbunds wurde Vetluna von den Römern nicht übernommen und verfiel. Heute erstreckt sich Vetulònia (300 m üNN, 250 Einw.) auf einer Hügelkuppe 30 km südlich von Massa (20 km nordwestlich von Grosseto), in seiner Umgebung sind einige Hügelgräber der Etrusker frei zugänglich. Bei der Hochfahrt liegt linker Hand kurz vor dem Ortseingang die hübsch hergerichtete Grabungsstätte der etruskischen Stadt mit Fundamenten von Wohnhäusern, die **Archäologische Zone von Poggiarello Renzetti**.

■ **Area Archeologica Poggiarello Renzetti/ Scavi di Città,** Località Scala Santa, Di–So Juni–Sept. 10–19, Winter 8–17 Uhr.

Dem Friedhof gegenüber (hinter den ersten Häusern rechts abbiegen) erstrecken sich die **Archäologischen Zonen** von **Costia dei Lippi** und (südlich dahinter) **Costa Murata**. Erahnen lassen sich Hausfundamente, Straßen und Rinnen zur Regenwasserableitung.

■ **Area Archeologica Costia dei Lippi/Costa Murata,** Piazza del Camposanto, Costia del Lippi immer zugänglich, Costa Murata außer Di/Fr Sommer 10–19, Winter 8–17 Uhr.

Das **Archäologische Museum** in einer ehemaligen Schule am Dorfplatz stellt die Funde aus den Hügelgräbern der Umgebung aus, darunter Goldschmiedearbeiten, die belegen, dass die Etrusker von Vetulònia Erz abbauten (am Lago dell'Accesa unterhalb von Massa Marìttima) und zum anderen herausragende Kunsthandwerker waren und regen Handel trieben (hellenische Einflüsse bei der Gestaltung).

■ **Museo Archeologico Isidoro Falchi,** Piazza Vetluna, Tel. 0564 948058, Di–So (Aug. auch Mo) Juni–Sept. 10–14, 16–20, März–Mai 10–18, Okt.–Feb. 10–16 Uhr, 4,50 €.

Spaziert man vom Museum die Via Giuseppe Garibaldi zum Südende des Ortes, kann man einige etruskische Mauerreste sehen – **Mura dell'Arco**. Auf dem Weg passiert man das mehrfach umgebaute, im 11. Jh. errichtete romanische Kirchlein San Bartolomeo.

Die **etruskischen Grabstätten** reihen sich 2 km außerhalb von Vetulònia Richtung Grosseto entlang eines nach Norden abgehenden Feldweges (Strada Vicinale di Badia Vecchia – Casette) auf. An der Abzweigung der Staubstraße befindet sich das am Übergang vom 7. zum 6. Jh. v. Chr. errichtete **Tomba del Belvedere**. 1897 als leere Grabstelle entdeckt, besteht es aus einer quadratischen Hauptkammer mit drei Nebenkammern. Bedeckt waren sie einst von einem Kragdach, das aber wohl schon in der Antike zusammenbrach. Nach 500 m ist das **Tumulo della Pietrera** erreicht, mit 70 m Durchmesser und 14 m Höhe das größte Grab Vetulònias aus dem 7. Jh. v. Chr. und von Steineichen, Olivenbäumen und Ginster umrahmt. Seinen Namen erhielt es, weil die Bauern es als Steinbruch benutzten. Es besteht aus zwei übereinander liegenden Kammern. In der unteren Kammer (mit zwei Nebenkammern) nimmt eine Säule die Last des Bauwerks auf. Die im Grab gemachten Funde werden in Florenz verwahrt. Weitere 700 m den Weg entlang führen zum **Tomba del Diavolino II,** auch „Pozzo dell'Abate" genannt. Sein Durchmesser beträgt 60 m, und es gilt als eines der besten Beispiele einer klassischen etruskischen Grabstelle aus dem 7. Jh. v. Chr. mit einem langen offenen Zugang und einer von einer Säule getragenen Kuppel über der quadratischen Grabkammer.

■ **Tombe Etrusche,** außer Di/Fr Sommer 10–19, Winter 8–17 Uhr, Tomba del Belvedere immer zugänglich.

Monastero di Siloe

Wer uralter Klöster müde und dennoch ein Freund meditativer Einkehr ist, sollte unbedingt das **Benediktinerkloster** von Siloe besuchen (25 km südöstlich von Roccastrada oberhalb von Poggi del Sasso). Es befindet sich in unvergleichlicher Lage hoch über dem Tal des Ombrone auf einer Kuppe und sieht sich auch der Kunst verpflichtet. Erst 2005 errichtet, zeigen sich die Gebäude modern, wohl durchdacht und von zeitgenössischen religiösen Kunstinstallationen gerahmt. Selbstverständlich ist alles nach den letzten bauphysikalischen Erkenntnissen geplant worden. Um die Natur so wenig wie möglich zu schädigen, ist u.a. die Dämmung entsprechend ausgelegt, und die verwendeten Materialien stammen aus der Umgebung. Wer ernsthaft für ein paar Tage am Klosterleben teilnehmen will und bereit ist, die Regeln des Benediktinerordens in dieser Zeit zu befolgen, ist ein gern gesehener Gast und kann vorab die Konditionen besprechen.

Dass die zukunftsorientierten Klosterbrüder auch noch alljährlich im Juli ein kleines **Filmfest** austragen, bei dem Filme mit religiös-pädagogischem Hintergrund gezeigt und prämiert werden, ist nur folgerichtig (www.siloefilmfestival.it).

■ **Monastero di Siloe,** Strada San Bendetto 1, Poggio del Sasso, Tel. 0564 990415, www.monasterodisiloe.it.

◁ Siesta in Vetulònia

Massa Marìttima: Zugabe!

- **Palazzotto della Zecca** – die ehemalige Münzanstalt aus dem frühen 14. Jh. und heutiger gemeinsamer Sitz der Terzieri Massas; Via Norma Parenti 22, vom Archäologischen Museum die Treppe hinunter an der nächsten Ecke.
- **Rocca di Monteregio** – von den *Aldobrandeschi* erstmals im 9. Jh. errichtete Festung, während der Unabhängigkeit ausgebaut, unter Siena verfallen, später als Hospital genutzt; nördlich der Piazza Matteotti.
- **Convento di San Francesco** – 1220 soll der heilige *Franziskus* einige Tage in Massa verbracht haben; die nach Unabhängigkeit strebenden Bewohner baten ihn, ein Kloster zu gründen, um ihre Position gegenüber dem Bischof zu stärken (die Franziskaner predigten Bescheidenheit und verurteilten kirchliche Feudalherrschaft). Ein von *Franziskus* persönlich gesandter Mönch weihte das Kloster im Jahre 1221 ein, vier Jahre später war Massa unabhängig; Via San Francesco unterhalb der Rocca di Monteregio.
- **Giardino dei Suoni** – Klang- und Skulpturengarten des aus Bayern stammenden Konzeptkünstlers *Paul Fuchs* mit über 250 Installationen auf 12 ha Wald und Wiese; 5 km südlich von Gabellino und 15 km östlich von Massa (genaue Anfahrtsbeschreibung wird nach Reservierung zugesandt), Tel. 0566 998221, www.paulfuchs.com, Voranmeldung obligatorisch, Führung 2,5 Std., 10 €.
- **Abbazia San Lorenzo al Lanzo** – verwunschen-verlassen-verfallene, im 12. Jh. gegründete Abtei im Wald, wo sich Hase und Jäger gute Nacht sagen; bei Civitella Marìttima, 60 km östlich von Massa Marìttima (GPS 43.009438/11.291267).
- **Bagni di Petriolo** – frei zugängliche Ruine mittelalterlicher Thermen im Wald des Riserva Naturale Basso Merse, das 43 °C heiße Thermalwasser fließt über künstliche Wannen und aus Schläuchen in die mit Wackersteinen abgegrenzten Becken im Flüsschen Merse und wabert als Dampf mit teuflisch-schwefliger Geruchsnote über das Tal. 1 km südlich stehen das moderne, luxuriöse Petriolo Spa Resort und die kostenpflichtige Terme Petriolo (10–20 Uhr, Mo–Fr 11 €, Sa/So 13 €, ab 15 Uhr 9/11 €); 60 km östlich von Massa Marìttima nahe der SS223 von Siena nach Grosseto.
- **Tirli** – küstennahes Bergdorf auf 400 m Höhe zwischen Punta Ala (18 km) und Vetulònia, Ausflugsziel für des Meeres müde Badetouristen, die hier zu Mittag essen und die kühleren Temperaturen genießen.
- **Lago dell'Accesa** – 10 km südlich von Massa Marìttima, kleiner See mit 14 ha, der mit seinem tollen klaren Wasser zu einem Sprung ins kühle Nass einlädt; Abzweig an der Strada Provinciale Accesa, Parkmöglichkeit bei GPS Daten 42.988984/10.888874, dann 2 Min. zu Fuß hinunter zum See.
- **Museo Archeologico del Portus Scabris** – in Puntone, 10 km südwestlich von Scarlino. Das moderne Museum präsentiert Fundstücke, die 2000/2001 bei Ausgrabungen am römischen Hafen Portus Scabris zutage befördert wurden, darunter Handelswaren, Tongefäße und Hafenfundamente; Via delle Collacchie 1, Juli–Mitte Sept. Di–So 10–13, 16–19, Mitte Sept.–Okt., April–Juni Sa, So u. Feiertag 10–13, 16–19 Uhr.

> Das Kloster von Siloe – hypermodern und ökologisch

Praktische Informationen

Touristeninformation

■ **Ufficio Turismo Massa Marìttima,** Via Todini 3/5, Tel. 0566 902756, www.altamaremmaturismo.it, Mi–Mo 10–13, 16.30–19.30, Okt./März/April Mi–Mo 10–13, 15.30–18.30, Nov.–Feb. Fr–So 10–13, 15–17 Uhr.
■ **Ufficio Turismo Follònica,** Via Roma 49, Tel. 0566 52012, www.prolocofollonica.it, Mitte Juni–Mitte Sept. tgl. 9.30–12.30, 17–20, 21.30–23.30, sonst Mo–Sa 10–12.30, 16–19, So 10–12.30 Uhr.
■ **Ufficio Turismo Chiusdino,** Via Paolo Mascagni 12, Tel. 0577 750313, www.prolocochiusdino.it, April–Okt. tgl. 10–13, 15–18 Uhr.

Unterkunft

■ **La Fenice Park Hotel**③, Via Armando Diaz 63, Tel. 0566 903941, www.lafeniceparkhotel.it. Großzügige, mit Stilmöbeln eingerichtete Zimmer sowie ein Garten zeichnen das Hotel in einem Palazzo aus dem 19. Jh. aus – allerdings leidet es etwas unter unpersönlichem Service und einem sehr rudimentären Frühstück.
■ **La Casa della Pia B&B**②, Via della Libertà 15, Tel. 0566 940215, www.casadellapia.eu. Ein einziges, hell und geschmackvoll gestaltetes Zimmer mit offenem Kamin und Blick auf die Maremma in einem historischen Palazzo im Ortszentrum, die Besitzerin wohnt gleich nebenan, das Frühstück nimmt man in der Caffetteria im Erdgeschoss ein.
■ **Ostello Sant'Anna**①, Via Antonio Gramsci 7, Tel. 0566 901115, http://digilander.libero.it/leclarisse. Das in klaren, freundlichen Farben eingerichtete Hostel im Zentrum verfügt über Zwei- und Mehrbettzimmer, saubere Waschräume und eine große Küche, Frühstück kostet extra.

Außerhalb

■ **Agriturismo Poggio Corbello**②, Podere Poggio Corbello 2, 10 km südlich von Massa Marìttima, Tel. 0566 919029, www.poggiocorbello.it. Bauernhof mit drei Zimmern und sieben Ferienwohnungen nur wenige Meter vom Lago dell'Accesa (in dem man auch baden kann), Restaurant mit Pizzeria, Schwimmbad.
■ **Albergo Piccolo Mondo**②-③, Piazza Guerrazzi 2, Follònica, Tel. 0566 40361, www.piccolomondohotel.it. Albergo mit **Restaurant**③ aus den 1960ern, in Familienbesitz und in einzigartiger Lage auf Stelzen im Wasser. Zwölf elegant eingerich-

tete Zimmer mit Parkett (davon neun mit Meerblick), Restaurant mit Panoramaverglasung und Terrasse.

■ **Madonna del Poggio B&B**②, Strada Provinciale Scarlinese 84, Locàlita Madonna del Poggio, Scarlino, Tel. 0566 37320, www.madonnadelpoggio.it. Diese Pension mit sechs einfach eingerichteten Zimmern in einem ehemaligen Konvent begeistert entweder total, oder man fühlt sich als Gast unglücklich. Tatsächlich wird sie nicht konstant aufmerksam geführt, und die Nachlässigkeit, z.B. in punkto Sauberkeit, kann sehr ärgerlich sein, dann wiederum ist alles pikobello, und man freut sich nach einem anstrengenden Besichtigungstag auf den Sprung in den Pool – Glückssache.

■ **La Ducessa B&B**③, Locàlita Le Case di Vetulònia, Castiglione della Pescaia, Tel. 339 8509993, www.laducessa.org. Vier nostalgisch eingerichtete Zimmer und ein Apartment auf einem schönen Landgut aus dem 12. Jh. mit Garten und Pool, sowohl die Strände um Castiglione und Follònica als auch die um Grosseto sind gut zu erreichen.

■ **Podere San Giovanni**②, Pian d'Alma, Castiglione della Pescaia, Tel. 0564 922166. Der Agriturismo-Betrieb liegt 1,5 km von den Stränden von Punta d'Ala entfernt, Unterkunft in fünf einfach und geschmackvoll eingerichteten Apartments, kostenloser Fahrradverleih und zahlreiche Sport- und Freizeitmöglichkeiten auf dem Gelände.

■ **Hotel Vatluna Relais**③, Piazza Stefani 12, Vetulònia, Tel. 0564 949601, www.facebook.com/hotelvatluna. Boutique-Hotel mit drei Sternen mitten im Ort mit zehn Zimmern, einer Suite, Schwimmbad, Wellness-Center, Restaurant und einem fantastischen Fernblick.

■ **Da Nada**①-②, Via Trento 13, Roccatederinghi, Tel. 0564 567226, www.trattoriadanada.com. Drei hübsche Zimmer mit Fernsicht hoch oben in der Pension an der Altstadt, gutes **Restaurant**② mit Terrasse, Talblick und Freisitz auf der Straße, siehe „Essen und Trinken".

■ **Agriturismo Il Sughereto**③, Via del Sughereto, Roccastrada, Tel. 329 9623252, www.ilsughereto.it. Die Häuser dieses Agriturismo sind neu und modern, die drei Apartments sehr hübsch und mit Geschmack eingerichtet. Ein Pool sorgt für Erfrischung, und wer sich für Orchideen interessiert, findet im Gastgeber einen passionierten Gesprächspartner, der seine Zöglinge auch gerne präsentiert.

■ **Agriturismo Poggiarello**③, Via del Sughereto, Località Pianetto, Roccastrada, Tel. 0564 577223, www.muralia.it. Das historische Weingut vermietet zehn Wohnungen unterschiedlicher Größe, die einfach und zweckmäßig eingerichtet sind, zum Anwesen gehört ein großer Pool, auch Fahrräder werden verliehen. Nach Vereinbarung Weinverkostung.

■ **Agriturismo San Guglielmo**②, Via di Bettarello, Località San Guglielmo, Roccastrada, Tel. 0564 577581, www.agrisanguglielmo.it. Sieben einfach eingerichtete Zimmer und zwei Apartments, ein kleiner Pool, die Ruinen eines mittelalterlichen Klosters und viel Ruhe erwarten den Gast in diesem sympathischen Agriturismo im Tal des Flusses Bai.

■ **La Fornace die San Galgano**②-③, Località Frosini 53, Chiusdino, Tel. 349 6410715, www.fornacesangalgano.it. Sechs sehr geschmackvoll eingerichtete Apartments, ein jedes mit kleiner privater Terrasse und Küche sowie Pool und Fahrradverleih, Gastgeber *Stefano* hilft gerne mit Tipps und Empfehlungen weiter.

■ **Agriturismo San Galgano**②, Località S. Galgano, Chiusdino, Tel. 0577 756292, www.sangalgano.it. Wer die Abtei San Galgano in der Stille eines frühen Morgens erleben möchte, dem sei die Übernachtung in dem einfachen Agriturismo gleich gegenüber empfohlen, der Lohn ist eine fast magische Stimmung; auch Restaurant.

Camping

■ **Campeggio la Finoria**①, Via Monticello 66, Gavorrano, Tel. 0566 844381, www.campeggiolafinoria.it, Mitte Juni–Anfang Sept. Der Platz erstreckt sich über einen dicht mit Stein- und Korkeichen sowie Oliven bewachsenen Hügel und besteht aus einem schattigen Zeltplatz, zehn Stellplätzen für Campmobile sowie rund 30 Holz- und gemauerten Cottages, Pool und Restaurant, verschiedene Sportmöglichkeiten, Hunde sind explizit willkommen.

Essen und Trinken

■ **Caffè Le Logge**②-③, Piazza Garibaldi 11–13, Tel. 0566 914345. Café und Restaurant in toller Lage in den Arkaden am Domplatz, gut für einen Kaffee mit Gebäck, ein Eis oder einen Snack zum Mittag; abends sind alle Tische eingedeckt und Essen Pflicht.

■ **Le Fate 'Briache**②, Corso Armando Diaz 3, Tel. 0566 901010. Kleine und sehr sympathische Trattoria, am Platz des Torre del Candeliere, wenige Tische für max. 20 Gäste und von Mutter und Tochter servierte und zubereitete köstliche ländliche Küche zu fairen Preisen.

■ **Prosciutto e Popone**②, Via Ximenes 5, Tel. 388 4009819. Osteria mit toskanischen Spezialitäten und Freisitz in einer schmalen Seitengasse am Domplatz, gute Küche bei eher kleiner Karte; man ist nicht böse, wenn man mittags kein ganzes Menü verdrücken will. Gute Weine aus der nahen Umgebung und zuvorkommende Bedienung.

Unser Tipp: **La Tana dei Brilli**②, Vicolo Ciambellano 4, Tel. 0566 901274, www.latanadeibrilli.it, Mi geschl. Winzige Trattoria in der Altstadt mit großen Slow-Food-Ambitionen; um einen der vier eng an eng stehenden Tische zu ergattern, muss man zeitig reservieren, dafür gibt es dann feine Maremma-Küche mit frischesten regionalen Zutaten, so beispielsweise die hier beliebte Pasta Gigli mit Blauschimmelkäse aus der Maremma und Artischocken oder Fasan mit Balsamico-Zwiebelchen.

Außerhalb

■ **Al Convento**③, Largo Beccani 3, Scarlino, Tel. 0566 37041, www.alconventoscarlino.com. Wenn irgend möglich, sollte man einen Platz auf der Terrasse wählen, die über dem Umland zu schweben scheint, der fantastische Blick darf aber nicht von der Güte der Speisen ablenken: Wild, Fleisch (vom Maremma-Rind) und Fisch sind von tadelloser Frische und kenntnisreich zubereitet.

■ **La Tana di Cinghiale**②, Via del Deposito 10, Tirli, Tel. 0564 945810, www.tanadelcinghiale.it, Mi geschl. *Cinta senese,* Wild und natürlich *bistecca* stehen auf der Karte des beliebten Ausflugsrestaurants, das auch einige Fremdenzimmer vermietet. Im Herbst schmecken frisch gesammelte und gegrillte Steinpilze.

■ **La Vecchia Cantina**②, Via Giuseppe Garibaldi 42, Vetulònia, Tel. 0564 948007. Halb Kramerladen, halb Restaurant und eine gastronomische Institution in Vetulònia: Das Restaurant selbst ist winzig, im Olivenhain dahinter aber sitzt man sehr angenehm und bestellt z.B. *affetati di cinghiale* oder *pollo e coniglio fritti,* einfache, bäuerliche Kost, die hervorragend schmeckt.

■ **Scabris**②, Via Agresti 29, Scarlino, Tel. 0566 37281, www.ristorantescabris.it. Auch dieses Lokal punktet mit Fernsicht über den Golf von Follònica; die Qualität der Speisen ist bodenständig; empfehlenswert am Abend auch die Pizza.

■ **Divino Mangiare**②-③, Località Pierotta, Scarlino Scalo (zwischen Scarlino und Gavorrano), Tel. 3914160060, nur abends. Zu sagen, dass die Küchenchefin *Daiana Cecconi* besonders bescheiden wäre, träfe nicht unbedingt ins Schwarze, doch das Landlokal ist eine Institution und *Daiana* nicht minder. Ihre Rezepte werden überall nachgekocht, und das hat seinen Grund. Familiäre Atmosphäre, einfaches Ambiente und köstliche Gerichte – unbedingt reservieren!

■ **Il Mulino**③, Strada Provinciale Casettino Dani, Bivio di Ravi, Gavorrano, Tel. 0566 844707. Die „Mühle" ist berühmt für ihre anspruchsvolle Toskana-Küche und deshalb nicht ganz billig, dafür genießt man zu selbstgemachten *tortelli* oder Dorade frisch aus dem Meer einen herrlichen Toskana-Blick.

■ **La Grotta di Tiburzi**②-③, Via Paolo Mascagni 15, Chiusdino, Tel. 0577 752948, Mi geschl. Das Lokal residiert tatsächlich in einer Art Höhle, was dem

Vergnügen an der Küche keinen Abbruch tut. Toskanische Spezialitäten in pfiffiger Abwandlung; die Tagliata mit Radicchio anstelle des ewigen Rucola oder pici mit Semmelbröseln in Olivenöl, Knoblauch und Pecorino schmecken wunderbar.

■ **Salendo Wine Bar**②, Località Montesiepi, La Cappella 172, Chiusdino, 0577 756270. Die Wine Bar befindet sich oberhalb der Abtei, gleich neben der Rotunde. Deftige Spezialitäten des Val die Merse wie verschiedene Pecorino-Sorten, Prosciutto und Salami, begleitet vom kräftigen Rotwein Galgano di Montesiepi.

■ **Da Nada**②-③, Via Trento 13, Roccatederighi, Tel. 0564 567226, www.trattoriadanada.com. Solange Signora Nada noch selbst in der Küche steht, führt kein Weg an diesem unscheinbaren Restaurant vorbei, denn sie kocht nach den Rezepten der Großmutter. So ist alles lecker – von den gefüllten Zucchiniblüten bis zu den *tortelloni con ricotta e bietola* hausgemacht und sehr fein. Auch einige **Pensionszimmer**②.

■ **Garum**②, Via delle Due Porte 9, Roccatederighi, Tel. 0564 567445. Einfache Küche, superdünne Pizze, familiäre Atmosphäre und eine kleine Terrasse mit Maremma-Blick. Was will man mehr!

■ **Il Picio Mato**②, Via IV Novembre 31, Roccastrada, Tel. 0564 565412. Die Leidenschaft des Wirts *Liviano* gilt gleichermaßen der hohen Kunst der Pici-Zubereitung wie der ganzen Vielfalt der *peperoncini*, die er selbst züchtet; in dem kleinen, gemütlichen Lokal kann man mit ihm über das eine wie das andere fachsimpeln und dabei bestens essen.

■ **Il Guidoriccio**②, Piazza della Madonna 1, Montemassi, Tel. 0564 579200, Di geschl. Empfehlenswert bei schönem Wetter, wenn man auf der wirklich grandiosen Aussichtsterrasse sitzen kann, die Qualität der Speisen kann mit dem Panorama zwar nicht mithalten, aber die Küche ist bodenständig und auch die Pizzen empfehlenswert.

> Loggia in Massa Marittima

Süßes

■ **La Compagnia del Dolce Siciliano,** Via Fiume 19, Follònica, Tel. 0566 53835. *Arancini* und *granite*, *cannoli* und *gelato* … Sizilien zu Gast in der Toskana – sehr verführerisch!

Nachtleben

■ **Pub dei Fantasmi,** Via Norma Parenti 2/4, Tel. 0566 940106, Do geschl. Ein Pub, wie es sein sollte, klein, laut, urig, mit gutem Bier, Panini, Hamburgern und gelegentlich Livemusik.

■ **Disco Village,** Via Sanzio, Zona Capannino, Follònica, Tel. 331 9114998, www.discovillage.it. Im Sommer geht in der Großdisco im Wasserpark Acqua Village die Post ab.

Verkehr

■ **Bahn/Bus:** Nächster Bahnhof von Massa Marìttima ist Scarlino Scalo (von Grosseto vier bis fünf Züge an Werktagen, 25 Min., ab 4,30 €), von Scarli-

no Buslinie 37/F/28 nach Massa Marìttima drei- bis viermal am Tag (20 Min., um 2,50 €), selbe Buslinie von Follònica aus wesentlich häufiger (fast stündlich, 35 Min., um 3,30 €); Busanfahrt nach Chiusdino nur ab Siena (Linie 122, um 60 Min., ca. 4,20 €); nach Roccatederinghi und Roccastrada über Scarlino Scalo mit Linie 49/D dreimal werktags (60 Min., um 4,50/5,50 €); nach Montemassi ab Scarlino Scalo 49/D (35 Min., um 3,30 €); nach Gavorrano von Follònica aus werktags fast stündlich (Linie 31/F/29, 40 Min., um 3,30 €).

■ **Parken:** Parkmöglichkeit in Massa am unteren Stadteingang am Beginn der Via Ximenes (1,20 €/Stunde) oder 200 m südwestlich an der Piazza Dante Alighieri.

Feste

■ **Balestro del Girifalco** in Massa Marìttima, 4. So im Mai und 2. So im Aug.; historisches Armbrustschießen als Wettstreit der drei Stadtviertel (Terzieri) Città Vecchia, Città Nuova und Borgo mit einem Umzug in historischen Kostümen – zu Ehren des in Massa geborenen Heiligen *Bernardino di Siena* (1380–1444).

■ **Festa di San Cerbone**, am 10. Okt. feiert Massa seinen Stadtheiligen mit einem Umzug in historischen Kostümen.

■ **San Galgano Festival** von Chiusdino, Konzerte und Opernaufführungen im Juli in den Ruinen der Abtei San Galgano, www.sangalganofestival.com.

■ **Estate Chiusdinese/Estate Musicale San Galgano,** Aug.–Mitte Sept. Sommerkonzerte im Kloster San Galgano, Beginn 20.15 Uhr, www.comune.chiusdino.siena.it.

■ **Il Festival di Teatro delle Rocce** in Gavorrano, Juli und August Konzerte und Theater unter freiem Himmel auf einer ehemaligen Abraumhalde, www.teatrodellerocce.it.

■ **Fiera di Ghirlanda,** im gleichnamigen Vorort von Massa findet am 1. Sept. ein Viehmarkt mit Preisverleihung und Kirmescharakter statt.

Einkaufen

■ **Wochenmärkte** (Kleidung, Tand, lokale Spezialitäten) jeweils vormittags bis 13 Uhr: Follònica (Fr), Massa Marìttima (Mi), Roccastrada (Mi).

■ **Le Logge,** Via dei Ferriranti 29/a, Tel. 0566 919 923, www.lelogge.it. *Panforte, ricciarelli, cantucci* und ein *pane degli etrusci* sind nur einige der Köstlichkeiten, die man hier offen oder auch als Geschenk verpackt erwerben kann.

Aktivitäten

■ **Acqua Village Follònica,** Via Raffaleo Sanzio, Follònica, Tel. 0566 263735, www.acquavillage.it. Wasserpark 1 km westlich des Zentrums im Hinterland. Mehrere Attraktionen mit auch anspruchsvolleren Rutschen (u.a. Kamikaze), aber auch vielen Einrichtungen für kleinere Kinder, mehreren Becken (eines mit Wellen), Fußballplatz und Bars, Restaurant und Fast Food (mit Burger, Pommes und Co.), Hochsommer 10–18 Uhr, 21 €, Kind (3–11) 17 €, ab 14.30 Uhr 17/13 €.

■ **Golf Club Punta Ala,** Via del Golf 1, Tel. 0564 922121, www.golfpuntaala.it; 1964 eröffneter Golfplatz mit Laden, Restaurant, Bar und elektrischen Trolleys; 18-Loch-Platz, Par 72, 5311–6168 m, Greenfee 80–90 €.

■ **Golfclub Toscana Il Pelagone,** Località Il Pelagone 28, Gavorrano, Tel. 0566 820471, www.golfclubtoscana.com. 18-Loch-Platz, Par 71, 4738–5442 m, Greenfee 60–75 €.

■ **Punta Ala Watersports,** Località Punta Ala, Tel. 333 5491854, www.puntaala-watersport.it. Bootsverleih, Wakeboarding, Kitesurfen und Ausrüstungsverleih am Strand von Punta Ala.

- Abbadia San Salvatore | 570
- Abbadia Sant'Anna in Camprena | 547
- Abbazia Sant'Antimo | 552
- Arcidosso | 566
- Bagni San Filippo | 571
- Bagno Vignoni | 549
- Castelnuovo dell'Abate | 552
- Castiglione d'Orcia | 549
- Cetona | 561
- Chianciano/Chianciano Terme | 538
- Chiusi | 557
- Giardino di Daniel Spoerri | 569
- La Foce | 538
- Lago di Chiusi | 563
- Montalcino | 550
- Monte Amiata | 568
- Montepulciano | 530
- Monticchiello | 539
- Parco Faunistico del Monte Amiata | 568
- Pienza | 544
- Radicòfani | 561
- Rocca d'Orcia | 549
- Roccalbegna | 573
- San Casciano dei Bagni | 562
- San Quirico d'Orcia | 547
- Santa Fiora | 572
- Sarteano | 560
- Terme di Montepulciano | 539
- Tombe Etrusche di Chiusi | 559

9 Montepulciano, Val d'Orcia, Monte Amiata

Sehnsuchtslandschaft der Weingenießer

und ein ganz hoher Berg

◁ Montepulciano

MONTE-PULCIANO, VAL D'ORCIA, MONTE AMIATA

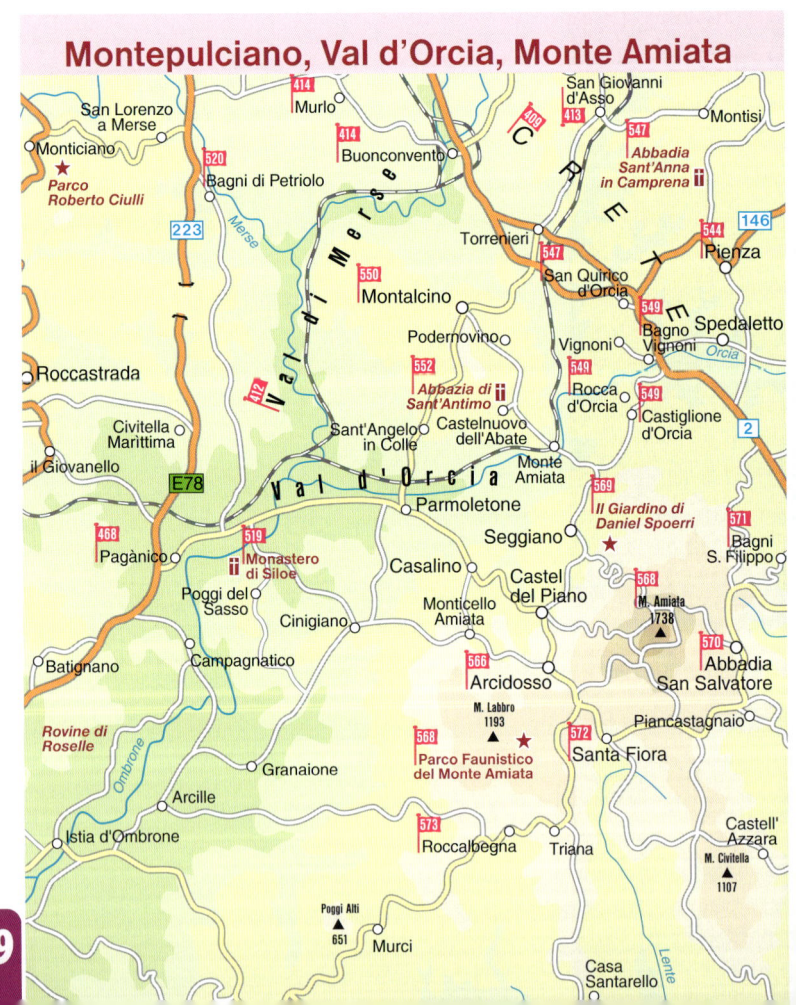

Von den Rebhängen rund um den ungemein dekorativen Weinort **Montepulciano** träumt wohl jeder, der gerne Rotwein trinkt, und so sind Orte und Landschaft unerbittlich vom Erfolg der *vini nobili* geprägt. *Cantine* krönen die Hügel, Weinverkostungstouren werden an jeder Straßenecke angeboten, und *enoteche* mit den persönlich vom Eigentümer für gut befundenen Flaschen der umliegenden Winzer machen sich in den Altstadthäusern breit.

Dennoch gilt es hier auch abseits des Weins Entdeckungen zu machen: Das **Val d'Orcia** ist seit 2004 als Kulturlandschaft des Stadtstaates Siena zum **Weltkulturerbe** erklärt. Besonders schützenswert sei die ästhetische Gestaltung der Landschaft als Renaissance-Ideal mit ihren zahlreichen kleinen Orten, Bergdörfern und Festungen zum Schutz der Bevölkerung. Wie mit dem Rechen gezogene Wein- und Olivenpflanzungen beleben die Landschaft zwischen den Weilern, und als wollte man auch hier dem Nützlichen etwas Schönes hinzufügen, leuchten Rosenbüsche zwischen den grünen Spalieren hervor.

So lieblich die Weinlandschaft wirkt, so herb stellt sich ihr der 1738 m hohe Vulkan **Monte Amiata** entgegen, an dessen Flanken man gelegentlich skifahren und so gut wie immer mountainbiken kann. Die geheimnisvolle Kultur der **Etrusker** hüten Städtchen wie Chiusi und Cetona in archäologischen Museen und Ausgrabungsstätten.

Steht Montepulciano wie viele andere Bergstädtchen der Südosttoskana für mittelalterliche, harmonisch auf ihrer Hügelkuppe gewachsene Siedlungsarchitektur, wurde **Pienza** als „ideale" Stadt der Renaissance geplant und umgebaut, und nichts Verwinkeltes oder Unübersichtliches ist in ihr zu entdecken. Wie ihre mittelalterliche Schwester zählt sie zu den bedeutenden Reisezielen der Südtoskana, und während Besucher aus den *cantine* Montepulcianos das säuerliche Aroma feinster Tropfen umweht, duftet es in Pienza nach Käse ... die Stadt ist berühmt für ihren Pecorino.

Montepulciano

Die wuchtige **Porta al Prato** aus dem 14. Jh. plante *Antonio da Sangallo* 1520 als Bestandteil der neuen Festungsanlagen um. Auf der kleinen **Piazza Savonarola** gleich hinter dem Stadteingang ersetzte der Löwe auf der Säule („Colonna del Marzocco", Kopie von 1856, Original im Museo Civico, siehe unten) 1511 die Sienesische Wölfin. An der Südwestseite am Eingang zum Corso steht einer der prächtigen Paläste, der **Palazzo Avignonesi,** den im 16. Jh. *Giàcomo da Vignola* (1507–1573) im Stil der Spätrenaissance für eine im Weinhandel tätige Patrizierfamilie entwarf. Nördlich der Piazza besitzt die barocke **Kirche San Bernardo** eine polychrome Madonnenskulptur aus Terrakotta (*Andrea della Robbia,* um 1485) am Hauptaltar.

Am **Corso** schließen an den Palazzo Avignonesi rechter Hand die **Paläste Batignani** (Nr. 85, ursprünglich 16. Jh.) und **Bucelli** an (Nr. 81), mit einem Sammelsurium beschriebener Steintafeln und etruskischer Urnenfragmente im unteren Fassadenbereich, Beleg der Sammelwut der früheren Besitzer. Gegenüber stehen die Paläste **Tarugi-Bernabei** (Nr. 82) und **Cocconi** (Nr. 70).

An der Piazza Michelozzo stammt eines der bekanntesten Gebäude, der Uhrenturm **Torre di Pulcinella,** aus dem 16. Jh. Die im neapolitanischen Volkstheater beheimatete Figur (mit unserem Hanswurst oder Kasperl vergleichbar) trägt ein weißes Blechkleid, ihre rechte Hand schlägt im Stundenrhythmus mit einem Hämmerchen die Glocke, die linke hält einen Speer. Die Legende besagt, ein aus Neapel gejagter Bischof habe die Pulcinella mitgebracht (wofür keinerlei Belege existieren). Heute ist sie das Wahrzeichen Montepulcianos.

Die **Kirche Sant'Agostino** dem Uhrenturm gegenüber geht auf das Jahr 1285 zurück, die Fassade wurde aber ab 1423 bis 1440 von *Michelozzo di Bartolomeo* komplett umgestaltet und erhielt vorgeblendete gotische Stilelemente wie einen Ziergiebel über dem Portal, angedeutete Fialen und in Spitzbögen auslaufende Nischen. Weitere Gliederungsmerkmale des unteren (Reliefpfeiler), insbesondere aber des oberen Bereichs sind schon klassische Formensprache aufnehmende Frührenaissance mit auch hier angedeuteten Pilastern, mit Gesims und Dreiecksgiebel. Die Gestaltung des Oberbaus, auch durch die Verwendung eines andersfarbigen Travertin-Steins sichtbar, erfolgte 70 Jahre nach den Arbeiten *Michelozzos* zu Beginn des 16. Jh. und wird *Antonio da Sangallo* zugeschrieben.

An der Piazza dell'Erbe, dem mittelalterlichen Kräutermarkt, treffen sich die drei Hauptstraßen der Stadt – Via di Gracciano nach Norden, Via di Voltaia, die Einkaufsstraße, nach Südosten und die Via del Poggiolo nach Südwesten. Die **Logge del Grano** (16. Jh.) waren einst Umschlagplatz für Getreide. Folgt man der Via di Voltaia, passiert man mehrere Paläste. Den dreiflügeligen **Palazzo Cervini** (Nr. 21) baute *Antonio di Sangallo d.J.* im Stil der Florentiner Renaissance für den späteren Papst *Marcello II.* Dahinter lädt das **Caffè Poliziano** (Nr. 27) von 1868 zu einem Espresso im Ambiente des Liberty-Zeitalters. Der **Palazzo der Gagnoni-Grugni** (Nr. 51) wurde um 1550 errichtet, ihre Familienzeichen (Mond, Sterne) sind unterhalb des Eingangsgesimses zu erkennen.

An der kleinen **Chiesa del Gesù** (1691–1712) sollte man auf die westlich

verlaufende Parallelstraße Via di Cagnano wechseln. Ginge man weiter geradeaus, träfe man in der Via Poliziano auf das **Geburtshaus** des humanistischen Dichters und Denkers **Angelo Ambrogini** (1454–94), der als **Poliziano** bekannt wurde. Er gilt heute als Wegbereiter für die von der Renaissance geforderte Erneuerung des Lateins hin zu seiner klassischen Form und weg von der

Überfrachtung der Sprache durch den Klerus des Mittelalters und den Vereinfachungen des „Küchenlateins". Als Kanzler war er in Florenz für *Lorenzo il Magnifico* tätig und lehrte auch dessen Söhne.

An der Piazzetta del Teatro verbirgt sich hinter der schlichten Fassade des **Teatro Poliziano** ein prächtiger Saal. Die Theaterakademie der Stadt hatte sich bereits 1706 gegründet, ihre eigene Spielstätte konnte aber erst 1796 nach dreijähriger Bauzeit fertiggestellt werden. Von der Piazzetta führt die Via del Teatro nach oben zum Herzen der Stadt, der eindrucksvollen **Piazza Grande** mit den Palästen der weltlichen Macht im Norden und Westen sowie dem Dom im Süden.

Der **Palazzo Comunale** begrenzt die Westseite. Der einem Block gleichende Baukörper zeigt sich auf seiner Schauseite mit Zinnen, Turm und nur vier kleinen Fenstern im unteren Bereich wie eine wehrhafte Burg. Entworfen hat ihn *Michelozzo*, Leibarchitekt von *Cosimo I.*, 1424 in Anlehnung an das Rathaus in Florenz. 1440 waren die Arbeiten beendet. Der **Turm** kann bestiegen werden (160 Stufen). Die mehrstöckigen Loggien im Inneren entstanden im 19. Jh.

■ **Torre di Palazzo Comunale,** Piazza Grande, Sommer 10–18 Uhr, Aussichtsterrasse 2,50 €, Turmterrasse 5 €.

Montepulcianos Piazza Grande

An die Ostseite ließ sich der spätere Papst *Julius III.* von *Antonio da Sangallo* 1519 seinen Palast stellen. Der Hochrenaissance-Bau zeigt die typischen dreieckigen Giebelbedachungen der Fenster mit flankierenden ionischen Säulen. Das barocke Obergeschoss aus Ziegeln kam im Jahre 1690 hinzu, als die namensgebende Familie den **Palazzo Contucci** gekauft hatte.

An der Nordseite der Piazza steht, vorgerückt und so mit zwei Schaufassaden versehen, der **Palazzo Nobili-Tarugi** aus der Mitte des 16. Jh. An ihm verbinden sich Renaissance-Einflüsse mit ersten Stilelementen des Barock. Bemerkenswert sind die durchgehenden ionischen Halbsäulen, die die unteren beiden Stockwerke optisch vereinen und die Balustraden des dritten Geschosses tragen. Vor der Westfassade trägt der Löwenbrunnen **Pozzo dei Leoni** von 1520 das von zwei Löwen gehaltene Wappen der *Medici*, zwei Greifen wachen seitlich.

Vom Platz nach hinten versetzt, ist der **Palazzo del Capitano del Popolo** aus dem endenden 13. Jh. eines der ältesten Gebäude der Stadt. Im Lauf der Zeit mehrfach umgebaut (so wurde die ursprüngliche Außentreppe abgebrochen), ist nur noch an der Seite zur Via Ricci mit den Spitzbögen des Parterres die gotische Herkunft zu erkennen. Genutzt wird das Gebäude für Büros und temporäre Ausstellungen.

Der Bau der **Kathedrale Santa Maria Assunta** begann 1594, Fertigstellung war 1680, Weihe 1712. 1561 war Montepulciano Bischofssitz geworden, und man wollte sich nun an Stelle der Pfarrkirche des 12. Jh. (von der noch der Campanile erhalten ist) einen repräsentativen Kirchenbau leisten. Trotz der langen Bauzeit

ist der Dom nie richtig fertig geworden. Seine Hauptfassade blieb unvollendet, nur die Ziegelreihen für die Aufhängung der geplanten Marmorfassade sind zu sehen, noch nicht einmal das Portal wurde vorgeblendet. Vielleicht wirkt die erhöht über dem Platz errichtete Kirche aber gerade deshalb so würdevoll. Der Dom hat die Form eines lateinischen Kreuzes mit drei Längsschiffen und einer Vierungskuppel. Der Hauptaltar ist mit dem Polyptychon „Mariä Himmelfahrt" (1401) von *Taddeo di Bartolo* geschmückt – das größte auf eine Holztafel gemalte existierende Bild der Seneser Schule. In der ersten Kapelle des linken Seitenschiffes steht ein Taufbecken (14. Jh.) von *Giovanni d'Agostini*, an der Wand hängt ein glasiertes, polychromes Terrakotta-Relief (1512) von *Andrea della Robbia* – der Lilienaltar.

■ **Cattedrale di Santa Maria Assunta,** Piazza Grande, Tel. 0578 757473, www.parrocchiemontepulciano.org, 9–12.30, 15–19 Uhr.

Das **Stadtmuseum** befindet sich an der Via Ricci (von der Piazza Grande links am Palazzo del Capitano vorbei) im Mitte des 14. Jh. gebauten gotischen Palazzo Neri Orselli. Die erste Abteilung widmet sich der Archäologie, insbesondere der etruskischen Epoche (Urnen, Bronzearbeiten). In den Gewölben steht u.a. der Originallöwe von der Säule an der Piazza Savonarola, die Totenmaske stammt von der heiligen *Agnes*, Schutzpatronin der Stadt. Weiter: einige Arbeiten der Werkstatt der *della Robbia*. Die Pinakothek (Sammlung Crociani) zeigt Werke italienischer Meister des 17. und 18. Jh., Arbeiten aus der niederländischen Schule und kirchliche Malerei des 13.–16. Jh. Glanzstücke sind der „Heilige Franziskus" (um 1285) von *Margaritone d'Arezzo* und die 1974 gestohlene und nach 20 Jahren wiederentdeckte „Heilige Familie mit dem Jüngling Johannes" (um 1535) von *Il Sodoma*.

■ **Museo Civico/Pinacoteca Crociani,** Via Ricci 10, Tel. 0578 717300, www.museocivicomontepulciano.it, April–Okt. Di–So 10–20, Mo 15–20, sonst Sa/So 10–13, 15–18 Uhr, 8 €.

Die **Stadtfestung** sichert Montepulciano im Süden. Das Castrum Politianum war schon in langobardischer Zeit bekannt, es soll an Stelle eines römischen Merkur- oder Janustempels stehen. Die heutigen Fundamente wurden aber 1261 von Siena nach dem Sieg von Montaperti über Florenz gelegt. Im 19. und 20. Jh. nutzte man die Festung unterschiedlich, derzeit ist sie Kulturzentrum in einem schattigen Park, einer der Standorte der US-amerikanischen State University of Giorgia und Sitz des **Konsortiums Strada del Vino Nobile di Montepulciano,** das hier über seine Mitglieder informiert, Weinverkostung anbietet, die edlen Tropfen verkauft und als Restaurant abends Gäste empfängt.

■ **Strada del Vino – Centro Informazioni/Enoteca/Ristorante,** Fortezza, Tel. 0578 717484, www.stradavinonobile.it.

War man auf dem Turm des Palazzo Comunale, hat man die Kuppel der goldgelben **Wallfahrtskirche San Biagio** in Hö-

▷ Cattedrale di Santa Maria Assunta

he der Fortezza unterhalb der westlichen Stadtmauern sicherlich schon bemerkt (10–15 Min. zu Fuß). Als die Renaissance ihren Zenit erreicht hatte, beauftragte man *Antonio da Sangallo* mit dem Neubau der Wallfahrtstätte zu Ehren des heiligen *Blasius*. *Sangallo* griff dafür auf nicht realisierte Pläne zurück, die der Baumeister *Bramante* für den Petersdom in Rom gezeichnet hatte, und auf Ideen seines Bruders für die Kirche Santa Maria delle Carceri in Prato. Zwischen 1518 und 1540 entstand eines der schönsten Beispiele für den Kirchenbau der Hochrenaissance. Auch wenn nur einer der beiden geplanten Türme fertiggestellt wurde, an ihm ist die strenge Ordnung der Klassik Stein geworden. Jede der vier Etagen schmücken Säulen, deren Kapitelle entsprechend der klassischen Säulenordnung angeordnet sind: dorische Kapitelle unten, dann ionische, in der dritten Etage korinthische und oben an der Spitze Kompositkapitelle, auch in der Kapitelhierarchie zuoberst stehend. Die Kirche zeigt die Grundform des griechischen Kreuzes mit gleicher Kreuzarmlänge und einer Zentralkuppel, jedes Portal ist mit einem augenfälligen Dreiecksgiebel bedacht, ebenso jeder der Kreuzarme. Die angefügte schiffbreite und exakt halbrunde Apsis trägt einen Balkon. Die puristische Gestaltung des Baukörpers, der sich in Kreise, Halbkugeln, Quader und Zylinder zerlegen lässt, setzt sich auch im Inneren fort. Die Fresken des Presbyteriums sollen im 16. Jh. von den Brüdern *Zuccari* geschaffen worden sein. Im Zentrum des marmornen Altarretabels (1584) ist das verblassende Fresko der wundertätigen „Madonna auf dem Thron mit Kind" (14. Jh.) zu sehen.

■ **Tempio Madonna di San Biagio,** Via San Biagio, 8.30–18.30 Uhr.

Chianciano/ Chianciano Terme

9 km südöstlich von Montepulciano lässt der Tourismus Chianciano (475 m üNN, 7400 Einw.) meist links liegen, obwohl die Altstadt recht hübsch und proper hergerichtet ist. Wer kommt, fährt meist ins sich südlich hinziehende Chianciano Terme mit seinen modernen Kureinrichtungen. In der Antike besaß der Ort das größte Thermalbecken des Römischen Reiches. Der heutige Thermalbetrieb geht auf das beginnende 20. Jh. zurück, als man die Heilkraft der Quellen wiederentdeckte und Kureinrichtungen und Hotels baute. Zwei Parks widmen sich der körperlichen Ertüchtigung durch Zufuhr von Wässern und der seelischen Erholung mit Konzerten und Veranstaltungen. Der **Parco Acqua Santa** für Trinkkuren am Südende von Chianciano Terme erstreckt sich über 7 ha mit uralten Bäumen, Blumenbeeten und diversen Kureinrichtungen, wie dem Salone Nervi, der Sala Ottagonale oder der Terme Sensoriali (Luxus-Spa mit Saunen, Türkischem Bad, Hydromassage, Schwimmbad). Der Name der Sala Fellini erinnert an *Federico Fellini*, der in Chianciano für seinen Film „Achteinhalb" gedreht hatte.

■ **Parco Acqua Santa,** Piazza Martiri Perugini, 9,50 € (Nebensaison 7,50 €, Kind in Begleitung eines Erwachsenen bis 12 Jahre frei), Terme Sensoriali und Thermalbad Theia 55 €.

Kindergeeigneter ist der **Parco Fucoli,** der auf 4 ha an den Acqua-Santa-Park anschließt. Hier gibt es Minigolf und einen Spielplatz.

■ **Parco Fucoli,** April–Okt. 8–12, 15–19 Uhr, nachmittags 5,50 €, vormittags Ticket des Parco Acqua Santa gültig.

Das nette **Archäologische Museum** an der Zufahrtsstraße zur Altstadt zeigt neben etruskischen Urnen auch mehrere Rekonstruktionen von Tumuli, darunter eine königlichen Grabstätte des 7. Jh. v. Chr. In kurzen Videos wird man in die religiöse Welt der Etrusker eingeführt. In der obersten Etage sind Wohnräume eines Adeligen nachgebaut.

■ **Museo Archeologico,** Via Dante 80, Tel. 0578 30471, www.museoetrusco.it, April–Okt. Di–So 10–13, 16–19, Nov.–März nur Sa/So, Aug. auch Mo, 5 €.

Zwischen Altstadt und Thermaleinrichtungen befindet sich das private **Kunstmuseum** mit einer ständigen Ausstellung und viel beachteten Sonderausstellungen. Zur Dauersammlung gehören Asiatika, zeitgenössische Werke u.a. von *Frances Turner* und *Damien Hirst* sowie Arbeiten von *Salvador Dalí* und *Georg Grosz*.

■ **Museo d'Arte,** Viale della Libertà 280, www.museodarte.org, Mi–So 15–19 Uhr, 5 €, Familienticket 10 €.

La Foce

5 km südwestlich von Chiancano liegt an der SP30 das Landgut La Foce mit seinem **herrlichen Garten.** Er wurde 1925–29 rund um das in der Spätrenaissance errichtete Herrenhaus von dem englischen Landschaftsarchitekten *Cecil Pinsent* angelegt. Es entstand ein Park im

Montepulciano: Zugabe!

■ **Chiesa di Santa Lucia** – auf den Fundamenten einer Vorgängerkirche aus dem 12. Jh. errichtetes, barockes, einschiffiges Gotteshaus (1653) mit verspielter Fassade von *Flaminio del Turco* und einer „Barmherzigen Madonna mit Kind" (um 1500) von *Luca Signorelli* in der Ceppari-Kapelle rechts des Eingangs, am Altar ein Holzkreuz (16. Jh.) von *Giovanni Battista Alessi*; Piazzetta Santa Lucia.

■ **Chiesa di Santa Maria dei Servi** – gotische Kirche aus dem 14. Jh. mit einer klaren, einfachen Fassade aus Travertin, die noch das originale Portal zeigt, im Inneren barockisiert, erhalten blieb am zweiten Altar links ein Fresko des 14. Jh. (Bohnenkraut-Madonna), die Madonna mit Kind stammt von einem Schüler des *Duccio di Buoninsegna* (dritter Altar links); Piazza di Santa Maria.

■ **Chiesa di Santa Maria delle Grazie** – Renaissance-Kirche des 16. Jh. von *Ippolito Scalza* mit einem dreibogigen Portikus, die Pfeifen der Kirchenorgel (1713–17) sind aus Zypressenholz geschnitzt, der vergoldete Orgelkasten stammt aus dem 18. Jh. Die Orgel stand ursprünglich in der Kirche Sant' Agnes, die 1832 ein neue erhielt und ihre alte an Maria delle Grazie abgab. An der rechten Seite am Madonnenaltar eine Terrakotta aus der Werkstatt *della Robbia*; Piazzale delle Grazie, 15 Gehminuten nördlich der Porta al Prato.

■ **Terme di Montepulciano** – Thermen vornehmlich für medizinische Behandlung, aber auch mit Wellness Center; 4 km außerhalb, südöstlich an der SP146, Tel. 0578 791260, www.termedimontepulciano.it, Mo–Fr 9–12, 15–18, Sa 10–18 Uhr, der Besuch ist nur in Verbindung mit Anwendungen möglich.

■ **Museo della Collegiata** in Chianciano – Museum der Stiftskirche in einem Palast des 18. Jh. mit Sakralkunst vom 13. bis zum 20. Jh., darunter eine Holzmadonna (13. Jh. von *Nicola Pisano*) und ein Tafelkreuz (14. Jh.) von *Segna di Bonaventura*; Via Solferino 38, Tel. 0578 30378, http://museocollegiatachianciano.com, April–Okt. 10–12, 16–19 Uhr (telefonisch bestätigen lassen!), 2 €.

---

italienischen Stil mit Blick auf das Tal und den Monte Amiata im Hintergrund, mit elegant beschnittenen Buchsbaumhecken, gepflegtem Rasen, Zitronenbäumen, der **berühmtesten Zypressenallee der Toskana** (die sich in Serpentinen einen Hügel hinaufschlängelt), Treppen und Brunnen, Rosengarten, Lavendel, Glyzinen ... Wer genügend Kleingeld mitbringt, kann eines der Ferienhäuser auf dem Gelände oder auch das ganze Herrenhaus mieten. Günstiger ist eines der vier Doppelzimmer des B&B.

■ **Giardino La Foce,** Strada della Vittoria 61, Chianciano Terme, Tel. 0578 69101, www.lafoce.com, April–Okt. Führungen (Dauer ca. 50 Min.) Mi 15, 16, 17, 18, Sa/So 11.30, 15, 16.30 Uhr, 10 €.

Monticchiello

8 km südwestlich von Montepulciano, auf halbem Weg nach Pienza, ist das kleine Hügeldorf Monticchiello (500 m üNN, 200 Einw.) von Olivenhainen und Weinfeldern umgeben. Einzige Sehenswürdigkeit ist die ursprünglich romanische, im 13. Jh. gotisch überarbeitete **Kirche San Leonardo e San Cristoforo,** in der Fresken des 14. Jh. (zur Lebensgeschichte der heiligen *Katharina von Ale-*

xandrien) und ein über vier Meter hoher Christophorus im Chor erhalten sind. Ansonsten kann man eine Runde drehen, einen Kaffee trinken und die ländliche Ruhe in sich aufnehmen. Allerdings nicht Ende Juli bis Mitte August, wenn das Dorf zum 1967 ins Leben gerufenem **Festival Teatro Povero di Monticchiello** jeden Abend auf die Bühne tritt und ein das ganze Jahr über geprobtes Stück spielt: Trotz der dörflichen Wurzeln Avantgarde, die in heutigen Zeiten genug Themen findet, die den Zuschauern nahezubringen ihr höchstes Anliegen ist. Das kleine **Museum Tepotratos** widmet sich der Geschichte des Theaters.

■ **Museo Teatro Populare Tradizionale Toscano (Tepotratos),** Piazza Nuova 1, Tel. 0578 755 118, www.tepotratos.it, Di–So Führungen 10, 11, 12, 15, 16, 17 Uhr (Winter n. Voranmeldung), 4 €.

Praktische Informationen

Touristeninformation

■ **Ufficio Turismo Montepulciano,** Piazza Don Minzoni 1, Tel. 0578 757341, www.prolocomontepulciano.it, April–Okt. 9–13, 15–19, sonst 9.30–12.30, 15–18 Uhr, So nachmittags geschl.
■ **Ufficio Turismo Chianciano Terme,** Piazza Italia 67, Tel. 0578 671122, www.chiancianoterme.com, April–Okt. Mo–Sa 8.30–13, 16–19, So 9.30–12.30, 16–19, sonst Mo–Sa 9–13, 15.30–18.30, So 9.30–12.30 Uhr.

Unterkunft

■ **San Bruno Relais**④, Via di Pescaia 5, Tel. 0578 716222, www.sanbrunorelais.com. Luxusherberge in einem Gartenpark mit Gewächshaus und Zimmern und Suiten unterhalb von San Biagio; dass man absolute Ruhe hat und ein gediegenes Urlaubserlebnis, garantiert die Zahl von nur acht Mieteinheiten.
■ **Meuble Il Riccio**③-④, Via Talosa 21, Tel. 0578 757713, www.ilriccio.net. Die zweite und dritte Etage ihres historischen Palazzo hat Familie *Caroti* in ein geschmackvolles Hotel mit fünf Doppelzimmern (2. Etage) und Suiten (1. Etage) umgewandelt, die elegant möbliert sind. Frühstück mit selbst gebackenen Kuchen, eine schöne Aussichtsterrasse und ein Privatparkplatz ergänzen das Angebot.
■ **In Cerca d'Autore**③, Via dell'Opio nel Corso 11, Tel. 320 966 3101, www.incercadautoretuscany.it. Eine künstlerische Unterkunft für kreative Köpfe: Das einfallsreich und schick eingerichtete Apartment besteht aus zwei Schlafzimmern, einem großen Aufenthaltsraum und einer Küche; die Zimmer können einzeln gebucht werden, sind aber zusammen für eine Familie oder Gruppe von Freunden sicher besser genutzt. Eine Aussichtsterrasse öffnet sich aufs Orcia-Tal, auf Anfrage steht auch ein Malatelier zur Verfügung.
■ **Albergo il Rondo**③, Via di Martiena 9, Tel. 0578 716899, www.albergoilrondo.it. Das Hotel in einem Anwesen aus dem 19. Jh. liegt zehn Minuten zu Fuß vom historischen Zentrum entfernt, sieben Zimmer und eine Suite sind geschmackvoll mit Stilmöbeln eingerichtet, es gibt einen kleinen Garten und keine Probleme mit Parkplätzen.
■ **Camere Bellavista**②-③, Via Ricci 25, Tel. 0578 757348, www.camerebellavista.it. Zehn Zimmer mit Blick über die Montepulciano-Hügel, einige mit kleiner Terrasse, in einem historischen Haus am Rande der Altstadt und nicht weit von der Piazza Grande. Die Zimmer haben Holzdecken und sind nostalgisch eingerichtet, *Gabriella* kümmert sich mit großer Hingabe um ihre Gäste.
■ **La Falconara**③, Via delle Badelle 3, Tel. 0578 757230, www.lafalconara.it. Die drei Apartments dieses herrlich auf einer Hügelkuppe 2 km von Montepulciano gelegenen Anwesens sind zweck-

mäßig eingerichtet; toll ist der Pool mit Blick über die Hügel, das große Angebot an Spielgeräten und -möglichkeiten, man kann Mountainbikes leihen, und auf Vorbestellung kochen *Alex* und *Ingrid* ein köstliches Abendessen. Solarpaneele sorgen fürs warme Wasser, Mindestaufenthalt drei Nächte.

Außerhalb

Il Serraglio②-③, Via della Montagna 11, Tel. 0578 798239, www.ilserraglio.it. Bio-Agriturismo-Betrieb 3 km südlich von Montepulciano mit sechs sehr schönen Suiten und Apartments (wochenweise Vermietung) auf 17 ha großem Grund, Schwimmbad, sehr gute Weine, Olivenöl und selbst gesammelte Trüffel (!).

Unser Tipp: L'Orto di Panza B&B④, Via San Saba 10, Abbadia di Montepulciano, Tel. 0578 707239, www.lortodipanza.it. 8 km nördlich von Montepulciano erwarten den Gast zwei wunderschön und geschmackvoll eingerichtete Doppelzimmer und zwei Apartments mit Blick über die Weinlagen des Vino Nobile. Zugegeben, die Preise sind stolz – aber dafür bekommt der Gast eine wirklich besondere Unterkunft, im Preis inbegriffen ist ein üppiges Frühstück, zur Ausstattung gehören Pool, Sonnenliegen und natürlich WiFi.

■ **La Casa di Adelina**②-③, Piazza San Martino 3, Monticchiello, Tel. 0578 755167, www.lacasadiadelina.eu. Fünf charmant eingerichtete Doppelzimmer und ein Apartment im Herzen des Bergdörfchens; alle Gäste können einen gemütlichen Aufenthaltsraum mit Kamin nutzen, in dem der Gastgeber auch seine Gemälde ausstellt.

■ **La Foce**③-④, Strada della Vittoria 63, Chianciano Terme, Tel. 0578 69101, www.lafoce.com. Auf dem historischen Anwesen, das heute feines Olivenöl produziert, stehen die verschiedensten Übernachtungsmöglichkeiten zur Verfügung – B&B, Apartments und sogar ganze Häuser bzw. der Palazzo – je nachdem, wie lange man bleibt. Alle Zimmer sind in hellen, freundlichen Farben gestaltet, und von allen eröffnen sich eindrucksvolle Ausblicke über die toskanischen Hügel.

Essen und Trinken

■ **La Grotta**④, Via di San Biagio 15, Tel. 0578 757 479, www.lagrottamontepulciano.it, Mi geschl. Luxusrestaurant auf Sterneküchenniveau gegenüber der Kirche San Biagio, alles sehr elegant in einem Gutshof aus dem 16. Jh. Perfekt zubereitete und fürs Auge arrangierte Gerichte – und ein Weinkeller, der seinesgleichen sucht. Überschaubarer kleiner Garten, der schon früh ausgebucht ist; mit dem Degustationsmenü ist man ausgezeichnet beraten (und schont ein wenig seinen Geldbeutel).

■ **Osteria del Borgo**③, Via Ricci 5, Tel. 0578 716 799, www.osteriadelborgo.it. Am besten reserviert man zeitig einen Platz auf der Panoramaterrasse mit unvergesslicher Aussicht. Auf der Karte stehen die typischen toskanischen Gerichte, auch kreativ variiert, so etwa die wohlschmeckenden *pici alla salvia e pinoli*, mit Pinienkernen und Salbei, oder Lamm in Brotkruste.

■ **Trattoria di Cagnano**③, Via dell'Opio nel Corso 30, Tel. 0578 758757, www.trattoriadicagnano.it, So/Mo geschl. Die kleine Trattoria serviert neben Althergebrachtem wie Wildschwein mit Polenta oder *pici* in verschiedenen Variationen abends auch eine hervorragende Pizza – besser reservieren.

■ **Osteria Acquacheta**②, Via del Teatro 22, Tel. 0578 717086, www.acquacheta.eu, Di geschl. Die Osteria ist von der internationalen Presse gepriesener Kult, hat es dabei aber geschafft, auf dem Boden zu bleiben. Die Gäste sitzen eng gedrängt an langen Tischen und bestellen bevorzugt *bistecca fiorentina*, dessen Gewicht für die Rechnung mit Kreide auf dem Tisch notiert wird. Alles frisch, ungekünstelt, direkt und laut – man muss es mögen, aber dann ist es toll.

■ **Compagni di Merende (Da Gigi)**①, Piazza Grande, Tel. 0578 717565, tgl. 9–20 Uhr. In der urigen Merenderia gibt's Fast Food auf Italienisch, also warme und kalte Panini, Salate, Bruschette und *ciaccia*, die toskanische Variante der Foccaccia (herzhaft mit Speck, süß mit Trauben). Wer am Tisch bestellt, zahlt 10 % Aufschlag.

Außerhalb

■ **La Botte Piena**②-③, Piazza Dionisia Cinughi 12, Montefollonico (12 km nordwestlich von Montepulciano), Tel. 0577 669481, www.ristorantelabottepiena.com. *Elena* und *Sandra* führen das ländliche Restaurant mit hübscher Aussichtsterrasse mit Elan und Herzlichkeit. Vieles, was auf den Tisch kommt, stammt aus Bio-Produktion, erstaunlich die Auswahl an Bruschette, dazu die üblichen toskanischen Gerichte, aber auch selten Angebotenes wie *fegatine,* Leber vom Huhn.

■ **13 Gobbi**②, Via Lando di Duccio 5, Montefollonico, Tel. 0577 669755. Auch wenn es touristischer kaum geht: Bei den „13 Räubern" zu essen ist ein Event, das man nicht missen sollte; Höhepunkt ist immer die Zubereitung der Spaghetti in einem zur Schüssel aufgeschnittenen Laib Pecorino-Käses.

■ **La Torretta Chianciano**③, Via Dante 2, Chianciano Terme, Tel. 0578 31073, www.latorrettachianciano.it. Di geschl. Feine, anspruchsvolle Küche und gute Weinauswahl. Zum Beispiel eine Tagliata vom Lamm mit Zucchini – sehr delikat.

■ **RitroVino**①-②, Via A. Casini 25, Chianciano Terme, Tel. 0578 070058, Di geschl. Die Enoteca ist ideal für ein informelles Mittagessen und ein Gläschen Wein – abends schließt sie wochentags bereits um 20 Uhr. Es gibt fantasievoll belegte Panini (z.B. mit Falafel), leckere Aufschnittplatten und Käse.

Süßes

■ **Caffè Poliziano**, Via Voltaia del Corso 27/29, Tel. 0578 758615, www.caffepoliziano.it, tgl. 9–24 Uhr. Das historische Café ist alleine schon wegen seiner Jugendstil-Einrichtung einen Besuch wert. Vom Balkon eröffnet sich der Blick auf die Hügellandschaft, von süßen Hörnchen am Morgen über das schnelle Mittagessen bis zum abendlichen Aperitif und Diner wird hier für jedes Bedürfnis gesorgt.

■ **Bar Pasticceria Centro Storico**, Via A. Casini 22, Chianciano Terme, Tel. 0578 31444. Ob *torta etrusca* und *panforte* oder lieber frisch zubereitete *tortelli* oder *pici,* Süßes wie Deftiges schmeckt auf der Panoramaterrasse ganz besonders gut.

Nachtleben

■ **Teatro Poliziano**, Via del Teatro 4, Tel. 0578 757089, www.fondazionecantiere.it. Das im 19. Jh. erbaute Theater zeigt nur wenige Vorstellungen im Jahr und hat sich vorrangig dem Schauspiel verschrieben. Also nur für Besucher, die sehr gut Italienisch verstehen.

■ **Mattatoio N 5,** Piazza Moulins 1, Tel. 0578 757286, www.mattatoio5.it. *„Spazio creativo"* nennt die Initiative Mattatoio ihr Jugendzentrum, das auch als Caffè und Bar fungiert und wo häufig Livebands (Schwerpunkt Blues) auftreten.

■ **UNSER TIPP: La Guardiola Lounge Bar,** Viale Marino Cappelli 1, Monticchiello, Tel. 340 3038377, www.laguardiolawinefood.it. Was gibt es Schöneres, als auf der kleinen Aussichtsterrasse mit Blick übers Val d'Orcia einen vollmundigen Roten zu verkosten und dazu feine *crostini toscani* zu naschen?

Verkehr

■ **Bahn:** Montepulciano Stazione, 10 km nordöstlich von Montepulciano, nach Arezzo alle 60–90 Min. (umsteigen in Chiusi, 90 Min., ab 8,30 €), Verbindung nach Montepulciano mehrmals am Tag mit Buslinie F_St5 der Gesellschaft Siena Mobilità (15 Min., 1,50 €).

■ **Bus:** Von Montepulciano nach Chianciano (und weiter nach Chiusi) etwa stündlich mit Buslinie F_T4 (25/40 Min., um 2,50/3,40 €); nach Monticchiello mit Linie R53A zweimal am Tag (20 Min., um 2,50 €).

■ **Parken:** In Montepulciano am Giardino di Poggiofanti (tgl. 8–20 Uhr, Juli/Aug. bis 22 Uhr, 1,50 €/Std., 10 €/Tag).

▷ Freisitz in Montepulciano

Feste

■ **Teatro Povero di Monticchiello** – Avantgardetheater von Ende Juli bis Mitte August unter Beteiligung fast des gesamten Dorfes, http://teatropovero.it.

■ **Bravio delle Botte** – am letzten Sonntag des August fröhliches Fassrollen in Montepulciano, traditionelles Fest mit einem Umzug in historischen Kostümen und dem abendlichen Wettbewerb, bei dem 80 kg schwere Fässer von je zwei Burschen der acht Stadtbezirke hoch zur Piazza Grande gerollt werden müssen – wer zuerst beim Dom ankommt, hat gewonnen.

Einkaufen

■ **Cantina de' Ricci,** Via di Collazzi 7, Tel. 0578 757166, www.dericci.it. De Ricci gehört zu den *cantine storiche,* zu den ältesten Kellereien von Montepulciano, und residiert in einem Palazzo des 17. Jh. Allein der Abstieg in die Gewölbe, in denen der Vino Nobile lagert, ist eindrucksvoll – Führungen (nur nach Voranmeldung) 5 €, Degustationen mit drei Weinen und etwas Käse und Brot 15 €.

■ **Cantina Storica Gattavecchi,** Via di Collazzi 74, Tel. 0578 757110, www.cantinagattavecchi.com, April–Okt. tgl. 10–19, Verkostung nach Voranmeldung 11–19, Winter tgl. 10.30–17.30, Sa bis 19.30 Uhr, Verkostung nach Voranmeldung 11–16.30 Uhr, 20 € – zur Weinverkostung im Refektorium des Klosters Santa Maria dei Servi (13. Jh.) werden Käse, Salami, Oliven und Häppchen von toskanischen Gerichten wie *pici* serviert.

■ **Mimì & Cocò,** Via dell'Opio nel Corso 19, Tel. 0578 757208, www.mimiecoco.eu. Keine Lust auf Wein? Dann sind vielleicht die Tücher, Pareos, Capes, Blusen und Kleider von Mimì e Cocò das Richtige – angeblich alles „Made in Toscana", auf jeden Fall aber hübsch.

Gesundheit

■ **Krankenhaus/Ospedale Nottola,** Località Nottola, Montepulciano, Tel. 0579 713111, Notruf 118, www.usl7.toscana.it, rund um die Uhr in Dienst.

■ **Apotheke/Farmacia,** wechselnde Notapotheken, Dienstplan auf www.comune.montepulciano.siena.it (kein Nachtdienst).

Pienza

■ 490 m, 2100 Einw., Montepulciano 15 km, Chiusi 34 km, Siena 55 km, Grosseto 80 km

Nochmal ein **Weltkulturerbe!** Pienza war der erste Ort überhaupt, bei dessen Errichtung ein Stadtplanungskonzept die Ideale der Renaissance aufnahm. Heraus kam dabei ein **Kleinod stimmiger Architektur** entlang gerader Gassen, das sich in die heutige Zeit gerettet hat

Nicht jeder Bewohner freut der touristische Andrang, die Menschenmengen aus aller Herren Länder, die sich im Sommer durch die Straßen wälzen, vorbei an den Souvenir- und Weinshops, den Tischen der Bars und Restaurants und an den Spezereiläden (die den beliebten Schafskäse Pecorino di Pienza verkaufen). Doch in der Nebensaison ist es ruhiger, dann genießen auch die Einheimischen die einzigartige Atmosphäre eines (fast) perfekten Renaissance-Gewandes.

Geschichte

Papst Pius II. (1405–64) wollte seinem Geburtsort Corsignano und wohl auch sich (mit einer ganzen Stadt als Denkmal) etwas Gutes tun. Geboren als *Enea Silvio Piccolomini*, war er in erster Linie Jurist, Poet und Humanist. Für die Kirchenlaufbahn entschied er sich erst spät, während seiner Reisen als Rechtsbeistand der Kirche durch Deutschland und Österreich. Seine erste seelsorgerische Tätigkeit nahm er ab 1444 in Aspach bei Braunau am Inn wahr. Dann ging alles schnell. Drei Jahre später ernannte man ihn zum Bischof von Triest, 1449 zum Bischof von Siena. 1456 wurde er Kardinalpriester, 1457 Fürstbischof des ostpreußischen Ermlandes und 1458 Papst. Er gilt als einer der Vordenker eines gemeinsamen Europa – zu seiner Zeit allerdings als Abgrenzung gegenüber den Expansionsgelüsten der osmanischen Herrscher.

Pius II. beauftragte den Florentiner Architekten *Bernardo Rosselino* 1459 mit dem Bau von „Piusstadt – Pienza". Gewissen Beschränkungen unterlag man, da die Stadt bewohnt war, *Pius II.* griff deshalb immer wieder in die Planungen ein. Die Fertigstellung der Neugestaltung erlebte er nicht mehr.

Sehenswertes

Einige gebührenpflichtige Parkplätze sind am westlichen Stadteingang, der Porta al Murello, vorhanden (gleich östlich entlang der Via Enzo Mangiavacchi). Wichtigste Straße ist der Pienza von West nach Ost durchschneidende Corso Rossellino. Auf halbem Weg zur östlichen Porta al Griglio liegt die **Piazza Pio II.,** rund um sie sind die schönsten Gebäude angeordnet.

Erste Station ist die **Kirche San Francesco** aus der zweiten Hälfte des 13. Jh., einschiffig und puristisch, wie es den Ordensregeln der Franziskaner entspricht. Durch das gotische Portal ins In-

▷ Innenhof des Palazzo Piccolomini

▷▷ Auch heute ist Pienza der Kunst verpflichtet

nere gegangen, kann man im Chor die Fresken zum Leben des heiligen *Franziskus* bewundern, gemalt haben sie Ende des 14. Jh. *Cristoforo di Bindoccio* und *Meo di Pero*. Einen Blick sollte auch der benachbarte Kreuzgang wert sein. Er gehört heute zum Hotel Il Chiostro di Pienza (mit Terrassenrestaurant und schönem Garten).

■ **Chiesa di San Francesco,** Corso Rossellino, 9–19 Uhr.

An der nächsten Ecke steht das wichtigste Bauwerk der Stadt, der **Palazzo Piccolomini** von *Rossellino* mit Anleihen am Florentiner Palazzo Rucellai – ein bis 1962 von der Familie *Piccolomini* bewohnter Vierflügelpalast mit Atrium und einem Arkadenumgang mit ionischen Kapitellen. Bemerkenswert ist der hängende Garten schon, wenn man ihn von Innenhof her betritt, noch beeindruckender aber mit Blick über die Landschaft von der obersten Loggia aus, auf die man anlässlich der Besichtigung hinaustritt. Die Gemächer sind eingerichtet, als käme der Hausherr gleich wieder, wertvolle Gobelins hängen an den Wänden (und sorgen für eine gewisse halbdunkle Muffigkeit, die vergangene Jahrhunderte erst richtig aufleben lässt). Musik- und Waffensaal, Papstschlafzimmer, Möbel aus dem 14. und 15. Jh., wertvolle Intarsienarbeiten, Familienstamm, Folianten von 1350 – die *Piccolomini* haben ihr Erbe gerettet.

■ **Palazzo Piccolomini,** Corso Rossellino, Tel. 0577 286300, www.palazzopiccolominipienza.it, 15. März–15. Okt. Di–So 10–18.30, sonst bis 16.30 Uhr, 7 €.

Auf der Piazza Pio II. steht seitlich der Brunnen **Pozzo dei Cani**. Der Architrav trägt die Jahreszahl 1462. Schaut man den Platz genauer an, bemerkt man seine Trapezform, die zum Dom hin aufmacht

– ein Trick, um der **Kathedrale Santa Maria Assunta** (Bauzeit 1459–62) mehr Raum zu geben. Es genügte nicht, und man musste deshalb den Baukörper zusätzlich nach Süden rücken und ihn im Chorbereich unterfangen, da dieser sich nun direkt am Abhang befand. Die gewaltigen Druckkräfte haben dennoch zu Setzungsrissen geführt (wie man im Inneren sieht). Die helle Travertin-Fassade ist beste Renaissance-Architektur mit entsprechenden Zitaten, wie Säulen und einem wuchtigen Giebel, den das unbescheiden große Wappen des Papstes ziert: das Schild der *Piccolomini*, darüber gekreuzte Schlüssel als Symbol der Schlüsselgewalt (der höchsten Rechtsautorität in der Nachfolge Petri), bekrönt von der päpstlichen Tiara. Im lichten Inneren tragen Säulen die Kreuzgewölbe der sich an die Gotik nördlich der Alpen anlehnenden dreischiffigen Hallenkirche. Diesen Bautypus mit gleichhohen Schiffen hatte *Pius II.* bei seinen Reisen durch Süddeutschland und Österreich kennen- und wegen ihrer Helligkeit schätzen gelernt. Links vom Eingang hängt das Tafelwerk „Madonna mit Kind und Heiligen" (1463/65) von *Matteo di Giovanni*. Weitere wertvolle Madonnenbilder (15. Jh.) stammen von *Sano di Pietro* (linke Seitenkapelle), *Giovanni di Paolo* (rechts vom Eingang) und *Lorenzo di Pietro* (links vom Chor). Dort, wo sich heute die **Krypta** befindet (Eingang unterhalb seitlich), war ursprünglich die romanische Vorgängerkirche des Doms, die Chiesa di Santa Maria. Zwei Säulen müssen das ganze Gewicht der Oberkirche abfangen. Ab und an wird die Unterkirche als Taufkapelle oder für Lesungen genutzt. Das Taufbecken aus Travertin stammt von *Rossellino*. In den labyrinthartigen Gängen hängen u.a. Bilder flämischer Wandteppiche.

■ **Cattedrale di Santa Maria Assunta,** Piazza Pio II, 8.30–13, 14.30–19 Uhr; Cripta Do–Di 10.30–13, 15.30–18 Uhr, 2 €.

Das **Diözesanmuseum** ist an der Ostseite der Piazza Pio II. im Palazzo Borgia, dem ehemaligen Bischofspalast, untergebracht. Die Sammlung besteht aus Marienbildern der Seneser Schule, Insignien wie einem Bischofsstab aus der Zeit *Pius' II.* und einem seiner Talare mit Geschichten aus dem Alten Testament, äußerst detailreich gewebt aus gefärbten Seidenfäden und vergoldetem Silberdraht. Beeindruckend ist das Tafelbild mit 48 Szenen aus dem Leben Christi eines unbekannten Seneser Malers aus dem Jahr 1350, das auf heutige Betrachter wie ein Wimmelbild wirkt. Den Palast ließ sich *Rodrigo Borgia* (1431–1503) Ende des 15. Jh. bauen. Auch er wurde Papst (1492 als Alexander VI.), war allerdings kein Humanist, sondern interpretierte als machtbesessener Klerikalpolitiker die Renaissance auf ganz eigene Weise: Bereits in der Kurienhierarchie zum Kardinal aufgestiegen, fing er sich wegen seines ausschweifenden Sexuallebens u.a. von *Pius II.* eine schriftliche Rüge ein.

■ **Museo Diocesano,** Corso Rosselloni 30, Tel. 0578 749905, 15. März–5. Nov. Mi–Mo 10.30–13.30, 14.30–18, sonst Sa/So 10–16 Uhr, 4,50 €.

Die romanische **Kirche von Corsignano** (eine wichtige Etappe an der Pilgerstraße nach Rom) liegt etwas außer- und unterhalb der Altstadt (am Dom links vorbei durch die Porta al Santo nach unten und an der SP18 nach links, 800 m, alternativ durch die Porta al Murello). Die beeindruckenden Portale der Kirche können langobardische Einflüsse nicht verleugnen (sie soll bereits im 8. Jh. existiert haben). Drei Schiffe, massive Pfeiler, weite Rundbögen, offenes Gebälk und nackte Wände – der Innenraum strahlt gerade wegen seiner Schmucklosigkeit Würde aus. Der Stein, auf dem die Christengemeinschaft *Pius II.* 1405 aufgenommen hat, ist erhalten. Auf ihm wurde auch sein Neffe getauft (der es als *Pius III.* ebenfalls zum Papst brachte – allerdings nur für 26 Tage).

■ **Pieve dei Santi Vito e Modesto a Corsignano,** Piazza Dante Aleghieri 29 (GPS 43.077160, 11.671146), 10–19, Winter 10–17 Uhr.

Abbadia Sant'Anna in Camprena

Die ehemalige **Olivetaner-Abtei** 6 km nördlich von Pienza und 1 km abseits der SP71 ist in absoluter Ruhe zwischen Zypressen und Oliven gelegen. 1324 von San *Bernardo Tolomei* gegründete Einsiedelei, zehn Jahre später zum Kloster erklärt und 1517 neu gebaut. 1996 wurden im und um das Kloster zahlreiche Szenen des Films „Der englische Patient" gedreht. Heute führt die Kirche das Kloster als Agriturismus-Betrieb (Zimmer, Ferienwohnungen, Mönchszellen) und bietet den Teilnehmern einer Sprachenschule Unterkunft. Im Refektorium ist ein wunderschöner Freskenzyklus (1503) von *Il Sodoma* erhalten: an der Rückseite linker Hand der heilige *Benedikt* zwischen Mönchen, in der Mitte die Beweinung Christi und rechts eine Thronmadonna mit Mönchen. Die Türseite schmückt das Speisungswunder.

■ **Abbadia Sant'Anna in Camprena,** Viale Don Fernaldo Flori, Località Sant'Anna in Camprena, Tel. 0578 748037, www.camprena.it, www.scuolacamprena.it.

San Quirico d'Orcia

San Quirico (400 m üNN, 2700 Einw.) 10 km südwestlich von Pienza gehört mit diesem – als Teil des Orcia-Tales – zum **UNESCO-Welterbe.** Bereits im Jahr 712 erwähnte der Langobardenkönig *Liutprand* die Pfarrkirche von San Quirico als Teil einer Burg. Später wurde die Festung Sitz eines Statthalters der Stauferkaiser. Mit Übernahme der Anlage durch Siena entstand ein neuer Stadtwall, der die vor der Rocca liegenden Häuser mitumfasste. An der Frankenstraße gelegen, war San Quirico bald ein bedeutender Haltepunkt. 1154 empfing *Friedrich Barbarossa* hier die Abgesandten des Papstes *Hadrian IV.,* um seine Krönung zum Kaiser zu verhandeln.

Ein Bummel an den Läden und Restaurants des freundlichen Städtchens vorbei lohnt sich. Parkplätze sind in der Via dei Fossi ausreichend vorhanden, mehrere Durchgänge führen von ihr in die Altstadt. Die Via Dante Alighieri durchschneidet das historische Zentrum, die Sehenswürdigkeiten befinden sich jeweils an ihren Enden. Am südlichen Ende steht das romanische **Kirchlein Santa Maria Assunta** aus der zweiten Hälfte des 11. Jh. mit einem sehenswerten vorgebauten Seitenportal, das einmal direkt am Wegesrand der Via Francigena nach Rom stand. Im sonst fast schmucklosen Inneren der Hallenkirche mit offenem Dachstuhl hängt über dem Altar vor der kleinen Apsis ein Holzkreuz.

■ **Chiesa di Santa Maria Assunta,** Via Dante Alighieri 105, 8–13, 16–18/19 Uhr.

Der Kirche gegenüber bot das **Ospedale della Scala** einst den Rom-Pilgern Unterkunft, sein Innenhof mit uraltem Brunnen ist einen Blick wert.

Hinter der Kirche führt eine kurze Treppe hoch in den Rosengarten der ummauerten **Horti Leonini,** der seinen Namen *Diomede Leoni* verdankt (dem der *Medici Francesco I.* das Land schenkte). *Leoni* ließ sich um 1580 einen Garten im italienischen Stil mit strengen geometrischen Mustern anlegen. Seit 1975 wird er als Stadtpark betrieben.

■ **Il Giardino delle Rose,** Via Diomede Leoni, 8–20/22 Uhr.

Die romanisch-gotische **Stiftskirche** am anderen Ende der Via Dante ist die schönste der Umgebung und steht für den Übergang der beiden Stilrichtungen. So zeigt sich das Westportal rein romanisch, während die Rundbögen der beiden von Mitarbeitern *Giovanni Pisanos* um 1280 geschaffenen Südportale mit einem Spitzbogen überformt sind (aber auch hier blieben die Fensterdurchbrüche romanisch). Das 100 Jahre ältere Westportal verdient tiefergehende Betrachtung. Die von Löwen getragenen Knotensäulen symbolisieren die Wendungen der Geschicke. Zwei kämpfende Drachen am Türsturz – und rechts darüber (klein und fast nicht mehr zu erkennen) die zwei Sirenen – stehen für Versuchungen (ebenso wie das Schlangenwesen am Eckstein links). Die thronende Madonnenfigur in der Nische des Bogenfeldes ist frühromanisch, wie auch zahlreiche in die Fassade eingefügte Steine mit ihren geometrischen Mustern aus langobardischer Zeit und von einem Vorgängerbau stammen – so auch die Schlusssteine des Bogens. Über ihnen, rechts unterhalb der Rosette, ein Widderkopf – das gehörnte Haupt des Teufels. Am oberen Ende der äußersten rechten Gewändesäule sieht man ein menschliches Antlitz und darüber als Symbol der Sonne zwei Pfauen. Kostbarstes Werk der ansonsten barocken Innenausstattung ist die „Madonna auf dem Thron zwischen Heiligen" (um 1470) von *Sano di Pietro.* An der Treppe zur Kanzel fällt außerdem ein schon stark verwitterter Grabstein eines *Hein-*

San Quirico d'Orcia

rich von Nassau ins Auge. Der Graf starb hier 1451 auf dem Rückweg von einer Pilgerreise nach Rom, wahrscheinlich an der Pest. Der Campanile stammt aus dem Jahr 1806.

■ **Collegiata dei Santi Quirico e Giulietta (Collegiata di Orsenna),** Via Dante Alighieri 3, 8–13, 16–18/19 Uhr.

Neben der Kirche steht der spätbarocke **Palazzo Chigi** von 1680. Seine Zimmer und Säle (immerhin fast 40 an der Zahl) sind voller sehenswerter Fresken aus den Jahren 1684–87, Allegorien zu mythologischen und abstrakten Themen wie Musik, Zeit, Schicksal, Jahreszeiten. Ausgeführt haben sie *Giovan Battista*, *Michelangelo Ricciolini, Niccolò Stanchi* und *François Simonot*.

■ **Palazzo Chigi-Zondadori,** Piazza Chigi 2, Besichtigung (zu Bürozeiten) einen Tag vorher per E-Mail ankündigen (ufficioturistico@comune.san quiricodorcia.si.it).

Bagno Vignoni

4 km südlich von San Quirico d'Orcia umstehen nahe dem Weiler **Vignoni Alto** (300 m üNN, 30 Einw.) Renaissance-Gebäude ein 25 x 50 m großes Thermalwasserbecken aus dem 15. Jh. Am Becken und in der nächsten Umgebung verteilt, knüpfen Hotels und Wellnesseinrichtungen mit weiteren, bis zu 52 °C heißen Thermalquellen an die bereits von den Etruskern und Römern hier gepflegte Tradition des Kurens an (häufige Gäste waren u.a. Papst *Pius II.* und *Lorenzo I.*). Die pittoreske Anlage bildete den Hintergrund mehrerer Szenen in *Andrej Tarkowskis* preisgekröntem Film „Nostalghia" von 1983. Südlich der Renaissance-Anlage gelangt man zum Aussichtspunkt oberhalb des Grabungsfeldes von vier mittelalterlichen Wassermühlen, über deren Antriebsräder einmal Thermalwasser floss (weswegen die Mühlen auch im Hochsommer – wenn die Flüsse ausgetrocknet waren – betrieben werden konnten). Den Hintergrund bildet die hoch über das Orcia-Tal aufragende Festung Rocca d'Orcia.

Ein Weg führt an den Mühlenresten vorbei hinab, wo man noch oberhalb des Flusstales ohne Eintrittsgebühr in einem 40 m langen **natürlichen Becken** zwischen den Felsen herumplanschen kann. Ein offizielles Schwimmbad gibt es beim Hotel Posta Marcucci (siehe „Praktische Informationen, Aktivitäten").

Rocca d'Orcia, Castiglione d'Orcia

Das mittelalterliche Zwillingsdorf (540 m üNN, 2500 Einw.) 5 km südlich von Bagno Vignoni sollte wegen seiner Höhenlage und der fantastischen Sicht über das Tal auf dem Besuchsplan stehen. Im 9. Jh. erstmals erwähnt, gelangte die Gegend im 12. Jh. unter die Herrschaft der *Aldobrandeschi,* 1254 erhielten die Einwohner die Seneser Staatsbürgerschaft, und die Befestigungswerke wurden erweitert, modernisiert und die Burg Rocca d'Orcia, auch **„Rocca di Tentennano"** genannt, erhielt ihre heutige Form. Nach der siegreichen Schlacht von Montaperti 1260 belohnte der Rat von Siena mit der Rocca die Familie *Salimbeni,* die durch die Zahlung von

18.000 Goldflorin die deutschen Söldner in Montaperti bei der Stange gehalten und so den Ausgang der Schlacht beeinflusst hatte. Berühmtester Sohn der Stadt ist der Bildhauer, Maler und Goldschmied *Lorenzo di Pietro*, genannt „Il Vecchietta" (1410–1480). Die achteckige, weithin sichtbare Burg **Rocca d'Orcia** ist heute Museum, Ausstellungsraum und Aussichtsplattform.

■ **Rocca d'Orcia,** Piazzale Aleardo Monaci, Tel. 0577 888986, Rocca Ostern bis Okt. Do–Di 10–13, 15–18 Uhr, 3 €.

Montalcino

Panforte Nero di Montalcino und **Brunello di Montalcino** – schwerer, schwarzer Kuchen und tiefroter Wein (der als erster Italiens mit dem Prädikat DOCG ausgezeichnet war) sind schon einmal zwei gute Gründe, um Montalcino (570 m üNN, 3000 Einw.) 22 km westlich von Pienza anzufahren. Außerdem ist die Stadt bei Weitem nicht so touristisch wie Pienza oder Montepulciano, obwohl auch ihr Stadtbild eine Menge an Historischem bietet.

Auf einem Hügelkamm zwischen den Flüssen Asso und Ombrone gelegen, war Montalcino schon immer ein guter Wegpunkt zwischen Norden und Süden, was die wehrhafte Festung unterstreicht. Bereits die Etrusker haben sich für eine Siedlung auf dem Mons Lucinus („Berg der Steineichen") entschieden, die die Römer übernahmen. Nach den dunklen Jahren tauchte Montalcino schließlich in einem Dokument von *Ludwig dem Frommen* 814 wieder auf, der die Gebiete unterhalb von Mons Lucinus den Äbten von Sant'Antimo (siehe unten) schenkte. Lange Jahre Spielball der Mächtigen in Florenz und Siena, blieb es nach der Schlacht von Montaperti 1260 bei Siena, seine Bürger erhielten 100 Jahre später sogar die Seneser Staatsbürgerschaft. Dafür erlaubten sie Siena den Bau der heutigen Burg, die uneingenommen blieb, auch bei der letzten Belagerung durch florentinisch-spanische Truppen 1555, als Siena und all seine Besitzungen schließlich an die *Medici* fiel.

Parkplätze sind rund um die **Festung** in ausreichender Zahl vorhanden. Mit vier Ecktürmen und dem Bergfried war sie ausreichend bewehrt, um allen Feinden standzuhalten. Die Burgmauern und der Turm sind begehbar, die Enoteca im Inneren gibt der Weinverkostung den rechten Stil und verkauft die Tickets für die Turmbesteigung. Im Burghof finden im Sommer des Öfteren Veranstaltungen statt.

■ **Fortezza di Montalcino,** Piazzale della Fortezza, Tel. 0577 849211, 9–20, Winter bis 18 Uhr, 4 € (6 € mit Museen).

Von der Fortezza nimmt man die Via Ricasoli (Fußgängerzone) nach Norden, bis rechter Hand die Kirche Sant'Agostino den Eingang zum **Museumskomplex markiert** (Zutritt über den Kreuzgang des Klosters). Geboten wird ein Überblick über das künstlerische Schaffen des 14. bis 16. Jh., darunter eine Verkündigungsgruppe aus Holz, zwei Polyptychen aus der Werkstatt des *Duccio di Buoninsegna*, eine Madonna mit Kind von *Sano*

▷ Süß und mächtig: Montalcinos Gebäck

di Pietro und von *Il Vecchietto* aus Castiglione d'Orcia ein heiliger *Bernhard*. Weiter: Liturgische Instrumente und ein Bronzekruzifix von *Giambologna*. Die Archäologische Sammlung umfasst Exponate aus der Steinzeit (mit Funden von einer Steinwerkzeug produzierenden Stätte) sowie aus der Etrusker- und Römerzeit – darunter die vollständigen Beigaben des Grabes „Fossa del Tesoro" bei Sant'Angelo in Colle.

■ **Musei di Montalcino/Raccolta Archeologica – Medievale – Moderna,** Via Ricasoli 31, Tel. 0577 849331, April–Okt. Di–So 10–13, 14–17.50, sonst bis 17.40 Uhr, 4,50 € (mit Festung 6 €).

Die **Kirche Sant'Agostino** aus dem frühen 14. Jh. ist wegen ihrer Fresken mit Szenen zur Passion und zum Leben des heiligen *Augustinus* bekannt, die Künstler der Seneser Schule ausgeführt haben. Die Wandmalereien des Chors (mit Szenen des heiligen *Augustinus* und Gemälden von Evangelisten) werden *Bartolo di Fredi* zugeordnet (14. Jh.).

■ **Chiesa di Sant'Agostino,** Via Ricasoli 33, derzeit in Renovierung (voraussichtlich 2016 fertiggestellt), Besichtigung der Arbeiten Mo–Do 14.30–17.30 Uhr.

Über die Via Spagni nach oben, gelangt man zum neoklassischen **Dom** im etwas gewöhnungsbedürftig abgewandelten Stil eines griechisch-römischen Tempels mit Säulenportikus, 1832 vom Seneser Architekten mit dem (programmatischen) Namen *Agostino Fantastici* entworfen. Im Inneren sind antike Friesfragmente zu einer erstaunlichen Pyramide zusammengewürfelt. Unbedingt sehenswert: Die Fragmente eines aus Travertin gearbeiteten Christus in der ersten Seitenkapelle links, „Cristo nella Mandorla"; sie stammen aus dem 11. Jh.!

■ **Concattedrale Santissimo Salvatore,** Via Spagni, 7–13, 16–20 Uhr.

Am äußersten nördlichen Ende von Montalcino steht die 1330 erstmals errichtete und Anfang des 17. Jh. und En-

de des 18. Jh. massiv veränderte **Wallfahrtskirche Madonna del Soccorso** mit schönem Blick von deren Terrasse. Nun kann man in weitem Bogen nach unten gehen und auf der Via Giuseppe Mazzini durch die Altstadt zur Festung zurückkehren. Auf dem Weg dorthin steht an der Piazza del Popolo der geradezu grotesk schmale **Palazzo Comunale,** das heutige Rathaus. Als ob die Zimmerbreite des 1260 begonnenen Gebäudes nicht schon schrill genug wäre, hat man noch einen Uhrenturm angefügt, der das Bauwerk vollends disproportioniert. Wesentlich angenehmer fürs Auge sind die **Loggia Il Cappellone** (14./15. Jh.) gegenüber und das Caffè, die **Fiaschetteria,** die seit 1888 existiert.

Castelnuovo dell'Abate/ Abbazia Sant'Antimo

10 km südlich von Montalcino und nördlich unterhalb des mittelalterlichen Dorfes Castelnuovo (385 m üNN, 250 Einw.) liegt inmitten des malerischen Tales des Orcia-Zuflusses Starcia zwischen Äckern, Weinspalieren und kirchturmhohen Zypressen eines der ehemals reichsten Klöster der Toskana – die frühere **Benediktinerabtei Sant'Antimo,** deren Kirche zur schönsten romanischen Architektur zählt – die „Weiße Königin des Tals".

Im Jahre 781 soll *Karl der Große,* auf seiner Rückreise von Rom an dieser Stelle durch eine Engelserscheinung der Pest entgangen, die Abtei gegründet haben. Wahrscheinlicher ist aber die Gründung als Nebenkloster der Abtei San Salvatore am Monte Amiata. 814 hat *Ludwig der Fromme,* Sohn *Karls des Großen,* Sant' Antimo mit Privilegien und riesigen Ländereien ausgestattet, 992 wurde das Kloster direkt der Jurisdiktion in Rom unterstellt. Weitere Schenkungen mehrten den Besitz, sodass das Kloster schließlich Steuern aus der ganzen Osttoskana von Lucca bis Orbetello bezog und die Mönche sich 1118 den Neubau einer dreischiffigen Kirche aus hellem Travertin leisteten, prächtig wie die Hauptkirche des zentralen Benediktinerklosters im französischen Cluny mit einem Umgangschor mit Kapellen. Der Vorgängerbau aus frühromanischer Zeit mit gröber behauenen Steinen blieb als südlicher Anbau mit Apsis erhalten (heute die Sakristei). Der Niedergang begann 1212, als Sant'Antimo ein Viertel seiner Ländereien an Siena abtreten musste. Das Geld ging aus, und man stellte die Bauarbeiten 1260 ein. Papst *Pius II.* löste das Kloster 1462 auf, alle Gebäude verfielen, nur das Gotteshaus überdauerte. 1992 haben die Prämonstratenser dem Kloster neues Leben eingehaucht.

Am Architrav des Portals ist der Name des Baumeisters eingeschrieben: *Azzo dei Porcari.* 44 m ist die Kirche lang und das Hauptschiff mit offenem Dachgebälk 20 m hoch. Die Nebenschiffe tragen auf ihren Kreuzgratgewölben ein Emporengeschoss mit Biforien. Durchbrüche im Saalgeschoss, Fenster über den Seitenschiffen und im Chorumgang lassen relativ viel Licht in die Kirche. Schlicht und schmucklos ist das Innere, nur an einer Stelle sind Freskenfragmente zu sehen, einige in Alabaster gehauene Kapitelle tragen Tierköpfe und Menschengestalten, besonders die Gesichter sind äußerst ausdrucksstark. Das Kapi-

Pienza: Zugabe!

■ **Museo d'Arte in Castiglione d'Orcia** – Bilder aus der Seneser Schule des 14. und 15. Jh. im säkularisierten Oratorium San Giovanni in der Altstadt Castiglines mit drei meisterlichen Madonnen-Gemälden (*Lorenzo di Pietro, Giovanni di Paolo* und eines aus der Werkstatt von *Simone Martini*); Via San Giovanni 10, Sa/So 10–13 Uhr, 3 € (Ticket auch für die Rocca gültig).

■ **Chiesa dei Santi Stefano e Degna d'Arte** in Castiglione d'Orcia – romanische, im 15. Jh. umgebaute Kirche mit einem Jugendwerk von *Pietro Lorenzetti* („Madonna delle Grazie", um 1300); Via Capitano Innocenzo Ricci, 8–12, 15–17 Uhr.

■ **Museo della Comunità di Montalcino e del Brunello** – von Montalcino 3,5 km nach Süden Richtung Castelnuovo (dann 1 km nach Osten) steht das Brunello-Museum und widmet sich der Geschichte des Weines und seiner Erzeuger und verkauft die edlen Tropfen im Laden; Località Podernovi 170, Tel. 348 5702298, www.museobrunello.it, April–Okt. nur nach Voranmeldung.

tell der zweiten Säule rechts erzählt die Geschichte von Daniel in der Löwengrube (um 1150) und stammt wohl vom Meister von Cabestany, der auch in Spanien und Frankreich seine Spuren hinterließ. Im rechten Seitenschiff hängt die Holzskulptur „Madonna von Sant'Antimo mit Kind" (13. Jh.), beide mit fast bäuerlichem Gesicht ausdruckslos in die Ferne starrend. Im Turm trägt eine der beiden Glocken die Jahreszahl 1219 und den Namen des damaligen Abtes: Ugo.

Besucht werden kann lediglich die **Kirche,** alle anderen Klosterbereiche sind nicht zugänglich. An der Zufahrt von der Hauptstraße befindet sich ein Buchladen des Klosters (mit Toiletten). Im Sortiment: Bier, Bücher, Marmelade, Liköre, CDs (gregorianische Gesänge) und Devotionalien.

■ **Abbazia di Sant'Antimo,** Località Sant'Antimo, Tel. 0577 835659, www.antimo.it, Öffnungszeit 5.45–21/21.30 Uhr, Besuchszeit 10.30–12.30, 15–18.30 Uhr, Gebete mit gregorianischen Gesängen 7/9/12.45/14.45/19/20.30 (Sommer 21), So 19-Uhr-Gebet um 18.30 Uhr, Sonntagsmesse 11 Uhr.

Praktische Informationen

Touristeninformation

■ **Ufficio Turismo Pienza,** Corso Rossellino 30 (im Palazzo Borgia), Tel. 0578 749905, www.comune.pienza.siena.it, 15. März–5. Nov. Mi–Mo 10.30–13.30, 14.30–18, sonst Sa/So 10–16 Uhr.

■ **Ufficio Turismo San Quirico d'Orcia,** Via Dante Alighieri 33A, Tel. 0577 899728, www.comunesanquirico.it, Fr 15.30–18.30, Sa 10–13, 15.30–18.30, So 10–13 Uhr.

■ **Ufficio Turismo Montalcino,** Costa del Municipio 1, Tel. 0577 849331, www.prolocomontalcino.com, 10–13, 14–18 Uhr.

Unterkunft

■ **Il Chiostro di Pienza**③, Corso Il Rossellino 26, Tel. 0578 748129, www.relaisilchiostrodipienza.com. Elegantes Hotel mit 37 Zimmern im ehemaligen Franziskanerkloster von Pienza; jeder Raum hier besitzt historisches Flair, allerdings ist die ursprünglich edle Einrichtung inzwischen etwas abgewohnt, und auch der Service funktioniert nicht immer, wie er sollte – dennoch eine empfehlenswerte Unterkunft für Romantiker.

■ **Albergo Rutiliano**②-③, Via della Madonnina 18, Tel. 0578 749408, http://albergorutiliano.it. Das kleine Hotel mit elf Zimmern am Rande der Altstadt verfügt über einen kleinen Garten mit Pool und einen Privatparkplatz. Die Zimmer sind geräumig und unaufdringlich eingerichtet; zwei lassen sich zu einem Familienzimmer zusammenfassen, Frühstück ist italienisch (also nichts Üppiges erwarten).

■ **Il Rossellino City View B&B**②, Corso Rossellino 97, Tel. 338 1226421, www.bedandbreakfastpienza.com. Fünf freundlich eingerichtete Zimmer mit Holzdecken, aber nicht alle mit dem versprochenen Stadtblick. Der breitet sich vor all jenen aus, die über die steile Treppe die fantastische Aussichtsterrasse erklimmen.

Außerhalb

■ **Agriturismo La Fonte**②, Pod. Fonte Bertusi di Sopra 73, Pienza, Tel. 0578 749142, www.lafonte.toscana.it. Das Anwesen profitiert von der fantastischen Lage auf einem Hügel mit Weitblick, Gästen stehen vier rustikal-toskanisch eingerichtete Apartments, ein Pool und ein Restaurant mit guter, bäuerlicher Küche zur Verfügung.

■ **Castello di Spedaletto,** Località Spedaletto, Pienza, 10 km südlich von Pienza an der SP53, Tel. 0578 748158, www.agriturismocastellolagrancia.com. Zu einem feinen Agriturismo-Betrieb mit sieben Zimmern umgewidmeter, befestigter Gutshof aus dem 12. Jh., der als „Il Castello la Grancia" auch immer schon Herberge für Rom-Pilger war. Von den Zimmern Zugang zur Gemeinschaftsküche, freies WiFi, Radverleih und Besichtigungen der Cantina.

■ **Casa Lemmi B&B**②-③, Via Dante Alighieri 29, San Quirico d'Orcia, Tel. 0577 899016, www.casalemmi.com. Drei Doppelzimmer und sechs Suiten in einem historischen Palazzo, geschmackvoll historisierend eingerichtet, dazu ein kleines, aber sehr schönes Spa und ein Garten, in dem die Gäste in paradiesischer Ruhe entspannen oder das Frühstück genießen können.

■ **Il Giardino Segreto B&B**②, Via Dante Alighieri 62, San Quirico d'Orcia, Tel. 0577 897665, www.giardinosegreto.info. Sechs romantisch eingerichtete Zimmer in einem historischen Palazzo im Ortszentrum mit angenehmer Terrasse und üppigem Frühstück (nicht nur Süßes, auch Deftiges).

■ **La Dimora del Poeta B&B**②, Via Dante Alighieri, San Quirico d'Orcia, Tel. 0577 778033, www.dimoradelpoeta.com. Auch in diesem B&B prägen antike Möbel und schwere Gardinen den Einrichtungsstil. Die vier Zimmer teilen sich eine Gemeinschaftsküche, in der man selbst Essen zubereiten kann, im Preis ist auch das Frühstück enthalten.

■ **Locanda Franci**④, Piazzale Fortezza 6, Montalcino, Tel. 0577 848191, www.locandafranci.com. Vier im Vintage-Stil eingerichtete, luxuriöse Suiten über den Franci-Läden (Franci Bio, Franci Enoteca, Franci Drogheria) im Ortszentrum.

■ **Poggio Istiano**③, Località Poggio Istiano, Castiglione d'Orcia, Tel. 0577 887046, www.poggioistiano.it. Friedvolle Unterkunft in drei Zwei- bis Sechs-Personen-Apartments auf einem landwirtschaftlichen Gut, das Oliven und Weizen anbaut, mit Pool, WiFi und Mountainbike-Verleih.

Essen und Trinken

■ **La Buca delle Fate**③, Corso il Rosselino 38/a, Tel. 0578 748272, www.ristorantelabucadellefatepienza.it. *Ribollita, pici* und *tagliata* gehören zu den Standards dieses alteingesessenen Restaurants, dessen Besitzern auch das Albergo Rutiliano gehört. Leider oft durch Gruppen besetzt, aber mit etwas Geduld bekommt man auch als Individualbesucher einen Platz.

■ **Townhouse Caffè**②-③, Via San Andrea 8, Tel. 0578 749005, www.labanditatownhouse.com. Das winzige Lokal bringt etwas Lifestyle in die traditionsreichen Mauern, mit Showcooking (der Chef plaudert beim Kochen so gern mit den Gästen) und Gerichten wie Chianina-Burger und mit Ricotta und Minze gefüllten Zucchiniblüten – die Küche ist gut, die Produkte hochwertig und die Atmosphäre sehr entspannt.

- **Latte de Luna**②, Via San Carlo 2–4, Tel. 0578 748606, Di geschl. Eine angenehme, typische toskanische Trattoria mit entsprechender Speisekarte – es gibt Bruschette, *tagliata*, *bistecca* und als besondere Spezialität Spanferkel.
- **Pummarò**①-②, Via del Giglio 4, Tel. 0578 748 568. Kleine, moderne Pizzeria mit günstigen Preisen und guten Pizze, sowohl als Take-away als auch zum vor Ort essen.

Außerhalb

- **Agriturismo La Fonte**②, siehe „Unterkunft". Das Restaurant des Agriturismo zwischen Pienza und San Quirico hat sich ganz und gar den ländlichen Genüssen der Toskana verschrieben; an den Vorspeisenplatten mit ihren verschiedenen Schinken, Würsten und Pecorino-Sorten könnte man sich satt essen, sollte aber Platz lassen für die ebenso feinen Primi und Secondi.
- **Osteria del Cardenale**③, Via Dante Alighieri 35/a, San Quirico d'Orcia, Tel. 0577 899945, www.osteria-delcardinale.it, Mo geschl. Die edel-ländliche Osteria serviert toskanische Küche auf gehobenem Niveau, so etwa *fantasia di affettati di cinta senese con bruschette al lardo* – ein Gedicht feiner Würste, Schinken und Crostini; die Pasta ist hausgemacht, und bei den Hauptspeisen regiert König Fleisch.
- **Osteria San Quirico**②, Via Dante Alighieri 52/b, San Quirico d'Orcia, Tel. 335 1566964. In der gemütlichen Osteria unter einem schattigen Torbogen gibt es Traditionelles wie *pici al ragu* oder *tagliata*, aber auch Hamburger aus Chianina-Rind.
- **Fiaschetteria Italiana**②-③, Piazza del Popolo 6, Montalcino, Tel. 0577 849043, www.caffefiaschetteriaitaliana.com, tgl. 7.30–24 Uhr. *Ferruccio Biondi Santi*, der „Erfinder" des Brunello, gründete dieses Café im Jahre 1888, mit seiner nostalgischen Einrichtung ist es für sich eine Sehenswürdigkeit in Montalcino, doch besucht wird es auch wegen der exzellenten Weinauswahl und kundigen Beratung; zum Rosso serviert man kleine Snacks zu stolzen Preisen.
- **Il Grifo**②, Via Mazzini 18, Montalcino, Tel. 0577 847070, www.ilgrifo.it, Mo geschl. Restaurant und Pizzeria mit leider etwas eng gestellten Tischen, die Küche ist bodenständig und gut, die Pizze hochgelobt – wenn im Angebot, unbedingt die Lasagne mit Trüffel und Steinpilzen probieren!
- **Les Barriques**②-③, Piazza del Popolo 21, Montalcino, Tel. 0577 848411, www.lesbarriques.com. Das Restaurant in einem urigen Weinkeller bietet mit den üblichen toskanischen Spezialitäten wenig Überraschendes; wer Lust auf Pizza hat, sollte hier die *pizze bianche* versuchen, die ohne Tomatensugo zubereitet werden.
- **Trattoria dell'Angolo**②, Via Ricasoli, 52, Montalcino, Tel. 0577 839003. Eine einfache, kleine Trattoria mit saisonal wechselnder Karte und vielen auf der Basis von Brunello zubereiteten Gerichten. Zum Lokal gehört auch eine Enoteca mit Weinverkostung.

Süßes

- **Caffè della Volpe**, Via Case Nuove 7, Tel. 347 4043450, Mi geschl. Das kleine, idyllisch in einem Hinterhof gelegene Café serviert neben Kaffeespezialitäten, *dolci* und Eis auch einige salzige Snacks.
- **Gelateria del Corso**, Piazza del Popolo 14, Montalcino. Das Eis der Wahl: *gelato al brunello!*
- **Pasticceria Mariuccia**, Piazza del Popolo 29, Montalcino, Tel. 0577 84 93 19, www.pasticceriamariuccia.it. Seit 1935 verwöhnt die Familie *Fineschi* die Montalcinesi mit feinstem Gebäck wie den berühmten Mandel-/Rosinenplätzchen *pane di mariuccia* oder *der mandorlata di montalcino*.

Verkehr

- **Bus:** Haltestelle in der Via Madonnina (200 m von der Porta al Prato); mit der Linie 112 ein- bis zweistündlich nach Montepulciano (20 Min., um 2,50 €) und nach Siena (75 Min., um 5,50 €); mit Linien 112/B20 ein- bis zweistündlich (umsteigen in San Quirico d'Orcia) nach Montalcino (50 Min., um

3,40 €); von Montalcino mit Linie P1 mehrmals werktäglich nach Castelnuovo dell'Abate (15 Min., um 1,50 €); mit Linie B20 von San Quirico d'Orcia zwei- bis dreimal werktäglich über Bagno Vignoni nach Rocca d'Orcia (15 Min., um 1,50 €).

■ **Parken:** Einige Parkmöglichkeiten an der Via Mangiavacchi (1 €/Std.), direkt nördlich der Altstadt, ansonsten Parkflächen an der Via Mario Mencatelli und an der Via Madonnina.

Feste

■ **Fiera del Cacio,** Ende August/Anfang September. Pienza feiert den Pecorino-Käse mit einer großen Degustations- und Verkaufsmesse in der Altstadt – und einem spektakulären Käselaib-Wettwerfen.

■ **Festa del Barbarossa,** San Quirico d'Orcia, Mitte Juni für fünf Tage zur Erinnerung an den Besuch des späteren Stauferkaisers im Jahr 1154; Umzüge, Wein und Gesang; www.festadelbarbarossa.it.

■ **Jazz & Wine,** Montalcino, zehn Tage Mitte Juli. Die Fortezza wird zum Konzertsaal, in dem bekannte und unbekannte Bands den Zuhörern einheizen.

Einkaufen

■ **La Taverna del Pecorino,** Via Condotti 1, Tel. 0578 749412, www.tavernadelpecorino.it. Pecorino alt, jung, weiß, schwarz, höhlengereift … auf jeden Fall so intensiv duftend, dass man sich gerne schnell entscheidet.

■ **Bottega del Naturista,** Corso Rossellino 16. Ein Himmelreich für Liebhaber von Pecorino-Käse, dessen Laibe sich bis unter die Decke stapeln, außerdem: Salami, Nudeln, Soßen und Marmeladen.

■ **Duemme Maglieria,** Via Dante Alighieri 74C, San Quirico d'Orcia, Tel. 0577 898090, www.duemmemaglieriacashmere.com. Pullover, Plaids, Ponchos aus Kaschmirwolle, im Factory Shop des italienischen Modehauses deutlich günstiger.

■ **Drogheria Franci,** Piazzale Fortezza 6, Montalcino, Tel. 0577 848191, www.locandafranci.com. Franci führt ausgewählte Bio-Weine und -Produkte der Region.

■ **Montalcino 564,** Piazza del Popolo 36, Montalcino, Tel. 0577 848419, www.montalcino564.it. Jede Menge Gewebtes für Küche, Schlafzimmer oder Terrasse, teils am Handwebstuhl kreiert und sehr dekorativ; dazu auch einiges an Vintage-Kleidung.

■ **Sartoria Principe,** Piazza del Popolo 2, Montalcino, Tel. 0577 849550, Mo–Sa 10–20 Uhr. Eigentlich eine Schneiderei mit einer hübschen Auswahl der in der Region so beliebten, gestreiften Küchentücher, Tischdecken und Servietten.

■ **Enoteca La Fortezza di Montalcino,** Piazzale Fortezza, Montalcino, Tel. 0577 849211, www.enotecalafortezza.com. Weinkenner finden bei Degustationen hier sicherlich den passenden Brunello oder Super Tuscan; aber auch eingelegte Pilze, Marmeladen, Oliven und vieles mehr sind im Angebot.

Aktivitäten

■ **Cicloposse,** Via I Maggio 27, Tel. 0578 749983, www.cicloposse.com. Ein- und Mehrtagestouren mit kleinen Gruppen in der Umgebung von Pienza sowie Fahrradverleih.

■ Das **Schwimmbad Piscina Val di Sole** in Bagno Vignoni mit großem Thermalaußenbecken (zwei Bereiche: 35–38 °C und 28–32 °C) gehört zum Hotel Posta Marcucci, steht aber auch Tagesgästen offen; Via Ara Urcea 43, Tel. 0577 887112, www.piscinavaldisole.it, Tageskarte 15 €, Kind 10 €.

■ **Brunello Wine Bus,** Viale della Libertà 12, Montalcino, Tel. 0577 846021, www.winetravelsforyou.com, in der Saison Di, Do–Sa 10 und 15.30 Uhr, je nach Dauer ab 40 €. Mit dem Wine Bus geht's zur Verkostung von Cantina zu Cantina.

■ **Golfclub Castiglion del Bosco,** Località Castiglion del Bosco, Tel. 0577 807078, www.castigliondelbosco.com. 18-Loch-Platz, Par 72, 6322 m, nur auf Einladung von Mitgliedern bespielbar.

Chiusi

■ 400 m üNN, 8700 Einw., Montepulciano 22 km, Siena 80 km, Grosseto 100 km

Wer sich für die **Etrusker** und **Archäologie** interessiert, für den ist der Besuch von Chiusi Pflicht: Einige ihrer bedeutendsten Grabstätten liegen in unmittelbarer Umgebung, und entsprechend sind die Museen der angenehm unaufgeregten Kleinstadt bestückt.

Das etruskische Clevsin auf einem Hügel an der damals schiffbaren Chiana war im 7. Jh. v. Chr. Mitglied im Zwölfstädtebund und am Ende des 6. Jh. v. Chr. so stark geworden, dass sein König *Laris Porsenna* gegen Rom marschieren und es – zumindest für kurze Zeit – einnehmen konnte. Im 4. Jh. v. Chr. begab sich Chiusi unter den Schutz von Rom und verblieb dort.

Bereits die Etrusker haben den Tuffstein des gesamten Stadtgebietes mit **Gängen, Höhlen** und einem unterirdischen **Bewässerungssystem** versehen. Die Katakomben und mehrstöckigen Keller sind teilweise als Ausstellungsräume der Museen genutzt und lassen sich an mehreren Stellen besichtigen.

Gleich am Stadteingang bei der Via Giuseppe Garibaldi (großer Parkplatz 100 m östlich an der Via dei Forti) und an der Rückseite des Doms fällt der Ende des 19. Jh. eigens für das **Archäologische Nationalmuseum** gebaute klassizistische Tempel ins Auge. Die Ausstellung auf zwei Etagen ist hervorragend organisiert und auch in Englisch beschriftet. Die Exponate stammen aus Grabungen in der Umgebung Chiusis, die im 16. Jh. ihren Anfang nahmen und von zwei Adelsfamilien bezahlt wurden, um Privatsammlungen aufzubauen. Hauptgewicht liegt auf etruskischen Stücken des 7. und 6. Jh. v. Chr., als die Kunstfertigkeit der Steinbearbeitung einen Höhepunkt erreicht hatte: Skulpturen und polychrome Urnenreliefs zeugen von den Fähigkeiten der Handwerker. Außerdem: griechische Keramik und deren etruskische Imitationen mit Amphoren, Kelchen und Vasen.

■ **Museo Nazionale Etrusco di Chiusi,** Via Porsenna 93, Tel. 0578 20177, 9–20 Uhr, 6 € (mit Pilger- und Löwengrab).

Die **Kathedrale** an der Piazza Baldini einige Schritte weiter steht an Stelle mehrerer Vorgängerbauten (ab dem 6. Jh.). Das heutige neoklassische Erscheinungsbild erhielt sie 1894. Der einzeln stehende Campanile entstand 1585 durch den Umbau eines Wachtturms. Im Inneren der Basilika sind Säulen unterschiedlichen Typs aus Vorgängerbauten (ursprünglich wohl vom antiken Forum) verwendet worden. Die Mosaikmalerei stammt vom Ende des 19. Jh., beidseitig der Eingangstüre sind langobardische Inschriften erhalten. An der linken Seite ist in der Allerheiligstenkapelle ein Werk von *Bernardino Fungai* zu sehen: Anbetung mit den Heiligen *Hieronymus* und *Secundianus* (frühes 15. Jh.). Das Taufbecken (Anfang 16. Jh.) wird *Andrea Sansovino* zugeschrieben.

■ **Concattedrale di San Secondiano,** Piazza Baldini, 7–13, 16–20 Uhr.

Das **Kathedralmuseum** zeigt Kultgegenstände und Kunst aus der frühchrist-

lichen Zeit, dem Mittelalter und der Moderne (bis zum 19. Jh.), darunter zwei kleine Elfenbeinschatullen. Das begehbare **Porsenna-Labyrinth** 12 m unter dem Domplatz besteht aus 120 m Gängen des ehemaligen etruskischen Bewässerungssystems und einer Zisterne aus dem 1. Jh. v. Chr. Am Ende der Führung besteigt man den Glockenturm. Der Legende nach sollte das Labyrinth den Weg verbergen zum unterirdischen Mausoleum von König *Porsenna*. Dessen Grabbeigabe bestand, so die Legende, aus einem Streitwagen mit 12 lebensgroßen Pferden und einer Henne mit 5000 Küken – alles aus massivem Gold. Das Kathedralmuseum organisiert auf Anfrage auch eine Führung zu den aus dem 2./3. Jh. stammenden frühchristlichen Gräbern **Catacombe di Santa Mustiola** (1 km außerhalb nördlich Richtung Lago di Chiusi) und **Catacombe di Santa Catarina** (2 km außerhalb südlich Richtung Lago Trasimeno). In ihnen wurden die Toten noch nach etruskischem Ritus bestattet.

■ **Museo della Cattedrale/Labirinto di Porsenna,** Piazza Baldini 7, Tel. 0578 226490, **Kathedrale** Juni–15. Okt. 9.45–12.45, 15.45–18.15, April/Mai/16. Okt.–Jan. 9.45–12.45, Feb./März Di/Do/Sa/So 9.45–12.45, So a. 15–17.15 Uhr; **Labyrinth** Führungen (Dauer 30 Min.) 10.10, 10.50, 11.30, 12.10, 15.30, 16.10, 17.30 Uhr, 5 €; Führungen zu den **Katakomben** Mustiola (GPS 43.02289, 11.95973) und Catarina (GPS 4301031, 11.94979) je 5 €.

⌃ Zeugen der Vergangenheit

Im **Stadtmuseum** am überschaubaren, aber hübschen Hauptplatz mit seinem kleinen Brunnen beginnt eine weitere beeindruckende Führung durch die unterirdische Welt von Chiusi. Im ersten Abschnitt wird man in die Unterwelt der Stadt eingeführt, erfährt alles über die archäologischen Grabungen, die Geologie der Region und die Legenden, die sich um die Labyrinthe ranken. Dann geht es zum Eingang in die Katakomben, 140 m Tunnel, mit Zisternen, Hallen und engen Durchgängen. Hier sind über 300 Urnen und über 200 Grabtafeln aus etruskischer und römischer Zeit ausgestellt – in Zahl und Atmosphäre eine einzigartige Sammlung.

■ **Museo Civico/La Città Sotterranea,** Via II Cimina 2, Tel. 0578 20915, Führungen (Dauer 30 Min.) Mai–Okt. 10.15, 11.30, 12.45, 16.30, 17.45, sonst Do/Fr/Sa/So 10.10, 11.10, 12.10, Sa/So auch 15.10, 16.10, 17.10 Uhr, 4 €.

Tombe Etruschi di Chiusi

Vier **Gräber** liegen 2 km westlich der Stadt in Richtung Lago di Chiusi. Sie liegen hinter dem großen Parkplatz (GPS 43.029669, 11.951336) kurz hintereinander. Das erste nach 100 m ist das Tomba della Pellegrina (Pilgergrab), nach weiteren 100 m folgt das Tomba dell'Iscrizione (Grab der Inschrift), und nochmals 100 m weitere liegen das Tomba della Scimmia (Affengrab) und das Tomba del Leone (Löwengrab) dicht beieinander.

Das **Pilgergrab** aus dem 4./3. Jh. v. Chr. wurde im Altertum geplündert und erst 1928 ergraben. Seinen Namen hat es vom Gutshof nebenan. Der Zugangskorridor besitzt vier Nischen und endet in einer großen und zwei seitlichen Grabkammern. Die große Grabkammer enthielt die heute im Nationalmuseum aufbewahrte Urne des *Larth Sentinates Caesa,* die zwölf Urnen und die fünf Sarkophage aus Alabaster und Travertin in den beiden anderen Kammern und den Nischen sind (auch mit der Lage der Deckel) genau so belassen, wie man sie entdeckt hat.

Das **Grab der Inschrift** aus dem 6./5. Jh. v. Chr. ist der Öffentlichkeit generell nicht zugänglich. Es wurde 1848 das erste Mal beschrieben und 1997 neu ausgegraben. Der lange Korridor endet in einer Zentralkammer, von der drei weitere Kammern abgehen. In der mittleren Nebenkammer wurde die namensgebende Inschrift entdeckt: „ein thui ara enan – hier machst du nichts".

Einen ähnlichen Aufbau zeigt das 1846 entdeckte **Affengrab** aus den Jahren um 475 v. Chr. Seinen Namen erhielt es von den großflächigen Malereien in der Hauptkammer, die die Begräbnisfeierlichkeiten (mit Sportkämpfen) und einen hinter einem Busch versteckten Affen zeigen, die Verstorbene trägt auf dem Bild einen Sonnenschirm.

Die komplizierteste Konstruktion zeigt das **Löwengrab** aus dem frühen 5. Jh. v. Chr. Vom Zugangskorridor gehen drei Nischen und zwei Kammern ab. Er endet in einer Zentralkammer, von der seitlich zwei kurze Korridore mit je einer weiteren kleinen Kammer abgehen. Ein dritter Korridor führt geradeaus zu einer größeren Nebenkammer, von der wiederum ein schmaler Gang abgeht, der in einem Schacht zur Oberfläche endet. Die rechte Seitenkammer der Zentralkammer zeigt im Korridor eine Bankettszene und in der Kammer einen gemalten Giebel mit Raubkatzen – den Namensgebern.

Ein fünftes Grab, **Tomba del Colle Casuccini** (Hügelgrab), befindet sich 1,5 km außerhalb östlich von Chiusi hinter dem Friedhof (GPS 43.018898, 11.960678). Es entstand im 5. Jh. v. Chr. und besitzt in der Hauptkammer ein gemaltes Fries von den Trauerfeiern mit Athleten wie Ringern, Speerwerfern und Wagenfahrern, mit Musikanten und Tänzerinnen.

■ **Tombe Etrusche di Chiusi,** Eintrittskarten im Nationalmuseum, Besuch nur geführt möglich, Pilger- und Löwengrab März–Okt. 11 u. 16, sonst 11 u. 14.30 Uhr, im Ticketpreis des Museums enthalten, Affengrab März–Okt. 11 u. 16, sonst 11 u. 14.30 Uhr, 3 €, Hügelgrab März–Okt. 12 u. 17, sonst 12 u. 15.30 Uhr, 3 €.

Sarteano

Das Städtchen Sarteano (575 m üNN, 4700 Einw.) 10 km südwestlich von Chiusi stellt in seinem **Archäologischen Museum** im Palazzo Gabrielli des 16. Jh. Urnen und Keramik von Grabungen der Jahre 1951–54 in den Nekropolen der Umgebung aus, und von Sammlungen, die ursprünglich in Besitz des Großherzogs *Leopold* waren und von den Florentiner Museen zur Verfügung gestellt wurden. Auch die Funde der letzten Jahre wurden umgehend in die Ausstellung integriert. Bei Verlassen des Palazzo achte man auf die Porta del Morto am rechten Ende der Fassade, eine aus dem Mittelalter stammende Türe, die einzig den Toten vorbehalten war. Starb jemand im Haus, durfte der Sarg nur durch diese Pforte das Gebäude verlassen.

■ **Museo Archeologico,** Via Roma 24, Tel. 0578 269261, www.museosarteano.it, April–Okt. 10.30–12.30, 16–19 Uhr, sonst nur Sa/So, 4 € Museum, 8 € Museum und Grab, 6 € Museum und Schloss, 10 € Museum, Grab und Schloss.

2003 entdeckte man in der Nekropole von **Pianacce** in einem Grab die vergleichsweise gut erhaltene **Quadriga Infernale** aus der zweiten Hälfte des 4. Jh. v. Chr. Ein 19 m langer, in den Travertin gehauener offener Korridor mit vier Nischen gibt Zugang zu einem Gang und zur quadratischen Kammer mit 3,50 m Seitenlänge. Gang und Kammer sind noch in Teilen ausgemalt, und die Bilder sind wirklich von erstaunlicher Qualität. Erblickt man das Gesicht des Wagenlenkers, wird der Name des Grabes klar: wehendes Haar, verzerrtes Gesicht, die Zugtiere zwei Löwen, zwei Greife, und ein über Schatten macht sich neben dem Lenker zu schaffen. Bankettszenen, Drachen, dreiköpfige Schlangen: Die Malereien haben auch nach zweieinhalbtausend Jahren nichts an Leuchtkraft und Ausdrucksstärke eingebüßt.

■ **Quadriga Infernale,** Parkplatz der Nekropole 1,5 km außerhalb im Südosten (GPS 42.985166, 11.884596), von dort 250 m zu Fuß, geführte Tour (ca. 30 Min.) nur nach Voranmeldung im Museum Juni–Sept. Sa 9.30 u. 18, sonst 11.30 Uhr, 8 € Museum und Grab, 10 € Museum, Grab und Schloss.

Die **Burg** in höchster Position zwischen den Tälern der Orcia und der Chiana ließ Siena Mitte des 15. Jh. errichten. Sie war rein auf Verteidigung ausgerichtet mit 7 m dicken Mauern an der Turmbasis, einem Graben, der mit Feuer gefüllt werden konnte, und einer Wendeltreppe, die von ganz oben nach ganz unten zu einem geheimen Gang führte, der unter den Burgmauern hindurch die letzte Flucht sicherstellen sollte.

■ **Castello di Sarteano,** Via del Forte, Tel. 334 6266850, Mitte April–Mitte Juli/Mitte Aug.–Sept. 10.30–13, 15–19, Mitte Juli–Mitte Aug. 10.30–13, 15–19, 21–23.30, Winter bis 17 Uhr, 3 €, Schloss und Museum 6 €, Schloss, Museum, Grab 10 €.

Cetona

Das malerische Cetona (385 m üNN, 3000 Einw.) zu Füßen des Monte Cetona (1147 m), 7 km südöstlich von Sarteano, war einmal in Besitz der *Aldobrandeschi,* die eine erste Burg errichteten. Im Gegensatz zu den nördlichen Orten gehörte Cetona 100 Jahre lang bis 1354 zum Machtbereich von Orvieto. Es folgte eine unsichere Zeit mit häufigen Wechseln der Besitzer bis ins 15. Jh. (u.a. regierte auch einmal der Kirchenstaat), bis Cetona schließlich dem Schicksal Sienas folgte. Die ovale Stadtanlage mit dem Wehrwall geht auf die Seneser Zeit zurück.

Das **Stadtmuseum für Prähistorie** zeigt im Rathaus eine Ausstellung zur vorgeschichtlichen Besiedelung der Region um den Berg, vom Paläolithikum bis in die Bronzezeit. In den Höhlen des Monte Cetona siedelten Neandertaler, wie Funde von Steinwerkzeug belegen.

■ **Museo Civico per la Preistoria del Monte Cetona,** Via Roma 37, Palazzo Comunale, Tel. 0578 237632, Juli–Sept. Di–So 10–13, 16–19, sonst Mo–Fr 10–13, Di/Do auch 16–18, Sa/So 10–13, 15–18 Uhr, 3 €, mit Arch. Park 7 €.

Die prähistorische Nekropole liegt 4 km außerhalb, und im **Archeodromo** sind Rekonstruktionen von den Wohnweisen unserer Vorfahren zu sehen (u.a. ein Dorf aus der Bronzezeit).

■ **Parco Archeologico Naturalistico di Belverdere/l'Archeodromo,** Strada della Montagna 4 km außerhalb im Südwesten (GPS 42.950144, 11.892680), Juli–Sept. Di–So 10–19, April–Juni/Okt. So 10–13, 15–17 Uhr, 6 €, mit Museum 7 €.

Radicòfani

Wer eine fantastische **Aussicht** über das Orcia-Tal genießen will, sollte Radicòfani (780 m üNN, 1100 Einw.) 18 km südwestlich von Sarteano besuchen. Die von Papst *Hadrian IV.* 1155 beauftragte Burg **Rocca di Radicòfani** steht markant (auf den Fundamenten einer karolingischen Vorgängerburg aus dem 9. Jh.) und weithin sichtbar an höchster Stelle einer bewaldeten Kuppe und sollte die Wege im Kirchenstaat schützen. Im 13. Jh. geriet die Burg unter die Herrschaft des schröcklichen *Ghino di Tacco,* eines Raubritters, den das Volksbewusstsein zum Helden mutieren ließ. Von den Senesern gejagt, soll er nie übermäßig grausam gewesen sein (seinen Opfern nicht auch noch das Hemd genommen) und die Armen beschenkt haben. *Boccaccio* hat ihn im „Decamerone" verewigt und dort als *brigante buono* – als einen der Netteren – bezeichnet. 1458 verfügte Papst *Pius II.,* dass Burg und Stadt an Siena gehen.

Erst wenn man den Weg aus der Altstadt hochläuft (Sentiero Le Scalette, 15 Min.) oder -fährt (von der anderen Seite), sieht man, wie riesig die Anlage einmal war. Eine Pulverexplosion zerriss die Burg 1735 in weiten Teilen. Zu den 896

Höhenmetern der Kuppe addieren sich noch einmal 30 m, wenn man die 134 Stufen des Turms (Torre della Penna) ersteigt. Von oben kann man den ehemaligen Grundriss der fünfeckigen Anlage mit vier Außenbastionen erahnen.

■ **Rocca di Radicòfani,** www.fortezzadiradicofani.it, tgl. 9.30–19, Winter bis 17 Uhr, 4 €.

An Südhang der Kuppe liegt der hübsche Ort mit seinen beiden sehenswerten Kirchen. In der barocken **Kirche Sant'Agata** (18. Jh.) hängt an der linken Seitenwand ein Holzkreuz aus dem 14. Jh. (aus Flandern), eine Terrakotta von *Andrea della Robbia* schmückt den Altar. In der romanisch-gotischen **Pfarrkirche San Pietro** (1224) sind gleich drei Werke der *della Robbia* zu sehen, zweimal die Madonna mit Kind zwischen Heiligen an den Seitenaltären und in einer Nische eine schneeweiße Marienfigur. Am Hauptaltar stammt die glasierte Terrakotta einmal nicht von den Brüdern *della Robbia*, sondern von *Benedetto Buglioni*, einem ihrer Schüler: die Kreuzigung mit Maria Magdalena. Außerdem sehenswert ist eine geschnitzte polychrome Marienskulptur von *Francesco di Valdambrino*.

■ **Chiesa di Sant'Agata,** Via Renato Magi, **Pieve di San Pietro,** Piazza San Pietro, 8–13, 16–19 Uhr.

Unterhalb des Ortes steht an der Durchgangsstraße SS478 das langgestreckte, von *Bernardo Buontalenti* im 16. Jh. entworfene und mit zwei Arkadenstockwerken ausgestattete Gebäude **La Posta.** Es ersetzte das gegenüber der Zollstation liegende einstige Jagdschloss der *Medici* und sah als Poststation eine Menge illustre Gäste, neben diversen *Medici* auch gekrönte Häupter, Schriftsteller wie *Stendhal* und *Charles Dickens* und Schürzenjäger wie *de Sade* und *Casanova*.

Zwischen Stadt und SS478 liegt das Wäldchen **Bosco Isabella,** der 2,5 ha große Stadtpark, der als romantischer Garten der Familie *Luchini* ab 1844 entstand. Im Wald entdeckte man 1902 seltsame Steinstrukturen, die man als etruskischen Kultplatz interpretierte. Auch Überreste einer Burg Sienas wurden ausgegraben. Die Pyramide im Garten entstand als Symbol für die Mitgliedschaft der *Luchini* bei den Freimaurern.

San Casciano dei Bagni

Die Altstadt von San Casciano (580 m üNN, 1500 Einw.) 16 km südlich von Sarteano ist wegen ihrer Panoramalage für eine Mittagsrast gut geeignet. Die Lokale auf der Piazza mit Blick über die Landschaft sind deshalb auch immer gut besetzt. Rund um Casciano entspringen zahlreiche Thermalquellen und liefern zusammen pro Sekunde ca. 70 l im Durchschnitt 40 °C warmes Wasser.

1,5 km außerhalb Richtung Süden an der SP41 liegt das moderne **Thermalzentrum Fonteverde** mit Hotel, Spa, Wellnesscenter und sieben Becken – eines davon exklusiv für die tierischen Freunde der Gäste.

■ **Centro Termale Fonteverde,** Località Terme 1, Tel. 0578 57241, www.fonteverdespa.com, Mi–Mo 9–19, Di 9–17 Uhr, Mo–Fr 19 €, ab 14 Uhr 14 €, Sa/So 27 €, Kind 11/15 €.

Chiusi: Zugabe!

● **Lago di Chiusi** – der 4 km² große Sumpfsee mit Schilf und Seerosen 6 km nördlich von Chiusi ist das Naherholungs- und Naturschutzgebiet (Reiher, Fischadler) der Stadt, ein schöner Fleck für einen Spaziergang oder einen **Ruderbootausflug** (20 €/Tag, Anmietung beim Ristorante Pesce d'Oro, siehe „Essen und Trinken"; vorbestellen, da es nur wenige Boote gibt); Ausflugslokale.

■ **Parco delle Piscine in Sarteano** – Thermalbad mit 24 °C warmem Wasser und Camping am südlichen Ortsrand des mittelalterlichen Städtchens 10 km südwestlich von Chiusi; Via del Santo Bagno 29, Tel. 0578 26971, www.parcodellepiscine.it, Thermalschwimmbad April–Sept. Mo–Fr 9–19 Uhr, 16 €, Kind bis 10 Jahre 10 €, Sa/So 18 €/12 €, ab 14 Uhr 12 €.

■ **Chiesa di Santa Maria ad Balnea** in San Casciano dei Bagni – die auch „Chiesa della Colonna" genannte Kirche direkt hinter dem Fonteverde-Thermenparkplatz (links hoch) gilt als ältestes Gebäude San Cascianos, ein unscheinbares Haus mit Veranda, dem man sein Alter nicht ansieht. Es wurde im 5. Jh. auf den Fundamenten eines römischen Tempels errichtet und hat ein perfekt restauriertes Inneres und mehrere Fresken aus dem 13. Jh.; derzeit geschlossen.

■ **Museo Stanze Cassianensi** in San Casciano dei Bagni – die kleine Ausstellung im Palazzo Comunale präsentiert etruskische Funde aus Balena und Doccia della Testa, darunter Grabbeigaben und eine weibliche Votivstatue; theoretisch geöffnet Mo–Sa 10–12, 15–18 Uhr, am besten bei der Touristeninformation nachfragen, die aufschließt und eventuell einige erklärende Worte beisteuern kann.

Kostenfrei und rustikal badet man in **Thermalwasser**, wenn man den Ort vom Parkplatz am Ortseingang auf dem Sträßlein Via della Fontaccia zu Fuß nach unten verlässt. Nach 400 m besteht beim ehemaligen bedachten Waschplatz des Ortes die erste Möglichkeit mit einem winzigen Becken (30 °C), etwas größer und wärmer sind die ebenfalls steingefassten beiden Becken 250 m weiter (40 °C).

Praktische Informationen

Touristeninformation

■ **Ufficio Turismo Chiusi,** Via Porsenna 79, Tel. 0578 227667, April–Sept. 9–13, 15–17, Aug. 9–13, 15–18, Okt.–März Di–So 9.30–12.30 Uhr

■ **Pro Loco San Casciano dei Bagni,** Piazza Matteotti, Tel. 0578 58141, auch auf www.facebook.com, Sommer Mo–Sa 10–13, 15–18, Winter Sa 10–13, 15–18 Uhr.

Unterkunft

■ **L'Albero di Gameli B&B**②-③, Nucleo Abitato Giovancorso 26, Tel. 0578 226310, www.gameli.it. Drei hell gestaltete, romantische Zimmer in einem restaurierten Hof aus dem 19. Jh., 1 km nördlich der Altstadt von Chiusi. Nachts herrscht himmlische Ruhe, zum Frühstück verwöhnt die Gastgeberin mit *dolci*, Bio-Marmeladen, frischem Obst, aber auch Schinken und Salami.

■ **Casa per Ferie Ex-Collegio Paolozzi**①, Via Arunte 25, Tel. 0578 20530, www.clanis.it. Einzel-, Doppel- und Mehrbettzimmer mit insgesamt 42 Betten, alle mit jeweils eigenem Bad und WiFi in einem alten Palazzo im Zentrum von Chiusi, die Einrichtung des Ferienheimes ist einfach, aber sauber, eine Gemeinschaftsküche steht zur Verfügung.

Außerhalb

UNSER TIPP: **La Frateria di Padre Eligio**③, Convento di San Francesco, Cetona, Tel. 0578 238261, www.lafrateria.it. Sieben gemütlich mit Stilmöbeln eingerichtete Zimmer in den ehemaligen Mönchszellen – kein TV, kein WiFi, dafür paradiesische Ruhe und die meditative Atmosphäre des Klosters.

■ **Podere Lamaccia B&B**②, Strada Pian delle Lamacce 2, Cetona, Tel. 392 4299447, www.bb-poderelamaccia.com. Fünf hübsch eingerichtete Zimmer in einem absolut ruhig gelegenen Haus mit Garten und Pool am nordöstlichen Ortsrand, zum Abendessen empfiehlt sich das zum B&B gehörende Restaurant Trattoria del Contadino (s. „Essen und Trinken").

■ **Sette Querce**③, Viale Manciati 2/5, San Casciano dei Bagni, Tel. 0578 58174, www.settequerce.it. Neun sehr farbenfroh gestaltete Suiten, einige mit Kamin, am Rand des Ortes, das Haus stammt aus den 1930er Jahren, besitzt aber dennoch historischen Charme. Gäste bekommen Rabatt im Ristorante Daniela (siehe unten).

Camping

■ **Parco delle Piscine**, Via del Bagno Santo 29, Sarteano, Tel. 0578 26971, www.parcodellepiscine.it, April–Sept. Bungalows und Stellplätze für Zelte und Wohnmobile am Thermalbad von Sarteano, ein idealer Campingplatz für Wasserratten.

Essen und Trinken

■ **Pesce d'Oro**③, Via Sbarchino 36, Tel. 0578 21 403, www.ristorantepescedoro.it. Fisch aus dem Lago di Chiusi steht ganz oben auf der Speisekarte des Seerestaurants, und das in fantasievollen Variationen. Zu empfehlen die *panzanella di pescato* oder *pici* mit Barschragout; wenn es *tegamaccio* gibt, unbedingt probieren: Die Suppe wird u.a. aus Hecht, Aal, Schleie, Barsch mit Tomaten, Wein und Peperoncini zubereitet und mit Knoblauchbrot serviert.

■ **Il Grillo è Buoncantore**②–③, Piazza XX Settembre 10, Tel. 0578 20112, www.ilgrillobuoncantore.it. Das Restaurant am Hauptplatz überzeugt mit sehr guter Küche und originellen Gerichten, darunter auch Innereien. Mitglied der Slow-Food-Bewegung, serviert aber auch Pizze.

Außerhalb

■ **Chiostro Cennini**②-③, Corso Garibaldi 69, Sarteano, Tel. 393 9674427, www.chiostrocennini.it, Di geschl. Eine konkurrenzlose Location für Restaurant und Bar ist der Kreuzgang aus dem 15. Jh., unter dessen Arkaden man solide Toskana-Küche oder aber einen Aperitif zu romantischer Musik genießt.

■ **Trattoria del Contadino**②, Strada Pian delle Lamacce 2, Cetona, Tel. 0578 238461, www.trattoriadelcontadino.it, Mo geschl. Das Restaurant an der Straße von Chiusi nach Cetona ist ein angenehmer Zwischenstopp fürs Mittagessen auf der Aussichtsterrasse, die Küche ist traditionell toskanisch und bodenständig.

■ **La Taverna del Moro**②, Via Pavoncelli 7, Cetona, Tel. 0578 238781, auch auf www.facebook.com. Der Familienbetrieb im Zentrum Certonas hat die Herzen seiner Stammgäste mit direkter, „handgemachter" Küche erobert. Auf der kleinen Karte finden sich Gerichte, die so auch anderswo angeboten werden, aber beim Verkosten ist der Unterschied in der Qualität überdeutlich: Zucchiniblüten, *pici*, *tagliate* und *filetti di maiale* wie von *Mamma*.

■ **Al Tocco**②, Piazza San Pietro 3, Radicòfani, Tel. 3332196627, auch auf www.facebook.com. Die kleine Bar am Hauptplatz fungiert als Treffpunkt der Einheimischen auf einen Kaffee, empfiehlt sich aber auch für einen Imbiss mit Schinken, Salami und Käse oder Crostini.

■ **Daniela**②-③, Piazza Matteotti 6, San Casciano dei Bagni, Tel. 0578 58041. Wer etwas feineres Essen sucht, ist bei *Daniela* richtig. Zur gehobenen toskanischen Küche werden exzellente Weine teils auch glasweise ausgeschenkt, zum Restaurant gehört ein Laden, in dem man toskanische Spezialitäten und Souvenirs erwerben kann.

■ **Bar Centrale**②, Piazza Matteotti, San Casciano dei Bagni, Tel. 0578 58234. Ob auf einen Espresso, eine Focaccia oder einen Hamburger Chianina – die Bar ist nicht zuletzt dank ihrer herrlichen Aussicht erster Anlaufpunkt in San Casciano.

Süßes

■ **Pasticceria Margottini,** Via Mazzini 4/10, Tel. 0578 227256. Schleckermäuler kommen in der Konditorei (mit Café) nicht zu kurz, das meiste, auch das Eis, stammt aus eigener Herstellung.

■ **Il Campanile,** Viale Gramsci 9, San Casciano dei Bagni, Tel. 338 1078048. Duftende Brioches zum Frühstück, feines Gebäck zum Kaffee am Nachmittag – ein Muss in San Casciano.

Nachtleben

■ **La Brasserie,** Piazza XX Settembre 18, 21–5 Uhr. „Birra artigianale" lautet das Motto in dieser beliebten Brasserie, die Bier von verschiedenen Mikrobrauereien führt und dazu Hamburger, Wurstel und affettati serviert.

Verkehr

■ **Bahn:** Stazione Chiusi/Chianciano Terme 2 km südöstlich von Chiusi, Piazza Dante, an der Hauptstrecke Firenze–Roma, Verbindungen nach Arezzo stündlich (45. Min., ab 6,60 €) und Siena ein- bis zweistündlich (80 Min., ab 8,10 €); vom Bahnhof nach Chiusi Buslinie F_T61 halb- bis einstündlich (7 Min., um 1,10 €).

■ **Bus:** Von Chiusi nach Cetona und Sarteano werktäglich etwa stündlich mit Buslinien F_T5 und F_T9 (10/20 Min., um 1,50/2,20 €); von Sarteano nach Radicòfani mehrmals am Tag mit Buslinie F_T9 (25 Min., 2,50 €).

Feste

■ **L'Ars Rock Fest,** zweites Juliwochenende. Neben Auftritten bekannter Bands auf der Piazza XXVI Giugnio lockt das Festival mit einem Markt für Vinyl, Street Food und birra artigianale; http://larsrockfest.blogspot.de.

■ **Orizzonti #mediTERRAnea,** Ende Juli/Anfang August. Festival der darstellenden Künste, von Theater über Tanz, Oper und Konzerte bis zu Ausstellungen und Workshops, www.fondazioneorizzonti.it.

■ **Festa dell'Uva e del Vino,** letzte Septemberwoche. Verkostung von Wein und Spezialitäten an verschiedenen Ständen, dazu Musik, Folklore, Tanz, www.festadelluvaedelvino.com.

■ **Sagra dei Pici,** Celle sul Rigo, San Casciano dei Bagni, Ende Mai. Die Altstadt des Weilers Celle sul Rigo steht ganz im Zeichen dieser köstlichen, hausgemachten Pasta.

San Casciano dei Bagni

Einkaufen

■ **Ceramica Kamars,** Strada Statale 146 No 59, Località Querce Al Pino, Chiusi, Tel. 0578 274047, www.kamars.it. *Flavio Foderinis* Keramikarbeiten sind eher traditionell, sorgfältig gearbeitet und formschön; wer sich für die Terrakotten der Familie *della Robbia* in den toskanischen Kirchen begeistert, findet in seinem Atelier 4 km westlich von Chiusi einige gut gemachte Repliken.

■ **Il Granaio di Gabriello,** Via Campo dei Fiori 1, Sarteano, Tel. 0578 266149, www.ilgranaiodigabriello.it. *Andrea* und *Marina* haben den Feinkostladen nach ihrem Großvater benannt, dem die Qualität seiner landwirtschaftlichen Produkte über alles ging. Die beiden legen ebenfalls großen Wert darauf, die Produzenten persönlich zu kennen, deren Öl, Wein, Schinken, Würste und Käse sie verkaufen – eine Ali-Baba-Höhle des Genusses!

■ Eine Vielzahl von **Feinkostgeschäften** wie Il Melograno, Il Pozzo oder Ravazzi stellt Besucher von San Casciano dei Bagni vor die Qual der Wahl. Die Qualität ist hoch, die Preise sind meist ebenso.

Aktivitäten

■ **Slowhills,** Strada del Peraio 223, Tel. 0578 238 034, www.slowhills.com. In Vintage-Fahrzeugen rund um Chiusi und Siena – Slowhills vermietet Betty (einen Fiat 500), Charly und Fred (zwei VW Käfer Kabrios), einen Citroën und Vintage-Vespas, alle Anfang 1970er; macht Spaß.

■ **Centro Equestre Tre Laghi,** Via Fonte Regina, Poggio Belvedere, Querce Al Pino, Chiusi, Tel. 338 2940014, www.trelaghi.net. Reitausflüge für Anfänger und Fortgeschrittene, von zwei Stunden bis zu mehreren Tagen.

> Arcidosso

Arcidosso/ Monte Amiata

■ 680 m üNN, 3000 Einw., Monte Amiata 14 km, Montepulciano 50 km, Grosseto 55 km, Siena 80 km

Alle Wege führen zum Monte Amiata, dem **höchsten Berg der Toskana.** Arcidosso, der größte Ort an seinen Flanken, profitiert vom kühleren Klima und den Wolken, die sich am Gipfel fangen und für häufigere Regenfälle als in der Resttoskana sorgen.

Der Bergort mit den typischen steilen und engen Gassen lädt zu einem Bummel ein, wenn auch Außerordentliches auf der Besuchsagenda nicht zu verzeichnen ist. Am höchsten Punkt steht die im Jahr 960 erstmals errichtete Burg. Der Ort selbst tauchte 860 in den Schriften auf. Der Name setzt sich aus *arx* und *dossum* zusammen und bedeutet „Hügelburg". 1121 übernahmen die *Aldobrandeschi* den Ort und verstärkten die Festung zur Rocca Aldobrandesca. 1331 verleibte sich Siena Arcidosso ein.

Die Burg war ab dem frühen 19. Jh. bis 1960 das Bezirksgefängnis. Heute wird sie für temporäre Ausstellungen genutzt und beherbergt in drei Sälen das **Studienzentrum** zum Leben des berühmtesten Sohnes der Stadt: **Davide Lazzaretti** (1834–1878). Er war ein Prediger und Sektierer, den die Kirche schließlich als Ketzer verstieß. Seine Prophezeiungen verschafften ihm eine nicht kleine Gefolgschaft, die er im Movimento Giurisdavidico zusammenfasste. Er wurde unter nicht geklärten Umständen von Carabinieri bei einer Protestaktion erschossen. Als Prophet von Amiata und Gründer der Glaubensgemeinschaft war er weit über die Grenzen der Region bekannt. Sein sozialistisch und christlich geprägtes Weltbild untermauerte er mit Berichten über mehrere Erscheinungen in der Jugend, seine Anhänger pilgern noch heute zu den diversen „heiligen" Orten des Lazzarettismo. Jedes Jahr am 14. August entzünden sie am Monte Labbro südlich von Arcidosso beim Torre Giurisdavidica ein großes, weithin sichtbares Feuer und halten am Altar in der Grotte unterhalb eine Messe zu seinem Gedenken.

■ **Centro Studi Davide Lazzaretti,** Piazza del Castello, Tel. 0564 966438, www.centrostudilazzaretti.it, nur nach Voranmeldung.

Bei der Burg ist in einem Palazzo das **Besuchszentrum des Parco Faunistico del Monte Amiata** (siehe unten) untergebracht und führt in die Geologie, die Flora und Fauna am Monte Amiata und in dessen Schutzgebieten ein.

■ **Centro Visite/Museo del Parco Faunistico del Monte Amiata,** Piazza del Castello, Juli Di–Fr 16–19, Sa/So 10–13, 16–19, Aug. Di–So 10–13, 16–19 Uhr, sonst nach Vereinbarung, 3 €, Kombiticket Sistema Museale Amiata 10 €.

Im Stadtteil Montelaterone (2,5 km nördlich der Altstadt unterhalb der Straße nach Grosseto) steht im Tal die romanische **Kirche Santa Maria a Lamula** aus dem 9. Jh., die im Jahre 996 das Taufrecht erhielt und zum bedeutendsten religiösen Zentrum jener Zeit in der Region avancierte. Mehrfach umgebaut, mussten wegen eines Feuers 1265 Teile neu errichtet werden. Das dreischiffige Innere schließen drei Apsiden ab, die Pfeiler und Säulen aus der zweiten Hälfte des 12. Jh. sind, abgesehen von farbig abgesetzten Steinen, weitgehend schmucklos und tragen den offenen Dachstuhl direkt. Man beachte ihre angedeuteten spätromanischen Kapitelle. Im 17. Jh. wurde die Kirche barockisiert. Auf dem Stein vor der Türschwelle sind zwei Abdrücke zu sehen – sie sollen von einem

184t sk

knienden Maultier stammen, das so die Muttergottes ehrte. Rechts neben der Kirche entspringt die Fonte Diavolino („Quelle des Teufelchens"). Mystisch Inspirierte sehen in Architektur und Ausgestaltung der Kirche Hinweise darauf, dass sie von Tempelrittern begründet wurde.

■ **Pieve di Santa Maria a Lamula,** Via Provinciale Arcidosso, GPS 42.883028, 11.523420, 9–12, 15–18 Uhr.

Parco Faunistico del Monte Amiata

7 km südlich von Arcidosso (am Ende Kiesweg) erstreckt sich der **Tierpark** auf über 200 ha im Tal des Onanzio. An der Kasse erhält man einen kleinen Plan. Markierte Wanderwege verlaufen bergauf und bergab, über Brücken und entlang von Zäunen, hinter denen sich die wilden Tiere in ihren Habitaten verstecken oder herankommen und Besuchern neugierig entgegenschnüffeln. Rehwild, Gämsen, Mufflons, Wildschweine, Dachse und Wölfe leben im Park. Bar/Restaurant am Parkeingang.

Wanderung zum **Monte Labbro:** 3 Std. sollte man für die sonnige Rundwanderung (200 Höhenmeter, 7 km) zum Gipfel rechnen. Zum Besuch der Grotte mit Altar unbedingt Taschenlampe mitnehmen (s. Centro Studi Davide Lazzaretti).

■ **Parco Faunistico del Monte Amiata,** Località Rondinelli (GPS 42.836328, 11.527791), Tel. 0564 966867, Di–So 7.15 Uhr bis Sonnenuntergang, 3,50 €, Kind 2 €.

Monte Amiata

An jeder Kreuzung rund um den Berg steht ein Straßenschild und weist den Weg hoch zum höchsten Punkt des ehemaligen **Vulkankegels.** Der Monte Amiata (1738 m üNN) ist allgegenwärtig und in der Osttoskana von überall sichtbar, mal im Dunst nur als Schemen erkennbar, mal mit einer Seite in einen Wolkenumhang gekleidet, mal in den stahlblauen Himmel steigend. Weit ins Land strecken sich seine Flanken, laufen allmählich und immer flacher werdend aus und sorgen dafür, dass der Berg und seine Nebengipfel Monte Labbro (1193 m üNN) und Monte Civitella (1107 m) von der wenige Dutzend Meter über Meereshöhe liegenden Umgebung aus gar nicht so gewaltig wirken. Die Nord- und Ostseite des Berges sind stärker den vom Apennin heranwehenden Lüften und dem Wetter ausgesetzt, sie zeigen sich etwas rauer als die Ost- und Südseite, die, im Windschatten liegend, eher mediterranen Charakter besitzen. Im Winter – und ab und an auch noch bis in den März hinein – ist der Berg weiß überpudert. Und nach guten Schneefällen kommen die **Skifahrer** hoch zur Talstation auf 1370 m üNN, besteigen die Lifte und sausen auf 10 km Pisten wieder bergab. In den unteren Bereichen wachsen Kastanien, weiter oben herrschen hohe Buchen vor, zwischen ihnen liegen bemooste Granitquader, ein ideales Areal auch für **Mountainbiker,** die sich hier für spannende Downhill-Fahrten treffen.

Vor 180.000 Jahren hat der Monte Amiata das letzte Mal gespuckt und an seinen Hängen Schätze aus dem Erdinneren hinterlassen. Um an das aus Zin-

Gipfelkreuz des Monte Amiata

nober gewonnene **Quecksilber** zu gelangen, gruben sich die Menschen über Jahrtausende in seine Flanken. Die im 19. Jh. schließlich zweitgrößte Quecksilberproduktion der Welt war der bedeutendste Arbeitgeber der Gegend.

Von Arcidosso sind es 14 km durch dichten Mischwald aus Kastanien, Buchen, Eichen und Nadelbäumen auf den höchsten Gipfel der Toskana. Relativ breit und gut unterhalten, mäandriert eine 50 km lange Straße an den Flanken des Monte Amiata. Von ihr führen zwei Straßen auf westlicher, zwei auf der östlichen Seite hoch und enden an einer 10 km langen, einen kleineren Kreis bildenden Straße, von der an der südöstlichen Flanke der einzige Fahrweg hoch zum Gipfel führt.

Die Aussichten auf dem Weg hoch sind eher bescheiden, zu dicht ist der Wald, zu selten von macchiabewachsenen Lichtungen unterbrochen. Vom Parkplatz mit Restaurants und Hotels geht es zu Fuß auf 300 m knapp 50 Höhenmeter hoch zur **Vetta dell'Amiata** mit dem 22 m hohen, 1910 als Gitterstruktur errichteten Gipfelkreuz. Auch hier gibt es zwei Bars, die die „Bergsteiger" versorgen. Zahlreiche Kommunikationseinrichtungen mit Antennen und Schüsseln verteilen sich rund um die höchste Stelle. Spaziert man auf holprigem Waldweg 50 m weiter, gelangt man zur 1961 zwischen die Felsen gestellten **Madonna degli Scouts** (in einer zehntägigen, in Grosseto beginnenden Prozession wurde sie hoch zum Gipfel getragen). In Pietrasanta aus Marmor geschlagen, blickt die Schneemadonna in jungfräulichem Weiß in Richtung Meer – ein Wallfahrtsziel der katholischen Pfadfinderbewegung. An klaren Tagen blickt man im Rund über die Seen im Osten und bis zu den Inseln im Westen – und wenn es sehr kalt ist, reicht der Blick sogar bis Rom.

Giardino di Daniel Spoerri

UNSER TIPP: Im in den 1990er Jahren angelegten Park des Schweizer Objektkünstlers *Daniel Spoerri* (*1930 in Rumänien), 10 km nördlich von Arcidosso (über die SS323) zwischen Seggiano und Pescina, stehen über **100 Kunstobjekte in der Landschaft.** Auf freiem Feld, in den Wäldern versteckt oder an Hauswänden drapiert – von Künstlern aus aller Welt und den verschiedensten Epochen, begonnen mit einer Kopie des „Steins des guten Glücks" von *Johann Wolfgang von Goethe*. Der Löwenanteil der Kunst stammt natürlich von *Spoerri* selbst, der als einer der wichtigsten Vertreter der Objektkunst gilt und Erfinder der Eat-Art ist. Mit 60 m ist der Labyrinthische Mauerweg von ihm die größte Installation. 500 m Mauern bilden eine präkolumbische Ritzzeichnung nach, die Vereinigung von Mutter Erde mit dem Himmelsvater. Sehr persönlich wirkt der Nachbau seines Zimmers in einer Pariser Absteige in Originalgröße (1998 für die gigantische Summe von 100.000 Mark in Bronze gegossen). An der Kasse ist ein Katalog mit detaillierten Beschreibungen erhältlich, mit dem Tablet oder Smartphone lassen sich alternativ auf der Website die von *Spoerri* selbst gesprochenen Beschreibungen zu den einzelnen Kunstwerken während des Rundgangs abrufen. Zwei bis drei Stunden sollte man sich für die Erwanderung der Kunst Zeit nehmen und dabei die Ruhe der Landschaft genießen.

Ein ganz eigenes Vergnügen ist der Aufenthalt im Garten in frühester Morgenstunde – wenn man in einem der **Apartments** nächtigt. Das dem Giardino angeschlossene **Restaurant Non solo Eat Art** gilt als perfekt.

■ **Giardino di Daniel Spoerri,** Strada Provinciale Pescina, Tel. 0564 950026, www.danielspoerri.org, April–Okt. 11–20 Uhr, Ostern–1. Juli/Mitte Sept.–Okt. Mo geschl., 10 €; **Restaurant** Tel. 0564 950 805.

▷ Im Giardino di Daniel Spoerri

Abbadia San Salvatore

Der Ort Abbadia San Salvatore (820 m üNN, 6500 Einw.) 22 Fahrkilometer östlich von Arcidosso verdankt seinen Namen dem im 8. Jh. vom langobardischen König *Rachis* gestiftete Kloster San Salvatore di Monte Amiata, das bis Beginn des 2. Jt. zu einem der mächtigsten der Toskana heranwuchs. Nicht zuletzt, weil die Truppen *Karls des Großen* hier, von einer Seuche geplagt, durchzogen. Die Mönche heilten sie mit Kräutersud, und *Karl* dankte es mit großzügigen Schenkungen von Ländereien – die Grundlage für den Reichtum der Abtei.

Die Stadt ist wenig reizvoll, erst, wenn man sich in dem absurden Einbahnstraßensystem bis zur Piazzale Michelangelo mit den alten Klostergebäuden durchgekämpft hat, spürt man einen Hauch von mittelalterlichem Charme.

Nur ein Turm der romanischen, 1036 geweihten **Kirche** wurde vollendet. Durch das schmucklose Portal betritt man den einschiffigen Innenraum mit zwei (eine Art Querschiff bildenden) Seitenkapellen. Als architektonische Besonderheit zeigt er eine **Oberkirche** mit Kreuzgratgewölben und drei Rundbögen, die die Sichtachse zum Chor perspektivisch verlängern. Der Dachstuhl der Unterkirche ist hingegen offen. Im Chor steht ein Holzkreuz vom Ende des 12. Jh. Die meisten Fresken malte Ende des 17. Jh. der Barockmaler *Francesco Nasini*. Sie zeigen u.a. die Legende des Königs *Rachis*. Die **Krypta** unter der Oberkirche und dem Chor ist der Legende nach die Keimzelle des Klosters. Sie wurde im Jahr 770 angeblich um einen Baum herum gebaut, auf dem König *Rachis* die Dreieinigkeit erschienen war. Die Krypta ist mit ihrem Wald aus 35 Säulen (24 davon Originale), den variantenreichen Schäften und Kapitellen und den groben Kreuzgewölben eine der schönsten Unterkirchen der Toskana.

■ **Abbazia del Santissimo Salvatore,** Via del Monastero 42, Tel. 0577 777352, www.abbaziasansalvatore.it, 9.30–12, 14.30–18 Uhr, Krypta 2 €.

In das **Museum für Sakralkunst** gelangt man über den Kreuzgang und die nach oben führende Treppe. Für die Anzahl und Präsentation der Exponate ist jegliche Eintrittsgebühr nicht gerechtfertigt.

■ **Museo Arte Sacra,** Sa/So 9–12 Uhr, 2 €.

Ist man von Westen nach Abbadia San Salvatore gekommen, hat man mit – in ihrem roten Rost durchaus malerischen – Ruinen von Fördertürmen bereits einen ersten Eindruck von der ehemaligen Betriebsamkeit der Stadt erhalten. Hier stand im 19. Jh. der Welt zweitgrößte **Zinnobermine.** In den 1970er Jahren war sie dann nicht mehr konkurrenzfähig. In einem der Verwaltungsgebäude des Bergwerks ist heute das informative Minenmuseum untergebracht. Die bestens ausgestattete, moderne Ausstellung lehrt alles zur Geologie der Region, zur harten Tätigkeit des Zinnoberabbaus unter Tage, der nicht weniger gesundheitsgefährdenden Quecksilberextraktion und zum sozialen Leben der Minenarbeiter mit ihren Arbeitskämpfen und den Krankheiten, die sie heimsuchten. Ein Modell erlaubt einen Überblick der gesamten Minenanlage. Die Führungen leiten ehemalige Minenarbeiter, sodass Authentizität garantiert ist.

■ **Museo Minerario,** Piazzale Rossaro 6, Tel. 0577 778324, www.museominerario.it, 15. Juni–Okt. 9.30–12.30, 15.30–18.30 Uhr, 3 €, Kombiticket Sistema Museale Amiata 10 €; Führungen zu Fuß unter Tage 10 und 16 Uhr, Dauer ca. 1½ Std., 6 € (mit Museumseintritt); Führungen mit der Minenbahn unter Tage (nach Reservierung, Dauer ca. 1½ Std.) 9.30–12.30, 15.30–18.30 alle 40 Min., 8 € (mit Museumseintritt), Führungen auf Englisch nach Voranmeldung.

Bagni San Filippo

Nimmt man von Abbadia San Salvatore die SP61 nach Norden Richtung Radicòfani, fährt man nach 8 km durch ein Nest, in dem der Gottseibeiuns zu Hause zu sein scheint. **Heiße Quellen** dünsten intensiven Schwefelgeruch aus und sind so reichlich, dass das Quellwasser sogar in den Rinnstein fließt. Am oberen Orts-

rand gegenüber der Bar La Cascata führt ein Fußweg hinunter und vorbei an grellweißen (durch Versinterung entstandenen) Felsen zu kleinen Kaskaden und weißgelben Felsgumpen voller Thermalwasser. Weiter am Bachlauf entlang gelangt man zum **Fosso Bianco** mit Wasserfall, kalkweißen Badebecken mit in Türkis leuchtendem, milchigem Warmwasser. Und alles ist für lau.

Santa Fiora

7 km südöstlich von Arcidosso gehört Santa Fiora (690 m üNN, 2600 Einw.) zu den lebhafteren Städtchen an den Flanken des Monte Amiata. Geparkt wird am besten im Osten der Altstadt jenseits der Brücke (Via Marconi/Via Roma). Über sie gelangt man zur langgestreckten Piazza Garibaldi in die Gute Stube der Stadt. Entlang ihrer Nordseite steht seit 1575 der Palazzo Sforza Cesarini mit Uhrenturm und weiteren verbliebenen Bauteilen der Rocca Aldobrandesca. In ihm residieren die Stadtverwaltung und das **Bergbaumuseum.** Wie auch das Museum in Abbadia San Salvatore, widmet sich die Ausstellung nicht nur der Technik, sondern auch den sozialen und gesundheitlichen Aspekten der Quecksilbergewinnung.

■ **Museo delle Miniere di Mercurio del Monte Amiata,** Piazza Garibaldi 23/24, Tel. 0564 978823, www.minieredimercurio.it, März–Juni/Mitte Aug.–Okt. Di–So 10.30–12.30, 16/17–19, Juli 10–13, 16–19, Anfang Aug.–Mitte Aug. 10.30–12.30, 17.30–19.30, 21.30–23, Nov.–Feb. Sa/So bzw. Fr–So 10–13, 16/17–19 Uhr, 3 €, Kombiticket Sistema Museale Amiata 10 €.

Was vom Wasser übrig bleibt: Bagni San Filippo

Nimmt man von der Piazza die Via Carolina nach Süden und hinunter, geht es kurz vor der Kirche Santa Flora nach links in einen Durchgang und zur Via del Fondaccio mitten im **ehemaligen jüdischen Ghetto**. Früher waren hier fast alle Türstürze mit Mustern, Inschriften oder Gestalten geschmückt, heute ist eigentlich nur noch einer erhalten, wenn auch der schönste (Haus Nr. 5): eine in ihrer Einfachheit an Höhlenmalerei erinnernde Jagdszene mit Tieren.

Die **Pfarrkirche Santa Flora e Lucilla** (12. Jh., mehrfach umgebaut) ist für ihre Della-Robbia-Sammlung bekannt. Als Besonderheit zeigt sich die Kanzelbrüstung mit drei Terrakotta-Reliefs: Abendmahl, Himmelfahrt und Auferstehung. Außerdem: drei Triptychen, Christus am Kreuz, Verkündigung, Tabernakel, Taufbecken, alles von *Andrea della Robbia* bzw. aus seiner Werkstatt, in Blau und Weiß und sparsamen weiteren Farbakzenten.

■ **Pieve di Santa Flora e Lucilla,** Piazza Arcipretura, 7.30–12, 16–19.30 Uhr.

Unser Tipp: Vom Vorplatz der Kirche nach Westen gehend, gelangt man in die Via Carolina, die in Serpentinen hinunter zur **Peschiera** führt, dem um 1460 für die *Aldobrandeschi* gebauten Fischteich zur Forellenzucht. Die Grafen *Sforza* fügten den Park hinzu. Der Schatten der hohen Kastanienbäume ist ein hervorragender Platz für eine **Pause** – und in der Imbissstube kann man Kleinigkeiten und Erfrischungen erstehen. Im Sommer finden im Auditorium ab und an abends Konzerte mit Grillbuffets statt. Das Ganze organisiert eine rührige Genossenschaft, die auch den Park pflegt. In der Kirche Madonna delle Nevi seitlich des Parkeingangs wurden Fragmente eines Freskenzyklus' (um 1640, **Francesco Nasini**) entdeckt.

■ **Parco della Peschiera,** www.quadrifoglionlus.it, Sommer 9–22 Uhr, 1 €.

Roccalbegna

Auf hohem Fels und engem Platz wacht über Roccalbegna (522 m üNN, 1000 Einw.), 15 km südwestlich von Santa Fiora, ein **Turm** (Sasso), das Wahrzeichen des Bergdorfes. Errichtet hatte ihn Siena an den Flanken des Monte Labbro im 14. Jh. mit der darunter liegenden Festung (heute Ruine) und dem regelmäßig angelegten Ort. Ein asphaltiertes Sträßlein (Salita Sasso) führt von der Piazza IV Novembre hoch bis fast unterhalb des Turms mit Blick auf Ort und Landschaft. Die **Kirche San Pietro e Paolo** aus dem 12. Jh. besitzt ein (trotz des schiefen Türsturzes) schönes romanisches Portal. Im Inneren sind drei einzelne Tafelbilder (um 1340) von *Ambrogio Lorenzetti* ausgestellt, Überbleibsel eines untergegangenen Polyptychons. 5 km nach Osten thront das **Castello von Triana** kühn auf einem Felssporn in 767 m Höhe. Die im 13. Jh. als Eigentum der *Aldobrandeschi* verzeichnete Burg ging im 14. Jh. an die *Piccolomini* aus Siena über und verblieb dort bis 1962. Als hübsches Fotomotiv erheben sich die Zinnen des Wehrturms und der Mauer über die dicht bewaldete Bergflanke. Eine Besichtigung ist nicht möglich.

Praktische Informationen

Touristeninformation

- **Ufficio Turismo Arcidosso,** Piazza del Castello, Rocca Aldobrandesca, Tel. 0564 968084, Sommer Mo–Fr 10–12, 16–19 Uhr.
- **Ufficio Turismo Santa Fiora,** Piazza Garibaldi 37, Tel. 0564 977142, Sommer 10–13, 17–19 Uhr.

Unterkunft

- **Thalassa B&B**②-③, Via Talassese 98, Tel. 0564 966314, www.thalassabeb.com. Fünf geschmackvolle Zimmer mit Holzbalkendecken in einem historischen Haus im äußeren Ring des Bergstädtchens, zur Pension gehört die Osteria Bastarda Rossa (siehe „Essen und Trinken").

Außerhalb

- **Harem B&B**③, Località Casa di Zampero 1, Tel. 334 1923380, www.bbharem.com. Die charmanten Gastgeber dieses ländlichen B&B 6 km westlich von Arcidosso vermieten drei hübsch eingerichtete Zimmer, der angeschlossene landwirtschaftliche Betrieb arbeitet nach ökologischen Prinzipien, weshalb die Gäste hier in den Genuss eines wunderbaren Bio-Frühstücks und -Abendessens (auf Vorbestellung) kommen – sogar veganer Wein wird gekeltert, und gelegentlich gibt es Kurse in Amaca Yoga.
- **Terme San Filippo**②, Via San Filippo 23, Bagni San Filippo, Tel. 0577 872982, www.termesanfilippo.com. Albergo mitten im Weiler, eigene Thermaleinrichtungen, hübscher Innenhof und Garten, Thermalschwimmbad, 20 Komfortzimmer, **Restaurant**② mit Möglichkeit zur Halbpension oder à la carte.
- **Albergo Generale Cantore**②, Localià Secondo Refugio Cantore, Monte Amiata, Tel. 0577 789 789, www.albergogeneralecantore.it. Ganzjährig geöffneter Berggasthof mit fünf gut eingerichteten Zimmern mit Bad unterhalb des Gipfels auf 1450 m Höhe, ursprünglich Pferdestall der Holzfäller, seit den 1940ern Schutzhütte und nach einem Alpini-General benannt; **Restaurant**② mit Pilzgerichten, Fleisch, Polenta und Pasta – gute und schmackhafte Bergkost eben.
- **Antico Casale Pozzuolo**②-③, Pod. Pozzuolo 1, Seggiano, Tel. 0564 950551, www.anticocasalepozzuolo.it. Drei Zimmer und zwei Apartments, ein geräumiger Pool und viel Grün auf einem großzügigen Anwesen an der Flanke des Monte Amiata und gleich neben dem Giardino Spoerri – wer Ruhe und Entspannung sucht, ist hier richtig. Auf Voranmeldung gibt es auch feines toskanisches Essen.
- **Locanda La Pietra**②, Via XXIV Maggio 69B, Roccalbegna, Tel. 0564 989019, www.locandalapietra.it. Albergo und Restaurant bewirten hier schon seit Generationen Gäste. Die sieben Zimmer sind freundlich und zweckmäßig eingerichtet, haben TV und WiFi, in der Küche zaubert *La Mamma* toskanische Gerichte bevorzugt aus Produkten aus dem eigenen Garten und von den Hängen des Monte Amiata.
- **Giardino di Daniel Spoerri**②-③, siehe gleichnamiger Abschnitt oben, Buchung über Tel. 0564 950805, www.danielspoerri.org. Wer in einem der beiden modisch-schicken Einzimmerapartments oder dem Apartment mit zwei Zimmern am Eingang des Spoerri-Gartens absteigen möchte, muss frühzeitig buchen, denn die Unterkunft ist besonders bei Künstlern sehr begehrt.
- **Grand Hotel Impero**②-③, Via Roma 7, Castel del Piano, Tel. 0564 956429, www.imperoresort.com. 26 modern eingerichtete Zimmer und Suiten, ein gutes Restaurant und die erholsam-ruhige Lage zehn Minuten von Castel del Piano sprechen für dieses Vier-Sterne-Hotel.

> Roccalbegna und seine Festung

■ **Borgo Tepolini B&B**②-③, Strada dei Tepolini 16, Castel del Piano, Tel. 0564 955674, www.borgotepolini.it. Vier romantisch dekorierte Zimmer und ein Apartment in einem historischen Stadthaus. Gäste des B&B werden auf Vorbestellung mit einem typisch toskanischen Abendessen verwöhnt, an kühlen Tagen verbringt man die Abende am offenen Kamin in der Bibliothek.

Camping

■ **Parco Faunistico di Monte Amiata,** Località Monte Labbro (GPS 42,837049, 11,528578). Zehn kostenlose Stellplätze für Camper am Eingang zum Naturpark mit Wasseranschluss und Abwasserentsorgung, kein Strom.

■ **Camping Lucherino,** Località Lucherino, Monticello Amiata, Cinigiano, Tel. 0564 1760178, www.campinglucherino.net, Mai–Sept. 70 auf Terrassen angelegte, schattige Stellplätze mit Stromanschluss, auch drei Bungalows sowie sieben Camper können angemietet werden, eine Pizzeria sorgt fürs leibliche Wohl; kleiner Pool, Tischtennis und MTB-Verleih mit Tipps für Touren am Monte Amiata.

Essen und Trinken

■ **L'Ora del Ghiotto**②-③, Piazza Garibaldi, Tel. 338 7243088. Enoteca mit überschaubarer Karte (Bruschetta, *ribollita*); hierher kommt man auf ein Glas Wein und um dazu Kleinigkeiten zu essen.

Unser Tipp: **Bastarda Rossa**②, Via Talassese 98, Tel. 0564 966314, www.thalassabeb.com, Mi Ruhetag. In der Altstadt versteckt gibt es Köstlichkeiten wie hausgemachte Pasta mit Pecorino, Pfeffertopf, Hühnchen in Balsamico, mit Wurst und Kastanien gefülltes Kaninchen, und abschließend herrliche Nachspeisen, gute und nicht zu teuere Weine, ob gemütlich drinnen oder mit Blick über das Tal auf der Terrasse – immer ein Genuss. Auch sehr angenehmes **Thalassa B&B** ②-③ mit fünf Zimmern (siehe „Unterkunft").

■ **Osteria del Castello**①-②, Corso Toscana 90, Tel. 324 8368138, Mi geschl., Fr/Sa nur abends. Kleines Lokal mit ebenso kleinem Freisitz, einfache, gute Fleischküche wie Würste mit weißen Bohnen, Huhn, Ferkel oder auch Zuppa Arcidossina, eine *ribollita* mit *srigola,* einer Käuterart aus den Kastanienwäldern, und mit Spinat oder Mangold und Ricotta.

Außerhalb

■ **Lo Spugnone**②, Via delle Terme 4, Bagni San Filippo, Tel. 0577 872030, www.lospugnone.it. Beste toskanische Landküche mit selbst hergestellter Blutwurst als Vorspeise und Gerichten wie in Milch geschmortem Kaninchen oder Eintopf vom Schwein mit Salbei; gemütlich-rustikale Atmosphäre zwischen Holz und Stein, kleine Terrasse.

■ **Rosticceria Tavola Calda da Marcello e Giovanna**①, Piazza Garibaldi 15, Santa Fiora, Tel. 0564 978157. So preiswert und dabei gut isst man selten (besonders lecker die hausgemachte Pasta!), und die Atmosphäre in der winzigen Rosticceria ist ebenfalls sehr angenehm, wenngleich man durchaus gedrängt sitzt.

■ **Il Barilotto**②-③, Via Carolina 12, Santa Fiora, Tel. 0564 977089. Was die Saison gerade hergibt, wird in diesem gemütlich-rustikal eingerichteten Traditionslokal kunstvoll verarbeitet, so im Herbst die fantastischen *tortelli* aus Kastanienmehl mit Steinpilzen.

■ **Locanda La Pietra**②, Roccalbegna, siehe „Unterkunft".

■ **Non solo Eat Art**②, Giardino di Daniel Spoerri (siehe Abschnitt oben), Reservierung über Tel. 0564 950805, www.danielspoerri.org, nur mittags. Das Restaurant des Spoerri-Gartens überzeugt mit leichter Küche, großen Salaten, delikater Pasta und auch dem einen oder anderen vegetarischen Gang.

Süßes

■ **Gelateria Artigianale da Carlo,** Via XXIV Maggio 69/b, Roccalbegna. *Carlo* produziert sein Eis mit Produkten „a km 0" wie die Italiener gerne sagen, also aus der nächsten Umgebung – und benützt frische Milch, kein Pulver; überprüfen lässt sich's nicht, aber es schmeckt!

Biscotto Salato – Brez'n am Berg

Die Form ist genau richtig, nur der Geschmack des salzigen Gebäcks wirkt etwas exotisch. Die zur „Acht" geformten *biscotti* sind eine uralte **Wegzehrung.** Schon im Mittelalter haben sie rund um den Monte Amiata die Bauern auf dem Feld, die Wanderer auf den Pilgerwegen und die Bergmänner in den Minen dabei gehabt. Haltbar, schmackhaft, billig und nährend, waren sie der ideale Proviant. Mehl, Eier, Salz, Olivenöl, Wasser, Hefe und reichlich Anis werden zu einem Teig vermengt und zu langen Fingern gerollt in Brez'n-Form gebracht. Diese legt man in kochendes Wasser und bäckt sie anschließend im Ofen trocken. Wenn den Zwieback inzwischen auch fast jeder Laden in der Toskana verkauft – Roccalbegna ist die Hochburg des Traditionsgebäcks und feiert es drei Tage lang bei der **Sagra del Biscotto Salato** Mitte August (www.prolocoroccalbegna.it).

Abends

■ **Pub Green Feeling,** Via della Peschiera 80, Santa Fiora, Tel. 0564 977505, tgl. ab 18 Uhr. Santa Fioras Treffpunkt der Jugend und der Boulder, die sich hier zum Street Boulder an den eigenwilligsten Locations verabreden.

Verkehr

■ **Bus:** Haltestelle Piazza Donatori del Sangue; von Siena nach Arcidosso (Umsteigen in Paganico Piazzale) etwa zweistündlich mit Linien 50G/42A (ca. 90 Min., um 6,60 €), von San Quirico nach Arcidosso mehrmals werktäglich mit Umsteigen in Abbadia San Salvatore (Linien R54A/R55A, 110 Min., um 4,90 €); von Abbadia San Salvatore nach Bagni San Filippo zweimal werktäglich mit Linie R54 (15 Min.,

2,50 €); von Arcidosso mehrmals werktäglich mit Linie Nr. 20A nach Santa Fiora (15 Min., um 1,50 €).

Feste

■ **La Castagna in Festa,** Arcidosso, zweite Oktoberhälfte; was, alles man kulinarisch mit Kastanien anstellen kann, dürfen Besucher dieses Festivals an zahllosen Ständen in der Altstadt verkosten.

■ **Festa Medievale – Offerta dei Censi,** Abbadia San Salvatore, zweites Wochenende im Juli – die „Offerta dei Censi", die Pflicht, dem Kloster Abgaben in Naturalien zu entrichten, ist Anlass für ein dreitägiges Fest mit einer feierlichen Prozession zum Kloster, einem bunten Mittelaltermarkt, Musik und Tanz, Reiterwettkämpfen und religiösen Zeremonien; www.terre-di-toscana.com/index.php/offerta-dei-censi-festa-medievale.

■ **Sagra del Biscotto Salato** in Roccalbegna, Mitte August, www.prolocoroccalbegna.it (siehe Kasten).

Einkaufen

■ **Fioralpaca** bei Santa Fiora – Alpakawolle nach Gewicht oder zu schönen Schals, Umhängen oder Mützen verarbeitet; die Wolle kommt aus der eigenen, 2001 begonnenen Zucht. Podere Raspini, Località Poggi la Bella, 6 km westlich von Santa Fiora, Tel. 334 6124509, www.fioralpaca.it (nach Voranmeldung).

Aktivitäten

■ **MTB Amiata Freeride,** Località Cantore II Rifugio 70, Abbadia San Salvatore, Tel. 338 7792525, www.teamzero.it. Der Verein unterhält u.a. mehrere MTB-Strecken am Berg und organisiert Training und Touren.

Krypta der Abbadia San Salvatore

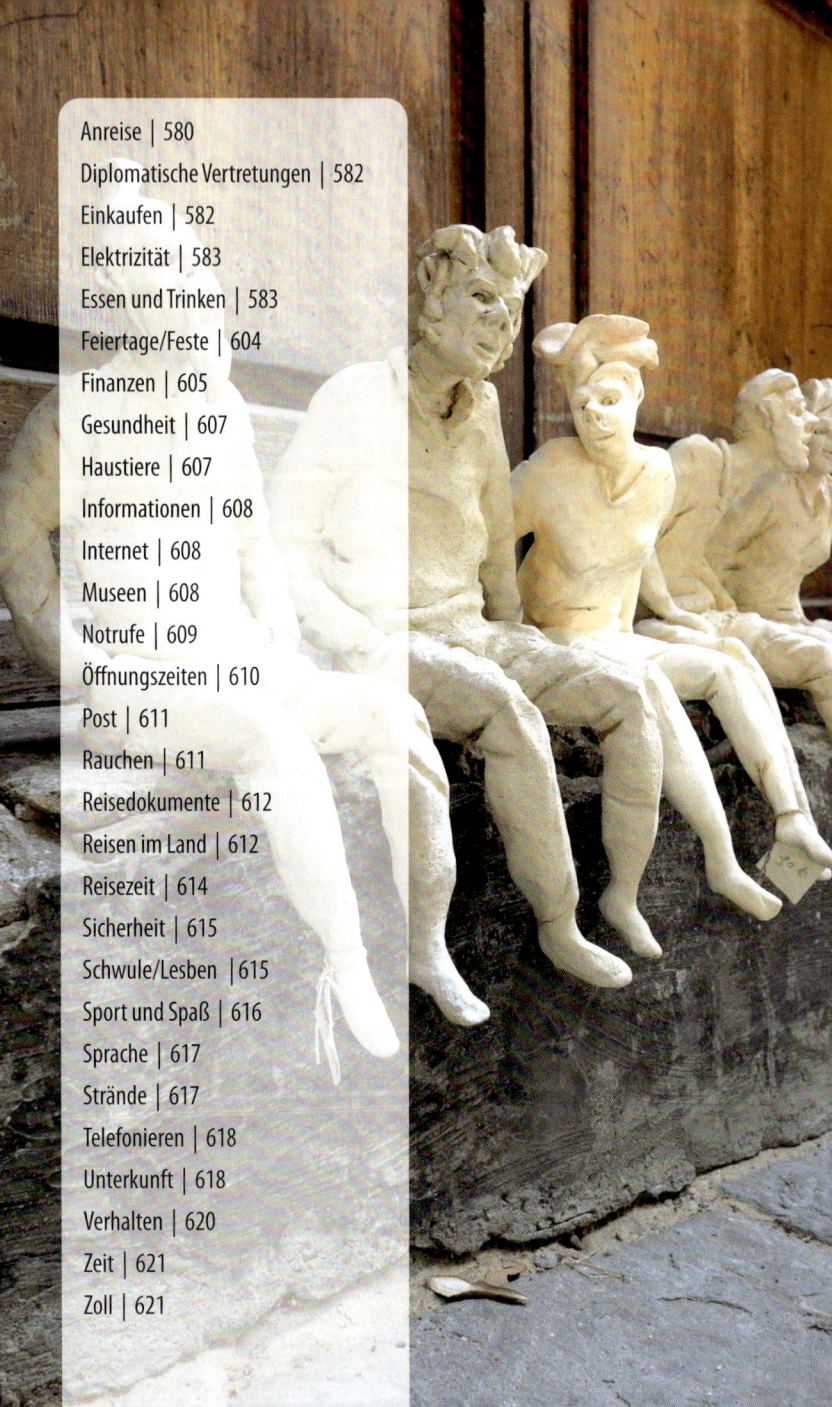

- Anreise | 580
- Diplomatische Vertretungen | 582
- Einkaufen | 582
- Elektrizität | 583
- Essen und Trinken | 583
- Feiertage/Feste | 604
- Finanzen | 605
- Gesundheit | 607
- Haustiere | 607
- Informationen | 608
- Internet | 608
- Museen | 608
- Notrufe | 609
- Öffnungszeiten | 610
- Post | 611
- Rauchen | 611
- Reisedokumente | 612
- Reisen im Land | 612
- Reisezeit | 614
- Sicherheit | 615
- Schwule/Lesben | 615
- Sport und Spaß | 616
- Sprache | 617
- Strände | 617
- Telefonieren | 618
- Unterkunft | 618
- Verhalten | 620
- Zeit | 621
- Zoll | 621

10
Praktische Reisetipps von A bis Z

◁ Türschwellen-Kobolde gibt es nur in Cortona

Anreise

Mit dem Flugzeug

Der Flughafen **Aeroporto di Firenze** „Amerigo Vespucci/Peretola" liegt 5 km außerhalb im Nordwesten der Stadt. Er wird von Frankfurt und München (Lufthansa), Wien (Austrian), Zürich (Swiss) und im Sommerhalbjahr von Air Berlin aus Stuttgart angeflogen.

Ein **Shuttlebus** (Linea Volainbus) verbindet den Flughafen mit der Autostazione SITA in Florenz (Via di Santa Caterina da Siena, südwestlich vom Hauptbahnhof) ungefähr zwischen 6 und 23 Uhr im Halbstundentakt (Fahrtdauer 30 Min., Fahrtkarten 6 €, mit Rückfahrt 10 €, im Bus oder an den Ticketautomaten am Flughafen). Mit dem Taxi kostet

Kleines „Flug-Know-how"

Ohne gültigen Reisepass oder Personalausweis kommt man nicht an Bord. Bei innereuropäischen Flügen muss man mindestens **1 Std. vor Abflug** am Schalter der Airline eingecheckt haben. Späteres Erscheinen kann die Verweigerung der Beförderung nach sich ziehen. Je nach Fluggesellschaft kann man den Check-In auch **vorab zu Hause im Internet** erledigen und muss am Flughafen nur noch die ausgedruckte Bordkarte vorlegen und sein Gepäck an dem entsprechenden Schalter abgeben. **Sitzplatzreservierungen** bei Buchung sind möglich, aber oft mit Zusatzkosten verknüpft.

Bei **Billigtickets,** die ein festes Datum beinhalten, gibt es keine Änderungsmöglichkeit bezüglich des Flugtermins. Anders ist es mit normalen Tickets: Hier kann der Flugtermin (sofern Plätze frei sind) innerhalb der Geltungsdauer verschoben werden, wofür jedoch Gebühren anfallen.

Noch darf bei den meisten Fluggesellschaften **Gepäck** bis zu 15 oder 20 kg pro Person kostenlos eingecheckt werden. Zusätzlich kann jeder Fluggast ein Handgepäckstück mit an Bord nehmen. Übersteigt das Gepäck die Gewichtsgrenze, ist die Airline nicht verpflichtet, es auf dem gleichen Flug zu befördern, und man trägt die Mehrkosten für die Versendung als Frachtgut oder die Zulassung als Übergepäck. Beim Kauf des Tickets sollte man sich über die Bestimmungen der zur Wahl stehenden Airlines genau informieren.

Aus **Sicherheitsgründen** sind Taschenmesser, Nagelfeilen und Scheren im aufzugebenden Gepäck zu verstauen. Findet man sie bei der Kontrolle im Handgepäck, werden sie weggeworfen. Auch leicht entzündliche Gase und entflammbare Stoffe haben nichts im Passagiergepäck zu suchen.

Flüssigkeiten sowie wachs- und gelartige Stoffe (wie Kosmetik- und Toilettenartikel, Sprays, Shampoos, Crèmes, Zahnpasta, Suppen) dürfen nur mit an Bord genommen werden, sofern sie die Höchstmenge von 100 ml nicht überschreiten und in einem durchsichtigen, wiederverschließbaren Plastikbeutel verpackt sind, der maximal 1 l Fassungsvermögen hat. Von den Einschränkungen ausgenommen sind Babynahrung und verschreibungspflichtige Medikamente sowie alle Flüssigkeiten/Getränke/Gels, die nach der Fluggastkontrolle z.B. in Travel-Value-Shops erworben wurden.

Sondergepäck (sperrige Gepäckstücke) muss bei der Fluggesellschaft bis zu vier Wochen im Voraus angemeldet werden. Tauch- und Golfgepäck werden in der Regel kostenlos befördert, sofern sie nicht schwerer als 30 kg sind. Dagegen ist die Beförderung von Fahrrädern und Surfbrettern fast immer mit Zusatzkosten verknüpft. Für die sichere Verpackung hat man selbst zu sorgen.

die 20-minütige Fahrt in die Innenstadt etwa 20 € (nachts und am Wochenende etwas mehr).

■ **Aeroporto di Firenze,** Tel. 055 3061300, www.aeroporto.firenze.it; **ATAF/Linea Volainbus,** aus dem Festnetz Tel. 800424500, vom Mobiltelefon 199 104245, www.ataf.net.

Weitere Flieger landen auf dem **Flughafen Pisa International** „Galileo Galilei" 90 km westlich von Florenz. Nach Pisa fliegt man direkt von München (mit Air Dolomiti), Berlin-Schönefeld (easyJet), Hamburg und Frankfurt-Hahn (Ryanair) sowie Köln-Bonn (TUIfly). Eurowings fliegt von mehreren deutschen Destinationen nach Pisa.

Der Flughafen ist mit mehreren **Zügen** am Tag direkt mit Florenz verbunden (ca. 1 Std. Fahrzeit, um 8 €, Tickets im Informationsbüro in der Flughafenankunftshalle). Weitere Zugverbindungen nach Florenz bestehen vom Hauptbahnhof von Pisa. Außerdem fährt die Firma **Terravision** vom Flughafen mit Bussen direkt zum Hauptbahnhof Florenz (9–24 Uhr etwa stündlich, ca. 1 Std. Fahrzeit, 5 € einfach, Tickets ebenfalls beim Informationsbüro).

■ **Aeroporto di Pisa,** Tel. 050 849300, www.pisa-airport.com; **Terravision,** Tel. 050 26080, www.terravision.eu.

Mit dem Auto

Florenz liegt direkt an der **Autobahn A1** von Mailand nach Rom. Von **München** fährt man über den Brennerpass und trifft bei Bologna auf die A1 (650 km, italienische Mautgebühr plus Brenner um 45 € und österreichische Zehn-Tages-Vignette 8,70 €), von **Zürich** nimmt man am besten die Strecke über Bellinzona und Mailand (600 km, ital. Mautgebühr knapp 30 € und Schweizer Ein-Jahres-Vignette 33 €), von **Wien** ist die Strecke über Villach, Udine und Padua nach Bologna die schnellste (840 km, ital. Mautgebühr um 40 € und österreichische Zehn-Tages-Vignette 8,70 €). An Wochenenden und bei Ferienbeginn und -ende ist die wichtigste Autobahnachse von Nord nach Süd chronisch überlastet, auch ein Ausweichen auf die Landstraße bringt meist nichts.

Mit dem Zug

Der Bahnhof **Santa Maria Novella** von **Florenz** liegt an der wichtigsten Nord-Süd-Achse des Schienenverkehrs von Mitteleuropa nach Süditalien. Von München gibt es nur eine Direktverbindung: den City Night Line mit Liege- und Schlafwagen. Er fährt gut 9 Std. Wer die Tagesfahrt (um 8 Std.) bevorzugt, muss in Bologna oder Verona umsteigen. Von Wien-Südbahnhof fährt ebenfalls ein Nachtzug direkt (11 Std.), bei den Tageszügen muss mindestens einmal umgestiegen werden (Bologna oder Venedig, 11 Std.). Will man von Zürich über Nacht reisen, muss man nach Innsbruck und dort in den Münchner CNL einsteigen, die Fahrzeit beträgt dann insgesamt 11 Std., der Tageszug benötigt über Mailand 6–7 Std. Für alle genannten Verbindungen besteht Reservierungspflicht.

Innertoskanische Zugverbindungen finden sich unter „Praktische Informationen, Verkehr" in den jeweiligen Ortskapiteln.

Diplomatische Vertretungen

- **Deutsche Botschaft in Rom,** Via San Martino della Battaglia 4, 00185 Roma, Tel. 06 492131, www.rom.diplo.de.
- **Deutsches Honorarkonsulat in Florenz,** Corso dei Tintori 3, 50122 Firenze, Tel. 055 2343543, Mo–Fr 9.30–12.30 Uhr (nur nach Voranmeldung).
- **Österreichische Botschaft in Rom,** Viale Bruno Buozzi 111, 00198 Roma, Tel. 06 8418212, www.aussenministerium.at/rom, Mo–Fr 9–12 Uhr.
- **Österreichisches Honorarkonsulat in Florenz,** Lungarno Vespucci 58, 50123 Firenze, Tel. 055 2654222, cons.austria@alpiworld.com, Mo–Fr 10–12 Uhr.
- **Schweizer Botschaft in Rom,** Via Barnaba Oriani 61, 00197 Roma, Tel. 06 809571, 06 8088510 (Konsularabteilung), www.eda.admin.ch/roma, Mo–Fr 9–12 Uhr.
- **Schweizer Konsulat in Florenz,** Piazzale Galileo 5, c/o Hotel Park Palace, 50125 Firenze, Tel. 055 222434, firenze@honrep.ch, Di–Fr 16–17 Uhr.

Einkaufen

Weine und **Olivenöle** sind sicherlich die in der Toskana an Touristen meistverkauften Produkte. Beide sind in hervorragender Qualität erhältlich, und man kann für sie viel Geld ausgeben. Aber auch in anständiger Qualität und zu erträglicheren Preisen sind beide ebenso fast überall zu finden. Im Weinkapitel sind Referenzweine angegeben, die die jeweilige Sorte am besten vertreten und ihre Eigenheiten herausheben.

Würste wie die Fenchelsalami *finocchiona* oder **Käse** wie der Pecorino aus Pienza sind ebenfalls beliebte (wenn auch sehr kurzlebige) „Erinnerungsstücke" an einen Toskana-Aufenthalt. Trüffel und Safran sind im Angebot, Honig und allerlei andere süßgemeine Köstlichkeiten wie Torten, Marzipan und Gebäck, auch **Schnäpse** und Liköre aus den Klosterläden.

Steinmetze aller Klassen versuchen sich an Alabaster (in Volterra) und Marmor (in Carrara und Pietrasanta), lassen Lampen, Schalen und Figuren entstehen und sich in ihren Ateliers über die Schulter schauen. **Alpaka-Schals** oder **Webteppiche** entstehen in der Toskana, Vertreter der Alta Moda sind zugange, Handschuhe werden genäht, Schuhe hergestellt, Handtaschen konfektioniert, und der letzte Schrei bei Bikini, Badeschlappe und Bag hängt in den Läden der Küstenorte. Und eine stumme Armee an mehr oder weniger illegal tätigen Chinesen hat es in **Prato** geschafft, die Stadt zum Zentrum der italienischen Textilindustrie zu machen.

Gold- und Silberschmiede buhlen um die Gunst der Stunde und der Touristen, in den Gassen stehen und sitzen **Kunstmaler** und verkaufen grellbunte Gemälde oder dezente Aquarelle, zeichnen großflächig Klassiker aufs Pflaster und führen die Schere geschickt durch schwarzen Karton und entlang des Profils stillsitzender Kinder.

In Italien macht sich strafbar, wer offensichtliche **Fälschungen** von Modemarken kauft! Also Augen zu, vorbeigehen und seine Lust auf supergünstige Gucci-Handtaschen und eine nachgeschmissene Taucheruhr von Panerai unterdrücken.

Pecorino kauft man in Pienza

Im Reiseteil finden Sie Tipps und Einkaufsadressen bei den „Praktischen Informationen" der jeweiligen Ortskapitel.

Elektrizität

Die Stromspannung beträgt **230 V Wechselstrom** wie in Deutschland. Die flachen Eurostecker passen überall, wer Geräte mit Erdung benutzt, benötigt einen Adapter (erhältlich in Kaufhäusern und Ausrüstungsläden).

In ländlichen Gebieten kann bei Unwettern der Strom schon mal wegbleiben. Meist dauert der Ausfall nur kurze Zeit, **Taschenlampen** oder Kerzen sind dann aber doch hilfreich.

Essen und Trinken

Brot und Öl – was braucht es mehr! Die weiten Täler und Ebenen der Südtoskana sind die Kornkammer Italiens, hier wiegt sich der Weizen gelb unter blauem Himmel. Und auf den Hügeln des Chianti und an den Hängen im Osten beißen sich die Wurzeln knorriger Olivenbäume in den Grund und spenden eine Frucht, aus der die Pressen das beste Öl Italiens gewinnen. Ein wenig Salz, ein Hauch Knoblauch, das Brot gestippt, am Wein genippt – die Krönung des Tages.

Die toskanische Küche ist bäuerlichen Ursprungs, man verarbeitete, was die gepachteten Felder hergaben. Brot und Gemüse bilden auch heute noch die Basis. Das Brot ist übrigens beinahe immer geschmacksneutral, aus weißem Mehl und ungesalzen, es soll schließlich die Speisen begleiten und ihren Eigengeschmack unterstreichen, nicht überlagern.

Trüffel satt!

Der Mugello und die Crete Senesi sind die Fundstätten des kostbarsten Aromas der Welt, der **Weißen Trüffel,** der besten und teuersten. Dort machen sich die Trüffelsucher mit ihren Hunden bei Nacht und Nebel auf den Weg in den Wald zu ihren geheim gehaltenen Plätzen und graben die Knolle aus dem Boden.

Trüffelfeste und -märkte gibt es in San Miniato (März), in San Giovanni d'Asso (November) und in Montaione (Oktober). Dann ist es für die Lokale dort Ehrensache, Trüffelgerichte auf die Karte zu stellen.

So manche Kenner können sich übrigens den Genuss der Kostbarkeit nur auf eine Art vorstellen: Das Weiße zweier Eier in einem kleinen irdenen Gefäß mit nur wenig Olivenöl (das tunlichst geschmacksneutral sein sollte) leicht stocken, die Eigelbe in die Mitte setzen, mit einer Prise Salz fest werden lassen, darüber dann die Trüffelscheibchen – noch dampfend servieren.

Antipasto/Vorspeise

Eines der typischsten Gerichte ist die **Panzanella,** heute ein sommerliches Hauptessen, früher als Antipasto oder Primo genossen. Angefeuchtetes Brot wird gebrochen und mit Tomaten, roten Zwiebeln, Essig, Öl und Basilikum vermengt, darüber kommt Salz und Pfeffer.

Als Vorgericht beliebt ist natürlich **Bruschetta,** geröstete, mit einer Knoblauchzehe abgeriebene Brotscheiben mit Olivenöl, Salz und Pfeffer; mit einem Belag aus Tomaten- und Zwiebelwürfeln, verfeinert mit Basilikum und Knoblauch, sind sie auch möglich. Die **Crostini,** ebenfalls geröstete Brotscheiben, versehen die Köche traditionell vor dem Rösten mit den unterschiedlichsten Belägen – der Fantasie und der Kunstfertigkeit sind hier keine Grenzen gesetzt. Am „ehrlichsten" sind sie z.B. mit einer Paste aus Hühnerleber (wie in Prato) oder aus Kalbsmilz (wie in Siena). Heute sind die Übergänge zwischen Bruschetti und Crostini übrigens fließend.

Eher eine Wintervorspeise ist die **Aufschnittplatte** – *all'italiano* – aus Würsten (u.a. Fenchelsalami – *finocchiona*) und Schinken (teils auch mit Hartkäse), garniert mit Oliven und sauer eingelegtem Gemüse. Weißes Brot oder Grissini (die knusprigen, portionsweise abgepackten Gebäckstangen) leisten ausgezeichnete Begleitdienste.

Frisch zubereitet ist die **Insalata di Mare** eine Köstlichkeit aus Muschelfleisch, Oktopus, Tintenfisch und Garnelen, verfeinert mit Fenchel, Tomaten und Petersilie (oder Basilikum), kalt oder lauwarm serviert. Hier ist der Brotkorb ebenso unabdinglich.

Büffetvorspeisen mit in Öl eingelegten Fischstücken, Gemüse und Pilzen gibt es in der Toskana traditionell eher nicht, wenngleich die Restaurants der größeren Touristenhotels an der Küste auch dies heute im Angebot haben.

Primo

Suppe und **Pasta** sind die Hauptvertreter des Erstgerichts. Die Nudeln allerdings tauchten irgendwann als neuere toskanische Errungenschaft auf, früher war die Suppe wichtigstes Bindeglied zwischen Antipasto und Secondo.

Ribollita ist eine Suppe, die als Resteverwertung entstand. Man legte eine Schüssel mit Brotscheiben aus, schöpfte Suppenreste vom Vortag darüber, bedeckte das Ganze dann mit Zwiebelringen und bräunte es im Ofen. Heute kommen auf die Brotscheiben in wechselnden Variationen Gemüse wie Grünkohl oder Wirsing, weiße Bohnen, Kartoffeln, Lauch, Sellerie, Möhren, Tomaten und Zwiebeln.

Eine Abwandlung ist das **Acquacotta**, das „Gekochte Wasser" aus der Maremma, ein Feldgericht der Cowboys *(butteri)*, das sie aus Brotresten, Schweinespeck oder Stockfisch und allem, was sie unterwegs so fanden, auf offenem Feuer bereiteten: Löwenzahn, Brokkoli, Chicorée, Borretsch, Bohnen ...

Die **Cacciucco** stammt aus Livorno, eine Suppe mit Fischen, Muscheln und Krebsen. Hinein gehören nicht Edelfische, sondern Drachenkopf, Knurrhahn oder Katzenhai, dazu weiteres Meeresgetier und eine Menge Tomaten – mindestens jedoch je ein Vertreter von Kopffüßler (z.B. Tintenfisch), Muschel, Hai, Krebs und Rifffisch. Das Ganze wird auf einem Bett aus Brotscheiben angerichtet und – in Livorno zwingend – mit Rotwein genossen.

In Siena ist man auf die **Zuppa di Fagioli alla Senese** stolz. Weiße Bohnen kochen, bis sie fast zerfallen, währenddessen Kohl nicht zu fein wiegen und mit Karotten, Zwiebeln, Lauch und Sellerie anbraten. Petersilie, gehackte Tomaten, Basilikum und Schweinebauch hinzufügen und langsam köcheln. Die Hälfte der Bohnen pürieren und dann alles zusammenschütten und mit Pfeffer und Salz würzen. Teller oder Schüsseln mit Brotscheiben auslegen, die Suppe darüber und mit einem Spritzer Olivenöl abschließend verfeinern.

Außerdem steht natürlich die italienische Ursuppe, die **Minestrone**, auf vielen Karten. Die Kombinationen der Ingredienzen der dickflüssigen Gemüsesuppe sind so zahlreich wie die Haushalte der Toskana. Für die **Minestrone Lunigianese** aus Massa und Carrara weicht man über Nacht weiße Bohnen und Kastanien aus den Bergen ein und kocht sie fast bis zum Zerfallen. Mit gehacktem Speck, Zwiebeln, Sellerie und Karotten ergibt das eine ausgesprochen nahrhafte Speise, über die man noch Parmesan

Pecorino

Der ursprünglich aus **reiner Schafmilch** hergestellte Käse wird in ganz Italien produziert, nur vier Regionen dürfen ihn allerdings mit dem Gütesiegel DOP – Denominazione d'Origine Protetta (geschützte Herkunftsbezeichnung) versehen, darunter die Toskana.

Der Käse wird in unterschiedlichen **Reifegraden** gehandelt, fast weich und mild als junger Käse mit weißer Farbe *(fresco)* oder bis zu ein Jahr alt, hart, gelblich und ungemein würzig, stagionato. Jung verspeist man ihn pur und mit Brot, alt und voller Geschmack seiner mehrmonatigen Reife als Würzkäse über Pasta und Suppen.

Pienza ist eine Hochburg der Pecorino-Herstellung, da die Milch der auf den kargen Hügeln der Crete Senesi die Gräser und Kräuter abweidenden Schafe als besonders aromatisch gilt. Die Käsereien von **Siena** produzieren ihn auch als *pecorino senese* mit einer roten Rinde (vom Einreiben mit Tomatenmark) und mit diversen Beifügungen von Gewürzen und Kräutern.

streut. Varianten enthalten zusätzlich Reis oder Nudeln, eindicken kann man sie statt der Kastanien natürlich auch mit Kartoffeln oder nur mit Bohnen.

Pasta mit Fisch, Fleisch oder Gemüse, nur mit frischen Edeltomaten oder mit Knoblauch, Olivenöl und Peperoncini, mit Sardinen und Fenchel oder mit Pinienkernen, Basilikum und Knoblauch – unendlich viele Variationen sind nicht nur vorstellbar, sondern einfach Realität. In welcher Region Italiens was wann und warum entstanden ist, lässt sich heute teilweise gar nicht mehr sagen, wenn nicht der Name es noch andeutet: Bolognese, alla Genovese, Napoletana. Am wichtigsten allerdings sind die Nudeln, sie müssen hausgemacht und frisch sein – *pasta fresca*. Nur dann nehmen sie ausreichend Aromen auf, um ein Pastagericht zum Erlebnis werden zu lassen. Und schließlich spielt auch noch die Form eine Rolle – keiner wird allerdings ernsthaft jede der über 500 Nudelformen einer speziellen Soße zuordnen. Faustregel: Dicke Soßen – dicke Nudeln, dünne Soßen – dünne Nudeln. Ein gutes Beispiel dafür sind die Pappardelle, die ein Traditionalist vorzugsweise mit Hasenragout bestellen sollte. Einzige toskanische Nudelspezialität sind die aus dem Val d'Orcia bei Montepulciano stammenden **Pici,** eine dickere Spaghetti-Variante, ideal für Pici d'Aglione mit Tomaten, Weißwein und sehr, sehr viel Knoblauch. Sonst noch gut zu wissen: Parmesan auf Pasta mit Fisch oder Meeresgetier geht gar nicht!

Auch das **Risotto** ist kein klassisches Gericht der Toskana, aber die Po-Ebene mit ihren ausgedehnten Reisanbauflächen ist ja nicht fern. Ein Risotto zuzubereiten, ist eine Wissenschaft für sich. *Mamma* zieht eine bestimmte Reissorte

vor, benutzt zum initialen Andünsten von Zwiebeln und Reis Butter oder Olivenöl, löscht mit Gemüse-, Rinds- oder Hühnerbrühe ab (davor aber noch mit einem Gläschen Weißwein) und rührt – ganz wichtig (!) – den Reis immer nur in eine Richtung. Was hinein kommt? Fleisch vom Rind oder Huhn, Fisch oder Meeresfrüchte, Gemüse (z.B. Radicchio oder Spargel) oder Pilze (vorzugsweise am frühen Morgen in den Wäldern selbst gesammelt). Abschließend Parmesan hinzu und ein Stück kalte Butter für die Sämigkeit – die Familie dankt es. Weiß kann das Risotto sein, von Safran gelb, blutrot mit Tomaten oder vom Tintenfisch schwarz gefärbt.

Secondo

Fisch oder Fleisch! Besonders **Fleisch!** Die Toskana besitzt sogar eine eigene Rinderrasse, die Chianina-Rinder. Das **Bistecca alla Fiorentina** (siehe Kasten „Chiana – ein Tal, ein Rind, ein Steak") ist ein Festtagsessen und beileibe nicht billig. Wer Fleisch liebt, wird aber dennoch zufriedengestellt, denn in praktisch jedem Lokal steht die **Tagliata** auf der Karte. Das dünn geschnittene und nur kurz gebratene Rindfleisch aus der Lende oder vom Filet auf einem Salatbett (meist Rauke) ist in der heißen Jahreszeit eine kalorienarme und leckere Hauptmahlzeit.

◁ Schmackhafte Meeresfrüchte, serviert in Livorno

Beliebt ist auch **Schmorbraten,** der *brasato,* der in einer Kasserolle mit Gewürzen wie Rosmarin, Lorbeer und Fenchel stundenlang vor sich hin brutzelt und auch noch am nächsten Tag ausgesprochen lecker schmeckt. Rind, Kalb, Huhn und auch Wildschwein oder Kaninchen erhalten aber den richtigen Pfiff erst, wenn man sie beim Anbraten mit Chianti abgelöscht hat.

Innereien *(frattaglie)* sind ja nicht jedermanns Sache, werden von italienischen Köchen aber nicht ungern zu kulinarischen Sensationen hochgekitzelt: Nieren, Leber und natürlich die Kutteln – *trippa alla fiorentina.* Dafür köcheln die Kaldaunen mit Wurzelgemüse, Tomaten, Knoblauch und Weißwein zur perfekten Konsistenz und werden mit gerösteten Brotstückchen und mit Parmesan bestreut verzehrt.

Außerdem: **Grillwürste** *(salsicce)* in Begleitung von weißen Bohnen, **Spanferkel** *(maialino)* vom Spieß, **Porchetta** aus dem Ofen (mit viel Fenchel gewürzter und gerollter Schweinebauch, in Scheiben geschnitten und mit Brot gegessen).

Fisch gelangte früher nur direkt an der Küste auf die Tische, heute liefern die Kühlwagen auch ins Landesinnere, wobei die hohe Kunst der Zubereitung naturgemäß eher den Köchen am Meer obliegt. **Fisch im Salzmantel** *(pesce in crosta di sale)* ist eine simple (wenn auch zeitaufwendige) Garmethode, die den Eigengeschmack des Fisches bestens bewahrt. Ansonsten sind die Standards der italienischen Küstenküche im Angebot: Garnelen, Oktopus und Edelfisch vom Grill. Wer mehr erwartet, sollte bei **Baccalà alle Maremmana** unbedingt zugreifen – wenn er es denn auf der Karte

Chiana – ein Tal, ein Rind, ein Steak

Chianina-Rinder sind **ein einziger Superlativ:** Die größte Rinderasse der Welt, die älteste Italiens, das berühmteste T-Bone-Steak, das weißeste Fell. Donetto aus Arezzo ist der schwerste (1,74 t) Stier überhaupt. Und Fiorino aus Rotonda darf sich seit 2007 „größtes Rindvieh auf Gottes Erdboden" nennen (Widerristhöhe 2,05 m).

Ursprünglich aus dem Chiana-Tal stammend (und bereits von Etruskern und Römern gerne verspeist), wird die Rinderasse heute in ganz Mittelitalien gehegt und gepflegt. Besseres Fleisch gibt es nicht, und es ist alternativlos für ein **Bistecca alla Fiorentina.** Man schneidet es als Ganzes aus dem Zwischenrippenstück, ein massives Teil Fleisch, bis zu 1,5 kg, mindestens aber 600 g schwer, bis zu 6 cm mächtig und mit einem T-förmigen Knochen. Zu viel für eine Person, viel zu viel!

Man teilt es sich zu zweit, zu dritt oder zu viert. Allerdings achte man auf die Auswahl der Tischgesellen. Blutscheuen ist die Mahlzeit ein Tal der Tränen, Begriffe wie *à point, medium* oder *ben cotto* gehören nämlich nicht wirklich zum Wortschatz toskanischer Köche. Im Gegenteil, viele Lokale sprechen vorab auf unübersehbaren Schautafeln Warnungen aus: „Wer meint, uns Wünsche für die Zubereitung des Bistecca mitteilen zu müssen, dem servieren wir zwei Grillwürstchen." Oder: „Wenn ich die Meinung meiner Gäste zum Garungsgrad hören will, sage ich ihnen, welche."

Drei bis (aber nur im äußersten Notfall) fünf Minuten darf jede Seite die Grillglut sehen, dann reicht es. Um die Kruste beim Wenden nicht zu durchstechen (und damit den blutroten Fleischsaft nicht zu vergeuden), benutze man eine stumpfe Grillzange. Etwas Salz, ein wenig Olivenöl, Pfeffer aus der Mühle und ab dafür! Keinesfalls Zitrone! Ein Salat aus weißen Bohnen, Brot und Chianti sind die passenden Begleiter.

---

sieht. Der Stockfisch, getrockneter Kabeljau, wird gewässert (eine wahrlich zum Himmel stinkende Angelegenheit), abgetrocknet, in Mehl gewälzt, angebraten, mit Zwiebeln, Knoblauch und Tomaten geköchelt, Petersilie drüber, Brot dazu und Wein ins Glas – rustikaler geht es nicht!

Beilagen

Beilagen *(contorni)* werden – soweit die Karte es nicht anders sagt – immer gesondert bestellt. Vielen Italienern reicht zu Fisch und Fleisch zusätzlich zum generell servierten Brot ein gemischter **Salat.** Im Gebirge werden zu Grillfleisch neben **Bohnen** auch gerne **Kastanien** serviert, gegart in einer Marinade aus Karotten, Zwiebeln, Thymian, Lorbeer und Knoblauch. **Spinat, Karotten** und auch **Fenchel** passen hervorragend zu Fischgerichten.

Vegetarisch

Vegetarier haben sich in Italien nie besonders schwer getan. Auch zu Zeiten, als der Stiefel eine Disapora für fleischlos kochende Lokale war, gab es immer die Pizzerie mit ihrer Auswahl an Belägen, die man sich auch selbst zusammenstel-

Essen und Trinken

len konnte. Heute arbeiten in vielen größeren Städten auch vegetarische/vegane Lokale oder zumindest Restaurants, die solche Gerichte zusätzlich anbieten.

Nachspeisen

Der **Castagnaccio alla Toscana** ist die vielleicht typischste Nachspeise. Die Torte backt man aus Kastanienmehl, Eiern, Rosinen, Walnüssen und Pinienkernen, ein wenig Olivenöl und einem Rosmarinzweig. Nach einem Stück ist man „kein-blatt-satt" – garantiert! Mit Früchten haben die **Pfirsiche aus Prato** – *pesche di Prato* – gar nichts am Hut. Es sind zwei mit Crème gefüllte und zusammengefügte Hefeteighalbkugeln. Die Apfelbäume des Garfagnana tragen hingegen tatsächlich etwas zu den **Apfelküchlein** *migliaccio Garfagnino* bei, mit Crème und karamellisierten Apfelschnitzen gefüllte Tartelettes. Passt nur noch wenig in den Magen, ist man vielleicht mit **Cantucci** zufrieden, einem beinharten Mandelgebäck, das man vorzugsweise mit Vin Santo vollgesogen (und damit weich geworden) verzehrt. Eine gute Alternative ist auch frisches **Obst.** Vor der **Eiskarte** der Restaurants sei gewarnt. In den meisten Fällen steht darauf nur industriell gefertigte Massenware (empfehlenswerte Eisdielen finden sich in den „Praktischen Informationen" der jeweiligen Ortskapitel unter „Essen und Trinken, Süßes").

Pizza

Unaufhaltsam war der Siegeszug der Pizza, des Teigfladens aus Neapel, den die Armen mit dem belegten, was sie gerade hatten. Doch erst einmal mussten deutsche Urlauber das Rezept mit nach Hause nehmen, mussten italienische Auswanderer ein paar Pizzerie in Deutschland eröffnen (die erste 1952 in Würzburg). Doch dann brach ein Sturm los. Die deutschen Touristen wollten auch im Urlaub immer mehr Pizza, die Italiener standen ihnen in nichts nach, und heute gibt es in der Toskana kein Dorf ohne Pizzeria, oder zumindest einer Trattoria, die auch Pizza auf der Karte hat. Warum die Langnudel, der zweite Protagonist italienischer Kulinarhegemonie, es nicht in gleichem Maß zu einem weltweiten Siegeszug der Spaghetteria gebracht hat – keiner weiß es.

Viele Lokale, besonders jene, die Wert auf Qualität legen und ihre Backöfen mit Holz beheizen, bieten nur abends Pizza an, das Anschüren mittags wäre zu auf-

Keine Bitte – ein Befehl:
Durchgebratenes Fleisch geht gar nicht, bitte beachten Sie unsere Sitten

wendig. Will man abends ausgehen und Pizza essen, kann man (muss aber nicht) auch eine Vorspeise bestellen. Teils sind die Sitzbereiche für Restaurant und Pizzeria unterschieden. Wer nur Pizza bestellt, von dem wird irgendwie schon erwartet, dass er sich – besonders zu Stoßzeiten – nicht festquatscht und beizeiten Folgegästen Platz macht.

Frühstück

Die *prima colazione* ist den Italienern keine besonders wichtige Mahlzeit. Ein Espresso oder ein Cappuccino, dazu ein Hörnchen – zu Hause oder am Bartresen. Im schlechtesten Fall wird das Hörnchen aus seiner Plastikummantelung gerissen, erinnert in der Konsistenz stark an Gummi, und seine Füllung stammt aus dem Nutellaglas; im besten Fall duftet es frisch gebacken, ist mit selbstgemachter Marmelade, mit Bitterschokolade oder Pudding gefüllt, und zerfällt in hauchzarte Blätter. Wer es herzhafter mag, dem bieten die meisten Hotels inzwischen ein Buffet mit Wurst, Käse und Panini.

Preiskategorien für Restaurants in diesem Reiseführer

Diese gelten für eine Mahlzeit mit mindestens zwei Gängen pro Person bzw. in einer Pizzeria eine Pizza jeweils ohne Getränke:

① bis 10 Euro
② 11–25 Euro
③ 26–50 Euro
④ über 50 Euro

Restaurant-Knigge

Man halte sich an die angegebenen **Restaurant-Öffnungszeiten,** auch wenn die Türe des Lokals schon offen steht. Häufig sitzt das Personal nämlich zusammen am Abendbrottisch, eine Zeit der Ruhe vor Beginn der hektischen Arbeit. Nur selten findet man ein Restaurant, das vor 19.30 Uhr (Ausnahme: Pizzerie) die Küche öffnet. Normale Öffnungszeit ist 20 Uhr, im Sommer teils sogar noch später.

In der Toskana sucht man sich seinen Tisch nicht selbst, sondern **lässt sich platzieren.**

Früher wurde es äußerst ungern gesehen (und konnte zu Anfeindungen führen), wenn sich Gäste nicht an die **Menüfolge** hielten (Antipasto, Primo, Secondo), sondern nur ein Hauptgericht orderten. Heute (mit den vielen US-Amerikanern, die sich zu zweit oder zu dritt ein Gericht teilen) wird es nicht mehr ganz so eng gehandhabt (bzw. hat man kapituliert). Zumindest mittags toleriert das Personal die Bestellung nur eines leichten Gerichtes.

Fast alle Restaurants verlangen eine **Gedeckgebühr** (*coperto,* 1,50–5 €, je nach Restaurantklasse, Brot ist enthalten). Ihre Höhe ist auf der Speisekarte ausgewiesen.

In seltenen Fälle steht dort auch, dass man das **Trinkgeld** (*servizio*) auf den Preis aufschlägt. Meist ist es jedoch enthalten. Dennoch sollte ein zusätzliches Trinkgeld in Höhe von 5–10 % des Rechnungsbetrages gegeben werden. Man lässt es bei Verlassen des Lokals **auf dem Tisch** liegen.

> Entspannte Pausen sind überall möglich

Essen und Trinken

Gastronomietypen

Caffè/Bar

Der **klassische Treffpunkt zu jeder Tages- und Nachtzeit.** Man kehrt morgens für den Espresso ein, mittags für ein Sandwich und ein Glas Wein an der Theke, nachmittags für einen Espresso mit Grappa oder ein Eis, nach der Arbeit, um diese bei einem Cocktail zu vergessen, und am Abend, um Freunde zu treffen, mit denen man gemeinsam zum Essen geht. Nach dem Essen noch ein Digestif – natürlich in der Bar. Sie ist aus dem italienischen Leben nicht wegzudenken und für jeden erschwinglich. Keiner wird schräg angeschaut, wenn er nur ein Glas Mineralwasser schnell im Stehen an der Theke konsumiert. Wer sich setzt, für den wird es etwas teurer (jede Bar hat zwei Listen, die höheren Preise sind für die Gäste an den Tischen. Kaffee, Weine, Spirituosen, Snacks (süß oder salzig), Sandwiches, Toasts – all das ist erhältlich. Offen sind Bars von 6 Uhr morgens bis weit nach Mitternacht, abhängig von der Klientel, die dort ihren Stammplatz hat.

Tavola Calda

In den kleinen Räumlichkeiten – nicht selten ohne Sitzmöglichkeit, manchmal als Anhängsel einer Bar – wird gerade eben gereicht, was satt macht: auf die Schnelle, ohne kulinarische Ansprüche und Bequemlichkeit, mit günstigsten Preisen und oft durchgehend geöffnet.

Die Weine der Toskana

Text von **Erhard Arbogast,** arbovin-ea Weinimport, www.arbovin-ea.de.

Vor kaum 50 Jahren konnte man in Florenz in einer „Fiaschetteria" **Chianti noch offen kaufen** – abgefüllt in die bastumwickelte „Fiasco", die fast kugelförmige Flasche. Den Korken ersetzte ein bisschen Paraffinöl auf dem Wein, das die Oxydation verhinderte. Vor dem Genuss saugte der beigefügte Strang Hanffasern das Öl auf.

Entwicklung des Weinbaus

Das Verschwinden des Offenweinverkaufs fällt etwa mit der Entstehung des Toskana-Bauernhof-Booms zusammen. Wegen der dortigen Landflucht standen viele Gehöfte leer, und die Deutschen kauften. Sie hatten die Toskana für sich entdeckt und die italienische Lebensweise mit gutem, einfachem Essen und Wein. Und im Weinbau gab es **revolutionäre Umwälzungen.**

Wein stieg vom täglichen, manchmal rustikalen Genussmittel zu einem Prestige- manchmal gar **Kultobjekt** auf. Möglich machten dies, neben dem veränderten Bewusstsein und der größeren Brieftasche der Konsumenten, eine ganze Reihe von Entwicklungen: Nicht nur der Offenweinverkauf verschwand allmählich, auch die über lange Zeit praktizierte Governo-Methode (Beifügung von Most).

Und die Einführung der **Denominazione di Origine Controllata (DOC) nach französischem Vorbild** führte Ende der 1960er Jahre zu einer klareren Identität der einzelnen Weingebiete. Die bessere Ausbildung der französischen Winzer und die Übernahme ihrer modernen Methoden brachten sorgfältiger hergestellte und damit qualitativ bessere Weine hervor. Zwar wurden in dieser Zeit – in direktem Widerspruch zu den neuen Regeln der DOC – auch Anpflanzungen internationaler Rebsorten wie Cabernet Sauvignon und Merlot vorangetrieben. Deren kolossaler Erfolg trug jedoch wesentlich zum Renommee der toskanischen Weine bei.

1968 war der erste Jahrgang des Kultweins Sassicaia, den Marchese *Mario Incisa della Rocchetta* bei der Ortschaft Bolgheri kommerzialisierte. Und die *Antinori* von San Casciano in Val di Pesa lösten sich ebenfalls von den traditionellen Rebsorten und brachten sehr erfolgreich Weine wie den Tignanello und Solaia heraus, auch sie stark vom Cabernet Sauvignon geprägt.

All dies brach mit alten Traditionen, und eine Zeit lang bestand die Gefahr, dass zugunsten einer Internationalität Typisches verloren gehen könnte. Doch heute lässt sich sagen, dass die Toskana (zusammen mit dem Piemont) die **besten Weine Italiens** produziert, und dies sowohl aus der indigenen Sangiovese-Traube als auch aus Cabernet Sauvignon, Merlot und Chardonnay – und sie müssen keinen internationalen Vergleich scheuen.

So, wie die Preise der Immobilien in dieser Zeit gewaltig anzogen, stiegen allerdings auch die der Weine – ganz an der Spitze die der sogenannten „Super-Tuscans". Und plötzlich reichte es auch nicht mehr, nur ein Häuschen in der Toskana zu besitzen. Reiche Industrielle aus Italien, der Schweiz, Deutschland und anderen Ländern investierten in Land und Weingüter.

Etrusker, Römer und die Mönche

Dabei hatten die **Etrusker** vor mehr als 2500 Jahren mit ihrem Weinbau nur im Sinn, fröhliche Trink- und Essgelage zu begehen (und verewigten dies auf Vasen, Amphoren und mit Grabmalereien). Auch den **Römern** waren Wein und Weinbau wichtig. *Plinius* und *Columella* beschrieben in ihren Werken nicht nur bestimmte Weingebiete und Rebsorten, sondern auch Anbau und Weinbereitung. Mit dem Niedergang des Römischen Reiches begann der Zerfall der geordneten Weinwirtschaft der Antike. Erst mit der Errichtung der **Klöster** um die Jahrtausendwende und deren systematischeren Landwirtschaft kam es wieder zu einem strukturierterem Weinbau, z.B. in der Badia a Coltibuono („Abtei der guten Ernte"), die heute noch exzellente Chianti Classico, Chianti Classico Riserva und einige andere Weine produziert.

Weinberge als Teil der toskanischen Gartenlandschaft

Der Weinbau in der Toskana war viele Jahrhunderte lang Bestandteil eines **gartenähnlichen Mischanbaus,** der Teile der Region heute noch prägt. Die zu Zeiten des Feudalismus bis ins 19. Jh. in Halbpacht arbeitenden Bauern versuchten dadurch, Missernten auszugleichen und zugleich autark zu sein, da ihnen der Zugang zu städtischen Märkten verwehrt war. Die Feudalherren hingegen konnten ihren Anteil in den Städten verkaufen, wurden reich und erwarben über die Jahrhunderte riesige Ländereien – die heute noch in Besitz der großen Adelsgeschlechter des Weingeschäfts stehen. Der bäuerliche Mischanbau führte im Norden um Florenz, in den Ausläufern des Apennin und im Chianti zu wunderschönen Landschaften mit zypressenbestandenen Hügeln. Ganz anders wirken die weiten, hügeligen Lehmfelder der Crete, auf denen „nur" Weizen wächst, oder die weiten Ebenen der Maremma, bis vor 100 Jahren noch malariaverseuchte Sumpflandschaft. Und doch sind es gerade diese Gebiete südlich von Siena, die heute dem Chianti den Rang abzulaufen versuchen: mit Vino Nobile di Montepulciano, Brunello di Montalcino, Bolgheri und Morellino di Scansano, und es kommen immer neue hinzu.

Die Neuzeit beginnt mit Cosimo III.

Schon 1716 hatte *Cosimo III.* für den Chianti Classico eine gesetzliche Festlegung mit Gebietsgrenzen, zugelassenen Rebsorten und Regeln für An- und Ausbau getroffen. Auch wenn dieser Erlass wohl in erster Linie dem Schutz seiner eigenen Weinberge diente, zeichnete es doch den Weg vor: **Gesetzliche Regelungen** zu Abgrenzung der Weingebiete in Abhängigkeit von Geologie, Klima, Rebsorten und Vinifikation.

Das führt – wenn auch nicht immer – zu sogenannten **Terroirweinen,** zu Weinen mit Identität, Typizität und Wiedererkennbarkeit. Sie rechtfertigt die Vermarktung der Weine eines Gebiets in einer eigenen DOC. Italien übernahm hierfür das System der geschützten Ursprungsbezeichnung, wie Frankreich es in den 1930er Jahren entwickelt hatte; es ist heute auch die Grundlage der verbindlichen EU-Regelungen.

2013 feierte der DOC sein 50-jähriges **Jubiläum.** Unter den ersten Weinen, denen diese Klassifizierung zuerkannt wurde, befand sich der **Chianti Classico.** Er war auch wieder unter den ersten, denen man eine italienische Sonderform der geschützten Herkunftsbezeichnung gewährte, die **DOCG** (kontrollierte und garantierte Ursprungsbezeichnung). Man kann sich mit Recht fragen, was dieses „G" für „garantiert" bedeuten soll. Auslöser war jedoch sicherlich die Tatsache, dass die Italiener im Übereifer eine Vielzahl an DOCs aus dem Boden stampften, mit Weinen höchst unterschiedlicher Qualität. Von diesen sollten sich besonders gute Gewächse, wie der Brunello, der Chianti Classico oder der Vino Nobile di Montepulciano unterscheiden.

Tradition versus Internationalität

Bald wurde jedoch deutlich, dass die Regeln der DOC zu **Einschränkungen** führten, denen sich nicht jeder Winzer beugen wollte. Ein Konflikt entzündete sich an der Verwendung internationaler Rebsorten, insbesondere des Cabernet Sauvignon (was die Richtlinien verboten). Die Folge war, dass einige der besten toskanischen Tropfen als Tafelwein (Vino da Tavola) in den Verkauf gelangten: Sassicaia, Solaia, Tignanello und weitere sogenannte Super Tuscans. Deren Preise lagen allerdings nicht selten ein Vielfaches über dem der DOC- oder auch DOCG-Weine. Da man aber gebietstypische, qualitativ hochwertige Weine, an die ein Konsument bestimmte Erwartungen an Geschmack, Haltbarkeit etc. knüpfen kann, auszeichnen wollte, änderte man schließlich 2009 die DOC-Regelungen für besonders markante Weingebiete wie das von Bolgheri.

Weinvielfalt

In der Toskana werden heute **Rot-, Weiß-** und **Roséweine** produziert sowie in einigen wenigen DOC-Gebieten sogar flaschenvergorener **Sekt**. Mehr als **70 Rebsorten** sind als geeignet zugelassen. Der Ausbau erfolgt in Stahltanks und in Holzfässern unterschiedlicher Größe (meist als trockener Ausbau, allerdings existieren auch halbsüße und süße Weine). Berühmt ist der **Vin Santo**. Eine ganze Reihe von DOCs und IGTs haben hierfür Produktionsregeln aufgestellt. Für den Vin Santo Toscano werden Weißweintrauben auf Gestellen oder Dachsparren zum Trocknen gehängt und dann gepresst und vergoren. Dies ergibt – je nach Ausgangsmaterial – trockene, halbtrockene oder süße Dessertweine. Gerne reicht man dazu Cantucci, das traditionelle, harte Mandelgebäck. Eine Besonderheit stellt der **Occhio di Pernice** dar, ein Vin Santo aus dunklen Rebsorten, der meist aus Sangiovese, hergestellt wird (u.a. von Avignonesi, www.avignonesi.it/de).

▷ Enoteca in Montalcino

Weinhierarchie

Vino da Tavola

Die qualitative Einstufung der Weine erfolgt auf drei Ebenen. Die unterste Ebene bilden die Weine mit der Bezeichnung „Vino da Tavola" (Tischwein). Auf dem Etikett können Jahrgang und/oder Rebsorte angegeben sein, die Weinbezeichnung enthält aber keine geografischen Bezüge, er kann auch also aus mehreren Gebieten oder Anbauzonen stammen. Außer lebensmittelrechtlicher Aufsicht unterliegen diese Weine keinerlei Qualitätskontrolle, ihre Güte hängt ausschließlich vom Erzeuger ab.

Indicazione Geografica Tipica/Protetta (IGT/IGP)

Die zweite Qualitätsebene umfasst Weine mit geschützter Ursprungsbezeichnung. In der Toskana existieren sechs IGT-Gebiete. Im Rahmen der gesetzlichen Bestimmungen sind ihre Grenzen festgelegt, die Rebsorten, die verwendet, und die Art der Weine, die produziert werden dürfen. Weitere Regelungen sind u.a. Alkoholgehalt und Form der Vinifizierung. Im Gegensatz zu den Weinen aus DOC-Gebieten ist meist die Verwendung einer Vielzahl an Rebsorten, insbesondere auch internationaler Sorten, erlaubt. Qualität und Typizität hängen stark vom Winzer ab, weil zwar die Einhaltung der Vorschriften überwacht wird, darüber hinaus jedoch keinerlei Qualitätskontrolle (beispielsweise durch eine organoleptische Prüfung) stattfindet. In dieser Kategorie findet man nichtsdestotrotz oft erstaunlich gute Weine zu moderaten Preisen. Außerdem gibt es den Super-Tuscans-Effekt: Nominal kleinere Qualitätsstufe, aber qualitativ herausragender Wein. Beispiele sind Tenuta di Bisenzo mit großen Weinen nach Art der Bordeauxweine und Tenuta Campo di Sasso mit hohem Syrah-Anteil. Beide Güter liegen bei Bibbona nur knapp außerhalb des Bolgheri-Gebiets, das bisher nicht als Weingebiet in Erscheinung getreten ist und dementsprechend auch – noch – keine Regelungen besitzt.

DOC oder DOCG-Weine: Denominazione di Origine Controllata (e garantita)

Der Wunsch vieler Weingebiete, in die erste Liga aufzusteigen, traf auf die Regelungsbereitschaft (oder -wut) der römischen Bürokratie, mit der Folge, dass eine Vielzahl an DOCs entstand. Nicht immer werden sie diesem Anspruch bedeutungsmäßig und qualitativ gerecht. In Italien gibt es heute über 350 Weingebiete mit DOC-Status und über 70 mit DOCG. In der Toskana tragen 39 Weingebiete die DOC-, elf die DOCG-Bezeichnung. Wie bei den IGT-Weinen sind detailliert Gebiet, Rebsorten, Weinbereitung und Lagerzeiten in Fass und Flasche vorgeschrieben. Häufig sind nur die einheimischen Rebsorten, ausschließlich oder mit einem hohen Anteil, zugelassen.

Riserva, Superiore und Gran Selezione

Diese Kategorien sind spezielle Einstufungen vornehmlich auf dem Gebiet des Chianti Classico. Bei den **Riserva** handelt es sich oft um die besten Partien einer Ernte. Die vorgeschriebene Ausbau- und Lagerzeit ist länger als bei den als „Annata"-Weine bezeichneten normalen Chiantis. Die Hektarerträge liegen niedriger.

Seit 2011 gibt es über diesen Weinen noch die Krönung: **Gran Selezione.** Hier wurden Hektarerträge nochmals (leicht) reduziert und die Ausbau- und Lagerzeiten gegenüber den Riserva-Weinen um sechs Monate auf 30 Monate verlängert. Nachdem die ersten Weine verkostet werden konnten, hat sich die Furcht, dass diese Kategorie zu einem Qualitätsabfall bei Riserva- und Annata-Weinen führt, nicht bestätigt.

Die **DOCG Chianti Superiore** ist eine weitere Besonderheit. Eine etwas systemwidrige Weinkategorie, die nicht geografisch definiert ist: Diese Trauben können aus allen Unterzonen außerhalb des Chianti Classico kommen. Die vorgeschriebene Lagerzeit ist etwas kürzer, ansonsten ist die Hauptrebsorte, wie sonst auch, die Sangiovese-Traube.

Die Weingebiete

Im Folgenden eine **Übersicht** über die wichtigsten Gebiete. Die Preisspannen sollen einen Eindruck des **mittleren Preisniveaus** vermitteln (was nicht heißt, dass es nicht auch ordentliche Weine für weniger Geld gibt). Die angegebenen **Referenzweine** sind typisch und repräsentativ für das jeweilige Gebiet. Wer mehr Tipps und Informationen möchte, dem sei insbesondere das Buch von *Stefan Maus* empfohlen: „Italiens Weinwelten". Sehr empfehlenswerte, komplette und präzise Informationen zu den einzelnen Gebieten findet man auf www.quattrocalici.it.

Chianti

Auch wenn er ziemliche Konkurrenz bekommen hat, der Chianti ist flächenmäßig und vom Bekanntheitsgrad immer noch der **wichtigste Wein der Toskana.** Als „Tschiantiwein" besungen, lange mit dem Fiasco assoziiert, der bastumflochtenen Flasche mit einem alten Florentiner Maß, hat er sich seit seiner ersten Erwähnung im 14. Jh. über alle Wirren, Krisen und Veränderungen erhalten.

Dabei wurde das allgemeingültige **„Rezept"** für den Chianti erst Mitte des 19. Jh. von Baron *von Ricasoli* nach langen Versuchen aufgestellt: 80 % **Sangiovese,** 20 % andere Sorten (meist **Canaiolo** und **Colorino**). Auch Weißweintrauben waren erlaubt, werden heute aber nicht mehr beigemengt. Auch der „Governo", der beim Wein durch Beifügung rosinierter Trauben nach der ersten Gärung eine weitere auslöst, die ihn „süßer" und „geschmeidiger" macht, wird praktisch nicht mehr angewandt. Dies hat die Weine gewichtiger werden lassen. Zwei weitere (eigentlich gegenläufige) Änderungen haben dann dazu geführt, dass die Chianti in die Spitzenklasse der italienischen Weinhierarchie rückten: Es wurde zugelassen, dass auch Weine mit 100 % Sangiovese unter die DOC-Regelungen fallen, und es wurden im Rahmen der 20 % Fremdtrauben auch internationale Rebsorten zugelassen (wie Merlot oder Cabernet Sauvignon). Generell gilt, dass die Sangiovese-Traube reinsortig ganz hervorragende, typische Weine ergeben kann, die Zugabe anderer, insbesondere internationaler Rebsorten dem Chianti aber seine Typizität und Besonderheit nimmt.

Das **Chianti-Gebiet** erstreckt sich von Pistoia im Norden in drei großen Strängen nach Süden bis Arezzo im Osten, in der Mitte bis fast zum Monte Amiata und bis auf die Höhe von Cècina im Westen. Ein so großes Gebiet mit unterschiedlichen Böden und Klimata bringt zwangsläufig auch sehr unterschiedliche Weine hervor. Es ist deshalb zwischenzeitlich aufgeteilt in **acht Unterzonen:** Chianti Classico, Colli Aretini, Colli Fiorentini, Colli Senesi, Colline Pisane, Montalbano, Montespertoli und Rufina.

Chianti Classico

Das Gebiet mit der längsten Tradition und den besten Weinen ist das Chianti Classico, südlich von Florenz in den Monti del Chianti und bis an die Tore Sienas reichend. Das Erkennungszeichen ist die **Banderole mit dem schwarzen Hahn** (Gallo Nero) des sehr rührigen Consorzio del Chianti Classico. Es hat mit einer ganzen Reihe an Maßnahmen die Qualität der Chianti-Classico-Weine in den letzten 30 Jahren erheblich verbessert. Erwähnenswert ist das „Chianti Classico 2000 Projekt", bei dem seit 1987 Weinberge vor einer Neuanpflanzung untersucht werden, um Anbaumethoden (Rebmaterial, Wurzelstöcke, Rebdichte) und Pflege (Rebschnitt, Ertragsreduzierung etc.) qualitativ zu optimieren.

Die besten Rotweine zeichnen sich durch eine schöne rubinrote Farbe aus, sie haben einen angenehmen Duft mit einem Hauch Bittermandel. Im Mund sind sie gut strukturiert, eher elegant

mit einem Abgang mit leichten Bittertönen, etwas Tannin und viel Frucht. Riservas mit einer vorgeschriebenen Lagerzeit von mindestens zwei Jahren geraten durch das meist bessere Lesegut und den anderen Ausbau in der Regel etwas voller, runder, reifer.

Referenzwein: Isole e Olena Chianti Classico.

Chianti Rufina

Die Weine aus dem Chianti Rufina weisen eine ähnliche Qualität wie die Chianti Classico auf und sind im Geschmack vielleicht etwas straffer. Dagegen herrschen in den anderen Unterzonen eher leichte, frische Rotweine auf Sangiovese-Basis vor. Allen ist jedoch eigen, dass sie ganz hervorragend zu toskanischen **Speisen** passen: Kaninchen mit Knoblauch, Olivenöl und Rosmarin; Perlhuhnbrust oder eine Bistecca Fiorentina, zu der es aber gerne auch ein etwas kräftigerer Chianti-Vertreter sein darf.

Referenzweine: Fattoria Selvapiana Chianti Rufina und Azienda Agricola La Querce Chianti Colli Fiorentini.

Off-Chianti Weine

Nicht unerwähnt bleiben dürfen die Weine, die im Chianti, speziell im Chianti-Classico-Gebiet produziert werden, aber nicht zu den Chiantis zählen, weil ihr Anteil an internationalen Rebsorten zu hoch ist oder sie überhaupt keinen Sangiovese enthalten. Nichtsdestotrotz sind es große (und teure) Weine, die von bekannten Winzern produziert werden: **Solaia** und **Tignanello** von den Marchesi *Antinori* oder **Mormoreto** von den Marchesi *dei Frescobaldi*.

Preisspanne der Chianti

Die Preisspanne bei Chianti und Chianti Classico ist, der Vielfalt geschuldet, relativ groß: ordentliche Chianti bekommt man ab 8 €, Chianti Classico 10–29 €, Weine aus 100 % Sangiovese sind zum Teil erheblich teurer; Chianti Superiore 10–15 €, Riserva 19–29 €, Gran Selezione über 30 €.

Vino Nobile de Montepulciano

Dieses Gebiet, südöstlich von Siena fast an der Grenze zu Umbrien, hat ebenfalls eine DOCG (nicht zu verwechseln mit dem Montepulciano d'Abruzzo, ein eher einfacherer Wein). Der Vino Nobile besteht, wie seine Brüder aus dem Chianti oder Montalcino, hauptsächlich aus **Sangiovese** (Prugnolo gentile – ein Klon). Die mindestens 70 % können durch klassische Rebsorten wie z.B. **Mammolo, Cannaiolo** oder **Colorino** ergänzt werden, aber auch mit **Merlot**. Die Tuffböden und die etwas andere Sortenzusammensetzung verleihen dem Wein einen besonderen Charakter. Er wirkt ruhiger, ausgeglichener, nicht so extrovertiert wie seine Brüder. Oft zeichnen sich diese Weine durch einen besonderen Duft aus. Preisspanne 15–23 €.

Referenzwein: Poderi Boscarelli, www.poderiboscarelli.com

Cortona

Nicht wenige Winzer aus Montepulciano haben Land um Cortona gekauft und dort Weinberge angelegt. Die DOC lässt relativ **viele Rebsorten** zu, darunter auch sehr viele erfolgreiche internationale Sorten; bei den Weißweinen z.B. Chardonnay und Sauvignon Blanc, bei den Rotweinen Syrah, Cabernet Sauvignon und Merlot. Die Weine werden jedoch aufgrund der Anstrengungen der Winzer immer besser. Preise zwischen 10 und 40 €.

Referenzwein: Tenuta La Braccesca (Antinori), www.antinori.it/de/passione-in-evoluzione/la-braccesca.

◁ Auf dem Weingut Podere di Pomaio bei Arezzo

Brunello di Montalcino

Die Weine aus Montalcino gehören zu den berühmtesten in Italien. Das Weingebiet liegt südlich von Siena rund um Montalcino etwa auf gleicher Höhe wie Montepulciano (aber etwas weiter westlich). Der Brunello ist das Resultat sorgfältiger Untersuchungen und Experimente des Apothekers *Clemente Santi*. Er und seinen Nachkommen vom Weingut Il Greppo Biondi-Santi gelang es, die Erkenntnisse weitgehend geheim zu halten, und bis Ende des Zweiten Weltkriegs wurden nur vier – allerdings legendäre – Jahrgänge von Biondi-Santi in Flaschen abgefüllt.

Ansonsten bauten einige Bauern Wein an, zogen ihn jedoch nicht auf Flaschen. Durch die Reblausplage in den 1930er Jahren und die Folgen des Krieges kam die Weinproduktion fast völlig zum Erliegen. 1968 gab es 13 Winzer, die 50 ha Rebland bewirtschafteten. Die Abwanderung der Landarbeiter in die Städte ließ ganze Landstriche veröden. Doch dann gründeten zwei US-Importeure Castello di Banfi und erwarben riesige Ländereien. Auch Großkonzerne wie Cinzano oder die *Antinori* kauften große Flächen und legten neue Weinberge an. Heute stehen mehr als 1500 ha für den Anbau von Brunello zur Verfügung. Das relativ kleine Anbaugebiet besteht aus sehr **unterschiedlichen geologischen** und auch **klimatischen Zonen.** Die Ausweitung der Rebflächen führt deshalb zu unterschiedlichen Weinen. Generell brauchen die Weine im kühleren Nordteil länger zum Ausreifen, sind in der Regel etwas karger und benötigen längere Flaschenreife. Im südlichen Teil entstehen oft schmeichlerischere Weine, die Blütenduft bereits in jungen Jahren verströmen und **früher und leichter zugänglich** sind.

▷ Montemassi: Sanfte Hügel und Reben bis zum Horizont

Der Brunello di Montalcino besteht zu 100 % aus einem **Sangiovese-Klon** namens „Brunello" oder „Sangiovese Grosso". Er muss vier (Riserva fünf) Jahre gelagert werden, davon zwei Jahre im Holzfass. Die Weine sind sehr lagerfähig und gewinnen mit dem Alter. Ein reifer Brunello aus einem guten Jahr ist ein Genuss, und das Gericht der Wahl sind Pappardelle mit Ragù vom Wildschwein oder ein Schmorgericht vom Wildschwein in Rotwein-/Rosmarin-Soße. Aber auch eine Bistecca mit Steinpilzen oder ein Stück reifer Parmesan begleiten diese Weine ganz vorzüglich. Preisspanne 19–45 €.

Referenzweine: Tenuta Il Poggione Brunello und Brunello Riserva, www.tenutailpoggione.it.

Rosso di Montalcino und Sant'Antimo

Weniger Geld hinblättern muss man für einen Rosso di Montalcino. Im Prinzip ein kleiner Brunello mit kürzeren Ausbauzeiten und in der Jugend bereits zugänglich. Die DOC Sant'Antimo, nach der wunderschönen und traumhaft gelegenen romanischen Abtei mit ihren Alabastersäulen benannt, bietet den Winzern die Möglichkeit, auch andere Rebsorten als Sangiovese zu verwenden. Preisspanne 12–20 €.

Referenzwein: Tenuta Il Poggione, www.tenutailpoggione.it.

Morellino di Scansano

Dieses DOCG-Weingebiet liegt in den ehemaligen Sumpflandschaften der Maremma. Auch wenn die Etrusker Teilerfolge bei deren Trockenlegung erzielten, gelang es doch erst im 19. Jh., die Sümpfe endgültig urbar zu machen. „Morellino" ist eine andere Bezeichnung für die **Sangiovese-Traube,** und wie im Chianti dürfen andere Traubensorten zugegeben werden (max. 15 %). Die größere Hitze und die lehmigen Böden ergeben jedoch einen Weintyp, der **fülliger** ist, mit mehr **Frucht, Würze und Kraft.** Auch wenn er nicht die Eleganz eines Chianti Classico besitzt, ist es doch ein Wein, mit dem man sich schnell anfreunden kann und ein wunderbarer, unkomplizierter Essensbegleiter, durchaus zu kräftigen Fleischgerichten oder gereiftem Käse. Der Preis für guten Morellino liegt bei 8–15 €.

Referenzwein: Podere 414, www.podere 414.it.

Bolgheri

Wenige Kilometer abseits der Küste und der Via Aurelia liegt das mittelalterliche Dörfchen Bolgheri und hat diesem besonderen Weingebiet der Toskana seinen Namen gegeben. Ohne Tradition oder die lange Geschichte des Chianti Classico geht dieses Weingebiet allein auf die Vorliebe eines einzigen Mannes zurück. **Marchese Mario Incisa della Rocchetta,** ein Liebhaber von Bordeauxweinen, pflanzte 1942 zunächst einen Hektar Cabernet Sauvignon auf dem Familienweingut San Guido. Dieser Wein wurde halb italienisch *(governo),* halb französisch *(barriques)* vinifiziert und erwies sich in der Folge als netter Spaßwein, aber überzeugte den Marchese nicht übermäßig. Er wandte sich lieber anderen landwirtschaftlichen Produkten und der Zucht von Rennpferden zu. Einige Jahre später probierte er mit kundigen Freunden die aus jedem Jahrgang aufgehobenen Weine. Trotz deren rustikaler Machart stellten sie fest, dass die gereiften Weine sehr wohl Potenzial hatten. Das entfachte sein Interesse neu, und er erweiterte die Anlage von Weinbergen mit Cabernet-Sauvignon-Reben in einem Gebiet namens **Sassicaia.** Dies aber immer noch nur für den Eigenkonsum. Erst *Piero Antinori,* der junge Neffe des Marchese, überzeugte ihn, den Wein zu vermarkten. Mit fachkundiger Unterstützung durch *Antinori* und französische Weinberater wurde die Weinbereitung umgestellt und 1968 der ers-

te Jahrgang abgefüllt. Die 7300 Flaschen des Sassicaia 1968 waren schnell verkauft und erhielten von italienischen Fachleuten überschwängliches Lob. Den 1972er küre das renommierte britische Weinmagazin „Decanter" aus einer Vergleichsprobe mit 34 Spitzen-Cabernets aus aller Welt zum besten Wein. Damit gehörte er zu den **gesuchtesten und teuersten Weinen Italiens.**

Die italienische **Bürokratie** hatte damit jedoch größere Probleme, denn er führte die bestehenden Regelungen (DOC; DOCG) ein Stück weit ad absurdum. Der beste und teuerste Rotwein Italiens bestand aus nicht zugelassenen Rebsorten und wurde in der untersten Qualitätskategorie als „Vino da tavola" geführt. Immerhin dauerte es mehr als 20 Jahre, bis sich das italienische Weinrecht der Realität anpasste und dem Weingebiet „Bolgheri" die DOC zuerkannte. Den besonderen Verdiensten des Marchese *Incisa della Rocchetta* wurde dadurch Rechnung getragen, dass er für seinen Wein eine eigene DOCG bekam, die DOC „Bolgheri Sassicaia".

Inzwischen ist Sassicaia bei Weitem nicht mehr alleine. Rund **40 Weingüter** produzieren mehr als **180 Weine.** Weine mit dem Zusatz „Superiore" unterliegen den gleichen Regeln, der gesetzlich zulässige Höchstertrag ist jedoch um 10 % niedriger. Mit dem **Masseto** ist dem Sassicaia ein ebenbürtiger Kontrahent erwachsen, er streitet mit dem großen Château Petrus aus Pomerol um die Spitzenposition bei den Merlot-Weinen. Die Preise dieser Bolgheri-Weine liegen im dreistelligen Bereich für eine Flasche. Unter 50 € sind die Weine der anderen Weingüter nicht zu haben, und Zweitweine kosten immer noch 20 €. Seit rund 15 Jahren ist in Bolgheri auch der Weißwein auf dem Vormarsch. Hauptrebsorte ist dabei die italienische Vermentino, oft ergänzt durch Sauvignon Blanc.

Referenzweine: Die im Text genannten, dazu noch Tua Rita und Grattamacco, www.collemas sari.it.

Montecucco Sangiovese

In einem aufstrebenden Anbaugebiet, das südlich an Montalcino anschließt und bis an das des Morellino di Scansano reicht, wird ein ordentlicher **Rotwein** hergestellt, der zu mindestens 90 % aus **Sangiovese** und zu 10 % aus anderen einheimischen, **dunklen Rebsorten** hergestellt wird. Vom Typus dem Morellino ähnelnd, fehlt es bisher allerdings an ausreichend vielen Produzenten, die das Potenzial voll ausschöpfen. Preisspanne 9–13 €.

Referenzwein: Campi Nuovi, www.campi nuovi.com.

Val di Cornia Rosso und Suvereto

Val di Cornia liegt zusammen mit dem Suvereto südlich von Bolgheri, direkt gegenüber von Elba. Zugelassen für den Rotwein sind **Sangiovese** (mind. 40 %), **Cabernet Sauvignon** und **Merlot** (zusammen oder einzeln max. 60 %) sowie andere toskanische Rotwein-Rebsorten. Die Weine kosten um 10 €.

Suvereto-Rotweine können zu 100 % aus **Cabernet Sauvignon** und/oder **Merlot** bestehen, sie dürfen jedoch auch mit anderen toskanischen Rebsorten verschnitten werden (max. 15 %). Die Weine sind vom Typ verwandt mit denen von Bolgheri, erreichen aber nicht deren Klasse, preislich liegen sie zwischen 15 und 20 € oder darüber.

Referenzwein Val di Cornia Rosso: Gualdo del Re Eliseo, www.gualdodelre.com.

Referenzwein Suvereto: Petra, www.petra wine.it.

▷ „Generationentreff" der Weine

Vernaccia di San Gimignano

Aus San Gimignano stammt der **berühmteste Weißwein der Toskana** (der „Pomino" mit einer eigenen DOC aus dem Rufina-Gebiet und ein paar andere mögen diese Einschätzung verzeihen). Bereits seit 1276 gibt es ihn, und es ranken sich viele Geschichten und Anekdoten um ihn: Papst *Martin IV.* legte die von ihm geliebten Aale am liebsten in Vernaccia ein. Ein solches Mahl wurde ihm dann auch zum Verhängnis, was zu erheblichem Spott führte. *Dante* in seiner „Göttlichen Komödie" lässt den Verblichenen für seine Völlerei im Fegefeuer büßen: „... und der Große daneben, mehr als andre mager zwar, hielt einst die Kirche auf dem Schoße. Er stammt aus Tours und büßt mit strengem Fasten die Aale aus Bolsena und den Vernaccia."

Vernaccia di San Gimignano war der erste Wein, der eine DOC erhielt (1966). Heute ist ihm aus vielen anderen Gebieten große Konkurrenz erwachsen, was seiner Popularität etwas geschadet hat. Nach wie vor entstehen aber aus der Vernaccia-Traube gute, **sehr aromatische** Weißweine mit Frische und Länge. Preisspanne 6–9 € (Spezialcuvées 13–15 €).

Referenzwein: Terruzzi & Puthod, www.teruzzieputhod.it/de.

Maremma Vermentino

In Ligurien und Sardinien wird die **Weißweintraube Vermentino** schon lange erfolgreich angebaut. Inzwischen wird aber auch in der Maremma, insbesondere in Küstennähe entlang der Via Aurelia, diese Rebsorte vermehrt kultiviert, oft an Lagen, die vorausschauende Winzer trotz der bislang dort angesagten Rotweinsorten bepflanzt haben. In der mit Weißweinen ansonsten nicht besonders gesegneten Toskana eine wunderbare Sache. Diese Weine passen in ganz besonderer Weise zu gegrilltem Fisch oder Meeresfrüchten. Preisspanne: 10–20 €

Referenzwein: Derzeit gibt es noch keine fassbare Qualitätshierarchie.

Colli di Luni

Ganz im Nordwesten der Toskana, angrenzend an Ligurien, wird Rot- und Weißwein produziert. Meist wird dieses Gebiet zu Ligurien gerechnet, wohl weil der namensgebende Ort auf der ligurischen Seite liegt, unmittelbar neben einer sehr sehenswerten Ausgrabungsstätte der römischen Stadt Luna und ganz in der Nähe der Marmorsteinbrüche von Carrara. Insbesondere der **Weißwein** aus der Vermentino-Traube von hier ist sehr empfehlenswert. Preise für Vermentino um die € 10.

Referenzwein: Cantina Lunae, www.cantine lunae.it.

Weinkauf vor Ort

Viele **Weingüter** haben ihre Keller für den direkten Verkauf geöffnet. Meist kann man die Weine auch **probieren.** Je nach Weingut geschieht dies in einer eher rustikalen Umgebung, nicht selten gibt es jedoch auch Weinprobier-„Stuben", die sehr elegant und mit italienischem Design-Geschmack ausgestattet sind. **Preislich** darf man allerdings nicht erwarten, dass man wesentliche Einsparungen gegenüber den Preisen eines seriösen Händlers in Deutschland herausholen kann.

Auch ist es nicht jedermanns Sache, erst einige Weine des Winzers zu probieren und ihm dann zu sagen, dass man lieber woanders kaufen möchte. Eine sehr segensreiche Einrichtung für solche Fälle sind deshalb die **Enoteche,** die es in vielen Weinorten gibt und die die Weine teilweise zu Erzeugerpreisen anbieten. Auch kann man hier vergleichend diverse Weine probieren, wird beraten, und nicht selten gibt es dazu auch ordentliche lokale Kost, Olivenöl und andere Spezialitäten. Hier eine kleine Auswahl:

■ **Enoteca di Consorzio del Vino nobile di Montepulciano:** Alle Weine der im Consorzio zusammengeschlossenen Winzer können probiert und gekauft werden. In der Fortezza, www.consorziovi nonobile.it.

■ **Enoteca Falorni in Greve:** Ein Ableger der berühmten Metzgerei gleichen Namens und mit einem riesigen Angebot (100 offene Weine) in historischen Gewölben. Zu essen gibt es u.a. die Wurst- und Schinkenwaren der Metzgerei. www.enoteca falorni.it. Es lohnt sich durchaus, auch die anderen Enoteche in Greve zu besuchen.

■ **Caffé 1888 Fiaschetteria Italiana in Montalcino:** Besuchenswert wegen des von *Feruccio Biondi-Santi* gegründeten historischen Cafés, aber auch wegen der dort erhältlichen Weine, www.caf fefiaschetteriaitaliana.com.

■ **Enoteca Scansanese in Scansano:** Gute Auswahl von Morellino di Scansano und Möglichkeit zu probieren, www.enotecascansanese.com.

> Die ideale Haltung

Rosticceria

Dort, wo die Rosticceria nicht nur ein Hühnchengrill ist, kann sie zum **Gourmettempelchen** mutieren. Kleine und fantasievolle gegrillte oder frittierte Köstlichkeiten munden dann im Stehen oder auf dem Barhocker und sind vergleichsweise billig. Dann ist die Rosticceria auch mittags offen, sie hat aber ihre Stoßzeit abends, wenn das familiäre Abendgericht in das Auto geladen wird.

Panineria

Große Auswahl belegter **Brötchen** an einer Theke, meist zum Mitnehmen für den Hunger zwischendurch. Manchmal wird warme Pizza vom Meter verkauft.

Pasticceria

Eis und **Kuchen,** Kuchen und Eis – als Erweiterung einer Bar prima für den Nachmittagskaffee geeignet. Die Süßigkeiten sind mannigfaltig und gehaltvoll. Bei den bekannten Namen stehen lange Schlangen in fiebriger Erwartung vor der Türe.

Pizzeria

Jeder hat seine eigene Pizzeriaempfehlung, nur dort wird sie so zubereitet, dass sie das familiäre Gütesiegel verdient. Die reine Pizzeria bietet nicht viel mehr als Pizza, vielleicht noch Salate und eine kleine Auswahl an Vorspeisen und Desserts. Als Getränkebestellung wird meist ein Bier oder Wasser erwartet, Wein wird aber auch kredenzt. Wenn die Pizzeria geöffnet hat, ist der **Pizzaofen stets beheizt.** Dies ist ein wichtiger Unterschied, denn es gibt viele Lokale, die sich zweifach benennen – Ristorante/Pizzeria oder Trattoria/Pizzeria – und entweder nur abends Pizza servieren oder nur freitags und samstags. Das Essen in der reinen Pizzeria ist im Allgemeinen günstig, häufig kommen Jugendliche und mittags Geschäftsleute, geöffnet wird ab Mittag (12–13 Uhr) bis in den späten Nachmittag und ab 18–20 Uhr.

Spaghetteria

„Schwester" der Pizzeria, nur mit nämlichem Gericht. Viele Jugendliche, mittags Geschäftsleute und kein Ort zum gemütlichen Völlen und Verweilen.

Cucina

In größeren Städten bei den Marktplätzen finden sich noch die echten **gastronomischen Familienbetriebe.** Meist nur mittags geöffnet, bieten sie Bodenständiges für die Einheimischen. Günstige Preise und eine urige Stimmung sorgen für ein nicht nur kulinarisches, sondern auch kulturelles Erlebnis.

Osteria

Einfache Gastwirtschaft auf dem Lande oder in **kleinen Orten** mit meist einheimischen Gästen, bis die Lokalität dann „entdeckt" wird und Besucherzahlen und Preise steigen. Gemeinhin günstiges Essen, wobei man aber Wert darauf legt, dass der Gast es nicht bei einem Teller Pasta belässt. Die Öffnungszeiten entsprechen denen der Restaurants.

Trattoria

Die **städtische Variante der Osteria** und die „günstige Schwester" des Ristorante. Die Trattoria ist überall zu finden. Wer hier weniger als zwei Gänge bestellt, bekommt es öfters mit schlechtgelauntem Personal zu tun. Häufig ist die Trattoria ein Familienbetrieb in echtem Sinne: Die Mutter kocht, der Vater steht hinter der Bar oder an der Kasse, die Kinder servieren. Garant für günstige Preise ist der Name Trattoria allerdings nicht. Es gibt nicht selten Wölfe im Schafspelz. Normale Restaurant-Öffnungszeiten.

Ristorante

Das „Flaggschiff" der Lokale, was sich nicht unbedingt im Preis ausdrückt, aber immer öfter. Hier ist der Tisch gedeckt, über den Hauswein hinaus gibt es eine mehr oder weniger große Auswahl an geistigen Getränken, und die Speisekarte wird unterschiedlichsten lukullischen Bedürfnissen gerecht. In der Toskana gibt es Ristoranti aller Preisklassen bis hinauf zu Gourmettempeln mit Michelin-Sternen.

> Nicht immer ist es ein fröhlicher Anlass

Feiertage/Feste

Gesetzliche Feiertage

Karfreitag (Venerdì Santo) und Pfingstmontag (Lunedì dell'Angelo) sind in Italien keine Feiertage.

- 1. Jan.: **Neujahr** (Capodanno)
- 6. Jan.: **Dreikönigsfest** (Epifania)
- **Ostermontag** (Pasqua)
- 25. April: **Befreiungstag** (Festa d. Liberazione)
- 1. Mai: **Tag der Arbeit** (Festa del Lavoro)
- 2. Juni: **Tag der Republik** (Festa d. Repubblica)
- 15. Aug.: **Mariä Himmelfahrt** (Ferragosto)
- 1. Nov.: **Allerheiligen** (Ognissanti)
- 8. Dez.: **Mariä Empfängnis** (Festa dell'Immacolata)
- 25. Dez.: **Weihnachten** (Natale)
- 26. Dez.: **Tag des heiligen Stefano**

Feste (Auswahl)

- Der **Carnevale** von **Volterra** (Feb./März) zeigt einen großartigen Umzug.
- **Balestro di Girifalco,** historisches Armbrustschießen in **Massa** in Mai und Aug.
- Der **Calcio** von **Florenz** findet im Juni statt – Rugby ist nichts dagegen.
- In **Pisa** treten beim **Gioco del Ponte** (Juni) zwei Stadtteile gegeneinander an, ein großes Volksfest mit Umzug in historischen Kostümen.
- In **Arezzo** findet im Juni und im Sept. das Reiterturnier **Giostra del Saracino** statt.
- Beim **Palio von Siena** (Juli, Aug.) kämpfen die Stadtviertel im härtesten Pferderennen der Welt.
- **Volterra** kleidet sich anlässlich des **A.D. 1398** jeden Aug. in historische Kostüme.
- **Bravio delle Botte** – am letzten So des Aug. fröhliches Fassrollen in Montepulciano.

- **Luminara di Santa Croce** am 13. Sept. in **Lucca** mit einer feierlichen Prozession.
- Im Aug. und im Okt. treten Bogenschützen in **Montalcino** beim **Sagra del Tordo** gegeneinander an.
- Fast jeder größere Ort feiert den Sommer mit einem **Festival**: Estate di Firenze, ... di Pisa, ... di Arezzo. Mit Konzerten auf öffentlichen Plätzen, Straßentheater und Opernaufführungen wird bis weit nach Mitternacht gefeiert und promeniert, in den Gassen palavert und gesungen. Auch kleine Kinder nehmen daran teil und freuen sich – an Schlafen ist nicht zu denken.

Weitere Feste, Festivals und historische Nachstellungen werden in den „Praktischen Informationen" der Ortskapitel vorgestellt.

Finanzen

Die italienische Lira wurde 2002 mit der Einführung des Euro abgelöst. Die Rückseiten der italienischen **Centmünzen** zeigen das Castel del Monte bei Andria (1 Cent), den Aussichtsturm Mole Antonelliana in Turin (2 Cent), das Colosseum in Rom (5 Cent), den Kopf der Venus von *Sandro Botticelli* (10 Cent), eine Bronzeskulptur von *Umberto Boccioni* (20 Cent) sowie das Reiterstandbild des *Marcus Aurelius* auf der Piazza del Campidoglio in Rom (50 Cent). Auf den **Euromünzen** sind die Proportionsstudie des menschlichen Körpers von *Leonardo Da Vinci* (1 Euro) und mit *Dante Alighieri* Italiens bedeutendster Dichter (2 Euro) zu sehen. Ausgesprochen wird der Euro in Italien als „E-uro".

Preiswerteste Art der Geldbeschaffung ist die **Barabhebung** mit der Maestro- oder Kreditkarte, die an den **Bancomaten** fast überall – auch in kleineren Orten – möglich ist. Je nach Hausbank wird dafür pro Abhebung eine Gebühr unterschiedlicher Höhe eingezogen.

Eine nur noch selten verwendete (und auch häufiger nicht akzeptierte) Alternative zu Kredit- und Maestro-Karte ist der **Reisescheck**. Er wird am Heimatort eingekauft und im Urlaubsort nach und nach, je nach Stückelung, eingelöst (bei Banken, auch Hotels).

Bei Einkäufen und bei Restaurant- oder Bar-Aufenthalten ist die **Quittung** aufzuheben und bei etwaigen Kontrollen der Finanzpolizei vorzuzeigen.

Verlust der Geldkarte siehe „Notrufe".

Reisekosten

Niedrigstes Budget: Verkehrsmittel der Wahl sind der Daumen, der Zug und der Bus. Übernachtet wird auf Zeltplätzen,

Informationen

Das Staatliche **Italienische Fremdenverkehrsamt ENIT** unterhält in Frankfurt am Main und in Wien Auslandsbüros. Schweizer wenden sich an Frankfurt.

- **ENIT Deutschland/Schweiz,** 60325 Frankfurt/Main, Barckhausstr. 10, Tel. 069 237434, frankfurt@enit.it.
- **ENIT Österreich,** 1060 Wien, Mariahilfer Straße 1b/Mezzanin/Top XVI Kärtner, Tel. 01 5051639, vienna@enit.it.
- Prospektbestellung und allgemeine Informationen unter www.enit-italia.de (auch Download möglich).

Websites zu Italien und der Toskana (fast alle auch in englisch, teils auch deutsch):

- www.italia.it
- www.enit.de, www.enit.at: Italienisches Fremdenverkehrsamt.
- www.toscanapromozione.it: allgemeine Informationen zur Toskana.
- www.turismo.intoscana.it: Veranstaltungen, Adressen usw.
- www.regione.toscana.it: Region Toskana.
- www.beniculturali.it: Ministerium für Kunst und Kultur.
- www.autostrade.it: Infos zur ital. Autobahn.
- www.trenitalia.com: Eisenbahn.
- www.toscanaviva.com: allgemeine Infos.
- www.terraditoscana.com: allgemeine Informationen.
- www.touringclub.it: Autoclub Touring.
- www.aci-automobile.it: Autoclub ACI.
- www.paginegialle.it: Gelbe Seiten.
- www.geoplan.it: ausgezeichnete Karten größerer Städte.
- www.ilmeteo.it: Wetterdienst.

Internet

Einige Städte haben in ihrem Zentrum **WiFi-Zonen** eingerichtet, die aber für den Zugang meist eine italienische Mobilfunknummer voraussetzen. So bietet etwa Florenz Besuchern mit italienischer Mobilfunknummer an zahlreichen Plätzen kostenlosen Zugang. Die Nutzung ist pro Gerät (Smartphone, Tablet etc.) auf 2 Std. und 300 MB am Tag begrenzt.

Fast alle **Unterkünfte** haben WLAN zumindest in der Hotelhalle, häufig auch auf den Zimmern.

Viele Netzbetreiber bieten speziell für den Urlaub gedeckelte **Flatrates** für Telefon und Datentransfer an. Will man allerdings Filme oder Musik herunterladen, ist das Kontingent bald erschöpft.

Museen

In größeren Städten achte man auf besondere Angebote beim Besuch mehrerer Museen, **Kombitickets,** die richtig Geld sparen helfen. Besucher unter 18 Jahren haben häufig freien Eintritt, Studenten erhalten einen Rabatt. Rentner müssen meist voll zahlen (der ehemals vergünstigte Eintritt wurde im Zuge der Krise der Nullerjahre gekippt). Bei den ganz großen Museen und Sehenswürdigkeiten (u.a. in Florenz, Pisa, Siena, Arezzo) ist im Hochsommer eine **Reservierung** angeraten (und teilweise Pflicht), will man nicht sich stundenlang die Beine in den Bauch stehen oder gar abgewiesen werden.

Notrufe

Es gibt zwei hauptsächliche Notrufnummern: **Polizei (112)** und **Unfallrettung/Notarzt/Bergrettung (118).** Zusätzlich zu diesen Nummern ist die landesweite Notrufzentrale vom **Mobiltelefon** unter Tel. 112 erreichbar. Hier muss man rasch sagen, was Sache ist (ob das Herz nicht mehr will, ob es brennt oder ob jemand einem an die Börse geht), Weiteres wird veranlasst.

Notrufnummer für die **Polizei** ist landesweit Tel. 112 (sie führt zu den Carabinieri, die auch in den kleinsten Orten vertreten sind). Weiter gibt es die Polizia Stradale (für Verkehrsüberwachung zuständig) und die Guardia di Finanza (Steuerpolizei, die wegen ihrer weitreichenden Vollmachten in Italien gefürchtet ist). Schließlich sind da auch noch Stadtpolizei, Staatspolizei, Postpolizei, Gefängnispolizei, freiwillige Verkehrshelfer und, und, und.

Erste Hilfe ist über Tel. 118 anzufordern. Das Rettungssystem hat keine eigene allgemeingültige Nummer, da es anders konzipiert ist als bei uns (das jeweilige Hospital bringt einen Rettungswagen auf den Weg). Die Telefonnummern der Hospitäler stehen in Telefonbüchern im Kopfeintrag der jeweiligen Ortschaften unter „Pronto Soccorso" oder „Guardia Medica".

Bei **Feuer** (auch Waldbrände) sind die Vigili del Fuoco unter Tel. 115 zu informieren.

Über die Numero Blu 1530 – Emergenza in Mare – alarmiert man die Hafenkapitäne bzw. die **Küstenwache.**

Pannenhilfe ist z.B. für ADACPlus-Mitglieder (bis max. 200 €) oder ÖAMTC-Mitglieder teilweise kostenlos. Die Pannenhilfe des **ACI** in Italien erreicht man mit ausländischen Mobiltelefonen unter **Tel. 800 11 68 00** (kostenlose Rufnummer, die allerdings nicht von jedem Funktelefon funktioniert), vom Festnetz unter Tel. 803116. Auch die Notrufzentrale des ADAC vermittelt Pannenhilfe (Telefonnummer siehe unten). Man kann sich auch direkt an seinen Automobilclub wenden.

- **ADAC,** (D-) Tel. 0049 89 222222, unter (D-) Tel. 089 76 76 76 gibt es Adressen von deutschsprachigen Ärzten in der Nähe des Urlaubsortes (Liste auch vorab anforderbar).
- **ÖAMTC,** in Italien Tel. 039 2104553 oder (A-) Tel. 0043 1 2512000.
- **TCS,** (CH-) Tel. 0041 58 8272220.

Bei Verlust oder Diebstahl der **Kredit-** oder **Maestro-Karte** sollte man diese umgehend sperren lassen. Für deutsche Karten gilt die **einheitliche Sperrnummer 0049 116 116** und im Ausland zusätzlich 0049 30 4050 4050. Die Schweiz besitzt keinen zentralen Kartensperrdienst, jede einzelne ausgebende Bank führt eigene Notrufnummern für die Sperrung. Diese sollte man sich natürlich bereits vor Beginn der Reise besor-

Landkarten-Tipp

- **Toskana,** Maßstab 1:200.000, reiß- und wasserfestes Material, mit exakten Höhenlinien, GPS-tauglich, erschienen im world mapping project™, REISE KNOW-HOW Verlag.

gen. Für **österreichische** Karten gelten folgende Nummern:

- **Maestro-(EC-)Karte,** (A-) Tel. 0043 1 2048800.
- **MasterCard,** in Italien, Tel. 800 870866.
- **VISA,** (A-) Tel. 800 819014.
- **American Express,** (D-) Tel. 0049 69 9797 2000.
- **Diners Club,** Tel. 800 393939.

Werden **Reisepass** oder **Personalausweis** im Ausland gestohlen, muss man dies bei der örtlichen Polizei melden. Darüber hinaus sollte man sich an eine Diplomatische Vertretung (siehe gleichnamiger Abschnitt weiter vorn) seines Landes wenden, damit Ersatzpapiere zur Rückkehr ausgestellt werden. Auch in **dringenden Notfällen,** z.B. medizinischer oder rechtlicher Art, sind die Konsulate bemüht, zu helfen.

Öffnungszeiten

Die Öffnungszeiten sind unterschiedlich und auch im selben Ort und in derselben Branche nicht immer gleich. **Lebensmittelgeschäfte/Supermärkte** öffnen zwischen 7 und 9 Uhr und schließen meist gegen 13 Uhr, nachmittags sind sie (außer Mi und Sa) zwischen 17 und 19.30 Uhr noch einmal geöffnet. Sonntags sind die Läden (bis auf Modegeschäfte und Souvenirläden in gut besuchten Feriengebieten) geschlossen. Im Sommer an der Küste und in den großen

◿ Kasse als Kunst – im Chianti-Skulpturenpark

Städten am Stadtrand haben Hypermärkte auch sonntags offen. Die Öffnungszeiten sind gesetzlich festgelegt, Ladenbesitzer handhaben sie aber mit einer gewissen Freiheit (je kleiner die Ortschaft, desto variabler die Zeiten).

Postämter öffnen um 8/8.30 Uhr und schließen um 13 Uhr, Sa um 12.30 Uhr. Nachmittags haben sie außer am Sa noch einmal zwischen 15 und 17 Uhr offen (in größeren Städten sind die Filialen in der Regel durchgehend geöffnet).

Banken öffnen Mo bis Fr von 8.30 bis 13.30 Uhr und nachmittags eine Stunde von 15 bis 16 Uhr (auch diese Zeiten können variieren).

Behörden haben für Parteienverkehr nur vormittags Mo bis Fr von 8.30 bis 13 Uhr geöffnet.

Restaurants öffnen mittags nicht vor 12 Uhr und bleiben dann bis etwa 15/16 Uhr offen. Abends macht kein Restaurant vor 19.30 Uhr auf (Ausnahme: einige Pizzerien). Fast alle haben außerhalb der Saison einen Ruhetag in der Woche, der gut sichtbar außen angeschlagen ist. Bars haben gänzlich unterschiedliche Öffnungszeiten, je nach Lage und Klientel. Sie können bereits um 6 Uhr öffnen und ihre Pforten erst weit nach Mitternacht schließen.

Museen haben sehr unterschiedliche Öffnungszeiten. Der Montag als Ruhetag hat (insbesondere in den Sommermonaten) häufig ausgedient. Des Öfteren sind Juli und Aug. Museen bis 22 oder 24 Uhr offen. In größeren Städten sprechen sich viele Museen ab und bieten sich ergänzende Öffnungstage an, sodass jeden Tag immer ein paar Museen zugänglich sind. Im Winterhalbjahr haben in kleineren Orten die Museen unter der Woche geschlossen.

Post

Briefe und Postkarten von Italien ins Ausland werden als *posta prioritaria* für 1 € losgeschickt. Die italienische Post garantiert eine Zustellung innerhalb von drei Tagen. **Briefmarken** erhält man im Postamt, aber auch in Tabacchi- oder Andenkenläden.

Wer Dokumente schnell und zuverlässig versenden muss, nimmt **Kurierdienste** in Anspruch (z.B. DHL). Sie haben gebührenfreie zentrale Telefonnummern *(numero verde nazionale)* und kommen in die kleinsten Orte zur Abholung und Anlieferung.

Rauchen

Rauchen verboten! Die italienische Regierung hat als eines der ersten EU-Länder ein Rauchverbot für alle öffentlichen geschlossenen Räumlichkeiten durchgesetzt. Darunter fallen ausnahmslos alle Bars und Restaurants. Deren Gäste finden keine Aschenbecher mehr, die Strafen sind drakonisch. Wer es dennoch nicht lassen kann, muss ins Freie ausweichen. An den Tischen der Terrassen und in den Gassen ist Rauchen erlaubt, was die Italiener weidlich ausnutzen.

Reisedokumente

Auch wenn Italien EU-Land und dem Schengen-Abkommen beigetreten ist, auf **Personalausweis** oder **Reisepass** kann nicht verzichtet werden kann, im Gegenteil, viele Hotels und alle Campingplätze verlangen ein Personaldokument. Auch wer eine Flugreise gebucht hat, muss seinen Ausweis mitführen. Kinder bis zum 12. Lebensjahr benötigen einen eigenen Reisepass, den **Kinder-Reisepass** (Kinderausweise sind abgeschafft, der Eintrag der Kinder in den Pass eines Elternteils reicht nicht aus).

Reisen im Land

Die Bahn und das gut ausgebaute Bussystem erlauben die Anfahrt fast jeden Ortes ohne eigenes Fahrzeug. Busse sind meist schneller als Züge, da sie häufig direkte Linien anbieten. Allerdings sind die InterCity-Verbindungen der Bahn auch recht zügig.

Bahn

Den Eisenbahnverkehr bestreitet die FS **(Ferrovie dello Stato)**, die staatliche Eisenbahngesellschaft. Die Bahnverbindungen dienen hauptsächlich dem **Berufsverkehr**, sodass auf einigen Strecken an Wochenenden und Feiertagen der Verkehr stark eingeschränkt ist. Viele Bahnhöfe im Landesinneren liegen ein Stück **abseits der Städte** in den Tälern (oft einige Kilometer entfernt). **Fahrscheine** erhält man an den Bahnhöfen nicht nur am Schalter, sondern auch (oder nur) an der Kasse der Bars (viele kleinere Bahnhöfe halten die Schalter nicht mehr besetzt). Keinesfalls sollte man versuchen, seinen Fahrschein im Zug zu lösen: Es droht eine Strafgebühr.

■ **Ferrovie dello Stato,** www.trenitalia.it (auch englisch).

Bus

Das Bussystem zwischen den Städten liegt in privaten Händen und wird in der Toskana von mehreren Gesellschaften unterhalten. Die guten innerstädtischen Verbindungen sind kommunal organisiert. Bei diesen Strecken sollte man das Ticket vor Einsteigen kaufen (Kioske, Tabacchi; Entwerten nicht vergessen!). Tickets an Bord sind um einiges teurer. An Wochenenden und Feiertagen ist der Busverkehr stark eigeschränkt.

■ **Bussuche:** http://muoversintoscana.regione.toscana.it (italienisch), **www.oraribus.com** (auch deutsch).

Taxi

Die Wagen, üblicherweise picobello gepflegt, werden über Telefon (Radio-Taxi!) gerufen. Die Fahrer sind freundlich und wählen normalerweise die kürzeste Strecke. In kleineren Städten ist das Taxifahren allerdings bei kürzeren Strecken unverhältnismäßig teuer, da der Taxler die Anfahrt mitrechnet. Auch nachts sind die Tarife deutlich erhöht.

Eigenes Auto

Mit dem Pkw ist man am flexibelsten. Das **Parken** aber kann in den Hochburgen des Tourismus zu einem echten Problem werden; Parkplätze sind rar und oft auch ganz schön teuer (Möglichkeiten sind in den „Praktischen Informationen" der Ortskapitel aufgeführt).

Motorrad

Die Toskana gehört mit ihrer Hügel- und Gebirgswelt und vielen kurvigen Nebenstraßen zu einer der Top-Destinationen für Motorradfahrer. Man fahre auf jeden Fall vorausschauend, von aus den Feldwegen einbiegenden landwirtschaftlichen Fahrzeugen wird z.B. des Öfteren Schmutz auf die Fahrbahn transportiert. Auch beachte man, dass hohe Sommertemperaturen die festen Bestandteile des Asphaltbelages absinken lassen und Straßen mit glattem Asphalt weniger Halt bieten.

Wohnmobil

Mit dem Wohnmobil genießt man weitgehende Unabhängigkeit. Allerdings ist es verboten, sich einfach am Straßenrand zur Nachtruhe niederzulassen. Die Parkplätze an den Küsten sind explizit für das Nachtparken von Wohnmobilen gesperrt (und besitzen teilweise eine die Einfahrt versperrende Höhenkontrolle).

■ Der Wohnmobil-Tourguide **„Die schönsten Routen durch die Toscana"** aus dem REISE KNOW-HOW Verlag macht Vorschläge für Touren und Unterkunft.

Mietwagen

In jeder größeren Stadt sowie an den internationalen Flughäfen finden sich Autovermietungen. Vor Ort variieren die **Preise** zwischen den Anbietern nur wenig. Man muss für die kleinste Wagenklasse (z.B. Fiat Punto) in der Nebensaison für eine Woche um 200 € bei unbegrenzter Kilometerleistung und ohne Zusatzversicherungen rechnen. Wer nicht etwa 500 € als Kaution hinterlegen will, muss eine Kreditkarte besitzen. Besser ist es, das Fahrzeug bereits zu Hause zu buchen und eines der im Vergleich zu den „Vor-Ort"-Mieten günstigeren „Alles-Inklusive"-Angebote wahrzunehmen (freie Kilometer, alle Versicherungen, kein Selbstbehalt). **Vergleichsportale** listen die diversen Anbieter. Mit einer sehr guten Übersicht bezüglich der unterschiedlichen Kombinationen, auch gewichtet nach Zusatzgebühren wie Flugplatzbereitstellung, voller Tank, Diebstahlschutz, bringt z.B. **www.billiger-mietwagen.de** Licht in den Angebotsdschungel.

Autobahnen

Die Autobahnen sind privatwirtschaftlich finanziert und **mautpflichtig.** Gezahlt wird in bar (spezielle Schalter mit Personal), bar (Hartgeld und Scheine) und mit Kreditkarte an Automaten, oder *prepaid* mit freier Durchfahrt auf speziellen, mit „Viacard" gekennzeichneten Spuren. Die autobahnähnliche Strada Grande Comunicazione SGC Firenze–Pisa–Livorno (auch FI-PI-Li) kostet nichts.

Reisezeit

Saison ist in der Toskana das ganze Jahr über. Je nachdem, welche Interessen man verfolgt, gibt es bevorzugte Ziele. Im **Hochsommer** auf Entdeckungsreise durch die Städte zu gehen, ist wegen der hohen Temperaturen in der Straßenschluchten oft mühsam. Die Strände sind dann tagsüber sicher die bessere Wahl.

Wer sportlich tätig sein und z.B. radeln oder wandern will, wählt **Frühling** und **Herbst**. Die Übergangszeiten sind auch hervorragend für eine Reise durch die Kultur, die Museen sind nicht brechend voll und die Temperaturen durch-

Verkehrsregeln

- **Höchstgeschwindigkeit:** Pkw/Krafträder innerhalb geschlossener Ortschaften 50 km/h – außerhalb 90 km/h (Wohnmobile über 3,5 t 80 km/h, Pkw mit Anhänger 70 km/h) – Schnellstraßen 110 km/h (Wohnmobile über 3,5 t 80 km/h, Pkw mit Anhänger 70 km/h) – Autobahnen 130 km/h (Wohnmobile über 3,5 t 100 km/h, Pkw mit Anhänger 80 km/h).
- Auf **Autobahnen** sind **Motorräder unter 150 cm³** und das **Abschleppen** von Fahrzeugen verboten.
- Alle Fahrzeuge müssen auf allen Straßen auch tagsüber mit **Abblendlicht** fahren (Tagfahrlicht ist alternativ zulässig). Anhalten oder Spurwechsel sind stets per Blinker anzuzeigen.
- **Parkverbotszonen** erkennt man auch durch **Kennzeichnung** von **Bordsteinen/Flächen** in Gelb oder Schwarz/Gelb. Blau angemalte Randsteine bedeuten, dass eine Parkgebühr fällig ist. Dazu kauft man in Tabacchi-Läden eine Karte und kreuzt an (bzw. rubbelt frei): Stunde, Tag, Monat und Jahr. Vereinzelt sind auch Ticketautomaten aufgestellt. Die Halteverbotsschilder können einen Hinweis tragen, dass zu bestimmten Zeiten die Straße gereinigt wird. Wer dann seinen Wagen dort stehen hatte, kann ihn bei der Polizei abholen.
- In jedem Fahrzeug müssen **Warnwesten** mitgeführt werden, die bei Pannen etc. unmittelbar nach Verlassen des Fahrzeuges anzulegen sind.
- Die **Promillegrenze** beträgt 0,5.
- Es herrscht **Anschnallpflicht**.
- **Funktelefone** dürfen nur mit Freisprecheinrichtung benutzt werden.
- Motorradfahrer müssen einen **Helm** mit „ECE R 22"-Kennzeichnung tragen, ansonsten kann das Motorrad für einen Monat sichergestellt werden.
- Alle über das Auto hinten **hinausragenden Gegenstände** sind mit einer 50x50 cm messenden, rot-weißen Warntafel zu kennzeichnen.
- Das **Wenden** und **Zurücksetzen** auf den Autobahnen und ihren Auf- und Abfahrten, im Mautstellenbereich und an Autobahntankstellen wird mit satten Geldstrafen (mehrere Hundert Euro) und zusätzlichem Fahrverbot geahndet.
- **Verkehrsberuhigte Innenstädte** sind als Zone a Traffico Limitato – ZTL bezeichnet. Die Einfahrt in diese Zonen ist streng reglementiert und wird mit Kameras überwacht. Die ungenehmigte Einfahrt ist mit Bußgeldern belegt, für die Eintreibung – auch im Ausland – hat Italien eine eigene Stelle gegründet.
- Das **Niveau der Bußgelder** in Italien liegt beträchtlich über dem in anderen mitteleuropäischen Ländern (wer z.B. 40 km/h zu schnell fährt, muss etwa 1500 € berappen; ab 1,5 Promille im Fahrerblut kann das Fahrzeug konfisziert und zugunsten des Staates versteigert werden). Man achte darauf, dass die italienische Zustellfrist ein Jahr beträgt und dass die Bußgelder sich verdoppeln, wenn nicht innerhalb von 60 Tagen gezahlt wird.

Sicherheit, Schwule und Lesben

aus angenehm. Wer sich der Kulinarik verschreibt, für den ist sicherlich der Herbst am schönsten. Überall wird geerntet, der neue Wein bereitet, die Bauern feiern mit Festivals die Ernte.

Doch auch im **Winter** hat die Toskana ihren Reiz (obwohl wohl keiner extra zum Skifahren am Monte Amiata herkommt), besonders in den Städten, die sich im November und Dezember herausputzen und dem Jahresende mit Weihnachtsmärkten entgegenfiebern.

Sicherheit

Die Toskana gilt als **sicheres Reiseziel**, auch wenn es in den größeren Städten sicherlich auch das eine oder andere Viertel gibt, in dem man sich nachts nicht allein aufhalten mag. Die Tag und Nacht belebten Innenstädte gehören nicht dazu, dort kann man sich im Allgemeinen ohne Probleme bewegen.

Aber Gelegenheit macht dennoch Diebe! Man sollte nicht mit Schmuck oder wertvollen Kameras beweisen, was man sich so alles leisten kann. Im Falle eines **Diebstahls** wende man sich an die überall postierten Polizistinnen und Polizisten, die meist mindestens eine Fremdsprache sprechen, oder gehe zu einer *questura*, dem Polizeirevier, um Anzeige zu erstatten. Dies ist auch für etwaige Ersatzansprüche bei der eigenen Versicherung wichtig.

Verlust von Geldkarten siehe Abschnitt „Notrufe".

Schwule und Lesben

Die Toskana als eines der ältesten Reiseziele des europäischen Tourismus ist extrem **weltoffen und tolerant.** Florenz mit seinem reichen Kulturangebot und regen Nachtleben ist natürlich ein Topziel, und nicht wenigen Schwulen und Lesben ist auch die Küste der **Versilia** als Feriendestination Gleichgesinnter bekannt. Besonders das Örtchen Torre del Lago bei Viareggio hat sich zu einem Zentrum des *gay tourism* gemausert und feiert sogar im August einen schnell legendär gewordenen Mardi Gras mit Shows, viel Livemusik und Strandpartys.

- www.arcigay.it
- www.friendlyversilia.it

> Papp-Politesse im Dienst

Sport und Spaß

Thermaltourismus ist die klassischste Form des toskanischen Inlandstourismus, schließlich haben bereits die Etrusker und dann auch die Römer weitere Wege in Kauf genommen, um im temperierten Wasser der artesischen Quellen zu gesunden oder auch nur zu entspannen. Montecatini Terme ist das wahrscheinlich bekannteste Thermalbad und punktet mit wunderschönen Kureinrichtungen in Jugendstil. Wer eher die Renaissance bevorzugt, ist z.B. in dem Weiler Bagno Vignoni bei Pienza gut aufgehoben. Und wer nur in freier Natur baden will, findet ganz sicherlich das über die Sinterterrassen von Satùrnia sprudelnde Thermalwasser wunderschön.

Im Süden, wo die Küste felsiger ist, und auf den vorgelagerten Inseln werden **Tauchexkursionen** in kristallklarem Wasser angeboten.

Die Maremma ist für ihre Cowboys berühmt, dass man hier **reiten** kann, ist klar. Für versierte Reiter sind Ausflüge an die Küste im Angebot, wer noch nie auf einem Pferderücken saß, kann einen Kurs buchen.

Wer gerne radelt und sich vom Auf und Ab der Straßen über die Hügel und Berge nicht schrecken lässt, für den ist die Toskana ein Dorado, das man sich mit den radbegeisterten Einheimischen teilt. Am Wochenende sind die Straßen **Fahrradland.** Man bedenke aber, dass die Italiener immer in großen (quietschbunt verkleideten) Gruppen radeln und schon durch ihre schiere Zahl den Autoverkehr zum Einlenken zwingen. Ist man alleine unterwegs, kann es schon mal passieren, dass die Autofahrer nicht allzuviel Rücksicht nehmen. Einige langere **Touren** sind im Reiseteil dieses Buches beschrieben.

Endlos lange Strände, Berge, tiefe Wälder und zahlreiche Schutzgebiete

◁ Cowboy in der Maremma

mit ausgewiesenen Pfaden laden zu **Wanderungen** geradezu ein. Man kann vor dem Mittagessen nur mal eben kurz von einem im Wald verborgenen Kloster hoch zur Einsiedelei spazieren, zum Abendessen über Stunden den Strand entlang in den Nachbarort wandern oder auf einem Fernwanderweg den Parco Nazionale delle Foreste Casentinesi in der Osttoskana durchwandern. Wer kürzere Spaziergänge bevorzugt und Gärten liebt: die Parks der Medici-Villen sind herrliche Renaissanceanlagen mit Orangerien, Beeten und gestutzten Hecken. Im Reiseteil finden Sie **Hinweise** auf Wanderungen und Spaziergänge.

Auf dem toskanischen Festland kann man in 20 Klubs **Golf spielen** (zwei weitere liegen auf Elba). Detaillierte Angaben zu den Golfplätzen finden Sie im Reiseteil.

Sprache

In der Toskana wird viel **Englisch** gesprochen, sodass eine Verständigung im Normalfall kein Problem ist. **Speisekarten** sind meist zweisprachig (mit englisch), ab und an auch auf Deutsch. Exponate in Museen sind recht häufig mehrsprachig beschriftet, öfter ist auch eine Broschüre mit Erklärungen auf Deutsch erhältlich. Der Kauderwelsch-Sprachführer „**Italienisch – Wort für Wort**" aus dem REISE KNOW-HOW Verlag hilft bei der Verständigung, wenn es auch mit Händen und Füßen nicht mehr weiter geht, eine „Kleine Sprachhilfe" ist im Anhang des Reiseführers zu finden.

Strände

Wenn auch die Toskana für ihre endlosen langen und breiten, fein- und weißsandigen Strände mit vorbildlicher Bewirtschaftung (und meist ausgezeichneter Wasserqualität) berühmt ist, die eine oder andere kleine Bucht, einen weniger bekannten Strandabschnitt oder eine unberührtere Pineta kann man – wenn man es will – dennoch finden. Viele Besucher schätzen aber gerade die **perfekte Ausstattung** mit Schirmen, Liegen, Duschen, Toiletten, Umziehkabinen, Spielplätzen für die Kleinen und Sport- und Spaßangeboten. Doch ist dieses Angebot nicht so sehr auf Lärm und Megaspaß ausgerichtet. Natürlich gibt es Bananenbootritte, die Tret- und Ruderboote aber überwiegen. Man will nicht abfeiern, sondern einen angenehmen Familienurlaub verbringen.

Im Süden sind die Strände auch im Hochsommer unter der Woche nicht so überlaufen wie die Hochburg des rundum bewirtschafteten Strandtourismus zwischen Livorno, Viareggio und Carrara. Häufig sind hier die Strände von den Siedlungsbereichen durch eine Pineta, einen Kiefernwald, getrennt.

Wem an einem Augustsonntag der Trubel dann doch zu heftig wird – je weiter man sich von der Zufahrtsstraße zu den Stränden und den Parkplätzen entfernt, desto wahrscheinlicher ist ein freies Plätzchen. Eine **genaue Beschreibung der Strände** und deren Beschaffenheit finden Sie im Reiseteil.

Telefonieren

Die **Vorwahl** von Deutschland, Österreich und der Schweiz nach Italien lautet 0039, danach die Rufnummer – ins Festnetz generell auch bei Ortsgesprächen mit vorangestellter Null, Mobiltelefonnummern ohne vorangestellte Null. Von Italien nach Deutschland wählt man 0049, nach Österreich 0043 und in die Schweiz 0041 (bei der Weiterwahl entfällt jeweils die Null der Ortsvorwahl).

In den Postämtern kann nicht telefoniert werden, dazu muss man die Einrichtungen der Telecom Italia in Anspruch nehmen. Diese werden aber im Zuge der flächendeckenden Verwendung von Mobiltelefonen immer weniger. Auch **Telefonzellen** existieren nur noch spärlich und sind auf **Telefonkarten** *(carta telefonica)* umgestellt (erhältlich bei Telecom, Post, in einzelnen Tabacchi-Läden und an Kiosken). Um die Karte in Betrieb zu nehmen, muss man die perforierte Ecke abtrennen. Für internationale Telefonate gelten besondere Telefonkarten. Bars mit einem Hinweisschild, das eine gelbe Wählscheibe symbolisiert, verweisen auf ein öffentliches Telefon. Diese sind ebenfalls stark rückläufig.

Das eigene **Mobiltelefon** lässt sich in Italien problemlos nutzen (Roaming). Seit der Reglementierung der Roaminggebühren innerhalb der EU ist es nur noch in Ausnahmefällen sinnvoll, sich zur Kostenersparnis eine italienische Prepaid-Karte zuzulegen. Nutzt man ein Smartphone, sollte man sich bei seinem Anbieter über Flatrate-Angebote für Datentransfers bei Auslandsreisen informieren. Wer mit seinem deutschen Mobiltelefon aus Italien nach Deutschland, Österreich oder in die Schweiz etc. telefonieren will, muss stets die internationale Vorwahl benutzen.

Unterkunft

In der Toskana gibt es jede nur vorstellbare Unterkunftsart, vom hochluxuriösen Fünf-Sterne-Hotel bis zum einfachen Privatzimmer, vom feinsten Agriturismo in herrschaftlicher Villa bis zum ausgebauten Pferdestall mit Waschgelegenheit unter freiem Himmel, von der Apartmentanlage mit allem, was das Touristenherz wünscht, bis zum Campingplatz in der Pineta und dem in blanker Sonne. Alle sind klassifiziert und in offiziellen Listen zu finden. Die Preise legen die Behörden nach gestelltem Antrag für jedes Jahr fest, sie hängen in Zimmern und an der Rezeption gut sichtbar aus, unterscheiden nach Vor-, Neben- und Hauptsaison.

Eine **Auswahl** an Unterkünften finden Sie im Reiseteil.

Preiskategorien für Unterkünfte in diesem Reiseführer

Die Angaben beziehen sich dabei stets auf die Unterbringung für zwei Personen in einem Doppelzimmer in der Hauptsaison inkl. Frühstück.

① bis 50 €
② 51–100 €
③ 101–150 €
④ über 150 €

Hotels/Alberghi

Hotel und Albergo unterschieden sich nicht. Die Tendenz geht aber dahin, die **luxuriöseren** Einrichtungen als „**Hotel**" zu bezeichnen, die **einfacheren** als „**Albergo**". Die Klassifikation reicht von einem bis zu fünf Sternen; sie geschieht offiziell, die Hotels müssen bestimmten Anforderungen genügen (Anzahl der Zimmer mit/ohne Bad, Größe und Anzahl der Aufenthaltsräume, Öffnungszeiten, Ausstattung etc.). Nicht berücksichtigt ist die Zeit seit der letzten Renovierung (!). Es gibt Drei-Sterne-Häuser, die in einem desolaten Zustand sind, andere mit zwei Sternen werden als Familienbetrieb mit hohem Augenmerk auf Sauberkeit und Funktion geführt.

Pensionen

Pensionen werden in der gleichen Kolumne eingestuft wie Hotels, entsprechen deutschen **Gasthäusern** und haben einen niedrigeren Standard als Hotels.

Campingplätze

Es existieren viele, und im Sommer sind sie an der Küste häufig überfüllt. Die Kategorien gehen von einem bis zu vier Sternen. Wichtige Auswahlkriterien sind vorhandener Schatten, nahe liegende Infrastruktur (Läden und Restaurants) und (bei einem Badeurlaub) Nähe zum Meer. Wildzelten ist verboten.

- www.camping.it
- www.campeggi.com

Ferienwohnungen/-häuser

Ferienwohnungen und -häuser können **privat** angemietet werden (über die einschlägigen Internetportale) oder werden von **Agenturen** vermittelt. Ihre Zahl ist recht groß, und die Angebote reichen von einfachen Bauernhäusern bis zur edlen Luxusvilla mit Riesenpool und Personal.

- www.ferienwohnungen.de
- www.fewo-direkt.de

Jugendherbergen/Hostels

Sie sind im Reiseteil bei den jeweiligen Orten beschrieben. Besitzt man einen internationalen **Jugendherbergsausweis** aus dem Heimatland, schläft man in den Jugendherbergen zu einem günstigeren Tarif, sonst muss man eine Tagesmitgliedschaft erwerben. **Hostels** sind moderner, umtriebiger, kleiner, liegen fast immer ganz zentral und sind als Treffpunkt Gleichgesinnter eine hervorragende Informationsstelle.

- www.ostellidellagioventu.com, www.jugendherberge.de, www.oejhv.at, www.youthhostel.ch, www.hoestelworld.com, www.hostels.com, www.hostelbookers.com.

Privatzimmer (B&B)

Privatzimmer, Affittacamere oder B&B sind neben den Zelten die **billigste Möglichkeit** der Übernachtung. Meist werden um die fünf Zimmer vermietet, die Ausstattung ist naturgemäß unterschiedlich, viele Zimmer haben aber ein eigenes Bad. Die Preise bewegen sich zwischen 15 und 25 €, können aber auch auf 35 € hochschnellen. Viele der früheren Privatzimmervermietungen haben sich in „B&B" umbenannt, bieten das Frühstück aber in einer Bar außerhalb der Wohnung an. Richtige B&B-Betriebe kümmern sich um ihre Gäste auch mit einem schönen Frühstück, sie sind bei den Behörden angemeldet und zahlen Steuern.

■ **Bed & Breakfast Italia,** Corso Vittorio Emanuele II 282, 00186 Roma, Tel. 066 878618, www.bbitalia.it.

Privatzimmer/-wohnungen (airbnb/wimdu)

Man kann Glück haben und ein supertolles Apartment gegenüber dem Dom bekommen – oder auch die Absteige außerhalb, versifft und frech überteuert. Auf alle Fälle ist das Angebot groß und variantenreich. Nicht jeder der Vermieter ist bereit, sein Scherflein an den Staat abzudrücken.

■ www.airbnb.de, www.wimdu.de.

Ferien auf dem Bauernhof/Agriturismo

Es gibt mehrere Agriturismo-Vereinigungen. Zwei der wichtigsten sind: Turismo Verde/Consorzio Villaggio Globale und Agriturist. Beileibe nicht jeder Bauernhof oder landwirtschaftliche Betrieb kann Mitglied werden. **Qualitätskriterien** müssen erfüllt sein, bevor man das Privileg genießen kann, einem der Verbände angehören zu dürfen. Auch bietet nicht jeder Agriturismo-Betrieb Unterkunft an. Manche servieren nur die Abendmahlzeiten, ja es gibt sogar Höfe, wo man nur einkaufen kann. Da Agriturismo-Häuser durchweg landwirtschaftliche Betriebe sind, gibt es sie naturgemäß nur auf dem Land. In den meisten Fällen sind nur motorisiert Reisende in der Lage, die Bauernhöfe zu erreichen. Die Preise gestalten sich entsprechend dem Standard unterschiedlich. 25 € für eine Person sind möglich, aber auch weit mehr als 100 €.

■ **Agriturist,** Corso Vittorio Emanuele II 101, 00186 Roma, Tel. 066 852342, www.agriturist.it
■ **Turismo Verde,** Via Iacopo Nardi 41, 50132 Firenze, Tel. 055 2338911, www.turismoverde.it

Verhalten

■ In der **Natur nichts** (nicht nur keine Abfälle) zurücklassen!
■ **Wasser sparen** (im Hochsommer kann es an der Küste zu Engpässen kommen)!
■ Kein **Feuer** in der Natur (dies steht wegen der extremen Waldbrandgefahr unter hoher Strafe)!
■ Kein **FKK** (es ist verboten, „oben ohne" ist unüblich)!
■ **Rauchen** ist in öffentlichen Räumen und Lokalen verboten!
■ Bei Besuch einer **Kirche** ist angemessene **Kleidung** zu tragen (keine kurzen Hosen, keine Hüte bei Männern, bedeckte Oberarme bei Frauen)!
■ **Kein Kirchen-Sightseeing** während der heiligen **Messen!**

Zeit

Es gilt die **Mitteleuropäische Zeit** (MEZ); wie in Deutschland, Österreich und der Schweiz wird im Sommer (zeitgleich) auf die Mitteleuropäische Sommerzeit (MESZ) umgestellt.

Zoll

Der private Warenverkehr **innerhalb der EU** ist grundsätzlich frei. Als **Richtmengen** für den Privatgebrauch gelten folgende Mengengrenzen:

- **Tabakwaren:** 800 Zigaretten oder 400 Zigarillos oder 200 Zigarren oder 1 kg Tabak.
- **Alkohol:** 10 l Spirituosen, 110 l Bier, 60 l Schaumwein.
- **Anderes:** 10 kg Kaffee, 20 l Kraftstoff in einem Benzinkanister.

Mehrmengen gelten als **gewerblich verbracht** und sind grundsätzlich nicht einfuhrfähig, wenn keine glaubhafte Begründung vorliegt, dass die Ware persönlich verwendet wird.

Bei folgenden **Sondergebieten** ist der freie Warenverkehr beschränkt: Grönland, Färöer, britische Kanalinseln, Helgoland, Åland-Inseln, Kanarische Inseln, Ceuta und Melilla, Gibraltar. Hier gelten die Freigrenzen wie bei der Einreise aus Nicht-EU-Ländern:

- **Tabakwaren:** 200 Zigaretten oder 100 Zigarillos oder 50 Zigarren oder 250 g Tabak oder eine anteilige Zusammenstellung dieser Waren.
- **Alkohol:** 1 l Spirituosen über 22 Vol.-%, 4 l nicht schäumende Weine, 16 l Bier.
- **Andere Waren** zur persönlichen Verwendung oder als Geschenk bis zu einem Warenwert von 430 € bei Einreise mit dem Flugzeug oder Schiff, Kinder bis 15 Jahre 175 €; bei der Einreise mit Bahn, Bus oder Kfz beträgt die Freimenge 300 €.

Einzelne nationale **Verbote und Beschränkungen** sind weiterhin zu beachten. Diese betreffen u.a. verbotene Waffen (z.B. Springmesser, Schlagringe, Wurfsterne), Artenschutzprodukte, Arzneimittel, Drogen (auch Kleinmengen), Markenfälschungen (geringe Stückzahlen zum Eigenbedarf/als Geschenk erlaubt), Feuerwerkskörper, die Mitnahme von Haustieren und eigenen Jagdwaffen.

Für die **Rückreise** nach **Österreich** und in die **Schweiz** gelten etwas abweichende Zollbestimmungen. Die Freimengen bei der Rückkehr in die Schweiz betragen:

- **Tabakwaren:** 250 Zigaretten/Zigarren oder 250 g Tabak (jeweils für Personen ab 17 Jahren).
- **Alkohol:** 5 l Alkohol bis 18 Vol.-% und 1 l über 18 Vol.-%.
- **Nahrungsmittel:** 1 kg Fleisch/Fisch, 1 kg Butter, 5 kg Speisefette/-öle.
- **Anderes:** 25 l Kraftstoff im Benzinkanister.

Übersteigt der Gesamtwert der mitgeführten Waren (inkl. der Wert aller Lebensmittel) 300 SFr, ist in jedem Fall die Mehrwertsteuer zu bezahlen.

Nähere Informationen

- **Deutschland:** www.zoll.de.
- **Österreich:** www.bmf.gv.at.
- **Schweiz:** www.ezv.admin.ch.

- Für die Mitnahme von **Tieren** siehe „Haustiere"

Flora und Fauna | 628

Geografie | 624

Geschichte | 633

Klima | 631

Kunstgeschichte | 639

Menschen | 626

Politik | 625

Wirtschaft | 625

11 Land und Leute

Bei San Gimignano

Geografie

Fein gewellte Hügel, harsche Hangabbrüche, in den Himmel ragende Felstürme, dunkelgrüne Wälder, schroffe Meeresklippen und endlos lange, breite, weiße, feinsandige Strände, träge fließende Flüsse und alles mit sich reißende Gebirgsbäche, domestizierte Sumpflandschaften und schnurgerade gegrabene Kanäle – die Toskana ist so **vielfältig**, wie Landschaften nur sein können.

Die Apuanischen Alpen, der **Apennin** und ihre Ausläufer bestimmen das Höhenprofil der Osttoskana. Bis zu 2000 m hoch sind deren Gipfel, sie laufen in zwei große Ebenen nach Westen aus (Arno-Tal bei Florenz, Chiana-Tal bei Arezzo) und rahmen mit ihnen, einem Halbmond gleich, die **Hügellandschaft** der Westtoskana. Die dritte große Ebene erstreckt sich rund um Grosseto. An der 329 km langen Küste wechseln sich – an das Meer herantretende – Berge (bei Carrara und Livorno) und Hügel (Maremma, Monte Argentàrio) mit langen, flachen Abschnitten ab (Viareggio, San Vincenzo), an denen typischerweise und ufernah breite **Pinienwälder** wachsen und wunderschöne **Strände** warten.

Der Toskana vorgelagert sind die Inseln des **Toskanischen Archipels** mit Gorgona, Capraia, Elba, Pianosa, Montecristo, Giannutri und Giglio. Auch die Halbinseln von Piombino und Monte Argentàrio waren einmal vollständig von Wasser umgeben. Der Archipel war bis ins 19. Jh. eigenständig und wurde erst beim Wiener Kongress der Toskana zugeschlagen.

Höchster Berg in der Hügellandschaft der Zentraltoskana ist der **Monte Amiata** mit 1738 m üNN. Der Monte Pisanino in den Apuanischen Alpen ist 1945 m üNN hoch, der Apennin in den Abruzzen mit dem Gran Sasso 2912 m üNN, in der Toskana knapp über 2000 m hoch (Monte Prado 2054 m üNN).

Die **Apuanischen Alpen,** die entstehungsgeschichtlich zum Apennin gehören, falteten sich vor 60 Mio. Jahren auf, als afrikanische und europäische Kontinentalplatten kollidierten. Anders als der Apennin bestehen sie aber in Teilen aus Kalkgestein, das sich vor 240 Mio. Jahren aus Fossiliensedimenten am Grund eines weiten und flachen Meeres bildete und später zu Marmor wurde. Der Apennin enthält zwar auch in Teilen Kalkgestein, doch überwiegen Dolomit, Sandstein und Schiefer. Gebirgslandschaften der Alpi Apuane wie die **Svizzera Pesciatina,** der **Mugello** und die **Garfagnana** nördlich der Arno-Ebene sind ideale Ziele für Wanderbegeisterte und Naturverbundene.

Im Gegensatz zu Apennin und den Apuanischen Alpen ist der Monte Amiata vulkanischen Ursprungs und erkaltete erst vor 180.000 Jahren. Die **Thermalquellen,** die in der ganzen Toskana, besonders aber im Süden, aus dem Boden sprudeln, sind Zeugen dieser Zeit – ebenso wie der Metallreichtum der küstennahen **Colline Metallìfere,** wegen dem sich die Menschen über Jahrtausende in ihre Flanken gegraben haben (heute allerdings rechnet es sich nicht mehr, und viele Bergwerke wurden zu Museen umgewidmet).

▷ Hot Spot: die Quellen von Satùrnia

Wirtschaft und Politik

Die stark gegliederte Hügellandschaft der Zentraltoskana bietet mit ihren zahlreichen Hängen und den Kalkböden ideale Bedingungen für Weinanbau und Olivenkultivierung – den Kern bildet der **Chianti**. Auf den Ebenen findet in Maßen Getreideanbau statt, vornehmlich sind aber Industriebetriebe angesiedelt. Eine der Besonderheiten der Zentraltoskana sind die **Le Crete** südöstlich von Siena. Ihre typische Landschaftsform abgerissener Hänge ist dem Untergrund aus Ton geschuldet, der leicht erodiert und zu Hangabrutschen führt, die steile Flächen hinterlassen, auf denen nichts mehr anwächst. Besonders betroffen ist die Region um Asciano, die außerdem geringe Niederschläge verzeichnet – der Volksmund nennt die Gegend „Deserto di Accona – Accona-Wüste".

Sehnsuchtslandschaft für Natursuchende ist die **Maremma**. Allerdings liegt ihr Ursprung im Wunsch, die verhasste Malaria zurückzudrängen. Die Maremma war einmal Meer (und auf den Hügeln außen herum lagen etruskische Städte), dann Sumpf. Dessen Trockenlegung und Nutzbarmachung hatten bereits die Etrusker begonnen und die Römer fortgesetzt. Aber erst die Österreicher hatten beständigen Erfolg. Heute reiten Cowboys über die weite Ebene.

Die **Hauptflüsse** der Toskana sind der Arno (241 km, Ursprung am Monte Falterone bei Stia auf 1400 m), der Ombrone (157 km, Quelle bei Castelnuovo Berardenga auf 420 m) und der Serchio (106 km, entspringt in den Alpi Apuane auf 1500 m Höhe). Der Canale Maestro della Chiana entwässert mit 62 km Länge das Chiana-Tal und mündet bei Monte Sopra Rondine in den Arno.

Die Toskana gehört zu den Wirtschaftsmotoren Nord- und Mittelitaliens, wobei der **Tourismus** eine nicht ganz unbedeutende Rolle spielt. 20 zum Welterbe der UNESCO zählende Sehenswürdigkeiten, eine ausgezeichnete Weinkultur und perfekt erhaltene Städte aus Mittelalter, Romanik, Gotik und Renaissance locken Touristen jedes Jahr zu Millionen in die Region – per Flugzeug, per Auto, per Bahn und per Kreuzfahrtschiff. 2014 wurden in der Toskana 12,5 Mio. Besucher (aus Deutschland 800.000, aus Österreich 125.000, aus der Schweiz 30.000) gezählt und eine mittlere Verweildauer von 3,5 Tagen festgestellt.

Die **verarbeitende Industrie** ist vornehmlich im Norden der Toskana in den Ebenen rund um die großen Städte angesiedelt, während im dünner besiedelten Süden die Wirtschaftskraft nachlässt. In der **Landwirtschaft** sind, trotz des erfolgreichen Wein- und Ölexports, nur etwa 2 % der arbeitenden Bevölkerung tätig, im **industriellen Sektor** ein Viertel und im **Dienstleistungsbereich** um 65 %. Der einstmals florierende Bergbau ist eingestellt, nur der **Marmorabbau** in den Alpi Apuane spielt wirtschaftlich eine nicht unbeträchtliche Rolle, und am Ombrone bei Grosseto wird noch Braunkohle im Tagebau gefördert.

Prosperierende Industrien sind die **Textilbranche** von Prato (das Zentrum der italienischen Bekleidungsindustrie), die **Goldindustrie** von Arezzo und die **Glasherstellung** und Keramikindustrie bei Empoli und Montelupo Fiorentino. **Holz verarbeitende Betriebe** sind u.a. in der Osttoskana im Valdarno und im Casentino (Pratomagno) bei den dichten und tiefen Wäldern zu finden.

2014 wurden 2,8 Mio. hl **Wein** produziert, davon 1,8 Mio. hl DOC/DOCg- und 0,8 Mio. hl IGT-Weine, davon wieder etwa 10 % weiße und 90 % Rosé- und Rotweine. Etwa 70 % der Produktion gehen in den Export und generieren um 1 Mrd. € Umsatz. Die Olivenölernte 2014/15 ist wegen des regnerischen Sommers 2014 fast vollständig ausgefallen (Massenangriff der Olivenfruchtfliege *Bactrocera oleae*). In durchschnittlichen Jahren werden in der Toskana etwa 12.000 t **Olivenöl** gepresst, dies sind allerdings nur 2 % der Produktion Italiens (Süditalien mit Sardinien, Sizilien, Apulien, Kampanien, Kalabrien und Basilikata produzieren um 90 %).

Die **Region Toskana** mit Florenz als Verwaltungszentrum ist in **neun Provinzen** eingeteilt (Arezzo, Grosseto, Livorno, Lucca, Massa-Carrara, Pisa, Pistoia, Prato und Siena), als zehnte Verwaltungseinheit kommt der Großraum Firenze *(città metropolitana)* hinzu. Den **Präsidenten** der Toskana stellt nach Wiederwahl 2015 der Partido Democratico mit **Enrico Rossi**.

Die Menschen

Die Zurückhaltung der Menschen in der Toskana nicht nur Fremden gegenüber liegt vielleicht darin begründet, dass sie mehr als andere in und **mit der Natur gelebt** haben. Auch wenn man es heute vielen Landstrichen nicht ansieht, die Toskana ist in weiten Teilen eine Kulturlandschaft – wie die Maremma, die man trockenlegte, oder der Chianti, den man rodete und mit Wein und Oliven bepflanzte.

So wie die Landschaft ihre Menschen geprägt hat, haben diese auch immer in einem nicht enden wollenden Kreislauf die Natur geprägt. Sie haben ihr aber nie etwas abverlangt, was sie hätte ausdörren, sie hätte unfruchtbar machen können. Man behielt immer sein Augenmaß und schlug nicht über die Stränge. Natur war etwas, und das schrieb die Renaissance auch den Mächtigen ins Gebetbuch, mit dem man eine Einheit eingeht, das immer präsent sein sollte, nicht nur ernährt, sondern auch beglückt. Nicht umsonst haben die Vermögenden sich neben Palästen in der Stadt Villen auf dem Land zugelegt, die immer weniger

◁ Der passende Soundtrack zur Besichtigungstour: Straßenmusiker in Florenz

geduckte, vermauerte Festungen waren, und immer mehr zu offenen Landhäusern mit großen Fensterflächen wurden, umgeben von Parks mit Sichtachsen in die weite Ferne. Und so schufen sie sich eine ganz eigene Landschaft mit Terrassen, die die Hänge vor dem Abrutschen sicherten und auf deren Flächen Olivenbäume und Weinreben für Ertrag sorgten – und schlugen zwei Fliegen mit einer Klappe.

Nur folgerichtig war auch, dass die Landherren den Bauern nicht eine fixe Pacht abpressten, gänzlich uninteressiert, ob das Land es hergab oder nicht. In der Toskana pflegten Herren und Bauern die *mezzadria* (**Halbpacht**). Die Landeigner gaben den Bauern Unterkunft, Gerätschaften und Saat, die Bauern brachten ihre Arbeitskraft ein, und die Ernte erhielt jeder zu gleichen Teilen. So konnten die Bauern ihre Familien ernähren und das, was übrig blieb, auf den Märkten in der Stadt verkaufen. Mit der faktischen Abschaffung der Leibeigenschaft hatte die Toskana das Mittelalter viel früher verlassen als der Rest Europas. Und allen ging es besser. Dass die Grundbesitzer so weitsichtig handelten, mag nicht zuletzt daran gelegen haben, dass sie aus einem städtischen Umfeld kamen und ihr Geld mit Bankiersgeschäften gemacht hatten – wer nicht von der Substanz lebt, sondern investiert und das Interesse aller Beteiligten am Erfolg wach hält, gewinnt hinzu.

Flora und Fauna

Planzenwelt

Die Toskana ist in weiten Bereichen **Kulturlandschaft,** sogar die Berge im Norden haben einen Wandel durch die Hand des Menschen erlebt, ihre ursprüngliche Pflanzenwelt musste in großen Bereichen einer Monokultur aus Kastanienbäumen weichen. Auf den Hügeln sind es Wein und Oliven, die vorherrschen. Die Landschaftswellen des Chianti lassen die Spaliere der Reben fast „gekämmt" wirken, auch die silbrig schimmernden Olivenbäume stehen in Reih und Glied mit genau bemessenem Abstand. Nur die Zypressen fallen ein wenig aus der Rolle und stehen einzeln

Stolz sind sie schon, die Bewohner der Toskana, und sie haben auch jeden Grund dazu. Ihre Denker waren es, die den Rest Europas die Demokratie lehrten, die die Lyrik in die Neuzeit beförderten ebenso wie den Roman, die visionäre Erfinder hervorbrachten, Ideen wie den Humanismus nicht nur entwickelten, sondern auch lebten, den Grundstein für das moderne Bankensystem legten. Man kann sich eigentlich nur wundern, dass sie darüber nicht arrogant geworden sind, sondern sich ihre Bodenständigkeit bewahrt haben.

△ Willkommener Schatten

▷ Die Toskana ist Kulturlandschaft

oder in Gruppen wie in die Landschaft getupft – wenn nicht auch sie gezähmt in langen Doppelreihen die Auffahrten zu Villen und Gehöften schmücken und beschatten.

Urwald mit Eichen, Buchen und Nadelbäumen existiert besonders noch im Osten der Toskana im Pratomagno und in den Schutzgebieten des Casentino, ansonsten stammen die Wälder der Toskana aus neuerer Zeit. Bereits in der Antike waren sie weitgehend abgeholzt, aber die **Aufforstungsprogramme** des 20. Jh. haben es geschafft, dass heute immerhin etwas mehr als ein Drittel der Toskana wieder bewaldet ist – damit zählt sie zu den waldreichsten Regionen Italiens.

In den flachen Küstenbereichen grenzen meist **Pinien** wie ein mehrere Hundert Meter breiter und Dutzende Kilometer langer Riegel den Strand vom Landesinneren ab, die *pinete* (Sing. *pineta*). Diese Pinienwälder sind häufig bereits im 19. Jh. gepflanzt worden, um die im Landesinneren küstennah liegenden landwirtschaftlichen Flächen vor feuchtsalzigem Meerwind und vor Sand zu schützen. Heute sind sie besonders in den Naturschutzgebieten – und auf dem Manövergelände des US-amerikanischen Camp Darby – auch Rückzugsgebiet für allerlei Säugetiere (wie Wildschweine) und Vogelarten.

Waren die Hügel und die Flanken der Gebirge nicht mehr mit Wald bedeckt, bildete sich als Folge von Brandrodung und Überweidung als Degradation der ursprünglichen Landschaft schließlich ein für die mediterrane Region typischer sekundärer Pflanzenbewuchs heraus, die **Macchia**. Das immergrüne, mit Dornen durchsetzte Gebüsch wächst zwischen knie- und übermannshoch und kann undurchdringlich sein. Im Frühling, wenn die Macchia blüht, bietet sich dem Auge ein unglaubliches Farbenspiel. Und ihr Aroma betört den Geruchssinn. So angenehm es aber ist, wenn in der Tageshitze die leicht flüchtigen Bestandteile die Luft schwängern, so gefährlich ist es auch. Macchia kann schon durch eine glimmende Zigarette Feuer fangen, das sich – von den Harzen und Ölen genährt – mit rasender Geschwindigkeit vorwärts frisst, zu Feuerstürmen entwickelt, die fast nicht mehr aufzuhalten sind (was übrigens auch auf den Pinienwald zutrifft, der ebenfalls hoch feuergefährdet ist). **Hauptpflanzen** der Macchia sind die gelben Zistrosen, Erika, Lavendel und Ginster, Erdbeerbäume, Brombeeren und Gewürzpflanzen wie Myrte, Wacholder, Rosmarin, Thymian, Lorbeer und Salbei.

Botanische Gärten

■ Der von *Cosimo I.* gegründete **Orto Botanico** von **Florenz**.
■ Der **Rosengarten Roseto Botanico Carla Fineschi** bei **Cavriglia**.
■ Der **Botanische Garten** beim **Kloster von Vallombrosa** mit Pflanzen des Pratomagno.
■ Der **Botanische Garten** von **Lucca**.
■ Der erste **Lehrgarten einer Universität** in Europa in **Pisa**.
■ Der **Botanische Garten Pietro Pellegrini** mit Gebirgsflora beim **Passo di Vestitio**.

Tierwelt

Die am häufigsten vorkommenden Säugetiere der Toskana sind wohl das Rind, als **Chianina-Rind** eine kulinarische Köstlichkeit (siehe Exkurs bei „Essen und Trinken"), und das Schwein, dessen vor 1000 Jahre bei Siena begonnene Züchtung **Cinta Senese** ebenfalls geschmacklich hervorragendes Fleisch besitzt – nicht zuletzt, weil es, für Stallhaltung ungeeignet, in der freien Natur aufwächst. Erkennen kann man es an den charakteristischen weißen Streifen an Nacken und Brustkorb. **Lamm** und **Kaninchen** bestücken ebenfalls Flure und Speisekarten. Nicht für Lokale, sondern fürs Reitvergnügen und die Landarbeit ist das ohne Koppeln in der Maremma lebende Pferd bestimmt, das **Maremmano** – eine spezielle Rasse mit kompaktem Körperbau, ausdauernd, gutmütig und trittsicher – ideale Tiere für die Rinderhüter dieser Kulturlandschaft, die toskanischen Cowboys *butteri*.

Wirklich wild lebende Tiere sind hingegen selten geworden. In den Wäldern auf den Bergen abseits der Landwirtschaft äst noch **Rotwild**, nur **Wildschweine** sind wagemutiger und kommen auch in die Hügel des Chianti, sogar bis in die *pinete* an den Küsten, und sind des Öfteren zu beobachten. Den **Wolf** – als „italienischer Wolf" durch häufigere Einkreuzung seines direkten Verwandten, des Haushundes, eine eigene Unterart bildend – wird man allerdings nicht zu Gesicht bekommen. Scheu und nachtaktiv, bewegt er sich vornehmlich oben im Apennin und wagt sich nur selten in die tieferen Regionen. **Hasen, Reh-** und **Damwild** sind da nicht so pingelig, auf Futtersuche nehmen sie auch die Nähe von Menschen in Kauf. Ansonsten bevölkern die Wälder und Felder die in Mitteleuropa ebenfalls vorkommenden Kleinsäuger wie **Mäuse, Iltisse** und **Marder, Füchse** und **Wildkatzen.**

Zahlreiche **Insekten** schwirren durch die Luft, Libellen, Schmetterlinge und leider auch die Stechmücken, die in den Dämmerungsstunden zur Plage werden können, wenn man kein Repellent auf die Haut aufgetragen hat (helle Kleidung schreckt ebenfalls ein wenig ab).

An giftigen Tieren kennt die Toskana den dunkel gefärbten, bis 5 cm langen italienischen **Skorpion**, in der heißen Jahreszeit fast ein Haustier, das die Kühle der Gemäuer sucht. Sein Stich entspricht in der Wirkung einem Bienenstich, kann aber auch, wie dieser, im ungünstigsten Fall einen schweren anaphylaktischen Schock auslösen. Einzige Giftschlange der Toskana (neben der nur auf der Insel Montecristo vorkommenden Montecristo-Viper) ist die **Aspisviper,** deren Gift starke Schmerzen auslöst, bei normaler Konstitution aber nicht zum Tod führen sollte. Maximal 90 cm lang, mit gedrungenem Körperbau und einem kurzen, eher dünnen Schwanz, ist sie wegen ihrer charakteristischen dreieckigen Kopfform relativ leicht von den ungiftigen Schlangen zu unterscheiden. Ihre Färbung reicht von gräulich über rötlichbräunlich bis zu schwarz. Da sie standorttreu und meist tagaktiv ist, hat man im Gelände bei normaler Vorsicht im Allgemeinen keinen Biss zu befürchten. Das Gift wirkt neuro- und hämatotoxisch (auf Nerven, Blutzellen und Gewebe). Bei einem Biss sollte man in jedem Fall einen Arzt bzw. ein Krankenhaus aufsuchen.

Klima

Saison ist in der Toskana das ganze Jahr über. Allerdings hat es seinen Grund, dass die Städter ihre Wohnungen in den Monaten Juli und August Richtung Berge oder Meer verlassen. Wer hitzeempfindlich ist, sollte in dieser Zeit längere Aufenthalte in den Städten meiden und immer wieder Abkühlung an der Küste oder in den Bergen suchen.

Das Klima bestimmen der **Apennin**, der sie gegen schlechtes Wetter von Osten abschirmt, und das **Mittelmeer** mit seiner temperaturausgleichenden Funktion. So entsprechen die Temperaturen einer gemäßigten Zone. Der meiste **Niederschlag** fällt im Winterhalbjahr.

Am schönsten zeigen sich die Landschaften im **Frühjahr** (April bis Juni),

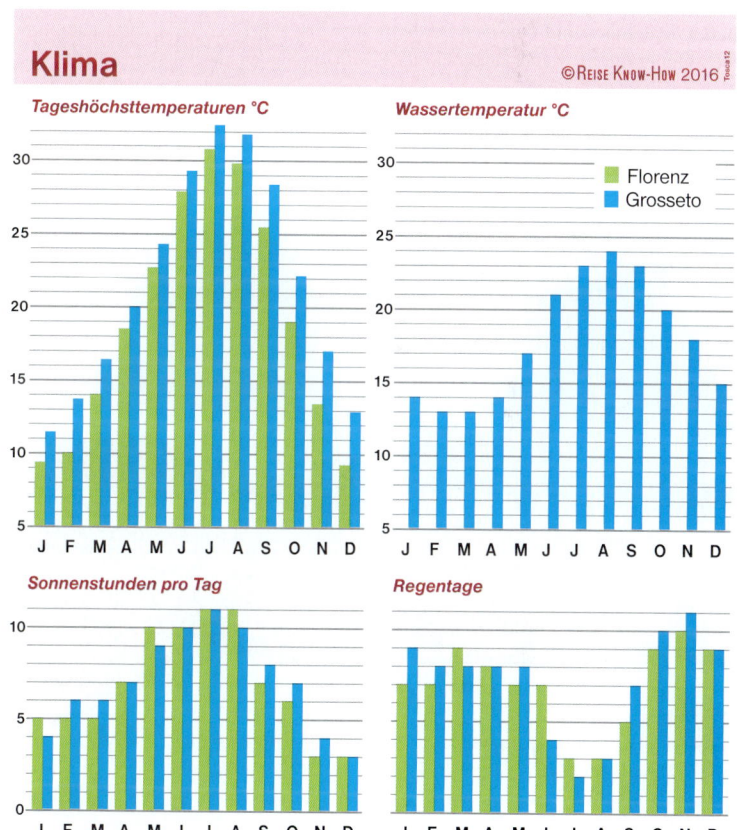

wenn die Pflanzen sattgrün sind und die Blumen blühen. Allerdings regnet es im April noch relativ häufig, und aus den Bergen kann eine steife Brise wehen. Dies bessert sich über den Mai hinweg, und im Juni sollten üblicherweise die Regentage nur noch sehr selten sein. Dann beginnt der heiße **Sommer** mit Höchsttemperaturen um 35 °C, den man am besten beim Badeurlaub an der Küste verbringt (wo sich das Wasser auf bis zu 25 °C erwärmt (und sogar noch im Oktober um 20 °C hat). In den **Herbstmonaten** September und Oktober werden die Temperaturen wieder angenehmer, nicht zu heiß und nicht zu kalt. Aber auch im **Winter** lässt es sich aushalten, so kann es tagsüber durchaus 10 oder 12 °C haben, nachts gefriert es eigentlich nur in den Bergen. Die Durchschnittstemperatur beträgt in Florenz im Dezember und Januar etwa 7 °C. Am Monte Amiata wiederum liegt dann Schnee, und der Skizirkus nimmt seinen Lauf.

Im Sommer regnet es, wie oben erwähnt, eigentlich nur selten, schaut man sich den Durchschnitt der weiter zurückliegenden Jahre an – was allerdings 2014 und 2015 konterkariert haben. Heftige Regenfälle bis in den Frühsommer hinein haben der Tourismusindustrie arg zugesetzt. Und dann kam eine Hitzewelle, die das Wasser fast zum Kochen gebracht hätte (und z.B. in der Lagune von Orbetello der Fischzucht katastrophalen Schaden zufügte).

Geschichte

Mittelitalien war immer eine exponierte Region, die im Laufe der Jahrhunderte zahlreiche **Eroberer** anzog. Die einen wollten vom Wohlstand der Bewohner profitieren, die anderen zogen ganz einfach nur auf dem Weg zur Eroberung Roms vorbei. Mit den **Etruskern** entstand hier eine der ersten **Hochkulturen** Europas, die den Stab schließlich an Rom weiterreichte.

Aber dann erlebte auch die Toskana die Zeit des dunklen Mittelalters, bis es erneut aufstieg wie Phönix aus der Asche und zum **Kulturmotor ganz Europas** wurde, zur Wiege der Neuzeit in Kunst und Kultur und in der Ideenwelt. Grandiose Bauwerke entstanden, herrliche Bilder und Plastiken, der Humanismus trat seinen Siegeszug an, es entwickelte sich das Bankenwesen, *Machiavelli* referierte über die Macht, *Petrarca* und *Dante* dichteten, und *Galilei* stellte die Welt auf den Kopf (und hatte recht) – **Renaissance,** Jahrhunderte des Glanzes, untrennbar verbunden mit einer Familie von gnadenlosen Herrschern und gütigen Denkern, Blutsaugern und Förderern, den *Medici*.

◁ Cortona war eine der wichtigsten Städte der Etrusker

An aller Anfang

Bereits in der Stein- und Eisenzeit wussten die Menschen die gewellte Landschaft der Toskana zu schätzen. Vor sich Lagunen mit ruhigem Wasser fürs Fischen, dahinter dichte Wälder fürs Jagen, leicht zu befestigende Kuppen und in deren Flanken Metall – also alles, was das Herz begehrt. Aus der **Steinzeit** stammen Funde, die man bei Arezzo machte: Werkzeug wie Äxte aus Stein und Waffen (Pfeilspitzen) von nomadisierenden Menschen. Die **Bronzezeit** und ihre Belvedere-Cetona-Kultur ist mit den ersten sesshaften Bewohnern verbunden, deren Artefakte man bei Chiusi in der Osttoskana fand. Die **Villanova-Kultur,** um 1000 v. Chr. datiert, läutet die **Eisenzeit** ein, ihre Menschen gelten einigen als direkte Vorfahren der Etrusker.

Etrusker

Die erste **Hochkultur** Mittelitaliens stammt direkt von der Villanova-Kultur ab oder ist um 800 v. Chr. aus Anatolien eingewandert – die Historiker streiten sich. Auf alle Fälle hinterlassen sie fein gearbeiteten Schmuck, herrlich bemalte Keramik und in ihren Grabmälern unglaubliche Fresken. Die etruskische Schrift kann man heute lesen, ihre Sprache ist aber nicht entschlüsselt. Ihre Städte sind nur lose miteinander verbunden und handeln im ganzen Mittelmeerraum. Der **Zwölfstädtebund** könnte eine mächtige Vereinigung sein, beschränkt sich aber in der Zusammenarbeit auf den Handel und agiert außenpolitisch weder gemeinsam noch zielgerichtet. Weswegen die Römer dann leichtes Spiel haben bei ihrem Zug nach Norden und eine Stadt nach der anderen besetzen.

Römer

Von den Römern erobert und assimiliert, verschwinden die Etrusker, und Rom übernimmt in der Toskana die Macht. Seine Soldaten und Verwalter sammeln in den Provinzen in ganz Europa und bei den Mittelmeeranrainern **Reichtum** ein und schaffen ihn ins Kernland. Die Städte der Toskana prosperieren und erhalten Arenen, Theater und Thermen, ihre Bewohner sind als Bürger Roms geadelt (wenn sie auch nicht wählen dürfen), auf Straßen wie der Via Aurelia entlang der Küste ist sicheres Reisen möglich, die Verwaltung ist schnell und effizient. Mit dem **Zerfall des Reiches** in Ostrom (Byzanz/Konstaninopel) und Westrom (Rom) und dem Zusammenbruch Westroms im 5. Jh. und der parallel verlaufenden Christianisierung verlässt auch die Toskana die Antike und tritt in das Mittelalter ein.

Ostgoten

In der ersten Hälfte des 6. Jh. kommen die Ostgoten nach Italien, gerufen vom oströmischen Kaiser *Zenon,* der den nach dem Zusammenbruch Westroms an die Herrschaft gelangten **Odoaker** loswerden will. Der ostgotische Heerführer **Theoderich** soll *Odoaker* vertreiben, Westrom so für Ostrom gewinnen und das Reich wieder einen. *Theoderich* hat andere Pläne. 493 einigt er sich mit *Odoaker* auf Machtteilung, ermordet ihn aber wenige Tage später und erhebt sich selbst zum Herrscher über Westrom.

Langobarden

Der zweiter Versuch, dem Teufel mit dem Beelzebub zu begegnen, endet auch nicht glücklich. Lange Bärte und auch sonst nicht ordentlich – zumindest feuert der oströmische Heerführer **Narses,** nachdem er die Langobarden als Hilfe gegen die Ostgoten angeheuert hat, sie umgehend wieder, da sie keinem Befehl folgen und zu grausam sind (was im tiefsten Mittelalter schon etwas heißt). Als Folge der Dienstenthebung suchen die Langobarden nun ihr Glück in der Toskana und gründen unter ihrem Herrscher **Alboin** in der zweiten Hälfte des 6. Jh. das **Herzogtum Tuscia** mit Lucca als Hauptstadt.

Franken, Ottonen, Salier und Staufer

Mit **Karl dem Großen** treten die Franken auf den Plan. Sie erobern Nord- und Mittelitalien, *Karl* lässt sich im Jahr 800 zum römischen Kaiser krönen und erklärt Tuscia zur Markgrafschaft. **Otto I.** (aus dem Geschlecht der Ottonen) erobert Italien im 10. Jh., nachdem das Frankenreich in mehrere Teile zerfallen war. Das neu entstandene **„Heilige Römische Reich Deutscher Nation"** des 10./12. Jh. reicht schließlich von der Nordsee bis Sizilien.

Der Salier **Heinrich IV.** muss im Investiturstreit um das Recht der Amtseinsetzung geistlicher Würdenträger dennoch klein beigeben, 1077 nach Canossa ziehen und vor dem Papst Buße tun. Die Staufer **Friedrich I. Barbarossa** und **Friedrich II.** stehen dem Reich vor, als es seine größte Macht hat.

Die Stadtstaaten

Parallel zur Reichsentstehung entwickeln sich in den Städten der Toskana **Handwerk** und **Handel**. Besonders Pisa hat mit seiner Küstenlage einen Vorteil, den es auch nutzt. Es überflügelt sogar Venedig und Genua und wird größte

◁ Im Park der Villa Reale

Handelsmacht des Mittelmeeres. Selbstbewusst beginnen die Städte eine **Eigenverwaltung** aufzubauen und wählen Standesvertreter, die ihre Geschicke bestimmen: den **Podestà** und den **Capitano del Popolo**. Untereinander zeigen die Stadtrepubliken starke Rivalität und versuchen sich gegenseitig zu schwächen und zu erobern. Überlagert wird der Konflikt vom fortdauernden **Streit zwischen weltlicher und geistlicher Macht,** zwischen Kaiser und Papst, zwischen deren Anhängern Ghibellinen und Guelfen. Nicht nur bei den Städten untereinander, auch innerhalb der Städte ist der Streit allgegenwärtig und führt mehrfach zur Verbannung von Schlüsselpersonen (wie *Dante Alighieri*).

Die Medici

Kein Geschlecht prägt die Toskana so wie das der *Medici,* die im 14. Jh. in die Öffentlichkeit treten und über vier Jahrhunderte die Geschicke von Florenz und der ganzen Toskana erst mit-, später dann ganz alleine bestimmen werden. In ihre Zeit fällt die **Renaissance,** und Florenz wird zum Nukleus, von dem aus sich eine neue Ideenwelt in Europa ausbreitet und den ganzen Kontinent revolutioniert – Philosophie, Bildende Kunst, Architektur, Musik und die Geisteshaltung des Humanismus. Extrem machtbewusst, aber auch extrem der Kunst verpflichtet, werden die *Medici* mit den *Borgia* aus Rom zum **Inbegriff eines Familienclans,** der über Generationen hinweg weltliche und geistliche Politik bestimmt und dem Schönen zugewandt die Besten und das Beste ihrer Zeit um sich sammeln.

Bedeutende Medici

- **Giovanni di Bicci** (1360–1429), der die Geldgeschäfte der Päpste erledigte und den Familienreichtum begründete.
- *Giovannis* Sohn **Cosimo II Vecchio** (1389–1464), reichster Mann der Welt und erster *Medici,* der in die Politik ging.
- *Cosimos* Enkel **Lorenzo II Magnifico** (1449–1492), Dichterfürst, Mäzen, Schöngeist und Tyrann.
- *Lorenzos* Sohn **Giovanni** (1475–1521), der als *Leo X.* Papst wurde.
- *Cosimos* Urenkel **Giulio** (1478–1534), der es ebenfalls zum Papst brachte – *Clemens VII.*
- *Giovannis* Sohn **Lorenzo** (1395–1440).
- *Lorenzos* Sohn **Pierfrancesco** (1431–1477).
- *Pierfrancescos* Urenkel **Cosimo I.** (1519–1574), erster Großherzog der *Medici.*

Österreicher

Mit dem Aussterben der *Medici* im 18. Jh. gelangt das Großherzogtum Toskana 1737 an die **Habsburger** unter **Kaiser Franz I.** Die Österreicher sind willens, die letzten, für die Bevölkerung recht unerfreulichen Herrschaftsjahre der *Medici* vergessen zu machen. Sie beginnen zahlreiche **Reformen** in der Verwaltung, senken die Steuerlast auf ein erträgliches Maß und führen das fort, was die Etrusker einst begonnen, die Römer recht und schlecht kopiert und die *Medici* schließlich aufgegeben hatten: die Trockenlegung der Sümpfe zur Schaffung neuer Anbauflächen und zur Bekämpfung der Geißel Malaria. Die Habsburger führen die Gleichheit vor dem Gesetz ein, schaffen Inquisition, Folter und Todesstrafe ab und enteignen kirchliche Ländereien. Dass die Söhne des Herzogtums im Gegenzug zu den Verbesserungen **Soldatendienst** im österreichischen Herr leisten müssen, wird seitens der Bevölkerung toleriert, auch wenn der Blutzoll der k&k-Monarchie im Siebenjährigen Krieg hoch ist.

Franzosen

Napoleon kommt 1799 auf seiner European Tour auch in die Toskana, vertreibt Erzherzog *Ferdinand III.* und erklärt die Toskana zwei Jahre später zum **„Königreich Etrurien".** Er setzt den Erbprinzen von Parma, *Ludwig I.,* als König ein (der mit dieser Stellung abgefunden wird, da *Napoleon* das Herzogtum Parma übernehmen will), und der Habsburger *Ferdinand III.* erhält als Trostpflaster für den Verlust der Toskana das säkularisierte Fürsterzbistum Salzburg. 1808 besinnt sich *Napoleon* anders, teilt die Toskana in **drei Verwaltungseinheiten** auf und erklärt diese als zum **Kaiserreich Frankreich** gehörig. Noch einmal ein Jahr später überlässt er die drei Departments seiner Schwester *Elisa* – diesmal wieder als Großherzogtum. Beim **Wiener Kongress** gelangt die Toskana erneut in die Hände Österreichs, worüber nach all dem Hin und Her wohl jeder froh ist.

Italien

1848 herrscht auch in Italien Revolution – **Märzrevolution.** Die Bevölkerung in ganz Europa steht auf gegen den Absolutismus, der fröhliche Urständ zu feiern scheint. Auf dem Stiefel geht es aber auch um nationale Identität und Einheit. Die österreichische Machtausübung wird als Fremdherrschaft gesehen, da nützt es auch nichts, dass diese gerade eben erst der Toskana eine liberale Verfassung zugestanden hat. Die Aufstände münden in einem **Krieg,** den die Österreicher erst zu verlieren scheinen (*Radetzky* muss sich im Mai 1848 zurückziehen, was nicht zuletzt der Kampfkraft von 5000 Studenten und Professoren der Universitäten von Pisa und Siena zu danken ist), dann aber gewinnt *Radetzky* die Oberhand und kann den Habsburger Machtanspruch mit einem Waffenstillstand sichern. Der Zweite Unabhängigkeitskrieg beginnt 1859 und endet 1860 letztlich mit *Garibaldis* „Zug der Tausend" von Genua nach Sizilien, wo er eine neapolitanische Armee schlägt, dann nach Neapel weitermarschiert und eine weitere Schlacht gewinnt. 1861 wird das **Königreich Italien** proklamiert, die Toskana ist Teil von ihr.

Zeittafel

- **ab 1000 v. Chr.:** Eisenzeitliche Villanova-Kultur; die Etrusker wandern aus Ostanatolien ein.
- **ab 750 v. Chr.:** Die Etrusker gründen immer mehr Städte, die sich schließlich zum Zwölfstädtebund Etruriens zusammenschließen.
- **550 v. Chr.:** Der Zwölfstädtebund koaliert mit Karthago gegen Griechenland, zehn Jahre später vernichten sie bei der Seeschlacht vor Aléria/Korsika die griechische Flotte.
- **508 v. Chr.:** Der etruskische König *Laris Porsenna* erobert Rom, wird aber nach vier Jahren wieder vertrieben.
- **396 v. Chr.:** Veji, Mitglied des Zwölfstädtebundes, wird von Rom, mit dem es schon länger in Streit liegt, zerstört; Etrurien ist durch eine Niederlage gegen Syrakus und Kelteneinfällen im Norden geschwächt.
- **309 v. Chr.:** Schlacht gegen Rom am Lago Vadimone, die die Etrusker verlieren; Beginn römischer Eroberungszüge gegen etruskische Städte.
- **300 v. Chr.:** Pyrgi vom Zwölfstädtebund wird römische Kolonie, ihm folgen Vulci und Volsinii (alle Latium).
- **260 v. Chr.:** Etrurien verliert die Eigenständigkeit und wird zu Roms „Bundesgenossen".
- **205 v. Chr.:** Etrurien unterstützt den römischen Feldherrn *Scipio* gegen Karthago beim Zweiten Punischen Krieg.
- **183 v. Chr.:** Römische Kolonie in Saturnia.
- **88 v. Chr.:** Die Bewohner Etruriens werden römische Bürger (ohne Wahlrecht).
- **59 v. Chr.:** Florenz wird römische Kolonie.
- **ab 27 v. Chr.:** Der römische Kaiser *Augustus* reorganisiert die Verwaltung des Imperiums, Etrurien wird zur „VII. Region Etruria".
- **ab 50 n. Chr.:** Beginn der Christianisierung der Toskana.
- **297:** Rom fasst Etruria mit Umbria zur „V. Region Tuscia" zusammen, Florenz wird deren Verwaltungszentrum.
- **395:** Das Römische Reich zerfällt in Ostrom und Westrom.
- **476:** Untergang Westroms.
- **5./6. Jh.:** Im Zuge der Völkerwanderung fallen die Ostgoten in der Toskana ein.
- **568:** Die Langobarden unter *Alboin* erobern die Toskana, übernehmen die römischen Verwaltungsstrukturen und machen Lucca zum Hauptort des Herzogtums Tuscia.
- **774:** *Karl der Große* erobert das Reich der Langobarden, die Toskana wird als Tuscia Provinz des Frankenreiches und später Markgrafschaft.
- **800:** *Karl der Große* lässt sich zum Kaiser krönen und legt die Grundlage für das „Heilige Römische Reich Deutscher Nation".
- **10. Jh.:** Die Kaiser stärken ungewollt die Kirche, indem sie Bischöfe zur Sicherung der Reichsansprüche benutzen, in der Folge kommt es mit dem soge-

nannten Investiturstreit zum Machtkampf zwischen Papst und Kaiser um das Recht der Amtseinsetzung Geistlicher.

- **11. Jh.:** Das Geschlecht der *Canossa* stellt die Markgrafen von Tuscia, Markgräfin *Matilda von Canossa* vermittelt im Investiturstreit, die Städte der Toskana erstarken mit dem zunehmenden Handel.
- **1060:** Florenz entwickelt sich zum Zentrum guelfischer (papsttreuer) Politik und prosperiert, die ersten großen Kirchenbauten entstehen.
- **1063:** Pisa besiegt bei einer Seeschlacht vor Sizilien die Sarazenen und wird zur bedeutendsten Seemacht des Mittelmeeres.
- **1077:** Kaiser *Heinrich IV.* unterwirft sich auf der Burg Canossa Papst *Gregor VII.*
- **12.–14. Jh.:** Aufstieg der Städte und Kampf um die Vorherrschaft.
- **1115:** Markgräfin *Matilda* stirbt und vermacht ihren Besitz dem Papst, in der Folge flammen die Streitereien zwischen Papsttreuen und Anhängern des Kaisers (Ghibellinen) wieder auf, Rivalitäten und geschickte Bündnispolitik unterstützen die Entwicklung der Stadtstaaten.
- **1125:** Florenz besiegt Fiesole.
- **1138:** Erstmals wählen die Patrizier in Florenz einen Konsul, den ein „Rat der Hundert" beaufsichtigt, im gleichen Jahr treten mit König *Konrad III.* die Staufer auf die Bühne.
- **1158:** In Florenz wird erstmals ein Podestà benannt (eine Art Bürgermeister), die mächtigen Handelshäuser der Zukunft beginnen sich zu entwickeln.
- **1194:** *Friedrich Barbarossas* Sohn *Heinrich VI.* vereinigt das „Heilige Römische Reich Deutscher Nation", das von Nord- und Ostsee bis Sizilien reicht.
- **1250:** Florenz erhält eine Verfassung.
- **1260:** Schlacht von Montaperti, Sieg Sienas über Florenz.
- **1269:** Nach dem Niedergang der Staufer siegt das guelfische Florenz bei der Schlacht von Colle di Val d'Elsa über das ghibellinische Siena.
- **1284:** In der größten Seeschlacht des Mittelalters bei Meloria verliert Pisa seine gesamte Flotte an Genua und spielt bis zur Eroberung durch Florenz nur noch als Landmacht eine Rolle.
- **1313:** Kaiser *Heinrich VII.* stirbt in Buonconvento bei Siena.
- **1343:** Bankrott des Florentiner Bank- und Handelshauses Peruzzi, das über an den englischen König ausgereichte Darlehen stolpert, zwei Jahre später folgt ihm das Bankhaus Bardi aus dem gleichen Grund – das Kreditwesen Europas wird erschüttert.
- **Ende des 14. Jh.:** Der Aufstieg der *Medici* beginnt mit Geldgeschäften für den Papst.
- **1406:** Florenz erobert Pisa, nur Lucca und Siena können sich noch Unabhängigkeit bewahren, die anderen Stadtstaaten wie Prato, Arezzo oder Volterra stehen de facto schon unter Florentiner Herrschaft.
- **1433:** *Cosimo Il Vecchio* wird aus Florenz verbannt, darf aber ein Jahr später zurückkehren und übernimmt die Macht.
- **1498:** Der Prediger *Savonarola* wird in Florenz hingerichtet.
- **Ende 15./Anfang 16. Jh.:** Die *Medici* werden mehrfach aus Florenz vertrieben.

- **1530:** Ende der Republik, Florenz wird zum Herzogtum.
- **1537:** *Cosimo I.* gelangt an die Macht.
- **1555:** Florenz besiegt Siena, die letzte freie Stadtrepublik der Toskana.
- **1569:** Der Papst ernennt *Cosimo I.* zum Großherzog der Toskana.
- **1737:** Der letzte *Medici* stirbt, die Toskana fällt an Habsburg.
- **18. Jh.:** Die Habsburger reformieren die Verwaltung und legen die Sümpfe der Südtoskana trocken.
- **1799:** *Napoleon* erobert die Toskana und setzt seine Schwester als Herzogin von Lucca ein.
- **1814:** Beim Wiener Kongress erhalten die Habsburger erneut das Großherzogtum.
- **1848:** Beginn der Revolution, des „Risorgimento = Wiedererwachen", die 1860 nach *Garibaldis* „Zug der Tausend" von Genua nach Sizilien in der Ausrufung des Italienischen Königreiches endet.
- **1865–71:** Florenz ist Hauptstadt dieses Königreiches.
- **1918:** Italien gehört zu den Siegermächten des Ersten Weltkrieges.
- **1922:** Machtergreifung *Mussolinis*.
- **1936:** *Mussolini* paktiert mit dem Dritten Reich und tritt 1940 an seiner Seite in den Zweiten Weltkrieg ein.
- **1943:** *Mussolini* wird gestürzt und hingerichtet, Italien erklärt Deutschland den Krieg, Wehrmacht und SS begehen im Partisanenkrieg Gräueltaten an der Zivilbevölkerung.
- **1944/45:** Die Verteidigungslinie der Deutschen Wehrmacht durchquert bei Rückzugsgefechten ganz Italien von Süd nach Nord, letzte Sperrlinie ist die Gotenstellung („Grüne Linie") in der Toskana; alliierte Bomber richten bei Kampfhandlungen schwere Schäden in Livorno, Pisa und San Gimignano an, die Wehrmacht sprengt – bis auf den Ponte Vecchio – alle Arno-Brücken.
- **1946:** Italien wird per Volksentscheid zur Republik.
- **1966:** Der Arno überschwemmt Florenz, zerstört zahlreiche Kunstwerke und hinterlässt 34 Tote.
- **1993:** Bei einem Bombenattentat vor den Uffizien (mutmaßlich von der Mafia zur Destabilisierung des Staates begangen) sterben fünf Unbeteiligte.
- **2009:** In Viareggios Bahnhof explodiert ein Zug mit Flüssiggas und tötet 32 Menschen.
- **2014:** *Matteo Renzi*, bis 2014 Bürgermeister von Florenz, wird Ministerpräsident Italiens und beginnt erfolgreich, verkrustete Strukturen aufzubrechen und das Land zu reformieren.
- **2015:** *Enrico Rossi* von der demokratischen Partei wird als Präsident der Toskana wiedergewählt.

Kunstgeschichte

Nur wenige Gegenden in Europa können mit so geballter Kunst aus drei Jahrtausenden aufwarten. Von den **Etruskern** sind wunderschön gearbeitete, aufwendig und kunstvoll bemalte, vom antiken Griechenland beeinflusste Keramiken erhalten, ihre polychromen Fresken sind in Ausführung und Eleganz extrem staunenswert. Selbst Grabmäler sind ein Fest für die Augen, mit Säulen, Treppen und Bögen. Ihre Urnen aus Alabaster und Tuffstein sind mit Reliefs geschmückt, die einen Blick auf das Weltverständnis der Etrusker erlauben und auf ihren Götterpantheon. Vasen, Goldschmuck, Figürchen oder löwengroße Bronzen (wie die Chimäre von Arezzo): Die erhaltenen Beispiele sind – trotz jahrhundertelanger Grabräuberei – zahlreich und absolut sehenswert.

◁ Das Wappen der Medici ist allgegenwärtig (auch in Arcidosso)

Etrusker: das Beste
- Nationalmuseum in Chiusi
- Grabstätten bei Chiusi
- Grabstätten bei Sovana
- Etrusker-Museum in Cortona
- Grabungsfelder von Popùlonia
- Archäologisches Museum in Florenz

Römer: das Beste
- Archäologisches Museum in Arezzo
- Römisches Theater in Fiesole
- Santi Giovanni e Reparata in Lucca
- Archäologisches Museum in Piombino
- Archäologisches Museum in Florenz
- Grabungsfelder von Popùlonia

Noch zahlreicher sind die Hinterlassenschaften der **Römer,** vom fast vollständig erhaltenen Theaterhalbrund bis zum perfekt verlegten Mosaik, vom Fresko bis zur bildreichen Vase, vom kleinen Porträt bis zum lebensgroßen Abbild auf dem Sarkophag. Und wer in den Kirchen genau hinschaut, sieht auch immer wieder Säulenkapitelle, die aus antiker Zeit stammen und nach dem Abbruch altrömischer Gebäude eine neue Aufgabe erhielten.

Frühromanisch mit Rundbögen und offenem Dachstuhl, ab und an mit Tonnengewölben, vom Basilikatyp mit drei Schiffen, meist mit massiven Pfeilern, weniger mit Säulen ausgerüstet, aus dunklem Naturstein mit überschaubarer Fensterfläche und wenig Licht, einfache Apsiden, schmucklos: Irgendwo zwischen Tempel und Festung zeigen sich die Kirchen vom 10. Jh. bis zur zweiten Hälfte des 11. Jh. auf dem Land und mehr oder weniger auch in der Stadt (soweit sie dort noch vorhanden sind).

Frühromanik: das Beste
- San Piero a Grado bei Pisa
- Santissimo Salvatore in Abbadia di San Salvatore
- San Leolino bei Panzano in Chianti
- San Pietro bei Loro Ciuffenna
- Santa Maria Assunta bei San Gimignano
- Abbazia di Farneta bei Cortona
- Abtei Sant'Antimo bei Castelnuovo dell'Abate

◁ Frühromanik im Frühling:
Sant'Antimo bei Castelnuovo dell'Abate

Ganz anders die um 1050 beginnende **Hochromanik** der Toskana. Sie hat ihren Ausgang in Pisa (siehe Kasten „Romanik à la Pisa" im Ortskapitel Pisa). Dort entstand ab 1062 mit dem Dom das bedeutendste hochromanische Bauwerk der Toskana, wo auch erstmals ein Baukörper vom Basilika-Typ (drei Längsschiffe) ein Querschiff erhielt. Die kunstvolle Verwendung von Marmor und die orientalischen Einflüsse in der Ornamentik haben in der Kunstwissenschaft sogar zu einer eigene Stilbenennung geführt: Proto-Renaissance. Sie überspringt sozusagen die gotische Stilrichtung und nimmt in der Hochromanik bereits Elemente der Renaissance vorweg – wie das ausgiebige Zitat antiker Baukunst und klassischen Maßwerkes an den Schaufassaden.

Hochromanik: das Beste
- Dom in Pisa
- Baptisterium in Florenz
- San Miniato al Monte in Florenz
- San Michele in Foro in Lucca
- Kreuzgang der Abbazia di Torri bei Sovicille
- Dom in Volterra

Mit der ab dem beginnenden 13. Jh. aufkommenden **Gotik** halten der Spitzbogen, die Verspieltheit und eine ausgefeilte Statik Einzug in die Baukunst. Die Fensterflächen sind größer geworden, die Gewichte des Baukörpers werden nicht mehr mit massiven Pfeilern und Wänden abgefangen, stattdessen haben die Baumeister eine Skelettstruktur entwickelt. Der Spitzbogen als in den Himmel weisendes Element erfährt seine Krönung mit Fialen, spitzen Türmchen, die ihn nach oben verlängern (aber auch die Lastverteilung verbessern). Das simple Tonnengewölbe ist nun durch das Kreuzrippengewölbe abgelöst. Im Gegensatz zur französischen oder deutschen Gotik halten sich die Fensterflächen in Grenzen und lassen an den Mauern ausreichend Platz für die Freskierung, die *Giotto* zu einer ungeahnten Blüte bringt.

Gotik: das Beste
- San Galgano bei Chiusdino
- Dom in Siena
- Campanile in Florenz
- Santa Maria Novella in Florenz
- Santa Maria della Spina in Pisa
- Dom in Massa Marìttima

Die **Renaissance** im 15. und beginnenden 16. Jh. ist schließlich der Baustil, mit dem man die Toskana gemeinhin verbindet. Der Aufbruch in eine neue Zeit, Wohlstand für breitere Bevölkerungsschichten und eine humanistische Geisteshaltung ließ den Einfluss der Klassik in der Architektur wieder stärker werden. Mit der Bezeichnung „Rinascita – Wiedergeburt" hat *Giorgio Vasari* einer ganzen Epoche ihren Namen gegeben. Der Mensch war nun im Hier und Jetzt verankert, das Leben lebenswert, nicht nur Durchgangsstation für die eigentliche, „wahre" Existenz nach dem Tode. Folgerichtig entwickelte sich nun auch eine Profanarchitektur – Villen, Paläste und Schlösser entstanden in den Städten und auf dem Land, ja ganze Städte wurden auf dem Reißbrett geplant und verwirklicht, Gärten und Parks gepflanzt. Ab etwa 1530 spricht man von Spätrenaissance bzw. dem **Manierismus.** Gute Beispiele für Architektur dieser Stilrichtung sind die Villa di Castello bei Florenz und das Casa del Vasari.

Kunstgeschichte

Renaissance: das Beste
- Stadtanlage von Pienza
- Domkuppel in Florenz
- Biblioteca Laurenziana in Florenz
- Palazzo Ruccelai in Florenz
- Villa La Petraia bei Florenz
- Garten der Villa Demidoff bei Pratolino

Kunsthistorisch bleibt für den **Barock** in der Toskana nicht viel Platz. Zwar wurde das Innere vieler Gotteshäuser im 17. und 18. Jh. barockisiert, nennenswerte Baumeister hat diese Zeit in Mittelitalien aber nicht hervorgebracht, und vieles wurde später zurückgeführt. So sind in den Städten meist nur einzelne Stücke der Innenausstattung interessant bzw. sehenswert – und auf dem Land mag sich der eine oder anderen an bäuerlichem Barock erfreuen.

Der **Jugendstil** (Liberty, Art déco) allerdings kam in der Toskana mit der Werkstatt der Familie *Chini* zu einer seltenen Blüte, die auch heute noch an vielen Stellen sichtbar ist. *Galileo Chini* war dabei einer der Hauptprotagonisten, dessen konzeptionellen Arbeiten zu einem Verkaufserfolg der Manufaktur-Produkte in Europa und Übersee führte.

Jugendstil: das Beste
- Caffè Margherita in Viareggio
- Chini-Museum in Borgo San Lorenzo
- Terme Tettuccio in Montecatini Terme
- Via Fillungo in Lucca
- Hotel Villa Le Maschere bei Barberino di Mugello
- Untergeschoss der Logge dei Banchi in Pisa

Zeitgenössische Kunstgärten

Die Toskana ist bei zeitgenössischen Künstlern ausgesprochen beliebt für die Gründung großzügiger Landschaftsgärten, in denen fertige Kunst ausgestellt oder für die Installationen passend zur Geländeformation und zum Pflanzenwuchs extra kreiert werden. Tongarten, Meditationspark und Kunstsammlung, das Angebot ist reichhaltig und hochinteressant.

Moderne Kunst in Gärten: das Beste
- Bosco della Ragnaia, Landschaftspark eines US-amerikanischen Konzeptkünstlers in San Giovanni d'Asso
- Steinskulpturenpark Traumwald bei Torri
- Giardino dei Suonio, Klanggarten bei Massa Marittima
- Giardino di Daniel Spoerri, Kunstpark des Schweizers *Spoerri* beim Monte Amiata
- Chianti Skulpturenpark bei Castellina in Chianti
- Fattoria di Celle, privater Kunstpark bei Pistoia

> Jugendstil in Montecatini Terme

Protagonisten toskanischer Kultur

■ Fra **Angelico** (*Vicchio 1397, †Rom 1455), auch *Beato Angelico* oder Fra *Giovanni di Fiesole*, eigentlich *Guido di Piero*. Freskenmaler der Spätgotik, der neue Wege beschritt und die Malkunst der Frührenaissance stark mit beeinflusste. Nachzuspüren in Florenz (San Marco) und in Fiesole (San Domenico).

■ **Giovanni Boccaccio** (*Certaldo 1313, †Certaldo 1375); Rechtswissenschaftler, Dichter, Diplomat und mit seinem Freund *Petrarca* einer der großen humanistischen Gelehrten, Begründer der Prosa Italiens. Nachzuspüren in Certaldo und im neu übersetzten „Dekameron" (bibliophil aufgelegt mit Holzschnitten des 16. Jh., Ditzingen 2012, Reclam Verlag), seinem deftigen Meisterwerk.

■ **Sandro Botticelli** (*Florenz 1445, †Florenz 1510), eigentlich *Alessandro di Mariano Filipepi*; anfangs Goldschmied, dann Schüler des *Filippo Lippi*, einer der führenden Renaissancemaler, der – vom Humanismus beeinflusst – in seinen Bildern Sinnesfreude und Poesie zum Ausdruck verhalf. Nachzuspüren in den Uffizien (Florenz).

■ **Filippo Brunelleschi** (*Florenz 1377, †Florenz 1446); ursprünglich Goldschmied, dann Bildhauer und schließlich Architekt, der mit klaren Linien die Antike zitierte, die Zentralperspektive entwickelte und als erster Renaissance-Baumeister gilt. Nachzuspüren u.a. in Florenz in der Alten Sakristei von San Lorenzo und auf der Domkuppel.

■ **Buonamico Buffalmacco** (*Florenz 1262, †Florenz 1341); Maler, über den bereits *Boccaccio* im „Decamerone" schrieb, Urheber des Kolossalfreskos „Triumph des Todes". Nachzuspüren in Pisas Campo Santo.

■ **Ferruccio Busoni** (*Empoli 1866, †Berlin 1924); Komponist von Opern und Konzerten, Musiktheoretiker, Pianist und Librettist deutsch-italienischer Abstammung. In Berlin unterrichtete er Meisterklassen, die u.a. *Kurt Weill* absolvierte. Nachzuspüren in Empoli (Casa Natale di Busoni).

■ **Giosuè Carducci** (*Pietrasanta 1835, †Bologna 1907), auch *Enotrio Romano;* Literaturhistoriker, Dichter, begnadeter Redner und Nobelpreisträger für Literatur (1906 vor allem für sein lyrisches Werk). Nachzuspüren in Bolgheri (wo sich die von ihm in einer Ode besungene Zypressenallee befindet) und in seinem Geburtsort Castagneto Carducci (Casa Carducci).

■ **Galileo Chini** (*Florenz 1873, †Florenz 1956), Maler, Bildhauer und Architekt, dessen Werkstatt die ganze Welt mit Keramikarbeiten im Liberty-Stil versorgte, und der für *Puccini* u.a. das Bühnenbild für „Turandot" entwarf. Nachzuspüren in der Chiesa San Lorenzo und im Chini-Museum (Borgo San Lorenzo), an der Strandpromenade von Viareggio und in Montecatini.

■ **Cimabue** (*unbekannt 1272, †unbekannt 1302), eigentlich *Cenno di Pepo*; derjenige, der als Erster das Mittelalterliche in der Malerei überwand, weg von der Flachheit, hin zur Dreidimensionalität, weg vom streng Stilistischen, hin zum Lebendigen – Entdecker von *Giotto*. Nachzuspüren u.a. in Castelfiorentino (Museo d'Arte Sacra), in Arezzo (San Domenico), Pisa (Dom und San Francesco) oder Florenz (Uffizien).

■ **Carlo Collodi** (*Florenz 1826, †Florenz 1890), eigentlich *Carlo Lorenzini*, Journalist und Schriftsteller, dessen – in einer Kinderzeitung als Fortsetzungsroman erschienenes – Werk „Die Abenteuer des Pinocchio" die Welt eroberte. Nachzuspüren im Parco di Pinocchio (im Ort Collodi).

■ **Dante Alighieri** (*Florenz 1265, †Ravenna 1321); sein Versepos „Divina Commedia" war für die europäische Geistesentwicklung wegweisend, dem vorherrschenden Latein die Stirn bietend, in Italienisch verfasst. Nachzuspüren in Florenz (Casa di Dante) und in der „Göttlichen Komödie" (neu übersetzt und bibliophil aufgelegt, Ditzingen 2012, Reclam Verlag).

■ **Donatello** (*Florenz 1386, †Florenz 1466), eigentlich *Donato di Niccolò di Betto Bardi*. Schüler von *Lorenzo Ghiberti*, Freund *Brunelleschis*, größter Bildhauer des 15. Jh., der mit Marmorarbeiten begann, später zu Bronzeguss überging, Naturalismus in die Skulpturenkunst brachte und die Renaissance in der Bildhauerei einläutete.

■ **Taddeo Gaggi** (*Florenz 1290, †Florenz 1366) und Sohn **Agnolo** (*Florenz 1350, †Florenz 1396); *Taddeo* war Schüler und Mitarbeiter *Giottos* und entwickelte die Räumlichkeit hin zu einer freieren Komposition mit zahlreichen, detaillierten Figuren, nachzuspüren in Poppi (Burgkapelle), Pisa (San Francesco) und Florenz (Santa Croce). *Agnolo*, ebenfalls detailversessen, wies in seinem Werk der Malerei schon den Weg ins 15. Jh., er hat sich u.a. in Florenz (Santa Croce) und in Prato (Museo di Pittura Murale) verewigt.

■ **Galileo Galilei** (*Pisa 1564, †Arcetri 1642); Mathematiker, der sich mit der Kirche und dem Glauben, dass die Erde Mittelpunkt von allem sei, anlegte und in einem Prozess („Und sie bewegt sich doch!") von der Inquisition wegen Ketzerei zu lebenslanger Kerkerhaft verurteilt wurde (später zu Hausarrest abgemildert). Nachzuspüren in Pisa (Casa Galileo Galilei, nur von außen zu besichtigen), in Florenz (Grabmal in Santa Croce) und natürlich in seinem „Dialog über die beiden hauptsächlichsten Weltsysteme" (Wiesbaden 2014, Marix-Verlag).

■ **Lorenzo Ghiberti** (*Florenz 1387, †Florenz 1455); Goldschmied, Historiker, Architekt und Bildhauer, dessen Werkstatt sich vornehmlich dem Bronzeguss widmete und zahlreiche Künstler ausbildete. Nachzuspüren in Florenz am Dom (an dem er neben *Brunelleschi* mitarbeitete), Paradiestüre des Baptisteriums und in Siena (San Giovanni).

■ **Domenico Ghirlandaio** (*Florenz 1449, †Florenz 1494), eigentlich *Domenico di Tommaso Bigordi;* Goldschmied und Maler, Zeitgenosse *Botticellis* und mit ihm zusammen die Freskenmalerei des 15. Jh. dominierend (zwei seiner Brüder arbeiteten in seiner Werkstatt mit: *Benedetto* und *Davide*). Sein Markenzeichen ist die Plastizität der Bilder, und er malte Florentiner Zeitgenossen in biblischen Szenen und verband so erstmals die Sakral- mit der Profanmalerei. Nachzuspüren in Florenz (Santa Maria Novella und Palazzo Vecchio), San Gimignano (Cappella di Santa Fina) und Badia di Passignano (Refektorium).

■ **Giambologna** (*Flandern 1529, †Florenz 1608), auch *Giovanni di Bologna*, eigentlich *Jean de Boulogne;* flämisch-italienischer Bildhauer des Manierismus, dessen Marmor- und Bronzeskulpturen nicht mehr nur klassischen, klaren Linien verpflichtet sind, sondern besonders bei seinen Kleinplastiken – sich auch drehend und um Gegenstände schlingend – bereits vom Barock künden. Nachzuspüren in Florenz (Loggia dei Lanzi, Giardino Boboli, Piazza dei Signori) und im Mugello (Villa Demidoff).

■ **Giotto di Bondone** (*Vicchio 1266, †Florenz 1337), Maler, Baumeister und Grenzgänger zwischen Gotik und Renaissance. Mit ihm erhielten die Menschen in den Bildern eine Mimik, er war der Wegbereiter des Realismus und er malte als Erster Räume. Nachzuspüren u.a. in Castelfiorentino (Sakralmuseum), Vicchio (Casa Giotto), Florenz (Akademie, Uffizien) und Borgo San Lorenzo (Chiesa San Lorenzo).

■ **Benozzo Gozzoli** (*Florenz 1420, †Pistoia 1497), eigentlich *Benozzo di Lese;* Maler und Schüler von *Lorenzo Ghiberti* und Mitarbeiter von Fra *Angelico* am Übergang von Gotik zu Renaissance, entwickelte lebendige Erzählungen in Bilderfolgen. Nachzuspüren u.a. in Castelfiorentino (in einem nur ihm gewidmeten Museum), im Dom von San Gimignano und im Palazzo Pretorio in Certaldo.

■ **Fra Filippo Tommaso Lippi** (*Florenz 1406, †Spoleto1469) und sein Sohn **Filippino** (*Prato 1457, †Florenz 1504); der Mönch *Filippo* war ein von der Perspektivenlehre *Brunelleschis* und vom Realismus *Donatellos* stark beeinflusster Maler der Frührenaissance, dessen Gemälde akribisch gestaltete Raumtiefe aufzeigen, über 50-jährig verliebte er sich in eine Nonne (die ihm Modell saß) und zeugte mit ihr *Filippino*. Dieser lernte bei seinem Vater und *Sandro Botticelli*, wurde ebenfalls Maler und gilt als einer der Wegbereiter des Manierismus. Nachzuspüren u.a. in Dom und Stadtmuseum von Prato *(Filippo)* und in der Brancacci- und Strozzi-Kapelle in Florenz *(Filippino)*.

- **Ambrogio** (*Siena 1290, †Siena 1348) und **Pietro** (*Siena 1280, †Siena 1348) **Lorenzetti;** *Ambrogio* war Apotheker, Arzt und von *Giotto* inspirierter Maler der Seneser Gotik, dessen Figuren nicht mehr streng typisiert sind, die Bilder zeigen bereits Perspektive, nachzuspüren in Siena (Buon Governo/Mal Governo im Palazzo Pubblico, Fresken in der Piccolomini-Kapelle in Sant'Agostino). *Pietro* trat künstlerisch ebenfalls in die Fußstapfen *Giottos* und half seinem Bruder bei der Ausmalung des Palazzo Pubblico, außerdem zu sehen in Arezzo (Santa Maria di Pieve).
- **Niccolò Machiavelli** (*Florenz 1469, †Florenz 1527), eigentlich *Niccolò di Bernardo dei Machiavelli;* Philosoph, Politiker und Dichter, der mit seinem Werk „Il Principe" auf eine Art Furore machte, die er gar nicht bezweckt hatte. Er wollte nur wertneutral „Macht" analysieren und schuf eine Staatsphilosophie, die für recht unappetitliche Dinge herhalten musste. Nachzuspüren in kleinen Museum in Sant' Andrea in Percussina bei Impruneta und in seinem Buch „Der Fürst" (Berlin 2001, Insel-Verlag)
- **Giuliano** (*Fiesole 1432, †Neapel 1490) und sein Bruder **Benedetto** (*Fiesole 1442, †Florenz 1497) **da Maiano;** *Giuliano* war Architekt und Bildhauer der Frührenaissance und Freund von *Neri di Bicci,* zehn Jahre lang Dombaumeister in Florenz, nachzuspüren u.a. in der Cappella di Santa Fina in San Gimignano und im Dom von Prato. *Benedetto,* auch Bildhauer, spürt man ebenfalls in Prato auf und in der Prepositura von Scarperia.
- **Masaccio** (*San Giovanni Valdarno 1401, †Rom 1428), eigentlich *Tommaso di Ser Giovanni Cassai;* Arzt und Apotheker, wichtigster Maler der Frührenaissance und Meister der Perspektive. Nachzuspüren in San Giovanni Valdarno (Casa Masaccio, nur themenfremde Sonderausstellungen), in Cascia (Museo Masaccio) und in Florenz (Santa Maria Novella, in der erstmals überhaupt ein Skelett realistisch und exakt gemalt wurde; Santa Maria del Carmine).
- **Michelangelo Buonarroti** (*Caprese 1475, †Rom 1564), eigentlich *Michelangiolo di Ludovico di Lionardo di Buonarroti Simoni;* Schüler von *Ghirlandaio,* Maler, Architekt und Bildhauer, als die Renaissance ihre absolute Hochzeit hatte. Nachzuspüren vor allem in Florenz, wo sein „David" mehrfach in Kopie in der Stadt verteilt steht, in den Uffizien, in der Akademie, in der Casa di Michelangelo und in seinem Geburtsort Caprese Michelangelo im Museo Michelangiolesco.
- **Michelozzo di Bartolomeo** (*Florenz 1396, †Florenz 1472); Architekt und Bildhauer, Schüler von *Lorenzo Ghiberti* und *Brunelleschi,* Gefährte *Donatellos,* zeitweise Dombaumeister in Florenz und Architekt mehrerer Paläste und Villen der *Medici.* Nachzuspüren in Florenz (Palazzo Medici Riccardi), in Montepulciano (Palazzo Comunale), in San Piero a Sieve (Convento del Bosco ai Frati, Villa del Trebbio), Barberino di Mugello (Villa Cafaggiolo) und Prato (Santo Stefano).
- **Amedeo Modigliani** (*Livorno 1884, †Paris 1920); Bildhauer, Maler und Zeichner, der mit seinen Akten von sich teils lasziv räkelnden Schönen für Skandale sorgte. 2015 erzielte sein „Liegender Akt" von 1918 in New York den bis dahin zweithöchsten je von einem Gemälde bei einer Auktion erreichten Preis: 170,4 Mio. Dollar. Nachzuspüren im Casa Natale di Modigliani in Livorno.
- **Francesco Petrarca** (*Arezzo 1304, †Arquà Petrarca 1374); Freund *Boccaccios,* Mitbegründer der humanistischen Idee, Poet und Historiker, der die antike Gedankenwelt neu aufleben ließ und der Lyrik der Renaissance in Inhalt und Form den Weg wies. Nachzuspüren in Florenz (Biblioteca Laurenziana), in Arezzo (Casa del Petrarca) und in einem seiner Schlüsselwerke, der Schrift „Die Besteigung des Mont Ventoux", in dem er die Erkenntnis fasst, dass das Dasein des Menschen seinen eigenen Wert besitzt, er das Leben nicht nur als Transitzone auf dem Weg ins Jenseits durchschreitet (bibliophil aufgelegt, Ditzingen 2014, Reclam Verlag).
- **Piero della Francesca** (*Sansepolcro 1420, †Sansepolcro 1492), eigentlich *Pietro di Benedetto dei Franceschi,* auch *Pietro Borghese;* Maler der Frührenaissance und einer der Wegbereiter der mathe-

matisch exakten Perspektive. Nachzuspüren in Sansepolcro (Stadtmuseum), Arezzo (Dom) und in Monterchi (Museo Madonna del Parto); sein Meisterwerk ist die Ausmalung der Cappella Bacci in Arezzo (San Francesco).

■ **Andrea Pisano** (*Pontedera 1290, †Orvieto 1348), auch *Andrea da Pontedera*, und Sohn **Nino** (*Pisa 1315, †Pisa 1370); *Andrea*, Goldschmied, Architekt und Bildhauer, arbeitete in Pisa an Santa Maria della Spina mit, entwarf eine der Bronzeportale des Florentiner Baptisteriums und folgte seinem großen Vorbild *Giotto* als Dombaumeister in Florenz nach. *Nino* half seinem Vater u.a. in Pisa bei der berühmten Rosenmadonna (Santa Maria della Spina).

■ **Nicola Pisano** (*Pisa 1205/7, †unbekannt um 1280), auch *Niccolò*, und Sohn **Giovanni** (*Pisa 1250, †Siena 1314); *Nicola*, Architekt und Bildhauer, schuf die einzigartigen Reliefs der Kanzeln in der Taufkirche von Pisa und in Sienas Dom (an der *Giovanni* mitarbeitete). Die Kanzel in Pisas Dom geht auch auf das Konto *Giovannis*, ebenso die Gestaltung der Domfassade von Siena.

■ **Giacomo Puccini** (*Lucca 1858, †Brüssel 1924); neben *Verdi* und *Rossini* der Opernkomponist Italiens, jede seiner zwölf Opern wurde schließlich ein Welterfolg, was nicht zuletzt an seiner Fähigkeit lag, eingängige Melodien dramatisch einzubinden und exotische Elemente hinzuzufügen. Nachzuspüren in Viareggio (Villa Puccini), Torre del Lago (Villa Puccini) und Lucca (Casa Puccini).

■ **Jacopo della Quercia** (*Castelnuovo Berardenga um 1370, †Siena 1438); Bildhauer der Frührenaissance, ihr bedeutendster und von *Michelangelo* hochgelobter Protagonist in Siena. Sein schönstes Werk ist das Grabmal für *Ilaria del Carretto* im Dom von Lucca.

■ **Andrea della Robbia** (*Florenz 1425, †Florenz 1525) und sein Onkel **Luca** (*Florenz 1400, †Florenz 1481); *Luca* lernte bei *Lorenzo Ghiberti*, *Donatello* und *Brunelleschi* und gehört zu den Protagonisten der Florentiner Frührenaissance, sein Neffe *Andrea* führte mit ihm die Werkstatt, deren glasierte, polychrome Terrakotta-Arbeiten überall in der Toskana zu finden sind (und auch nach ganz Europa geliefert wurden).

■ **Antonio der Ältere da Sangallo** (*Florenz um 1460, †Florenz 1534) und Neffe **Antonio der Jüngere** (*Mugello 1484, †Rom 1546); *der Ältere*, Bruder des *Giuliano da Sangallo*, war Architekt (u.a. San Bagio in Montepulciano, Palazzo Orsini in Pitgliano). *Der Jüngere* war ebenfalls Architekt, aber hauptsächlich in Rom tätig (die Fortezza da Basso in Florenz stammt von ihm).

■ **Giuliano da Sangallo** (*Florenz 1445, †Florenz 1516) und Sohn **Francesco** (*Florenz 1494, †Florenz 1576); *Giuliano*, Architekt der Frührenaissance und älterer Bruder von *Antonio da Sangallo (dem Älteren)* war Leibarchitekt des *Medici Lorenzo*, Erbauer

[<] Petrarca in den Uffizien ...

[>] ... Nachbar von Michelangelo

Kunstgeschichte

von Festungen und Villen, nachzuspüren u.a. bei Prato (Villa Poggio a Caiano) und in der Stadt selbst (Santa Maria delle Carceri). *Francesco* war Bildhauer (u.a. zu sehen im Oratorio Santa Maria Primerana in Fiesole).

■ **Andrea del Sarto** (*Florenz 1486, †Florenz 1530), eigentlich *Andrea d'Agnolo di Francesco;* ursprünglich Goldschmied, dann Freskenmaler und einer der Hauptprotagonisten der Hochrenaissance auf dem Weg zum Manierismus. Nachzuspüren u.a. in Florenz (Santissima Annunziata, Uffizien) und bei Prato (Villa Poggio a Caiano).

■ **Sassetta** (*Siena um 1390, †Siena 1450), eigentlich *Stefano di Giovanni.* Bedeutendster (von *Masaccio* beeinflusster) Seneser Maler des 15. Jh. am Schnittpunkt von Gotik zu Frührenaissance. Nachzuspüren u.a. in Grosseto (Archäologisches Museum), in Massa Marittima (Sakralmuseum) und in Cortona (Diözesanmuseum).

■ **Girolamo Savonarola** (*Ferrara 1452, †Florenz 1498); Dominikanermönch, Bußprediger und Eiferer, der den Lebenswandel von Adel und Klerus anprangerte, Aufstände anzettelte, zum Herrscher über Florenz aufstieg – und schließlich auf dem Scheiterhaufen endete. Nachzuspüren auf der Piazza della Signoria, wo er den Tod fand.

■ **Sodoma** (*Vercelli 1477, †Siena 1549), eigentlich *Giovanni Antonio Bazzi;* Piemonteser Maler der Hochrenaissance, der das Leben in vollen Zügen genoss und seinen voll Stolz getragenen Beinamen wegen seiner Homosexualität erhielt. Nachzuspüren in der Abbadia Sant'Anna in Camprena, der Abbazia di Monte Oliveto Maggiore, in Montepulciano (Stadtmuseum) und in Asciano (Sant'Agata).

■ **Paolo Uccello** (*Pratovecchio 1397, †Florenz 1475); Bildhauer und Maler aus der Schule *Lorenzo Ghibertis,* der Frührenaissance zugehörig, brachte er die Perspektivenmalerei zur Perfektion. Nachzuspüren in Florenz (Santa Maria Novella) und in Prato (Dom).

■ **Giorgio Vasari** (*Arezzo 1511, †Florenz 1574); Schüler des *Andrea del Sarto,* Maler, Bildhauer und Kunsthistoriker, der mit seinem Werk „Vite de' più eccelente pittori, sculturi e architettori" als bedeutendster Biograf der Neuzeit gilt. Nachzuspüren u.a. in Arezzo (Casa del Vasari) und beim Lesen seines 45-bändigen Werkes (neu übersetzt und aufgelegt: Edition Giorgio Vasari, Berlin 2004–2014, Verlag Klaus Wagenbach).

■ **Andrea del Verrocchio** (*Florenz 1436, †Venedig 1488), eigentlich *Andrea de' Cioni;* ursprünglich Goldschmied, später neben *Donatello* als bedeutendster Bildhauer der Renaissance und Maler bekannt, der u.a. *Leonardo da Vinci* und *Luca Signorelli* beeinflusste. Nachzuspüren in Florenz in den Uffizien und in der Fürstenkapelle von San Lorenzo (Grabmäler für die *Medici Piero* und *Lorenzo*).

■ **Leonardo da Vinci** (*Vinci 1452, †Cloux/Frankreich 1519); Schüler von *Verrochio* und Universalgenie, das malte, Skulpturen schuf, Festungen plante, erfand und forschte. Nachzuspüren u.a. in seinem Geburtsort Vinci und in den Uffizien von Florenz.

Glossar kunstgeschichtlicher Begriffe siehe Anhang

Autoren | 672
Glossar | 655
Hilfe! | 671
Lesetipps | 650
Register | 658
Sprachhilfe | 651

12 Anhang

◁ Zur Mandelblüte im Chianti

Lesetipps

● *Boccaccio, Giovanni,* **Das Dekameron,** bibliophil neu aufgelegte deftige 100 Novellen, der Kassiker der gehobenen Urlaubslektüre, Reclam Bibliothek, Ditzingen 2014, www.reclam.de, auch als kostenlose Kindle-Version.

● *Alighieri, Dante,* **Die Göttliche Komödie,** bibliophil neu aufgelegt (aber auch sehr günstig in der „Gelben Reihe" und kostenlos als Kindle-Version) zum Versinken am Strand und Durchbeißen bei Schlaflosigkeit, Reclam Bibliothek, Ditzingen 2012, www.reclam.de.

● *Dickens, Charles,* **Bilder aus Italien.** Der Brite kam in der Toskana 1844 durch Florenz, Pisa und Livorno, antiquarisch und als kostenlose Kindle-Version.

● *Forster, E.M.,* **Zimmer mit Aussicht.** Liebesgeschichte über die Ver(w)irrungen einer jungen Engländerin im Florenz des 20. Jh., Fischer, Frankfurt/M. 2005, www.fischerverlage.de.

● *Gernhardt, Robert,* **Die Toskana-Therapie.** Satirische Auseinandersetzung mit „Toskana-Liebhabern", Fischer, Frankfurt/M. 2007, www.fischerverlage.de.

● *Goethe, J.W.,* **Italienische Reise.** Der Dichterfürst reiste auf seinem Weg nach Sizilien auch durch die Toskana, Fischer Klassik, Frankfurt/M. 2009, www.fischerverlage.de, auch als kostenlose Kindle-Version im Projekt Gutenberg, www.gutenberg.org.

● *Heine, Heinrich,* **Die Bäder von Lucca/Die Stadt Lucca.** Sprachgewaltige Auseinandersetzung mit der Toskana und Deutschland, Reclam Gelbe Reihe, Ditzingen 2007, www.reclam.de.

● *Lawrence, D.H.,* **Etruskische Stätten.** Unterhaltsamer Bericht von „Lawrence von Arabien", der 1927 Latium und Volterra bereiste, Diogenes Verlag, Zürich 2007, www.diogenes.de.

● *Machiavelli, Niccolò,* **Der Fürst,** Anleitung für Politiker, diverse Ausgaben, auch als kostenlose Version für Kindle.

● *Nabb, Magdalen,* diverse **Krimis** der britischen Wahl-Florentinerin mit dem Protagonisten Guarnaccia, Diogenes Verlag, Zürich, www.diogenes.de.

● *Malvaldi, Marco,* diverse **Toskana-Krimis** mit guten Plots und dichter Atmosphäre, Piper Verlag, München, www.piper.de.

● *Twain, Mark,* **Die Arglosen im Ausland.** Ein Kapitel über Florenz, Pisa und Livorno, lustiger geht nicht, Diogenes Verlag, Zürich 1998, www.diogenes.de.

● *Vasari, Giorgio,* **Edition Giorgio Vasari,** durchaus auch kurzweilig geschriebene **160 Biografien** in 45 Bänden, in neuer Übersetzung; Verlag Klaus Wagenbach, Berlin 2004–2014, www.wagenbach.de.

Sprache

● **Italienisch – Wort für Wort,** von *Ela Strieder,* aus der Reihe Kauderwelsch, Reise Know-How Verlag. Dazu sind separat ein AusspracheTrainer auf Audio-CD oder als mp3-Dowbnload sowie ein „Kauderwelsch digital" (das gesamte Buch auf CD-ROM inklusive AusspracheTrainer) erhältlich.

● **Italienisch Slang – das andere Italienisch,** von *Michael Blümke,* Reihe Kauderwelsch, Reise Know-How Verlag. Dazu ist begleitendes Tonmaterial auf Audio-CD oder als mp3-Download erhältlich.

● **Italienisch kulinarisch,** ebenfalls von *Michael Blümke,* Reihe Kauderwelsch, Reise Know-How Verlag. Dazu ist begleitendes Tonmaterial auf Audio-CD oder als mp3-Download erhältlich.

Kleine Sprachhilfe Italienisch

Ausspracheregeln

„**c**" vor den hellen Vokalen „e" und „i" immer „tsch" (*centro*/tschentro/Zentrum)
„**c**" vor den dunklen Vokalen „a", „o" und „u" immer „k" (*caldo*/kaldo/heiß)
„**cc**" vor den hellen Vokalen „e" und „i" immer „tsch", aber härter (*seccia*/setscha/ Stoppel)
„**cc**" vor den dunklen Vokalen „a", „o" und „u" immer „k" (*leccare*/lekare/lecken)
„**ch**" immer „k" (*chiuso*/kiuso/geschlossen)
„**cch**" immer „k" (*vecchio*/wekio/alt)
„**g**" vor den hellen Vokalen „e" und „i" immer „dsch" (*gelato*/dschelato/Eis)
„**g**" vor den dunklen Vokalen „a", „o" und „u" immer „g" (*gusto*/gusto/Geschmack)
„**gi**" vor den dunklen Vokalen „a", „o" und „u" immer „dsch" (*giorno*/dschorno/Tag)
„**gh**" immer „g" (*ghepardo*/gepardo/Gepard)
„**gl**" wie „lj" (*mille miglia*/mille milja/tausend Meilen)
„**gn**" wie „nj" (*magnifico*/manjifiko/herrlich)
„**qu**" wie „ku", das „u" wird gesprochen (*aqua*/akua/Wasser)
„**v**" wie „w" (*vacanze*/wakanse/Ferien)
„**z**" wie „ds" (*zucchero*/dsukkero/Zucker)
„**h**" am Wortanfang immer stimmlos (*hangar*/angar/Hangar)
und schließlich das „**r**" immer richtig rollen, dann kann nichts mehr schief gehen.

Vokabular

Ja	*si*
Nein	*no*
Danke	*grazie*
Bitte/gern geschehen	*prego*
Wie geht es?	*come sta?*
Bis später	*a più tardi*
Hallo, tschüss	*ciao/salve*
Guten Tag	*buon giorno*
Guten Abend	*buona sera* (ab Nachmittag)
Gute Nacht	*buona notte*
gestern	*ieri*
heute	*oggi*
morgen	*domani*
Vormittag	*mattina*
Mittag	*mezzogiorno*
Nachmittag	*pomeriggio*
Abend	*sera*
Nacht	*notte*
gut, schlecht	*buono, cattivo*
heiß, kalt	*caldo, freddo*
schnell, langsam	*presto, lento*
groß, klein	*grande, piccolo*
nah, weit	*vicino, lontano*
viel, wenig	*molto, poco*
Entschuldigung	*scusi*
macht nichts/ bitteschön	*fa niente*
Dürfte ich vorbei	*permesso*
(Kann ich) bitte ...	*per favore, ...*
das ist ...	*è ...*
(sein)	*(essere)*
ich bin, du bist	*io sono, tu sei*
er/sie ist	*egli/ella è*
(haben)	*(avere)*
ich habe, du hast	*io hoi, tu hai*
er/sie hat	*egli/ella ha*
(wollen)	*(volere)*
ich will, du willst	*io voglio, tu vuoi*
er/sie will	*egli/ella vuole*
Wieviel	*quanto*
Wo	*dove*

Kleine Sprachhilfe Italienisch

Warum	*perché*
Wie	*come*
Wann	*quando*
Ist es möglich, dass …?	*È possibile …?*
Sprechen Sie englisch/ deutsch/ französisch?	*Parla inglese/ tedesco/ francese?*
Wie heißt das?	*Come si chiama?*
Was kostet das	*Quanto costa?*
Haben Sie …?	*C'è …?*
Wieviel Uhr ist es?	*Che ora è?*
1	*uno*
2	*due*
3	*tre*
4	*quattro*
5	*cinque*
6	*sei*
7	*sette*
8	*otto*
9	*nove*
10	*dieci*
11	*undici*
12	*dodici*
13	*tredici*
14	*quattordici*
15	*quindici*
16	*sedici*
17	*diciasette*
18	*diciotto*
19	*dicianove*
20	*venti*
21	*ventuno*
22	*ventidue*
23	*ventitre*
24	*ventiquattro*
31	*trentuno*
32	*trentadue*
33	*trentatre*
40	*quaranta*
50	*cinquanta*
60	*sessanta*
70	*settanta*
80	*ottanta*
90	*novanta*
100	*cento*
500	*cinquecento*
1000	*mille*
1.000.000	*centomila*
Montag	*lunedì*
Dienstag	*martedì*
Mittwoch	*mercoledì*
Donnerstag	*giovedì*
Freitag	*venerdì*
Samstag	*sabato*
Sonntag	*domenica*
Januar	*gennaio*
Februar	*febbraio*
März	*marzo*
April	*aprile*
Mai	*maggio*
Juni	*giugno*
Juli	*luglio*
August	*agosto*
September	*settembre*
Oktober	*ottobre*
November	*novembre*
Dezember	*dicembre*

Buchstabier-Alphabet auf Italienisch

A	Ancona
B	Bologna
C	Como
D	Domodossola
E	Empoli
F	Firenze
G	Genova
H	Hotel
I	Italia
J	I lunga
K	Kappa
L	Livorno

M	Milano	Bremsen	*freno*
N	Napoli	die Bremse greift nicht	*i freni non funzionano*
O	Otranto	Motor	*motore*
P	Perugia	der Motor springt nicht an	*il motore non si mette in moto*
Qu	Quarto	Autowerkstatt	*officina*
R	Roma	Reifenwerkstatt	*gommista*
S	Savona	Autoelektrowerkstatt	*elettrauto*
T	Torino		
U	Udine		
V	Venezia		
W	Doppia Vu		
X	Ics		
Y	I greca		
Z	Zeta		

Verkehrsregeln

Umleitung	*deviazione*
Alle Richtungen	*tutti direzione*
Einbahnstraße	*senso unico*
gesperrt	*sbarrato*
Sackgasse	*strada senza uscita*
gefährlich	*pericoloso*
Steinschlag	*caduta sassi*
Kreuzung	*bivio*
langsam fahren	*rallentare*
Anfang	*inizio*
Fortsetzung	*continua*
Ende	*fine*
Straßenschäden	*strada dissestata*
bei Nebel, Schnee	*in caso di nebbia, neve*

Mit dem Auto unterwegs

Tankstelle	*distributore, stazione di rifornamento*
Benzin/Diesel/bleifrei	*benzina/gasolio/ senza piombo*
Volltanken	*pieno*
Luftdruck prüfen	*controllare la pressione*
Wasser prüfen	*controllare l'aqua*
Auto	*macchina*
Motorrad	*moto*
Roller	*scooter*
Panne	*guasto*
Unfall	*incidente*
kaputt	*rotto*
funktioniert nicht	*non funziona*
Zündung	*accensione*
Vergaser	*carburatore*
Einspritzpumpe	*pompa d'iniezione*
Lichtmaschine	*dinamo*
Reifen	*pneumatico*
Reifen aufziehen	*montare un pneumatico*
Kupplung	*frizione*
Kupplungsrutschen	*slittamento della frizione*

Mit Zug/Bus/Schiff unterwegs

Zug	*treno*
Stadtbus	*bus*
Fernbus	*pullmann*
Fähre	*traghetto*
Schiff	*vaporetto*
Tragflügelboot	*aliscafo*
Flugzeug	*aeroplano*
Bahnhof	*stazione*
Haltestelle	*fermata*
Hafen	*porto*
Flughafen	*aeroporto*

Ausgang	*uscita*
Eingang	*entrada*
Ankunft	*arrivo*
Abfahrt	*partenza*
Verspätung	*ritardo*
Fahrkarte	*biglietto*
einfach	*solo andata*
Rückfahrkarte	*andata i ritorno*
täglich	*giornaliero*
werktäglich	*feriale*
sonn- u. feiertäglich	*festivo*

Im Notfall

Erste Hilfe	*pronto soccorso*
Krankenhaus	*ospedale*
Arzt	*dottore*
Zahnarzt	*dentista*
Apotheke	*farmacia*
Schmerzen	*dolore*
Durchfall	*diarea*
Erbrechen	*vomito*
Erkältung	*raffreddore*
Kopfschmerzen	*mal di testa*
Bauchschmerzen	*mal di ventre*
Zahnschmerzen	*mal di dente*
Sonnenbrand	*scottatura*
Sonnenstich	*insolazione*

Übernachtung

Einzelzimmer	*camera singola*
Doppelzimmer	*camera doppia*
mit/ohne Bad	*con/senza bagno*
ruhig	*tranquillo*
Meerblick	*vista al mare*
Vollpension	*pensione completa*
Halbpension	*mezza pensione*
Frühstück	*colazione*
Schlüssel	*chiave*

Unternehmungen

Strand	*spiaggia*
baden	*prendere un bagno*
wandern	*camminare*
spazierengehen	*andare a passeggio*
segeln	*veleggiare*
tauchen	*immergere*
Tauchsport	*subacqueo*

Navigation

rechts	*a destra*
links	*a sinistra*
geradeaus	*sempre dritto*
nächste Straße/ Ampel	*prossima strada/ prossimo semaforo*
nächste Kreuzung	*prossimo incrocio*

Im Restaurant

Speisekarte	*carta/menu*
Weinkarte	*lista dei vini*
Vorspeise	*antipasto*
Salat	*insalata*
Erster Gang	*primo*
Zweiter Gang	*secondo*
Beilage	*contorni*
Nachspeise	*dolce*
Teigwaren	*pasta*
Fleisch	*carne*
Fisch	*pesce*
Gemüse	*legumi*
Obst	*frutta*
Käse	*formaggio*
Die Rechnung bitte	*il conto per favore*
Gedeck	*coperto*
Bedienungsgeld	*servizio*
Quittung	*ricevuta*
Trinkgeld	*mancia*

Glossar

Ädikula – Rahmung von Portalen und Fenstern mit Giebel tragenden Säulen und Pfeilern
Akanthus – Blätterornament
Amphitheater – rundum geschlossenes, manegenartiges Theater mit elliptischem Grundriss (im Gegensatz zum halbrunden Theater)
Antependium – Umkleidung des Altarunterbaus
Architrav – auf Säulen/Pfeilern liegender Querbalken zur Lastaufnahme, Türsturz
Archivolte – Ornamentiertes oder profiliertes, nach Innen abgestuftes Bogenfeld eines Rund- oder Spitzbogens
Arkade – Bogenreihe, im Städtebau mit dahinter liegendem Gang
Atlant – Stützfigur e. Säule oder eines Gewölbes
Attika – niedriger, gegliederter, geländerartiger Aufbau an der Dachfront (Sims)
Basilika – Tempel oder Kirche mit mehreren Längsschiffen
Biforium – Doppelfenster mit mittiger Säule
Blendbogen – flaches, vorgeblendetes Gliederungselement in Form eines Bogens
Chor – meist erhöhter Raum vor dem Altar, dem Klerus vorbehalten, teils auch gesamter Altarbereich inklusive Apsiden, die Chorschranke trennt den Bereich des Klerus vom Betraum der Gemeinde
Dombauhütte – Zusammenschluss aller an Dombau oder Domunterhalt tätigen Handwerker und Künstler
Eklektizismus – unreflektierte Verwendung unterschiedlicher Baustile
Empore – zum Betraum hin offenes Obergeschoss für spezielle Gruppen (Nonnen, Sänger, Hofstaat)
Exedra – Altarnische
Fiale – Türmchen auf einem Spitzbogen oder einer Pfeilerkonstruktion zur Zier und zur Verbesserung der Statik
Fresko – Malerei auf feuchtem *(al fresco)* oder trockenem *(al secco)* Putz
Fries – längliches ausgemaltes oder skulpiertes, horizontal verlaufendes Zierband
Gewände – in Ergänzung zur Archivolte im oberen Bereich die ornamentierten oder profilierten, nach innen abgestuften Seiten eines Rund- o. Spitzbogens
Ghibellinen – Kaiserliche Anhänger
Guelfen – Anhänger des Papstes
Hallenkirche – einschiffiges Gebäude oder Kirche mit mehreren Schiffen, die die gleiche Höhe haben
Inkrustation – Verkleidung von rohen Wandflächen mit flachen Schmuckplatten aus z.B. Marmor
Intarsie – Einlegearbeiten aus Stein, Holz, Elfenbein, Perlmutt oder Glas o.Ä.
Kandelaber – vielarmiger Kerzenhalter
Kapitell – Kopfstück einer Säule
Kapitelsaal – Versammlungsraum der Geistlichen eines Klosters für Lesungen
Kolonnade – Säulengang im Unterschied zur Arkade (mit ihren Bögen) mit geradem Gebälk

Die klassische Säulenordnung

Nach der klassischen Säulenordnung sind die Säulen der Fassaden in einem Bauwerk **je nach Etage unterschiedlich geformt.** Zuunterst wird die toskanische Ordnung (schmuckloses Kapitell, keine Basis/Kanellierung), darüber die dorische Ordnung (schmuckloses Kapitell, keine Basis, aber Kanellierung), in der dritten Etage die ionische Ordnung (Schneckenschmuck – Volute – am Kapitell, Basis, Kanellierung) verbaut. Über ihr verwendet man die korinthische Ordnung (Basis, Kanellierung und akanthusgeschmücktes Kapitell) und schließlich zuoberst die komposite Ordnung als Verbindung von ionischer und korinthischer Gestaltung (Kapitellschmuck mit Akanthus-Blättern und Schnecken). Nachvollziehen lässt sich das z.B. am Tempio Madonna di San Biagio in Montepulciano.

Glossar

Kranzgesims – unter dem Dach vorspringender, umlaufender Mauerstreifen
Kragstein – vorspringender Stein, der eine Last aufnimmt, in mehreren Lagen übereinander (und immer weiter einspringend verbaut) ein Kraggewölbe bildend
Kreuzgang – bedachter Umgang eines Klosterinnenhofes
Krypta – Raum unter dem Kirchenchor, teils für Bestattungen genutzt
Langhaus – Längsschiff einer Kirche zwischen Chor und Fassade bzw. dem Schnittpunkt mit dem Querhaus und Fassade
Laterne – auf einer Kuppel aufgebrachter kleiner Überbau
Lisene – senkrecht verlaufender, schmaler und flacher Mauervorsprung zur Fassadengliederung, häufig ergänzt mit einem Blendbogen
Loggia – kurzer Arkadengang im Parterre oder Oberstock, häufig auch eigenständiges Gebäude
Lünette – Bogenfeld eines Bogens, teils ausgemalt, teils mit Reliefs versehen
Maestà – Darstellung d. thronenden Muttergottes
Majolika – farbig glasierte Tonware
Mezzanin – Zwischen- oder Halbgeschoss
Nekropole – Totenstadt
Obergaden – Fenster an den Seitenwänden des Kirchenmittelschiffes über den Dächern der niedrigeren Seitenschiffe
Oratorium – Privatkapelle Geistlicher o. des Adels
Piano nobile – Beletage, Hauptgeschoss
Pietà – Darstellung der trauernden Gottesmutter
Pilaster – Pfeiler, der teilweise aus der Wand ragt, mit oder ohne statische Funktion
Polyptychon – vielflügelige Altartafel
Portikus – Vorbau an der Hauptfassade
Predella – Sockel des Altarbildes
Presbyterium – Bereich des Hauptaltars
Querhaus – aus einem oder mehreren Schiffen bestehender Querbau einer Kirche
Refektorium – Speisesaal eines Klosters
Reliquiar – Behältnis einer Reliquie
Rotunde – Bau mit kreisförmigem Grundriss
Saalkirche – einschiffiges Gotteshaus
Sakristei – Raum für die Lagerung der Sakralgegenstände und zur Vorbereitung der Messen
Sarkophag – aus unterschiedlichen Materialien gefertigter Prunksarg
Schwibbogen – zur Stabilisierung benachbarter Gebäude zwischengespannter Bogen (z.B. in engen Gassen)
Signoria – Leitender Rat bzw. Regierung eines Stadtstaates
Sinopie – die Skizzierung eines Freskos in Originalgröße mit Rötelstift
Tabernakel – auf Strebepfeiler gesetzte kleine Steingehäuse aus Säulen und Spitzdach zur Verzierung und zur Beschwerung des Tragwerks, um die seitliche Lastaufnahme zu verbessern
Tafelbild – auf Holz gemalte Gemälde (auch als Tafelkreuz)
Tambour – die Seitenwände zwischen Dachkonstruktion von Lang- und Querhaus auf denen die Kuppel einer Kirche aufliegt
Tempera – im Gegensatz zur Ölmalerei bildet nicht Öl, sondern ein Gemisch aus Ei und Leim die Farbbasis
Triforium – dreigeteiltes Fenster mit zwei teilenden Säulen
Tympanon – Bogenfeld e. Portals (a. Giebelfeld)
Vierung – Kreuzungspunkt von Lang- und Querhaus
Volute – schneckenförmiges Schmuckelement (z.B. an einem ionischen Kapitell)
Votivbild – Bild, das die Errettung aus einer misslichen Situation feiert
Wimperg – gotischer Ziergiebel über einem Portal oder Fenster
Ziborium – baldachinartige Bedachung e. Altars
Zenotaph – leeres Grab, Grabmal ohne die Gebeine eines Verstorbenen
Zwerggalerie – teils begehbarer, schmaler Galeriegang direkt unterhalb des Dachansatzes
Zwickel (Pendentiv) – Sphärische Dreiecksfläche eines viereckigen, überkuppelten Raumes am Übergang von seinen Ecken zur Kuppelwölbung

Notizen

Register

A

Abbadia Isola 415
Abbadia San Salvatore 570
Abbadia Sant'Anna in Camprena 547
Abbazia di Farneta 214
Abbazia di Monte Oliveto Maggiore 411
Abbazia di San Galgano 511
Abbazia di Torri 407
Abbazia di Vallombrosa 160
Abbazia San Lorenzo al Lanzo 520
Abbazia Sant'Antimo 552
Acqua di Bolgheri 364
Acqua Dolce 479
Acquacotta 585
Adapter 583
Agriturismo 620
Aktivurlaub 616
Alabaster 442
Alberese 463
Albergo 619
Albìnia 506
Alighieri, Dante 643
Alpe della Luna 190
Alpi Apuane 223, 624
Anghiari 190
Anreise 580
Ansedònia 480, 506
Antipasto 584
Antiquitätenmarkt 177
Antro del Corchia 331
Apennin 624
Apriti Borgo 373
Apuanische Alpen 223, 624
Aquarien 350, 466, 477, 513
Aramo 255
Archäologie 19, 217, 381, 461, 494, 496, 518, 559, 561
Arcidosso 566
Ardenza 350
Arezzo 169
Art déco 117, 250, 323, 642
Arte in Pietra 409
Artimino 71
Ärzte 607
Asciano 409
Aspisviper 630
Auto 581, 613
Autobahn 613
Autodromo del Mugello 107

B

Baccalà alle Maremmana 587
Baden 149, 479, 504
Badia a Coltibuono 148
Badia a Passignano 140
Badia Prataglia 202
Bagni di Domiziano 479
Bagni di Lucca 276
Bagni di Petriolo 520
Bagni San Filippo 571
Bagno Vignoni 549
Bahn 94, 581, 612
Balestro del Girifalco 525
Balze del Valdarno 156
Bar 591
Baratti 381
Barberino di Mugello 104
Barberino Val d'Elsa 127
Barga 273
Barock 642
Bauernhofferien 620
Bed & Breakfast 619
Beilagen 588
Belvedere 369
Benzin 606
Bergbau 157, 331, 366, 443, 511, 517, 572
Bibbiena 195
Bibbona 360, 361, 444
Bier 331

Biografien Renaissance-Künstler 180
Biscotto Salato 576
Bistecca alla Fiorentina 587, 588
Bocca di Valle 444
Boccaccesca 137
Boccaccio, Giovanni 131, 643
Bolgheri 360, 361, 444
Bondone, Giotto di 644
Borgo San Lorenzo 98
Bosco della Ragnaia 413
Bose 20, 431
Botanische Gärten 629
Botschaften 582
Botticelli, Sandro 643
Brenna 412
Bronzezeit 633
Brot 583
Brunelleschi, Filippo 643
Brunello di Montalcino 550
Bruschetta 584
Buccellato 248
Buffalmacco, Buonamico 643
Buggiano Castello 258
Buonarroti, Michelangelo 197, 645
Buonconvento 414
Buriano 444
Bus 612
Busoni, Ferruccio 269, 643
Bußgeld 614

C

Cacciucco 21, 585
Caffè 591
Cala Civette 505
Cala Grande 479
Cala Violina 504
Calci 309
Calcio 65
Calidario Terme Etrusche 368
Calòmini (Einsiedelei) 278
Camaiore 322
Camaldoli 200
Campìglia Marìttima 367
Campingplätze 619
Campocatino 282
Cantà Maggio 116
Cantucci 589
Capalbio 481
Capitano del Popolo 635
Caprese Michelangelo 197
Caravaggio 478
Carbonifera 504
Carducci, Giosuè 326, 643
Carnevale di Viareggio 330
Carrara 331
Caruso, Enrico 72
Casale Marìttimo 360, 361
Cascia 18, 159
Casciano di Murlo 412
Cascina 312
Casentino 165, 195
Càsole d'Elsa 412, 432
Castagnaccio alla Toscana 589
Castagneto Carducci 370
Castagno d'Andrea 112
Castel San Niccolò 198
Castelfalfi 134
Castelfiorentino 132
Castellina in Chianti 146
Castello del Nero 126
Castello di Brolio 148
Castello di Cacchiano 150
Castello di Gabbiano 126
Castello di Meleto 148
Castello di Montecchio Vesponi 215
Castello di Porciano 204
Castello di Romena 199
Castello di Uzzano 139
Castello di Verrazzano 139
Castello di Vicchiomaggio 140
Castello di Villanova 106
Castello Il Palagio 126
Castello Montegrosso 150
Castello Vignamaggio 140

Castelnuovo Berardenga 150
Castelnuovo dei Sabbioni 157
Castelnuovo dell'Abate 552
Castelnuovo di Garfagnana 279
Castelvecchio 255
Castelvecchio in Val d'Elsa 432
Castiglion Fiorentino 214
Castiglioncello 375
Castiglione della Pescaia 460, 505
Castiglione di Garfagnana 280
Castiglione d'Orcia 549
Cave di Colonnata 334
Cave di Marmo 334
Cave Mossa 336
Cavriglia 157
Cècina 359
Cellini, Benvenuto 110
Certaldo 131
Certosa di Pisa 309
Cetona 561
Chiana 588
Chianciano 538
Chianciano Terme 538
Chianina-Rind 588, 630
Chianti 119, 625
Chiantigiana 123
Chiesa dell'Osservanza 406
Chini, Galileo 643
Chioma 376
Chiusdino 511
Chiusi 19, 557
Cialde 262
Cimabue 643
Cinta Senese 630
Ciulli, Roberto 513
Civitella 213
Colle di Val d'Elsa 429
Colline Metallìfere 444, 624
Collodi 254
Collodi, Carlo 643
Colonnata 334
Coltibuono 148
Coneo 432

Contrada 402
Convento del Bosco ai Frati 104
Convento dell'Incontro 69
Convento San Domenico di Fiesole 77
Convento San Vivaldo 133
Coreglia Antelminelli 275
Cortona 208
Craige, Sheppard 413
Crete Senesi 409, 625
Crostini 584
Cucina 603

D

Dante 643
Desserts 589
Diebstahl 615
Dienstleistungssektor 626
Dinosauriermodelle 352
Diplomatische Vertretungen 582
Dokumente 612
Donatello 643
Donoratico 361, 370, 376

E

Effetto Venezia 357
Ein- und Ausfuhr 621
Einkaufen 582
Eisenzeit 633
Elektrizität 583
Empoli 266
Enoteche 602
Equi Terme 282
Eremo di Calòmini 278
Eremo di Monte Siepi 511
Eremo di Montecasale 189
Eremo di San Viano 283
Essen 583
Etrusker 19, 217, 381, 441, 461, 496, 500, 518, 559, 633, 639

F

Fabbrica di Careggine 282
Fagiolo di Sorana 261
Fahrrad 101, 117, 154, 361, 412, 444, 568, 616
Fantasy-Festival 272
Farneta (Abtei) 214
Faschismus 34
Fattoria di Celle 95
Fauna 630
Feiertage 604
Ferienwohnung 619
Festa del Grillo 64
Festa dell'Unicorno 272
Festa della Rificolona 65
Feste 604
Feste del Palio 194
Feuerwerkfestival 330
Fibbialla 255
Fiesole 74
Filmfestival 330
Finanzen 605
Firenzuola 109
Fisch 587
FKK 620
Flora 628
Florenz 27
   Archäologisches Museum 50
   Badia Fiorentina 45
   Boboli-Garten 54
   Botanischer Garten 51
   Cappella Brancacci 55
   Casa Michelangelo Buonarroti 57
   David (Skulptur) 49
   Galleria dell'Accademia 49
   Giardino Bardini 55
   Istituto Geografico Militare 57
   Kirche San Lorenzo 39
   Kirche San Marco 57
   Kirche Santa Croce 51
   Kirche Santa Maria del Carmine 55
   Kirche Santa Maria Novella 35
   Kirche Santissima Annunziata 50

Florenz (Forts.)
   Mercato Centrale 41
   Museo delle Cappelle Medicee 40
   Museo Galileo 57
   Museo Marino Marini 57
   Museo Novecento 39
   Nationalmuseum Bargello 45
   Oltrarno 53
   Orsanmichele 57
   Palazzo Medici-Riccardi 57
   Palazzo Pitti 53
   Palazzo Vecchio 47
   Piazza del Duomo 42
   Piazza della Signoria 45
   Ponte Vecchio 49
   Santa Maria del Fiore (Dom) 42
   Synagoge 57
   Uffizien 48
Flug 580
Fogliano 412
Follònica 504, 516
Foresta del Lama 202
Foreste Casentinesi 111, 202
Fornoli 276
Forte dei Marmi 336
Fortezza di Verrucole 282
Fosso Bianco 572
Fra Angelico 110, 643
Francesca, Piero della 645
Francescano Le Celle (Kloster) 217
Franken 635
Franzosen 636
Freizeitpark 378, 525
Fremdenverkehrsamt 608
Friedrich Barbarossa 635
Früchtebrot 420
Frühstück 590

G

Gabbianello 105
Gaggi, Taddeo u. Agnolo 644

Galilei, Galileo 644
Galluzzo 68
Gambassi Terme 133
Garfagnana 223
Gastronomie 590
Gavorrano 517
Geld 605
Geldkarten-Sperrung 609
Gemma d'Abeto 104
Geografie 624
Geothermie 445
Geschichte 27, 465, 633
Gesundheit 607
Ghibellinen 29
Ghiberti, Lorenzo 644
Ghirlanda 525
Ghirlandaio, Domenico 644
Giambologna 644
Giannutri 489
Giardini Garzoni 257
Giardino dei Suoni 520
Giardino dei Tarocchi 482
Giardino di Daniel Spoerri 569
Gifttiere 630
Giglio 486
Giglio Campese 488
Giglio Castello 488
Gioco del Ponte 318
Giostra del Saracino 184
Giostra dell'Archidado 221
Giostra dell'Orso 98
Giotto 644
Giotto di Bondone 110
Giugnano 19, 515
Giusti, Giuseppe 253
Glossar 655
Golf 617
Golfo di Baratti 381
Goraiolo 255
Gotik 641
Gozzoli, Benozzo 132, 644
Greve in Chianti 138
Grezzano 102

Gropina 158
Grosseto 454
Grotta del Vento 278
Grotta Giusti 253
Grotta Maona 258
Grotte di Equi Terme 282
Guardistallo 360, 361
Guelfen 29
Guidotti, Galgano 511

H

Habsburger 636
Handy 618
Hängebrücke 95
Haring, Keith 308
Haustiere 607
Heilbäder 250
Heine, Heinrich 278
Highlights 14
Hochseilgarten 286, 319
Hochseilpark 117
Homosexuelle 615
Hostel 619
Hotel 619
Hundestrände 377, 506

I

Iesa 412
Il Bambolo 444
Il Pozzarello 479
Impruneta 123
Incontro-Konvent 69
Informationen 608
Innereien 587
Internet 608
Isola del Giglio 486
Italienisch 617, 650

J

Jugendherberge 619
Jugendstil 117, 250, 323, 642

K

Karl der Große 635
Kastanien 577
Keramik 124, 137, 221, 267, 272, 566
Kinder 14
Kitesurfen 358
Klima 631
Kochkurse 145
Konsulate 582
Kosten 605
Kräuter 67, 189
Kriminalität 615
Küche 583
Kunstgärten 642
Kunstgeschichte 639
Kunsthandwerk 194, 582
Künstler 643
Küstenwache 609

L

La California 361
La Foce 538
La Fornace 412
La Soda 479
Laghetto del Ponte Sospeso 95
Lago dell'Accesa 520
Lago di Bilancino 105
Lago di Burano 482
Lago di Chiusi 563
Lago di Gramolazzo 282
Lago di Massaciùccoli 322
Lago di Montedoglio 190
Lago di Vagli 282
Laguna di Orbetello 480
Lanciole 255
Landwirtschaft 626
Langobarden 634
Larderello 445
Lardo 338
Lari 351
Le Cannelle 479
Le Piastre 94
Le Rocchette 460, 505
Lecchi in Chianti 149
Leder 67, 163
Leonardo da Vinci 268, 647
Lesben 615
Lesetipps 650
Levigliani 331
Liberty-Stil 117, 250, 323, 642
Lido di Follònica 504
Lippi, Filippo Tommaso u. Filippino 644
Livorno 344
Lorenzetti, Ambrogio und Pietro 645
Loro Ciuffenna 18, 158
Lucca 228
    Basilica di San Frediano 230
    Basilika Sant'Alessandro 236
    Botanischer Garten 240
    Kathedrale San Martino 237
    Kirche San Michele 234
    Kirche Santi Giovanni e Reparata 237
    Nationalmuseum 236, 241
    Palazzo Controni-Pfanner 232
    Piazza Anfiteatro 232
    Teatro del Giglio 237
    Villen 241
Lucignano 215
Luminaria di San Ranieri 318

M

Macchia 629
Macchiaioli 351
Machiavelli, Niccolò 128, 645
Madonnino 412

Register

Maggiolata 221
Magliano in Toscana 467
Maiano, Giuliano und Benedetto da 645
Mammiano 95
Manciano 500
Marathon 65
Maremma 461, 625
Marina di Alberese 464, 505
Marina di Bibbona 361, 374
Marina di Castagneto Carducci 361, 376
Marina di Cècina 374
Marina di Grosseto 459, 505
Marina di Massa 335
Marina di Pisa 311
Marina di Torre del Lago 320
Marina di Vecchiano 320
Marlia 20, 242
Marliana 255
Marmellata di Cipolle 21, 136
Marmor 325, 331
Marmorbrüche 19, 334
Marradi 112
Märzrevolution 636
Masaccio 18, 159, 645
Massa 335
Massa Marìttima 507
Maut 613
Mazzanta 374
Medici 31, 635
Medici-Villen 20, 57, 69, 78, 102, 269
Medicina 255
Mentalität 626
Menü 590
Mercatale in Val di Pesa 125
Mercato del Tartufo Bianco 272
Messer 67, 107
Meyer, Stephenie 438
Michelangelo 197, 645
Michelozzo di Bartolomeo 645
Mietwagen 613
Migliaccio Garfagnino 589
Minestrone 585
Miniere dell'Argento Vivi 331
Mittelalterfeste 137, 434, 447, 577
Mobiltelefon 618
Modigliani, Amedeo 351, 645
Monastero di Bose 20, 431
Monastero di Siloe 519
Monsummano Terme 253
Montaione 134
Montalcinello 412
Montalcino 550
Montaperti 407
Monte Amiata 566, 568
Monte Argentàrio 475, 477, 506
Monte dei Frati 190
Monte Falterona 111
Monte Labbro 568
Monte Oliveto Maggiore (Kloster) 411
Monte San Savino 216
Monte Santa Maria Tiberina 192
Monte Telegrafo 478
Montecarlo 257
Montecasale (Kloster) 189
Montecatini 18
Montecatini Alto 252
Montecatini Terme 250
Montecatini Val di Cècina 443, 444
Montecerboli 444
Montecristo 489
Montefioralle 140
Montelupo Fiorentino 267
Montemassi 515
Montemerano 498
Montenero-Heiligtum 351
Montepescini 412
Montepulciano 530
Monterchi 191
Monteriggioni 406
Montescudàio 359, 361
Montesenario 104
Montevarchi 157
Monteverdi Marìttimo 444
Monticchiello 539
Monticiano 412
Montieri 445

Morrocco 128
Motorrad 613
Mugello 100
Murlo 412, 414
Museen 608
Museum
   Alabaster 439
   Antike Schiffe 308
   Apennin 112
   Bonsais 258
   Buntglasfenster und Glasmalerei 193
   Chirurgische Instrumente 92
   Comics 244
   Etrusker 210, 441
   Folter 415
   Gipsfiguren 276
   Glas 267
   Goldschmiedekunst 181
   Gotenstellung (Zweiter Weltkrieg) 109
   Holzverarbeitung 134
   Karneval 326
   Keramik 100, 267
   Kräuter 189
   Kristall 431
   Messer 106
   Mittelalter und Renaissance 497
   Münzwesen 244
   Öl 370
   Orgel 510
   Paläontologie 158, 267
   Papier 258
   Sandstein 109
   Stickerei 91
   Stillleben 71
   Textilien 85
   Trüffel 413
   Waagen 193
   Wandmalerei 84
   Wein 72
   Wolle 200

N

Nachhaltigkeit 14
Nachspeisen 589
Napoleon 636
New Moon Tour 438
Notrufe 609
Nudeln 355

O

Öffnungszeiten 610
Öko-Tipps 14
Oligarchie 31
Olivenöl und -holz 67, 583, 626
Olivo della Strega 468
Oltrarno 53
Oratorio di Sant' Eufròsino 142
Orbetello 478, 480, 506
Orgia 412
Orrido di Botri 287
Osteria 603
Österreich 636
Ostgoten 634
Ottonen 635

P

Pagànico 468
Palio 402
Palio dei Rioni 221
Panforte 550
Panforte di Siena 420
Panineria 603
Panne 609
Panzanella 584
Panzano in Chianti 141
Paradisino 160
Parco Archeologico Necropoli/Acropoli 381
Parco Archeominerario di San Silvestro 366
Parco Costiero di Rimigliano 377

Parco dell'Orecchiella 280
Parco della Sterpaia 504
Parco Faunistico del Monte Amiata 568
Parco Montececeri 78
Parco Naturale Atrezzato di Cavriglia 162
Parco Nazionale delle Foreste Casentinesi 111
Parco Preistorico Peccioli 352
Parco Regionale Migliarino – San Rossore – Massaciùccoli 310
Parco Roberto Ciulli 513
Parfum 67
Parken 614
Passo Celsa 412
Passo della Collina 94
Passo della Futa 109
Passo delle Radici 280
Passo dell'Incrociati 412
Passo del Muraglione 112
Passo di Oppio 94
Passo di Vestitio 19, 337
Pasta 586
Pastaherstellung 355
Pasticceria 603
Peccioli 352
Pecorino 21, 556, 585
Pension 619
Pereta 468
Personalausweis 612
Pesche di Prato 589
Pescia 253
Petrarca, Francesco 177, 645
Pferderennen 402
Piana della Battaglia 190
Pianacce 560
Pici 565, 586
Pienza 544
Pietrabuona 255
Pietrasanta 325
Pieve di Panzano 142
Pieve di Sant'Appiano 127
Pieve di Santa Maria Assunta a Cellole 431
Pievescola 412
Pinien 629

Pinocchio 254
Piombino 378, 504
Piraten 476
Pisa 293
   Baptisterium 300
   Botanischer Garten 304
   Camposanto 303
   Dom 298
   Kathedrale Santa Maria Assunta 298
   Nationalmuseum Palazzo Reale 307
   Nationalmuseum San Matteo 306
   Oratorium Santa Maria della Spina 307
   Piazza dei Cavalieri 304
   Platz der Wunder 295
   Schiefer Turm 301
Pisano, Andrea und Nino 646
Pisano, Nicola und Giovanni 646
Pistoia 87
Pitigliano 492
Pizza 589
Pizzeria 603
Planzenwelt 628
Podestà 635
Politik 625
Pomarance 444
Ponce 356
Ponte alla Ragnaia 110
Ponte Buriano 181
Ponte del Diavolo 276
Ponte della Maddalena 276
Ponte della Pia 415
Ponte di Castruccio 95
Ponte di Sorana 255
Ponte Mediceo 72
Pontedera 18, 269
Ponteginori 444
Pontito 255
Pontormo 269
Ponzalla 109
Poppi 197
Populònia 381
Porchetta 587
Portiglione 504

Porto 611
Porto Ercole 478
Porto Santo Stefano 475
Post 611
Pozze di Lecchi 149
Prataglia-Abtei 202
Prato 80
Pratolino 103
Pratomagno 165
Pratovecchio 199
Preiskategorien 15, 590, 618
Primo 584
Principina a Mare 460, 505
Privatzimmer 619, 620
Prosciutto Crudo 21
Protorenaissance 28
Provinzen 626
Puccini, Giacomo 235, 249, 322, 646
Punta Ala 505, 516
Puppen 67
Puppentheaterfestival 272

Q

Quecksilber 569
Quecksilbermine 331
Quellen 133, 276, 282, 368, 410, 499, 500, 520, 538, 549, 562, 563, 572, 616
Quercia, Jacopo della 646
Quercianella 376
Querciolaia 410
Quittungen 605

R

Radda in Chianti 146
Radfahren 101, 117, 154, 361, 412, 444, 568, 616
Radicòfani 561
Rapolano Terme 410
Rassegna del Chianti Classico 145
Rauchen 611

Regatta Livorno 357
Regen 631
Regionenüberblick 16
Reisedokumente 612
Reisekosten 605
Reisepass 612
Reisezeit 614, 631
Reiten 117, 434, 503, 566, 616
Reiterturnier 184
Renaissance 635, 641
Rennstrecke Mugello 107
Restaurants 590
Ribollita 585
Risotto 586
Ristorante 604
Riviera Apuana 289
Riviera degli Etruschi 374
Riviera della Versilia 289, 320
Robbia, Andrea und Luca della 646
Rocca di Radicòfani 561
Rocca di Tentennano 549
Rocca di Vicopisano 312
Rocca d'Orcia 549
Rocca Ricciarda 20, 162
Roccalbegna 573
Roccastrada 514
Roccatederighi 20, 514
Romanik 294, 640
Römer 634, 640
Roselle 461
Rosengarten 157
Rosignano Solvay 374
Rosticceria 603

S

Sagra della Bistecca Chianina 194
Sagra delle Castagne, 116
Saint Phalle, Niki de 482
Saison 614, 631
Salier 635
Saline di Volterra 444

Register

Salita 287
San Casciano dei Bagni 562
San Casciano in Val di Pesa 125
San Domenico (Kloster) 77
San Donato in Poggio 141
San Francesco (Konvent) 77
San Galgano 19, 412
San Galgano (Klosterruine) 512
San Gimignano 424
San Giovanni d'Asso 413
San Giovanni Valdarno 154
San Godenzo 111
San Gusmè 150
San Lorenzo al Lanzo 520
San Marcello Pistoiese 95
San Michele Arcangelo a Passignano (Abtei) 141
San Miniato 263
San Pancrazio 243
San Pellegrino in Alpe 281
San Piero a Grado 310
San Piero a Sieve 102
San Pietro in Villore 413
San Quirico 255, 498
San Quirico d'Orcia 547
San Rocco a Pilli 412
San Salvatore (Kloster) 571
San Vincenzo 365, 376
San Vivaldo (Konvent) 133
Sangallo, Antonio da 646
Sangallo, Giuliano und Francesco 646
Sansepolcro 187
Sant'Agata 107
Sant'Andrea in Percussina 128
Sant'Anna di Stazzema 327
Sant'Antimo (Abtei) 552
Santa Fiora 572
Santuario della Verna 203
Santuario di Montenero 351
Santuario di Montesenario 104
Santuario di Santa Maria delle Vertighe 217
Sarteano 560
Sarto, Andrea del 647
Sassetta 369, 647

Sasso Fratino 111
Satùrnia 499
Säulenordnung 655
Savonarola, Girolamo 32, 647
Scansano 466
Scarlino 517
Scarperia 106
Schokolade 67, 286
Schwule 615
Scoppio del Carro 64
Scornio 95
Secondo 587
Semifonte 128
Seravezza 336
Serrazzano 444
Serre di Rapolano 410
Sestino 194
Sicherheit 615
Siena 391
    Battistero San Giovanni 397
    Botanischer Garten 400
    Campo 400
    Dommuseum 397
    Kirche San Domenico 404
    Kirche Sant'Agostino 399
    Kirche Santa Maria Assunta (Dom) 395
    Museumskomplex Santa Maria della Scala 398
    Oratorio San Bernardino 405
    Orto de'Pecci 415
    Palazzo Chigi-Saracini 403
    Piazza del Duomo 395
    Pinakothek 399
    Santuario Casa di Santa Caterina 404
    Stadtmuseum 403
Signoria 29
Siloe (Kloster) 519
Skifahren 568
Skorpion 630
Skulpturenpark Chianti 149
Sodoma 647
Sogambula 373
Sorano 497
Souvenirs 582

Sovana 494
Sovicille 412
Spaghetteria 603
Spanier 465
Speck 338
Sperrnummer Geldkarte 609
Spezialitäten 21, 67, 104, 145, 221, 249, 262, 272, 286, 339, 357, 423, 474, 525, 556, 566, 583
Spiaggia La Bionda 479
Spiaggia La Cantoniera 479
Spiaggia Lunga 479
Spiaggia Macchiatonda 482
Spoerri, Daniel 19, 569
Sport 616
Sprache 617, 650
Sprachhilfe 651
Stadtstaaten 635
Staufer 635
Steckbrief Toskana 15
Steinskulpturenpark Traumwald 408
Steinzeit 633
Stia 199
Stiappa 255
Sticciano Scalo 515
Stigliano 412
Strada in Casentino 198
Strände 289, 320, 374, 479, 504, 617
Strom 583
Südtoskana Baden 504
Suppe 584
Surfen 358
Suvereto 369
Svizzera Pesciatina 223, 255

T

Tabakwaren 319
Tagliata 587
Talamone 464, 506
Tanella di Pitagora 217
Tanztee 262
Tauchen 616
Tavarnelle Val di Pesa 126
Tavola Calda 591
Taxi 612
Telefon 618
Tereglio 287
Terme Antica Querciolaia 410
Terme di Montepulciano 539
Terme San Giovanni 410
Teufelsbrücke 276
Theaterfestivals 373, 525, 543
Thermalbäder 133, 250, 276, 282, 368, 410, 499, 500, 520, 538, 549, 562, 563, 572, 616
Tiere 607
Tierpark 568
Tierwelt 630
Tirli 520
Tirrenia 311, 320
Tomba dei Carri 381
Tòmbolo di Feniglia 479, 506
Torre del Castellano 162
Torre del Chianti 125
Torre del Lago Puccini 322
Torri-Abtei 18, 407, 412
Torta di Ceci 329
Toskanischer Archipel 624
Tourismus 625
Trattoria 604
Travertin 410
Trinkgeld 590
Tropfsteinhöhle 278, 282
Trüffel 266, 272, 584

U

Uccello, Paolo 647
Ultima Spiaggia 377
UNESCO-Welterbe 625
Unfall 609
Unterkunft 618
Uzzano 139

V

Vada 374
Vagli Sopra 282
Vagli Sotto 282
Val d'Elsa 119
Val di Merse 412
Val di Pesa 119
Valdarno 119
Valdichiana 165, 213
Valle del Diavolo 444
Val d'Orcia 529
Vallombrosa-Kloster 160
Valpiana 513
Valtiberina 165, 187
Vasari, Giorgio 179, 641, 647
Vecchiano 320
Vegetarier 588
Vellano 255
Venturina 368
Verhalten 620
Verkehrsregeln 614
Verrazzano 139
Verrocchio, Andrea del 647
Verrucole 282
Versicherung 607
Vescovado di Murlo 412
Vespa-Museum 18
Vespucci, Amerigo 30
Vetulònia 518
Viareggio 319
Vicchio 110
Vicchiomaggio 140
Vicopelago 244
Vignamaggio 140
Villa Belcanto 78
Villa Bellosguardo Caruso 72
Villa Bernardini 244
Villa Borbone 326
Villa Cafaggiolo 102
Villa Careggi 57
Villa Cavaglioni 412
Villa del Trebbio 103
Villa Demidoff 103
Villa di Castello 70
Villa Grabau 243
Villa La Ferdinanda 71
Villa La Màgia 72
Villa La Petraia 70
Villa le Maschere 106
Villa le Sabine 376
Villa Mansi 241
Villa Margherita 376
Villa Medicea di Cerreto Guidi 269
Villa Oliva 243
Villa Peyron 78
Villa Poggio a Caiano 71
Villa Poggio Imperiale 57
Villa Reale 20, 242
Villa Torrigiani 241
Villagio Preistorico 108
Villanova 106
Villanova-Kultur 633
Ville di Corsano 412
Vinci 268
Vögel 204
Völkerwanderung 28
Volpaia 147
Volterra 435
Vorwahlen 618
VW-Käfer 364

W

Wald 629
Wandern 281, 287, 310, 434, 463, 503, 568, 617
Wappen 15
Weberei 154, 194
Websites 608
Wein 186, 530, 592, 626
Weinmuseum 72
Weinstraße 123
Welterbestätten UNESCO 625
Weltkrieg, Zweiter 213, 327
Wetter 631

Wiener Kongress 636
WiFi 608
Windsurfen 358
Wirtschaft 625
Wohnmobil 613
Wurst 21, 145

Z

Zeit 621
Zeittafel 637
Zitrusgewächse 258
Zoll 621
Zoo 568
Zug 581
Zugabe! 14
Zuppa di Fagioli alla Senese 585
Zwiebeln 136
Zypressen 539

HILFE!

Dieser Reiseführer ist gespickt mit unzähligen Adressen, Preisen, Tipps und Infos. Nur vor Ort kann überprüft werden, was noch stimmt, was sich verändert hat, ob Preise gestiegen oder gefallen sind, ob ein Hotel, ein Restaurant immer noch empfehlenswert ist oder nicht mehr, ob ein Ziel noch oder jetzt erreichbar ist, ob es eine lohnende Alternative gibt usw.

Unsere Autoren sind zwar stetig unterwegs und versuchen, alle zwei Jahre eine komplette Aktualisierung zu erstellen, aber auf die Mithilfe von Reisenden können sie nicht verzichten.

Darum: Schreiben Sie uns, was sich geändert hat, was besser sein könnte, was gestrichen bzw. ergänzt werden soll. Nur so bleibt dieses Buch immer aktuell und zuverlässig. Wenn sich die Infos direkt auf das Buch beziehen, würde die Seitenangabe uns die Arbeit sehr erleichtern. Gut verwertbare Informationen belohnt der Verlag mit einem Sprechführer Ihrer Wahl aus der über 220 Bände umfassenden Reihe „Kauderwelsch". Bitte schreiben Sie an:

REISE KNOW-HOW Verlag, Peter Rump GmbH | Postfach 140666 | D-33626 Bielefeld
oder per E-Mail an: info@reise-know-how.de

Danke!

Die Autoren

Daniela Schetar, Ethnologin, und **Friedrich Köthe,** Soziologe, leben als freischaffende Reisejournalisten in München. Sie sind Autoren zahlreicher Reisebücher. Bei REISE KNOW-HOW haben sie die Reiseführer „Bodensee", „Bulgarien", „Friaul und Venetien", „Madeira", „Namibia kompakt", „Namibia", „Portugal kompakt", „Slowenien", den City-Guide „Leipzig", in der CityTrip-Reihe „Dubrovnik", „Florenz", „Pisa, Lucca, Livorno", „Ljubljana", „München" und „Verona" sowie in der InselTrip-Reihe „Madeira" und „Liparische Inseln" veröffentlicht.